DAS PFENNIG-MAGAZIN
DER GESELLSCHAFT ZUR VERBREITUNG
GEMEINNÜTZIGER KENNTNISSE.
1838.

DELPHI 1016.

NEU VERLEGT BEI FRANZ GRENO, NÖRDLINGEN 1985.

Herausgegeben von Reinhard Kaiser.

Copyright © 1985 bei GRENO Verlagsgesellschaft mbH,
D-8860 Nördlingen.

Die Reproduktion erfolgte
nach dem Hand-Exemplar von Arno Schmidt
mit freundlicher Genehmigung
der Arno-Schmidt-Stiftung, Bargfeld.

Reproduktionen G. Mayr, Donauwörth
und G. Bergmann, Frankfurt/Main.
Gedruckt und gebunden bei Wagner GmbH, Nördlingen.
Printed in Germany.

ISBN 3921568544.

Das Pfennig-Magazin

der

Gesellschaft

zur

Verbreitung gemeinnütziger Kenntnisse.

Sechster Band.
Nr. 249—300.

Leipzig,

In der Expedition des Pfennig=Magazins.
(F. A. Brockhaus.)

1838.

Inhaltsverzeichniß des sechsten Jahrganges.

Zur bequemen Übersicht der mit Abbildungen versehenen Artikel sind die Titel derselben mit gesperrter Schrift gedruckt; die mit [ ] versehenen Ziffern weisen die Nummer des Stücks nach, die am Ende der Zeilen stehenden die Seitenzahl.

	Nr.	S.
Abenteuer, ein, unter den Indianern von Guiana	[258]	78
Abstreifewalze an der Wollkrempelmaschine, s. Wollkrempelmaschine.		
Abyssinien, Landschaftsbilder aus, s. Landschaftsbilder.		
Abyssinier, die	[264]	123
Actiengesellschaften in Frankreich	[283]	196
Aiguille du Midi, Übergang über die Felsen am Fuße derselben, s. Montblanc.		
Alabaster, der	[293]	354
Alameda, die, und das Kloster unserer lieben Frau del Carmen zu Cadix	[275]	216
Albigenser, Verfolgung derselben	[269]	165
Albinos, die, und Kakerlaken	[285]	294
Alhambra	[287]	307
Alterthümer, amerikanische	[271]	183
Ameisen, die schwarzen und rothen, in Australien	[269]	164
Amerika, Entdeckung der nordwestlichen Durchfahrt um dasselbe, s. Entdeckung.		
Amphitheater, römisches zu El Dschemm	[280]	255
Anekdote	[257]	70
Anstalten, wohlthätige, in Konstantinopel	[259]	83
Aolushöhlen, s. Eishöhlen.		
Apteryx, der Vogel	[284]	284
Araber, die Blutrache der, s. Blutrache.		
Arabien, Handel mit Indien, s. Handel.		
Argentan, Anwendung desselben als Küchengeräthe	[273]	196
Arkaden, die, der Procuratien auf dem Marcusplatze	[299]	404
Armada, die spanische	[295]	369
Asbest, der	[285]	293
Ascension, die Insel	[267]	147
Atlas, der große, eine Fabel	[261]	103
Ausgrabungen im Birglstein bei Salzburg, s. Birglstein.		
d'Austria, Don Juan	[250]	12
Babylon, die Ruinen von	[293]	353
Bacon, der Kanzler	[269]	163
Bad, das Leuker, s. Gemmi.		
Badajoz	[273]	193
— das Schloß daselbst		
Baku, das immerwährende Feuer bei	[297]	386
Balearische Inseln	[281]	262
Baltimore	[297]	385
Bamberg	[300]	409
— der grüne Markt daselbst		
Barabras, die	[297]	390
Barcelona, die Kirche Santa-Maria del Mar daselbst	[271]	177
Basrelief in den unterirdischen Gewölben von Ellora	[260]	92
Basreliefs an Gutenberg's Denkmale in Mainz, s. Gutenberg.		
Bastfabrikate, die	[290]	331
Baumwolle, Anbau und Manufactur derselben	[278]	235
Beauvais	[250]	15
— Kathedrale daselbst	[250]	16
Beharrlichkeit eines Hindu	[292]	351
Behemoth und Leviathan	[292]	348
Bell-Rock-Leuchtthurm, der	[251]	17
Bergmehl in Lappland und China	[276]	218
Berner Oberland, das	[287]	305
Bettelei in Irland	[261]	102
Bettler in den Vereinigten Staaten	[249]	3

	Nr.	S.
Beziers, die Stadt, in Frankreich und die Verfolgung der Albigenser	[269]	165
Beziers, Kathedrale daselbst	[269]	168
Bibliothek, die Pepysianische, in Cambridge, s. Cambridge.		
Bienenjagd, die, und Bienenzucht in Nordamerika	[299]	406
Birglstein bei Salzburg, Ausgrabungen in demselben	[275]	214
Birmanen, die	[286]	298
Birmanisches Kium oder Kloster, s. Kium.		
Blindenführer, Thiere als solche, s. Thiere.		
Blumenhandel in Paris	[291]	344
Blut, Benutzung desselben als Düngemittel	[268]	157
Blutegel, die	[297]	388
Blutrache, die, der Araber	[298]	399
Boothia Felix, die Bewohner von	[277]	226
Boppard	[278]	233
Börse in London, äußere Ansicht derselben	[256]	57
Börse in London, innere Ansicht derselben	[256]	64
Borax-Lagunen, die, in Toscana	[257]	71
Brahminen, Opfertod der Witwe eines derselben	[276]	224
Brand, der, der Börse in London	[256]	57
Brasilien, Theepflanzungen daselbst, s. Theepflanzungen.		
Braubach, Stadt am Rhein	[274]	208
Brügge, die Halle von	[296]	384
Brunnen, Vorsichtsmaßregeln beim Räumen oder Ausbessern derselben	[299]	407
Buchdruckerkunst, wann wurde dieselbe erfunden?	[269]	162
Bücher, verbesserte Art, dieselben einzubinden	[274]	207
Buchhandel, zur Statistik desselben	[270]	577
Buffalo, Stadt in Nordamerika	[264]	112
Bughis, die, in Celebes	[260]	93
Cadix, Alameda daselbst, s. Alameda.		
Cambridge — die Königskirche daselbst	[298]	397
— — die Pepysianische Bibliothek daselbst	[298]	400
Canada	[261]	98
	[262]	106
— — Eroberung desselben durch die Engländer	[281]	259
Capitol, das, in Washington	[279]	247
Carlos, Don, spanischer Kronprätendent	[270]	169
Carnac, Steinblöcke das., s. Steinblöcke.		
Cäsarea	[295]	375
— — die Ruinen von, in Palästina	[295]	376
Celebes, die Bughis daselbst, s. Bughis.		
Ceylon, das Einfangen wilder Elefanten daselbst, s. Elefanten.		
Chemische Versuche mit verschiedenen Zuckersorten	[265]	134
China, ein Gastmahl daselbst, s. Skizzen.		
Chocolade, die	[288]	318
Christus als Lehrer	[257]	72
Chronik der Eisenbahnen in den Jahren 1835, 1836 und 1837	[267]	150
Chronik der Erdbeben im Jahre 1837	[271]	179
Cicero	[298]	393
Cloud, Saint-, s. Saint-Cloud.		
Cloyne, der runde Thurm daselbst	[289]	328
Colbert	[279]	241
Columbo	[249]	4

Inhaltsverzeichniß.

	Nr.	S.
Columbus, Geburtsort desselben	[289]	327
Corneille	[294]	364
Cornwall, Kupferminen daselbst, s. Kupferminen.		
Correggio	[290]	332
—— Ecce homo, nach einem Gemälde desselben, s. Ecce homo.		
Courriere, die türkischen	[280]	255
Cuba, die Insel, Sklaverei auf derselben	[265]	131
Dampfschifffahrt von England nach Amerika	[275]	214
Dampfwagen, der amerikanische	[250]	9
Darstellungen aus dem Leben der alten Römer	[261]	100
Delhi, der kaiserliche Palast daselbst	[268]	160
Delos, die Insel, oder Thera	[252]	26
Denkmal Nelson's bei Yarmouth	[293]	357
Diebstahl, schreckliche Strafe desselben	[267]	150
Digestor, s. Topf, der Papin'sche.		
Dionys, das Ohr des	[282]	271
Doge von Venedig, Vermählung desselben mit dem adriatischen Meere, s. Vermählung.		
Dogenpalast und die Piazzetta in Venedig, Ansicht derselben von der Hafenseite	[299]	401
Don Juan d'Austria	[250]	12
Don Carlos, s. Carlos, Don.		
Dramatische Kunst in China, s. Skizzen.		
Düngemittel, Benutzung des Bluts als solches	[268]	157
Durchfahrt, nordwestliche, um Amerika, Entdeckung derselben, s. Entdeckung.		
Dürer, Albrecht	[262]	105
Durham, Kathedrale daselbst	[255]	55
Ecce homo, nach einem Gemälde von Correggio	[290]	333
Eidechsen, die	[277]	230
—— die grüne, und der Gecko	[277]	232
Eisenbahn, die von London nach Birmingham	[300]	410
Eisenbahnen, über dieselben	[255] [256]	53 60
—— Chronik derselben 2c., s. Chronik.		
—— Tunnels auf denselben, s. Tunnels.		
Eisenblech, Theater aus, s. Theater.		
Eisenhammer, Gang nach demselben, s. Gang.		
Eishöhlen, die, und Aolushöhlen	[272]	190
Eismeer, das, auf dem Montblanc	[263]	116
Eispalast, der	[291]	338
El Dschemm, römisches Amphitheater daselbst, s. Amphitheater.		
Elefanten, das Einfangen wilder, in Ceylon	[262]	107
Elisabeth, Königin von England	[288]	313
—— Tod derselben	[288]	317
—— feierlicher Empfang derselben in Kenilworth	[289]	321
Ellora, die unterirdischen Gewölbe daselbst	[260]	89
—— Basrelief in den unterirdischen Gewölben daselbst, s. Basrelief.		
Elvas	[265] [266]	132 143
—— Erste Ansicht des Praça von Elvas	[265]	133
—— Zweite Ansicht des Praça von Elvas	[265]	136
—— Ansicht der Forts und maurischen Wasserleitung	[266]	144
Engelbert von Nassau, Grabmal desselben, s. Grabmal.		
Engländer, Wahrheitsliebe derselben, s. Wahrheitsliebe.		
Entdeckung der nordwestlichen Durchfahrt um Amerika	[290] [291]	334 343
Erdbeben, Chronik derselben im Jahre 1837	[271]	179
Erdharz, das Pflastern mit demselben	[276]	222
Familie, eine zahlreiche	[270]	175
Felsen, der tarpejische	[284]	281
Feuer, das immerwährende, bei Baku, s. Baku.		
Feuersbrünste in Konstantinopel	[253]	37
—— in London und Paris	[273]	199
—— Vorrichtung zur Verhütung derselben	[296]	383
Filtriren, das, des Wassers, s. Wasser.		

	Nr.	S.
Fische, die elektrischen	[266]	141
Flachscultur, s. Hanfcultur.		
Fliegenfalle, die	[251]	20
Flintglas, das	[283]	278
Fontenelle und sein Spargel	[264]	123
Frankreich, Wilde daselbst, s. Wilde.		
Fridolin am Eisenhammer	[266]	141
Fütterung der Seidenraupen mit Reismehl und Kartoffelstärke	[268]	159
Gang, der, nach dem Eisenhammer	[266]	140
Garneele, die	[300]	416
Gastmahl in China, s. Skizzen.		
Gaukler, römische: 1) Ein Seiltänzer, der auf der Leier spielt. 2) Ein anderer, der sich zu trinken einschenkt. 3) Eine zwischen zwei Schwertern voltigirende Frau. 4) Eine Frau, die mit den Füßen aus einem Gefäße Wasser schöpft	[261]	104
Geburtsort des Columbus	[289]	327
Gecko, der, und die grüne Eidechse	[277]	232
Gefängnisse in Konstantinopel	[260]	91
Gehirn, das menschliche	[295]	375
Gelehrigkeit des Stiers	[259]	78
Gemmi, die, und das Leuker Bad	[290]	329
Gemsenjagd, die	[251]	18
Gerippe eines Thieres der Vorwelt	[251]	21
Gewerbswissenschaft, das Neueste aus der, s. Neueste, das.		
Gewinnung des Seesalzes	[293]	360
Gewölbe, die unterirdischen, von Ellora	[260]	89
Giftwanzen in Miana	[249]	2
Glasmalerei	[264]	122
Glocken, die	[270]	170
Gloria, Maria da, Königin von Portugal	[266]	137
Gnu, das	[272]	185
Goldsand am Ural	[265]	136
Grabmal Engelbert's von Nassau in der Kirche zu Breda	[270]	175
Grands Mulets, die Felsen, auf dem Montblanc, s. Montblanc.		
Gresham, Statue desselben	[256]	60
Guiana, Indianer von, Abenteuer unter denselben, s. Abenteuer.		
—— Negerrepubliken daselbst	[255]	51
Gutenberg's, Johann, Statue in Mainz	[275]	212
—— Basreliefs an derselben (zwei)	[275]	213
Haiden, die französischen	[284]	287
Halbwilden, die, der Provence	[288]	319
Halle, die, von Brügge, s. Brügge.		
Hammam-Meskhutin, die heißen Quellen von	[290]	335
Handel zwischen Indien und Arabien	[257]	68
Händel und sein Denkmal in der Westminsterabtei	[268]	145
Handspinnrad, ursprüngliches, s. Manufactur der Baumwolle.		
Hanf, der neuseeländische, oder Pflanzenseide	[266]	143
Hanf- und Flachscultur	[279]	243
—— Aussuchen und Trocknen des Hanfes und Flachses in Rußland	[279]	244
Harmuir	[283]	279
Hatchy, Wirkungen desselben	[250]	11
Havana und seine Umgebungen	[298]	398
Heidelberger Schloß, das	[281]	257
Hillah, die Stadt, auf den Ruinen von Babylon	[293]	353
Himalayagebirge, das	[296]	382
Hindu, Beharrlichkeit eines, s. Beharrlichkeit.		
Hindu-Pilger	[253]	58
Hindus, Kasten derselben	[276]	223
Hochzeit, eine chinesische	[267]	149
Hof der Löwen	[287]	308
Hogarth's Perspective	[296]	380
Höhe, relative, des schwarzen und kaspischen Meeres	[266]	140
Höhen bewohnter Orte über dem Meere und Höhen einiger Gebäude	[265]	134
Holz, kyanisirtes	[274]	207
Hörröhren und Hörmaschinen	[254]	45
—— Abbildungen derselben, Fig. 1—6	[254]	48

Inhaltsverzeichniß.

Eintrag	Nr.	S.
Hottentotten, s. Koranna-Hottentotten.		
Hyänenjagd in Afganistan	[274]	206
Indianer von Guiana, Abenteuer unter denselben, s. Abenteuer.		
Indien, Handel mit Arabien, s. Handel.		
Infusionsthierchen, Kieselerde aus den Schalen derselben, s. Kieselerde.		
Innsbruck	[258]	73
—— die neue Straße daselbst	[258]	76
Instrumente, musikalische, der alten Römer: 1) Eine Tänzerin, die auf dem Tambourin spielt. 2) Leier mit fünf Saiten. 3) Trompete oder Tuba. 4) Flöte. 5) Castagnette oder Klapper. 6) Becken. 7) Hirtenflöte. 8) und 9) Harfe.	[261]	101
Iwan, der Zar	[268]	154
—— derselbe im Gefängnisse	[268]	156
Jackson, General	[277]	225
Jericho, die Rose von	[257]	69
Juan, Don, d'Austria	[250]	12
Johannisberg, das Schloß	[283]	273
Jungfrau (Berg), Ansicht	[287]	305
—— die nach Murillo	[274]	205
Justizpalast, der, zu Paris	[274]	201
Kaffeehäuser, die türkischen	[291]	337
—— das Innere eines solchen in Konstantinopel	[291]	337
Kaffeeverfälschung	[277]	230
Kahnigwerden des Weines, sicheres Mittel, dasselbe zu verhüten, s. Wein.		
Kaiman, der	[263]	119
Kakerlaken, s. Albinos.		
Kämme zum Handgebrauch beim Baumwollespinnen, s. Manufactur der Baumwolle.		
Kampf und Jagd eines Nilpferdes und eines Krokodils	[292]	349
Kanton	[275]	209
—— Straße einer Vorstadt daselbst	[275]	209
Kartoffeln, Verhütung des Auswachsens derselben durch Einweichen in Ammoniakwasser	[269]	162
Kasten, die, der Hindus, s. Hindus.		
Katakomben, die, in Paris	[278]	234
Kathedrale, die, zu Beauvais	[250]	16
—— die, in Beziers	[269]	168
—— die, von Durham	[255]	55
Kautschuck, über den	[253]	38
Kenilworth, feierlicher Empfang der Königin Elisabeth daselbst, s. Elisabeth.		
Kerze, das Licht einer, s. Licht.		
Kieselerde, aus Schalen von Infusionsthierchen	[262]	111
Kinnladenmuskeln	[276]	221
Kirche, die älteste, in der Christenheit	[253]	36
—— die, des heiligen Johannes im Lateran zu Rom, s. Lateran.		
Kirchenversammlung, die, von Trient	[254]	41
Kium, ein birmanisches, oder Kloster	[286]	297
Kloster, ein birmanisches, s. Kium.		
—— die, von Troitza bei Moskau	[267]	151
Knochenmehl, das	[254]	45
Königskirche, die, in Cambridge, s. Cambridge.		
Konstantinopel, wohlthätige Anstalten daselbst, s. Anstalten.		
—— Gefängnisse daselbst, s. Gefängnisse.		
—— Feuersbrünste daselbst, s. Feuersbrünste.		
Korallenarten, Abbildungen einiger derselben	[252]	29
Koralleninseln	[252]	27
Koranna-Hottentotten im Begriff ihr Lager abzubrechen	[289]	325
Korkwald, der, bei Moira in Portugal	[268]	153
Krempel- oder Kämmaschine, die, s. Manufactur der Baumwolle.		
Krempelwolle, die, Manufactur derselben	[286]	299
Kreuz, das südliche	[272]	187

Eintrag	Nr.	S.
Krokodil, Kampf mit einem Nilpferde und Jagd desselben, s. Kampf.		
Krönung, die, des Kaisers von Östreich in Mailand	[296]	379
Krönungsinsignien, die englischen	[291]	340
—— Salbungsgefäß, das	[291]	341
—— Sanct-Eduard's Stuhl	[291]	341
Kupferminen in Cornwall	[260]	96
Kürbisse, aus denselben gefertigter Zucker, s. Zucker.		
Landschaftsbilder aus Abyssinien	[274]	203
Lasen, die, in Kleinasien	[279]	242
Lateran, der, in Rom	[285]	292
—— die Kirche des heiligen Johannes im Lateran zu Rom	[285]	293
Lebensdauer, lange, der Pflanzen	[277]	230
Leierschwanz, der	[285]	295
Leuchtthurm, s. Bell-Rock.		
—— der, von Pharos	[288]	320
Leuker Bad, das, s. Gemmi.		
Leviathan, s. Behemoth.		
Licht, das, einer Kerze	[287]	312
Lissabon, Praça do Comercio daselbst, s. Praça.		
Llanero, der ein wildes Pferd bändigt	[261]	97
Llaneros, die, in Südamerika	[261]	97
—— wie dieselben widerspenstige Kühe melken	[261]	98
London, äußere Ansicht der Börse daselbst, s. Börse.		
Louvre, der, in Paris	[249]	7
—— die große Treppe desselben	[249]	8
Löwenhalle, die, des Alhambra	[287]	309
Löwen, Hof der, s. Hof.		
Ludwigskreuz, das	[259]	85
Ludwigsorden, der	[259]	84
Luxor, der Obelisk von, in Paris	[282]	265
Macbeth, Gegend, wo derselbe der Sage nach den drei Hexen begegnete	[283]	280
Madrid	[259]	81
Mais der:		
I. Natur und Benutzung desselben	[251]	22
II. Arten und Abarten desselben	[251]	23
III. Boden und Klima für den Mais	[252]	29
IV. Bearbeitung des Bodens	[252]	30
V. Auswahl und Zubereitung des Samens	[252]	30
VI. Saatzeit und erfoderliche Samenmenge	[252]	30
VII. Verschiedene Aussaatweisen	[252]	30
VIII. Pflege des Mais	[253]	34
IX. Zwischenfrüchte	[253]	34
X. Ernte und Aufbewahrung	[253]	35
XI. Ertrag	[254]	44
Manufactur der Baumwolle		
—— Arkwright's Erfindung zur Verbesserung der Baumwollenspinnerei		237
—— Handspinnrad ursprüngliches		—
—— Hargreaves' Spinnmaschine		—
—— Kämme zum Handgebrauch	[278]	236
—— Krempel- und Kämmaschine		—
—— Rocken		237
—— Spindel		—
—— Spinnerin mit Spindel und Rocken		—
Maria da Gloria, Königin von Portugal	[266]	137
—— Christine, Königin-Regentin von Spanien	[263]	113
Masaniello	[283]	274
	[284]	282
(Abbildung: Fischer im Hafen zu Neapel)	[283]	276
Meer, atlantisches und stilles, Verbindung zwischen denselben, s. Verbindung.		
—— schwarzes und kaspisches, relative Höhe derselben, s. Höhe.		
Melancholie, die, nach einem Kupferstich des Albrecht Dürer	[262]	112
Menschenhaare, Handel mit denselben in Frankreich	[264]	128
Miana, Giftwanzen daselbst, s. Giftwanzen.		
Militairische Orden in Frankreich, s. Orden.		
Monarchien, Ursprung der größeren europäischen, s. Ursprung.		

Inhaltsverzeichniß.

	Nr.	S.
Montblanc, die Besteigung desselben	[271]	180
	[273]	196
—— Übergang über die Felsen am Fuße der Aiguille du Midi	[271]	180
—— Die Felsen Grands Mulets	[271]	184
—— Ansicht des Montblanc nebst Angabe des Wegs bis zum Gipfel	[273]	197
—— Schneeabhänge, das Herabgleiten auf denselben	[273]	200
—— das Eismeer auf demselben, s. Eismeer.		
Mord, merkwürdiger	[256]	61
Mordgesellschaft in Indien, s. Thugs.		
Müdigkeit, Ursache derselben auf hohen Bergen	[268]	159
Münster, des straßburger, die Uhr daselbst, s. Uhr.		
Münzen, das Prägen derselben	[255]	49
Murillo, die Jungfrau, nach einem Gemälde desselben, s. Jungfrau.		
Musen, die	[249]	1
Museum, das naturhistorische, in Paris	[286]	303
—— äußere Ansicht desselben	[286]	304
Nahrung, zur Statistik derselben	[250]	14
Nassau, Engelbert von, Grabmal desselben, s. Grabmal.		
Navarra, Provinz in Spanien	[274]	206
Negerrepubliken in Guiana	[255]	51
Nelson	[293]	356
—— Dessen Denkmal bei Yarmouth	[293]	357
Neueste, das, aus der Natur und Gewerbswissenschaft	[256]	62
	[257]	66
	[258]	77
	[259]	85
	[260]	89
	[273]	194
	[274]	202
	[279]	245
	[280]	253
	[292]	349
	[293]	358
	[294]	362
Neuholland, Ureinwohner dieses Landes	[252]	32
Neujahrstag, der, in China, s. Skizzen.		
Neulibanon in Nordamerika, Shakers daselbst, s. Shakers.		
Neuseeländer, die	[262]	109
Neuseeländischer Hanf, s. Hanf.		
Newyork, Rathhaus daselbst	[257]	65
Niagarawasserfall, der	[270]	173
Nilpferd, Kampf mit einem Krokodil und Jagd desselben, s. Kampf.		
Nordamerika, Shakers zu Neulibanon, s. Shakers.		
Nordcap, das	[266]	189
Obelisk von Luxor, der, in Paris	[282]	265
Oberland, das berner	[287]	305
Oberlin	[292]	345
Ochsen, die südafrikanischen	[294]	367
Ohr, das, des Dionys	[282]	271
Öl aus Schildkröteneiern	[265]	135
Opfertod der Witwe eines Brahminen	[276]	224
Orden, militairische, in Frankreich	[259]	84
—— der Ehrenlegion	[259]	85
—— des heiligen Geistes	[259]	84
—— des heiligen Michael		
Östreich, die Krönung des Kaisers von, in Mailand, s. Krönung.		
Oudry, die Wolfsjagd, nach einem Gemälde desselben, s. Wolfsjagd.		
Palast, kaiserlicher, zu Delhi, s. Delhi.		
Panama	[295]	371
Paris, Katakomben daselbst, s. Katakomben.		
Pflanzen, lange Lebensdauer derselben, s. Lebensdauer.		
Pflanzenarten, über die Zahl der	[298]	396
Pflanzenseide, s. Hanf, neuseeländischer.		
Pflastern, das, mit Erdharz, s. Erdharz.		
Pharos, der Leuchtthurm von, s. Leuchtthurm.		
Pilger, die, in der Wüste	[265]	129
Plattensee, der, in Ungarn	[263]	118

	Nr.	S.
Portland, Halbinsel, die Steinbrüche daselbst	[281]	263
Porzellan, chinesisches	[257]	70
Praça do Comercio in Lissabon	[264]	121
Prägen, das, der Münzen, s. Münzen.		
Prinz, ein französischer, am Senegal	[271]	180
Quellen, die heißen, von Hammam-Meskhutin im Atlas	[290]	335
—— negative, s. Senkbrunnen.		
Rathhaus, das, zu Newyork	[257]	65
—— das, in Ulm	[276]	217
Rattenfalle, eine ungeheure	[293]	360
Regen ohne Wolken	[300]	415
Regentenhäuser, Ursprung der größern europäischen, s. Ursprung.		
Rembrandt	[264]	124
—— Gemälde desselben, der verlorene Sohn, s. Sohn der verlorene.		
Repräsentanten, Versammlungssaal derselben in Washington	[279]	248
Riesenbrunnen, projectirter	[272]	191
Riesenschiffe des Alterthums	[297]	391
Robin Hood	[295]	371
—— und der Gerber	[295]	372
Rochecorbon, Ruinen von	[253]	37
Rocken beim Baumwollespinnen, s. Manufactur der Baumwolle.		
Römer, die alten, Darstellungen aus dem Leben derselben, s. Darstellungen.		
—— musikalische Instrumente derselben, s. Instrumente, musikalische.		
Römische Gaukler, s. Gaukler, römische.		
Rose, die, von Jericho	[257]	69
Rottler	[297]	392
Ruinen, die, von Babylon, s. Babylon.		
—— die, von Cäsarea, s. Cäsarea.		
—— von Rochecorbon	[253]	37
Runkelrübenzuckerfabrikation, wie weit kann dieselbe getrieben werden?	[262]	111
Saint-Cloud	[272]	188
Salbungsgefäß, das, Sanct-Eduard's Stuhl, s. Krönungsfeierlichkeiten, englische.		
Santa-Maria del Mar, Kirche in Barcelona, s. Barcelona.		
Saragossa	[277]	228
—— überhängender Thurm daselbst	[277]	229
Saugefisch, der	[292]	352
Schafheerde, eine, im Theater	[300]	415
Schildkröteneier, Öl aus denselben, s. Öl.		
Schloß, das heidelberger	[281]	257
Schmuggler, Schlauheit eines solchen	[274]	207
Schnitter, die, in den pontinischen Sümpfen	[269]	161
Schwammfischerei	[261]	102
Schwester Tippo Saib's, s. Tippo Saib.		
Seesalz, Gewinnung desselben	[293]	360
Seidenraupen, Fütterung derselben mit Reismehl und Kartoffelstärke, s. Fütterung.		
Senegal, ein französischer Prinz daselbst, s. Prinz.		
Senkbrunnen oder negative Quellen	[272]	190
Shakers, die, zu Neulibanon in Nordamerika	[252]	25
Sinai, das Gebirge	[249]	5
Sinnpflanze, die großblumige	[254]	44
Skizzen aus dem Leben der Chinesen		
1) Ein Gasthmahl in China	[263]	114
2) Chinesische Visitenkarten	[263]	115
3) Der Neujahrstag in China	[263]	115
4) Dramatische Kunst in China	[263]	116
5) Kleidung der Chinesen	[282]	269
6) Wohnungen		
7) Reisen der Chinesen		
8) Städte	[282]	270
Sklaverei, die, auf der Insel Cuba	[265]	131
Sohn, der verlorene, nach Rembrandt	[264]	128
—— nach einem Gemälde von Spada	[300]	413
Spada	[300]	412
—— dessen Gemälde: der verlorene Sohn	[300]	413

Inhaltsverzeichniß.

VII

	Nr.	S.
Spanien, Marie Christine, Königin-Regentin von	[263]	113
Spanische Armada, die, s. Armada.		
Spargel, Fontenelle und sein, s. Fontenelle.		
Spindel beim Baumwollespinnen, s. Manufactur der Baumwolle.		
Spinnerin mit Spindel und Rocken, s. Manufactur der Baumwolle.		
Spinnmaschine, Arkwright's, s. Manufactur der Baumwolle.		
—— Hargreaves', s. Manufactur der Baumwolle.		
Staël, Frau von	[296]	377
Stahlfedern rein und feucht zu erhalten	[249]	7
Statistik, zur, der Nahrung, s. Nahrung.		
Statue, die, Gresham's, s. Gresham.		
Stecknadelfabrikation, die	[294]	365
Steinblöcke, die, bei Carnac	[278]	240
Steinbrüche, die, auf der Halbinsel Portland	[281]	263
Steinkohlenverbrauch	[272]	190
Stier, Gelehrigkeit desselben	[258]	78
Strafe, schreckliche, des Diebstahls, s. Diebstahl.		
Sträflinge, Zellenwagen zum Transport derselben	[270]	174
Straße, die neue, in Innsbruck	[258]	76
—— einer Vorstadt von Kanton, s. Kanton.		
Südafrika, Ureinwohner von, s. Ureinwohner.		
Sümpfe, pontinische, Schnitter in denselben, s. Schnitter.		
Tabackraucher, die, nach Teniers	[272]	192
Tabacksgift, das	[273]	199
Tarpejische Felsen, der	[284]	281
Tarragona, Wasserleitung bei, s. Wasserleitung.		
Teniers der Jüngere	[272]	191
Theater aus Eisenblech	[296]	383
Theepflanzungen in Brasilien	[283]	279
Theerschwelerei, die	[275]	211
Themsetunnel, erster vollendeter	[284]	285
Thera, die Insel, s. Delos.		
Thier der Vorwelt, ein Gerippe desselben, s. Gerippe.		
Thiere als Blindenführer	[279]	246
Thierleben nächtliches, in den Tropenländern	[274]	204
Thugs, die, oder die Mordgesellschaft in Indien	[259]	82
Thurm, der runde, in Cloyne, s. Cloyne.		
—— überhängender, zu Saragossa	[277]	219
Tiefe unter dem Meeresspiegel	[276]	222
Tippo Saib's Schwester	[251]	24
Tod der Königin Elisabeth, s. Elisabeth, Königin von England.		
Todten, die, des Jahres 1837	[262]	110
Topf, der Papin'sche, oder Digestor	[300]	414
Torf, Verwandlung desselben in Brennkohle und Düngesalz	[264]	126
Toscana, Borax-Lagunen daselbst, s. Borax-Lagunen.		
Tours	[252]	25
Toussaint-L'Ouverture	[285] [287]	289 301 310
Treppe, die große, des Louvre in Paris	[249]	8
Trient, die Kirchenversammlung daselbst	[254]	41
Troitza, das Kloster von, bei Moskau	[267]	151
Tropenländer, Weinsurrogate derselben, s. Weinsurrogate.		
Trüffel, die	[282]	267
Trüffeljäger, ein englischer	[282]	268
Tunnels auf Eisenbahnen	[268]	158
Türkei, Zusammenhang der europäischen und asiatischen	[271]	183
Uhr, die, im straßburger Münster	[259]	88

	Nr.	S.
Ulm, das Rathhaus daselbst	[276]	217
Ungarn, der Plattensee daselbst, s. Plattensee.		
Ural, Goldsand an demselben, s. Goldsand.		
Ureinwohner, die, von Neuholland	[252]	32
—— die, von Südafrika	[289]	322
Ursprung der größern europäischen Monarchien und Regentenhäuser	[284]	285
Venedig	[299]	401
—— Ansicht des Dogenpalastes und der Piazzetta von der Hafenseite	[299]	404
—— Die Arkaden der Procuratien auf dem Marcusplatze		
Verbindung zwischen dem atlantischen und stillen Meere	[263]	118
Vereinigte Staaten, Bettler daselbst, s. Bettler.		
Vermählung des Doge von Venedig mit dem adriatischen Meere	[299]	408
Versuche, chemische, mit verschiedenen Zuckersorten	[265]	134
Verwandlung des Torfs in Brennkohle und Düngesalz	[264]	126
Victoria, Königin von Großbritannien und Irland	[253]	33
Victoria Regina (die Blume)	[280]	252
—— untere Seite eines Blattes derselben	[280]	253
Vincenz de Paula	[280]	249
Visitenkarten, chinesische, s. Skizzen.		
Vogel Apteryx, der	[284]	284
Vorrichtung zur Verhütung der Feuersbrünste, s. Feuersbrünste.		
Vorsichtsmaßregeln, die beim Räumen oder Ausbessern der Brunnen zu befolgen sind	[299]	407
Vorwelt, Gerippe eines Thieres derselben, s. Gerippe.		
Wahnsinnige, Zahl derselben in England	[278]	239
Wahrheitsliebe der Engländer	[257]	71
Walfischfang, Geschichte desselben	[275]	210
Washington, Versammlungssaal der Repräsentanten daselbst	[279]	248
Wasser, das Filtriren desselben	[295]	372
Wasserfall, der, des Niagara	[270]	171
Wasserleitung bei Tarragona	[255]	52
—— maurische, bei Elvas	[266]	144
Wein, sicheres Mittel, das Kahnigwerden desselben zu verhüten	[271]	183
Weinsurrogate der Tropenländer	[299]	407
Wengeralp, Ansicht derselben	[287]	305
Wetter, die schlagenden	[293]	355
Wiesbaden	[294]	361
Wilde in Frankreich	[253]	36
Wirkungen des Hatchy	[250]	11
Witwe eines Brahminen, Opfertod derselben, s. Brahminen.		
Wohlthätige Anstalten in Konstantinopel, s. Anstalten.		
Wolfe, General, Tod desselben, nach einem Gemälde von West	[281]	261
Wolfsjagd, die, von Oudry	[258]	80
Wollfäden, drei vergrößerte	[286]	301
Wollkrempelmaschine, die	[286]	300
—— Abstreifwalze an derselben		
Wüste, die Pilger in der, s. Pilger.		
Zahl der Wahnsinnigen in England, s. Wahnsinnige.		
Zähne, über den Bau derselben	[276]	219
Zahnreihen, Seitenansicht der ganzen	[276]	220
Zellenwagen zum Transport der Sträflinge	[270]	174
Zigeuner, die	[278]	238
Zitteraale, Fang derselben mit Pferden	[270]	174
Zucker aus Kürbissen	[278]	235
Zuckersorten, chemische Versuche mit verschiedenen	[265]	134

Das Pfennig-Magazin
für Verbreitung gemeinnütziger Kenntnisse.

249.] Erscheint jeden Sonnabend. [Januar 6, 1838.

Die Musen.

Wie überhaupt die Mythen des griechischen Alterthums zuerst örtlich und volksthümlich waren, so ist auch der schöne Mythus der neun Musen nach und nach durch Dichtersagen in verschiedenen Landschaften ausgebildet worden, ehe die Musen in spätern Dichtungen den verschiedenen Aeußerungen geistiger Thätigkeit, den einzelnen Wissenschaften und Künsten als Schutzgöttinnen zugetheilt wurden. Ursprünglich waren die Musen Quellen-Nymphen, besonders die Nymphen begeisternder Quellen, wie die Donauweiber der altgermanischen Sage, weibliche Wesen, klug, verständig und mit Weissagungsgabe ausgerüstet. Die älteste Sage ließ die Muse von dem Vater her aus dem Lufthimmel, von der Mutter her aus dem Ocean abstammen, gleichsam andeutend, daß aus den Höhen des Himmels wie aus den Tiefen des Wassers jener Hauch höherer Kunde komme, der den angeregten Geist zum Weissagen wie zum Gesange treibt, und auch der Name Muse stammt aus einer griechischen Wurzel, welche den Begriff des Sinnens und Forschens, des Suchens in der Tiefe des Gemüthes ausdrückt. In dem alten Volksglauben wie in den alten Dichtersagen kommen die Musen zuerst in der Dreizahl Melete (Nachdenken), Mneme (Gedächtniß), Aoide (Gesang) vor. Der Musendienst verbreitete sich seit den ältesten Zeiten durch verschiedene Landschaften Griechenlands. Die Quelle dieses Mythus war jene Naturverehrung, nach welcher die lebendige Phantasie der Griechen den Gewässern und den mit Erddämpfen geschwängerten Quellen eine begeisternde Kraft zuschrieb,

daher hatte jede griechische Landschaft ihre eignen Musen, in verschiedener Zahl und Abstammung und mit einheimischen Sagen verschmolzen. Besonders wurden Thrazien mit seinen alten Sterndeutern und Priestern, Delphi mit seinen Erddämpfen und alten Drakeln, der Helikon mit seinen Wäldern, Grotten und Quellen Hauptsitze der Musenverehrung. Die Verehrung des Apollo in Delphi brachte den Mythus von dieser Gottheit in nähere Verbindung mit den tanzenden, singenden und wahrsagenden Musen, und das ganze Gebirge des Parnassus, das sich von Delphi nach Lokris zieht, wurde mit seinen Grotten diesen vereinten Gottheiten geweiht. Die letzte Ausbildung erhielt der Mythus von den Musen in Böotien, wo der Berg Helikon und der Musenhain, die begeisternden Quellen Hippokrene und Aganippe mit dem Musendienste in Verbindung gebracht wurden. In dieser Landschaft entstand die spätere Sage von den neun Musen durch Homer's und Hesiod's Dichtungen. Nach dieser Sage waren die Musen Töchter des Jupiter und der Mnemosyne. Sie wohnten auf dem Olympus, wo sie unter Apollo's Leitung die Götter beim Mahle durch Gesang erheiterten. Die alten Dichtersagen erzählen Manches von ihrem Wettstreite im Gesange. So von den Sirenen, welche, in einem solchen Kampfe besiegt, sich die Federn aus den Flügeln rupfen lassen mußten, womit die Musen sich schmückten. Der alte Sänger Thamyris wurde gleichfalls von ihnen überwunden und verlor zur Strafe das Augenlicht und die Kunst, die Cyther zu spielen.

Man schrieb ihnen Jungfräulichkeit zu, im bildlichen Sinne aber wurden berühmte Sänger und Dichter ihre Söhne genannt. Aus Griechenland kamen die Musen nach Italien und wurden von den Römern auch Camönen genannt. Nach den ältesten Sagen waren nur Gesang und Tanz die Beschäftigungen der Musen, und erst in weit spätern Dichtungen wurden ihnen die bestimmten Geschäfte zugetheilt, die den ältern Vorstellungsarten ebenso fremd waren als die Beschränkung der Musen auf die Künste, da das Alterthum vielmehr Jeden, der im Gebiete der Wissenschaft und Kunst Treffliches leistete, durch die Muse begeistern ließ. Die Musen erscheinen in Kunstdarstellungen oft beflügelt und nie mit entblößtem Busen. Auf dem Haupte tragen sie gewöhnlich Kränze von Palmblättern oder die Federn, welche nach der mythischen Sage ihren Sieg über die Sirenen bezeichnen, nach einer andern Deutung aber auf die hohe Richtung ihrer Gedanken sich beziehen. Gewöhnlich werden sie im Kreise vereint um den Musenführer (Musaget) Apollo — wie in unserer Abbildung — dargestellt. Der spätere Mythus gibt ihnen folgende Namen: Klio, die Muse der Geschichte; Melpomene, des Trauerspiels; Thalia, des Lustspiels; Kalliope, des Heldenliedes; Euterpe, des Flötenspiels; Terpsichore, des Tanzes; Urania, der Sternkunde; Erato, des Liebesliedes; Polyhymnia, der Beredtsamkeit und Mimik. In der Kunstdarstellung werden ihnen verschiedene, doch nicht immer dieselben, sinnbildlichen Bezeichnungen beigelegt. Gewöhnlich hat Klio eine halbgeöffnete Bücherrolle, Melpomene hält die tragische, Thalia die komische Maske, Kalliope faßt ein zusammengerolltes Pergament, Euterpe hat eine oder zwei Flöten, Terpsichore rührt die siebensaitige Lyra, Urania hält in der linken Hand eine Kugel, in der rechten einen Stab, mit welchem sie die Kugel bezeichnet, Erato schlägt mit dem Plectrum eine neunsaitige Leier, und Polyhymnia wird in sinnender Stellung abgebildet, die Arme in das Gewand wickelnd, zuweilen mit Rosen bekränzt, das Bild des beredten sinnvollen Schweigens.

Giftwanzen in Miana.

Es ist bekannt, daß die Verletzungen, die einige größere Thiere dem Menschen zufügen, bedeutend geringer sind als diejenigen kleinerer Feinde, wie der Insekten und Würmer. Diese Geschöpfe erregen ihrer widrigen Gestalt wegen nicht nur Ekel, sondern verwunden auch durch ihre Stiche und Bisse, die zuweilen nur schmerzlich, in manchen Fällen aber auch tödtlich sind. Die Giftwanze von Miana, die von den Eingeborenen Milleh genannt wird, ist vielleicht das kleinste jener Thiere, deren Biß tödtlich ist, und wenn sie ebenso weit verbreitet wäre als andere Insekten, so würde sie hinsichtlich der Verwüstungen unter den Menschen der wüthendsten Pest wenig nachstehen. Dieses gefährliche Thier ist glücklicher Weise nur in einer unbedeutenden Stadt im nordwestlichen Theile Persiens anzutreffen und entfernt sich nie weit von den Mauern derselben. Es scheint, als ob in der Örtlichkeit die Ursache dieser Plage zu suchen sei, denn die Wanzen, die man in den benachbarten Ortschaften findet, sind weniger giftig als die innerhalb von Miana, und das Gift derselben vermindert sich mit der weitern Entfernung von der Stadt. Die Berichte über dieses Insekt sind so seltsam, daß man fast an dessen Dasein zweifeln könnte, wenn nicht Alles zu sicher bestätigt wäre. Man sagt, daß diese Thiere bei den Fremden tödtliche oder wenigstens schwere Krankheiten hervorbringen, nicht weniger bei den Persern und selbst bei den Eingeborenen, die sich einige Jahre lang daselbst aufgehalten haben, und doch achten die Bewohner der Stadt und die Landleute der Nachbarschaft den Stich der Milleh nicht mehr, als ein Europäer einen Mückenstich. Man kann nicht sagen, daß sie sich daran gewöhnt hätten, denn der erste Stich ist gewöhnlich tödtlich; es wäre möglich, daß bei Kindern das Gift nur wenig oder gar keine Wirkung hätte, und daß dasselbe, wie viele andere Krankheiten, eine und dieselbe Person nicht mehr als einmal zu befürchten habe. John Maundeville, ein englischer Reisender im 14. Jahrhundert, nennt eine Stadt, östlich von Tabris, wo kein Christ lange wohnen könne, da ihn in kurzer Zeit der Tod hinwegraffen würde, ohne daß man die Ursache zu nennen wisse. Ohne Zweifel spielt dieser wahrheitliebende Reisende auf Miana an, das in der erwähnten Richtung liegt.

Alle Reisenden, die diesen Theil Persiens besucht haben, erwähnen dieser Insekten. Der Engländer Porter sagt: „Ein Reisender wagt sein Leben, wenn das Zimmer, das er bewohnt, nicht völlig frisch und rein ist, denn die Stadt und die umliegenden Dörfer sind mit einer Pest in Gestalt kleiner giftiger Wanzen behaftet, die sie unmöglich ausrotten können. In allen alten Häusern gibt es unzählige derselben; man sieht sie an den Wänden auf- und niederlaufen und sie haben ungefähr die Größe der europäischen Wanzen, nur daß sie etwas platter und von glänzendrother Farbe sind. Ihr Biß ist tödtlich, und erst erzeugt er eine Krankheit von acht bis neun Monaten, die fast immer nur der Tod endigt. Fremde, d. h. nicht nur Ausländer, sondern auch Leute, die nicht für immer in der Stadt oder deren Umgegend wohnen, sind der Gefahr ausgesetzt, auf diese Art vergiftet zu werden, während die Bewohner selbst und die umwohnenden Landleute entweder nie gebissen werden oder doch ihnen der Biß gänzlich unschädlich ist."

William Ouseley war 1812 in Miana. Man erzählte ihm, daß diese Insekten von den Decken und Balken alter Häuser herabfielen, die ihr Lieblingsaufenthalt wären, und daß kaum die Hälfte der Fremden, die von ihnen gebissen würden, mit dem Leben davon kämen. Man erzählte ihm viele Beispiele davon, die zu bezweifeln er keinen Grund hatte. Ein Diener des englischen Gesandten Sir Harford Jones starb an einem solchen Biß, und ein anderer erholte sich nur sehr schwer, nachdem man ihn mehre Wochen lang in eine warme Kuhhaut eingewickelt hatte, was für das beste Mittel gehalten wird, obschon es nicht immer hilft. Ein Kosack, der den russischen Baron Wrede auf seiner Gesandtschaft nach Persien begleitete, wurde in Miana ebenfalls von einer Wanze gebissen. Am nächsten Morgen kam auf seinem Fuße ein schwarzer Fleck zum Vorschein und der Unglückliche wurde wahnsinnig; auf den Rath mehrer Einwohner wurde eine Kuh geschlachtet und der Kosack in die warme Haut gewickelt; aber es war vergebens, er starb unter den heftigsten Schmerzen. Ein anderes Mittel, das von den Einwohnern angewendet wird, besteht darin, daß man den Gebissenen augenblicklich in kaltes Wasser setzt und den Saft gepreßter Trauben trinken läßt. Nach den Angaben mehrer Reisenden sind diese Thiere in der heißen Jahreszeit am zahlreichsten; sie sollen dann wie Heuschreckenschwärme die Dörfer überfallen. Die Bewohner begießen hierauf gewöhnlich ihre ganzen Gemächer mit siedendem Wasser und befreien sich so auf kurze Zeit von diesem quälenden Ungeziefer. Die Berichte der Reisenden über die Gestalt und die Farbe dieser Wanzen stimmen nicht überein. Moritz Kotzebue, welcher 1817 mit einer russischen Gesandtschaft in Miana war, sagt, sie wären etwas größer als die europäischen, von dunkelrother Farbe, mit vielen rothen Flecken auf dem Rücken. Ebenso verschieden sind die Angaben über die Zeit, binnen welcher der Gebissene stirbt. Einige sagen sechs Wochen, Andere mehre Monate, noch Andere gar wenige Stunden. Die Krankheit beginnt gewöhnlich mit Übelkeit, gallenhaftem Erbrechen und Ekel, worauf Verstopfungen der Leber, der Gallenblase und der Eingeweide folgen. Es ist ein Glück, daß sich diese Thiere nicht in die Kleider verkriechen, sonst würden sie bald über ganz Persien verbreitet sein.

Bettler in den Vereinigten Staaten.

Auf meiner ganzen Reise durch Amerika — erzählt ein Reisender — habe ich nur zwei Menschen angetroffen, die um ein Almosen baten; aber selbst diese wenigen Bettler, wenn man sie so nennen kann, waren von nicht gewöhnlicher Art. Einer derselben war ein kräftiger, junger Mann von gutem Aussehen, seiner Aussage nach ein Deutscher, und hatte zur Zeit, wo ich ihn sah, schon sieben Jahre in Amerika zugebracht. Er war aus Tirol ausgewandert und hatte daselbst eine Frau und drei Kinder zurückgelassen, die ihm aber, wie man bestimmt hatte, nachfolgen sollten, sobald seine Frau zum Besitz einer Erbschaft gelangt sein würde, die ihr nach dem Tode ihres bejahrten Vaters zufallen mußte, welcher schwach und krank und schon 86 Jahre alt war. Aber erst nach fünf Jahren starb er und seine Tochter gelangte zur lange erwarteten Erbschaft. Ihr Gatte war während der Zeit, wie er selbst erzählte, nicht müßig gewesen, denn nachdem er mehre Theile des Landes durchwandert, hatte er ein Stück Land im westlichen Theile des Staates Ohio zum künftigen Wohnsitz für sich und seine Familie ausgesucht. Da er aber das neue Besitzthum nicht gleich mit baarem Gelde bezahlen konnte, erbot er sich, einen Theil des Kaufgeldes abzuarbeiten, indem er zugleich einige Monate im Jahre dem Anbau seines eignen kleinen Eigenthums widmete, sodaß er nach Verlauf des fünften Jahres die Hälfte der Kaufsumme abgezahlt, außerdem noch 12 — 15 Acker seines Landes urbar gemacht und sich ein Wohnhaus und eine Scheune gebaut hatte. Um diese Zeit ungefähr erhielt er einen Brief von seinen Angehörigen, worin ihm gemeldet wurde, daß sie im Begriff wären, die Reise anzutreten, und daß er einige Wochen nach Empfang des Briefes ihrer Ankunft entgegensehen könnte. Aber Woche nach Woche verstrich und sie kamen nicht, bis endlich ein Brief anlangte, der ihm die traurige Nachricht brachte, daß seine Frau und seine Kinder auf der Reise von Triest, wo sie sich nach Malaga eingeschifft hätten, von einem Seeräuber geplündert wären, der sie jedoch, nachdem er ihnen Alles, selbst die Lebensmittel, abgenommen, wieder freigelassen habe, und daß sie endlich nach einigen qualvollen Tagen in Gibraltar angekommen und von dem Gouverneur menschenfreundlich aufgenommen worden wären. So wurden in dem Augenblicke, als er erwartete, nach langer Trennung wieder mit seiner Familie vereinigt zu werden, alle seine Hoffnungen zerstört. Der Brief war von der britischen Behörde, unter deren Schutz die Familie stand, und er wurde darin aufgefodert, unverzüglich die nöthige Summe zur Einschiffung seiner Familie nach dem Orte ihrer Bestimmung zu übersenden. Diese Summe zusammenzubringen, lag außer dem Bereich seiner Kräfte; da er aber sehnlichst wünschte, wieder mit seiner Familie vereinigt zu werden, beschloß er, das Mitleid eines freien und großmüthigen Volkes anzurufen und durchwanderte nun bettelnd einen großen Theil des Landes, von dem entfernten Theil des Staates Ohio bis Neuyork. Als ich ihm begegnete, hatte er ungefähr die Hälfte seines Weges zurückgelegt, und wenn man sich auf die lange Liste der Namen Derjenigen, die ihm nicht unbedeutende Geschenke gemacht hatten, verlassen konnte, so ließ sich erwarten, daß er noch lange vor Beendigung seiner Reise die nöthige Summe erlangen würde. Einige Zeit später besuchte ich den Theil Ohios, wo der bettelnde Deutsche angeblich seinen Wohnsitz hatte, und da ich seinen Namen und die Erzählung seines Misgeschicks noch nicht vergessen hatte, nahm ich mir die Mühe, mich nach ihm zu erkundigen, und erfuhr zu meiner Überraschung, daß sich nie ein Mann dieses Namens in dieser Gegend aufgehalten habe. Der Deutsche war also ein Betrüger und seine Geschichte eine bloße Erdichtung.

Fast zwei Jahre später erhielt ich die Erlaubniß, das große Gefängniß von Auburn im Staate Neuyork zu besuchen. Unter 15—20 Gefangenen, die Schuhe verfertigten, glaubte ich ein Gesicht zu erkennen, das mir schon irgendwo einmal vorgekommen wäre, und trotz der entstellenden Gefangenenkleidung überzeugte ich mich doch endlich, daß es Niemand anders sein könnte, als der deutsche Bettler, der mir auf so rührende Weise seine Leidensgeschichte erzählt hatte. Da es nicht gestattet ist, mit den Gefangenen zu reden, wendete ich mich an den Gefängnißkaplan, der mich herumführte, und von diesem erfuhr ich, daß ich mich nicht geirrt hatte. Es ergab sich, daß die erdichtete Unglücksgeschichte dieses Menschen Allen bekannt war, und daß nie ein größerer Betrüger seine Strafe in diesem Gefängnisse erlitten hatte. Mehre Jahre lang hatte er sein Bettelsystem verfolgt, erst in einem Theile des Gebiets der Vereinigten Staaten, dann in einem andern, und stets seine mitleiderregende Erzählung nach Umständen verändert. Diese Schurkerei brachte ihm viel Geld ein, als er aber alle Gegenden, wo er Erfolg erwarten konnte, durchzogen und auch nicht geneigt war, ein ehrliches Gewerbe zu beginnen, gesellte er sich zu einer Falschmünzerbande. In diesem neuen Unternehmen war er weniger glücklich. Einige Monate später wurde er mit mehren seiner Genossen entdeckt und empfing die gerechte Strafe seiner Betrügereien.

Einen andern Bettler traf ich in Philadelphia. Eines Morgens, als ich durch die schöne Chestnutstraße ging, fesselte meine Aufmerksamkeit ein kleiner Wagen mit einer schneeweißen Leinwanddecke, die einen ehrwürdigen Greis vor den Sonnenstrahlen schützte, welcher einen magern Gaul lenkte, der nur noch mit Mühe sich fortschleppte. Auf beiden Seiten der Leinwanddecke befand sich folgende mit großen Buchstaben geschriebene Inschrift: „Meine Noth ist groß; die Gaben der Wohlthätigen werden nicht schlecht angewendet werden." Unter diesen Worten auf beiden Seiten des niedrigen Fuhrwerks war eine schmale Öffnung angebracht, ungefähr wie unsere Briefkasten, sodaß der mitleidige Vorübergehende seine Gabe nur in eine der Öffnungen zu werfen brauchte. Ich muß gestehen, daß mich diese einfache Auffoderung des Mitleids wirklich rührte. Hier konnte eine Prahlerei mit Wohlthaten nicht stattfinden, und man mußte überzeugt sein, daß jedes Geldstück so groß es auch sein mochte, welches in die Kasten des Wagens geworfen wurde, die Gabe reiner und wirklicher Wohlthätigkeit war. Ich suchte mich zu überzeugen, ob viele der Müßiggänger der scheinheiligen Stadt wirklich wohlthätig wären; aber getäuscht, stellte ich nach einer ziemlich langen Zeit meine Beobachtungen ein, da ich nur zwei Personen bemerkt hatte, die den Alten beschenkten, und diese waren Beide — Frauen. Ich sah den seltsamen Bettler nie wieder, obschon ich diese Straße oft besuchte. Auf meine Erkundigung, ob solche sonderbare Almosenbitter häufig wären, erfuhr ich, daß der Alte der einzige gewesen sei, und ich kann hinzufügen, daß diese beiden Beispiele von Bettelei die einzigen waren, die mir auf meiner langen Reise durch die Vereinigten Staaten vorgekommen sind.

Colombo.

Die neue Hauptstadt von Ceylon ist Colombo auf der südwestlichen Küste. Sie ist ziemlich regelmäßig gebaut und wird durch zwei Hauptstraßen, welche die ganze Länge der Stadt durchlaufen und sich im Mittelpunkte in rechten Winkeln schneiden, in vier Haupttheile getheilt. Kleinere Straßen laufen mit diesen parallel und werden durch Gäßchen miteinander verbunden. Am Fuße der Wälle führt ein breiter Weg rings um die Befestigungen, die aus sieben Bollwerken von verschiedener Größe bestehen, durch Mittelwälle verbunden sind und durch 300 schwere Geschütze vertheidigt werden. Das Fort hat drei Viertelstunden im Umfang und wird fast ganz vom Meere und auf der Landseite von einem umfangreichen See umgeben. Der Verkehr mit dem Lande wird durch Dämme zwischen dem Meere und dem See erleichtert. Obschon das Fort seiner insularischen Lage und seiner starken Befestigungen wegen unüberwindlich scheint, so übergab es sich doch im Jahre 1796 den Briten ohne den Widerstand, den man hätte erwarten können. Wegen ihrer gesunden Lage gewährt die Stadt einen angenehmeren Aufenthalt als vielleicht sonst ein Ort in den asiatischen Besitzungen der Briten.

Columbo hat keinen Hafen; von Anfang des Octobers bis Ende März ankern Fahrzeuge auf der äußern Rhede, da die kleine Bai neben der Stadt nur ganz kleinen Schiffen einen kurzen Aufenthalt gewähren kann. Die Häuser innerhalb des Forts sind von Stein, reinlich und sehr nett gebaut, und obschon sie größtentheils nur ein Stockwerk hoch sind, so geben sie doch der Stadt ein fast europäisches Ansehen. Vor der Ankunft der Briten waren die Häuser mit Glasfenstern versehen, aber da diese in einem so heißen Klima den freien Zugang der Luft vorzogen, so sieht man jetzt fast in allen Häusern nur Blendläden. In der Fronte eines jeden Hauses befindet sich eine große, offene, auf hölzernen Säulen ruhende Viranda, um die Zimmer vor den Sonnenstrahlen zu schützen. Diese Viranda hat ein schräges Dach und gewährt während der erfrischenden Abendkühle den angenehmsten Aufenthalt. Die Punka — ein leichtes Gestelle mit Zitz überzogen, das an der Decke des Hauptzimmers hängt und durch sein Hin- und Herwogen die darunter Sitzenden wie ein großer Fächer kühlt — wurde zuerst im Jahre 1799 nach der Ankunft des Generallieutenants Macdonald aus Kalkutta in den Häusern Ceylons eingeführt. Sie ist eines jener nothwendigen Bedürfnisse einer häuslichen Einrichtung, ohne welches in der heißen Jahreszeit die Häuser unerträglich werden.

Das Gouvernementshaus steht auf der Nordseite des Forts, mit seiner Fronte nach dem Meere zu. Es ist ein schönes Gebäude und besteht aus zwei Stockwerken, dient aber nicht zur Privatwohnung des Gouverneurs, sondern er ertheilt hier nur Audienzen und empfängt die Gesandten. Es wird zuweilen als Theater, als Ballsal und wol auch als Kirche benutzt, da das eigentliche Gotteshaus verfallen und noch nicht wieder aufgebaut worden ist. Die Kirche von Wolfendal, wo die holländischen Ansiedler ihren Gottesdienst halten, steht auf einer Erhöhung in der Mitte der Vorstadt, ungefähr eine Viertelstunde von dem Fort entfernt. Sie wurde für die cingalesischen und malabarischen Christen erbaut, die hier noch an jedem Sonntag ihre Versammlungen halten. Das Gebäude hat die Gestalt eines Kreuzes und in der Mitte erhebt sich ein hoher Dom. Eine halbe Stunde davon befindet sich die portugiesische Kirche, die für die römisch-katholischen Christen bestimmt ist. Der Theil von Columbo, der außerhalb der Mauer liegt, ist nur ein schmuziges Dorf, das eine Halbinsel einnimmt, die sich in den See ausbreitet und die Sklaveninsel genannt wird, da sie früher unter der holländischen Herrschaft von den Sklaven bewohnt wurde. Die äußere Stadt liegt ungefähr eine halbe Viertelstunde östlich von dem Fort und enthält mehr Häuser als sich innerhalb der Befestigungen befinden. Sie wird hauptsächlich von Holländern und Portugiesen bewohnt, während in den Vorstädten besonders die Eingeborenen ihre Wohnungen haben. Alle britischen Bewohner von Columbo leben innerhalb des Forts. Die Bevölkerung betrug vor mehren Jahren gegen 50,000, wahrscheinlich hat sie sich aber jetzt bedeutend vermehrt. Da das Wasser sehr salzig ist, müssen sich die Europäer ihren Bedarf fast eine Stunde weit kommen lassen. Der Aufenthalt in Columbo ist zwar sehr kostspielig; aber dennoch ist die Stadt hinsichtlich ihrer Lage und des gesellschaftlichen Lebens der angenehmste Ort in Ceylon. Fast der ganze Handel mit dem Auslande vereinigt sich hier und auch der Küstenhandel ist von nicht geringer Bedeutung.

Das Gebirge Sinai.

Die nicht allzu ausgedehnte Halbinsel, welche den nördlichsten oder vielmehr nordwestlichsten Theil des gewaltigen Landes Arabien ausmacht und, durch die beiden nördlichen und tiefen Einschnitte des rothen Meeres gebildet, gleichsam die Scheidemauer des einen riesenhaften Welttheils (Asien) von dem andern (Afrika) vorstellt, führt, wie uns bekannt ist, den Namen des steinigen Arabens, und zwar mit vollem Rechte, denn dieser District erscheint, nach dem Ausdruck des Reisenden Friedrich Hennicker, wie ein wahres Meer der Felsenwüste. „Man möchte", so bemerkt dieser Gelehrte, „beinahe der Annahme Glauben schenken, daß dieses steinige Arabien vordem ein Ocean von Lava gewesen sei, und daß dieses bewegte Meer in dem Augenblicke versteinert sei, wo seine ungeheuern Wellen als gewaltige Bergeshöhen zum Himmel emporschlugen. Weit und breit, in Höhen und Tiefen, herrscht hier einzig und allein die Versteinerung: jähe Felsenabhänge, enge Schluchten und sandige Thalgründe, welche letztere gleichsam dazwischengestreut erscheinen, so, als sollte sie noch in ihrer traurigen Nacktheit einsamen, öden Natur eine gewisse Abwechselung verleihen. An Vegetation, an Keim und Pflanzenwuchs ist natürlicherweise hier fast nicht zu denken. Die Ebenen sind mit Kiesel- und Feldsteinen bedeckt; andere haben, wie bemerkt, sandigen Boden. Einige wenige verkümmerte und vertrocknete Pflanzengattungen saugen ihre dürftige Nahrung aus den Felsenspalten oder aus einer geringen Beimischung von Thon, der hier und da sich mit dem steinigen Boden verbindet. Regen fällt selten in dieser Wildniß und noch weit seltener sind frische Wasserquellen. Auch ist das Wasser, welches hin und wieder gefunden wird, sehr mit Schwefeltheilen geschwängert, ein Umstand, der ganz vorzüglich für die vulkanische Beschaffenheit des Bodens spricht."

Fast in dem Mittelpunkte dieses von der Natur anscheinend so zurückgesetzten Landstrichs erhebt sich die Gruppe der Sinaigebirge, deren Namen wir dem Leser nur nennen dürfen, um in seiner Erinnerung manche unvergeßliche Züge und Ereignisse zu erwecken, die dieses Gebirge mit der heiligen Geschichte in Verbindung setzen. Eine sehr ausführliche und genaue Beschreibung desselben verdanken wir dem berühmten Reisenden Burckhardt, der diese von Europäern nur selten besuchte Gegend nach allen Richtungen durchstreifte. Die Richtung und Verzweigung des Sinaigebirges, so bemerkt dieser Reisende, läßt sich am besten von dem Berge der heiligen Katharina aus bestimmen, welcher seinen ausgezeichnetsten Höhepunkt bildet. Der obere Kern des Sinai, der fast durchgängig aus Granit besteht, bildet eine felsige Wildniß, von unregelmäßig kreisförmiger Gestalt, welche sich von vielen engen Thälern durchschnitten zeigt und ungefähr 30—40 Meilen im Durchmesser hat. Hier finden sich die höchsten Berge der Halbinsel, welche sämmtlich schroffe, steile und fast abenteuerliche Bildungen zeigen, sodaß man sie leicht von allen Punkten der Umgegend aus wahrnehmen kann. In dieser Gegend finden sich auch einige fruchtbare Thäler, welche Obstbäume hervorbringen, doch erstrecken sich diese wenigen glücklichen Punkte, die man in dieser Felsenöde als wahre Oasen betrachten kann, nur etwa drei bis vier Stunden von dem St.-Katharinenkloster nach mehren Richtungen hin. Wasser ist hier wenigstens in ziemlicher Fülle vorhanden, weswegen sich auch, wenn die niedriger liegenden Gegenden ganz ausgedorrt sind und keine Erquickung mehr darbieten, alle Beduinen hierher begeben. Dies war auch die Stelle, wo vor Jahrtausenden die Israeliten auf ihrer Wanderung von Ägypten nach Palästina ihr Lager aufschlugen und beinahe ein Jahr lang rasteten, eine Stelle, die in den heiligen Erzählungen, welche diesen Auszug darstellen, so häufig erwähnt wird. Dessenungeachtet hält es sehr schwer, wenn es nicht gar unmöglich ist, die einzelnen Höhepunkte, deren Namen die heilige Tradition unsterblich gemacht hat, genau zu unterscheiden und zu bestimmen, so z. B. den Berg Horeb, wo Moses die göttliche Berufung zu seinem großen Werke empfing, oder den Berg Sinai, wo die heiligen Gesetzestafeln in seine reinen Hände gelegt wurden; obgleich zwischen Reisenden und Gelehrten über diesen Gegenstand sich zu verschiedenen Zeiten mannichfache Widerrede erhoben hat. Diejenigen Leser, welche sich eine so viel als möglich umfassende Bekanntschaft mit den einzelnen und Hauptpartien des Sinaigebirges, ihrer Lage, Entfernung, Richtung u. s. w. verschaffen wollen, können wir nur eben auf Burckhardt's wichtiges Reisewerk verweisen. Hier müssen wir uns darauf beschränken, einen mehr allgemeinen Überblick von dieser ehrwürdigen Bergkette zu geben, wobei wir uns jedoch zu Gunsten unserer Leser der möglichsten Vollständigkeit befleißigen werden.

Der durch die biblische Geschichte geheiligte Theil der Sinaigruppe besteht aus zwei aneinander grenzenden Höhen oder, man könnte besser sagen, aus einem Gebirge mit zwei Gipfeln, welche unter dem Doppelnamen des Gebel Mousa oder Berg des Moses, und Gebel Katarin oder Berg der Katharina bekannt sind. Nach der Meinung des Volkes ist der erstere der eigentliche Sinai, der letztere aber der Berg Horeb. Andere jedoch sind gerade der umgekehrten Ansicht und bezeichnen den erstern als den Horeb, den letztern aber als den Sinai der heiligen Geschichte. Weiter nach Westen hin zeigt sich ein noch höherer Punkt mit fünf Spitzen, der den Namen des Berges Serbal führt, welcher in früherer Zeit gleichfalls von Einigen für den Mosesberg gehalten wurde. Auf diesem Berge fand Burckhardt das Fundament eines weitläufigen Gebäudes, sowie die Trümmer mehrer anderer Bauwerke, und an verschiedenen Seiten, sogar auf dem höchsten Gipfel, kolossale Granitblöcke mit Inschriften. Hier entdeckte er auch an mehren Stellen in Felsen eingehauene Stiegen, deren regelmäßige Form sich noch vollkommen gut erhalten hatte. Bei der ungeheuern Härte des Gesteins mußte die Anlegung dieser Felsentreppen den Arbeitern außerordentliche Mühe gekostet haben. Näher dem Gipfel des Berges häufen sich die Granitblöcke und bilden in ihrem durcheinandergeworfenen Zustande mehre Höhlen, so groß, daß einige Personen darin Raum finden. Auf den Außenwänden dieser natürlichen (vielleicht auch künstlichen) Höhlen befinden sich mannichfache Inschriften. Auf den beiden andern Bergen jedoch, dem Gebel Mousa und dem Gebel Katarin, findet man solche Inschriften nicht, außer an der Stelle, wo, durch Moses Stab hervorgerufen, das Wasser aus dem Felsen hervorgequollen sein soll. Diese Inschrift rührt aber unstreitig von spätern Pilgern her, welche die heilige Stelle besuchten. Aus diesen Umständen und Wahrnehmungen allen zieht Burckhardt den Schluß, das der Berg Serbal in früherer Zeit der Hauptort für die Wallfahrten der Pilger in dieser Gegend gewesen sei, und daß er unstreitig damals als der heilige Berg betrachtet wurde, wo Moses die Tafeln des Gesetzes aus den Händen der Gottheit empfing; doch spricht es derselbe Reisende als seine Überzeugung aus, daß das Lager der Israeliten sich auf dem obern Sinai befunden habe, und daß demnach entweder Gebel Mousa oder der heutige Katharinenberg der wahre Horeb sein müsse. Auch halten weder die Mönche von Sinai, noch die von Kairo den Berg Serbal für einen Hauptschauplatz der Mosaischen Geschichte, sowie sich auch unter den Beduinen keine ihn vorzugsweise berührende Tradition findet; vielleicht waren es also zuerst die byzantinischen Geschichtschreiber, welche das nachmalige Ansehen dieses Berges begründeten. Zu der Verwirrung der spätern Ansichten, ob der eine oder der andere der vorgenannten Berge der wahre Horeb oder wahre Sinai seien, haben auch die heiligen Urkunden selbst Vieles beigetragen, welche sich oft mit großer Unbestimmtheit dieser beiden Benennungen bedienen.

Den Namen des Katharinenberges erhielt der Horeb von dem an seinem Fuße befindlichen und nach dieser Heiligen benannten Kloster, welches aber ursprünglich der Verklärung Christi gewidmet war. Es war der Kaiser Justinian, der dieses Kloster erbaute, und die Legende erzählt, es habe wenige Jahre nach dessen Stiftung einer der Mönche einen Traum gehabt, der ihn in Kenntniß gesetzt habe, wie der Körper der heiligen Katharina, welche den Märtyrertod zu Alexandria erlitten, von Engeln auf die höchste Spitze der umliegenden Gebirge getragen worden sei. Es bestiegen deshalb, um sich von der Wahrheit dieses Traumes zu überzeugen, die Mönche das Gebirge in feierlicher Procession, fanden wirklich die Gebeine der Heiligen, brachten sie herab und begruben sie in ihrer Klosterkirche. Diese Legende mag nun allerdings hingereicht haben, um nicht blos das Kloster, sondern den ganzen Berg nach der heiligen Katharina zu benennen.

Die Reisenden, welche in diesem Kloster übernachten, halten es in der Regel nach kurzer Rast für ihre erste Pflicht, den Gipfel des Gebel Mousa zu ersteigen, zu welchem der Pfad unmittelbar hinter den Klostermauern heraufführt. Regelmäßige Stufen waren eingehauen und erleichterten ehemals den Weg bis auf die Höhe hinauf; jetzt sind sie durch die winterlichen Wassergüsse fast ausgewaschen und vertilgt, sodaß man sich ihrer kaum noch bedient. Nach einem etwa dreiviertelstündigen ziemlich steilen Aufsteigen gelangt man zu einer kleinen Ebene, zu welcher von unten empor ein steinerner Thorweg führt, der in frühern Zeiten wahrscheinlich verschlossen wurde. Nicht weit von diesem, mitten in den Felsen, ist eine kleine Kirche, der heiligen Jungfrau gewidmet. Auf der Ebene selbst befindet sich ein größeres Gebäude von roher Bauart, das den Namen des heiligen Elias führt. Dieses heilige Haus wird nur noch zu gewissen Zeiten des Jahres von den Mönchen besucht, um dort Messen zu lesen. Ein schlanker Cypressenbaum steht hier neben einer Cisterne von Stein, wo sich das Regenwasser sammelt, und dieses Plätzchen dient den Pilgern zum angenehmen Ruhepunkt. Noch vor einigen Jahren standen hier, nach der Versicherung des Reisenden Laborde, der den Sinai gleichfalls besuchte, außer diesem einsamen Cypressenbaume noch zwei andere von derselben Gattung, und drei Olivenbäume; allein sie sind alle, mit Ausnahme dieses einzigen, eingegangen. Hier war es, wo, nach der Meinung der Araber, Moses sich in der Nähe der Gottheit befand. Von hier aus wird das Aufsteigen zum Gipfel noch steiler und beschwerlicher; auf letzterm steht eine Kirche, welche das eigentliche Ziel für die wallfahrenden Pilger ausmacht. Diese Kirche ist aus Granit erbaut, hat jedoch viel von den Arabern gelitten, die sich geflissentliche Mühe gaben, sie zu zerstören. Sie glauben nämlich, es seien unter ihrem Gestein noch die Gesetzestafeln des Moses verborgen, und um diese zu finden, unterminirten sie das heilige Gebäude von allen Seiten. Auch die Moslems haben hier eine kleine Moschee von sehr schmucklosem und ärmlichem Ansehen; diese steht auf einer etwas tiefern Stelle, ungefähr 30 Schritte von der Kirche entfernt, wird jedoch von den Anhängern des Propheten nicht minder heilig gehalten. Die Beduinen besuchen sie oft und schlachten hier Schafe zu Ehren des jüdischen Gesetzgebers, dem sie auch Gelübde darbringen. Eine andere, den Moslems heilige Stelle befindet sich gleichfalls in der Nähe; dies ist ein Eindruck in den harten Felsen, der einigermaßen dem Vordertheile eines menschlichen Fußes gleicht. Dieser etwas riesenhafte Fußtapfen soll von Mohammed selbst herrühren, als dieser den Berg besuchte. Daß ein solcher Besuch des Berges von Seiten des Propheten stattgefunden, glauben seine Anhänger fest, wiewol derselbe durch die Geschichte nirgend verbürgt wird. Der Katharinenberg ist höher und malerischer als der Mosesberg. Auf ihn verlegt man den feurigen Busch, in welchem Gott der Herr sich vor Moses flammend niederließ, wie unser Schiller es ausdrückt. Allein die Stelle, wo dieser Busch gestanden, kann nicht mehr gezeigt werden, da auf derselben ein heiliges Gebäude errichtet worden ist. Das Ersteigen des Berges ist sehr beschwerlich, allein es belohnt sich auch durch herrliche Aussichten auf die Meerbusen von Akaba und Suez, welches die beiden Einschnitte oder tiefen Busen des rothen Meeres sind, die eben die Halbinsel gebildet wird. Der Blick erstreckt sich ferner auf die Insel Teraan, das Dorf Tor und die Hochebene von Suez, und Laborde will sogar die afrikanischen Gebirge gesehen haben. Der Gipfel des Sinai zeigt sich weit unterhalb; das Übrige, was dem Beschauer ins Auge fällt, ist freilich nur die traurige Einöde, jenes Meer der Felsenwüste, wie wir es im Eingange bezeichneten; jene durcheinander gestreute und worrene Masse von Granitbergen und alles grünen Schmucks beraubten Thälern, welche eben das Charakteristische der Gegend ausmachen. Auch dieser Berg, sowie der andere endigt in einer scharfen Spitze, die aus einem ungeheuern Granitblock besteht, dessen abgeplattete Oberfläche man nur mit großer Mühe besteigen kann. Auf dem Gipfel selbst befindet sich eine kleine Kapelle, die aus blos übereinander gelegten, unverkitteten Steinen erbaut ist und kaum so viel Höhe hat, daß eine erwachsene Person darin aufrecht stehen kann. Diese, sagt die Überlieferung, stehe auf derselben Stelle, wo man den Leichnam der heiligen Katharina hinweggenommen. Zwischen dem Sinai und dem Horeb befindet sich das Thal El-Ledja, mit dem kleinen Kloster El-Erbayn, einem gewöhnlichen Ruheplatze für die von dem unwirthlichen Gebirge herabkommenden Reisenden. Dieses Thal, obwol eng und von umhergestreuten Steinblöcken beinahe verschlossen, welche von dem hohen Gebirge nach und nach herabrollten, ist doch im Ganzen ein angenehmer Aufenthalt. Der Thorweg soll auf der Stelle errichtet sein, wo einst ein wunderbares Kreuz von Eisen den weitern Fortschritt eines Juden hemmte, der durch dieses Wunder sich zum Christenthum bekehrte und bei der Cisterne mit dem Cypressenbaume die Taufe empfing. Man zeigt in diesem Thale ferner einen andern Felsblock, aus dem Moses Wasser schlug; dieser liegt ganz abgelöst von allen übrigen an der Seite des Fußpfades, ist von unregelmäßiger Würfelgestalt und etwa zwölf Fuß hoch. Auf seiner Oberfläche zeigen sich mehre Öffnungen, aus denen, wie der Wunderglaube berichtet, das Wasser hervorgebrochen sein soll. Unstreitig sind aber die meisten davon das Werk von Menschenhänden; einige mögen auch wol natürlich sein. Auch die Beduinen halten diesen Felsblock für heilig und legen Gras in die Öffnungen desselben, zur Opfergabe für den Gesetzgeber der Juden, eine Gabe, die bei ihnen freilich kostbarer und werthvoller geachtet wird als bei uns, da ihre ganze Existenz davon abhängt. Sie bringen auch zuweilen ihre Kameele hierher, lassen sie vor dem Felsblock niederknieen und sprechen einige Gebete über sie, in der Meinung, daß dies die Fruchtbarkeit dieser Thiere vermehren soll, sodaß sie reichlichere und schönere Milch geben. Ein anderer großer Steinblock enthält einen natürlichen Sitz, auf welchem Moses häufig ausgeruht haben soll; noch ein anderer wird von den Arabern der „Kochtopf des Moses" genannt, weil er einigermaßen einem solchen gleicht. In diesem vermuthen die Araber große Schätze und versuchten daher mehrmals, ihn zu sprengen, wiewol vergebens.

Stahlfedern rein und feucht zu erhalten.

Eine englische Zeitschrift empfiehlt folgendes Mittel, die Stahlfedern immer rein und feucht zu erhalten. Man thut ein Schrotkörner in ein Gefäß und feuchtet sie mit etwas Wasser an. So oft man die Stahlfeder gebraucht hat, steckt man die Spitze in die Schrotkörner und läßt sie darin, bis man sie wieder gebrauchen will. Auf diese Weise bleibt sie immer feucht und es kann sich nie Rost von der Tinte ansetzen, wodurch die Federn verdorben werden. Auch lassen sich die beim Schreiben zwischen den Spalt sich ansetzenden Fasern dann leicht wegschaffen.

Der Louvre.

Unter den vielen prachtvollen Gebäuden, welche Frankreichs Hauptstadt schmücken, verdient der Louvre vorzügliche Aufmerksamkeit. Nirgend erscheint Paris herrlicher, als da, wo die beiden Denkmäler wahrhaft königlicher Pracht, der Louvre und die Tuilerien, sich allmälig zu einem großen Ganzen vereinigen. Das von dem Anschauen der zum Theil höchst kunstvollen Architektur an den ungeheuern Gebäuden ermüdete Auge kann um so angenehmer in dem freundlichen Garten ausruhen, welcher sich an die Tuilerien anschließt, und weiter hinaus bis in die elysäischen Felder schweifen. Der Flächenraum, den jene Paläste einnehmen, wird weit über eine Milliarde Quadratfuß angegeben, woraus man den Umfang des Ganzen leicht abnehmen mag. Der Louvre, dieser am nördlichen Ufer der Seine, unweit des Pontneuf gelegene, alte königliche Palast, hat mit seiner prächtigen Colonnade von 36 korinthischen Säulen den Namen ihres bescheidenen Erbauers Perrault, welcher unter der Regierung Ludwig XIV. lebte, verewigt. Über den Ursprung dieses Gebäudes, sowie über die Bedeutung seines Namens herrschen nur ungewisse Sagen. So viel ist jedoch gewiß, daß schon im 7. Jahrhundert hier an den Ufern des Flusses ein Bollwerk stand, welches allmälig erweitert, von Philipp August 1214 als Staatsgefängniß benutzt, von Karl V. 1364—80 verschönert und zur Aufbewahrung einer Bibliothek und der Schatzkammer bestimmt, und unter Franz I. ums Jahr 1530 zu einem Residenzschlosse umgestaltet wurde. Heinrich IV., Ludwig XIII. und Ludwig XIV. vergrößerten und verschönerten den Palast. Später ward er vernachlässigt, bis endlich Napoleon 1801 den Bau zu vollenden befahl und über jedes Fenster und jede Thüre ein N anbringen ließ, damit sein Name auch hier der Nachwelt überliefert werden möchte. In der Folge ist freilich dieser Buchstabe, sowie so manches Andere, was Napoleon schuf, vertilgt worden, immer jedoch müssen wir seine Verdienste um die Wiederherstellung dieses Prachtgebäudes dankbar anerkennen. Viele Erinnerungen aus der ältesten und neuesten Geschichte knüpfen sich an den Louvre. Hier wurde die Vermählung Heinrich IV. von Navarra mit Margarethe von Valois gefeiert. Hier schoß während der unglückseligen Bartholomäusnacht 1572 der junge König Karl IX. aus einem Fenster auf die Hugenotten, die sich retten wollten. Hierher schaffte man Heinrich IV., als Ravaillac's Dolch ihn getroffen hatte. Späterhin, als die Herrscher Frankreichs andere Paläste zu ihrer Wohnung nahmen, wurde der Louvre ein Tempel der Wissenschaften und Künste. Hier befindet sich die Antikensammlung, sowie andere Sammlungen kostbarer Gemälde, und erst neuerdings ist ein überaus werthvolles Cabinet der spanischen Schule hierher gebracht worden. Gelehrtenvereine halten im Louvre ihre Sitzungen, und die Erzeugnisse von Frankreichs Industrie, sowie die der jetzt lebenden Maler werden jährlich hier ausgestellt. Dann ist der Zudrang zu den Sälen des Louvre größer als außerdem, und Einheimische und Fremde füllen die weiten Räume desselben, um die Meisterwerke der französischen Künstler zu beschauen, die sich reichlich hier vorfinden. Wir geben unsern Lesern auf umstehender Abbildung die schöne und in edlem Style erbaute Treppe, welche zu den Galerien führt, die den Schätzen der Kunst gewidmet sind.

Die große Treppe des Louvre in Paris.

Verantwortlicher Herausgeber: Friedrich Brockhaus. — Druck und Verlag von F. A. Brockhaus in Leipzig.

Das Pfennig-Magazin
für Verbreitung gemeinnütziger Kenntnisse.

250.] Erscheint jeden Sonnabend. **[Januar 13, 1838.**

Der amerikanische Dampfwagen.

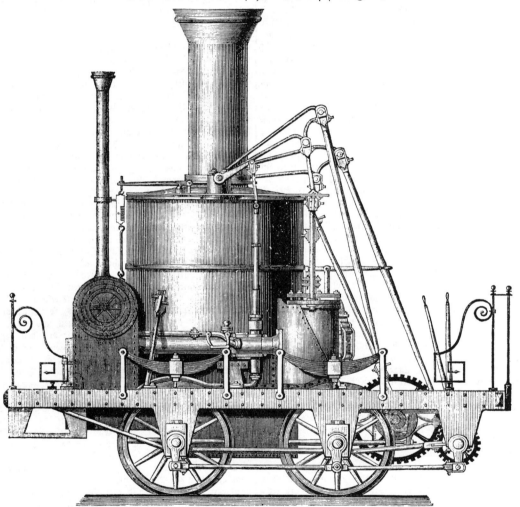

Wenn wir die Geschichte der Erfindungen seit der Mitte des vorigen Jahrhunderts durchgehen, so bemächtigt sich unserer ein tiefes Staunen vor der Schöpferkraft des menschlichen Geistes. Wir sehen die seit Jahrtausenden bekannten Naturkräfte, denen man während dieser langen Zeit keine nützliche Anwendung abzugewinnen wußte, um dem Menschen dienstbar zu werden, wir sehen, wie mit ihrer Hülfe das Unglaubliche verwirklicht wird, wie auf diese Weise die Physiognomie der Gesellschaft sich ändert, eine ungekannte Thätigkeit, eine nie geahnete Bewegung sich derselben bemächtigt, die Bevölkerung in Folge dessen sich schnell vermehrt und mit dem Bedürfnisse die Befriedigung derselben und die Ge-

nüsse in gleichem Maße wachsen. Inmitten dieser Bewegung stehend, vermögen wir freilich nicht zu sagen, wo sie anhalten, wann diese Thätigkeit sich absetzen und als reiner Gewinn das Erbtheil einer künftigen Zeit bleiben wird. Aber daß dies geschieht, daß dieses Streben und die Errungenschaft des menschlichen Geistes unserm Geschlechte zum Gesammtvortheil gereichen, daß die materiellen Güter und Genüsse, die daraus hervorgehen, nur einem Fortschritt der geistigen und höhern Bildung zum Mittel dienen werden, dafür ist uns nicht blos die Geschichte desselben selbst Bürge, sondern die Erfolge, welche die, man kann sagen, kaum begonnene Thatsache darbietet, beweisen deutlich, daß ihr Endresultat nur ein Glück für die Welt sein kann. Die Kurzsichtigkeit, die Trägheit und der Egoismus haben zusammen diese Richtung der Geister, diesen wesentlichen Charakter unsers Zeitalters angeklagt, sie haben das Unwesentliche, das Zufällige, das Vorübergehende, als das Wesen, das Nothwendige und Dauernde bezeichnet und haben gefodert, daß man hemmend eingreife in diese gewaltige und, wie man vorgibt, planlose und verderbliche Bewegung, daß man die Bahn der Weltgeschichte verändere, weil Einige darauf schwindeln werden, weil dieser Lauf keine Bequemlichkeit duldet und weil er das ererbte Vorrecht gefährdet; sie haben verlangt, daß der menschliche Geist und seine Thatkraft auf halbem Wege umkehre und die von ihnen für zweckdienlich erachtete Bahn einschlage. Es sind jener Entfaltung ungeheurer Kräfte alle die Vorwürfe gemacht worden, mit welchen die Beschränktheit und der böse Wille jede in ihren Folgen wohlthätige Neuerung verfolgt haben. Man hat zur Abhülfe der Übelstände und Misbräuche, welche beim Beginn ihrer Wirkung unvermeidlich sind, vorgeschlagen, ihrer Ausdehnung Schranken zu setzen oder gar ihre Anwendung zu verbieten. Es gibt kein Einzelninteresse, an welches man sich nicht geklammert, keine blinde Leidenschaft, zu der man nicht gesprochen, keinen Mangel an Einsicht und Aufklärung, den man nicht benutzt hätte, um die Gemüther jenem Streben zu entfremden. Man hat den Massen die allgemeine Verarmung, dem Besitze die ungesetzliche Beraubung, den Regierungen die Aufopferung ihrer Attribute als Schreckbild vorgehalten. Man hat dadurch nichts weiter erzielt, als daß Argwohn und Mistrauen selbst Diejenigen davon abgewendet, welche durch ihr thätiges Mitwirken am meisten dazu hätten beitragen können, die Mängel und Fehler der neuen Einrichtung zu vermindern und dadurch eine frühere Reife jener Früchte herbeizuführen, die allerdings auch ohnedies erfolgen muß, und welche die Menschheit einst segnend ernten wird. Es würde hier zu weit führen und unserm Zwecke zuwiderlaufen, wollte man versuchen, alle Vorurtheile zu widerlegen, alle falschen Schlüsse aufzudecken, welche gegen die Vervollkommnung der Mechanik, gegen das Maschinenwesen und die Erscheinungen, die es hervorgerufen, angeführt werden; wir werden über diesen Gegenstand künftig in diesen Blättern sprechen und gehen zu dem eigentlichen Zwecke des vorliegenden Aufsatzes über. — Seitdem James Watt*), den vollen Anspruch auf den Namen eines der größten Wohlthäter des Menschengeschlechts sich erwerbend, den Dampf in einen Cylinder sperrte und damit Lasten zu heben versuchte, also seit noch nicht 80 Jahren, hat seine Erfindung eine solche Ausdehnung gewonnen, sie ist so mannichfaltig angewendet worden, wie dies bei keiner frühern der Fall war; die meisten der technischen Gewerbe haben ihren Einfluß empfunden und sind mehr oder minder dadurch umgestaltet worden; weite öde Landstriche sind mit Hülfe dieser Erfindung mit einer dichten Bevölkerung übersäet, dem unfruchtbaren Boden sind verborgene Schätze abgerungen worden. Der Erfinder selbst war einer der wenigen Sterblichen, denen es vergönnt war, die Frucht seines Werkes zu ernten, das Emporblühen desselben noch zu schauen, und was gleichfalls wenigen Erfindern zu Theil wurde, er selber brachte die von ihm erfundene Maschine schon zu einem Grade der Vollkommenheit, welche künftige Verbesserungen erleichterte und ihre allgemeine Anwendung möglich machte. Doch konnte er noch nicht ahnen, welche noch größere, noch erstaunenswürdigere Umwälzungen seine Erfindung herbeiführen würde. Seitdem wurden die Dampfschiffahrt und die Dampfwagen erfunden, Erfindungen, wichtig in ihren Folgen, wie die des Pulvers und der Buchdruckerkunst, wohlthätiger als die erste, schneller in ihren Wirkungen als die andere, Riesenkinder in der Wiege, welche emporgewachsen, völkerbeglückend den Erdkreis durchziehen werden von den Säulen des Hercules bis zu den Ländern des fernen Ostens. Wir haben es hier nur mit der letztern Erfindung, mit dem Dampfwagen, zu thun. Die Idee, die Dampfmaschine zur Fortbewegung von Wagen anzuwenden, mußte natürlich schon früher in denkenden Köpfen aufsteigen, aber von Ausführung derselben konnte nicht früher die Rede sein, bis die Dampfmaschine selbst schon eine gewisse Vollkommenheit erreicht hatte. Auch hier geschah es, wie bei so vielen Erfindungen, daß die Ersten, welche sich mit dergleichen Planen beschäftigten, verspottet und verlacht wurden, und daß man ihnen vorwarf, sich mit Hirngespinnsten zu befassen. Ein gewisser Evans in Nordamerika erkannte schon in der letzten Hälfte des vorigen Jahrhunderts die Möglichkeit an, mit Hülfe des Dampfes Wagen zu bewegen, und behauptete, daß dazu eine Maschine, die wenig Raum einnehme und eine große Kraft äußere, nothwendig sei; jedoch vergeblich waren seine Bemühungen, selbst einen solchen Wagen zu bauen; er starb als ein Thor verlacht. Im Jahre 1802—4 erbauten zwei Engländer eine wirksame Hochdruckmaschine, die, zu einem Dampfwagen gebraucht, auf einer glatten Schienenbahn in dem Fürstenthum Wales in Großbritannien eine Last von zehn Tonnen mit einer Geschwindigkeit von $^4/_5$ deutscher Meile in einer Stunde fortzog. Da man das richtige Verhältniß der Last, welche nothwendig ist, um die gehörige Reibung zwischen den glatten Rädern und glatten Schienen, das nothwendigste Erforderniß zum Vorwärtstreiben der Räder, hervorzubringen, noch nicht kannte, so verfiel man darauf, sowol die Bahn mit Zahnstangen, als die Wagen mit Zahnrädern zu versehen, damit dieselben besser eingreifen und so im Stande sein möchten, schwere Lasten fortzubewegen; der erste, so von dem Engländer Blenkinsop gebaute Wagen wurde auf einer Bahn bei Leeds, auf welcher Kohlen verführt wurden, angewendet; er hatte zwei Dampfcylinder, die vertical in dem horizontal liegenden Kessel standen, und zog gegen 320 Centner mit einer Geschwindigkeit von $^3/_5$ deutscher Meile in der Stunde. Es war die erste Locomotive, die mit Nutzen gebraucht werden konnte. Von da an häuften sich die Versuche und Pläne; aber statt daß man bei dem freilich noch sehr unvollkommenen, aber doch brauchbaren Princip geblieben wäre und die nothwendigen Verbesserungen daran eingeführt hätte, verließ man das ganze System und versuchte, Dampfwagen für gewöhnliche Straßen zu bauen. Zu diesem Zwecke versah man sie mit Schiebfüßen, um ihnen die Bewegungen eines Pferdes zu geben, und nannte sie deswegen Dampfpferde; natürlich entsprachen die Erfolge den Erwartungen nicht, und man war gezwungen, wieder auf die Wagen mit Rädern zurückzukommen. Im Jahre 1812 baute Gagman seinen achträderigen Dampfwagen und kurz darauf, 1814—15, Stephenson den seinigen, an welchem alle Räder verkuppelt waren, um dadurch die Reibung auf der Bahn zu vermehren. Von da an mehrten sich die wirklichen und vermeintlichen Verbesserungen an den Dampfwagen; bald stellte man die Cylinder vertical, bald horizontal, bald ließ man sie oscilliren, bald wurden sie verdeckt, bald frei gestellt.

---

*) Vergl. Pfennig-Magazin Nr. 13.

Auf gleiche Weise erhielten die Kessel vielfache Veränderungen; gewöhnlich stellte man sie horizontal, selten vertical, bald machte man sie von Röhren, die von außen geheizt wurden, bald führte man die Heizung in Röhren durch den Kessel. Bis zum Jahre 1826 waren die Versuche mit dergleichen Dampfwagen alle nur auf sehr kurzen Bahnstrecken gemacht worden; in jenem Jahre aber wurde die Bahn zwischen Liverpool und Manchester, acht deutsche Meilen lang, begonnen und bald vollendet. Seit dieser Zeit haben sich die Erfindungen und Verbesserungen an den jetzigen Locomotiven oder Remorqueurs genannten Dampfwagen vervielfacht. Engländer, Amerikaner, Franzosen haben gewetteifert, die zweckmäßigsten, sichersten und mit der größten Kraft versehenen Maschinen herzustellen. Man hatte schon früher das richtige Verhältniß der Last kennen lernen, welche nothwendig war, eine so starke Reibung zu erzeugen, daß die Kraft der Maschine den Wagen in Bewegung setzte und nicht blos die Räder umdrehte, ohne weiter zu kommen. Man baute die Dampfwagen von fünf bis zwölf Tonnen schwer. Bei den jetzt in England und auf dem Festlande in Gebrauch befindlichen Locomotiven liegen die Cylinder unter den Wagen; die Amerikaner dagegen stellen sie neben den Kessel, wodurch die Maschine größer und schwerer und dadurch mittelbar ihre Kraft vermehrt wird. Die Anzahl der Räder ist verschieden, vier oder sechs, je nachdem der Dampfwagen schwer und lang ist. Bei stark gekrümmten Bahnen ist es gut, die Dampfwagen nicht zu lang und nur mit vier Rädern zu bauen, weil sonst Gefahr ist, daß sie herausspringen. Die Kessel hat man schon seit längerer Zeit entweder von Schmiedeeisen oder von Kupfer verfertigt, indem dadurch die Gefahr des Zerspringens vermieden wird, da jene nur bersten und Risse bekommen können, während gußeiserne Kessel explodiren und die Stücke dabei weit umhergeschleudert werden. — Der hier abgebildete Dampfwagen stellte die seit Kurzem auf der Baltimore-Ohiobahn in Anwendung befindliche Locomotive vor. Die Vorzüge dieser Maschine sind: die Heizung kann mit Anthracitkohlen besorgt werden; die mit den Kolbenstangen verbundenen Lenkstangen setzen nicht nur, wie es bei den verbesserten Stephenson'schen Dampfwagen der Fall ist, die zwei vordersten, sondern alle vier Räder dergestalt in Bewegung, daß dadurch ein Fortschieben bewirkt wird; der Kessel steht vertical und die Cylinder frei daneben; die Maschine wirkt mit einer fortgesetzten Kraft von 2322 Pfund, sodaß sie auf einer ebenen Bahn 211 Tonnen (4220 Ctnr.) mit einer Geschwindigkeit von zehn Meilen in einer Stunde fortbewegt. Das Gewicht dieser Maschine ist von 7 zu 8½ Tonnen (140 — 170 Ctr.) und dieselbe hat außer ihrem Gewicht eine Last von 17½ Tonnen (350 Ctr.) eine geneigte Fläche hinauf, die eine Steigung von 1 in 120 hatte, auf einer Strecke von 2150 Fuß mit der sich gleichbleibenden Geschwindigkeit von sechs Meilen in der Stunde fortgezogen. So ungeheuer nun auch die Geschwindigkeit ist, und ungeachtet dieselbe Alles übersteigt, was man bis jetzt gesehen und gehört, so ist doch nicht zu vermuthen, daß der Erfindungsgeist dabei stehen bleiben wird. Die Folgen dieser Erscheinung leuchten in die Augen. In wenigen Jahrzehnden wird die civilisirte Erde mit Eisenbahnnetzen bedeckt sein; die Entfernungen werden dadurch schwinden, es werden neue aber friedliche Völkerwanderungen stattfinden. Während früher und noch theilweise jetzt es nur dem Reichen und Wohlhabenden möglich wurde, die Welt zu sehen und in ihr ihren Schatz der Erfahrung zu bereichern, würden dann weniger Bemittelte Theil nehmen können an solcher Wohlthat; der Gesichtskreis der Einzelnen wie der Völker wird sich erweitern, die Ideen werden sich aufklären, die Vorurtheile schwinden; mit dem sich mehrenden Verkehre der materiellen Güter wird der Austausch der Gedanken, der sittlichen und geistigen Bildung sich vermehren; die Arbeit wird nicht mehr dort verschwendet werden, wo sie kein nutzenbringendes Resultat liefert; die Nationen und Länder werden die natürliche Bestimmung ihrer Thätigkeit finden, Schranke um Schranke wird fallen, die den Handel an Aufschwung und ihm seine besten Kräfte entziehen; der Ackerbau und die Viehzucht werden, während in nicht gar fernen Ländern Mangel an Lebensmitteln herrscht, um den Absatz ihrer Erzeugnisse nicht mehr verlegen sein; der Arbeiter wird mit dem besten und wohlfeilsten Stoff arbeiten, der Verbrauchende das nöthigste und zweckdienlichste Bedürfniß sich ohne Mühe verschaffen können. Daß bis dahin, wo der eben geschilderte Zustand eintritt, noch manche Übelstände hervortreten, manche Gebrechen sich zeigen werden, daß mancher Nachtheil, mancher unersetzbare Schaden, veranlaßt durch die Neuheit der Sache selbst, durch ihren ungewohnten und verkehrten Gebrauch, durch den bösen Willen, der auch der nützlichen Einrichtung, um sie auszubreiten, eine schlechte Richtung gibt, ertragen werden müsse, wer will das in Abrede stellen? Aber bei welchen Neuerungen, die die Welt beglücken, ist dies nicht der Fall gewesen? Sie haben alle ihre Opfer verlangt und nur die Zeit und die Erfahrung hat ihnen zuletzt ungetheilte Anerkennung verschafft.

Wirkungen des Hatchy.

Französische Zeitungen erzählten folgendes merkwürdige Beispiel von den Wirkungen des Hatchy oder Rhatchy, wie es gesprochen wird, auf die Nerven des nicht daran gewöhnten Europäers. Es ist dies ein Gift, dessen sich die üppigen Orientalen bedienen, um nach Tische in einen Zustand von Entzückungen und angenehmen Träumereien zu gerathen. Seit das Opium unter den Modemännern im Oriente anfängt abzukommen, tritt in sehr vielen türkischen und arabischen Häusern der Hatchy an dessen Stelle. Bereitet wird es aus einer Mischung von Mandeln (die bekanntlich viel Blausäure enthalten) mit dem Safte der Hanfwurzel oder des Bilsenkrautes, womit Shakspeare die Königin Gertrude ihren Gemahl, den Vater Hamlet's, vergiften läßt. Die Wirkungen dieser Mischung auf das Gehirn sind erstaunlich: ein Theelöffel voll ist hinreichend, um auch den kräftigsten Menschen auf kurze Zeit des Gebrauchs seiner Sinne zu berauben und der äußern Welt vergessen zu machen. Da der „Semaphore", aus welchem das „Journal des Débats" den Artikel entnommen hat, sich für die Richtigkeit der Thatsache verbürgt, und dieselbe vielleicht dazu dienen kann, daran zu erinnern, welcher Mittel sich früher priesterliche Wahrsager in den Orakelstätten der orientalischen und hellenischen Welt zur Hervorbringung von Visionen bedient haben, so tragen wir kein Bedenken, dieselben mitzutheilen. Vier junge Leute — lautet die Erzählung — welche sich das Vergnügen dieses Genusses, von dem sie so viel gehört hatten, verschaffen wollten, besuchten in dieser Absicht vor einigen Tagen einen Garten bei St.-Loup in der Gegend von Marseille.

Der eine, ein Kaufmann aus Alexandria und daher mit der Sache bekannt, lieferte den Hatchy und gab seinen unerfahrenen Gefährten die nöthigen Anweisungen zum Genuß desselben. Erst trank man Kaffee mit Zucker, ganz auf die gewöhnliche Weise, darauf ging man zum Hatchy über. Jeder von den Vieren schluckte herzhaft seinen Löffel voll hinunter; der Geschmack wurde schon angenehm, sogar lieblich gefunden; dann setzte man sich zu Tisch, da es ihnen als eine Eigenschaft des Hatchy angeführt war, daß er erst nach Verlauf einiger Zeit wirke. Gegen das Ende der Mahlzeit fingen die Symptome von Gehirnaufregung an sich zu äußern, welche als Vorboten der sinnlosen Visionen zu betrachten sind, die darauf den Hatchyesser umgaukeln. Zuerst hat man nämlich ein Gefühl, als ob man mit einem Knüttel einen starken Schlag in den Nacken bekäme. Darauf ist es, als würde der Kopf allmälig vom Rumpfe abgelöst und beginne sein eignes Dasein; auf eine phantastische Weise scheint er wie die Köpfe der Cherubim in den Kirchen unter Wolken in der Luft zu schweben, worauf Alles zuletzt kopfüber und kopfunter geht. Die Scene, welche die vier jungen Leute jetzt darboten, war komisch und traurig zugleich. Der Eine von ihnen, mit einem sehr heitern Naturell begabt und von einer offenen, oft ausgelassenen Fröhlichkeit, fing unter schrecklichen Zuckungen an zu weinen und zu schluchzen; ein Anderer hielt sich für todt, streckte sich auf den Boden aus und kreuzte seine Hände über der Brust, indem es ihm vorkam, als wäre er in einer Kapelle auf ein schwarz behangenes Leichengerüst gestellt, und als hörte er die Todtengesänge der Mönche und die Hammerschläge an dem Sarge, in dem er lag. Ein Dritter bildete sich ein, er hätte Flügel und stürzte, indem er mit Händen und Füßen ungeheuer arbeitete, aus dem Zimmer, hüpfte die Stufen der Treppe wie ein Vogel herab, und setzte sich als solcher in lauernder Stellung auf den Tisch in dem Speisesaale. Mehre Damen von der Familie desjenigen der jungen Leute, in dessen Garten die Scene stattfand, saßen gerade an jenem Tisch, ohne das Geringste von Dem zu wissen, was die jungen Männer vorhatten. Man dachte sich nun ihren Schrecken, als der sonst so vernünftige Vetter erst auf den Stuhl, dann auf den Tisch hüpfte, und Teller, Schüsseln, Gläser und Flaschen unbarmherzig zerbrach. Hülfe wurde schnell aus der Nachbarschaft gerufen, Freunde kamen von allen Seiten herbei und es gelang erst nach langen Bemühungen, ihrer Tollheit Meister zu werden. Schwerlich würde man sich einen Begriff machen können von dem wahnsinnigen Spuk, von den sonderbaren und feenhaften Bildern, womit das Gehirn der jungen Leute in dieser Zeit angefüllt war. Nur der Kaufmann von Alexandria hatte ein schwaches Fünkchen von Bewußtsein bewahrt, was ihn in Stand setzte, im Innersten seines Herzens die Partie zu beklagen, weil er glaubte, daß Alle von ihm vergiftet wären. Noch Keiner von ihnen hat übrigens die Nachwehen überwunden; Einer befand sich sogar in ernstlicher Gefahr und ist nur durch einen schnellen Aderlaß gerettet worden.

Don Juan d'Austria.

Dieser natürliche Sohn Karl V. wurde geboren zu Regensburg 1547. Sein Vater ließ ihn von einem seiner treuesten Diener, Don Luis Quixada, ganz in der Stille auf dem Lande erziehen. So kam es, daß erst nach Karl's Tode Philipp II. von dem Leben seines Bruders in Kenntniß gesetzt wurde. Als dieser Fürst einst (1561) bei Valladolid jagte, ließ er sich seinen Bruder vorstellen und theilte diesem mit, daß sie Brüder wären und er für seine Erziehung bei Hofe Sorge tragen würde. Dies geschah auch. Philipp II. Wunsch jedoch, sein Bruder möchte sich dem geistlichen Stande widmen, ging nicht in Erfüllung. Don Juan war zu lebenslustig und feurig, als daß er sich ernsten Studien hätte hingeben können, und dürstete nach Thaten. Er bildete sich zum Krieger und war schon 1570 im Kampfe gegen die Mauren glücklich. Im folgenden Jahre ernannte ihn der König zum Admiral. Als solcher erhielt er den Oberbefehl über die vereinigte spanische, römische und venetianische Flotte, welche gegen die Türken auslief, und schlug die türkische Seemacht bei Lepanto am 8. October 1571. Die Türken hatten nämlich die Inseln des Archipels verwüstet und glaubten nicht, daß die christlichen Mächte noch in jenem Jahre einen Krieg unternehmen würden. Plötzlich aber erschien die christliche Flotte, auf welcher sich viele Edelleute aller Nationen befanden, in der Nähe von Lepanto, nicht weit von Actium, wo Augustus sich die Herrschaft der Welt erkämpfte. Sie bestand aus 210 Galeeren, 25 Transportschiffen, 6 Galeassen mit schwerem Geschütz, 40 Fregatten und 2 Brigantinen. Dazu kamen noch die venetianische Hülfsflotille und einige päpstliche Schiffe. Die Türken, von Ali befehligt, hatten 250 Galeeren und 70 Fregatten und Brigantinen. Der Sultan Selim hatte Befehl gegeben, daß sich die Seinigen bis auf das Äußerste vertheidigen sollten, und in der That wurde die Schlacht sehr blutig. In dem Kriegsrathe, welchen Don Juan vor derselben hielt, erklärten sich mehre Stimmen für den Rückzug, allein Don Juan's Meinung behielt doch die Oberhand, indem er die Seinigen mit beredter Zunge zum Kampfe zu begeistern wußte. Die Türken breiteten ihre Schiffe in einer langen Reihe aus; Don Juan theilte die seinigen in vier Divisionen. Bald ward die Schlacht allgemein, Schiff kämpfte gegen Schiff mit der größten Erbitterung, und länge schwankte der Sieg, der sich endlich den Christen zuneigte. Die Türken verloren 150 Schiffe und 15,000 Mann, und 5000 Christensklaven wurden befreit. Die Christen zählten 5000 Todte und Verwundete. Der türkische Befehlshaber wurde selbst gefangen genommen, der Kopf ihm abgeschlagen und auf die Spitze seiner eignen Flagge gesteckt. Don Juan's kriegerischer Geist, der nun einmal geweckt war, strebte aber nach neuen Thaten, die ihm der Friede nicht bieten konnte. So kam es, daß er 1573 nach Afrika gesandt wurde und hier Tunis und Biserta eroberte. Philipp II. ernannte ihn 1575 zum Gouverneur der Niederlande. Vor seiner Ankunft daselbst hatten die spanischen Truppen Antwerpen geplündert und die katholischen Provinzen, dasselbe Schicksal befürchtend, mit Holland und Seeland zu Gent einen Bund geschlossen. Don Juan billigte diesen Vertrag und entfernte die spanischen Truppen aus den Niederlanden. Allein die Nachgiebigkeit, die Don Juan dabei zeigte, veranlaßte die Niederländer, sich den Befehlen desselben öfters zu widersetzen, sodaß er sich genöthigt sah, Namur, Charlemont und Marienburg anzugreifen. Die Stände ergriffen hierauf die Waffen, jagten ihn bis Luxemburg und wählten den Erzherzog Matthias, den Bruder des Kaisers Rudolf, zum Gouverneur und den Prinzen von Oranien zum Generallieutenant. Don Juan erhielt jedoch

Don Juan d'Austria.

vom Herzog von Parma, Alexander Farnese, Unterstützung an Truppen und besiegte die Empörer 1578 bei Gemblours. Seine Verwegenheit, seine beständige Unruhe und sein ungezügelter Ehrgeiz schwächten aber seine Gesundheit und bereiteten ihm seinen Untergang. Er hatte den Plan, sich zum völligen Meister der Niederlande zu machen, wobei ihn sein Secretair Escovedo eifrigst unterstützte. Allein das spanische Cabinet erhielt davon Kenntniß und Escovedo wurde auf Befehl des Königs erschossen. Dennoch ließ sich Don Juan von seinen Plänen nicht abbringen. Mit dem Papste unterhandelte er, um sich zum König von Tunis zu machen, was jedoch Philipp II. hintertrieb. Mit der gefangenen Maria von Schottland stand er in Briefwechsel, da er England zu erobern und den Thron mit derselben zu theilen wünschte. Der Papst hatte ihn schon mit diesem Reiche belehnt und sein Bruder leistete ihm allen Vorschub. Allein er mußte von diesem Plane abstehen. Ebenso fand man nach seinem Tode Schriften vor, aus denen hervorging, daß er mit dem Herzog Guise sich verbunden hatte, diesem die Krone Frankreichs zu verschaffen, sich selbst dagegen zum Herrn der Niederlande zu machen. Sein Geist wurde endlich durch das fortwährende Streben nach Macht und Hoheit geschwächt, sein kühner und verwegener Sinn durch die Vereitelung so vieler sorgsam gepflegter Entwürfe gebeugt und die Kraft seines Körpers durch die unaufhörlichen Anstrengungen sowol im Frieden als im Kriege gebrochen. Er sehnte sich nach Ruhe und faßte sogar den Entschluß, sich in ein Kloster auf dem Montferrat zurückzuziehen, um dort, gleich seinem Vater, die letzten Tage seines Lebens in Ruhe und Frieden zubringen zu können. Allein der Tod überraschte ihn im Lager vor Namur am 1. October 1578. Die Ursache desselben finden Einige in einem Schlagflusse, Andere behaupten, sein Bruder, König Philipp, habe ihm Gift beibringen lassen.

Zur Statistik der N   .ng.

Wenn es in dem Zweck liegt, den man vernünftigerweise dem Staate beilegen kann, so viel wie möglich auf das Wohlsein der einzelnen Staatsgenossen hinzuarbeiten, so gehört die Sorge dafür, daß Alle hinreichende Mittel der physischen Existenz besitzen, ganz besonders in den Kreis der Regierungspflichten; denn das physische Wohlsein bildet die Grundlage alles Wohlseins, und es läßt sich keine Glückseligkeit denken im Elende der Armuth. Wie es für das Individuum nothwendige Bedingung alles höhern Bewußtwerdens und humanen Daseins ist, daß es die Mittel besitze, sich leicht und angemessen zu nähren und zu kleiden, so ist es auch für den Staat von der höchsten Wichtigkeit, daß die Sorge um die Nahrung die Kräfte der Mehrheit des Volkes nicht zerfresse, und daß diese Nahrung nicht dürftig, unangemessen und unzureichend sei, und es ist von desto höherer Wichtigkeit in einem Klima, wo das Leben vieler und kräftiger Schutzmittel gegen die zerstörenden Einwirkungen desselben bedarf. Halten wir den letztern, den politischen Gesichtspunkt fest, so eröffnet sich vor uns eine Reihe der inhaltreichsten Betrachtungen. Wo Alle hinlänglich mit den Mitteln der physischen Existenz versehen sind, da bilden sich keine gährenden Fermente, kein Schlamm, in dem die Demagogie rühren kann, da sind keine lärmenden Haufen hungriger Proletarier, da, wo Jeder sich wohl und leicht nähren kann, haßt Niemand das Gemeinwesen, sondern liebt es und schlägt sich, wenn es sein muß, brav dafür; noch mehr aber, die Menschen sind besser, welche nicht dem brüllenden Löwen gleich nach Speise suchen müssen, ihre Brust ist sanfter und gefühlvoller, und würde es auch zu viel sein, wenn man sagen wollte, daß sie tugendhafter wären, so kann man doch sagen, daß sie weit weniger Verbrechen begehen. Denn die Armuth, das Elend in seiner Abstumpfung, der Hunger mit seinen stachelnden Sporen, das sind die Erzeuger des Verbrechens, nicht des Menschen angeborene Bosheit. Wenn dem so ist, wenn sogar die Moralität des Volkes darauf gestützt ist, daß es Mittel habe, sich zu kleiden und zu nähren, dann wird eine besonnene Regierung aufmerksam auf die Lage des Volkes in dieser Hinsicht sein, wird dieselbe wenigstens nicht ganz unbeachtet lassen, und wenn auch nicht direct, doch indirect für Verbesserung und Erleichterung derselben wirken. Nun ist aber in diesem Jahrhundert, welches ein Jahrhundert gewaltiger socialer Reformen ist und nicht blos das öffentliche, sondern auch das Privatleben umgestaltet, mit Recht die Bemerkung gemacht worden, daß in den Nahrungsmitteln, deren sich die civilisirten Völker Europas bedienen, eine große Veränderung vorgegangen ist und noch immer vorgeht. Man hat ganz richtig bemerkt, daß die Nahrung sich von dem Consistenten mehr zum Flüssigen und Flüchtigen wendet, sowol in den Getränken als in Speisen. An die Stelle des stärkenden Bieres ist unter dem Volke im ganzen Norden der Branntwein, an die Stelle der nahrhaften und wärmenden Suppen früherer Tage der Kaffee und der Thee getreten. Die Speisen betreffend, so ist durch die Kartoffeln allerdings eine Erleichterung in der Ernährung gewährt, allein dafür hat sich auch fast allenthalben, England vielleicht noch ausgenommen, wo auf Viehzucht ein solcher Fleiß verwandt wird, daß man jährlich über 200 Pfund Rindfleisch auf den Kopf rechnen kann, die Consumtion des Fleisches in beträchtlichem Maße verringert. Die Abnahme, welche Schön in seiner „Statistik der Civilisation des 19. Jahrhunderts" in dem Fleischverbrauche der Stadt Breslau seit einigen Decennien wahrnimmt, macht sich auch in andern Gegenden und Städten bemerkbar, und oft grade in den reichsten und wohlhabendsten am meisten. Man vergleiche nur die Lage des gemeinen Mannes in Frankreich, in dem Lande, welches unstreitig jetzt das größte Nationalvermögen hat, mit der des gemeinen Mannes auf der pyrenäischen Halbinsel. Portugal war bis auf die traurigen Schicksale, welche dieses Land in neuester Zeit betroffen haben, das einzige glückliche in Europa, welches keine Armen hatte; in Spanien aber, wie viel besser lebt da der gemeine Mann als in Frankreich! In Spanien freilich kann man für keine auch noch so bedeutende Summe so essen, wie in Paris für zehn Francs, aber dagegen lebt auch ein spanischer Militair für die wenigen Maravedis, welche er den Tag über verdient, besser als man es in Frankreich für die zehnfache Summe vermag. Bei den drei Mahlzeiten, die er des Tages hält, hat er Fleisch, treffliches Weißbrot und einen köstlichen rothen Wein. Nirgend in den gewerbreichsten Orten civilisirterer Länder lebt der gemeine Mann so gut, in Frankreich hat 7,000,000 Menschen aufzuweisen, welche Fleisch im ganzen Jahre vielleicht gar nicht oder nur zufällig zu essen bekommen. Das ist eine trübe Schattenseite der Fortschritte, welche die Industrie in diesem Jahrhundert gemacht hat, wenn die Arbeit nicht mehr so viel abwirft, daß der Mensch sich hinlänglich davon nähren kann. Es ist hier nicht von den Gründen, auch nicht von den Gegenmitteln die Rede, sondern wir wollen jetzt nur von der Thatsache reden. Diese ist aber, daß bei mannichfachen Verbesserungen in der Lage des gemeinen Mannes in Frankreich seine Nahrung eine Schmälerung erlitten und in der Consumtion des Fleisches eine bedeutende Abnahme stattgefunden hat. Als das gesundeste muß das Rindfleisch betrachtet werden, aber grade dieses hat in den letzten Decennien eine solche Preiserhöhung erlitten, daß der Genuß desselben die Kräfte der Leute aus dem Volke durchaus übersteigt. Folgende Angaben, welche neulich bei einer Versammlung der Departementalräthe in dieser Hinsicht gemacht wurden, können den Standpunkt zeigen, auf welchem der Verbrauch animalischer Stoffe in Frankreich steht, und zugleich wie viel besser der gemeine Mann in England daran ist, zu dessen täglichen Bedürfnissen seine reichliche Portion Rindfleisch gehört, die ihm Kraft zur Arbeit und, wenn es sein muß, auch zum Fechten verleiht; denn bekanntlich gibt es keine stämmigern Grenadiere als die Engländer.

Zur Zeit, als Frankreich die schönen Heerden in den eroberten deutschen Gauen sein nennen durfte, als ein Montalivet 1813 im Departement der Elbmündungen 121,654, im Departement der Wesermündungen 173,703, Westems 149,766, Oberems 191,637 Stück Vieh u. s. w. zählte, und Frieslands und Hollands schöne Ochsen nach Frankreich wanderten, war Fleisch, und namentlich Rindfleisch, in diesem Lande wohlfeiler als jetzt. Bis 1816 war das fremde Vieh in Frankreich keiner Eingangsabgabe unterworfen. In diesem Jahre wurde zuerst eine Steuer von 3 Francs auf jedes Stück gelegt und dieselbe 1822 auf 50 Fr. erhöht, ein Tarif, der jetzt noch besteht. Beträchtliche

Verringerung des Eingangs war die Folge davon: 1821 z. B. wurden noch 27,000 Ochsen eingeführt, und 1836 nur 8347. Die Zahl der eingebrachten Kühe und Hammel sank in dieser Zeit unter die Hälfte herab, erstere von 23,136 auf 11,621 und letztere von 246,456 auf 144,282; in die pariser Küchen aber kam im Jahre 1836 gar kein Pfund fremdes Fleisch mehr, während 1826 von 1000 in der Hauptstadt consumirten Ochsen noch 42 aus Deutschland waren. Es ist um so beachtungswerther, daß die Consumtion der zuträglichsten Nahrung sich so bedeutend verringert hat, da der öffentliche Wohlstand, d. h. das Nationalvermögen, im Steigen begriffen ist.

Die Abnahme der Fleischconsumtion im Allgemeinen ist indeß nicht so bedeutend wie die des Rindfleisches. 1816 verzehrten 3,922,238 Menschen in 350 Städten 397,771,300 Pfund Fleisch, d. i. auf den Kopf $101^2/_5$ Pf., und 1833 4,803,416 Menschen in 376 Städten 484,663,660 Pfund, d. i. für jeden Kopf $100^4/_5$ Pfund. Der Unterschied scheint so allerdings nicht groß, aber man muß bedenken, daß 1816 ein schlimmes Jahr voller Leiden und 1833 ein gutes, eines der besten Jahre, war.

In Paris wurden 1826 noch 126 Pfund auf den Kopf verzehrt; 1836 aber nur 114 Pfund, und darunter befinden sich, dies ist wohl zu beachten, 14—16 Pf. Wurst, Speck und dergl. Fleischwaaren, was immer mehr die ausschließliche animalische Nahrung des Arbeiters und gemeinen Mannes wird, zu seinem größten Nachtheile, da dergleichen am wenigsten Gesundheit und Kraft verleiht.

Im Jahre 1826 wurden zu Paris 10,000 Ochsen mehr verzehrt als 1836. In den zehn Jahren ist die durchschnittliche Consumtion des Rindfleisches von 64 auf 46 Pfund auf den Kopf gesunken. Doch würde man sich täuschen, wenn man eine solche Vertheilung durch das ganze Volk annähme; der französische Arbeiter bekommt gar kein Rindfleisch und steht in dieser Hinsicht dem englischen weit nach, wie wir oben schon bemerkten.

Der Mittelpreis des Rindfleisches war 1820 in den Städten 39 Cent., und 42 im J. 1833, auf Märkten in Paris ist er von 38 Cent. im Jahre 1820, auf 54 i. J. 1833 gestiegen. Auch werden in Paris nur $^4/_5$ Pfund Fleisch überhaupt auf eine Wirthschaft von drei Personen gerechnet. Dieser theure Preis ist nicht blos für den armen Consumenten ein Übelstand, er wirkt auch nachtheilig auf den Ackerbau, denn die Viehzüchter setzen um so mehr ab, je wohlfeiler die Fleischpreise sind.

Während die Consumtion des Fleisches in den Städten sich verringert hat, ist unter den Bauern eine Verbesserung der Nahrung eingetreten. Selbst in der Normandie, wo man doch von jeher besser lebte, war frisches Fleisch noch vor Kurzem ein Luxus, den sich nicht blos der Bauer, sondern auch der Pachter nur am Sonntage erlaubte. Man lebte, wie der Landmann in Deutschland, nur von Hülsenfrüchten, Sauerkraut und eingepökeltem Schweinefleisch; jetzt, wo der Bauer allenthalben Mensch wird, nimmt auch die Fleischconsumtion zu, und man rechnet schon $^2/_5$ Pfund täglich auf eine Wirthschaft von zwei Personen auf dem Lande. Die Erhöhung der Eingangsabgaben trägt übrigens nicht allein die Schuld der Verringerung der animalischen Nahrung. Nach Saint-Cricq's Berechnung beträgt die gegenwärtig erhobene nur 6 Centimes auf das Pfund. Setzte man die Abgabe auf die Hälfte herab, so würde das Pfund dadurch nur um 3 Cent. wohlfeiler werden. Zu Paris kann wegen der hohen Eingangsgebühren kein Rindfleisch eingebracht werden, und so kostet hier das Pfund an 75—80 Centimes.

Beauvais.

Die Stadt Beauvais in Frankreich ist die Hauptstadt des Departements der Oise und liegt in einem mit bewaldeten Hügeln umgebenen Thale. Auf der Stelle des heutigen Beauvais stand in den frühern Zeiten eine Stadt, die bei Cäsar unter dem Namen Cäsaromagus vorkommt, später aber Bellovacum genannt wurde, da sie ein belgisches Volk, die Bellovaci, bewohnten. Sie wurde im Jahre 850 und später noch einmal von den Normannen zerstört, und gewiß nur wenige Städte sind häufiger von Misgeschick heimgesucht worden und haben mehr durch Brände gelitten als Beauvais. Die Stadt behauptet noch den Ruhm, zwei sehr bedeutende Belagerungen ausgehalten zu haben, ohne sich zu ergeben. Die erste fiel in das Jahr 1443, wo die Engländer durch den aufopfernden Heldenmuth Johann Signière's zurückgeworfen wurden; die zweite unternahm im Jahre 1472 Karl der Kühne, Herzog von Burgund, mit 80,000 Mann, ohne Erfolg. Bei dieser Gelegenheit vereinigten sich die Frauen von Beauvais, an deren Spitze Johanna Hachette stand, mit der Besatzung und kämpften mit ungewöhnlicher Tapferkeit. Diese Heldin ergriff eines Tages die Fahne, die der Feind eben auf die Mauer stecken wollte, und warf den kühnen Fahnenträger von der Brustwehr herab. Karl mußte sich zurückziehen. Bis zur Revolution wurde alljährlich der 10. Juli als der Jahrestag dieses Ereignisses mit einer Procession gefeiert, wobei die Frauen vorangingen.

Die Kathedrale von Beauvais, deren südliche Fronte unsere Abbildung darstellt, ist die vorzüglichste architektonische Zierde der Stadt. Der Bau wurde im Jahre 1391 begonnen. Sie ist besonders wegen ihres Chors bekannt, den man als ein Meisterstück gothischer Baukunst betrachtet, da er sowol hinsichtlich seiner Höhe und Breite als auch der Leichtigkeit der Arbeit und der schönen Anordnung des Gewölbes und der Außenwerke Bewunderung verdient. Er hat zehn Pfeiler auf jeder Seite und ringsum befinden sich Kapellen. Der Fußboden des sehr großen Tempels ist von Marmor. Dieses großartige Gebäude scheint jedoch nie ganz vollendet worden zu sein. Das Schiff ist unvollständig und man sieht weder Thürme noch Glockengerüste. Trotzdem besitzt die Kirche einige große Glocken, die sich in einem besondern Gebäude, ungefähr fünfzehn Schritte von dem Haupteingang entfernt, befinden. In der Nähe der Kathedrale sind vier kleine Kirchen, die unter dem Namen der „vier Töchter des heiligen Peter's" bekannt sind, welchem Heiligen die Kathedrale gewidmet ist. Außer der Kathedrale gibt es in Beauvais nur noch wenige bemerkenswerthe Gebäude. Das Stadthaus ist schön und enthält ein Bild, das die Heldenthat der Johanna Hachette darstellt. Die Stadt besitzt einige ansehnliche Manufacturen, die einen nicht unbedeutenden Handel beleben, und zählt 12,000 Einwohner.

Die Lage von Beauvais ist ziemlich reizend, aber die Stadt selbst bietet keinen angenehmen Anblick dar. Die Häuser sind größtentheils nur von Holz, weshalb auch häufig so verheerende Feuersbrünste entstehen. Die Straßen sind ziemlich breit und die Wälle gewähren angenehme und schattige Spaziergänge.

Die Kathedrale von Beauvais.

Verantwortlicher Herausgeber: Friedrich Brockhaus. — Druck und Verlag von F. A. Brockhaus in Leipzig

Das Pfennig-Magazin
für
Verbreitung gemeinnütziger Kenntnisse.

251.] Erscheint jeden Sonnabend. **[Januar 20, 1838.**

Der Bell-Rock-Leuchtthurm.

Die zahlreichen Leuchtthürme, die an den gefährlichen Punkten der Küsten von Großbritannien erbaut worden sind, und die künstliche Bauart derselben zeugen nicht allein von dem Unternehmungsgeist und dem Reichthume dieses Landes, sondern auch von dem hohen Stand der Wissenschaften und Künste. Die Schwierigkeiten, die dem Architekten entgegentreten, der es unternimmt, auf einem einsamen Felsen, mitten in dem stürmischen Meere, ein Gebäude aufzuführen, das der fürchterlichen Kraft des wüthendsten Sturmes zu widerstehen vermag, scheinen anfangs fast unüberwindlich zu sein; aber was kann nicht Ausdauer, mit Geschicklichkeit vereinigt, durchführen?

Der Leuchtthurm, den wir auf unserer Abbildung sehen, steht auf einem einsamen Felsen, welcher der Inchcape-Felsen genannt wird, an der östlichen Küste Schottlands, ungefähr 2½ Meilen südwestlich von der Stadt Arbroath in Forfarshire. Er wurde unter der Leitung des Ingenieurs Stevenson erbaut und in der Nacht des 12. Februar 1811 wurde zum ersten Male seine Kuppel erleuchtet.

Die Lichter, die bei Leuchtthürmen angewendet werden, sind, um sie von allen andern unterscheiden zu können, entweder befestigt oder drehen sich um. Die des Bell = Rock = Leuchtthurmes sind von der letztern Art und drehen sich innerhalb fünf Minuten einmal herum. Um sie leicht unterscheiden zu können, hat eine Lampe um die andere vorn eine rothe Glasscheibe, sodaß die Seeleute abwechselnd ein rothes und weißes Licht sehen. In einer klaren Nacht sind sie vier Meilen weit deutlich sichtbar. Um ein recht schönes helles Licht hervorzubringen, brennt man das feinste Oel, während ein glänzend polirter Reflector die Lichtstärke vermehrt.

Der englische Marinelieutenant Drummond hat kürzlich eine Entdeckung gemacht, wie man ein so glänzend helles Licht hervorbringen kann, daß jeder Gegenstand auf eine schwarz angestrichene Mauer in einer Entfernung von zwei Meilen einen Schatten wirft; es ist dies die Hydroxygenlampe und das Licht wird mittels entzündbaren Gases auf einer Kugel von Kalk hervorgebracht und durch Hülfe eines Reflectors von Silber verstärkt. Die Versuche, die man bereits mit dieser Lampe gemacht hat, haben ihren großen Vorzug bewiesen und es läßt sich erwarten, daß sie in Zukunft die Ollampen in Leuchtthürmen ganz verdrängen wird.

Der Grund des Bell = Rock = Leuchtthurmes, der 42 Fuß im Durchmesser hat, besteht aus großen Steinmassen, die fest ineinander gefügt sind und tief in dem Felsen ruhen, auf dem sich der Leuchtthurm erhebt. Das Gebäude selbst ist bis zur Höhe von 40 Fuß durchaus massiv. Der obere Theil ist in sechs verschiedene Gemächer getheilt, die alle, mit Ausnahme des obersten, einen steinernen Fußboden haben. Das unterste Gemach enthält die Feuerungsvorräthe und die Wasserbehälter, das zweite die Olcisternen, das dritte dient zur Küche, das vierte zum Schlafgemach, das fünfte enthält eine Bibliothek und in dem sechsten, das ganz von Eisen ist, befinden sich die Lampen. Zwei Männer wohnen beständig in dem Thurme und ein dritter bewohnt einen hohen Thurm bei Arbroath und verkehrt mit den Bewohnern des Leuchtthurms durch Zeichen. Wenn die Lampen in nebligem Wetter nicht weit sichtbar sind, so wird beständig mit zwei großen Glocken geläutet, die sich in dem Gebäude befinden. Ein hoher Schirm oder eine Brustwehr in Gestalt eines Trichters ist um den obern Theil des Gebäudes angebracht, um das Glas, das sich in den Vorderseiten der Lampen befindet, gegen die wüthend anstürmenden Wellen zu schützen.

Die Gemsenjagd.

Es gibt keine Jagdlust, welche die Seele so lebendig ergreift, als die Gemsenjagd in den schweizerischen oder tirolischen Alpen und in den Pyrenäen. Die Großartigkeit der Landschaften, die oft Monate lang des Jägers Aufenthalt sind, die Gefahren, die er zu bestehen hat, die Täuschungen, die er oft nach erschöpfenden Anstrengungen erfährt, das unerwartete Jagdglück, das zu andern Zeiten seine Mühe belohnt, das erfrischende Leben in der Alpennatur und unter ihren schlichten, gutmüthigen Kindern, Alles ergreift mächtig sein Gemüth. Kein erfahrener Jäger, der nicht wunderbare Rettungen zu erzählen wüßte. Niemand kann auch nur einen Tag der Gemsenjagd folgen, ohne hundert Stellen zu finden, wo ein Fehltritt unvermeidliches Verderben bringen würde. Aber mit der Kenntniß dieser Gefahr verbindet sich zugleich das Bewußtsein unserer Kräfte und die stolze Zuversicht, daß sie fähig sind, Zufällen zu trotzen, und es wird dadurch ein Gefühl von Sicherheit erzeugt, das nur ein Jäger kennt. Der Gegenstand der Jagd, ein Thier, das alle Sinne in der höchsten Vollkommenheit besitzt, nöthigt ihn, alle geistigen Kräfte aufzubieten, um es zu überlisten, und diese Schwierigkeit gibt der Jagdlust einen neuen Reiz. Vor Allem aber ist es die großartige Natur, in welcher der Gemsenjäger sein Leben zubringt, was sein Gemüth aufregt. Von dem Augenblicke an, wo er die Sennhütte verläßt, welche ihm ein kurzes Ruhelager gewährt hat, bis zu seiner Rückkehr sieht er keine Spur von dem Menschen, sondern wohnt unter Landschaften, die das Gepräge der Allmacht des Schöpfers und der Unwandelbarkeit tragen. Hier ist die Natur immer erhaben und Ehrfurcht erweckend; während sie anderswo Alles in zeitliche Ruhe begräbt, um es bald wieder in Schönheit und frisches Grün zu kleiden, wirkt hier weder des Sommers Hitze noch des Winters Kälte auf ihre ewigen Farben. Selbst des Menschen Stimme unterbricht nicht die Stille auf jenen Felsenhöhen, wo der Jäger die Gemse verfolgt, und nichts stört sie, als zuweilen der Donner der Lavine. Ein Mensch kann sein ganzes Leben in den Städten zubringen, ohne zu wissen, daß solche Gefühle in ihm schlummern, als ein einziger Tag auf einer Gemsenjagd erweckt. Selten habe ich ein so lebendiges und doch so stilles Entzücken gefühlt, als wenn ich unter einem überhangenden Felsen ruhte, dem Montblanc oder dem Montrosa gegenüber, meinen Jäger an meiner Seite und vielleicht eine erlegte Gemse zu meinen Füßen. Alles war ruhig und still. Nichts erinnerte uns an die beseelte Natur als vielleicht ein Schmetterling, den der Sturm von den Blumen seiner Heimat verschlagen hatte. Wir schienen allein in der Welt zu sein; aber wie ganz anders ist diese Einsamkeit als jene, welche Diejenigen empfinden, die sich in ihre Kammer verschließen und sich einsam fühlen. Es war eine Einsamkeit, welche die geistigen Fähigkeiten erhob, nicht niederdrückte, die Seele beruhigte, reinigte und kräftigte, die Erdenwelt zwar vergessen ließ, aber die Gedanken zu einer andern und bessern Welt emporhob: Hoch oben das klare, blaue Himmelsgewölbe, das in solchen Höhen näher und reiner erscheint, unter mir der unermeßliche Gletscher, aus dessen eisigem Busen der künftige Strom hervorquillt, der hier seinen langen Lauf zum Weltmeere beginnt. Wie schlug mein Herz, wenn ich, meine Büchse auf dem Rücken, meinen Stab in der Hand, die unruhigen Städte verließ, um auf den Bergen die frische Himmelsluft zu athmen und den Kuhreigen der Alpenhirten zu hören. Ich möchte die Erinnerung an die Stunden, die ich unter jenen erhabenen Scenen verlebte, um keinen Genuß vertauschen, den mir die sanftern Reize anderer Länder darboten.

Die Gemse ist die Antilope der Alpen. Sie ist leicht und schlank gebaut und in ihren Bewegungen sehr zierlich. Ihre hohen Hinterbeine sind ungemein stark. Den Fuß schützt ein sehr hartes Horn, das in der Mitte einen ausgehöhlten Rand bildet, der es dem Thiere möglich macht, auf dem kleinsten Raume sicher aufzutreten. Es ist erstaunlich, aus welcher Entfernung es auf den schmalsten Felsenblock springt, und nie hörte ich, daß man je eine Gemse hätte stürzen gesehen. Das Fell ist braungelb, wird aber im Alter und bei Annäherung des Winters dunkler, wo auch der Pelz merklich dichter wird. Die Gemse hat ein helles, glänzendes Auge, wie die Gazelle. Über der Stirn hat sie zwei kurze, schwarze und scharf zurückgebogene Hörner.

Das gewöhnliche Gewicht einer Gemsenziege ist 30—40 Pfund, alte Böcke aber wiegen zuweilen gegen 100 Pfund. Das Fleisch ist etwas härter als Rehfleisch und wird gewöhnlich wie Hasenfleisch zugerichtet. Die Böcke leben, außer der Brunstzeit, abgesondert von den Ziegen und voneinander. Die alten Böcke, die nicht gern unter den höchsten Felsen klettern, findet man zuweilen in dichten Fichtenwäldern am Abhange der Berge. Die Gemsenziegen gehen zusammen mit ihren Jungen. In Graubündten habe ich sie bis zu 50 beisammen gesehen, in den Pyrenäen in noch zahlreichern Haufen, gewöhnlich aber findet man nur fünf bis zwölf beisammen. Die Gemse folgt der niedrigsten Schneelinie. Wenn der Sommer vorrückt, zieht sich diese Linie immer höher hinauf, und der von den Sonnenstrahlen belebte Boden bringt alsbald einen Überfluß von Alpenkräutern hervor, welche den Gemsen Nahrung geben. Sie können außerordentliche Entbehrungen ertragen, und man hat Beispiele, daß eine von Jägern verfolgte Heerde sich in eine Schutzwehr nackter Felsen zurückzog, wo sie sieben Tage blieb. In den höhern Felsenbergen aber gibt es überall abgeschiedene Hochebenen, wie der „Jardin" bei Chamouny, welche, auf allen Seiten von ewigem Schnee umgeben, mit den zartesten Kräutern bedeckt sind, und sie sind der Lieblingsaufenthalt der Gemsen, zumal wenn sie, wie es oft der Fall ist, am obern Ende eines tief in die Alpenwildniß eindringenden großen Gletschers sich befinden. Wenn sich der Winter naht und die Schneelinie sich senkt, müssen sich die Gemsen ihrem Feinde, dem Menschen, wieder nähern. Sie bringen den Winter wahrscheinlich in den Fichtenwäldern zu, welche die untern Alpen umgürten. Im Sommer weiden sie gewöhnlich von Tagesanbruch bis gegen 11 Uhr, legen sich dann in den Schatten, gewöhnlich in Felsenspalten auf der Nordseite einer Klippe, bis gegen 4 Uhr Nachmittags, wo sie wieder anfangen zu weiden bis zu Anbruch der Nacht. Bei sehr heißem Wetter legen sie sich schon gegen 9 Uhr zum Ausruhen nieder und weiden dann wieder eine Stunde vor Mittag. Die Kenntniß ihrer Lebensgewohnheiten, ihrer Weideplätze und ihrer Gänge muß der Jäger besitzen, sowol um sie aufzufinden als schießen zu können. Kein anderes Thier hat schärfere Sinne, und besonders ist sein Geruch außerordentlich fein. Kommt der Jäger zuweilen unerwartet einer Heerde zu Gesicht, so bleibt sie, bei einer beträchtlichen Entfernung, unbeweglich stehen, und ich habe oft gesehen, daß sie ihn lange anstarrte und dann sich ruhig weiter bewegte; hat sie ihn aber einmal gerochen, so enteilen alle Gemsen sogleich mit der größten Schnelligkeit und sind unwiederbringlich für ihn verloren.

Ich hatte gewöhnlich einen einzigen Jäger bei mir, der mich durch einen ganzen Jagdbezirk begleitete, und überdies nahm ich noch den besten Schützen in einer Gegend, wo ich schießen wollte. Hatten wir den Jagdplatz bestimmt, so gingen wir gewöhnlich am Abend in die höchste Sennhütte der Umgegend, wohin wir Wein, Weißbrot und kaltes Fleisch mitnahmen, da wir in der Sommerwohnung des Sennen nichts als Schwarzbrot und Milch mit einem herzlichen Willkommen erwarten konnten. Oft habe ich hier auf einem Schaffell oder höchstens auf dem mit einem reinen Betttuche bedeckten Heulager gesünder als auf Daunen geschlafen. Zwei Stunden vor Sonnenaufgang erhoben wir uns vom Lager, und sobald wir ein Frühstück von Quark, Molken und andern „Bergspeisen" genossen hatten, eilten wir vor Tagesanbruch auf den Schießplatz. Der Jäger verbirgt sich hinter einem Felsen, und sobald es hell wird, betrachtet er die Umgegend bis in der Entfernung von einer Stunde durch sein Fernrohr. Erfahrung setzt ihn in den Stand, die Gemsen in sehr weiter Entfernung zu sehen. Als ich zum ersten Male in der Schweiz war, konnte ich eine Gemse nicht eher entdecken, bis sie sich bewegte, obgleich ich den Platz wußte, wo sie lag, im zweiten Sommer aber, nachdem ich die Zwischenzeit in den Pyrenäen zugebracht hatte, entdeckte ich sie oft ebenso leicht als mein Führer. Hat der Jäger eine Heerde gefunden, so beobachtet er genau, ob sie Lust hat, auf der Stelle zu verweilen, und untersucht sorgfältig die Umgegend, um zu sehen, wie er sich ihr am besten auf Schußweite nähern könne. Dabei muß er stets Sorge tragen, sich von der dem Winde nicht ausgesetzten Seite zu nähern und sich nie ganz sehen zu lassen. Er trägt einen Anzug von heller steingrauer Farbe und kann daher zuweilen in geringer Entfernung sich unbemerkt zeigen, was aber immer vorsichtig und nie ohne Noth geschehen muß. Will man sich der Heerde nähern, so muß man oft einen großen Umweg machen, mit der beunruhigenden Ungewißheit, ob die Gemsen verweilen werden oder nicht. Es ist am besten, sich ihnen von einem höhern Punkte zu nähern, weil sie ihre Augen immer abwärts richten. Kommt der Jäger aber der Stelle nahe, wo er die Gemsen erwartet, so muß er mit der größten Behutsamkeit auftreten, da ein einziger herabrollender Stein sie erschrecken und die Mühe eines ganzen Tages fruchtlos machen kann. Dann untersucht er sein Gewehr, nimmt seine Mütze ab und kriecht vorsichtig auf der Felsen, der zwischen ihm und seiner Beute sich erhebt, und blickt mit zurückgehaltenem Athem und klopfendem Herzen behutsam über den vorspringenden Klippenrand. Sieht er die Gemsen noch auf ihrem Platze und auf Schußweite, so muß er seine Mühe hinlänglich belohnt halten, und schießt er eine einzige, so sind die Anstrengungen eines ganzen Monats nicht verloren gewesen. Die Heerde, die anfänglich nicht weiß, von welcher Seite die Gefahr kommt, springt nach allen Richtungen umher. Der andere Jäger ahmt indeß ihren Ton nach und sucht so zu zielen, als er kann. Nach einigen Secunden stellt sich eine Gemse an die Spitze und Alle folgen mit erstaunlicher Schnelligkeit. Ist eine Heerde aufgestört, so erklimmt sie gewöhnlich die Felsen, selten aber steigt sie auf steilen Klippen höher als 60 Fuß, ohne einen Augenblick stehen zu bleiben und auf ihren Feind zurückzusehen, und hat der Jäger früher nicht schießen können, so kann er jetzt hoffen, zu treffen. Ist eine Gemse erlegt, so wird sie auf den nächsten Gletscher gebracht, ausgeweidet und gewaschen, und nachdem der Jäger die Beine erst zusammengebunden hat, trägt er seine Beute auf dem Kopfe nach Hause.

Die Heerde hat zuweilen eine solche Stellung, daß es ganz unmöglich ist, sich ihr auf Schußweite zu nähern. In solchen Fällen muß der Jäger geduldig warten, bis sie sich in eine günstigere Stellung bewegt, oder wenn sie nicht Lust zeigt, sich zu entfernen, und der Tag sich zu Ende neigt, so stellt er sich auf einen Punkt, wo sie wahrscheinlich vorüberkommt, und einer von der Gesellschaft sucht sie dem Jäger entgegenzutreiben. Die Alpenjäger sind gewöhnlich interessante Gefährten. Fast immer sind sie die unerschrockensten und wackersten jungen Leute der Umgegend, und mit sehr wenigen Ausnahmen kann man auf ihre Redlichkeit und Treue bauen. Bei ihrer Lebensweise wissen sie seltsame Abenteuer zu erzählen, die ihnen begegnet sind, und noch seltsamere, die nur in ihrer Phantasie vorhanden gewesen sind. Jeder Alpensee hat seinen Drachen, jeder Berg seine verborgenen Schätze, die von Legionen böser Geister bewacht werden. Ihr einsames Leben, die stets wechselnden Gestalten, welche Nebel und Wolkendünste bekannten Gegenständen geben, und ohne Zweifel auch die wunderbaren Rettungen aus Gefahren, deren sie sich oft erfreuen, nähren diese abergläubigen Gefühle. Sie sind sehr unwissend und thun oft lächerliche Fragen; aber sie sind kühn, gutmüthig, wohlwollend und gastfrei, und zeigen oft eine Charakterstärke und eine Gemüthskraft, die nur Ausbildung bedürften, um manchen Bewohner der Ebene zu beschämen. Ich bin einigen sehr gewogen geworden und habe Byron's Bemerkung bestätigt gefunden, daß nichts so leicht die Menschen aneinander knüpft, als wenn sie miteinander über Berge klettern und Gefahren theilen. Diese beiden Bindemittel der Freundschaft findet man zur Genüge auf einer Gemsenjagd. Man muß zuweilen fast steile Klippen auf- oder niederklettern, zuweilen längs einem Felsenvorsprung am Rande eines furchtbaren Abgrundes kriechen. Bei solchen Schwierigkeiten sind ein sicherer Blick, ein besonnener Kopf und ein sicherer Fuß unentbehrlich. Die größten Gefahren drohen auf den Gletschern, besonders wenn frischgefallener Schnee die Spalten verbirgt. Die Gefahr ist am gewöhnlichsten, wenn man einen Gletscher betritt oder verläßt, da die Risse an den Seiten am häufigsten sind. Alle diese Schwierigkeiten aber geben dem Vergnügen nur einen höhern Reiz. Wie der Körper sich an Beschwerden gewöhnt und Auge und Fuß mit gefährlichen Pfaden vertraut werden, so gewöhnt sich auch die Seele, gleichgültig auf Gefahren zu blicken, die sie anfänglich erschreckt haben würden. Jede besiegte Schwierigkeit gibt Zuversicht für die Zukunft.

Die Fliegenfalle.

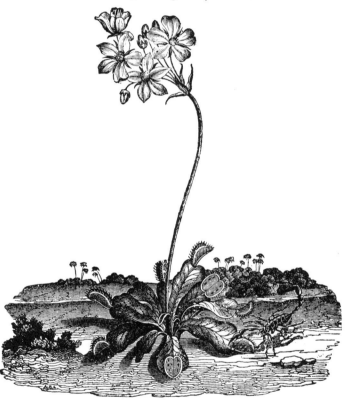

Diese merkwürdige Pflanze gehört in die zehnte Classe, welche alle diejenigen Gewächse umfaßt, die zehn Staubfäden haben. Sie wächst nur in einem Districte von Carolina in Nordamerika und verlangt einen feuchten Boden. Aus der schuppigen, dauernden Wurzel kommen die Blätter hervor, die eirund, etwas zusammengebogen und saftig sind und aus zwei Gliedern bestehen, von denen das obere mit Stacheln eingefaßt ist und aus feinen Drüsen eine klebrige Flüssigkeit ausschwitzt. Unsere Aufmerksamkeit fesselt diese Pflanze deshalb, weil ihre Blätter die Insekten, die sich auf dieselben setzen, festhält. Dies kommt daher, weil durch die Bewegung der sich auf dem Blatte aufhaltenden Thiere ein Reiz der Fibern im Blatte erregt wird, welcher bewirkt, daß sich dasselbe augenblicklich von beiden Seiten aufwärts zusammenklappt, das Thier mit den Stacheln faßt und so lange festhält, bis der Reiz aufhört, mithin bis das Thier todt ist. Auch wenn man das Blatt mit einer Nadel berührt, rollt es sich zusammen. Die klebrige Flüssigkeit derselben lockt die Insekten an. Die Blüte der Pflanze ist doldenförmig und weiß. Übrigens gibt es noch einige Pflanzenarten, die sich auf dieselbe Art bei der Berührung eines Insekts schließen.

Der Selbstmord als Gaunerkunstgriff.

Von allen Mitteln, Geld aus den Taschen der Mitleidigen zu ziehen, dadurch, daß man sie durch erheucheltes Elend täuscht, ist das folgende vielleicht das außerordentlichste und originellste. Ein Gauner, der zugleich ein ausgezeichneter Schwimmer war, pflegte sich in die Themse zu stürzen, um das Mitleiden Derer zu erregen, die ihn sahen, wenn er, der scheinbar Unglückliche, wieder aus dem Wasser gezogen wurde. Er wählte dazu immer eine solche Gegend des Flusses aus, wo es ihm an Menschen nicht fehlte, und andere Schurken waren im Nothfall bei der Hand, die Aufmerksamkeit auf den Armen zu lenken, der sich in den Strom gestürzt hatte. Wenn er wieder herausgezogen und zum Leben gekommen war, so unterhielt er die Umstehenden mit einer Schilderung seiner traurigen Lage und sagte, daß er nur durch die äußerste Noth zu diesem Schritte der Verzweiflung getrieben wäre. Natürlich steckte jeder Zuschauer, der ein Herz in seiner Brust hatte, seine Hand in den Beutel und gab dem unglücklichen Menschen etwas. Was er auf diese Weise in wenigen Minuten erhielt, belief sich oft auf drei bis vier Pfund. Doch konnte er von diesem Kunstgriffe blos im Sommer Gebrauch machen, da im Winter das Wasser viel zu kalt ist. In der rauhen Jahreszeit nun lebte er davon, daß er sich an öffentlichen Plätzen gegen Abend aufzuhängen suchte. Er pflegte dann an einem Laternenpfahle oder sonst einem Vorsprunge an der Ecke einer ziemlich lebhaften Straße einen Strick zu befestigen, das andere Ende um seinen Nacken zu schlingen und dann den Pfahl oder was es sonst war, hinaufzuklimmen, wie wenn er sich herabwerfen wollte, aber in diesem kritischen Augenblicke erschien plötzlich ein Genosse seiner Betrügereien und hinderte ihn, indem er den Strick abschnitt, seinen unglückseligen Vorsatz auszuführen. Natürlich sammelte sich ein Haufen Menschen um ihn; dieselbe Leidensgeschichte wurde wieder aufgewärmt, dem unglücklichen Manne das tiefste Bedauern ausgedrückt, und Schillinge strömten aus allen Taschen hervor. Dem Betruge wurde endlich ein Ende gemacht, als eines Abends dem Gauner wider Willen sein Versuch beinahe geglückt wäre. Beim Hinaufsteigen auf einen Laternenpfahl, als er seinen Hals schon in der Schlinge hatte, glitt er nämlich aus und baumelte wirklich, und würde wahrscheinlich nach einigen Minuten verschieden sein, hätte ihn nicht sein Freund, der schnell herbeisprang, noch zeitig genug abgeschnitten. Von diesem Augenblicke an hatte er solchen Schauder vor einem Stricke, daß er das Kunststück nie wiederholte.

Gerippe eines Thieres der Vorwelt.

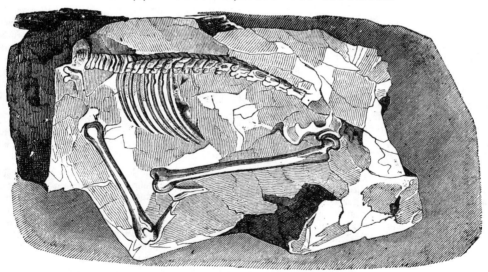

Wir haben unsern Lesern schon in den Nummern 81, 82 und 208 des Pfennigmagazins eine Beschreibung jener Thiere geliefert, deren Geschlechter durch große Umwälzungen in der Natur, durch die Macht des Wassers von der Erde vertilgt worden sind und deren Überreste, durch Zufall und durch Nachforschungen entdeckt, unsere Aufmerksamkeit in hohem Grade in Anspruch nehmen. Wir haben erzählt, daß sich die fossilen Gebeine vorweltlicher Thiere zwar gewöhnlich in dem aus vermengten Theilen von Sand und Gerölle bestehenden Boden vorfinden, welchen man Diluvium (Flutland) nennt, um zu bezeichnen, daß seine Bestandtheile durch die Sündflut erzeugte Trümmer aus der Zerstörung damaliger Gesteine sind und das ganze Gebilde sich während der Flut abgelagert hat, daß jedoch auch in Kalksteinhöhlen dergleichen Überreste einer frühern Zeit entdeckt werden. Wir führen jetzt unsern Lesern das Gerippe eines vorweltlichen Thieres in seiner natürlichen Lage vor, d. h. eingeschlossen von Erd- und Steinmassen. Sehr selten findet man noch Überreste vollständig und zusammenhängend; fast immer liegen die einzelnen Knochen zerstreut, und es ist die Aufgabe für den Naturforscher, aus den einzelnen Theilen ein Ganzes zusammenzusetzen, das Fehlende zu ergänzen und die verschiedenen Arten von vorweltlichen Thieren näher zu bestimmen und in ein wissenschaftlich geordnetes System zu bringen. Abbildungen und Beschreibungen der bis jetzt entdeckten antediluvianischen Thiergeschlechter haben wir früher unsern Lesern bereits vorgeführt.

Über den Mais.

1. Natur und Benutzung desselben.

Der Mais*), auch Kukuruz, türkischer Weizen, Wälschkorn, indianisches Korn genannt, ist eine Halmfrucht, die in neuerer Zeit im nördlichen Deutschland die Aufmerksamkeit allgemeiner und in einem höhern Grade in Anspruch genommen hat als früher. Sie gehört, ihrem ganzen Wuchse nach, wie die andern Halmfrüchte oder Cerealien zu den ährentragenden Grasarten, und wird auch in den natürlichen Pflanzensystemen mit ihnen in eine Classe gesetzt; da aber ihre Blüten getrennten Geschlechtes auf einem Halme sind, steht sie in dem Linné'schen Sexualsysteme nicht mit den meisten andern wegen angebauten Grasarten in einer Classe, sondern in derjenigen, der einundzwanzigsten, welche die Pflanzen umfaßt, die auf einem Stengel männliche und weibliche Blüten abgesondert tragen und zwar in die dritten Ordnung derselben (Monoecia Triandria). Die übrigen botanischen Kennzeichen, durch die der Mais charakterisirt wird, sind kürzlich folgende: die männlichen Blüten, in rispigen Ähren mit zweispelzigen häutigen Bälgen und Kelchen, und drei Staubfäden in einer Blüte; die weiblichen in dichten einfachen, walzigen Ähren (Kolben) mit mehren großen Hüllblättern, mit einblütigen Bälgen und mit sehr langen fadenförmigen Griffeln. Die Samen rundlich, uneben und in Gruben stehend; die Blätter groß und schilfartig; die Halme einfach, 3—8 Fuß und drüber hoch; die Wurzel faserig und lang.

So wenig, wie von den andern angebauten Cerealien kennt man genau das eigentliche Vaterland des Mais, wo er wildwachsend angetroffen wird; er kommt nur künstlich angebaut vor. Gewöhnlich wird angenommen, daß er aus dem mittlern Amerika stamme; es liegen indessen mehre Gründe vor, welche glauben lassen, daß er in der alten Welt schon längst vor der Entdeckung von Amerika bekannt gewesen und von den Türken nach der Eroberung von Konstantinopel 1453 aus der Levante, wahrscheinlich aus Syrien, nach Europa gebracht worden sei, daher auch der Name „türkischer Weizen". Mit mehr Bestimmtheit wissen wir indessen doch, daß ihn Colombo in Westindien angebaut fand und daß Pedro Martyr, der Zeitgenosse des Entdeckers von Amerika, und der dessen erste Reise 1492 gleich nach ihrer Vollendung beschrieb, erzählt, man habe diese Getreideart in Haiti häufig angetroffen und Mais genannt. Heutiges Tages macht sie in manchen Ländern, diesseit und jenseit des Oceans, z. B. in dem größten Theil des mittlern Amerikas, in Ungarn, in der Walachei, in Italien und selbst in den südlichsten Thälern von Kärnten und Krain die Hauptfrucht aus, weil sie in der That da, wo sie alljährig mit Sicherheit gedeiht, den ausgedehntesten Anbau verdient; denn es gibt wol kaum ein landwirthschaftliches Gewächs, das neben so vielem Interessanten noch einen so mannichfaltigen und umfassenden Nutzen darböte, wie der Mais. Seine körnerreichen Ähren wachsen ebenso gut in den Tropenländern neben dem Manioc (Jatropha manihot) und der Patate (Convolvulus batatas), wie in den gemäßigten Zonen neben dem Weizen und Roggen;

er dient ferner nicht nur auf verschiedene Weise zur Nahrung für Menschen und Vieh, sondern auch zu manchem andern häuslichen Gebrauch und ist selbst in Hinsicht auf die Gesundheitspflege nicht unbeachtet zu lassen.

Zur menschlichen Nahrung benutzt man die Kolben im unreifen sowol, wie im halb- und ganz reifen Zustande. In ersterem geben sie, wie Gurken eingemacht, einen sehr angenehmen erfrischenden Salat; halbreif entweder blos geröstet, oder auch gekocht, und dann mit Butter bestrichen, eine wohlschmeckende Speise, und reif liefern sie Körner, die nicht nur den besten Suppengries, sondern auch ein feines, weißes Mehl geben, aus dem sich mit Wasser oder Milch ein leicht verdaulicher Teig kneten läßt, der bald mehr, bald weniger derb, bald auf diese, bald auf jene Weise gewürzt, überhaupt sehr verschiedenartig zugerichtet, genossen wird und fast in jedem Lande einen andern Namen führt; so heißt er Polenta in Italien, Mazamorra im spanischen Amerika, Gaude in Burgund, Milias oder Milasse in den Cevennen. Man kann auch dieses Mehl für sich allein zu Brot oder Kuchen verbacken; doch eignet es sich dazu besser, wenn man etwas anderes Mehl hinzusetzt, weil ihm der Kleber fehlt.

Der weinigen Gährung unterworfen, liefern die Maiskörner Branntwein, wie anderes Getränk, und es leidet wol keinen Zweifel, daß man sie auch zu Malz für die Bierbrauerei benutzen könne. Selbst ein Kaffeesurrogat läßt sich aus ihnen gewinnen, wenn sie geröstet und dann wie Kaffee behandelt werden. Das daraus bereitete Getränk wird von den Bewohnern Chiles sehr geliebt und gehört jedenfalls zu den bessern jener Ersatzmittel. Der Hauptnutzen, der bei uns von diesen Körnern zu ziehen ist, möchte jedoch aus ihrer Verwendung zu Viehfutter hervorgehen, weil sie dazu sich ganz vorzüglich eignen. Allen Vieharten sind sie gleich angenehm; die Pferde geben ihnen, einmal daran gewöhnt, vor jeder andern Kornart den Vorzug; die Schweine werden von ihnen besonders fett und fressen sich solche nie zum Ekel; am meisten begierig danach ist indessen das Federvieh, das sich mit ihnen am leichtesten aufziehen und mästen läßt.

Aber nicht nur die Körner, die eigentlichen Früchte dieser Pflanze, gewähren mannichfachen Nutzen, sondern auch die Stengel und Blätter derselben sowol im grünen als im trockenen Zustande, als Stroh. In Bezug auf letzteres verdient der Mais von Seiten des Landwirths besondere Beachtung, weil keine andere von ihm cultivirte Pflanze von gleicher Fläche eine so große Masse dieses für ihn so wichtigen Materials liefert und dasselbe zu gleicher Zeit ein besseres Viehfutter abgibt, als jedes andere Halmfruchtstroh. So stark und holzartig die trockenen Maishalme auch erscheinen, so werden sie doch, zerschnitten oder zerquetscht und in Salzwasser eingeweicht, oder mit heißem Wasser überbrüht, von allen Vieharten gern und mit Nutzen für ihre Ernährung genossen, weil sie immer noch viel Zucker enthalten und an Nahrhaftigkeit andere dürre Halme übertreffen. Ganze Schafheerden lassen sich, wie das vom Herrn Wirthschaftsrath Petri zu Theresienfeld bei Neustadt bei Wien gegebene Beispiel zeigte, recht gut den Winter hindurch mit so zubereitetem Stroh von Mais erhalten. Alles von diesem Gewächs ist nahrhaft und mit Nutzen als Viehfutter zu gebrauchen, selbst die trockenen Fruchtböden. Es ist daher ganz natürlich, daß es auch zu Grünfutter sich vortrefflich eignet, und in der That liefern nicht nur die

---

*) Das Wort „Mais" oder vielmehr „Mahiz" stammt aus der peruanischen Sprache und ist eigentlich zweisylbig. Man sollte es daher auch bei uns nicht einsylbig, sondern zweisylbig gebrauchen, und um dies anzudeuten, mit Trennungspunkten über dem i, also Maïs, schreiben, wie es in der französischen und italienischen Sprache geschieht.

grün abgeschnittenen Halme und Blätter, sondern selbst die schon halbreifen Kolben und Blütenbüschel, welche zur Beförderung einer vollkommneren Ausbildung von den zur Reife bestimmten Pflanzen regelmäßig ausgebrochen und abgeschnitten werden, ein sehr nahrhaftes, gedeihliches, allen Vieharten angenehmes und besonders Milch erzeugendes Futter. Man hat daher den Anbau des Mais, blos zu diesem Behuf, mehrfach in Vorschlag gebracht, und man sollte gewiß in passenden Verhältnissen denselben nicht vernachlässigen; doch wird er immer nur neben den andern Futtergewächsen stattfinden und niemals den des Klees ganz ersetzen können, weil er zu viel Mühe und Kosten im Verhältniß zu letzterem verursacht, weil ferner der Mais erst spät im Jahre mähbar wird, und weil er, einmal abgeschnitten, nicht wieder nachwächst, also wol eine große Masse von Grünfutter auf einmal, aber nicht zur passenden Zeit und nicht langdauernd genug hergibt. Die Stengel des Mais gewähren aber auch noch eine andere Benutzung. Sie sind nämlich so zuckerreich, besonders in den Tropenländern, daß sie von den Bewohnern derselben wie das Zuckerrohr in den Mund genommen werden, um ihren süßen Saft auszusaugen. Ausgepreßt wird dieser Saft in manchen Gegenden nach erfolgter Gährung zu geistigen Getränken benutzt. Siedet man ferner denselben bei mäßiger Wärme bis zu einiger Dicke ein, so gibt er hernach, mit Wasser verdünnt, ein angenehmes, kühlendes Getränk, das mit Stachelbeer-, Himbeer-, Johannisbeer- oder andern derartigen Säften vermischt, ohne fernern Zusatz von Zucker oder Syrup besonders gesund und erquickend wird. Man hat selbst schon vor längerer Zeit wirklichen Zucker aus diesem Safte gewonnen; doch schien früher kein Vortheil dabei zu sein, und so hat man denn dieser Benutzung des Mais keine besondere Aufmerksamkeit weiter gewidmet. Dies möchte indessen eine Änderung erleiden, wenn sich die Entdeckungen und Angaben bestätigen, welche Herr Pallas, Arzt zu St.-Omer, in einem eigenen Werkchen mittheilt, das 1837 in Paris erschienen ist. In dieser Schrift wird nachgewiesen, daß man bei der Benutzung des Mais auf Zucker keineswegs, wie man gewöhnlich glaubt, seine Körnerernte preiszugeben brauche, daß im Gegentheil sein Zuckergehalt nicht sowohl der Menge, als auch der Güte nach, zunehme, je mehr sich die Kolben der Reife nähern, und daß das Stroh, nach der Ernte der reif aber nicht dürr gewordenen Kolben noch einen bedeutenden Reichthum an schönem, dem besten Rohrzucker gleichkommenden, leicht krystallisirbaren Zucker enthalte, der sich, nachdem sie ihrer Blätter beraubt und zerschnitten worden sind, durch bloßes Pressen (mit Hülfe von etwas Wasser) aus ihnen ziehen und durch bloßes einfaches Verdampfen und Anwendung der gewöhnlichen Klärungsmittel leicht gewinnen läßt, daß ferner der nach dem Auspressen verbleibende Rückstand nicht nur noch immer ein gutes Viehfutter abgebe, sondern auch mit Vortheil zu einem festen, von natürlichem vegetabilischen Leim zusammengehaltenen Papier zu benutzen sei. Zwei Blätter der genannten Schrift sind auf solches Papier gedruckt; es ist von gelbgrauer Farbe und grob, scheint aber allerdings fest zu sein. Die bei der Zubereitung abfallende Melasse nebst dem sämmtlichen zuckerigen Waschwasser soll ferner einen vortrefflichen Rum geben und der nicht zu Papier oder Viehfutter verwendete Rückstand nach der Verbrennung eine sehr kalireiche Asche liefern.

Wenn diese Entdeckung auch nicht den außerordentlich hohen Werth haben sollte, den ihr Herr Pallas beilegt, so verdient sie doch jedenfalls große Beachtung von Seiten der Landwirthe und Techniker, da sich wohl erwarten läßt, daß man von ihr unter günstigen Umständen Vortheil ziehen könne, wenn sie zumal noch vervollkommnet und besonders erleichtert wird. Aus den feinen, die Kolben dicht umschließenden Hüllen oder Schalen, den sogenannten Kolbenhemden, hat man schon früher Papier bereitet, das fein und weiß ist; auch gewährt diese Hülle, getrocknet, ein sehr gutes Ersatzmittel der Roßhaare in den Matratzen.

Aus Allem geht sonach hervor, daß es nicht leicht ein landwirthschaftliches Gewächs geben könne, das einen vielseitigern Nutzen gewähre als der Mais, selbst die Kartoffeln nicht ausgenommen.

II. Arten und Abarten (Varietäten) des Mais.

Nach Bonafous*) gibt es vier wirkliche Arten von Mais. Zea mais, M. mit glatten ganzrandigen Blättern; Zea Caragua, M. mit gezähnten Blättern; Z. hirta, M. mit wolligen Blättern, und Z. erithrolepis, M. mit zusammengedrängten Körnern zu rother Spindel oder rothem Fruchtboden. Sie liefern alle mehlreiche Körner und kommen in der Hauptsache vollkommen miteinander überein; im Großen angebaut wird indessen nur die erstgenannte Art. Diese hat demnach auch nur für uns allein Interesse, da zumal die andern Arten empfindlicher gegen den Frost zu sein scheinen und längere Zeit zu ihrer Ausbildung bedürfen, mit Ausnahme der letzten Art, die überdies noch besonders feines weißes Mehl geben soll, und daher vielleicht nähere Beachtung von Seiten der Botaniker, Gärtner und auch der Landwirthe verdienen dürfte.

Wie von andern Getreidearten haben sich auch durch Verschiedenheit der Cultur, der Boden- und Klimaverhältnisse von dem Mais eine Menge mehr oder weniger constante Abarten oder Varietäten gebildet, die sich durch Farbe, Größe und Reifezeit der Körner, durch die verschiedene Größe der Kolben, die verschiedene Größe und Höhe der Stengel und durch die zu ihrer Ausbildung erforderliche Zeit von einander unterscheiden, aber auch, in andere Verhältnisse gebracht, zum Theil wol leicht in einander wieder übergehen. Bonafous zählt von dem gewöhnlichen Mais neunzehn verschiedene Varietäten auf, die nach seiner Versicherung constant sein sollen, sobald man sie vor gegenseitiger Begattung hüte und dadurch das Entstehen von Bastarden vermeide, die, wie er sagt, bei allen Pflanzen mit getrennten Geschlechtern auf einem Stamme, den Monoecien, besonders leicht erfolge. Als bestimmtes und dauerndes Merkmal der verschiedenen Abarten nennt er vornehmlich die Farbe und Schwere der Körner, die Größe der Kolben und die Zeit der Ausbildung. Die Farbe kommt gelb, weiß und rothbraun vor, die Schwere

---

*) Bonafous, der Director des königlichen botanischen Gartens zu Turin, hat der Naturgeschichte und dem Anbau des Maises große Aufmerksamkeit geschenkt und darüber 1835 zu Paris ein mit 30 Kupfertafeln geziertes Prachtwerk in Folio herausgegeben. In Deutschland war schon früher (Wien 1808) eine vortreffliche Monographie dieses Gewächses von Dr. Burger erschienen unter dem Titel: „Vollständige Abhandlung über die Naturgeschichte, Cultur und Benutzung des Maises oder türkischen Weizens." Auf diese beiden Werke ist in diesem Aufsatze mehrmals Bezug genommen. Vergl. damit noch: Schwerz, „Anleitung zum praktischen Ackerbau" (2. Aufl., 3 Bde., Stuttgart 1837).

wechselt so, daß der dresdner Scheffel zwischen 150— 180 Pfund, auch wol noch darüber wiegt, und die Zei. der Ausbildung beträgt, selbst in warmen Ländern, 3—5 Monate und darüber. In Deutschland, vorzüglich im nördlichen Theile desselben, haben nur die Varietäten für den Landwirth Werth, die in günstigen Jahren nicht länger als höchstens fünf Monate zu ihrer Reife nöthig haben. Daher taugen die großen weißen und gelben Arten, die bei uns kaum in sechs Monaten zur Reife kommen, nicht für uns, wenn sie auch wirklich wegen der ausgezeichneten Größe, die sie erlangen, einen höhern Körnerertrag geben sollten. Die nutzbarste Art bleibt im Allgemeinen der auch in Italien, Ungarn, Kroatien ꝛc. vorzugsweise angebaute gewöhnliche große Mais meist mit gelben Körnern, der in erstgenanntem Lande den Namen Augustmais, agostana, wegen seiner Reifezeit erhalten hat und in verschiedenen Spielarten, in Folge seines Standorts, bald mehr, bald weniger groß, bald heller, bald dunkler gefärbt, vorkommt. *) Nächst ihm verdienen vorzüglich einige frühreife Arten, die in Italien bei dem gewöhnlichen Gange der Dinge nur 40—50 Tage nach geschehener Saat zur Reife bedürfen, und deshalb Quarantino und Cinquantino heißen, Beachtung; denn wenn sie auch nicht einen völlig so hohen Ertrag liefern, so ist doch derselbe bei sonst guter Behandlung immer noch sehr lohnend, und was er ja weniger gibt, wird gewiß in vielen Fällen durch seine größere Sicherheit ersetzt.

Was nun nachstehend über die Cultur des Mais gesagt wird, betrifft vornehmlich jenen gewöhnlichen großen Mais, findet aber auch, bald mehr, bald weniger, bei allen andern Arten dieses Gewächses seine Anwendung.

(Die Fortsetzung folgt in Nr. 252.)

---

*) Es ist auffallend, daß Bonafous die Farbe der Körner als ein vorzüglich constantes Merkmal der verschiedenen Varietäten hervorhebt und diese darnach classificirt; denn es gehört nur eine geringe Beobachtungsgabe dazu, um zu bemerken, daß hierin die Natur vielfältig spielt, und einzelne Kolben bald lichter, bald dunkler, bald gestreift und gefleckt erscheinen, wenn auch dieses Farbenspiele streng fortzupflanzen, wenn auch nicht zu verkennen ist, daß die eine Maisart mehr weiße, eine andere mehr gelbe, eine dritte mehr bräunliche oder röthliche Kolben bringt. Der Boden und die Lichteinwirkung scheinen auf die Farbe großen Einfluß zu haben; wie auch Rengger in seiner „Reise nach Paraguay" angibt. Man hat in Paraguay (wo der Mais die Hauptfrucht ist) mehre Arten oder vielmehr Spielarten von Mais, indem man bei einigen derselben Übergänge von der einen in die andere findet. Von der Farbe der Maiskörner kann hier nicht die Rede sein, denn diese scheint blos vom Boden abzuhängen, da der männliche Same Körner von verschiedener Farbe hervorbringt. Im Allgemeinen sind sie weiß oder gelb, dann auch veilchenblau, pomeranzenroth und oft mehrfarbig oder gefleckt. Die drei letztern Farben zeigen sich aber nur bei einzelnen und nie bei allen Ähren eines ganzen Ackers, bei dem blauen Mais sind selbst in der männlichen Ähre nicht alle Körner von dieser Farbe. Dieser blaue Mais scheint nach einigen Wahrnehmungen, die Schreiber dieses machen konnte, vorzüglich geeignet zur Bastarderzeugung, denn daneben gesäet und vorher viele Jahre hindurch beständig gelb gebliebener Mais bekam gleich im ersten Jahre, wo er neben jenem stand, einzelne ganz blaue und blaugestreifte Körner in den ihm zunächst befindlichen Kolben, die sich in dieser Färbung im darauf folgenden Jahre fortpflanzten, und diese Erscheinung hat sich neuerdings wiederholt.

Tippo Saib's Schwester.

Das Pfennig-Magazin

für Verbreitung gemeinnütziger Kenntnisse.

252.]   Erscheint jeden Sonnabend.   **[Januar 27, 1838.**

Tours.

Tours, das Cäsarodunum der Römer, Hauptstadt des Departements Indre und Loire, in einer schönen, fruchtbaren Ebene, welche der Garten Frankreichs genannt wird, am Einflusse des Cher in die hier in drei Arme getheilte Loire, über die eine 1335 Fuß lange und 42 Fuß breite steinerne Brücke von 19 Bögen führt, ist eine der freundlichsten Städte Frankreichs mit fünf Vorstädten und beinahe 24,000 Einwohnern. Sie hat 12 Thore, 5 öffentliche Plätze, unter welchen vorzüglich der schöne Marktplatz erwähnt zu werden verdient, 140 Straßen, von denen die breite und gerade Königsstraße die ganze Stadt auf dem linken Ufer der Loire in ihrer Länge durchschneidet, und 15 Kirchen. Die alten Wälle sind in Spaziergänge umgewandelt worden, unter welchen sich die 8000 Fuß lange Mailbahn auszeichnet. Von der alten Abtei, deren Äbte die Könige von Frankreich selbst waren, sind noch Überreste vorhanden. Merkwürdige Gebäude sind die Kathedrale mit einem geschmackvollen Portale und einer vorzüglichen Bibliothek, die St.-Martinskirche mit schönen Glocken, einer kunstvollen Orgel und dem Grabe des heiligen Martin, der erzbischöfliche Palast, das Präfecturgebäude, das Rathhaus und das Theater. Es findet sich hier auch ein Gymnasium, ein Seminar, eine Gesellschaft des Ackerbaues, der Künste und schönen Wissenschaften, eine öffentliche Bibliothek und ein Gemäldemuseum. Manufacturen gibt es in Seidenzeug (Gros de Tours), in Band, Tuch, Flanell, Leder, Leinwand und Fayence. Bei Tours erfocht 732 Karl Martell seinen glänzenden Sieg über die Araber. Außerdem ist Tours noch der Geburtsort des Lustspieldichters Destouches und des Dichters Grécourt.

Die Shakers zu Neulibanon in Nordamerika.

Wir verließen das reizend gelegene Dorf Nassau, um uns nach Neulibanon, dem Wohnsitze der Shakers, zu begeben, und langten nach einer angenehmen Morgenfahrt um 11 Uhr dort an. Wir begaben uns sogleich in das Gebäude, worin diese seltsame Gemeinde ihren sogenannten Gottesdienst hält. Wir fanden die Shakers gleichsam in Schlachtordnung aufgestellt, die Männer an dem einen, die Frauen an dem andern Ende des Saals, in Reihen von 16 Mann. Der Raum zwischen den beiden Parteien war nur gering. Die Kleider der Anwesenden waren zwar nicht grade zerrissen, aber man konnte doch nicht eben Gefallen daran finden, da viele der „Brüder" in bloßen Hemdärmeln waren. Die Frauen zeigten sich jedoch hierin etwas geschmackvoller, denn ihre schneeweißen Hauben und Halstücher konnten uns fast mit den kirschrothen Säcken versöhnen, die sie Kleider nannten.

In der gedachten Stellung und Kleidung befanden sich die Frommen, als wir unsern Platz an der äußern Seite des Saals einnahmen. Der Anblick, den die Shakers bei unserm Eintritt darboten, hätte fast verleiten können, sie für festgebannte Geister oder auf-

VI.

gestellte Leichname zu halten, so unbeweglich standen sie da, und so leblos waren ihre Züge. Bald jedoch begann der Gesang. Die erste Strophe ihrer überirdischen Melodie — überirdisch insofern, als wir nie eine ähnliche auf dieser Welt gehört hatten — glich dem Donner bei einem Seesturme. Übrigens waren einige Strophen nicht ganz übel, besonders wenn man sie als Tanzmelodien betrachtete. Sobald das erste Lied beendigt war, fingen die Männer an, sich zu entkleiden; einen Augenblick später hatte Jeder von ihnen seinen Rock an einen Nagel gehängt und seinen Platz in Erwartung der heiligen Sarabande wieder eingenommen. Der jüngere Theil der Gemeinde schien an dieser Manier, dem Himmel nach einem Dudelsack entgegenzutanzen, besonders viel Geschmack zu finden, denn das Ablegen der Oberkleider ging bei ihnen mit ungemeiner Schnelligkeit von statten. Hierauf traten die Shakers, nachdem sie ein paar Mal gegeneinander und wieder zurückgetanzt hatten, in bunter Reihe in sich umschließende Kreise zusammen, deren innerster, aus ungefähr 20 Personen bestehend, als eine Art Orchester diente, während der äußere um ihn herumtanzte. Alle diese Bewegungen geschahen genau nach dem Takte, und schwerlich dürfte ein Ballet eine genauere Ausführung und größere Regelmäßigkeit darbieten. Es wurden mehre der schwierigsten Touren ausgeführt, aber Alles ging so richtig wie ein Uhrwerk und wir bemerkten keinen falschen Tritt, keine Verwirrung der Touren. Das Ganze war ein Muster von Regelmäßigkeit. Zuweilen jedoch liefen die Tänzer alle untereinander und bildeten einen so verwirrten Knäuel, daß wir nicht begreifen konnten, wie sie wieder in Ordnung kommen oder auch nur ihre Hände und Füße wieder zusammenfinden wollten; aber sie waren ihrer Sache so gewiß, daß Jeder wieder auf seinem Platze zu einem neuen Feldzuge gegen den Teufel bereit stand, ohne daß wir ein Zeichen, das ihre Bewegung geregelt hätte, bemerken konnten. Vom Tanzen endlich ermüdet, bildeten sie mit schweißtriefenden Gesichtern wieder ihre Reihen und einer von ihnen begann eine Predigt, von der wir jedoch nur wenig verstehen konnten. Diesem folgte ein ehrwürdiger Alter, der in den Zwischenraum der Reihen trat und eine gefühlvolle, bescheidene und, wie wir glauben, aufrichtige Ermahnung an uns Sünder richtete. Dieser Shaker war von Allen, die wir bis jetzt gesehen hatten, der beste. Bald darauf trat der Gemeindeälteste auf, der einige Mädchen, die mit ihrem Nachbar, einem jungen Burschen, liebelten, tüchtig auszankte. Nach Beendigung dieser Strafrede nahmen nun die höhern Mysterien des Gottesdienstes ihren Anfang, und mit ihnen wächst die Schwierigkeit der Beschreibung. Die Frauen schrieen und die Männer heulten lauter als die Wilden. Einer der Ältesten foderte sie auf, den Teufel und seine Werke von sich zu schütteln, und dieser Aufforderung folgte ein convulsivisches Schütteln, daß wir, obschon ziemlich entfernt, eine merkliche Erschütterung spürten. Besonders zeichneten sich ein kahlköpfiger, spitznasiger Kerl und einige Frauen in dieser Übung aus. Sie walzten, galopirten und sprangen. Die Geheimnisse der Masurka sind nur Kinderspiel gegen diese Bewegungen, von welchen die wechselnden Bilder des Kaleidoskops ein nur schwaches Bild geben können. Sie schlugen mit den Armen und Füßen auf eine Weise um sich, daß wir fürchten mußten, sie möchten ihre Glieder aus den Gelenken schütteln. Einige Frauen drehten sich so lange im Kreise herum, bis sie einander vor Schwindel in die Arme fielen. Ja eine stürzte wie leblos zu Boden. Diese Sekte hat sich Keuschheit als die Hauptpflicht ihres Lebens auferlegt, und wir gestehen, daß die schönere Hälfte dieser Gemeinde gegen jede Versuchung hinlänglich geschützt war. Unter der ganzen tanzenden Schwesterschaft bemerkten wir nur drei hübsche Gesichter, die übrigen waren sehr häßlich. Ebenso wenig ließe sich von dem männlichen Theile sagen; höchstens sechs leidliche Gesichter; die Mehrzahl der übrigen würde Äsop den Rang streitig gemacht haben. Ein ältlicher Neger mit schon grauen Haaren war der hübscheste von Allen und zugleich der beste Tänzer.

Die Insel Delos oder Thera.

Nach der alten Mythologie der Griechen konnte Latona, die Mutter des Apollo und der Diana, keinen festen Ort finden, um zu gebären. Nach langem Herumirren erbarmte sich Neptun der unglücklichen Mutter und ließ aus dem Meere die Insel Delos emporsteigen, damit dieselbe der Latona zum Asyl und ihren Kindern zur Wiege diene. Diese Mythe enthält unter poetischer Einkleidung die geologische Geschichte der meisten Inseln des griechischen Archipelagus, die in mehr oder minder entfernten Zeiten aus dem Meeresgrunde aufgestiegen sind. Die Beobachtungen, welche Dr. Roß in seiner Beschreibung der Insel Thera mittheilt, bestätigen die poetischen Überlieferungen der alten Mythologie.

Die Insel wird durch einen großen kegelförmigen, 2000 Fuß hohen Berg beherrscht, der aus Kalkfelsen und blauem Marmor besteht, und auf dessen Spitze sich das Kloster des heiligen Elias erhebt, welches dem Berge seinen Namen gegeben hat. Von hier aus entfaltet sich das reizendste Gemälde vor den Augen des Reisenden. Im Süden verschwimmen Kretas weiße Berge mit dem blauen Horizont, und ohne Mühe unterscheidet man die Gipfel des Ida und des Dactys, welche die südliche Grenze des hellenischen Königreichs bilden. Im Osten erheben sich Asiens Küsten und im Norden verliert sich das erstaunte Auge auf den bunten Gruppen der Cykladen.

Steile, den Einsturz drohende Abhänge führen von dem Kloster nach dem Messa-Vouno, einer Art von Isthmus (Landenge) hinab, der den Eliasberg mit dem tieferliegenden Vorgebirge St.-Stephanos verbindet.

Der Boden von Thera ist durchaus mit einer Lage von weißem porösen Bimsstein bedeckt, der jedoch durch den Anbau allmälig in immer kleinere Stücke zerschlagen worden ist. Obgleich man nun meinen sollte, es sei der Vegetation nicht möglich, auf diesem vulkanischen Boden Wurzel zu fassen, so ist dennoch Thera eine der fruchtbarsten griechischen Inseln. Der Bimsstein behält stets so viel Feuchtigkeit, um kleine Pflanzen zu nähren. Dagegen kommen nur wenige Bäume auf Thera fort, mit Ausnahme der Zwergfeige.

Seit einem Jahrhunderte sind Wein, Gerste und Baumwolle die einzigen Producte dieser Insel. Der Wein wird nach Rußland ausgeführt, wo er sehr gesucht ist, und deshalb haben die Bewohner von Thera in neuerer Zeit ihre sämmtlichen Felder in Weingärten umgewandelt, sodaß die ganze Insel ein großer Weinberg zu sein scheint.

In dem Hafen von Thera herrscht während der guten Jahreszeit große Thätigkeit in Einfuhr und Ausfuhr. Der Weinhandel allein beschäftigt 30—40 Kauffahrteischiffe. Eine Menge kleinerer Fahrzeuge holt auf den benachbarten Inseln diejenigen Bedürfnisse, welche auf Thera fehlen.

Der Hafen von Thera ist jedoch zu klein, um die Handelsschiffe der Insel zu fassen; auch verdient er kaum diesen Namen, da er keinen Ankerplatz hat und den Süd= und Südwestwinden ohne allen Schutz offen steht. Die Schiffe von Thera würden daher entlegene Häfen zur Überwinterung aufsuchen müssen, wenn nicht auf einer vulkanischen Insel, die im Jahre 1787 den Wellen entstieg, in der Nähe von Thera ein besserer Hafen wäre, wodurch die Bewohner von Thera in den Stand gesetzt wurden, ihre Marine in der neuern Zeit so beträchtlich zu vermehren.

Der Herbst beginnt auf Thera gegen die Mitte des Septembers. Die Trauben werden in geflochtenen Körben gesammelt und durch Menschen oder Maulthiere nach der Kannaba (eine große in den Bimsstein gegrabene Vertiefung, wo die Pressen stehen, und die zugleich als Kufe dient) gebracht. In dieser werden die Trauben mannshoch aufeinander gelegt, sodaß sie sich durch ihr eignes Gewicht drücken; hierauf tritt man sie mit den Füßen und bringt den Rückstand unter die Presse. Der Most kommt in ein in den Boden gegrabenes Loch, das an den Seiten mit Kalk verstrichen ist, und von hier erst wird er in Fässer gefüllt. Da der Wein nebst den Fässern nach Rußland ausgeführt wird, so müssen die Einwohner jedes Jahr neue Fässer machen; das Holz dazu holen sie in Asien und Thessalonich. Ehe sie es verarbeiten, benehmen sie ihm jeden Geruch, indem sie es entweder längere Zeit im Meere liegen lassen oder es mit einer gewissen aromatischen Pflanze einreiben, welche auf der Insel wächst.

Die Koralleninseln.

Nur wenige Dinge können mehr unser Erstaunen und unsere Bewunderung erregen, als die scheinbar unbedeutenden Korallenthierchen. In dem großen Buche der Natur begegnen wir auf jeder Seite einem Wunder, obschon wir bekennen müssen, daß im Allgemeinen die Werkzeuge mit dem zu erzeugenden Werke in einem angemessenen Verhältnisse stehen. Bei diesen kleinen Thieren jedoch können wir ein solches Verhältniß nicht auffinden, und während wir mit stummem Erstaunen ihre Riesenarbeit betrachten, müssen wir zugleich die Weisheit und Macht des Wesens bewundern, das dem schwächsten seiner Geschöpfe die Kraft verleiht, die großartigsten Werke hervorzubringen.

Die Substanz, welche Koralle genannt wird, scheint man bis zum Jahre 1720 für ein pflanzenartiges Erzeugniß gehalten zu haben. Um diese Zeit aber begann der Franzose de Peyronnet seine Untersuchungen, die er viele Jahre lang fortsetzte und behauptete, daß die Koralle keine Pflanze, sondern ein lebendes, zu den Polypen gehörendes Thier sei. Seitdem hat man diesen Thieren den allgemeinen Namen Zoophyten oder Pflanzenthiere beigelegt, obschon sie von einigen neuern Reisenden immer noch Lithophyten oder Steinpflanzen genannt werden. Diese Thiere, von welchen man bis jetzt sechs Arten entdeckt hat, sind mit kleinen Drüsen versehen, die eine milchartige Flüssigkeit enthalten, welche aus thierischem Leim, Kalkerde und andern Substanzen besteht. Diese Flüssigkeit wird fest und hart, sobald das Thier sie von sich gibt. Mehre Naturforscher halten diesen Saft nicht für die bloße Wohnung, sondern für einen wirklichen Theil des Thieres, mit dem es ebenso eng verbunden ist als die Schnecke mit ihrem Hause und die Auster mit ihrer Schale, und ohne welchen es nicht bestehen könnte. Das Entstehen dieser abgesonderten Feuchtigkeit ist eine jener geheimen Künste der Natur, die der Mensch nachzuahmen noch zu ergründen vermag; doch ist es gewiß, daß dieses kleine Thier mittels dieser Substanz ungeheuer harte Massen aufhäufen kann, welche der Gewalt des Oceans widerstehen.

Das Korallenthierchen findet man fast in allen großen Meeren, hauptsächlich aber im mittelländischen, wo es Korallen von der schönsten Gestalt und Farbe hervorbringt, wie die Königskoralle (Isis hippuris) und die rothe Koralle (Isis nobilis), die zu den kostbarsten Kunstsachen verarbeitet wird. Doch das stille Meer ist es, wo diese Thiere Dinge erzeugen, die das stolzeste Werk des Menschen übertreffen. Der Theil des stillen Meeres, wo diese wunderbaren Werke entstanden sind und fortdauernd entstehen, ist der gefährliche Archipelagus genannt worden, wegen der unzähligen Korallenriffe und Inseln, die sich hier befinden; neuerlich aber hat man ihm den Namen „Korallenmeer" beigelegt. Er umfaßt eine Strecke von einigen hundert Meilen und ist dicht mit Riffen, Felsen, Inseln und Säulen von Korallen bedeckt, die sich beständig ihrer gänzlichen Vereinigung nähern.

Die Hauptgruppen der Koralleninseln sind — östlich von den neuen Hebriden — die Freundschaftsinseln, die Schiffahrtsinseln und die Gesellschaftsinseln, und westlich von der letzten Gruppe die Marquesas. Diese Gruppen werden durch Kanäle oder Seen voneinander getrennt, die weiter sind als diejenigen, welche die einzelnen Inseln trennen, welche die erwähnten Gruppen bilden. Aber alle diese Wässer sind mit Haufen und kleinern Inseln von Korallen überfüllt, die das Vorhandensein eines gemeinschaftlichen Grundes andeuten und zeigen, daß die thätigen Thierchen beständig arbeiten, um die einzelnen Theile ihres wunderbaren Werkes zu einem Ganzen über der Oberfläche des Meeres zu vereinigen.

Der Bau und die Ausbildung dieser Inseln zu menschlichen Wohnplätzen werden folgendermaßen beschrieben. In einer ungeheuern, aber unbekannten Tiefe unter der Oberfläche des Meeres beginnen die kleinen Architekten ihren Bau auf den Spitzen und Rücken der Felsen, welche das Bett des Oceans bilden, und von welchen viele im stillen Meere vulkanischen Ursprungs zu sein scheinen. Auf diesen Grundlagen bauen die Thierchen mittels der erwähnten Flüssigkeit Pfeiler auf Pfeiler ihrer felsigen Wohnungen, bis das Werk die Oberfläche des Meeres überragt. Nachdem nun eine solche feste Felsengrundlage gebildet ist, werden die Seemuscheln, die Korallenbruchstücke und der Seesand, welche jede Flut zurückläßt, durch die Thätigkeit der Wellen mit der Zeit in eine Art Stein verwandelt und erhöhen den Bau immer mehr. Die Hitze der Sonne durchdringt diese Steinmassen so sehr, daß sie in Schollen zerspringen und diese werden bei hohem Wasser von den Wellen wiederum übereinander gehäuft. Die stete Brandung fährt fort, die Muscheln von Seethieren und andere Materialien aufzuhäufen, und die Spalten zwischen den Riffen auszufüllen, und der nun geschützte Sand auf der Oberfläche bietet dem Samen der Pflanzen, den die Wellen bringen, einen Boden dar, wo sie schnell emporwachsen und das neuentstandene glänzend weiße Land beschatten. Baumstämme, die das Meer aus entfernten Ländern fortgespült hat,

Die Koralleninseln.

finden hier einen Ruheplatz und mit ihnen kommen kleine Thierchen, wie Eidechsen und Insekten. Noch ehe die Bäume einen Wald bilden, bauen in ihnen die Seevögel ihre Nester, und bald sucht der verirrte Landvogel in den Büschen eine Zuflucht. Endlich erscheint der Mensch, baut seine Hütte auf den fruchtbaren Boden und nennt sich Herr und Besitzer dieser neuen Schöpfung.

Diese Inseln sind hinsichtlich ihrer Größe verschieden, ebenso hinsichtlich des Grades der Vollendung, den sie erreicht haben. Von den 32, die Capitain Beechey untersuchte, hatte die größte sechs Meilen im Durchmesser und die kleinste ungefähr eine Viertelstunde. Sie sind von verschiedener Gestalt, mit Ausnahme der sogenannten Hendersonsinseln, alle aus lebenden Korallen gebildet und scheinen sich beständig zu vergrößern, indem die Zoophyten die Theile über die Oberfläche des Meeres hinausbauen, welche jetzt noch unter Wasser sind. Von den 32 Inseln, die Beechey untersuchte, hatten 29 in ihrer Mitte Lagunen oder Moräste, worin, wie bemerkt wurde, die kleinern Arten der Korallen eine ruhige Zuflucht suchen und still und langsam ihre Arbeit fortsetzen, sodaß mit der Zeit die Lagune immer mehr an Umfang abnimmt und die Insel endlich, die früher nur die Gestalt eines Ringes hatte, ein ganzes verbundenes Land wird.

Alle diese Inseln sind, mit Ausnahme einer (Oeno), den Passatwinden ausgesetzt, und bei allen findet man, daß die Windseiten höher und mehr geschützt und nicht selten dicht mit Strauchwerk und Bäumen bewachsen sind, während die andere Seite nur ein halb oder gänzlich mit Wasser bedecktes Riff ist. Bei den Gambier- und den Matildainseln ist diese Ungleichheit sehr hervortretend, denn während die Wetterseite beider mit Holz bewachsen und bei der erstern Gruppe bewohnt ist, stehen die andern Seiten 20—30 Fuß unter Wasser. Eine dieser Inseln (Maldeninsel) bietet den seltsamen Anblick perpendiculairer Korallenklippen dar, welche sich 80 Fuß über die Oberfläche des Meeres erheben; sie bestehen aus todten Korallen, aber die Außenseiten der Insel waren von lebenden Korallen umgeben.

Die Gambiergruppe besteht aus fünf großen und verschiedenen kleinern Inseln, während das Ganze, welches, wie auch die fünf einzelnen Inseln, von einem Korallenriff eingeschlossen ist, die Gestalt eines unregelmäßig gebildeten Diamanten hat. Die ältern Inseln sind vulkanisch und auf der größten erheben sich zwei Gipfel 1248 Fuß über die Oberfläche des Meeres; der äußere Korallengürtel senkt sich nach außen steil bis zu einer bedeutenden Tiefe, nach innen aber in stufenmäßiger Abdachung bis zu 120 oder 150 Klafter unter die Oberfläche des Meeres. Innerhalb dieses Gürtels haben sich bereits mehre niedrige Inseln gebildet, während andere noch im Entstehen sind, und lassen uns keinen Zweifel, daß das ganze Raum einst eine Insel werden wird. Diese Inseln sind von Menschen von schöner Bildung bewohnt, die civilisirter zu sein scheinen, als die Bewohner vieler anderer Inseln. Der Boden ist fruchtbar und mit Bäumen und Sträuchern üppig bewachsen.

Es ist in der That merkwürdig, daß man auf allen diesen Inseln frisches und schönes Wasser im Überfluß erhalten kann, sobald man nur vier Fuß tief in die Korallen eingräbt. Dies ist ein Umstand von großer Wichtigkeit für die Seeleute in diesem Meere, wo solche Quellen wegen der außerordentlichen Hitze, der sie ausgesetzt sind, von unschätzbarem Werthe ist. Wir erkennen daraus auch zugleich die Eigenschaft der Koralle, das Seewasser von seinen salzigen Bestandtheilen zu reinigen.

Es läßt sich nicht bestimmen, wie schnell die Korallen wachsen. Die Matildainsel oder die Insel Osnabrück soll nur ein Felsenriff gewesen sein, als 1792 das Schiff Matilda hier scheiterte; jetzt ist sie über drei Meilen lang und auf einer Seite mit mächtigen Bäumen bedeckt, während die Lagune in der Mitte Korallensäulen anfüllen. In einem so kurzen Zeitraume also ist auf dem einzelnen Felsen ein großes und fruchtbares Land entstanden. Alle Seefahrer, die diese Meere besucht haben, behaupten, daß man eine Seekarte nach Verlauf von einigen Jahren nicht mehr benutzen kann, da stets neue Riffe und Klippen aus dem Meere schnell emporwachsen.

Otto v. Kotzebue, der diese Gegenden während seiner Entdeckungsreise in den Jahren 1815 und 1818 besuchte, sagt hinsichtlich der Koralleninseln: „Der Ort, wo ich stand, erfüllte mich mit Erstaunen und ich verehrte in stummer Bewunderung die Allmacht Gottes, der selbst diesen kleinen Geschöpfen die Kraft verliehen hat, ein solches Werk hervorzubringen. Meine Gedanken verwirrten sich, wenn ich daran dachte, welche ungeheure Reihe von Jahren verstrichen sein mußte, ehe eine solche Insel aus dem Abgrunde des Oceans sich erheben und auf der Oberfläche sichtbar werden konnte. In Zukunft werden sie eine andere Gestalt annehmen, alle Inseln werden sich vereinigen und einen kreisförmigen Streifen Land bilden, mit einem See in der Mitte, und diese Gestalt wird sich wieder verändern, da die kleinen Thiere mit ihrem Baue fortfahren, bis sie die Oberfläche erreichen, und dann wird eines Tages das Wasser verschwinden und nur eine große Insel sichtbar sein. Es ist ein seltsamer Gedanke, auf einer lebenden Insel umherzuwandeln, wo unten thätig gearbeitet wird."

Wir fügen hier noch die Abbildungen einiger der verschiedenen Korallenarten mit ihren Wohnungen bei, in natürlichem und vergrößertem Zustande. Als beson-

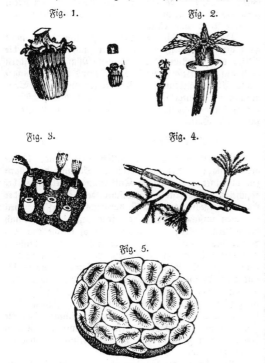

dere Eigenthümlichkeit dieser Thiere ist zu erwähnen, daß sie zu der Substanz, die sie von sich geben, nicht etwa in dem Verhältnisse stehen, wie die Bienen zu ihren Zellen, sondern daß diese Masse ein wirklicher Theil des Thieres ist. Fig. 1 zeigt die Caryophyla solitaria; Fig. 2 die Tubipora musica (Orgelwerk), die sich blos in Ost- und Südindien findet; Fig. 3 das Gehäuse der Cellepora hyalina (in natürlicher Größe); Fig. 4 die Gorgonia patula mit der Centralaxe; Fig. 5 die Astrea ananas in natürlicher Größe.

Über den Mais.
(Fortsetzung aus Nr. 251.)

III. Boden und Klima für den Mais.

In den wärmern Klimaten gedeiht er am besten in einem tiefgründigen, kräftigen, mehr gebundenen Thonboden; allein in den kältern und mehr gemäßigten Himmelsstrichen erwärmt sich dieser zu wenig und zu langsam für ihn; man sucht daher lieber einen solchen für ihn aus, der die Feuchtigkeit nicht lange anhält, sich leicht erwärmt und stark gedüngt ist. Durch letztern wird nicht nur sein Ertrag erhöht, sondern auch nicht selten seine Zeitigung befördert. Ein durch glückliche Lage und lange Cultur humusreicher, schwarzgefärbter, trockengelegener Mergel-, lehmiger Sand- oder sandiger Lehmboden sagt ihm daher in unsern Verhältnissen gewiß am meisten zu; doch ist er, wenn übrigens zweckmäßig verfahren wird, auch auf jedem andern nicht zu schweren und bindigen Boden mit Erfolg zu bauen; denn ekel und eigensinnig ist er in dieser Hinsicht grade nicht; er bequemt sich im Gegentheil leicht nach dem Willen des Menschen. So findet man ihn in Neu-Jersey auf Feldern, die für Weizen und Gerste zu feucht sind; aber auch auf den dürren Fluren zwischen Treviso und Bassano, so wie an den steinigen, von den Basken bewohnten Abhängen der Pyrenäen, und jenseit dieses Gebirges auf Trümmern von Schiefer und Granit. Auf den Bergen von Bearn wird er noch in einer Höhe von 3000 Fuß über dem Meere angebaut. Er wächst ferner gleich gut auf den Sandfeldern des Elsaß, wie auf dem sandigen Lehm von Baden und Würtemberg, ganz vorzüglich aber auf Ungarns und Kroatiens üppigem Anschwemmungsboden. Auch in Kärnten, Krain und andern Theilen von Östreich kommt er auf den verschiedensten Bodenarten gut fort, wenn sie nur trocken, warm und wohlgedüngt sind.

Was das Klima betrifft, so glaubte man sonst, daß er jenseit des 49. Grads nördlicher Breite nirgend in Deutschland mit Sicherheit und Vortheil im Großen anzubauen sei, und man hat daher häufig dieses so ungemein nützliche Gewächs über die Gebühr vernachlässigt. Sobald man für den Mais ein passendes, geschütztes Land aussucht, dasselbe gut zurichtet, keine spätreifenden Sorten wählt und ihn wohl pflegt, kann er, wie vielfältige Erfahrungen bewiesen haben, noch in ziemlich hohen nördlichen Breiten, wenn auch nicht in hohen Bergregionen, in Deutschland bis zum 51. Grade, in England wol noch nördlicher, mit Glück angebaut werden; doch läßt sich mit Gewißheit behaupten, daß er jenseit des 49. Grades niemals eine Hauptfrucht im Feldbau, wie es in Italien, Kroatien 2c. der Fall ist, werden könne, sondern in dieser Hinsicht den unserm Klima besser entsprechenden andern Halmfrüchten, Roggen, Weizen 2c., wie auch den Kartoffeln jederzeit nachstehen werde, wenn auch sein beschränkter Anbau nebenbei mitunter großen Nutzen gewähren kann, wenigstens in allen den Gegenden, wo noch der Weinbau im Großen mit ziemlicher Sicherheit betrieben wird.

IV. Bearbeitung des Bodens.

Aus dem vorhin Gesagten ergibt sich, daß diese Bearbeitung sehr verschieden sein müsse; denn weil eine der ersten Bedingungen des Gedeihens ein hinreichend gelockertes und gepulvertes Erdreich ist, so müssen sich auch die Vorbereitungsarbeiten nach der Beschaffenheit des Bodens richten, und immer um so öfter und nachdrücklicher geschehen, je strenger und schwerer derselbe theils von Natur, theils durch die bisherige Bestellung ist. In manchen Gegenden pflügt man zu ihm dreimal, dann einmal recht tief vor dem Winter, in andern nur zweimal, in noch andern gar nur einmal. Letzteres kann aber nur in sehr lockerm und wohl bearbeitetem Boden, etwa nach vorhergegangenen Hackfrüchten ohne Nachtheil geschehen. In den meisten Fällen wird das erstgenannte Verfahren wol das beste bleiben. Kann man dabei mit der ersten Furche die Hauptdüngung unterpflügen und dann mit der letzten vor der Saat oder unmittelbar zu dieser noch eine reizende Nachdüngung, etwa Zuckererde, Knochenmehl, Compost, Kloakendünger ꝛc. unterbringen, so dürfte das möglich höchste Product zu erlangen sein. Sonst ist es am gerathensten, den Dünger erst mit der letzten Furche einzuackern oder den Samen unmittelbar darauf zu legen. Wo die Ackerkrume eine Tiefe von 10—11 Zoll hat, wird man mehr von ihm ernten, als wo sie nur 6—8 Zoll tief ist; jedoch immer nur, wenn die Stärke der Düngung damit im Verhältniß steht. Je tiefer der Boden, desto mehr Dünger. Der Mais befindet sich nur wohl, wenn ihm dieser sehr reichlich gegeben wird; ein Übermaß kann nicht leicht stattfinden; dabei ist er nicht ekel hinsichtlich der Art des Düngers. Jedes organische Düngmittel sagt ihm zu, und er verschmäht selbst rohen Mist nicht. Er gedeiht auch sehr wohl auf Neubrüchen. So wie die Europäer in beiden Hälften von Amerika vordrangen, haben sie auch auf den noch rauchenden Stätten der niedergebrannten alten Wälder ihre Cultur mit diesem Gewächs begonnen. Die Brasilier werfen fast ohne alle vorbereitende Arbeit die Samenkörner davon unmittelbar in die Asche. Keine andere Pflanze, die Kartoffeln etwa ausgenommen, gedeiht so gut nach verbranntem Rasen.

V. Auswahl und Zubereitung des Samens.

Der Mais behält seine Keimkraft länger, als man gewöhnlich glaubt. Nach Bonafous' zahlreichen Versuchen keimt er oft noch nach 10—12 Jahren; doch wird es, der Sicherheit des Auflaufens wegen, immer vortheilhafter bleiben, die im vorhergehenden Jahre reif gewordenen Körner denen von zwei oder gar noch mehr Jahren zu Samen den Vorzug zu geben. Eine andere Maßregel bei der Auswahl des Samens ist die, nur die Körner zu nehmen, die in der Mitte des Kolbens sich befinden, weil die untern und obern minder ausgebildet sind.

Da der Mais, wie der Weizen, dem Brand unterworfen ist, hat man auch angerathen, ihn, wie diesen, vor der Saat einzukalken. Dieses soll sich indessen nicht als ein zuverlässiges Gegenmittel bewährt haben; ein günstiger Boden und gute Bestellung mögen wirksamer sein. Übrigens führt auch der Brand selten einen erheblichen Schaden herbei. Das ebenfalls empfohlene Einweichen des Samens, um sein Keimen zu befördern, bringt blos dann Vortheil, wenn man mehrjährigen Samen nimmt, und das Erdreich sehr ausgetrocknet ist, dieses muß jedoch zu gleicher Zeit auch so erwärmt sein, daß das Keimen ununterbrochen vor sich gehen kann. In manchen Gegenden unternimmt man das Einweichen in einer Lauge von Holzasche und überstreut den Samen nachher mit Gyps oder Schwefelblüten, um ihn gegen die Nachstellungen der Mäuse und Maulwurfsgrillen zu schützen. Man bedient sich dazu auch wohl dazu eines Absuds von Coloquinten, oder carister Nießwurz, Veratrum album, oder Stechapfelsamen, Datura stramonium, um zugleich die Vögel, die den ausgelegten Körnern ungemein nachstellen, zu betäuben, sodaß man sie leicht erschlagen könne.

VI. Saatzeit und erfoderliche Samenmenge.

In den südlichen Gegenden, z. B. in Italien, säet man den Mais zu zwei verschiedenen Zeiten, im Frühjahre von der Mitte des Aprils bis in die Mitte Mais, und zu Anfang des Sommers, von Mitte Junis an, um einer andern, zeitig geernteten Frucht zu folgen, oder um eine durch Hagelschlag zerstörte Getreideernte zu ersetzen, ja selbst noch nach einer Roggen- oder Weizenernte. In letzterm Falle wird die „Quarantino" genannte Abart allen andern vorgezogen. In kältern Gegenden dagegen, z. B. in Sachsen, muß man mit der Aussaat warten, bis keine Frühjahrsfröste mehr zu fürchten sind und das Erdreich sich bereits so erwärmt hat, daß ein rasches Keimen zu erwarten ist. Dieser Zeitpunkt tritt selten vor dem Ende des Aprils oder dem Anfange des Maimonats ein. Eine späte Saat bringt allerdings auch eine späte Ernte; allein eine zu ungünstiger Zeit gemachte Saat erzeugt noch mehr Nachtheile, indem sie nicht selten den Ertrag bedeutend schwächt, ohne grade eine zeitigere Ernte zu bewirken, denn die Körner keimen doch nicht eher, als bis warme günstige Witterung eintritt.

Die erfoderliche Samenmenge läßt sich nicht ganz genau angeben, weil es dabei nicht nur auf die Weite der Stellung der einzelnen Pflanzen, sondern auch auf die Beschaffenheit des Bodens und die angebaute Abart ankommt. Bei der breitwürfigen Saat braucht man ungefähr 12 Metzen auf den sächsischen Acker; bei der Aussaat in Reihen oder in Horste ꝛc. kaum die Hälfte.

VII. Verschiedene Aussaatsweisen.

Es gibt deren zwei wesentlich verschiedene: 1) die breitwürfige; 2) diejenige, welche die Stellung der Pflanzen in einer regelmäßigen Entfernung voneinander beabsichtigt. Die erste, bei welcher der Same mit der Egge untergebracht wird, ist durchaus verwerflich, weil sie einen unsichern Ertrag gewährt und den Gebrauch der neuern bessern Instrumente, durch welche das Behacken des Mais ungemein erleichtert wird, hindert. Die zweite kann sehr verschiedenartig ausgeführt werden, entweder in die Furche oder auf die Furche, oder in die mit dem Pflanzstock gemachten Löcher (man nennt dieses auch wol Dibbeln), oder mit einer Hacke, oder in gezogene Linien (Hillen) mit einer eignen Maschine. Das Wesentliche bleibt bei ihr immer, daß die Pflanzen in gleichmäßig voneinander entfernte Reihen kommen, um sie späterhin mit Pferdeinstrumenten behacken zu können.

Um ihn in die Furchen zu säen, geht ein Mann in der frischgezogenen Furche hin, und legt die Samenkörner zu zwei bis drei Stücken in einer schicklichen nach der angebauten Art zu bestimmenden Entfernung auf den zuletzt ausgeworfenen Pflugstreifen, wo er denn von dem folgenden Pfluge leicht zugedeckt wird. Man streut wol auch den Samen auf den Boden der Furche; dies ist jedoch fehlerhaft, weil er da leicht zu tief kommt. Gewöhnlich wird bei diesem Verfahren nur der zweite oder dritte Pflugschnitt belegt, sodaß ein oder zwei dazwischen leer bleiben, und der Mais nur gleich in gehörig voneinander entfernten Reihen aufgeht. Wollte man jeden Pflugschnitt belegen, so müßten späterhin Reihen dazwischen ausgestochen werden.

Bei dem Säen auf die Furche folgt der Säemann ebenfalls dem Pfluge, legt aber den Samen nicht auf den Abhang des ausgeworfenen Pflugstreifens, sondern in die kleine Vertiefung, die da entsteht, wo zwei ausgeworfene Pflugstreifen sich berühren. In diesem Falle muß der Same durch ein leichtes Eggen schwach mit Erde bedeckt werden.

Das Säen nach dem Pflanzstock oder Satzholze ist die schönste und regelmäßigste Art, den Samen zu vertheilen, aber auch die zeitraubendste und kostspieligste, daher nur bei der kleinen Cultur anwendbar. Man bedient sich dazu eines mehrspitzigen Pflanzstockes, der mehr Löcher zu gleicher Zeit in das zuvor wohlgelockerte Erdreich bis zu einer angemessenen Tiefe und in einer schicklichen, entweder durch eine ausgespannte Schnur bezeichneten oder nach den Pflugfurchen abzumessenden Entfernung von einander stößt, wirft in jedes solches Loch 2—3 Samenkörner, und bedeckt diese mit der Hand oder einem leisen Fußtritt schwach mit Erde.

Bei dem Säen nach der Hacke oder dem Spaten fertigt man mit diesen Instrumenten kleine Gruben in schicklicher Entfernung voneinander, gewöhnlich in Quinconce an, wirft, im Fall das Land nicht stark genug gedüngt war, in eine jede etwas veralteten Dünger, legt die Samenkörner, 2—3 auf einmal darauf, und bedeckt sie mit etwas Erde, sodaß kleine Hügel oder Horste entstehen. In manchen Gegenden Südamerikas, auch an mehren Orten in der Nähe der Pyrenäen ackert man bei dem Saatpflügen nicht das ganze zu Mais bestimmte Feld um, sondern zieht nur in einer Entfernung von 2—3 Fuß 2 Furchen, die man darauf in gleicher Entfernung durch eine andere in entgegengesetzter Richtung rechtwinklich durchschneidet. Hierauf hebt man auf den Durchschnittspunkten dieser Furchen mit dem Spaten Löcher von einem halben Quadratfuß auf, wirft eine Hand voll Dünger hinein und darauf die Maiskörner.

Mit den Säemaschinen wird der Same meistens auf eine recht zweckmäßige Weise in die zuvor gezogenen Saatrinnen oder Hillen vertheilt, und bisweilen auch durch eine daran befestigte kleine Egge zugleich leicht mit Erde bedeckt; ist Letzteres nicht der Fall, so muß das Eineggen besonders geschehen. Der von Burger angegebene, in Hohenheim in etwas verbesserter Gestalt angewendete Säekasten ist einfach und dem Zweck entsprechend, daher bei einem ausgedehnten Maisbau wol zu empfehlen. Man hat auch Säemaschinen, welche zu gleicher Zeit die Saatrinnen ziehen, Dünger und Samen ausstreuen und letztern mit Erde bedecken; sie sind aber meistens zu zusammengesetzt und kostbar für den gewöhnlichen Gebrauch.

Man mag den Mais nun säen wie man will, so muß man dafür sorgen, daß die Pflanzen nicht eng aneinander zu stehen kommen; doch läßt sich die Entfernung, in welcher dieselben zu halten, nicht genau für alle Fälle passend angeben, weil es dabei auf die Güte des Bodens, die Stärke der Düngung und die gebaute Abart ankommt. Je besser und stärker jene, je größer diese, desto weiter muß die Entfernung sein, und danach dürfte sich die der Saatreihen auf 2—3 Fuß, die der Pflanzen in den Reihen auf 1—2½ Fuß bestimmen lassen. Alle, die in denselben dichter stehen, müssen später vertilgt werden; man wirft indessen gern mehre Samenkörner auf eine Stelle, um spätere Lücken zu vermeiden.

Eine nicht genug zu empfehlende Vorsichtsmaßregel bei der Maiscultur ist, die Samen nicht zu dick mit Erde zu bedecken, weil sonst viele Körner gar nicht, alle jedenfalls später aufgehen, zumal wenn der Boden etwas gebunden ist. Eine Bedeckung von einem Zoll bei etwas strengem Boden und von 1½ Zoll bei lockerm ist vollkommen hinreichend. Nach Burger's Versuchen ging der einen Zoll tief liegende Same nach 8½ Tagen, der vier Zoll tief liegende erst nach 13½ Tagen auf. Schon bei letzter Tiefe kamen viele Körner nicht, und noch tiefer liegend blieben sie fast sämmtlich aus.

(Fortsetzung folgt in Nr. 253.)

Die Ureinwohner von Neuholland.

Die Bewohner Neuhollands bestehen aus zwei Hauptstämmen. Im Osten wohnt der malaiische Stamm, welcher dem kaukasischen an Farbe und Gestalt sehr nahe kommt, im Westen ein Stamm von Negern, die Papuas genannt werden und sich von andern Negern durch sehr dünne, magere Arme und Beine unterscheiden. Diese Eingeborenen, welche ohne Zweifel mit den Madegassen einen Stamm ausmachen, sind den Kaffern ähnlich, stehen jedoch auf der niedrigsten Stufe der körperlichen und geistigen Bildung. Raub- und Freßsucht, Mordlust und jede Art von Begierde ist ihnen in dem höchsten Grade eigen. Von Farbe sind sie dunkelbraun. Ihre Nasen sind eingedrückt, die Nasenlöcher sehr ausgeweitet. Dies kommt von der Sitte her, welche sie mit vielen Wilden, oder doch weniger cultivirten Völkern gemein haben, daß sie nämlich den Nasenknorpel durchbohren, um Schmuck und Ziera- then darin zu befestigen. Die kleinen, tiefliegenden Augen verrathen tückische Roheit, selten dumme Gutmüthigkeit. Der große Mund und die aufgeworfenen Lippen machen den untern Theil ihres Gesichts einer thierischen Schnauze ähnlich. Das Haar hat mit dem Körper eine und dieselbe Farbe und wird von ihnen, wenn sie sich recht putzen wollen, in Stricke zusammengedreht, so daß der Kopf wie von Birkenreisern umgeben erscheint. Von Gestalt sind sie gewöhnlich klein und haben schwache Knochen. Nur selten findet man große und starke Leute unter ihnen, die aber auch ein hohes Ansehen sich zu verschaffen wissen und die Übrigen in steter Abhängigkeit erhalten. Das Tatowiren ist unter ihnen nicht sehr gebräuchlich, wol aber bemalen sie sich einzelne Theile ihres Körpers, besonders wenn Verwandte und Freunde gestorben sind, die sie auf diese Art betrauern. Ihr Gesichts-, Gehörs- und Geruchssinn ist ausnehmend scharf. Sie finden die schwächste Spur von Menschen und Thieren auf, die das beste Auge eines Europäers nicht zu entdecken vermag, und sind im Verfolgen derselben unermüdlich. Kein Hinderniß der Natur gibt es, das sie nicht besiegen, keine Waldung, die sie nicht durchdringen, keinen Fluß, den sie nicht überschreiten könnten. Weder Hunger noch Durst hält sie dabei auf. Ja sie wissen sogar aus dem unbedeutendsten Eindrucke eines Fußes, den sie im Grase oder Laube finden, genau zu bestimmen, ob ein Europäer oder ein Eingeborener diese Spur zurückgelassen hat, und sie werden deshalb auch von den

Engländern dazu gebraucht, entsprungene Verbrecher einzufangen. Ihre Nahrungsmittel bestehen in Wurzeln, Fischen und Fleisch, vorzüglich dem des Känguruhs, und werden von ihnen fast roh verzehrt; denn nur selten rösten sie das Fleisch. Meistentheils gehen sie ganz nackend, selten mit Thierfellen bekleidet. Wohnungen haben sie fast gar nicht, oder höchstens ganz schlechte Hütten. Größtentheils bringen sie ihr Leben im Freien zu und gehen nur zuweilen des Nachts in Felsenhöhlen. Sie besitzen eine sehr schnelle Auffassungsgabe und eine merkwürdige Nachahmungsfähigkeit. Doch benutzen sie ihre geistigen Kräfte wenig, leben blind in den Tag hinein und überlassen Alles der Vorsehung. Auch in Handarbeiten sind sie höchst ungeschickt. Ihre Waffen, welche in Speer, Keule, Schwert und Schild bestehen und die sie immer mit sich führen, sind ohne alle Kunst verfertigt und sehr einfach. Ebenso ihr Jagdgeräthe und ihre Kanoes; die letztern bestehen nur aus Baumrinde, die an den Enden zusammengebunden ist. Sie leben in Familien und kleinen durch verschiedene Abzeichnungen von einander sich unterscheidenden Stämmen vereinigt, die von einem Häuptling regiert werden, dessen Würde bei einigen erblich ist, bei andern dem Stärksten und Tapfersten übertragen wird. Ihre religiösen Begriffe sind sehr einfach. Zwar sind sie von dem Dasein einer höhern, die ganze Natur regierenden Macht überzeugt; wie sie sich aber dieselbe vorstellen und unter welchen Gebräuchen sie derselben ihre Anbetung darbringen, ist noch nicht bekannt, da man eine Art von Gottesdienst unter ihnen noch nicht gefunden hat. Auch glauben sie an ein zukünftiges Leben, von dem sie freilich höchst sinnliche Vorstellungen haben, sowie an Gespenster, die bei allen uncultivirten Völkern stets eine große Rolle spielen und einen mächtigen Einfluß auf alle Unternehmungen derselben haben. Vielweiberei ist unter ihnen selten. In ihrer Hauptbeschäftigung, der Jagd, haben sie eine große Fertigkeit erlangt. Kriege werden unter den einzelnen Stämmen häufig geführt. Nie kämpfen sie in geordneten Scharen, sondern beschränken sich meist auf Zweikämpfe. Noch müssen wir ihre große Ehrlichkeit gegen Fremde erwähnen, und die Zuneigung, mit welcher sie an ihren Ältern hangen. Wer sie freundlich behandelt und sie nicht durch das Übergewicht seiner moralischen Kraft in knechtischer Unterwürfigkeit erhalten will, dem erzeigen sie willig alles Gute und überhäufen ihn mit Aufmerksamkeiten. Dies haben vorzüglich unglückliche Schiffbrüchige erfahren, die an ihre Küsten geworfen wurden. Diese wurden in ihre Hütten aufgenommen und reichlich mit Lebensmitteln versorgt. Kein Wunder ist es aber freilich, wenn sie gegen solche Fremde, von denen sie grausam behandelt werden, sich feindselig zeigen und diese mit derselben Rachgier verfolgen, wie die ihnen feindlichen eingeborenen Stämme. Ihre Ältern pflegen sie mit kindlicher Liebe und Zärtlichkeit bis an ihr Ende; eine Tugend, die man häufig grade bei solchen Völkern findet, die auf einer niedrigen Bildungsstufe stehen.

Der Capitain Dumont d'Urville hat in der neuesten Zeit Neuholland besucht und eine sehr genaue Schilderung dieses Landes veröffentlicht. Ihm verdanken wir auch die untenstehende Abbildung der neuholländischen Ureinwohner.

Ureinwohner von Neuholland.

Das Pfennig-Magazin

für
Verbreitung gemeinnütziger Kenntnisse.

253.]   Erscheint jeden Sonnabend.   [Februar 3, **1838.**

Victoria, Königin von Großbritannien und Irland.

Unter den drei Königinnen, die jetzt europäische Kronen tragen, ist die jugendliche Beherrscherin Britanniens durch die Macht ihres festgegründeten Reiches, wie durch persönliche Vorzüge und die Liebe ihres Volkes glücklicher als die beiden Andern, die auf schwankenden Thronen sitzen. Seit ihrer großen Ahnfrau Elisabeth ist sie die dritte Königin, die den Thron des mächtigen Inselreiches ziert, das im 16. Jahrhunderte auf England und Irland und einige Colonien in Amerika beschränkt war, während ihm jetzt, in allen Erdtheilen zerstreut, 100 Millionen gehorchen. Vier Söhne und zwei Enkelinnen Georg III. mußten ohne Erben in die Königsgruft zu Windsor steigen, um ihr den Weg zur Krone zu bahnen. Der vierte Sohn, Eduard, Herzog von Kent, ihr Vater, geboren 1767, der sich durch seine ritterliche Tapferkeit bei der Eroberung der französischen Inseln Martinique und Guadeloupe im Jahre 1794 ebenso sehr auszeichnete, als er sich durch seine unbeugsame Strenge im Kriegsdienste die Gemüther der Soldaten entfremdete, wurde 1799 von Gibraltar, wo er Oberbefehlshaber war, nach England zurückberufen. Er erhielt vom Parlament ein Jahrgeld von 12,000 Pf. Sterl., das er aber größtentheils zur Bezahlung seiner Schulden verwendete, und um seine Ausgaben zu beschränken, ging er 1816 auf das Festland. Hier lernte er die edle und hochgebildete dreißigjährige Witwe des Fürsten Emich Karl von Leiningen-Amorbach-Miltenberg, Victoria, Prinzessin von Sachsen-Koburg, kennen, welche die Mutter des Fürsten Karl Friedrich von Leiningen und einer Tochter, Feodorowna, war, die mit dem Fürsten von Hohenlohe-Langenburg vermählt ist. Nach dem Tode des Fürsten führte sie seit 1814 die Vormundschaft über ihren unmündigen Sohn, bis sie sich 1818 mit dem Herzoge von Kent vermählte.

Sie blieb mit ihrem Gemahl in Deutschland, als aber die Zeit ihrer Entbindung heranrückte, wurde der Herzog, der sich in den spätern Jahren seines Lebens durch seine freisinnigen und versöhnenden politischen Grundsätze sehr beliebt gemacht hatte, durch die Vermittelung eines reichen patriotischen Engländers in den Stand gesetzt, in das Vaterland zurückzukehren, damit das Kind, das seit dem Tode der Tochter Georg IV. eine nähere Aussicht auf den Thron hatte, auf britischem Boden geboren werden möchte. Am 23. Mai 1819 wurde die Prinzessin Victoria Alexandrine geboren. Am Ende desselben Jahres begleitete der Herzog seine Gemahlin, deren Gesundheit im Wochenbette sehr gelitten hatte, auf sein Landgut Sidmouth in Devonshire, wo er am 23. Januar 1820 starb. Die Herzogin widmete sich mit der zärtlichsten Sorge der Erziehung ihrer Tochter und benahm sich, von ihrer eignen Einsicht geleitet und von ihrem verständigen Bruder, dem Prinzen Leopold von Koburg, berathen, mit so großer Klugheit, daß sie, obgleich fremd in der neuen Heimat, die Achtung aller politischen Parteien gewann. Die Prinzessin Victoria, deren Gesundheit in ihrer Kindheit sehr schwankend war, verrieth früh die glücklichsten Geistesanlagen, welche mit großer Sorgfalt ausgebildet wurden. Sie lebte mit ihrer Mutter zurückgezogen theils in Claremont, dem Sitze des Prinzen Leopold, theils in Kensington. Nach der Thronbesteigung Wilhelm IV.*) war sie die nächste Thronerbin, da die eheliche Erbin des Königs in früher Kindheit gestorben war. Der Tod Wilhelm's rief sie am 20. Januar 1837 auf den Thron, und dieses Ereigniß wurde von den Freunden fortschreitender Verbesserung um so freudiger begrüßt, da man in der letzten Lebenszeit des Königs nicht ohne Grund befürchtet hatte, daß er sich bewegen lassen würde, die Partei, welche sich jener Verbesserung widersetzte, noch einmal an das Ruder des Staats zu stellen. Ihre Thronbesteigung löste die Verbindung zwischen Großbritannien und Hanover, das seit dem ersten König aus dem Hause Braunschweig, Georg I., mit dem britischen Reiche einen Beherrscher gehabt hatte, da in dem deutschen Stammlande nicht wie in Großbritannien die Krone auf die weibliche Linie übergeht, und der Oheim der Königin, der Herzog von Cumberland, der nächste Erbe war. Als die Königin am 20. Juni zum ersten Male in dem Staatsrathe erschien, um nach den Gesetzen die Verfassung des Reichs zu beschwören und die Bekanntmachung ihrer Thronbesteigung zu unterzeichnen, zeigte sie in ihren Worten und ihrer Haltung eine mit jugendlicher Anmuth verbundene Würde, welche selbst ernste Staatsmänner bewunderten. Sie ließ die Verwaltung des Reichs in den Händen der Rathgeber des verstorbenen Königs, und die Hoffnungen, welche das Volk auf die junge Beherrscherin baute, verriethen sich in dem Jubel, der sie begrüßte, als sie zum ersten Male ins Parlament fuhr, und noch mehr, als sie am 9. November zu dem Feste kam, das die Altstadt London ihr bereitete. Die Königin ist von mittlerm Wuchse, ihr Auge groß, ihre Stirn verräth Verstand und ihre Hautfarbe ist blaß, oft von frischer Röthe überflogen. Ihre ernste und würdige Haltung wird kaum durch das Lächeln gemildert, das fast immer in ihren Zügen spielt, und sie besitzt in hohem Grade das Vermögen, ihre Gefühle und ihre Ideen zu beherrschen. Sie ist eine lebhafte und gewandte Reiterin und besitzt viel musikalische Kunstfertigkeit. In ihrem Anzuge zeigt sie feinen Geschmack. Ihre glatten Haare sind gewöhnlich in Flechten geordnet, und wie ein Augenzeuge sagt, kündigt ihr Putz die einfache Jungfrau an, die in der Sorge, ihre Reize zu erhöhen, mehr auf ihre 18 Jahre als auf ihr Diadem vertraut.

Über den Mais.

(Fortsetzung aus Nr. 252.)

VIII. Pflege des Mais.

Hierher gehören das Hacken und Häufeln, das Ergänzen, das Entschossen, das Entfahnen, das Aufrichten.

a) **Hacken und Häufeln.** Dieses ist eine nothwendige Bedingung bei dem Maisbau. Nach Burger geschieht solches bei der Reihencultur am zweckmäßigsten auf folgende Weise: 4—5 Wochen nach der Saat, wenn er ungefähr 6 Zoll hoch ist, werden die Reihen selbst mit der Hand behackt, um alles Unkraut in der nächsten Umgebung der Pflanze zu tilgen. Unmittelbar darauf werden die Zwischenräume mit der dreischarigen Pferdehacke durchzogen. Bei 9 Zoll Höhe wird letztere Arbeit etwas tiefer wiederholt. Wenn die Pflanzen einen Fuß hoch geworden, wird zum ersten Male und vierzehn Tage nachher zum zweiten Male das Anhäufeln mit einem Häufelpfluge vorgenommen. Es kann solches nicht leicht zu tief geschehen und man hilft daher gern mit der Handhacke noch nach.

So sorgsam, wiewol es geschehen sollte, wird jedoch nicht überall verfahren; wenn man auch zweimal hackt, so unterbleibt doch meistentheils das zweite Häufeln, und selbst das erste Hacken hat man auf einem reinen Boden durch ein scharfes Eggen mit Erfolg ersetzt. In diesem Falle muß aber das Land in der rauhen Furche liegen bleiben bis der Mais aufgeht.

Daß übrigens das Hacken und Häufeln blos mit der Hand auf eine noch vollkommenere Weise geschehen kann und deshalb bei dem Anbau im Kleinen auch nur so geschieht, versteht sich von selbst. Sobald jedoch dieser nur in einiger Ausdehnung betrieben wird, ist es zu kostbar. Die Bewohner von Lucca düngen mit dem letzten Häufeln zugleich jede einzelne Maispflanze mit in Wasser aufgelösten **menschlichen Excrementen**, und schreiben diesem Verfahren **vornehmlich** ihre ausgezeichnet ergiebigen Ernten von Quarantino zu.

b) **Ergänzen.** Dieses besteht darin, daß man die leeren Stellen, welche durch die Verheerungen der Mäuse und Reitwürmer, sowie durch die Diebereien der Vögel immer entstehen, mit jungen Pflanzen neu besetzt. Diese werden da vorsichtig ausgehoben, wo sie zu dicht stehen. Der Mais verträgt das Verpflanzen recht gut, doch sollen die versetzten Pflanzen den blos vorgesäeten im Ertrage nachstehen. Es dürfte sich daher von dem besonders in England gethanen Vorschlage, in den für den Mais ungünstigen Lagen die Ansaat auf eignen geschützten Samenbeeten vorzunehmen und daraus die Pflanzen auf das Feld zu versetzen, kein großer Segen erwarten lassen.

c) **Entschossen.** Darunter versteht man das Abreißen der Seitensprossen, welche der Mais auf gutem fetten Boden nahe an der Erde austreibt, und die nicht nur blos schwache oder auch wol gar keine Kolben geben, sondern auch dem Hauptstamme Kraft rauben. Man reißt sie daher ab, und benutzt sie zu Viehfutter. Dies muß indessen entweder kurz vor oder gleich nach der Blüte geschehen, weil während der Blütezeit der Maisacker nicht betreten werden darf. Mit dem Entschossen zugleich wird auch das Abbrechen der

---

*) Vergl. Pfennig=Magazin Nr. 203.

Räuber, der überflüssigen Kolben, vorgenommen; denn man läßt jedem Stamme nicht gern mehr als einen, höchstens zwei Kolben. Die Stämme, welche gar keinen Kolben zeugen, werden an der Erde weggeschnitten und geben sammt dem übrigen Abfall ein vortreffliches Viehfutter.

d) **Entfahnen.** Darunter versteht man das Wegschneiden der Blumenwipfel (männlichen Blüten), sammt ihrem Stiele. Dadurch wird das Zeitigen der Frucht befördert und erhält man zugleich ein vortreffliches, milchreiches Futter. Es darf jedoch nicht zu zeitig geschehen, nicht eher, bis die Haarbüschel an den Fruchtkolben welken und ihre glänzende Farbe verlieren; denn dann erst ist ihre und der Blumenwipfel Bestimmung erfüllt und kann man sich der Pflanze ohne Nachtheil für sie nähern, um die Wipfel sammt den Blättern bis etwas über dem Fruchtkolben abzuschneiden. Räthlich ist es, nach Burger, zuerst die Wipfel allein, die Blätter späterhin abzuschneiden.

Man verrichtet das Entfahnen und Entblättern nur nach und nach, wie man diese Abfälle zum Futter bedarf. Dieses Futter, bemerkt Burger, wirkt merklich auf die Milcherzeugung, so lange es noch frisch ist, und nach keinem sind Kühe und Ochsen gieriger. Letztere ziehen es dem besten Heue vor und erhalten sich dabei, trotz aller Arbeit, in einem bessern Zustande als bei jedem andern Futter. Nach seiner Erfahrung reicht ein sächsischer Acker Mais hin, um 8 Ochsen oder 11 Kühe 16—17 Tage mit seinen Abfällen reichlich zu füttern.

e) **Aufrichten.** Darunter versteht man das Aufrichten und Festtreten der vom Wind etwa umgeworfenen Maispflanzen.

IX. Zwischenfrüchte.

Da der Mais in so weiten Entfernungen voneinander steht, war der Gedanke sehr natürlich, den dadurch sich ergebenden weiten leeren Raum noch zu andern Gewächsen, die man zwischen die Maisreihen säen könne, zu benutzen. Es geschieht daher solches auch häufig. Sobald man nur wenig in sich greifende, niedrig bleibende, früh heranwachsende Pflanzen zu solchen Zwischenfrüchten wählt, also nicht etwa Kartoffeln, Kürbisse, rankende Bohnen ꝛc., mag ein solcher Anbau wol bisweilen Vortheil bringen. Nach der allgemeinen Meinung paßt keine Frucht besser dazu, als die kleine Zwergbohne, phaseolus nanus; in Elsaß findet man es jedoch bisweilen auch vortheilhaft, einzelne Hanfstengel zwischen dem Mais zu ziehen, um besonders schönen vollkommenen Samen davon zu gewinnen.

Burger ist sehr für den Anbau der Zwischenfrüchte, und sagt: „Seit ich mich überzeugt habe, daß eine zweckmäßige, nicht zu dicht gesäete Zwischenfrucht dem Gedeihen des Mais, sowie den Arbeiten des Behackens und Behäufelns nicht im mindesten hinderlich sei, oder eine allzu große Aufmerksamkeit erfordere, nehme ich keinen Anstand, zu erklären, daß der Landwirth, der diesen Anbau versäumt, sich um einen großen und wichtigen Theil des Ertrages von seinem Maisacker bringt, sowie es in keinem Falle unvortheilhaft sein kann, es zu thun." Dieser Ansicht gemäß hat nun Burger auch seinem Säekasten die Einrichtung gegeben, daß er Mais und Bohnen zu gleicher Zeit aussäet.

Bonafous dagegen spricht sich ungünstig über den Anbau der Zwischenfrüchte aus, und meint, der Boden werde durch selbigen weit mehr als durch den Mais allein angegriffen, dieser, also die Hauptfrucht, leicht beeinträchtigt und der durch jene zu erlangende Vortheil ergebe sich, bei genauer Berechnung als so gering, daß er fast für nichts zu rechnen sei. Jedenfalls möchte daher dieser Anbau nur mit großer Vorsicht und blos unter ganz günstigen Verhältnissen anzunehmen sein. Auch Pallas erklärt sich in seiner früher angeführten Schrift gegen denselben.

X. Ernte und Aufbewahrung.

Wenn die Spitzen der Deckblätter weiß werden und die Körner dem Drucke des Nagels nur noch wenig nachgeben, dann ist der Mais zur Ernte reif.*) Dieser Zeitpunkt tritt in Deutschland selten vor dem Ende des Septembers oder dem Anfange des Octobers ein; sollten aber schon früher Fröste kommen, so muß er, reif oder nicht, vom Felde gebracht werden; denn dann ist keine Zeitigung mehr zu hoffen; die Blätter welken und bleichen, die Körner schrumpfen ein und die ganzen Pflanzen verderben, wenn man sie stehen lassen wollte. Solcher Mais ist aber auch zu nichts weiter zu benutzen, als allenfalls zu Viehfutter.

Man verfährt bei der Ernte auf verschiedene Weise: an manchen Orten reißt man die ganzen Stengel aus, an andern schneidet man sie mit der Sichel ab; am häufigsten bricht man aber nur die Kolben aus. Letzteres ist jedenfalls das Vortheilhafteste, zumal in einem nicht sehr warmen und trockenen Klima. Die Stengel werden späterhin, wie es die Zeit gibt, abgeschnitten, und wenn sie zu Winterfutter dienen sollen, zum Trocknen auf dem Felde aufgestellt.

Man darf täglich nicht mehr Kolben ausbrechen, als von den Deckblättern zu entblößen sind. Man kann sie nicht vier und zwanzig Stunden lang in ihrer Hülle auf Haufen liegen lassen, wenn sie sich nicht erhitzen und einen Grad von Verderbniß annehmen sollen; selbst die Haufen, auf die man sie zum Enthüllen hinwirft, dürfen nicht mehre Stunden ruhig stehen bleiben, sondern müssen von Zeit zu Zeit umgerührt werden.

Bei dem Enthüllen der Kolben werden die zurückgestreiften Deckblätter entweder sämmtlich abgebrochen, oder ein Paar von ihnen zum Zusammenknüpfen daran gelassen. Auch reibt man dabei zu gleicher Zeit die etwa noch daran hängenden Haarbüschel der weiblichen Blüten ab.

(Der Beschluß folgt in Nr. 254.)

---

*) Pallas bestimmt in seiner mehrmals erwähnten Schrift die Kennzeichen der Reife etwas anders, weil ihm die Benutzung des Strohs auf Zucker besonders am Herzen liegt und er deshalb dafür besorgt ist, daß dieses nicht zu dürr dazu werde. Er sagt: „Wenn die Maiskolben sich vollständig ausgebildet haben, das Korn gelb und hart ist, die ihrer Blätter oder Fahnen beraubten Halmspelzen zu gelben anfangen, die Halmknoten aber noch grün oder grünlich, die Wurzelblätter dagegen abgestorben oder dem Absterben nahe sind, sollten die mittlern auch noch völlig grün sein, dann sind die Maiskörner reif und brauchen nur noch auszutrocknen, um zur Nahrung tauglich zu sein; dieses Austrocknen kann aber füglich nach der Ernte geschehen. Es ist wol möglich, daß es bei dem Mais, wie bei andern Halmfrüchten besser sei, ihn auf dem Halme nicht vollkommen reif werden zu lassen, weil man dadurch bei Mehl an seiner Güte verliert; das Austrocknen der Kolben ist ohnedies sehr schwierig, wird aber dann, wenigstens in unserm Klima, noch schwieriger werden, und die größte Aufmerksamkeit erfodern, damit ja nicht etwa eine Erwärmung derselben und mit ihr ein Verderbniß des Mehles eintrete. Das Dürren der Kolben im Ofen möchte dann wol allgemein zu empfehlen sein. Ein Auszug aus der Schrift des Dr. Pallas befindet sich im „Universalblatt für die gesammte Land- und Hauswirthschaft", B. 13, Nr. 8, vom 10. Sept. 1837.

Wilde in Frankreich.

Eine französische Zeitschrift enthält einen seltsamen Bericht von den Sitten und Gewohnheiten einer Menschenclasse in Frankreich, die der Verfasser eigenthümlich genug Halbwilde nennt, und er bemerkt dabei, wie unnöthig es sei, daß Europäer in weit entfernte Länder reisen, um außerordentliche Menschenarten kennen zu lernen, während sie innerhalb der Grenzen ihres eignen Landes gleich außerordentliche Menschen haben, deren Eigenschaften völlig unbekannt wären. Er ist der Meinung, daß Frankreich nicht das einzige Land in Europa sei, das solche Wilde besäße, was jedoch dahingestellt sein mag. Schwerlich wird man in Deutschland, Italien und England Menschen finden, die so ganz uncultivirt wären als diejenigen, die wir beschreiben wollen.

Diese Halbwilden leben im südöstlichen Ende Frankreichs, nahe an der italienischen Grenze. Es wird nur wenig Handel in ihrem District getrieben, da die einzige große Straße in dem Departement, die von Marseille nach Antibes führt, nördlich von ihrem Wohnsitze liegt. Ihre einzige Beschäftigung außer etwas Landbau und unbedeutender Viehzucht, die sich aber größtentheils nur auf Ziegen beschränkt, besteht in Kohlenbrennerei. Die Hütten dieser Leute sind entweder aus Lehm oder Stein gebaut, ihre Gestalt ist plump und roh und sie enthalten nur ein Gemach, worin Menschen und Vieh einträchtig beisammen wohnen und schlafen. Ein Steinhaufen dient zum Herd, während drei bis vier größere Steine von den Bewohnern zu Sitzen benutzt werden. Nur in einigen besser eingerichteten Hütten findet man hölzerne Sitze oder wenigstens Holzblöcke. Die Hütten haben keinen Schornstein, sondern nur eine Öffnung im Dache, die den Rauch hinausläßt. Des Nachts dient Stroh oder Laub, das nur höchst selten gewechselt wird, der ganzen Familie, Vater, Mutter und Kindern, oft auch den Hausthieren, zum Lager. Aber den Luxus eines Obdaches gönnt man sich nur im Winter, im Sommer schläft die ganze Bevölkerung unter freiem Himmel; ja Viele verschmähen sogar den Schutz ihrer vier Wände und legen sich ins Freie, mag das Wetter auch noch so unangenehm sein. Diese Menschen sind ebenso wenig an Reinlichkeit als an Luxus gewöhnt; ihre Wohnungen, wie sie selbst, sind über alle Beschreibung schmutzig; ihr zottiges Haar hängt in dicken, klumpigen Massen auf ihre Schultern herab, und nicht eher verschneiden sie sich ihren Bart, als bis dessen Länge ihnen unbequem wird, dann bedienen sie sich eines Messers oder andern Instruments, um das Überflüssige zu entfernen. Ihre Kleidung ist von den gröbsten Stoffen und ebenso roh verfertigt. „Ich sah", erzählt der Verfasser dieser Mittheilung, „einen dieser Menschen auf dem Markt in Frejus in das Gewölbe eines Kleiderhändlers gehen, wo er sich ein Stück grobes Zeug kaufte. Er schnitt dann mit dem Messer, das an seinem Gürtel hing, zwei runde Löcher hinein, wodurch er seine Arme steckte, und befestigte seine komische Tunica vorn mit zwei mächtigen hölzernen Spießen."

Während des Sommers benutzen diese Menschen die Tagesruhe gewöhnlich zum Schlafen, während sie die Nacht im Walde zubringen und ihre Heerden vor den Wölfen schützen, die hier sehr zahlreich sind.

Sie scheinen im höchsten Grad unwissend zu sein, wie man es von Leuten ohne alle Erziehung nicht anders erwarten kann. Wenn sie auf Märkten, wo sie ihre einfachen Bedürfnisse einkaufen, von Fremden angesprochen werden, besteht ihre ganze Rede nur in Ja und Nein oder noch häufiger in Geberden der Ungeduld oder dummem Verdutztsein. Unter sich selbst sprechen sie höchst selten. Ein düsteres Schweigen herrscht in ihren Hütten wie in den Wäldern, nur dann und wann hört man ein rohes, wildes Schreien und Heulen, wodurch sie ihre Freude oder ihren Unwillen zu erkennen geben.

Trotzdem sind diese Menschen höchst friedfertig; sie belästigen weder ihre civilisirten Nachbarn noch die Fremden, die der Zufall oder Neugier in ihre wilde Gegend führt; sie sind nur unwissend und hängen an abergläubigen Meinungen, die in civilisirten Ländern seit Jahrhunderten verlacht werden.

In neuerer Zeit sollen aber auch hier einige Versuche zur Cultivirung gemacht worden sein. Hier und da sieht man eine einsame Kapelle unter den zerstreuten Hütten sich erheben, und man darf die Hoffnung nähren, daß auch dieses Völkchen bald dem allgemeinen Beispiel der Civilisation folgen wird.

Die älteste Kirche der Christenheit.

Das Kloster Etschmiazin im russischen Armenien ist sowol in kirchlicher Beziehung als für den Freund des Alterthums von ganz besonderer Bedeutung. Um so dankenswerther sind die Mittheilungen, welche in neuester Zeit der Professor Koch, der jene Gegenden bereiste, darüber gegeben hat.

Etschmiazin liegt in der Ebene des Araxes, im Angesichte des Ararat, unweit Eriwan, und besteht gegenwärtig aus dem eigentlichen Kloster mit seiner Kirche, zwei östlich gelegenen Kirchen, einer auf der Südseite und dem nördlich gelegenen Dorfe. Mit Ausnahme des Dorfes sind die Kirchen wie das Kloster mit besondern Mauern umgeben. Das Kloster hat einen bedeutenden Umfang und nördlich von den Klostergebäuden getrennt befindet sich ein Bazar. Die Klostergebäude bilden zwei rechtwinkelige Vierecke, die zwei große Höfe einschließen, welche zum Theil als Gärten benutzt werden und von denen der vordere die Kirche enthält. Das Kloster ist der Sitz des armenischen Patriarchen, Katholikos genannt, den jetzt auch die Patriarchen von Wan (dem alten Ninive) in dem heutigen Kurdistan, und von Konstantinopel als Oberhaupt anerkennen; ferner haben ihren Sitz daselbst vier Erzbischöfe, sechs Bischöfe und zwölf Archimandriten; außerdem befinden sich hier gegen 40 Mönche. Wöchentlich dreimal hält der Patriarch mit der höhern Geistlichkeit Synode in einem besonders dazu bestimmten Sitzungssaale. Das Kloster hat ansehnliche Einkünfte; auch eine Bibliothek von ungefähr 1000 Bänden, zum größten Theil Handschriften.

Das Merkwürdigste jedoch in Etschmiazin für den Freund des Alterthums ist die Kirche im vordern Klosterhofe, der man gleich beim ersten Anblick ihres morschen Gesteins, das sich zum Theil in Staub zerbröckeln läßt, ein sehr hohes Alter beizumessen sich veranlaßt fühlt. Sie ist in Form eines Kreuzes gebaut, dessen Seiten einander ziemlich gleich sind, und hat an den Seiten, was bei den armenischen Kirchen selten der Fall ist, kuppelartige Thürme. Ihr Bau begann im Jahre 303, sie hat sich unter allen Stürmen der Zeit erhalten und ist, da sie seit jener Zeit nur an einzelnen Stellen restaurirt wurde, unbestreitbar die älteste noch vorhandene Kirche der Christenheit. Der Sage nach baute sie der heilige Gregor, nachdem er die Armenier mit ihrem Könige zum Christenthume bekehrt hatte, in

Folge der Auffoderungen eines Engels, der ihm im Traume erschien. Ungefähr um 1680 hat man auf der westlichen Seite eine schöne Vorhalle angebaut, auf der sich ein offener Thurm mit den sehr unbedeutenden Glocken befindet. Die vier Säulen im Innern der Kirche, welche dieselbe tragen, haben insgesammt gleiche achteckige Form. Sonst sind darin, außer dem Hauptaltar und zwei Nebenaltären zur Weihe der Bischöfe, nur noch zwei künstlich gearbeitete Stühle zu erwähnen; der eine, das Geschenk eines Papstes, ist in Holz geschnitzt, der andere mit Elfenbein ausgelegt. In einem besonders verwahrten Raume werden über 300 Reliquien aufbewahrt, die aber sehr selten zu sehen sind, da sie nur ein Erzbischof im Ornate hervorholen und unter Gesang und Gebet mehrer Priester zeigen darf. Den Freund der Kunst und des Alterthums würden darunter besonders anziehen ein sehr altes Schnitzwerk, der Sage nach von Johannes dem Evangelisten, die Kreuzigung Christi darstellend, und ein chinesisches Gemälde, die Jungfrau Maria mit dem Christuskinde darstellend, das der Patriarch Ephraim selbst aus China mitgebracht haben soll.

Ruinen von Rochecorbon.

Rochecorbon, zwischen Tours und Amboise in einer sehr schönen Gegend, war bis zum Anfange des 16. Jahrhunderts einer der festesten Orter an dem Ufer der Loire. Durch die Kriege der Ligue wurde er jedoch fast gänzlich zerstört, sodaß jetzt von demselben nichts weiter übrig ist, als eine kleine Kirche, die aus dem 14. Jahrhundert stammt, und ein aus grauem Stein auf dem höchsten Punkte der Gegend erbauter Thurm, welcher früher zum Signalgeben benutzt wurde und daher noch jetzt die Laterne genannt wird. In dem unheilvollen Streite zwischen den Katholiken und Calvinisten zog hier der Marquis von Rochecorbon alle Abenteurer, denen die Reformation ein Vorwand zum Krieg und zur Plünderung war, auf seinem fast uneinnehmbaren Schlosse zusammen. Die weniger kriegerisch gesinnten Calvinisten flohen in die Stadt, die mehre Belagerungen vom Herzog von Guise auszuhalten hatte, welche stets ohne Erfolg blieben; denn mit der Ausdauer und der Tapferkeit der hier versammelten Krieger, denen der Marquis von Rochecorbon mit einem glänzenden Beispiele in allen männlichen Tugenden voranging, verband sich die natürliche feste Lage der Stadt, welche den Belagerern nie erlaubte, einen Sturm zu unternehmen, sodaß selbst ein Herzog von Guise einen Waffenstillstand abschließen mußte, um nicht genöthigt zu sein, einen schimpflichen Rückzug von der belagerten Stadt anzutreten. Später aber, nachdem der Marquis gestorben war, diente Rochecorbon bald dieser, bald jener Partei zum Stützpunkte und wurde nach und nach durch Gewalt der Zeit und der Waffen vernichtet.

Die Feuersbrünste in Konstantinopel.

Die Feuersbrünste in der Hauptstadt des türkischen Reichs haben einen ganz eigenthümlichen Charakter: sie sind gewöhnlich das Mittel, wodurch die Parteien ihre Unzufriedenheit mit den Verordnungen und Maßregeln der Regierung zu erkennen geben. Nie waren sie häufiger als während der Revolution, welche die gänzliche Aufhebung der Janitscharen zur Folge hatte. Ein Engländer, der sich zu jener Zeit in Konstantinopel aufhielt, theilt darüber Folgendes mit:

„Es erwies sich, daß die ausbrechenden Feuer nicht zufällig entstanden, sondern die letzten Versuche der Anhänger der Janitscharen waren. Einige Tage später brach schon wieder ein neues Feuer aus, welches 400 Häuser verzehrte, und in der darauffolgenden Nacht ein anderes, welches 300 Häuser in Asche legte. Den nächsten Tag stand der Palast des Kapudan-Pascha und ein Theil des Arsenals in Flammen. Kaum war ein Feuer gelöscht, so brach auch schon wieder ein anderes aus, bis endlich eines Morgens von Galata aus die ganze Stadt Konstantinopel in Flammen stehend erblickt wurde. Das erste Feuer brach in der Nähe der sieben Thürme an mehren Stellen zugleich aus und näherte sich so schnell dem Mittelpunkte der Stadt, daß man in Kurzem ein Flammenmeer beinahe eine halbe Stunde breit und ebenso lang erblickte. Die Einwohner flüchteten sich mit ihren Habseligkeiten nach dem District Galata auf der andern Seite der Stadt, aber bald brachen die Flammen auch hier aus und verscheuchten sie wieder. In kurzer Zeit brannten sechs verschiedene Feuer in Konstantinopel, welche 1100 Häuser, und die in Pera zerstörten mitgerechnet, überhaupt 21,000 Gebäude in nicht viel mehr Zeit als einer Woche verzehrten."

„Diese schreckliche und beharrliche Zerstörungswuth beunruhigte Jedermann, und schon war man im Begriff, einen Ort gänzlich zu verlassen, wo Leben und Eigenthum so wenig gesichert waren. Den Nachforschungen der Regierung gelang es, einige Kerle mit Feuerkugeln zu ertappen. Sie wurden auf der Stelle hingerichtet und man sah sie in den Straßen liegen, den Kopf zwischen den Beinen und eine Lunte im Munde, um dadurch anzudeuten, weshalb sie bestraft worden waren. Aber keine Entdeckung wurde gemacht, welche darauf hätte führen können, wer eigentlich die Anstifter dieser Schreckensscenen wären, bis endlich eines Tages eine Frau ergriffen wurde, bei welcher man ebenfalls eine Feuerkugel fand. Sie sagte aus, ein vornehmer Herr habe sie ihr auf der Straße nebst 500 Piaster in die Hand gedrückt. Bei näherer Beschreibung des Mannes erkannte man in ihm einen der einflußreichsten Ulemas. Verhaftet und auf die Folter gebracht, zeigte er mehre Mitschuldige an. Es ergab sich hierauf, daß gegen 300 Militairpersonen, worunter einige von hohem Range, sich verschworen hatten, die Stadt im Vereine mit den albanesischen Rebellen und den Anhängern der Janitscharen zu zerstören, bei der dadurch herbeigeführten Verwirrung den Sultan abzusetzen und die alte Ordnung der Dinge wiederherzustellen."

Die der Brandstiftung verdächtigen Offiziere wurden bei einem Feste, zu welchem sie von dem Sultan eigens eingeladen worden waren, erdrosselt, und dadurch wurde die Ruhe und Sicherheit des Eigenthums allmälig wiederhergestellt.

Über den Kautschuck.

Der Kautschuck oder das Gummi Elasticum, welcher mit jedem Tage zu verschiedenartigern Zwecken verwendet wird, indem man ihn nicht nur in mehren Gewerben braucht, sondern in neuerer Zeit auch in gewissen Krankheiten davon Gebrauch machte, ist das Product eines Baumes, der Seranga, welcher sich in der Provinz Para, an der Nordküste Brasiliens, findet, eine Höhe von 60 Fuß erreicht, 18—24 Zoll dick wird und fast bis an den Gipfel von Zweigen entblößt ist. Zur Ausziehung seines Saftes sind jedes Jahr 10—12,000 Indianer beschäftigt. Die Kraft des Baumes soll, wie man behauptet, durch das Ausziehen des Saftes gewinnen und davon seine längere Lebensdauer abhängen. Die Quantität Gummi, die jeder Baum liefert, beträgt 100—150 Pfund. Ehemals fällte man den Baum, um den Saft zu gewinnen, seit einiger Zeit jedoch gewinnt man ihn durch Anstechen, fängt ihn dann in irdenen Geschirren auf und gießt ihn in kleine Kufen.

Die Verwendung des Kautschuck wird zuerst im Jahre 1770 angedeutet; Printley gab sie in seiner Abhandlung über die Theorie und Praxis der Perspective und sagt: „Seit dem Drucke dieses Werkes sah ich eine Substanz, womit man die Bleistiftspuren auf dem Papier leicht vertilgen kann und sie scheint mir einen großen Nutzen für Zeichner darzubieten." Seit dieser Zeit wurden gegen 1500 Tonnen Kautschuck aus Para ausgeführt und es befinden sich in den Vereinigten Staaten zwei große Etablissements zur Verarbeitung desselben, das eine zu Roxbury in Massachusetts, unter dem Namen Roxbury India Rubber Company und das andere zu Lynn in demselben Staate, die Boston and Lynn India Rubber manufacturing Society genannt. Erstere hat ein Capital von 500,000 Dollars und ward vor 7 Jahren errichtet. Der Kautschuck wird daselbst in Weingeist oder Terpenthinessenz aufgelöst und dann auf einem besonders dazu vorbereiteten Stoffe, den man trocknen läßt, ausgebreitet. Die Stoffe sind verschieden, je nach dem Gebrauch, zu dem sie bestimmt sind. Der Kautschuck wird aufgelöst, indem man ihn in kleine Stücke schneidet, große Kufen damit anfüllt und das Auflösungsmittel darüber schüttet; nach wenigen Tagen ist die Auflösung vollendet und es beginnt die Zubereitung.

Vor einiger Zeit erfand ein Angestellter der Compagnie Roxbury eine Maschine, um den Kautschuck in Blättern auszubreiten, dem durch diesen Mechanismus leicht jede beliebige Feinheit gegeben werden kann. Man bringt denselben zwischen zwei Rechen und er wird so lange dieser Operation unterworfen, bis er die gewünschte Dünne erlangt hat; während der Operation wird das Blatt in Berührung mit dem Stoffe gebracht, auf welchem es mittels desselben sehr sinnreichen Mechanismus haften bleibt.

Des Dr. Mitchell's Versuche in Philadelphia haben bewiesen, daß die Dehnbarkeit dieser Substanz noch ungemein vermehrt wird, wenn man sie eine Zeit lang der Einwirkung von Äther aussetzt. Es wurden Stücke von mehren Fuß Ausdehnung durch bloßes Hineinblasen dergestalt ausgedehnt, daß sie vermöge ihrer sehr großen specifischen Leichtigkeit in der Luft fortflogen. Man weiß, wie ungeheuer Hr. Rohew, Verfertiger von chirurgischen Instrumenten in derselben Stadt, Kautschuckbouteillen durch die hydrostatische Presse ausgedehnt hat.

Man hat bereits im Handel ein Präparat von Kautschuck, unter dem Namen Kautschuck in Blättern, das aus Brasilien kommt und auf folgende Art gewonnen wird. Wenn man den Saft der Hevea cautschuc oder der Jatropha elastica gewonnen hat, gießt man ihn in Gefäße von 18 Zoll bis 2 Fuß ins Gevierte und während er noch im flüssigen Zustande ist, stößt man Bretchen von 18 Zoll Breite und 1 Zoll Dicke hinein und zieht sie dann wieder heraus; der an den Wänden hängende Kautschuck ist nach 24 Stunden trocken genug, daß man ihn losmachen kann. Der Kautschuck in Blättern, wie man ihn zu Roxbury bereitet, wo man ihn durch eine Art von Plattmühle laufen läßt, enthält keinen fremden Körper und hat nie den unangenehmen Geruch, den er so lange behält, wenn er mittels eines Auflösungsmittels bereitet wird.

Hindu-Pilger.

Kein Land der Erde hat so unzählige Pilger und Büßende aufzuweisen als Hindostan. Man kann sich aber auch darüber nicht wundern, wenn man weiß, daß die=

ses Volk Millionen Götter verehrt. Kein Tag vergeht in diesem „Lande des Sonnenscheins und des Sturmes", wo nicht ein Fest zu Ehren eines oder mehrer dieser Götter gefeiert wird, und das ganze Leben vieler tausend Schwärmer ist oft nichts als eine ununterbrochene strenge Buße, die nicht allein in zahllosen thörichten und phantastischen Ceremonien, sondern häufig in den ruchlosesten und schändlichsten Gebräuchen besteht.

Man kann sich von der Unzahl der Betbrüder und Pilger in Indien einen Begriff machen, wenn uns die neuesten Berichte melden, daß es in der Provinz Bengalen allein zwei Millionen andächtige Bettler gibt, die nur von Almosen leben. Nimmt man nun an, daß jeder dieser Frömmler wöchentlich nur einen Schilling bekommt, so kostet dem Lande der Unterhalt dieser Menschen jährlich fünf Millionen; überdies wird diese ungeheure Summe größtentheils der arbeitenden Classe entzogen, die sich nie aus der drückendsten Armuth emporschwingen kann. Wie schamlos die Bettelei selbst von den Brahminen, besonders in Bengalen betrieben wird, kann man sich kaum vorstellen, und der Schein von Würde, den diese unverschämten Bettler annehmen, ist ebenso anmaßend als abscheulich.

Betteln ist eine der hauptsächlichsten religiösen Verpflichtungen der Hindu; bei einigen Classen bildet es den Hauptzug geistiger Buße und Niemand aus einer ihrer heiligen Brüderschaften kann höhere Auszeichnung erlangen, wenn er sich nicht der verächtlichen Pflicht des Bettelns unterzogen hat. Die Yogues, die wegen ihrer Heiligkeit so hochgeachtet werden, sind nichts als Bettler, und ihr Einfluß auf das leichtgläubige Volk ist so groß, daß man es für ein beneidenswerthes Vorrecht hält, den heiligen Männern eine Gabe reichen zu dürfen. Man würde es für eine völlige Herabwürdigung halten, wenn ein solcher Mönch oder vielmehr Betbruder ein rechtliches Gewerbe betreiben wollte. Die Folge davon ist, daß diese Heiligen die trägsten, unverschämtesten und in moralischer Hinsicht nur zu oft die verworfensten Geschöpfe sind, die man finden kann.

Während der kalten Jahreszeit stellt man Pilgerfahrten aus allen Gegenden, besonders aus Oberindien nach dem Ganges, an. Die Ufer des Flusses sind zu dieser Zeit mit Pilgern überfüllt, die in zahlreichen Gruppen nach dem heiligen Strome wandern. Sie sind gewöhnlich gut gekleidet und tragen auf den Schultern einen dicken Bambusstab, an dessen beiden Enden ein Gestelle von indischem Rohr hängt, das einen runden, aus Weidenzweigen geflochtenen Korb enthält, worin sich die Lebensmittel für die Reise und andere Bedürfnisse befinden. Bei der Rückkehr werden in diese Körbe runde irdene Gefäße gesetzt, worin das heilige Wasser des Ganges oft hundert Meilen weit fortgetragen wird, um es zum Tempeldienste zu benutzen. Auf der Insel Ramisseram gibt es einen Götzentempel, worin kein anderes Wasser, als das aus dem Ganges geschöpfte, benutzt wird. Es wird täglich über das Götzenbild gegossen und dann für einen ungeheuern Preis an die Gläubigen verkauft.

Die Personen, welche diese Pilgerfahrten nach dem Ganges unternehmen, bilden gewöhnlich einzelne Processionen, die dem Reisenden einen angenehmen Anblick gewähren. Die Pilger sind in ihre neuesten Gewänter gekleidet, ihre Körbe mit Federn aus dem Schwanze des als heilig geachteten Pfaus geschmückt und jede Gesellschaft hat Jemand von höherer Würde bei sich, welcher unter einem bogenförmigen Schirm geht, der innerhalb mit Glöckchen und außerhalb mit Pfauenfedern verziert ist. Beim Einbruch der Nacht lagern sich viele Hunderte in den großen Mangohainen an dem Ufer des Flusses. Nach Sonnenuntergange versammeln sich auf das Läuten der Glöckchen die Pilger in Gruppen, um zu beten, und in dem geräuschvollen Lager herrscht plötzlich eine tiefe und andächtige Ruhe. Diese Pilgerreisen werden nicht nur von Armen, Hülflosen und Unwissenden gemacht, sondern auch Reiche, Unabhängige und Gebildete gesellen sich zu den jährlichen Pilgerfahrten nach den unzähligen heiligen Stätten.

Die Pilger auf unserer Abbildung gehören zu der höhern Classe der Bangy Wallah, die sich von den Kuli, den gemeinsten Pilgern, dadurch unterscheiden, daß sie die Stäbe mit den Körben auf die Schulter legen, während die letztern sie auf dem Kopfe tragen müssen, und diese Unterscheidungen werden so streng beobachtet, daß ein Bangy Wallah augenblicklich für beschimpft erklärt werden würde, wenn er seine Bürde auf dem Kopfe tragen wollte.

Während der Zeit der Pilgerfahrten sammeln sich an gewissen Orten so ungeheuer viele Fromme, daß jährlich viele derselben ihr Leben einbüßen, und Diejenigen, welche so glücklich sind, bei solchen Gelegenheiten als Opfer zu fallen, werden noch beneidet und als Märtyrer betrachtet. Obschon der ganze Ganges für heilig gilt, so gibt es doch einige Punkte desselben, die hauptsächlich von den Pilgern besucht werden, und diese sind heiliger als alle andern. Hurdwar oder Haridwar (Thor Gottes) ist der Ort, der von allen frommen Hindu am meisten verehrt wird. Er liegt auf der Westseite des Ganges, wo sich der Strom von den nördlichen Bergen in die Ebenen von Hindostan ergießt. Bei einigen jährlichen Versammlungen von Pilgern an diesem Orte soll die Menschenmasse 2½ Millionen betragen haben, obschon der Ort selbst kaum 1000 Häuser hat; aber der größte Theil der Pilger schläft unter freiem Himmel oder unter leichten Zelten, die sie rings um die Stadt aufschlagen. Bei dem Feste im Jahre 1814 verloren mehre hundert Menschen ihr Leben, da der Andrang zu stark war und Jeder zuerst das heilige Bad zu nehmen wünschte. Die Straße, die nach dem Flusse führte, war so schmal und die Anzahl der Ungeduldigen so groß, daß Viele erdrückt, Andere zertreten wurden. Seit diesem traurigen Ereignisse ist auf Anordnung der britischen Regierung diese Straße erweitert worden, um in Zukunft ähnlichen Unglücksfällen vorzubeugen. Bei diesen Versammlungen unzähliger Pilger finden oft zwischen den Anbetern des Wischnu und des Siwa die blutigsten Kämpfe statt, sodaß auch hierdurch Viele umkommen. Benares oder Casi ist der zweite heilige Ort. Diese berühmte Stadt ist nach brahminischer Überlieferung auf Gold gebaut gewesen, das sich aber wegen der vielen Sünden des Volkes in Stein und dieser sich zuletzt in Erde verwandelt hat. Nie hat man ein Erdbeben innerhalb der heiligen Grenzen der Stadt gespürt, man kann sich daher nicht wundern, wenn sie bei dem abergläubigen Volke für die heiligste Stadt gilt und einer der beliebtesten Wallfahrtsorte desselben ist. *)

Allahabad ist der dritte heilige Ort. „Wenn ein Pilger hier anlangt", erzählt Hamilton, „setzt er sich zuerst ganz nahe an den Fluß und scheert seinen Kopf und den ganzen Körper, sodaß jedes Haar in das Wasser fällt. Die heiligen Schriften verheißen ihm für jedes Haar, das er auf diese Weise zum Opfer bringt, eine Million Jahre im Himmel. Nachdem er sich geschoren hat, badet er sich in dem heiligen Wasser."

---

*) Vergl. Pfennig-Magazin Nr. 161.

40 — Das Pfennig-Magazin.

Der berühmteste Wallfahrtsort in Indien ist der Tempel von Jaggernath in der Provinz Orissa. Es läßt sich schwer bestimmen, wie viele Opfer jährlich unter den Rädern des schwerfälligen Wagens zerquetscht werden, worauf sich das Götzenbild befindet, doch hat man die Anzahl derselben oft auf 2000 angegeben. Unzählige Pilger kommen um auf dem Wege nach diesem Götzentempel; ihre Leichname bleiben unbegraben liegen und dienen den Hunden, Schakals und Geiern zum Fraße.

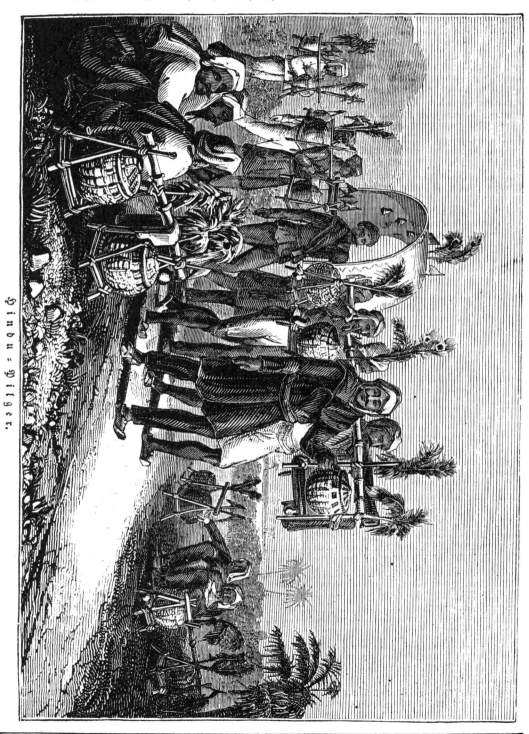

Hindu-Pilger.

Verantwortlicher Herausgeber: Friedrich Brockhaus. — Druck und Verlag von F. A. Brockhaus in Leipzig.

Das Pfennig-Magazin
für Verbreitung gemeinnütziger Kenntnisse.

254.] Erscheint jeden Sonnabend. [Februar 10, 1838.

Die Kirchenversammlung von Trient.

Die Spaltungen, welche die christliche Kirche im 16. Jahrhunderte trennten, waren so ernstlich geworden, daß die Beilegung derselben nur von einem all= gemeinen, von Papst und Fürsten unabhängigen Concilium erwartet werden konnte. Das Licht der Reformation, das Luther angezündet hatte, begann seinen Schein immer weiter zu verbreiten und die Kämpfe der beiden Religionsparteien nahmen einen so drohenden Charakter an, daß Kaiser Karl V. nur durch das bestimmte Versprechen, den päpstlichen Stuhl zu einer allgemeinen Kirchenversammlung zu veranlassen, wo die Interessen beider Theile unparteiisch besprochen werden sollten, die Protestanten einigermaßen zu beruhigen vermochte. Mehre Jahre vergingen jedoch, ehe diese Verheißung erfüllt ward, und als dies geschah, war das Resultat der vielen Zusammenkünfte nur höchst ungünstig für die Sache der unterdrückten Protestanten.

Als nach Leo X. Tode Adrian den päpstlichen Stuhl bestieg (1521), waren Italien und Deutschland in einem Zustande allgemeiner Aufregung, eine Folge der beginnenden Reformation. In der Überzeugung, daß der Hauptnerv des Einflusses Luther's in den Lasten liege, die dem Volke von der Geistlichkeit auferlegt wurden, beschloß der Papst eine Umbildung selbst zu unternehmen, und hoffte, daß dann, wenn er diesen Zweck erreicht haben würde, Luther's Anhänger ohnedies zum Gehorsam gegen den päpstlichen Stuhl zurückkehren würden. Auf den Rath seiner Umgebung jedoch wurde Adrian verleitet, diesen guten Entschluß wieder aufzugeben und dafür ein Schreiben an den Reichstag in Nürnberg ergehen zu lassen, worin er Luther und seine Schriften verdammte und den versammelten Fürsten rieth, die alten Mittel zur Vertilgung der Ketzer wieder in Anwendung zu bringen. Der Reichstag erwiderte, daß er das Edict von Worms gegen Luther nicht vollziehen würde, indem seine Schriften das Volk überzeugt hätten, daß Deutschland viele gegründete Beschwerden gegen den römischen Stuhl habe, und er schloß mit der dringenden Aufforderung, der Papst möchte in einer deutschen Stadt ein freies Concilium zusammenberufen. Zu gleicher Zeit überschickten die versammelten Fürsten dem Papst ein Verzeichniß ihrer Beschwerden, die in hundert Hauptpunkten bestanden, mit der Bemerkung, daß sie dieselben nicht länger erdulden wollten und könnten. Ehe noch etwas Entscheidendes in dieser Sache gethan war, starb Adrian und Julian de' Medici bestieg unter den Namen Clemens VII. den päpstlichen Stuhl. Auch er suchte das verlangte Concilium so lange als möglich hinauszuschieben, und obschon es Karl V. den Protestanten schon 1530 auf dem Reichstag zu Augsburg feierlich angekündigt hatte, so wurde es doch erst im Jahre 1537 von dem Nachfolger des Papstes Clemens, Paul III., nach Mantua, darauf nach Vicenza und 1545 erst nach Trient zusammenberufen. Nur wenige Bischöfe waren eingetroffen, die wirkliche Eröffnung der Sitzungen fand erst am 13 Dec. 1545 statt und die Cardinäle del Monte, Cerrino della Croce und Pole, ein Engländer, waren die präsidirenden Legaten. Erst sieben Sitzungen waren gehalten und darin, wie sich erwarten ließ, für die Sache der Protestanten nur höchst ungünstige Beschlüsse gefaßt und die selbst von Katholiken geforderte Abschaffung verjährter Misbräuche nur wenig in Berathung gezogen worden, als das ungegründete Gerücht einer ausgebrochenen Seuche in Trient den päpstlichen Legaten, die schon längst in dieser Angelegenheit von Rom aus Vollmacht erhalten hatten, eine erwünschte Veranlassung gab, die Versetzung des Conciliums nach Bologna anzukündigen. Es lag im Interesse des Kaisers, daß diese Kirchenversammlung in einer deutschen Stadt gehalten würde, um dadurch den Einfluß des Papstes zu schwächen, dagegen aber suchte der Papst das Concilium in einer Stadt seines Gebiets halten zu lassen, um es vom Einflusse des Kaisers unabhängiger machen und es besser nach seinem Willen und zu seinem Vortheil leiten zu können. Doch hat die Folge gelehrt, daß sich die Macht und das Übergewicht der päpstlichen Legaten ebenso wenig auf deutschem Boden beschränken ließ als auf italienischem. Es war dem Papste um so leichter, einen vorherrschenden Einfluß zu gewinnen, da nicht, wie früher auf der Kirchenversammlung zu Konstanz, nach Nationen, sondern nach Köpfen gestimmt wurde, wodurch die Bischöfe aus Italien und die dem Papste ergebenen Titularbischöfe die Stimmenmehrheit erlangten. Die Versetzung des Conciliums nach Bologna war nicht von langer Dauer (1547—51), da der Kaiser feierlich dagegen protestirte und 18 Bischöfen aus seinen Staaten verbot, den heiligen Vätern nach Bologna zu folgen. Julius III. (der bisherige Legat del Monte) bestieg nach Paul III. Tode (1550) den päpstlichen Stuhl und verlegte, dem Willen des Kaisers folgend, das Concilium wieder nach Trient, wo es am 1. Mai 1551 unter dem Vorsitze des Cardinals Crescentius und zweier Nuntien die elfte Sitzung hielt. Eine neue Störung stand jedoch den versammelten Vätern bevor. Kurfürst Moritz von Sachsen, der den Kaiser lange durch erkünstelte Anhänglichkeit getäuscht hatte, erhob sich gegen ihn, schlug ihn in die Flucht und trieb das Concilium auseinander. Zehn Jahre vergingen, ehe die Berather über das Wohl der Kirche wieder zusammentraten. Julius III. Nachfolger, Paul IV. (1555—59), wollte nichts davon wissen, eine Kirchenversammlung außerhalb seines Reichs zu halten, und lieber durch blutige Ketzergerichte herrschen. Erst Pius IV. rief aufs Neue das Concilium nach Trient zusammen, das am 18. Januar 1562 mit der siebzehnten Sitzung seine dritte Periode begann. Obschon die Protestanten und Frankreich die bisherigen Beschlüsse des Conciliums nicht anerkennen wollten und eine freie von Papst und Fürsten unabhängige Kirchenversammlung verlangten, so wurde dennoch der Vorsitz wieder päpstlichen Legaten und meist römischen Bischöfen übertragen. Die Protestanten konnten also auch von diesem Concil keinen günstigen Erfolg für ihre Sache erwarten. Seine dritte Periode dauerte bis zum 4. December 1563 und mit der fünfundzwanzigsten Sitzung ging das Concilium auseinander.

Die Erwartungen, die beide Religionsparteien von dem Concilium gehegt hatten, dessen Zusammenberufung eine so schöne Absicht — allgemeinen Religionsfrieden — zum Grunde lag, waren nicht befriedigt worden. Die Beschlüsse der Versammlung über mehre Glaubenslehren stellten den Katholicismus und die protestantische Lehre in den schroffsten Gegensatz. Die alten Misbräuche waren mit wenigen Ausnahmen nicht nur nicht beseitigt, sondern auch noch neue mit ihnen vereinigt worden. Wie konnte auch eine Verbesserung erwartet, eine friedliche Annäherung beider streitenden Parteien gehofft werden, da päpstliche Legaten in den Sitzungen das Wort führten und ihnen sogar das alleinige Recht des Vorschlags zustand? Die aufgeklärtern französischen, deutschen und spanischen Bischöfe sahen ihre Bemühungen für die Abschaffung vieler Misbräuche durch die überwiegende Mehrheit der Italiener vereitelt. Die Folge davon war, daß die Beschlüsse der Kirchenversammlung nicht in allen katholischen Staaten unbedingt angenommen wurden.

Unsere Abbildung ist eine genaue Copie eines Gemäldes in der Kirche Santa Maria Maggiore in

Trient, das die Sitzung dieses denkwürdigen Conciliums vorstellt und mehre Portraits enthalten soll.

Über den Mais.
(Beschluß aus Nr. 253.)

Um die Austrocknung des Mais, die zu seinem Entkörnen und Aufbewahren dringend nothwendig ist, zu befördern, wendet man mehre Verfahrungsarten an. In den wärmern und trocknern Gegenden reicht es hin, die Kolben auf dem Boden flach aufzuschütten und sie von Zeit zu Zeit umzuwenden, bis sie trocken sind. Es gehören dazu aber große Bodenräume und günstige Witterung. In manchen Gegenden, zumal da, wo er spät reif wird und meistens feuchte Herbste eintreten, trocknet man die Kolben in ordentlichen Darröfen auf Horden, oder, wie in Burgund und der Franche Comté, im gewöhnlichen Backofen, den man stärker heizt, als es zum Brotbacken nöthig ist. Man wirft die enthüllten Kolben hinein, und die daraus verdunstende Feuchtigkeit schlägt bald die allzu große Hitze nieder. Um eine schnellere und gleichmäßigere Austrocknung zu bewirken, wendet man sie fünf- bis sechsmal in Zwischenräumen von einer halben Stunde in verschiedener Richtung um. Wenn die Fruchtböden bei dem Herausnehmen aus dem erkalteten Ofen noch nicht bis auf den Mittelpunkt ausgetrocknet sind, wenn sie noch nicht bei dem Biegen leicht zerbrechen, wenn endlich die Körner, ohne ihre Farbe verändert zu haben, noch nicht etwas aufgeplatzt sind, so wird die Operation bei einer geringern Temperatur wiederholt. Es versteht sich von selbst, daß durch diese Art des Austrocknens die Keimkraft der Körner zerstört wird, und daher die zu Samen ausgewählten Kolben nicht so zu behandeln sind.

Noch häufiger werden die Kolben zum Trocknen aufgehängt und zu dem Ende entweder zu zweien mit den zurückgeschlagenen Deckblättern aneinander geknüpft, oder mit um diese geschlungenen Fäden oder Weidenruthen in Bündel von 8—10 Stücken zusammengebunden. Man hängt hierauf die auf die eine oder die andere Weise vereinigten Kolben auf Leinen oder Stangen in luftigen Räumen, im Innern und Äußern der Häuser, besonders unter dem Dachvorsprüngen, auf, und läßt sie daselbst, bis sie trocken sind. Diese sehr bequeme und zweckmäßige Austrocknungsart genügt indessen nicht da, wo der Mais als Hauptfrucht in großen Massen geerntet wird. Man baut daher in solchen Gegenden, wo es noch überdies sehr an Hausraum fehlt, z. B. in Amerika, in Ungarn, in Kroatien, in der Walachei ꝛc. eigene Trockenhäuser für den Mais, welche mit Stroh oder Schindeln gedeckt und auf allen Seiten so dicht mit Latten oder Stangen beschlagen sind, daß die Kolben nicht hindurch schlüpfen können. Die Länge und Höhe dieser käfigartigen Gebäude richtet sich nach der Größe der Ernte, ihre Tiefe aber beträgt nicht mehr, als 2—3 Fuß, damit die Luft leicht hindurchstreichen könne. Sie ruhen auf hölzernen Säulen und sind an ihren Giebelseiten mit Lattenthüren geschlossen, durch die man ins Innere gelangt. Diese Trockenhäuser, deren weitvorspringendes Dach das Eindringen des Regens verhütet, sind überaus zweckmäßig.

Sobald die Kolben auf die eine oder die andere Weise so weit abgetrocknet sind, daß sich die Körner leicht aus ihrer Höhlung drücken lassen, werden sie entkörnt. Man bedient sich dazu verschiedener Verfahrungsarten. Die erste und einfachste besteht darin, daß man zwei Kolben gegeneinander reibt und so die Körner herausdrückt. Dieses ist jedoch langweilig und mühsam, daher bei einem ausgedehnten Maisbau nicht anwendbar, ausgenommen bei den zu Samen bestimmten Kolben, die man gern so entkörnt.

In manchen Gegenden, z. B. im Elsaß, reibt man die Kolben an dem Rücken eines seiner Länge nach in einen Schemel eingeschlagenen alten Messers auf und ab, wobei die Körner in darunter hingesetzte Körbe fallen. Dies ist eine sehr gute, schon bei bedeutenden Maisernten anwendbare Verfahrungsart, die dem Gesinde eine nützliche Winterbeschäftigung bei Licht in der Stube gewährt.

Auch das ordentliche Dreschen mit dem Flegel geht recht gut an, und paßt besser als das Ausreiben für einen sehr ausgedehnten Maisbau. Man muß dabei nur darauf sehen, daß die Kolben hoch aufgeschüttet werden, damit sie nicht unmittelbar zwischen den Flegel und die Tenne kommen. An manchen Orten drischt man sie auf Horden, die weit genug sind, die Körner hindurch zu lassen. Es kommt auch wohl vor, daß man selbiges in einem groben Sack vornimmt, der zur Hälfte mit Kolben angefüllt, dann hingelegt und mit verdoppelten Schlägen geklopft wird. Die geringe Dauer der Säcke macht dieses schon an sich nicht zweckmäßige Verfahren auch kostbar. In mehren Gegenden Siciliens versammeln sich die jungen Burschen und Mädchen, tanzen zum Klange des Dudelsacks mit ihren Holzschuhen auf den ausgebreiteten Maiskolben herum und entkörnen ihn auf diese Weise unter Lust und Freude.

Auch auf besondere Maschinen zur Verrichtung dieses Geschäftes, zu dem sich die gewöhnlichen Dreschmaschinen nicht eignen, hat man gedacht, und so ist unter andern eine von Bonafous aufgestellt worden, die sich durch ihre Zweckmäßigkeit sehr empfehlen soll, aber ohne Abbildung sich nicht beschreiben läßt.

Nach dem Dreschen muß der Mais, wie jedes andere Getreide, von der Spreu und den darin befindlichen Unreinigkeiten befreit werden. Es geschieht dieses entweder durch Wurfe und Siebe, oder leichter und schneller auf den sogenannten Wurfmaschinen, Fegemühlen.

Die Aufbewahrung des Mais geschieht am leichtesten und bequemsten, wenn man ihn in den Kolben läßt, und diese nur nach Bedürfniß entkörnt. Dies eignet sich aber für einen ausgedehnten Anbau nicht; hier muß man die gereinigten Körner aufheben. Man schüttet diese auf Böden wie anderes Getreide und wendet sie hier von Zeit zu Zeit um, oder man bewahrt sie nach völlig erfolgtem Austrocknen in Säcken und Kisten auf. Mäuse und Ratten stellen ihm sehr nach, noch mehr verschiedene Insekten und Maden, gegen die ein kühler und besonders reingehaltener Aufbewahrungsort noch das beste, wenn auch nicht ganz zuverlässige, Schutzmittel ist. In Toscana, Sicilien, Malta und auf der Nordküste Afrikas bewahrt man den Mais, wie anderes Getreide, in Erdgruben, sogenannten Silos, auf. Am besten lassen sich die gedörrten Körner aufheben; dagegen verdirbt das Mehl von diesen viel leichter als das von den nicht gedörrten Körnern. Man darf daher nie viel von ihm auf einmal bereiten; dafür übertrifft dasselbe an Wohlgeschmack jedes andere Maismehl, selbst das aus den heißesten Ländern; es eignet sich daher, zwar nicht zum Brotbacken, aber zur Zubereitung der Speisen, wo möglich zu Brei und Suppen, besser als jedes andere Mehl.

*

XI. Ertrag.

In den heißen Ländern des Südens erzwingt man mit Hülfe der Bewässerung zwei Maisernten in einem Jahre auf derselben Stelle. So in Aegypten und noch mehr auf der Insel Cuba, wo man nach den Berichten Samon's de la Sagra sogar vier Maisernten hintereinander in einem Jahre erhält: die erste im Februar, die zweite im Mai, die dritte im August und die letzte im October. Im Süden von Europa ist es ebenfalls nicht unmöglich, zwei Maisernten auf einem Felde hintereinander in einem Jahre zu ziehen, entweder indem man zweimal hintereinander eine kleinere frühreife Abart anbaut, oder indem man im Juli in die Zwischenräume zwischen den im April gesäeten noch einmal Mais säet. Es gehört indessen ungemein viel Dünger dazu, um der durch eine so angestrengte Cultur bewirkten Erschöpfung zu begegnen, und immer wird sie nur in sehr vortheilhaften, durch die Nähe des Wassers begünstigten Lagen durchzuführen sein. Die Möglichkeit, mehre Ernten hintereinander von dieser Frucht in einem Jahre ziehen zu können, ist eben nicht der einzige Vorzug eines so gesegneten Klimas; auch der Ertrag einer einzelnen Ernte ist daselbst ungleich höher als in kältern Himmelsstrichen. In einigen Theilen von Südamerika betrachtet man es, nach Alexander von Humboldt, als einen geringen Ertrag, wenn sich der Same nicht wenigstens 130—150 Mal vermehrt.

Man kann auch bei uns in dem allergünstigsten Falle wohl das 180. Korn ernten; doch gehört dies zu den nur bei dem Anbau einzelner Pflanzen statt findenden Seltenheiten, im Durchschnitt rechnet man selbst in Piemont, wo der Mais in sehr günstigen Verhältnissen mit großem Fleiße angebaut wird, nur das 60. Korn; indessen wird bei einigermaßen sorgfältiger Cultur der Mais immer mehr Körner von gleicher Fläche geben, als andere Getreidearten.

Burger gibt seinen Maisertrag an zu 36 dresdner Scheffel vom sächs. Acker; derselbe als Durchschnittsertrag in Kärnten 24; in Östreich und Mähren 10½; in Ungarn und Kroatien 19; Schwarz, diesen für Elsaß 19½; Andrieu, ein Franzose, den seinigen 13; Simonde den für Toscana 29; Crud den seinigen zu 25; Cobbett, ein Engländer, zu 24; der Durchschnittsertrag in Pennsylvanien, wol nicht besonderer Cultur, soll sein 12; der in Neusüdwales 16.

Rechnet man diese Erträge zusammen, so ergibt sich als Mittel 20⁸/₁₁ Scheffel.

Im Verhältniß zum Weizen kann man annehmen, daß 5 Scheffel Mais wenigstens so viel werth sind, als 3 Scheffel Weizen, und demnach läßt sich ungefähr berechnen, wie sich der Ertrag eines Maisackers zu dem eines Weizenackers verhält. Dabei muß man aber auch noch den ungemeinen Ertrag an vortrefflichem Futterstroh in Anschlag bringen, den jener liefert und den Burger freilich bei seinem ungeheuern Körnerertrag, mit Einschluß der Fruchtböden und Deckblätter, auf 75 Centner vom sächsischen Acker angibt. Man kann füglich 45 Centner als Mittelertrag annehmen, ohne die Blütenstengel und Schossen, die vom Acker wol auf 15—17 Centner Strohwerth betragen. Daraus ergibt sich zur Genüge die hohe Ergiebigkeit des Mais, besonders auch in Bezug auf die große Masse von Dünger, die er durch sein Stroh für die Wirthschaft liefert. Es würde ihn dies über viele andere Culturgewächse setzen, wenn er bei uns sicherer im Ertrage und sein Anbau mit weniger Kosten verbunden wäre.

Pallas berechnet den Ertrag, den der Mais von einem sächsischen Acker Land an Zucker und Papier geben kann, aber freilich nur in einem äußerst günstigen Falle, auf 150 Pfund Rohzucker,
300 = Melasse und
77 Ries Papier großes Format.

Will man den Mais blos zu Grünfutter anbauen, so wird er ganz auf die vorhin angegebene Weise bestellt, nur dichter in den Reihen gesäet. Kein anderes Gewächs liefert auf einem trockenen und hitzigen, aber kräftigen Boden so viel und so treffliches Grünfutter; den meisten Nutzen, den er dazu angebaut zu geben vermag, gewährt er indessen nur in einem Klima, wo er, nach der Ernte einer andern Frucht gesäet, noch vor Einbruch des Herbstes zur vollständigen Entwickelung seiner Blüten gelangt.

Die großblumige Sinnpflanze.

Diese ausgezeichnete Pflanze, welche, mit andern ihrer Gattung, den Namen Sinnpflanze führt, wächst wild sowol in Ost- als in Westindien. Man findet sie am häufigsten in den Gebirgen von Jamaica, und sie wurde, als eine Zierpflanze der europäischen Gärten, zuerst eingeführt 1769 durch den Engländer Norman. Sie gehört zu derselben Gattung, wie die gemeine Sinnpflanze, besitzt jedoch die seltsame Eigenschaft, bei bevorstehender Gefahr ihre Blätter zu schließen, nicht in so hohem Grade als ihre minder schöne Schwester. Um dieser Eigenthümlichkeit eben, führen diese Pflanzen den Namen der Sinnpflanzen. Andere Gewächse haben allerdings eine ähnliche Eigenschaft, daß sie nämlich zu gewissen Tageszeiten, der Morgens oder Abends, ihre Blätter zusammenrollen; allein bei den Sinnpflanzen bindet sich diese Eigenthümlichkeit an keine bestimmte Zeit; bei ihnen scheint vielmehr dieselbe aus einem reizbaren Gefühle der Sensibilität hervorzugehen, wodurch sie gewissermaßen auf einer höhern Stufe der vegetabilischen Natur zu stehen und sich den mit freier Bewegung begabten Thieren anzuschließen scheinen. Nach der Untersuchung ausgezeichneter Botaniker hat es sich jedoch ergeben, das dieses empfindungsgleiche Vermögen bei dieser Pflanze nur in den inwendigen Filamenten seinen Sitz hat, und also mit der animalischen Irritabilität demnach auf keine Weise verglichen werden kann.

Das Knochenmehl.

Man hat in England in neuern Zeiten über die Vortheile der Düngung mit Knochenmehl vielfältige Erfahrungen gemacht. Je feiner es ist und je inniger es sich mit dem Boden vermischt, desto wirksamer befördert es das Wachsthum der Pflanzen. Es ist offenbar, daß das Knochenmehl bei seiner Verbindung mit dem Boden chemisch zersetzt wird. Nimmt man eine Hand voll von der Erde, mit welcher Knochenmehl seit einigen Tagen vermischt gewesen ist, so findet man sie mit einer öligen Substanz gesättigt, so daß sie sich ballt, wenn man sie mit der Hand drückt, und dies findet auch dann statt, wenn die Knochen gekocht gewesen sind, ehe man sie zu Mehle gemahlen hat. Wir können nicht bestimmt angeben, welche Bestandtheile des Knochenmehls den Nahrungsstoff für die Pflanzen enthalten; denn obgleich der Umstand, daß gekochte gemahlene Knochen eben so guten Dünger geben als Mehl von ungekochten Knochen, für die Meinung spricht, daß es nicht die öligen Bestandtheile der Knochen sind, welche als Düngmittel wirken, so streitet doch die Thatsache, daß Mehl von gekochten Knochen für den Boden ebenso günstig wirkt, als Mehl von ungekochten, gegen die Behauptung, daß der phosphorsaure Kalk allein derjenige Bestandtheil der Knochen sei, der den Pflanzen Nahrung gibt. Was aber auch die chemische Wirkung des Knochenmehls auf den Boden sein mag, so läßt sich doch mit Zuversicht behaupten, daß das Knochenmehl nur denjenigen Boden verbessert, der entweder von Natur trocken oder ausgetrocknet worden ist, und wenn ein Boden Austrocknung verlangt, so wird, je vollkommener sie erfolgt ist, das Knochenmehl desto wirksamer als Düngmittel angewendet werden können.

Über Hörröhren und Hörmaschinen.

Dieselben sind dazu bestimmt, bei der aus irgend einer Ursache ganz oder theilweise unheilbaren Schwerhörigkeit die Auffassung und Wahrnehmung des Schalls zu erleichtern. Sie haben daher für die Schwerhörigen einen ähnlichen Zweck, wie die Brillen für die Kurz- und Fernsichtigen und für die an einem schwachen Gesichte Leidenden. Niemals werden jedoch die Hörinstrumente für ein geschwächtes Ohr denselben Nutzen zu leisten vermögen, als die Brillen dem Auge, weil bei erstern blos eine Verstärkung der Schallwellen möglich ist, während die letzern nur selten bestimmt sind, die Lichtstrahlen zu verstärken, sondern in den meisten Fällen nur dieselben so zu brechen, wie es die Theile des Auges, wenn sie sich in einem völlig gesunden Zustande befänden, thun würden, damit die von den einzelnen Gegenständen ausgehenden Lichtstrahlen gehörig vereinigt, die Netzhaut des Auges berühren. Die Hörmaschinen sind somit nur denjenigen Brillen zu vergleichen, welche, wiewol selten, bei abgestumpfter Empfindlichkeit der Netzhaut oder bei Unreinheit und Trübung der brechenden Theile des Augapfels angewendet werden, und welche blos ein verstärktes Licht auf die Netzhaut bringen sollen.

Man hat sich von jeher bemüht, Hörröhren zu erfinden, welche den oben angegebenen Zweck möglichst vollständig zu erfüllen im Stande wären, und hat sie nach den Gesetzen der Schalllehre (Akustik), freilich oft ohne sich der dabei nothwendigerweise immer stattfindenden Beschränkung deutlich bewußt zu sein, gebildet. Man hat daher Hörmaschinen von der verschiedensten Form, gebogen, gewunden, konisch, parabolisch, schalen-, muschel-, schneckenförmig, von der einer bloßen Ohrenklemme und eines einfachen Trichters an bis zu der einer vielfach gewundenen Trompete oder einer Kegelschnecke angegeben, und dieselbe oft noch mit verschiedenen, auf die Akustik berechneten Vorrichtungen zum Zurückwerfen und Sammeln der Schallwellen versehen.

In Hinsicht des Stoffes, woraus sie bestehen, sind sie entweder 1) aus Papierstoffen, elastischem Gummi, Horn, Holz, Glas, natürlichen Muscheln und Schneckenhäusern, sowie aus andern mit Lack, Leder, seidenen oder baumwollenen Zeuchen überzogenen oder mit einer Flüssigkeit oder Salbe bestrichenen Stoffen, oder 2) aus verschiedenen klingenden Metallen, als Gold, Silber, Kupfer, Messing, Glockenspeise, verzinntem Eisenbleche und dergl. mehr gebildet. Die zuerst genannten Stoffe, wiewol sie auch unbezweifelt in geringem Grade mittönen und sonach auch den hineingeleiteten Schall einigermaßen verändern, sind mehr bestimmt, eine größere Menge Schallwellen aufzunehmen und dem Ohre zuzuführen, während die metallischen Stoffe durch ihr starkes Mittönen den Schall zu verstärken und bei verschiedener Brechung der Schallwellen wol auch wesentlich umzuwandeln vermögen.

Damit die Hörmaschinen der ersten Art ihren Zweck vollständig erfüllen, ist es nöthig, daß sie an der Mündung einen gewissen Umfang haben, weil sie sonst eine zu kleine Menge Schallwellen aufzunehmen und dann dem Schwerhörigen nur wenig Nutzen zu gewähren vermögen; die metallischen Hörmaschinen hingegen können um so kleiner sein, je stärker tönend das Metall ist und je mehr dieselben nach den Gesetzen der Akustik eingerichtet sind.

Zweckmäßige und der Eigenthümlichkeit eines jeden Falles angepaßte Hörmaschinen können, weit entfernt, zu schaden, vielmehr dem Schwerhörigen großen Nutzen bringen, indem sie das geschwächte Organ fähig machen, Töne zu vernehmen, welche es ohne die Hörmaschine nicht vernommen haben würde, und somit dasselbe durch Übung, gleich jedem andern Organe, stärken. Im Allgemeinen bedarf man eines um so größern oder zusammengesetztern und aus einem um so mehr tönenden Stoffe verfertigten Instruments, je stärker die Schwerhörigkeit der Person ist, für welche dasselbe bestimmt, und je weniger Ohrenbrausen damit verbunden ist; im Besondern aber haben die sich mit diesem Gegenstande beschäftigenden Ärzte gefunden, daß man für jeden einzelnen Kranken nur durch Versuche eine für ihn passende Hörmaschine auffinden kann, und daß man bei der Auswahl einer solchen nicht allein auf die jedesmal sorgfältig zu beachtende Reizbarkeit der Hörnerven Rücksicht nehmen muß, sondern daß auch deren Brauchbarkeit von andern unmöglich vorher zu bestimmenden Umständen abhängt. Viele Personen, vorzüglich in den höhern Lebensjahren, finden durch den Gebrauch einer Hörmaschine wesentliche Erleichterung, indem sie nicht nur alle Töne, sondern auch die feinern Unterschiede der Stimme gleich deutlich dadurch vernehmen, während es dagegen andere Personen gibt, welche durch eine jede Hörmaschine, sie mag gebaut sein wie sie nun wolle, nur wenig besser hören, weil ihr Gehör nicht allein schwach, sondern theilweise gänzlich aufgehoben ist, sodaß sie manche Laute auch mittels der Maschine gar nicht vernehmen.

Die einfachste Art, dem geschwächten Gehöre zu Hülfe zu kommen, besteht darin, den Winkel, unter welchem das äußere Ohr von dem Kopfe absteht, zu vermehren und es somit fähig zu machen, mehr Schallwellen aufzunehmen. Dies kann und muß denn auch um so mehr Dienste leisten, je mehr das äußere Ohr von Natur oder durch Verkünstelung an dem Kopfe anliegt. Auf diese Art ist das unter dem Namen Otaphone von einem gewissen Professor Robinson aus Metz an mehren Orten Deutschlands vor Kurzem auf marktschreierische Weise ausgebotene Instrument gebildet, indem es blos in kleinen, den Ohren angepaßten, hinter ihnen anzubringenden Klemmen (Fig. 1—3) besteht, wodurch der Winkel, den das Ohr mit dem Kopfe bildet, bis auf 45 Grad vergrößert wird. Wiewol die Sache selbst durchaus nicht neu ist, indem unter Andern besonders Buchanan auf diesen Umstand aufmerksam gemacht, und bei Wunden des Ohres ein auch hierzu anzuwendendes, hinter die Ohren zu legendes Polster empfohlen hat, so läßt sich doch nicht leugnen, daß es eine sinnreiche Idee ist, diesen Zweck mittels eines so einfachen und gar nicht auffallenden Instruments zu bewirken. Freilich läßt sich Robinson seine angebliche Erfindung ziemlich theuer bezahlen, indem er sich dafür (je nach der anscheinenden Zahlungsfähigkeit der kaufenden Person) 4—12 Thaler, und mithin den zwei- bis sechsfachen Werth dafür hat geben lassen.

Eine andere sehr einfache dergleichen Vorrichtung besteht in den durch von Rudtorffer und Larrey angegebenen sogenannten deutschen und französischen, und in den aus einer natürlichen Muschel bestehenden sogenannten spanischen, künstlichen Ohren, welche besonders bei Mangel oder Verlust des äußern Ohres mit Nutzen anzuwenden sind, sowie in dem Leber'schen und Bell'schen kleinen Ohrtrichter, welcher letztere aus einzelnen Ringen zusammengesetzt ist. Ferner in einigen Arten von hinter dem Ohre anzubringenden metallenen Muscheln, dergleichen Négrier angegeben hat, und über dasselbe zu stülpenden Blechkapseln und Ohrschirmen mit oder ohne Leitungsröhrchen.

Sehr einfach und zweckmäßig sind auch die Hörmaschinen aus einem Horntrichter und einer mehr oder weniger langen biegsamen Leitungsröhre, worauf in der neuern Zeit der Prediger Duncker in Rathenow von der preußischen Regierung ein Patent erhalten hat.

Nun kommen, in Hinsicht auf die allmälig größere Zusammengesetztheit, von Rudtorffer's, Leo's, Leber's und Rupprecht's spiralförmig gewundene Hörtrichter, die Hörtrompete, die ineinander zu schiebenden Hörröhre, eins davon nach Curtis, Nollet's tabakspfeifenähnliches und La Faye's cylinderförmiges Hörrohr, ferner der spiralförmige Ohrtrichter, Itard's Hörrohr aus einem zweimal gewundenen Hohlkegel, dessen Hörrohr aus einem Schneckenhause, Nuck's posthornförmige, mit einem Griffe versehene Hörtrompete, Itard's doppeltes, ziegenhornähnliches Hörrohr, Mursinna's von Itard verbessertes Hörrohr für beide Ohren und Le Cat's Hörrohr, wobei die Schallwellen, indem sie durch eingeschlossene Luft hindurchgehen, verstärkt werden sollen.

Noch mehr zusammengesetzt sind Itard's mit zwei in einer elliptischen Trommel ausgespannten, künstlichen Paukenfellen von Goldschlägerhäutchen, welche dazu bestimmt sind, die Verwirrung der Schallwellen zu verhindern, versehene Hörmaschine; der holländische Hörkelch; Arnemann's Halbkugel und dessen kelchförmig und kegelförmig zusammengesetzte Hörmaschinen, sowie Duquet's verschiedenartige, von Itard verbesserte Hörröhre mit einem Metallkesselchen und einem elastischen Rohre, welches letztere Instrument in der neuesten Zeit von dem Prediger Duncker in Rathenow zweckmäßig verändert und besonders mit einem längern Leitungsrohre versehen worden ist; ferner Duquet's Stuhl und der Duncker'sche Lichtschirm für Schwerhörige.

Endlich sind noch zu erwähnen die Itard'schen Metallmützen, welche sowol durch den Gehörgang als auch durch die Erzitterung der Schädelknochen den Ton fortzupflanzen bestimmt sind; der von Jorissen zuerst angegebene feste Sprachleiter aus einer pyramidenförmigen, einige Fuß langen hölzernen Stange. Mit diesen hat Itard verschiedene Verbesserungen vorgenommen, indem er das von dem Tauben mit den Zähnen zu fassende Ende in eine platte, einer Pfeifenspitze ähnliche Form hat ausgehen lassen, während das andere Ende sich in einen Ansatz endigt, in welchen der Sprechende, welcher sich dem Tauben mittheilen will, blos seinen Mund setzt, ohne ihn zu berühren, oder gabelförmig gebildet ist, sodaß es sich bei Entfernung der Kinnladen voneinander an die Zähne anschließt. Eschke hingegen versichert, daß ihm nach vielfältigen Beobachtungen bei Taubstummen ein thönernes Pfeifenrohr zur Leitung des Schalles nützlicher als die erwähnte Stange erschienen sei.

Bei bedeutender Schwerhörigkeit habe ich gefunden, daß von allen diesen Instrumenten die Duncker'sche Hörmaschine entweder mit dem bloßen Horntrichter oder auch, nach Befinden, mit dem Metallkesselchen die meisten Dienste leistet, wenn der Mund des Sprechenden dem Schall auffangenden Theile des Instruments sehr nahe ist, daß hingegen dann, wenn dasselbe auch in einiger Entfernung dienen soll und bei Abstumpfung der Nervenkraft der holländische Hörkelch noch vorzuziehen ist, weil sein Bau im Wesentlichen der Duncker'schen Maschine mit dem Metallkesselchen gleicht, während der Schallfang bedeutend größer als derjenige der Duncker'schen Maschine ist.

So mannichfaltig und verschiedenartig nun aber die eben erwähnten Hörröhre sind, und so zweckmäßig und den Gesetzen der Akustik gemäß auch viele derselben eingerichtet sein mögen, so haben, im Fall man ein dergleichen Instrument in einem gegebenen Falle auswählen soll, doch fast alle bisher beschriebenen folgende Fehler:

1) Wenn sie klein sind, erfüllen sie den gewünschten Zweck nicht gehörig, wenn sie hingegen groß sind, belästigen sie den Kranken bei der Anwendung sehr, indem sie mit den Händen beständig gehalten werden müssen.

2) Werfen die meisten von ihnen, und vorzüg-

lich die starktönenden metallischen, den Ton unrein zurück, sodaß außer dem eigentlichen Tone, z. B. der Rede eines Sprechenden, durch die verschiedenartige Zurückwerfung der Schallwellen noch ein sehr unangenehmes und störendes Summen und Brausen im Ohre des Schwerhörigen entsteht oder wol auch der Ton so klingt, als ob sich der das Instrument Benutzende in einem niedrigen verschlossenen Gewölbe befände. Dieses Summen und Brausen mag zum Theil wol von dem durch die in das Ohr gesteckten Röhren verursachten Druck auf die Nerven des äußern Ohrs herrühren, da es schon einigermaßen entsteht, sobald man nur den Gehörgang mit dem kleinen Finger verstopft. Da durch dasselbe, wie allerdings nicht zu leugnen ist, die Gehörnerven reizbarer Personen leicht abgestumpft werden können, so hat dieses mehren Ärzten Veranlassung gegeben, die Hörröhren für durchaus schädlich zu erklären und sie ganz zu verwerfen. Diese sind jedoch damit zu weit gegangen, indem nicht die Hörröhren im Allgemeinen, sondern nur die für die gegebenen Fälle nicht passenden Hörröhren für nachtheilig zu erklären gewesen wären. Bei gewissen Arten von Schwerhörigkeit ist grade das durch das Hörrohr hervorgebrachte Brausen sehr nützlich, indem es gleich einem durchdringenden Geräusche, z. B. dem Trommelschlage, dem Rollen eines Wagens über das Straßenpflaster, dem Glockengeläute, einem großen Concerte und dergl. (während welcher Geräusche viele Harthörige weit besser hören) wirkt, die Gehörnerven aufregt und somit das Verstehen erleichtert.

3) Überdies fallen fast alle diese Maschinen so auf, daß die Schwerhörigen, welche, sowie jeder Gebrechliche, ihr Leiden möglichst zu verbergen suchen, wenn ihr Übel noch nicht einen zu hohen Grad erreicht hat, lieber auf die durch ein solches Instrument zu erlangenden Vortheile, z. B. auf die gesellige Unterhaltung, sowie auf den Genuß eines Concerts und dergl., Verzicht leisten, als sich einer auffallenden und sie vielleicht den spöttischen Bemerkungen unbescheidener Personen aussetzenden Maschine bedienen, wenn ihnen dieselbe auch noch so gute Dienste leisten würde.

Diese oft wiederholten Erfahrungen ließen den Dr. Schmalz in Dresden auf eine Maschine sinnen, welche die Schallwellen gehörig zu sammeln und ins Ohr zu leiten vermöge, dabei aber von den beiden Hauptnachtheilen der bisherigen, nämlich theils von dem summenden Mittönen des Instruments, theils von der in der Form liegenden Unbequemlichkeit und Auffälligkeit frei sei. Die Beobachtung nun, daß die meisten Schwerhörigen ihre hohlen Hände an das Ohr zu legen pflegen, um die Auffassung der Töne zu erleichtern, brachte ihn auf die Idee der vorliegenden Hörschalen (Fig. 4—6), welche er seitdem in den meisten Fällen von nicht zu bedeutender Schwerhörigkeit mit Nutzen angewendet hat.

Dieselben bestehen nämlich aus zwei concaven, elliptisch oder parabolisch geformten Schalen, welche theils das Ohr nach vorwärts drängen, dessen Abstandswinkel von dem Kopfe vergrößern und es somit in die zum Hören günstigste Lage bringen, theils als Schallfang dienen und durch die in das Ohr zurückgeworfenen Schallwellen den Ton verstärken.

Sie gestatten den völlig freien Gebrauch beider Hände, indem sie unter dem Kinne mit Bändern vereinigt, oben hingegen durch eine angebrachte, siebförmig durchlöcherte Platte mittels einer über den Kopf hinweggehenden Feder verbunden und an demselben befestigt werden können. Bei Frauen reicht es hin, wenn sie durch mehre über, unter und um den Kopf gehende Bänder befestigt werden, weil sie bei diesen durch eine Haube, welche freilich genau passen und besonders hinten an den Kopf anschließen muß, angedrückt werden können. Die Hörschalen werden auf der äußern convexen Seite mit einem der Farbe der Haare der sie bedürfenden Person möglichst gleichen Stoffe überzogen oder gefärbt, können auch daselbst mit Haaren oder Locken bedeckt sein, lassen sich bei Frauen mit der größten Leichtigkeit unter einer Haube oder einem Hute verbergen und fallen auch bei Männern nicht mehr auf, als eine Brille für den nicht daran Gewöhnten.

In Hinsicht des Stoffes können sie theils aus Horn, Papierstoff, Holz, theils aus verschiedenen Metallen verfertigt werden. Dr. Schmalz hat sie bisher aus dünnem Messing-, Eisen- oder Silberbleche anfertigen lassen, weil diese Stoffe sich leichter als die erstgenannten in die gehörige Form bringen und den Eigenthümlichkeiten jedes einzelnen Kopfes, auch wenn sie fertig sind, anpassen lassen und daher die Maschine daraus billiger herzustellen ist. In denjenigen Fällen von nervöser Schwerhörigkeit, bei welchen schon das geringe Mittönen des Metalls den Kranken belästigt, läßt er die innere Fläche der Schalen mit dünnem, mattem oder glänzendem Leder überziehen, und ist dadurch bisher stets im Stande gewesen, dem erwähnten Übelstande vollkommen abzuhelfen. Weil manche Schwerhörige die hohle Hand so über die Ohren zu legen pflegen, daß der Abstand von dem Kopfe da, wo er am größten ist, nur einen halben Zoll beträgt, so hat er die Schalen auch so flach machen lassen, hat dafür aber freilich ihren Umfang vermehren müssen, weil sonst nicht Schallwellen genug aufgenommen werden könnten. Eine so flache Maschine dürfte dann auch leichter von den Frauen beim Ausgehen zu benutzen sein, indem der Hut dann nicht so sehr vom Kopfe absteht. Auch hat er dieselbe mit einem Charniere versehen lassen, um die dem Ohre zuzuführende Menge Schallwellen nach Belieben vermehren oder vermindern zu können.

Die beschriebene Maschine dürfte auch noch den Nutzen haben, daß sie bei großer Kälte, noch mehr aber bei heftigem Winde den Kranken während des Ausgehens vor der so oft nachtheiligen Einwirkung der Witterung und daher vor Erkältung schützt, ohne jedoch das Ohr zu erhitzen, und daß sie dadurch das Zubinden der Ohren mit einem Tuche, welches die Schwerhörigen während des Winters sehr oft thun müssen, und wodurch die ohnedem geringe Hörfähigkeit derselben noch mehr vermindert wird, entbehrlich machen.

Bei der Einfachheit der von Dr. Schmalz angegebenen Hörmaschine, und da dieselbe nichts Anderes ist, als eine Vervollkommnung des von den meisten Schwerhörigen mit dem besten Erfolge angewendeten natürlichen Mittels, die hohlen Hände hinter und an die Ohren zu legen, um dadurch eine größere Menge Schallwellen aufzufangen und sie dem Ohre zuzuführen, ist es zu verwundern, daß dergleichen Hörschalen bis jetzt noch nicht beschrieben worden sind; denn die von Leber, Bell und Andern zu diesem Zwecke angegebenen sogenannten Hörschalen unterscheiden sich dadurch wesentlich von denselben, daß sie sich so an die Ohrmuschel und den Gehörgang anschließen sollen, daß sie eine Art von innerer Auskleidung dieser Theile bilden und zu diesem Zwecke meistens auch mit kleinen Leitungskanälchen versehen worden sind, und die schon oben erwähnten, von Négrier und Andern angegebenen, in der Nähe des Ohres anzubringenden Blechmuscheln, Blechkapseln und Ohrschirme kommen, weder der Form nach der Zweckmäßigkeit nach, mit denselben überein.

Fig. 1, 2, 3, Robinson's Otaphone für das rechte Ohr in natürlicher Größe.

    Fig. 1. Von außen (der convexen Fläche).
    = 2. Von innen (der concaven Fläche).
    = 3. Von der Seite.

Fig. 4. Schmalz's Hörschalen durch eine Feder verbunden, sowie sie bei Männern angewendet werden, $1/4$ der natürlichen Größe.

    a. a. Feder.
    b. Äußere Fläche der Platte.
    c. Innere Fläche der Platte, ein wenig wattirt.
    d. Convexe oder äußere Seite.
    e. e. e. Concave oder innere Seite.
    f. Mit Leder gefütterter Theil derselben.
    g. g. Wattirter Rand.
    h. h. Bänder.

Fig. 5. 6. Schmalz's Hörschalen für das linke Ohr, sowie sie bei Frauen angewendet werden, $1/2$ der natürlichen Größe.

    Fig. 5. Von der innern oder concaven Seite.
    = 6. Von der äußern oder convexen Seite.

    b. Innere Fläche der Platte, welche ein wenig wattirt ist.
    c. Äußere Fläche der Platte.
    d. Äußere convexe Fläche der Schale.
    e. Innere concave Fläche der Schale.
    f. Theil der innern Fläche, welcher an das Ohr zu liegen kommt und daher mit Leder gefüttert ist.
    g. g. Wattirung des Randes, damit er genauer anliegt.
    h. h. h. h. Bänder.

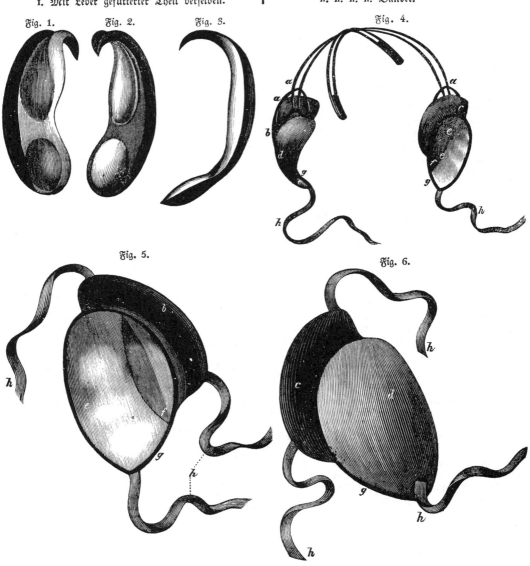

Das Pfennig-Magazin

für Verbreitung gemeinnütziger Kenntnisse.

255. Erscheint jeden Sonnabend. [Februar 17, **1838**.

Das Prägen der Münzen.

Sobald der Handel aus seiner Kindheit trat, sah er sich nach Gegenständen um, die ihm zur Vermittelung des Tauschverkehrs, woraus er bestand, dienen konnten. Die Eigenschaften dieses Tauschmittels mußten sein, daß es erstens vermöge seiner Natur so wenig als möglich den Werth änderte, zweitens sich in kleinere und die kleinsten Theile zerlegen ließ, ohne daß der Werth der Bruchstücke außer Verhältniß mit der Theilung verringert worden wäre, endlich, daß es ohne große Mühe von einem Orte zum andern gebracht werden könnte. Allen diesen Bedingungen entsprachen die kostbarern oder edeln Metalle. Ihr Gebrauch als Tauschmittel steigt in das graueste Alterthum hinauf und zeigt, daß die Nothwendigkeit sehr bald die Völker auf diese Einrichtung hingewiesen habe. Aber selbst die Anwendung des bloßen Metalls zeigte eine Menge Schwierigkeiten, worunter die den Feingehalt des Silbers oder Goldes (s. unten) nicht ohne Verlust an Zeit ermessen, sowie die nöthige Theilung nur ungenau und leichter Irrung unterworfen, vornehmen zu können, als die wichtigsten erschienen. Man fing also an, das Gold zu prägen, d. h. man begrenzte jedes Stück von einem gewissen Gewichte scharf und drückte ein gewisses Zeichen darauf, wodurch es unmöglich wurde, etwas davon hinwegzunehmen oder seinen Gehalt zu ändern, ohne daß dieses Gepräge verletzt wurde und dem Empfänger anzeigte, daß es seinen ursprünglichen Werth verloren. Schon die Phönizier bedienten sich im Alterthume der geprägten Münzen, und bei den Griechen und Römern war die Kunst des Prägens, wie es die vielen Sammlungen solcher Münzen zeigen, zu einer gewissen Vollkommenheit gediehen, wenn man bedenkt, wie wenig Hülfsmittel ihnen bei dieser Arbeit zu Gebote standen. Jedoch ist erst in den neuern Zeiten, wie in so vielen andern Zweigen der menschlichen Kunstfertigkeit, durch die Vervollkommnung, welche die praktische Mechanik erhielt, das Prägen der Münzen zu einer Vollendung gelangt, die sowol was Schönheit der Erzeugnisse als was Schnelligkeit und Genauigkeit der Ausführung betrifft, nichts zu wünschen übrig läßt. Bevor wir aber zu dem jetzt angewandten, beim Münzen der Metalle gebräuchlichen Verfahren gelangen, wird es nothwendig sein, einige Erläuterungen vorauszuschicken und zu bemerken, daß, wenn dabei nur von Gold- und Silbermünzen die Rede ist, in der Hauptsache dasselbe Verfahren beim Prägen der Kupfer- oder anderer theils nur beschränkt (Platinmünzen), theils gar nicht zum Tauschmittel dienenden Münzen (Denkmünzen) angewendet wird. Die edlen Metalle können vermöge ihrer natürlichen Weichheit im reinen unvermischten Zustande nicht zum Münzen gebraucht werden, sondern es ist nothwendig, ihnen durch Beimengung anderer weniger edler Metalle, welches durch Zusammenschmelzen mit denselben geschieht und Legiren genannt wird, eine größere Härte zu geben, um zu verhüten, daß die Münzen sich zu schnell abnutzen. Das Gold wird auf diese Weise entweder blos mit Silber oder blos mit Kupfer, oder endlich mit einem Gemisch von Silber und Kupfer legirt; bei dem Silber wird nur Kupfer gebraucht. Das Gewicht, welches dabei zur Richtschnur dient, ist nach den verschiedenen Ländern ein verschiedenes; in Deutschland z. B. hat seit mehren hundert Jahren die sogenannte kölnische Mark als Hauptgewicht gegolten, welche bei Silber zu 16 Loth oder 288 Gran, bei Gold zu 24 Karat oder 288 Gran angenommen wurde. Eine feine Mark Silber ist darnach diejenige Menge Silber, die, was sie im Übrigen auch wiegen möge, 16 Loth reinen Silbers, eine feine Mark Gold dasjenige Quantum dieses Metalls, welches 24 Karat reinen Goldes enthält. Rauhe Mark nennt man 16 Loth Silber oder 24 Karat Gold, welche einen Zusatz von andern Metallen haben; den Gehalt des reinen Goldes oder Silbers darin nennt man das Korn, während die Anzahl der aus einer Mark geprägten Münzen eines gewissen Gehalts durch die Bezeichnung Schrot ausgedrückt wird. Eigentlich wäre es daher am zweckmäßigsten, wenn auf dem Gepräge der Münzen die Angabe des Schrotes und Kornes das hauptsächlichste Kennzeichen wäre. Die Bestimmung, welche eine Regierung oder ein Staat oder mehre derselben über das Schrot und Korn der zu prägenden Münze fassen, heißt Münzfuß. Werden z. B. aus einer Mark fein Silber 20 Gulden geprägt, so wird dies der Zwanzigguldenfuß genannt; werden 24 Gulden daraus geprägt, so nennt man ihn den Vierundzwanzigguldenfuß; jener heißt dann ein schwererer, dieser ein höherer Münzfuß. In Deutschland bestehen außer diesen beiden, wovon der letztere ohnedies factisch ein 24½Guldenfuß war, der preußische oder 21Guldenfuß und der durch die jüngste Münzconvention in mehren süddeutschen Staaten eingeführte 27Guldenfuß. Hanover hat bis vor Kurzem noch nach dem alten 18Guldenfuße Geld geprägt, wobei aber der Werth des Silbers zum Golde wie 1 zu 15 angenommen wird, welches Verhältniß bei den übrigen deutschen Münzfüßen auf 1 zu 13⅘ festgesetzt bleibt. Von den ältesten Zeiten war das Münzrecht eines der Vorrechte der Staatsgewalt, weil, wenn man das wichtige Geschäft in die Hände der Privaten gelegt hätte, Verwirrung und Übervortheilung des Ganzen zum Besten der Einzelnen die unvermeidliche Folge gewesen wäre.

Nach diesen allgemeinen Bemerkungen gehen wir zur Beschreibung des Verfahrens selbst über, wodurch das Metall in Münzen umgewandelt wird, wie sie im Handel und Wandel gewöhnliche Umlaufsmittel ausmachen, und wir nehmen hierbei das Verfahren an, welches seit dem Ende des vorigen Jahrhunderts im Wesentlichen in England in Gebrauch ist, weil dasselbe bis jetzt wol das vollkommenste genannt werden kann. Die Gold- oder Silberstangen, die geprägt werden sollen, werden bei dem Obermünzwardein und unter Verschluß des Obermünzmeisters niedergelegt, wo sie bleiben, bis der Münzwardein jede Stange einzeln probirt hat. Dies geschieht, indem von jeder Stange ein Stückchen abgeschnitten, dies von den andern Metallen, mit denen es legirt ist, getrennt und dann gewogen wird. Das dabei angewandte Verfahren ist bei Silber ein doppeltes; das alte, jedoch ungenauere, durch Schmelzen des Metalls mittels des Löthrohrs auf einem Substrat von Knochenkohle, wobei das unedle Metall verschlackt, oder das neuere chemische Verfahren auf nassem Wege, wobei das Metall in Säure aufgelöst wird. Gewöhnlich sind die Barren von verschiedener Feinheit; der Unterschied wird sorgfältig aufgezeichnet und der Buchhalter und Schmelzer werden aufgefodert, das Metall zum Schmelzen vorzurichten; dies geschieht mit Hülfe des Münzwardeins. Der Markscheider gibt nun dem Metalle von niederm Feingehalte zu dem von höherm Feingehalte so viel, daß beim Schmelzen ein Metall von dem verlangten Feingehalte dargestellt wird. Hierauf untersucht ein anderer Münzbeamter noch einmal das Ganze und vergleicht die verschiedenen Stücke mit dem in einem besondern Buch eingetragenen, damit durchaus kein Irrthum stattfinden könne. Nachdem dies geschehen, ist die Metallmasse zum Schmelzen fertig. Die Tiegel, in denen das Gold geschmolzen wird, sind aus stark mit Graphit vermischtem Thon gebrannt. Bevor das Gold zum Feuer kommt, wird der Tiegel in den Ofen geschoben und darin gelassen, bis er rothglühend geworden; hierauf erst wird das Metall hineingeworfen. Sobald dasselbe in Fluß ist, rührt man es mit einem Löffel aus derselben Masse wie der Tiegel, der gleichfalls erst rothglühend gemacht wurde, um. Man braucht, um 80—100 Pfund Gold in einem Tiegel zu schmelzen, auf diese Weise beinahe eine Stunde Zeit. Sobald das Metall gehörig in Fluß gekommen ist, wird der Tiegel vom Ofen genommen und sein Inhalt in zwei Barren, Stangen oder Schienen, gegossen, welche bei dem Golde zehn Zoll lang, sieben Zoll breit und einen Zoll dick sind. Ein Tiegel kann, wenn man sorgfältig damit umgeht 8 bis 10 Mal des Tages gebraucht werden. Die so erhaltenen Goldbarren werden nochmals probirt und sobald sie den gehörigen Feingehalt besitzen, werden sie durch die Ermächtigung des königlichen Münzmeisters den Münzern zum Prägen überliefert. Früher traten beim Schmelzen des Silbers große Schwierigkeiten ein, wenn eine große Quantität dieses Metalles auf einmal in den Tiegel kam, der Zusatz durch die große Hitze des Ofens verschlackte und auf diese Weise das Silber mehr Feingehalt erhielt, als man beabsichtigte. Aber diesen Mängeln wird durch das seit 1811 eingeführte Verfahren vollständig abgeholfen. — Das erste Geschäft des Münzers ist das Breitschlagen oder Strecken, welches jetzt größtentheils durch zwei glatt polirte stählerne Walzen geschieht, zwischen welchen das Metall platt gedrückt wird. Das Gold wird bei diesem Geschäft nicht erhitzt, aber das Silber, um den Proceß zu erleichtern, zur Rothglühhitze gebracht. Später hat man ein anderes Verfahren dabei angewandt, welches darin besteht, die Barren durch stählerne Zieh- oder Locheisen von stets abnehmender Größe zu ziehen, auf die Art, wie man den Draht verfertigt. Besitzen die Barren nun die nöthige Dicke, so kommen sie in die sogenannte Ausstückelungsmaschine, wovon zwölf in einen Kreis aufgestellt sind, so zwar, daß eine eiserne Säule eine von der andern trennt. Hierin wird das Metall mit Hülfe eines stählernen Poncen in runde Stücke von der verlangten Größe geschlagen oder geschnitten. Alle zwölf Pressen können mittels eines großen Zahnrades, welches mit einer Dampfmaschine in Verbindung steht, in Bewegung gesetzt werden. Die Ausschlagpresse wurde im Jahre 1790 von Matthew Boulton in Soho erfunden und ist so scharfsinnig eingerichtet, daß für jede Presse ein Knabe hinreicht, um sie mit dem nöthigen Metall zu speisen, d. h. dasselbe in hinreichender Masse darunter zu bringen. Die runden Metallstücken werden hierauf in ein eigens dazu bestimmtes Gemach gebracht, die leichten davon ausgeschossen, um umgeschmolzen zu werden, während die überwichtigen so lange gefeilt und gerieben werden, bis sie das genaue Gewicht haben. Durch das Flachwalzen oder das Ziehen ist das Metall aber so hart geworden, daß es sich nicht zum Prägen eignet, indem es das Gepräge nur unvollkommen wiedergibt oder gar unter dem Stempel zerspringt; deswegen werden die ganzen Stücke rothglühend gemacht und darauf in sehr verdünnter Schwefelsäure gekocht. Nachdem sie so vorgerichtet sind, kommen sie auf die Mühle oder Rändelwerk, die aus zwei auf einem hölzernen Gestelle befestigten stählernen Schienen oder Platten besteht, welche gegeneinander gekehrt und auf den Seiten also ⌒⌒⌒⌒ ausgeschweift sind; die eine Schiene kann durch daran angebrachte Schrauben nach Gefallen gerichtet werden, doch bleibt sie, während sich die Maschine im Gang befindet, unbeweglich; die andere Platte aus gehärtetem Stahle ist in gleicher Art ausgeschweift ist doppelt so breit und die obere Hälfte davon ausgezähnt. Die letzte wird mittels eines Rades, an welchem eine Kurbel angebracht ist, dessen Zähne in die der Platte eingreifen, in eine gleichmäßige Bewegung gesetzt; die ausgeschnittenen Stücke werden hierauf zwischen die beiden Eisenschienen gebracht, so zwar, daß immer während der Bewegung des Rades zwei davon sich dazwischen befinden; sie erhalten dadurch selbst eine rollende Bewegung und werden auf diese Weise gerändelt, oder im Falle sie eine Randschrift erhalten sollen, werden statt der ausgeschweiften Eisenschienen andere eingefügt, worauf die Randschrift vertieft oder erhaben, je nachdem man sie auf dem Rand der Münze verlangt, befindlich ist. Ein Mann dreht die Kurbel und ein Knabe legt die ausgeschnittenen Stücke zwischen die Schienen. Hierauf kommen sie in die Münzpresse, dieselben werden von Dampf in Bewegung gesetzt. Acht derselben, welche auf diese Weise arbeiten, können in einem Tage 300,000 Stück prägen, wobei nur ein Knabe bei jeder Presse nothwendig ist, der die Metallstücke oder sogenannten Blanks hinreicht. Die Presse selbst ist im Princip und in ihrer Operation nicht von der gewöhnlichen Stempelpresse verschieden, nur der mit ihr verbundene Mechanismus, wodurch sie stets mit den blanken Metallstücken versehen und die gepreßten entfernt werden, bedarf einer Erklärung. Er besteht aus einem röhrenförmigen Behältnisse, welches der Knabe stets voll Blanks halten muß, woran ein mit einer Schleife versehener Stiel befindlich ist, welcher durch das damit verbundene Getriebe hin und hergeht und bei jeder Bewegung aus dem Behältniß ein Metallstück empfängt, welches er unter den Stempel bringt, während er zugleich das zuletzt geprägte hinwegnimmt und in ein dafür bestimmtes Gefäß fallen läßt. Das Prägen findet unter der Oberaufsicht eines hohen Münzbeamten statt, und unter seiner Leitung wird die geschlagene Münze hierauf untersucht, indem man sie durch Röhren von dem zugehörigen Durchmesser fallen läßt, um diejenigen auszuschießen, welche etwa falsch geschlagen wären.

Nachdem wir die beim Prägen der Münzen angewandte Methode in Kurzem geschildert haben, wird es nicht überflüssig erscheinen, noch einige Bemerkungen hinzuzufügen. Die Fabrikationskosten des Münzens, der sogenannte Schlagschatz, werden gewöhnlich von den Regierungen auf die Münze selbst geschlagen, wodurch dieselbe einen um ein Unbedeutendes höhern Werth erhält, als das darin enthaltene Metall besitzt. Doch ist dies nicht überall der Fall; so werden z. B. in England und Amerika die Münzen geprägt, ohne daß dies geschieht. Den Verlust, welchen die Münzen durch die gewöhnliche Abnützung erleiden, muß gerechterweise der Staat tragen, indem es Dem, der ein abgenütztes Münzstück gegen ein neues bei der Münze auszutauschen beabsichtigt, nicht zugemuthet werden kann, den Verlust zu tragen, den es erlitten, während es durch tausend und aber tausend Hände ging. Da es eine wesentliche Bedingung eines vollkommenen Tauschmittels ist, daß man die Menge desselben dem Werth des Gegenstandes, welcher dafür eingetauscht, d. h. gekauft wird, anpassen kann, so ist es nothwendig, Münzen zu schlagen, die Bruchstücke größerer Werthe ausdrücken, um den Ausgleich beim Kauf und Verkaufe besorgen zu können. Dies geschieht durch das Prägen von Scheidemünzen; da aber die Fabrikationskosten derselben für jedes Stück dieselben sind, wie bei den größern und werthvollern Münzen, so enthalten dieselben natürlich weniger Metall, als ihr Werth anzeigt. Es liegt also im Interesse des Verkehrs, daß von solcher Münze nicht mehr ausgegeben werde, als unumgänglich nothwendig ist, weil sonst, wie wir es jüngst gesehen haben, alle kleine Verkäufe mit solcher Münze besorgt werden, der Preis der Waaren dadurch unverhältnißmäßig steigt und bei irgend einer eintretenden Veränderung große Verluste für Die, welche solche Münzen in Händen haben, die Folge sind.

Negerrepubliken in Guiana.

Es ist bekannt, daß die flüchtigen Negersklaven der Holländer in Surinam einen langen Kampf gegen ihre ehemaligen Herren bestanden haben. Ein französischer Reisender, Adam de Bauve, welcher im Jahre 1835 das Innere von Guiana besucht hat, gibt über ihren gegenwärtigen Zustand einige interessante Notizen.

Die Buschneger, Nachkommen der alten Maronneger, welche durch ihren Muth alle Anstrengungen der Holländer in Surinam, sie zu unterwerfen oder zu vertilgen, vereitelten, brachten es nach einem langen und blutigen Kriege dahin, daß sie mit der Regierung der Colonie auf gleichem Fuß unterhandeln konnten. Nicht nur ihre Unabhängigkeit ist anerkannt worden, sondern sie haben auch der Colonie unter der Bedingung, die künftig entfliehenden Sklaven auszuliefern, einen Tribut aufzulegen gewußt, den man unter dem anständigern Namen eines Geschenkes jährlich an sie bezahlt. Man gibt sich gegenseitig Geiseln. Die Holländer schicken zu den Negern zwei Weiße, welche den Rang von Hauptleuten und den Titel von Posthaltern oder Commandanten der Festen des obern Marawin haben, und welche zehn Jahre bei ihnen bleiben. Die Geiseln, welche die Neger schicken, wohnen in Paramaribo und die Zeit ihres Aufenthalts ist unbestimmt, indem das Oberhaupt ihres Stammes sie nach Willkür durch Andere ablösen lassen kann. Merkwürdig ist es, daß noch nie ein holländischer Resident, so nennt man diese Geiseln, wieder zurückgekommen ist; sie sterben entweder vor Ablauf der bestimmten zehn Jahre oder sie werden von dem Aussatze angesteckt und ziehen es dann vor, in ihrem Exil zu bleiben, weil sie in der civilisirten Gesellschaft ein Gegenstand des Abscheus sein würden.

Die Buschneger zerfallen in mehre Stämme, deren bedeutendster Aukas heißt. Das Oberhaupt desselben, Namens Bayman, soll ein Mann von ausgezeichneter Thatkraft sein und nicht nur seinen Stamm unumschränkt beherrschen, sondern auch auf alle angrenzenden Negerstämme den entschiedensten Einfluß aus-

*

üben. Da er den Wollsamenbaum für heilig hält, so müssen auch die übrigen Stämme, obwol sie andere Fetische haben, denselben für heilig halten, und selbst in der holländischen Colonie darf kein Neger, trotz den Befehlen seines Herrn, es wagen, einen dieser Bäume umzuhauen, da die Buschneger, sobald sie es erführen, die Entweihung ihres Fetisches durch Gift rächen würden. Nur ein Oberhaupt der Neger, Namens Aboni, hat sich bis jetzt der Oberherrschaft von Bayman zu entziehen gewußt. Er war früher Sergeant in dem Negerbataillon der Colonie, desertirte nebst 250 seiner Kameraden mit Waffen und Gepäck und richtete bei seinem Durchzuge durch die Colonie Verheerungen an, deren Spuren noch immer sichtbar sind. Er hat sich in unzugänglichen Wäldern festgesetzt, und nie spricht man ohne Entsetzen von seinem Gebiete.

Die Buschneger unterscheiden sich durch ihre Gesichtszüge sehr von den aus Afrika neu ankommenden Negern und sie sind den Europäern ähnlicher. Sie haben weder den niedergedrückten und engen Schädel, noch die hervorstehenden Augen, die platte Nase, die dicken Lippen und abstehenden Ohren von jenen, sondern eine hohe und gerade Stirne, eine gerade, häufig aber auch gebogene Nase, Lippen von mittlerer Stärke und platt anliegende Ohren. Ihr Haar ist schwarz und weniger wollicht als das der Neger, aber nicht so glatt als das der Indier; ihr Backen= und Kinnbart ist stark. Ebenso sehr unterscheiden sie sich in geistiger und sittlicher Hinsicht von den übrigen Negern, und man begreift schwer, wie sie sich in einem halben Jahrhunderte so schnell, ohne Vermischung der Racen, entwickeln konnten. Nur der Besitz einer unumschränkten Freiheit, die Nothwendigkeit eines fortwährenden Kampfes zu ihrer Vertheidigung und, was vielleicht am meisten Beachtung verdient, die europäischen Sitten und Gewohnheiten, welche die Ersten unter ihnen mit sich brachten, nur dies Alles vereinigt konnte sie auf eine höhere Stufe der Ausbildung führen.

Die Wasserleitung bei Tarragona.

Die Römer kämpften nicht für die unmittelbaren Früchte des Sieges allein, für die den Besiegten abgenommene Beute, sondern sie kämpften, um zu erobern, zu besitzen und den Besitz sich zu erhalten. Dieser Geist ihrer Eroberungssucht und ihr fester Glaube an das Schicksal ihrer ewigen Stadt, an die beständige Fortdauer ihrer Herrschaft zeigt sich vorzüglich in den großen Arbeiten, welche sie für das Vergnügen und den Wohlstand des Lebens in jedem Lande unternahmen, in welches sie ihren Fuß setzten. Die erhabenen Gedanken, welche diesen Arbeiten zu Grunde lagen, haben deren Festigkeit und Dauer bewirkt. Ihnen verdanken Frankreich und Spanien ihre Amphitheater und Wasserleitungen, und sie sind es, welche diesen Arten von Ruinen ein ganz besonderes Interesse verleihen.

Die Wasserleitung, deren Bild wir hier vor uns sehen, erhebt sich ungefähr eine Meile von der Stadt Tarragona. Um das Wasser von dem Punkte aus, wo sich jetzt die Brücke von Armentera befindet, nach dem sieben Meilen davon entfernten Tarragona zu führen, hatten die römischen Ingenieure ein Thal zu überschreiten, dessen Tiefe 100 Fuß und dessen Breite 660 Fuß betrug. Um dieses Hinderniß zu besiegen, wurden zwei Reihen von Bögen errichtet, welche die beiden Thalwände miteinander verbanden. Dieses schöne Werk besteht aus 11 großen im Grunde des Thales selbst errichteten Bögen und aus 25 höher gelegenen, deren Höhe wegen der wellenförmigen Bildung des Erdbodens, auf welchen sie sich stützen, ungleich ist, in der Mitte des Thales jedoch, wo sie auf der untersten Reihe der Bögen ruhen, 40 Fuß beträgt. Obschon diese Wasserleitung einer Zeit angehört, in welcher die Künste noch nicht in Verfall gekommen waren, nämlich der Zeit der ersten Kaiser, und obschon sie mit Sorgfalt ausgeschmückt ist, so gewahrt man doch an derselben viele in die Augen fallende Unregelmäßigkeiten und zahlreiche Fehler in der Ausführung der einzelnen Theile; allein das Ganze überrascht durch Großartigkeit und Eleganz um so mehr, als es zu der rauhen und wüsten Umgebung einen so auffallenden Gegensatz bildet. Die Steine, welche zu dem Baue verwendet wurden, lieferten die beiden Hügel, zwischen denen derselbe aufgeführt ist. Sie sind porös und von röthlicher Farbe, bei dem Bruche zwar etwas weich, verhärten sich jedoch an der Luft. Man bemerkt jetzt noch mit Interesse die Spuren der Arbeiten, welche die römischen Werkleute unternahmen, um die Steinbrüche zu erweitern. Die von uns beschriebene Wasserleitung, welche jetzt die Brücke von Ferreras genannt wird, war nur ein Theil jenes großen Baues, dessen Ausdehnung acht oder zehn Meilen betrug. Da während der Kriege, welche Spanien verwüsteten, nichts gethan wurde, um den Verwüstungen der Zeit Einhalt zu thun, so mußte es geschehen, daß das reine Wasser der Armentera nicht mehr durch jene Leitung an den Ort seiner Bestimmung gelangen konnte, und die Einwohner von Tarragona tranken lange Zeit salziges Wasser, bis der Erzbischof Juan Antonio de Hovira gegen das Ende des vergangenen Jahrhunderts von dem Baue der Römer wieder Gebrauch zu machen beschloß. Da aber ein kürzerer und wenigere Schwierigkeiten darbietender Weg, das verlangte Wasser herbeizuschaffen, aufgefunden wurde, so blieb die Brücke von Ferreras unberücksichtigt bei Seite liegen. Auf diese Art verfiel jenes Meisterwerk der alten Kunst, allen Einflüssen der Zeit und der Witterung preisgegeben, immer mehr. Die einzelnen Glieder desselben trennten sich voneinander und wurden bald mit Pflanzen und Gesträuch bedeckt. Dieser Zustand der Zerstörung hat Veranlassung zu einer kühnen That gegeben, die ein Augenzeuge folgendermaßen erzählt: „In der Mitte der Wasserleitung war eine Öffnung, ungefähr zwölf Fuß breit. Ein Offizier wettete nichtsdestoweniger, über die ganze Brücke reiten zu wollen. Als er an die Öffnung herankam, deren Breite er nicht messen konnte, stutzte sein Pferd, und da er es nicht zum Sprunge anzutreiben vermochte, verband er ihm die Augen, ohne herabzusteigen, ließ es anspringen und gelangte glücklich über den Abgrund."

Über Eisenbahnen.

Kaum findet sich in der Geschichte der Erfindungen ein Beispiel, daß eine neue Einrichtung an den entferntesten Punkten mit solchem Enthusiasmus aufgenommen worden wäre, mit welchem man überall die Eisenbahnen begrüßte und sie selbst gleich an solche Punkte zu verpflanzen suchte, wo sie nur ungünstigere Resultate geben können. Unstreitig bewirkte dies hauptsächlich der glänzende Erfolg der ersten gelungenen englischen Eisenbahn von Liverpool nach Manchester. Es war eine wahrhaft wunderbare Erscheinung, auf einer durch Eisenbahnen gebildeten Spur eine Entfernung von 30 englischen Meilen, die sich sonst zu einer Tagereise ausdehnte, in einer Zeit von noch nicht 1½ Stunde zu durchfliegen, und von einem Wagen gezogen zu werden, der, ein Koloß seiner Masse nach, einer gewissen Zierlichkeit nicht entbehrte, und dessen innere Thätigkeit nur durch eine oft kaum merkbare schwarze Rauchwolke und weiße Dampfwolke sich verkündigte oder in etwas längerer Zeit die erwähnte Entfernung von dem Dampfwagen mit einem nachgezogenen Gewichte von 1400—2000 Centnern durchlaufen zu sehen! Es kann nicht verkannt werden, daß eine solche Einrichtung das Princip zu einer gewaltigen Veränderung der bestehenden Verhältnisse in sich enthält; sie verkürzt die Entfernung, rückt die verbundenen Orte so nahe aneinander, daß es für alle Verhältnisse nun ebenso gut ist, als hätten sie nur noch den sechsten bis achten Theil ihrer frühern Entfernung. Verschweigen wir den wichtigen Nutzen, welcher durch Erweiterung des Ideenkreises, durch die Möglichkeit, Vieles mit eignen Augen zu sehen, wovon früher nur mittelbare Kenntnißnahme möglich war, nothwendig entspringen muß und sich namentlich auf Solche erstrecken wird, deren Beruf nicht erlaubte, längere Zeit zu weitern Reisen zu verwenden, halten wir uns mehr an den materiellen Nutzen, so zeigt sich, daß dadurch, daß dem Fabrikanten die rohen Producte, dem Abnehmer der Fabrikant näher gerückt wird, eine größere Wohlfeilheit vieler Waaren erzielt werden muß, ja daß sogar die Möglichkeit herbeigeführt wird, Waaren an Punkte zu bringen, welche wegen Länge oder Schwierigkeit des Transports von denselben entblößt bleiben mußten.

Einzelne Einwürfe, welche gegen Eisenbahnen wol vorgebracht zu werden pflegen, können schon hier eine Erwähnung finden. Man sagt, die Eisenbahnen würden Die, welche jetzt für Unterhaltung des Verkehrs sorgen, brotlos machen. Erwägt man aber, daß schon, um den jetzigen Verkehr auf einer Straße, welche durch eine Eisenbahn ersetzt wird, zu unterhalten, eine große Anzahl von Arbeitern zur Unterhaltung und Beaufsichtigung der Bahn und Maschinen erfodert wird, bedenkt man, daß wegen später zu erwähnender Verhältnisse Eisenbahnen nicht an allen Orten, sondern nur unter bestimmten Localverhältnissen angelegt werden können, und daß daher, wenn sich der Transport auf einer in einer Richtung erbauten Eisenbahn stückweise concentrirt, ein desto lebhafterer Verkehr von dieser Bahn zur Seite eintreten muß, so läßt sich leicht einsehen, daß die Zahl der später fortdauernd beschäftigten Hände die beiweitem übersteigen wird, welche jetzt durch den Verkehr ihre Beschäftigung finden, und dieses Resultat wird mit desto größerer Gewißheit zu erwarten sein, als die allgemeine Erfahrung aller bis jetzt erbauten Eisenbahnen lehrt, daß der frühere Transport und Personenverkehr oder die Lebhaftigkeit der Straße sich unverhältnißmäßig gesteigert hat, ja durch die größere Bequemlichkeit der Communication an einigen Punkten sogar auf das Dreißigfache gestiegen ist.

Man wendet wol auch gegen die Anlage von Eisenbahnen ein, daß sie zu kostbar sind. Die nachfolgenden Betrachtungen werden allerdings zeigen, daß sie unter ungünstigen Verhältnissen eine bedeutende Geldsumme in Anspruch nehmen, doch wird dieselbe größtentheils so verwendet, daß sie aus den Händen einzelner Begüterter in die Hände einer großen Anzahl Arbeiter übergeht, wobei die Erstern, sobald nur die Bahn zweckgemäß gelegt wurde, Aussicht auf reichliche Verzinsung haben.

Bevor es möglich ist, die Verhältnisse deutlich auseinander zu setzen, welche den Transport auf Eisenbahnen so bedeutend erleichtern, müssen die Hindernisse genau ins Auge gefaßt werden, die durch den Transport auf gewöhnlichen Straßen überwunden werden. Denkt man sich nun aber einen Lastwagen auf gewöhnlicher ebener Straße, so ist zunächst eine Kraft erforderlich, welche dem ruhenden Wagen Bewegung mittheilt; zur Unterhaltung dieser Bewegung gehört dann nur insofern neue Kraft, als die Hindernisse überwunden werden müssen, welche sich einer Fortsetzung der Bewegung entgegenstellen können. Diese Hindernisse sind aber die Reibung am Radumfange und an den Achsen, um welche sich die Räder drehen; die Reibung am Radumfange wird durch Unebenheiten und Weichheit der Straße vermehrt, indem namentlich im letztern Falle das immer einsinkende Rad sich stets eine zu ersteigende Anhöhe bildet. Die Reibung an den Achsen wird für die Zugkraft desto merkbarer, je kleiner die Räder sind, und ist übrigens von der mehr oder weniger vollkommenen Construction der Achsen abhängig. Steigt die Straße schief an, so kommt zu allen vorerwähnten Hindernissen noch eine Kraft, durch welche die Last an der geneigten Ebene heraufgezogen werden kann. Unter allen diesen Hindernissen kann nun die Reibung des Radumfanges auf der Straße, welche bei gewöhnlichen Straßen den bei weitem größten Theil der Kraft fodert, sehr klein gemacht werden, sobald man dem Rade eine vollkommen ebene und feste Unterlage darbietet; die übrigen Widerstände erreichen bald die Grenze, unter welche sie nicht herabgezogen werden können.

Eine solche ebene und feste Unterlage bieten nun die Eisenbahnen den Rädern dar; bei ihnen ist die ganze Straße nur der Geleise wegen da, und nur auf die beste Herstellung der letztern alle Sorgfalt verwendet. Hier laufen in einer immer gleichen Entfernung, welche gleich der Spurweite des Wagens ist, zwei Eisenschienen nebeneinander hin, die, um der darauf drückenden Last des Wagens nicht zu weichen, auf festen Unterlagen ruhen; um ein Abgleiten der Wagenräder zu verhüten, könnte man zwar diese Schienengeleise auf ihre ganze Länge mit Hervorragungen versehen, und so geschah es auch anfangs; doch wird dadurch dem Wasser und andern Körpern große Gelegenheit geboten, sich in den Geleisen aufzuhalten; es scheint daher, theils deshalb, theils weil es einfacher ist, besser, die Hervorragungen an den Rädern anzubringen, wodurch, wenn jedes Rad mit einem auf der innern Seite der Schienen hervorspringenden Rande versehen wird, auch jedes Abgleiten des Wagens von den Geleisschienen vermieden werden kann. Um den Schienen die gehörige Steifigkeit und feste Auflagerung zu geben, hat man verschiedene Wege eingeschlagen, durch welche auch ganz verschiedene Bahnsysteme bestimmt werden.

In England fertigt man nämlich bis jetzt gewöhnlich die Schienen aus gewalztem Eisen so steif, daß sie auf einer Länge von ungefähr drei Fuß frei liegen können, und gibt ihnen deshalb im Querschnitte die Form eines T; der obere breite Theil ist zwei und einen halben Zoll breit und einen Zoll stark, die von seiner Mitte nach unten zugehende Rippe, durch welche größere Tragkraft ohne gleich große Vermehrung des Eisengewichts erzielt wird, ist dreiviertel Zoll stark und zwei Zoll hoch. Da eine solche Schiene 15—18 Fuß lang gefertigt wird, so ruht sie an fünf bis sechs Punkten in gußeisernen Stühlen, welche auf ihrer Platte einen Aufsatz tragen, in welchem sich ein genügend großer Einschnitt zur Aufnahme einer Schiene befindet. Die Schiene kann von oben in diesen Einschnitt eingelegt werden und wird dann durch Keile in dem Stuhle festgehalten, die an der Seite zwischen Rippe und Stuhl eingeschlagen werden. Wo zwei hintereinander folgende Schienen aneinander stoßen, was entweder in einer geraden oder schiefstehenden Fuge geschieht, da ruhen sie auf einem stärkern Stuhle auf und sind durch doppelte Keile noch mehr befestigt. Die Stühle ruhen auf größern Steinblöcken und sind durch starke Nägel mit denselben verbunden, die Steinblöcke aber sind in den Erdboden in ein Lager von Kies fest eingelegt und müssen eine solche Schwere besitzen, daß sie die an einem Punkte niedergedrückte Schiene nicht etwa aus ihrer Lage aufzuheben vermag. Freilich muß nun auch für die Erhaltung der gehörigen Geleisweite gesorgt werden, und dies geschieht entweder dadurch, daß von Zeit zu Zeit die Stühle auf einem gemeinschaftlichen durchgehenden Steinblock befestigt werden oder, da die Erfahrung gezeigt hat, daß solche Steinblöcke leicht in der Mitte brechen, durch Eisenstäbe, welche zwei gegenüberliegende Stühle miteinander verbinden.

Da diese Construction viel Eisen fodert und einen festen Stein zur Gründung der Stühle voraussetzt, so wählte man in Amerika eine den dortigen Verhältnissen angemessenere Constructionsart, man machte nämlich die Schienen weniger stark, nur etwa dreiviertel Zoll, und legte sie auf hölzerne Geleisbäume, welche dieselbe Steifigkeit geben als die vorhererwähnten Schienen mit Rippen; um aber den Geleisbäumen eine unverrückbare Entfernung voneinander anzuweisen, legte man sie auf Querschwellen, welche an den entsprechenden Stellen mit Einschnitten versehen wurden, um durch Holzkeile, die in den übrigbleibenden Raum eingetrieben wurden, noch die Geleisbäume gehörig befestigen zu können. Die Querschwellen ruhen übrigens auf kleingeschlagenen Steinen fest auf, von denen aus für gehörigen Abzug des sich etwa ansammelnden Wassers gesorgt wird. Außerdem suchte man auch die gehörige Entfernung der Geleisbäume dadurch zu sichern, daß man sie mit quer durch dieselben gehenden Eisenstangen verband. In diesem letztern Falle werden die Geleisbäume unmittelbar auf Steinschlag gelegt.

Eine Verbindung beider Bauarten, welche man in Belgien angewendet hat, besteht darin, daß man die Stühle, auf denen die steifen T förmigen Schienen ruhen, auf Querschwellen aufschraubt, welche je zwei einander gegenüberstehende Stühle auf diese Art unverrückbar miteinander verbinden. Natürlich richtet sich die Wahl der einen oder andern Constructionsart theils nach dem Grund und Boden, auf dem die Bahn ruhen soll, theils nach den Materialpreisen, namentlich des Eisens, Holzes und der Steine; erst eine längere Erfahrung kann im Allgemeinen die Vorzüglichkeit der einen oder andern Constructionsart bestimmen.

So einfach die bisher beschriebenen Haupttheile einer Eisenbahn, welche man in ihrer Gesammtheit mit dem Namen des Oberbaues bezeichnet, sind, so setzen sie doch theils wegen der Einrichtung der auf denselben gehenden Wagen, theils wegen der zuletzt erwähnten Kraft zum Aufziehen an einer geneigten Fläche zu ersparen, sehr kostspielige Erdarbeiten, einen ziemlich gerade und horizontal hingeführten Damm, den Unterbau, voraus. Die Wagen, namentlich die Dampfwagen, müssen nämlich so gebaut sein, daß die einander gegenüberstehenden Räder an einer durchgehenden Achse befestigt sind, sodaß sich das eine nicht ohne das andere drehen kann. Macht nun die Bahn einen Bogen, so ist die innere Schiene natürlich weniger lang als die äußere, das eine Rad muß daher einen größern Weg zurücklegen als das gegenüberstehende, was nur dadurch möglich wird, daß es über die Schiene ein wenig schleift oder gleitet, nicht rollt. Um den Widerstand, welcher dadurch entsteht, zu vermeiden, muß eine Bahn so viel möglich in gerader Linie fortgeführt werden oder darf doch nur Bögen von sehr großem Halbmesser machen, bei welchen die Differenz in der Länge der beiden Geleise nicht sehr bedeutend ist. Diese Bedingung, welche an und für sich nicht grade schwierig zu erhalten wäre, bringt aber in Verbindung mit der zweiten, die Bahn möglichst horizontal zu führen, die bedeutendste Schwierigkeit in die Auswahl des passenden Bahnzuges. Wenn es auf der einen Seite nothwendig scheint, möglichst den Flußthälern mit den Bahnen zu folgen, um ein Terrain so eben als möglich zu erhalten, so bieten dieselben wieder bedeutende Krümmungen dar, und die gerade Verbindungslinie zweier Orte wird auf der Erdoberfläche zu uneben sein, um direct benutzt werden zu können.

Um den Einfluß zu beurtheilen, welchen ein selbst unbedeutendes Ansteigen der Bahn auszuüben vermag, muß man bedenken, daß, wenn eine große Last auf der horizontalen Bahn mit sehr geringer Kraft fortbewegt wird, die Zuschußkraft zum Erheben auf einer geneigten Bahn die frühere Kraft beiweitem übersteigt. Wenn daher eine Zugkraft auf horizontaler Eisenbahn zwölfmal so viel leistet als auf horizontaler Chaussée, so kann sie nur $6\frac{1}{2}$=, $4\frac{2}{3}$=, $3\frac{3}{4}$mal so viel auf jener leisten als auf dieser, wenn eine Neigung vorhanden ist, bei welcher auf 240 Fuß, 120 Fuß, 80 Fuß Länge ein Ansteigen von einem Fuß stattfindet. Die Kosten, welche später auf den Transport gewendet werden, sind auf einer weniger stark geneigten Bahn viel geringer als auf einer stärker ansteigenden, und gleichen so die auf den schwierigern Bau verwendeten größern Anlagskosten aus. Die lettern entstehen aber dadurch, daß auf einem zu tief liegenden Boden Erddämme aufgeworfen oder, wenn die ganze Grundfläche nicht zur Benutzung frei steht, Viaducte geführt werden müssen, daß in Erhöhungen eingegraben und so Einschnitte oder Durchstiche dargestellt werden, durch welche die Bahn geführt wird, oder daß, wenn die Einschnitte zu tief oder in zu festem Gestein zu führen wären, eine Erhöhung auf ein Stück in Form eines Tunnels oder Stollens untergraben wird, daß endlich zuweilen sich größere Brückenbaue nothwendig machen, um theils Flüsse mit der Bahn zu überfahren, theils möglichen Überschwemmungen durch den massiven Bahndamm kein zu großes Hinderniß entgegenzusetzen.

(Der Beschluß folgt in Nr. 256.)

Die Kathedrale von Durham.

Der früheste Sitz des Bisthums von Durham war die kleine Insel Lindisfarne an der Küste Northumberlands. Hier nahm im Jahre 635 der Mönch Aidan, welchen der northumbrische König Oswald, der an dem Hofe seines Verwandten, des Königs Donald von Schottland, erzogen worden war, mit aus Iona gebracht hatte, seinen Aufenthalt und mit ihm seine Gehülfen am Werke der Einführung und Verbreitung des Lichts der Christenheit unter den heidnischen Unterthanen des Sachsenkönigs. Ein anderer Mönch aus Iona, Namens Corman, war Aidan's Vorgänger gewesen, aber seine Strenge und sein abstoßendes Wesen legte dem Werke der Bekehrung so große Hindernisse in den Weg, daß er nach kurzer Zeit seine Versuche aufgab und in sein Kloster zurückkehrte. Der Nachfolger Aidan's, welcher 651 starb und von welchem Lindisfarne den Namen der heiligen Insel erhalten hat, den sie noch jetzt führt, war Finan, der gleichfalls in Iona sich gebildet hatte. Seine Mission dauerte zehn Jahre und während dieser Zeit begann er den Bau der ersten Kirche in Lindisfarne, die jedoch nur ein hölzernes, mit Schilfrohr bedecktes Gebäude war. Drei andere Bischöfe folgten, von welchen der letzte, Namens Eata, 685 starb. Der nächste war der bekannte heilige Cuthbert. Dieser berühmte Mann verwaltete sein Amt nur zwei Jahre, aber er hat seinem Namen ein dauernderes Andenken bei dem Volke erworben, als alle seine Vorgänger. Er soll ursprünglich ein Hirt gewesen sein; da er aber, wie die Legende sagt, wunderbare himmlische Erscheinungen hatte, so verließ er diesen Stand und wurde Mönch. Seine Frömmigkeit und die ungemeine Zurückgezogenheit, worin er lebte, brachten ihn bald in großen Ruf. Nicht allein während seines Lebens wurden ihm von dem Volke übernatürliche Kräfte zugeschrieben, sondern auch noch viele Jahre nach seinem Tode seine irdischen Überreste als wunderthätig verehrt. Alle, die mit der frühern Geschichte der englischen Kirche vertraut sind, kennen die seltsame Sage, wie den Mönchen von Lindisfarne, durch die Räubereien dänischer Piraten aus ihrem frühern Wohnsitz getrieben, von dem Leichname des heiligen Cuthbert ein neuer Aufenthalt angewiesen wurde. Man erzählt, daß, nachdem die Mönche seinen Sarg überall mit sich herumgetragen hätten, sie ihn plötzlich, als sie die Stelle erreichten, wo sich das heutige Durham erhebt, nicht mehr hätten weiter tragen können, obschon alle Kräfte angewandt worden wären. Dies ereignete sich gegen das Ende des 10. Jahrhunderts unter dem Bischof Aldune oder Aldwine. Das außerordentliche Ereigniß wurde natürlich von ihm und seinen Brüdern als ein himmlischer Wink betrachtet, daß sie auf der Stelle, wo der Sarg fest gebannt war, das neue Kloster erbauen sollten. Es wurden sogleich Anstalten getroffen, diesem Winke des Himmels Folge zu leisten. Die wunderbare Geschichte hatte, wie sich erwarten läßt, einen großen Einfluß auf den frommen Eifer der Bewohner der Umgegend. Die Waldung, womit der Platz bedeckt war, wurde von ihnen mit rastloser Thätigkeit hinweggeräumt und nach zwei bis drei Jahren erhob sich ein christlicher Tempel mitten in der Wüste. So deutlich auch List und Aberglauben aus dieser Sage hervorblicken, so erhöht sie doch das Interesse des Ortes, wo sie gespielt haben soll. Solche rohe Erdichtungen, die den Zweck hatten, auf die Gemüther der einfachen Bewohner einzuwirken, geben uns wenigstens das lebendigste Bild von der Unwissenheit jener Zeit.

Die jetzige Kathedrale von Durham hat keinen Theil der Kirche mehr aufzuweisen, die vom Bischof Aldwine erbaut wurde. Ihr Grund wurde im Jahre 1093 von einem seiner Nachfolger, Wilhelm von Carilepho, gelegt, der Abt von St.-Vincent in der Normandie gewesen war und dann von 1080—95 den bischöflichen Stuhl von Durham einnahm. Sein nächster Nachfolger, Rudolph Flambard, der bis 1128 Bischof war, setzte das begonnene Werk fort. Der bischöfliche Stuhl blieb dann fünf Jahre lang unbesetzt, während die Mönche einen großen Theil ihrer Einkünfte zur Vollendung des Baues verwendeten, der jedoch nicht eher als bis gegen die Mitte des 13. Jahrhunderts beendigt worden zu sein scheint.

So zeigt uns das Gebäude die Fortschritte der Kirchenbaukunst in England während des 12. und 13. Jahrhunderts. Der Hauptcharakter des Gebäudes ist massiv und schwerfällig, nur einige der später vollendeten Theile zeigen den Anfang einer leichtern Bauart. Einige der ältern Säulen haben 23 Fuß im

Umfang. Während der letzten 80 Jahre hat es mehrfache Ausbesserungen erhalten, doch sind diese nicht überall geschmackvoll und mit dem alten Äußern des Gebäudes im Einklang angebracht. Die südliche Fronte ist die einzige, die ihren alterthümlichen Glanz vollkommen bewahrt hat, wird aber leider von dem Kloster und andern hohen Gebäuden fast ganz verborgen. Die westliche Fronte ist die reichste und imposanteste. Außer den viereckigen mit Spitzthürmen umgebenen Thürmen, die wie gewöhnlich die äußersten Punkte schmücken, ist sie in der Mitte noch mit einer hervorstehenden Kapelle versehen, die das Galilee genannt wird und 80 Fuß lang und 50 Fuß breit ist. Das Galilee scheint vom Cardinal Langley, der zu Anfang des 15. Jahrhunderts Bischof von Durham war, erneuert worden zu sein und es ist daher in viel schmuckvollerem Style erbaut als der größere Theil des ganzen Gebäudes.

Die Kathedrale von Durham steht auf dem Gipfel des Berges, um welchen die Stadt erbaut ist und überragt alle andern Gebäude, in deren Mitte sie steht. Sie ist in der Gestalt eines Kreuzes gebaut und außer dem großen mittlern Schiffe, das 170 Fuß lang ist, hat sie an den östlichen und westlichen Endpunkten kleinere Chorgänge. Ein reich verzierter Thurm erhebt sich in der Mitte des Gebäudes bis zur Höhe von 212 Fuß, während zwei andere, wie wir schon erwähnt haben, von geringerer Höhe und einfacherer Bauart die westliche Fronte zieren. Die ganze Kathedrale ist ungefähr 411 Fuß lang und 80 Fuß breit.

Die nördliche und die westliche Fronte haben die freieste Lage. Erstere sieht man am vortheilhaftesten von einem freien Platze aus, der von ihr übersehen wird, und welchem gegenüber das sogenannte Schloß, die Wohnung des Bischofs, liegt. Die westliche Fronte erhebt sich über einen felsigen Abhang, dessen Fuß der Fluß Wear bespült, und von dessen anderm Ufer aus man die Façade und die schönen Thürme in ihrer ganzen ehrwürdigen Pracht bewundern kann.

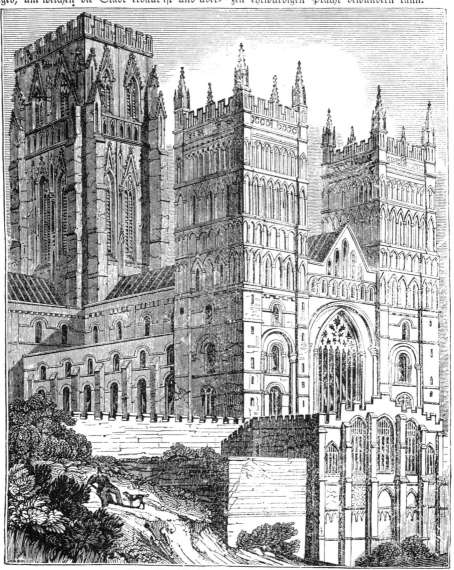

Die Kathedrale von Durham.

Das Pfennig-Magazin
für
Verbreitung gemeinnütziger Kenntnisse.

256.]   Erscheint jeden Sonnabend.   [Februar 24, **1838**.

Der Brand der Börse in London.

Äußere Ansicht der Börse.

Die Börse, eine der prächtigsten Zierden Londons, wurde am 10. Januar dieses Jahres durch eine furchtbare Feuersbrunst zerstört, wie man sie seit vielen Jahren in London nicht erlebt hat. Die Verluste, nicht nur für den Handelsstand, sondern auch für die Nation, sind noch kaum zu berechnen und groß war die dadurch entstandene Verwirrung im Handelsverkehr. Vor 400 Jahren konnten sich die londoner Kaufleute noch nicht einer öffentlichen Börse rühmen. Sie versammelten sich damals noch in der Lombardstraße mit den Lombard-Juden, nach welchen die Straße benannt worden ist und die zu jener Zeit die Banquiers von ganz Europa waren. Hier hielten sie auch wahrscheinlich ihre Banken für Geldgeschäfte. Endlich ersuchte im Jahre 1534 Sir Richard Gresham, der Heinrich VIII. Agent in Antwerpen war und wahrscheinlich die Vortheile erkannt hatte, die dieser Stadt aus der Börse zuflossen, seinen königlichen Gebieter, den Gemeinderath von London zu bewegen, ein ähnliches Gebäude in Leadenhall zu erbauen. Der Gemeinderath war jedoch der Meinung, daß eine solche Verlegung des Sitzes der Geschäfte nicht rathsam sein würde, und der Vorschlag wurde daher nicht gebilligt. Aber unter der Regierung der Königin Elisabeth führte Thomas Gresham, der damalige Agent in Antwerpen, glücklich aus, was seinem Vater nicht gelungen war. Im Jahre 1564 machte er der Bürgerschaft den Vorschlag, daß, wenn ihm eine Baustelle in passender Lage überlassen würde, er auf seine Kosten eine Börse mit bedeckten Gängen erbauen wollte, wo die Kaufleute in jeder Jahreszeit und ohne durch das Wetter unterbrochen zu werden, ihre Geschäfte abmachen könnten. Die Gemeinde kam dem Vorschlage mit gleicher Liberalität entgegen und 1566 wurden mehre Gebäude und Grundstücke in Cornhill für 3530 Pf. Sterl. gekauft, um sie niederreißen zu lassen. Der Platz wurde auf Kosten der Stadt geebnet und alsdann dem Sir Thomas Gresham übergeben, welcher am 7. Juni 1567 den Grundstein zur neuen Börse legte.

Der Plan, nach welchem Gresham das Gebäude

errichtete, hatte im Ganzen die Börse zu Antwerpen zum Muster genommen, die offene Area war von einem Viereck hoher Steingebäude eingeschlossen, mit einer Colonnade, die auf dorischen Marmorsäulen ruhte, über welchen ein Karnies mit ionischen Pfeilern und Nischen, worin die Statuen der englischen Könige standen. Die beiden Eingänge waren in Cornhill und Broad-Street. Über erstem sah man zwischen zwei ionischen Säulen das königliche Wappen, über letzterm das Wappen der Stadt und das des Sir Thomas Gresham. Auf der Nordseite erhob sich eine korinthische Säule von gleicher Höhe mit dem Thurme in der Fronte des Gebäudes. Über dem Bogengange waren Kaufläden, zu welchen auf der Nord- und Südseite Treppen hinanführten. Im ersten Stockwerk waren Gewölbe von 2¾ Fuß bis zu 20 Fuß Breite, die eine Art von Bazar bildeten und damals die Pawne genannt wurden. Diese Gewölbe entsprachen bald nicht mehr den Erwartungen ihres Gründers, denn so groß war die Macht der Gewohnheit, daß die Kaufleute trotz allen Unbequemlichkeiten sich nicht entschließen konnten, sie zu beziehen.

Das Gebäude war drei bis vier Jahre geöffnet, als die Königin Elisabeth ihren Wunsch zu erkennen gab, dasselbe in Augenschein zu nehmen. Sie speiste am bestimmten Tage bei dem Erbauer und begab sich alsdann nach Cornhill und durch den südlichen Eingang in die Börse. Da das Gebäude ihr besonderes Wohlgefallen erregte, befahl sie, es künftig nicht mehr „Bourse" sondern „Royal Exchange" (königliche Börse) zu nennen, und dieser Befehl wurde von Trompetern in der Stadt verkündet.

Das Gebäude kann nicht sehr fest gewesen sein, denn nach einer Urkunde des Stadtviertels Cornhill waren im Jahre 1581, also noch nicht 14 Jahre nach der Erbauung, einige Pfeiler des Bogenganges so baufällig, daß die Kaufleute nicht ohne Lebensgefahr darunter hinweggehen konnten. Die Wiederherstellung kostete der Kaufmannschaft ungeheure Summen, bis im Jahre 1666 das Gebäude bei dem großen Brande gänzlich zerstört wurde. Die neue Börse, wozu der Architekt Jarman den Plan entwarf, erhob sich schnell aus der Asche der alten, und am 28. September 1669 war sie mit einem von der Gemeinde der City und der Kramerinnung bestrittenen Kostenaufwande von 58,962 Pf. Sterl. vollendet. Seit dieser Zeit ist das Gebäude bedeutenden Reparaturen und Veränderungen unterworfen worden; die vollständigsten jedoch wurden in den Jahren 1820—26 unter der Leitung des Architekten George Smith vorgenommen, deren Kosten sich auf 33,000 Pf. Sterl. beliefen; die steinernen Treppen auf der Nord-, Süd- und Westseite kosteten allein fast 6000 Pf. Sterl.

Die Börse liegt im Mittelpunkte der City und ist von andern öffentlichen Gebäuden, als die Bank, dem Mansionhouse u. s. w., umgeben. Das ganze Gebäude nahm einen Raum von 203 Fuß Länge und 170 F. Breite ein und umschloß einen Hofraum von 61 Quadratruthen. Die zwei mit Colonnaden versehenen Fronten waren mit hohen Thorwegen geziert und über dem südlichen, der 56 Fuß hoch war, erhob sich ein schöner, erst 1821 erbauter Thurm mit einem aus acht Glocken bestehenden Glockenspiele. Der innere, vom Gebäude umschlossene Hofraum bildete ein schönes Viereck, in dessen Mitte die von Spiller verfertigte Bildsäule Karl II. im römischen Gewande stand, der zur Zeit der Erbauung der Börse den englischen Thron einnahm. In den Nischen über der gepflasterten Piazza standen die Statuen der Könige von England, des Ritters Thomas Gresham und des Alderman Sir John Barnard; über dem südlichen Eingange innerhalb des Hofraums stand folgende nach der Wiederaufbauung der Börse angebrachte Inschrift: „Hoc Greshamii peristylium gentium commerciis sacrum flammis extinctum 3. Sept. 1666 augustius e cinere resurrexit 1669." In diesem Hofraume sah man täglich von früh acht Uhr bis halb vier Uhr Nachmittags ein buntes Gewühl von Kaufleuten aller Nationen, die ihre Geschäfte theils im freien Hofraume oder unter den mit Sitzen versehenen Säulengängen abmachten. Als Beweis der Geschäftsthätigkeit in diesem Stadttheile mag dienen, daß täglich, wie man berechnet hat, im Durchschnitt 200,000 Menschen an der südwestlichen Ecke des Gebäudes vorbeikommen. Die untern Gewölbe der Börse waren von Stockmäklern, Mitgliedern der Versicherungsbanken und verschiedenen Kaufleuten besetzt. Zu den über den Colonnaden rings um den innern Hofraum laufenden Galerien führten schöne steinerne Treppen. Hier befanden sich die Geschäftslocale der Börse, die Versicherungsbank, Lloyd's Kaffeehaus, wo sich die bei der Handelsschifffahrt Betheiligten versammelten, und außer andern Anstalten dieser Art auch einige Hörsäle, wo nach Gresham's Testament Vorlesungen über verschiedene Zweige der Wissenschaft gehalten, aber nur wenig besucht wurden. Lloyd's Kaffeehaus, das einen so ausgebreiteten Ruf erlangt hat, bestand schon sehr lange, da aber im Jahre 1772 der britische Handel sich sehr ausbreitete, wurden die frühern Locale des Kaffeehauses (in Pope's Head-Alley) zu beschränkt befunden und man verlegte es daher in die Börse. Es bestand aus drei großen Zimmern, wovon das erste, das Subscriptionszimmer, 74 Fuß lang, 19 Fuß breit und 18 F. hoch war und im Jahre 1786 eröffnet wurde; das zweite war 85 Fuß lang, 21 F. breit und wurde 1791 eröffnet; das dritte war 61 Fuß lang, 20 F. breit und wurde 1802 eröffnet.

Dies war in den allgemeinsten Zügen die Beschaffenheit des alten Tempels des britischen Handels, von wo aus die Kaufleute ihren Handel nach allen Richtungen der Erde hin betrieben. Man sieht jetzt von dem prächtigen Gebäude nichts mehr als die Mauern der vier Seiten und des Thurmes; Karl II. Statue allein ragt unversehrt aus den Trümmern hervor, während die Bildsäulen seiner Vorfahren unter den herabgestürzten Massen begraben liegen.

Am 10. Januar Abends zehn Uhr entdeckte ein Wächter das Feuer in Lloyd's Kaffeehaus an der nordöstlichen Seite des Vierecks, das die Börse bildete. Man glaubt, das Feuer sei in der Küche des Kaffeehauses ausgebrochen und es soll schon mehre Stunden gebrannt haben, ehe man es entdeckte. Auf den Feuerruf des Wächters eilten mit der größten Schnelligkeit die Spritzen der Bank herbei; eine Abtheilung Policeiwache, Nachtwächter und Löschmannschaften versammelten sich alsbald, während an alle Orte der Stadt, wo Feuerspritzen stationirt waren, Eilboten abgesandt wurden. Unglücklicherweise wohnte der Mann, der die Schlüssel zu den Pforten der Börse aufbewahrte, in Greenwich, und ehe man die sehr starken Pforten erbrechen konnte, um die Spritzen in den innern Hofraum zu bringen, schlugen schon die Flammen aus den Fenstern und verbreiteten sich schnell in südwestlicher Richtung. Die ganze Nachbarschaft kam in Unruhe und die Kaufleute, die ihre Läden an der Außenseite des Gebäudes hatten, fingen an, dieselben eiligst zu räumen. Man verkündete, daß das ganze Gebäude zerstört werden würde, und leider ging diese Prophezeihung nur zu genau in Erfüllung. Ungefähr eine Stunde nach dem Ausbruche des Feuers waren die Spritzen aus verschiedenen Stadtvierteln mit 63 Mann der Feuerbrigade auf dem Platze, aber ehe man sie in Thätigkeit setzen konnte, mußte man wegen des heftigen Frostes die Schläuche und die Maschinerie mit heißem Wasser aufthauen. Während dieser Zögerung breitete sich das Feuer immer weiter aus und verzehrte die lange Reihe der zur Börsenassecuranz gehörenden Zimmer. Um 12 Uhr loderten die Assecuranz, Lloyd's Anstalt, das Kaffeezimmer und das Capitainszimmer in hellen Flammen, die hoch emporstiegen und die umliegenden Gebäude erleuchteten. Man sah jeden Gegenstand wie am Mittag, und das Volk hatte sich in so großen Massen versammelt, daß die Policei und das Militair zu thun hatten, es außer dem Bereich der fortwährend herabstürzenden brennenden Balken zu halten. Um ein Uhr waren die Nord- und Westseite des Gebäudes vom Feuer zerstört, das sich jetzt schnell dem erst im Jahre 1821 erbauten Glockenthurme näherte. Die Anstrengungen der Löschmannschaft schienen ohne Erfolg zu sein; das Feuer verbreitete sich reißend über das ganze Gebäude, obschon nicht weniger als 20 Spritzen thätig waren. Eine Stunde später hatten die Flammen den Thurm erreicht und der Schrecken und die Aufregung der in Cornhill und den andern angrenzenden Straßen versammelten Volksmenge erreichte den höchsten Grad. Von tausend Stimmen hörte man den Ausruf: „Das Feuer hat den Thurm erreicht, jetzt ist Alles verloren!" Der Brand gewährte nun einen wahrhaft furchtbaren Anblick, das ganze mächtige Gebäude war in Flammen und die Hitze so groß, daß die Löschmannschaft kaum ihre erfolglosen Bemühungen fortzusetzen vermochte. Der schöne, fast 150 Fuß hohe Thurm wurde in Asche gelegt. Die acht Glocken stürzten eine nach der andern herab und durchbrachen das Dach und den Bogen über dem mittlern Eingang mit fürchterlichem Krachen. Die Platten der vier Zifferblätter glühten und die Zeiger deuteten auf die Stunde (25 Minuten nach 1 Uhr), wo die Flammen dem Thurme sich genähert und das Uhrwerk sogleich geschmolzen hatten. Es ist unmöglich, die Scene zu beschreiben, die sich den Zuschauern darbot, denn obschon der Himmel ganz wolkenlos war und der Mond in vollem Glanze schien, so wurde er doch durch die dicken Rauchmassen verdunkelt, die aus dem Feuermeere emporwirbelten. Als man einsah, daß das Feuer unabwendbar den Thurm ergreifen würde, hatte der Lordmayor einen Boten nach dem Tower abgeschickt, um einige Truppen zum Beistand der Bürgermilizen herbeiholen zu lassen, und in sehr kurzer Zeit langten dieselben an und stellten sich theils in Cornhill auf, theils wurden sie angewiesen, den Einwohnern bei der Rettung ihres Eigenthums Beistand zu leisten. Cornhill wurde augenblicklich von den Menschenmassen geräumt, die übrigens — zu ihrer Ehre sei es gesagt — ein würdiges Betragen beobachteten, und nur ein Gefühl schien unter der ganzen ungeheuren Menge zu herrschen — ein inniges Bedauern. Jeder betrachtete das Feuer mit Furcht und Erstaunen und hegte die bange Besorgniß, daß auch die Bank und die angrenzende Bartholomäuskirche zerstört werden möchten. Glücklicherweise kam der Wind aus Norden und so blieben die beiden Gebäude unversehrt und wurden als Zufluchtsörter vieler werthvoller Dinge benutzt. In der erwähnten Kirche blieben Banknoten von 500 Pfund unberührt liegen, obschon zahllose Menschen in dieser Nacht vorübergingen. Um 4 Uhr Morgens wüthete das Feuer noch mit unverminderter Heftigkeit und wurde von dem Winde, der die ganze Nacht hindurch wehte, immer aufs neue angefacht. Die ungeheure Area war ein Flammenmeer, das Feuer verbreitete sich von einem Flügel, von einem Stockwerke zum andern und die thätigen Mannschaften sahen nicht den geringsten Erfolg ihrer kräftigen Bemühungen. Viele standen bis an die Knie im Wasser und waren ganz mit Eis bedeckt, wie auch die ganze Umgebung der Börse. Das Stürmen der Elemente, das Einstürzen ungeheurer Massen, das Geräusch der Spritzen und das Schreien der Löschmannschaften waren betäubend. Die Mauern im Innern der Börse stürzten mit furchtbarem Donnern zusammen und begruben die zahlreichen Statuen der Regenten Englands von Wilhelm des Eroberers Zeiten unter ihre Trümmer. Der hohe Glockenthurm war gänzlich ausgebrannt und drohte jeden Augenblick einzustürzen. Um fünf Uhr wütheten die Flammen noch, aber die umliegenden Gebäude waren nun außer aller Gefahr. Noch am Abend des nächsten Tages stiegen dicke Dampfwolken aus den Trümmern empor.

Mehre Personen erhielten bedeutende Verletzungen, aber glücklicherweise ist Niemand bei dem Brande ums Leben gekommen. Die Verluste sind sehr groß und die daraus entstandene Hemmung der Geschäfte war von unberechenbarem Nachtheil. Viele Bücher und Papiere in Lloyd's Anstalt, in der Börsenassecuranz sind verbrannt. Doch hat man, wie neuere Berichte melden, mehre eiserne Kisten von werthvollem Inhalt gerettet oder unter dem Schutte hervorgeholt, obschon die in einigen enthaltenen Papiere zu Asche gebrannt waren. Die Börse soll mit ungefähr 50,000 Pfund Sterling versichert sein, und da man des Beistandes der Regierung und des Handelsstandes gewiß ist, wird sich bald eine neue Börse aus den Trümmern erheben, welche die zerstörte an Pracht und Schönheit vielleicht noch übertrifft. Für einen einstweiligen Versammlungsort zur Besorgung der kaufmännischen Geschäfte wurde bald gesorgt. Die Kaufleute versammeln sich in Guildhall und Lloyd's Anstalt wurde das Haus der Südseegesellschaft eingeräumt.

Zum Schluß erwähnen wir noch eines Umstandes, der auf die ganze versammelte Menge einen tiefen, aber traurigen Eindruck machte. Um 12 Uhr, als die Flammen bereits den nordwestlichen Flügel des Gebäudes ergriffen hatten und sich rasch nach dem Thurme ausbreiteten, begann das Glockenspiel, wie gewöhnlich um diese Stunde, das alte Lied: „Es ist kein Glück im Hause" und setzte es fünf Minuten lang fort. Die Silberglocken, die aller drei Stunden abwechselnd eines der drei Lieder: „God save the Queen", „Freut Euch des Lebens" und „Es ist kein Glück im Hause" und Sonntags den 104. Psalm spielten und so oft mit ihrer schönen Musik die Bürger und die Besucher der Börse erfreut hatten, hörte man zum letzten Male; sie sind jetzt für immer verstummt. Bald darauf stürzten sie geschmolzen herab.

Unsere erste Abbildung zeigt die äußere Ansicht der Börse, die zweite die Statue Gresham's in einer der Nischen über den Säulengängen und die dritte auf Seite 64 dargestellte den innern Raum mit den prächtigen Colonnaden.

*

Die Statue Gresham's.

Über Eisenbahnen.
(Beschluß aus Nr. 255.)

Stellen sich in einzelnen Fällen sehr starke Krümmungen als nothwendig dar, z. B. wenn eine Zweigbahn unter rechtem Winkel von einer Hauptbahn abgeht, so bedient man sich der Drehscheiben, um Wagen von einer Bahn auf die andere überzuführen; es sind dies nämlich Scheiben, welche am Durchkreuzungspunkte der Bahnen liegen und sich um eine senkrechte Achse drehen lassen; auf ihrer Oberfläche tragen sie ein Stück Bahn, welches in der einen Stellung eine Fortsetzung der einen Bahn, in der andern Stellung eine Fortsetzung der andern bildet. Wird nun ein Wagen von der einen Bahn auf die Scheibe gefahren und mit ihr gewendet, so kann er ohne weiteres Hinderniß auf die zweite Bahn übergehen.

Bietet ein Terrain zu große Niveaudifferenzen dar, welche durch Anbringung von sanft geneigten Flächen nicht auszugleichen sind, so hat man schon an mehren Bahnen auf eine kurze Strecke ziemlich steile schiefe Ebenen angelegt und an denselben die Wagen mittels Seilen in die Höhe ziehen lassen. Abgesehen von der Gefahr, welche hier bei gehöriger Vorsicht ebenfalls sehr vermindert werden kann, verursacht eine solche Stelle auf einer Eisenbahn einen bedeutenden Zeitverlust, indem hier der Transport nur langsamer erfolgen kann, und nimmt zur Erzeugung der Zugkräfte einen ziemlichen Kostenaufwand in Anspruch.

Soll eine Eisenbahn einem sehr starken Transporte dienen, so müssen zwei Geleispaare nebeneinander gelegt werden, an denen das eine zur Fahrt nach der einen, das andere zur Fahrt nach der andern Richtung benutzt wird, sodaß ein Begegnen nicht eintreten kann. Viele Bahnen haben nur ein Geleispaar auf die ganze Länge und sind nur an solchen Punkten, an welchen ein Begegnen des Hin= und Rücktransports stattfindet, mit einem zweiten Geleispaare versehen; solche Ausweicheplätze sind aber mit der Hauptbahn so verbunden, daß unter spitzen Winkeln die Geleise der beiden Bahnen sich an beiden Enden der Seitenbahn ineinander verlaufen, wobei zwischen der Hauptschiene und Nebenschiene ein Raum freigelassen ist, in welchem sich der Spurkranz der Räder bewegen kann. Ebenso spaltet sich am Ende einer Bahn das Hauptgeleis in mehre Nebengeleise, um die Wagen nach verschiedenen Richtungen hin weiter fort oder in die Wagenschuppen führen zu können.

Als Bewegkraft dient auf Eisenbahnen theils Pferdekraft, theils Dampfkraft, theils die Schwere. Die Pferdekraft, welche sich namentlich für kurze Bahnen oder für minder lebhaften Transport eignet, leistet auf Eisenbahnen zwar bedeutend mehr als auf gewöhnlicher Straße (nach dem vorher angegebenen Verhältnisse bei horizontaler Lage das Zwölffache), jedoch nur bei einer verhältnißmäßig nicht sehr bedeutenden Geschwindigkeit; es kann nämlich ein Pferd nach angestellten Versuchen zwar täglich zehn Stunden mit einer Geschwindigkeit von zwei Fuß und zehn Zoll in der Secunde und einer Zugkraft von 109 Pfund arbeiten; jedoch nur drei Stunden mit einer Geschwindigkeit von acht Fuß und $70\frac{1}{2}$ Pfund Zugkraft, und gar nur $1\frac{1}{2}$ Stunde mit 14 Fuß Geschwindigkeit und 43 Pfund Zugkraft. Die Tagesarbeit eines Pferdes würde in diesen drei Fällen so groß sein als der Kraftaufwand, durch welchen 768 Centner oder 419 Ctr., oder 226 Ctr. auf die Entfernung von einer Meile transportirt werden können. Wollte man daher auf Eisenbahnen mit Pferdekraft eine große Geschwindigkeit erreichen, so würde man dieselbe durchaus nicht auf die vortheilhafteste Art anwenden, dagegen würde die Pferdekraft wohl geeignet sein, bei Bahnen, die nicht vollkommen in einer Horizontallinie laufen, Lasten über bedeutendere Steigungen zu fördern, indem es der Natur der Thiere angemessen ist, eine Zeit lang die Kraft stärker anzuspannen und dann einen geringern Kraftaufwand zur Erholung folgen zu lassen.

Ein Dampfwagen wirkt dadurch ziehend, daß seine Räder durch eine Dampfmaschine stetig umgedreht werden; würde nun der Wagen fest gehalten, so müßten sich die Räder drehen und dabei über die Geleise hinschleifen, was nur dann geschehen könnte, wenn sie mit einer Kraft gedreht würden, durch welche diese Reibung überwunden werden kann; so groß nun aber der Widerstand dieser Reibung ist, mit einer so großen Kraft wird sich der Wagen unter der Voraussetzung fortzubewegen suchen, daß die Räder fortrollen können. Die Reibung, mit der das Rad über die Schiene gleiten würde, ist vom Drucke abhängig, mit welchem das Rad gegen die Schiene gepreßt wird; sind alle Räder durch Stangen so verbunden, daß sich keines ohne das andere bewegen kann, so drückt das ganze Gewicht des Dampfwagens auf die Schiene, und ungefähr der 20.—24. Theil dieses Gewichts bestimmt die Zugkraft des Wagens. Die Zugkraft bleibt aber immer eine und dieselbe, mag die Geschwindigkeit des Wagens sich auch ändern, und eine größere Geschwindigkeit wird nur durch schnellern Gang der Dampfmaschine, d. h. durch größere Dampferzeugung, hervorgebracht. Hieraus ist ersichtlich, daß die Dampfkraft sich ohne weitern Verlust nach Umständen steigern läßt, was bei der Zugkraft der Pferde durchaus nicht stattfinden.

Bei schief ansteigenden Flächen kann nun freilich bald die Grenze eintreten, bei welcher die Reibung der Räder an der Bahnschiene so groß wird als der Wi=

derstand der zu ziehenden Last. In diesem Falle muß man entweder von einem Dampfwagen eine Last in mehren Abtheilungen ziehen lassen, oder man muß durch feststehende Dampfmaschinen die Last mittels Seile, die sich auf Wellen aufwinden, anheben lassen.

Die Schwerkraft benutzt man zur Bewegung von Lasten auf Eisenbahnen bei kurzen, steil ansteigenden, schiefen Ebenen, wo man entweder durch einen niedergehenden Wagenzug einen aufsteigenden oder ein anderes Gewicht anheben läßt, durch dessen Niedersinken ein späterer Wagenzug in die Höhe gehoben werden kann.

Häufig wird es nöthig, Eisenbahnen über Chausseen oder gewöhnliche Fahrstraßen zu führen; in dem Falle, wenn eine von beiden Straßen so hoch liegt, daß die Wagen der andern durch ein Thor unter ihr hindurch fahren können, ist in Bezug auf die Construction der Eisenbahnübergänge nichts Neues anzuführen; sobald beide aber am Durchkreuzungspunkte ein gleiches Niveau haben, so wird die Eisenbahn innerhalb der Geleise und zu beiden Seiten derselben gepflastert, und an den Schienen stärkere Eisenplatten eingelegt, sodaß eine kleine Rinne offen erhalten wird, durch welche die Spurkränze der Räder an den Eisenbahnwagen hindurch können. Übrigens sind an solchen Kreuzpunkten Schranken angebracht, durch welche für gewöhnlich die Eisenbahn verschlossen, zu den Zeiten aber, wo der Eisenbahntransport vor der Straße vorbeifährt, die letztere gesperrt wird.

Die Kosten einer preußischen Meile Eisenbahn sind bei verschiedenen der jetzt fertigen Eisenbahnen nach Localverhältnissen so verschieden, daß es schwierig ist, daraus einen Maßstab für irgend eine zu construirende Bahn zu entnehmen. So kostet z. B. eine Meile der Eisenbahn von Liverpool nach Manchester 850,000 Thaler, eine Meile der in Belgien ausgeführten Bahnen 250,000 Thaler, eine Meile der Bahn von Budweis nach Linz, welche für Pferdetransport eingerichtet wurde, 93,000 Thaler. Die Unterhaltungskosten sind ebenso wenig mit Bestimmtheit anzugeben; es läßt sich jedoch nach Theorie und Erfahrung annehmen, daß dieselben mit größerer Frequenz steigen, daß sie bei einer längern Bahn verhältnißmäßig geringer sind als bei einer kürzern. Denn es vermehren sich grade im Verhältnisse der Frequenz einer Bahn die Ausgaben für die Zugkraft; ferner sind die Reparaturen bei stärkerer Befahrung sowol an der Bahn als an den Wagen häufiger, namentlich aber übt die Geschwindigkeit einen bedeutenden Einfluß auf die Unterhaltungskosten, indem dieselben bei vermehrter Geschwindigkeit beträchtlich steigen. Um die ganze Bahnlänge immer in so gutem Stande zu erhalten, daß die Befahrung mit voller Sicherheit vor sich gehen kann, und um den Wagenführer vor entstandenen Beschädigungen zu warnen, sind eine große Anzahl Bahnwärter angestellt, welche das ihnen übertragene Bahnstück nach jeder Fahrt revidiren, kleine Beschädigungen selbst ausbessern und den Wagenführer durch ein bestimmtes Zeichen vom Zustande ihres Bahnstücks unterrichten.

Unter den Eisenbahnanlagen, welche als Wendepunkte in der Geschichte dieser Erfindung zu betrachten sind, ist zunächst die im Jahre 1760 durch Reynolds auf dem Calebrookdaleeisenwerke in England construirte Bahn zu erwähnen, welche die früher gebräuchliche Holzbahn für bergmännische Zwecke ersetzen sollte; es folgten ihr in einem Zeitraume von 60 Jahren wenigstens 20 größere und kleinere Bahnen, die für den Transport von Kohlen und Steinen durch Pferde und Menschen bestimmt waren. Erst im Jahre 1820 wurde durch die Bahn von Stockton nach Darlington ein regelmäßiger Personentransport eingerichtet. Der Bahn von Liverpool nach Manchester gebührt aber nur das Hauptverdienst, durch einen allgemein ausgeschriebenen Concurs für alle Maschinenbauer zur Anfertigung von Dampfwagen die Möglichkeit nachgewiesen zu haben, daß die Dampfmaschine zur Locomotive mit Vortheil benutzt werden kann, und zugleich auch das Verdienst, die erste regelmäßige Befahrung einer Eisenbahn durch Dampfkraft eingerichtet zu haben. Der Eindruck, welchen dieser so glänzend gelungene Versuch überall machte, war kaum zu erwarten; überall sollte der langsame Gang gewöhnlicher Wagen dem geflügelten Laufe des Dampfwagens weichen, und gleichzeitig wurden in England, auf dem Continente und in Amerika Plane zu den längsten Eisenbahnen entworfen.

England besitzt jetzt über 60 fertige öffentliche Bahnen mit einer Gesammtlänge von ungefähr 250 preußischen Meilen, von denen mehre ältere freilich nur mit Pferdekraft befahren werden; außerdem gibt es vielleicht 100 Meilen Privateisenbahnen, und theils schon begonnen, theils schon bis zum Angriff sind eine große Anzahl anderer Bahnen, durch deren Vollendung die Länge der vorhergehenden mehr als verdoppelt wird.

In den amerikanischen Freistaaten sind an Eisenbahnen vollendet 321 Meilen (preuß.) mit 40,300,000 Dollars; in Arbeit 650 Meil. mit 57,628,000 Doll.; beplant 2710 Meil. mit 187,000,000 Doll.

Auf dem Continent sind zwar in Frankreich, Belgien, Deutschland und Rußland einige kleine Eisenbahnstrecken bereits vollendet, doch sind dieselben fast kaum zu erwähnen gegen die große Zahl der Bahnen, welche theils schon in Angriff genommen, theils nur in Plan oder doch noch nicht weiter als zu den Vorarbeiten gediehen sind.

Merkwürdiger Mord.

Ein Neger — erzählt eine amerikanische Zeitung —, der seinem Herrn in Südcarolina entlaufen war, kam in einem amerikanischen Schiffe nach London. Bald nach seiner Landung wurde er mit einer armen und rechtschaffenen Wäscherin in Wapping bekannt, die seine Wäsche wusch. Diese arme Frau pflegte zwei Goldringe an einem ihrer Finger zu tragen und sollte sich auch etwas Geld erspart haben, was den Neger zu dem fürchterlichen Entschlusse brachte, sie zu ermorden und ihr Eigenthum sich anzueignen. Sie war eine Witwe und lebte mit ihrem Neffen in einem ärmlichen Häuschen. Eines Abends kam ihr Neffe stark betrunken nach Hause und mußte zu Bette gebracht werden. Der Neger, mit diesem Umstande bekannt, hielt dies für eine günstige Gelegenheit, seinen Plan auszuführen. Er stieg auf das Dach des Hauses, entkleidete sich gänzlich, kletterte durch den Schornstein in das Gemach hinunter, wo die Wäscherin schlief, und ermordete sie nach einem heftigen Kampfe, durch dessen Geräusch der betrunkene Neffe im anstoßenden Gemach aufgeweckt wurde. Er eilte sogleich zum Beistand seiner Tante herbei, kam aber zu spät. Der Neger hatte unterdessen der Frau den Finger, woran sich die Ringe befanden, abgeschnitten, und wollte eben wieder durch den Schornstein sich davon machen, als ihn der Neffe der Ermordeten, der ein kräftiger Mann war, faßte und ihn beinahe überwältigt hätte, wenn nicht plötzlich das Mondlicht durch die Fenster gefallen und die schwarze Gestalt des Negers beleuchtet hätte. Sein Gegner, der noch nicht viele Neger gesehen hatte, erschrak und glaubte mit dem Teufel selbst zu thun zu haben. Der Neger machte sich los und entwischte glücklich durch den Schornstein. Der Trunkenbold glaubte fest und erklärte es später noch oft, daß er mit dem Teufel gekämpft habe, dieser aber plötzlich verschwunden sei. Der Neger hatte natürlich während des Kampfes seinen Gegner an verschiedenen Stellen mit dem Blute seines Opfers befleckt, und dies, in Verbindung mit andern Umständen, überzeugte die Nachbarn, daß Niemand anders der Mörder der Alten sein könnte als ihr Neffe. Er wurde verhaftet, verhört und ins Gefängniß geworfen, obschon er seine Unschuld betheuerte und sein nächtliches Abenteuer wiederholt erzählte, das aber den Richtern nicht nur unwahrscheinlich, sondern auch im höchsten Grade lächerlich erschien. Er wurde überführt und hingerichtet, und im letzten Augenblick beschwur er, von dem Morde nichts zu wissen, und klagte seinen schwarzen Gegner, der kein anderer als Satan gewesen sein könnte, als den schuldigen Theil an. Der wirkliche Mörder entging jedem Verdacht und kehrte mit seiner geringen Beute nach Amerika zurück; aber zehn Jahre darauf bekannte er auf dem Todtenbette sein Verbrechen und erzählte die nähern Umstände.

Das Neueste aus der Natur- und Gewerbswissenschaft. *)

Die neugierigste Frage, mit welcher die Leser meinen diesmaligen Bericht aufnehmen werden, dürfte sich wol auf das Resultat der Beobachtungen über die, mit so vieler Sehnsucht erwarteten November-Sternschnuppennächte beziehen, von denen ich in diesen Blättern schon öfters gesprochen habe. Diese Erwartung war noch dadurch gesteigert worden, daß unser berühmter A. v. Humboldt, einige Zeit vor dem Eintritt jener Nächte, in mehren öffentlichen Blättern nachstehende Auffoderung ergehen ließ.

„Auffoderung zu magnetischen Beobachtungen. Um zu ergründen, ob der seit vielen Jahren (1799—1836) beobachtete Sternschnuppenfall der ersten Hälfte des Novembers mit den Erscheinungen des tellurischen Magnetismus in bemerkbarem Zusammenhange stehe, fodere ich, im Einverständniß mit meinem verehrten Freunde, Herrn Hofrath Gauß, alle Physiker und Astronomen, welche auf unsern magnetischen Stationen mit dem Gambey'schen Declinatorium oder mit dem genauen Gauß'schen Spiegel-Apparate versehen sind, auf, die Veränderungen der Abweichung vom 13. November Mittags bis zum 14. November Mittags ununterbrochen, in möglichst kleinen Zwischenzeiten zu beobachten. In dem ich diese Bitte ausspreche, glaube ich, diejenigen Beobachter, welche den magnetischen Perturbationen mehr Muße schenken können, daran erinnern zu müssen, daß in den letztverflossenen sechs Jahren der große Fall leuchtender Meteore mehrmals in und außer Europa nicht in der Nacht vom 13. zum 14. November, sondern in den Nächten vom 12. zum 13., oder vom 14. zum 15. bemerkt worden ist. Beobachtungsreihen in den zuletzt genannten Nächten sind daher ebenfalls sehr wünschenswerth.

Berlin, 30. Sept. 1837.

A. v. Humboldt."

Um so unangenehmer hat es überrascht, daß das solchergestalt auf die Zeit vom 11. bis 15. November

*) Vergl. Pfennig-Magazin Nr. 240, 241 und 242.

so präcis angekündigte Sternschnuppenschauspiel, wozu also, wie sich ein berliner getäuschter Zuschauer in seinem Unmuthe ausdrückt, die Billets schon lange zuvor ausgetheilt worden, für diesmal nicht stattgefunden. Der Wolkenvorhang vor der Weltbühne wollte sich theils nicht aufrollen, und andererntheils verhinderte der gerade eingetretene Mondschein die Sternschnuppenbeobachtung. Statt dieses Phänomens aber wurde am 12. Abends auf der Himmelsbühne zum Ersatze des improvisirten Intermezzos ein schönes Nordlicht aufgeführt, dessen Pracht der oben erwähnte berliner Beobachter, trotz seinem Unmuthe, doch als sehr herrlich schildert. Zuerst, etwa um 6 Uhr Abends, röthete sich eine Stelle am nordöstlichen Horizont, dann eine andere gerade gegenüber, in Nordwest, und beide Punkte vereinigten sich hiernächst durch einen, in verschiedenfarbigem Lichte erglänzenden Bogen. Niedrige, im Mondenlichte weiß tingirte Wölkchen flogen, von lebhaftem Westwinde gejagt, vor diesem zum Theil blutroth schimmernden Bogen vorbei, welcher sich, im Maximum seiner Entwickelung, zu einer gegen das Zenith hinstrebenden Strahlenbildung (die gewöhnliche Nordlichtkrone) ausdehnte, und trotz dem sich verdichtenden Wolkenflor, in diesem Glanze eine ganze Zeit lang sichtbar blieb. Erst nach mehren Stunden entzogen sich auch seine letzten Spuren den Blicken.

Am 14. November wieder um 6 Uhr Abends röthete sich der Himmel von neuem, und ein abermaliges Nordlicht, mit geringem Phasenunterschiede, ward sichtbar.

Dieselben beiden Nordlichte sind auf unzähligen andern Orten beobachtet worden; besonders aber berichtet man darüber aus Breslau, wo man sich, in Gemäßheit der oben erwähnten Einladung von Humboldt, auf der Sternwarte zu Beobachtungen der erwarteten bedeutenden Abweichungen der Magnetnadel bereit gemacht hatte. Diese Abweichungen erfolgten auch wirklich; aber nach dem Ausdrucke des wackern dortigen Astronomen Boguslawsky nicht sowol als Folge der in Breslau ebenfalls nicht zu Gesicht gekommenen Sternschnuppen, sondern der Nordlichte selbst, über den magnetischen Einfluß ich in diesen Blättern schon öfters gesprochen habe. „Wie mit unsichtbarer Hand", schreibt der gedachte Beobachter, „setzte das Nordlicht die Nadel augenblicklich in die stärkste Bewegung und Unruhe, und veränderte allmälig die mittlere Richtung derselben abwechselnd ostwärts und westwärts von der gewöhnlichen bis zu einem Unterschiede von 2½.°" Dabei bleibt nun freilich unentschieden, ob so ganz ungewöhnlich starke Abweichungen allein dem Nordlichte zugeschrieben werden müssen, oder ob dabei der von Humboldt vermuthete Einfluß beigetragen haben könne. Denn aus dem diesjährigen Nichtsichtbarwerden der November-Sternschnuppen an gewissen einzelnen Beobachtungsorten, wo zugleich bedeckter Himmel und Mondlicht Hindernisse dieser Beobachtung abgegeben haben, folgt noch nicht mit allgemeiner Zuverlässigkeit, daß das Phänomen wirklich gar nicht stattgefunden habe; ja, der französische Akademiker Arago erinnert vielmehr daran, daß auch früher schon Jahre eingetreten seien, während welcher jenes Phänomen abwechselnd, bald nur in Amerika und bald nur in Europa beobachtet worden.

Indeß dürfen wir unsern Lesern nicht verbergen, daß die Humboldt'sche *) Hypothese über den eigentlichen

*) Wir nennen sie vorzugsweise nur so, ungeachtet sich viele andere Naturforscher mit gleich großer Vorliebe dafür erklärt haben.

Grund der November-Sternschnuppenerscheinung allerdings von mehren Seiten her angefochten worden ist. Wir zeichnen unter diesen Widersachern einen Mann aus, welcher seine Beobachtungen offenbar in der freien Natur selbst angestellt hat, und dessen Urtheil wir daher hoch über die von uns eben nicht hoch anzuschlagende stubengelehrte Physik setzen. Nach seinen Ansichten hat man Unrecht gehabt, die Sternschnuppen aus dem engen Bereiche atmosphärischer Lichtmeteore, wohin sie gehören, in den weiten Raum kosmischer Körper zu erheben. „Die Erde", sagt er, „soll, jenen Behauptungen zufolge, um die Mitte des Novembers in das Gebiet der himmlischen Schwärme treten, welche, in der Nacht zum 14. November, am dichtesten auf die Erde regnen oder ihr doch wenigstens in diesem Maße sichtbar werden, und der Stern Geba im Löwen soll der Centralpunkt sein, von welchem aus sie ihren Flug nehmen. Seitdem diese Meinung ausgesprochen worden, hat man während der dadurch bestimmten Nächte fleißig nach Sternschnuppen geforscht und, wenigstens in der Hauptsache, auch wirklich gefunden, was man suchte, wie denn einseitige und mit Vorliebe für eine bestimmte Hypothese verfolgte Beobachtungen immer ein erwünschtes*), d. h. einseitiges Resultat geben werden. Im Contraste mit jener einseitigen Hypothese, folgen hier vielmehr einige Sätze über die Natur der Sternschnuppen, welche das reine Facit langjähriger unmittelbarer Beobachtungen dieser Meteore in freier Natur sind."

„Die Sternschnuppen erscheinen in allen Jahreszeiten, jedoch am seltensten in den Frühlingsmonaten oder überhaupt, so lange Gewitter an der Tagesordnung sind, am häufigsten dagegen in der herbststeigender Sonne, die Luftwärme abnimmt und die Winterkälte vordringt. In dieser Hinsicht gleichen sie den Irrlichtern und allen übrigen feurigen Meteoren, welche sich ebenfalls im October und November am zahlreichsten entwickeln. Die Tageszeit, in welcher sich diese Meteore meistens zeigen, ist freilich die nachmitternächtliche; allein sie werden auch wahrgenommen, sobald nur die eingetretene Dunkelheit ihr Sichtbarwerden begünstiget. Man kann also annehmen, daß die Sternschnuppen auch bei Tage, wenn gleich dann ungesehen, vorkommen. Die Höhe, in welcher diese Meteore entstehen, ist nicht nothwendig die Wolkenregion, sie entspringen vielmehr oft hoch über, oft tief unter derselben. Aëronauten, welche eine nächtliche Luftschiffahrt nicht scheuten, würden über diesen Punkt die beste Auskunft geben können."

Ein Hauptmoment in diesen Angaben über Sternschnuppen ist ihr besonders häufiges Vorkommen im Herbste. Da der Herbst der südlichen Hemisphäre, der Zeit nach, unserm Frühling entspricht, so müßten jene Meteore in den gedachten südlichen Regionen also auch vorzugsweise in den Monaten März, April beobachtet werden; und in der That meldet der jetzt am Vorgebirge der guten Hoffnung beschäftigte Astronom Sir John Herschel, Sohn des großen Herschel, daß er in dieser Zeit daselbst die meisten Sternschnuppen, in unserm Herbste dagegen weniger wahrgenommen habe.

Die oben vorgetragene Humboldt'sche November-Sternschnuppen-Hypothese scheint demnach hierdurch allerdings etwas geschwächt zu werden. Allein ich gebe darum meine damit in Verbindung stehende und in diesen Blättern ebenfalls schon berührte Meinung, daß der Äther nicht weniger Stoff zur Bildung feuriger Meteore enthalte, keineswegs auf. Diese Zusammenstellungen, glaube ich vielmehr, haben dort ebensowol als in der irdischen Atmophäre statt, obwol sie sich nicht aus denselben Materien und durch dieselben Mittel erzeugen. Nur der Eintritt der Erde auf ihrer Sonnenbahn in eine Region und grade zur Novemberzeit, wo namentlich die Sternschnuppenbildung in fast ganz unerhörter Menge erfolgt, wie dies in jener Humboldt'schen Hypothese angenommen zu werden scheint, ist durch das Resultat der diesjährigen Beobachtungen problematisch geworden, und es wird nur darauf ankommen, was man in der Folgezeit darüber ermitteln dürfte.

Bei der wahrscheinlich sehr engen Verbindung (oder wenigstens bei der Ähnlichkeit des Ursprunges) in welcher, dem Vortragenen zufolge, die sogenannten Irrlichter mit den Sternschnuppen stehen, hat die vielfache Erwähnung der letztern nothwendig die Aufmerksamkeit auch mit auf die erstern leiten müssen, und es ist viel über dieselben discutirt worden; ja man ist so weit gegangen, selbst die Existenz dieser Meteore in Abrede zu stellen, und sie in das Reich der Fictionen nordischer Poesie zu verweisen, für welche sie sich freilich trefflich eignen. Wir müssen daher, um das Urtheil unserer Leser in Bezug auf eine so merkwürdige Erscheinung zu bestimmen, schon in einiges Detail darüber eingehen.

Bekanntlich versteht man unter Irrlicht oder Irrwisch (in einigen Gegenden des nördlichsten Deutschlands, besonders des ehemaligen niedersächsischen Kreises, auch Tückebote) leuchtende Erscheinungen von unbestimmter Größe, meistens aber von Lichtflämmchen, welche sich, zumal in sumpfigen Gegenden, am Boden oder doch nahe daran zeigen, durch den leisesten Luftzug fortgetrieben werden, und solchergestalt oftmals vor dem Wanderer her zu gehen oder zu hüpfen scheinen, wodurch Verirrungen und anderes Unglück verursacht wird oder doch verursacht worden sein soll, — daher der Name. Nun ist es freilich auffallend, daß Jedermann von solchen Irrlichtern, als einer ganz bekannten Sache, spricht, und daß doch die Anzahl der Personen, welche sich, bei genauerer Rückfrage, rühmen können, dergleichen auch wirklich gesehen zu haben, sehr gering ist. Wir haben uns bemüht, in den besten frühern physikalischen Schriftstellern das Thatsächliche über dieses Meteor auszumitteln, und haben nur äußerst wenige, wirklich constatirte Fälle davon auffinden können; auch klagen schon die Verfasser des betreffenden Artikels, in der ältern und neuern Ausgabe des sonst so reichhaltigen Gehler'schen physikalischen Lexikons darüber.*) Deshalb ist es denn doppelt gut, daß die Sache jetzt auf Veranlassung der Sternschnuppennächte, welche der Wissenschaft denn doch wenigstens diesen Gewinn abwerfen, zur Sprache kommt. Es sind dadurch Männer, welche zwar sonst gewöhnlich nicht über die Natur schreiben, dieselbe aber darum nicht weniger emsig und aufrichtig, in Gebirg und Thal, in Feld und Wald, wo sie eben aufgesucht sein will, beobachten, und deren Ausspruch ich hoch über manche Phrase der stubengelehrten Physik setze, zur Mittheilung ihrer Erfahrungen bewogen worden, und danach steht zunächst das wirkliche Vorkommen von Irrlichtern unzweifelhaft fest. Nur sind freilich nicht alle Gegenden zur Erzeugung dieses Phänomens gleich geschickt, und die Sand-

---

*) Diesmal nicht.

*) Gilbert in seinen „Analen der Physik" führte die nämliche Klage und mochte die Existenz des Phänomens lieber ganz leugnen. Mein Jäger würde ihn indeß eines Bessern haben belehren können; und darin besteht der Vorzug der Naturbeobachtung im Freien von der stubengelehrten Physik.

flächen der Mark eignen sich z. B. weniger dazu, als die fetten Sumpfgegenden von Westfalen, Kurhessen u. s. w. Aus der letztern Provinz namentlich liegt der Bericht eines Forstbedienten vor mir, an dessen Wahrhaftigkeit nicht zu zweifeln ist, und welcher versichert, die Irrlichter unzählige Male beobachtet zu haben und noch jetzt sehr oft zu gewahren. Wenn sie aber in unsern Zeiten wirklich seltener als ehemals vorkämen, so würde sich dies hiernächst aus ihrer Entstehung erklären lassen. Man darf nämlich mit ziemlicher Gewißheit annehmen, daß sie nichts als phosphorhaltiges Wasserstoffgas sind, welches sich vorzüglich aus der Moderung animalischer und vegetabilischer Stoffe erzeugt. Da hierüber aber gegenwärtig zur Erhaltung der Luftreinheit sorgfältiger als sonst gewacht wird, so wäre also eine Ursache zur Erzeugung der Irrlichter entfernt oder doch eingeschränkt. Aus der großen Leichtigkeit jenes Stoffes ließe es sich aber ferner erklären, warum diese Irrlichter, wie man behauptet hat, vor dem Verfolger fliehen, und dem Fliehenden dagegen nacheilen; denn dies wäre eine natürliche Folge der Bewegung der Luft. Ebenso hört man oft erzählen, daß sie sich dem Betenden nähern, und vom Fluchenden entfernen, welches gleichfalls begreiflich wird, wenn man in Betracht zieht, daß der Fluchende die Luft von sich stößt, und der Betende vielmehr an sich zieht. Wie es indeß mit diesen Nebenumständen sein möge, so ist die so poetische Existenz der Irrlichter selbst wenigstens gerettet, und man darf also, auf Grund des diesjährigen Erfolges, zwar vielleicht an den November-Sternschnuppennächten zweifeln, ohne aber deshalb das Vorkommen jener Meteore in diesen Zweifel einzuschließen.

Da aber einmal von den feurigen Meteoren die Rede ist, so darf ich noch anführen, daß in der Sitzung der pariser Akademie der Wissenschaften vom 14. Aug. v. J. ein Stück einer am 11. December 1836 über Macao zersprungenen Feuerkugel übergeben wurde. Das Meteor war, nach dem Berichte eines Augenzeugen, des aus jenen Gegenden zurückgekehrten französischen Reisenden Dababie, an jenem Tage um $11\frac{1}{2}$ Uhr Abends erschienen, und hatte, bei einem bedeutenden Durchmesser, einen außerordentlichen Glanz gezeigt; die Richtung seines Fluges war von Norden gegen Süden gewesen, und es war gegen 60 Stunden weit wahrgenommen worden. Fast in demselben Augenblicke, in welchem man es in Macao wahrgenommen hatte, war es, mit Zerstreuung einer großen Menge von Steinen über einen Raum von mehr als 10 Quadratstunden, zersprungen; eine Menge dieser Steine waren in Wohnungen gedrungen, und andere hatten Rinder auf dem Felde getödtet oder verwundet.*) Auch fand man viele der Steinstücke im Sande der Ebene, wo es sonst gar keine Steine gibt. Dieser Fall erscheint also als einer der am besten constatirten über das wirkliche Vorkommen von Luftsteinen, deren Existenz immer noch von vielen Personen in Abrede gestellt wird, wiewol es doch schon, a priori, gar nicht bezweifelt werden kann, daß sich die Luft eben sowol der in sie aufgestiegenen erdigen und metallischen Partikeln und Dünste als der verdunsteten Flüssigkeiten durch Niederschläge wieder entledigen muß.

(Fortsetzung folgt in Nr. 257.)

*) Dieser Umstand erscheint darum so merkwürdig, weil, so viel ich weiß, kein früherer Fall der Verwundung eines Menschen oder Thieres, oder der Beschädigung einer Baulichkeit durch einen Meteorstein bekannt ist. Gleichwol könnte der Zweifel an der wirklichen Existenz der Luftsteine, wenn er überhaupt noch bestehen sollte, durch nichts fühlbarer widerlegt werden.

Innere Ansicht der Börse in London.

Verantwortlicher Herausgeber: Friedrich Brockhaus. — Druck und Verlag von F. A. Brockhaus in Leipzig.

Das Pfennig-Magazin

für Verbreitung gemeinnütziger Kenntnisse.

257.] Erscheint jeden Sonnabend. [März 3, **1838**.

Das Rathhaus zu Neuyork.

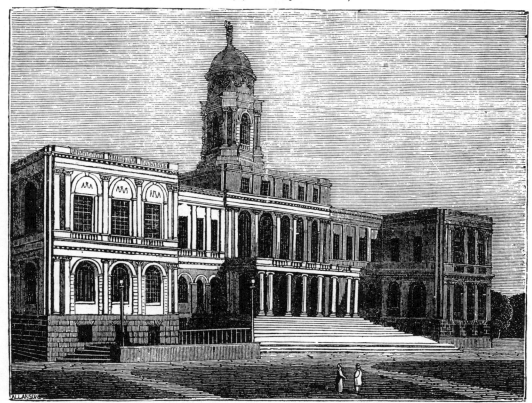

Zu Anfange des 17. Jahrhunderts lag die Halbinsel, welche von dem Hudsonflusse bei seiner Ausmündung bespült wird, noch ganz in ihrer ursprünglichen wilden Schönheit. Eine üppige Vegetation bedeckte ihre Granit- und Sandsteinhügel; ihre Niederungen bestanden theilweise aus Moor und Sumpf; die Thiere lebten in einem tiefen Frieden, den kaum einige herumschweifende Horden des Indianerstammes der Manhattans störten, und still dahingleitende Kähne unterbrachen nur selten die Einsamkeit der Fluten. Jetzt sind die Hügel abgetragen, der sumpfige Boden aufgefüllt, die Thiere des Waldes sind verschwunden, der vertilgte Stamm der Manhattans hat nichts als seinen Namen zurückgelassen, Tausende von Fahrzeugen durchschneiden unaufhörlich die Gewässer der Bai, die ganze Insel ist nichts als ein Garten, als eine Stadt von 200,000 Einwohnern und die Civilisation scheint hier so alt, als die christliche Zeitrechnung. Diese großartige und in so kurzer Zeit vor sich gegangene Veränderung, welcher Neuyork seine Entstehung verdankt, ist eines der bemerkenswerthesten Ereignisse.

Eine holländische Colonie hatte um das Jahr 1613 Besitz von diesen Küsten und Inseln genommen, gab ihnen den Namen Neubelgien und gründete auf der nördlichen Spitze der Insel der Manhattans eine Stadt, welche sie Neuamsterdam nannte. Ein halbes Jahrhundert später vertrieben die Engländer diese holländische Colonie und Karl II. schenkte die Provinz seinem Bruder, dem Herzoge von York. Neubelgien und Neuamsterdam vertauschten nun ihre Namen mit dem von Neuyork. Im Jahre 1783 endlich, als England gezwungen worden war, die Befreiung Nordamerikas anzuerkennen, wurde Neuyork ein unabhängiger Staat und ein Glied des amerikanischen Bundes. Seit dieser Zeit hat die Stadt Neuyork, befreit von den Fesseln, welche der Zustand als Colonie mit sich brachte und die ihr Aufblühen hemmten, eine außerordentliche Höhe erreicht. Folgende vergleichende Übersicht ihrer Bevölkerung in verschiedenen Zeiten kann als Maßstab ihres bewunderungswürdigen Wachsthums dienen. Im Jahre 1786 zählte Neuyork nur gegen 24,000 Einwohner; vier Jahre später hatte sich die Zahl derselben schon um 10,000 vermehrt; 1810 belief sie sich auf 96,000, 1827 auf 170,000 und 1830 endlich auf mehr als

VI. 9

200,000. Es läßt sich schwer voraussehen, in welchen Grenzen sich diese fortwährende Zunahme der Bevölkerung halten wird; denn wenige Städte haben eine so günstige Lage als grade Neuyork.

Wie Venedig im Meere entstanden und von demselben umgeben, besitzt Neuyork einen Hafen, der von keinen Dämmen eingefaßt ist und ringsum offen steht; durch den Ocean in Verbindung mit allen Welttheilen gesetzt, dient es auch den nördlichen Vereinsstaaten durch den Hudson, der in demselben entspringt, zum Stapelplatz, bildet den nothwendigen Mittelpunkt einer außerordentlichen commerciellen und industriellen Thätigkeit und den Hauptmarkt, wo die Erzeugnisse des Landes gegen fremde Waaren umgetauscht werden. Neuyork ist gewiß, ohne den Namen zu haben, Hauptstadt der nordamerikanischen Freistaaten. „Es ist", sagt ein Reisender, „für alle großen Städte des Landes, selbst für Boston und Philadelphia, was London für Liverpool, was Paris für Rouen ist."

Der hohe Rang, welchen Neuyork einnimmt, thut sich schon in dem äußern Anblicke kund. Man erkennt sogleich die Bedeutsamkeit der Stadt, wenn man die ungeheuern Magazine auf den Kais, den Wald von Masten in dem Hafen erblickt, der mit dem Meerbusen von Neapel und der Rhede von Konstantinopel verglichen worden ist. Dieser großartige Eindruck wird auch bei dem Eintritte in die innere Stadt nicht geschwächt. Die meisten Straßen, mit Trottoirs versehen und mit Bäumen bepflanzt, sind von einer bewundernswürdigen Schönheit, und der breite Weg (Broadway), der gegen eine Meile lang und 80 Fuß breit ist, würde eine Zierde der prachtvollsten Hauptstädte der alten Welt ausmachen. Die Gebäude, welche der Vorwurf einer gewissen Einförmigkeit in der Bauart trifft, sind theils von dem Rothsteine, welchen man in Jersey findet, theils von Granit, der in der Nähe Neuyorks selbst gebrochen wird, theils von Ziegelsteinen aufgeführt. In einigen Theilen der Stadt findet man noch hölzerne Häuser, die sich aus der Zeit herschreiben, als die Holländer hier festen Fuß gefaßt hatten. Aber diese Überreste der Vergangenheit verschwinden von Tag zu Tage mehr, um steinernen Gebäuden Platz zu machen, da ein Gesetz die Errichtung hölzerner Häuser verbietet. Die öffentlichen Gebäude, deren es sehr viele in Neuyork gibt, tragen jedoch größtentheils den Charakter der Großartigkeit keineswegs an sich. Selbst die Kirchen, deren weiße Thürme sich wie Minarets in die Luft erheben und der Stadt von der hohen See aus einen orientalischen Anstrich geben, sind sehr einfach. Die Börse und das Rathhaus, dessen Abbildung wir vor uns sehen, machen die einzigen Ausnahmen.

Das Rathhaus, im Mittelpunkte der Stadt und in einem Parke gelegen, erhebt sich auf einer Platt-form von weißem Marmor, zu welcher eine breite Treppe führt. Eine störende Unregelmäßigkeit verunstaltet jedoch das Gebäude, zu welchem ein Franzose den Plan entwarf, indem drei seiner Fronten von weißem Marmor sind, die vierte dagegen aus Rücksichten, welche die Sparsamkeit geboten hat, von rothem Stein aufgeführt ist. Weißer Marmor ist auch zu der Säulenhalle und zur Ausschmückung der innern Theile verwendet worden. Das Gebäude wird von einer hölzernen Kuppel überragt, auf welcher eine hölzerne Bildsäule der Gerechtigkeit aufgestellt ist. Der Thurm, welcher die ganze Stadt beherrscht, dient einem Wächter zum Aufenthalte, welcher die Stunden zu verkünden und auf entstehendes Feuer Acht zu geben hat. Sobald Feuer ausgebrochen ist, gibt der Wächter ein Signal und eine Laterne gibt der Löschmannschaft die Richtung nach dem Feuer zu an.

Das Rathhaus dient verschiedenen öffentlichen Beamten zur Wohnung und ist der Sitz mehrer Behörden. Auch findet sich in demselben eine ansehnliche Gemäldegalerie, welche die Bildnisse aller der Land- und Seeoffiziere enthält, die sich im Unabhängigkeitskriege ausgezeichnet haben. In dem Sitzungssaale ist noch der Sessel zu sehen, auf welchem Washington in den Versammlungen des Senats den Vorsitz führte.

Das Neueste aus der Natur- und Gewerbswissenschaft.
(Fortsetzung aus Nr. 256.)

Nächst der Sternschnuppen- und Feuerkugelangelegenheit hat sich die naturwissenschaftliche Conversation in der letzten Zeit hauptsächlich mit der elektrischen Telegraphenverbindung beschäftigt, wozu der Anstoß zunächst von unserm trefflichen Mathematiker, Astronomen und Physiker Gauß zu Göttingen gegeben worden ist, wonach man die Idee besonders in England mit Eifer ergriffen und verfolgt hat. Meine Leser erinnern sich nämlich, um die Sache ab ovo zu erörtern, daß, wenn man einen Metalldraht schraubenförmig windet und durch denselben alsdann einen elektrischen Strom leitet, ein in das Innere dieses Schraubenganges gestecktes Stück Eisen magnetisch wird. Einige Naturforscher geriethen daher auf den Gedanken, dieses Verfahren umzukehren, einen Magnet in das Innere eines solchen noch unelektrischen Schraubenganges von Metalldraht zu führen*), und Elektricität im letztern durch den Einfluß der magnetischen Erregung hervorzulocken. Gauß besonders, welcher eben mit magnetischen Versuchen beschäftigt war, umwickelte seine großen aufgehängten Magnetstäbe mit dergleichen Drahte in sehr vielen Windungen, und fand also, daß in diesem Drahtgewinde durch die magnetische Einwirkung wirklich Elektricität erregt werde. Zugleich führte er aber von dieser Windung ab einen geradlinigen Draht, fast ½ Meile weiter fort, und leitete durch diesen letztern Draht die erregte Elektricität ebenso viel weiter, und hierbei ergab sich nun das höchst merkwürdige, wenn auch früher schon gekannte, doch hierdurch bestätigte Resultat, daß der elektrische Strom diese große Drahtstrecke in unmeßbar kurzer Zeit durchlief, wovon man sich durch Beobachtung des am letzten Endpunkte des Drahtes hervorbrechenden elektrischen Funkens überzeugen konnte. Es kommt hierbei, wie wir sogleich bemerken müssen, gar nicht darauf an, ob die Elektricität im Leitungsdrahte grade durch magnetische oder jede andere Erregung hervorgebracht sei; Gauß' magnetische Experimente haben vielmehr nur dazu gedient, den schönen Gedanken einer praktischen Anwendung dieser Sache in das Leben zu rufen. Auf der also bestätigten Erfahrung nämlich, daß die dem einen Endpunkte eines Metalldrahtes von jeder beliebigen Länge mitgetheilte Elektricität diesen Draht in unmeßbar kurzer Zeit durcheilt, und sich am andern Endpunkte also gleich durch einen Funken ankündigt, beruht das Geheimniß elektrischer Telegraphie, worüber ich meine Leser zu unterhalten habe.

Man denke sich nämlich hiernach zwischen zwei

---

*) Von diesem Hineinführen des Magnets in die schraubenförmigen Windungen des Drahtes heißt dieser Proceß eine Erzeugung der Elektricität durch Induction.

sehr weit von einander entfernten Punkten der Erde, z. B. zwischen Lissabon und Petersburg, 25 solche Metalldrähte ausgespannt, welche die 25 Buchstaben des Alphabets repräsentiren sollen. In Lissabon habe man eine Elektrisirmaschine bereit, um diesen Drähten Elektricität mitzutheilen, so wird der dort elektrisch angeregte Draht, es sei der Draht A, in Petersburg also gleich einen Funken sichtbar werden lassen, und auf ganz gleiche Weise wird man also successiv alle Buchstaben einer mitzutheilenden Depesche, blitz- oder vielmehr gedankenschnell, von Lissabon nach Petersburg mittheilen können.

In Großbritannien, dem Lande des Praktischen, wo zuerst der Oberst Gold in einer der vorjährigen Sitzungen des wissenschaftlichen Vereins zu Liverpool über diese unerhörte Entdeckung sprach, wurde die Sache sogleich mit großem Eifer ergriffen, und der Professor Alexander zu Edinburg schlug unverzüglich eine solche elektrische Telegraphenverbindung zwischen jener Hauptstadt und London vor. Nach seinem Plane sollte der Apparat der 25 Drähte wie Orgelclaves angelegt werden, mit einer Vorrichtung, wodurch jeder der Drähte zugleich leicht mit elektrischer Materie versehen werden könnte; auch brachte er Zwischenstationen in Antrag, um den Drähten von Zeit zu Zeit frische elektrische Materie mitzutheilen (eine Vorsicht, welche, nach unserer Ansicht von der Sache, ganz überflüssig sein wird). Für die Beschützung der Drähte gegen äußere Einflüsse und ihre Isolirung, um den Verlust der Elektricität zu vermeiden, gibt Alexander mehre Mittel an (vgl. unten); die Kosten aber schätzt er für **1** Draht auf die angegebene Strecke zu 1000 Pfund Sterling ab, welches demnach für die gesammten 25 Drähte nur 25,000 Pfund austragen würde. Rechnet man hierzu ohngefähr 75 Pfund für alle übrigen Nebenausgaben, so würde der ganze Kostenbetrag auf 100,000 Pfund steigen, welches, gehalten gegen die Ausgaben der frühern Einrichtung, ganz unbedeutend erscheint. Eine Ausbreitung dieses Systems würde eine gänzliche Umformung des jetzigen Geschäftsganges hervorbringen.

Dieser Plan des Professors Alexander wurde sofort einer Commission zur Prüfung vorgelegt, und als deren Urtheil günstig ausfiel, ein wirklicher Versuch zwischen London und Birmingham auf 25 engl. Meilen angestellt. Man schloß dabei die Drähte, um sie vor äußern Beschädigungen zu sichern und zugleich den Verlust elektrischer Materie zu verhindern, in Schläuche von Hanf ein, welcher bekanntlich isolirt. Die Maschine, um die Drähte successiv mit elektrischer Materie zu versehen, ist im Allgemeinen nach Alexander's Angabe, durch die Mechaniker Winston und Stephenson ausgeführt. Das Resultat ist ein günstiges gewesen.

Jetzt nun hat, wie wir erfahren, der Professor Wheatstone vom Kings=College zu London demzufolge von der Regierung den Auftrag erhalten, dieselben Versuche, unter einer dauernden äußern Form, zu wiederholen. Er schließt in dieser Absicht die Dräthe, deren Anzahl man zunächst auf 5 beschränkt und dafür eine eigne Zeichensprache angegeben hat, in Röhren von Buchenholz ein, welches ebenfalls gut isolirt, theert diese Röhren und legt sie in der Richtung der Eisenbahnen mehre Fuß tief unter die Erde. Sonst ist der Apparat, mit einigen von Wheatstone*) vorgeschlagenen Mo-

dificationen, der obige. Die ersten Versuche sollen ebenfalls bereits ein günstiges Resultat gegeben haben. Die Kosten sind vergleichsweise gering, und die Vortheile, schon unter dem Gesichtspunkte, daß man bei dieser neuen Telegraphie nicht durch die Nacht, nicht durch die Witterung, kurz durch gar nichts gestört wird, unberechenbar. Bewährt sich die Sache, wie es den Anschein hat, durchaus, so wird sie, wie man sich in England vollkommen richtig ausdrückt, den Geschäftsgang der ganzen Welt verändern; nichts wäre ihr vergleichbar. Man muß nun, bei der außerordentlichen Wichtigkeit des Gegenstandes, erst noch mehre Erfolge abwarten.*)

In der Astronomie, zu deren neuesten Fortschritten wir nunmehr übergehen, hat die endliche Erscheinung des lange angekündigten großen Mondwerkes von Beer und Mädler: „Der Mond nach seinen kosmischen und individuellen Verhältnissen, oder allgemeine vergleichende Selenographie. Mit besonderer Beziehung auf die von den Verfassern herausgegebene Mappa Selenographica**), Von Wilhelm Beer und Johann Heinrich Mädler" (Berlin, bei Schropp u. Comp.) besondere Theilnahme erregt. Wen interessirte das schöne Gestirn des Mondes nicht, welches die Erde auf ihrer Bahn so treulich begleitet, welches unsern Nächten seinen milden Glanz schenkt, und überdies als nächster Himmelsnachbar noch die meiste Aussicht auf die Kenntniß einer andern Schöpfung eröffnet? Was zur Erweiterung dieser Kenntniß durch die anhaltendste, sorgfältigste Beobachtung irgend hat geschehen können, ist von den Verfassern mit unveränderter Anstrengung aufgeboten worden, und die Resultate dieser Bemühungen finden sich nun im vorliegenden Werke niedergelegt. Wenn dadurch aber die erregten Erwartungen vom tiefsten Eindringen in das Detail anderer Schöpfungseinrichtungen immer noch nicht befriedigt werden, so beziehen sich die Verfasser dieserwegen auf Hindernisse, welche aus der Sache selbst hervorgehen. Der Mond ist nämlich im Mittel 50,000 deutsche Meilen von uns entfernt; und wenn er also bis auf die Entfernung von einer Meile, um mich so auszudrücken, herangezogen werden sollte, welches mindestens nothwendig sein dürfte, um lebende Wesen, Häuser, Felder und dergleichen darauf wahrzunehmen, so würde es also einer 50,000maligen Vergrößerung bedürfen. Nun ist aber die bedeutendste Vergrößerung, welche, bei der Beschaffenheit unserer Atmosphäre, mit Erfolg auf den Mond angewendet werden kann, höchstens eine 300fache, wenn nicht Alles ganz undeutlich und ununterscheidbar werden soll, und meine Leser können hieraus schließen, wie viel Wahrscheinlichkeit zur wirklichen Entdeckung solcher und ähnlicher kleinen Gegenstände auf der Mondoberfläche vorhanden sei. Ohne eine ganz besondere und selbst noch ungeahnte Vervollkommnung unserer optischen Instrumente ist für diese Kenntniß des eigentlichen Details einer andern Weltkörperwirthschaft nichts zu hoffen, und

---

*) Wheatstone hat, wie man uns nachträglich meldet, darauf ein Patent für England und Frankreich erhalten, welcher Umstand das Zutrauen zur Sache noch erwecken muß.

*) Diese große Entdeckung in der eben bezeichneten Vervollkommnung ist auch in Deutschland nicht unbeachtet geblieben, und wir erfahren, daß namentlich in München durch den Professor Steinheil eine ähnliche Anlage geleitet wird. Die Anzahl der Versuche scheint uns aber immer noch in keinem richtigen Verhältnisse zum Interesse des Gegenstandes zu stehen. Woran liegt dies?

**) Die hier gemeinte Mondkarte ist in demselben Verlage kürzlich in 4 Quadranten erschienen und das Vollkommenste, was wir in diesem Bezuge besitzen. Die wackern Autoren haben aber jetzt auch noch eine Generalkarte des Mondes folgen lassen, die wir, den gewöhnlichen Anforderungen entsprechend, unsern Lesern ganz besonders empfehlen können.

nach unserm Dafürhalten scheint eine solche Kenntniß von unserm jetzigen Standpunkte aus gar nicht einmal in der Absicht der Vorsehung gelegen zu haben. Wir mußten diese Bemerkungen vorausschicken, um den wissenschaftlich-nüchternen, alle Phantasiegebilde ausschließenden Ernst unsers Werkes zu rechtfertigen. Die Verfasser kündigen diese Tendenz auch in der Vorrede selbst an: sie wollen keiner aufgeregten Einbildungskraft schmeicheln, und nur das wirklich Gesehene gewissenhaft beschreiben, ohne sich in die anmuthigen Ausschmückungen der Conjecturalastronomie einzulassen.

Nach ihrer Meinung werden noch tiefer eingehende Beobachtungen des Mondes nicht sowol die sich jetzt darbietenden Räthsel über die physische Constitution dieses von der Erde durchaus verschiedenen Weltkörpers lösen, sondern vielmehr nur neue Räthsel aufgeben. So muß, nach ganz unzweifelhaften Wahrnehmungen unserer Autoren, die Atmosphäre des Mondes von einer ganz andern feinern Beschaffenheit als unsere Atmosphäre sein, und das Wasser des Mondes, oder, um uns allgemeiner auszudrücken, dasjenige Element, welches dort die Stelle des irdischen Wassers vertritt, muß ebenfalls von ganz anderer Natur sein. Völlig neu im Werke ist die Bemerkung und der Nachweis, daß es in den Polargegenden des Mondes sehr viele Berggipfel gibt, welche ihrer Höhe wegen beständigen Sonnenschein haben, selbst zu der Zeit, da ihr Fuß in der Mondpolarnacht begraben liegt*); nur eine Mondfinsterniß, bei welcher sich diese Berge mit in den Erdschatten einsenkten, könnte ihnen den Sonnenschein auf die Zeit der Dauer dieser Mondfinsterniß rauben. Die außerordentlichen Ungleichheiten des Terrains auf dem Monde bringen dort ferner ebenso außerordentliche Verschiedenheiten in der Tagesdauer und den klimatischen Verhältnissen hervor; der Gipfel des Marsberges Huygens z. B. wird neun Stunden früher von der Sonne beschienen als sein Fuß, und auf dem Grunde mancher der unzählbaren tiefen Gruben dagegen, mit denen die Mondoberfläche, wenigstens die uns zugekehrte und daher allein von uns gekannte**) Hälfte derselben gleichsam besäet ist, wird weder die Sonne noch die Erde jemals gesehen. Alles, was die Erde Analoges in solchem Bezuge zeigt, ist gar nicht recht vergleichbar mit Dem, was wir auf dem Monde entweder unmittelbar beobachten, oder durch sichere Schlüsse über die dortigen Natureinrichtungen herausbringen, und diese dortigen Natureinrichtungen müssen also von den irdischen meistens höchst verschieden sein.

(Die Fortsetzung folgt in Nr. 258.)

---

*) Zum Verständniß dieser Bemerkung muß man sich daran erinnern, daß die Rotationsaxe des Mondes bis auf einen Unterschied von wenig über sechs Grad senkrecht auf den Ebenen der Mondbahn steht und sich in dieser Stellung parallel mit sich selbst erhält, sodaß die dortige Schiefe der Ekliptik also nur wenig über 6 Grad beträgt. Die Pole des Mondes sehen die Sonne daher fast immer in ihrem Horizonte, sie verschwindet dem einen oder dem andern nur auf so lange, als sie um jene 6 Grad nördlich oder südlich unter den Äquator hinabsinkt. Dazu wird jedesmal ein halber synodischer Monat (17 Tage) erfodert, und so lange dauert also die oben gemeinte Mondpolarnacht, welche dagegen auf der Erde bekanntlich volle sechs Monate anhält.

**) Bekanntlich drehet uns nämlich der Mond beständig nur dieselbe Hälfte zu, während die andere Hälfte stets von uns abgewendet bleibt.

Der Handel zwischen Indien und Arabien.

Der hauptsächliche Handel zwischen Indien und dem arabischen und persischen Golf wird in einer besondern Art Fahrzeuge, Bughalah genannt, betrieben, die von Arabern bemannt sind. Sie werden in den Häfen jener Golfe oder zu Kotschin und Deman an der Westküste Indiens gebaut, führen zwei bis dreihundert Tonnen und scheinen von einer andern und bessern Bauart zu sein, als die übrigen Arten von Schiffen, die in den östlichen Meeren von den Anwohnern der umliegenden Küsten gebraucht werden. Zwei andere Arten von Booten, Batilla und Trankey genannt, besuchen gelegentlich von Arabien aus die indischen Küsten. Bei der Zusammenfügung ihrer Planken und Rippen wird wenig oder kein Eisen gebraucht, an dessen Stelle Stricke aus Kokosfasern treten. Die so gebauten Fahrzeuge sind ausnehmend biegsam und elastisch und besitzen Vortheile über diejenigen, die blos mit Nägeln und Bolzen befestigt sind, eine Überlegenheit, die man bei den Kriegsbooten der Araber auf dem persischen Golf sehr mannichfach bemerkt. Im Gegensatz mit der europäischen Art, Boote zu bauen, werden hier drei Planken zusammengebunden, ehe die Rippen eingelegt werden, was zu allerletzt geschieht. Die Zahl der Bughalahs, welche die beiden Golfe und das arabische Meer befahren, sowie die der kleinern Fahrzeuge, ist sehr bedeutend, da mehr als 1000 jährlich zwischen der Zeit der Monsuns ankommen. So wird ein unermeßlicher Handel auf eine stille, unbemerkbare Weise unterhalten und viele tausend Tonnen englischer Waaren finden ihren Weg bis ins Innere der unbekanntesten Länder der Erde.

Die Handelsfahrzeuge der Eingeborenen von Indien sind in ihrem Bau von der Bughalah, dem Trankey und der Batilla verschieden. Zwei Arten von Schiffen, nämlich die Dindschis und Pattamar, sind an der Westküste von Indien gewöhnlich und die erstern werden von den Hindus zu Mandavi und andern kleinen Häfen von Kutsch und Kattanar gebaut. Ihre Form ist merkwürdig, sie blieb wahrscheinlich seit Jahrhunderten unverändert und sie gleichen sicherlich den Barken, welche einst Indiens Reichthum nach Arabiens Küste brachten und die beladen waren „mit allen Arten von Waaren, mit blauem Tuch und Stickwerk und mit Kisten voll reicher Kleider, umbunden mit Stricken und gefertigt aus Cedernholz". Hier waren auch „die Ismaeliten und ihre Kameele und die Kaufleute von Saba und Ramma" bereit am Ufer, „ihre Gefäße von Erz, ihr glänzendes Zinn und Eisen" gegen köstliche Gewürze, gegen kostbare Steine und Gold auszutauschen. Obgleich seit den Tagen Ezechiel's die Schicksale der Nationen, ihre Unterjochung oder Erlöschung in großem Maße diesen werthvollen Handel in andere Kanäle leiteten, scheint er doch nie ganz aufgehört zu haben. Jetzt zwar besteht ein großer Theil des Handels zwischen Indien und den beiden Golfen in Producten der englischen Industrie, immer aber findet noch ein Theil der reichen und mannichfachen Producte, wodurch Indien in allen Zeiten so berühmt war, nach der alten Weise seinen Weg nach Europa. Der Handelsverkehr zwischen Kutch und Arabien kann als der letzte Rest des uralten Tauschhandels gelten, der einst in der östlichen Welt so gewöhnlich war. Zu diesem Endzweck besuchen die Dindschis die Häfen von Berbera, nahe am Eingange des rothen Meeres, die Insel Sokotra und den Hafen von Maskat. Sie kommen beladen mit weißen und blauen Kattunwaaren, Töpfergeschirren, Schmuck, Gewürzen u. s. w., die gegen Elfenbein, Butter, Aloe, Drachenblut, Gummi und Goldstaub eingetauscht werden. Die Mannschaft dieser Boote besteht aus den friedlichen Hindus, welche noch in dieselben Zeuge gekleidet sind und ihr Geschäft mit derselben geduldigen Ausdauer betreiben, wie zur Zeit, wo Alexander Indien mit Krieg überzog.

Diese Bemerkungen werden hinreichen, um einen ziemlich richtigen Begriff von der Art Schiffe zu geben, die den Handel zwischen Indien und der arabischen Küste treiben, und um die Überzeugung zu erwecken, daß die alten Hindus ein seefahrendes Volk waren und eine Handelsmarine besaßen. Sie besaßen ein von großen schiffbaren Strömen durchzogenes Land, ihre Wälder enthielten eine unendliche Mannichfaltigkeit des schönsten Schiffbauholzes, worunter sich namentlich der riesenhafte Teakbaum auszeichnet, und somit wäre es allem Herkommen der Nationen, die ähnliche Vortheile besitzen, völlig zuwider, wenn sie kein seefahrendes Volk gewesen wären. Man hat behauptet, die Trennung der Hindus in Kasten habe seit uralten Zeiten bestanden, und unter diesen finde sich keine Schifferkaste. Dies ist wahr, aber Golddurst hat hier wie anderswo seine Wirkung gethan. Die Dindschis von Kutch sind ganz von Hindus bemannt, die Schiffer der malabarischen Küste sind die erfahrensten und muthigsten Seeleute im Oriente und bei Diu sind manche Dörfer, deren männliche Bewohner durchaus Matrosen sind und den Ruf von Kühnheit und Geschicklichkeit in ihrem Geschäfte haben.

Die Thatsache also, daß die Hindus Seefahrer sind und waren, bestätigt die Annahme, daß sie meist den Handel zwischen Indien und Arabien führten, bis sie von ihren schlauern Nachbarn beraubt wurden. Als Salomo eine Flotte baute, um längs der arabischen Küste hinzufahren, nahm er dazu Phönizier; als Necho, König von Ägypten, Afrika umschiffen ließ, geschah es wiederum durch Phönizier, die ersten Seeleute jener Zeit. Wenn diese Umstände klar zeigen, daß es den Arabern am rothen Meere an nautischer Geschicklichkeit fehlte, so läßt sich auch leicht aus physischen Ursachen beweisen, daß sie nie Schiffe bauen konnten, welche die Reise nach Indien machen konnten, denn das ganze Ufer der Halbinsel ist ein dürres Land, das auch nicht einen Baum erzeugt, um das kleinste Boot daraus zu zimmern. (Palmen gibt es freilich genug, aber das Holz ist nicht hart genug.) Das jetzige Geschlecht der Araber hängt für sein Schiffbauholz ganz von Indien ab, selbst bis Bagdad und Dschidda hinauf.

Dagegen waren die Araber die Landfrachtführer des indischen und chinesischen Handels und erst im Laufe der Zeit brachte sie ihre größere Kühnheit und ihr Unternehmungsgeist dahin, die schwächern Hindus zu überholen, und endlich den größern Antheil des indischen Handels an sich zu bringen. Als die Europäer die Fahrt um das Cap entdeckten, fanden sie viele arabische Niederlassungen an der Küste, und als die Portugiesen zuerst einen Handel nach Calicut eröffneten, erfuhren sie von den Arabern, die sich dort niedergelassen hatten, einen sehr entschlossenen Widerstand.

Die Rose von Jericho.

Diese Pflanze gehört in die funfzehnte Classe, welche alle mit vier größern und zwei kleinern Staubgefäßen versehenen Pflanzen umfaßt, zu denen auch die Kresse, der Senf, der Rettig, der Kohl, der Lack und die Levkoje zu rechnen ist. Wegen ihrer Gestalt wird sie auch Hufkraut genannt. Sie hat stumpfe Blätter und klauenförmige, stachliche Früchte und wächst an den Ufern des rothen Meeres. In den botanischen Gärten Deutschlands sieht man sie häufig. Sie blüht im Julius und August und hat das Eigenthümliche, daß sich ihre Zweige bei anhaltend trockener Witterung oberwärts gegeneinander biegen und auf diese Art der Pflanze eine rundliche Gestalt geben. Tritt dann feuchtes Wetter ein, so breiten sich die Zweige wieder auseinander. Man sagt sogar, daß schon ganz vertrocknete Pflanzen, wenn sie befeuchtet werden, wieder aufleben und grünen, obschon dies nicht erwiesen ist. In früherer Zeit brachten die Pilger solche Rosen von Jericho als Andenken an ihre Wallfahrt mit.

Chinesisches Porzellan.

Das chinesische Porzellan ist unstreitig das Original, von welchem die ähnlichen Manufacturen Europas entlehnt wurden. Die ersten Porzellanöfen waren in Keangsy, derselben Provinz, wo es auch jetzt noch hauptsächlich verfertigt wird und dies zwar schon im Anfang des 7. Jahrhunderts unserer Zeitrechnung. Die berühmten Öfen von King-te-chin, ostwärts vom Poyangsee, wurden erst ums Jahr 1000 gegründet. Während der Reise der letzten englischen Gesandtschaft durch das Land wurde bemerkt, daß die größten Quantitäten Porzellan zum Verkaufe nach Nan-chang-fou geschafft wurden, südwärts vom See, von wo eine Verbindung mit King-te-chin zu Wasser stattfindet. Die Chinesen haben eine gedruckte Geschichte in vier Bänden über die Porzellanöfen dieser Stadt; allein die Hauptschwierigkeit bei einer Übersetzung würde darin bestehen, die verschiedenen in dieser Manufactur gebrauchten Substanzen mit den Namen zu identificiren, unter welchen sie im Originalwerk bezeichnet sind. Bekanntlich besteht das Hauptverdienst der chinesischen Waaren in der Härte des Stoffes, in der Feinheit des Bruchs und in dem Widerstande, welchen das Porzellan der Hitze bietet, ohne zu zerspringen. Die bessern Arten sind in Hinsicht der Substanz noch unübertroffen; freilich was Malerei und Vergoldung betrifft, so stehen sie den europäischen Erzeugnissen nach.

Über die Hauptzuthaten, welche bei Verfertigung des chinesischen Porzellans angewendet werden, ist man jetzt durchaus im Klaren. Man entdeckte bald, daß der von dem französischen Missionar Dentrecolles erwähnte Kao-lin die europäische Porzellanerde sei. Die englische Gesandtschaft bemerkte in der Nähe des Poyangsees eine Menge jener Granitfelsen, welche auf eine große Menge dieses Materials schließen lassen. Kieselerde und Alaun, oder Kiesel und Thon sind die Hauptbestandtheile des chinesischen Porzellans, der Kao-lin von Dentrecolles ist der Thon und der Pe-tunt-tse der Kiesel. Folgende Thatsachen sind von den Chinesen selbst bestätigt. Sie sagen aus, daß Kao-lin, auch eigentlich Kaon-ling, welches bedeutet „hoher Rücken" (wahrscheinlich, wo der Granit am meisten der Verwitterung ausgesetzt ist), vermischt ist mit kleinen glänzenden Theilchen, nämlich Glimmer, welchen es daselbst natürlich in Menge gibt. Über den Pe-tunt-tse bemerken sie, daß er sich weiß, hart und mit glatter Oberfläche findet. Das erstere Material erfordert weniger Arbeit als das letztere, oder mit andern Worten, es besteht aus weichem Thon, während letzteres eine harte, steinige Substanz ist. Der Kao-lin wird in den Bergen gegraben, wo immer die äußere Fläche der Erde von röthlicher Farbe und reich an glänzenden Bestandtheilen ist. Der Pe-tunt-tse wird mit vieler Schwierigkeit in Mörsern gestoßen, deren Stößel durch ein Wasserwerk in Bewegung gesetzt werden, und wenn das Pulver bei Beimischung von Wasser zu einem feinen Teig gemacht worden, wird es geknetet und an die Manufacturen verkauft. Eine andere von ihnen gebrauchte Substanz ist Hua-she, „schlüpfriger Stein", und dies ist Speckstein oder Seifenstein; ein vierter ist Shekaou, Alabaster oder Gyps, den sie, nachdem er gebrannt, bei der Malerei gebrauchen. Als sich Sir George Staunton King-te-chin von der Ostseite näherte, bemerkte er verschiedene Aushöhlungen, durch die Ausgrabungen des Pe-tunt-tse aus den benachbarten Hügeln entstanden. Er sagt, es sei eine Art feinen Granits, wo Quarz die Hauptbestandtheile bildet. Weiterhin bemerkte er einige Steinbrüche mit schönen weißen, flimmernden Steinen; sie bestanden, wie er sagt, aus Quarz im reinsten Zustande. In Hinsicht der beiden Hauptbestandtheile des chinesischen Porzellans kann also kein Zweifel obwalten. Außer in King-te-chin gibt es noch eine große Porzellanmanufactur in Chaou-King-Fou, im Westen von Kanton, welche die nicht bedeutenden Anforderungen des europäischen und indischen Handels versorgt; allein es ist bei weitem nicht so berühmt und gut, wie das von King-te-chin. Die Glasur des chinesischen Porzellans wird bewirkt durch die Verbindung von pulverisirten Pe-tunt-tse mit Kiesel mit Farrnkrautasche, welches auf denselben Hügeln, die das übrige Material liefern, in Menge wachst. Die glasichte Combination von Kieselstein Alkali (Laugensalz), von den Chemikern Silicat genannt (die Verbindung der Kieselerde mit andern Erden oder Metallkalken), gibt dem Porzellan ebenfalls eine schöne polirte Oberfläche. Die Chinesen nennen dies Firnissen oder Ölen, mit Beziehung auf ihre lackirten oder japanirten Waaren.

Kaou-ling ist der Name eines Hügels auf der Ostseite der Manufacturstadt und die von dort geholte Erde war das Eigenthum von vier Familien, deren Namen auch auf das Material gestempelt ward. Den besten Pe-tunt-tse findet man bei Hoey-chon in der Provinz Keannan. Die chinesische Regierung verwendete schon vor mehr als tausend Jahren große Sorgfalt auf die Porzellanmanufacturen und namentlich auf die in King-te-chin, die zur Hauptstadt Javuchow-foo gehörte; und der Kaiser Kien-lung sendete von Pe-king einen Mann ab, um die ganze Procedur in allen Details zu zeichnen. In einem bänderreichen chinesischen Werke werden die Gegenstände dieser Zeichnungen, zwanzig an der Zahl, ausführlich beschrieben. Sie beginnen mit dem Verfahren, sich das Material zu verschaffen, um den Teig zu machen. Dann wird das Geschäft der Aschezubereitung für die Glasur geschildert. Gegenstand eines andern Gemäldes ist die Auswahl des blauen Materials, wahrscheinlich Kobalt. Nachdem das ungebrannte Biscuit (wie es die Arbeiter nennen) auf einer Drehbank gedreht, oder in einer Form gestaltet worden ist, wird es geglättet und mit der Hand von allen Unebenheiten befreit. Beim Malen zeichnet ein Theil die Umrisse und ein Anderer malt aus. Die Chinesen sagen von dieser Theilung der Arbeit, „sie concentrire des Arbeiters Hand und theile nicht dessen Geist". Ehe eine einzelne Waare bis zum Brennen gelangt, wandert sie erst durch zwanzig Hände, und ehe sie verkauft wird, wohl durch noch einmal so viele. Die oben genannten Gemälde schildern dann das Brennen der Waare in offenen und geschlossenen Öfen und zuletzt auch sogar das Verfahren des Verpackens derselben.

Anekdote.

Einer der letzten Bälle in dem vergnügungssüchtigen Paris endete durch eine Handlung, die eine Stelle in dem Leben der Heiligen verdiente. Ein armer Greis ohne Obdach hatte sich vor dem rauhen Winde in das Hotel des englischen Gesandten geflüchtet und war in einem Winkel an der Treppe eingeschlafen. Als er bei herannahendem Morgen durch das Geräusch der sich entfernenden Ballgäste geweckt und, über die Erscheinung der geschmückten Gestalten beim Schimmer der Fackeln staunend, sich furchtsam entfernen wollte, versagten ihm seine vom Froste erstarrten Glieder den Dienst, daß er in die Knie sank. Niemand beobachtete ihn; wenn zufällig die Augen der heimkehrenden Ballgäste auf seine geknickte Gestalt fielen, wurden sie unwillig weggewendet. Nur eine Dame, schön wie ein Engel, hatte der Rausch des Vergnügens Auge und Herz nicht gegen fremdes Elend umflort; aus der Mitte der sie umgebenden Herren und Damen hervortretend, näherte sie sich dem Greise, betrachtete ihn und da sie nichts Anderes zu geben hatte, nahm sie eine Demantähre aus ihren schönen Locken und reichte sie ihm. Als die Umstehenden sich nicht von ihrem Erstaunen erholen konnten, sagte sie zu ihnen gewendet: „Ist es nicht billig, daß der Arme Ähren lese, nachdem wir geerntet?" Einen Augenblick darauf verschwand sie, aber der Arme hob die Hände empor, Segen flehend für die schöne Herzogin von......

Die Borax=Lagunen in Toscana.*)

Diese Lagunen sind in Europa, wo nicht in der ganzen Welt, einzig in ihrer Art und ihre Ausbeute ist für Toscana zu einem wichtigen Handelsartikel geworden. Sie nehmen einen Raum von etwa 10 Meilen ein und schon von ferne sieht man Dampfsäulen von ihnen aufsteigen, die je nach der Jahreszeit und dem Wetter bald mehr, bald minder stark sind. So wie man sich den Lagunen nähert, scheint gleichsam Wasser aus der Erde zu sprudeln, wie aus Vulkanen und aus einem Boden von verschiedener Art, meist aber aus Kalk und Sand bestehend. Die Hitze in der unmittelbaren Nähe ist unerträglich und man wird ganz in Dampf von einem starken, etwas schwefelartigen Geruche gehüllt. Das Ganze bietet einen Anblick von unbeschreiblicher Verwirrung und Heftigkeit, und das mit Geräusch hervorsprudelnde heiße Wasser, der rauhe, gleichsam zitternde Boden, die Dampfsäulen, der starke Geruch und die zwischen schwarzen einsamen Gebirgen hervorbrechenden Wasser — alles Dies überrascht und betäubt den Beschauer. Der Boden, welcher unter den Füßen der Wanderer brennt und zittert, ist mit schönen Krystallisationen von Schwefel und andern Mineralien bedeckt. Sein Charakter unter der Oberfläche zu Monte Cerboli ist der eines schwarzen Mergels mit Kalk durchstreift, was ihm von fern das Aussehen eines buntfarbigen Marmors gibt. Früher wurde dieser Ort von den Landleuten für den Eingang zur Hölle gehalten — ein Aberglaube, der sich ohne Zweifel aus dem grauesten Alterthume herschreibt, denn die bedeutendste der Lagunen und der nahe liegende Vulkan tragen noch immer den Namen Monte Cerboli (mons Cerberi). Die Bauern gingen nie ohne Entsetzen hier vorüber und beteten auf dem Wege.

Von Hrn. Larderel sind diese Lagunen in neuerer Zeit sehr nutzbar gemacht worden. Die Dämpfe brechen aus verschiedenen Gebirgsschluchten sehr heftig hervor, und hier hat man nun künstliche Lagunen durch Herbeileitung von Wasser angelegt, das durch den heißen Dampf bis zum Sieden erhitzt wird; hat es sich durch 24 Stunden ganz mit Boraxsäure gesättigt, so läßt man es in eine zweite Lagune ab, wo eine zweite, und dann eine dritte Sättigung erfolgt, was so lange fortgesetzt wird, bis das Wasser die letzte Lagune erreicht, und so, nachdem es durch 6 — 8 derselben geleitet worden, $\frac{1}{2}$ Procent Boraxsäure in sich aufgenommen hat. Dann wird es in Behälter gebracht, von wo es nach einer Ruhe von einigen Stunden in die Verdünstungspfannen kommt, deren 10 — 20 sind, in die es nacheinander gebracht wird, und wo eine immer stärkere Concentration der Säure stattfindet, indem der heiße Dampf von den Quellen unter diesen flachen bleiernen Pfannen durchzieht. Dieser Dampf hat an der Quelle die Hitze von 80° R., und wenn er nach dem Gebrauch entweicht, noch immer 60°. Aus den Pfannen kommt die Säure dann in die Krystallisationsgefäße und aus diesen in die Trockenstuben, wo der Borax nach Verlauf von 2 — 3 Stunden zum Verpacken fertig ist. Die Lagunen werden meist von Lombarden gegraben, die nach Toscana kommen, wenn ihre heimischen Apenninen mit Schnee bedeckt sind, und sich mit dieser Arbeit einen Lire täglich verdienen. Die Bereitung des Borax aber wird von den Eingeborenen besorgt, welche eine eigne Uniform tragen und in Häusern in der Nähe der Werke wohnen. Früher, ehe man sie benutzte, waren diese Lagunen durch ihre Ausdünstungen dem Lande nur schädlich, und vieles Vieh, das sich zufällig hier verirrte und in die heißen Quellen stürzte, kam um. Auch Menschen gingen nicht selten auf solche Art zu Grunde. Mancher verlor einen Fuß, wenn er ausglitschte und in das heiße Wasser trat, denn ehe er ihn noch zurückziehen konnte, löste sich schon das Fleisch von den Knochen.

Wahrheitsliebe der Engländer.

Dauernde und aufrichtige Liebe zur Wahrheit ist eine Tugend, die man in Ägypten nur selten findet. Falschheit wurde vom Propheten Mohammed erlaubt und anempfohlen, wenn sie dazu dienen könnte, feindliche Personen wieder miteinander zu versöhnen, oder um sich bei eines Andern Weib in Gunst zu setzen, im Krieg über den Feind des Glaubens einen Vortheil zu erlangen; in allen andern Fällen verbot er sie streng. Dies bietet den neuern Moslems im Allgemeinen eine Entschuldigung für ihre Sucht zum Lügen dar; denn wenn es Menschen erlaubt ist, in einigen Fällen zu lügen, dehnen sie gewissenlos diese Erlaubniß auch auf alle Fälle aus. Obschon die meisten Ägypter oft absichtlich lügen, so hört man sie doch selten eine irrige Angabe widerrufen ohne den Zusatz: „Nein, ich bitte Gott um Verzeihung, es war so und so"; oder wenn sie etwas sagen, wovon sie nicht ganz fest überzeugt sind, sagen sie: „Gott weiß Alles." Vor einigen Jahren war ein armenischer Juwelier in Kairo so sehr wegen seiner Wahrheitsliebe berühmt, daß ihm seine Bekannten einen Namen beilegten, der nach ihrem Sinne von dem Besitz einer Tugend zeugte, die bei ihnen so selten ist. Sie nannten ihn „El-Ingilee'z", d. h. Engländer, und dieser Name wurde sein Familienname. Es ist nichts Seltenes, daß man hier von Kaufleuten, die von dem verlangten Preise ihrer Waaren nichts abgehandelt wissen wollen, den Ausdruck hört: „Ein Wort, das Wort eines Engländers" (Kil'met el-Ingilee'z). Zuweilen hört man wohl auch: „Auf das Wort eines Franzosen"; aber keine Nation steht bei dem Moslem wegen ihrer Wahrheitsliebe in so hoher

---

*) Obgleich wir bereits in Nr. 102 des Pfennig=Magazins über die Boraxsäurefabrikation in Toscana einen Aufsatz mittheilten, so glauben wir nachstehenden sehr interessanten Artikel dennoch geben zu dürfen.

Christus als Lehrer.

Das Gemälde, von welchem wir hier einen Holzschnitt geben, hat eigenthümliche Schicksale gehabt. Es war in der Rochuskirche zu Paris aufgehängt und erregte die Bewunderung der Kunstverständigen. Über die Maler herrschten verschiedene Gerüchte. Endlich kamen alle Stimmen überein, es der Prinzessin Marie, Tochter Louis Philipp's, jetzigen Herzogin von Würtemberg, zuzuschreiben, die sich allerdings durch regen Eifer für die Kunst und durch glückliches Talent zum Malen auszeichnet, schon mehre gute Gemälde geliefert hat und selbst Bildhauerin ist. Doch hat ein gewisser Hauser das Bild als das seinige reclamirt und deshalb schon einen Proceß geführt.

Das Pfennig-Magazin

für Verbreitung gemeinnütziger Kenntnisse.

258.] Erscheint jeden Sonnabend. [**März 10, 1838.**

Innsbruck.

Tirol ist eines der gebirgigsten und malerischsten Länder Europas. Seine hohen Alpen, seine Gletscher, Seen und Wasserfälle sind so schön wie die der Schweiz, während seine verfallenen Thürme, die sich wie Adlerhorste auf den Gipfeln hoher Felsen erheben, und seine gräflichen Burgen aus dem Mittelalter, an Zahl nicht nur die in der Schweiz, sondern auch in jedem andern Lande von gleicher Ausdehnung übertreffen. Man findet hier die Reize des Malerischen in der Volkstracht und bei den Landleuten eine Sitteneinfachheit, die man vergebens in der Schweiz suchen würde, ausgenommen vielleicht in den kleinen Gebirgs- und Hirtencantonen, die von der großen Hauptstraße weiter entfernt liegen, und obschon Tirol weniger glücklich als die Schweiz im Kampfe für seine Unabhängigkeit und für die Wohlthaten einer freien und nationellen Verwaltung gewesen ist, so vermißt man doch bei dem Volke nicht die begeisternde Vereinigung des Patriotismus mit heroischem Muthe. Wie die Schweizer, haben die Tiroler, wenig an Zahl, aber von feurigem Muthe beseelt, in ihren Gebirgspässen sich behauptet und die fremden Eindringlinge zurückgeworfen oder vernichtet; oft hörte man den heiligen Ruf der Freiheit in ihren Gebirgen wiederhallen, und selbst damals, als fast das ganze Festland Europas sich vor Napoleon beugte, wagte das tapfere Völkchen, von seinem kühnen Hofer angeführt, einen ungleichen, aber heroischen Kampf gegen die Franzosen und Baiern.

Dieses Gebirgsland zerfällt in zwei ungleiche Theile oder in das deutsche Tirol, das sich an Baiern und Östreich lehnt, und das italienische, das sich zu den Seen und fruchtbaren Ebenen der Lombardei herabsenkt. Das deutsche Tirol ist der größere Theil, aber das italienische ist im Verhältniß zu seiner Ausdehnung viel bevölkerter und hat mehr volkreiche und besser gebaute Städte und Dörfer. Der Charakter, die Sitten und das Äußere der Bewohner dieser beiden Theile sind sehr verschieden. Die Deutschtiroler lieben die Freiheit leidenschaftlich und haben noch viel von der Keckheit, Offenheit und Einfachheit des alten deutschen Volksstammes. Sie sind fast Alle Grundeigenthümer, und indem sie ihr eignes Land bauen, fühlen sie sich weit unabhängiger als bloße Lohnarbeiter. Sie bewahren ihre Nationaltracht und hängen fest an alten Gebräuchen. Die Bewohner des niedern oder italienischen Tirols aber beugen sich geduldiger unter die Gewalt, bauen meist für Lohn das Land Anderer und haben alte Sitten und Gebräuche weniger treu bewahrt. In ihren größern Städten findet man Luxus und Üppigkeit und der Charakter der Bewohner hat mehr von der Biegsamkeit und Höflichkeit der Italiener als der Offenheit und Rauheit der Deutschen.

Das Thal des Inn, der durch den ganzen nördlichen Theil des Landes fließt und sich dann mit der Donau verbindet, kann der Haupttheil des höhern oder deutschen Tirols genannt werden. Es ist durch eine hohe Bergkette vollkommen von Niedertirol getrennt, wohin über den Berg Brenner (6000 Fuß über der Oberfläche des Meeres) die einzige Straße führt. Dieses Innthal ist fast 20 Meilen lang, aber seine bedeutendste Breite erreicht nicht ganz 1½ Meile, während es an vielen Stellen und oft eine ziemliche Strecke nur eine Stunde breit ist. Ziemlich in der Mitte dieses Thales liegt die Hauptstadt Tirols, Innsbruck oder eigentlich Innsbrück (Brücke über den Inn), nicht weit von der südlichen Grenze Baierns. Die Stadt gewährt in einiger Entfernung einen schönen malerischen Anblick. Das ganze Thal prangt, so weit man es übersehen kann, im üppigsten Pflanzenwuchs, während es auf beiden Seiten von hohen und meist mit Waldungen bedeckten Bergen eingeschlossen und von dem breiten, reißenden und tiefen Flusse durchströmt wird.

Innsbruck ist in historischer Hinsicht nicht ohne Interesse; es war schon den Römern bekannt, obschon nicht als Hauptstadt Tirols. Im 11. Jahrhundert christlicher Zeitrechnung gelangte es zu einiger Wichtigkeit und im Jahre 1234 wurde es von Otto, Herzog von Meran, befestigt und zur Hauptstadt gemacht, die früher Meran gewesen war. Das Haus dieses Herzogs Otto soll jetzt noch in Innsbruck unter dem Namen „Ottoburg" bestehen, und die Jahreszahl 1232 ist noch deutlich daran sichtbar. Nachdem die Stadt die gewöhnlichen Veränderungen erlitten hatte, welchen sich in den Wirren des Mittelalters alle Städte unterwerfen mußten, kam sie im Jahre 1363 mit Tirol in den Besitz des Hauses Östreich, welchem sie fünftehalb Jahrhunderte, bis zum Jahre 1805, angehörte. Durch den Frieden von Preßburg kam Tirol an den Bundesgenossen Napoleon's, den König von Baiern, dessen früheste Vorfahren schon oft versucht hatten, Besitz von dem Lande zu nehmen. Diese Veränderung entsprach jedoch keineswegs den Wünschen der Tiroler, und da die Baiern bald Härte und Unterdrückung mit ihrer Herrschaft zu verbinden anfingen, wurde nach und nach heimlich und mit der Zustimmung und der geheimen Unterstützung Östreichs ein Aufstand gegen dieselben erregt, der im Jahre 1809 ausbrach, als ein neuer Krieg zwischen Napoleon und dem Kaiser Franz begann. Die Tiroler benutzten diese Gelegenheit, ihren Entschluß, die Baiern aus dem Lande zu treiben, auszuführen. Das erste Wagniß der Patrioten war ein Angriff auf die Hauptstadt. Am frühen Morgen des 11. Aprils hatten sich mehr als 20,000 Tiroler auf den Höhen über Innsbruck versammelt, und nachdem sie die nöthigen Maßregeln zur Verhinderung des Rückzuges der Feinde getroffen hatten, eilten sie in die Ebene hinab, die an die Stadt grenzt, und warfen Alle, die sich zu widersetzen wagten. Die Baiern zogen sich hinter die Mauern der Stadt zurück; aber die Tiroler verfolgten sie auf dem Fuße und drangen mit ihnen in die Thore. Die Feinde schossen von den Dächern der Häuser herab und aus den Fenstern, da sie aber bald erkannten, daß es unmöglich sei, den fehlenden Kugeln der begeisterten Landleute zu widerstehen, zogen sie sich von ihrem Posten zurück, streckten das Gewehr und baten um Gnade. Dennoch aber vertheidigte sich noch eine große Anzahl mit der größten Unerschrockenheit, und Diejenigen, die an den Baracken standen, kämpften bis auf den letzten Mann. Unter den tapfersten dieser Soldaten zeichnete sich besonders ein Offizier aus, der Oberst Dittfurt, der sich aber den Tirolern besonders verhaßt gemacht hatte. Man sah ihn überall, seine Leute ermuthigend und mit einer Wuth kämpfend, als ob er geglaubt hätte, daß Alles von dem Erfolge dieses Tages abhänge.

Die Tiroler hatten von dem Hause des Oberbefehlshabers Besitz genommen und nöthigten ihn eben zur Übergabe, als Dittfurt, der schon von zwei Kugeln verwundet war, herbeieilte und sie angriff. Eine dritte Kugel durchbohrte jetzt seine Brust und als er zusammensank, entquoll seinem Munde ein Blutstrom; einige Bauern wollten ihn gefangen nehmen, aber als er sich emporrichtete und seine Leute ermahnte, vorzurücken und keine Feiglinge zu sein, drang die vierte Kugel in seinen Kopf, der ihn besinnungslos zu Boden warf. In diesem Zustande wurde er gefangen genommen und nach dem Wachthause gebracht. Als er von dem Blutverluste halbohnmächtig und von seinen entwaffneten Kampfgenossen umgeben, auf seinem Lager lag, fragte er, wer der Anführer der Bauern gewesen sei. — „Niemand", war die Antwort; „wir fochten Alle für Gott, unsern Kaiser und unser Vaterland!" — „Das ist seltsam", erwiderte Dittfurt, „denn ich sah ihn mehrmals auf seinem weißen Rosse an mir vorüber reiten." Diese zufälligen und unbedeutenden Worte machten einen tiefen Eindruck auf die Gemüther der Bauern, die, zum Aberglauben geneigt, von nun an fest glaubten, St. Jakob, der Schutzpatron der Stadt, habe mit ihnen gefochten. Dittfurt gab nach zwölf Tagen seinen Geist auf; er wurde von seinen Feinden mit großer Menschlichkeit behandelt, die Alles aufboten, ihm seine Leiden durch liebreiche Pflege zu erleichtern; aber er schien unempfindlich gegen Alles zu sein und fuhr fort, die patriotischen Bauern durch beleidigende Reden zu reizen, bis der Tod ihm den Mund schloß.

Um 11 Uhr des Morgens war Innsbruck völlig im Besitz der Tiroler, während fast alle bairischen Truppen zu Gefangenen gemacht worden waren. Die Freude der Sieger kannte keine Grenzen und man hörte nichts als Freudenschüsse; der kaiserliche Adler wurde von dem Grabe Maximilian I. genommen, mit rothen Bändern geschmückt und unter dem Jauchzen des von seiner neuen Freiheit begeisterten Volkes durch die Straßen getragen. Die Bildnisse des Erzherzogs Johann, der in den Ebenen der Lombardei ein bedeutendes Heer gegen die Franzosen geführt hatte, und des Kaisers wurden auf die Art Triumphbogen gesetzt und mit brennenden Kerzen umgeben. Jeder Vorübergehende beugte sein Knie und rief: „Lange lebe der Kaiser!" Aber dieser Freudentaumel war von keiner langen Dauer. Die ermüdeten Bauern überließen sich endlich auf den Straßen und in den benachbarten Gärten dem Schlafe, als sie ungefähr um drei Uhr des Morgens durch das Sturmläuten in der Stadt und allen benachbarten Dörfern geweckt wurden. Die Ursache des Lärms erklärte sich bald. Eine starke Abtheilung französischer und bairischer Truppen waren im Anrücken, und die Tiroler hatten kaum Zeit, die nöthigen Vorkehrungen zu treffen. Die Thore wurden mit Fässern, Wagen und andern Dingen verschanzt, die Thüren aller Häuser wurden verschlossen und nichts vergessen, was zur Vertheidigung der Stadt von den Tirolern für nothwendig erachtet wurde.

Auch diesmal waren die Bemühungen der Patrioten von Erfolg; sie warfen die Angreifenden völlig zurück und zwangen sie am 13. April, sich als Kriegsgefangene zu ergeben. Aber die große Macht der Franzosen und Baiern, die bald nachher in Tirol einrückte, würde allen Widerstand vergeblich gemacht haben, und der Feind zog daher am 19. Mai in Innsbruck ein. Zehn Tage später trat aufs Neue eine Veränderung ein; denn nachdem die Baiern am 29. Mai in der Nähe der Stadt eine Niederlage erlitten hatten, benutzten sie die Dunkelheit der Nacht und räumten Innsbruck. Nach der Schlacht bei Wagram aber, wo Östreichs Armeen von Napoleon eine so empfindliche Niederlage erduldeten, wurden die Tiroler vom Kaiser Franz aufgegeben und es wurde ihnen selbst anempfohlen, sich der bairischen Herrschaft zu unterwerfen. So sich selbst überlassen, waren sie nicht im Stande, dem Vorrücken ihrer Feinde einen genügenden Widerstand entgegen zu setzen, welche am 31. Juli aufs Neue von Innsbruck Besitz nahmen. Aber so groß war die Thätigkeit und ungemeine Kühnheit Hofer's und seiner Bergbewohner, daß nur 12 Tage später wieder 18,000 Tiroler in den Ebenen Innsbrucks erschienen und das ganze bairische und französische Heer von 25,000 Mann in die Flucht trieben, worauf Hofer am 15. August in Triumph in die Stadt einzog. Doch die Kräfte waren zu ungleich, als daß die Tiroler hätten ihre Siege behaupten können; die zahllosen bairischen und französischen Truppen, die bald nachher unter Eugen Beauharnais Tirol überschwemmten, nachdem aufs Neue ein Friede geschlossen worden war und der Kaiser Franz zum zweiten Male das ergebene Land dem Bundesgenossen Napoleon's förmlich abgetreten hatte, vereitelten alle Versuche zum Widerstand. Hofer räumte am 5. November Innsbruck und fiel im Januar 1810 in die Hände der Franzosen, worauf er am 20. Februar in Mantua erschossen wurde.*) Die Baiern blieben im Besitz von Tirol bis zum Frieden von 1814, worauf es wieder an seinen alten Herrn, den Kaiser von Östreich, fiel.

Innsbruck ist eine Stadt von mittlerer Größe, aber von seltener Schönheit. „Ich kenne keine Stadt von derselben Größe", sagt ein neuerer Reisender, „die sich durch so viele schöne Gebäude auszeichnet die so reinliche und nette Vorstädte hat als Innsbruck." Die eigentliche Stadt hat ein alterthümliches Ansehen, ist schlecht und unregelmäßig gebaut. In den Vorstädten findet man einige schöne Straßen und neue Häuser, da hier größtentheils die Wohnungen der Adeligen und Reichen sind. Die vorzüglichsten öffentlichen Gebäude sind das Stadthaus, ein geräumiger Palast und die Residenz des östreichischen Gouverneurs von Tirol, die sich auf dem sogenannten „Remplatz" befindet, der mit der Reiterstatue des Erzherzogs Leopold geschmückt ist.

Einen ganz besondern Reiz verdankt Innsbruck seinen Kirchen, an deren Spitze die Kathedrale oder die Kirche zum heiligen Kreuze steht, die sehr viele Merkwürdigkeiten enthält, worunter das Grabmal oder das Mausoleum Maximilian I. die meiste Beachtung verdient. Dieses ungeheure Monument nimmt mit all seinen Zusätzen einen beträchtlichen Theil des Schiffes der Kirche ein. In der Mitte mehrer anderer Bildwerke befindet sich ein Sarkophag von weißem und schwarzem Marmor, 6 Fuß hoch und 13 Fuß lang, worauf die bronzene Statue des Kaisers in knieender Stellung, mit dem Gesichte nach dem Altar gewendet, ruht. Auf mehren Seiten des Sarkophags sieht man goldene Inschriften auf schwarzem Marmor; aber die vorzüglichste Schönheit des ganzen Werkes liegt in den Basreliefs, die sich an den Seiten des Monuments befinden und aus dem schönsten carrarischen Marmor gebildet sind, während die einzelnen Platten durch Pfeiler von ganz schwarzem Marmor getrennt werden. Es sind im Ganzen 24 Platten, welche die Hauptereignisse aus Kaiser Maximilian's Leben darstellen, z. B. seine Heirath mit der Tochter Karl's des Kühnen, Maria von Burgund, seine Krönung als römischer König zu Aachen, sein Kampf mit den Venetianern, sein Sieg über die Türken in Kroatien und seine andern Siege, Kriegszüge und Friedensschlüsse.

Um dieses großartige Monument stehen, wie Beschützer der Asche des großen Monarchen, 28 kolossale bronzene Statuen von Königen, Königinnen, Prinzen, Prinzessinnen und kräftigen Kriegern in Waffenrüstung, z. B. Clodwig, König von Frankreich, Theodorich, König der Ostgothen, der König Arthur von England; Gottfried von Bouillon, mehre Grafen aus dem Hause Habsburg, Vorfahren Maximilian's; Maria von Burgund, die erste Gemahlin des Kaisers, die Erzherzogin Margaretha, seine Tochter; Johanna, Gemahlin Philipp I. von Spanien und Leonora von Portugal.

Wenn sich das Auge an dem vereinigten Ganzen ergötzt hat, wird es, wenn es zur Betrachtung der Einzelheiten übergeht, gleich anziehende Gegenstände finden, die an Pracht und kunstvoller Ausführung ihres Gleichen suchen. Die Basreliefs sind wahre Meisterwerke, und die zahlreichen Figuren, die sie enthalten und die alle ein passendes Costum tragen, sind schön gruppirt, während die Städte und Burgen trefflich dargestellt sind und als wahrhafte Landschaften in Marmor betrachtet werden können. Alle diese Platten, vielleicht nur einige weniger gelungene ausgenommen, soll Alexander Colin aus Mecheln ungefähr in der Mitte des 16. Jahrhunderts verfertigt haben; so findet man z. B. an der Statue Theodorich's die Jahreszahl 1513. Man erzählt, der Kaiser Maximilian habe selbst zuerst an die Errichtung dieses Denkmals gedacht und kurz vor seinem Tode den Platz bestimmt, den seine Statue unter der Gruppe einnehmen sollte. Außer dem kaiserlichen Mausoleum enthält die Kirche zum heiligen Kreuz auch noch 23 Statuen katholischer Heiligen, worunter die der heiligen Jungfrau von gediegenem Silber ist, mehre Marmordenkmale und das Grab des Patrioten Hofer, des Tell der Tiroler, welches, obschon einfach, wie der Mann, dessen Asche es deckt, doch eine größere Sympathie und Achtung in Anspruch nimmt, als wir gewöhnlich den stolzen Bildsäulen über den Gräbern von Kaisern und Königen zollen können.

Außer dieser Kathedrale gibt es in Innsbruck einige Kirchen, die ebenfalls der Beachtung werth sind. Die Kirche des heiligen Jakob ist ein schönes Gebäude und enthält viele Marmorwerke und einige Bilder. Die Kirche der heiligen Dreieinigkeit ist vielleicht in archi-

---

*) Vergl. Pfennig-Magazin Nr. 237.

tektonischer Hinsicht das schönste Gebäude in Innsbruck, sie hat eine Laterne und eine Kuppel mit einer umlaufenden Galerie, die, 215 Fuß hoch, die reizendste Aussicht über das liebliche und romantische Innthal gewährt. Der ganze Marmor, womit diese Kirche geschmückt ist, ist das Erzeugniß Tirols.

Die neue Straße in Innsbruck.

Das Neueste aus der Natur- und Gewerbswissenschaft.

(Fortsetzung aus Nr. 257.)

Unter den Mondhöhen, welche die Verfasser gemessen haben und in diesem Werke aufführen (die Anzahl beläuft sich gegen 1100), ist die bedeutendste der südwestliche Wall des Ringgebirges Newton, von 22,362 Fuß. Bringt man dabei in Anschlag, daß der Mondhalbmesser nur etwa $3/11$ des Erdhalbmessers beträgt, nach welchem Verhältnisse die respective Höhe der Berge auf den verschiedenen Weltkörpern beurtheilt werden muß, so erscheint dieser Mondberg also mehr denn viermal höher als die höchsten Berge der Erde, deren senkrechte Erhebung man bekanntlich wenig über 24,000 Fuß gefunden hat. Diese Mondgebirge sind nicht alle von gleicher Art: man unterscheidet sie in zusammenhängende Bergadern und in isolirte Ringgebirge; und von beiden Gattungen hat die Erde wiederum nicht eigentlich Ähnliches aufzuweisen. Bei den Bergadern thürmt sich ein großer Bergrücken hoch über die Oberfläche des Mondes auf, und von demselben stürzen sich gleichsam ganze Ströme von Gebirgen nach allen Seiten in die benachbarte Ebene hinab. Die Ringgebirge hingegen haben gewöhnlich die Gestalt von Kreisen, oder kreisförmigen, oft viele Quadratmeilen enthaltenden, mit einem hohen Bergwalle umgebenen Flächen (man möchte sie mit ausgetrockneten Teichen vergleichen), in deren Mitte sich meistens ein isolirter kegelförmiger Berg erhebt. Von einer großen Menge*) solcher ausgezeichneten Berge beider Gattungen wird im Werke eine förmliche, höchst interessante Topographie geliefert, bei welcher Gelegenheit sich immer deutlicher ergibt, daß der Erdtypus auf den Mond keine Anwendung findet, und daß die Natur reich genug an Formen ist, um für den Mond, sowie überhaupt für alle und jeden Weltkörper neue und eigenthümliche aufzustellen. Zu diesen dem Mond eigenthümlichen Gebilden, von denen unsere Leser schon gelesen haben werden, und über welche wir in dieser neuen Beschreibung nicht weggehen dürfen, gehören die Rillen und Strahlensysteme. Unter den Rillen versteht man schmale, lange, gradausgehende oder mäßig gebogene, auch wohl schlangen- und hakenförmig gebogene Vertiefungen. Sie gehen zuweilen durch kleine Krater hin, an denen die uns zugewendete**) Mondhalbkugel bekanntlich auch so reich ist, oder dicht an ihnen vorbei, enden auch wol an einem solchen. Zuweilen ziehen sie sich aber auch isolirt in den Ebenen des Mondes fort, ohne daß ihre Endpuncte durch irgend Etwas ausgezeichnet wären. Oft sind sie von Bergen zu beiden Seiten dicht begrenzt. Dagegen laufen sie nie quer über dieselben hin, sondern brechen vielmehr häufig und in auffallender Weise an denselben ab und erregen zugleich durch eine überaus geradlinige Richtung Aufmerksamkeit.*) Hier und da sieht man sie sich aderartig verbinden und wieder trennen und ganz eigenthümliche Systeme bilden; einige dieser Rillen sind nur 2—3, die meisten 10—15, wenige 25—30 Meilen lang, und dies scheint das Maximum zu sein. „Sind", hat man gefragt, „diese Rillen Mondflüsse?" — „Die Ähnlichkeit", erwidern unsere Verfasser, „scheint sehr gering zu sein. Die Rillen gehen zwar allerdings nicht über Berge weg, aber doch durch Tiefen hin, und obgleich sie bei hoher Beleuchtung sehr hell glänzen, so ergibt dies doch nicht die Folge einer die Sonne zurückspiegelnden Flüssigkeit, sondern der sehr großen Steilheit (vielleicht auch der eigenthümlichen Beschaffenheit) ihrer innern Wand. Hätten sie aber auch wirklich mit unsern Flüssen etwas Wesentliches gemein, so würde doch der offenbar untergeordnete Charakter dieser Formen beweisen, daß das Vorkommen des Wassers (oder, wie wir uns oben ausgedrückt haben, des ersetzenden Elementes) auf dem Monde mit dem auf der Erde nicht verglichen werden kann. Bildeten die Rillen Stromsysteme, so würden sie ganz anders beschaffen sein; sie könnten höchstens mit den Steppenflüssen Persiens und Arabiens verglichen werden."

„Sind diese merkwürdigen Gebilde", hat man ferner gefragt, „vielleicht gar künstliche Mondlandstraßen?" — „Dies wol noch weniger. Es hieße zu viel Ähnlichkeit zwischen den tellurischen und selenitischen Verhältnissen voraussetzen, wenn man annehmen wollte, daß die Mondbewohner sich, gleich uns, zur Anlegung künstlicher Landstraßen veranlaßt finden sollten. Schon daß wir die Rillen überhaupt erblicken, was doch eine Breite von mindestens 1200—1800 Fuß voraussetzt (die meisten aber sind beträchtlich breiter), begünstigt diese Annahme keineswegs; noch weniger die Art ihres Vorkommens. In der Gegend des Ringgebirges Gutenberg z. B. sieht man, nur etwa zwei Meilen voneinander entfernt, drei lange Rillen parallel neben einander; und Ähnliches findet sich öfter. Auch treffen sie gewöhnlich nicht auf besonders ausgezeichnete Puncte, sondern enden in freier Ebene."

Eine vielleicht noch merkwürdigere, nach irdischer Analogie ganz unerklärliche Erscheinung auf dem Monde aber sind die Strahlensysteme, zu denen wir nunmehr übergehen. Sieben der größern Ringgebirge (Tycho, Kopernikus, Kepler, Byrgius, Anaxagoras, Aristarch und Olbers) sind nämlich von radienartig fortziehenden Lichtstreifen weit und breit umgeben; in geringerm Maße und weniger ausgebildet wiederholt sich diese Erscheinung bei mehren andern solcher Ringgebirge. Diese Lichtstreifen heben gewöhnlich erst in einer gewissen Entfernung vom Walle des betreffenden Ringgebirges an; von da aus aber ziehen sie sich 30, 50, ja 100—120 Meilen fort, und zwar ohne allen Unterschied quer über Ebenen, Bergketten, einzelne Berge, Krater, Rillen, kurz über alle nur mögliche Mondgebilde, ohne durch dieselben auch nur im allermindesten modificirt zu werden. In der Nähe des den Mittelpunkt ausmachenden Ringgebirges drängen sich diese Lichtstreifen so dicht, daß sie einen zusammenhängenden förmlichen Nimbus bilden; weiterhin verzweigen sie sich, werden auch wol, doch nicht häufig, krummlinig, finden sich durch Querstreifen verbunden, durch matte Stellen schwach unterbrochen, oder es läuft auch wol

---

*) Rücksichtlich dieser großen Menge von Gebirgen darf ich daran erinnern, daß die bloße uns zugekehrte Mondhalbkugel an Oberfläche doch noch so groß ist, als das ganze russische Reich in Europa und Asien (über 360,000 Quadratmeilen).

**) Ich hebe den Unterschied zwischen dieser uns beständig zugewendeten, und der jenseitigen, beständig von uns abgewendeten Mondhalbkugel nicht ohne Absicht so bestimmt hervor. Denn es wäre wol möglich, daß sich beide Halbkugeln sehr voneinander unterschieden, da die diesseitige zu dem besondern Zwecke gebildet ist, den Kindern der Erde zu leuchten, wogegen die Natur bei der jenseitigen Hälfte ganz andere Zwecke vor Augen gehabt haben kann.

*) Die eben empfohlene Mondkarte, selbst die bloße Übersichtskarte, bietet, namentlich im nordwestlichen Quadranten, mehre höchst überraschende Beispiele davon dar.

auf ihrer Mitte ein dunkler Streifen eine kurze Strecke fort. In einigen Fällen enden sie plötzlich an einem Krater oder Ringgebirge; viele ziehen aber auch dem Mondrande zu, und verlieren sich hier unmerklich im helleren Lichte dieser Gegenden; andere wieder enden eben so unmerklich in der Ebene oder im Gebirge. Das ausgedehnteste dieser wunderbaren Strahlensysteme ist das des Mondringgebirges Tycho. Mehr als hundert unterscheidbare, meistens einige Meilen breite Lichtstreifen durchziehen von diesem Punkte aus den ganzen südwestlichen und einen großen Theil des südöstlichen Quadranten nach allen Seiten, ja einer derselben dehnt sich auf eine Länge von 400 geogr. Meilen aus. Wo diese Streifen sich stark verbreiten, überglänzen sie, wenn sie vom Sonnenlichte getroffen werden, alles Andere, und man muß daher annehmen, daß die betreffenden Stellen der Mondoberfläche durch irgend einen dortigen, seiner Art nach uns unbekannten Naturprozeß eine größere Fähigkeit erlangt haben, das Licht zu reflectiren, als andere Punkte.

Nähere Ursachen dieser Erscheinung zu ergründen, wird uns wol nie gelingen.

Ebenso wenig möchte dies mit gewissen Farbenverschiedenheiten der Fall werden, welche wir auf dem Monde wahrnehmen. Einige Mondlandschaften zeichnen sich durch ein helles Grün, andere durch ein mattes, gleichsam schmuziges Gelbgrün aus; wieder in andern, z. B. in einer scharfbegrenzten Hügellandschaft, dem sogenannten Palus somnii, herrscht ein eigenthümliches deutliches Gelb vor u. s. w.

Was ist dies Alles nun? Hier hebt die reizende Phantasieherrschaft der Conjecturalastronomie an, von welcher sich das Werk selbst, das uns zu diesen so interessanten neuen Mittheilungen über den Mond die Veranlassung gegeben hat, zwar fern hält, deren Schlußfolgen, wenn sie auch nicht immer ganz wissenschaftlich streng sind, man sich doch aber meistens gern hingibt. Wir überlassen indeß den Lesern, sich diese „hellgrünen" und „gelbgrünen" Hügellandschaften des Mondes selbst so anmuthig als möglich auszumalen, und verlassen damit für diesmal dieses Gestirn.

Auch hinsichtlich der Sonne, dieses für uns noch viel wichtigern Himmelskörpers, haben wir den Lesern das Resultat einer neuen Forschung mitzutheilen, welche das sogenannte Zodiacallicht betrifft. Bekanntlich sieht man nämlich, wenn die Sonne eben untergegangen ist, oder eben aufgehen will, besonders im Frühjahre und im Herbste, ein weißes Licht am Himmel, welches, von der Sonne ab, am Horizonte schief aufwärts, nach der Richtung der Ekliptik, oder vielmehr im Thierkreise (Zodiacus, daher der Name) fortgeht, und an seinem obern Ende spitzig zuläuft. Man leitet diese Erscheinung von einer leuchtenden Atmosphäre ab, welche die Sonne in Form eines sehr abgeplatteten linsenförmigen Sphäroids dergestalt umgibt, daß sie nach der Richtung des Sonnenäquators, der mit der Ekliptik nur einen Winkel von $7\frac{1}{2}°$ macht, die größte Ausdehnung hat; und diese Annahme schien allen Umständen des Vorganges zu genügen.

Ein hamburger Naturforscher, mit Namen Lau, aber erklärt sich gegenwärtig gleichwol dawider. „Ich habe", schreibt er in öffentlichen Blättern, „die Erscheinung des Zodiacallichtes in Brasilien häufig beobachtet. Es zeigt sich daselbst besonders im April und Mai als ein Lichtkegel am Himmel, welcher seine 20—25° breite Basis am westlichen Horizonte da hat, wo eben vorher die Sonne untergegangen ist. In unsern Breiten sehen wir das Zodiacallicht selten und immer undeutlich, weil wir nämlich lange Dämmerungen haben, welche ebenso hell sind als dasselbe, und es daher gleichsam absorbiren. In tropischen Ländern dagegen senkt sich die Sonne fast, und unter dem Äquator selbst, ganz senkrecht, unter den Horizont hinab, dem zufolge die Dämmerungen daselbst kürzer sind; und dieser Umstand begünstigt das Sichtbarwerden des Zodiacallichtes. Bei einer aufmerksameren Untersuchung aber überzeugt man sich, daß diese Erscheinung nicht, wie angenommen wird (und wie wir oben auseinandergesetzt haben), von einer die Sonne linsenförmig umgebenden, leuchtenden Atmosphäre herrühren könne, sondern ihren Grund vielmehr in einem Lichtschweife habe, dessen Basis an der Sonne ruht, und dessen Spitze nach dem Sternbilde des Krebses hingerichtet ist."

Wir haben dieser neuen Hypothese über die Ursache des Zodiacallichtes hier Erwähnung thun müssen, da sie Aufmerksamkeit erregt und mannichfache Discussionen über die eigentliche physische Beschaffenheit des hehren Sonnenkörpers veranlaßt hat. Eine Entscheidung über ihren Werth aber mag man nicht von uns verlangen. Unsere vorangehenden Auseinandersetzungen haben gezeigt, wie schwer es hält, in Bezug auf diese physische Constitution anderer Weltkörper, nur über den uns so ganz nahen Mond Befriedigendes vorzubringen; welche Hoffnung bleibt uns also, das Räthsel der 400 mal entferntern Sonne zu lösen? In dieses dunkle Gebiet führt nun die Conjecturalastronomie, deren Folgerungen aber auch blos die aus der Natur des Verfahrens fließende Gültigkeit und keine Evidenz beigelegt werden kann.

(Fortsetzung folgt in Nr. 259.)

Gelehrigkeit des Stiers.

Im südlichen Theile Afrikas findet man Stiere, deren Verstand selbst den des Pferdes übertrifft und die dem verständigsten aller vierfüßigen Thiere, dem Hunde, an Gelehrigkeit nur wenig nachgeben. Bei den Hottentotten sind diese Stiere die Hausthiere und die Genossen der Freuden und Leiden ihrer Herren; sie sind die Beschützer und Diener der Kaffern, helfen ihnen die Heerden hüten und sie vor Überfällen wilder Thiere bewahren. Während die Schafe grasen, gewährt ihnen der treue Backely — so nennt man diese Art Ochsen — seinen Schutz, und jedem Winke seines Herrn gehorchend, macht er die Runde um die Weide, hält die Schafe in den bestimmten Grenzen und ist gegen Räuber, die plündern wollen, ja selbst gegen Fremde unbarmherzig; aber nicht allein gegen die Räuber der Heerden kämpft das Thier, sondern auch gegen die Feinde des Volkes. Jedes Hottentottenheer führt eine bestimmte Anzahl Stiere bei sich, die gegen den Feind losgelassen werden. Sie werfen Jeden nieder und tödten ihn mit ihren Hörnern oder zertreten ihn mit ihren Füßen, wer sich ihnen zu widersetzen wagt, und oft haben sie ihren Herren den Sieg errungen, ehe diese nur einen Streich geführt haben.

Ein Abenteuer unter den Indianern von Guiana.

Das Tagebuch eines neuern Reisenden in Südamerika entwirft ein sehr ungünstiges Bild von dem moralischen und physischen Zustande der Eingeborenen des nördlichen Theiles dieses Festlandes, und wir müssen befürchten, daß die Berichte dieses Reisenden, der sich lange unter diesem uncivilisirten Volke aufhielt, nur zu wahr sind. In dem Abenteuer, das wir hier mittheilen wollen, spricht er hauptsächlich von den Autas, einem Stamme, der an den Ufern des Guouva im französischen Guiana wohnt; aber er fügt auch zugleich hinzu, daß sich diese nur wenig von den andern Stämmen unterschieden, welche die endlosen Wälder dieses Erdtheils bewohnen. Er hat diese Berichte in einer der elenden Hütten dieses Volkes niedergeschrieben, wo er sich wegen einer Verrenkung, die er auf einer wissenschaftlichen Wanderung sich zugezogen hatte, aufhalten mußte. „Ich vertrieb mir die Zeit mit Lesen‟, erzählt er, „oder suchte meine Gedanken von meiner Umgebung abzuwenden, um nicht das rohe Gelächter meiner dummen Wirthe hören zu müssen, die träge in ihren Hängematten saßen, mich beständig ansahen und bei jeder Bewegung, die ich machte, in ein gellendes, abscheuliches Gelächter ausbrachen, das die Hütte erschütterte.‟

Er beschreibt dieses Volk als faul und unwissend, und obschon es einen fruchtbaren Landstrich bewohnt, der freiwillig mehr erzeugt als diese Menschen brauchen, so leben sie doch so schlecht und dürftig, daß die kärgliche Nahrung des ärmsten Bauers in Europa Luxus dagegen ist, und verhungern fast mitten im Überfluß. Man kann annehmen, daß sie 3 Tage schwelgen und 14 Tage hungern. Ihre Hütten sind oft so sehr mit Bananas angefüllt, daß der größte Theil davon Wurzeln schlägt, ehe sie verzehrt werden können, und dann haben diese Menschen für lange Zeit kaum etwas zu essen. Trotzdem sehnen sie sich nicht nach einer Veränderung ihres Zustandes; allerdings zeigen sie das Verlangen eines Kindes, jeden neuen Gegenstand, den sie sehen, zu besitzen, aber sobald sie ihn nicht mehr sehen, haben sie ihn auch vergessen, oder werfen ihn, wenn sie in Besitz desselben gelangt sind, bald bei Seite.

Eines Tages, während seines Aufenthaltes bei den Autas, sah unser Reisender ein Weib im kläglichsten Zustande. Das unglückliche Geschöpf hatte ihren Gatten aufs tiefste beleidigt, indem sie ihn verhindert hatte, einen Mann von demselben Stamme umzubringen. Er wollte ihn nämlich vergiften, aber das mitleidige Weib setzte das erwählte Opfer davon in Kenntniß. Dieser begab sich sogleich zum Gatten seiner Retterin und verrieth sie an denselben. „Dies ist ein schönes Beispiel‟, sagt unser Reisender, „von der Dankbarkeit der Indianer.‟ Die Folge war, daß die Unglückliche mit der größten Grausamkeit von ihrem Gatten behandelt wurde und sich genöthigt sah, zu fliehen. Einen Monat lang irrte sie umher, nährte sich von Waldbeeren und um nicht von wilden Thieren überfallen zu werden, schlief sie des Nachts auf den hohen Gerüsten, die von diesem Volke zum Trocknen der Fische gebaut werden. Niemand wagte, ihr Schutz anzubieten, aus Furcht, den Zorn ihres Gatten sich zuzuziehen, dessen Rachsucht wohl bekannt war. Jämmerlich ausgehungert, flehte sie unsern Reisenden um Schutz an, den er ihr aber in seiner verlassenen Lage unmöglich gewähren konnte. Die Unglückliche fand endlich ihren Tod durch ihren unmenschlichen Gatten.

Am nächsten Tage versammelten sich ungefähr 120 Personen dieses Stammes in der Nähe der Hütte unsers Reisenden, um ein Fest zu feiern. Am Tage schliefen sie, aber gegen Abend fingen sie an nach dem Tone ihrer rohen Instrumente zu tanzen, während sie in den Zwischenräumen unmäßig tranken. Am nächsten Morgen war die ganze Gesellschaft betrunken; Einige lagen krank auf dem Boden, Andere stöhnten oder schrieen, während sich ein großer Theil in der Hütte unsers Reisenden eingefunden hatte. Sie erblickten in diesem thierischen Zustande das Gepäck desselben und zeigten großes Verlangen, es sich zuzueignen. Endlich machte der Kerl, der sein Weib ermordet hatte und einer der Kühnsten von dem Stamme war, den Versuch, es an sich zu bringen. „Zwei Flinten‟, fährt der Reisende fort, „hingen über mir, aber ich war so ganz von diesen Menschen umringt, daß es unmöglich war, von diesen Waffen oder von meinem Sábel Gebrauch zu machen. Ein Eingeborener, der mich lange als Diener begleitet hatte, lag zitternd in seiner Hängematte und rieth mir, keinen Widerstand zu leisten. Ich erhob mich in meiner Hängematte, zeigte ein kleines Pistol und machte es den Indianern mit lauter Stimme und deutlichen Geberden verständlich, daß ich sie tödten würde, wenn sie sich nicht entfernten. Einige wichen zurück, aber Einer, den man Huaracriou nannte, trat keck hervor und zerschnitt mit seinem Messer den Gurt, womit eines meiner Reisebündel zusammengeschnürt war. Ich drückte die Pistole auf ihn ab, aber die Davonlaufenden, die um mich gestanden hatten, brachten meine Hängematte so in Bewegung, daß ich fehlte. Alle Indianer traten sogleich zurück, nur Huaracriou nicht, der auf mich losstürzte und mich mit seinem Messer leicht verwundete. Meine letzte geladene Pistole sparend, ergriff ich meinen Dolch und versetzte dem Wüthenden zwei Stiche. Er fiel, und ich zitterte fast vor dem unmenschlichen Geheul, das die Indianer jetzt erhoben. Ich hielt mich für verloren, und eins meiner Gewehre ergreifend, war ich entschlossen, nicht ohne Rache zu sterben. Da ich im Besitz zweier Flinten, eines Pistols und eines Säbels war, würden Viele gefallen sein. Aber im nächsten Augenblicke hatten sich die Indianer entfernt und ich hörte nur noch ihr gräßliches Heulen. Nach Verlauf einer Stunde kamen zwei alte Männer zurück und fragten meinen Diener, ob ich sie und die Andern ihres Stammes zu tödten beabsichtige. Ich erwiderte, daß ich den Indianern nie etwas zu Leide gethan hätte, aber daß ich mich vertheidigen würde, wenn sie mich angreifen oder berauben wollten. Hierauf sprachen sie heimlich miteinander und sogleich kehrten alle Übrigen zurück. Sie verlangten jetzt, daß ich den Huaracriou vollends tödten sollte, der sich auf dem Boden in seinem Blute wälzte. Ich verweigerte dieses Verlangen, half ihn aber aufheben und seine Wunden verbinden. Die Halswunde war sehr gefährlich, aber ich glaube nicht, daß er daran stirbt, obschon es besser wäre, denn er wird nicht nur ein ewiger Feind von mir, sondern von allen Weißen sein. Die Indianer setzten nun ihre Trinkgelage fort, als ob nichts vorgefallen wäre, und obschon mir mein Diener rieth, den Stamm zu verlassen, so beschloß ich doch das Gegentheil, da ich überzeugt war, daß ein Beweis von Vertrauen nicht nur einen günstigen Eindruck auf diese Indianer, sondern auch auf andere Stämme machen würde, die ich später besuchen wollte. Und in der That, wäre ich ihnen nur einen Fuß breit gewichen oder hätte ich ihnen nur das geringste Geschenk gemacht, so wäre ich sicher beraubt und alsdann auch umgebracht worden, damit ich in Zukunft nicht hätte zurückkehren können, um mich zu rächen.‟

Als die Trinkgelage vorüber waren, wurde der

Verwundete fortgeschafft und unser Reisender hörte nichts mehr von ihm. „Wahrscheinlich aber", schließt er, „benutzten die Indianer die Gelegenheit, seine Wunden zu vergiften, um sich von dem gefürchteten Manne zu befreien."

Die Wolfsjagd, nach Dubry.

Das Pfennig-Magazin
für Verbreitung gemeinnütziger Kenntnisse.

259.] Erscheint jeden Sonnabend. [**März 17, 1838.**

Madrid.

Der Ursprung der Hauptstadt Spaniens fällt nicht, wie dies mit den meisten übrigen spanischen Städten der Fall ist, in ein graues Alterthum. Die römischen Schriftsteller gedenken ihrer nicht und zu den Zeiten der Westgothen war sie noch ein kleines Dorf. Die Araber fanden endlich die Hügel an den Ufern des Manzanares in der Mitte der großen Ebene Castiliens zur Anlegung einer Stadt höchst günstig, vergrößerten dieselbe mit der Zeit bedeutend und versahen sie mit Festungswerken, sodaß sie bald ein starker Waffenplatz wurde. Oft waren sie mit den Nachkommen der Westgothen über den Besitz derselben in blutigem Kampfe. Die Christen bemächtigten sich ihrer endlich im Laufe des 10. Jahrhunderts, zerstörten sie jedoch bald, da sie sich des Besitzes derselben nicht lange erfreuen zu können glaubten. Kaum hatten aber die Mauren die Stadt wieder aufgebaut, als sie von den Christen daraus vertrieben wurden, sich aus den nördlichen Provinzen Spaniens nach Süden wandten und Madrid dem Beherrscher Castiliens überließen. Auf kurze Zeit nur, bis 1391, kam es in die Hände des von den Ungläubigen vertriebenen Königs von Armenien, Leo V., welcher Johann I. von Spanien damit für seinen Verlust, den er der Religion wegen erfahren hatte, entschädigen wollte. Karl V. erhob endlich nach seiner Thronbesteigung Madrid zur Hauptstadt des Landes, und als Philipp II., der Nachfolger Karl V., den Sitz der Regierung verlegen wollte, unterstützten die Einwohner Madrids ihre Bitten für das Aufgeben dieses Planes durch ein Geschenk von 25,000 Dukaten, sodaß Philipp II. durch eine königliche Verordnung Madrid für die fortwährende Hauptstadt Spaniens und den Sitz der Regierung erklärte. Trotzdem kann sich Madrid mit keiner großen Hauptstadt Europas messen und wird sogar von vielen Städten anderer Länder an Glanz übertroffen. Es liegt 2000 Fuß über der Meeresfläche, am Manzanares in einer sandigen, öden, nur hier und da mit Bäumen bepflanzten Ebene, hat einen Umfang von zwei Meilen, 500 Straßen, 8000 Häuser, 40 Plätze und 200,000 Einwohner, ist aber weder durch Schönheit der Privatwohnungen, noch durch Anzahl und Pracht der öffentlichen Gebäude bemerkenswerth. Doch zeichnen sich vortheilhaft aus: der königliche Palast, eine der großartigsten Residenzen Europas, das Kunstmuseum, das Triumphthor von Alcala, die Brücke von Toledo über den Manzanares und der schöne Spaziergang Prado. Nur von einem einzigen Punkte aus zeigte sich Madrid in einer imponirenden Größe und als Hauptstadt, nämlich von dem Platze aus, welcher europäischen Ruf hat und mit dem Namen Puerta del Sol, Sonnenthor, bezeichnet wird. Der Name Thor ist allerdings jetzt nicht mehr bezeichnend und schreibt sich aus einer frühern Zeit her, wo sich hier eine der Barrieren der

Stadt befand. Jetzt liegt der Platz mitten in der Stadt. Fünf der schönsten Straßen münden sich auf demselben aus. Eine mit wunderlichen Zierathen versehene Fontaine, das majestätische Postgebäude und eine der schönsten Kirchen schmücken den Platz. Aber bei weitem prachtvoller ist die Aussicht in die fünf Straßen, durch welche sich der Blick bis tief in die Stadt hinein verliert und von denen die eine, die Straße von Alcala, so breit ist, daß zehn Wagen nebeneinander fahren können. Das Sonnenthor ist wegen seiner Lage im Mittelpunkte Madrids, als das Bassin, in welches sich fünf der Hauptkanäle der Stadt ergießen, und wegen seines Umfanges der Lieblingsspaziergang für die Bewohner.

Die Thugs oder die Mordgesellschaft in Indien.

Der Stifter der Thugs, Phansigar oder Henker, einer bloßen Räuberbande, muß ein unbeschränktes Vertrauen in den Aberglauben seiner Landsleute gesetzt haben, als er den kühnen Plan auszuführen gedachte, dem Raube und Morde eine göttliche Heiligung zu geben. Das classische Pantheon enthielt einen Gott, den Mercur, der sowohl der Schutzpatron der Redner als auch der Diebe war, und noch heutiges Tages nehmen russische Straßenräuber keinen Anstand, die Hülfe des heiligen Nikolas zu erflehen, wenn sie ein großes Unternehmen vorhaben. Aber die Hindus sind das einzige Volk, unter welchem man eine Sekte antrifft, die ernstlich glaubt, daß sie ein dem Himmel gefälliges und ihn versöhnendes Werk vollbringe, wenn sie ihre Mitbürger ermorden und die Beute zu ihren eignen Zwecken benutze. Man hat sich gewundert, daß diese Wahnsinnigen so lange der Aufmerksamkeit der britischen Regierung in Indien entgangen sind, aber vielleicht war eben die Unwahrscheinlichkeit, daß es solche Ungeheuer geben könne, das größte Hinderniß zur Entdeckung derselben. Als man sich von ihrem wirklichen Dasein überzeugt hatte, scheint die Regierung nicht unthätig gewesen zu sein. Vom Jahre 1826 — 35 wurden nicht weniger als 1562 Thugs in dem britischen Indien in Gewahrsam gebracht.

Diese Räuber glauben, daß sie ihre Verbrechen unter der unmittelbaren Leitung ihrer Gottheit, der Göttin Devi, Bhowanee oder Kalee begehen, und sind sehr besorgt, vorher erst den Willen derselben durch Zeichen und Vorbedeutungen zu erfahren. Obschon diese Göttin von brahminischer Abkunft ist, so erscheint es doch seltsam, daß sie von Mohammedanern und Hinduthugs gleicherweise in Ehren gehalten wird, wiewol die Ersteren einige Mühe haben, die Gebote der Devi mit den Vorschriften des Korans in Einklang zu bringen. „Wir morden nie", sagte ein mohammedanischer Thug, „wenn die Zeichen nicht günstig sind, und wir betrachten günstige Zeichen als die Befehle der Gottheit." Obgleich sie wissen, daß Mohammed den Mord des Mitmenschen des Geldes wegen schwer verpönt und gelehrt hat, daß solche Verbrechen in einer andern Welt von Gott bestraft werden würden, so sind sie doch kühn genug, auf diese Einwendung zu erwidern, daß sie auf dieser Welt unter dem Einflusse der Bhowanee stehen und daß das Vollziehen ihrer Befehle Gott einst nicht bestrafen werde. Als man einen der Angeklagten fragte, ob er nie Mitleid mit den Menschen fühle, die er ermorde, erwiderte er: „Nie! Von dem Augenblicke an, wo wir die günstigen Zeichen wahrgenommen haben, betrachten wir diese Menschen als Opfer, die uns die Gottheit zu ermorden befiehlt, und uns als bloße Werkzeuge des Willens der Göttin. Tödten wir sie nicht, so erzürnen wir die Bhowanee und werden mit Mangel und Elend bestraft." In diesem Wahne vollbringen sie ihre Missethaten mit der größten Kaltblütigkeit und Gewissensruhe, ohne nur einen Augenblick zu zweifeln, daß sie dadurch nur ihre Pflichten gegen die Gottheit erfüllen.

Die Legende erzählt von dem Ursprunge der Thugs Folgendes: „Vor vielen Jahren quälte ein riesenhafter Dämon die Welt und verschlang die Menschen, und um seine gänzliche Vernichtung zu verhindern, kämpfte die Göttin Kalee mit ihm und warf ihn zu Boden; aber aus dem Blute, das ihm entfloß, entstanden neue Dämonen, die das grausame Werk fortsetzten. Da schuf die Göttin zwei Männer, gab ihnen Tücher und lehrte sie, wie sie die Dämonen damit erwürgen sollten, ohne einen Tropfen Blut zu vergießen. Als dieselben ihre Aufgabe gelöst hatten, erboten sie sich, die Tücher zurückzugeben, aber die Göttin verlangte, daß sie diese Mordwerkzeuge behalten sollten, und erlaubte ihnen nicht nur, sondern befahl es sogar, so „wie sie vorher Dämonen erwürgt hätten, nun Menschen zu erwürgen". So entstand die Sekte der Thugs, welche in der ersten Zeit von der Göttin persönlichen Beistand erhielten, die es übernahm, die Leichname der Erwürgten bei Seite zu schaffen, unter der Bedingung, daß sie dabei nicht beobachtet würde. Da sich aber einmal ein Neuling nach ihr umsah, wie sie eben von einem Leichname speiste, war sie darüber so erzürnt, daß sie von der Zeit an es den Thugs selbst überließ, die Opfer zu beseitigen."

Das Werkzeug, womit begraben wird, die Spitzhacke, ist bei den Thugs ein Gegenstand allgemeiner Verehrung. Man verfertigt es mit großer Sorgfalt und weiht es dann mit vielen Feierlichkeiten dem bestimmten Zwecke. Der Würdigste allein hat die Aufsicht über diese Hacke, von deren merkwürdigen Eigenschaften man sich seltsame Geschichten erzählt. Vorbedeutungen werden, wie schon erwähnt, mit großer Sorgfalt beobachtet und nie unternimmt man etwas, ohne vorher dieselben um Rath gefragt zu haben. Wenn die Thugs einen Raubzug antreten wollen, richten sie mit ernster Feierlichkeit ein Gebet an die Göttin und erflehen ihren Beistand und bitten um ein Zeichen ihrer Billigung des Unternehmens. Gewöhnlich bleiben diese Zeichen nicht aus und man schreitet dann sogleich zur Handlung; fällt aber einem der Thugs der Turban vom Kopfe, so betrachtet man dies als eine böse Vorbedeutung und als eine Misbilligung der Göttin.

Das Gewerbe oder der Glaube der Thugs ist erblich, aber die Brüderschaft erhält auch oft Verstärkung von Fremden, die indeß nur mit großer Vorsicht aufgenommen werden und sich einer langen Prüfungszeit unterwerfen müssen. Nach der Einweihung muß der Neuling seine Geschicklichkeit an einem schlafenden Reisenden versuchen, nachdem er vorher die Göttin um ihren Schutz gefleht hat. Er empfängt mit großer Ehrfurcht ein Roomal oder Halstuch, gewöhnlich in eine Schlinge geknüpft, aus den Händen des Guru oder Priesters, dem das Gold in den Taschen des ersten Reisenden zufällt. Hierauf wird ein Fest gefeiert.

Die Thugs betreiben ihr Mordgewerbe auf folgende Weise: Sie warten in der Nähe der Karavanserais oder lauern in Hohlwegen oder bei Städten, wo sich Reisende aufhalten, und haben ihre Kundschafter welche die Bewegungen derselben zu erforschen suchen.

Kinder und selbst schöne Frauen werden benutzt, um den Reisenden Zutrauen einzuflößen und sie zu verleiten, sich dem Zuge der Thugs anzuschließen, die dann die günstige Gelegenheit zu ihrem unmenschlichen Vorhaben ergreifen. Während sie in freundlichem Gespräch mit dem Fremden ziehen, suchen zwei Thugs gewöhnlich einen Reisenden in ihre Mitte zu bekommen; worauf einer von ihnen, der Würger oder Bhurtole, plötzlich dem Fremden die Schlinge um den Hals wirft und jeder der beiden Mörder nun einen Zipfel des Tuches faßt, während ein Dritter das Opfer bei den Beinen ergreift und so zu Boden wirft. Heftige Stöße auf die zartesten Theile des Körpers führen bald das Ende des Unglücklichen herbei. Nun wird die heilige Spitzhacke ergriffen, ein drei bis vier Fuß tiefes Loch gegraben und der Todte, nachdem man ihn vorher verstümmelt hat, mit zur Erde gekehrtem Gesichte hineingeworfen. Wenn die Thugs befürchten, bei ihrer Arbeit überrascht zu werden, was jedoch bei ihrer gemeinen Schlauheit nur selten geschieht, werfen sie die Leichen der Ermordeten in Flüsse, Brunnen oder Teiche. Da Blutvergießen vermieden wird, bleiben gewöhnlich ihre Missethaten unentdeckt. Die oft sehr bedeutende Beute wird gleichmäßig getheilt; von einem Theile werden die religiösen Ceremonien bestritten, und ein anderer fällt den Witwen und Kindern gebliebener oder gestorbener Thugs zu.

Sie haben einen besondern Dialekt, fast wie die Zigeuner, und machen sich unter einander auch häufig nur durch Zeichen verständlich, die aber nur von ihres Gleichen verstanden werden. Unter Diejenigen, welche die Schlinge der Thugs nicht zu fürchten haben, gehören die Dichter. Eine Kuh ist stets ein Schutz für einen Reisenden, doch lassen die Thugs kein Mittel unversucht, ein solches Hinderniß zu entfernen. Eine Bande dieser Würger beabsichtigte, eine Reisegesellschaft von 14 Personen zu ermorden, aber die Opfer wurden von einer Kuh beschützt, die sie bei sich führten. Sie ließen sich jedoch verleiten, dieselbe an die Thugs zu verkaufen, die sie ehrfurchtsvoll dem Brahmin schenkten und dann alle Reisenden, Weiber und Kinder erbarmungslos erwürgten.

Wahrscheinlich wird noch lange Zeit vergehen, ehe man diese fanatischen Räuber vertilgen kann, die jährlich mehre Hunderte von friedlichen Reisenden umbringen und sich größtentheils immer schlau den Verfolgungen und der verdienten Strafe zu entziehen wissen.

Wohlthätige Anstalten in Konstantinopel.

Unter den Anstalten in der Hauptstadt des osmanischen Reichs, die vorzüglich unsere Aufmerksamkeit in Anspruch nehmen, sind die „imarets" oder Küchen der Armen, hervorzuheben. Hier werden täglich Brot, Reis und andere Speisen unter diejenigen Armen vertheilt, die mit einem glaubwürdigen Armuthszeugnisse versehen sind. Konstantinopel hat kein „imaret", das nicht wenigstens 2000 — 3000 Arme unterstützt, ohne Einschluß der Studenten, der Diener der Moscheen und der Abschreiber, die ebenfalls ihren Unterhalt diesen Anstalten verdanken. Die andern wohlthätigen Anstalten sind weniger bekannt, aber es gibt viele große Gebäude, die zur Aufnahme kranker und obdachloser Armen bestimmt sind. Jedes dieser Hospitäler hat einen Garten, wo die Kranken frische Luft schöpfen können und selbst Wasserbassins zum Baden oder Waschen sind nicht vergessen. Die Zimmer in diesen Gebäuden sind geräumig und luftig, enthalten aber kein anderes Geräth, als große runde Sophas, worauf 30 — 40 Personen des Nachts schlafen und bei Tage ausruhen können. Jedes Hospital hat mehre Wärter oder Krankenpfleger, welche ihre Pfleglinge mit großer Geduld und Freundlichkeit behandeln. Diese Anstalten nennt der Türke daroush-shifa, d. h. Haus der Belohnung, oder dawakane, d. h. Haus der Arzneien. Dies scheint anzuzeigen, daß die Türken vormals Krankenhäuser wie die unserigen hatten; aber dies ist nicht der Fall; denn obschon in diesen dawakane armen Kranken eine Zuflucht gewährt wird, so erhalten sie doch keinen ärztlichen Beistand. Die einzige Anstalt in Konstantinopel, die unsern Hospitälern gleichkommt, ist das Krankenhaus für Soldaten, das auf dem Plateau von Mal-Téssé, dem Thore von Adrianopel gegenüber, sich befindet. Die Gebäude, die von Holz sind und in einiger Entfernung das Ansehn einer Baracke haben, können bequem 1000—1200 Kranke aufnehmen. Doch ist die Einrichtung in diesem Krankenhause noch sehr mangelhaft und die Apotheke enthält nur wenige Medicamente, während die Kranken so unvorsichtig untereinander gemischt sind, daß jeder derselben, anstatt hoffen zu können, von seiner Krankheit geheilt zu werden, Gefahr läuft, noch eine andere zu bekommen. Das Hospital von Mal-Téssé ist jedoch nicht das einzige in Konstantinopel, die kaiserliche Garde hat zwei Hospitäler, und die Seeleute haben eines im Arsenal. Das Krankenhaus für Mondsüchtige und Verrückte befindet sich in Solimanieh und die Kranken wohnen in Gemächern, deren mit Eisengittern versehene Fenster in den Hof gehen. Jeder Kranke ist an einer Kette befestigt, wovon das eine Ende um seinen Nacken geschlungen und das andere an das Eisengitter des Fensters geschmiedet ist, und erhält nichts als eine Decke, eine Matte und täglich ein Stück Brot und einen Krug Wasser. Kein ärztlicher Beistand wird den Unglücklichen gewährt und in der That ist vielleicht Mancher unter ihnen, der leicht herzustellen gewesen wäre, aber in der Gesellschaft anderer Rasenden seinen Verstand unrettbar verloren hat. Die Anstalt wird größtentheils durch die Wohlthätigkeit Fremder und durch die Unterstützung der Verwandten und Freunde der Verrückten unterhalten. Jede einzelne Religionssekte hat ihr eignes Hospital für ihre Verrückten, das zuweilen auch mit einer Kirche oder Kapelle versehen ist, wo die Unglücklichen während des Gottesdienstes an die Sitze gekettet werden.

Militairische Orden in Frankreich.

Der älteste Orden ist der Orden der Ritter von der Tafelrunde, welchen Arthur oder Artus, ein König der Britannier, um das Jahr 516 errichtet haben soll. Man erzählt, daß die Zahl dieser Ritter, welche aus den Edelsten des Volkes gewählt wurden, sich nur auf 24 belief, und daß die Tafelrunde, von welcher sie ihren Namen hatten, von Arthur um deswillen eingesetzt worden sei, damit eine völlige Gleichheit unter ihnen herrsche und jedem Streite, der wegen des Sitzes am obern oder untern Ende der Tafel entstehen könnte, vorgebeugt würde. Doch fehlen genauere Nachrichten über diesen Orden, und wahrscheinlich ist die ganze Überlieferung eine später ausgeschmückte Sage.

Was die rein militairischen Orden in Frankreich

betrifft, so sind deren fünf: der Orden des Sterns, des heiligen Michael, des heiligen Geistes, des heiligen Ludwig und das Kreuz für militairische Verdienste.

Den Orden des Sterns gründete der König Johann im Jahre 1350. Sein Wahlspruch war: Monstrant regibus astra viam (Die Sterne schreiben den Königen ihren Weg vor). Die Zahl der Ritter, welche mit demselben geschmückt waren, wuchs bedeutend an, sodaß der Orden in Verfall kam.

An seiner Stelle stiftete Ludwig XI. im J. 1469 den Orden des heiligen Michael.

Der Orden des heiligen Michael.

Nach der Chronik Sigebert's, geschrieben 709, unter der Regierung Childebert III., erschien der heilige Michael dem Bischofe von Avranches, Albert, einem Manne, der sich durch große Frömmigkeit auszeichnete, im Traume und befahl, daß ihm eine Kapelle auf einem Felsen gebaut würde, welcher von da an der Berg des heiligen Michael genannt wurde, und jetzt den wegen politischer Vergehen Verurtheilten als Gefängniß dient. Jedesmal, so erzählt die Sage, wenn sich die Feinde Frankreichs diesem Berge näherten, sah man den Erzengel auf dem Meere Stürme erregen und die feindlichen Fahrzeuge vernichten. Daher die Inschrift des Michaelsordens: Immensi tremor oceani (Schrecken des unermeßlichen Oceans). Nach der nämlichen Sage wurde auf dem Gipfel jenes Berges eine Bildsäule errichtet, welche den heiligen Michael darstellte, wie er den Degen schwingt, mit dem er den Drachen bekämpfte. Die Ritter des Michaelsordens tragen an einem breiten schwarzseidenen Bande ein Kreuz mit acht Spitzen, auf dessen Schild der Erzengel dargestellt ist, welcher den Drachen überwindet.

Im Jahre 1578 stiftete Heinrich III., um das Andenken von drei für ihn sehr wichtigen Ereignissen, die sich am Pfingstfeste zugetragen hatten, zu verewigen, nämlich seine Geburt, seine Wahl zum Könige von Polen und seine Besteigung des französischen Throns, den Orden des heiligen Geistes, welcher nur aus 100 Rittern bestand. Das Kreuz dieses Ordens ist golden und läuft in acht emaillirte Spitzen aus, an deren jeder eine goldene Perle befestigt ist. Es wird an einem breiten blauen Bande auf der linken Hüfte getragen. Alle Ritter, welche diesen Orden erhalten und nicht schon Ritter des Michaelsordens sind, werden es am Tage vor ihrer Aufnahme. Sie nennen sich deshalb Ritter der königlichen Orden. Die Großwürdeträger des Michaelsordens waren an Ceremonientagen in schwarzsammtne, mit Gold und Silber gestickte Mäntel ge-

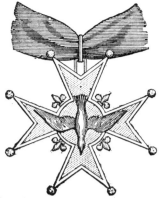

Der Orden des heiligen Geistes.

kleidet, auf denen das Kreuz des heiligen Geistordens geheftet war. Über dieselben trugen sie die große goldene Ordenskette, welche sie bei ihrer Aufnahme empfingen, unter keiner Bedingung veräußern durften, und welche nach ihrem Tode wieder abgeliefert wurde.

Im April 1693 gründete Ludwig XIV., um die tapfersten Offiziere seiner Armee für ihre Dienste zu belohnen, den Orden des heiligen Ludwig. Um Ritter

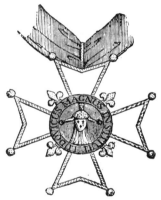

Der Ludwigsorden.

dieses Ordens zu werden, mußte man wenigstens zehn Jahre als Offizier gedient haben und sich zur katholischen Religion bekennen. Doch wurde auch ausnahmsweise der Orden solchen Offizieren verliehen, die noch nicht die erforderte Zeit gedient hatten, wenn sie sich bei einer Belagerung oder in einer Schlacht vorzüglich ausgezeichnet hatten. Mit dem Ludwigsorden war ein Einkommen von 300,000 Livres verbunden, welches nach Höhe der Grade den Rittern als Pension gewährt wurde. Das weiß emaillirte, mit Gold eingefaßte, achteckige Kreuz ist mit dem Bilde des heiligen Ludwig's verziert und wird an einem breiten rothen Bande getragen.

Um die protestantischen Offiziere, welche in Frankreich dienten, für ihre Verdienste zu belohnen, stiftete Ludwig XV. am 10. März 1759, da der Ludwigsorden nur Katholiken ertheilt werden konnte, einen Orden für militairische Verdienste, welcher gleichfalls seine Großkreuze, Commandeurs und Ritter hatte. Das Kreuz, der Form nach dem des Ludwigsordens ähnlich, war von Gold und wurde an einem dunkelblauen Bande getragen. In der Mitte war anstatt des heiligen Ludwig's ein Degen mit der Devise: Pro virtute bellica (Für Auszeichnung im Kriege)

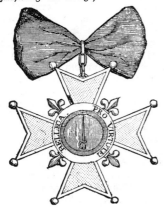

Das Ludwigskreuz.

Die Revolution von 1791 hob, ebenso wie Titel und Würden, alle diese verschiedenen Orden auf, welche während der Zeit der Restauration wieder hergestellt und durch die Revolution von 1830 von Neuem abgeschafft wurden.

In der Zwischenzeit errichtete Napoleon unter dem Namen der Ehrenlegion einen neuen Orden, welchen wir nicht unter den Militairorden Frankreichs aufgeführt haben, da sein Stifter ihn zur Belohnung jeder Art von Verdienst bestimmt hatte. Mit diesem Orden,

Der Orden der Ehrenlegion.

den die Nation mit Enthusiasmus aufnahm, wurden nicht nur Soldaten, sondern auch berühmte Gelehrte und Künstler geschmückt, welche der Kaiser um seinen Thron versammelt hatte. Die Ehrenlegion wurde aus 15 Cohorten zusammengesetzt, deren jede mit 200,000 Francs Rente beschenkt wurde, welche unter 7 Großoffiziere, 20 Commandeurs, 30 Offiziere und 350 Ritter nach Verhältniß der Grade vertheilt wurde. Die große Decoration der Ehrenlegion besteht in einem rothen Bande, welches von der rechten Schulter nach der linken Seite zugeht, und an welchem das Großkreuz der Legion getragen wird. Das Kreuz ist für die beiden höhern Grade von Gold, für die beiden niedern von Silber. Außerdem, daß Napoleon den Rittern der Ehrenlegion die obenerwähnte Schenkung bewilligte, ließ er viele von den Söhnen derselben in den von ihm gestifteten Militairschulen erziehen und errichtete am 29. März 1809 zu Ecouen und St.=Denis für deren Töchter Anstalten, in welchen 600 derselben eine vollständige Erziehung genossen. Bald darauf wurden auch zwei Waisenhäuser für dieselben gestiftet. Man erzählt viel von der erhebenden Feierlichkeit, mit der auf den Höhen bei Boulogne unter den Augen der Engländer, deren Schiffe alle Bewegungen der französischen Truppen beobachteten, die erste Vertheilung des Kreuzes der Ehrenlegion stattfand. In gedrängten Colonnen umgaben 60 Bataillone den kaiserlichen Thron; 20 Escadrons in Schlachtordnung aufgestellt und hinter denselben eine unermeßliche Menge von Menschen, welche hierher zusammengeströmt waren, bedeckten alle Anhöhen. Der Sturm, welcher zwei Tage hindurch gewüthet hatte, war noch nicht besänftigt, die Flotte wurde noch immer am Auslaufen verhindert und der Himmel blieb dunkel und von Wolken bedeckt. Aber in dem Augenblicke, als Napoleon auf der Schwelle seines Zeltes erschien und von den Küstenbatterien begrüßt wurde, durchbrach die Sonne den Wolkenvorhang, der ihre Strahlen verdunkelte, und beleuchtete diese erhabene Scene. In der Mitte seiner Soldaten vertheilte Napoleon, nachdem die Legionnaire den Eid geleistet hatten, eigenhändig die Ordenszeichen, welche die ihn umgebenden Offiziere ihm in Helmen überreichten, und als hierauf die Truppen vor ihm defilirten, erblickte man an der Landspitze von Alprek eine Flotille von 50 Segeln. Es war die Avantgarde der Flotte, welche seit sechs Monaten aus Havre erwartet wurde. Schwierig würde es sein, den Eindruck zu schildern, welchen dieses Zusammentreffen der Umstände hervorbrachte. Die kreuzenden Schiffe der Engländer zogen sich zurück, und in dem schnellen Verschwinden der feindlichen Flagge erblickte man eine neue Huldigung, welche der Macht Napoleon's gezollt wurde.

Noch bleibt uns übrig, von der Juliusdecoration zu sprechen. Es ist ein sechsspitziges Kreuz von einem Eichenkranze umgeben, über dem eine Mauerkrone befestigt ist. Es wurde nach der Revolution von 1830 errichtet und durch dasselbe der Muth Derjenigen belohnt, welche sich während der drei Tage ausgezeichnet hatten. Diese Decoration wird nach und nach durch den Tod der mit ihr Geschmückten verschwinden.

Das Neueste aus der Natur= und Gewerbswissenschaft.

(Fortsetzung aus Nr. 258.)

In dieselbe Kategorie der Natur des Sonnenkörpers gehört auch die in der neuesten Zeit bei der pariser Akademie der Wissenschaften wieder verhandelte Frage nach dem Einflusse der Sonnenflecke auf die terrestrische (oder überhaupt planetarische) Witterung. Wir müssen aber zur Erläuterung dieses Gegenstandes etwas weiter ausholen. Unsere Leser haben nämlich sogenannte Sonnenflecke (in der Mitte meistens schwarze, am Rande mit einem matten Grau umgebene, auf der Sonnenscheibe von Zeit zu Zeit erscheinende Flecke von allen möglichen Gestalten) größtentheils wol schon selbst beobachtet. Zuweilen erscheinen diese Flecke auf der Mitte der Sonnenscheibe; öfter aber sieht man sie am östlichen Rande hervortreten, über die ganze Scheibe der Sonne hinwegziehen und am westlichen Rande verschwinden. Daß diese scheinbare Bewegung der Sonnenflecke ihren Grund in einer wirklichen Umwälzungsbewegung der Sonne selbst um ihre Axe habe, wissen meine Leser ebenfalls; dahin will ich auch nicht eigentlich, sondern die nähere Betrachtung der Flecke soll uns, wie gesagt, zu einem Schlusse auf die physische Beschaffenheit des Sonnenkörpers und zu einem Urtheile über die Wahrscheinlichkeit eines Einflusses auf die Witterung dienen. Also, was sind diese Flecke? Diese Frage beantwortet Herschel, nach unzähligen Beobachtungen, folgendermaßen: Die Sonne an und für sich ist ein dunkler, wahrscheinlich den Planeten ähnlicher und, gleich diesen, von einer Lufthülle umgebener Körper. Über letztern aber breitet sich hiernächst eine zweite Sphäre von bloßem Lichtstoff (Photosphäre) aus, und diese ist's, welche den Planeten Licht und Wärme zusendet, und in deren Umhüllung wir den Sonnenkörper für gewöhnlich erblicken. Öfters indeß ereignen sich in dieser Photosphäre Revolutionen, in deren Folge die Lichthülle sich stellenweise trennt, und auf den dunkeln, unter ihr befindlichen, eigentlichen Sonnenkern hinabsehen läßt. Da dieser angegebenermaßen von planetarischer Beschaffenheit ist, so schimmert er dunkel durch die entstandenen Risse hindurch, und also entstehen dann die Erscheinungen, welche sich uns als schwarze Flecke auf der Sonne darstellen. Dieselben sind also Folge von Bewegungen in der Photosphäre der Sonne; und da letztere, wie wir bemerkt haben, der Grund der Licht- und Wärmeerregung für die Planeten enthält, so war es natürlich, aus einer Bewegung und Thätigkeit in ihr selbst auf eine vermehrte Thätigkeit dieser Processe zu schließen. Hierauf nun ist die Meinung begründet, daß viel erscheinende Sonnenflecke als Beweise einer solchen unruhigen Thätigkeit in der Sonnenphotosphäre, auch eine reichliche Ausströmung von Licht- und Wärmestrahlen und also eine Erhöhung der planetarischen, namentlich der terrestrischen Temperatur nach sich ziehen müssen. Diese Ansicht hat besonders der vortreffliche Herschel beständig gehegt. Andere Naturforscher dagegen zogen besonders in Betracht, daß diese Sonnenflecke oft eine sehr bedeutende Größe erreichen, sodaß also der eigentlich leuchtende Theil der Sonnenscheibe dadurch in demselben bedeutenden Maße verringert wird, woraus sie, im vollkommenen Widerspruche mit Herschel's Hypothese, vielmehr auf eine Verringerung der planetarischen Temperatur als Folge der Sonnenflecke schlossen. Diese letztere Frage ist es nun aber gewesen, worüber die pariser Akademie in einigen ihrer neuern Sitzungen sich besprochen hat, und der Akademiker Arago erklärte sich entschieden gegen die Annahme einer solchen Verminderung der irdischen Temperatur durch den Einfluß der Sonnenflecke, und zwar aus dem Grunde, weil das getrennte Lichtgewölk der Sonnenphotosphäre sich bei dieser Trennung nicht verliere, sondern, wie die Beobachtung auch wirklich zeigt, vielmehr an den Rändern der Flecken umher aufgehäuft werde, bis es sich zur Bedeckung der die Flecken, nach unserer Erklärung, bildenden Ritzen und Öffnungen wieder vereinige. — Herschel's entgegengesetzte Ansicht ist dabei unerörtert geblieben; ich gestehe indeß, daß ich dieselbe deshalb noch nicht aufgegeben habe; da ich aber in diesen Blättern die Gegenstände weniger erschöpfen, als das Nachdenken darüber nur anregen kann, so trage ich auch nicht alle Gründe für jene Herschel'sche und meine Hypothese ausführlich vor, sondern überlasse den Lesern, sich aus dem nur Angedeuteten ihr Urtheil selbst zu bilden.

In einer Beziehung, in welcher man die Astronomie noch nicht betrachtet hat, nämlich in der medicinischen, zeigt uns der vortreffliche Mädler, den ich oben als Mondtopograph hervorgehoben habe, diese edle Wissenschaft. „Der diesjährige Monat August", sagt er in einem norddeutschen Blatte darüber, „zeichnete sich in seiner zweiten und dritten Woche durch eine Heiterkeit aus, welche nicht allein durch ihre lange Dauer, sondern auch durch den hohen Grad der Luftdurchsichtigkeit als ganz ungewöhnlich für unser Klima erscheint. Vollkommen ähnlich zeigte sich der October 1831. Beide Zeiten sind aber grade diejenigen, zu denen die Cholera am heftigsten in derselben Gegend wüthete; während ihres stärksten Auftretens wurden die trefflichsten astronomischen Entdeckungen gemacht, wie sie so lange hintereinander selten gelingen. Besonders merkwürdig war in diesen verhängnißvollen Monaten die auffallende Lebhaftigkeit der Morgen- und Abendröthen. Am 19. August namentlich erregte diese Lebhaftigkeit der Morgenröthe zu Berlin allgemeines Staunen; der ganze östliche Horizont schien gleichsam in Feuer zu stehen; eine eben so herrliche heitere Nacht war vorangegangen." Sollte in diesem zweimaligen Zusammentreffen einer ungewöhnlichen Luftdurchsichtigkeit mit der stärksten Cholera nicht etwas mehr als Zufall liegen? Ich halte mich überzeugt davon, wiewol wir noch weit entfernt sind, über diesen Zusammenhang zwischen atmosphärischen und Krankheitserscheinungen Näheres angeben zu können. Man ermesse, welche unendliche Dunstmassen täglich von der ganzen Erdkugel, aus ihren Pflanzen, ihren Thieren, ihren Gewässern, durch so viele Processe des bürgerlichen Lebens u. s. w. in das atmosphärische Reservoir übergehen und in diesem geheimnißvollen Laboratorium analysirt, umgeformt und zur Respiration neuerdings geschickt gemacht werden müssen! Wie viele stille Kräfte, von denen wir gar keine Ahnung haben, mögen da mitwirken! Die mindeste Störung dieser atmosphärischen Functionen aber, die Steigerung einiger derselben, wie sie sich nun durch das oben erwähnte Phänomen einer ganz ungewöhnlichen und übertriebenen Luftheiterkeit ankündigt, auf Unkosten der andern, kann gleich den entscheidendsten Einfluß auf die Gesundheitsverhältnisse der Geschöpfe äußern, welche in dieser Atmosphäre leben, und grade aus ihr mehr Lebensstoff aufnehmen, als aus allen übrigen substantiellern Nahrungsmitteln. Betrachtet man Mädler's Vermuthung über den Zusammenhang zwischen der gleichzeitig beobachteten, ganz ungewöhnlichen und übertriebenen (krankhaften) Luftheiterkeit und der Choleraepidemie, unter diesem gewiß unverwerflichen Gesichtspunkte, so erscheint die Hypothese als sehr begründet, und als Resultat dieser ganzen Betrachtung ergibt sich die neue Bestätigung des alten Satzes, daß grade zwischen Himmel und Erde die meisten solcher Sachen vorgehen, von denen der beschränkte menschliche Verstand blutwenig begreift. Ich schmeichle mir demgemäß auch nur, eine Andeutung über atmosphärische Vorgänge gegeben zu haben, zu deren tieferm Mysterium der nähere Zugang noch nicht hat entdeckt werden können.

Eine andere Untersuchung von nicht geringerer Wichtigkeit, welche die pariser Akademie der Wissenschaften und zugleich den bekannten und verdienten deutschen Naturforscher Dove in der letzten Zeit besonders beschäftigt hat, betrifft die Ursachen der Erdwärme, ein Gegenstand, über den ich freilich schon in meinem letzten Bericht gesprochen habe*), auf welchen ich

---

*) Vgl. Pfennig-Magazin Nr. 241.

aber, bei seinem unerschöpflichen Interesse, nochmals zurückkommen muß. Zur Unterstützung der am angeführten Orte nach Dove und im Sinne der Aristotelischen Antiperistase (des Kampfes zweier sich gegenseitig provocirender Kräfte) vorgetragenen Ansicht über die Erdwärme, will ich nämlich noch einige Umstände sammt den daraus herfließenden Folgerungen beibringen, deren Verdienst besonders darin besteht, daß Jedermann die Beobachtung derselben schon selbst gemacht hat. Grade dergleichen ganz allgemeingültige Erfahrungen sind aber für die Erforschung des Naturgeheimnisses viel wichtiger als die Ansichten der blos stubengelehrten Physik, welche oft den Wald vor lauter Bäumen nicht sieht, und die ich den einfachsten Wahrnehmungen des gemeinen gesunden Menschenverstandes weit nachsetze. Alle meine Leser haben aber schon selbst beobachtet, daß es, wenn nach bedeutender Kälte, besonders von längerer Dauer, endlich Thauwetter eintritt, nunmehr in den Gebäuden erst recht kalt zu werden anfängt. Man kann dies am besten an den in ungeheizten Gemächern hängenden Wandlampen beobachten, in denen das Öl bei dauerndem Froste lange nicht erstarrt, welche aber sogleich einfrieren und nicht brennen wollen, wenn nun plötzlich größere Luftwärme eintritt. **) Dies rührt daher, weil der Erdkörper während des Frostes im Gegensatze mehr Wärmethätigkeit entwickelt und durch Mauern, durch die ganzen Gebäude u. s. w. fortpflanzt, wogegen diese Erdwärmethätigkeit nachläßt, wenn die Luftwärmethätigkeit eintritt. Der gemeine Mann sagt dann von der Erde, den Mauern, den Gebäuden u. s. w., „die Kälte schlage aus", ein Ausdruck, der für unsere Physiker, welche keinen positiven Kältestoff annehmen, sondern Kälte nur als mindere Wärme, als etwas Negatives bezeichnen, gar keinen Sinn hat. „Man hüte sich aber", sagt ein wackerer deutscher Naturforscher, „sorgfältig vor zu weit getriebener Anwendung auch sonst wohlbegründeter Doctrinen, wenn sie mit den Thatsachen des sogenannten Volksglaubens (wie hier mit dem behaupteten Ausschlagen der Kälte) im Widerspruche stehen. Ebenso sagt der Landmann gegen Ende des Winters: die Kälte schlage jetzt in die Erde (man bemerkt um diese Zeit in der That, daß das in den Eiskeller gebrachte Eis am schnellsten zum Ballen gefriert), womit er wieder blos ausdrücken will, daß die Wärmethätigkeit des Erdkörpers nunmehr bei steigernder Luftwärme nachlasse, sodaß der aus der Atmosphäre entweichenden Kälte kein gleich großes Hinderniß des Eindringens in die Erde mehr entgegengesetzt werde.

Setzt man diese Foderung der Naturwissenschaft des Volkes in Verbindung mit den Ansichten mancher ältern und spätern Physiker: Musschenbroek, Merian, Leslie, Pictet, Kastner und Anderer mehr, welche das Bedürfniß der Annahme eines Kältestoffes zur Erklärung der Temperaturerscheinungen auch gefühlt und ausgesprochen haben, so scheint klar zu werden, daß die Verdrängung dieses Stoffes aus der neuern Naturlehre unzulässig gewesen ist, und daß die neueste Physik gegentheils Recht hat, wiederum auf seine Nothwendigkeit hinzudeuten. Meine Leser mögen sich nun, Jeder nach seiner Art, ihre eigne Ansicht auch darüber selbst weiter ausbilden, mir muß es, nach meinem mehrmals ausgesprochenen Vortragsplane, genügen, die Aufmerksamkeit und das Nachdenken auf den Gegenstand gerichtet zu haben.

Da die Untersuchungen über die Wärme in der Ausdehnung, in welcher wir dieselben hier vorgetragen haben, recht eigentlich auf das Gebiet der Chemie hinübertreten, so wird es in der Ordnung sein, unmittelbar daran Betrachtungen über den gegenwärtigen Zustand der letztern Wissenschaft zu reihen, wobei uns ein diesfallsiger Vortrag zur Seite steht, den die Akademiker Dumas und Liebig in einer der letzten Sitzungen der pariser Akademie der Wissenschaften gehalten haben, und welcher in uns ein ganz besonderes Interesse erregt hat. Um dabei aber vollkommen verständlich zu bleiben, müssen wir erst einige Umstände in das Gedächtniß unserer Leser zurückrufen. Bekanntlich bestand bis etwa gegen Ende des 17. Jahrhunderts gar noch keine eigentliche Wissenschaft der Chemie, sondern man kannte nur einzelne chemische Thatsachen ohne organischen Zusammenhang. Ein damals auftretender Chemiker, mit Namen Stahl (geboren zu Ansbach 1660), königlich preußischer Leibarzt zu Berlin, erhob erst die früher blos angedeutete und durch Beobachtungen vorbereitete Lehre von einem allen natürlichen Körpern beiwohnenden Brennstoffe (Phlogiston), der durch sein Entweichen aus verbrennenden Körpern die Ursache der Verbrennlichkeit und aller dabei vorkommenden Erscheinungen sein sollte, zu einem abgerundeten Ganzen und zur Grundlage eines chemischen Systems, welchem man, nach dem obigen Worte, den Namen des phlogistischen beilegte. Dieses System galt bis gegen Ende des 18. Jahrhunderts, wo der bekannte französische Chemiker Lavoisier aus dem Umstande, daß verbrennende Körper, wenn man das Gewicht der entstehenden Dämpfe mit in Betracht zieht, an Schwere vielmehr zu- als abnehmen, demnach beim Verbrennen nicht sowol ein Grundstoff entweichen kann, sondern ein solcher vielmehr aus der Luft aufgenommen werden muß, auf die Unhaltbarkeit des phlogistischen Systems der Chemie schloß und demselben das antiphlogistische entgegensetzte. Von diesem Systeme, als dem noch jetzt herrschenden, gehen nun die oben genannten beiden Chemiker in dem Vortrage, von dem wir hier reden wollen, aus. Sie machen zuvörderst auf das Zerfallen der Chemie in zwei große Abtheilungen: die unorganische (mineralische) und organische (pflanzliche und thierische), aufmerksam. Von jener (der mineralischen) sprechend, rühmen sie, daß die Gesetze dieser Disciplin durch Lavoisier so genau bestimmt seien, daß man diesen Theil der Wissenschaft als vollständig betrachten könne. Neue Facta würden vielleicht darin aufgenommen werden müssen, aber die Harmonie des Ganzen dürfe dadurch nicht als gefährdet betrachtet werden. Bis jetzt stehe es übrigens noch fest, daß die 54 bekannten Elemente der Chemie, deren Vereinigung zu 2 und 2, 3 und 3, 4 und 4 *) alle Naturkörper bil-

---

**) Freilich frieren die Lampen bei noch längerem heftigen Froste auch ein; dann aber ganz natürlich in Folge des nun überwiegend werdenden Kälteprocesses, dem die Erdwärme nicht mehr hinreichend entgegenwirken kann.

*) Statt der Aristotelischen vier Elemente: Feuer, Wasser, Luft und Erde, nimmt die Lavoisier'sche, oder vielmehr die heutige, jenes System nur weiter ausbildende Chemie nämlich, 54 solcher Elemente an, sich vorbehaltend, diese ungeheure Zahl durch Entdeckung von neuern Körpern, deren weitere Zerlegung ihr nicht gelingt, noch täglich zu vergrößern. Mit der namentlichen Aufzählung dieser Elemente will ich aber, wegen der täglich zu befürchtenden Auffindung neuer, meine Leser nicht ermüden. Es findet aber dabei der merkwürdige Umstand statt, daß, im Allgemeinen, die unorganischen Verbindungen erster Stufe binaire, die pflanzlichen dagegen ternaire, und die thierischen sogar quaternaire Zusammensetzungen aus jenen 54 Urstoffen sind. Ein Mineral

det, durch die uns zu Gebote stehenden Mittel der Analyse unzerlegbar sind. Aber selbst die Auffindung solcher Hülfsmittel zur Zersetzung eines oder des andern jener Elemente, wodurch also neue, einfachere Körper entständen, würde die allgemeine Ordnung des Systems nicht stören.

(Der Beschluß folgt in Nr. 260.)

Die Uhr im straßburger Münster.

Diese Uhr, welche ein gewichtiges Zeugniß von der frühzeitigen Ausbildung der Uhrmacherkunst ablegt, wurde im Jahre 1571 von zwei berühmten Mathematikern, Dasipodius und Wolkinsterius, erfunden. Man erzählt sich einen merkwürdigen Umstand, der sich bei dem Baue derselben ereignete. Der Künstler, welcher dieses so fein zusammengesetzte Kunstwerk verfertigte, erblindete vor Beendigung seiner Arbeit und es entstand die schwierige Frage, wer dieselbe vollenden solle. Man beauftragte damit andere Mechaniker; allein diese waren nicht im Stande, den Plan, nach welchem die Uhr construirt werden sollte, zu erkennen, und somit unfähig, die angefangene Arbeit zu beendigen. Der blinde Künstler dagegen wollte gern den Ruhm, ein solches Werk geschaffen zu haben, allein einernten, und konnte es unmöglich dulden, daß Andere Das, was sein Geist sich erdacht hatte, fortsetzten. Er erbot sich daher, trotz seiner Blindheit, die Uhr zu vollenden. Es gelang ihm, und wir sehen in diesem merkwürdigen Erzeugnisse der Mechanik nicht nur die Allgewalt des menschlichen Geistes, sondern erkennen auch, wie groß die Macht der Gewohnheit ist, die dem blinden Künstler erlaubte, ein Werk zu vollenden, welches er sehend begonnen hatte, und wie sehr sich die Thätigkeit eines Sinnes erhöht, wenn ein anderer aufgehört hat, zu bestehen.

Bei Betrachtung dieser Uhr fesselt unsere Aufmerksamkeit zuerst eine große Himmelskugel, auf welcher drei Bewegungen sichtbar sind: eine der ganzen Kugel, die das Himmelsgewölbe darstellt, geschieht von Ost nach West in 24 Stunden; die zweite bezeichnet die Bewegung der Sonne, welche einmal im Jahre durch die Zeichen des Thierkreises läuft, und die dritte die des Mondes, welcher seinen Lauf in 28 Tagen vollendet. So kann man auf dieser Kugel die Bewegungen des ganzen Himmels, die der Sonne und des Mondes, den Auf- und Untergang jedes Sterns beobachten. Die Mechanik, welche diese Bewegungen hervorbringt, ist in dem Körper eines Pelikans verborgen, der sich unter der Himmelskugel befindet.

Dann erblickt man zwei große Kreise, von denen der größere neun Fuß im Durchmesser hat und den kleinern von acht Fuß einschließt. Der äußere bewegt sich von Norden nach Süden einmal im Jahre. An seiner Nordseite zeigt ein Engel den Wochentag an, an der Südseite ein anderer den Tag, welcher ein halbes Jahr später sein wird. Der innere Kreis bewegt sich von Süden nach Norden einmal in hundert Jahren. Rings um ihn herum ist das Jahr der Welt, das Jahr nach Christi Geburt, die Schaltjahre, die beweglichen Feste u. s. w. angegeben. Außerdem zeigt die Uhr noch die wöchentliche Bewegung der Planeten an.

Eine andere Merkwürdigkeit sind zwei Sonnenuhren, welche übereinander angebracht sind, und von denen die eine die Minuten, die andere die Stunden weist. In dem Umkreise derselben befindet sich ein vollständiges Astrolabium, auf welchem die Bewegungen und Stellungen der einzelnen Planeten angegeben sind, sowie ein anderer Kreis den Auf- und Untergang des Mondes darstellt.

Die vier Stundenviertel werden auf vier verschiedenen Glocken von einem Knaben, einem Jünglinge, einem Manne und einem Greise angeschlagen. Der Tod, welcher sodann erscheint, wird von einer Figur, die den Heiland vorstellt, so lange vertrieben, bis das letzte Viertel ausgeschlagen hat, und verkündet hierauf die ganze Stunde.

Zuletzt ist noch das Glockenspiel zu erwähnen, welches sich in dem Thurme über dem Uhrwerke befindet und um 3, 7 und 11 Uhr verschiedene Melodien, zu Weihnachten, Ostern und Pfingsten aber ein Danklied ertönen läßt. Ist ein solches Musikstück verklungen, dann streckt der Hahn, welcher auf der Spitze des Thurmes steht, seinen Hals aus, schüttelt den Kamm, schwingt seine Flügel und kräht zweimal.

---

z. B., wie viele jener 54 einfachen Stoffe es nun auch enthalten mag, wird sie doch immer nur je zu zweien miteinander verbunden enthalten, die dann freilich wieder zu höhern Verbindungsstufen zusammentreten können, wogegen sich Pflanzen und Thiere zunächst nur in ternaire und quaternaire Verbindungen zerlegen lassen.

Das Pfennig-Magazin

für Verbreitung gemeinnütziger Kenntnisse.

260.] Erscheint jeden Sonnabend. [März 24 1838.

Die unterirdischen Gewölbe von Ellora.

Die herrliche Gebirgskette von Ellora, eine Tagereise von Bombay entfernt, wird von einem Flusse bewässert, der auf dem Gipfel einer steilen Anhöhe entspringt und von Fels zu Fels in breiter Strömung bis in die Ebenen herabfließt. Die Seiten dieser Anhöhe sind mit Tempeln und Palästen bedeckt, die in den Felsen eingehauen sind und zum großen Theile sich unter der Erde befinden. Der Tempel von Kylos ist unstreitig das merkwürdigste dieser seltsamen Gebäude. Zu beiden Seiten eines Thores befinden sich zwei hohe Thürme, die mit Zinnen versehen und mit Sculpturarbeit bedeckt sind. Dieses Thor führt zu einem geräumigen freien Platze, der durchaus in den Felsen gehauen ist und in dessen Mitte der Tempel steht. Alle Wände sind mit kunstreichen Figuren bedeckt, die den alten Statuen Roms und Griechenlands an die Seite gesetzt werden können. Der freistehende Tempel ist mit dem Thore durch eine in den Felsen gehauene Brücke verbunden und mit Galerien in einer Entfernung von 150 Fuß umgeben. Er besteht aus einem einzigen Felsblocke, enthält mehre Zimmer, Fenster, Thüren und Treppen. An den äußersten Seiten des Hofes sind wieder drei prachtvolle Galerien auf Pfeilern erbaut, welche die Mythologie der Hindus in steinernen Bildern darstellen. Man erblickt hier 42 kolossale Figuren von Göttern und Göttinnen. Im Hofe selbst sind Überreste gigantischer Elefanten und ein fast noch ganz erhaltener Obelisk. Unter den sonderbaren Basreliefs zeichnet sich eine Gruppe aus, die auf S. 92 in einer Abbildung den Lesern vorgeführt wird. Die Überlieferung erzählt von ihr Folgendes. Ein Fakir, welcher in dem Gebirge sich aufhielt, und dessen Tugend und Frömmigkeit weit und breit im Lande bekannt war, wurde durch die Anreizungen eines bösen Geistes, der ihm Reichthum und endlich sogar die Unsterblichkeit versprach, dahin gebracht, daß er seine Kinder und dann sein Weib tödtete. Der Geist hielt Wort und verwandelte ihn zur Strafe für seine Verbrechen in Stein.

Das Neueste aus der Natur- und Gewerbswissenschaft.

(Beschluß aus Nr. 259.)

Ganz anders verhält es sich dagegen mit der organischen Chemie, welche sich mit den Producten des Pflanzen- und Thierreiches abgibt: die Substanzen, das heißt die bei der Zerlegung zunächst hervorgehenden Stoffe dieser beiden Reiche, obgleich deren Zahl weder geringer noch weniger mannichfach sind als die der unorganischen Natur, finden sich erwähntermaßen sämmtlich aus drei bis vier Elementen zusammengesetzt

Kohlenstoff, Sauerstoff, Wasserstoff, wozu für das Thierreich Stickstoff tritt, sind die Grundprincipe, aus denen alle organischen Körper bestehen. Ohne die Mittel zu kennen, deren sich die Natur bedient, um durch diese wenigen Elementarprincipien eine so große Menge so ganz verschiedenartiger Körper hervorzubringen, werden wir nie in die Mysterien der Vegetation noch der animalischen Organisation eindringen; und, fügt Referent hinzu, die Hoffnung auf diese Kenntniß ist bei dem heutigen Stande der Wissenschaft sehr gering. Denn es gelingt zwar z. B. eine Frucht durch letzte Analyse in die drei oben angeführten Elementarstoffe zu zerlegen und dabei selbst das Gewicht herauszubringen, vermögen aber nicht, umgekehrt, durch die Synthesis aus diesen drei also gewonnenen, das Gewicht der Frucht darstellenden Elementarstoffen darum nun auch die Frucht wieder darzustellen, zum deutlichen Beweise, daß bei jener Analyse gewisse unwägbare Stoffe entwichen sind, von welchen der organischen Chemie auch noch nicht die entfernteste Kenntniß beiwohnt. Ohne diese Imponderabilien erscheinen aber die gewonnenen sogenannten Elementarstoffe als ein, wenn wir so sagen dürfen, caput mortuum. Behandelt sie in euern Laboratorien nun wie ihr wollt, es wird im Leben keine Frucht wieder daraus werden, und das Geheimniß dieser Recomposition durch Wiederhinzufügung nur ihr bekannter, nur ihr zugänglicher Stoffe hat sich die Natur selbst vorbehalten. Die organische Chemie läßt also dem Zweifel ein weites Feld, und die unorganische oder sogenannte mineralogische Chemie will nur mit ihren 54, wie gesagt, täglich noch vermehrbaren Elementen auch nicht so ganz über alle Angriffe erhaben erscheinen, wie es die Herren Dumas und Liebig gern glauben machen möchten. „Prüfet Alles", rufen wir unsern Lesern zu, „und das Beste behaltet!" Unsere Vorträge wollen nun einmal schlechterdings nicht auf eines Meisters Worte schwören, und wir werden diese Tendenz fortwährend hervortreten lassen.

Die Betrachtungen über die Natur der Wärme, welche uns zu dieser Abschweifung geführt haben, werden uns auch bei Untersuchungen über das Auffliegen der Dampfschiffe leiten, ein Gegenstand, der wegen der Erschrecken erregenden Menge von Unglücksfällen dieser Art in neuester Zeit die Aufmerksamkeit der um das Gewerbe bemühten Naturforschung vorzugsweise in Anspruch genommen hat. Der Umstand, daß sich die letzten dieser Ereignisse grade da zugetragen haben (vor Hull und auf dem Mississippi, wo es bekanntlich von Dampfschiffen wimmelt), hat man natürlich zu dem Schlusse geführt, daß ein Dampfkessel immer ein gefährlicher Nachbar bleibe, und daß daher eine Reise mit einem Dampffahrzeuge unter allen Umständen zu den gewagten Unternehmungen gehöre. Ein Sachverständiger, dessen Bericht vor uns liegt, äußert sich über diesen, bei der immer steigenden Anwendung des Dampfes als bewegende Kraft, so unendlich wichtigen Gegenstand in folgender Weise: „Es gibt zwei Veranlassungen zum Springen der Dampfkessel, deren eine das Resultat plötzlich, die andere allmälig bewirkt; die erste kann gefährlich werden, ist es aber nicht an sich; die andere ist es immer. Jeder Dampfkessel ist nämlich auf einen bestimmten Widerstand berechnet und muß und wird bersten, wenn der Druck diesen überschreitet. Die Grenze der Spannung, welche man geben will, findet sich durch das sogenannte Sicherheitsventil angegeben, welches sich öffnet und den Dampf ausströmen läßt, sobald er mit größerer Kraft drückt, als man haben will. Sehr irrig aber hält man sich durch ein solches Ventil für genügend gesichert, da die Erfahrung lehrt, daß der Maschinenmeister und seine Gehülfen leicht auf den Einfall kommen, um mehr Kraft zu gewinnen, dieses Ventil mit Gewichten zu beschweren. Dem Übelstande scheint am besten abgeholfen zu werden, daß man jedem Kessel zwei Sicherheitsventile zutheilt, wovon das eine dem Schiffspersonale zugänglich ist, und also den zuweilen wirklich nöthig werdenden kleinen Wechsel der Belastung zuläßt, während sich das andere, unter Verschluß befindliche, bei der geringsten merklichen Überlastung augenblicklich öffnet. Durch diese Vorsicht ist also der Gefahr immer vorzubeugen und da die Steigerung der Spannung ohnedies nur allmälig erfolgt, so ist also diese nur eben so allmälig wachsende Gefahr nicht eben sehr groß."

„Anders verhält es sich im zweiten, wo das Unglück meistens plötzlich erfolgt. Man gebraucht nämlich gewöhnlich nicht die Vorsicht, den Kessel, Cylinder, kurz die ganze Maschinerie nur nach und nach zu erwärmen, sondern die Capitaine setzen etwas darein, mit größter Schnelligkeit vom Flecke abzugehen, um den Zuschauer zu imponiren und ihr Schiff zu empfehlen, daher die Feuer möglichst scharf gehalten und der Dampf gesammelt, d. h. höher gespannt wird, sodaß der Augenblick, wo die Maschine eben in Thätigkeit tritt, gefährlich wird, indem der Dampf mit größter Gewalt in den abgekühlten Raum nun gegen die durch diese Abkühlung spröde gewordenen Metallwände stürzt, wodurch natürlich sehr leicht die Explosion erfolgen kann. Man sollte also das Fahrzeug immer nur langsam in Bewegung setzen, damit diese letztere, offenbar drohendere Gefahr abgewendet wird."

So weit unser Referent. Mit aller dieser Vorsicht, fürchten wir, dürfte es aber immer noch nicht genug gethan sein. Die Natur der elastischen Flüssigkeiten, die Steigerung ihrer Expansivkraft durch Verbindung mit neuen Quantitäten Wärmestoffs, ihr Bestreben, schwächere Stellen der Metallwände gleichsam selbst aufzusuchen, um gewaltsam durchzubrechen, die Disposition, in welche letztere durch jeden Temperaturwechsel dazu versetzt werden können — dies also sind noch nicht ganz festgestellte und vielleicht nie ganz festzustellende Umstände, und wer uns einwenden wollte, daß z. B. ein tausendmal geheizter Kessel bei dem tausend und ersten Male auch nicht springen werde, dem wenden wir eine Erfahrung ein, welche jeder unserer Leser bereits gemacht hat, daß nämlich oft ein ein ganzes Jahr lang gebrauchter Lampencylinder plötzlich springt, ohne die Möglichkeit vorhanden wäre, anzugeben, warum nun gerade diesmal die Hitze eine andere Wirkung, als so viele, frühere Male auf ihn hervorbringt. — Wenn diese Bemerkungen aber auch gar keinen eignen Werth hätten, so werden oder mögen sie wenigstens dazu dienen, die Vorsicht bei Behandlung der Dampfmaschinen, bei der Feuerregierung, der Ventilbefestigung u. s. w. auf das Äußerste zu vermehren. Diesem Gegenstand kann nicht Aufmerksamkeit genug geschenkt werden.

Bei der also nicht ganz wegzuleugnenden Gefahr der Dampfanwendung für die fortschaffende Mechanik sind die Bemühungen um Auffindung einer andern, weniger fürchterlichen Potenz von der äußersten Wichtigkeit. In der That scheint diese Entdeckung aber dem sinnenden Menschengeiste bereits geglückt zu sein. Wir lesen in amerikanischen Journalen, daß Thomas Davenport, Grobschmied im Staate Vermont, den durch

Elektricität erzeugten Magnetismus mit dem glücklichsten Erfolge an der Stelle der Dampfkraft anwendet. Um dies recht zu verstehen, muß man wissen, daß ein Stück weiches Eisens, dem man, der Bequemlichkeit des Versuches wegen, z. B. hufeisenförmige Gestalt gegeben und es mit einem Metalldrathe spiralförmig umwunden hat, äußerst kräftig magnetisch wird, so lange der elektrische Strom durch diesen Draht fließt. Letztere Elektricität erlangt man am einfachsten, wenn man eine Zink= und eine Kupferplatte aneinanderfügt, das eine Ende des Drathes an die erstere und das andere an die letztere befestigt und dieses Plattenpaar hiernächst in eine stark gesäuerte Flüssigkeit, z. B. Wasser mit Schwefelsäure, taucht. Man hat ein so behandeltes, nur 60 Pfund schweres Stück Eisen so kräftig magnetisch gemacht, daß es eine Last von 20 Centnern aufgehoben hat. Die temporaire Tragkraft hört aber augenblicklich auf, sobald man den elektrischen Einfluß unterbricht. Man denke sich also ein wechselndes Wirken und Unterbrechen desselben, so wird das Eisen ebenso wechselnd jene 20 Centner erheben und sinken lassen, so daß sich also das Kolbenspiel der Dampfmaschine durch diese magnetische Kraft ersetzt findet. Davenport glaubte, mit $\frac{1}{2}$ Fasse Schwefelsäure, 2 Orthoft Wasser und wenigen Plattenpaaren, auf diese Art das größte Schiff über den atlantischen Ocean zu führen. Dabei ist die Maschine so sicher und leicht, daß sie von einem Kinde dirigirt werden kann; die Kosten sind, wie man gleich übersieht, höchst unbedeutend und alle Gefahr scheint entfernt. Auf jeden Fall ist dies eine große und äußerst wichtige Entdeckung, und sie wird es noch unter einem Gesichtspunkte mehr, wenn man den täglich fühlbarer werdenden Mangel an Brennmaterial ermißt, wodurch sich die uneingeschränkte Anwendung einer Dampfmaschine bald von selbst verbieten wird. Wir bemerken schließlich, um einem möglichen Mistrauen gegen unsere, freilich fast abenteuerlich klingende Beschreibung dieser elektro-magnetischen Maschinen und ihre angerühmten Vorzüge zu begegnen, daß Davenport über seine Erfindung ein Patent erhalten und sich, zur Ausführung im Großen, mit einem gewissen Cook verbunden hat, und daß die amerikanischen Naturforscher, namentlich der verdiente Professor Silliman, ohne Einschränkung äußerst günstig über die Sache urtheilen.

Ich muß auf diese Veranlassung noch eines Zweifels gedenken, welchen man gegen die allgemeine Anwendung der Dampfwagen erhoben hat, des Zweifels nämlich, ob diese Wagen auch im Stande sein dürften, sich auf den Eisenbahnen bei starkem Schneefalle einen Weg zu bahnen? Diese Besorgniß, welche allerdings gegründet schien, ist durch gemachte wirkliche Erfahrungen vollkommen gehoben, und wir lesen darüber in einem englischen Blatte Nachstehendes: „Man war ziemlich gespannt darauf, ob während des Schneefalls die Maschine auf der Newcastle=Carlisler=Eisenbahn im Stande sein werde, sich einen Weg zu bahnen. Die Möglichkeit ward am 26. Dec. erhärtet und dadurch der Nutzen der Eisenbahnen auch in diesem zweifelhaften Falle auf eine auffallende Weise bewiesen. Auf dem Einschnitte, welcher durch den Cowranhügel gemacht worden ist, hatte sich der Schnee 4 bis 5 Fuß gehäuft und als der Hercules herabkam, so waren viele Landleute versammelt, um zu sehen, wie die Sache ablaufen werde. Allein die Maschine fuhr sogleich in diesen zusammengetriebenen Schnee, schob denselben rechts und links aus einander und bahnte sich, dem Anscheine nach ohne die geringsten Schwierigkeiten, einen Weg, wobei der Schnee wie Schaum von Meereswellen bis über den Schornstein der Maschine hinwegflog. Dieses und anderer Hindernisse ungeachtet, kam auch der ganze Wagenzug von Greethead nach Carlisle (20 englische Meilen) in $1\frac{1}{4}$ Stunden. Überhaupt haben die Wagenzüge auf den Eisenbahnen bei diesem Schneefalle die Zeit regelmäßig eingehalten, während die Verbindung auf den gewöhnlichen Landstraßen mehr oder minder gestört, wo nicht ganz unterbrochen war.“ Dies ist ein wichtiger, nicht genug hervorzuhebender Umstand.

Von vielleicht noch größerer Wichtigkeit für die Dampfmaschine sind aber die Beobachtungen des Professors Olmstedt zu Newhaven in den Vereinigten Staaten über die Anwendbarkeit der sogenannten Anthracitkohle zu ihrer Heizung. Ostwärts von den Alleghanygebirgen nämlich, also grade im bevölkertesten Theile der Vereinigten Staaten und wo unzählige Dampfmaschinen im Gange sind, findet sich die gewöhnliche bituminöse Kohle gar nicht, wol aber jene Anthracitkohle. Dieselbe soll zwar schwerer in Brand zu setzen sein, dann aber auch eine viel intensivere und nachhaltigere Hitze geben. Die Anleitung zu ihrem Gebrauche ist also für jene unermeßlichen Landstrecken eine unberechenbare Wohlthat.

Schließlich bemerke ich, daß unsere Verbindung mit der neuen Welt bald durch Einrichtung einer regelmäßigen Reihenfahrt von Dampfbooten gesichert sein wird, welche die britisch=amerikanische Dampfschifffahrtsgesellschaft jetzt bauen läßt, und welche nächstens in Thätigkeit treten soll. Jede der dazu bestimmten Maschinen soll 400 Pferdekraft haben, jedes Boot Raum für Kohlen auf 25 Tage, für 600 Passagiere und für 800 Tonnen (160,000 Pfund) Kaufmannsgüter enthalten. — Welche Gestalt wird die Welt nach einigen Jahrzehnden haben, wenn so viele riesenmäßige Anstrengungen mit gleichem Eifer und gleichem Erfolge fortgesetzt werden!

Gefängnisse in Konstantinopel.

Aeltere Reisende geben ein trauriges Bild von den Sklavenkerkern Konstantinopels. Diejenigen aber, die jetzt dieselben besuchen, müssen glauben, daß diese Reisenden sich entweder Übertreibungen in ihren Berichten haben zu Schulden kommen lassen, oder daß die türkische Regierung seit jener Zeit ihre Strenge um Vieles gemildert hat. Man tritt in einen Hof, der von schlecht gebauten Hütten oder Schuppen umgeben ist, worin die Gefangenen gewöhnlich zwei und zwei zusammengefesselt sind, während andern dieser Zwang nicht auferlegt ist. Das Gefängnißgebäude selbst hat nichts Merkwürdiges. Man gelangt in dasselbe durch einen dunkeln Corridor; in dem untern Stockwerke befinden sich die Rajahs oder christlichen Unterthanen der Pforte und im ersten die Türken. Jede zinspflichtige Nation sendet ihre Gefangenen in dieses Gefängniß, die vorher erst nach ihren eignen Gesetzen und von ihren eignen Häuptlingen verurtheilt worden sind. Sie liegen auf rohen Matten, erhalten kein anderes Geräth als ein Wassergefäß, keine andere Speise als täglich $\frac{1}{2}$ Pfund Brot und überdies täglich zehn Paras Geld, das Übrige thut die öffentliche Wohlthätigkeit; die Elendesten empfangen von ihren Glaubensgenossen Beistand. Die Wachen sind sehr wachsam und die Gefangenen werden während ihrer Arbeit, während ihrer Krankheit und selbst wenn sie todt sind, streng beobachtet, damit keiner als Leichnam der Haft entschlüpfe. In dem Gefängniß des Seraskier findet man keine Fesseln, keine festen Thüren, keine Wachen, und der Gefängnißwärter zeichnet sich nicht einmal durch seine Kleidung aus. Zwei miteinander in Verbindung stehende Hallen bilden dieses Gefängniß, das durch eine Oeffnung in der Decke Licht erhält. Ein anderes Gefängniß wird das Gefängniß der Pforte genannt. Es liegt in der Nähe des Eingangs zum Palast des Großveziers. Durch einen von vielen Soldaten bewachten Hof gelangt man zu einer Thüre, über welcher Ketten hängen, denjenigen ähnlich, welche den Gefangenen um Füße und Hände gelegt werden. Eine Treppe führt zum Gefängniß der Schuldner. Die Griechen, Armenier, Juden und Türken haben besondere Gemächer, denn diese vier Nationen können nie zusammen leben und selbst Mißgeschick vermag sie nicht zu vereinigen. Der Kerker für Landstreicher ist eine wahre Höhle, in den Felsen gehauen. In einer Halle, dunkler als die übrigen, befinden sich die zur Folter verurtheilten Gefangenen. An den Wänden dieses Kerkers sind viele eiserne Ringe befestigt, worin die unglücklichen Geschöpfe so lange schwebend hangen, bis sie ihr Verbrechen gestehen oder entdecken, wo sie ihre Schätze verborgen haben. Eine zweite Treppe, noch finsterer als die erstere, führt zu einem großen Gemache ohne alles Geräth, dies ist das sogenannte Gefängniß der Paschas, obschon jetzt nur noch sehr selten ein Pascha hier eingesperrt wird. Neben diesem Gemache ist ein anderes, das für die Hospodare der Walachei und Moldau bestimmt ist. Dieses Gefängniß scheint zur Zeit der Griechen erbaut worden zu sein, denn es gleicht in keiner Hinsicht den vorher beschriebenen. Es steht jetzt fast ganz leer; aber Gefängnisse gibt es überall in Konstantinopel und jeder Richter hat sein eignes, wie auch seine eigenen Wachen. Es ist nicht nöthig, dicke Mauern deshalb aufzuführen oder Gefängnisse mit großen Kosten zu erbauen. Es genügt, wenn ein Richter in seinem oder seines Nachbars Hause eine Kammer, einen Hof oder einen Stall hat, wo er die Verurtheilten einsperren kann. Das Gefängniß des Woiwoden von Galata besteht aus großen viereckigen Gemächern, worin auf einer Seite sich die Schuldgefangenen, auf der andern Verbrecher aller Art befinden. Da die Gemächer keine Fenster haben, kann weder Luft noch das Tageslicht hereindringen. Ein matter Schimmer, der durch das Dach fällt, zeigt dem Besucher eine Gruppe Menschen, die auf der Erde liegen und wegen der drückenden Luft fast nicht Athem schöpfen können. Die Policei des Woiwoden ist sehr thätig und sorgt dafür, daß dieses Gefängniß nicht wie das der Pforte leer stehe. Sie unterläßt nicht, ihr Amt so vortheilhaft für sich zu machen, als nur möglich; denn alle Diejenigen, die sie verhaftet, sind ihr zinsbar. Aber man sieht in diesem Gefängnisse weder Fesseln noch Marterwerkzeuge und die Gefangenen werden keineswegs schlecht behandelt.

Basrelief in den unterirdischen Gewölben von Ellora.

Die Bughis in Celebes.

Von den zahlreichen Stämmen, welche den indischen Archipelagus bewohnen, stehen die Bughis in Celebes in besonderm Ansehen bei den Briten, da sie die hauptsächlichsten Seefahrer dieses fruchtbaren Erdtheils sind und viel zur Ausdehnung des Handels der Engländer beigetragen haben, indem sie die Manufacturwaaren derselben nach den entferntesten Gegenden der östlichen Meere ausführen. Von Sumatra bis Neuguinea gibt es fast keine Insel, die diese unternehmenden Seefahrer nicht besucht hätten, und mehr als 300 ihrer Prahus oder Fahrzeuge kommen jährlich nach Singapore mit den Producten, die sie auf ihren Reisen gesammelt haben.

Die Insel Celebes, die zwischen Borneo und den Molukken liegt, ist wegen ihrer Gestalt ganz besonders zum Wohnort eines seefahrenden Volkes passend. Sie hat im Verhältniß zu ihrer Größe eine bedeutendere Ausdehnung der Seeküste als irgend ein anderes Land in der Welt; denn obschon sie einen Flächenraum von 2560 Quadratmeilen hat, so ist doch kein Theil der Insel mehr als 13 Stunden von dem Meere entfernt. Das Klima ist freundlich und der Boden fruchtbar; aber der Ackerbau wird nur wenig betrieben, ausgenommen in einigen Bezirken, wo Kaffee, Tabak, Reis und Baumwolle mit großem Erfolge gebaut werden; der Reis jedoch, der den indischen Inselbewohnern das unentbehrlichste Nahrungsmittel ist, wird nicht in so großer Menge gebaut, daß er für den einheimischen Bedarf hinreichend wäre, und es sind daher noch bedeutende Einfuhren dieses Artikels von Java und Bali nöthig. Im Innern findet sich Gold und Eisen, man gewinnt aber verhältnißmäßig nur wenig, da die Bergwerkarbeiten dem Geschmacke der Einwohner nicht zusagen und sie die Chinesen nicht zulassen mögen, die durch ihren Fleiß und ihre Geschicklichkeit die Goldminen von Borneo so ergiebig gemacht haben. Die nordöstlichen und südwestlichen Küsten von Celebes sind von Holländern bewohnt, der übrige Theil der Insel aber steht unter der Herrschaft mehrer unabhängiger Häuptlinge, unter welchen der Raja von Boni, einem bevölkerten, aber nicht sehr fruchtbaren District, an der Spitze der tiefen Bai, die durch die südlichen und südöstlichen Arme der Insel gebildet wird, vielleicht der wichtigste ist, da seine Unterthanen einen ausgedehntern Handel treiben als alle andern ihrer Landsleute. Die Bevölkerung der ganzen Insel läßt sich nicht genau angeben, aber sie muß sich fast auf drei Millionen belaufen. Die zahlreichen verlassenen Dörfer und Pflanzungen, die man besonders im südlichen Theile antrifft, beweisen, daß die Insel einst noch bevölkerter gewesen sein muß, und in der That haben vielleicht nur wenige Länder traurigere Folgen des Sklavenhandels empfunden als Celebes. Während der Zeit der holländischen ostindischen Compagnie überfielen oft Menschendiebe die Dorfbewohner der Insel und führten sie nach Makassar, von wo sie dann nach Java, dem Vorgebirge der guten Hoffnung und Ceylon gebracht wurden. Ein Holländer, der nach Makassar geschickt worden war, um sich mit dem Zustande des Sklavenhandels vertraut zu machen, beschreibt mit rührenden Zügen die erbärmliche Lage, worin er diese unglücklichen Gefangenen antraf; Hunderte waren in einem engen Kerker eingesperrt und erwarteten die Ankunft des Sklavenschiffs. Ein Geschäftsführer der Compagnie soll allein auf seine eigne Rechnung 800 — 1000 Menschen in einem einzigen Jahre weggeführt haben, und so läßt sich die geringe Bevölkerung erklären, welche mit der Fruchtbarkeit des Bodens und der zum Handel so günstigen Lage der Insel in keinem Verhältniß steht.

Die Bughis, obschon die zahlreichsten, sind doch nicht die einzigen eingeborenen Bewohner von Celebes. Mehre Theile des Innern sind von kleinen Stämmen der Arafuras — den Urbewohnern der östlichen Inseln des indischen Archipelagus, einfachen Menschen, die aber mehre rohe Gewohnheiten haben — und von den Makassars bewohnt, die zwar in vielen Hinsichten den Bughis gleichen, aber einen so verschiedenen Dialekt sprechen, daß man fast glauben möchte, sie seien als Colonisten von einer der benachbarten Inseln herüber gekommen. Der Zeitpunkt, wo sich die Bughis zuerst aus dem wilden Zustande erhoben, läßt sich nicht bestimmt angeben, wahrscheinlich aber geschah es zu Anfange des 14. Jahrhunderts, denn um diese Zeit wurden die kleinen Stämme, die sich über die südlichen Theile von Celebes ausgebreitet hatten, unter die Oberherrschaft eines Häuptlings gebracht, der nach ihrer Meinung übernatürlichen Ursprungs war. Im Innern von Celebes, wie in Borneo, findet man Ruinen großer Gebäude, die Tempel gewesen sein sollen, die Denkmale eines Volkes, das in der Civilisation fortgeschritten war und keine Spur von den Sitten und Gewohnheiten seiner frühen Vorgänger mehr an sich trug. Die Meinungen des Volkes über die Erbauer dieser Gebäude ruhen bis jetzt nur auf Vermuthungen.

Die neuere Geschichte von Celebes zeigt uns ein düsteres Bild der Grausamkeiten, die sich die Europäer gegen die wehrlosen Eingeborenen erlaubten. Als die Portugiesen im Anfange des 16. Jahrhunderts in dem indischen Archipelagus anlangten, waren die Bughis wegen ihrer Handelsunternehmungen berühmt und trieben besonders mit den Gewürzinseln einen einträglichen Verkehr. Sowol die Portugiesen als auch die Holländer, die den Handel mit den Gewürzinseln gänzlich an sich zu bringen wünschten, betrachteten daher die Bughis mit großer Eifersucht und suchten sie auf alle mögliche Weise zu benachtheiligen. Die Holländer ließen sich zu Makassar und Monada, an den beiden entgegengesetzten Enden der Insel, nieder und fielen beständig in das Gebiet der Eingeborenen ein. Europäische Geschicklichkeit siegte gewöhnlich, aber der Geist des Volkes ließ sich nie beugen, und es errang stets seine Unabhängigkeit wieder, sobald die Eindringlinge sich entfernt hatten. Der letzte Kriegszug wurde im Jahre 1825 unternommen, und obschon die Kriegsmacht von einer starken Flotte unterstützt wurde, so ward sie doch mit Verlust zurückgeschlagen; da man aber die Bughis von den Ländern abschnitt, woher sie ihre vorzüglichsten Vorräthe erhielten, sahen sie sich endlich genöthigt, um Frieden zu bitten. Der Verlust an Menschen bei diesen wiederholten Kämpfen war ungeheuer, und da der größere Theil der holländischen Streitkräfte aus Amboynesen und Javanesen bestand, so mußte der eingeborene Theil am meisten erdulden.

Die Bughis sind unter Mittelgröße, von schöner Gestalt, mit kecker, aufrechter Haltung. Die Bewohner des Innern sind im Allgemeinen größer als die an den Küsten Wohnenden, die den größten Theil ihres Lebens auf dem Meere zubringen. Ihre fast schönen Gesichtszüge haben die allgemeinen Eigenthümlichkeiten der braunen Eingeborenen des Archipelagus; aber aus der großen Ähnlichkeit ihres Dialekts mit der polynesischen Sprache kann man schließen, daß sie sich weniger mit Fremdlingen vermischt haben als die Malayen und Javanesen. Sie sind artig in ihrem Benehmen und sagen selbst ihren geringsten Untergebenen nie ein beleidigendes Wort, sind aber auch desto leichter zu beleidigen, während sie bei den Völkern des Morgenlandes wegen ihrer Wahrheitsliebe und ihrer Rechtschaffenheit in hohem Ansehen stehen. Wenn sie mit Redlichkeit und Achtung behandelt werden, so sind sie sichere und treue Freunde, aber eine Beleidigung lassen sie nicht leicht ungerächt. Die Holländer beschreiben gewöhnlich die Bughis als heftige, rachsüchtige Menschen, aber wir besitzen bessere Kunde, als daß wir den Worten eines Volkes glauben sollten, das die unglücklichen Insulaner stets unterdrückt und daher einen wichtigen Grund hat, dieselben in das schlechteste Licht zu stellen. Die Ansiedelung Singapore und die unzähligen Wohlthaten, die aus derselben für das östliche Asien hervorgegangen sind, geben uns Gelegenheit, gerechter über den Charakter und die Sitten der Bughis zu urtheilen. Zu Singapore ist eine Colonie von Bughis, die ungefähr aus 1000 Ansiedlern besteht, und nirgend findet man eine ordentlichere Gemeinde; ihre Namen sieht man nur höchst selten in den Listen der vor dem Gerichtshofe Angeklagten.

Die Frauen, die im Allgemeinen sehr hübsch sind, erfreuen sich einer Freiheit, wie man sie nur selten unter den Völkern des Morgenlandes antrifft. Sie sind nicht von der Häuptlingsstelle ausgeschlossen, und wenn ein solcher weiblicher Häuptling heirathet, geht ihre Würde nicht mit auf den Gatten über. Ja sie befehligen zuweilen sogar Flotten oder durchkreuzen als Capitains von Handelsschiffen das Meer. Die Frauen helfen zuweilen ihren Männern das Feld bestellen, ihre Hauptbeschäftigung aber besteht im Weben baumwollener Kleider, sowol für das Haus als auch zur Ausfuhr, da sie wegen ihrer Dauerhaftigkeit und der Feinheit des Gewebes in den benachbarten Gegenden sehr gesucht sind. Die Farben dieser Kleider gleichen sehr denen des schottischen Plaid. Der Grund ist gewöhnlich roth mit blauen, schwarzen und weißen Streifen. Die Kleidung des Mannes besteht aus einem engen Gewand und kurzen Beinkleidern. Ein kleiner Mantel, dessen beide Enden am Halse zusammengeknüpft sind, hängt frei über die Schultern oder ist malerisch zurückgeschlagen und läßt den Dolch hervorsehen, der beständig in dem Gürtel getragen wird. Um den Kopf bindet er ein Schnupftuch, aber die Beine und Füße läßt er unbedeckt. Die Frauen tragen ein enges Gewand und ein weites Unterkleid, das bis an die Füße reicht; das Haupt lassen sie unbedeckt, knüpfen das Haar zierlich in einen Knoten auf dem Wirbel und befestigen es mit einer silbernen oder goldenen Nadel.

Die Regierungsform ist in jedem der verschiedenen kleinen Staaten etwas verändert, aber überall aristokratisch. In Boni sind sieben erbliche Häuptlinge, die den Fürsten wählen und auch die Macht haben, ihn abzusetzen; doch geschieht dies selten ohne Kämpfe. Die mohammedanische Religion ist unter den Bewohnern der Küsten vorherrschend. Als die Portugiesen zuerst den Archipelagus besuchten, blieben die Insulaner noch eine Zeit lang ihrem heidnischen Glauben treu; doch die Häuptlinge erkannten bald die Nothwendigkeit, eine der großen wetteifernden Religionen unter ihren Stämmen einzuführen. Das Benehmen der Portugiesen auf den Gewürzinseln veranlaßte sie, die mohammedanische zu wählen, und einige Priester, die grade aus Java kamen, bekehrten mit Erfolg einen großen Theil des Volkes. Doch haben sie immer noch einige von ihren alten Gebräuchen beibehalten, sind aber nichts weniger als Frömmler und leben mit den Anhängern anderer Religionen in der größten Eintracht, wenn sie gut behandelt werden.

Der Handelsgeist der Bughis durchdringt die ganze Gemeinde, vom Fürsten bis zum Bauer; weshalb man sie nicht unrichtig die „neuen Phönizier" genannt hat. Ein Bughi, der kein hinlängliches Vermögen besitzt, verpfändet oft seine Freiheit für eine Summe Geldes, in der Hoffnung, sie mit dem Ertrag seiner Kleidung wieder erstatten zu können. Ihre Prahus sind plumpe, seltsam gebaute Fahrzeuge von 20—60 Tonnen, und einem Fremden scheint es fast unmöglich, daß man mit solchen Barken eine weite Reise unternehmen könne; doch schreitet jetzt auch ihre Kenntniß in der Schiffsbaukunst vorwärts und mehre Kaufleute, die mit Java Handel treiben, besitzen Fahrzeuge nach europäischem Modell von 100 Tonnen.

Die Mannschaft eines Prahu von 40 Tonnen besteht aus einem Jurogon oder Befehlshaber, der nichts von der Schiffahrt zu verstehen braucht, sondern blos als Kaufmann betrachtet wird, einem Juro-batu oder Piloten, zwei Juro-mudi oder Steuermännern und 14—20 Kawe oder Matrosen. Diese erhalten keinen Sold, sondern es ist ihnen nur erlaubt, gewisse Quantitäten Waaren mitzunehmen, sodaß Jedermann auf dem Schiffe ein persönliches Interesse an dem Erfolge der Reise hat. Der Befehlshaber streckt Denjenigen seiner Schiffsmannschaft, die nicht im Besitz hinlänglicher Mittel sind, oft Summen vor, wofür er den dritten Theil des Gewinnes als Interessen erhält. Neuerlich haben es aber einige Kaufleute eingeführt, der Mannschaft einen bestimmten Sold zu zahlen, und wahrscheinlich wird dies bald allgemeiner werden.

Der Handel der Bughis wird mit Singapore nach Westen und theils mit Neuguinea, Teram, den Arruinseln und der Nordküste von Australien nach Osten betrieben. Beide Handelszweige stehen in enger Verbindung mit einander, werden aber gewöhnlich mit verschiedenen Prahus betrieben. Im December, wo der westliche Passatwind eintritt, verlassen diese Kaufleute Celebes und segeln nach den östlichen Inseln und nach Australien, von wo sie im Mai und im Juni mit dem östlichen Passatwinde zurückkehren. Bald nach ihrer Ankunft segelt die Flotte von Singapore mit den gesammelten Erzeugnissen von Celebes ab, die zu Singapore an europäische und chinesische Kaufleute verkauft werden, und kehrt bei Eintritt des westlichen Passatwindes mit zahlreichen, für den Handel der östlichen Inseln passenden Artikeln nach Celebes zurück. Sobald sie an dem Ort ihrer Bestimmung angelangt ist, werden die Güter der andern Flotte übergeben, die sie nach den Inseln in den entfernten Theilen des Archipelagus bringt.

Die Producte, welche die Kaufleute von den Eingeborenen auf Neuguinea und den östlichen Inseln erlangen, bestehen hauptsächlich in Perlen, Perlmutter, Schildkrötenplatten, Trepang, Gewürz, Farbehölzern u. s. w., und die aus Singapore erhaltenen Artikel, die in Tausch gegeben werden, sind britische und indische Kalikos, Eisen, Stahlwaaren, Flinten, Schießpulver, Porzellan u. s. w. Der Gewinn auf der doppelten Reise übersteigt mehre hundert Procent und man wird dies nicht zu viel finden, wenn man die Gefahren der Reise und die Kosten, die ein mehrmonatlicher Aufenthalt auf den Inseln verlangt, berücksichtigt.

Der Muth und die Kühnheit dieses merkwürdigen Volkes tritt am meisten bei der gefahrvollen Trepangfischerei an der Nordküste von Australien hervor. Der Trepang ist ungefähr einen Fuß lang und hat drei bis vier Zoll im Durchmesser und man findet ihn im Überfluß auf Sandbänken einige Fuß unter der Oberfläche des Wassers. Dieses widrig aussehende Thier wird halb gesotten und dann auf ein Bambusgeflecht über einem kleinen Feuer getrocknet. Es wird von den Chinesen als Leckerbissen betrachtet, da es eine nährende Speise geben soll. Diese Fischerei ist von großer Wichtigkeit und bringt fast mehr Gewinn als der Pelzhandel zwischen den nordwestlichen Küsten von Amerika und China.

Die Nordküste von Australien wurde zufällig von den Bughis vor funfzig Jahren entdeckt. Ein Prahu, dessen Mannschaft mit Trepangfischen an der Küste von Timor beschäftigt war, wurde von einem starken Nordwind dahingetrieben, und die Thiere, die zu fangen sie in See gegangen waren, fanden sie hier in so großem Überfluß, daß bei ihrer Rückkehr nach Celebes eine Flotte von Prahus nach der Küste Australiens abgeschickt wurde, um eine Ladung Trepangs zu holen. Der Fang dieser Thiere beschäftigt jetzt 80—100 Prahus mit fast 1000 Menschen. Die Flotte versammelt sich im December in Celebes, von wo sie nach dem östlichen Ende von Timor und von da nach Australien segelt und bei dem Hafen Essington landet. Sie theilt sich hier in mehre kleine Geschwader, wovon einige westwärts in Vandiemensgolf, andere in entgegengesetzter Richtung in den Golf von Carpentaria segeln. Nach der Ankunft in dem Hafen, wo man den Fang zu unternehmen gedenkt, werden die Mastbäume umgelegt und die Prahus überdeckt, worauf die Mannschaft in drei Theile getheilt wird, wovon der eine sich mit dem Fang des Trepang beschäftigt, der andere am Ufer die gefangenen Thiere einpökelt und der dritte die kleinen sandigen Inseln längs der Küste besucht und Schildkröten einfängt, die nicht nur als Speise benutzt, sondern auch wegen ihrer Gehäuse gesucht werden, die einen werthvollen Theil der Ladung ausmachen. Im April, wenn der südwestliche Passatwind beginnt, kehren die Prahus einzeln nach Celebes zurück und der ganze Gewinn des Fangs wird an die Chinesen in Singapore verkauft, die sich an Bord der Prahus begeben, da die Bughis nur selten Waarenhäuser am Ufer miethen.

Es ist offenbar, daß Großbritannien nur seine eigenen Interessen begünstigen würde, wenn es den Bughis keine Aufmunterung versagen wollte, da dann die englischen Producte mehr und mehr unter den östlichen Inseln verbreitet werden würden. Vor der Hand beläuft sich die Summe für die in dem indischen Archipelagus abgesetzten englischen Waaren kaum auf viertehalb Millionen Thaler.

Kupferminen in Cornwall.

Die Kupfermine, von welcher wir hier eine Abbildung beifügen, ist unweit des Dorfes St.-Just an der Nordküste von Cornwall gelegen und ist, wenn auch nicht die reichhaltigste und größte, doch wegen ihrer romantischen Lage für den Künstler und Gelehrten von großem Interesse. Unsere Ansicht ist von der Seeseite aufgenommen und zeigt uns den Felsenrücken, in welchem sich der Eingang zu der Grube befindet. Ungeachtet der ungeheuren Massen, welche sich dem Auge des Zuschauers auf einmal darbieten, können doch die Arbeiten der geschäftigen Bergleute so lange beobachtet werden, bis sich der Lauf derselben in die Tiefe des Felsens verliert, und nur die Einbildungskraft vermag sie dann bis zu den Eingeweiden der Erde zu verfolgen. Bei den meisten Minen beginnt der Hauptschacht von der Oberfläche der Erde aus und deshalb bleiben alle Operationen dem Auge verborgen; allein bei der unsrigen sehen wir, was Kraft und Ausdauer zu Stande bringt. Ein großer Felsen ist durchbrochen worden; Galerien und Tunnels durchschneiden sein Inneres nach allen Richtungen hin, an manchen Stellen viele hundert Fuß unter dem Grund des Meeres hinab; und bei dem Getöse der Wellen verfolgt der unerschrockene Arbeiter den Lauf der Erzadern, deren Ausbeute ihn für seine Mühe belohnen soll.

Für den Neuling ist die Umgebung einer Mine von großem Interesse. Schieferartiges todtes Gerölle, in ungleichen Haufen aufgeschichtet, gibt dem Orte von der Entfernung aus das Ansehen eines Lagers mit den Zelten der Soldaten. Da der Bergmann auf jede 300 Fuß einen Luftschacht nöthig hat und die Gesetze, welche den Bergbau betreffen, ihm gestatten, seinen Weg unter der Erde nach jeder beliebigen Richtung hin fortzusetzen, so findet man diesen unterirdischen Gang von der Oberfläche der Erde durch solche Haufen bezeichnet, die sich mitten auf den Feldern und unter dem weidenden Vieh erheben.

Maschinen, theils durch Dampf, theils durch Pferdekraft getrieben, sind überall zerstreut und die zahlreichen weißübertünchten Häuschen der Bergleute geben der Gegend, da sie an keiner Straße stehen, einen eigenthümlichen Reiz. Mit Tagesanbruch wird die Scene belebt. Aus den zerstreut liegenden Wohnungen kommen Männer, Weiber und Kinder hervor und laufen gleich Bienen der engen Grube zu, welche den Eingang zu den Minen bildet. Die Weiber und Kinder, welche das Metall reinigen, begeben sich in die roh erbauten Hütten, während die Männer durch die Schachte auf senkrecht stehenden Leitern zu den Gängen hinabsteigen, in denen sie arbeiten. Sobald Alle verschwunden sind, herrscht die größte Stille; selten erblickt man ein menschliches Wesen. Die hohen Essen der Dampfmaschinen rauchen nicht, und nichts ist in Bewegung, als die großen Hämmer der Maschinen, welche langsam aufsteigend und langsam fallend entweder das Wasser aus der Tiefe pumpen, oder das Erz zu Tage fördern und zerstampfen. Es ist eine eigenthümliche Empfindung, in dieser tiefen Stille an die vielen Tausende von Menschen zu denken, welche unter der Erde ihr Tagewerk betreiben. Zu dem frischen Grün der Gegend bildet das gewonnene Metall einen schroffen Gegensatz und während das Vieh auf den sonnigen Wiesen einzeln weidet, vollendet der Mensch in Finsterniß begraben seine mühevolle Arbeit.

Die erste Entdeckung des metallreichen Inhalts der Erde muß dem Zufall zugeschrieben werden. Aber die Erfolge der Anstrengungen, mit welchen diese Entdeckung verfolgt wurde, geben ein gewichtiges Zeugniß, was der menschliche Geist vermag. Im Anfange mußten sich die Arbeiter darauf beschränken, Felsstücke zu sammeln, welche durch die Gewalt der Natur abgesprengt worden waren und Erz enthielten. Später trieb man die Felsen selbst auseinander. Die Art, dies zu bewirken, als der Bergbau sich noch in seiner Kindheit befand, ist wegen ihrer großen Einfachheit bemerkenswerth. Keilförmige Holzstücke wurden durch die Hitze ganz ausgetrocknet, in die Felsenspalten getrieben und dann durch Wasser wieder ausgedehnt, so daß sie nach und nach Felsstücke absprengten. Später freilich bediente man sich dazu des Metalls selbst. Das Schießpulver wurde zuerst in Ungarn bei dem Bergbau angewendet und 1677 von deutschen Bergleuten, die der

Prinz Rupert mitgebracht hatte, in dem Kupferbergwerke zu Eaton in Staffordshire.

Die Geschichte des englischen Bergbaues kann bis in eine sehr frühe Zeit verfolgt werden, und es nehmen Historiker an, daß die Phönizier lange vor der Geburt Christi Zinn in England erhandelten. Die Kupferminen in Cornwall waren schon den Römern bekannt; denn man findet bei Hodruth noch Überreste ihrer Arbeiten. Von 1726—35 betrug die jährliche Ausbeute derselben im Durchschnitte gegen 700 Tonnen reinen Kupfers. Von 1766—75 stieg sie bis auf 2650 Tonnen und in den letzten Jahren sind 10,000 Tonnen zu Tage gefördert worden. Außerdem hat man auch in Derbyshire und Wales und auf der Insel Anglesea sehr reichhaltige Kupferminen entdeckt.

Kupferminen in Cornwallis.

Das Pfennig-Magazin
für
Verbreitung gemeinnütziger Kenntnisse.

261.] Erscheint jeden Sonnabend. **[März 31, 1838.**

Die Llaneros in Südamerika.

Ein Llanero, der ein wildes Pferd bändigt.

Unter den Ebenen Amerikas sind besonders drei Classen merkwürdig, von denen die ersten beiden ausschließend, die dritte größtentheils der Südhälfte dieses Erdtheils angehören: die Llanos, die Pampas und die Berg- oder Hochebenen.

Die Llanos (Lianos) finden sich im äußersten Norden von Südamerika, in den Staaten Venezuela und Neugranada, zwischen dem Äquator und 10° nördlicher Breite. Sie sind nur 250—300 Fuß über der Meeresfläche erhaben und senden ihr Wasser dem Orinoco zu. Der Fall der hierdurch gebildeten Flüsse ist so gering, daß namentlich der Arauka beim Anschwellen jenes Stromes zuweilen rückwärts fließt. Erhebungen haben sie so gut als gar nicht, oft in einer Ausdehnung von 15 Quadratmeilen keine, die einen Fuß hoch wäre, und gleichen daher ungemein der Meeresfläche. In ihnen befinden sich die sogenannten Bancos, wirkliche Klippen, gebrochene Sand- oder Kalksteinlager, die vier bis fünf Fuß emporragen, gegen eine bis zwei Meilen lang sind und völlig wagerecht laufen. Außerdem findet man schwache, sehr allmälig erhobene Wölbungen, Mesas genannt, welche die Wasserscheiden bil-

VI. 13

den. Man berechnet die Ausdehnung der Llanos auf 8000 geographische Quadratmeilen.

Die Pampas von Buenos Ayres und von Choco, zwischen 20 und 40° südl. Breite, bieten dem Reisenden während 20—50 Tagen nichts als die ebene Fläche des Oceans dar. Zur Regenzeit sind sie wie die Llanos mit üppigem Grün bekleidet, werden aber zunehmend dürrer, je länger die Trockenheit dauert, die Pflanzen zerfallen dann in Staub, die Erde bekommt weite Spalten und Alligatoren nebst großen Schlangen bleiben im vertrockneten Schlamme liegen; jedoch bleiben die Stellen, wo Flüsse oder Quellen sind, stets grün, auch erhalten sich dort selbst in der größten Trockenheit Büsche einer Palmenart. Übrigens sind sie leer von Bäumen und der Aufenthalt verwilderter Ochsen und Pferde. Die Ausdehnung der ganzen Fläche ist ungefähr so groß als die der Llanos, doch verlängern sie sich südlich noch um etwa 16 Breitengrade bis zur Südspitze des Festlandes von Amerika.

Bergebenen oder Plateaux sind Ebenen, die in bedeutender Höhe über dem Meere auf den Rücken der Bergketten ausgebreitet sind. Die bedeutendsten in Amerika sind die bekannte ausgezeichnete Bergebene von Quito in Südamerika, in den Staaten Ecuador und Neugranada, worauf Sta.-Fé di Bogota, Hauptstadt von Neugranada, sonst von Colombia, in 8160, Quito, Hauptstadt von Ecuador, fast unter dem Äquator liegend, in 8940, und die Meierei am Antisana in 12,600 Fuß Höhe über dem Meere liegen, und die minder hohe, aber ausgedehntere Bergebene von Mexico in Nordamerika, von 18—40° nördl. Breite, wo die Stadt Mexico in 7000 Fuß Höhe liegt.

Ein kräftiges Hirtenvolk bewohnt die Llanos, die sogenannten Llaneros, die sich wie die Gauchos, die Bewohner der Pampas, durch die Geschicklichkeit auszeichnen, mit der sie den Lasso (eine aus Rindshaut gefertigte Schlinge) handhaben, um Thiere, namentlich wilde Pferde, zu fangen. Bei dem Einfangen der Pferde verfahren sie auf folgende Weise. Während zwei oder drei von ihnen die Schlinge um den Hals des Thieres werfen, das sie ausersehen haben, schlagen es mehre andere Männer mit einem Stocke, der mit Blei beschlagen ist, auf den Kopf. Diese heftigen Schläge und das durch die Anstrengungen des Pferdes selbst bewirkte Zuziehen der Schlinge haben es bald besinnungslos gemacht. Sobald es sich in diesem Zustande befindet, binden sie ihm die Beine, legen ihm einen Zaum um, bedecken ihm die Augen mit einem Tazajo oder Stück Leder und satteln es, ohne Zeit zu verlieren. Hierauf wird die um dem Halse des Thieres liegende Schlinge aufgemacht, das Pferd erholt sich von seiner Betäubung und steht auf, bleibt aber ruhig und zittert am ganzen Leibe.

Der Llanero besteigt dann das bereits in Schrecken gesetzte Thier, setzt sich auf dem Rücken fest und nimmt den Tazajo hinweg, welcher ihm die Augen bedeckte. Das Thier zeigt anfangs ein Erstaunen und eine Bestürzung, welche es hindern, die geringste Bewegung zu machen, bald aber wird es durch das Geschrei und die Schläge der Gefährten des Reiters aus dieser Art von Starrsucht gerissen und nun beginnt der Kampf zwischen dem wilden Thiere, das seine Freiheit vertheidigt, und dem Llanero, der mit Hülfe seiner erstaunlichen Geschicklichkeit sie ihm rauben will.

Das wilde Pferd beginnt seine Anstrengungen, indem es den Rücken krümmt, springt dann in einzelnen Sätzen vorwärts und stampft gleichzeitig mit allen vier Füßen. Wenn diese ersten Anstrengungen seines Feuers vorüber sind, macht es sich absichtlich steif, um dem Reiter die ganze Heftigkeit seiner plötzlichen Sätze mehr fühlbar zu machen. Lenden und Rücken des Reiters müssen dabei schrecklich leiden, wenn er nicht bedacht gewesen war, sie mit einer leichten Decke in Form eines Gurts zu schützen. Wenn der Kampf am heftigsten ist, wendet der Llanero oft den mit Blei beschlagenen Stock an, dessen wiederholte Schläge dazu beitragen, das gefährliche Feuer des Thieres zu dämpfen. Dieser seltsame Kampf dauert gewöhnlich nicht über zwei Tage. Wenn das Thier zu traben anfängt, wenn auch langsam und ungleich, so ist dies ein untrügliches Zeichen, daß es die Nothwendigkeit erkennt, sich dem Joche des Menschen zu unterwerfen.

Höchst seltsam ist auch die Art, wie die Llaneros die wilden Kühe melken, wenn sie sich nicht gutwillig

Wie die Llaneros widerspenstige Kühe melken.

melken lassen wollen. Auch hierbei bedienen sie sich nämlich ihres Lasso, indem sie das eine Ende desselben um den Hals der widerspenstigen Kuh werfen, während das andere durch die gabelförmigen Zweige eines Baumes gesteckt und durch zwei oder drei Männer gehalten wird; auf diese Weise heben sie die Kuh so weit in die Höhe, daß sie nur mit ihren Hinterfüßen die Erde berühren kann. Dieses Verfahren, welches unfehlbar zum Ziele führt, wird so oft wiederholt, als die Kuh ihre Milch nicht hergeben will.

Canada.

Canada, d. h. Unter- und Obercanada, hat ungefähr 11,000 Quadratmeilen und liegt im Norden der vier Hauptseen Nordamerikas. Es wird vom Lorenzflusse durchströmt, dessen oberer Theil die Grenze gegen die Vereinigten Staaten bildet, während gegen Neuwales und Labrador (Neubritannien) die Grenzen nicht bestimmt sind. Im nördlichen Theile Canadas findet man noch ungeheure Einöden, endlose Wälder, Seen und Moräste und nur wenig Cultur des Bodens, aber wilde Thiere im Überfluß; während im Süden, obschon derselbe Boden, doch ein günstigeres Klima ist und der Ackerbau blüht. Die Landeshöhe, eine 200 Meilen lange und 1000 Fuß hohe Bergkette, zieht sich vom obern See östlich durch das ganze Land und im Süden erhebt das Albanygebirge seine of 2000 Fuß hohen Gipfel. Die vier Hauptseen, die im Süden der Landeshöhe das Land von den Vereinigten Staaten trennen, sind der obere See (1980 Quatratmeilen), der Huronsee (50 Meilen lang und 36 Meilen breit), der Eriesee (48 Meilen lang und 18 Meilen breit) und der Ontariosee (55 Meilen lang und 13 Meilen breit). Unter den zahlreichen Flüssen nimmt der Lorenzfluß den ersten Rang ein, dann folgen der Ottawa oder Uttawas, der Richelieu oder Sorel, der St.-Francis, Claudinon, Sanguenay, St.-Maurice, Block, Bustard, Betsiamites, Harricanow, Rupert, Niagara, Trent, Ouse, Redstone und Thames. Der Lorenzfluß, der Abfluß des Ontariosees, nimmt mehre dieser Flüsse auf und ist 140 Meilen lang. In der Hälfte seines Laufes hat er schon eine Breite von einer Meile und erweitert sich bis zu 20 Meilen, während seine Mündung mit zahlreichen kleinen Inseln bedeckt ist und deshalb der „See der tausend Inseln" genannt wird. Er kann 80 Meilen weit mit Seeschiffen befahren werden. Um den berühmten Niagarafall zu umgehen, hat man den neun Meilen langen Wellandkanal von dem Eriesee nach dem Ontario und den Rideaukanal von dem Ontario nach dem Flusse Ottawa geleitet. Die zahlreichen Gewässer, Wälder und unbebauten Strecken, besonders im Innern, mögen wol viel dazu beitragen, daß das Klima nicht so freundlich ist als man es nach der Lage des Landes erwarten könnte. Im Sommer steigt die Hitze zuweilen bis 42 Grad Fahrenheit, während die Kälte im Winter gewöhnlich zu 20 Grad unter dem Gefrierpunkt fällt. Man will jedoch bemerkt haben, daß sich jetzt das Klima bedeutend mildert; so stieg im Januar des Jahres 1825 die Kälte nicht über sechs Grad.

Die Producte des Landes sind fast ganz dieselben wie im Indianergebiet; Reichthum an Waldungen, wilden Thieren, Vögeln und Fischen. Man baut außer dem Zuckerrohr auch Weizen, Mais, Gerste, Roggen, Erbsen, Taback, Flachs, Hanf und Küchengewächse. Die Wälder geben hinlängliches Eichenholz zum Schiffbau, das von hier aus weit und breit, selbst nach Ägypten, verschickt wird, doch nicht so gut als die Eichen des nördlichen Europas ist. Die zahlreichen wilden Thiere liefern die Pelzwerke zum Handel für die Montreal- und Nordwestgesellschaft. Außerdem besteht die Ausfuhr auch noch in Pottasche und Fischen. Die bis jetzt entdeckten Mineralien des Landes sind Eisen, Blei, Kupfer, etwas Silber, Schwefel, Steinkohlen und Salz. Seit Canada unter britischer Oberherrschaft steht, hat sich der Handel bedeutend gehoben und die zahlreichen Einwanderer aus Europa, die sich in manchen Jahren auf 50,000 beliefen, und selbst aus den Vereinigten Staaten machen das Land immer mehr urbar. Bei den beständigen Einwanderungen läßt sich eine bestimmte Einwohnerzahl nicht genau angeben; im Jahre 1760 betrug die Bevölkerung in ganz Canada oder der damaligen Provinz Quebek 65,000 Menschen; im Jahre 1836 aber über 900,000, worunter mehr als 400,000 Katholiken sind. Im Jahre 1829—35 wanderten aus Großbritannien und Irland 212,000 Menschen in Canada ein, wovon die meisten nach Obercanada zogen. Die 30,000 Indianer, die im Lande wohnen, sind vom Stamme der Tschippewäer und Mohaks, aber durch den Umgang mit den Engländern größtentheils etwas cultivirter als die Indianer des Innern und zum Theil schon Christen. Die bewohnten Städte liegen meist am Lorenzflusse und an den Seen Ontario und Erie. Die Hauptbeschäftigungen der Einwohner sind Ackerbau, Viehzucht, Handel, Jagd und Fischerei; an Handwerkern und Fabriken wie an guten Bildungsanstalten ist noch fühlbarer Mangel.

Canada wurde zuerst von Johann und Sebastian Cabot im Jahre 1497 entdeckt, und die Franzosen scheinen eher als jede andere Nation die Kunde, die ihnen diese beiden Reisenden von Nordamerika brachten, benutzt zu haben. Wir hören von ihren Fischereien an den Ufern von Neufundland schon in den ersten Jahren des 16. Jahrhunderts. Um das Jahr 1506 soll ein Franzose Namens Denys eine Karte vom Golf des St.-Lorenzflusses gezeichnet und zwei Jahre später ein gewisser Aubert, Besitzer eines Schiffes aus Dieppe, einige Eingeborene Canadas mit nach Frankreich gebracht haben. Mehre Jahre jedoch vergingen, ehe die Aufmerksamkeit wieder auf das Land gerichtet wurde. Im Jahre 1524 schickte Franz I. vier Schiffe aus, unter dem Oberbefehl des Florentiners Verazani, um die Entdeckungen fortzusetzen. Von seiner ersten Reise ist Näheres nicht bekannt; er kehrte nach Frankreich zurück und unternahm im nächsten Jahre eine zweite Reise, die von nicht größerm Erfolg gewesen zu sein scheint, und die dritte brachte ihm und seinen Gefährten den Tod. Im April 1534 (nach Andern 1535) verließ Jakob Cartier, vom Könige bevollmächtigt, mit zwei kleinen Fahrzeugen und 122 Mann Frankreich und erblickte am 10. Mai Neufundland; aber die Erde war mit Schnee bedeckt und große Eismassen umgaben die Ufer. Nachdem er bis zum 57. Breitengrade gesegelt war, in der vergeblichen Hoffnung, China zu erreichen, kehrte er in sein Vaterland zurück. Im folgenden Jahre trat er seine zweite Reise mit drei Schiffen an, fuhr den Lorenzfluß 150 Meilen aufwärts bis zu einem großen und breiten Falle, baute ein Fort und überwinterte in dem Lande. Die Franzosen wurden von den Eingeborenen freundlich aufgenommen, aber bald brach der Scharbock unter ihnen aus, woran 25 starben. Im nächsten Frühjahre kehrte Cartier mit dem Überreste seiner Mannschaft nach Frankreich zurück. Zwischen 1540 und 1549 machte ein Edelmann aus der Picardie, Namens de la Roque, Graf von Robervall, den Versuch, eine Colonie in Canada zu gründen, kam aber auf seiner zweiten Reise mit vielen Abenteurern um. Endlich ernannte Heinrich IV. den Marquis de la Roche zum Generallieutenant von Canada und den benachbarten Ländern. De la Roche landete 1598 an der Insel Sable, die er seltsamerweise für einen passenden Ort zur Gründung einer Colonie hielt, obschon sie ohne Hafen war und nichts als Sträucher auf ihr wuchsen. Er ließ hier 40 Verbrecher zurück, und nachdem er eine Zeit lang an der Küste von Nova Scotia gekreuzt hatte, kehrte er nach Frankreich zurück, ohne die unglücklichen Ausgesetzten erlösen zu können. Seine Colonie würde ihren Untergang gefunden haben, wäre nicht ein französisches Schiff an der Insel gescheitert, wodurch die Unglücklichen in den Besitz einiger Schafe kamen. Aus den Bretern des Schiffes bauten sie sich Hütten, nährten sich, nachdem sie die Schafe verzehrt hatten, von Fischen, und als ihre Kleider abgenutzt waren, fertigten sie sich andere aus Seekalbsfellen. Erst nach siebenjährigem Aufenthalte in dieser Wildniß wurden sie auf Befehl des Königs nach Frankreich zurückgebracht, und ihr erbarmenswürdiges Aussehen erregte so sehr sein Mitleiden, daß er ihnen ihre frühern Vergehen verzieh und Jeden von ihnen mit 50 Kronen beschenkte.

Im Jahre 1600 unternahm ein französischer Offizier, Namens Chauvin, eine Reise nach Canada und kehrte mit einer werthvollen Ladung Pelzwerk zurück. Man schenkte jetzt dem Lande größere Aufmerksamkeit; eine Kriegsflotte wurde ausgerüstet, über welche Pontgran den Oberbefehl erhielt. Sie verließ Frankreich im Jahre 1608 und in demselben Jahre wurde Quebek gegründet. Von dieser Zeit an wurde Canada eine französische Colonie und erhielt den Namen Provinz Quebek.

*

Die ersten französischen Ansiedler erbauten, wie die heutigen Einwanderer, ihre Häuser oder Hütten nur aus Baumstämmen, die sie aus den zahlreichen Waldungen in Überfluß erlangen konnten. Die Ansiedelung war mehre Jahre lang in ziemlich schwachem Zustande und schwebte oft in Gefahr, von den Indianern wieder zerstört zu werden. Die Franzosen brachten jedoch einen Vertrag mit ihnen zu Stande und gelangten bald, zum großen Verdrusse der benachbarten englischen Ansiedelungen, zur völligen Oberherrschaft. Im Jahre 1638 erhielt eine Gesellschaft französischer Kaufleute ein Patent zum alleinigen Handel mit Canada. Im nächsten Jahre nahm eine englische Expedition unter David Keith Besitz von Quebek, das jedoch durch den Vertrag von St.=Germain wieder an die Franzosen abgetreten wurde. Im Jahre 1663 wurde der französischen Handelsgesellschaft das Patent zum ausschließenden Handel mit Canada genommen und der westindischen Compagnie neue Privilegien auf 40 Jahre verliehen. Von dieser Zeit an scheint Canada in Ruhe geblieben zu sein bis zum Jahre 1690, wo von den Bewohnern Neuenglands ein kühner Versuch gemacht wurde, die Colonie unter die Botmäßigkeit der englischen Krone zu bringen. Man rüstete zu diesem Zwecke eine Flotte aus und übergab William Phipps den Oberbefehl. Er landete mit 1200 Mann unterhalb der Stadt Quebek; Franzosen und Indianer feuerten aus den Wäldern auf sie, und als Phipps den Platz zu stark und zu gut vertheidigt fand, schiffte er sich eiligst wieder nach Boston ein. Der Versuch wurde 1711 durch eine bedeutende Macht von britischen Veteranen und ungefähr 4000 Provinzialen und Indianern erneuert. Die Schwierigkeiten und Verluste bei der Fahrt auf dem Flusse waren jedoch so groß, daß der Plan von den britischen Anführern, zum Verdruß der Provinzialen, aufgegeben wurde. Canada blieb nun, ohne ferner angegriffen zu werden, im ruhigen Besitz Frankreichs, bis 1756 der Krieg zwischen Frankreich und England ausbrach. Auf beiden Seiten wurden große Vorbereitungen zum Angriff und zur Vertheidigung getroffen.

Im Jahre 1759 entwarf die britische Regierung den Plan, Canadas Unterwerfung durch drei verschiedene gleichzeitige Angriffe zu bewirken. Eine Heerabtheilung sollte den Lorenzfluß hinaufsegeln und Quebek belagern; das Haupttheer wurde gegen Ticonderaga und Crown-Point geführt, die dritte Abtheilung war angewiesen, Niagara anzugreifen und nach der Einnahme dieses Platzes den Lorenzfluß abwärts bis Montreal vorzurücken. Die erste Abtheilung wurde vom General Wolfe befehligt und ihre ersten Operationen scheiterten an der Tapferkeit der Franzosen. Endlich jedoch nahmen die Engländer von Quebek Besitz, nachdem die Franzosen einen hartnäckigen Widerstand geleistet und ihren tapfern General Montcalm verloren hatten. Auch Wolfe mußte seinen Sieg mit dem Tode bezahlen.

Als den Engländern im Jahre 1763 durch den Frieden von Paris die bisherige Provinz Quebek gänzlich abgetreten wurde, verlor sie diesen alten Namen und das Land ward in zwei Theile, Unter= und Obercanada, getheilt; die britische Regierung gestand den Bewohnern der Colonie freie Religionsübung zu, ließ die persönliche Freiheit unbeschränkt und verlangte nur mäßige Abgaben. Die neue Eintheilung des Landes störte einigermaßen das gute Vernehmen, in welchem die Colonisten mit der neuen Oberherrschaft standen. Die Verfassung, die England seinem neuen Besitzthume gab, ist im Ganzen seit 1778 und 1791 der englischen gleich. Wahlen, Geschworenengerichte, gesetzgebende Versammlungen mit auf vier Jahre gewählten Abgeordneten wurden eingeführt. Neben der gesetzgebenden Versammlung standen der Gouverneur, der vollziehende und gesetzgebende Rath, dessen Mitglieder vom Könige auf Lebenszeit ernannt wurden. Die Gesetze bedurften der Bestätigung des Gouverneurs, der König aber konnte sie nach zwei Jahren zurücknehmen. Die gesetzgebenden Kammern versammeln sich alle Jahre, doch hat der Gouverneur das Recht, sie zu vertagen, aufzulösen und neue zu berufen.

Darstellungen aus dem Leben der alten Römer.

Einen sehr bedeutenden Theil unserer Kenntnisse von den Sitten und Gebräuchen der alten Römer verdanken wir der Ausgrabung der im Jahre 79 n. Chr. durch einen ungeheuern Ausbruch des Vesuv verschütteten Städte Pompeji und Herculanum bei Neapel und den zahlreichen daselbst gefundenen Gegenständen und Wandgemälden. Wir geben hier einige auf solchen Wandgemälden oder Fresken enthaltene Darstellungen, die einer weitern Erläuterung nicht bedürfen. Aus dem einen Holzschnitte wird man sehen, daß schon die Alten es in den sogenannten brotlosen Künsten weit genug gebracht hatten, und daß bereits damals das schöne Geschlecht darin nicht zurückbleiben wollte.

Gewiß gehören diese ausgegrabenen Städte zu dem Merkwürdigsten, was die Erde trägt, da sie uns unmittelbar um fast zwei Jahrtausende zurück mitten in das Leben der Alten versetzen, was in diesem Grade keine andere der zahllosen Ruinen, welche die Erde bedecken, vermag. Herculanum war größer als Pompeji und wurde vor grade 100 Jahren aufzugraben angefangen; etwas später Pompeji (1750), das aber besser zugänglich und wovon bereits der fünfte Theil ausgegraben ist. Obgleich bereits in Nr. 166 des Pfennig-Magazins von Pompeji ausführlichere Nachrichten gegeben sind, wird man doch folgende Äußerungen eines englischen Reisenden über die wunderbare Stadt mit Interesse lesen.

Kein Reichthum der Sprache wird je hinreichen, diese traurige Öde von Ruinen und Lava, diese Leiche einer Stadt zu malen, welche die Neugierde der Menschen nach einem Schlummer so vieler Jahrhunderte wieder ans Tageslicht zog. Das Erste, was dem Reisenden bei dem Anblicke Pompejis auffällt, ist die Kleinheit der Häuser in Vergleich mit unsern neuern Wohnungen. Wenn man aber erwägt, daß die Griechen stets die Schönheit in der Eleganz und der Harmonie suchten, und größtentheils unter freiem Himmel lebten, die Pracht aber und die großartigen Verhältnisse für die öffentlichen Denkmäler sparten, so wird man sich nicht mehr über die Kleinheit der Häuser verwundern, die ganz den griechischen Geist und den Ernst der republikanischen Bevölkerungen Großgriechenlands*) athmeten.

Pompeji erinnert, wenn auch in kleinern Verhältnissen, an Rom, dem es an prachtvollen Denkmälern fast gleich kommt. Durchläuft man diese veröderten Straßen, wo man bei jedem Schritte auf Tempel, Theater, Säulengänge, Rennbahnen, Kampfschulen und

---

*) So hieß bei den Alten Unteritalien, weil es von den Griechen colonisirt war.

Triumphbögen stößt; betrachtet man diese unermeßliche Wasserleitung, welche das Wasser aus den Quellen des Sarnus herbeiführt, diese großartigen Amphitheater, diese mit Bildsäulen geschmückten Plätze, diese Altäre, wo das Feuer des Vulkans die Opferer und die Opfer in denselben Feuermantel einhüllte; bewundert man diese eleganten Paläste der Patricier mit ihren weißen Säulenhallen und ihren innern Höfen, wo ein Strom von aromatisch duftendem Wasser in ein Becken von Porphyr oder parischem Marmor fiel; sieht man diese

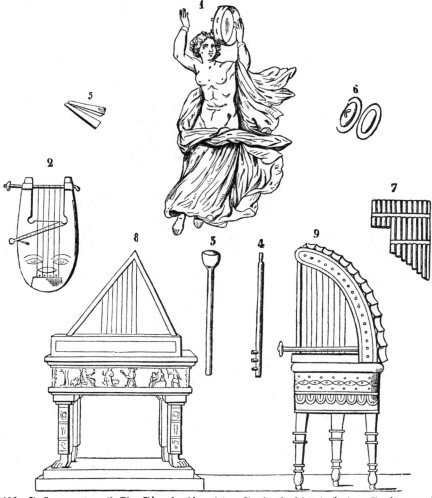

Musikalische Instrumente. 1) Eine Tänzerin, die auf dem Tambourin spielt (nach einem Gemälde aus Herculanum). 2) Leier mit 5 Saiten. 3) Trompete oder Tuba. 4) Flöte. 5) Castagnette oder Klapper. 6) Becken. 7) Hirtenflöte. 8 und 9) Harfe.

stummen Wohnungen, deren Reichthümer der Tod verschont zu haben scheint, diese Götterbilder auf ihren Fußgestellen neben den Büsten der Vorväter, diese reichen Wandgemälde, die gestern erst fertig geworden zu sein scheinen, so frisch und lebendig sind ihre Farben; staunt man über diese Wunder der Bildhauerei, diese zierlichen Geräthschaften, diese Dreifüße, diese Bettstellen, die wir durchaus nur nachgeahmt haben, betrachtet man alles Dieses, so kann man fragen, ob Rom einen sonderlichen Vorzug hat vor dieser Stadt, die todt und doch so schön ist, daß man schwören sollte, sie schlafe und erwarte nur die goldenen Strahlen ihres schönen Himmels, um zu erwachen.

Wozu aber den Anblick Pompejis schildern! Was weder die Feder noch der Griffel wiedergeben können, ist die tiefe, feierliche, eisige Grabesstille mitten unter diesen Wohnungen, wo Alles zu leben scheint, dieser düstere, rauchende Vesuv, der sich trotzig über den Ho= rizont der unglücklichen Stadt erhebt und sie noch einmal in sein Lavagrab schleudern zu wollen scheint, und doch bildet eben dies den Hauptcharakter von Pompeji.

Unter den neuerdings aufgegrabenen Gebäuden fand man die Trümmer eines Isistempels, wo ein seltsamer geheimer Dienst gefeiert wurde, den man bei Todesstrafe nicht enthüllen durfte. Jetzt durchläuft man ohne Gefahr die geheimsten Stellen des Tempels der furchtbaren Göttin. Man fand daselbst die Werkzeuge, mit denen die in einigen physikalischen Kenntnissen bewanderten Priester die unwissenden und abergläubigen Massen jener Zeit beherrschten. Die große Menge von Gerippen, die man in diesem Tempel fand, scheint anzuzeigen, daß der Aschenregen die Diener der Göttin mitten in einem großen Feste überraschte; bei einem Gerippe fand man ein Kästchen mit Gold, das der Träger aus dem Unglücksorte retten zu wollen schien.

In dieser Stadt der Todten trägt Alles einen selt=

samen Anstrich; bei jedem Schritte stößt man auf Kaufbuden, die der Kaufmann kaum vor einer Stunde verlassen zu haben scheint. Hier stellen Ölhändler ihre zierlichen Amphoren (Krüge) aus, dort erkennt man die Boutiken der Weinverkäufer, der Schlächter und dergl. an den auf der Oberschwelle angezeichneten Schildern; in einer dieser letztern Wohnungen fand man noch gläserne Gefäße mit Pflaumen, Feigen und Trauben. Ein Apotheker hat eine Schlange, die in einen Apfel beißt, zum Schild; weiterhin findet man einen Weinwirth und eine Menge von Thermopolien, welche die Stelle unserer Kaffeehäuser vertreten zu haben scheinen, und wo man Erfrischungen aller Art verkaufte. Mehre dieser Wohnungen waren mit Gerippen bedeckt, was beweist, daß diese Häuser oft sehr besucht waren.

(Der Beschluß folgt in Nr. 262.)

Schwammfischerei.

Mannichfaltig sind die Erwerbszweige der Menschen, und sie zählen zu wollen, wäre ein unausführbares Beginnen; sie wechseln nach Zeit und Ort und ganze Gegenden nähren sich hier von einem Gewerbe, von dem man dort keinen Begriff hat. So möchte es auch nur wenig bekannt sein, daß das Fischen der Badeschwämme Tausende nährt. Ein deutscher Reisender gibt uns hierüber bei Gelegenheit einer Reise durch die griechischen Inseln folgende interessante Mittheilung:

„In Katapolo, dem Hafen der Insel Amorgo, trafen wir eine wandernde Colonie von einer türkisch gebliebenen Insel, die gern mit Griechenland vereinigt wäre. Es waren dies vier Taucherbarken von Kalymnos mit einer Besatzung von einigen dreißig Männern und Knaben, die soeben ihre Quarantaine beendigt hatten. Kalymnos besitzt nach ihrer Angabe nicht weniger als 460 solcher Fahrzeuge, die sich im Sommer über das ganze ägäische Meer zerstreuen, um Schwämme zu fischen. Ihr ganzer Taucherapparat besteht in einem flachen weißen Steine, der an solchen Stellen der felsigen Küste, wo sie Schwämme vermuthen, bis zu einer Tiefe von 20—25 Klaftern auf den Meeresboden niedergelassen wird, um dem Taucher zum Augenmerk zu dienen. Der Mann selbst stellt sich auf den Rand der Barke, und nachdem er lange und tief eingeathmet, stürzt er sich senkrecht hinunter. Die gesunden Schwämme steckt er in ein umgehängtes Netz oder nimmt sie unter den linken Arm. Die besten Taucher bleiben nach ihrer Angabe bis zu 10 Minuten unter dem Wasser.*) Wenn sie es nicht länger aushalten können, fassen sie den Strick, an welchem der Stein hängt, und werden schnell emporgezogen. Sogleich stürzt sich der Nächste in der Nähe wieder hinunter. Ein geübter Fischer taucht auf diese Weise in der angegebnen größten Tiefe 20—30 Mal des Tages, in geringerer Tiefe noch öfter, kann aber auch, wenn er glücklich ist, mehr als einen Thaler verdienen. Die gewonnenen Schwämme werden am Ufer mit feinem Seesand eingerieben und an der Sonne getrocknet, dann aber ausgestampft und ausgeklopft, wodurch sie von allem Unreinen befreit und weich und elastisch werden. Am Ende der Fischerzeit verkaufen sie ihren Fang in Nauplia, Hermopolis oder Smyrna. Von diesem mühseligen Geschäfte, das nur im Sommer betrieben werden kann, lebt eine Bevölkerung von mehr als 6000 Seelen, und jetzt fangen auch die benachbarten Inseln wie Leros und Pathmos an, die Schwammfischerei auszuüben. Ich fragte die Kalymnier, ob sie nichts von Haifischen zu befürchten hätten; aber sie erinnern sich auf ihrer Insel nur zweier Fälle von Verwundung eines Tauchers durch den Fischhund, wie die Griechen diesen Fisch nennen, der in diesem Theile des mittelländischen Meeres nicht häufig zu sein scheint."

Die naturhistorische Stellung des Badeschwamms anlangend, bemerken wir hier, daß die Naturforscher nicht ganz im Klaren sind, ob sie ihn in das Pflanzenreich oder in das Thierreich setzen sollen. Die meisten thun das Letztere, weil sich die Schwämme ihrer Substanz nach an das Thierreich anschließen und mit den Polypenstämmen Ähnlichkeit haben, wiewol man an ihnen bisher keine Polypen, keine eigentlichen Thiere wahrgenommen hat. (Von den Korallen, den Kalkgehäusen vieler Polypen, und den aus ihnen bestehenden seltsamen Inseln ist in einer der letzten Nummern ausführlicher die Rede gewesen.) Der Schwamm oder Saugschwamm ist eine aus vielen Fasern zu einem Rasen ineinander verwebte Masse, welche im Meere von einer Gallerte eingehüllt ist. Eine besondere Gattung davon ist unser gemeine Badeschwamm, von welchem Lamark nicht weniger als 138 Arten beschreibt, die sich in allen Meeren finden.

Völlig von ihm verschieden ist der Feuerschwamm, welcher entschieden in das Pflanzenreich und den kryptogamischen Gewächsen (Linné's zweite Classe) und zwar zu den Pilzen gehört. Besonders zwei Pilze gehören hierher, der Zunder-Löcherpilz und der Feuer-Löcherpilz. Beide kommen häufig an Bäumen in den Wäldern vor und geben, durch Lauge weich gemacht und dann geklopft, den bekannten Feuerschwamm oder Zunder und zwar der erstere viel weicher als der letztere. Eine andere Art der Gattung Löcherpilz oder Löcherschwamm ist der zerstörende Löcherpilz, der auf dem Holze der Gebäude wächst und in kurzer Zeit ganze Gebäude zerstören kann. Das beste Gegenmittel ist Luftzug, Abkratzen des Pilzes und häufiges Bestreuen der Stellen mit heißer Asche; auch Vitriolspiritus soll gute Dienste leisten. Noch andere Schwämme, der Falten-, Röhren-, Lerchen- und Aderschwamm, von denen der dritte in der Medicin gebraucht wird und der vierte nicht selten im Holze der Gebäude vorkommt und gleich dem zerstörenden Löcherpilz sehr rasch um sich greift, gehören gleichfalls zu den Pilzen.

Bettelei in Irland.

Wer mit dem Zustande Irlands nicht vertraut ist, wird das Verhältniß der Bettler zur übrigen Bevölkerung fast unglaublich finden. Es ist jedoch so bedeutend, daß es jedem Reisenden auffällt; da aber die irländischen Bettler stets auf der Wanderschaft sind — denn nur wenige von ihnen haben bestimmte Wohnplätze — so hat man ihre Anzahl noch nicht mit Genauigkeit angeben können. Ein Regierungsbeamter, der neuerlich in der Absicht Irland bereist hat, um die Lage der Armen dieses Landes kennen zu lernen, gibt folgende Notizen über dieselben: „Ein Umstand, der die Aufmerksamkeit eines Reisenden in Irland sogleich erregt

---

*) Diese Angabe ist wahrscheinlich übertrieben. Die Perlenfischer im persischen Meerbusen bleiben nach einem neuern englischen Reisenden Wellstead im Durchschnitt nicht eine Minute unter dem Wasser; er weiß nur ein Beispiel, daß einer über 1½ Minute unter dem Wasser blieb. Die Taucher bei Astrachan am kaspischen Meere können jedoch, nach Gmelin, bis 7 Minuten unter dem Wasser bleiben.

ist die fast überall vorherrschende Bettelei, noch mehr aber die List, Falschheit und der Betrug, womit diese Bettler das Mitgefühl zu erwecken suchen. Sie sind bemüht, das verschiedenartigste Elend und Misgeschick zu erkünsteln. Der Erfolg ihres Bettelns hängt von der Geschicklichkeit ab, womit sie den Betrug üben. Solche Schmuzige, Halbnackte und Gebrechliche sieht man beständig und überall umhergehen, in jedem Hause betteln und jeden Vorübergehenden um eine Gabe ansprechen. Bettelei und Elend sind zu gewöhnlich geworden, um noch als schändend betrachtet zu werden. Man hält es nicht für ehrlos, zu betteln oder lumpig gekleidet zu sein, und oft nehmen Personen den Schein des Elends an, die nicht zur Bettlerclasse gehören."

Die irländischen Bettler bestehen aus zwei Classen: erstlich den „Boccoughs", bei welchen Betteln der einzige Weg zum Lebensunterhalt ist, und Denjenigen, die nichts weniger als wirkliche Armuth oder Gebrechlichkeit dazu treibt, auf einige Zeit von der Mildthätigkeit ihrer Mitmenschen zu leben. Die erstern sind in ganz Irland wegen ihrer Betrügereien und Ausschweifungen bekannt und treiben sich beständig auf allen irländischen Jahrmärkten herum, wo man sie in großer Anzahl findet und wo jeder von ihnen ein Gebrechen mit großer Geschicklichkeit erkünstelt. Die zweite Classe jedoch ist viel gesitteter und bescheidener, aber wegen ihrer Neuigkeitskrämerei und selbst wegen ihrer Erörterungen politischer Fragen bekannt. Viele verlassen später wieder diese Lebensart und kehren zu ihrem frühern unabhängigen Stande zurück.

Die Boccoughs wohnen gewöhnlich in Gemeindehäusern in Städten und Dörfern, wo viele zusammenzukommen pflegen und die Nacht mit Zerstreuung aller Art zubringen. Nicht so ist es mit dem wandernden Bettler, der sich beim Einbruch der Nacht nach einer Hütte umsieht, wo er Schutz und Erquickung findet. Er zieht es vor, bei kleinern Pachtern oder Häuslern darum zu bitten, da ihn die größern nicht gern aufnehmen. Der mitleidige Pachter bereitet seinem wandernden Gast ein Lager von Stroh und gibt ihm zu essen, was seine ärmliche Hütte darbietet. So fallen die irländischen Bettler grade den weniger bemittelten Classe zur Last, während die Reichern sie von ihren Thüren treiben.

Selten sind diese Bettler die Abkömmlinge von Bettlern, denn eine Bettlerheirath findet fast gar nicht statt, und aus der kleinern Anzahl junger Bettler in Irland kann man schließen, daß nur wenige von Jugend auf ohne Unterbrechung auf diese Weise sich ihr Brot erworben haben. Der größte Theil der Landstreicher in Irland sind Weiber und man hat bemerkt, daß, wenn sie Witwen sind, ihre Männer größtentheils mehr oder weniger ihren Unterhalt von einem Stück Land gewonnen und durch den Verlust dieses Landes oder da es unmöglich war, davon eine große Familie zu ernähren, den Bettelstab ergriffen haben. Es scheint nicht, als ob Viele aus Faulheit Landstreicher oder Bettler würden, sondern da ein großer Theil der Bauern einsieht, wie leidlich es sich vom Betteln leben läßt, und mit welcher Mühe und Last der Broterwerb durch Feldarbeit verbunden ist, gesellt er sich zur Classe der Landstreicher, von welchen er vielleicht manchem früher ein Almosen gegeben hat. Die Lage der irländischen Bettler ist in der That in mancher Hinsicht besser, als die des unabhängigen Arbeiters; aber dennoch findet man nur wenige junge und arbeitsfähige Leute unter ihnen. Wahrscheinlich werden viele durch Schamgefühl abgehalten, eine Lebensweise zu ergreifen, die weniger mühevoll und vielleicht einträglicher ist als die ihrige.

Das Almosen, die man diesen Bettlern reicht, besteht fast ausschließend in Kartoffeln und, ausgenommen in Städten, nur selten in Geld. Die kleinen Pachter und andere Landleute ziehen die Almosen an Nahrungsmitteln vor, nicht allein weil sie dergleichen Dinge in größerm Überfluß haben, sondern auch weil sie dieselben in kleinern Gaben vertheilen können als es mit irgend einer bestehenden Münze möglich wäre. Im Sommer, wenn die Kartoffeln selten und die Bettler zahlreicher als gewöhnlich sind, sieht sich der Bauer genöthigt, Mehl unter die Bittenden zu vertheilen, die sich jeden Abend vor seiner Thüre versammeln. Die Bettler fodern diese Gaben mit einem gewissen Trotz, als ob sie förmlich dazu berechtigt wären, und kein Landmann ist so kühn oder so bös, ihnen ein Almosen zu verweigern. Enthält die ganze Hütte nur eine Handvoll Kartoffeln, so theilt sie der mitleidige Bauer mit seinem bettelnden Gaste. Dies thut er nicht nur aus Barmherzigkeit, sondern größtentheils aus Furcht, besonders aber aus einem gewissen religiösen Gefühl, indem er glaubt, daß seine Wohlthätigkeit gegen die Armen ihm einst doppelt vergolten werde.

Der große Atlas eine Fabel.

Noch heute, wie vor Jahrtausenden, ist uns das Innere Afrikas unbekannt, unsere Kenntniß beschränkt sich auf die Küsten und wir können uns nicht rühmen, im Ganzen genommen Afrika viel besser zu kennen, als die alten Römer und Griechen es bereits kannten, so riesenmäßig auch die Fortschritte sind, welche seit ihren Zeiten die Erdkunde gleich allen andern Zweigen des menschlichen Wissens gemacht hat. In das Herz dieses Erdtheils drang, so weit unsere Kunde reicht, kein Europäer, und wenn es wahr ist, daß der norwegische Schnellläufer Ernst Mensen die Absicht hat, einen Spaziergang durch Afrika von der Nordküste bis zur Südspitze zu unternehmen, wie er zu Fuß nach Ostindien gewandert oder gelaufen sein soll, so ist mit fast entschiedener Gewißheit vorauszusagen, daß er gleich so vielen Tausenden von Europäern, deren Blut der afrikanische Sand getrunken hat, das Ziel dieser Wanderschaft niemals erreichen oder vielmehr nur zu bald finden wird, wiewohl der kolossalen Kühnheit seiner Idee eine gewisse achtende Anerkennung auf keine Weise zu versagen sein dürfte.

Selbst unsere besten Karten von Afrika, wiewol reich an weißen Räumen und Fragezeichen, enthalten gewiß zur guten Hälfte falsche Angaben und der Berichtigung ist kein Ende zu finden. Ein glücklicher Umstand ist in dieser Hinsicht, daß sich das Gebiet um Algier in französischem Besitz befindet, wodurch hoffentlich mit der Zeit unsre Kenntniß wenigstens dieses Theils von Nordafrika, das den Römern zum Theil besser als uns bekannt war, einige Genauigkeit und Vollständigkeit erlangen wird. Schon ist aus den neuern Nachrichten, die wir diesem Umstande zu verdanken haben, ein sehr bedeutendes Resultat hervorgegangen, das als entschieden betrachtet werden kann. Die Gebirgskette nämlich, die sich auf allen Karten von Afrika an der Südgrenze der Regentschaft von Algier im Norden von Biledulgerid verzeichnet findet und der man den Namen großer Atlas gibt, zum Unterschiede einer nördlich mit ihr parallel laufenden, welche als kleiner Atlas aufgeführt wird, scheint übereinstimmender Nachrichten zufolge gar nicht vorhanden und also ein bloßes Hirngespinnst zu sein. Hören wir darüber die Äußerungen eines Franzosen, der kürzlich im Lager des Emirs Abd=el=Kader war.

„In dem Heere Abd=el=Kader's befinden sich etwa 20 französische Deserteurs, welche den letzten Feldzug des Emirs gegen die Stämme der Wüste Sahara mitgemacht haben und daher die besten Aufschlüsse über jene Gegenden des Südens zu geben vermöchten, die noch nie von europäischen Reisenden geschildert worden sind. Abd=el=Kader ging von Tlemezen dicht an der Grenze von Marokko aus nach der Wüste Angad, wandte sich dann nach Osten und durchzog den ganzen Gobla — so nennen die Araber die südlichen Länderstrecken der Berberei, welche an die große Sandwüste grenzen. Nach der übereinstimmenden Aussage aller Deserteurs, sahen sie auf der ganzen weiten Landstrecke, welche sie durchwanderten, kein hohes Gebirge. Das Grenzland der Wüste Sahara besteht aus kahlen ungeheuren Ebenen, die von wellenförmigen Hügeln in allen Richtungen durchzogen sind und mit den Gebirgsketten im Norden zusammenhangen. Folglich macht auch diese Aussage das große Atlasgebirge in ein Nichts verschwinden. Sonderbar ist es, daß dieser Irrthum von vielen ältern Reisenden veranlaßt wurde, welche die unbestimmten arabischen Erzählungen von einem großen Südgebirge wiederholten, ohne aber die mindesten Details darüber zu geben. Selbst Dureau de la Malle, Mitglied der Akademie in Paris, sagt noch in seiner neuesten Schrift, Algier sei von zwei parallelen Gebirgsketten, dem kleinen und großen Atlas, durchzogen. Die europäischen Einwohner Algiers haben seit einigen Jahren an dem Dasein dieses Gebirges mit Recht gezweifelt, da keine der Expeditionen in das Innere den großen Atlas entdecken ließ, und auch die in Algier anwesenden Biskris und Mosobiten, die von der Sahara kommen, nichts von einem ähnlichen Gebirge zu erzählen wissen.

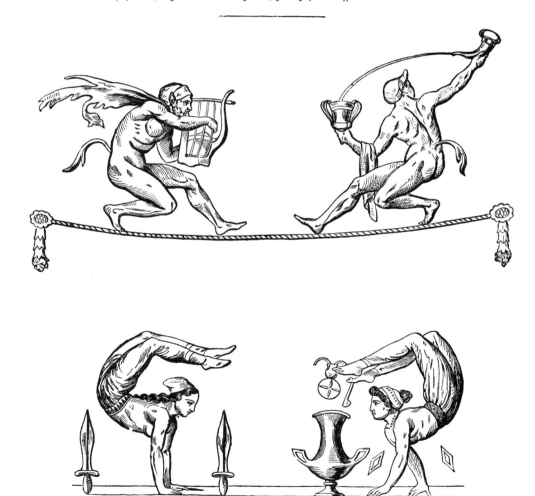

Römische Gaukler. — Ein Seiltänzer, der auf der Leier spielt; ein Anderer, der sich zu trinken einschenkt (nach einem Wandgemälde von Pompeji). — Eine zwischen zwei Schwertern voltigirende Frau (nach einer Vase im Museum zu Neapel). — Eine Frau, die mit den Füßen aus einem Gefäße Wasser schöpft (nach einem etruskischen Gemälde in der Hamilton'schen Sammlung).

Verantwortlicher Herausgeber: Friedrich Brockhaus. — Druck und Verlag von F. A. Brockhaus in Leipzig.

Das Pfennig-Magazin
für Verbreitung gemeinnütziger Kenntnisse.

262.] Erscheint jeden Sonnabend. [April 7, **1838**

Albrecht Dürer.

Von dem großen Albrecht Dürer, geboren zu Nürnberg 1471, gestorben ebendaselbst 1528, der einer der begabtesten und berühmtesten Männer seiner Zeit, eine wahre Zierde der deutschen Nation und als Künstler und Mensch gleich achtungswürdig war, ist bereits in Nr. 76 des Pfennig-Magazins ausführlicher die Rede gewesen. Wir geben hier auf Seite 112 eine Nachbildung von einem seiner vorzüglichsten Kupferstiche.

Canada.
(Beschluß aus Nr. 261.)

Untercanada grenzt in Norden an Neubritannien, im Osten an Neubritannien und den Golf des Lorenzflusses, in Südost und Süden an Neubraunschweig und die Staaten Maine, Neuhampshire, Vermont und Neuyork, und in Südwest und Westen an Obercanada und hat ungefähr den nämlichen Flächenraum wie Frankreich. Der Fluß Uttawas bildet größtentheils die Grenze zwischen Unter- und Obercanada. Oberhalb seiner Quelle läuft die Grenzlinie gerade nordwärts nach der Hudsonsbai. Es ist ein schönes Land mit malerischen Ansichten; Berge, Wälder, reizende Thäler, ungeheure Seen, die den Lorenzfluß mit dem atlantischen Meere verbindet, wechseln miteinander ab. Der Boden ist fruchtbar und der Erbauung vieler Getreidearten sehr günstig, besonders baut man viel Erbsen und Kartoffeln. Die Ausfuhrartikel bestehen in Getreide, Mehl, eingesalzenem Fleische, Pottasche, Holz, Pelzwerk und gesalzenen Fischen, und man schlägt den jährlichen Ertrag für die am besten gedeihenden Getreidearten, Weizen, Gerste, Roggen und Mais, auf acht Millionen Thaler an. Die Bevölkerung vermehrt sich ungemein schnell, trotz dem rauhen Klima, denn vom Monat November bis in die Mitte des Aprils bedeckt gewöhnlich selbst den reißenden Lorenzfluß eine Eisdecke. Im Jahre 1763 zählte man 70,000, 1814 schon 335,000 Einwohner, wovon 275,000 französische Canadier, die übrigen aber ein Gemisch von Engländern, Schottländern, Irländern und Einwanderern aus den Vereinigten Staaten waren. Jetzt hat Untercanada ungefähr 600,000 Einwohner, bei dem beständigen Zufluß von neuen Einwanderern jedoch läßt sich eine bestimmte Zahl kaum angeben. Es zerfällt in fünf Districte: 1) Montreal; 2) Three-Rivers; 3) Quebek; 4) Gaspe; 5) Saint-Francis, die seit 1796 wieder in 21 Grafschaften zerfallen. Die kleinern Unterabtheilungen sind 1) Seigneuries oder ursprünglich von der französischen Regierung unter dem Feudalsystem bewilligte Ländereien; 2) Townships oder Verleihungen an Land von der englischen Regierung seit 1796 als freie Lehen. An der Spitze der Verwaltung steht der Gouverneur. Das Oberhaus oder der gesetzgebende Rath besteht aus 26 vom Könige, das Unterhaus (Assembly) aus 50 vom Volke gewählten Mitgliedern. Dem Gouverneur ist noch außerdem ein Rath von 10 Mitgliedern, die der König ernennt, beigegeben.

Die Hauptstadt Niedercanadas, der Sitz der Regierung und der Hauptstapelplatz des Handels beider Provinzen ist Quebec am linken Ufer des Lorenzflusses, wovon wir schon in Nr. 248 des Pfennig-Magazins eine kurze Beschreibung und eine Abbildung gegeben haben. Rücksichtlich des Handels steht die zweite Stadt Untercanadas, Montreal, Quebec nicht viel nach. An beiden Orten gibt es Seminarien, aber die Erziehung wird im Allgemeinen bei den französischen Canadiern vernachlässigt, von welchen die Mehrzahl weder schreiben noch lesen kann. Montreal liegt auf einer Insel des Lorenzflusses, wurde 1640 gegründet und hat 30,000 Einwohner. Die dritte Stadt ist Three Rivers (Trois Rivières), auch am linken Ufer des Lorenzflusses mit 27,000 Einwohnern. Auf dem rechten Ufer des Lorenzflusses liegen die kleinern Örter Sorel mit 1600 Einwohnern, St. Antoine und das Irokesendorf St.-Regis am See François. Das westliche Innere des Landes ist noch völlig Indianergebiet, obschon sich auch hier bereits Europäer angesiedelt haben.

Obercanada, das im Osten und Südosten an Niedercanada, im Süden an die Vereinigten Staaten, von welchen es durch den Lorenzfluß und die Kette der großen Seen getrennt wird, grenzt, während es im Norden und Westen gegen Neubritannien (Labrador) ohne bestimmte Grenzen ist, hat ungefähr 4700 ☐M. und, die Indianer nicht mitgerechnet, fast 400,000 Einwohner, wovon 120,000 erst seit den letzten zehn Jahren eingewandert sind, darunter gegen 10,000 Deutsche. Obercanada, das jetzt emporblüht, wurde erst 1763 den Indianern abgekauft und wird jetzt von England als Armencolonie benutzt. Der angebaute Theil, der ungefähr 150 Meilen lang und 12—80 Meilen breit ist, erstreckt sich längs den Seen Ontario und Erie und dem Lorenzfluß bis zum See St.-Clair. Der Boden ist fruchtbar und das ganze Land bietet fast eine ununterbrochene Ebene dar, die sich nur unbedeutend über die Ufer des Lorenzflusses erhebt und in allen Richtungen von zahlreichen Flüssen durchströmt wird. Weiter nördlich ist das Land mit ungeheuren Wäldern bedeckt. Das Klima ist gesund und bedeutend milder als in Untercanada. Die Hauptproducte sind Weizen, Mais, Flachs, Hopfen u. s. w. Die größten Zierden und wichtigsten Anlagen dieser Provinz sind die beiden Kanäle, der Rideau- und Wellandkanal. Ersterer verbindet bei Kingston den Ontario mit dem Uttawas, ist 32 Meilen lang und hat 53 Schleusen; aber der Bau ist noch nicht vollendet, letzterer ist acht Meilen lang und schon 1833 sah man hier 25 Dampfschiffe.

Obercanada zerfällt in 11 Bezirke und diese in 25 Grafschaften. Außer dem Statthalter besteht auch hier ein Oberhaus mit 16 Mitgliedern, die der König ernennt und eine Versammlung (Assembly) mit 40 vom Volke erwählten Mitgliedern. Obercanada hat nur wenige Städte, aber viele Ortschaften, die sich immer mehr vergrößern. Die Hauptstadt ist York oder Toronto am See Ontario mit 7000 Einwohnern. Hier ist der Sitz des Gouverneurs, des Parlaments und des Obergerichts. Dann sind noch zu erwähnen das starke Fort Kingston mit 5000 Einwohnern am Lorenzfluß und Ontario, Perth mit 4000 Einwohnern, Niagara an der Mündung des Niagara mit 200 Einwohnern, Queenstone, Sandwich, Frederiktown und Hamilton. Neuerlich sind noch die Ortschaften Amherstburgh, Cornwall, Cambridge, Gore, Bathurst, Lancaster, Brockville, Coburg und andere gegründet worden.

So ist im Allgemeinen die Beschaffenheit des Landes, welches nach langer Ruhe durch seine Kämpfe in neuerer Zeit die Aufmerksamkeit der Welt wieder auf sich gerichtet hat.

Untercanada ist stets vom Mutterlande mild behandelt worden. Schon 1774 wurden ihm hinsichtlich der katholischen Religion und der Beibehaltung der bestehenden französischen Rechte große Zugeständnisse gemacht, und 1792 wurde ihm eine freisinnige Verfassung gegeben; außerdem sind seine Handelsverbindungen mit dem Mutterlande fortwährend begünstigt worden, dennoch regte sich schon seit einigen Jahren der Geist der Empörung, der endlich im Sommer 1837 in offenen Aufstand ausbrach. Die Gründe dieser Empörung sind mehrfach. Die Partei der Unzufriedenen besteht größtentheils aus den Nachkommen der frühern französischen Ansiedler und ist also durch Abstammung, Sitten, Religion und Sprache dem herrschenden Volke entfremdet. Auch mag Nordamerikas Beispiel einen ungünstigen Einfluß ausgeübt haben, oder die Bevölterung fing an, sich selbständig zu fühlen und die Herrschaft Englands für unnöthig zu halten. Hierzu kamen noch seit mehren Jahren viele Beschwerden über Verfassung und Verwaltung. Die Hauptfoderungen der Bewohner Untercanadas waren darauf gerichtet, daß die Wahl des gesetzgebenden Raths dem Volke überlassen werden und die Ansiedelung der Fremden und die Vertheilung der ungebauten Ländereien, welche die Regierung meist Briten gab, der Leitung des Volks überlassen sein sollten. In den Vereinigten Staaten, sagte man, gewinnt die Regierung so viele Millionen durch Landverkauf, und warum sollten wir es nicht auch können? Der Widerstand gegen die Regierung fing damit an, daß die gesetzgebende Versammlung, in welcher Papineau, ihr Sprecher, vorherrschenden Einfluß hatte, die Steuern verweigerte. Alle versöhnenden Maßregeln, die das Mutterland anwendete, waren fruchtlos.

Das Recht in dieser Angelegenheit war unstreitig auf der Seite des Mutterlandes; der Aufstand war nicht aus einer Unterdrückung hervorgegangen, durch welche die Bevölkerung sich zur äußersten Nothwehr hätte veranlaßt sehen können; es waren vielmehr einzelne Fragen über Verfassung und Verwaltung, die leicht auf andere Art, als durch Bürgerkrieg zu erledigen waren. Dennoch betraten die Unzufriedenen jenen Weg; die Regierung des Mutterlandes war daher zur Gewalt gezwungen, um ihre Rechte zu vertheidigen und ihre Anhänger zu beschützen.

Der Aufstand brach in Untercanada aus, wo sich Papineau an die Spitze bewaffneter Haufen stellte. Die Regierung war auf den Kampf wenig vorbereitet, und obgleich sie bei dem Ausbruche desselben nur wenige Streitkräfte versammelt hatte, so gelang es ihr doch nach einem blutigen und von beiden Theilen mit Grausamkeit geführten Kriege, den Aufstand zu unterdrücken. Viel trug dazu die Treue der britischen Ansiedler bei, noch mehr aber die Feigheit der französischen Anführer des Aufstandes, welche ihre Anhänger bald verließen und in den Vereinigten Staaten Zuflucht suchten. Kaum aber war der Aufstand in Untercanada unterdrückt, als auch in Obercanada unzufriedene britische Ansiedler die Fahne der Empörung ergriffen. Hier stellten sich Mackenzie und einige Andere an die Spitze und es gelang ihnen, die Hauptstadt Toronto zu überfallen. Die entschlossenen Maßregeln, die der britische Gouverneur ergriff und der Beistand, welchen die zu den Waffen gerufenen Freiwilligen ihm leisteten, hatten einen so glücklichen Erfolg, daß der Angriff der Empörer zurückgeschlagen wurde und ihre weitern Anstrengungen vergeblich waren. Ihre Anführer retteten sich durch die Flucht. Einige von ihnen, welche einen bewaffneten Haufen aus den Vereinigten Staaten an sich gezogen hatten, besetzten das durch die Natur befestigte Felseneiland Navy-Insel im Niagarastrome, wo sie sich verschanzten und standhaft vertheidigen zu wollen schienen. Kaum aber hatte die Regierung sich gerüstet, einen Angriff zu versuchen, als die Empörer die Insel verließen und eine andere Stellung am Niagarastrome nahmen. Ehe die Kunde von der Unterdrückung des Aufstandes im Mutterlande angekommen war, beschloß die Regierung kräftige Maßregeln zur Beruhigung der empörten Colonien zu ergreifen. Es wurde durch einen Parlamentsbeschluß die bestehende Verfassung in Untercanada aufgehoben und für beide Colonien ein Oberbefehlshaber, Lord Durham, ernannt, welcher den Auftrag erhielt, dieselben nach einer vorgeschriebenen einstweiligen Verfassung zu regieren, den gegründeten Beschwerden der Bewohner abzuhelfen und eine dauernde Versöhnung der Gemüther herbeizuführen.

Das Einfangen wilder Elefanten in Ceylon.

Die Art, wie man in Ceylon wilde Elefanten fängt, ist sehr einfach, obschon mit großer Beschwerde und vielen Kosten verbunden. Sobald man genau weiß, wo sich die Heerden versammelt haben, umgibt man den Wald mit Feuern, die eine gewisse Strecke voneinander entfernt sind und einen Kreis von mehren Stunden im Umfange bilden. Diese Feuer werden fortwährend unterhalten und die Zwischenräume mit mehren tausend Menschen besetzt; sie brennen auf vier Fuß hohen tragbaren Gestellen, die aus vier perpendiculairen Pfählen bestehen, deren oberste Enden ein Geflecht von Zweigen tragen, worauf Erde gelegt wird, während ein Schirm von Cocosnußblättern das auf diesem Gestelle angezündete Feuer vor dem Regen schützt. Diese Feuergestelle werden anfangs ungefähr in Zwischenräumen von siebzig Schritt aufgestellt und dann nach und nach immer näher zusammengerückt, jenachdem sich der Kreis verengt. Dies wird mehre Tage lang fortgesetzt, bis endlich die Elefanten in einen so kleinen Raum eingesperrt sind, daß die Zwischenräume zwischen den Feuern nicht mehr als zwanzig Fuß betragen. Der Kreis wird täglich enger, bis er ungefähr nur noch wenige Schritte im Umfang hat. Je enger er wird, desto mehr strengen die eingeschlossenen Elefanten sich an, zu entkommen, und es erfodert daher große Aufmerksamkeit und Geschicklichkeit, zu verhüten, daß sich nicht den Weg durch die Zwischenräume bahnen; aber ihre Furcht vor dem Feuer ist so groß und man kann sie damit so leicht in Schrecken jagen, daß es keine schwere Aufgabe ist, sie zurückzutreiben, wenn sie es wagen sollten, die Zwischenräume zu durchbrechen; vorausgesetzt, daß die Jäger kaltblütig und entschlossen sind.

Die Heerde wird endlich in einen ganz engen Raum zusammengedrängt, dessen einer Theil wie die Oeffnung eines Trichters verlängert und dessen äußerstes Ende nur so weit ist, daß ungefähr ein Elefant Platz hat. So eingeengt ist den Thieren die Kraft zum Widerstand benommen, die Feuer werden fortwährend unterhalten und innerhalb des Kreises, den sie bilden, befindet sich ein Pfahlwerk, das aus großen starken, durch Querbalken verbundenen Pfählen besteht, mit mächtigen Stützen versehen ist und eine starke Veste bildet. Vor die Falle werden frische Zweige gelegt, um sie den Elefanten zu verbergen, welche die Zweige für Wald halten und nur selten die Veste anzugreifen versuchen; aber wenn sie es thun, ist es mit großer Gefahr verbunden. Dieser Theil der Falle, worein die Elefanten zuerst eingeschlossen werden, hat, wie schon erwähnt, ungefähr eine Viertelstunde im Umfang, aber er steht mit einem kleineren in Verbindung, der nicht mehr als hundert Fuß lang und vierzig Fuß breit ist und durch welchen sich ein fünf Fuß tiefes Flüßchen zieht, welches fast den ganzen innern Raum einnimmt. Die Elefanten gelangen in die letzte Einzäunung nur durch eine Oeffnung und die Befestigung verengt sich stufenweise über das Wasser und endigt in einen schmalen Raum, der ungefähr 100 Fuß lang und fünf Fuß breit ist. Diese letzte Einzäunung ist aus Baumstämmen zusammengesetzt, die fast einen Fuß im Durchmesser haben, sechs Fuß tief in den Boden geschlagen sind und eine ansehnliche Umpfählung von 20 Fuß Höhe bilden. Die Stämme sind sonach immer gebeugt, daß sie kaum einen Fuß weit voneinander abstehen und werden von vier Reihen ungeheurer Balken gekreuzt, an welche sie mit dicken Bambusruthen befestigt sind. Dieses Bollwerk wird nun durch starke Stützen noch sicherer und fester gemacht. Trotz dieser Festigkeit der Umzäunung und der Geschicklichkeit der Jäger sind jedoch Fälle vorgekommen, daß die Elefanten nach einigen verzweifelten Versuchen das Pfahlwerk niedergerissen haben und entwischt sind. Allerdings ist dies aber ein höchst seltener Fall.

Sobald die Heerde in den größern Raum getrieben ist, werden die Eingänge durch ungeheure Pfähle gesichert und diese wieder durch Querbalken gestützt. Dann werden innerhalb der Einzäunung Feuer angebrannt, um die Thiere in den kleinern umpfählten

Das Einfangen wilder Elefanten.

Raum zu treiben, wo sie, wenn ihre Anzahl bedeutend ist, so zusammengeengt sind, daß sie ihre Kräfte wenig oder gar nicht anwenden können. Die Leute, welche die Feuer unterhalten, können leicht durch die Zwischenräume des Pfahlwerks entkommen, wenn es die Elefanten versuchen sollten, sich auf sie zu stürzen. Das Thor der innern Hürde besteht aus runden horizontalen Pfählen, die mit starken Weidenzweigen und dicken Stricken zusammengebunden sind, und es wird wie ein Vorhang aufgerollt. Mehre Männer sitzen auf dem Querbalken, woran es hängt, und lösen auf ein gegebenes Zeichen sogleich die Stricke, worauf das Thor niederfällt und den Elefanten den Rückzug abschneidet und ihnen jede Möglichkeit des Entkommens benimmt. Ihre Versuche, sich aus der engen Gefangenschaft zu befreien, werden überdies fast immer durch die Spieße der Jäger vereitelt. Der erste Elefant wird nun von den übrigen nach der schmalen trichterförmigen Einzäunung gedrängt. Sobald er das Ende erreicht und nun nicht wieder umkehren kann, da der Raum zu schmal ist, werden hinter ihm schnell starke Balken durch die Zwischenräume des Zaunes geschoben und so seine Bewegungen gehemmt. Jetzt binden ihm die Jäger die Beine und ein festes Geflecht aus Stricken wird um seinen Nacken geworfen.

Nachdem der Elefant gefesselt ist, werden zwei zahme dazu abgerichtete Elefanten an das Thor geführt und auf jeder Seite desselben einer aufgestellt. Dann zieht man Stricke durch die Halfter des wilden Elefanten und befestigt dieselben an die Halfter der beiden zahmen. Die Balken werden schnell aus der Erde gezogen, und der Gefangene versucht sogleich zwischen seinen beiden Bändigern davon zu laufen, aber bald sieht er sich wieder aufgehalten, indem die an seine Hinterfüße gebundenen Stricke noch an den starken Pfählen befestigt sind. Die Mahoots besteigen nun die beiden zahmen Elefanten und die Stricke an den Hinterfüßen des gefangenen werden gelöst und um die beiden zahmen Elefanten festgeschnürt, so daß diese den wilden Elefanten auf beiden Seiten zusammenpressen. In diesem engen Gewahrsam leiten die Mahoots ihren Fang nach dem dazu bestimmten Stalle, wo wieder andere Maßregeln zu dessen Zähmung getroffen werden.

Die Neuseeländer.

Neuseeland ist der Name, den man einer großen und sehr merkwürdigen Inselgruppe im südwestlichen Theile des stillen Meeres beigelegt hat. Diese Gruppe besteht aus einer kleinen und zwei größern Inseln, die wieder von kleinern Eilanden umgeben sind. Sie erstrecken sich fast 200 Meilen weit von Norden nach Süden, während ihr ganzer Umfang ungefähr ebenso viel wie der ganz Großbritanniens beträgt. Eine große Gebirgskette, die sich durch die ganze Länge der Inseln erstreckt, bildet eine Art Landrücken. In diesen Gebirgen, von welchen viele einen gigantischen Umfang haben und deren Spitzen, die mit ewigem Schnee bedeckt sind, sich 14,000 Fuß hoch erheben, findet man große Seen, welche die Gebirgswässer in sich aufnehmen. Zahlreiche Flüsse und Ströme ergießen sich von hier in die Thäler und nachdem sie diese nach allen Richtungen hin durchströmt haben, vereinigen sie sich mit dem Ocean. Man kann sagen, daß das ganze Land Überfluß an Quellen hat und alle Arten Gewässer enthält, von dem Bache, der vom Abhang des Berges herabrinnt, bis zum stolzen Strome. Die Gebirgskette gibt dem ganzen Lande ein gebirgiges Ansehen, ohne daß es jedoch an Ebenen und Thälern fehlt, die eine reizende Mannichfaltigkeit in die Landschaft bringen, und die, hinlänglich bewässert, in üppiger Fruchtbarkeit prangen.

Die Bewohner dieser Inseln haben offenbar mit allen andern Insulanern des stillen Meeres gleichen Ursprung und verrathen eine große Ähnlichkeit mit den malaiischen Bewohnern des indischen Archipelagus. Ihre frühesten Vorfahren scheinen sich auf den Ocean gewagt zu haben, während die Geschichte von der Sündflut noch in ihrer Erinnerung lebte. Die Traditionen der Neuseeländer erinnern an die Erzählung der Schrift. Sie glauben, daß der erste Mensch von drei Göttern geschaffen, daß das Weib aus einer Rippe des Mannes gebildet worden sei, und daß dasselbe den Namen Hevee (Eva) erhalten habe; ebenso haben sie durch Überlieferungen die Geschichte von der Sündflut, wo blos eine Familie in einem Kasten der allgemeinen Vernichtung entging, aufbewahrt. Die Taube wird ebenfalls von ihnen als Zeichen der Erhebung Neuseelands aus der Tiefe des Meeres dargestellt, und es ist merkwürdig, daß sie ihre Kinder am achten Tage taufen.

Ihr Glaube an ein höheres Wesen ist in vielen Hinsichten ziemlich geregelt. Sie betrachten Gott als einen mächtigen, unsichtbaren Geist und nennen diesen Atua. Ebenso glauben sie an das Dasein eines bösen Geistes, den sie Wiro nennen und dem sie dieselben Eigenschaften beilegen, wie die Schrift dem Feinde des Menschen. Dieser Glaube jedoch ist mit abergläubigen Begriffen von der lächerlichsten Art verbunden, die hinlänglich beweisen, daß das menschliche Herz, wenn es sich einmal von dem Einflusse der göttlichen Wahrheit getrennt hat, in Gottlosigkeit und Verwirrungen aller Art sich verwickelt. Zu gleicher Zeit jedoch haben die Neuseeländer ungewöhnliche Fähigkeiten, die ihnen den ersten Platz unter den uncivilisirten Völkern anweisen; sie sind der zärtlichsten Gefühle fähig und halten fest auf Ehre.

Ihre Nahrungsmittel sind sehr einfach, indem sie größtentheils nur aus Pflanzen und Fischen bestehen. Sie kannten weder Fleischspeisen noch geistige Getränke, bis sie mit den Engländern bekannt wurden, und selbst jetzt essen sie nur bei Festlichkeiten Fleisch, lieben aber keineswegs berauschende Getränke und trinken überhaupt nur sehr wenig. Diese einfache Lebensweise ohne anstrengende Arbeit, beständige Leibesübungen und Bewegungen in der freien Luft und das gesunde Klima geben dem Körper des Neuseeländers eine kräftige Gesundheit und große Stärke. Sein äußeres Ansehen ist größtentheils sehr hübsch und die Hautfarbe lichtbraun; Männer und Weiber sind schlank und schön gewachsen, aber ihre Gesichter, die von Natur angenehme Züge haben, sind durch das Tatowiren entstellt. Sie tragen verschiedene Kleidungsstücke, die alle aus einheimischem Flachs verfertigt werden und für die verschiedenen Jahreszeiten und den Zustand des Wetters eingerichtet sind.

Die Neuseeländer haben ihre Häuptlinge und theilen sich in fünf gesellschaftliche Classen, in die Ober- und Unterhäuptlinge, in die Rogantira oder Vornehmen, in die Gemeinen, das eigentliche Volk, und die Sklaven. Aber trotzdem, daß die höhern Classen ein gewisses Ansehen behaupten und sich dadurch von den geringern absondern, viele Vorrechte haben und ihre Untergebenen oft mit Härte und Grausamkeit behandeln, so findet man doch keine gehässigen Unterscheidungen, die dem geselligen Verkehr, worin alle Classen miteinander stehen, schaden könnten.

Wenn die Neuseeländer nicht Krieg führen, bauen sie ihr Land, ernten im Herbst, fischen oder verfertigen Kriegswaffen und Ackergeräthschaften und unternehmen weite Reisen zu Wasser und zu Lande, oder feiern Feste, womit sich die verschiedenen Stämme gegenseitig unterhalten. Viele von ihnen sind sehr munter und witzig und können sich oft Stunden lang sehr lebhaft unterhalten. Ihre Gefühle sind so innig und leidenschaftlich, daß, wenn sich ein paar Neuseeländer nach langer Trennung wiedersehen, die Art und Weise, wie sie sich gegenseitig empfangen, auf jeden Fremden einen wahrhaft rührenden Eindruck macht; sie berühren sich mit ihren Nasen — die in diesem Lande übliche Begrüßung — und bleiben schluchzend und Thränen vergießend in dieser Stellung oft eine halbe Stunde lang. Ebenso machen sie es, ehe sie sich von Jemand auf lange Zeit trennen. Die Frauen weinen laut und ritzen sich mit scharfen Muscheln, bis Blut ihren ganzen Körper bedeckt. Einen seltsamen und schrecklichen Anblick gewährt ihr sogenannter Kriegstanz. Die Töne der Wuth und des Hasses, die sie ausstoßen und ihre sonderbaren Bewegungen müssen dem Feinde Schrecken einjagen.

Dieses Volk lebt zerstreut in kleinen Dörfern in der Nähe der Küste, während das Innere des Landes unbewohnt ist. Die Dörfer liegen oft auf den Gipfeln der Berge und sind von einer Art roher Befestigung umgeben, die in der Landessprache „Pah" genannt wird. An Veranlassungen zu Kriegen fehlt es nie zwischen den verschiedenen Stämmen und hat der Krieg einmal begonnen, so geht er von einem Stamme zum andern über, bis endlich das ganze Volk zum Kampfe gerüstet ist, und da jeder Häuptling durch gewisse abergläubige Begriffe von Pflicht verbunden ist, alle seine Verwandten, die im Kampfe gefallen sind, zu rächen, so läßt sich nicht absehen, wie ein solcher Krieg ein Ende erreichen kann, wenn nicht die üblichen Herolde oder Friedensstifter eine allgemeine Amnestie auswirken. Die Schilderung dieses Volkes würde nur unvollkommen sein, wenn wir nicht auch den unter ihm herrschenden Kannibalismus erwähnen wollten. Die Neuseeländer haben die schreckliche Sitte, ihre im Kriege gefallenen Feinde und selbst ihre Sklaven zu verzehren. Die Häuptlinge haben mehre Weiber, eine Einrichtung, die auf die Wohlfahrt des Landes höchst verderblich einwirkt und oft zu Eifersucht, Kindermord und andern Greueln Veranlassung gibt.

Erfreulichere Berichte haben wir von den Neuseeländern, die unter dem wohlthätigen Einflusse der Civilisation stehen. Sie sind nicht nur empfänglich, sondern auch sehr lernbegierig; sie besitzen eine Neugierde, ein Ehrgefühl und eine Beobachtungs- und Nachahmungsgabe, womit sie alle Schwierigkeiten des Lernens ungemein leicht überwinden. Wenn sie sich unter civilisirten Menschen befinden, sei es in Port Jackson oder in England, eignen sie sich mit merkwürdiger Leichtigkeit die Sitten und Gewohnheiten derselben an und überraschen dann durch ihr feines und anständiges Benehmen. Sie lieben die Engländer, weil sie von ihnen die Gesetze der Gesittung erhalten haben, und behandeln ihre Missionare mit großer Achtung, weil dies Männer sind, „die schöne Worte sprechen und gute Werke thun". Trotz ihrer Trägheit können sie sehr fleißig arbeiten, wenn sie ein gewisses Ziel vor Augen haben. Man sieht jetzt schon manchen Neuseeländer den Pflug lenken. In ihrem Benehmen gegen civilisirte Menschen sind sie freundlich, zuvorkommend und verrathen ein Gefühl für Gleichheit und Unabhängigkeit.

Die Todten des Jahres 1837.

Alljährlich hält der Tod seine reiche Ernte und verschont mit seiner unerbittlichen Sichel Diejenigen, die sich in den höchsten Sphären des irdischen Lebens bewegen, ebenso wenig, als Diejenigen, die auf den untersten Sprossen der Stufenleiter menschlicher Wesen stehen. Darum fehlt es auf der Todtenliste keines Jahres an berühmten und gefeierten Namen, und auch das letzte Jahr ist hinter seinen Vorgängern nicht zurückgeblieben. Sehen wir, welche Todte des Jahres 1837 unter den 5—6 Millionen Europäern, welche dasselbe ins Grab gelegt hat, besonders auszuzeichnen sind, wobei wir, wie billig, Deutschland vor allen Ländern unseres Erdtheils berücksichtigen.

Beginnen wir mit den Fürsten. Im vorigen Jahre starben zwei regierende Fürsten, der König Wilhelm IV. von Großbritannien und der Großherzog Friedrich Franz von Mecklenburg-Schwerin, der älteste aller europäischen Souveraine (über 80 Jahre alt); die Gemahlin eines regierenden Fürsten, die Königin der Niederlande; zwei Fürsten, welche sich ihrer Regierungsgewalt begeben hatten, der eine durch eine Revolution genöthigt, nämlich der vormalige König Gustav IV. von Schweden, später Obrist Gustavson genannt, und der Fürst Günther von Schwarzburg-Sondershausen; die Gemahlin eines Mannes, der freiwillig seine Krone niedergelegt hatte, Hortensia, Herzogin von St.-Leu, vormals Königin von Holland, Stieftochter Napoleon's; zwei Witwen und Mütter souverainer Fürsten, die Herzogin Luise von Sachsen-Meiningen und die Fürstin Luise von Reuß-Greiz. Unter den übrigen verstorbenen Gliedern souverainer Fürstenhäuser sind bemerkenswerth: die Herzöge Wilhelm und Pius von Baiern, Vater und Sohn, jener 84 Jahre alt; der Herzog Karl von Mecklenburg-Strelitz; Landgraf Friedrich von Hessen-Kassel, fast 90 Jahre alt; Prinz Ferdinand und Prinzessin Victoria von Hessen-Philippsthal; drei Prinzen starben im Kindesalter. Cardinäle starben nicht weniger als neun.

Dienstthuende Minister starben sieben. Der holländische Finanzminister van Tets van Goudrian, der mecklenburg-strelitzische Minister von Oertzen, der mecklenburg-schwerinsche Minister von Plessen, der preußische Minister des Auswärtigen, Ancillon, der schwedische Minister des Auswärtigen, Graf von Wetterstedt, der preußische Kriegsminister von Witzleben, der sardinische Staatsminister Balbo; ehemalige und Titularminister fünf: in Frankreich Barbé-Marbois und Baron Louis, in Baden Freiherr von Berstett, der sonstige portugiesische Premierminister Herzog von Cabaval, in Kurhessen von Kopp; Gesandte drei: der russische und der östreichische Gesandte in München (Fürst Gagarin und Graf von Spiegel) und der französische Botschafter in Rom, Marquis von Latour-Maubourg; ferner der französische Diplomat Graf von Reinhard. Unter den verstorbenen Generalen sind zu bemerken: der bairische Generallieutenant Graf von Rechberg und Rothenlöwen, der schwedische Feldmarschall Graf von Stedingk, der württembergische General von Theobald, der russische Feldmarschall Fürst von Osten-Sacken, der sächsische Generalmajor Raabe, der griechische Generalmajor Baron von Pisa und der französische General-Lieutenant Graf Damrémont, Gouverneur von Algier, den am 13. October vor Constantine eine Kanonenkugel tödtete.

Von namhaften Gelehrten und Schriftstellern des Auslandes starben: der französische Bibliothekar van Praet, die russischen Dichter Puschkin und Bestuscheff Marlinsky, der französische Publicist de Pradt, der Philolog Bremi in Zürich, der italienische Dichter Graf Leopardi, der italienische Geschichtschreiber Botta. Von deutschen Schriftstellern starben: Weitzel in Wiesbaden, Börne in Paris, Klüber in Frankfurt a. M., Trommsdorf in Erfurt, Treviranus in Bremen, der Dichter Freiherr von Maltitz in Dresden, Hirt und Franz Horn in Berlin, Reichard in Lobenstein, Ramshorn in Altenburg, Döring in Gotha; außerdem folgende 27 Universitätsprofessoren: in Berlin Hartig, in Bonn Nees von Esenbeck, in Breslau Berg, in Erlangen Lang und Hunger, in Gießen Locherer und Schmidt, in Göttingen Himly, Bunsen, Artaud, Dissen, Göschen und Reuß, in Halle Nitsch und Tieftrunk, in Heidelberg Schwarz, in Jena Walch, Zenker und Stark, in Kiel Deckmann und Eckermann, in Leipzig Haase, in Marburg von Meyerfeld, in Rostock von Vogel und Normann, in Tübingen Steudel und Müller.

Endlich starben folgende ausgezeichnete Künstler: die Maler Gérard, Dominik Quaglio und Sigalon, der Kupferstecher Fontana, die Componisten und Virtuosen Field, Fioravanti, Gusikow, Hummel, Lesueur, Rolla und Zingarelli; die Schauspieler Lemm in Berlin und Costenoble in Wien.

Kieselerde aus Schalen von Infusionsthierchen.*)

Schon vor einigen Jahren machte Professor Ehrenberg in Berlin, der berühmte Forscher der Infusionsthierchenwelt, die Entdeckung, daß die Kieselguhr (Kieselerde) im Torfmoore bei Franzensbad in Böhmen aus den Pflanzen= und Infusionsthierchen bestehe. Vor Kurzem — gegen das Ende des vorigen Jahres — hat man in Norddeutschland, am Rande und ersten Abhange des großen Plateaus der lüneburger Haide im Königreiche Hanover, nur 1½ Fuß hoch vom Haideboden bedeckt, Schichten von Kieselerde, die ebenfalls aus Infusionsthierchenschalen besteht, und zwar in einer ganz außerordentlichen Tiefe oder Mächtigkeit entdeckt. Eigentlich sind es zwei Arten von Kieselerde, welche hier in zwei Schichten übereinander liegen. Die erste ist chemisch reine Kieselerde, sehr locker, von kreideweißer Farbe, fühlt sich sanft, etwa wie Stärke an, schwimmt auf Wasser einen Augenblick, sinkt dann aber nieder und nimmt, mit wenig Wasser vermischt, eine kleisterartige Consistenz an, ohne jedoch klebend zu werden. Die zweite Art hat eine bräunlichgraue Farbe mit einem schwachen Stiche ins Grüne, nimmt aber im Feuer schnell eine weiße Farbe an und ist sonst der ersten Art sehr ähnlich. Die weiße Kieselerde bildet die obere Lage in einer Mächtigkeit von 10—18 Fuß; die gefärbte macht die Unterlage aus und ist bereits 10 Fuß tief durchbohrt, ohne daß bis jetzt ihre untere Grenze erbohrt worden. Beide Arten untersuchte Professor Ehrenberg, der durch seine merkwürdigen Entdeckungen über fossile Infusionsthierchen ein ganz neues Feld der interessantesten Untersuchungen eröffnet hat und fand, daß sie ganz und gar aus völlig schön und wohlerhaltenen Schalen von Infusionsthierchen bestehen und zwar von sehr verschiedenen, aber nur von bekannten, noch jetzt in süßen Gewässern lebenden Arten, in der ersten Erdart rein, in der zweiten Erdart mit organischem Schleim und dem Blütenstaube von Fichten vermengt.

An diese Entdeckung knüpfen sich Betrachtungen der interessantesten Art, und je mehr man über die Sache nachdenkt, desto mehr wird man dadurch in Erstaunen gesetzt. Eine mehr als 20 Fuß dicke Masse, die sich weit in der Länge und Breite erstreckt, besteht fast allein aus den Schalen von Thieren, die für das unbewaffnete Auge unsichtbar und nur mit Hülfe starker Vergrößerungsgläser zu erkennen sind. Wer vermag die Menge von Infusionsthierchen zu zählen, welche erfoderlich waren, um nur einen Cubikzoll dieser Masse zu bilden, geschweige denn diese ganze Masse selbst, von welcher jeder Quadratfuß bei 20 Fuß Dicke 34,560 Cubikzoll enthält? Und wer wagt die Anzahl der Jahrhunderte zu bestimmen, die während der Anhäufung dieser gewaltigen Schichten verstrichen? Was würde aber aus jener lockern, leichten Kieselerde, die sich von dem gewöhnlichen Zustande derselben so sehr unterscheidet, geworden sein, wenn statt der dünnen, nur 1½ Fuß hohen Bodenschicht eine mächtige Erd= oder Felsenlage dieselbe bedeckte und eine andere Kraft drückend und verdichtend darauf eingewirkt hätte? Dann würden wir zwar keine so tiefe Lage, aber vielleicht eine feste, sehr harte, polirbare Steinmasse finden, bei welcher es noch unglaublicher erscheinen würde, daß sie aus den Schalen unsichtbarer Thiere entstanden sein könnte. Eine solche Verdichtung und Härtung könnte aber jener lockern Kieselerde zu Theil werden, wenn man den Versuch machte, sie zur Verfertigung von Glas oder als Zusatz von Porzellanmasse zu benutzen. Man denke sich Glas aus Schalen von Infusionsthierchen! Wer hätte sich wol die Möglichkeit träumen lassen, daß derselbe Körper, durch dessen Hülfe uns die Welt des Unsichtbaren, das für unsere Augen zu entfernt, wiewol groß oder zu klein, nahe genug ist, eröffnet und das unsichtbare geheimnißvolle Leben im Wasser offenbar worden ist, aus einem Material bereitet werden könne, das von dieser nämlichen unsichtbaren Thierwelt herrührt?

Noch ist bemerkenswerth, daß in älterer Zeit solche aus Schalen von Infusionsthierchen bestehende Kieselerde von den Bewohnern Finnlands und Schwedens (nach Ehrenberg) als Nahrung benutzt wurde.

Wie weit kann die Runkelrübenzuckerfabrikation getrieben werden?

Die Runkelrübenzuckerfabrik von Bambach und Compagnie zu Wartenburg bei Wittenberg erzeugt nach der vom Professor Schubarth in Berlin neuerlich beschriebenen französischen Methode, aus 100 Centner Rüben 8 Centner verkäuflichen Rohzucker, worüber Professor Schubarth Folgendes bemerkt: 100 Centner Rüben geben 3784 Quart Saft. Nimmt man das specifische Gewicht dieses Safts zu $1\tfrac{3}{100}$ an, so wiegt ein Quart Saft 2 Pfund. 17$\tfrac{1}{10}$ Loth, also 3784 Quart, wiegen 9578 Pfund, mithin 87 Procent

---

*) Über die Infusionsthierchen siehe Pf.=Mag. Nr. 27.

des Gewichts der Rüben. Würde nun der Saft geläutert, über freiem Feuer abgedampft, durch Kohle einmal filtrirt (wozu nur die von der frühern Fabrikation her aufgehäufte gebrauchte Kohle nach vorgängiger Wiederbelebung benutzt wurde) und in Kippfannen gekocht, so lieferte er 14 Formen erstes und 5½ Formen zweites Product. Das Gewicht in den Formen war nach Abfluß des Syrups im Durchschnitte 53 und nach dem Trocknen 45 Pfund, was für 19½ Formen 877½ Pfund, also sehr nahe 8 Procent gibt. Die Masse vom zweiten Zucker liefert noch etwas Zucker, der hierbei nicht berücksichtigt worden ist. Die Beschaffenheit des gewonnenen Rohzuckers war vortrefflich; er hatte ein großes, glänzendes, hartes Korn, eine helle Farbe und einen nur wenig hervorstehenden Geruch, der nach starkem Trocknen fast völlig verschwindet.

Die Melancholie, nach Albrecht Dürer.

Verantwortlicher Herausgeber: Friedrich Brockhaus. — Druck und Verlag von F. A. Brockhaus in Leipzig.

Das Pfennig-Magazin
für Verbreitung gemeinnütziger Kenntnisse.

263.] Erscheint jeden Sonnabend. [April 14, 1838.

Marie Christine, Königin-Regentin von Spanien.

Die Königin Christine, dritte Tochter des Königs Franz I. von Neapel und Sicilien (aus seiner zweiten Ehe mit der Prinzessin Isabelle von Spanien), Halbschwester der Herzogin von Berri und ältere leibliche Schwester des regierenden Königs Ferdinand II. von Neapel, ist geboren zu Palermo am 27. April 1806, also jetzt 32 Jahre alt, und wurde am 11. December 1829 zu Madrid mit ihrem Oheim (dem Bruder ihrer Mutter), König Ferdinand VII. von Spanien, dessen jüngerer Bruder Don Francisco schon seit zehn Jahren ihre ältere Schwester Luise zur Gemahlin hatte, vermählt. Ihre Ältern hatten sie nach Madrid begleitet und verweilten hier bis zum 14. April 1830. Ihr Gemahl, dem sie am 10. October 1830 und 30. Januar 1832 zwei Töchter, Isabelle und Luise, geboren hatte, fiel im September 1832 in eine gefährliche Krankheit und ernannte sie für die Dauer derselben (6. October 1832 bis 4. Januar 1833) zur Regentin des Reichs. Ein Jahr nachher, am 29. September 1833, starb er, und in Folge der pragmatischen Sanction vom 29. März 1830 folgte ihm seine kaum dreijährige Tochter Isabella II. auf den Thron; die verwitwete Königin aber übernahm dem Testamente ihres Gemahls gemäß als Vormünderin und Regentin die Regierung, ohne sich an den Widerspruch ihres Schwagers Don Carlos zu kehren, der die Krone für sich in Anspruch nahm. Seitdem hat sie einen schweren Stand im doppelten Kampfe einerseits mit Don Carlos, den ihre Armeen erfolglos bekämpfen, anderseits mit den wechselnden Parteien ihrer eignen Anhänger, die ihr kaum einen Schatten von Macht gelassen haben, namentlich seit dem Militairaufstande von San Ildefonso am 15. August 1836, durch den der Königin die Constitution von 1812 aufgedrungen wurde.

Ihre Persönlichkeit wird als sehr einnehmend geschildert und Alle, die sie gesehen, stimmen darin überein, daß sie, abgerechnet einige Anlage zur Wohlbeleibtheit, eine entschieden schöne Frau sei. Auch ihr Benehmen wird allgemein gerühmt. Schon in ihrer Jugend machte sie sich durch ihre Leutseligkeit und gewinnende Anmuth bei dem Volke beliebt und schien gleich ihren beiden ältern Schwestern viel von dem Geiste ihrer Großmutter (von väterlicher Seite), Karoline von Östreich, geerbt zu haben. Am Hofe ihres Vaters zeichnete sie besonders verdiente Männer, die nicht in Gunst standen, aus, und gab in den Kunstsammlungen Neapels, die sie gern besuchte, oft Beweise eines treffenden Urtheils. Für Spanien, jenes schöne und so unglückliche Land, schien mit ihrer Ankunft ein schöner Stern aufzugehen. Die Neigung, die sie bald dem so wenig liebenswerthen Könige einzuflößen verstand und der Einfluß, den sie auf ihn gewann, setzte sie in der That in den Stand, viel Gutes zu thun, namentlich in der Zeit, als der kranke König, dem sie die sorgfältigste Theilnahme bewies, ihr die Regentschaft übertragen hatte; auch erkannte der König in einem öffentlich bekannt gemachten Schreiben an sie (vom 4. Jan. 1833) ihr Benehmen während seiner Krankheit dankbar an und bestätigte Alles, was sie gethan hatte. Den Stürmen, die nach dem Tode ihres Gemahls über Spanien verheerend hereinbrachen, war sie freilich nicht gewachsen; sie zu beschwören hätte es jedenfalls eines Mannes von seltener Energie und Fähigkeit bedurft, wie schwerlich das jetzige Spanien einen aufzuweisen hat. Gleichwol erscheint ihr Benehmen in so schwierigen Verhältnissen, wo es schon für kein geringes Verdienst gelten mag, die Fassung nicht zu verlieren, im Allgemeinen klug und muthvoll, und sie scheint ihre frühere Beliebtheit bewahrt zu haben. Wer mag gleichwol der von Natur lebhaften und lebenslustigen Fürstin den Wunsch verdenken, sich aus einer so schnöden Atmosphäre hinweg in ein ruhigeres Land zu begeben? Freilich möchte es eben nicht leicht sein, diesen Wunsch unter den bestehenden Verhältnissen zur Erfüllung zu bringen. — Darf man allgemein verbreiteten Gerüchten Glauben beimessen, so wäre die Königin, die schon so jung zur Witwe wurde, bereits seit mehren Jahren heimlich mit ihrem Kammerherrn Muñoz vermählt.

Skizzen aus dem Leben der Chinesen.

Ein Gastmahl in China. *)

Der erste Gang bestand aus einer großen Zahl von Schüsseln von gemaltem Porzellan und enthielt verschiedene kalte Nebengerichte, wie eingesalzene, zubereitete und geräucherte Regenwürmer, aber so klein gehackt, daß ich erst, als ich sie gegessen hatte, erfuhr, was es wäre; gleichfalls eingesalzene oder geräucherte Fische und Schinken, der in außerordentlich kleine Streifen geschnitten war. Man trug dann ein Gericht auf, das die Chinesen japanisches Leder nennen; dies ist eine Art dunkle, ziemlich harte Haut, die einen sehr unangenehmen Geschmack hat. Sie schien einige Zeit im Wasser gelegen zu haben. Alle diese Speisen und viele andere, unter denen ich den sogenannten Soy-Liqueur erkannte, der aus japanischen Bohnen gezogen wird und seit langer Zeit bei den europäischen Weinschmeckern beliebt geworden ist, um ihren verwöhnten Appetit wieder zu beleben, wurden in einer großen Zahl von Schüsseln, die sich ohne Unterbrechung folgten, zur Reizung des Appetits gebraucht. Alle Gerichte schwammen in ihren Brühen. Auf einer Seite sah man Taubeneier in einer Brühe gekocht, dann Enten und Hühner, in kleine Streifen geschnitten und mit einer schwärzlichen Brühe bedeckt; auf der andern von Haifischfloßfedern und im Feuer gekochte Eier, deren Geruch und Geschmack uns anwiderte; endlich ungeheure Grubs (ein Seefisch von einer besondern Gattung), Krabben und klein gestoßene Seekrebse.

Zur Rechten unsers trefflichen Wirths sitzend, war ich der Gegenstand seiner ganzen zuvorkommenden Aufmerksamkeit; gleichwol befand ich mich in großer Verlegenheit, wie ich ein Paar Elfenbeinstäbchen brauchen sollte, die nebst einem Messer mit langer und schmaler Klinge alle meine gastronomischen Werkzeuge ausmachten. Es wurde mir ungemein schwer, aus diesen mit Brühe angefüllten Terrinen meine Beute herauszuholen. Vergebens versuchte ich meine Stäbchen zwischen dem Daumen und dem Zeige- und Mittelfinger der rechten Hand zu halten, wie mein Wirth. Die verwünschten Stäbchen verfehlten jeden Augenblick ihr Ziel und überließen mich im Angesichte des Bissens, nach dessen Besitz mich gelüstete, der Verzweiflung. Zwar ließ sich der Hausherr, gerührt von meiner Ungeschicklichkeit, die ihn zugleich ungemein belustigte, herab, mir beizustehen, indem er in meine Schüssel seine beiden Instrumente tauchte, deren Enden soeben mit seinem Munde in Verbindung gestanden hatten, welchen die Gebrechen des Alters und der beständige Gebrauch des Rauch- und Kautabacks nichts weniger als anziehend machten; aber ich hätte einen solchen Beistand sehr gern entbehrt, denn mein Magen hatte vollauf zu thun, um gegen die ihm aufgedrungenen Ragouts, von denen ich wider Willen zu essen gehindert worden war, zu kämpfen. Nach heroischen Anstrengungen gelang es mir, mich einer Suppe zu bemächtigen, die mit jenen berühmten (indianischen) Vogelnestern zubereitet war, welche den epikuräischen Ruhm der Chinesen ausmachen. Die so zubereitete Substanz ist in sehr dünne Fasern verwandelt, die durchsichtig wie Hausenblase und Nudeln ähnlich, aber geschmacklos sind. Ich war sehr ungeduldig, zu erfahren, wie wir mit unsern erbärmlichen Stäbchen im Stande sein würden, die verschiedenen vor uns stehenden Suppen zu kosten; ich dachte schon an die Fabel vom Fuchs und Storch, als unsere beiden chinesischen Nachbarn mit den kleinen neben jedem Gaste stehenden Näpfen in die Terrinen tauchten, und uns dieser peinlichen Verlegenheit entzogen.

Für die jüngern Gäste waren alle diese so neuen Dinge ein reichhaltiger Stoff zu Scherzen, die dem würdigen Hong-Kaufmann und seinem Bruder zu gefallen schienen, wiewol sie kein Wort davon verstanden. Unterdessen machte der Wein auf dem Tische die Runde und die Gesundheiten folgten sich schnell. Dieser Wein*), den man immer warm trinkt, ist dem Madeira an

---

*) Obgleich schon in Nr. 169 des Pf.-Mag. eine Notiz über die chinesischen Gastmähler gegeben ist, wird man doch gewiß die folgende ausführlichere Schilderung, die der französische Schiffscapitain Laplace gibt, mit Interesse lesen.

*) Obgleich China reich an Wein ist, so braucht man ihn nicht, um ein Getränk daraus zu machen; man zieht ein Getränk aus gegohrenem Reis vor, das jedoch an Geschmack unsern schwachen blanken Weinen ähnlich ist. Wenn es gut ist, gleicht es dem Whisky-Branntwein.

Farbe und Geschmack ziemlich ähnlich, steigt aber durchaus nicht zu Kopf. Wir tranken ihn aus kleinen vergoldeten Tassen, welche die Gestalt einer antiken Vase mit zwei Handhaben hatten und trefflich gearbeitet waren. Die Diener, die mit großen silbernen Gefäßen, Kaffeewirthen ähnlich, hinter uns standen, waren beflissen, sie uns beständig zu füllen. Die Art, Gesundheiten zu trinken, hat mit der der Engländer einige Ähnlichkeit. Derjenige, welcher einem oder mehren der Gäste diese Höflichkeit zu erweisen wünscht, setzt sie durch einen Diener davon in Kenntniß, nimmt dann die Tasse mit beiden Händen, hebt sie zum Munde und leert sie nach einer sehr komischen Kopfbewegung; dann wartet er, bis der Andere fertig ist, wiederholt die Kopfbewegung und hält die Tasse umgekehrt, zum Zeichen, daß sie ganz leer ist.

Nachdem alle diese Leckerbissen aufgetragen und zu meiner Freude der letzte derselben vorüber war, kam der zweite Gang. Eine kleine Ceremonie ging ihm voraus, wahrscheinlich um den Appetit der Gäste auf die Probe zu stellen. Auf den Rand von vier im Vierecke gestellten Terrinen stellte man drei andere mit Gerichten gefüllte und darüber eine achte, sodaß sie eine Pyramide bildeten. Die Sitte will, daß man keines dieser Gerichte anrührt, wiewol der Wirth nicht ermangelt, dazu aufzufodern. Als die Versammlung sich weigerte, nahm man die acht Schüsseln weg und bedeckte die Tafel sogleich mit Gebäck und Zuckerwerk. In die Mitte stellte man einen aus den feinsten Bambusfasern bestehenden Salat und einige flüssige Paraparak, die einen sehr unangenehmen Geruch verbreiteten. Wie der Hautgout die einzige Würze der erwähnten Gerichte gewesen war, so war dies auch bei den Reisterrinen der Fall, welche die Diener uns erst vor Jeden von uns stellten. Ich betrachtete meine zwei Stäbchen mit einer gewissen Verlegenheit; denn ungeachtet der Übung, die ich seit dem Anfange des Mahls erlangt hatte, schien es mir sehr zweifelhaft, ob ich den Reis Korn für Korn würde fassen können. Ich wartete, bis mein Wirth davon aß, um ihm nachzuahmen; er verband die beiden Enden seiner Stäbchen, ergriff damit geschickt eine ziemlich große Quantität und warf sie in seinen Mund, den er, so weit als er konnte, geöffnet hatte. Der zweite Gang dauerte wieder lange. Die Diener bedeckten dann die Tafel mit Blumenkörben, Bonbons und Kuchen von verschiedenen Formen. Die Unterhaltung, welche im Anfange des Mahles häufig unterbrochen worden war, um den Gesundheiten unsers Wirths Bescheid zu thun, wurde dann lebhaft, allgemein und sogar ziemlich lärmend, zum großen Erstaunen der anwesenden Chinesen. Mein Nachbar besonders, der an eine so ungezwungene Freude nicht sehr gewöhnt war, war ganz entzückt und bezeigte sein Vergnügen durch Ausbrüche von Gelächter, mit welchen sich unaufhörlich die lauten Töne seines ein wenig überladenen Magens vermischten. Nach den Gebräuchen der Chinesen hätte ich bei diesem Beispiele folgen sollen, um zu beweisen, daß mein Appetit ausreichend befriedigt war; aber ich konnte mich nicht dazu entschließen, so sehr ich auch unsern trefflichen Wirth zufrieden zu stellen wünschte. Dieser Gebrauch, welcher in Frankreich mehr als sonderbar erscheinen muß, war für mich nicht neu, da ich ihn schon in den besten Gesellschaften in Manilla bemerkt hatte. Konnte es mich überraschen, die Chinesen in ihren gastronomischen Gebräuchen so wenig delicat zu finden, da unsere nahen Nachbarn, die Spanier, diesen letzten Überrest der alten Roheit noch nicht abgelegt haben? Dieser Gebrauch erscheint in Asien

ebenso natürlich, als das Bedürfniß, sich zu schneuzen, zu niesen oder zu husten.

Wir gingen hierauf in ein anderes Zimmer, um den Thee zu trinken, welcher den unerläßlichen Anfang und Schluß aller chinesischen Besuche und Ceremonien bildet. Die Diener reichten ihn uns in Tassen von Porzellan mit Deckeln, um die Verdunstung des Aromas zu verhüten. Man hatte auf die auf dem Boden jeder Tasse befindlichen Blätter kochendes Wasser gegossen und der Aufguß, zu dem man nach der Landessitte keinen Zucker gethan hatte, hauchte einen lieblichen und angenehmen Geruch aus, von welchem die besten nach Europa eingeführten Theesorten keinen Begriff geben können.

Chinesische Visitenkarten.

Wenn ein Chinese sich in der Sänfte austragen läßt, um einen Besuch abzustatten, so geben seine Bedienten an der Thüre seine Karte ab, die in einem zusammengerollten und mit goldenen Zeichnungen verzierten Blatt von rothem Papier besteht. Dieses Blatt, welches Namen und Charakter des Besuchenden enthält, ist groß genug, um die ganze Länge eines gewöhnlichen Zimmers einzunehmen. Trägt der Besuchende Trauer, so ist seine Farbe weiß und die Schrift blau. Um Jemand zum Essen einzuladen, schickt man ihm einige Zeit zuvor eine Karte von karmoisinrother Farbe, die den Tag angibt und durch welche der Gast um die Erleuchtung seiner Gegenwart gebeten wird.

Der Neujahrstag in China.

Es gibt vielleicht auf der ganzen Erde kein Volk, welches weniger Feste hätte, als die Chinesen. Die Einführung des römischen Kalenders würde daher bei ihnen sehr verderbliche Folgen haben. Die vornehmste und fast einzige Epoche allgemeiner Lustbarkeit ist das neue Jahr. Das ganze himmlische Reich ist dann so zu sagen außer sich. Am Abende des letzten Tages vom scheidenden Jahre wacht Jedermann bis Mitternacht. Zu dieser Stunde beginnt ein endloser Lärm von Schwärmern, Raketen und Freudenfeuern. Der Verbrauch von Feuerwerk ist so ungeheuer, daß die Luft mit Salpeter geschwängert wird. Vom frühen Morgen an belagert eine unermeßliche Menge die Tempel; Jeder ist in seinen schönsten Kleidern; Verwandte, Freunde und Bekannte besuchen sich. An diesem feierlichen Tage kann ein Chinese kaum seine Diener erkennen, so prächtig sind sie gekleidet, und auf allen Seiten sieht man in den Straßen Rücken, die sich krümmen, Kniee, die sich halb beugen, und die gezierten Danksagungen Derer, welchen diese Begrüßungen gelten. Alle diese Evolutionen bilden die Blüte chinesischer Höflichkeit.

Die großen Glückwunschkarten, welche sich die Chinesen zu dieser Zeit gegenseitig schicken, sind mit einem Holzschnitte geziert, welcher die drei vornehmsten Güter vorstellt, nämlich einen Erben, ein öffentliches Amt und ein langes Leben. Diese drei Wünsche werden angedeutet durch die Figuren eines Kindes, eines Mandarins und eines Greises, der von einem Storche, dem Symbol des langen Lebens, begleitet ist. Das neue Jahr ist auch der Zeitpunkt, wo Freunde sich gegenseitig beschenken. Der Sendung von Geschenken fügt man das Verzeichniß der übersandten Gegenstände auf rothem Papier bei. Derjenige, für den die Geschenke bestimmt sind, sendet die Liste zurück, auf welcher geschrieben steht: „Mit Dank empfangen." Eine unverzeihliche Beleidigung ist es, wenn man eine große Zahl der das Geschenk ausmachenden Gegenstände zurückschickt, doch kann man, wenn man sie zu kostbar findet, eine Auswahl treffen und die übrigen mit einer Bemerkung auf der Liste zurückschicken, z. B. „die Perlen werden ausgeschlagen".

Dramatische Kunst in China.

Die großen Gastmähler sind in China gewöhnlich mit dramatischen Vorstellungen verbunden, und die Gäste sitzen paarweise an einzelnen Tischen, sodaß sie sehen können, was auf der Bühne vorgeht. Im Anfange des Gastmahls überreicht einer der Schauspieler dem vornehmsten Gaste ein Verzeichniß von ungefähr 50—60 Stücken, die sie alle so gut inne haben, daß sie im Augenblicke Dasjenige, welches man ihnen bezeichnet, spielen können. Decorationen haben sie nicht; man läßt der Einbildungskraft des Zuschauers freies Spiel. Doch sind die Anzüge prächtig, besonders in den aus der alten Geschichte genommenen Stücken. Das Einzige, was man tadeln könnte, ist der schreckliche Lärm der musikalischen Instrumente in den Scenen, welche Schlachten oder tragische Ereignisse vorstellen.

Das Eismeer auf dem Montblanc.

Was die Bewohner von Chamouni „Montanvert" nennen, ist ein Stück Weideland, 2600 Fuß über dem Thale Chamouni und folglich 6000 Fuß über der Meeresfläche. Es liegt am Fuße des Aiguille de Charmoz und unmittelbar über dem Eisthale oder Eismeere, dessen unterer Theil Glacier des Bois genannt wird. Fremde werden gewöhnlich nach Montanvert geführt, weil man von da aus die ungeheure Eisfläche übersehen kann.

Der Weg oder vielmehr Pfad, der aus dem Thale nach Montanvert hinaufführt, ist an einigen Stellen sehr steil, aber ganz gefahrlos. Man legt ihn gewöhnlich zu Fuß zurück und braucht dann ungefähr drei Stunden. Bis zum Jahre 1802 war der Weg von der Priorie oder dem Thale Chamouni aus nur zur Hälfte für Maulthiere zugänglich, jetzt aber ist es den Reisenden vergönnt, diese Thiere ungehindert zu benutzen. Nachdem man die Priorie verlassen hat, führt der Weg durch das vom Flusse Arve durchströmte Thal, durch Weideland und gut bebaute Felder, alsdann windet er sich durch Wälder von Tannen, Birken und Lerchenbäumen nach der Spitze des Montanvert hinauf, wo den müden Reisenden zwei Ruheplätze erwarten, deren einer „der Natur" gewidmet ist. Die Aussicht von diesem Punkte aus ist wahrhaft großartig. „Bei der Ersteigung des Montanvert" — erzählt Saussure — „sieht man stets das schöne Chamounithal hinab, von der Arve durchströmt, mit Dörfern und Hütten angefüllt, die von üppigen Fluren umgeben sind. Sobald man jedoch den Gipfel des Montanvert erreicht hat, verändert sich der Anblick; anstatt in das lachende, fruchtbare Thal blickt man in eine ungeheure Tiefe, welche mit Schnee und Eis bedeckt und von mächtigen Bergen umgeben ist, die durch ihre Höhe und Gestalt Staunen und Bewunderung erwecken." Dieses Thal, auf welches der Reisende von dem Montanvert herabsieht, ist der obere Theil der ungeheuren Eisfläche, deren unterer Theil, der sich nach dem Thale Chamouni hinabsenkt, Glacier des Bois genannt wird. Erstern nennt man gewöhnlich Mer de Glace oder Eismeer; die Grenze beider ist jedoch nicht bestimmt und oft wird die ganze Eisfläche Glacier des Bois genannt. „Die Eisfläche", sagt Saussure, „vom Montanvert aus gesehen, gleicht einem Meere, das plötzlich gefroren ist, nicht im Augenblicke eines Sturmes, sondern als der Wind sanft blies und die Wellen, obschon hoch, aber stumpf und gerundet waren. Diese großen Wellen laufen fast parallel die ganze Eisfläche entlang, während sie kreuzweise von Rissen durchschnitten sind, deren Inneres blau ist, während die äußerste Oberfläche des Eises weiß erscheint. Aber man muß sich nicht begnügen, das Eis von einem entfernten Punkte, wie z. B. vom Montanvert aus, zu betrachten, wenn man dessen Züge genau unterscheiden will; die Unebenheiten der Fläche gleichen dem Wellenschlag des Meeres nach einem Sturme; steht man aber mitten auf diesem Eise, so erscheinen diese Wellen wie Gebirge und die Zwischenräume wie Thäler. Die weiten und tiefen Risse, die großen Höhlen, die Seen mit dem schönsten Wasser von durchsichtigen, seegrünen Mauern eingeschlossen, die klarsten Bäche, die in Kanälen von Eis fließen und sich dann in die Untiefen mächtiger Eisberge hinabstürzen, alles Dies sind die seltsamen und Staunen erregenden Einzelheiten des Glacier des Bois, die dem Auge des Beschauers von einem entfernten Standpunkte aus entgehen."

Der unermüdliche Naturforscher, der gewiß nirgend Gefahr scheute, wo es galt, die Wunder der Natur zu enthüllen, empfiehlt jedoch auch jedem Reisenden, nicht vom Montanvert aus auf das Eismeer hinabzusteigen, wenn sich die Führer vorher nicht genau überzeugt hätten, daß dasselbe ohne große Schwierigkeit zu passiren sei. Er erzählt, daß er es bei seinem ersten Besuch unternommen habe, aber mit vieler Mühe großen Gefahren entgangen sei. Zuweilen mußte er in kleine Eisthäler hinabgleiten, die vom Montanvert aus wie die Zwischenräume der hohen Wellen erschienen waren, und dann wieder einen neuen Eisberg mit unendlicher Anstrengung hinanklimmen oder auf schmalen Eissteppen über weite, grundlose Risse gehen. Nachdem der Reisende das Eismeer durchwandert hat, wenn es ihm sonst gelungen ist, die vielfachen Gefahren zu überwinden, so kann er auf den kleinen Weideplätzen ausruhen, welche die Felsen, dem Montanvert gegenüber, bedecken und er wird sich wundern, wie die Kühe, die er weiden sieht, hierher gebracht sein mögen. Sein Führer wird ihm dann sagen, daß zu Anfange jedes Sommers regelmäßig ein Zug durch das Eismeer von Denjenigen unternommen wird, die ihre Kühe nach diesem entfernten Weidelande treiben müssen. Sie bleiben hier bis zum Herbst und kehren dann mit ihrem Vieh durch das Eismeer nach der Heimat zurück. Jedesmal sind die armen Hirten genöthigt, einen Weg zu bahnen, um ihre kleinen Heerden ohne Gefahr hin- und zurückgeleiten zu können. Der Hirt verläßt den ganzen Sommer hindurch kaum zweimal diesen Ort, um sich Brot und andere Vorräthe zu holen; die ganze übrige Zeit aber bringt er in dieser romantischen Einsamkeit zu. Als Saussure diese Gegend besuchte (1760), war der Hirt ein alter Mann mit einem langen Barte und in Schaffelle gekleidet. „Sein Äußeres war wild wie der Ort, wo er lebte. Er war erstaunt, einen Fremden zu sehen, und ich glaube, ich war der Erste, der ihn besuchte. Ich wünschte ihm ein Andenken an diesen Besuch zurückzulassen; er verlangte etwas Taback, aber diesen hatte ich nicht und das Geld, das ich ihm gab, schien ihm nur wenig Freude zu machen." Da der obere Theil dieses Eismeers sehr hoch über dem

Thale liegt, so stürzen während eines warmen Sommertags oft Lawinen herab. Ehe diese Eismassen fallen, sieht man sie vorher sich bewegen und dann mit furchtbarem Donnern, das in den entferntesten Gebirgen wiederhallt, zusammenstürzen.

Das Eismeer auf dem Montblanc.

Der Plattensee in Ungarn.

Eins der größten Wasserbecken auf dem europäischen Festlande ist der Plattensee oder Balaton, auch das ungarische Meer genannt, welcher durch seine naturhistorische Merkwürdigkeit unsere Aufmerksamkeit und Bewunderung in Anspruch nimmt. Er liegt zwischen der Donau und Drau, in einer ausgezeichnet fruchtbaren, aber von ungeheuern Morästen durchschnittenen Ebene, aus welcher hier und da rebenumgürtete Höhen emporsteigen, die, geschmückt mit zahlreichen Dörfern und einzelnen Wohnsitzen, seine Ufer umgrenzen. Mehre dieser Ortschaften haben eine höchst anmuthige Lage, und überhaupt dürfte die Landschaft vorzüglich schön genannt zu werden verdienen, wenn nicht die vielen und ungeheuern Moräste dieselbe verunstalteten und zugleich die Luft verpesteten.

Die Gestalt des Plattensees ist länglich und seine Richtung geht gerade von Osten nach Westen. Er ist 40,000 Klaftern lang, die Breite wechselt zwischen 3—8000 Klaftern. Bei der Benedictinerabtei Tihany ist er, so viel man bis jetzt weiß, am tiefsten, nämlich 82 Fuß. Außer dem Szalaflusse, welcher ihm größtentheils sein Wasser zuführt, erhält er Zuflüsse von vielen Bächen und zahlreichen Quellen, welche letztere theils an seinen Ufern, meistentheils aber aus seiner Tiefe hervorsprudeln. Sowie der See selbst von Morästen umgeben ist, so sind auch die in denselben sich ergießenden Gewässer von unzugänglichen, mit Riedgras bewachsenen Sümpfen und Moorgründen umschlossen, wodurch die Atmosphäre mit unreinen Dünsten aller Art geschwängert wird und jene bösartigen Fieber sich erzeugen, welche unter den dortigen Einwohnern gleichsam einheimisch sind.

Schon seit vielen Jahren wird an einer Vereinigung dieses Sees mit der Donau gearbeitet, und das Unternehmen schreitet jetzt rasch vorwärts, da die Leitung desselben auf dem letzten Reichstage einer königlichen Commission übertragen worden ist. Nicht allein Handel und Gewerbe werden dadurch gewinnen, sondern vorzüglich auch die Landwirthschaft, indem man dadurch eine beträchtliche Erweiterung des urbaren Bodens erzielen, auch nicht mehr den so verderblich einwirkenden Überschwemmungen ausgesetzt sein und ein der Gesundheit zuträglicheres Klima bekommen wird.

Als eine naturhistorische Merkwürdigkeit des Plattensees sind die vielen versteinerten Ziegenklauen zu erwähnen, die vorzüglich bei Tihany in großer Menge gefunden werden. Diese sogenannten Ziegenklauen, über deren Ursprung hier eine eigne Volkssage herrscht, sind nichts Anderes als eine Art versteinerter Muscheln, deren Original jedoch gänzlich unbekannt ist. In der umliegenden Gegend werden sie als ein Heilmittel bei Krankheiten der Pferde und des Hornviehs angewendet, gegen welche aber jeder andere feine, spatharige Stein oder Muschelkalk dieselben Dienste leisten würde.

Eine zweite naturhistorische Merkwürdigkeit dieses Sees ist der bei Fok häufig ausgeschwemmte Eisensand, den man vom Schlamme reinigt und als Streusand verkauft. Unter dem Vergrößerungsglase zeigt er ganz deutlich Stücke von schönem weißen Quarz, von verschiedenen Edelsteinen und Halbedelsteinen, als Granaten, Rubinen, Smaragden u. s. w. Auch wird er vom Magnet angezogen. Übrigens enthält der Plattensee einen vorzüglichen Reichthum an Fischottern und Fischen mannichfaltiger Art. Unter den letztern ist der Fogas (Zahnfisch) vorzüglich bemerkenswerth. Er ist an zwei hervorragenden Zähnen zu erkennen und wird getrocknet als ein besonderer Leckerbissen weit verschickt. Auch gibt es hier eine eigne Art von Kropffischen, welche beinahe ganz den Heringen gleichen. Außer sehr vielen andern Fischen, schmackhaften Schildkröten und Krebsen findet man in dem Schilfrohr eine eigne Gattung Vögel, Gödeny (Nimmersatt) genannt, deren schneeweißes, dichtflaumiges Fell eine warme Winterkleidung gibt. Aus dem Schnabel derselben werden kleine Geigen, deren Ton angenehm und ziemlich laut sein soll, aus dem zwei Schuh langen Kropfe aber Geld- und Tabacksbeutel verfertigt.

Das Wasser des Plattensees ist besonders leicht, hat einen angenehmen süßen Geschmack und kann einige Jahre in einem Keller aufbewahrt werden, ohne daß man auch nur die geringste Spur einer Fäulniß bemerkt. Eine sonderbare Erscheinung ist es, daß das Wasser dieses Sees in immerwährender wallender Bewegung ist, selbst beim ruhigsten Wetter und bei der tiefsten Windstille. Diese Bewegung wird besonders zur Abendzeit so heftig, daß es laut braust, stark schäumt, Wellen wirft und ans Ufer treibt, wodurch sich eine Art Ebbe und Flut bildet. Zur Zeit des Vollmondes soll sie jedoch am auffallendsten sein; dann steigt gegen die Mitternachtsstunde sein Wasser plötzlich unter furchtbarem Wogen und Schäumen, wird aber nach Mitternacht wieder allmälig ruhiger. Die fortwährende Bewegung, sowie die Reinheit und Frische des Wassers wird durch die Kohlensäure bewirkt, welche die aus seiner Tiefe hervorsprudelnden Quellen entwickeln, und daher kommt es auch, daß die Farbe des Wassers gewöhnlich klar und weiß ist, und nur bei heftigen Stürmen oder wenn ein Gewitter im Anzuge ist, dunkel und bläulich erscheint. Endlich ist noch zu bemerken, was jedoch nach Andern nicht gegründet sein soll, daß der Plattensee niemals zufriert.

Die Umgebungen dieses Sees bilden 57 zum Theil ansehnliche Ortschaften, worunter drei Marktflecken. Unter ihnen verdient bemerkt zu werden der Marktflecken und das Schloß Keszthely mit einer landwirthschaftlichen Lehranstalt, welche in frühern Zeiten blühte, aber jetzt immer mehr ihrem Verfalle entgegengeht, ferner das Landgut Terrekvar auf einer Landzunge im See, wo man noch Überreste der alten römischen Stadt Cybalis findet. Für die Annahme, daß in frühern Zeiten Römer hier ihre Wohnsitze hatten, zeugen auch die in neuerer Zeit gefundenen römischen Alterthümer, als Tempel, Bäder, Opfergefäße, Urnen und römischen Münzen.

Über die Entstehung des Plattensees weiß man nichts mit Bestimmtheit anzugeben. Wahrscheinlich ist derselbe ein Überrest jenes ungeheuern Sees, welcher vormals den größten Theil des ungarischen Tieflandes bedeckte; auch scheint es keinem Zweifel zu unterliegen, daß er früher weit größer gewesen sein muß, und besonders spricht dafür der Umstand, daß man zur Seite des Weges, der nach Keszthely führt, immer ein tiefes Bett mit einem hohen Damme bemerkt, welches jetzt die herrlichsten Saatfelder zieren. Der Name Balaton, welchen dieser See bei den Magyaren führt, soll illyrischen Ursprungs sein und „stehendes Gewässer" bedeuten.

Verbindung zwischen dem atlantischen und stillen Meere.

Die Erlaubniß, welche die Regierung des Staats Neugranada dem französischen Baron Thierry zur Anlegung eines Kanals über die Landenge von Darien oder Panama, welche Süd- und Nordamerika verbindet, ertheilt hatte, ist erloschen, ohne daß der gedachte Baron davon Gebrauch gemacht hätte. Dagegen beschäftigt man sich jetzt in dem Staate Mittelamerika, der zwischen den Republiken Neugranada und Mexico liegt, eifrigst mit Herstellung einer Verbindung zwischen dem atlantischen und dem stillen Meere mittels des Sees Nicaragua und des aus diesem in das atlantische Meer ausströmenden Flusses San-Juan de Nicaragua einerseits und eines Kanals zwischen diesem See und dem Golf Papagayo am stillen Ocean andererseits. Die Länge der ganzen Verbindungslinie wird 53 deutsche) Meilen betragen. Sie wird dem Laufe des Flusses San Juan de Nicaragua von seiner Mündung in das karaibische Meer unter 10° 58′ nördlicher Breite bis zu seinem Ausflusse aus dem Nicaraguasee aufwärts folgen, was eine Entfernung von mehr als 28 deutschen Meilen ausmacht. Die Verbindungslinie geht hierauf quer über den See, 21 deutsche Meilen weit, wird dann den See auf der Westseite bei der Stadt Nicaragua wieder verlassen und bei der Stadt Porietto vorüber im Golf von Papagayo unter 11° 30′ nördlicher Breite endigen. Im vorigen Jahre mußten die vorbereitenden Anstalten eingestellt werden, weil die Cholera in der Provinz Nicaragua wieder ausbrach und sich mit solcher Heftigkeit verbreitete, daß es in den Provinzen Guatemala und San-Salvador an Händen zur Einbringung der Indigo- und Cochenilleernte fehlte. Man hofft dieses wichtige Unternehmen, das darauf berechnet ist, eine Revolution in dem Welthandel hervorzubringen, gegen Ende des nächsten Jahres zu vollenden.

Hierbei ist zu bemerken, daß die Landenge von Panama zwar an ihrer schmalsten Stelle nur etwa fünf deutsche Meilen breit ist, aber von der Gebirgskette der Anden durchzogen wird, welche ihrer Durchstechung oder der Anlegung eines Kanals große, vielleicht unüberwindliche Schwierigkeiten entgegensetzt. Eine niedergesetzte Commission erklärte deshalb die Kanalverbindung für zu schwierig, um in Ausführung gebracht zu werden. Daß der stille und der atlantische Ocean ungleiches Niveau hätten, d. h. ungleich hoch lägen, sodaß die Durchstechung der Landenge ein gewaltsames Hereinstürzen der höhern Wassermasse und also eine ungeheure Überschwemmung zur Folge haben müßte, war von vorn herein wegen der Verbindung, in welcher beide Meere im Süden von Amerika stehen, höchst unwahrscheinlich, ja eigentlich unmöglich, hat sich aber auch bei angestellter Untersuchung als durchaus ungegründet erwiesen. Für den Handel und Völkerverkehr wird die Verbindung beider Meere Folgen haben, die gar nicht zu berechnen sind. Bekanntlich gibt es noch zwei besonders merkwürdige Landengen, die von Suez, welche Afrika mit Asien vereinigt, und die von Korinth, welche die Halbinsel Morea mit dem übrigen Festlande von Griechenland verbindet. Erstere ist etwa 15 deutsche Meilen breit und für den Verkehr von Europa mit Asien, namentlich Ostindien, ein großes Hinderniß, zu dessen Beseitigung aber nur ein Kanal von Kahira nach Suez nöthig ist, weil dann die Schiffe aus dem Mittelmeere den Nil hinauf bis Kahira und durch jenen Kanal von Kahira direct ins rothe Meer fahren können. Die korinthische Landenge ist dagegen nur eine deutsche Meile lang und wird wahrscheinlich sehr bald mittels eines Kanals durchstochen werden, um den aus Westen kommenden Schiffen den Weg nach Athen zu verkürzen.

Der Kaiman.*)

Die in Amerika vorkommenden Arten des Krokodils führen bekanntlich den Namen Alligator oder Kaiman (letzteres ist der indianische Name) und sind bedeutend kleiner als das eigentliche in Afrika, besonders im Nil, und auf der Insel Java lebende Krokodil. Während dieses größer als alle übrigen Eidechsenarten ist und bisweilen eine Länge von 25 Fuß erreicht, wird die größte amerikanische Art nur 14 Fuß lang, wie denn überhaupt die ganze amerikanische Thierwelt hinter der in der alten Welt vorkommenden an Größe bedeutend zurückbleibt. Der Kaiman ist ferner weit rundlicher und glatter am Leibe und Schwanze als das eigentliche Krokodil, hat übrigens wie dieses fünf Zehen an den Vorderfüßen und vier an den Hinterfüßen, von denen nur die drei innern mit Krallen bewaffnet sind. Er ist keineswegs so gewandt und schnell wie man gewöhnlich annimmt. Selbst im Wasser, wo er, seiner Bildung gemäß, seine Angriffsmittel besser anwenden zu können scheint, sind seine Bewegungen durchaus nicht rasch. Um sich seiner Beute zu bemächtigen, sucht er sie bei jeder Gelegenheit durch List anzugreifen. Auf dem Lande ist er sehr ungeschickt, in seinen Bewegungen sehr schwerfällig und offenbar nicht im Stande, irgend ein Thier mit Glück zu verfolgen. Man findet ihn nicht leicht in großer Entfernung von dem Flusse oder Teiche, den er bewohnt, und wenn die Sümpfe durch die große Hitze ausgetrocknet werden, so bleibt er lieber in einer Art von Erstarrung mitten im Schlamme, als daß er in der Ferne einen Fluß aufsuchte. Wenn er das Wasser verläßt, es sei nun, um seine Eier in den Sand zu legen, wo sie durch die Sonnenwärme ausgebrütet werden, oder um sich in der Sonne zu wärmen, so scheint ihm dies viel Anstrengung zu kosten. Im Verhältniß zu seiner Dicke und seiner ganzen Bildung scheinen allerdings seine Beine nicht genügend, die Last seines Körpers zu tragen; er hat daher nicht die Beweglichkeit, die dem Geschlechte der Eidechsen im Allgemeinen eigen ist. Obgleich er ein Amphibium ist, so scheint doch das Wasser sein natürliches Element, denn er bringt die meiste Zeit darin zu und zieht sich beim ersten Geräusch dahin zurück. Man sieht ihn oft schlafend auf dem Wasser schwimmen, was leicht zu begreifen ist, da er während seines Schlafs mittels der Krümmung seines Kopfes athmen kann, indem seine Nasenlöcher und seine Augen außer dem Wasser bleiben, während der ganze übrige Körper sich unter demselben befindet. Es ist ein Irrthum, wenn man annimmt, daß der Kaiman immer ans Ufer kommen müßte, um sein Futter zu verzehren; er braucht, um dies zu thun, nur seinen Kopf aus dem Wasser hervorzustrecken, und man hat mehr als einmal große Alligatoren im Wasser ein Pferd gemeinschaftlich verzehren gesehen. Die Leichtigkeit, womit er ganze Glieder abbeißt, und der Lärm, den er mit seinen Zähnen macht, wenn er seine ungeheuern Kinnladen schließt, um zu kauen, sind außerordentlich. Wenn der Kaiman am Lande ist und das geringste Geräusch hört, so flüchtet er voll Schrecken nach dem Flusse, aber so ungeschickt und schwerfällig als möglich. Er ist dann außer Stande, anzugreifen oder sich zu vertheidigen, und nichts ist leichter, als ihn dann mit einer Lanze zu tödten. Sehr gefährlich ist es jedoch, sich zwischen ihn und den Fluß zu stellen, weil schon sein Gewicht hinreichend ist, Denjenigen über den Haufen zu werfen, der ihm den Rückweg abzuschneiden versuchen wollte.

*) Vergl. Pfennig-Magazin Nr. 55.

Der Kaiman legt 30—40 Eier von ovaler Gestalt, sechs Zoll lang und mit einer sehr dicken Haut bedeckt. Die an den Flüssen wohnenden Indianer suchen diese Eier als Nahrungsmittel eifrig auf, ohne sich an ihren unangenehmen Moschusgeruch zu stoßen. Bald nachdem der junge Kaiman aus dem Ei gekrochen ist, gibt er schon seine natürliche Wildheit zu erkennen, indem er nach allen Gegenständen beißt, die man ihm vorhält. Oft hat man junge Kaimans sich in Massen auf den Rücken ausgewachsener Kaimans legen gesehen, aber wol nicht, um sich unter ihren Schutz zu begeben, wie manche Reisende geglaubt haben, sondern lediglich ihrem Instincte folgend, der sie antreibt, einen Ruheplatz zu suchen. So sieht man sie auch auf große Stücke Holz oder auf Baumwurzeln steigen, die im Wasser schwimmen. Daß der Kaiman seine Jungen auf seinem Rücken in den Fluß trägt, ist sicher eine Fabel, denn es ist ausgemacht, daß kein Thier, das seine Eier in den Sand legt, sich nachher weiter darum bekümmert.

Vorzüglich dann ist der Kaiman furchtbar, wenn er einmal Menschenfleisch gekostet hat; denn von da an trotzt er wie die Raubthiere allen Gefahren, um sich diese Nahrung zu verschaffen, die er jeder andern vorzieht. Man sieht ihn dann beständig den Badenden auflauern, die so unklug sind, sich an das Ufer der Flüsse zu setzen, sowie den Wäscherinnen, die den ganzen Tag dort beschäftigt sind; er läßt sich von der Strömung in ihre Nähe führen und hebt von Zeit zu Zeit die Augen und Nasenlöcher über das Wasser, um sich zu versichern, ob er nahe genug ist, um sie anzugreifen. Gelingt es ihm, unbemerkt nahe zu kommen, so gibt er dem auserwählten Opfer einen heftigen Schlag mit dem Schwanze, der gewöhnlich bewirkt, daß es ins Wasser fällt, wo es die Beute des gefräßigen Thieres wird. Einige sind jedoch dem Kaiman dadurch entgangen, daß sie Geistesgegenwart genug besaßen, um ihm derbe Stöße in die Augen zu versetzen, was ihn unfehlbar loszulassen zwingt. Natürlich muß man sich dabei eines harten und spitzigen Werkzeugs bedienen, und die größte Unvorsichtigkeit wäre es, dabei die Hände gebrauchen zu wollen. Dennoch erzählt man, daß ein indianisches Mädchen ihre Rettung nur diesem schwachen Vertheidigungsmittel zu danken gehabt habe. Wenn ein Indianer einen Fluß an einer Stelle zu passiren hat, wo sich ein gefährlicher Alligator aufhalten soll, so versieht er sich mit einem starken Stocke, etwa 18 Zoll lang, den er an beiden Enden zuspitzt. Wird er angegriffen, so steckt er den Stock in den offenen Rachen des Thiers, das in seiner blinden Gier, sein Opfer zu verschlingen, sich die Spitzen des Stocks selbst in beide Kinnladen stößt.

Die Llaneros (Bewohner der Ebenen in Südamerika), welche in der Nähe der Flüsse leben, wo diese Thiere zahlreich vorkommen, finden ein großes Vergnügen darin, den Kaiman mittels des sogenannten Lasso, einer Schlinge aus Rindshaut, zu fangen. Diese Schlinge werfen sie dem Thiere mit bewundernswerther Geschicklichkeit um den Kopf, wenn es sich dem Ufer nähert, und ziehen es auf das Land; doch bedarf es der vereinigten Kräfte von nicht weniger als 10—12 Menschen, um es aus dem Flusse zu ziehen. Die Wuth des Thieres, wenn es sich gefangen sieht, ist groß, aber nach wiederholten gewaltsamen Versuchen, zu entkommen, bleibt es in vollkommener Regungslosigkeit und begnügt sich damit, den Rachen offen zu halten, zum Zeichen, daß es zum Angriffe bereit ist; die Eingeborenen werfen ihm dann Knochen und Köpfe von Rindern vor, die es mit seinen ungeheuern Zähnen unglaublich schnell zermalmt. Obgleich es sehr gefährlich ist, in den Bereich des Schwanzes des Kaimans zu kommen, so wagen die Creolen doch, in Vertrauen auf ihre Gewandtheit, auf seinen Rücken zu springen und darauf zu sitzen. Wenn sie endlich die ohnmächtige Wuth ihres Feindes ermüdet haben, stoßen sie ihm mit Lanzen in den Bauch, als die einzige verwundbare Stelle seines Körpers, da er übrigens mit einem Schuppenpanzer bedeckt ist, den selbst Kugeln, wenn sie ihn in schiefer Richtung treffen, nicht durchdringen können.

Der Kaiman.

Verantwortlicher Herausgeber: Friedrich Brockhaus. — Druck und Verlag von F. A. Brockhaus in Leipzig.

Das Pfennig-Magazin
für Verbreitung gemeinnütziger Kenntnisse.

264.]   Erscheint jeden Sonnabend.   **[April 21, 1838.**

Praça do Comercio in Lissabon.

Nachdem wir schon einige Bilder aus Lissabon mitgetheilt haben, wollen wir unsere Blicke auf einige Gebäude werfen, die, außer den bereits erwähnten, besondere Aufmerksamkeit verdienen. Die Stadt ist auf dem rechten oder nördlichen Ufer des Tejo wie das alte Rom, auf sieben Hügeln erbaut. Sanfte Abhänge führen zu den höchsten Punkten, die mit unregelmäßigen Straßen bedeckt sind. Nach dem Erdbeben im Jahre 1755, das den größten Theil der Stadt zerstörte, beschloß der treffliche Minister, Marquis von Pombal, die Stadt nach einem regelmäßigen Plane wieder aufzubauen. Er theilte zu diesem Zwecke, unter dem Beistand der geschicktesten Baumeister, den Grund in mehre Vierecke, die in gleicher Entfernung voneinander lagen, während er die Zwischenräume zu völlig geraden und parallel laufenden Straßen bestimmte, die wieder von andern in rechten Winkeln durchschnitten wurden. Aber nur ein kleiner Theil dieses großartigen Planes kam zur Ausführung, und aus diesem schon kann man schließen, wie sehr eine so günstig gelegene Stadt als Lissabon, an Pracht und Großartigkeit gewonnen haben würde, wäre es ganz nach jenem Entwurfe wieder aufgebaut worden. Die Praça do Comercio (Handelsplatz), wovon wir eine Ansicht vom Flusse aus mittheilen, ist eines von Pombal's Vierecken, und war zu einer Art Börse für einheimische und fremde Kaufleute bestimmt. Die Gebäude sind von gleicher Höhe, d. h. zwei Stockwerke hoch, und nehmen die drei Seiten des Vierecks ein, während die vierte, nach dem Flusse zu liegende, offen ist. Diese drei Seiten sind von Arcaden umgeben, unter welchen die Kaufleute, die sich hier versammeln, ihre Geschäfte abmachen. Das Zollhaus, die Kanzleien für das Kriegswesen und die Nationalbibliothek nehmen die obern Gemächer ein. In der Mitte steht die schöne Reiterstatue des Königs Joseph. Die Figur und das Pferd, sowie auch die Schlange zu seinen Füßen sind von Bronze. Die Augen des Pferdes sollen ein paar Brillanten gewesen sein, welche, wie man erzählt, der Marschall Junot herausgenommen hat. Das Piedestal ist ein einziger weißer Marmorblock, zu dessen Wegschaffung aus dem Bruche achtzig Gespann Ochsen nöthig gewesen sein sollen. Die Vorderseite desselben schmückt ein bronzenes Profilbild des Königs, während auf den andern Seiten Portugals Triumphe in Indien und Amerika dargestellt sind. Das Ganze ist von einem schönen und geschmackvollen Eisengitter umgeben. Die Praça do Comercio ist der Hauptlandungsplatz und eine großartige Treppe führt vom Flusse aus dahin.

Die drei Hauptstraßen Rua d'Oro, Rua de Plata und Rua de Panno führen in parallelen Linien von der Praça do Comercio nach dem Rocio, einem großen schönen Platze, wo die Truppen und die Nationalgarden ihre Revuen halten, welchen die königliche Familie aus dem mittelsten Fenster des Gebäudes zusieht, welches früher der Palast der Inquisition war. Nicht weit davon sind die öffentlichen Gärten, welche die Königin Donna Maria bedeutend hat vergrößern lassen, die aber nicht schön zu nennen sind.

Das Schloß Castel St.=George (des Schutzheiligen Portugals) überragt den Rocio, aber der Weg, der hinauf führt, ist höchst beschwerlich. Hat man jedoch den Gipfel erreicht, so wird man durch den überraschenden Anblick hinlänglich für die Anstrengung belohnt. Nach allen Seiten hin hat man eine sehr weite Aussicht; im Norden wird der Horizont durch das schöne und malerische Cintragebirge begrenzt und folgt das Auge der Küstenlinie, die mit Städten, Dörfern und Vesten bedeckt ist, so sieht man den mächtigen Tejo, von den Vesten Belem und Bouje beschützt, in den Ocean strömen. Unter uns liegt die Stadt mit ihren zahllosen Häusern und Straßen, mit ihren tausend Domen, Klöstern und Palästen. Wenden wir uns südwärts, so vereinigen sich die Abhänge des Almada, mit dem Fort und dem Thurm gekrönt, die tiefen Baien von Moita und Alcorete, die entfernten Gebirge Arabida zu einem Gemälde, dessen Reiz vielleicht nicht seines Gleichen hat. Das Herabsteigen von dem Schlosse ist durch die Hauptstraße weniger beschwerlich und wir stoßen hier auf das Lincocira oder das Gefängniß für Verbrecher aller Classen, und etwas tiefer auf die Kathedrale. Den Hügel über dem Schlosse krönt das Kloster St.=Vicente de Fora, wovon wir in Nr. 247 eine Beschreibung und Abbildung gegeben haben. Die Vorstädte dieses Theils von Lissabon sind sehr schön, da hier der Adel und die Reichen ihre Quintas oder Landhäuser haben, wohin sie sich im Sommer statt auf ihre Landgüter begeben, während sie im Winter ihre glänzenden Paläste in der Stadt bewohnen.

Glasmalerei.

Die in früherer Zeit in ganz Europa mit großem Erfolg ausgeübte Glasmalerei ist nach und nach so sehr außer Gebrauch gekommen, daß sie im Anfange des vorigen Jahrhunderts als eine verlorene Kunst betrachtet wurde. Im 18. Jahrhundert zog sie wieder die Aufmerksamkeit auf sich und man machte viele Versuche, sie zu beleben. Man fand, daß bei Anwendung der bei der Emailmalerei immer in Gebrauch gewesenen Methoden die Arbeiten der alten Maler auf Glas größtentheils nachgeahmt werden könnten. Nur war man durchaus nicht im Stande, das glühende Roth nachzuahmen, und konnte nichts an seine Stelle setzen, bis man eine dem Silber allein unter allen Metallen zukommende Eigenthümlichkeit entdeckte. Die Kunst des Emaillirens auf Glas weicht wenig von der bekannten Kunst des Emaillirens auf andere Gegenstände ab. Die Farben, welche ausschließlich metallische sind, werden durch Reiben mit einem Flusse bereitet, d. h. mit einem sehr schmelzbaren Glase, aus Kiesel, Flintglas, Blei und Borax. Die Farbe mit ihrem Flusse wird dann mit flüchtigem Öle gemischt und mit dem Pinsel aufgetragen. Dann wird die emaillirte Glasscheibe einer schwachen Rothglühhitze ausgesetzt, die gerade stark genug ist, die Theilchen des Flusses zu erweichen und miteinander zu vereinigen, wodurch die Farbe vollkommen auf dem Glase befestigt wird. So behandelt gibt Gold Purpurroth, Gold und Silber vermischt Rosenroth, Eisen Ziegelroth, Kobalt Blau (die alten Glasmaler gaben prahlerisch vor, auch Saphire als Farbematerial zu gebrauchen), Mischungen von Eisen, Mangan und Kupfer geben Braun und Schwarz. Kupfer gibt bei der gemeinen Emailmalerei grüne, aber auf dieselbe Weise bei Glas angewandt keine schöne Farbe, weshalb man zur Erzeugung des Grün zu einem auf einer Seite blau, auf der andern gelb gefärbten Glase seine Zuflucht nahm. Um Gelb zu erhalten, wird Silber gebraucht, das in metallischer sowol als anderer Form die sonderbare Eigenschaft besitzt, eine durchscheinende Färbung mitzutheilen, wenn es in Berührung mit Glas der Rothglühhitze ausgesetzt wird. Die Färbung ist dann nach Umständen gelb, orange oder roth. Das zubereitete Silber wird blos mit Ocker oder Thon gerieben und eine dicke Schicht davon auf das Glas aufgelegt. Wenn das Glas aus dem Ofen kommt, so hängt das Silber an demselben nicht fest und kann leicht abgekratzt werden. Bei einer großen Menge Ocker ist die Färbung gelb, bei einer kleinen orange; wird sie wiederholt dem Feuer ausgesetzt, so kann das Orange ohne Zusatz eines andern Farbestoffs in Roth verwandelt werden. Dies war bis vor einigen Jahren das einzige bei den neuen Glasmalern übliche Hellroth, kann sich aber mit dem Roth der alten Maler wol nur selten messen.

Außerdem brauchen die Künstler, wo es angeht, Glasscheiben, die in der Glashütte durch und durch gefärbt sind, weil die vollkommene Durchsichtigkeit solchen Glases einen Glanz bewirkt, den die mehr oder weniger undurchsichtige Emailmalerei nicht erreichen kann. Einem Glase dieser Art verdanken die alten Glasmaler ihr glänzendes Roth. Dies ist der einzige Punkt, worin das neue Verfahren von dem alten abweicht, und der einzige Theil der Kunst, der irgend einmal wirklich verloren ging. Anstatt nämlich ganz rothe Scheiben zu verfertigen, pflegten die alten Glasmacher eine dünne Schicht rothes Glas über eine andere von gewöhnlichem Glase aufzutragen. Ihr Verfahren muß darin bestanden haben, daß sie in der Glashütte einen Hafen mit gewöhnlichem und einen mit rothem Glase nebeneinander schmolzen. Alsdann erhielt der Arbeiter, wenn er seine Pfeife zuerst in das gewöhnliche und dann in das rothe Glas tauchte, ein Stück gewöhnliches mit einer Bekleidung von rothem bedecktes Glas, das er dann in eine Scheibe ausdehnte, die auf ihrer Oberfläche eine sehr dünne Schicht von der gewünschten Farbe darbot. In diesem Zustande kam das Glas in die Hände des Glasmalers, der es nur dann nicht gebrauchen konnte, wenn es nöthig war, weiße oder andere Farben auf einem rothen Grunde darzustellen. In diesem Falle wird es nothwendig, eine dem Rade des Steinschleifers ähnliche Maschine zu gebrauchen, um die gefärbte Oberfläche theilweise abzuschleifen, bis die weiße Schicht zum Vorschein kommt.

Das von den alten Glasmalern zur Färbung ihres rothen Glases gebrauchte Farbematerial war Kupferoxyd. Als die Glasmalerei nicht mehr betrieben wurde, hörte auch die davon abhängige Bereitung des rothen Glases auf, und es war alle Kenntniß der Kunst so völlig erloschen, daß man glaubte, die in Rede stehende Farbe sei durch Gold hervorgebracht worden. (Im Jahre 1793 sammelte die französische Regierung eine Menge altes rothes Glas in der Absicht, das Gold herauszuziehen, womit es, wie man meinte, gefärbt war.) Die Schwierigkeit der Kunst besteht in der Neigung des Kupfers, aus dem Zustande des Oxyduls in den des Oxyds überzugehen, in welchem Falle es das Glas grün färbt. (Oxyd und Oxydul sind Verbindungen eines Körpers mit Sauerstoff in verschiedenen Verhältnissen. Ersteres ist die mehr Sauerstoff enthaltende Verbindung. In der Natur findet sich ganz reines und krystallisirtes Kupferoxydul als Rothkupfererz.) Um das Kupfer in dem Zustande des Oxyduls zu erhalten, rührt man in das geschmolzene Glas desoxydirende Substanzen, d. h. solche, welche einem Körper Sauerstoff entziehen, wie Hammerschlag, Weinstein, Ruß, verfaultes Holz und Zinnober. Die Kunst des Glasfärbens durch Kupferoxydul und des Überfangens auf Kronglas ist in der neuern Zeit in England, Frankreich und Deutschland wieder ins Leben gerufen worden.

Kurz nachher, als die Kunst, kupferrothes Glas zu bereiten, verloren gegangen war, scheint Kunckel die Entdeckung gemacht zu haben, daß Gold mit Flintglas geschmolzen im Stande ist, demselben eine schöne Rubinfarbe zu ertheilen. Die Erfindung brachte ihm vielen Gewinn und er hielt sie daher geheim, was seine Nachfolger auch thaten. Jedoch ist diese Kunst seither immer nur zu dem Zwecke ausgeübt worden, Edelsteine u. s. w. nachzuahmen, und das Glas wurde in Birmingham zu einem hohen Preise unter dem Namen Judenglas verkauft. Die Ursache, warum es so Vielen mislungen ist, carmoisinrothes Glas zu bereiten, liegt wahrscheinlich theils darin, daß sie zu viel Gold nahmen, theils darin, daß bei dem Schmelzen nicht ein hinlänglicher Hitzgrad angewendet wurde.

In Deutschland wurde, namentlich in Baiern, die Glasmalerei in neuerer Zeit, besonders seit 1826, geübt und die Kunst der Glasmalerei wieder begründet. Vor allen gelang es dem Maler Max Ainmüller, die Haupthindernisse, welche diese neue Kunst zu bekämpfen hatte, glücklich zu besiegen, und ihm verdankt die Anstalt in München, welche in der dasigen königlichen Porzellanmanufactur für die Glasmalerei eingerichtet wurde und um deren Leitung sich Gärtner und Heß Verdienste erwarben, den größten Theil der schönsten gefärbten Hütten- und Überfanggläser, wodurch die Anstalt in den Stand gesetzt ist, über eine Auswahl von wenigstens 80 verschiedenen gefärbten Glastafeln verfügen zu können, welcher Auswahl sich jetzt keine andere Sammlung dieser Art rühmen kann. Die technische Behandlung der Glasmalerei ist von nun an ganz dem Dienste der eigentlichen Kunst freigestellt und die neuesten Werke, welche aus der königlichen Anstalt hervorgingen, unter denen die großen 52 Fuß hohen Fenster für die Kirche in der Vorstadt Au in München, haben bereits die hohe Stufe dieser Kunstanstalt bewährt und die Aufmerksamkeit und Anerkennung des In- und Auslandes auf dieselbe gelenkt.

Die Alten verstanden es nur, einzelne Farben auf kleine Glasstücke einzuschmelzen und diese durch Blei zu größern Bildern zu verbinden; wie weit diese musivische Kunst jetzt fortgeschritten ist, zeigt eine Vergleichung der alten und neuen Bilder. Die Kunst, auf eine Glasplatte ganze Bilder nach Art der Porzellanmalerei zu malen, war früher ganz unbekannt und ist eine Tochter der wiedererweckten Glasmalerei in Baiern. Im Jahre 1829 wurde beim Anblick der schönen Glasfenster für den regensburger Dom von Seiten des Herrn Melchior Boisserée die Frage angeregt, ob es nicht möglich wäre, auf einer Glastafel eine ganze Figur oder Landschaft einzuschmelzen. Man machte in der königlich bairischen Porzellanmanufactur den Versuch, und unter den ersten in dieser Art gefertigten vollkommen gelungenen Glasbildern ist vor allen ausgezeichnet der heilige Lukas, der die heilige Jungfrau malt, nach van Eyck. Diese Art, auf eine Glastafel zu malen, kommt jetzt bei der königlichen Anstalt in München aufs Neue in Aufnahme. Auch Boisserée hatte für dieselbe den Künstler Bórtel in Dresden gewonnen und ausgezeichnete Kunstwerke hervorgerufen.

Fontenelle und sein Spargel.

Der berühmte Gelehrte Bovier de Fontenelle (geb. 1657, gest. 1757), liebte den Spargel sehr, besonders aber mit Öl bereitet. Eines Tags besuchte ihn ganz unverhofft zur Mittagszeit ein schmarozender Abbé, mit welchem er sehr vertraut war. Der Abbé hatte eine gleiche Vorliebe für den Spargel, nur mit dem Unterschiede, daß er ihn lieber mit Butter aß. Fontenelle sagte, ein solcher Freund sei schon eines Opfers werth und er wolle, da er wie gewöhnlich Spargel zu essen gedenke, die eine Hälfte des Gerichtes mit Butter, die andere mit Öl zubereiten lassen. Der Abbé nahm den gütlichen Vergleich freundlich auf; aber während Beide sich unterhielten und das Lieblingsgericht erwarteten, bekam der Abbé plötzlich einen Anfall von Ohnmacht; Fontenelle vergaß, ihm Beistand zu leisten, eilte in die Küche zu seinem Koch und rief hastig: „Alles mit Öl! Alles mit Öl!"

Die Abyssinier.

Schon ein älterer englischer Reisender, Bruce, erzählt von den Sitten der Bewohner von Habesch oder Abyssinien, das bekanntlich südöstlich von Nubien und zum Theil am rothen Meere liegt, die wunderlichsten und seltsamsten Dinge. Den Reiseberichten zweier neuern französischen Reisenden entnehmen wir folgende Mittheilungen.

Die Abyssinier geben sich für Christen aus, aber mit ihrem Christenthume ist es in keiner Hinsicht weit her. Ihre Sittenlehre ist weder die strenge des Katholicismus, noch auch die der griechischen Kirche, die ihnen ungeachtet ihrer großen Freiheit noch zu streng schien; sie haben ihre besondere Moral und besondere Gesetze, nach denen sie sich indeß nicht sehr richten. Hat man einige Zeit unter ihnen gelebt, so erstaunt man nicht wenig, wenn man erfährt, daß sie eine Religion und Sittenlehre haben oder vielmehr gehabt haben; ihre Wünsche und Launen geben die einzige Richtschnur ihrer Handlungen ab.

Die Ehescheidung ist in Abyssinien erlaubt, aber unter Einschränkungen. Ein Mann sowol als eine Frau darf bei Strafe der Excommunication nicht über drei Scheidungen hinausgehen, ja ein Mann, der drei Frauen durch den Tod verloren hat, darf keine weiter heirathen. Concubinen sind nur geduldet, nicht erlaubt.

Die Verbindung der Geschlechter ist in Abyssinien sehr einfach. Will ein Mann ein junges Mädchen heirathen, so wendet er sich an den Vater oder die Mutter und bezahlt ihnen eine nach dem Stande, dem Vermögen und der Schönheit derjenigen, um die er freit, verschiedene Summe; hat er ihre Einwilligung erhalten, so ist die Sache abgemacht; er nimmt seine Braut mit sich, die dabei gar nicht gefragt wird. Religiöse Ceremonien finden bei Abschließung einer Ehe nicht statt. Das Gesagte gilt aber nur von den Mädchen, die noch bei ihren Ältern leben; sie werden erst frei, wenn sie heirathen, da sie ihren Mann verlassen können, wenn es ihnen beliebt, um die Vorrechte der Wittwen und geschiedenen Frauen zu genießen, welche frei über sich verfügen können, ohne Jemand fragen zu müssen. Daß den Vornehmen erlaubt wäre, mehre Weiber zu haben, ist nicht gegründet. Die abyssinischen Fürsten geben sich wie ihre Unterthanen für Christen aus und kennen die Pflichten ihrer Religion besser als diese, ohne sie darum strenger zu befolgen, aber die Priester sind nachsichtiger gegen sie als gegen das Volk. Mehr als eine rechtmäßige Gattin auf einmal zu haben wird sich nie ein Abyssinier rühmen.

Eine große Rolle spielen in diesem Lande die Buhlerinnen, welche im Allgemeinen in großem Ansehen stehen und von den Fürsten sehr geehrt werden. Der Hauptzweck der Buhlerinnen, die sich im Gefolge eines Fürsten befinden, ist, von ihm die Verwaltung eines Dorfes oder einer Provinz übertragen zu erhalten; gelingt ihnen dies, so ist ihr Ehrgeiz befriedigt. Auch zeigen sich diese Frauen in der Leitung der Verwaltung gar nicht ungeschickt. Die rechtmäßigen Gemahlinnen der Könige sind keineswegs eifersüchtig über die den Buhlerinnen eingeräumten Gunstbezeigungen, vielmehr stolz darauf, wenn sie in großer Zahl den von ihnen beherrschten Hof zieren, und leben mit ihnen selbst öffentlich im besten Einverständniß.

Noch andere Frauen gibt es in diesem Lande, deren Rolle im Gegentheil etwas Edles und Schönes hat. Dies sind diejenigen, welche, ohne die Gefahren des Kriegs zu scheuen, sich unter die Kämpfenden mischen und sie nicht nur durch ihre Worte und ihre Gesänge, sondern auch durch ihr Beispiel anfeuern. Ihren scharfen Blicken entgeht keine Handlung; vergebens sucht der Feige, ihre Gegenwart zu vermeiden, und im hitzigen Gefecht spenden sie der Tapferkeit der unerschrockensten Krieger ihren Beifall. Nach beendigtem Kampfe versammeln sie sich im Zelte des Feldherrn, verhöhnen in improvisirten, aber kräftigen Liedern das Benehmen der Feigen und preisen in Lobgesängen den Ruhm der Tapfern. Die ganze Armee hat eine Art Verehrung für diese muthigen Frauen. Alle fürchten ihren Tadel und sind eifersüchtig auf ihr Lob. Der Einfluß, den sie auf die Truppen ausüben, ist demjenigen ähnlich, welchen im Mittelalter die Damen auf unsere Paladine hatten, nur setzen sie sich selbst weit größern Gefahren aus.

Wir verließen Adowa, die Hauptstadt der Provinz Tigre in Abyssinien, zugleich mit einer Heeresabtheilung. Unterwegs kam ein Tigrener, der gefesselt war und von einem Soldaten begleitet wurde, an unser Zelt und bettelte. Wir ließen uns hierüber Aufschluß geben und erfuhren, daß der bettelnde Gefangene den Bruder des Soldaten, welcher ihn begleitete, ermordet hatte. Da er nun nicht reich genug war, um den verlangten Preis für das vergossene Blut zu zahlen, so war er in der Gewalt der Verwandten des Ermordeten, die ihn von Thüre zu Thüre wandern ließen, um die Barmherzigkeit der Menschen anzusprechen. Alles, was der Mörder auf diesen Wanderungen erbettelte, gehörte der Familie des Todten, die alle Gewalt über den Mörder verliert, sobald dieser die in solchen Fällen übliche Summe bezahlt hat. Man sagte uns zugleich, daß diejenigen Mörder, welche Zeit haben, sich in eine der unverletzlichen Freistätten zu flüchten, sich beeilen, gleich nach ihrer Ankunft die Glocke zu läuten, um anzuzeigen, daß sie den heiligen Ort als Mörder und nicht als Diebe betreten haben. Sie vollziehen an sich selbst die Strafe lebenslänglicher Einsperrung und die Priester haben für den Unterhalt derjenigen Mörder zu sorgen, welche keine Familie haben.

In Dagassone, wo wir Rasttag machten, schossen die vornehmsten Krieger zu ihrer Unterhaltung sowol als zu ihrer Übung nach der Scheibe. Sie hatten alle Luntenflinten von ungewöhnlicher Länge; das im Lande verfertigte Schießpulver, dessen sie sich bedienten, war sehr grob und sie mußten es zerreiben, um es ins Zündloch zu bringen. Ihre Kugeln waren von Eisen. Das Laden der Gewehre ging bei ihnen mit einer Langsamkeit von statten, die ihre Ungeübtheit bewies. Beim Schießen unterstützten sie ihre Flinten mit einem Baum oder einem Stein und erst nach langem Zielen konnten sie sich entschließen, das Zündkraut abzubrennen. Wenn sie sich jedoch gehörig Zeit genommen hatten, verfehlten sie selten ihr Ziel. Die Schützen aus Tigre gelten für die geschicktesten Abyssiniens. Ein Bewohner von Choa, der uns begleitete, ergötzte uns nicht wenig, indem er uns mittheilte, daß vor der Ankunft eines gewissen Griechen Elias die Krieger seines Landes eine Flinte nie anders abgeschossen hätten, als durch gemeinschaftliche Anstrengung von drei Mann, von denen der eine niederkniete, ein anderer das Gewehr auf die Schulter des Ersten legte und der Dritte, der eine angezündete Lunte hielt, mit großem Zagen Feuer gab, worauf die drei Helden, die im Augenblicke des Schießens sämmtlich gezittert hatten, sich voll Erstaunen, unverletzt geblieben zu sein, ansahen und sich wegen ihrer Heldenthat becomplimentirten.

Rembrandt.

Paul Rembrandt van Ryn, einer der ausgezeichnetsten niederländischen Maler und Kupferätzer, wurde 1606 in der Mühle seines Vaters Gerrißen, die jetzt nach ihm die Rembrandts=Mühle heißt, unweit Leyden in Holland geboren. Seinen Beinamen van Ryn führt er von dem Arme des Rheines (holländisch Ryn oder Rhyn), der in der Nähe seines Geburtsorts vorbeigeht. In Amsterdam bildete er sich in der Malerei aus, kehrte dann in die Mühle seines Vaters zurück, schlug dort sein Atelier auf und brauchte die Bauern, mit denen er zusammentraf, als Modelle, wie er überhaupt vorzugsweise mit gemeinen Leuten umging, auch eine Bäuerin heirathete. Wenn man ihm wegen seines Geschmacks an gemeinen Leuten Vorstellungen machte, um ihn davon abzubringen, pflegte er zu sagen: „Wenn ich mich erholen will, so suche ich nicht Ehre, sondern Freiheit." Später nahm er in Amsterdam seinen Aufenthalt. Er war ein leidenschaftlicher Sammler der Kupferwerke, besonders Kupferstiche anderer Meister, die er zum Theil zu hohen Preisen kaufte, wodurch er aber so sehr in Schulden gerieth, daß er seine ganz=

Habe den Gläubigern überlassen mußte. Hierauf verließ er Amsterdam und Holland, doch weiß man nicht gewiß, wohin er sich gewendet hat; nach einigen Angaben starb er um 1670 zu Stockholm, nach andern 1668 oder 1674 zu Amsterdam. Die auf seinen Kupferstichen angegebenen Jahreszahlen gehen nur von 1628—59. Er verstand in vorzüglichem Grade die Wirkungen der verschiedenen Farben und ihre Zusammenstellung, sowie insbesondere die Anwendung des Helldunkels, und zeichnete sich durch treue und lebendige Auffassung der Natur aus, wie er denn auch selbst sagte, daß die Nachahmung der lebendigen Natur sein

Rembrandt.

einziger Zweck wäre; seine Zeichnung ist übrigens meist sehr mangelhaft, namentlich sind die Extremitäten fast immer schlecht, weshalb er sie meist durch Gewänder und andere Gegenstände zu verdecken suchte. Als man ihm einmal die Seltsamkeit seiner Art, die Farben anzuwenden, vorwarf, die seinen Gemälden etwas Ungleiches und gleichsam Holpriges gäbe, antwortete er, er wäre ja ein Maler und kein Färber. Er hat ungefähr 400 Blätter in Kupfer geätzt, die bedeutenden Kunstwerth haben. Fast jede Gemäldegalerie hat Originalgemälde von Rembrandt aufzuweisen; die dresdner Galerie besitzt deren allein 22, unter denen Manoah's Opfer und der Raub des Ganymed die ausgezeichnetsten sind. Außerdem gehören zu den berühmtesten: der Auszug der bewaffneten Bürgermiliz von Amsterdam (in Amsterdam), Christus und die Ehebrecherin (in

London), Tobias und seine Familie und der verschwindende Engel (in Paris), Abrahams Opfer (in Petersburg) und Jakob's Segnung (in Kassel).

Verwandlung des Torfs in Brennkohle und Düngesalz.

Mit glücklichem Erfolg wiederholte man im vorigen Jahre in England den Versuch, den Torf durch sehr starkes Auspressen gleichzeitig aufs äußerste zu verdichten und aufs vollständigste von aller Feuchtigkeit zu befreien, wodurch er in ein leicht und wohlfeil fortzuschaffendes Ersatzmittel nicht nur des Holzes, sondern selbst der Steinkohlen mit verhältnißmäßig geringen Kosten verwandelt wurde. Damit ergab sich die Ausführbarkeit der Vorschläge, welche Professor Kastner in Erlangen schon vor 9 Jahren machte und die in unserer Zeit, wo der Holzmangel immer mehr Überhand nimmt, sehr beachtet zu werden verdienen. Jene Vorschläge gehen nämlich darauf hinaus, den frisch gestochenen oder geschöpften Torf mittels der Bramah'schen Wasserdruckpresse — mit welcher man einen außerordentlichen Druck auszuüben vermag — zu verdichten und zugleich zu entwässern, sodaß er aus der Presse vollkommen trocken und zu einem verhältnißmäßig äußerst geringen Umfange zusammengeschwunden hervorgeht, und nun entweder wie er ist, oder noch besser nach vorgängiger vollständiger Verkohlung im Röstofen oder Röstcylinder (wobei man Leuchtgas in beträchtlicher Menge gewinnt) und in diesem Falle durchaus ohne widrigen Geruch verbrennend, als Brennmaterial, sowol für Stubenöfen, Küchenherde und Kochöfen, als auch für die Kessel der Dampfmaschinen, für Schmiedefeuerungen und Hüttenbetriebsschmelzungen aller Art in Gebrauch genommen werden kann. Kastner schrieb hierüber vor einigen Jahren an einen Freund: „Ich weiß wohl, daß der Torf durch das Auspressen etwas an Brennstoff einbüßt, denn die ausgepreßte wässerige Humussäure (Düngesäure) ist nicht nur sehr verbrennlich, sondern entwickelt auch beim Verbrennen beträchtliche Hitze, aber dieser Brennstoff=Verlust, den der Torf erleidet, deckt sich vollkommen durch die bei Unkundigen Staunen erregende ungeheure Verdichtung der übrigen Torfsubstanz, und mir war bei meinen Versuchen grade der Gewinn an Humussäure die Hauptsache, sowie bei den darauf gestützten Vorschlägen, weil es von Jahr zu Jahr mehr an Dünger gebricht. Die dürren Jahre, die wir erlebt, zwangen den Landmann, bei dem Mangel an Futter, Zuchtkälber, Zugochsen und selbst jene Kühe zu schlachten, oder zu verkaufen, welche ihm die Kälber geworfen, da wurde denn nicht nur bald darauf das Fleisch sehr theuer, sondern, was schlimmer war, Noth um Dünger riß ein. Mein Nachsinnen ließ mich in der Pressung des Torfs das Mittel finden, nicht nur dieser Noth, sondern auch jener um Brennholz, das schon vor 11 Jahren ungewöhnlich im Preise zu steigen anfing, kräftig zu begegnen. Da es an Dünger fehlte, wurden die Wälder ihres natürlichen Düngers mehr und mehr beraubt und das Streurechen nahm überhand. Daß man aber mittels der durch Torfe durch Pressung entzogenen und zum Verkaufe durch Abdunsten concentrirten Humussäure auch jene humussauren Salze, namentlich humussauren Kalk aller Orten, wo es düngbedürftige Waldungen gibt, leicht wird darstellen und verwenden können, steht außer allem Zweifel. Besser wäre es jedoch, wenn man die ausgepreßte Humussäure sogleich und bevor man sie durch Abdunsten concentrirt, mit Kali und Kalk (z. B. mittels Asche, Äscherig u. s. w.) in Humussäure und Salz verwandelte, denn für sich, frei von Salzgrundlagen abdunstend, erleidet sie theilweise nach Maßgabe der Abdampfungshitze eine mitunter sehr weit gehende Zersetzung. Die auf solche Weise gewonnenen humussauren Salze würde man in Fässern oder Kisten oder beim Wassertransport ohne alle Umfüllung leicht in Gegenden verführen können, wo es an Dünger gebricht. Pommern ist z. B. längs der Ostseeküste überwiegend mit Sand, ursprünglich Düngesand, bedeckt, aber auch reich an Torf, mithin das beste Mittel, den Sandboden in fruchttragenden Acker zu verwandeln, ganz nahe, denn auch an Kalk fehlt es jenen Gegenden durchaus nicht. Gleiches gilt von Mecklenburg, Brandenburg und zum Theil auch von unsern Gegenden (Baiern). Unsere hohen Flüsse und hauptsächlich unser Donau- und Isar=Moos, sammt den Torfgründen am Abhange des Fichtelgebirgs, würden vielleicht allein schon hinreichen, alle Waldungen Deutschlands mit kräftigendem Dünger zu erfrischen, all sein Haideland und alles Land, wo der Grund von Todt liegendem überschüttet ist, in üppigen, Frucht tragenden Boden zu verwandeln, und was wäre in dieser und ähnlicher Beziehung für unser gemeinsames Vaterland nicht möglich, wenn die mächtigen Torfgründe Ostfrieslands und Westfalens, beider Hessen, Badens und Würtembergs und jene gewaltigen Östreichs, von denen sechs der böhmischen allein wenigstens ebenso viel Millionen Klaftern Torf darbieten, auf die angegebene Art benutzt würden. Was würde nicht Preußen, in allen seinen Landestheilen, was Rußland, Schweden, Dänemark, Großbritannien, die Niederlande, Belgien und Frankreich an Nähr= und Wärmekraft gewinnen können, wenn jeder dieser Staaten seinen Reichthum an Torf in Brennkohle und Düngesalz oder Düngerde zu verwandeln begönne. Ohne Sorge um Brennstoff könnte man dann nicht nur die Locomotiven eines Europa überspannenden Eisenbahnnetzes sich in Bewegung setzen sehen, nein, auch alles wüst liegende Land vermöchte man dann in fruchttragendes zu verwandeln und Brot würde es unter solchen Umständen genug geben, um das Doppelte der Bewohnerzahl, die Europa gegenwärtig trägt, zu sättigen. Möchte sich doch ein Fürst, dem es recht warm ums Herz ist, wenn er seiner Landeskinder gedenkt, entschließen, im Großen Anstalt zur Pressung des Torfs und zur Gewinnung von Torf= Düngesalz treffen zu lassen. Die Barbaren haben Griechenlands sonst blühende Auen verwüstet und verschmachten gemacht, weil sie seine Quellen zeugenden Wälder verbrannten, aber es fehlt Griechenland nicht an Torf und damit nicht an dem Mittel, neu eingesäete oder angepflanzte Waldungen zum schnellen Wuchse zu bringen. Akazien (Robinien) und staubige Maulbeeren würden, durch geeignetes Torf=Düngesalz genährt, in wenigen Jahren Waldungen und Gebüsche gewähren, schattig genug, um die versiegten Quellen wieder zu beleben, und während erstere nach und nach Nutzholz und junge Blätter, brauchbar zu schmackhaftem Gemüse, sowie Samen, geeignet den Kaffee zu ersetzen, lieferten und Quellen zeugend eigentlichen Waldbäumen den Boden vorbereiteten, würden die Blätter der lettern in den Stand setzen, die Seidenzucht in ungewöhnlich großem Maße zu begünstigen. Aber nicht nur der Torf, sondern auch die Braunkohle, zumal die holzartige oder das bituminöse Holz, an der es in keinem der genannten Länder fehlt, bietet Brennstoff, häufig genug, um im verkohlten Zustande

(d. h. nachdem das bituminöse Holz der trocknen Destillation unterworfen worden) ohne Entwickelung widrig riechender Dämpfe Öfen, Küchen- und Dampfkessel-Feuerherde zu heizen, und auch bei dieser Verkohlung fällt noch Manches ab, was sich als Leuchtgas oder als flüchtige Säure, als Brenzöl, mit Nutzen mannichfach verwenden läßt."

Zeitungsnachrichten zufolge hat der Schwede Orgesson, ein großer Landeigenthümer in Finnland, vor Kurzem einen Apparat (doch wohl eine Art Presse) erfunden, mittels dessen man den Torf ebenso hart und dicht wie Steinkohlen machen kann. Der so in festen Zustand gebrachte Torf entzündet sich mit der größten Leichtigkeit, gibt eine reine und glänzende Flamme und macht ebenso viel, wo nicht mehr Hitze als Steinkohle. Herr Orgesson hat seinen Apparat in einem der Säle des Rathhauses zu Helsingfors in seiner Wirksamkeit gezeigt und in noch nicht 20 Minuten 4000 Pfund Torf, der kurz vorher ausgestochen war, in festen Zustand gebracht. Nach dieser Operation hatte der Torf etwa $1/5$ seines Gewichts und $3/5$ seines Rauminhalts verloren; allein die Verdichtung des Torfs kann jedenfalls viel weiter getrieben werden. — Das aus Torf dargestellte Leuchtgas gibt gehörig gereinigt stärkeres Licht als Öl- und Steinkohlengas.

Die Stadt Buffalo in Nordamerika.

Nichts ist so merkwürdig in der Geschichte der Vereinigten Staaten als die ungemeine Schnelligkeit, womit sich einige der jetzigen Städte, Flecken und Dörfer in Gegenden emporgeschwungen haben, wo einige Jahre früher noch eine ungeheure Wildniß war. Diese Erscheinung hat sich vorzüglich in dem ausgedehnten Lande westwärts vom Flusse Ohio gezeigt, ist aber keineswegs nur auf die westlichen Staaten beschränkt, denn in den mittlern Staaten, besonders in Neuyork, erregt das schnelle Emporsteigen zahlreicher Städte und Ansiedelungen wahrhaft Erstaunen. Mögen unter vielen andern hier nur Utika, Ithaka, Rochester und Buffalo als die ausgezeichnetsten in dieser Hinsicht genannt werden. Buffalo ist der einzige zu den Vereinigten Staaten gehörende Hafen von Wichtigkeit am westlichen Theile des Eriesees. Erst seit dem letzten Kriege mit England hat sich Buffalo zu seiner jetzigen Höhe und Wichtigkeit emporgeschwungen, denn damals war es nur noch ein unbedeutendes Dorf und besaß nicht mehr als zwei bis drei Handelsschiffe von 40—50 Tonnen; aber als die amerikanischen Truppen Fort George in Obercanada muthwillig niedergebrannt hatten, kam eine Abtheilung des britischen Heers von Fort Erie und zerstörte, um Fort George zu rächen, Buffalo gänzlich. Beide Orte wurden nach Beendigung des Krieges schnell wieder aufgebaut, aber obschon auch Fort George nach einem Zeitraum von einigen zwanzig Jahren seine frühere Größe wieder erlangt hat, so ist doch Buffalo mit der bloßen Herstellung seines früheren Zustandes nicht zufrieden gewesen, sondern ist jetzt eine Stadt mit fast 15,000 Einwohnern. Keine andere Stadt im westlichen Theile der vereinigten Staaten, selbst Pittsburg nicht ausgenommen, ist hinsichtlich des Handels von so großer Wichtigkeit als Buffalo, denn es erfreut sich fast des ganzen Handels mit dem ungeheuren Lande, das westwärts mit den Seen verbunden ist. Der große westliche Kanal, der sich von Albany*) aus fast 73 Meilen erstreckt, endigt hier, sodaß die Producte des Westens aus den Fahrzeugen, welche die Seen durchschiffen, in die Kanalboote umgeladen werden können, welche alsdann, nachdem sie Albany erreicht haben, durch Dampfboote nach Neuyork bugsirt werden. Obschon der Hafen vollkommen sicher ist, so ist doch für Segelfahrzeuge die Fahrt bei ungünstigem Winde ebenso gefährlich als schwierig, aber seitdem Dampfboote allgemeiner geworden sind, haben die unternehmenden Einwohner die Segelfahrzeuge größtentheils abgeschafft und anstatt der großen Schoner, Schaluppen und Briggs sieht man jetzt in dem Hafen fast nichts als unzählige Dampfboote von verschiedener Größe, von 100 — 500 Tonnen. Die Erzeugnisse fremder Länder werden direct von Neuyork nach diesen Stapelort des westlichen Landes gebracht, sodaß Güter, die in Neuyork aus Europa ankommen, oft schon zwei Wochen später in Buffalo und zehn Tage darauf in den Ansiedelungen an den entferntesten Ufern des Michigan anlangen. Die Anzahl der Dampfboote, die beständig von Buffalo abfahren oder dahin zurückkehren, beläuft sich jetzt auf beinahe 40. Zwanzig Jahre früher sah man noch kein einziges Dampfboot auf dem Eriesee. Aber wie alle Häfen, die in der Gegend der großen Seen liegen, gewährt auch Buffalo den Schiffen keine Einfuhr mehr, sobald der Winter beginnt, denn nicht allein der Kanal und der Hafen frieren zu, sondern auch der angrenzende Theil des Sees. Die Schifffahrt hört gewöhnlich zu Anfang des Decembers auf und kann, ausgenommen bei sehr milden Jahreszeiten, vor Anfang des Mais nicht wieder beginnen, sodaß während eines großen Theils des Jahres alle Verbindung durch Schiffe aufgehoben ist. Obschon dies nicht ohne Nachtheil ist, so richten sich doch die Einwohner darauf ein und finden es weniger störend.

Die Stadt Buffalo steht auf einer mäßigen Erhöhung, die sich vom Hafen aus nordostwärts erhebt; sie hat in der Mitte eine herrliche Allee, auf deren rechter und linker Seite Straßen auslaufen. Ganz anders als in den meisten der neuern Städte, findet man hier, besonders in den Hauptstraßen, die Häuser nur aus Ziegelsteinen erbaut, ebenso einige Kirchen und andere öffentliche Gebäude. Die Ufer der schlammigen Bucht, die zwanzig Jahre früher mit Wald bedeckt waren, sind jetzt in bequeme Dämme verwandelt worden, auf welchen sich große Magazine erheben, worin sich die Erzeugnisse aller Länder der Erde befinden. In den letzten Jahren wurde in Buffalo eine Hochschule gestiftet, zu welcher die Bewohner der Stadt und der Umgegend so ansehnliche Beiträge unterzeichneten, daß sie bald eine sichere Grundlage erhielt.

Ungefähr eine Meile von dieser Stadt liegt eine indianische Ansiedelung, die mehre hundert Urbewohner der Wildniß enthält, und obschon man täglich mehre von ihnen in Buffalo umherschlendern sieht, so bleiben sie doch stets ein ebenso abgeschiedenes Volk als zur Zeit, wo die Weißen in ihr Land kamen. Es ist ihnen ein Landesbezirk zu ihrem ausschließenden Gebrauch angewiesen und zum Lohn für ihren Beistand in dem letzten Kriege und um sie zu gewinnen, hat ihnen die amerikanische Regierung ein Jahrgeld bewilligt. Sie bauen Mais und einige Kartoffeln und die Reichern und Fleißigern halten sich wohl auch zwei bis drei Kühe. Einige Häuptlinge besitzen sehr schöne

---

*) Siehe Pfennig-Magazin Nr. 244.

Pferde. Sie treiben etwas Fischerei und Jägerei, und verfertigen kleine Körbe, sind aber im Allgemeinen für die benachbarte Stadt eher eine Last.

Handel mit Menschenhaaren in Frankreich.

Die pariser Haarschneider pflegen in den Monaten April und Mai auf allen Märkten und Jahrmärkten herumzulaufen und zwar besonders in der Normandie, Auvergne und Bretagne. Sie sammeln daselbst jährlich gegen 100,000 Kilogramme (2000 Centner) Haare, welche sie auf dem Kopfe mit 10 Francs das Kilogramm (2 Pfund) bezahlen. Diese Haare, welche demnach schon auf den Köpfen ein Capital von einer Million Francs bilden, werden in Paris und in den übrigen größern Städten zu 20 Francs das Kilogramm verkauft, sind also, in den Magazinen angelangt, schon auf zwei Millionen Francs oder auf das Doppelte im Preise gestiegen. Nachdem sie gereinigt und vom Fett befreit worden, gelangen sie dann in die Hände verschiedener Haarkünstler, welche das Kilogramm im Durchschnitt mit 80 Francs bezahlen und folglich das Capital schon auf acht Millionen Francs oder auf das Achtfache erhöhen. Nimmt man nun an, daß alle diese Haare zu dem allerwohlfeilsten Gegenstande, nämlich zu Perrücken verarbeitet werden, daß man zu einer Perrücke etwa sechs Loth Haare braucht und daß eine fertige Perrücke im Durchschnitt 25 Francs kostet, so gibt dies eine Million Perrücken und eine Summe von 25 Millionen Francs, wovon 8 Millionen auf den Rohstoff und etwa eine Million auf Bänder und übrige Zuthat kommen, während der Rest für Arbeitslohn und Gewinn bleibt. Bedenkt man aber, wie viele Haare zu weit werthvollern Gegenständen als zu Perrücken verarbeitet werden, so wird man einen Begriff von der Ausdehnung und Einträglichkeit des Gewerbes der französischen Haarkünstler bekommen.

Der verlorene Sohn, nach Rembrandt.

Das Pfennig-Magazin
für
Verbreitung gemeinnütziger Kenntnisse.

265.] Erscheint jeden Sonnabend. [April 28, **1838**.

Die Pilger in der Wüste.

Die lange Reise von Europa nach Jerusalem über Konstantinopel und durch Asien, der Weg, den die Pilger der frühern Zeit gewöhnlich machten, war im höchsten Grade beschwerlich und gefahrvoll. Nach der Einnahme Palästinas durch die Kreuzfahrer war es eine verhältnißmäßig leichte Aufgabe, Jerusalem zu besuchen; die Pilger brauchten sich nur nach einem der syrischen Seehäfen einzuschiffen, und aus eben diesem Grunde behaupteten die Kreuzfahrer so standhaft Palästinas Küste. Als ihnen Jerusalem entrissen wurde, machten sie Acre zu ihrer Hauptstadt, und als auch diese fiel, war ihre Herrschaft im heiligen Lande zu Ende. Aus Habsucht oder Furcht wurde frommen, wehrlosen Pilgern zwar immer noch der Zutritt zum heiligen Grabe gestattet, aber es herrschte jetzt ein trauriges, einsames Schweigen an der Küste, die so lange unter dem Geräusche des Weltkampfes gezittert hatte.

Ein anderer Pilgerweg nach Palästina führte durch die sandige und im Allgemeinen unfruchtbare Gegend, die zwischen Ägypten und Palästina liegt und einen Theil der großen ägyptischen oder arabischen Wüste bildet. Diese Wüste erstreckt sich bis nahe an die Mauern Jaffas, des alten Joppe, während Sandhügel den Küstenstrich bedecken. Auf die Reise von Kahira nach Jaffa rechnet man gewöhnlich 12—15 Tage. Bei gehöriger Vorsicht ist diese Reise, obschon mit einigen Entbehrungen verbunden, doch nicht gefahrvoll. Das größte Mißgeschick entsteht allerdings am häufigsten aus

VI.   17

Mangel an Waſſer, dem drückendſten Elende in einer Sandwüſte, und oft tritt der Fall ein, daß alle Vorſicht vereitelt wird, oder daß der Mangel an Mitteln hinlängliche Verſorgung verhindert. Die Pilger, die von Jaffa nach Jeruſalem gehen, nachdem ſie entweder die Wüſte durchwandert oder das mittelländiſche Meer durchſchifft haben, ſehen wenig oder gar nichts von jener Schönheit oder Fruchtbarkeit, wegen welcher in alten Zeiten Kanaan ein Land, wo Milch und Honig fließt, genannt wurde. Doch da dies faſt der einzige Weg für Pilger nach Paläſtina war, ſo ſuchte man die Erſcheinungen der Gegenwart mit frühern Beſchreibungen zu vereinigen. Chateaubriand, der in den Jahren 1806 und 1807 Griechenland und Paläſtina beſuchte, ſagt: „Reiſt man nach Judäa, ſo empfindet man anfangs großes Misvergnügen, kommt man jedoch von Einſamkeit zu Einſamkeit, breiten ſich grenzenloſe Räume vor dem Auge des Wanderers aus, ſo verliert ſich nach und nach der unangenehme Eindruck und an ſeine Stelle tritt eine geheime Ehrfurcht, die den Geiſt erhebt. Außerordentliche Erſcheinungen rings umher verkünden ein Land voll Wunder; die brennende Sonne, der hochfliegende Adler, der unfruchtbare Feigenbaum — alle Poeſie, alle Bilder der heiligen Schrift findet man hier. Jeder Name erinnert an ein Geheimniß, jede Grotte verkündet die Zukunft, jeder Hügel wiederhallt von den Worten eines Propheten. Gott ſelbſt hat in dieſen Gegenden geſprochen; geſpaltene Felſen, ausgetrocknete Flüſſe, halboffene Gräber bezeugen das Wunder; noch ſcheint die Wüſte ſtumm vor Schrecken, und man möchte glauben, daß dieſes Schweigen nie zu unterbrechen gewagt wurde, ſeit die ehrfurchtgebietende Stimme des Ewigen hier erſchallte!" Andere Reiſende jedoch haben gezeigt, daß Judäa ſelbſt jetzt, nach ſo langen Jahren des Krieges und der Vernachläſſigung, nicht eine ganz felſige, öde Gegend iſt, deren natürliche Unfruchtbarkeit durch die Nachläſſigkeit der Menſchen vermehrt wird. Die Engländer Buckingham und Bankes ſprechen mit Begeiſterung von der Pracht, Schönheit und Fruchtbarkeit des Landes öſtlich vom Jordan, und Lamartine, der 1832 von Beirut nach Jeruſalem reiſte, ſagt über ſeine Ankunft im heiligen Lande: „Es war kein nacktes, felſiges und unfruchtbares Land, kein Haufen niedriger, unbebauter Gebirge, wie das Land der Verheißung von einigen Schriftſtellern oder einigen Reiſenden beſchrieben wird, welche mit aller Eile die heilige Stadt zu erreichen ſuchten und dann wieder umkehrten, und die von den ungeheuern Beſitzungen der zwölf Stämme nur den felſigen Pfad ſahen, der ſie unter brennenden Sonnenſtrahlen von Jaffa nach Jeruſalem führte. Von dieſen betrogen, erwartete ich nur, was ſie beſchrieben — ein Land von unbedeutender Ausdehnung, ohne weite Ausſicht, ohne Thäler, ohne Ebenen, ohne Bäume und ohne Waſſer; ein Land mit grauen oder weißen kleinen Hügeln durchzogen, wo ſich der arabiſche Räuber im Schatten der Hohlwege verbirgt, um den Reiſenden zu plündern. Dies mag allerdings die Beſchaffenheit des Weges von Jaffa nach Jeruſalem ſein; aber ſo iſt nicht Judäa."

Doch dieſes Land, das trotz den Veränderungen, welchen es ausgeſetzt war, noch ſo fruchtbar und ſchön iſt, wurde ſeit der früheſten Zeit häufig von dauernder Trockenheit heimgeſucht, und auch die erſten Kreuzfahrer empfanden die Qualen einer ſolchen Dürre. „Obſchon die Flotte", erzählt ein Geſchichtſchreiber, „die bei Jaffa landete, die Krieger mit Lebensmitteln verſorgte, ſo litten ſie doch mehr als je vom Durſt. Die Trockenheit während der Belagerung war ſo groß, daß die Soldaten ſich Löcher in die Erde gruben und ihre brennenden Lippen auf den feuchten Boden drückten; ſie leckten die bethauten Steine ab; ſie tranken das faule Waſſer, das in den Häuten geſchlachteter Büffel oder anderer Thiere ſtand, und Viele enthielten ſich aller Nahrung, in der Hoffnung, durch den Hunger den Durſt zu ſtillen." Taſſo beſchreibt im 13. Geſange des „befreiten Jeruſalems" die Noth der Krieger mit ſchönen Worten, und wir wollen hier einige Verſe mittheilen, wie ſie Streckfuß übertragen hat:

Die Krieger ſieh, die Thal und Berg erſtiegen,
Auf langem Weg verſchmähend Ruh und Raſt,
Gewohnt, ſich leicht ins Eiſenkleid zu ſchmiegen,
Im Schlachtgewühle rüſtig und gefaßt,
Jetzt aufgelöſt, verſenkt von Hitze liegen,
Nicht tragend mehr der eignen Glieder Laſt!
In ihren Adern leben ſtille Gluten,
Die langſam ſie verzehren und entmuthen.

Und ſieh das wilde Roß, erſchöpft und ſchmachtend,
Das Roß, das muthentflammt zum Kampf geſprengt,
Die werthe Nahrung jetzt, das Gras, verachtend,
Sieh, wie ſein Fuß wankt, wie ſein Nacken hängt!
Sieh es, nicht mehr errunger Palmen achtend,
Nicht mehr von Ruhmbegier zum Kampf gedrängt!
Es ſcheint den reichen Schmuck, die Siegtrophäen,
Als niedre Laſt zu haſſen, zu verſchmähen.

Der treue Hund, erſchlafft zum Schatten ſchleichend,
Vergißt für Herrn und Wohnung Sorg und Huth,
Und liegt geſtreckt und ſchnell und ängſtlich keuchend,
Und ſchöpft ſich neue Luft zur innern Glut.
Doch die Natur, ſonſt friſche Kühlung reichend,
Im Odemzug dem heißentglühten Blut,
Hat nichts zur Labung oder gibt ſie ſpärlich,
So dicht iſt, was man athmet, und beſchwerlich.

Es wäre überflüſſig, die Leiden der vielen Reiſenden zu beſchreiben, die ohne Waſſer in der Wüſte umhergeirrt ſind; wir wollen nur dem Berichte eines derſelben die Beſchreibung der Wirkungen des Durſtes entlehnen: „Die Haut wird plötzlich völlig trocken, die Augen erſcheinen blutig, die Zunge und der Mund, ſowol inwendig als auswendig, werden mit einer dicken Kruſte überzogen, die von dunkelgelber Farbe iſt und einen übeln Geſchmack hat; eine Schwäche oder Mattigkeit benimmt dem Körper die Kraft, ſich fortzubewegen; eine Anſchwellung in der Kehle und dem Zwergfelle, die einen ungemeinen Schmerz verurſacht, hemmt das Athmen; Thränen treten aus den Augen und endlich ſinkt der Leidende zu Boden und in einigen Augenblicken iſt alles Bewußtſein verſchwunden."

Unſere Abbildung, nach einem Bilde von Hilke, zeigt eine Gruppe ſolcher Unglücklichen, die ohne Hülfe allen Qualen der Wüſte ausgeſetzt ſind und uns an Taſſo's Verſe erinnern. Dieſe Pilger, wollen wir annehmen, haben die heilige Stadt beſucht, in der Kirche des heiligen Grabes gebetet, den Ölberg beſtiegen, aus Siloas Bach getrunken, ſich in den Jordan gebadet und die Ufer des todten Meeres beſucht. Nachdem ſie alle Gefahren der Reiſe überſtanden haben, wollen ſie in die Heimat zurückkehren; aber kein freundliches Schiff liegt in Jaffas Hafen, das ſie dahin bringen könnte. Sie wandern durch die Wüſte Ägyptens, um ſich nach Europa einzuſchiffen. Doch ſie haben ihren Weg in dieſer Wildniß verloren, die Waſſerbehälter ſind leer und ſie haben ſich auf dem glühenden Boden geſetzt, um den Tod zu erwarten! Das Roß des ergrauten Kriegers, das leblos neben der Gruppe liegt, ſcheint den Bemühungen ſeines Herrn, den Pilgern Troſt einzuſprechen, zu ſpotten. Die Waffen und die Geſtalt des ſtämmigen Soldaten erinnern an jene Streiter des Kreuzes, die es sich zur Pflicht machten, die Pilger im heiligen Lande zu führen und zu beschützen. Vergebens späht sein Auge am fernen Horizont nach Beistand oder Hoffnung. Beim Anblick des alten Mannes, der den Arm um seine Tochter schlingt, denken wir an die Worte Mungo Park's: „Hier endet alle Hoffnung, in meiner Zeit noch nützlich zu sein — hier muß die kurze Spanne meines Lebens ihr Ziel erreichen!" Aus dem Gesichte und der Haltung der Tochter spricht Todeskampf und Ergebung; aber der halbnackte Diener denkt an nichts, seine Leiden sind zu groß, seine Geduld ist erschöpft.

Die Sklaverei auf der Insel Cuba.

Die Lage der Insel Cuba ist hinsichtlich der Sklaverei von derjenigen der englischen und französischen Antillen ganz verschieden. In jener sind unter 100 Einwohnern nur 8 Weiße; in den französischen Besitzungen ist das Verhältniß beinahe dasselbe. Auf der Insel Cuba gehören von 705,000 Einwohnern, unter denen das Militair (23,000 Mann) nicht gerechnet ist, 311,000, also mehr als 45 Procent, dem Geschlechte der Weißen an, 106,000, also 15 Procent, sind freie Schwarze oder Farbige und 288,000 oder 40 Procent sind Sklaven. Während überall sonst auf den großen und kleinen Antillen alle Arbeiten der Landwirthschaft von Schwarzen verrichtet werden, gibt es hier eine Menge weißer Landwirthe, sogenannter Monteros, welche mit eignen Händen das Land bauen. Auf dem Lande kommen auf 45 Weiße 10 freie Farbige und 45 Sklaven. Viele dieser Monteros leben in einem Umkreise von einigen Stunden um die großen Städte und versehen sie mit Lebensmitteln, Gemüse, Früchten u. s. w., andere leben im Innern, mit Wenigem zufrieden, bauen grade das zu ihrem Unterhalte nöthige Stück Land und genießen jene beschaulichen Freuden, welche die Wonne der orientalischen Völker ausmachen und weder Capital noch Anstrengungen erheischen. Mit einigen Bananen und einer Guitarre sind sie die glücklichsten Menschen von der Welt. Das Dasein dieser eigenthümlichen Classe muß dem doppelten Umstande zugeschrieben werden, daß einerseits die Insel Cuba als die nördlichste unter den Antillen auch von allen das gemäßigtste Klima besitzt, andererseits die Auswanderer aus der pyrenäischen Halbinsel, die unter einer brennenden Sonne zu leben gewohnt sind, sich in diesen tropischen Gegenden heimisch fühlen. Besonders die Leute von den canarischen Inseln bauen hier das Land mit großer Leichtigkeit. Diese zahlreiche weiße Bevölkerung giebt der Insel Cuba einen ganz eigenthümlichen Charakter. Die Vertreibung der Weißen ist hier ebenso wenig wahrscheinlich, als in Südcarolina oder Louisiana.

Die Lage der Schwarzen auf dieser Insel weicht von der in den übrigen Colonien durchaus ab. Diese so verschrieenen Spanier, welche ihre Philanthropie so wenig zur Schau trugen, hatten zu Gunsten der Schwarzen wahrhaft christliche Verfügungen getroffen, deren Wirkungen sich nicht blos auf dem Papiere gezeigt haben. Das spanische Gesetz gewährt dem Neger das Recht, seinen Herrn zu wechseln. Findet er Jemand, der ihn haben will, so tritt er für einen von der Obrigkeit festgesetzten Preis in den Dienst dieses neuen Eigenthümers. Der Reisende, welcher allein die Pflanzungen durchstreift, wird oft mit den Worten angerufen: Wollt ihr mich kaufen? Noch besser ist folgende Einrichtung. Derjenige Sklave, der seinem Herrn einen Theil seines Werths, z. B. ein Viertel, bezahlt, wird persönlich frei, unter der einzigen Bedingung, daß er seinem Herrn für jedes Hundert Piaster (130 Thaler), das er noch schuldig ist, eine tägliche Abgabe von einem Real (4 Groschen) zahlt. Demnach kann also ein Sklave, der 400 Piaster werth ist und 100 auf Abschlag bezahlt hat, arbeiten, wo und wie es ihm gefällt, wenn er seinem Herrn alle Tage 3 Realen (12 Groschen preußisch) zahlt. Die Zahl solcher Halbfreien oder Coartados ist in Havana sehr beträchtlich. Mit einiger Sparsamkeit können sie sich allmälig loskaufen, da der Lohn eines Arbeiters im Hafen einen Piaster (1 Thaler 8 Groschen) täglich beträgt. Noch mehr verdienen oft die Frauen, welche die Markthöckerinnen machen und ordentlicher sind. Viele von ihnen sollen einen kleinen Schatz gesammelt haben. Gewisse Rechtsgelehrte der niedrigsten Classe, welche in allen von den Spaniern bewohnten Ländern sehr zahlreich sind, machen diesen Negerinnen den Hof, um von ihnen im Testamente bedacht zu werden. Die Lotterie ist eine Geldquelle für diejenigen Neger, welche die Freiheit erlangen oder Coartados werden wollen. In Havana spielen sie leidenschaftlich in der Lotterie. Dies ist wahrscheinlich der einzige Fall, wo dieses Institut jemals einen wohlthätigen Einfluß geübt hat.

Ein Sklave, der grausam behandelt worden ist, erlangt nach dem Gesetze, wenn anders der Richter die Partei des Schwächern nimmt, durch jenen Umstand allein seine Freilassung. Humboldt sagt bei Gelegenheit einer andern spanischen Colonie: „Ich sah im Juli 1803 das Beispiel von zwei Negerinnen, denen der als Alkade angestellte Beamte die Freiheit gab, weil ihre Herrin sie durch Scheren, Stecknadeln und Federmesser mit Wunden bedeckt hatte. Im Verlauf dieses empörenden Processes wurde die Dame angeklagt, daß sie mittels eines Schlüssels ihren Sklavinnen die Zähne eingeschlagen hätte, wenn diese über einen Fluß am Zahnfleische, der sie am Arbeiten hinderte, klagten."

Da die Sitten an Milde den Gesetzen wenigstens gleichkommen, so gewähren die Herren viele Freilassungen freiwillig. Alle diese Ursachen vereinigt haben die Zahl der freien Farbigen auf ein Drittel der weißen Bevölkerung gebracht. In den ganzen Vereinigten Staaten betragen sie nur ein Viertel derselben.

Nicht weniger freisinnig, als die Behandlung der Sklaven, ist die auf der Insel eingeführte Behandlung der freien Schwarzen und Farbigen. Jeder Weiße ist adelig und heißt Don. Die Scheidelinie zwischen weißen und farbigen Bevölkerung ist gleichwol minder scharf, als in den Vereinigten Staaten, wo es keinen Adel gibt. Von einem Verbote, die Neger und Mulatten lesen zu lehren, weiß man hier nichts. Auch findet man keine Spur von dem in einigen südlichen Staaten der nordamerikanischen Union geltenden Gesetze, welches den freien Farbigen, der so verwegen war, sich an einem Weißen zu vergreifen, wäre es auch in rechtmäßiger Nothwehr, mit dem Tode bestraft. Die freien Farbigen sind unter die Reihen der Miliz aufgenommen. Bei großen Feierlichkeiten werden die schwarzen Offiziere nach einem besondern Ceremoniell zum Handkuß des Gouverneurs zugelassen. Flinten haben diese Milizen freilich nicht.

Die Scheidewand, welche die Farbigen von den Weißen trennt, ist nicht unübersteiglich, ein Tropfen Negerblut ist kein unauslöschlicher Schandfleck, den selbst die Zeit zu verwischen nicht im Stande wäre. Durch königliches Decret kann ein Farbiger zum Wei-

*

ßen erhoben werden und das Prädicat Don, das Unterscheidungszeichen der Weißen, erwerben, ebenso durch gerichtliche Verordnung. Bei Vielen braucht man auch ein ziemlich seltsames Verfahren. Der spanischen Sitte zufolge, welche den Vaterlosen den König zum Vater gibt und demnach die Bastarde adelt, ist es, um ein farbiges Kind weiß wie Schnee zu machen, hinreichend, wenn man es auf einige Zeit ins Findelhaus thut. Begreiflicher Weise muß die Hautfarbe des Kindes die Täuschung in etwas begünstigen, um diesen unschuldigen Betrug ausüben zu können, dies ist aber etwas Leichtes bei einem Volke, wo alle Gesichter sonnenverbrannt sind. „Man hat mir hier", schreibt ein französischer Reisender aus Cuba, „verschiedene Personen angeführt, die für weiß gelten und welche durch die gedachte Methode zu dem Vorrecht der weißen Farbe gekommen sind; unter ihnen sind selbst Solche, welche hohe Ämter bei der Verwaltnng der Insel bekleiden."

Im Allgemeinen leben hier alle Classen, ohne Unterschied der Hautfarbe, in gutem Einverständniß. Der niedrigste Schwarze, er sei Sklave oder nicht, scheut sich nicht, einen Spanier auf der Straße anzuhalten, um seine Cigarre an der des Weißen anzuzünden. Die einzeln lebenden Colonisten kennen die Furcht nicht, welche den Schlaf des Pflanzers in Luisiana stört. Die Sklaven sind gehorsam und ergeben und die freien Farbigen scheinen, so zahlreich sie auch sind, über keinen Aufruhrideen zu brüten.*) Der Spanier hat vom Himmel die Gabe erhalten, seine einmal begründete Autorität über die schwarzen und farbigen Leute anders als durch den bloßen Schrecken zu behaupten. Er übt gegen Solche, die unter ihm stehen, durchgängig jene Vertraulichkeit, welche weder Gehorsam noch Ehrerbietung ausschließt und dem Engländer sowol als dem Nordamerikaner, selbst im Verkehr mit Frau und Kindern, gänzlich unbekannt ist. Diese werthvolle Eigenschaft haben die Spanier mit einem Theile des in ihren Adern fließenden Bluts von den Mauren empfangen. Unter dem Zelte des Arabers ist der Sklave von jeher ein Glied der Familie gewesen; diese Familiarität ist das Grundgesetz des patriarchalischen Lebens und in ihr liegt auch das Geheimniß und die Stärke der spanischen Autorität über die Schwarzen und Farbigen.

Anders als auf Cuba ist es auf den übrigen Antillen, deren Zukunft in einen dichten Schleier gehüllt ist. Wer kann sagen, ob die meisten dieser Inseln nicht einmal für die Weißen verloren gehen werden und den Schwarzen, die sie durch ihre Arbeit fruchtbar gemacht haben, als Lohn für ihren Schweiß und Ersatz für alle Leiden, die sie dort seit drei Jahrhunderten erduldet haben, bleiben werden? Möglich und wünschenswerth ist es, daß die großen Mächte der alten und neuen Welt über sie alle eine oberherrliche Aufsicht üben. Ja ohne diese Bedingung würden die freigewordenen Sklaven, sich selbst überlassen, vermuthlich in Müßiggang und Roheit zurückfallen. Wer weiß aber, ob es für den Sklaven nicht erforderlich ist, daß er seinem vorigen Herrn aus den Augen kommt, um zum Gefühle der Menschenwürde zu gelangen? Dem Weißen gegenüber kann der Schwarze der Antillen in einer Anwandlung von Haß und Rache die Stellung des offenen Aufruhrs annehmen und sie beibehalten, wenn er sie einmal angenommen hat. Er kann mit bewaffneter Hand seinem Herrn die Spitze bieten und ihn auf dem Schlachtfelde besiegen oder ihm auf der Straße mit dem Übermuthe eines Freigelassenen trotzen. Aber weder der empörte Sklave, noch der übermüthige Freigelassene sind freie Menschen, denn frei ist nur Der, welcher mit innerer Ruhe seine Rechte ausüben kann und seiner selbst Meister ist. So lange weiße Creolen auf den Antillen bleiben, ist zu fürchten, daß dieser herrliche Archipel der Schauplatz eines immerwährenden Kampfs zwischen den Ansprüchen der Weißen und des afrikanischen Geschlechts sein wird.

In einigen Inseln fängt man jetzt an, die weiße Classe durch Einwanderung von Europäern zu verstärken. Die Engländer miethen jetzt mit großen Kosten deutsche Colonisten für Jamaica. Ob diese Colonisationsversuche gelingen werden, ist keineswegs gewiß, doch kann man es immerhin hoffen. Man glaubt in Europa allgemein, daß die Weißen für die Feldarbeiten unter der brennenden Sonne der Antillen völlig untauglich sind; dies ist jedoch nur relativ richtig und bedeutet nur, daß ein Weißer, wie ein Schwarzer behandelt und angestrengt als ein Schwarzer, unfehlbar erliegen würde. Daraus folgt aber nicht, daß die Europäer nicht bei einem geregelten Verfahren dahin gelangen könnten, jenem herrlichen, aber für den unachtsamen Menschen so gefährlichen Klima Trotz zu bieten. Die dazu nöthigen Verhaltungsregeln anzugeben wäre, bei der Stufe, welche die Heilkunde und die Kenntniß der Natur erreicht haben, keine sehr schwierige Aufgabe. Freilich würden Südeuropäer, die ohnehin an ein warmes Klima gewöhnt sind, hierzu vorzugsweise und vielleicht allein befähigt sein. Die Monteros auf Cuba liefern den Beweis, daß die Sache möglich ist. Damit soll nicht behauptet werden, daß sich die Weißen in den Antillen mit Erfolg auf alle Feldarbeiten legen könnten, namentlich auf den so beschwerlichen und ungesunden Bau des Zuckerrohrs, den übrigens unser gemäßigtes Klima mittels des Runkelrübenbaus überflüssig machen wird, aber wenigstens gewiß auf den Bau des Kaffees. Indeß würde ohne Zweifel die verständige Arbeit des Weißen es möglich machen, die Gewinnung des Colonialzuckers beinahe um ebenso viel zu verbessern, als die Gewinnung des Runkelrübenzuckers seit 20 Jahren bei uns verbessert worden ist.

Elvas.

Die Stadt Elvas liegt auf einem Theile der Gebirgskette Toledo und ist an Wichtigkeit die zweite Stadt der großen und fruchtbaren Provinz Alemtejo. In Portugal hat jede Provinz ihre besondere Regierung, ihre eignen Gesetze und wird von ihren eignen Truppen vertheidigt. Der Gouverneur oder Vicekönig ist im Besitz einer ausgedehnten Macht, muß aber der Centralverwaltung in Lissabon Rechenschaft ablegen. Dem Namen nach ist Evora die Hauptstadt von Alemtejo, eigentlich aber Estramos, da diese Stadt wegen des Schutzes, den Elvas gewährt — wovon sie ungefähr vier Meilen entfernt liegt — sicherer zu sein scheint. Die von dem Grafen von Lippe-Schaumburg angelegten Befestigungswerke von Elvas sind so stark, daß ein bedeutendes Heer und eine regelmäßige Belagerung erfoderlich sein würden, um sie zu nehmen. Drei starkbefestigte Thore führen in die Stadt. Der Fremde kann nur durch das mittlere Thor, **porta d'Olivença**, in die Stadt gelangen, weil er hier die Hälfte der Befestigungswerke passiren muß und den Beobachtungen einer langen Reihe von Schildwachen ausgesetzt ist. Von diesem Thor aus

---

*) Gleichwol ist ganz kürzlich, wie die Zeitungen melden, ein ziemlich bedeutender Negeraufstand auf dieser Insel ausgebrochen.

Erste Ansicht des Praça von Elvas.

laufen mehre lange und schmale Straßen in die verschiedenen Theile der Stadt. Die Hauptstraße oder Rua de Cadea hat ein schönes, alterthümliches Aussehen und die Überreste maurischer Häuser und Thürme geben ihr eine ernste Würde. Das Cadea oder Gefängniß, wonach die Straße genannt ist, steht am Ende derselben, ihm gegenüber befindet sich das Stadtkrankenhaus, eine ausgezeichnete Anstalt, worin die größte Ordnung und unter den Aufwärtern eine fast militairische Disciplin herrscht. Diese Straße bildet die Grenze der alten maurischen Stadt; Spuren der alten Mauern findet man von einem Ende zum andern und verschiedene schöne Thürme erheben ihre mit Zinnen versehenen Mauern über die Häuser. Die alten innern Thorwege bestehen noch, und durch einen derselben gelangt man auf die Praça oder den großen Platz, den unsere Abbildung zeigt. Einem zufälligen Beobachter wird die Praça von Elvas wenig Bemerkenswerthes darbieten, ausgenommen vielleicht der seltsam geformte Thurm der Kathedrale oder bischöflichen Residenz, die am obern Ende steht; aber bei näherer Betrachtung müssen die eigenthümlichen Formen der Häuser, die Proben der Baukunst mehrer Jahrhunderte, von den Tagen maurischer Schönheit und Pracht bis auf die neueste Zeit, gewiß ein Gemüth fesseln, dem die veränderten Sitten eines Volkes Gegenstände interessanter Nachforschung sind. Die zwei großen Häuser an beiden Seiten des Thorweges — denn das Thor selbst ist längst nicht mehr — sind entschieden maurischen Ursprungs, und die lange, offene und gewölbte Terrasse zeigt eine Zierlichkeit, die den neuern Häusern ganz abgeht. Mehre der grotesken Schnitzwerke sind mit Reichthum und einer Genauigkeit ausgeführt, die der neuern portugiesischen Kunst ganz unbekannt sind, und obschon die heutigen Wohnhäuser im Allgemeinen so viel als möglich nach dem Plane der alten gebaut werden, so fehlt es doch den besten Gebäuden dieser Art an Verhältniß und Vollendung, was einen üblen Eindruck macht. Die Zinnen sind groß, hoch und mit Backsteinen gepflastert, und die Fenster, die nicht mit Glas versehen sind, lassen durch die vergitterten Blendladen nur ein düsteres Licht eindringen. Die maurischen Häuser sind besser eingerichtet und haben ein freundlicheres Ansehen als die portugiesischen, und die flachen Dächer und verschiedenen Terrassen mit der Fülle von Blumen und Strauchwerk machen einen wirklich bezaubernden Eindruck. Natürlich gilt dies nicht von den Häusern der Großen, wovon einige in Hinsicht auf Architektur und häusliche Einrichtung großen Geschmack verrathen. Das warme Klima gestattet ihnen, ihre Häuser von innen und außen mit den schönsten Blumen zu schmücken, die manches Gebrechen der Gebäude bedecken. Mehre Häuser haben Vorlauben, die allerdings die darüber befindlichen Stuben vergrößern, aber die äußere Schönheit beeinträchtigen. Wir sehen auf unserer Abbildung ein solches Gebäude. In geringer Entfernung davon steht eine jener merkwürdigen Säulen, die man in ganz Portugal so häufig findet. Gewöhnlich stehen sie vor dem Hause des ersten Stadtbeamten und dienten einst als Galgen für Verbrecher, während man auf die Spitze die Köpfe der Hingerichteten zur Schau aufsteckte. Diese Säule ist aus einem einzigen Stück schön gearbeiteten Marmors und ruht auf einem Piedestal, das aus ungefähr fünf bis sechs runden oder achteckigen Stufen besteht. Neben ihr befindet sich die Hauptwache und gegenüber das Haus des Gouverneurs, früher der bischöfliche Palast. Es besteht aus einer langen Reihe von Gebäuden, die fast die Hälfte der Straße einnehmen und sich an die

Kathedrale anschließen. Auf der Praça wird auch der tägliche Markt gehalten; Montags besonders bringen die Landleute der umliegenden Gegend ihre Waaren herbei und da sieht man den reinlichen Pachter in seiner malerischen Tracht, den Hirten in seiner Jacke von Schaffell, seine Decke nachlässig über die Schultern geworfen, das Landmädchen mit ihrem glänzend weißen Kopftuch von Musselin und ihrer schönsten grünen „capa" mit grünem Sammt besetzt, den Maulthiertreiber, kurz Leute aus allen Classen, vom reichen Fidalgo bis zum Bettler. Unsere zweite auf Seite 136 gegebene Abbildung stellt einen andern Theil der Praça vor, wo vorzüglich die Landleute feil halten.

Die Kathedrale bietet ein Gemisch von arabischer und gothischer Bauart; das Äußere ist nicht im geringsten schön noch symmetrisch, ausgenommen der Thurm in der Fronte. Das Innere jedoch ersetzt den Mangel äußern Schmuckes und besteht aus einem Schiff und zwei Chorgängen ohne Chor; das gewölbte Dach ruht auf sechzehn Säulen und in den Chorgängen wird jede Säulenweite von der Kapelle irgend eines Heiligen ausgefüllt. Die Verzierungen und Ausschmückungen einiger dieser Kapellen sind äußerst schön. In mehren sieht man wächserne Nachbildungen aller Theile des menschlichen Körpers aufgehäuft liegen, in andern wieder Bilder, die Kranke vorstellen, welchen der Heilige in einer gelben, rothen oder blauen Wolke erscheint; diese Bilder sind Gaben der Dankbarkeit von Leuten, die der vielvermögende Heilige geheilt haben soll, wo ärztliche Hülfe nicht einmal Linderung verschaffen konnte. Den Hochaltar, dem Eingang gegenüber, stützen korinthische Säulen von grauem Marmor, worüber sich ein Prachthimmel von hochrother Seide mit Gold durchwirkt ausbreitet, und ein großes Bild, die Geburt Christi darstellend, umgibt. Der Altar selbst ist mit hochrother und golddurchwirkter Seide von großem Werth bedeckt und mit silbernen Leuchtern besetzt. Bei großen Festen und einigen andern Gelegenheiten werden die Silberbüsten von sechs Aposteln und der sechs ersten Bischöfe zu Rom, alle in Lebensgröße, von hundert Wachskerzen beleuchtet, von den Priestern in ihren reichen Gewändern in Procession herumgetragen. Der Thurm wird keiner Beschreibung bedürfen, unsere Abbildung zeigt ihn genau wie er ist. Hinter der Kathedrale ist ein Nonnenkloster des heiligen Domingo, und nicht weit davon eine kleine Kirche, deren Mauern von Nischen umgeben sind, worin die vertrockneten Überreste der Schwestern von Santa Clara stehen. Von einem Ring aufrecht gehalten, halb und halb mit Kleidern bedeckt, macht diese Galerie von Gerippen einen schauerlichen Eindruck.

Der Weg vom Thore d'Esquina nach dem Thore Olivença ist mit Bäumen bepflanzt und jeder Waffenplatz wird von einem Springbrunnen und einem Blumenbeeten geziert. Der Gang um die Wälle ist ebenfalls höchst angenehm, da er eine weite und reizende Aussicht gewährt. Hier sieht man die schlichten Marmorplatten, worunter die Gebeine zweier tapferer Engländer ruhen, des Brigadegenerals Houghton und des Obersten Oliver; jener fiel bei Badajoz, dieser bei Albuera. Die Inschriften sind in englischer und portugiesischer Sprache.

(Der Beschluß folgt in Nr. 266.)

Chemische Versuche mit verschiedenen Zuckersorten.

Hinsichtlich der im Handel vorkommenden krystallisirten Zuckersorten sind folgende Meinungen sehr allgemein verbreitet: 1) ein Zucker enthalte desto mehr Kalktheile, je schöner und weißer er sei, und verdanke jenen seine Weiße und Härte; 2) ein fein raffinirter weißer und harter Zucker sei immer weniger süß als ein graulichweißer und weicherer; 3) ein feinerer Zucker löse sich im Wasser weniger gut auf als ein gröberer. Um über den Grund oder Ungrund dieser Meinungen völlig ins Klare zu kommen, wurden mit neun verschiedenen guten Zuckersorten (worunter eine Sorte Runkelrübenzucker) genaue Versuche angestellt, welche folgende Resultate ergaben. 1) Der raffinirte Zucker, sowol Rohr- als Rübenzucker, enthält keinen Kalk, ungeachtet bei der Zuckerbereitung Kalk oder vielmehr Kalkwasser angewandt wird. 2) Aus dem bloßen specifischen Gewichte des festen Zuckers kann nicht auf seinen wahren Zuckergehalt geschlossen werden; bei sechs untersuchten Sorten war das specifische Gewicht im Mittel 1,552. 3) Die verschiedenen im Handel vorkommenden raffinirten Zuckersorten enthalten außer dem reinen Zuckerstoffe nicht bloß mehr oder weniger Krystallisationswasser und anhängende Feuchtigkeit, sondern auch mehr oder weniger andere, theils Gährung erregende, theils schleimige und extractivstoffartige Theile. 4) Wie viel reinen Zuckerstoff eine Sorte im Vergleich zu einer andern enthält, läßt sich aus dem bloßen äußern Ansehen zwar nicht bestimmt beurtheilen, im Allgemeinen enthält jedoch eine Sorte um so mehr Zuckerstoff, je schöner, feiner krystallisirt und härter sie ist. 5) Eine weißere und härtere Sorte löst sich im Wasser, sowie im Schleim des Geschmackorgans theils wegen ihrer geringern Porosität, theils wegen ihres größern Gehalts an Krystallisationswasser weniger schnell auf als eine grauere und weichere Sorte, erscheint daher auch weniger süß. 6) Ob eine Sorte mehr Zuckerstoff als eine andere enthalte, läßt sich aus der Helligkeit der Auflösung in reinem Wasser abnehmen; die geringern Sorten liefern mehr oder weniger trübe Auflösungen. 7) Das sicherste Mittel, den Zuckerstoffgehalt einer Sorte zu bestimmen, besteht in der Gährung derselben mit Hefe und in der genauen Wägung der dabei entwickelten Kohlensäure. Je größer die Menge dieser ist, desto größer ist der Gehalt an reinem Zuckerstoff, und zwar liefern 100 Gran krystallisirter Rohrzucker oder 94,7 Gran wasserfreier, d. h. reiner Zuckerstoff bei der Gährung 51,3 Gran Kohlensäure. Von obigen neun Zuckersorten hatte die beste (fein raffinirter preußischer Zucker) 95½, die schlechteste (ordinairer holländischer Zucker) 89½ Procent Zuckerstoff. 8) Manche Sorten enthalten Gährung erregende Stoffe, die ihre Auflösungen in Wasser mit der Zeit sauer machen.

Höhen bewohnter Orte über dem Meere und Höhen einiger Gebäude.

In Nr. 29. des Pfennig-Magazins ist bereits eine vergleichende Darstellung der Höhen der vornehmsten Gebirge geliefert worden. Wir bemerken daher nur im Allgemeinen, daß Folgendes die höchsten Berggipfel der fünf Welttheile sind, so viel uns jetzt bekannt ist: in Europa der Mont-Blanc in den Alpen, zu Savoyen gehörig, 14,800 pariser Fuß hoch, in Asien der weiße Berg oder Dhawala-Giri im Himalayagebirge in Tibet, 26,340 par. Fuß hoch; in Afrika der Dschordschora im kleinen Atlas, 13,200 par. Fuß hoch; in Amerika der höchste Gipfel der Anden (Nevado de Sorata) 23,691 par. Fuß hoch, während der Chimborasso, den man lange für den höchsten Berg der

Erde und noch länger für den höchsten Gipfel der Anden gehalten hat, wie auch in Nr. 29 angegeben wurde, nur 20,102 par. Fuß hoch, also 3589 par. Fuß niedriger ist; endlich in Australien oder Oceanien der Mauna-Roa auf der zu den Sandwich-Inseln gehörigen Insel Owaihi, 16,890 par. Fuß hoch. Der höchste Berg in Deutschland ist der 12,060 par. Fuß hohe Orteles in den rhätischen Alpen in Tyrol an der Grenze von Deutschland, Italien und der Schweiz. Wir lassen hier eine Uebersicht der Höhen einiger der merkwürdigsten bewohnten Orte der Erde über der Meeresfläche, in pariser Fuß ausgedrückt, folgen.

Posthaus von Ancomarca in den Anden (nur einige Monate im Jahre bewohnt)	14752 Fuß
Tacora (indian. Dorf in den Anden)	13373 —
Stadt Potosi in Bolivia (Vorstadt)	12825 —
Meierei von Antisana auf der Hochebene von Quito	12625 —
Quito im Staate Ecuador	8953 —
Santa Fé de Bogota in Neu-Granada	8192 —
(Alle bisher genannten Orte liegen in Südamerika.)	
Hospiz auf dem großen Bernhard in der Schweiz	7668 —
Arequipa in Peru	7310 —
Mexico	7008 —
Hospiz auf dem kleinen Bernhard in der Schweiz	6750 —
Hospiz auf dem St.-Gotthard in der Schweiz	6440 —
Dorf St.-Veran in den Alpen	6279 —
Stadt Briançon in Frankreich	4020 —
Dorf und Bad Barège in den Pyrenäen (Frankreich)	3906 —
Residenzschloß San Ildefonso in Spanien	3846 —
Johanngeorgenstadt in Sachsen	2392 —
Madrid	2012 —
Innsbruck	1766 —
München	1658 —
Lausanne	1533 —
Augsburg	1464 —
Genf	1252 —
Freiberg in Sachsen	1146 —
Moskau	924 —
Gotha	878 —
Prag	592 —
Wien	451 —
Leipzig	334 —
Dresden	313 —
Paris (erste Etage der Sternwarte)	200 —
London	162 —
Rom (Capitol)	142 —
Berlin	115 —
Petersburg	106 —

Die Alpenübergänge oder Pässe, welche aus Deutschland, der Schweiz und Frankreich nach Italien führen, haben folgende Höhen:

Mont Cervin	10497 Fuß
Furca	7788 —
Großer St.-Bernhard	7476 —
Kleiner St.-Bernhard	6760 —
Splügen	6451 —
St.-Gotthard	6388 —
Mont Cenis	6363 —
Simplon	6174 —
Brenner	4114 —

Der höchste Paß über die Pyrenäen ist 9241 F. hoch.

Den Beschluß mag, da einmal die Rede von Höhen ist, die Angabe der Höhen einiger merkwürdigen Gebäude machen, wiewol einige derselben bereits in Nr. 29 erwähnt sind. Hier ist die Höhe nicht von der Meeresfläche, sondern vom Boden an gerechnet.

Höchste Pyramide in Ägypten	450 Fuß
Münster in Strasburg	437 —
Stephansthurm in Wien	425 —
Kuppel der Peterskirche in Rom	407 —
Michaeliskirche in Hamburg	402 —
Dom in Antwerpen (nach Andern 443 F. hoch)	369 —
Paulskirche in London	338 —
Münster in Ulm	337 —
Dom in Mailand	336 —
Schieferthurm Asinelli in Bologna	330 —
Thurm der Invalidenkirche in Paris	323 —
Dom in Magdeburg	313 —
Pantheon in Paris	243 —
Großer Mast eines französischen Linienschiffes von 120 Kanonen über dem Kiel	225 —
Galerie des Thurmes Notre-Dame in Paris	203 —
Alexandersäule in Petersburg (bis zur Spitze des Kreuzes)	144 —
Säule des Platzes Vendome in Paris	132 —
Plattform der pariser Sternwarte	83 —
Alexandersäule (Länge des Säulenschaftes)	79 —
Obelisk in Paris	70 —

Öl aus Schildkröteneiern.

Eine der beträchtlichsten Einnahmen, welche die brasilische Regierung aus der Provinz Rio Negro bezieht, besteht in dem Zehnten des Öles aus Schildkröteneiern. Da die Sandbänke in den Flüssen Solimoes oder Maranhon*) und Madeira, worauf die Schildkröten ihre Eier niederlegen, bekannt sind, so sendet die Regierung zur Legezeit Wächter dahin, welche die Indianer hindern sollen, die Schildkröten zu stören, und zugleich einen Aufseher, der die Ordnung unter den einsammelnden Colonisten aufrecht erhalten, oder den Boden, worauf sich die Eier befinden, unter sie im Verhältniß der Arbeiter, die sie mitbrachten, vertheilen, und endlich den ihr zustehenden Zehnten in Empfang nehmen muß. Nach geschehener Vertheilung gehen die Arbeiter ans Werk, graben den Sand auf, um die Eier zu finden (denn die Schildkröten legen ihre Eier nicht auf den Sand, sondern in Löcher von etwa 3 Fuß Tiefe, die sie mit ihren Hinterfüßen graben und nachher wieder mit Sand füllen), und legen sie in Haufen von 15 bis 20 Fuß im Durchmesser und verhältnißmäßiger Höhe. Ist das Einsammeln vorbei, so wirft man die Eier in sorgfältig kalfaterte Barken, bricht sie mit Holzgabeln auf und zerstampft sie mit den Füßen so lange, bis sie zu einem gelben Brei geworden, auf den man dann Wasser gießt und ihn den Sonnenstrahlen aussetzt. Die Wärme treibt den öligen Theil der Eier auf die Oberfläche; man nimmt ihn mittels aus Muscheln verfertigter Löffel ab und bringt ihn in einen Kessel, den man einem langsamen Feuer aussetzt; nach und nach wird diese Fettsubstanz hell und erlangt die Festigkeit und Farbe geschmolzener Butter. Ist sie abgekühlt, so gießt man sie in große irdene Töpfe, deren jeder etwa

---

*) Der Maranhon, der größte Strom der Erde, führt den Namen Solimoes im obern Theile seines Laufs, den Namen Amazonenstrom aber, unter welchem er am bekanntesten ist, erst von dem Einflusse des Rio Negro an.

60 Pfund enthält, und verschließt sie mit Palmblättern. Je frischer die Eier sind und je schneller die Arbeit von statten geht, desto besser und reiner ist das Schildkrötenöl. Indessen behält es stets einen Wallfischthrangeruch, an den sich die Fremden schwer gewöhnen. Das schlechtere wird als Brennöl verwendet.

Man schätzt die Quantität des Schildkrötenöles, das man jährlich auf den Inseln des Solimoes bereitet, auf 15,000 Töpfe, für deren jeden 1600 Eier erfoderlich sind, was im Ganzen 24 Millionen Eier ausmacht. Betrachtet man diese ungeheure Zerstörung, die seit beinahe einem Jahrhundert stattfand, und bedenkt man, daß außerdem die Geier, Schwäne, Leguane, Bären, Schlangen, Kaimans nicht nur eine Menge Eier, sondern auch noch viele junge Schildkröten in dem Augenblick verzehren, wo sie auskriechen, so ist man erstaunt, diese Thiere noch immer so zahlreich zu sehen.

Goldsand am Ural.

Das Uralgebirge in Rußland, welches die Grenze von Europa und Asien bildet, ist merkwürdig wegen seines großen Reichthums an Metallen und namentlich an Gold und Platina. Die Goldgruben zu Berefo sind seit 1754 eröffnet, aber erst im Jahre 1774 entdeckte man Goldsandlager. Der uralische Goldsand bedeckt eine Fläche von etwa 750 geographischen Quadratmeilen, und man findet ihn sowol in den Bergadern als in dem Ufersande. Das Gold wird aus den Bergadern durch Stampfen in eisernen Kasten, aus den Sandbänken durch Waschen mittels siebartiger Gefäße gewonnen. Die Ausbeute des Goldes am Ural betrug bis 1817 nicht über 18 Pud oder 720 Pfund durchschnittlich; im Jahre 1837 war der Ertrag auf 12,383 Pfund (im Werthe von 4¾ Millionen Thaler preuß.) gestiegen. Von diesem Ertrage gehörten zwei Fünftel der Regierung.

Kürzlich hat man nun am Ural die wichtige Entdeckung gemacht, daß durch Auswaschen aus dem Sande nur ein sehr geringer Theil des darin enthaltenen Goldes erhalten wird. Der Obrist Amossof veranstaltete Proben des goldhaltigen Sandes auf nassem Wege, und fand darin 80—100 Mal mehr Gold, als aus derselben Quantität sonst ausgewaschen wurde. Es schien ihm daher möglich, den Goldsand zu verschmelzen; man setzte 2818 Pud (112,720 Pfund oder 1000 Ctr.) in einen Hochofen und erhielt, außer der Schlacke, 50 Pud oder 2000 Pfund an goldhaltigem Gußeisen, welches etwas über 6 Pfund Gold (im Werthe von 2400 Thaler) enthielt. Durch Verwaschen des Sandes würde man nur den 25sten oder 30sten Theil dieser Quantität Gold erhalten haben. Gegenwärtig werden von sachkundigen Männern Versuche angestellt, um diese Entdeckung gehörig zu benutzen.

Wenn man bedenkt, daß Rußland, um 16,000 Pfund Gold zu gewinnen, jetzt an 64 Millionen Ctr. Sandes auswäscht, so leuchtet gleich die Unmöglichkeit ein, eine solche Masse Sandes zu verschmelzen. Es ist aber auch ebenso einleuchtend, daß, wenn man sich auf die Bearbeitung einer nur geringen Menge Goldsandes durch schickliche Processe beschränkt, man zugleich die jährliche Ausbeute wird vermehren und diesen Theil des Bergbaus auf eine lange Reihe von Jahren dem Lande sichern können.

Zweite Ansicht des Praça von Elvas.

Verantwortlicher Herausgeber: Friedrich Brockhaus. — Druck und Verlag von F. A. Brockhaus in Leipzig.

Das Pfennig-Magazin

für Verbreitung gemeinnütziger Kenntnisse.

Maria da Gloria.

Als ein französisches Heer gegen Portugal vorrückte, schiffte sich die königliche Familie im November 1807 ein und nahm ihren Sitz in Rio Janeiro, der Hauptstadt Brasiliens, das seit dem 16. Jahrhunderte eine Colonie von Portugal war. Im Jahre 1815 erhob König Johann VI. Brasilien zu einem Königreiche und gab seinem Sohne Dom Pedro den Titel eines königlichen Prinzen, der dann 1817 mit der Erzherzogin Leopoldine von Östreich, Tochter des Kaisers Franz I., sich vermählte. Am 4. April 1819 wurde Maria da Gloria zu Rio Janeiro geboren und erhielt den Titel einer Prinzessin von Gran Para. Die Wirren in Portugal bewogen den König 1821 nach Europa zurückzukehren, und um die Herrschaft Portugals in Brasilien bei den auch hier ausgebrochenen unruhigen Bewegungen zu sichern, ließ er Dom Pedro als Regenten zurück. Der Wunsch der Brasilier aber, sich von Portugal loszureißen und einen selbständigen Staat zu bilden, wurde durch die unklugen Maßregeln des Mutterlandes immer mehr aufgeregt und im October 1822 wurde Dom Pedro zum Kaiser von Brasilien ausgerufen. Im Jahre 1825 erklärte König Johann Brasilien für ein von Portugal getrenntes Reich und zugleich wurde Dom Pedro als Prinz von Portugal und dessen Erbfolgerecht auf den portugiesischen Thron anerkannt. Während Dom Pedro vergebens bemüht war, den Zustand des von Parteien zerrütteten Landes zu beruhigen, wurde Maria da Gloria unter den Augen ihrer Mutter sorgfältig erzogen, aber schon 1826 entriß ihr der Tod die liebevolle Pflege dieser trefflichen Fürstin. Als nun ihr Vater nach dem Tode Johann VI. durch das Recht der Erstgeburt die portugiesische Krone erlangt hatte, die Brasilier aber die Vereinigung der Kronen Portugals und Brasiliens mit dem Interesse beide Länder für unvereinbar hielten, gab Dom Pedro im April dem Königreiche Portugal eine neue Verfassung und entsagte dann am 2. Mai 1826 dem portugiesischen Throne zu Gunsten seiner Tochter Maria da Gloria, die sich mit ihrem Oheim Dom Miguel vermählen sollte; doch machte man dabei die Bedingung, daß die junge Königin Brasilien nicht eher verlassen sollte, bis die neue Verfassung beschworen und die Vermählung geschlossen worden sei, und die Gültigkeit seiner Entsagung ward ausdrücklich an die Erfüllung dieser Bedingung gebunden. Dom Miguel beschwor im October 1826 die neue Verfassung von Portugal und seine Vermählung mit Maria da Gloria wurde durch Bevollmächtigung vollzogen. Bald nach seiner Ankunft in Portugall aber, wo er nach seines Bruders Verordnung die Verwaltung des Reiches übernehmen sollte, stürzte er im Juni 1828 die neue Verfassung um. Dom Pedro verwahrte feierlich seine und seiner Tochter Rechte und schickte Donna Maria in Begleitung des Marquis von Barbacena und des Grafen da Ponte und einer aus 30 Deutschen und ebenso vielen Portugiesen bestehenden Leibwache nach Europa. Sie kam im September 1828 in Gibraltar an. Ihre Führer beschlossen, sie nach England zu bringen und die Rechte der jungen Königin dem Schutze der englischen Regierung zu übergeben. Nach ihrer Ankunft in London wurde sie von den Mitgliedern der königlichen Familie freundlich aufgenommen und von Georg IV. im December 1828 zu Windsor feierlich als Königin empfangen.

Die englischen Minister begünstigten zwar heimlich Dom Miguel; aber Dom Pedro ließ sich dadurch nicht in seinem Entschlusse erschüttern, die Rechte seiner Tochter zu behaupten, und da die junge Königin auf den azorischen Inseln einen starken Anhang fand, so wurde die Insel Terceira der Mittelpunkt ihrer Herrschaft, wo eine von Dom Pedro eingesetzte Regentschaft im März 1830 die Regierung im Namen der jungen Königin übernahm. Donna Maria war indeß mit ihres Vaters zweiter Gemahlin, der Prinzessin Amalie von Leuchtenberg, nach Brasilien zurückgekehrt, wo sie im October 1829 ankam. Ihr Vater richtete ihr einen eignen Hofstaat ein und ihre königliche Würde wurde von den europäischen Gesandten in Brasilien anerkannt. Als im April 1831 eine Empörung in Brasilien ihn gezwungen hatte, die Kaiserkrone zu Gunsten seines unmündigen Sohnes Pedro II. niederzulegen, schiffte er sich mit seiner Gemahlin und seiner Tochter ein und ging nach Paris, wo Donna Maria mit ihrer Stiefmutter zurückblieb, als Dom Pedro, der sich nun Herzog von Braganza nannte, im Jahre 1832 Frankreich verließ, um die Rechte seiner Tochter auf portugiesischem Boden zu verfechten. Er begab sich mit den in England und Frankreich geworbenen Soldaten nach der Insel Terceira und betrieb die Ausrüstung einer Flotte so eifrig, daß er im Juni 1832 mit ungefähr 7000 Mann die azorischen Inseln verließ und am 8. Juli die wichtige Festung Porto ohne Widerstand nahm. Er setzte hier eine Regierung im Namen seiner Tochter ein. Vergebens versuchte Dom Miguel, Porto wieder zu erobern, das er von der Seeseite sperrte. Dom Pedro setzte seine Rüstungen fort und bald erschien seine Flotte, welche die Mündungen des Duero schützte. Sein Heer bestand aus Fremdlingen und Abenteurern, die ihm aus vielen Gegenden Europa's zueilten, aber das portugiesische Volk nahm keinen Antheil an ihm, wiewol auch Dom Miguel wenig Anhänglichkeit fand und nur durch das Schrecken der Gewalt herrschte. Frankreich und England, obschon sie Dom Pedro's Sache günstig waren, vermieden alle unmittelbare Einmischung und wollten Maria da Gloria nicht eher offen unterstützen, bis ihr einige Provinzen unterworfen waren. Vergebens suchten sie den König von Spanien zu bewegen, sich für Donna Maria zu erklären, als aber Don Carlos, Ferdinand's VII. Bruder, eine günstige Aufnahme an dem Hofe Dom Miguel's fand, wurde der König von Spanien gleichgültiger, und England und Frankreich begünstigten nun offener Dom Pedro's Sache, für welchen in beiden Ländern neue Werbungen veranstaltet, Anleihen gemacht und Ankäufe von Waffen und Dampfschiffen gestattet wurden. Sein Heer wuchs bald auf 16,000 Mann. Der Kampf der Brüder dauerte mit abwechselndem Glücke fort. Nur in Porto hatte Dom Pedro eine feste Stütze und die Bewohner der Stadt blieben seiner Sache standhaft ergeben, so sehr die Last des Krieges sie drückte. Als der englische Capitain Napier 1833 als Oberbefehlshaber der Flotte in Dom Pedro's Dienste getreten war, wurde der Entschluß gefaßt, einen Angriff auf die Hauptstadt zu wagen. Während Dom Pedro in Porto mit der Hauptmacht zurückblieb, segelte Napier mit der Flotte und 3000 Mann Landungstruppen unter dem Befehle des Grafen Villaflor aus dem Duero, und landete in der Provinz Algarbien, wo wenig Widerstand geleistet wurde. Dom Miguel's Truppen zerstreuten sich oder gingen zu Villaflor's Heereshaufen über. In Faro ward eine Regentschaft im Namen der Königin Maria eingesetzt und im Juli 1833 war die ganze südliche Küste ihr unterworfen. Während Dom Miguel die Hauptstadt verließ und zu seinem Heere ging, schlug Napier am 5. Juli die Flotte, welche ausgelaufen war, um die Landung zu hindern. Am 23. desselben Monats wurde Dom Miguel's Heer geschlagen, am folgenden Tage lief Napier in den Tejo ein und der Graf von Villaflor besetzte Lissabon, wo am 25. auch Dom Pedro aus Porto ankam. Er übernahm die Regierung im Namen seiner Tochter, die bald nachher von Frankreich und England förmlich anerkannt wurde. Sie verließ mit ihrer Stiefmutter im August Paris und ging nach Havre, um sich nach Lissabon einzuschiffen. Sie verzögerte jedoch ihre Abreise, weil Dom Miguel die Hauptstadt Portugals bedrohte. Am 22. September 1833 kam sie endlich nach Lissabon, nachdem Dom Miguel's Heer auf mehren Punkten geschlagen und zurückgedrängt war. Im April 1834 wurde zwischen England, Frankreich, Spanien und Portugal ein Bündniß abgeschlossen, und nachdem ein spanisches Hülfsheer in Portugal eingerückt war, wurde Dom Miguel am 16. Mai geschlagen und sah sich genöthigt, bald nachher einen Vergleich zu unterzeichnen, worin er seinen Ansprüchen auf Portugal entsagte und sich verpflichtete, das Land zu verlassen. Dom Pedro war bedacht, den zerrütteten Staat zu ordnen, als er im September 1834 starb. Donna Maria übernahm nun selbst die Regierung und vermählte sich im Januar 1835 mit dem Bruder ihrer Stiefmutter, dem Herzog August von Leuchtenberg, den sie schon früher bei Besuche in Brasilien kennen gelernt hatte. Sie ernannte den Prinzen zum Pair des Reiches und bald nachher zum Oberbefehlshaber des Heeres, aber diese Erhebung eines Fremden erregte Unzufriedenheit und die Eifersucht der ehrgeizigen Großen. Schon im März 1835 wurde der Herzog nach kurzer Krankheit ihr entrissen. Die junge Königin war zu unerfahren, um unter den Ränken des Hofes und den Umtrieben ehrsüchtiger Parteien, die nach der Gewalt strebten, einen festen Standpunkt einnehmen zu können, und das Land sank immer tiefer in Zerrüttung. Sie wurde bald von der herrschenden Partei gedrängt, sich wieder zu vermählen, und die Wahl fiel endlich auf den Prinzen Ferdinand von Koburg-Kohary, mit welchem sie sich am 9. April 1836 verband. Die Königin gab neuen Anlaß zur Unzufriedenheit, als sie auch ihm den Oberbefehl über das Heer verlieh. Der Kampf der Parteien ward immer heftiger, und die Volkspartei erlangte endlich den Sieg. Die Rechte der Königin wurden immer mehr beschränkt, und als der Versuch der Freunde ihres Vaters, durch Waffengewalt die umgestürzte Verfassung von 1826 wiederherzustellen, mislungen war, wurde die siegende Partei in ihrer Gewalt befestigt. Mitten unter den Wirren, die das unglückliche Land zerrissen, gebar die Königin am 16. April 1837 einen Sohn, Peter Ferdinand, der den Titel Herzog von Porto erhielt. Ihr Gemahl nahm nun den Königstitel an, den die Verfassung des Staates nach der Geburt eines Thronerben ihm beilegte. Die Kämpfe der Parteien haben aber noch nicht aufgehört, und immer größer wird bei dem Versiegen der Hülfsquellen des Landes die Verwirrung. Die Geschwister der Königin sind: Pedro II., Kaiser von Brasilien, geboren 1825, Januaria, geboren 1822, Franzisca, geboren 1824, und aus ihres Vaters zweiter Ehe: Marie Amalie, geboren 1831.

Das Nordcap.*)

Die nördlichste Spitze unseres Welttheils bildet bekanntlich das Nordcap, ein Vorgebirge auf der zu Norwegen gehörigen Insel Mageröe, noch etwas über den 71sten Grad nördlicher Breite hinaus, also mitten in der kalten Zone, und in 43½ Grad östlicher Länge von der Insel Ferro liegend, wo der längste Tag und ebenso die längste Nacht etwa 2½ Monat dauert. Diesen merkwürdigen Punkt hat im vorigen Sommer Professor Parrot in Dorpat, der schon durch mehre wissenschaftliche Unternehmungen sehr vortheilhaft bekannt ist, besucht, um daselbst Beobachtungen anzustellen, und darüber einen sehr interessanten Bericht veröffentlicht, aus dem wir Folgendes ausheben. Von der Stadt Torneå in Finnland, an der Grenze zwischen Rußland und Schweden und am nördlichsten Ende des bottnischen Meerbusens, wo Parrot am 4. August angekommen war, machte er mit einem Schweden, den er dort kennen gelernt, und einem Gehülfen aus Dorpat die anziehende Wasserfahrt den Torneå- und Muonio-Strom hinauf, gegen 80 deutsche Meilen weit, „bald zwischen anmuthig bewohnten Hügelländern, bald zwischen dichten, nie betretenen Waldungen, hier über Stromschnellen von außerordentlicher Kraft, dort über spiegelglatte Seen hin. Ein kräftiger, edler Menschenschlag lebt hier; Treue ist sein Stammcharakter, Lüge, Diebstahl, Betrug, zu denen die Dürftigkeit des Bodens, der Mangel an Erwerb und die Entfernung von Justizbehörden Anlaß geben könnten, sind hier so gut als unbekannt. Den Muoniostrom aufwärts fahrend, hatten wir uns mit stark westlicher Wendung bis zu einer Höhe von 1400 Fuß erhoben, und befanden uns bei dem Ursprunge des Flusses zugleich an der Grenze der 3 nordischen Reiche (Rußland, Schweden und Norwegen), die sich hier berühren, in 69 Grad nördl. Br. und 38 Grad östlicher Länge. Ein rauher Gebirgskamm trennte uns jetzt

*) Vgl. Pfennig-Magazin Nr. 100.

von der nur noch eine starke Tagereise entfernten Küste. Die Boote, mit manchem Reisegeräth beladen, wurden ohne Sorge über ihre Erhaltung am Ufer eines Sees zurückgelassen und unsere physikalischen Instrumente und andere Sachen auf rüstigen Finnen auf den Rücken geladen. So schritten wir, von hohen Berggipfeln umgeben, zwischen größern und kleinern Seen, durch reißende Bäche hindurch, über üppige Grasabhänge, über Schneetriften und rauhe Felsengründe stets munter dahin, in einer Einöde, deren Stille nur hier und da der Flug eines Raubvogels oder das Brausen eines 100 Klafter hohen Wasserfalles unterbrach. Da trat plötzlich unserm Blicke die majestätische Felsenküste Finnmarkens (des norwegischen Lapplands) entgegen; es war der Meerbusen Lyngenfiord, der sich mehre Meilen tief ins Land hineinzieht, mit seiner prachtvollen Felsenkrone, deren Wände tausendfach zerklüftet, nackt und glänzend bis zu 3000 Fuß hohen zahlreichen Gipfeln aus dem Meere emporsteigen. Ein leichtes schmales Boot, von zwei rüstigen, erfahrenen und muthigen Seefinnen geführt, ward nun betreten und rudernd hier der glatte Meeresspiegel, dort die kurzgebrochne Woge durchschnitten. So ging es etwa 43 Meilen weit auf dem Nordmeere (nördl. Eismeer) bis zum Nordcap hin. Alten mit seinen von brittischem Kunstfleiß aufgeschlossenen Kupfergruben (unter 70 Grad n. Br.) darf hier nicht übergangen werden, ebenso wenig das mercantilische Hammerfest, Europa's nördlichste Stadt (70¾ Grad n. Br. 41 Grad östl. Länge) auf der Insel Qualöe, d. i. Walfischinsel, mit seinen lebensfrohen und gastfreien Bewohnern. Durch widrigen Wind aufgehalten, umschifften wir erst am 6. Sept. das majestätische, gewaltige Nordcap in unserm Boote, das einer Nußschale ähnlich am Fuße dieser tausend Fuß hohen Felsmauer dahinzog. Ein schlichter, braver Normann lebte 5 Werste (1½ Stunden) vom Nordcap in einer Bucht mit seiner Familie vom Fischfang; er nahm uns gastfreundlich auf, als wir um Mitternacht unter hellem Nordlichtschein an seine Thür klopften, und räumte uns willig sein Häuschen ein, das von Balken aus der Fremde gezimmert, von einem kleinen Eisenofen durch Treibholz erwärmt, mit einem Lager aus reinlichen Rennthierfellen, einem alten Tisch und ein paar Stühlen meublirt, uns so viel Schutz und Bequemlichkeit darbot, als wir am Nordcap nur zu finden hoffen durften. Bis dahin hatte beständig trübe Witterung geherrscht, aber gleich am ersten Morgen, nachdem wir seine Wohnung betreten, schwand sie und der klarste Himmel lachte uns an. In zwölf Tagen, während deren das Wetter fast ohne alle Unterbrechung warm und heiter blieb, vollendeten wir glücklich alle Arbeiten, die in unserm Plane lagen, und brachten den ganzen 16. Sept. auf dem Nordcap selbst zu. Kaum hatten wir das Ziel unserer Reise verlassen, als ein heftiger Sturm losbrach, der den Lauf unsers kleinen Fahrzeugs hemmte und uns 12 Tage lang in den lieblichen Hawösund erfahren ließ, was das die biedern Normanns Gastfreundschaft ist. Von Alten (Altengaard) aus wurde der Landweg eingeschlagen, über Lapplands beschneite Hochebenen nach Torneå, bald zu Fuß, bald in Rennthierschlitten, bald auf dem mit Treibeis bedeckten Muonio-Strome. Mitten unter allen diesen Beschwerden labte sich das Herz wieder an der Treue, Dienstfertigkeit und Gastfreundschaft der Bewohner dieses fernen Landstrichs.“

Dies klingt, wie man sieht, gar nicht abschreckend und mancher Leser wird sich vielleicht einer Regung des Unglaubens nicht erwehren können, wenn er hier

*

liest, daß es an der Nordspitze Europas, tief in der kalten Zone, üppige Grasabhänge und liebliche Örter geben soll. Gleichwol ist dies völlig gegründet, denn höchst merkwürdig ist das milde Klima Norwegens, besonders seiner Westküste, das sich auch in diesem sonst fast überall in Europa so strengen Winter, der selbst in Konstantinopel so lästig wurde, nicht verleugnet hat. In Finnmarken finden sich noch große Nadelholzwälder, wilde Beeren reifen noch unter dem 70sten Breitengrade und der Kartoffelbau breitet sich immer mehr aus. Nahe am Nordcap kommen noch Zwergbirken und verschiedene Gemüse fort und die Kälte steigt nie über 15 Grad Réaum., während die mittlere Winterkälte daselbst nur — 4° Réaum. beträgt. Dafür sind auch die Sommer, die sonst in den kalten Ländern zwar kurz, aber verhältnißmäßig sehr heiß sind, hier weniger warm und die mittlere Sommerwärme beträgt nur + 5° R. Dagegen beträgt in Enontekis im russischen Lappland, an der schwedischen Grenze unter 68½° nördl. Br., die mittlere Winterkälte — 14°, die mittlere Sommerwärme + 10° R.; in Drontheim in Norwegen in 63½° nördl. Br. beträgt erstere — 4°, wie am Nordcap, letztere aber + 13° R.

Die relative Höhe des schwarzen und kaspischen Meeres.

Von allen uns bekannten, also höchst wahrscheinlich von allen vorhandenen Landseen der alten und neuen Welt ist bekanntlich das ungefähr 4528 geographische Quadratmeilen einnehmende kaspische Meer der größte. Die Nähe des schwarzen Meeres, von dem das kaspische durch größtentheils sandiges, mitunter sumpfige Strecken enthaltendes Erdreich — durch die Kaukasusländer — getrennt wird, und die Angaben alter Schriftsteller, namentlich des sogenannten Vaters der Geschichte, Herodot, machen es in hohem Grade wahrscheinlich, daß beide Meere ehemals zusammengehangen haben. Weil sich nun in das kaspische Meer so viele und große Flüsse ergießen, worunter namentlich die Wolga, einer der größten Ströme der alten Welt, ohne daß es durch irgend einen Fluß mit dem Oceane in Verbindung stände und an diesen das empfangene Wasser abgeben könnte, die dadurch in das kaspische Meer geführte Wassermasse aber bedeutend größer erscheinen muß, als die durch Verdunstung beständig wieder entweichende, so nahm man gewöhnlich an, daß das kaspische Meer mit dem schwarzen durch unterirdische Kanäle in Verbindung stände, worauf auch andere Umstände zu deuten schienen. Hiermit hing die Frage zusammen, ob der Spiegel des erstern in gleicher Höhe mit dem des letztern liege? Denn wenn es sich fand, daß der Spiegel des einen höher als der des andern liegt, wiewol dies wegen der Beschaffenheit des zwischen beiden liegenden Landes nicht wahrscheinlich war, so mußte die Frage, ob beide in unterirdischer Verbindung stehen, jedenfalls verneint werden. Übrigens kannte man bisher noch keinen einzigen Landsee, dessen Spiegel tiefer als der des Weltmeeres läge, wol aber viele, deren Spiegel sehr bedeutend höher liegt; in Amerika liegt der See Mika bei Antisana über 12,000 Fuß hoch, in den Pyrenäen gibt es Seen in 8000 Fuß Höhe, und die bekanntesten Seen der Schweiz liegen sämmtlich mehr als 1000 F. über dem Meeresspiegel. Jetzt ist es ausgemacht, daß das kaspische Meer beträchtlich tiefer als das schwarze liegt, und die Geographen müssen auf eine neue Erklärung des oben angegebenen räthselhaften Umstandes denken.

Um über den streitigen Punkt aufs Reine zu kommen, nahm Parrot, Professor der Physik auf der Universität Dorpat, gemeinschaftlich mit Professor Engelhardt im Jahre 1811 zwischen beiden Meeren ein barometrisches Nivellement vor, welches ergab, daß das Niveau des kaspischen Meeres um 303 pariser Fuß tiefer liege. So sehr dieses seitdem unbedingt als richtig angenommene Resultat auch auffallen mußte, so überraschte es doch weit mehr, als Parrot nach einem zweiten Nivellement, das er im Jahre 1830 zur Zeit seiner Reise nach dem Ararat vornahm, erklärte, daß zwischen beiden Meeren in Betreff ihrer Höhe kein nennenswerther Unterschied stattfinde. Freilich stand damit im Widerspruch, daß auch der Engländer Monteith, ohne Parrot's erste Messung zu kennen, nach zweimaliger sorgfältiger Nivellirung die Höhe des kaspischen Meeres um 363 pariser Fuß geringer angab, einiger andern auf dasselbe Resultat führenden Messungen nicht zu gedenken.

Die russische Regierung, der die Geographie schon so manche Aufklärung verdankt, gab auch diesmal einen sprechenden Beweis ihres Eifers für die Wissenschaft, indem sie eine wissenschaftliche Expedition ausrüsten ließ, um die fragliche Niveauverschiedenheit zu messen, und zwar nicht wieder durch ein barometrisches Nivellement, dessen Resultate immer mehr oder weniger unsicher sind, sondern auf einem Wege, der unfehlbar zur Wahrheit führen mußte, aber freilich auch ungleich mühsamer und kostspieliger war, nämlich durch ein geodätisches oder trigonometrisches Nivellement. Diese Expedition bildeten der Astronom G. von Fuß (der Jüngere) zwei Zöglinge des Professoreninstituts, Sablet und Sawitsch, und der Mechaniker Masing. Die Kosten dieser Unternehmung betrugen 50,000 Bancorubel (etwa 17,000 Thaler). Am 23. October 1837 wurde das Nivellement beendigt und ergab als vorläufiges, bis auf fünf Fuß verbürgtes Resultat: daß das kaspische Meer um 95 pariser Fuß tiefer als das schwarze liegt. Sonach liegt die Wahrheit zwischen den beiden von Professor Parrot gefundenen Resultaten.

Mit diesem Resultate einer geodätischen oder trigonometrischen Messung trifft das Ergebniß der barometrischen Messungen nahe zusammen, welche in den Jahren 1835 und 1836 auf zwei entlegenen Punkten, zu Astrachan am kaspischen Meere und zu Symphoropol am schwarzen Meere, nach der Anleitung von Gebel, Professor der Chemie auf der Universität Dorpat, dessen Reise in den Steppen des südlichen Rußlands mit nächstem erscheinen wird, angestellt wurden. Diese ihrer Genauigkeit sowol, als der dabei gebrauchten Barometer wegen großes Vertrauen verdienenden Beobachtungen hat Professor Parrot einer sorgfältigen Berechnung unterworfen und gefunden, daß sich aus ihnen ein Niveauunterschied von 99 pariser Fuß ergibt.

Der Gang nach dem Eisenhammer.

Schon mehr als einmal haben wir unsere Leser auf die meisterhaften Zeichnungen des geistreichen Moritz Retzsch aufmerksam gemacht. Außer Shakspeare's Schauspielen und andern hat Retzsch auch die vorzüglichsten Gedichte Schiller's, wie z. B. das Lied von der Glocke, den Gang nach dem Eisenhammer, in ihren Hauptmomenten bildlich dargestellt; das letztere Gedicht war für die Erfindung und die technische Fertigkeit des

Fridolin am Eisenhammer.

Künstlers ein paſſendes Thema. Die Zeichnungen dazu beſtehen in acht Blättern und die Scenen ſind ſo geiſtreich gewählt, daß ſie eine vollkommene Überſicht der ganzen Geſchichte geben, und wenn ihnen auch der wilde Geiſt fehlt, der Retzſch's Zeichnungen zum Fauſt charakteriſirt, ſo erkennen wir doch darin eine Anmuth und Feinheit, die mit dem Gedichte vollkommen harmoniren, welches ein glückliches Ende hat, indem es zeigt, wie die Unſchuld von der göttlichen Vorſehung beſchützt wird.

Die Sage, die Schiller zur Grundlage ſeiner ſchönen Ballade genommen hat, iſt auch von Franz Ignatius v. Holbein auf die Bühne gebracht und von Weber in Muſik geſetzt worden. Schiller iſt ihr ziemlich treu geblieben, und es wird daher nicht nöthig ſein, den Gang der Sage mitzutheilen, da dieſes Gedicht eines der beliebteſten und bekannteſten unter dem deutſchen Volke iſt.

Die Abbildung, die wir aus Retzſch's Zeichnungen entlehnen, ſtellt die Scene dar, wie der Page Fridolin, nachdem er ſein Gebet in der Kapelle verrichtet, am Eiſenhammer anlangt. Er ſpricht:

„— Was der Graf gebot,
Ihr Knechte iſt's geſchehn?"
Und grinſend zerren ſie den Mund
Und deuten nach des Ofens Schlund:
„Der iſt beſorgt und aufgehoben,
Der Graf wird ſeine Diener loben."

Die Geſtalt und die Züge des Pagen verrathen die Überraſchung, worein ihn dieſe räthſelhafte Antwort verſetzt, während uns die teufliſchen Geſichter der beiden Schmiede über die Freude und Pünktlichkeit, womit ſie des Grafen Befehl zu vollbringen glaubten, nicht im Zweifel laſſen.

Man hat dem Künſtler den Vorwurf gemacht, daß er der Phantaſie zu wenig Spielraum gelaſſen habe, indem er in den Zeichnungen alle Einzelheiten mit den Schöpfungen ſeiner fruchtbaren Phantaſie ausſtattet. Aber ſo ungern ſich gewiß Jeder dazu entſchließt, die Werke eines Künſtlers von ſo anerkanntem Verdienſt einer allgemeinen Kritik zu unterwerfen, ſo tritt doch beſonders in der Zeichnung, wovon wir die Copie mittheilen, ein Umſtand hervor, der den erwähnten Vorwurf einigermaßen zu rechtfertigen ſcheint. Man ſieht nämlich in dem Schmelzofen noch die Füße des unglücklichen Jägers, in welchem Falle Fridolin die Grauſamkeit des Grafen ſogleich durchſchaut haben würde; in dem Gedichte heißt es aber, daß er erſt nach ſeiner Rückkehr aus dem Walde Aufſchluß über die räthſelhafte Antwort der Knechte erhielt.

Die elektriſchen Fiſche.

Elektriſche Fiſche, auch Krampf- oder Zitterfiſche, nennt man alle diejenigen Fiſche, welche das Vermögen haben, Menſchen und Thieren, die mit ihnen in mittelbare oder unmittelbare Verbindung kommen, eigenthümliche Schläge zu ertheilen, die den elektriſchen Erſchütterungen ähnlich ſind, und einen Krampf und eine Erſtarrung der Muskeln dadurch zu verurſachen. Sie findet ſich in den verſchiedenſten Fiſchgeſchlechtern und haben nur Das in ihrer äußern Bildung miteinander gemein, daß sie ohne Schuppen mit einer schleimigen Haut bedeckt sind. Gewöhnlich zählt man fünf Arten elektrischer Fische auf: den Zitterrochen, den Zitteraal, den Zitterwels, den elektrischen Spitzschwanz und den elektrischen Stachelbauch; doch soll das mittelländische Meer vier verschiedene Arten von Zitterrochen beherbergen, und der Krampfrochen vom Vorgebirge der guten Hoffnung ist wahrscheinlich auch eine besondere Art. Die Erscheinungen, welche sie zeigen, sind besonders an den beiden ersten Arten, dem Zitterrochen und dem Zitteraal, von vielen berühmten Naturforschern, unter denen auch A. v. Humboldt nicht fehlt, genau beobachtet worden, während die Nachrichten über die elektrischen Eigenschaften der übrigen sehr dürftig sind.

Der Zitterrochen findet sich vorzüglich an den verschiedenen Küsten des mittelländischen Meeres, aber auch an der Westküste Frankreichs und der Südküste Englands, also im atlantischen Meer, und war schon den Alten bekannt, von denen ihn z. B. Plato, Aristoteles (oft), Plinius und Plutarch erwähnen, ja seine Erschütterungen wurden nach Galenus u. A. von den alten Ärzten als Heilmittel gegen Kopfweh und Gicht gebraucht. Er ist gewöhnlich 15 bis 20 Zoll lang, doch wurde an der englischen Küste ein Rochen von drittehalb Fuß Länge gefangen.

Der Zitteraal oder Drillfisch lebt an den Seeufern und Mündungen der Flüsse von Südamerika und wurde durch den französischen Astronomen Richer bekannt, der im Jahre 1672 in Cayenne im französischen Guiana (Südamerika) die merkwürdige Eigenschaft des Fisches an sich selbst erfuhr. Er wird nach Humboldt bisweilen 6 Fuß lang und hat ein schmackhaftes Fleisch. Der Zitterwels ist in den afrikanischen Flüssen zu Hause und wurde zuerst von Adanson, der ihn im Senegal fand, 1751 bekannt gemacht.

Die elektrischen Wirkungen der Zitterfische hängen von gewissen ihnen eigenthümlichen Organen ab, welche man elektrische Organe nennt. Der Zitterrochen hat zwei solcher Organe, die einander ganz gleich sind, den dritten Theil seiner Länge, aber die ganze Dicke einnehmen und aus senkrechten Säulen von der Dicke eines Gänsekieles bestehen. Die Zahl dieser Säulen ist nicht gleich und scheint hauptsächlich vom Alter des Fisches abzuhängen. Bei einem Exemplare fand man 470, dagegen bei dem oben erwähnten sehr großen Rochen 1182 solcher Säulen in jedem Organe. Jede Säule ist durch horizontale Scheidewände in eine Menge Fächer getheilt, die eine dickliche Flüssigkeit enthalten. — Der Zitteraal, dessen erschütternde Kraft die des Zitterrochens noch weit übertrifft, hat auch mehr ausgedehnte elektrische Organe, die den größten Theil seines Schwanzes ausmachen, welcher die elektrische Kraft besitzt und $3/4$ der ganzen Länge des Thieres einnimmt. Die Organe bestehen übrigens aus zwei Paaren, einem großen oberhalb und einem kleinen unter demselben.

Man erhält vom Zitterrochen nicht immer einen Schlag, wenn man ihn berührt, selbst nicht, wenn man ihn mit beiden Händen an Bauch und Rücken zugleich anfaßt; man muß ihn durch Drücken, Reiben oder Stechen reizen, damit er den Schlag ertheile, und dieser hängt ganz von seiner Willkür ab. Die Empfindung ist dem Entladungsschlag einer leydener Flasche ähnlich, aber durchdringender und schmerzhafter, und am stärksten dann, wenn man beide Organe oder eins an der obern und untern Fläche zugleich berührt. Man hat in einer Minute bis 100 Schläge erhalten.

Ein Gelehrter in Genua wurde von dem Schlage eines alten und großen Zitterrochens zu Boden geworfen und behielt lange Zeit einen dumpfen Schmerz in den Gliedern. Unmittelbare Berührung des Fisches ist nicht nöthig, um die Schläge zu erhalten; man braucht ihn nur mit einem andern Körper, der aber ein Leiter der Elektricität sein muß, also z. B. mit einem Metallstab oder einem nassen Tuche, zu berühren, doch ist der Schlag dann schwächer. Die Erschütterung kann in mehren Personen hervorgebracht werden, wenn sie auch nicht unmittelbar den Fisch berühren, sondern nur einen leitenden Kreis bilden, dessen äußerste Glieder mit den Organen des Fisches in Berührung sind. Dieser interessante Versuch, der die elektrische Natur der ganzen Erscheinung am deutlichsten zeigt, wurde zuerst 1772 zu Rochelle mit 8 Personen angestellt und später öfter wiederholt. Kurz vor dem Tode ertheilt der Fisch ununterbrochen aufeinanderfolgende leichtere Schläge, die mit dem Tode ganz aufhören.

Das vom Zitterrochen Gesagte gilt auch vom Zitteraal, dessen Schläge jedoch, wie bemerkt, weit heftiger und bei den größern nach Humboldt in wenigen Minuten sogar Pferde zu tödten im Stande sind. Der Schlag wird daher auch, was beim Zitterrochen nicht der Fall ist, durch Wasser hindurch empfunden, wenn man sich dem Fisch mit der Hand unter dem Wasser nur nähert. Dies zeigt sich auch, wenn der Aal die ihm zur Nahrung dienenden kleinen Fische vorher durch elektrische Schläge aus einer Entfernung von 10—15 Fuß betäubt. Vorzüglich gut gelang es beim Zitteraal, den Schlag mehren Personen zugleich mitzutheilen, die sich mit nassen Händen anfaßten, während die erste und letzte den Fisch unmittelbar oder mittelbar berührten. Auf diese Weise hat man den Schlag durch 27 Personen geleitet. Auch beim Zitteraal zeigen übrigens die elektrischen Organe nach dem Tode keine Spur des elektrischen Vermögens. Obgleich die Schläge dieser Fische ganz elektrischer Art sind und in ihrem ganzen Verhalten auf Elektricität deuten, so fehlen doch beim Zitterrochen alle übrigen der Elektricität eigenthümlichen Erscheinungen, und vergebens suchte man bisher bei ihm den kleinsten Funken hervorzulocken. Erst ganz neuerlich (seit dem Jahre 1836) ist dies den Italienern Matteucci und Linari gelungen. Professor Linari in Siena hatte 15 lebende Zitterrochen zu seiner Verfügung; aus einem einzigen derselben erhielt er gegen zehn Funken hintereinander, wobei Größe, Alter und Geschlecht der Thiere keinen Unterschied machten. Der Apparat bestand aus einem etwa 1800 Fuß langen Kupferdraht, der schraubenförmig aufgerollt war und in zwei Silberplatten endigte, mit denen der isolirte, d. h. auf einen die Elektricität nicht leitenden Körper, wie Glas, gelegte Zitterrochen berührt und gereizt wurde. An einer Stelle war der Draht unterbrochen und die Drahtenden in Quecksilber getaucht, in welches die Funken übersprangen. Matteucci hat sich zwei Monate lang (Juni und Juli 1837) in Cesenatico am adriatischen Meere aufgehalten und sich bis 116 lebende Zitterrochen verschafft und sorgfältig untersucht. Er erhielt den elektrischen Funken, indem er den Fisch zwischen zwei Metallplatten legte, die durch zwei Goldblättchen in Verbindung standen. Beim Zitteraal hat man schon 1772 den elektrischen Funken wahrgenommen; alle übrigen elektrischen Erscheinungen fehlen aber auch hier gänzlich.

Der neuseeländische Hanf oder die Pflanzenseide.

Unter diesen Benennungen ist in neuerer Zeit in Europa ein Erzeugniß des Pflanzenreichs bekannt geworden, das wegen seiner vorzüglichen Ausdauer in Wasser besondere Aufmerksamkeit auf sich gezogen hat und bereits mehrfach, namentlich in England und Frankreich, zu Gegenständen verwendet wird, die beständiger Einwirkung der Nässe ausgesetzt sind. Es ist der Bast einer Pflanze, die in Neuseeland am Ufer von Waldbächen und andern feuchten und schattigen Orten wild wächst, im Äußern mit der Schwertlilie und der Aloe Ähnlichkeit hat und von den Naturforschern Phormium tenax genannt wird.

Die Neuseeländer schaben diese Pflanze mit großen Muschelschalen, sondern dann den Hanf mit den Fingern ab und weben Matten und andere Zeuche von großer Schönheit daraus, die sie im Thau bleichen. Mehrfache Versuche der Engländer, das der Pflanze eigenthümliche Gummiharz zu beseitigen, welches beim Weben wegen seiner Ungeschmeidigkeit hinderlich ist, blieben lange fruchtlos, bis ein Franzose, Liénard, seine Bemühungen mit besserm Erfolg belohnt sah. Er errichtete zu Pont-Remy eine Spinnerei für diesen Stoff, und die Zeuche, welche daraus hervorgingen, erschienen ebenso schön, aber viel fester, geschmeidiger und leichter als Leinen. Die schätzbarste Eigenschaft dieser Gewebe besteht aber darin, daß sie bis zu sieben Monaten im Wasser liegen können, ohne eine Veränderung zu erleiden. Zahlreiche Erfahrungen an Netzen und Tauen haben jeden Zweifel hierüber gehoben und es werden jetzt von letztern eine bedeutende Anzahl im Auftrage der französischen Regierung für die königliche Marine angefertigt. Liénard's Fabrik beschäftigte 1836 schon mehr als tausend Arbeiter und es steht zu erwarten, daß bei der Wohlfeilheit des Stoffs, von dem der Centner, trotz der sieben Bearbeitungen bis zum spinnbaren Zustande, nur sechs Francs kostet, diese nützliche Pflanze bald allgemeiner verbreitet werden wird.

Elvas.
(Beschluß aus Nr. 265.)

Nachdem wir eine Schilderung der Stadt Elvas gegeben haben, werfen wir einen Blick auf die zwei Forts, die sie vertheidigen und die maurische Wasserleitung, welche unsere Abbildung darstellt. Vielleicht werden nur selten die Befestigungswerke eines Ortes von dessen Lage so begünstigt, als in Elvas. Sie befinden sich auf drei abgesonderten, nicht zu steilen Hügeln und werden durch Vertiefungen getrennt, sodaß sie alle mit Nachdruck einzeln vertheidigt werden können. Santa Lucia ist das erste Befestigungswerk; es steht auf einem kleinen Hügel, der die ganze Umgegend beherrscht, in der Flanke von festen Schanzen gedeckt; es bildet ein Viereck und ist mit Bollwerken und Vorschanzen versehen. Den Mittelpunkt nimmt ein starker viereckiger Thurm ein, der durch eine Zugbrücke mit den Brustwehren in Verbindung gesetzt wird, und da er von starkem Mauerwerk und in allen Richtungen mit Schießscharten versehen ist, so wäre die Einnahme der Brustwehren nur ein unbedeutender Gewinn, da die Vertheidigung des Thurmes den Angreifenden leicht einen größern Verlust bringen möchte, als alle Arbeiten zur Zerstörung der Außenwerke. Auf der Spitze dieses Thurmes steht das Haus des Gouverneurs, wohin zur Zugbrücke aus ein bedeckter Weg führt, das aber sonst gar nicht mit dem Gebäude in Verbindung steht, sodaß seine Zerstörung die Vertheidigungsmittel nicht schwächen würde. Außer dem bedeckten Wege, der in die Stadt führt, befindet sich in der Mitte des Thurmes ein unterirdischer Gang, durch welchen der Besatzung neue Vorräthe, Kriegsbedarf oder Verstärkung zugeführt werden können, wenn die gewöhnliche Verbindung abgeschnitten sein sollte. Ebenso besitzt der Thurm einen tiefen Brunnen und einen Behälter, welche die Mannschaft auf ein ganzes Jahr hinlänglich mit Wasser versorgen. Das Dach des Thurmes ist bombenfest und enthält zwölf Geschütze, kann aber in Nothfall noch mehr aufnehmen. Zur Vertheidigung des Thurmes ist eine Besatzung von 1000 Mann nöthig. Den zweiten Hügel bedeckt die Stadt, die von elf Bollwerken mit Brustwehren und Vorschanzen umgeben ist, während ihr südliches Thor noch durch ein Kronwerk von bedeutender Stärke vertheidigt wird. Die Befestigungswerke des Schlosses sind sehr stark; fünf Batterien erheben sich übereinander und beherrschen die Umgegend nach jeder Richtung. Das Bollwerk de Principe faßt zehn Geschütze, und das Bollwerk de Cancacao auf der entgegengesetzten Ecke dreizehn. Elvas enthält, abgesehen von den Außenwerken, 115 Geschütze, und diese innerhalb des kleinen Umfangs von weniger als einer Stunde.

Hinter der Stadt und der Feste Elvas erstreckt sich ein tiefes Thal, durch welches sich ein kleiner Strom (von den Einwohnern rivetto genannt) windet. Hier und da sieht man kleine Hütten zwischen den mächtigen Forts, und wenn man die Hügel besteigt, beschatten Olivenhaine den Weg, und die klare Quelle ladet den Wanderer ein, im kühlen Schatten dichtbelaubter Bäume zu ruhen und sich an der erfrischenden Quelle zu erquicken. In dieser Einsamkeit scheint Friede zu wohnen; die Feste wird von hohen Bäumen verborgen, und tritt man aus dem Hain, so hat man keine Ahnung davon, daß man in der Nähe der stärksten Festung ihrer Art von Europa sich befindet, sondern blickt mit Bewunderung auf die reizende Gegend herab. Zu unsern Füßen liegt die Stadt mit ihren verschiedenartigen Gebäuden und belebten Gassen; jenseit das Fort Santa Lucia und die großartige Wasserleitung, die mit Zwischenräumen in einer Strecke von drei Meilen sich ausdehnt; wir überblicken das schöne Thal Almoseira, von rauhen Hügeln umschlossen, das der dunkle Guadiana durchfließt. Bei der Stadt Badajoz wird der Strom breiter, dort von der kleinen Stadt Jerennania, hier von den hohen Ufern verborgen, dort die Festung Olivença bespülend, in der Entfernung wie ein glänzender Fleck erscheinen, wenn die Sonne seine weißen Mauern und die ungeheuern Thürme beleuchtet; dort wieder um friedliche Fischerhütten sich windend, und dann an den Bogen der Brücke von Badajoz sich brechend, bis er endlich hinter den stolzen Thürmen dieser Stadt und den entfernten Höhen von Albuera verschwindet. Alles vereinigt sich zu einem Landschaftsbilde von unvergleichlicher Schönheit. Ist die erste Überraschung vorüber, so wird der Wunsch rege, zur Spitze des Hügels zu gelangen, um eine noch ausgedehntere Aussicht zu genießen, und wir klimmen den steilen Pfad aufwärts, bis wir von dem Anruf der Wachen überrascht werden und nun sehen, daß wir bei dem Fort la Lippe angelangt sind. Erst beim Eintritt in diese Feste erkennt man ihre Stärke, denn obschon sie dieselbe Gestalt wie Santa Lucia hat — ein befestigtes Viereck — so ist sie doch noch massiver und fester gebaut und ihre Eroberung mit noch viel größern Schwierigkeiten verbunden. Die

Beschreibung des Forts Santa Lucia kann im Übrigen auch für la Lippe gelten, nur daß hier alle Theile stärker, die Schanzen in allen Richtungen mit Schießscharten und Kasematten durchkreuzt und die Brustwehren mit Batterien versehen sind. Ein Wasserbehälter kann eine Besatzung von 2000 Mann zwei Jahre lang hinlänglich mit Wasser versorgen, für ebenso lange Zeit sind auch die auf der Feste befindlichen Vorrathshäuser mit Getreide versehen. Man findet außerdem innerhalb der Mauern eine Mühle und einen großen Backofen. Hieraus geht hervor, daß la Lippe, ausgenommen durch Verrath, Überfall oder Aushungerung, nicht genommen werden kann, auf alle Fälle aber verlangt das Unternehmen große Geduld und nur mit bedeutenden Verlusten würde es ausgeführt werden können, denn während die Belagerten hinter ihren Mauern völlig sicher sind, müssen die Belagerer das beständige Feuer derselben aushalten, und obschon die Feste auf drei Seiten von Hügeln umgeben ist, so sind sie doch zu niedrig und werden von dem Fort so vollkommen beherrscht, daß die Angreifenden sie nicht benutzen könnten. Merkwürdig ist noch ein ungeheuer tiefer Brunnen, dessen Wasser, mit Öl vermischt, dick und milchartig wird, aber einen unangenehmen Geschmack hat.

Die maurische Wasserleitung leitet das Wasser von einer drei Meilen entfernten reinen Quelle nach der Stadt und füllt einen ungeheuern Behälter, der sie zwei Monate lang hinlänglich versorgen kann. Der Theil dieser Wasserleitung, den unsere Abbildung darstellt, ist derjenige, welcher das Thal von Campo de Feira, oder Marktfeld, durchzieht, das von dem jährlichen Markte, der hier gehalten wird, seinen Namen hat. Man möchte glauben, daß eine Wasserleitung in einer geraden Linie gebaut sein müsse; diese aber bildet ein unregelmäßiges Zickzack; die große Höhe und der enge Kanal erfordern diese Form, um dem Bauwerke größere Stärke zu geben, da jede Ecke eine mächtige Stütze bildet. Unähnlich der berühmten Wasserleitung über das Thal Alcantara bei Lissabon, deren ungeheure Bögen sich bis zu einer Höhe von 332 Fuß erheben, besteht diese aus vier Stockwerken oder Bogenreihen, wovon die untern fast 100 Fuß und die obern ungefähr 40 Fuß in der Höhe messen, sodaß das Ganze, wenn man die Dicke des Bogens in Anschlag bringt, gegen 250 Fuß hoch ist. Das Thal, das dieses merkwürdige Werk durchzieht, ist ungefähr eine halbe Stunde breit, und man kann sich einen Begriff von dem ungeheuern Bauwerk machen, wenn man bedenkt, wie viel Mauerwerk erforderlich war, eine Reihe solcher Bögen zu errichten, selbst wenn diese nur das Thal hätten durchschneiden sollen. Die Wasserleitung wird in Zwischenräumen durch große Strebepfeiler gestützt. Daß die Grundsätze der Hydraulik der Erbauern bekannt waren, geht aus den alten Brunnen hervor, die man noch in allen Theilen der Stadt Elvas findet. Man muß vermuthen, daß die Beschaffenheit des Bodens die Anlegung einer Wasserrinne nicht gestattete, da hier, wie um Lissabon, die Felsen kaum mit Erde bedeckt sind. An vielen Stellen hätten lange Tunnel angebracht und Felsen durchhauen werden müssen und ungeheure Baumaterialien würde es gekostet haben, die durch Spalten oder Schluchten getrennten Theile zu verbinden, sodaß bei genauer Betrachtung das Bauwerk, so riesenmäßig es ist, dennoch das wohlfeilste und am wenigsten mühsamste Mittel war, die Stadt mit Wasser zu versorgen.

Ansicht der Forts und maurischen Wasserleitung bei Elvas.

Das Pfennig-Magazin
für
Verbreitung gemeinnütziger Kenntnisse.

267.]   Erscheint jeden Sonnabend.   [Mai 12, **1838**.

Händel und sein Denkmal in der Westminsterabtei.

GEORGE FREDERICK HANDEL, Esqr.
born February XXIII. MDCLXXXIV.
died on Good Friday, April XIII. MDCCLIX.
L. F. Roubiliac, Sc.

Der berühmte Componist Georg Friedrich Händel wurde zu Halle, wo sein Vater Arzt war, im Februar des Jahres 1684 geboren. Wie viele ausgezeichnete Componisten, zeigte er schon sehr früh eine ungemeine Neigung zur Musik. Noch Kind, ließ er schon, wie Haydn, vielversprechende Talente blicken, da jedoch sein Vater ihn zum Rechtsgelehrten bestimmt hatte, verbot er ihm jedes Instrument. Aber der begeisterte Knabe wußte sich heimlich ein Clavier zu verschaffen, das er in einem Dachstübchen des Hauses verborgen hielt und womit er sich ergötzte, während die Familie schlief.

Als er sieben Jahre alt war, öffnete ihm ein glücklicher Umstand den Pfad des Ruhmes. Er begleitete seinen Vater zum Herzog von Sachsen-Weißenfels, wo er seiner Neigung zur Musik mehr nachhängen durfte. Eines Tages spielte er nach beendigtem Gottesdienste auf der Orgel; der Herzog, der sich in der Kirche befand, fühlte sich von der Musik angezogen und fragte seinen Kammerdiener, wer die Orgel spiele. „Es ist mein Bruder", war die Antwort des Kammerdieners, der ein Halbbruder Händel's war. Von diesem Augenblicke an hob sich des Knaben Genie, das man bisher zu unterdrücken gesucht hatte. Auf des Herzogs Veranlassung entsagte der alte Händel seinem Plane, einen Rechtsgelehrten aus seinem Sohne zu bilden, und ließ ihm von Zachau, dem damaligen Organisten an der Domkirche zu Halle, Unterricht ertheilen. Von seinem siebenten bis zu seinem neunten Jahre versah er oft während der Abwesenheit seines Lehrers dessen Amt. Im neunten Jahre componirte er eine Kirchenmusik für Stimmen und Instrumente, und übertraf bald seinen Meister, der ihn sehr lieb gewann und freudig des Knaben Überlegenheit anerkannte. Im Jahre 1698 wurde Händel nach Berlin gesandt, wo die Oper — unter dem Schutze des Kurfürsten von Brandenburg, des nachherigen Königs von Preußen — auf einer sehr hohen Stufe stand. Solche Talente, wie sie Händel besaß, konnten einem Fürsten nicht lange verborgen bleiben, der selbst stolz auf seinen musikalischen Geschmack und die Aufmerksamkeit war, die er allen sich in diesem Fache Auszeichnenden zu Theil werden ließ. Er schenkte ihm seine Aufmerksamkeit und bot ihm auch Gelegenheit und Mittel zu einer Reise nach Italien dar, was jedoch sein Vater ablehnte.

In Hamburg, wo wir ihn nach dem Tode seines Vaters und den Erhalter seiner Mutter wiederfinden, hätte bald ein Umstand sein schönes Leben beendigt und die Welt seiner Talente beraubt. Ein junger Mann, Namens Mathison, auf Händel's Vorzüge eifersüchtig, obschon früher sein Freund, foderte ihn und würde sein Herz durchbohrt haben, wenn Händel nicht zufällig ein Notenbuch auf der Brust getragen hätte, woran der Degen seines Gegners zerbrach. Einige Zeit später sollen sie innigere Freunde geworden sein als vorher.

„Almeria", Händel's erste Oper, die er in seinem vierzehnten Jahre componirte, fand solchen Beifall, daß sie dreißigmal hintereinander aufgeführt wurde. Bald nachher reiste er nach Italien (1703) und in Florenz componirte er seine Oper „Rodrigo". In Venedig und Rom wurde er mit der größten Achtung und Aufmerksamkeit aufgenommen.

Er hielt sich sechs Jahre in Italien auf, wo er mit dem großen Corelli bekannt wurde, mehre Opern und andere Musikstücke componirte und den mehrfachen Versuchen, ihn zur Annahme des katholischen Glaubens zu bewegen, mit Festigkeit widerstand, indem er sagte, er sei entschlossen, als ein Glied der protestantischen Kirche zu sterben, worin er geboren und erzogen sei, und die er für die bessere halte.

Aus Italien in sein Vaterland zurückgekehrt, begab er sich nach Hanover, wo er im Jahre 1703 vom Kurfürsten zum Kapellmeister ernannt wurde. Die Verbindung des hanöverschen Hofes mit dem englischen brachte ihn auf den Gedanken, England zu besuchen. Nachdem er erst nach Halle zu seiner bejahrten Mutter gereist war, schiffte er sich ein und kam 1710 nach London. Der Kurfürst von Hanover, später Georg I, hatte ihm eben eine Pension bewilligt, die Händel unter der Bedingung annahm, daß sie hinsichtlich seines Aufenthalts in England nicht beschränken sollte.

Es ist merkwürdig, daß sein erstes musikalisches Auftreten in dem Lande, wo sein Ruhm eine so ungewöhnliche Höhe erreichen sollte, von dem geschmackvollen Addison bespöttelt wurde. In dem „Zuschauer" macht dieser berühmte Schriftsteller Händel's Oper „Rinaldo" lächerlich, indem er bemerkt, daß der Dichter des Textes (Aaron Hill, nachheriger Director des Haymarket-Theaters) Händel den Orpheus unserer Zeit genannt und dem Publicum bekannt gemacht hätte, derselbe habe die Oper in 14 Tagen componirt. „Rinaldo" jedoch wurde bald das Lieblingsstück des Publicums und bahnte nicht nur den Weg für künftige Leistungen, sondern Händel verdankte derselben auch viele Aufforderungen von Seiten mehrer Großen, sich in England niederzulassen. Dieses Anerbieten lehnte er jedoch ab, und zwar aus Rücksicht auf seinen Wohlthäter, den Kurfürsten von Hanover, und kehrte nach einem Jahre zu ihm zurück. Zwei Jahre später finden wir ihn wieder in England, wo er mehre Opern, ein Tedeum und Jubilate auf den Frieden von Utrecht für die Königin Anna componirte, in deren Anwesenheit diese Meisterwerke in der Paulskirche aufgeführt wurden.

Nach Anna's Tode und der Thronbesteigung Georg I. im Jahre 1714 verlor Händel die Gunst des Hofes, weil er so lange Zeit von Hanover weggeblieben war und einen Gegenstand zu seinem Tedeum gewählt hatte, der nicht mit der Politik des Königs übereinstimmte. Dieser Sturm endete jedoch bald günstig für ihn. Wir entlehnen folgende Mittheilung darüber aus Hogarth's „Geschichte der Musik": „Um des Königs Gunst wieder zu erlangen, ersann Händel's alter Gönner, der Baron von Kielmansegge, ein Mittel, das seine Freundschaft gegen Händel ihm eingab. Nachdem er eine Lustfahrt auf der Themse angeordnet und König eingeladen hatte, sie durch seine Gegenwart zu verherrlichen, foderte er Händel auf, etwas für diese Gelegenheit zu componiren. Es entstand seine berühmte „Wassermusik" für Blasinstrumente, die, wenn sie auf dem Wasser aufgeführt wurde, einen ganz besondern Eindruck zu machen berechnet war. Die Musiker befanden sich in einem Boote, das dem Königs folgte, und die Töne waren so schön und bezaubernd, daß Georg fragte, wer der Componist des Stückes sei. Der Baron erwiderte ihm darauf, es sei das Werk eines getreuen Dieners Sr. Majestät, der, die zugefügte Beleidigung erkennend, nicht wagen wollte, sich eher dem Könige zu nähern, bis ihm Verzeihung zu Theil geworden wäre. Diese Verwendung wurde mit Erfolg gekrönt und Händel erlangte wieder die frühere Gunst."

Von dieser Zeit bis zu seinem Tode war England sein alleiniger Aufenthalt; er componirte fleißig, während er harte Kämpfe mit eifersüchtigen Nebenbuhlern auf der einen Seite und mit einer schwächlichen Gesundheit, die Folge unermüdlichen Fleißes, auf der andern zu bestehen hatte. Während der Sänger Farinelli durch seine Stimme die Menge bezauberte und der beliebte Componist Porpora Lorbern einsammelte, scheint Händel weniger beachtet worden zu sein, als er es verdiente. Pope zollte ihm die größte Achtung und Anerkennung, während der profane Witzling Swift ihn lächerlich zu machen suchte.

Wir wollen hier nicht die Kränkungen aufzählen, die der wahrhaft große Händel, wie viele geistvolle Männer jener Zeit, erfahren mußte. Es sei hinreichend, wenn wir erwähnen, daß er an Geist und Körper zerrüttet und vom Schlage gelähmt, seine Zuflucht nach Tunbridge und dann nach Aachen nahm. Die aachner Bäder stellten ihn wieder her und 1737 kehrte er in völliger Gesundheit nach London zurück. Er widmete seine Talente aufs Neue jenen ernsten feierlichen Compositionen, wodurch er größtentheils seinen unsterblichen Ruhm gegründet hat. Es ist jedoch schmerzlich zu hören, daß die Oratorien „Saul", „Israel in Ägypten" und selbst sein „Messias" bei ihrem Erscheinen nicht jenen Eindruck hervorbrachten, der sich von ihrer unübertrefflichen Schönheit erwarten ließ. Man kann dies nur der Bosheit der Mitglieder der italienischen Oper zuschreiben, die sich gegen ihn erhoben hatten und ihn bald bewogen, nach Irland zu gehen. Nach einiger Zeit versuchte er wieder in England sein Glück, aber die ungeheuern Kosten, welche ihm die Aufführung seiner Oratorien verursachten, die oft leeren Sitzen vorgetragen wurden, verwickelten ihn in bedeutende Schulden, wovon ihn nur Georg II. Beistand befreien konnte. Es ist bekannt, wie der gute König Georg III. Händel's Composition stets allen anderen vorzog. Die Ermunterung, die er bei der „Feier Händel's" in der Westminsterabtei im Jahre 1784 gewährte, und die Theilnahme, die er an jenem berühmten Feste nahm, mögen als Beweise dafür dienen.

In seinen letzten Jahren verlor Händel das Licht seiner Augen, und es muß ein rührender Anblick gewesen sein, wenn man ihn zur Orgel führte und er dann — ein Greis von fast 70 Jahren — der Versammlung seine Verbeugung machte. Trotz seines hohen Alters und seiner Blindheit fuhr er fort, mit bewundernswürdiger Kraft und Begeisterung zu spielen. Wenn er seine rührende Arie „Gänzliche Dunkelheit" in dem Oratorium „Simson" aufführte, verrieth er stets eine große Aufregung.

„Händel's Charakter", sagt Hogarth, „war in all seinen großen Zügen erhaben und liebenswürdig. Sein ganzes Leben hindurch zeigte er einen tiefen Sinn für Religion. Seine größte Freude war, die schönsten Stellen der heiligen Schrift in Musik zu setzen, und sein fleißiges Studium der Bibel übte einen beständigen Einfluß auf seine Gesinnungen und sein Benehmen aus. In den letzten drei Jahren seines Lebens besuchte er regelmäßig den Gottesdienst in der St.-Georgskirche, und seine Blicke und seine Geberden verriethen die Inbrunst seiner Andacht."

Er starb, unverheirathet, im April des Jahres 1759 und wurde in der Westminsterabtei begraben. Über seine irdischen Überreste erhebt sich ein prächtiges Denkmal von Roubiliac. Es stellt ihn selbst dar und das aufgerollte Notenblatt enthält die Worte aus seinem Oratorium „Messias": „Ich weiß, daß mein Erlöser lebt", mit den dazu gehörigen Noten.

Die Insel Ascension.

Diese kleine fast in der Mitte des atlantischen Oceans in 8° südl. Breite und 4° westlicher Länge gelegene Insel liefert ein merkwürdiges Beispiel der Beharrlichkeit, mit der die englische Regierung ihre Zwecke unter Schwierigkeiten aller Art verfolgt. Die Insel Ascension (zu deutsch: Himmelfahrtsinsel) war bis zum Jahre 1815 nur ein großer Haufen ausgebrannter Schlacken. Sie hat 25 engl. (5 deutsche) Meilen im Umfang. Das Ufer besteht aus einer 3 engl. Meilen breiten Ebene, bedeckt mit Lava und vulkanischen Schlacken; von da an steigt die Mitte der Insel schnell zu einem 4500 (nach andern Angaben nur 2800) Fuß hohen Gipfel, dem grünen Berge, an, der mit einer Hochebene endigt. Außerdem hat die Insel etwa 30 ausgebrannte Krater, die meist kreisförmig und 100 — 300 Fuß hoch sind. Der berühmte Seefahrer Dampier fand im Jahre 1701, wo sein Schiff hier scheiterte und er deshalb mit der Schiffsmannschaft genöthigt war, sich hier drei Wochen aufzuhalten, an der Seite des Berges eine kleine Quelle und den Gipfel des Berges mit Haidekraut bewachsen. Zahllose Seeschildkröten legten ihre Eier auf dem öden Ufer und gaben den einzigen Grund ab, um dessen willen Schiffe bisweilen die Insel besuchten. Die hier vorkommende Art ist die vortreffliche, von der dunkelgrünen Farbe ihres Fettes sogenannte grüne Schildkröte, die in der Regel 7 — 800, selten 900 Pfund wiegt, worunter aber nur etwa 150 Pfund eßbares Fleisch sind. Sie legen vom December bis Juni des Abends und zwar bei Mondschein Eier, jede 70 — 80 an einem Abende; im Durchschnitte werden in jeder Eierlegzeit 4 — 500 Stück, in seltenen Fällen bis 1500 Stück gefangen. Die halb knorpelige Masse, welche den Rücken und den Bauchschild vereinigt, ist das berühmte Kalipi, welches den Hauptbestandtheil der Schildkrötensuppe ausmacht, indem es gesotten und dadurch in einen gallertartigen Brei von trefflichem Geschmack verwandelt wird.

Im Jahre 1815 schickte die englische Regierung wegen der Nähe von St.-Helena und aus Furcht, daß von Ascension aus Versuche zur Befreiung Napoleon's gemacht werden möchten, eine kleine Besatzung dahin, welche die größte Mühe fand, sich dort zu erhalten, und die oft von den Schiffen mit Lebensmitteln und sogar mit Wasser versehen werden mußte. Man begann jedoch alle Stellen auf dem Berge, wo die Lava hinlänglich zerfallen war, anzubauen, und die größere Vegetation zog bald Feuchtigkeit an; die Regen vermehrten sich, der Brunnen wurde wasserreicher und die Colonie konnte vermehrt werden. Mittlerweile lernte man das gesunde Klima der Insel genugsam kennen und dieser Umstand bestimmte die Admiralität, sie nach dem Tode Napoleon's nicht aufzugeben, in welchem Falle sie ohnehin leicht ein Schlupfwinkel für Seeräuber hätte werden können, sondern zum Reconvalescentendepot für die ungesunde Station an der afrikanischen Küste zu machen. Man schickte 200 Marinesoldaten und 40 freie Neger von Sierra Leone hin und es bildeten sich nun zwei Niederlassungen, eine am Ufer, wo die Casernen, Magazine und Befestigungen errichtet wurden, und eine ackerbauende auf dem Berge, welche Wasser und Nahrungsmittel liefern mußte. Die große Unbequemlichkeit, das Wasser in Fässern an das Ufer zu führen, veranlaßte die Erbauung einer Wasserleitung. Man grub eine Quelle, welche in der Tiefe von 24 Fuß täglich 3 Tonnen Wasser liefert (mehr als anfangs in einem ganzen Monat); von da an wird es in ein unterirdisches Gewölbe von 937 Fuß Länge geführt und in eisernen Röhren eine deutsche Meile weit an den Hafen geleitet, sodaß die Insel gegenwärtig nicht nur ihr eignes Bedürfniß befriedigt, sondern immer einen Behälter von 1200 Tonnen Wasser bereit hat, um alle anlangenden Schiffe zu versorgen. Der Hafen (auf der Südseite) ist gehörig befestigt und mit Artillerie versehen, der Ankerplatz gut und sicher; den Landungsplatz bildet ein bewundernswürdiger Damm. Die Niederlassung enthält ein großes Spital, Casernen, Offizierhäuser, sehr bedeutende Magazine und eine kleine Stadt von 15—20 Häusern, genannt Georgetown, bewohnt von den Familien der (114) Soldaten und Neger. Unter der Besatzung sind viele geschickte Handwerker, welche erstaunenswerthe, ebenso nützliche als schwierige Arbeiten ausgeführt haben. Jeder Vortheil, den die Natur darbot, ist benutzt, jede Hülfsquelle der Insel ausgespürt worden. Die Verlegung des Hauptquartiers der afrikanischen Flotte muß der Insel bald eine große Wichtigkeit geben, besonders da sie für die ostindischen Schiffe bequemer als St.-Helena liegt. Die zunehmende Feuchtigkeit hat die Auflösung des Lavabodens auf dem Berge so befördert, daß sich die Cultur täglich ausdehnt und man schon Raum nicht nur für alle Arten von Gartengewächsen und Fruchtbäumen, welche für den Hafen und die Schiffe nöthig sind, gewonnen hat, sondern auch Weiden für ziemliche Heerden von Hornvieh und Ziegen, welche die Zufuhr vom Cap unnöthig machen. Ein Hauptnahrungsmittel bilden hier die Schildkröten, mit denen man sehr verschwenderisch umgeht und deren Fleisch man in täglichen Portionen von einem Pfund auf den Mann unter die Garnison vertheilt. Der Aufenthalt auf dem Berge ist kühl und angenehm; ein Übelstand sind nur die fortwährend hier herrschenden feuchten Nebel, die aber der Gesundheit nicht nachtheilig sind. Die Ebene am Ufer ist bis jetzt noch eine völlig dürre Wüste, in der nichts keimen kann, weshalb auch der Anblick der Insel ziemlich öde ist, wiewol nicht so abschreckend, als der von St.-Helena; aber man darf hoffen, daß dieselbe Art von Veränderung, welche dem Berg ein neues Ansehen gegeben hat, sich nach und nach auch auf die Ebene ausdehnen wird.

Eine sehr merkwürdige Naturerscheinung bei dieser Insel sind die sogenannten Rollers, eine Art Brandung an der südlichen Seite der Insel, die man nicht befriedigend zu erklären vermag. Das Meer ist bis auf eine weite Entfernung hin ruhig und die Oberfläche nur ein wenig vom Seewind gekräuselt. Da sieht man plötzlich eine hohe Welle sich erheben und gegen die Insel heranwälzen. Anfangs bewegt sie sich langsam, bis sie sich an den äußersten Riffen bricht. Dann nimmt das Anschwellen zu, eine Woge thürmt sich über die andere, bis sie den Strand erreicht und hier mit furchtbarer Wuth berstet. Das ganze Meer erhebt sich zuletzt wie eine einzige große Mauer und stürzt auf die Küste, als ob es die Insel selbst verschlingen wollte; der Strand wird weithin überschwemmt und die Häuser von Georgetown wanken in ihren Grundfesten, ja diese Niederlassung ist sogar schon einmal weggeschwemmt worden, obgleich sie 20 Fuß über der gewöhnlichen Fluthöhe liegt.

Eine chinesische Heirath.

Unsere Eintheilung der Heirathen in Vernunftheirathen und Heirathen aus Neigung leidet auf die chinesischen Ehebündnisse keine Anwendung, denn in der Regel sehen sich die Brautleute zum ersten Male erst dann, wenn die Verbindungen schon unauflöslich geschlossen sind. In Europa kommt es wol noch zuweilen vor, daß Kinder vornehmer Familien schon in der Wiege miteinander verlobt werden. Die Chinesen gehen aber darin viel weiter; sie verheirathen Kinder, die noch nicht geboren sind. Zwei Frauen, welche die Hoffnung Mutter zu werden haben, verabreden die Verbindung der Kinder, die sie in ihrem Schoose tragen, und geben sich gegenseitig Pfänder darauf, und die so geschlossene Übereinkunft ist unauflöslich, vorausgesetzt, daß die beiden verlobten Kinder verschiedenen Geschlechts sind, am Leben bleiben und keines davon mit dem Aussatz behaftet ist. Indessen kommt es nur selten vor, daß die Mütter sich solche Mühe geben, die eheliche Zukunft ihrer geborenen oder ungeborenen Kinder festzustellen; dem gewöhnlichen Laufe der Dinge zufolge beschäftigen sich die Ältern so wenig als die Kinder mit den Präliminarien ihrer Verheirathung; man verläßt sich deshalb auf Unterhändler, auf Ehestandsprocuratoren oder Heirathsagenten; denn diese Industrie, die bei uns noch in ihrer Kindheit ist und zu welcher man, so zu sagen, nur aus Verzweiflung seine Zuflucht nimmt, ist in China sehr gäng und gäbe und wird von beiden Geschlechtern gemeinschaftlich betrieben. Haben diese Unterhändler und Unterhändlerinnen gefunden, was ihnen gegenseitig ansteht, so schreitet man an dem von der Braut festgesetzten Tage zur Verlobungsfeier.

Diese Ceremonie besteht in dem Austausch von Geschenken, welche die Unterhändler in Körben zu den Brautleuten bringen. Von den der Braut überreichten Körben muß der eine Früchte und Geldstücke enthalten, die in den vier Ecken in Haufen liegen, der zweite einen frischen Schinken von etwa zwölf Pfund, ein dritter eine bestimmte Quantität Nudeln. Wenn der Lärm der Schwärmer den Nachbarn und Nachbarinnen die Ankunft der Überbringer der Geschenke verkündet hat, so zeigt sich die Braut am Eingange eines mit rothen Kerzen erleuchteten Zimmers, nimmt die Geschenke und vertheilt an alle Anwesende Schinkenschnitte. Während dieser Zeit überbringt man dem Bräutigam gleichfalls Geschenke, die hauptsächlich in Früchten bestehen, welche in 16 Pakete getheilt sind; außerdem erhält er von seiner künftigen Schwiegermutter einige kleine Geschenke und vorzüglich in der Sonne getrocknete Kürbiskerne. Aber diese Kürbiskerne kommen ihm ein wenig theuer zu stehen, denn der Gebrauch nöthigt ihn, seiner Schwiegermutter eine gewisse Summe Geld dafür zu geben, die man als den Preis der Frau, die er erhalten soll, betrachtet. Diese Summe beträgt zwischen 50 und 130 Thalern und ist so unerläßlich, daß die Braut dem Bräutigam nicht eher überliefert wird, bis er diese Schuld vollständig abgetragen hat. Nach Vollziehung dieser Formalitäten befragen die Unterhändler die Sterndeuter, um einen für die Hochzeit günstigen Tag zu wählen, ermangeln übrigens nicht, sich für jeden Fall mit einem Stück frischen Schweinefleisches zu versehen, um den (immer unter der Gestalt eines Tigers vorgestellten) bösen Geist während der Hochzeit zu zerstreuen und zu unterhalten, damit er über dem Genusse des Schweinefleisches die jungen Gatten vergißt und nicht daran denkt, sie zu beßern.

An dem bestimmten Tage macht die Braut zuvörderst ihre Toilette, deren vornehmstes und wesentlichstes Stück ein ungeheurer korbförmiger Hut ist, der den ganzen Kopf einhüllt, das Gesicht verbirgt und bis zum Gürtel reicht; so vermummt schließt man sie in einen sorgfältig verschlossenen Palankin oder Tragsessel, weil es von Wichtigkeit ist, daß sie weder sieht, noch gesehen wird. Der Zug, dessen Ordnung die Unterhändler bestimmen, setzt sich dann langsam und mit feierlichem Pomp in Bewegung, wobei die Etikette verlangt, daß alle Diejenigen, welche die Braut begleiten, aus Leibeskräften seufzen und schluchzen.

Wenn sich der Zug dem Hause des Bräutigams

Eine chinesische Hochzeit.

nähert, geht ein Bote voraus und verkündigt die Ankunft der Braut, indem er aus vollem Halse schreit: Sie kommt! Sie kommt! Sogleich hört man Trompetenstöße und Schwärmer, die unerläßliche Begleitung jeder Feierlichkeit in China, und der Bräutigam eilt, sein Zimmer zu verschließen. Die Unterhändler, die er, erstaunt und gleichgültig, als wüßte er nicht, was sie wollen, empfangen muß, holen ihn bald darauf ab und führen ihn zum Palankin. Hier muß er große Bewegung an den Tag legen; er öffnet zitternd den Palankin, läßt seine Braut aussteigen und führt sie an einen Tisch, an dem er ihr gegenüber Platz nimmt.

Nach der Mahlzeit, an der nur der Bräutigam wirklich Theil nimmt, da die Braut, in ihren ungeheuren Hut eingeschlossen, fast keinen Bissen in den Mund bringen kann, ziehen sich Beide in ein Zimmer zurück. Dies ist für den jungen Gatten ein feierlicher Augenblick, denn jetzt erst kann er den geheimnißvollen Hut lüften, zum ersten Male die Züge seiner Lebensgefährtin betrachten und beurtheilen, ob der Zufall ihm wohlgewollt hat oder nicht. Indessen behält er seine Empfindungen für sich, von welcher Art sie auch sein mögen, und läßt seiner Braut nur eine freudige Befriedigung sehen. Diese erste Probe dient aber nur, um jene auf eine zweite vorzubereiten, die für sie noch schrecklicher und peinlicher ist. Wenn der Bräutigam seine Untersuchungen geendigt hat, wird allen Gästen gestattet, ebenfalls nach der Reihe eine Prüfung vorzunehmen und ihr Urtheil auszusprechen, was sie mit ungemeiner Aufrichtigkeit thun, denn dieselbe Etikette, welche dem Bräutigam Verstellung gebietet, berechtigt sie, mit völliger Offenheit zu sprechen. Es ist ein seltener Fall, daß diese Erlaubniß nicht gemisbraucht wird und daß nicht irgend eine Frau, auf der die Kritik geübt worden ist, als sie auf dem verhängnißvollen Sessel saß, diese Gelegenheit wahrnimmt, um sich zu rächen und einem alten Grolle Luft zu machen. Während der Dauer dieses Gerichts ist die Braut, die unser Holzschnitt vorstellt, wie sie eben die Wahrheit zu hören bekommt, zu einem unverbrüchlichen Stillschweigen und einer stoischen Unempfindlichkeit verdammt, wenn auch die gegen sie gerichteten Scherze noch so beißend sind. Von dieser Schmerzensstunde schreiben sich viele Feindschaften her und die junge Gattin schreibt sich viel hinter das Ohr, um eines Tags ein strenges Vergeltungsrecht zu üben.

Die übrigen Hochzeitsgebräuche, die ungeachtet der von Musikanten ausgeführten Katzenmusik und der von Gauklern aufgeführten Spiele mit der traurigsten Ernsthaftigkeit vollzogen werden, bieten nichts Pikantes und Bemerkenswerthes dar, mit Ausnahme der Mühe, welche sich die jungen Eheleute geben, um beim Auskleiden ihre Kleidungsstücke zu verbergen, weil der Sitte gemäß die Hochzeitsgäste Alles aufbieten dürfen, sie zu rauben, in welchem Falle sie mit klingender Münze wieder eingelöst werden müssen. Dies ist aber auch die einzige Entschädigung der Hochzeitsgäste, die um so übler daran sind, weil die Sitte und ein unabänderlicher Tarif ihnen vorschreibt, für die Kleinigkeiten, die ihnen gereicht werden, Geschenke von viel beträchtlicherm Werthe zu geben, die man offen als Ersatz der von jedem Gaste verursachten Kosten betrachtet. So langweilig und lästig auch die Hochzeitsgebräuche für die Augenzeugen sein müssen, so ist die Theilnahme an einer Hochzeit gleichwol eine sehr gesuchte Ehre. Niemand kann sich dabei einfinden, der nicht förmlich eingeladen worden ist, d. h. als Einladungskarte ein großes Blatt von rothem Papier erhalten hat, das so gebrochen ist, daß die Falten etwa ein Dutzend Buchstaben bilden, aber keinen geschriebenen Buchstaben enthält.

Übrigens bilden die chinesischen Hochzeiten eine seltene

Ausnahme, indem sie weder von den menschlichen Gesetzen noch von der Religion eine höhere Weihe erhalten; höchstens knüpft man an dieselbe einige abergläubische Begriffe. Kein höheres Gefühl heiligt einen so wichtigen Schritt im Leben. Für die Unterhändler, die Ältern, die Gatten und die Gäste ist eine Heirath nur ein Geschäft, eine Speculation, bei welcher Jeder das Meiste zu erhalten und das Wenigste zu geben sucht. Auch beginnt an diesem Tage für die chinesische Frau, die gleich einer Waare verkauft und gekauft wird, gewöhnlich ein Leben der Sklaverei und des Elends, dem sie sich nicht selten durch den Selbstmord entzieht.

Chronik der Eisenbahnen in den Jahren 1835, 1836 und 1837.

Seit den früher im Pfennig-Magazin mitgetheilten historischen Nachrichten über die Eisenbahnen, welche hinsichtlich des Continents von Europa fast nur Vorschläge und Wünsche enthalten konnten, hat die gute Sache (denn diesen Namen verdient die Sache der Eisenbahnen doch gewiß) sehr bedeutende Fortschritte gemacht. In den oben genannten Jahren wurden auf dem festen Lande von Europa folgende Eisenbahnen dem Verkehr eröffnet. Die Längen derselben sind in deutschen oder geographischen Meilen (15 auf einen Grad des Äquators) angegeben.

1) Am 5. Mai 1835 von Mecheln nach Brüssel, 2¾ Meilen.
2) Am 8. December 1835 von Nürnberg nach Fürth, 1 Meile.
3) Am 1. Mai 1836 von Linz nach Gmünden (in Östreich), 9 Meilen.
4) Am 3. Mai 1836 von Mecheln nach Antwerpen, 3¼ Meilen.
5) Am 15. September 1836 von Dürrenberg (Saline) nach Tollwitz (im preußischen Herzogthume Sachsen), ½ Meile.
6) Am 9. October 1836 von Zarskoje-Selo nach Pawlowsk (bei Petersburg), ½ Meile. Erste Dampfwagenfahrten am 18. November.
7) Am 2. Januar 1837 von Mecheln nach Termonde oder Dendermonde, 3⅝ Meilen.
8) Am 24. April 1837 von Leipzig nach Althen (Anfang der leipzig-dresdener Eisenbahn), 1 Meile; seit dem 12. November um eine kleine Strecke weiter (bis zum gerichshainer Damme) fahrbar.
9) Am 26. August 1837 von Paris nach St.-Germain, 2½ Meilen.
10) Am 10. September 1837 von Mecheln nach Löwen, 3½ Meilen.
11) Am 21. September 1837 von Löwen nach Tirlemont, 2½ Meilen.
12) Am 28. September 1837 von Termonde nach Gent, 3⅝ Meilen.
13) Am 11. November 1837 von Petersburg nach Zarskoje-Selo, 3 Meilen.
14) Am 23. November 1837 von Floridsdorf nach Deutsch-Wagram bei Wien (Theil der Bahn von Wien nach Bochnia in Galizien), 1½ Meilen.

Von diesen Bahnen, die zusammen eine Länge von 38½ Meilen haben, liegen demnach sechs in Belgien, zusammen 19½ Meilen, fünf in Deutschland, zusammen 13 Meilen, zwei in Rußland, zusammen 3½ Meilen, und eine in Frankreich, 2½ Meil. lang. Auf Staatskosten erbaut wurden sieben, nämlich Nr. 1, 4, 5, 7, 10, 11, 12, die andern von Actiengesellschaften. Nur mit Pferden werden Nr. 3 und 5 befahren, alle übrigen mit Dampfwagen; Nr. 2 abwechselnd auch mit Pferden.

Von den in demselben Zeitraume in Großbritannien und Irland eröffneten Eisenbahnen sind folgende die wichtigsten: 1) Eisenbahn von Whitby bis Pickering, 5 Meilen, eröffnet 2. Juni 1836; 2) Eisenbahn von London bis Greenwich, 1 Meile, am 15. December 1836 bis Deptford eröffnet; 3) Eisenbahn von Newcastle bis Carlisle, zum Theil eröffnet am 16. März 1837 (von 13 Meilen sind 10 in zwei Strecken fahrbar); 4) Eisenbahn von Liverpool nach Birmingham, 21 deutsche Meilen, eröffnet am 3. Juli 1837; 5) Eisenbahn von London nach Birmingham, erste Section, 5 Meilen, eröffnet am 20. Juli 1837, um 1½ Meilen verlängert am 16. October 1837. Am Ende des Jahres 1837 waren in England nicht weniger als 90 deutsche Meilen Eisenbahn fahrbar; im Bau waren 19 Eisenbahnen von einer Gesammtlänge von 183 deutschen Meilen!

Gegenwärtig sind auf dem Continente zahlreiche Eisenbahnen entweder bereits im Bau, oder so weit vorbereitet, daß sie noch im Laufe dieses Jahres in Angriff genommen werden können; dahin gehören 1) in Deutschland die Bahnen von Berlin nach Potsdam, von Köln nach der belgischen Grenze, von Düsseldorf nach Elberfeld, von Magdeburg nach Leipzig, von München nach Augsburg, von Nürnberg nach Bamberg, von Frankfurt nach Mainz (Taunuseisenbahn), von Manheim nach Basel, die erzgebirgische Eisenbahn in Sachsen; 2) in Frankreich die Bahnen von Paris nach Versailles, von Straßburg nach Basel und einige kleinere; 3) in Belgien die Fortsetzung der bereits eröffneten Bahnen; 4) in Holland von Amsterdam nach Harlem und Rotterdam, von Amsterdam nach Arnheim; 5) in der Schweiz die Bahn von Zürich nach Basel; 6) in Italien die Bahnen von Venedig nach Mailand und von Neapel nach Nocera; 7) in Ungarn von Preßburg nach Tyrnau. Die Zahl der blos projectirten Bahnen ist Legion. Hoffentlich sind wir bei Ablauf dieses Jahres im Stande, eine ansehnliche Zahl von Bahnstrecken aufzuzählen, die während desselben vollendet und dem Verkehr eröffnet wurden. Schwieriger ist es, über die zahlreichen in England und namentlich in Nordamerika alljährlich auftauchenden und vollendeten Eisenbahnen Buch und Rechnung zu führen, da die Nachrichten, welche nach Deutschland kommenden oder in Deutschland erscheinenden öffentlichen Blätter über dieselben mittheilen, sehr mangelhaft sind.

Schreckliche Strafe des Diebstahls.

Ein Pachter verkaufte kürzlich in einer Dorfschenke in Frankreich an einem Sonntage im Beisein mehrer Gäste ein fettes Schwein an einen Gutsbesitzer aus einer benachbarten Gemeinde, und die Ablieferung wurde auf den kommenden Mittwoch festgesetzt. Einige Gläser Cider bekräftigten nach alter Sitte den Handel, dann gingen Käufer und Verkäufer weg. Unterwegs besann sich der Käufer, daß ihn ein gerichtlicher Termin in den letzten Tagen der Woche in die Hauptstadt des Bezirks rief, und daß es ihm bequem sein würde, das Thier einen Tag früher zu erhalten. Der Verkäufer war es zufrieden, und am Abende des nächsten Dienstags ging er, nachdem er das Schwein abgeliefert und geschlachtet hatte, wieder nach Hause. Eben war er im Begriff, die Landstraße zu verlassen, von welcher sein Haus nur wenig entfernt lag, als ihm ein Bärenführer begegnete und ihn für die nächste Nacht um ein Unterkommen bat.

Unter andern Umständen hätte der Pachter die Zumuthung, derartige Gäste zu beherbergen, vielleicht zurückgewiesen, aber die Nacht brach ein und der Februarwind blies rauh und eisig. Zudem fällt ihm ein, daß die Wohnung seines Schweins leer steht, und er entschließt sich, dem Bärenführer und seinem wilden Begleiter ein Nachtlager zu gewähren. Der Bär wird in dem leeren Schweinkoben einquartiert, wo sein Herr ihm zu fressen gibt, nachdem er ihm den Maulkorb abgenommen; dann erhält er selbst, nach den Gesetzen der ländlichen Gastfreundschaft, einen Platz am Feuer und am Tische und endlich ein Bette. Mittlerweile war es völlig Nacht geworden. Zwei Zeugen jenes Handels vom Sonntage hatten ihn nicht vergessen und machten ganz heimlich Anstalt, sich des Schweins vor der Ablieferung zu bemächtigen. Der Eine klettert über den Gartenzaun, hinter welchem der Andere versteckt zurückbleibt, begibt sich nach dem Schweinkoben und gelangt in denselben durch eine Öffnung im Dach. Was hier zwischen ihm und der Bestie vorgegangen war, sah man aus dem Blute, den Stücken Fleisch und den zerbrochenen Knochen, mit denen man am Morgen den engen Raum angefüllt fand.

Der andere Dieb, unruhig darüber, daß er den mit seinem Genossen verabredeten Ruf nicht hörte, wagt es, sich dem Hause zu nähern; als er findet, daß hier Alles in Schlaf versunken ist, geht er beherzter nach dem Schweinkoben und ruft seinen Vorgänger mit leiser Stimme, ohne Antwort zu erhalten. Er entschließt sich nun ebenfalls, in den Schweinkoben zu kriechen, aber kaum befindet er sich mit halbem Leibe darin, als die Bestie, welcher der Geschmack des Blutes Appetit gemacht hat, sich wüthend auf ihn wirft. Schon befindet sich der Unglückliche unter den Zähnen und Tatzen, die ihn zerfleischten, aber durch verzweifelte Anstrengungen gelingt es ihm, sich der Wuth seines Gegners zu entziehen. Aber das Blut, das er aus seinen zahlreichen Wunden verliert, erlaubt ihm nicht, zu fliehen; er fällt im Garten nieder, wo die durch den Lärm des letzten Kampfes aufgeweckten Bewohner des Hauses ihn finden. Am folgenden Tage starb der Unglückliche unter schrecklichen Schmerzen.

Das Kloster von Troitza bei Moskau.

Von Moskau aus führt eine Lindenallee nach der schönen Kathedrale der Himmelfahrt Mariä (Oospensky Sabor), welche im 16. Jahrhundert unter der Regierung Iwan's des Schrecklichen erbaut wurde. Daneben steht eine Kirche, dem heiligen Nikon geweiht, worin seine Überreste liegen, und nicht weit davon erhebt sich die Kathedrale von Troitza (der heiligen Dreieinigkeit) über dem Grabe des heiligen Sergius. Sie ist, obschon von keinem bedeutenden Umfang, das vorzüglichste heilige Gebäude innerhalb der klösterlichen Mauern. Das Dach der Kirche und des Chors, wie die Kuppel und die Kreuze sind mit dem feinsten Dukatengold vergoldet. Der Schrein des Heiligen, worin seine Überreste aufbewahrt werden, ist von massivem Silber und reich mit Gold verziert. Er wird von einem schweren Prachthimmel bedeckt, der ebenfalls auf silbernen Säulen ruht. Das Bildniß des Heiligen, das an dem Schreine angebracht ist und von dem Volke als wunderthätig betrachtet wird, ist ein Gegenstand großer Verehrung. Es ist dasselbe, welches Peter der Große als Schutzbild in seinen Kriegen mit Karl XII. benutzte.

Nach diesem Schrein, der mit kostbaren Steinen, den frommen Gaben reicher und fürstlicher Büßenden, bedeckt ist, eilen Pilger jedes Standes und jedes Alters, um die Stirn gegen die Hand des Heiligen zu küssen und den Segen des mönchischen Priesters zu empfangen. In der Nähe dieses Schreins ist die Zelle des heiligen Sergius, wo auch einige andere Heilige begraben liegen. In diesem Gemach, erzählt die Sage, hatte der heilige Sergius häufige Zusammenkünfte mit Abgesandten des Himmels. Der jetzige Erzbischof erzählt selbst Folgendes von einer dieser Erscheinungen: „Als einst der heilige Sergius um Mitternacht vor dem Bildniß der Jungfrau auf den Knien gelegen, ihr Preisgesänge gesungen und um ihre Verwendung gebeten hatte, daß der Höchste der Gemeinde seinen Segen verleihen möge, erhob er sich auf einen Augenblick, um aufzustehen; dann ergriff er plötzlich den Arm seines Schülers Michael und nach der Thüre blickend, rief er: „Merke auf, mein Sohn, wir werden einen himmlischen Besuch erhalten!" Eine klare überirdische Stimme ertönte: „Siehe die ewig reine Jungfrau!" Sergius ging nach der Thürschwelle der Zelle und wurde von einem Glanze geblendet, der selbst den der hellen Sonne übertraf, in dessen Mitte er die heilige Mutter Gottes, begleitet von den Aposteln Johannes und Petrus, erkannte. Er warf sich auf seine Knie, aber die heilige Jungfrau nöthigte ihn, aufzustehen und sprach zu ihm die ermuthigenden Worte: „Fürchte dich nicht; deine Gebete haben sich zur Höhe erhoben und deine Schüler sollen beschützt werden während deines Lebens und nach deinem Tode; denn ich will immer gegenwärtig sein an diesem Orte, der unter dem Schatten meiner Flügel hinfort gedeihen soll. Die glänzende Erscheinung verschwand und der erfreute Heilige rief seine Brüder zusammen und meldete ihnen die frohe Botschaft. Sie eilten, ihre Dankgebete darzubringen und der Tag der Erscheinung der Jungfrau wird nun heilig verehrt."

Der Speisesaal und die Kirche des heiligen Sergius, welche unsere Abbildung darstellt, bilden ein großes und schönes Gebäude. Das Äußere fällt besonders auf wegen den verschiedenen Farben, womit es bemalt ist; das feste Mauerwerk zwischen den Pfeilern ist in kleine Vierecke ausgehauen, die seltsam genarbt und schattirt sind. Das 260 Fuß lange und 63 Fuß breite Dach ist wegen seiner kunstvollen Bauart merkwürdig, da es nur auf den äußersten Mauern ruht.

Die sogenannte Schatzkammer besteht aus zehn Hallen, welche mit den kostbarsten Gegenständen angefüllt sind, als priesterlichen Kleidungen, Hauptschmuck, Bahrtüchern und Altardecken, Bibeln, Gebetbücher, Kelche und Crucifixen, alle mit kostbaren Edelsteinen geschmückt; selbst die Bücher sind in Gold und Silber gebunden und strotzen von Edelsteinen. Ein Altarstück schätzt man allein auf ungefähr 250,000 Thaler und das Gewand, das der Abt bei Festlichkeiten trägt, ist 120,000 Thaler werth. Natürlich zeigt man auch hier, außer andern Merkwürdigkeiten, ein Stück Holz aus dem heiligen Kreuze und überdies noch ein Stück von dem Stabe, womit Moses in der Wüste, Wasser aus dem Felsen schlug. Die besonders hoch in Ehren gehaltenen Reliquien jedoch sind die des heiligen Sergius, seine Schuhe, die man ihm von den Füßen nahm, als seine irdischen Überreste entdeckt wurden, und mehre Holzschnitzwerke, von ihm selbst verfertigt. „Diese Gegenstände", sagt der herumführende Mönch, sind unsere

152 · Das Pfennig-Magazin.

wahren Reichthümer; wir schätzen sie mehr als Gold und Edelsteine."

Das Kloster, worin einst 300 Mönche lebten, zählt jetzt nur noch 100, die in zehn verschiedenen Gebäuden wohnen. Es ist ein Seminarium in neuerer Zeit damit vereinigt worden, das 300 Zöglinge aufnimmt, wovon die eine Hälfte auf Kosten des Staates, die andere von der Stiftung erzogen werden.

Innerhalb des Klosterbezirks befinden sich außer den erwähnten noch sechs andere Kirchen, einige Schulen, ein Krankenhaus und der kaiserliche Palast, der aber kaum diesen Namen verdient.

Ansicht des Klosters von Troiza bei Moskau.

Verantwortlicher Herausgeber: Friedrich Brockhaus. — Druck und Verlag von F. A. Brockhaus in Leipzig.

Das Pfennig-Magazin

für

Verbreitung gemeinnütziger Kenntnisse.

268.] Erscheint jeden Sonnabend. [Mai 19, **1838**.

Der Korkwald bei Moira in Portugal.

Portugal ist reich an höchst romantischen und interessanten Punkten, sowol rücksichtlich der historischen Erinnerungen, die sich daran knüpfen, als auch der üppigen und edeln Naturerzeugnisse, die sie zieren. Der Boden des Landes, sowie des angrenzenden Spaniens ist ausnehmend leicht, aber das herrliche Klima ersetzt den Mangel eines üppigern. Oliven, Orangen, Citronen, Feigen, Granatäpfel, Mandeln, kurz alle Früchte eines warmen Klimas gedeihen hier in der größten Fülle. Die Gärten der Reichen sind Wälder von Obstbäumen und gewähren, in allen Richtungen mit spielenden Springbrunnen geschmückt, die schattigsten, kühlsten und angenehmsten Spaziergänge.

Aber trotz der geringen Mühe, die es kostet, den Boden fruchtbar zu machen, sind doch große Strecken Landes gänzlich unangebaut, während andere mit Fichten- oder Korkwäldern bedeckt sind. Die königliche Waldung von Alemtejo ist die größte und umfangreichste des Landes und ebenso schön als verschiedenartig in ihren Erzeugnissen; hier deckt sie eine Stunden lange Ebene oder den Abhang eines Berges, dort überschattet sie den brausenden Strom oder breitet ihre grüne Decke über ein reizendes Thal. In den Waldlandschaften ist die Fichte vorherrschend. Obschon dieser Baum hier nicht dieselbe Höhe erreicht als in nördlichern Gegenden, so entspricht er doch den Zwecken, wozu ihn die Portugiesen benutzen. Holzkohlen und Brennholz sind unentbehrliche Bedürfnisse in einem Lande, wo man noch keine Steinkohlen entdeckt hat, und die große Entzündbarkeit des Fichtenholzes macht es den Bewohnern dieses Landes zu einem unschätzbaren Erzeugniß. Benutzt man es im natürlichen oder unverkohlten Zustande, so werden die harzigen Theile ausgeschnitten und von den Landleuten als Lichter oder Fackeln benutzt, während das Übrige, besonders wenn es noch ganz frisch und grün ist, ein dauerndes und schönes Feuer gibt. Die Fichte trägt auch eine vortreffliche Nuß, von den Eingeborenen Pintao genannt, und ihre Lieblingsfrucht. Auch das Äußere der Fichte ist hier sehr verschieden von der in kälterm Klima einheimischen. Der Stamm ist von der Wurzel bis zu einer Höhe von 20—40 Fuß glatt, dann erst breiten sich die Äste nach oben aus und an ihrer Spitze tragen sie den Apfel, der die Nuß enthält. Man findet auch verschiedene Arten der gemeinen schottischen Tanne, doch nicht in so großer Menge, daß sie einen Haupttheil der Erzeugnisse Portugals ausmachen könnte. Es gibt eine Tanne dieser Art bei Moira am Tejo, die an Umfang und Größe vielleicht nicht übertroffen wird. Man kennt sie unter dem Namen des Guerrillasbaumes, wegen der häufigen Räubereien und Hinrichtungen, die unter seinen Aesten stattfanden. Tannen von solcher Größe sind jedoch äußerst selten, die Hitze treibt die Bäume zu einer unverhältnißmäßigen Höhe, und um Holzkohlen zu erlangen, müssen sie gefällt werden, ehe sie durch ein Alter ihre volle Stärke erlangt haben. Hier und da sieht man unter den grenzenlosen Waldungen einen Olivenhain oder einen Weingarten mit einer Hecke von Aloe umgeben, die als Zierstrauch ebenso schön als wegen ihrer spitzigen Blätter zu Umzäunungen sehr passend ist. Die Eiche findet man sehr häufig, sie ist aber nur winzig und unbedeutend gegen den Korkbaum, der in Portugal der König der Wälder ist. Die alten Wälder von diesem edeln Baume sind jetzt größtentheils zu Lustwäldern für die Königin oder die Großen umgeschaffen. Er gleicht in der Gestalt seiner Zweige sehr der größern Eiche, nur ist er weit schöner; die Blätter sind weicher und von glänzendem Grün; die ungemein dicke Rinde ist sehr rauh und von gelblicher Farbe, nicht selten mit einer Art von trockenem grauen Moose bedeckt.

Der größte Korkwald liegt einige Stunden von der Stadt Moira in der Provinz Alemtejo. „Als ich ihn betrat", erzählt ein Reisender, „war der Reiz der Scene durch das Lager einiger Truppen des Dom Pedro noch erhöht. Die bunte Tracht der Soldaten, der Glanz ihrer Waffen, die Artillerie, die Reiter, von ihren Pferden abgestiegen, die verschiedenen Gruppen, Alles sind Gegenstände des Interesses; wird aber ein solcher Anblick noch durch Naturschönheiten umgeben, so ist der Eindruck wahrhaft großartig." Unsere Abbildung zeigt den Wald von einer solchen Scene belebt; jeder Baum dient einem Dutzend Soldaten als Obdach; die breiten Zweige und das dichte Laubwerk gewähren hinlänglichen Schutz gegen Sonnenstrahlen und die dicken Nebel der Nacht; Einige bereiten ein einfache Mahl, Andere ruhen aus von den Beschwerden des Marsches, Andere wieder bereiten sich ein Nachtlager aus Zweigen und Gesträuppe, Alle aber freuen sich des schönen und angenehmen Schutzes, den ihnen der mächtige Korkbaum gewährt.

Der Zar Iwan.

Es mag eine Folge des langsamen Fortschreitens der Civilisation in Rußland und einer bisweilen ungeordneten Thronfolge sein, daß dieses mächtige Reich in neuern Zeiten der Schauplatz mehrer trauriger Staatsereignisse gewesen ist und Katastrophen erlebt hat, die nur in der mittlern Geschichte des übrigen Europas ihres Gleichen finden. Das Schicksal des Zars Iwan ähnelt in einigen Hinsichten dem eines französischen Staatsgefangenen, des sogenannten Mannes mit der eisernen Maske, nur daß der Stand dieses Opfers der Politik nicht bekannt war.

Iwan — von mütterlicher Seite ein Urenkel jenes schwachsinnigen Zars Iwan Alexiewitsch, der zu Gunsten seines jüngern Bruders, Peter's des Großen, seinen Ansprüchen auf den Thron entsagen mußte — wurde im August 1740 von Anna, der Gemahlin Anton Ulrich's von Braunschweig und Enkelin von Peter's ältern Bruder, geboren und von seiner Tante Anna, der regierenden Kaiserin, zum Großfürsten ernannt, worauf er nach dem Tode derselben als rechtmäßiger Erbe den Thron bestieg. In einem Reiche wie Rußland konnte ein Kaiser in der Wiege nicht lange herrschen oder wenigstens den Namen als Landesbeherrscher führen. Iwan's Regierung währte nur 16 Monate, als er im Jahre 1741 von Elisabeth entthront, von Soldaten aus seiner Wiege gerissen und mit seinen Aeltern nach der Festung Riga gebracht wurde. Nach einer Gefangenschaft von 18 Monaten wurde die unglückliche Familie aus diesem Kerker abgeführt, aber nur um sie in ein verborgeneres, festeres und härteres Staatsgefängniß zu Dünamünde einzusperren. Von hier brachte man sie im Geheim nach der Feste Cranienburg, und warf das Kind, getrennt von seinen Aeltern, grausam in einen einsamen Kerker. Nachdem seine Aeltern zwei Jahre lang in Cranienburg gefangen gesessen hatten, wurden sie nach Kolomogori geschafft, wo Anna im März 1746 und ihr Gemahl Anton von Braunschweig 1775 starb. Nicht lange nachher entdeckte ein russischer Mönch, daß der junge Zar am Leben sei und auf der Festung Cranienburg gefangen gehalten würde. Mit Anwendung großer Klugheit und List gelang es ihm, das unglückliche Kind aus dem Kerker zu befreien. Er floh mit ihm und hatte den Plan, Iwan an einem passenden Orte zum Kaiser auszurufen und einen Aufstand zu seinen Gunsten zu erregen. Die Flüchtigen wurden jedoch in Smolensk eingeholt und Beide wieder zur Haft gebracht. Das Schicksal des kühnen Mönchs ist nicht bekannt, wahrscheinlich wurde er mit dem Tode bestraft. Ebenso ist auch für einige Zeit ein Schleier über Iwan's Geschick geworfen; aber es scheint, als ob er, nachdem man ihn heimlich von einem Kerker zum andern geschleppt hatte, endlich in einer einsamen Zelle eines Klosters am See Waldai, nicht weit von der Straße von Petersburg nach Moskau, verborgen gehalten worden sei. Wie lange er in diesem Kerker eingesperrt gewesen, wie er hier behandelt worden ist, hat keiner seiner Biographen zu entdecken vermocht. Im Jahre 1756 brachte ihn Graf Peter Schuwaloff, der Befehlshaber der Artillerie, heimlich in das Haus seines Neffen, Iwan Schuwaloff, wo ihn die Kaiserin Elisabeth bei Nacht sah und mit ihm sprach, ohne sich zu erkennen zu geben. Iwan war damals 16 Jahre alt, schlank und schön gewachsen, aber völlig ungebildet und in Folge der langen Gefangenschaft in trauriger Unbehülflichkeit, ja fast tölpisch. Man sagt, die Kaiserin habe Thränen bei seinem Anblick vergossen, doch ihre Staatsklugheit gestattete ihr nicht, sein Mißgeschick zu erleichtern. Der unglückliche Jüngling wurde alsdann nach der Festung Schlüsselburg geführt, die auf einer kleinen Insel in der Newa an dem Punkte, wo der Fluß aus dem See Ladoga ausfließt, erbaut ist. Hier wurde er mit großer Vorsicht verborgen gehalten; Niemand von der Besatzung wußte lange Zeit, was und wer der Gefangene sei, den sie so streng bewachen mußten; doch unter einer unbeschränkten Regierung, wo Staatsgefangene nichts Ungewöhnliches waren, fiel dieser Umstand nicht auf.

Innerhalb der festen und hohen Mauern der Festung gibt es eine Reihe von Gängen, die ein großes Viereck einschließen und die Staatsgefängnisse enthalten. Die Fenster der Kerker wurden mit Ziegelsteinen versetzt und nur oben ließ man eine Oeffnung von einigen Zollen, wodurch ein schwacher Lichtstrahl hereindringen konnte. An Ende eines dieser Gänge war das Gefängniß des bedauernswerthen Iwan: ein gewölbtes Gemach, ungefähr 24 Fuß im Geviert, mit Mauern von unbehauenen Steinen, einem Boden von Ziegelsteinen und mit keinem andern Geräth als einem Rollbette, einem Tisch und einigen Stühlen versehen. Iwan's Fenster jedoch war nicht mit Ziegeln versetzt, sondern die Glasscheiben waren nur übertüncht, sodaß sie zwar das Tageslicht hereinließen, aber sowol dem Gefangenen die Aussicht benahmen, als auch die vor den Gängen aufgestellten Wachen und andere Personen verhinderten, in das Gefängniß zu sehen. In diesem trüben Kerker mußte Iwan acht Jahre lang zubringen.

In Folge der langen Gefangenschaft und der Trennung von jedem menschlichen Wesen, war die Entwickelung seiner Geistesgaben ganz zurückgeblieben, als er das Mannesalter erreichte; sein Charakter war unausgebildet, seine Begriffe waren sehr beschränkt und höchst einfach, seine Kenntnisse betrafen nur Gegenstände, die sich in sein ödes Kerkerleben gestohlen oder, von keinen anderen Ereignissen verdrängt, aus seiner glücklichen Wiegenzeit bis in sein Mannesalter erhalten hatten. Obschon er nicht ganz verwildert war, so verrieth er doch häufig Spuren von unverkennbarem Wahnsinn. Er konnte weder lesen noch schreiben, sprach etwas russisch und einige Worte deutsch, die er vielleicht in seiner Kindheit von seinen Ältern gelernt hatte; seine Aussprache war schwerfällig und unarticulirt und wenn er zornig war, stammelte er außerordentlich. Trotz seinen beschränkten Kenntnissen, wußte er, was ihm lieber hätte verborgen bleiben sollen — er wußte, daß er einst ein Kaiser gewesen war. Als man ihn fragte, wie er dies erfahren habe, erwiderte er: „Mir sagte es einst einer meiner Wächter, der bei meinem Anblicke in Thränen ausbrach; als ich ihn fragte, warum er weine, erzählte er mir, daß er und die ganze Nation mir einst den Schwur der Treue und des Gehorsams abgelegt hätten. Derselbe Mann erzählte mir auch von meiner Entthronung und Elisabeth's Thronbesteigung." Aus ähnlichen Quellen hatte er auch Einiges vom Großfürsten Peter und seiner Gemahlin Katharina erfahren.

Eine Zeit lang hatte man Iwan Silbergeschirr und feines Tafelzeug zum Gebrauch gegeben. Wein erhielt er im Überfluß; da er jedoch dieses Getränk unmäßig zu genießen anfing und dadurch cholerisch und fast rasend wurde, reichte man es ihm sparsamer. Er liebte Putz und schöne Kleider, und man sagt von ihm, daß er dieselben täglich oft zwanzigmal gewechselt habe und dann sich selbst bewundernd, in seinem engen Kerker auf- und niedergegangen sei. Er hatte einige unbestimmte Begriffe von Religion und betete häufig sehr inbrünstig; doch auch hierin verrieth er Wahnsinn, indem er sich oft rühmte, vom Engel Gabriel Offenbarungen empfangen zu haben.

Im März 1762, nach dem Tode der Kaiserin Elisabeth, besuchte ihr Nachfolger Peter III., der einige Monate später von seiner Gemahlin vom Throne gestoßen wurde, den Gefangenen in seinem Kerker. Es begleiteten den Kaiser einer der Narischkins, Namens Walkoff, und der General Baron Korf, der während der Zeit, als Iwan und seine Ältern in Oranienburg gefangen saßen, Gouverneur dieser Festung gewesen war. Der Kaiser trat, ohne dem Gefangenen bekannt zu sein, mit seinen Begleitern in das Gefängniß. Sie fanden Iwan in sehr feines Linnen gekleidet, seine übrigen Kleider aber waren äußerst grob. Er zeigte sich sehr linkisch und versicherte die Eintretenden sogleich, daß er der Kaiser Iwan sei; dann behauptete er wieder, Iwan sei todt, aber die Seele dieses Kaisers habe Besitz von seinem Körper genommen. Als man ihn fragte, ob er sich an seine Ältern erinnern könne, gab er eine bejahende Antwort und brach in Klagen über die Kaiserin Elisabeth aus, weil sie ihn und seine Ältern so unglücklich gemacht habe. Er fügte hinzu daß er und sie während ihrer ganzen Gefangenschaft nur einen Menschen gefunden hätten, von dem sie freundlich behandelt worden wären. Baron Korf fragte sogleich, ob er diesen noch kennen würde. „Nein", erwiderte Iwan, „es ist schon lange her; ich war damals noch ein Kind; aber seinen Namen habe ich nicht vergessen — er hieß Korf." Iwan hatte, wie wir erwähnt haben, nur wenig von Peter und seiner Gemahlin Katharina gehört und als er wiederholt behauptete, daß er einst wieder Kaiser werden würde, fragte man ihn, welche Behandlungen dann Jene von ihm zu erwarten hätten. „Ich werde sie tödten — hinrichten — Beide, Beide!" antwortete er wild. Peter war einer Ohnmacht nahe und er eilte aus dem Gefängnisse.

Bald nach diesem Besuche des Kaisers gab er Befehl, den Staatsgefangenen zu Wasser nach Kexholm zu bringen, einer Festung auf einer Insel im Flusse Woren bei seinem Einflusse in den Ladoga-See. Iwan wurde in einem offenen Boote über einen Theil des Sees nach einer Galeere gebracht, die zu seiner Aufnahme bestimmt war. Der Wind ging heftig und das Wasser war sehr bewegt. Iwan zitterte anfangs, doch bald zeigte er sich gefaßter. Der Sturm nahm zu und das Boot schlug um, aber die Schiffer retteten den Gefangenen und brachten ihn, obschon nicht ohne große Mühe, an Bord der Galeere. Als im August desselben Jahres Katharina, nachdem sie vorher ihren Gemahl vom Throne gestoßen hatte, ihre Herrschaft begann, wurde auf ihren Befehl Iwan von Kexholm wieder nach Schlüsselburg in seinen alten Kerker gebracht. Diesmal scheint er die Reise zu Lande gemacht zu haben, denn es wird erwähnt, daß der Wagen, worin er gesessen habe, in der Nähe des Dorfes Schlüsselburg zerbrochen und Iwan von seinen Wächtern, aus Furcht, daß er erkannt werden möchte, in einen weiten Mantel gehüllt und auf unbekannten Wegen an das Ufer gebracht worden sei, wo er ein Boot bestieg und sich bald wieder in seinem alten Kerker befand.

Aber trotz aller Vorsicht, hatte sich weit umher das Gerücht verbreitet, daß Iwan, der rechtmäßige Thronerbe, am Leben sei und auf der Festung Schlüsselburg in einem Kerker schmachte. Ein Geheimniß, so Vielen bekannt, erreichte mit allen hinzugedichteten Umständen das Ohr eines Menschen, der dies zu seinem Vortheil zu benutzen beschloß. Er hieß Wassili Mirowitsch und war Unterlieutenant im Regiment Smolensk, das später in dem Dorfe und auf der Festung Schlüsselburg in Besatzung stand. Mirowitsch war ein Enkel des gleichnamigen Rebellen, der sich mit dem Kosakenhetman Mazeppa gegen Peter den Großen empörte und mit Karl XII. verband. Er bat die Kaiserin Katharina, ihm die eingezogenen Güter seines Großvaters wieder zu verleihen, und als er eine abschlägige Antwort erhielt, schwur er Rache und sah eine Revolution als das einzige Mittel an, die Besitzungen seiner Väter wieder an sich zu bringen. Sobald er sich von der Wahrheit des Gerüchts, daß der Staatsgefangene Niemand als der unglückliche Iwan sei, überzeugt hatte, beschloß er, ihn zu befreien und als rechtmäßigen Kaiser auszurufen. Dieser tollkühne Mann hatte weder Geld noch Freunde unter den Großen des Landes; ja seine Theilnehmer waren noch viel unbedeutender als er selbst. Zuerst entdeckte er seinen kühnen Plan einem Unterlieutenant Namens Uschakoff, der mit Mirowitsch in eine Kirche ging, an deren Altare

*

Der Zar Iwan im Gefängniß.

die beiden Verschworenen sich Treue und Verschwiegenheit gelobten; dann fertigten sie ein Manifest aus, das sie, sobald Iwan befreit sein würde, bekannt machen wollten. Aber kurze Zeit darauf starb Uschakoff und Mirowitsch war nun wieder ohne Verbündeten. Überzeugt, daß er allein nichts werde ausrichten können, erforschte er einen gewissen Tikon Cosatkin, einen Diener am Hofe der Kaiserin Katharina, dessen unzufriedenes Gemüth er für eine Revolution vorbereitete, ohne ihm mitzutheilen, wo sie entstehen und durch wen sie geleitet werden sollte. Gegen einen Artillerielieutenant, Namens Simeon Tschewaridscheff, war er offener, indem er ihm entdeckte, daß der Kaiser Iwan lebte, sicher befreit und unter den Schutz des Artilleriecorps in Petersburg gestellt werden würde; aber er verschwieg ihm, wer es unternehmen wollte, dem Zar den Kerker zu öffnen, und blieb daher ohne alle Genossen oder Mitverschworenen. Das Hauptquartier des Regiments von Smolensk, befand sich im Dorfe Schlüsselburg und die aus 100 Mann bestehende Festungswache wurde wöchentlich abgelöst. Während der acht Tage, wo Mirowitsch den Wachposten auf der Festung versah, hatte er keine günstige Gelegenheit finden können, seinen Plan auszuführen, er entdeckte jedoch den Kerker des Zars und machte ein Zeichen an die Thüre, damit er sie wiederfinden könnte. Nach Verlauf einer Woche übernahm er für einen anderen Offizier den Wachdienst. Die einzige Person, die er für seinen Plan gewann, war ein gewisser Piskoff, ein gemeiner Soldat, und mit diesem einzigen Vertrauten entdeckte er am 4. Juli 1764 um 10 Uhr des Abends seinen Plan drei Unteroffizieren und zwei Gemeinen, welche er durch Vorspiegelungen von Reichthum und Beförderungen, die der Zar seinen Befreiern gewähren würde, zu überreden suchte. Die Furcht vor dem Mislingen eines so gefährlichen Unternehmens hielt jedoch diese Männer lange ab, an Mirowitsch's kühnem Wagstück Theil zu nehmen. Erst um zwei Uhr des Morgens erklärten sie sich entschlossen, Glück und Unglück mit ihm zu theilen. Mirowitsch ließ nun 40 Mann Soldaten, die größtentheils aus dem Schlafe geweckt werden mußten, zusammentreten, gab vor, einen geheimen Befehl von der Kaiserin erhalten zu haben, gebot ihnen, ihre Gewehre zu laden und ihm zu folgen. Die Mannschaft gehorchte dem Befehle ohne Bedenken und folgte den Verschworenen nach Iwan's Kerker. Auf dem Wege dahin trat ihnen Berednikoff, der Gouverneur der Festung, entgegen, den das ungewöhnliche Geräusch geweckt hatte. „Was soll dieser Lärm?" fragte er erschrocken. Mirowitsch antwortete ihm mit einem Schlage auf den Kopf und übergab ihn einem seiner Mitverschworenen als Gefangenen. Sie rückten dann vor ein festes Thor, das in den Gang führte, worin sich Iwan's Kerker befand. Hier verlangte Mirowitsch Einlaß im Namen der Kaiserin; aber die Schildwachen gehorchten dieser Aufforderung nicht. „Feuert und bahnt euch den Weg mit Gewalt!" rief er hierauf seinen Leuten zu. Sie gehorchten und die Schildwachen erwiderten das Feuer. Über diesen unerwarteten Widerstand erstaunt, verlangten die Angreifenden den Befehl der Kaiserin zu sehen, welchem sie, wie sie glaubten, Gehorsam leisteten. Mirowitsch zeigte ihnen sogleich eine Schrift, die mit einem von ihm selbst nachgemachten kaiserlichen Siegel versehen war und die Weisung enthielt, daß der Zar Iwan aus der Bewachung des Wlasief's und Tschekin's entfernen sollte, die ausschließend zur Aufsicht über den kaiserlichen Gefangenen angestellt waren. Wo fast Niemand lesen konnte, war Betrug nicht schwer; Niemand zweifelte an der Echtheit des kaiserlichen Befehls; die Soldaten bereiteten sich, den Angriff zu erneuen und einige von ihnen schafften eine Kanone herbei, die Mirowitsch mit eigner Hand gegen das Thor richtete. Schon nahm er die brennende Lunte zur Hand und wollte abfeuern, als sich das Thor von innen öffnete und er mit seinen Leuten eingelassen wurde. Mirowitsch stürzte in den Gang und nach der bezeichneten Kerkerthüre des Zars; auch diese fand er geöffnet und sah die beiden Offiziere Wlasief und Tschekin davor stehen, während Letzterer sich Mirowitsch näherte, mit der Hand auf einen Leichnam zeigte, der auf dem Boden lag. „Hier ist euer Kaiser!" rief er. Morowitsch sah einige Augenblicke lang mit stummem Entsetzen auf den Ermordeten, dann kehrte er mit seltener Fassung nach der

Stelle zurück, wo er den Gouverneur als Gefangenen bei seinen Soldaten gelassen hatte. „Jetzt bin ich euer Gefangener", sprach er mit Kaltblütigkeit zu ihm und übergab ihm seinen Degen. „Misgeschick hat mein Vorhaben vereitelt; ich beklage nicht mein eignes Schicksal, wol aber das meiner Mitgenossen, der unschuldigen Opfer meines Planes." Dann umarmte er die Unteroffiziere und übergab sich mit seinen Leuten.

Wenige Worte werden hinreichen, die traurige Katastrophe zu schildern, welche das Unternehmen des kühnen Soldaten in dem Augenblicke zur Folge hatte, als er sich schmeichelte, seinen vollständigen Sieg errungen zu haben. Sobald als Wlassef und Tschekin das Geschütz gegen das Gangthor gerichtet sahen und überzeugt sein konnten, daß Mirowitsch von seinem Vorhaben nicht abstehen werde, eilten sie in Iwan's Kerker, entschlossen, den unglücklichen Jüngling umzubringen. Iwan, den der Lärm geweckt hatte, ging in seinem Kerker auf und ab; er war ohne Waffe und fast nackend, aber dennoch vertheidigte er sich mit der Kraft der Verzweiflung und erst nachdem er einem seiner Mörder das Schwert zerbrochen und sich lange tapfer gewehrt hatte, stürzte er mit vielen Wunden bedeckt, entseelt zu Boden. Es ist nicht wahrscheinlich, daß jene beiden Offiziere auf ihre eigne Verantwortlichkeit einen so gewaltthätigen Schritt gewagt haben würden, hätten sie nicht von der Kaiserin selbst den bestimmten Befehl gehabt, Iwan bei Seite zu schaffen, sobald ein Versuch gemacht werden sollte, ihn zu befreien. Den Tag nach der Ermordung wurde der Leichnam des unglücklichen Zars in der Festung Schlüsselburg öffentlich ausgestellt und viel Volk hereingelassen, damit es sich von dem wirklichen Tode des Kaisers überzeugen könnte. Der Zusammenlauf und die Theilnahme des Volkes war zuletzt so groß, daß man einen Aufstand befürchtete. Der entstellte Leichnam wurde daher in ein Schaffell gewickelt, in einen Sarg gelegt und in der Stille in einer alten Kapelle der Festung beigesetzt. Iwan war 24 Jahre alt und hatte 23 Jahre in der Gefangenschaft gelebt. Mirowitsch trug sein unvermeidliches Geschick mit großer Stärke und Kaltblütigkeit. Er wurde am 25. Sept. 1764 in Petersburg enthauptet und sein Leichnam auf dem Schaffot verbrannt. Gleiches Schicksal hatten die unschuldigen und unwissenden Soldaten, die er in sein tollkühnes Unternehmen verwickelt hatte.

Benutzung des Bluts als Düngemittel.

Je mehr die Industrie und die Kenntniß der Natur und ihrer Gesetze fortschreitet, desto mehr vermindert sich die Zahl derjenigen Naturproducte, die der Mensch zu gar nichts zu benutzen weiß; ja selbst abgenutzte Gegenstände aller Art lernt man aufs Neue nutzbar machen, wodurch sie bei gehöriger Einrichtung einen Gewinn abwerfen, den man kaum für möglich halten sollte. In dieser Hinsicht sind freilich die Engländer und Franzosen den Deutschen weit vorausgeeilt, und noch haben wir z. B. nicht gelernt, gleich den Franzosen die meisten Theile gefallener Thiere zu verwerthen. Sehr merkwürdig und nachahmungswerth ist wol ohne Zweifel vornehmlich die Benutzung des Bluts als Düngemittel. In Deutschland dürfte es keineswegs allgemein bekannt sein, daß das Blut ein vortreffliches Düngemittel abgibt; man läßt es gleichwol in der Regel verloren gehen, sodaß es dem Fleischer und dem Ackerbau keinen Nutzen bringt und wol gar der Gesundheit schadet. In England hingegen wird es schon seit 1760 gesammelt und als Düngemittel verwandt, besonders für Obstbäume, an deren Fuß man es vergräbt. In Frankreich hat Derosne in Paris 1831 alles in den Schlachthäusern abfließende Blut gepachtet und läßt es schnell trocknen und in ein Pulver verwandeln, welches das kräftigste vorhandene Düngemittel ist. Ein Pfund trockenes Blut wirkt so viel als 4 Pfund flüssiges Blut (wovon drei Viertel Wasser sind) und ungefähr so viel als vier Pfund Muskelfleisch (100 Pfund frisches Muskelfleisch geben 28 Pfund trockenes Fleisch und 72 Pfund Wasser). Ferner wirkt ein Centner trockenes Blut ebenso viel als ein todtes Thier, das 5 Centner schwer ist (da Knochen und Eingeweide minder kräftig sind), ebenso viel als 3 Ctr. grob gepülverte Knochen und ebenso viel als 72 Ctr. guter Pferdemist; Blut ist also ein 72 Mal kräftigeres Düngemittel als Pferdemist.

Zum Trocknen des Bluts kann man sich, nach der Angabe von Payen, einer doppelten Methode bedienen. Nach der ersten trocknet man in einem Backofen nach Beendigung des Brotbackens gepülverte Erde unter öfterm Umrühren, begießt sie hierauf mit flüssigem Blute, bringt sie dann wieder in den Ofen und rührt das Gemenge bis zum völligen Trocknen um. Diesen Dünger bewahrt man in Kisten oder alten Fässern an einem trockenen Orte auf. Nach der zweiten Methode siedet man das Blut in einem gußeisernen Kessel, sodaß dessen Boden vier Zoll hoch bedeckt ist, unter beständigem Umrühren mit einem eisernen Spatel. Der flüssige Theil verflüchtigt sich, der feste zertheilt sich immer mehr und verwandelt sich in eine feuchte klümperige Masse, die man unter gelinder Heizung und Umrühren vollends trocknet, was auch in einem Backofen oder einem besonders dazu bestimmten Ofen geschehen kann. Dabei entstehen jedoch unangenehme Ausdünstungen, wenn das Blut nicht frisch ist, weshalb die Operation nicht gut im Innern einer Stadt vorgenommen werden kann. Am besten wird das Blut in den Schlachthäusern selbst sogleich mit Substanzen vermengt, die es trocknen und seine Fäulniß hindern; hierzu ist thierische Kohle am tauglichsten, doch kann auch Torfkohle, Holzkohle, getrockneter Torf oder Asche gebraucht werden. Ist das Blut einmal in Fäulniß übergegangen, so läßt es sich weit schwieriger in trockenen und geruchlosen Dünger verwandeln.

Große Städte liefern mehr Blut als man denkt; die Schlachthäuser in Paris liefern täglich 35—37 Fässer, das Faß zu 220 Litres (= 192 preuß. Quart). Auch in kleinen Städten wird es nicht fehlen. In Paris, das etwa 800,000 Einwohner hat, werden jetzt jährlich etwa 90,000 Stück Rindvieh geschlachtet, was auf eine Stadt mit 8000 Einwohnern jährlich 900 Ochsen und Kühe geben würde; rechnet man nun auf ein Stück 30 Pfund Blut, so beträgt dies jährlich 27,000 Pfund flüssiges oder etwa 7000 Pfund trockenes Blut, die nach der obigen Angabe ebenso viel wirken, als 5000 Centner guter Pferdemist. Hierbei sind die andern Thiere gar nicht in Anschlag gebracht, auch nicht berücksichtigt, daß die Consumtion von Rindfleisch in Paris gegen sonst auffallend abgenommen hat.

Ein Hauptvortheil beim Gebrauche dieses Düngemittels liegt darin, daß es einen sehr geringen Raum einnimmt und also wohlfeil zu transportiren ist. Übrigens wird der Blutdünger am besten im Frühjahre und bei Regenwetter als feines Pulver ausgestreut. Das Blut läßt sich sonst auch gebrauchen, um die Zer=

setzung von Pflanzenstoffen (wie Baumblätter, Häcksel, Sägespähne, Haferspreu) zu befördern und ihre Düngekraft zu erhöhen.

Tunnels auf Eisenbahnen.

Bei der jetzt allgemein zur Anwendung kommenden Construction von Eisenbahnen vermeidet man bekanntlich Steigungen ungleich mehr, als bei gewöhnlichen Landstraßen, und führt dieselben möglichst horizontal oder doch in einer gegen die Horizontalebene verhältnißmäßig nur sehr wenig geneigten Richtung, wiewol es nach den neuesten Erfahrungen in Amerika allen Anschein hat, als könnte man sich künftig bei Anwendung verbesserter Dampfwagen nach amerikanischer Bauart unbedenklich weit größere Abweichungen von der Horizontalrichtung als bisher erlauben. Dennoch kann man nur auf wenigen längern Eisenbahnen der Tunnels entbehren, d. h. langer unterirdischer Gänge oder Stollen durch Berge und Anhöhen, welche weder abgetragen noch ohne zu großen Umweg umgangen werden können. Die Eisenbahn von Liverpool nach Manchester hat einen 22 Fuß breiten, 16 Fuß hohen, 6750 Fuß langen Tunnel, der unter einem Theile der Stadt Liverpool hinläuft und dessen Eingang in Nr. 130 des Pfennig-Magazins abgebildet ist. Die Eisenbahn von Lyon nach St.-Etienne geht gar durch 10 Tunnels; der Eingang des bedeutendsten ist in Nr. 101 dargestellt. Die bis jetzt fertige Strecke der Bahn von London bis Birmingham geht durch 3 Tunnels; die ganze Bahn aber hat deren nicht weniger als 11, von denen der größte 1 engl. Meile oder 5100 Fuß lang ist. Auf der Eisenbahn von Löwen nach Tirlemont fährt man durch einen 3000 Fuß langen, 22 Fuß hohen, 14 Fuß breiten Tunnel. Die im vorigen Sommer vollendete Eisenbahn von Paris nach St.-Germain geht durch 2 Tunnels; der erste (von Paris aus) ist 550 Fuß lang und 40 Fuß breit, der zweite bei Batignolles ist 960 Fuß lang. Die leipzig-dresdner Eisenbahn, welche von den größern deutschen Eisenbahnen allem Anscheine nach zuerst vollendet werden dürfte, geht bei Oberau (unweit Meißen) durch einen Tunnel, der 1600 Fuß Länge haben wird und zum großen Theile bereits fertig ist. Auch die erzgebirgische Eisenbahn kann zwischen Chemnitz und Zwickau einen 1400 Fuß langen Tunnel nicht wohl vermeiden.

Sonach ist die Frage von großer Wichtigkeit, ob das Fahren durch Tunnels mit erheblichen Unannehmlichkeiten und Übelständen, wol gar mit Nachtheilen für die Gesundheit verknüpft ist. Allerdings scheint es, als ob einmal der plötzliche Eintritt aus der Helligkeit in das Dunkle den Augen unangenehm und selbst schädlich sein müsse und ferner die eingeschlossene, noch dazu durch den Rauch aus der Esse des Dampfwagens verunreinigte Luft, wie auch die geringere Temperatur im Tunnel einen der Gesundheit nachtheiligen Einfluß äußern könne. Daher führt der treffliche englische Physiker Lardner in seinem bekannten Buche über die Dampfmaschine (deutsch, Leipz. 1836) unter seinen Regeln für Eisenbahnanlagen an, daß die Verunreinigung der reinen Lebensluft durch die Verbrennung der Kohlen, der Übergang aus dem Lichte in die Dunkelheit, der unangenehme Einfluß der Feuchtigkeit und im Sommer der Wechsel einer warmen Luft mit einer kalten Übelstände und Schwierigkeiten wären, die einem langen Tunnel auf einer für einen bedeutenden Personenverkehr bestimmten Bahn entgegenständen. Je größer die Steigung des Tunnels ist, desto mehr muß die bewegende Kraft verstärkt und in demselben Verhältnisse die Lebensluft bei dem Hinauffahren mehr verdorben werden. Länger als 1700 Fuß darf nach Lardner ein Tunnel nicht sein, auf einer Anhöhe darf er nicht einmal so lang sein, eine Vorschrift, von welcher jedoch mehre der oben erwähnten Tunnels beträchtlich abweichen.

Den gedachten Übelständen läßt sich aber begegnen durch Erleuchtung und Lüftung der Tunnels. Die Tunnels auf den englischen Eisenbahnen werden größtentheils mit Gas erleuchtet (in dem Tunnel bei Liverpool sind Gaslampen in Entfernungen von 75 Fuß an der Decke angebracht); bei dem zwischen Lyon und und St.-Etienne ist dies nicht der Fall. Die Lüftung des Tunnels geschieht durch senkrechte Schachte, die zu Tage ausgehen und nach Lardner in Zwischenräumen, die nicht über 600 Fuß betragen, anzubringen sind. Der Tunnel bei Oberau wird durch 4 Schachte von 24 Fuß Länge und resp. 8 und 11 Fuß Weite, die auf dem höchsten Punkte 71 Fuß, auf den Flügeln 56 Fuß tief sind, gelüftet. Außerdem muß jeder Tunnel hoch genug sein (nach Lardner 25—30 Fuß) und die Heizung des Kessels darf nicht durch gewöhnliche Steinkohlen, sondern muß durch Coaks (entschwefelte Steinkohlen) geschehen, was auf den englischen Bahnen ohnehin gesetzlich vorgeschrieben ist; doch sind Coaks aus Gasbereitungsanstalten unbrauchbar, weil sie zu viel Schwefeltheile enthalten. Lardner gibt an, daß er gegen 5000 Fuß langen und durch 8 Schachte gelüfteten Tunnel auf der meist nur zu Kohlenfuhren benutzten Eisenbahn zwischen Leicester und Swannington oft mit Dampfwagen befahren und die Beschwerde selbst in einem verschlossenen Wagen so groß gefunden habe, daß sie auf einer frequenten Bahn ganz unerträglich sein würde; doch werden auf dieser Bahn Kohlen gebraucht und daher ein Rauch erzeugt, der weit unangenehmer ist, als die durch Verbrennung von Coaks erzeugten Gase.

Zum Glück hat die Erfahrung gelehrt, daß bei Anwendung der gedachten Maßregeln das Fahren durch Tunnels mit Dampfwagen mit nennenswerthen Beschwerden nicht verknüpft ist. Namentlich von dem Tunnel auf der Eisenbahn zwischen Leeds und Selby, der gegen 2100 Fuß lang, 22 Fuß breit, 17 Fuß hoch ist und durch 3 Schachte von 10 Fuß Durchmesser und 60 Fuß Höhe gelüftet wird, bei denen jedoch zur Beförderung der Ventilirung weder Feuer noch irgend eine andere mechanische Vorrichtung benutzt wird, liegen uns jetzt vollständige und sehr befriedigende Erfahrungen vor. Durch denselben ziehen täglich 20 Maschinen und 350—400 Menschen; die Durchfahrt dauert 1¼ Minute und man brennt Coaks von bester Qualität. Aus längern Beobachtungen der Doctoren John Davy und Williamson, von denen Jener Vicedirector der Armeespitäler, Dieser ältester Arzt am Krankenhause in Leeds ist, und den Versuchen des bekannten Luftreinigers D. Reid ergab sich nun Folgendes. Die Verunreinigung der Luft während der Durchfahrt ist ganz unerheblich; die chemische Prüfung vieler und unter den ungünstigsten Umständen in dem Tunnel genommenen Luftproben zeigte, in Übereinstimmung mit der Rechnung, daß die durch eine Maschine entwickelte Kohlensäure noch nicht ein Procent beträgt, eine Quantität, die zu gering ist, als daß sie der Gesundheit nachtheilig werden könnte; außer diesem geringen Gehalte von Kohlensäure aber zeigte sich nie irgend eine andere Unreinigkeit. Die Temperatur der Luft ist im Tunnel natürlich gleichmäßiger als die der äußern Luft, doch ist die Differenz nur sehr gering und belief sich beim wärmsten Wetter, als die äußere Luftwärme 17 Grad Réaumur betrug, nur auf 4 Grad Réaumur. Die Feuchtigkeit der Luft ist im Tunnel zwar etwas stärker, als außerhalb, aber nie so bedeutend, daß sich die Dünste niederschlagen können. Das von den Wagen verursachte Geräusch ist nicht lästiger als im Freien; nur den Wechsel des Lichts und der Dunkelheit kann man unangenehm finden. D. Williamson fügt noch hinzu, daß er Eisenbahnfahrten schwächlichen Personen zur Befestigung ihrer Gesundheit zu empfehlen pflege und sich von ihren guten Folgen auch für Solche, die an leichtern Brustbeschwerden litten, überzeugt habe.

Ursache der Müdigkeit auf hohen Bergen.

Ganz eigenthümlich und räthselhaft erschien bisher die Erfahrung derjenigen Reisenden, welche sehr hohe Berge bestiegen und dabei allgemein eine seltsame, aus der Beschwerde des Steigens nicht zu erklärende und beim Niedersitzen ganz verschwindende Müdigkeit empfanden. Schon Humboldt sprach die Vermuthung aus, daß der auf sehr hohen Bergen sehr bedeutend verminderte Luftdruck die Ursache der Erscheinung sein möchte, was sich neuerdings vollständig bestätigt hat. Es ist nämlich gegenwärtig bewiesen, daß das Gewicht des Beines weder an den Muskeln oder Bändern hängt, noch auf dem Pfannenrande ruht, sondern vom Drucke der Luft, mit welchem dieselbe beide Gelenkflächen zusammenpreßt, getragen wird, wodurch es so vollkommene Drehbarkeit in seiner Pfanne erhält, als zum Gehen und Laufen nöthig ist. Wird der Luftdruck vermindert, so muß eine andere Kraft, z. B. die der Muskeln, seine Stelle vertreten und das Bein tragen. Durch einen Versuch mit der Luftpumpe wurde Humboldt's Vermuthung bestätigt. Rechnet man das Gewicht jedes Beines 20 Pfund, so würde ein Luftdruck oder Barometerstand von 24 Zoll, etwa 4 Zoll tiefer als in der Ebene, hinreichen, das Bein zu tragen, ohne daß die Muskeln dabei thätig sind. Bei einem tiefern Barometerstand oder schwächern Luftdrucke dürfen die Muskeln des aufgehobenen Beins nicht ganz erschlaffen, sondern müssen für jeden fehlenden Zoll wenigstens $5/8$ Pfund mehr tragen. Bei dem erwähnten kürzlich in Berlin angestellten Versuche wurde ein frisches Becken nebst Schenkelbeinen benutzt; die Beckenstücke wurden nebst den Schenkelbeinen soweit beschnitten, daß die Hüftgelenke bequem unter der Glocke einer Luftpumpe aufgehängt werden konnten, und dann an dem einen Hüftgelenke die Kapselmembran rund herum durchschnitten. Wenn die Verdünnung der Luft soweit getrieben wurde, daß das Barometer unter der Glocke weniger als 3 Zoll zeigte oder der Luftdruck unter der Glocke weniger als $1/8$ des zum Tragen des Beins erforderlichen betrug, also das Gewicht des Schenkelstücks, das allein $1/2$ Pfund, nebst einem angehängten Gewichte aber $2 1/2$ Pfund oder $1/8$ vom Gewichte des ganzen Beins wog, nicht mehr zu tragen vermochte, so sank der Schenkelkopf allmälig über $1/2$ Zoll oder so weit, als die Kapselmembran gestattete. Diese bildet nämlich um den Schenkelkopf einen Ring, der enger ist, als der Umfang des Schenkelkopfs, sodaß dieser herabsinken, aber nicht daraus entweichen kann und die Verrenkung des Hüftgelenks verhütet wird. Damit aber war der Beweis geliefert, daß der Luftdruck bei einem Barometerstande von weniger als 24 Zoll nicht mehr hinreichend ist, um das Bein zu tragen, und die größere Anstrengung der Muskeln, die dann erfoderlich ist, zieht ganz natürlich eine sehr auffallende Ermüdung nach sich, die aber beim Niedersetzen sofort verschwinden muß, weil die Anstrengung der Muskeln nur während des Gehens nöthig ist. Daß eine auf andern Gründen beruhende, durch lange fortgesetztes Gehen hervorgebrachte Müdigkeit auch beim Sitzen fühlbar ist, ist eine allbekannte Sache. Auf hohen Bergen steht übrigens das Barometer sehr bedeutend unter 24 Zoll, wie daraus erhellt, daß schon in einer Höhe von etwa 4000 Fuß über dem Meere das Barometer nur 24 Zoll zeigt.

Fütterung der Seidenraupen mit Reismehl und Kartoffelstärke.

Nach Angabe des kürzlich von Julien ins Französische übersetzten chinesischen Werks über die Seidenraupenzucht*) streut man in China in der letzten Freßperiode gepulvertes Maulbeerlaub und auch Reismehl auf die Maulbeerblätter, um dieselben zu sparen. Dieses Verfahren versuchte der berühmte Seidenzüchter Bonafous in Turin, (der die französische Übersetzung des gedachten Werks ins Italienische übertrug), indem er die Maulbeerblätter mit Reismehl, Weizenmehl, Satzmehl u. s. w. bestreute, und fand, daß diese Substanzen, die für sich allein von den Seidenraupen unberührt bleiben, ihnen in der Mischung ein angenehmes Nahrungsmittel abgeben, bei dem sie sich rascher als sonst entwickeln. Die mit Reismehl genährten Raupen geben besonders schöne und schwere Cocons. Mit sehr gutem Erfolg ließ Freiherr von Babo für seine Raupen die Maulbeerblätter täglich einmal dicht mit Kartoffelstärke bestreuen. Sie wurden größer als früher und er verlor durch die sonst sehr verheerende Gelbsucht nur wenige. Ein Abwägungsversuch zeigte, daß von den ohne Stärke gefütterten Raupen ungefähr 300 Cocons auf das Pfund gingen, von den mit Stärke gefütterten dagegen nur 260 Stück. Es scheint daher in der Kartoffelstärke ein wohlfeiles Mittel gefunden zu sein, nicht allein um die Raupen gesund zu erhalten, sondern auch damit die Seide zu vermehren und stärker zu machen, was sich ebenfalls bei dem Abhaspeln derselben zeigte, indem höchst selten bei übrigens sehr feinem Faden ein solcher abriß.

Der kaiserliche Palast in Delhi.

Wir haben bereits in Nr. 240 des Pfennig=Magazins über Delhi gesprochen und eine Ansicht der Chadery=Choke oder der Hauptstraße dieser Stadt mitgetheilt. Fast in der Mitte dieser Straße und einer anderen großen gegenüber, durch welche sich ebenfalls ein Arm des Kanals windet, steht der kaiserliche Palast, welcher von Kaiser Shah Jehan erbaut wurde. Er ist auf dieser Seite von einer 60 Fuß hohen Mauer umgeben, hat viele kleine runde Thürme und zwei großartige Thore, von welchen jedes von einem äußern Wachtthurm vertheidigt wird, der in demselben Style erbaut, aber nicht von gleicher Höhe ist. Das Ganze ist von rothem Granit erbaut und von einem breiten Graben umgeben. Das Gebäude selbst ist nicht fest, und die Mauern können höchstens Pfeiler und Flintenschüssen widerstehen; aber als kaiserliche Residenz ist es vielleicht eine der schönsten, die es gibt; selbst der

---

*) Aus dem Französischen ins Deutsche übersetzt von Lindner (Stuttg. 1837).

Kreml in Moskau ist nicht so schön und prächtig. Unsere Abbildung zeigt den Palast von einer der äußern Seiten und zugleich eines der beiden Thore, von wo aus eine Brücke nach der Feste oder dem Wachtthurm Selim Chur führt, der dieses Thor vertheidigt.

Der Hof von Delhi ist trotz dem verminderten Einflusse seiner Fürsten immer noch der Sitz bedeutender politischer Intriguen und der gefallene Monarch bemüht sich, in äußerer Pracht seine Machtlosigkeit zu vergessen.

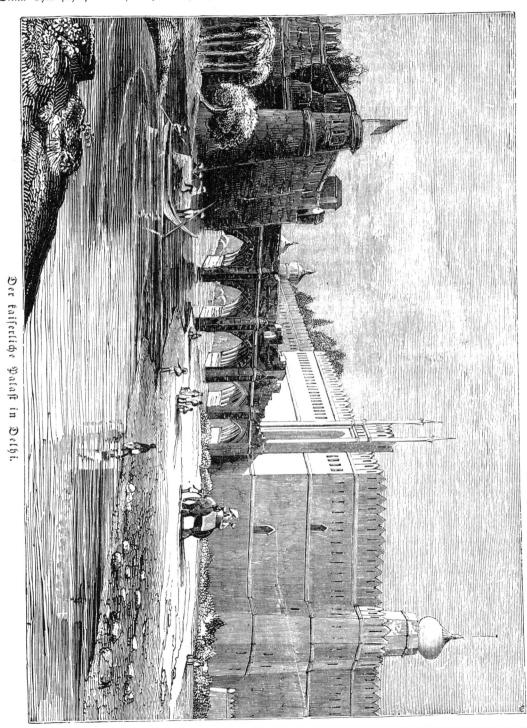

Der kaiserliche Palast in Delhi.

Verantwortlicher Herausgeber: Friedrich Brockhaus. — Druck und Verlag von F. A. Brockhaus in Leipzig.

Das Pfennig-Magazin
für Verbreitung gemeinnütziger Kenntnisse.

269.] Erscheint jeden Sonnabend. **[Mai 26, 1838.**

Die Schnitter in den pontinischen Sümpfen.

Die ganze Ebene von Rom, von der Tiber bis zu den Gebirgen an der Grenze des Königreichs Neapel ist sumpfig und während der Sommermonate höchst ungesund, besonders der südliche Theil dieser ausgedehnten Fläche, vorzugsweise die Paludi oder Sümpfe genannt. Von Torre tre Ponti bis Terracina, eine Entfernung von ungefähr fünf deutschen Meilen, ist das Land niedrig und flach und an einigen Theilen, sowol im Innern des Landes am Fuße der Gebirge als auch am Ufer des Meeres, mit Wasser bedeckt. Vom Meere bis zu den Apenninen verändert sich der Bezirk von zwei zu drei Meilen, und auf dieser weiten Ebene sieht man kaum einen Hügel, kaum einen Baum. Sie wird von einer schönen geraden Straße durchschnitten, die von Rom nach Neapel über einen Theil der berühmten via Appia führt, welche zur Zeit der römischen Republik, drei Jahrhunderte vor der christlichen Zeitrechnung, angelegt wurde. Reist man auf dieser Straße, so überblickt das Auge eine üppige Fläche Weide- und Ackerland, der angebaute Theil jedoch steht nur in geringem Verhältniß zu dem Weidelande. Keine Hecke, keine Einzäunung ist in einer Entfernung von mehren Stunden sichtbar, denn die Grenzen der ungeheuren Pachtgüter sind nur durch Grenzsteine bezeichnet. Die einförmige Ebene wird kaum von einer menschlichen Wohnung unterbrochen, nur daß sich in weiten Zwischenräumen hier und da ein düsteres großes Landhaus erhebt, das mehr einer Festung als der friedlichen Wohnung eines Landmanns gleicht.

Lachend unter einem klaren blauen Himmel und von einer glänzenden Sommersonne erleuchtet gewährt diese große Fläche trotz ihrer Eintönigkeit einen angenehmen Anblick; doch die stehenden Wässer in der Nähe, verbunden mit dem heißen Klima, erzeugen die gefährlichsten Fieber, daher gibt es in den pontinischen Sümpfen keine feste Bevölkerung, ausgenommen einige Familien, die sich besonders mit der Wartung ihrer Büffelheerden beschäftigen. Gegen Ende des Octobers, wenn die große Sommerhitze, wodurch die Ebene ungesund gemacht wird, gewichen ist, kommen die armen und arbeitsamen Landleute der Apenninen in großen Zügen herab und verrichten die nöthige Arbeit. Einige von ihnen halten sich bis zum Mai hier auf, die mei-

VI. 21

sten aber kehren, nachdem sie gepflügt und gesäet haben, in ihre Gebirge zurück. Zur Herbstzeit, die in der Mitte des Juni beginnt, kommen sie wieder in die Ebene, und unsere Abbildung zeigt die Ankunft einer solchen Familie mit ihrer ganzen Habe. Das Bild, wonach unser Holzschnitt gefertigt ist, verdanken wir Robert's Meisterhand, und er hat den Gegenstand mit Wahrheit und Natürlichkeit aufgefaßt. Oft sieht man das Gegenstück davon, wenn man die pontinischen Sümpfe durchreist; dieselben schwerfälligen Karren, mit ihrem Joche wildaussehender Büffel und ihrer buntscheckigen Ladung, dieselbe malerische Kleidung, die den Frauen das Ansehen gibt, als ob sie aus dem Bilde eines alten italienischen Meisters geschnitten wären; dieselben munteren Sprünge, dieselbe Zampogna oder Sackpfeife. Gewöhnlich macht sich bei solchen Gelegenheiten die ganze Familie, vom greisen Großvater bis zum Kinde in Windeln, mit ihrer ganzen beweglichen Habe auf den Weg. Der Älteste macht den „caporale" oder Anführer, leitet die Geschäfte mit dem Landbauer und empfängt von seinen Kindern und Enkeln seinen Lohn. Sobald die Gesellschaft das Ziel ihrer Reise erreicht hat, packt sie ihre Habe von den Karren und baut sich zuweilen eine Art Zelt, um während der Mahlzeit Schatten zu genießen und um sich vor dem Nachtthau zu schützen. Viele solcher Schnitterfamilien essen und schlafen aber auch häufig ohne Schutz, indem sie nur ihre Decken auf den bloßen Boden legen. Einige bauen sich auch Hütten von Binsen und Rohr, das in den sumpfigern Theilen der Ebene bis zu einer beträchtlichen Höhe wächst. Wo der Boden sehr feucht ist, sieht man diese Hütten oft auf sechs bis acht Fuß hohen Pfählen stehen. Die Schnitter, die diese Wohnungen nur zum Schlafen benutzen, steigen hinauf und kriechen durch eine Öffnung, die mehr ein Loch als eine Thüre zu nennen ist. Eine solche Hütte gleicht einem riesigen Bienenstocke oder einem indianischen Wigwam auf Stangen errichtet.

Während des Tages, wo Männer und Frauen beschäftigt sind, werden die Kinder mit aufs Feld genommen und in der Nähe der Schnitter auf die Erde gesetzt, da nicht selten Wölfe die Sümpfe besuchen. Die seltsame, auf der ganzen südlichen Halbinsel gebräuchliche Art, die Kinder zu wickeln, ist unserm Künstler nicht entgangen. Die kleinen Geschöpfe werden von den Füßen bis unter die Arme fest umwickelt, sodaß sie fast das Aussehen ägyptischer Mumien erhalten. Obschon man vermuthen sollte, daß es grade nicht vortheilhaft sein könnte, die Beine so einzupressen und aller Thätigkeit zu berauben, so muß man doch gestehen, daß die Landleute und die neapolitanischen Lazzaroni, bei welchen dieses Verfahren hauptsächlich gebräuchlich ist, auffallend schön geformte Beine haben. Die Nahrung dieser armen Bergbewohner ist nur spärlich und ihr Leben mit vielen Beschwerden verbunden. Doch obschon sie bei harter Arbeit fröhliche Gesichter zeigen, mit Tanzen und Pfeifen ankommen, so kehren sie doch gewöhnlich nicht so munter zurück, da die Hälfte von ihnen mehr minder heftig vom Fieber befallen wird. So Korn geschnitten ist, eilen sie wieder nach ihren Bergen, da der Juli in diesen Sümpfen Ungesundheit unendliche Gefahren bringt und es kaum Jemand wagen kann, während der Nacht auf dem Felde zu bleiben. Viele dieser Schnitterfamilien haben mehre Meilen bis in ihre Heimat. Sie reisen in Gesellschaft, die Gesunden unterstützen die Kranken, denn nicht Alle erfreuen sich eines Büffelkarrens. Diese Fuhrwerke sind von der rohesten Art: ein festes Stück Holz, nur roh zugehauen, bildet die Deichsel und die Achsen selbst, um welche sich die schwerfälligen Räder mit furchtbarem Geräusch drehen, das man häufig eine halbe Stunde weit hört. Die Thiere, welche diesen Karren ziehen, sind die mürrischsten und wildesten Hausthiere und nicht selten werfen sie ihren Treiber zu Boden und erdrücken ihn. Die Stärke dieser Büffelart, die man am schönsten in den sumpfigen Ebenen Roms und Neapels findet, ist jedoch ungewöhnlich. Ein Paar von ihnen zieht einen ungeheuer bepackten Karren auf den schlechtesten Wegen und selbst durch das Bett eines Flusses. In vielen Gegenden des Landes, wo es noch keine Brücken gibt, würde zu gewissen Jahreszeiten aller Verkehr abgeschnitten sein, wenn man nicht diese starken Thiere hätte.

Verhütung des Auswachsens der Kartoffeln durch Einweichen in Ammoniakwasser.

Wenn man Kartoffeln vier oder fünf Tage lang in Wasser einweicht, dem auf ein (preuß.) Quart vier Loth gewöhnlichen flüssigen Ammoniaks (Salmiakspiritus) zugesetzt worden sind, so verlieren sie ihre Keimkraft fast ganz, sodaß man sie, nachdem sie an einem luftigen Orte getrocknet worden sind, ein Jahr lang aufbewahren kann. Sie erleiden dabei keine Veränderung, höchstens werden sie mehliger, und bei der großen Flüchtigkeit des Ammoniaks ist nach dem Trocknen nicht eine Spur davon zu entdecken. Diese Behandlung scheint namentlich für die zur Verproviantirung von Schiffen bestimmten Kartoffeln zweckmäßig. Läßt man die Kartoffeln anstatt der fünf Tage drei Wochen lang in der erwähnten Flüssigkeit, so schrumpfen sie ein, und trocknet man sie dann in Stücke geschnitten, so werden diese sehr dicht, jedoch nicht sehr hart, und spröde wie Schiffszwieback. Der eigenthümliche Kartoffelgeschmack geht hierbei ganz verloren und an dessen Stelle tritt ein rein mehliger, aber keineswegs unangenehmer. Beim Kochen verhalten sich diese Stücke beinahe wie Sago oder wie Stärkemehl, ohne jedoch ihre Gestalt zu verlieren.

Wann wurde die Buchdruckerkunst erfunden?

Fast allgemein nahm man bisher 1440 als das Jahr der Erfindung an, denn das Jahr 1435 in Böttigers Geschichtstafeln und 1436 in Schaab's „Geschichte der Buchdruckerkunst" stützen sich auf gar keine geschichtlichen Gründe. Herr Baumeister Wetter in Mainz, der unlängst eine vortreffliche Geschichte des Buchdrucks geschrieben, hat eben ein Schriftchen unter dem Titel: „Beantwortung der Frage: in welchem Jahre ist die Buchdruckerkunst erfunden worden?" herausgegeben. Wenn wir unter Buchdruckerei den Druck mit beweglichen Lettern verstehen (denn das Drucken mit Holztafeln haben die Chinesen schon vor Jahrtausenden ge... so ist erstens Mainz der Ort und zweitens das Jahr 1450 die Zeit der Erfindung. Herr Wetter führt folgende 7 wichtige Zeugnisse an: 1) Gutenberg selbst nennt am Schlusse des von ihm 1460 gedruckten Wörterbuchs Catholicon Mainz als den Erfindungsort. 2) Sein Gehülfe Peter Schöffer nannte dem Abt Trithem, wie dieser in seinen Annalen des Klosters Hirschau sagt, Mainz als Ort und 1450 als Zeit der Erfindung. 3) Peter Schöffer's Sohn, Johann Schöffer, sagt in der Zueignung der von ihm 1505 zu Mainz gedruckten deutschen Übersetzung des Livius an den Kaiser Maximilian I.: „Solch Wergk, das in der löblichen Stadt Mainz gefertiget und getruckt ist, wöll Ew. Kö. Maj. gnediglich ufnemen, in welcher Stadt anfengklich die wunderbare Kunst der Truckerei und im ersten von dem kunstreichen Johann Guttenberg, da man zalt nach Christi unsers Herrn Geburt 1450, erfunden." 4) Derselbe Johann Schöffer nennt am Schlusse des von ihm zu Mainz 1515 gedruckten „Breviarium historiae Francorum" des Abts Trithem Mainz die erste Erfinderin der Buchdruckerkunst im Jahre 1450. 5) Die Kölner Chronik sagt: „zu Menz am Ryne, do man schreyff MCCCCL, do began man zu drucken, und was dat eyrste Bouch, dat man druckte, die Bybel zu Latin." 6) Ein Neapolitaner, Mariangelus Accursius, im Anfange des 16. Jahrhunderts, schrieb auf einen, auf Pergament gedruckten Donat, daß dieser Donat zuerst von einem mainzer Bürger, Johann Faust, 1450 gedruckt sei. 7) Bergellanus in seinem 1541 zu Mainz gedruckten Lobgedichte auf die Buchdruckerkunst sagt, daß Gutenberg 1450 zu Mainz die Erfindung gemacht habe. Daß man so lange das Jahr 1440 als Erfindungsjahr annahm, kam nur daher, daß Gutenberg in jenem Jahre zu Strasburg mit Holztafeln zu drucken anfing. Da aber Mainz als Erfindungsort für den Druck mit beweglichen Lettern feststeht, so kann die Erfindung nur entweder vor 1420 oder nach 1444 geschehen sein, weil Gutenberg jene 24 Zwischenjahre sich zu Strasburg aufhielt.

Der Kanzler Bacon.

Den Namen Bacon führen zwei ausgezeichnete Engländer, die, durch viertehalb Jahrhunderte getrennt, sich Beide über ihre Zeit und deren Vorurtheile zu erheben wußten. Der eine ist der Mönch Roger Bacon, geboren 1214, gestorben 1290 oder 1294, welcher in der Kenntniß der Natur seinen Zeitgenossen so sehr vorauseilte, daß er wegen Zauberei verfolgt und eingekerkert wurde. Der andere ist der Kanzler Francis Bacon, Baron von Verulam, den unser Holzschnitt darstellt, geboren zu London 1561, gestorben 1626.

Sein Vater war ein ausgezeichneter Rechtsgelehrter, hatte die Gunst der Königin Elisabeth zu erwerben gewußt, sodaß der junge Francis Bacon unter glücklichen Verhältnissen aufwuchs. Gleich seinem Vater widmete er sich der Rechtswissenschaft und entwickelte bald ein großes Talent zu den Geschäften. Durch seine ungewöhnliche Gewandtheit und Fähigkeit gelang es ihm, als er noch nicht 28 Jahre alt war, zum außerordentlichen Rath der Königin ernannt zu werden. Durchdrungen von den Grundsätzen des Hofes, säumte Bacon nicht, sie anzuwenden. Als seinem Freunde, Wohlthäter und Beschützer, dem Grafen von Essex, der Proceß gemacht wurde, sagte er sich nicht nur von ihm los, sondern fertigte sogar aus freien Stücken die Klagschrift wider ihn, und als der Kopf des Grafen auf dem Blutgerüste gefallen war, rechtfertigte in einer eignen Flugschrift die Strenge der Elisabeth. Diese Unverschämtheit ging zu weit; ein allgemeiner Unwille sprach sich gegen den undankbaren Höfling aus und hemmte ihn in seiner Laufbahn, während er am Hofe ebenfalls ein Gegenstand des Hasses und der Eifersucht war. Vergebens stimmte er, als er von der Grafschaft Middlesex 1593 ins Parlament gewählt worden war, in demselben gegen die Regierung, um beim Volke die Gunst wieder zu erlangen, die er am Hofe verloren hatte; aber die öffentliche Meinung verzieh ihm nicht und Elisabeth ließ ihn in Dürftigkeit schmachten. Die Thronbesteigung Jakob I. war jedoch für ihn ein günstiger Umstand; seine Kenntnisse kamen ihm bei dem Könige, der selbst auf gelehrte Bildung Anspruch machte, zu statten. Er erhielt 1603 die Ritterwürde und wußte diesmal sich so gewandt zu benehmen und den Leidenschaften und Schwächen der Großen so geschickt zu schmeicheln, daß er schnell von Stufe zu Stufe stieg. Er wurde 1617 Siegelbewahrer und endlich 1619 Lordkanzler von England, zugleich zum Baron von Verulam und zum Viscount von St.-Albans erhoben. Allein er sollte auf eine schimpfliche Weise von dieser Höhe herabstürzen. Er verwaltete sein Amt so habsüchtig und eigennützig, daß sich bald die allgemeine Stimme gegen ihn erhob und er 1621 vor dem Oberhause angeklagt wurde, Ämter und Privilegien verkauft zu haben. Er glaubte seine Richter durch ein aufrichtiges Geständniß und Berufung auf ihre Nachsicht zu entwaffnen, doch vergeblich; er wurde zu einer Geldstrafe von 40,000 Pf. Sterl. und zur Einkerkerung in den Tower verurtheilt, welche Strafen ihm jedoch die Gnade des Königs erließ, außerdem aber für unfähig erklärt, je ein öffentliches Amt zu bekleiden, im Parlamente zu sitzen und sich dem Orte zu nähern, wo der König Hof hielt. Er nahm nun zu den Wissenschaften seine Zuflucht und suchte seine Fehler durch sein Genie wieder gut zu machen, und man kann wol sagen, daß ihm dies vollständig gelungen ist. Später wendete ihm selbst der König wieder seine Gunst zu und Karl I. begnadigte ihn völlig. Die Nachwelt hat seine Fehler, die ohnehin mehr der Schwäche als der Schlechtigkeit seines Charakters zuzuschreiben sind, über seinen großen geistigen Vorzügen vergessen.

Die Ausdehnung seiner Kenntnisse und Studien ist außerordentlich. In der Philosophie, die er auf die Erfahrung und die Natur hinwies, brach er eine neue Bahn. Bewundernswürdig waren seine Fortschritte in der Physik, und gewiß würde er viel weiter gekommen sein, hätte er vollkommene Instrumente und größere mathematische Kenntnisse gehabt. Er kam der Schwere und Elasticität der Luft, die Galilei und Torricelli später bewiesen haben, auf die Spur und hatte von der allgemeinen Schwere, deren Entdeckung Newton unsterblich gemacht hat, schon ziemlich richtige Begriffe. Nur in der Astronomie blieb er hinter den aufgeklärtesten Männern seiner Zeit zurück, indem er das Kopernicanische Weltsystem bestritt. Über Rechtswissenschaft und Moral hat er sehr schätzbare Schriften hinterlassen. Seine Verdienste um die Fortschritte der Wissenschaften sind so groß, daß er mit edlem Stolze in seinem Testamente sagen konnte: „Ich vermache meinen Namen und mein Andenken den fremden Nationen und meinen eignen Mitbürgern."

Auch in der Gesellschaft zeigte Bacon alle Eigenschaften, die seine Werke charakterisiren, Tiefe, Lebhaftigkeit, Originalität und eine außerordentliche Gewandtheit, seine Sprache der Eigenthümlichkeit Derer, mit denen er sprach, anzupassen. Sein Äußeres war edel und angenehm. Wegen seiner passenden und schnellen Antworten war er berühmt, und unter andern haben sich zwei erhalten, die seiner ersten Jugend und seinen letzten Augenblicken angehören. Als ihn in früher Jugend die Königin Elisabeth fragte, wie alt er wäre, antwortete er sofort: „Ich bin zwölf Jahre jünger als die glückliche Regierung Ew. Majestät." Die andere Antwort gab er auf seinem Sterbebette. Ein vornehmer Franzose, der ihn mehrmals besucht und den Bacon

Der Kanzler Bacon.

bei geschlossenen Bettvorhängen empfangen hatte, sagte zu ihm: „Sie gleichen den Engeln, man hört immer von Ihnen reden und sieht Sie nie." Bacon antwortete: „Mein Tod wird Ihnen sehr bald beweisen, daß ich ein Mensch bin."

Die schwarzen und rothen Ameisen in Australien.

Es gibt vielleicht in Neusüdwales ebenso viele verschiedene Arten Ameisen, die in Farbe, Größe und Gestalt bedeutend verschieden sind, als in irgend einem andern Theile der Erde; einige sind unschädlich, während andere stechen und kneipen, einige haben Flügel und andere besitzen eine besondere Fertigkeit, auf den Gegenstand ihres Angriffs zu springen. Ohne uns in Einzelheiten einzulassen, wollen wir hier nur diejenigen erwähnen, worüber sich nähere Angaben vorfinden.

In dem Burgowalde findet man eine Unzahl einer besondern Art Ameisen, die, obschon sehr klein, dennoch die größten Nester bauen. Ihre Kraft muß in ihrer Anzahl liegen, denn man erstaunt, wenn man die kleinen Insekten betrachtet und damit die großen Nester oder Haufen derselben vergleicht. Eine Masse gelber Lehmerde, in der Gestalt eines unregelmäßigen Kegels, von acht bis zehn Fuß Höhe und ungefähr fünf Fuß Dicke, ist das Äußere dieser Nester. Aber die Geschicklichkeit und Kunst, welche die kleinen Thiere bei der Einrichtung des Innern zeigen, ist wahrhaft überraschend. Es sind höchstens zwei sehr kleine Eingänge auf dem Boden und die Dauerhaftigkeit der äußern Wände, die wasserdicht sind und keine Öffnung haben, ist ebenfalls bewundernswürdig, da die Kraft eines Menschen dazu gehört, sie zu zerstören. Wie der Stock der gewöhnlichen Biene scheint das Innere der Nester in unzählige Zellen und Gemächer eingetheilt zu sein, die in verschiedenen Richtungen miteinander in Verbindung stehen; in der Mitte des Gebäudes aber, in dem untern Stockwerk, ist ein runder Raum, welchen man als die allgemeine Vorrathskammer betrachten kann. „Oft", erzählt der Reisende, dem wir diese Mittheilung entlehnen, „habe ich mich an dem thätigen und ausdauernden Fleiß dieser Insekten ergötzt und die regelmäßig gebahnten Wege beobachtet, die diese Thiere um ihre Wohnung herum sich bilden und worauf sie hin und her laufen, indem einige herauskommen und andere mit Vorräthen zurückkehren. Diese Wege oder Gleise sind allerdings nur dem Auge eines aufmerksamen Beobachters sichtbar, da sie durch die Unebenheit des Bodens verborgen werden. Ich habe häufig ein Stückchen Holz oder Kohle in ihren Weg gelegt, worauf sogleich tausende dieser Thierchen herbeieilten und ihre Kräfte anstrengten, um das Hinderniß zu beseitigen; ist dies jedoch zu groß, so herrscht eine sichtbare Verwirrung unter ihnen und nach einer Weile fangen sie an, einen neuen Pfad zu bilden."

Eine andere Art kleiner rother Ameisen, die unsern gewöhnlichen sehr ähnlich sind, bilden die Oberfläche ihrer Nester, die sie nicht sehr hoch bauen, aus feinem Kies. Diese stechen jedoch, sobald Jemand so unvorsichtig ist, sie zu stören. Die Zuckerameisen, die von den Schwarzen gegessen werden, sind ganz unschädlich, aber größer und fetter als die beiden erwähnten Arten, und bauen ihre Nester gewöhnlich in Baumstämmen. Es gibt auch eine Art sehr kleiner schwarzer Ameisen, die ihre Nester in Bäumen bauen. Wenn man diese berührt, mit der Hand reibt oder an dem Baume zerquetscht, geben sie einen höchst widrigen Geruch von sich. Ohne von vielen kleinern Ameisenarten zu reden, wollen wir nur die Riesenameise, die große schwarze und rothe Ameise betrachten, die in Neusüdwales so gewöhnlich sind und deren Größe und Aussehen unsere beiden Abbildungen genau darstellen.

Diese furchtbaren Insekten sind ungefähr anderthalb Zoll lang und durchaus mit einer harten, krustenartigen Bedeckung versehen, sodaß sie den Fußtritt eines Menschen, ausgenommen auf hartem Stein, aushalten können. Die Augen, die auf beiden Seiten der platten Oberfläche des Kopfes liegen, scheinen ebenfalls durch eine undurchsichtige schuppenartige Haut geschützt zu sein und sind etwas hervorragend und stier; der Kopf ist mit zwei mächtigen krummen und sägenartigen Zangen bewaffnet. Sie haben sechs Beine. Ich kann jedoch diese Thiere nicht anatomisch zerlegen, noch ihre Muskelkräfte, ihre Glieder und die wunderbare Einrichtung jedes einzelnen Theiles beschreiben, sondern muß mich nur auf zufällige Beobachtungen beschränken. Ihr Stachel befindet sich, wie bei der Biene, am Ende des Schwanzes; er ist von ovaler Form und wenn sie stechen, halten sie sich mit ihren Zangen fest, krümmen ihren ganzen Körper und lassen nun mittels ihres Stachels jene Flüssigkeit in dem Stiche zurück, die so großen Schmerz und eine Anschwellung in der Größe eines Taubeneis verursacht. Die schwarze Ameise ist etwas größer als die rothe; letztere aber grimmiger und kühner. Beide Arten sind außerordentlich muthig und es ist wahrlich seltsam, daß ihre Nester, wenigstens ihrem äußern Ansehen nach, so unbedeutend sind. Sie sind gewöhnlich nur wenig erhaben und so sorgfältig gebaut, daß man sie kaum bemerkt, und die Oberfläche ist mit kleinen Steinen und theilweise mit kleinen Kohlen bedeckt. Sie haben nur zwei bis drei Öffnungen, ungefähr in der Größe einer Haselnuß, und vor jeder derselben sieht man eine grimmige Schildwache stehen, die jeden unwillkommenen Besucher zum Kampfe herausfodert. Wenn Jemand zufällig in der Nähe eines solchen Nestes steht, ohne die Lage dessel-

Die schwarze Ameise.

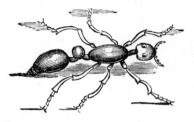

Die rothe Ameise.

ben zu kennen, so kommen die Ameisen eine nach der andern aus ihrem Verstecke und greifen den Fremdling an, und oft haben schon einige derselben ihn angefallen, ehe er sie nur merkte. Mehr als einmal war ich so unglücklich, in der Nähe eines Nestes oder auf demselben zu stehen und es nicht eher zu bemerken, bis die Insekten, meine Unwissenheit und ruhige Stellung benutzend, mich nachdrücklich angriffen und mit einem Mal ihre Marterwerkzeuge in Thätigkeit setzten. Es ist nichts ungewöhnliches in der Colonie, neue Ankömmlinge durch eigne Erfahrung mit den Ameisen bekannt zu machen, und es gewährt den ältern Ansiedlern oder Eingeborenen keine geringe Belustigung, wenn ein Fremder, von Schmerz gepeinigt, seltsam umherläuft und springt, seine Kleider zerreißt und sich an zwanzig Stellen seines Körpers auf einmal reiben möchte, während seine Genossen, mit der Ursache bekannt, über sein linkisches Benehmen herzlich lachen.

Die großen rothen Ameisen, nicht ganz so groß und dick als die schwarzen, obschon von derselben Länge, sind kühner und wilder, und beide Arten leben miteinander in der bittersten Feindschaft. Eine rothe Ameise greift ohne Unterschied jeden Gegner an, der sich nähert, und packt selbst einen brennenden Stock, den man ihr hinhält, um sie zu reizen. Wenn man eine schwarze und rothe Ameise zusammen auf einen Tisch setzt, so wird sich selbst der eifrigste Freund eines Hahnengefechts an dem heftigen Kampfe dieser beiden kleinen Krieger ergötzen, die so wunderbar mit einer Rüstung und zerstörenden Waffen versehen sind. Die rothe Ameise stürzt sogleich auf ihren Gegner, während sich die schwarze unter Vertheidigungen zurückzieht und, wie ein erfahrener Fechter, die Bewegungen des Feindes scharf beobachtet. Jetzt treffen sie zusammen und während sie sich auf die Hinterbeine stellen, beginnt der Kampf. Beide Theile kämpfen mit gleicher Heftigkeit, indem jeder sich mit seinen Zangen einklammert und mit seinem Stachel eine verwundbare Stelle des Gegners zu treffen sucht. So dauert der Kampf einige Minuten, bis einer siegt oder beide fallen, oder so erschöpft sind, daß sie sich nicht mehr von der Stelle bewegen können.

Eine andere Ameisenart, die jedoch nur halb so lang als die erwähnten ist, hat dieselben Waffen, Stachel und Zangen und zeigt sich ebenso bösartig und muthig. Ihre Nester sind fast auf dieselbe Art gebaut, wie die der Riesenameise, nur noch kleiner. Sie zeichnen sich besonders dadurch aus, daß sie in einer Entfernung von zwei bis drei Zoll auf ihren Gegner springen. Ihre Farbe ist schwarz, ihre Zangen sind, wie die der großen Ameisen, gelb, und ihre Stiche ebenfalls sehr schmerzlich. Ihr Zorn, wenn sie gestört werden, ist nicht minder heftig. Eine zweite Art rother Ameisen, einen halben Zoll groß, ist mit Flügeln versehen, scheint aber keine Stachel zu haben und sonst ganz unschädlich zu sein.

Die Stadt Béziers in Frankreich und die Verfolgung der Albigenser.

Béziers oder Bésiers ist eine Stadt im südlichen Frankreich, auf einem Hügel, der sich in der Mitte eines reichbewaldeten und fruchtbaren Thales erhebt und dessen Fuß der Fluß Orbe bespült. Sie war eine der frühern römischen Colonien und führte den Namen Beterae, erhielt aber später noch den Beinamen Septimanorum, weil sie das Standquartier der Soldaten der siebenten Legion war, die Septimani genannt wurde. Nachdem sie im 5. Jahrhundert von den Westgothen und im 8. von dem Sarazenen viel gelitten hatte, erblühte sie unter den Karolingern und hatte im 10. Jahrhundert ihre eigenen Burggrafen, die mit den Bischöfen die weltliche Gerichtsbarkeit theilten und Vasallen der aragonischen Könige waren.

Die Lage von Béziers ist ungemein schön, der Hügel, auf welchem sie liegt, hat die Aussicht über ein üppiges Thal, wo das dunkle Laubwerk der Oliven sich mit den grünen Blättern des Maulbeerbaums vereinigt, wo Gärten, Obstpflanzungen, Weinberge und Landhäuser auf beiden Ufern der Orbe sich zeigen. Die Stadt ist mit einer alten durch Thürme geschützten und von Bäumen umpflanzten Mauer umgeben. „Wir kamen", erzählt ein englischer Reisender, „durch das Thor der Citadelle auf einen großen, auf einer Seite offenen Platz, von wo aus man die Gegend nach dem mittelländischen Meere hin übersehen kann. Die Straßen, die von diesem Platze auslaufen, sind ungemein enge. Eine derselben war so schmal, daß sie von unserm Wagen fast gänzlich eingenommen wurde, und bildete überdies einen ziemlich steilen Abhang. Auf dem höchsten Punkte der Stadt liegt die prachtvolle Kathedrale, der sich der bischöfliche Palast anschließt, und ragt mehr wie eine Festung als eine Kirche über die Stadt empor. Das Innere derselben ist nicht schön; sie hat eine Orgel, die von Figuren mit seltsamen Bärten getragen wird, welche von Einigen für Satyrn, von Andern für Doctoren der Rechte gehalten werden. Der Söller an der Fronte der Kathedrale ist wegen der reizenden Aussicht bemerkenswerth, die man von hier aus genießt. Man übersieht auf diesem erhabenen Punkte eine an Abwechselungen reiche Gegend, durch welche die Orbe sich nach dem mittelländischen Meere windet."

Nahe an der Stadt befindet sich der berühmte Südkanal (Canal du Midi) oder der Languedockanal, mit dem sich die Orbe vereinigt und dadurch der Stadt Béziers den Vortheil einer ausgedehnten inländischen Schifffahrt gewährt. Unzählige Tonnen bedecken die Dämme und in dem Bassin des Kanals drängt sich Boot an Boot, während tausend Hände mit Ein- und Auspacken beschäftigt sind. Überall sieht man Zeichen der Gewerbsamkeit und des Handels.

In geschichtlicher Hinsicht ist Béziers wegen seines Schicksals in dem Kreuzzuge gegen die Albigenser merkwürdig. Viele Bewohner theilten die Glaubensmeinungen dieser Sekte, und als der Kreuzzug begann, war ihre Stadt die erste, wohin die Verfolger sich richteten. Es war um das Jahr 1207, als Papst Innocenz III. den Fürsten des Landes befahl, die „Ketzer" zu vertilgen, und da sie nach seiner Ansicht zu langsam zu Werke gingen, einen Kreuzzug gegen das unglückliche Volk predigen ließ und Fremde zum Beistand aufforderte. Im November desselben Jahres schrieb er an Philipp August, den König von Frankreich, und alle Grafen, Barone, Ritter und Getreue dieses Landes und ermahnte sie, die Albigenser mit Krieg zu verfolgen, indem er ihnen als irdischen Lohn die Güter der Ketzer und als himmlischen dieselbe Gunst versprach, die Denjenigen zu Theil würde, welche gegen die Ungläubigen im heiligen Lande gefochten hätten. Ehe seine Briefe eine Wirkung hervorbringen konnten, ereignete sich ein Vorfall, der den Zorn des Papstes und seiner Anhänger erhöhte und den sogenannten **heiligen Krieg** anfachte.

Der päpstliche Gesandte, Peter von Castelnau, welcher glaubte, daß der Graf Raimund von Toulouse die Verfolgung nicht mit gehörigem Eifer betreibe, begab sich mit seinem Amtsgenossen zu ihm, warf ihm seine Niederträchtigkeit, wie er sich ausdrückte, vor, nannte ihn einen meineidigen Begünstiger der Ketzer, einen Tyrannen und that ihn in den Kirchenbann.

Der Graf, aufs höchste gereizt, drohte Castelnau, ihm für diese Unverschämtheit das Leben zu nehmen. Die beiden Gesandten verließen Raimund, ohne auf seine Drohung zu achten oder sich mit ihm auszusöhnen, und kamen in der Nacht des 14. Januars 1208 in ein kleines Wirthshaus an dem Ufer der Rhone, über welche sie am nächsten Morgen gehen wollten. Einer von des Grafen Rittern traf hier mit ihnen zufällig zusammen, oder war ihnen vielleicht gefolgt. Am nächsten Morgen nach der Messe ließ sich der Ritter mit Peter von Castelnau in ein Gespräch über Ketzerei und ihre Bestrafung ein. Der Gesandte sprach in den beleidigendsten Ausdrücken gegen die Vertheidiger der Duldung; der Ritter, dessen Zorn schon durch die Behandlung gereizt war, die sein Herr hatte erfahren müssen, und der sich jetzt persönlich beleidigt fühlte, zog seinen Dolch und ein Stich in die Seite endete das Leben des Gesandten. Die Nachricht von diesem Morde steigerte des Papstes Grimm aufs äußerste. Raimund hatte auf keinen Fall unmittelbaren Antheil an Castelnau's Tod, den die Kirche als einen Märtyrer betrachtete. Der Papst Innocenz war übermüthig und unversöhnlich. Er machte augenblicklich eine Bulle bekannt, die an alle Grafen, Barone und Ritter der vier Provinzen des südlichen Frankreichs gerichtet war, und worin er erklärte, daß es der Teufel gewesen sei, der seinen ersten Minister, Raimund, Grafen von Toulouse, gegen den Gesandten des heiligen Stuhls angereizt habe. Er that alle Örter in den Kirchenbann, die dem Mörder Castelnau's eine Zuflucht gewähren würden, er verlangte, daß der Bann gegen den Grafen Raimund, in allen Kirchen verkündigt werden sollte. „Und da wir", fügte er hinzu, „nach den Kirchengesetzen der heiligen Väter, gegen Diejenigen unser gegebenes Wort nicht zu halten brauchen, die das ihrige gegen Gott brechen oder von der Kirche der Gläubigen getrennt sind, so sprechen wir — kraft unserer apostolischen Würde — alle Diejenigen von ihren Verbindlichkeiten frei, welche dem Grafen den Eid der Treue oder der Unterthänigkeit abgelegt haben; wir erlauben jedem Katholiken, in der Vertheidigung des Rechts ihres höchsten Herrn, den Grafen zu verfolgen, seine Besitzungen sich anzueignen, besonders in der Absicht, die Ketzerei zu vertilgen."

Der Bulle folgten schnell mehre Briefe an den König von Frankreich, die Bischöfe, Grafen und Herren, mit dringenden Aufmunterungen, den Kreuzzug zu beginnen. „Wir ermahnen euch", schrieb der Papst, „daß ihr versucht, die verruchte Ketzerei der Albigenser auszurotten, und dies mit mehr Strenge, als ihr selbst gegen die Sarazenen anwenden würdet; verfolgt sie mit mehr Härte, beraubt sie ihrer Ländereien und Besitzungen, verbannt sie und gebt ihre Wohnungen Römisch-Katholischen."

Die Mönche von Citeaux, an deren Spitze ihr Abt, Arnold Amalric stand, hatten von Rom die Vollmacht erhalten, den Kreuzzug unter dem Volke zu predigen, und sie betrieben ihr Werk mit einem Eifer, wie ihn selbst der berühmte Eremit Peter oder sein Nachfolger Fulco von Neuilly nicht gezeigt hatte. Innocenz III., von Haß geleitet, hatte Jedem, der das Kreuz gegen die Provenzalen nehmen wollte, einen Ablaß angeboten, wie seine Vorgänger ihn nur je Denjenigen gewährt hatten, die für die Befreiung Palästinas und des heiligen Grabes kämpften.

Sobald diese neuen Kreuzfahrer das Kreuz, das sie zur Unterscheidung von den Kriegern im Morgenlande auf der Brust statt auf der Schulter trugen, genommen hatten, wurden sie sogleich unter den Schutz des päpstlichen Stuhles gestellt, von allen Verbindlichkeiten gegen ihre Gläubiger freigesprochen und für unabhängig von der weltlichen Gerichtsbarkeit erklärt, während der Krieg, den sie führen sollten und der weder mit Gefahren noch mit Kosten verbunden war, alle Laster und Verbrechen des ganzen Lebens versöhnte. Der Glaube an die Kraft dieses Ablasses hatte sich noch nicht vermindert; Frankreichs Ritter zweifelten nie, daß sie sich durch ihre Kämpfe im heiligen Lande das Paradies sicherten. Aber diese entfernten Feldzüge waren mit so vielen Beschwerden verbunden, so viele Tausende waren in Asien oder unterwegs den Hungertod gestorben oder von Krankheiten und Beschwerden hingerafft worden, daß Andere den Muth verloren, ihnen nachzufolgen. Mit Freude wurden daher von den Gläubigen diese Anerbietungen angenommen, um so mehr, da sie — weit entfernt, an die Rechenschaft, die sie einst ablegen mußten, zu denken — den Krieg freiwillig zu ihrem Vergnügen geführt haben würden. Krieg war ihre Leidenschaft und Mitleid mit dem Besiegten kannten sie nicht.

Niemals war daher das Kreuz mit größerer Einmüthigkeit genommen worden. Die Ersten, die dazu entschlossen, waren Eudes III., Herzog von Burgund, Simon von Montfort, Graf von Leicester, und die Grafen von Nevers, von St.-Paul, von Auxerre, von Genf und von Forez. Während der Abt von Citeaux und alle Mönche des Bernhardinerordens durch Predigten für die Ketzerverfolgung sich auszeichneten und zugleich allen Denjenigen, die in dem Kriege ihren Tod finden sollten, Vergebung aller Sünden, die sie von der Stunde ihrer Geburt bis zur Stunde ihres Todes begangen hätten, versprachen, befahl der Papst einem neuen Orden, an dessen Spitze er den Spanier St.-Dominic stellte, zu Fuß und paarweise durch die Dörfer zu ziehen, den Bewohnern den römischen Glauben zu predigen, sie durch gegenseitige Unterhaltung zu belehren, ihnen den ganzen Eifer christlicher Milde zu zeigen, um von ihnen eine genaue Kenntniß von der Anzahl und den Wohnplätzen Derjenigen zu erlangen, die der Kirche untreu geworden wären, „um sie, wenn sich die Gelegenheit darbieten sollte, verbrennen zu lassen". So entstand der Orden der predigenden Brüder von St.-Dominic oder der Glaubensrichter.

Im März 1208 waren die Kreuzfahrer noch nicht marschfertig, aber ihre ungeheuren Zurüstungen erschallten durch ganz Europa und erfüllten Languedoc mit Schrecken. Die Länder, die, als die Hauptsitze der Ketzer, besonders die Rache der Katholiken empfinden sollten, waren die Staaten des Grafen Raimund von Toulouse und die seines Neffen, Raimund Roger, Burggrafen von Alby, Béziers, Carcassonne und Limaux. Der Erstere war sanft, schwach und furchtsam und wünschte seinen Unterthanen die Besitzungen zu erhalten und sie von der Bestrafung zu befreien, aber noch mehr, sich selbst vor Verfolgung zu sichern. Der Letztere im Gegentheil — noch in voller Jugendkraft — war großmüthig, stolz und heftig, seine Staaten waren während seiner Minderjährigkeit zehn Jahre lang durch Vormünder regiert worden, die der neuen Lehre anhingen. Graf Raimund beeilte sich, mit den entehrendsten Ausdrücken dem Papste seine Unterwürfigkeit zu erklären, welcher ihm auch einige Hoffnung auf Verzeihung gab und ihm überdies seine völlige Gunst versprach. Doch Innocenz war weit entfernt, in seinem Innern dem Grafen zu verzeihen, denn er schrieb zu derselben Zeit an den Abt von Citeaux: „Wir rathen euch, List gegen diesen Grafen anzuwenden, die man in diesem Falle Klugheit nennen muß. Wir müssen Diejenigen, die sich von der Einheit getrennt haben, einzeln angreifen. Laßt den Grafen eine Zeit lang in Ruhe, gebraucht die größte Verstellung gegen ihn, damit die andern Ketzer desto leichter überwunden werden und wir ihn alsdann, wenn er keine Anhänger mehr hat, vernichten können."

Nach den geringsten Angaben belief sich die Anzahl der Kreuzfahrer auf 50,000, ohne den unwissenden und fanatischen Haufen, der jedem Prediger folgte, mit Sensen und Knütteln bewaffnet war und das Versprechen gab, daß, wenn er auch nicht die Ritter von Languedoc besiegen könnte, er doch wenigstens die Weiber und Kinder der Ketzer ermorden würde. Als Graf Raimund hörte, daß trotz seiner Aussöhnung mit dem Papste, die Fanatiker sich seinen Staaten näherten, machte er diesem eiligst bekannt, daß der Gesandte Arnold, der die Kreuzfahrer anführte, sein persönlicher Feind sei, und „es würde ungerecht sein", fügte er hinzu, „von meiner Unterwerfung Nutzen zu ziehen und mich auf Gnade und Ungnade einem Manne zu überliefern, der nur seiner Erbitterung gegen mich folgen würde". Um wenigstens scheinbar dem Grafen jeden Grund zur Klage zu nehmen, ernannte Innocenz einen anderen Gesandten, der sein Secretair war; aber weit entfernt, auf diesem Wege dem Hasse des Abts von Citeaux Einhalt zu thun, war es nur seine Absicht, den Grafen zu täuschen; denn er sagte ausdrücklich zu diesem neuen Gesandten: „Laß den Abt von Citeaux Alles thun, was ihm gefällt, und du nur sein Organ, denn der Graf von Toulouse ist mistrauisch gegen ihn, während er von dir nichts argwöhnt." Dies war des Papstes List, wie ein Geschichtschreiber jener Zeit erzählt, der seine Geschichte der Albigenser dem Papste Innocenz III. selbst widmete.

Nachdem Raimund Roger, der Burggraf von Béziers, sich mit dem Papste auszusöhnen versucht, der Gesandte ihm aber bekannt gemacht hatte, daß das Einzige, was er ihm rathen könne, sei, sich selbst zu vertheidigen, rüstete er sich zu hartnäckigem Widerstand, indem er besonders auf die zwei großen Städte Béziers und Carcassonne seine Hoffnung stützte und die Vertheidigung derselben seinen tapfersten Rittern anvertraute. Er selbst nahm seine Stellung in der letzten, nachdem er vorher in Béziers gewesen war und sich überzeugt hatte, daß die Stadt eine Belagerung aushalten konnte. Es war im Monat Juli, als die Kreuzfahrer, nachdem sie mehre Schlösser geplündert und verbrannt hatten, sich unter den Mauern Béziers vereinigten. Reginald von Montpeyrour, der Bischof von Béziers, der dem Gesandten entgegengeeilt war und ihm eine Liste Derjenigen von seiner Heerde überreicht hatte, die er für Anhänger der Ketzerei hielt, kehrte jetzt als Vorbote der Kreuzfahrer zu seinen Pfarrkindern zurück, um ihnen die Gefahr vorzustellen, der sie ausgesetzt wären, und sie zu ermahnen, ihre Mitbürger lieber den „Rächern des Glaubens" zu überliefern, als auf sich selbst, ihre Weiber und Kinder den Zorn des Himmels und der Kirche zu laden. „Sagt dem Gesandten", erwiderten die Bürger, die er in der Kathedrale von St.-Nicaise vereinigt hatte, „unsre Stadt sei gut und fest, unser Gott würde uns in unsrer größten Noth nicht verlassen und ehe wir eine so große Niederträchtigkeit begingen, als man verlangt, würden wir lieber unsre eignen Kinder schlachten." Dessenungeachtet war kein Herz so kühn, daß es nicht gezittert hätte, als sich die Kreuzfahrer unter den Mauern lagerten. Die Bewohner der Stadt erstaunten über das ungeheure Heer, verloren aber nicht den Muth, und während die Feinde noch am Lager bauten, machten sie Ausfälle und griffen sie unerwartet an. Doch die Kreuzfahrer machten sich im Vergleich mit den Bewohnern des Südens durch ihren Fanatismus und ihre Kühnheit noch furchtbarer als durch ihre Anzahl. Das Fußvolk allein warf die Bürger zurück; zu gleicher Zeit stürzte sich das ganze Heer der Belagerer auf die Fliehenden, verfolgte sie so hart auf dem Fuße, daß sie in die Thore der Stadt mit eindrangen, und sich auf diese Weise im Besitz derselben sahen, ohne nur erst einen Angriffsplan entworfen zu haben. Die Ritter, die ohne Schwertstreich gesiegt hatten, fragten jetzt den Gesandten Arnold, Abt von Citeaux, wie sie die Ketzer von den Katholiken unterscheiden sollten, worauf dessen ewig merkwürdige Antwort erfolgte: „Tödtet sie alle — der Herr wird die Seinigen erkennen!"

Die Einwohnerzahl von Béziers betrug damals ungefähr 15,000, doch diese war durch den Zufluß der Bewohner der offenen, nicht zu vertheidigenden Gegenden bedeutend gewachsen.

Alles Volk suchte in dem Augenblicke, als die Kreuzfahrer in die Thore stürmten, Zuflucht in den Kirchen; die große Kathedrale St.-Nicaise nahm die Meisten auf. Die Domherren, in ihre Chorgewänder gekleidet, umgaben den Altar und ließen ihre Glöckchen erschallen, als ob sie ihre Gebete gegen die wilden Verfolger hätten ausdrücken wollen. Doch das Flehen des Metalls fand ebenso wenig Gehör als das menschlicher Stimmen. Die Glocken verstummten erst, als der Letzte der ungeheuren Menge, die sich in die Kirche geflüchtet hatte, ermordet war. Ebenso wenig wurden Diejenigen geschont, die in den andern Kirchen ein Asyl gesucht hatten; 7000 Leichname zählte man allein in der Magdalenenkirche. Als die Kreuzfahrer das letzte lebende Wesen ermordet und alle Häuser, wo sie etwas zu finden glaubten, geplündert hatten, steckten sie die Stadt an verschiedenen Orten zugleich in Brand und verwandelten sie in einen ungeheuern Scheiterhaufen. Nicht ein Haus blieb stehen, kein menschliches Wesen rettete sein Leben. Die Geschichtschreiber geben die Zahl der Opfer verschieden an. Der Abt von Citeaur, sich der Metzelei schämend, die er angeordnet hatte, spricht in seinem Briefe an den Papst nur von 15,000 Leichen, andere jedoch erhöhen die Anzahl derselben auf 60,000.

Die Kathedrale zu Béziers.

Verantwortlicher Herausgeber: Friedrich Brockhaus. — Druck und Verlag von F. A. Brockhaus in Leipzig.

Das Pfennig-Magazin
für Verbreitung gemeinnütziger Kenntnisse.

270.] Erscheint jeden Sonnabend. **[Juni 2, 1838.**

Don Carlos, spanischer Kronprätendent.

Don Maria Isidro Carlos, Infant von Spanien, zweiter Sohn des Königs Karl IV. und Bruder des Königs Ferdinand VII., ist geboren am 29. März 1788, also gegenwärtig grade 50 Jahre alt. Er wurde zu Madrid am 3. October 1816 vermählt mit seiner Nichte Maria Francisca d'Assisi, Tochter seiner ältern Schwester Charlotte und Königs Johann VI. von Portugal, geboren am 22. April 1800, und ist seit dem 4. September 1834 Wittwer; allgemein verbreiteten Gerüchten zufolge, die nicht ohne allen Grund zu sein scheinen, soll eine zweite Vermählung des Prinzen mit seiner Schwägerin, der Prinzessin Therese von Beira, geboren am 29. November 1793, welche die Schwester seiner verstorbenen Gemahlin und seit 1812 Wittwe des Infanten Peter von Spanien ist, schon seit längerer Zeit im Werke sein. Dieselbe leitete bisher bereits zu Salzburg, früher zu Laibach in Illyrien, die Erziehung der drei Söhne ihres Schwagers, Karl, geboren 1818, Johann, geboren 1822, und Ferdinand, geboren 1824.

Don Carlos theilte nach dem Willen Napoleon's den gezwungenen Aufenthalt seiner Brüder Ferdinand und Franz de Paula zu Valençay in Frankreich, auf dem Schlosse des Fürsten Talleyrand, nachdem er am 12. Mai 1808 in Folge der Verhandlungen zu Bayonne die Entsagungsacte auf den spanischen Thron nebst seinen Brüdern unterzeichnet hatte. Mit seinem Bruder Ferdinand, den Napoleon im Friedensvertrag von Valençay am 8. Dec. 1813 als König von Spanien anerkannt hatte, kehrte er im März 1814 nach Spanien zurück, ward hierauf Generalissimus der spanischen Land- und Seemacht, befand sich stets am Hoflager seines Bruders und folgte ihm im Jahre 1823 zur Zeit der Cortes nach Cadiz. In den folgenden Jahren pflanzte die Partei, welche die politischen und re-

VI. 22

ligiösen Meinungen des Prinzen theilte und mit dem Könige unzufrieden war, in den Provinzen wiederholt die Fahne der Empörung auf und rief Don Carlos als Karl V. zum König aus, bis im Jahre 1828 diesen Aufständen durch energische und strenge Maßregeln ein Ende gemacht wurde. Hatte auch an allen diesen revolutionnairen Bewegungen Don Carlos keinen Antheil, so mußten sie doch dem Könige einiges Mistrauen gegen seinen Bruder einflößen; aber ein heftiger Zwiespalt und eine unheilbare Trennung entstand zwischen beiden Brüdern, als der kinderlose und kränkliche, bereits 45 Jahre alte König bald nach dem Tode seiner dritten Gemahlin, Maria Josepha, Prinzessin von Sachsen (gest. 17. Mai 1829), den Entschluß faßte, sich wieder zu vermählen, wodurch die Aussicht des Throne zunächst stehenden Infanten Don Carlos auf die Krone sehr ungewiß wurde. Schon am 11. Dec. desselben Jahres wurde die Vermählung Ferdinand VII. mit der Prinzessin Maria Christine von Neapel vollzogen und bald nachher, am 31. März 1830, erließ der König eine sogenannte pragmatische Sanction, durch welche er die bisher in Spanien gültig gewesene Successionsordnung abänderte. Bisher hatte nämlich das sogenannte salische Gesetz gegolten, welches Philipp V., erster König von Spanien aus dem Hause Bourbon, bald nach seiner Gelangung zum spanischen Throne im Jahre 1713 eingeführt hatte, nach welchem die Töchter von der Thronfolge ausgeschlossen sein und erst nach Abgang des ganzen Mannsstammes zu derselben gelangen sollten. Ferdinand VII. änderte dieses Thronfolgegesetz dahin ab, daß, wenn in der directen Nachkommenschaft des Königs kein Sohn, sondern nur Töchter vorhanden wären, die älteste Tochter die Krone erben sollte, wenngleich der Mannsstamm in den Brüdern oder nächsten Verwandten des Königs noch fortdauerte, wodurch nun die Hoffnung des Don Carlos auf die Thronfolge sehr gemindert wurde. Als darauf dem König am 10. Oct. desselben Jahres eine Tochter geboren wurde, erklärte er sie zur Thronerbin oder Prinzessin von Asturien. Hiermit unzufrieden, begab sich Don Carlos mit seiner Familie und seiner Schwägerin im März 1833 nach Portugal und protestirte von dort aus durch die Erklärung vom 29. April 1833 gegen die Änderung der Thronfolgeordnung, worauf ihm der König die Weisung gab, sich mit seiner Familie nach dem Kirchenstaat zu begeben, der jedoch Don Carlos keine Folge leistete. Als der König am 29. Sept. 1833 gestorben war und seine Witwe als Vormünderin ihrer Tochter die Regierung übernommen hatte, that Don Carlos, den seine Anhänger sogleich (zuerst in Bilbao) zum König proclamirt hatten, gleichfalls Einspruch und nahm als Karl V. die königliche Würde an. Unterdessen war aber die Herrschaft des Dom Miguel in Portugal, der seinem Schwager Don Carlos den Aufenthalt in Portugal gern gestattet hatte, zu Ende gegangen; schon seit dem 24. Juli 1833 war Lissabon in den Händen der Pedristen oder Anhänger der Donna Maria, die von der Königin-Regentin von Spanien als rechtmäßige Königin von Portugal anerkannt wurde; spanische Truppen rückten unter General Rodil in Portugal ein, um mit den portugiesischen gemeinschaftlich Dom Miguel sowol als Don Carlos aus dem Lande zu treiben, und am 21. April 1834 wurde zwischen den Königinnen von Portugal und Spanien und den Königen von Frankreich und Großbritannien ein Schutz- und Trutzbündniß, die sogenannte Quadrupel-Allianz, abgeschlossen. Für Don Carlos war in Portugal länger kein Bleiben; in Folge einer am

26. Mai 1834 abgeschlossenen Übereinkunft, in der er sich den portugiesischen constitutionellen Truppen ergab, schiffte er sich am 30. Mai mit den Seinigen auf einem englischen Schiffe ein und kam am 18. Juni in Portsmouth an; allein die Königin-Regentin von Spanien hatte hierdurch wenig gewonnen, denn schon am 1. Juli verließ er London wieder, reiste mit außerordentlicher Schnelligkeit und im strengsten Incognito mitten durch Frankreich und kam schon am 9. Juli auf spanischem Boden zu Elisondo in Navarra an, wo er sich als König Karl V. an die Spitze der Insurgenten stellte und bald ein zahlreiches Heer zusammenbrachte, größtentheils aus Navarra und den baskischen Provinzen, deren Einwohner ihm zum größten Theil anhingen. Durch die gebirgige Beschaffenheit dieser Provinzen unterstützt, begann er den blutigen und hartnäckigen Bürgerkrieg gegen die Truppen der Königin, der nun schon ins vierte Jahr dauert und den die letztern trotz ihrer überlegenen Zahl und der englischen und französischen Hülfstruppen nicht zu beendigen vermochten, vornehmlich wegen der entschiedenen Unfähigkeit ihrer Generale, während es dem Don Carlos an geschickten und kühnen Feldherren nicht fehlte, wiewohl der ausgezeichnetste derselben, sein Oberfeldherr Zumala-Carreguy, ihm schon am 25. Juni 1835 durch eine feindliche Kugel entrissen wurde. Später führte der spanische Infant Sebastian, Sohn der Prinzessin von Beira, geboren 1811, von Don Carlos am 12. December 1835 zu seinem ersten Adjutanten ernannt, den Oberbefehl. Im Mai 1837 konnte Don Carlos es wagen, die Bergprovinzen zu verlassen, wo der Vortheil ganz auf seiner Seite gewesen war. Die carlistische Hauptarmee ging mit beiden Infanten nach Aragonien und Catalonien, passirte am 28. Juni den Ebro, rückte bis in die Nähe von Valencia vor, von da nach Castilien und stand im August im Angesichte von Madrid, ohne einen Angriff auf die Hauptstadt zu wagen. Unverrichteter Sache, aber unangefochten von den Feinden, ging Don Carlos am 21. Oct. wieder über den Ebro nach Navarra zurück, ohne daß er sich auf dem ganzen Zuge einer einzigen großen Stadt hätte bemächtigen können. Bereits am 25. Oct. 1834 hatte in Folge der Beschlüsse der Cortes ein Decret der Königin den Don Carlos und seine Nachkommenschaft der Thronfolge verlustig erklärt und aus Spanien verbannt. Auch die nach der Constitution von 1812 gewählten Cortes beschlossen am 26. Nov. 1836 einstimmig die Ausschließung des Don Carlos.

Die Glocken.

Die Benutzung klangreichen Metalls zu Glocken, um eine gewisse Musik hervorzubringen, stammt aus sehr alter Zeit. Wir lesen davon in der heiligen Schrift, wo erwähnt wird, daß bei feierlichen religiösen Ceremonien Glocken ertönten, und schon Moses befahl, daß der untere Theil des blauen Gewandes des hohen Priesters mit Granatäpfeln und Glöckchen behangen werden sollte. Eines ähnlichen Gebrauchs erwähnt man bei den persischen Königen, und in vielen Gegenden des Morgenlandes hat noch heutiges Tages die Herrin des Hauses am untern Theile ihres Gewandes hohle Metallstückchen hängen, worin sich Steine befinden, welche, wenn sie geht, ein Geräusch verursachen, das den Dienern ihr Nahen anzeigt. Mit Glöckchen schmückten die Juden die Köpfe ihrer Schlachtrosse, um sie an Geräusch zu gewöhnen. Auch die Griechen und Römer bedienten sich einer Art Glocken bei verschiedenen Gelegenheiten, z. B. bei Begräbnißprocessionen, bei Opferfeierlichkeiten, und um die Stunde des Badens und des Aufstehens anzuzeigen; auch bei Hinrichtungen ertönten sie.

Aber obschon die Glocken bereits so früh bekannt waren, so scheint sich doch die Verfertigung nur auf kleine beschränkt zu haben. Die erste Kirchenglocke wurde, wie man vermuthet, in Nola in Campania im Jahre 400 gegossen; aber erst vom 6. Jahrhundert an wurde ihr Gebrauch ausgebreiteter und umfassender, und zu Ende des 9. Jahrhunderts findet man kaum noch eine Kirche oder ein Kloster von einiger Bedeutung, wo nicht eine Glocke zu den religiösen Pflichten aufgefodert hätte.

Bei den Römisch-Katholischen waren viele abergläubige Begriffe mit dem Gebrauch und den Eigenschaften der Glocken verknüpft. Die Alterthumsforscher erwähnen einer Kirchenglocke mit folgenden lateinischen Versen als Inschrift, die die schätzbaren Eigenschaften derselben aufzählt:

Funera plango, fulgera frango, sabbata pango,
Excito lentos, dissipo ventos, paco cruentos.

das heißt: „Ich ertöne bei Begräbnissen, vertreibe den Donner, verkündige den Sabbath, erwecke den Trägen, zerstreue die Stürme und sänftige die Grausamen."

Der Gebrauch, die Glocken zu taufen und einzusegnen mit gewissen religiösen Ceremonien, besteht in der römischen Kirche. Ehe sie aufgehangen werden, wäscht man und segnet sie und der Bischof gibt ihnen einen Namen.

Die Chinesen haben schon sehr früh die größten Glocken gehabt. Die Stadt Nanking besaß einige sehr große, aber das Gewicht derselben war so übermäßig, daß sie den Thurm zertrümmerten, worin sie hingen. Eine dieser Glocken ist zwölf Fuß hoch und sieben Fuß im Durchmesser ist sie soll zwei und eine halbe Tonne wiegen. Diese Glocken wurden vor ungefähr 300 Jahren gegossen; es sind ihrer vier und sie heißen: der Henkel (tchoui), der Esser (che), der Schläfer (choui) und der Wille (si). Ein Franzose spricht noch von sieben andern Glocken in Peking, wovon jede sechs Tonnen wiegen soll. Aber einige Glocken in Rußland übertreffen selbst diese an Gewicht; eine in der Kirche des heiligen Iwan in Moskau wiegt 127,836 Pfund (lbs). Dies war die größte Glocke, die man kannte, bis Boris Gudenof der Kathedrale dieser Stadt eine Glocke schenkte, die 288,000 Pfund wog. Auch diese wurde von einer andern übertroffen, welche die Kaiserin Anna auf ihre Kosten gießen ließ und die wenigstens 432,000 Pfund wiegt. England darf sich zwar nicht im Vergleich zu andern Völkern nicht mit der Größe seiner Glocken rühmen, wohl aber mit den reizenden Glockenspielen, worauf dort, wie in Holland, so großer Fleiß gewandt wird.

Das Glockenmetall besteht aus Zinn und Kupfer, wozu eine geringe Quantität Silber gemischt wird, was die Reinheit des Klanges erhöht.

Der Wasserfall des Niagara.

Von allen bekannten Wasserfällen der Erde ist der Niagarafall in Nordamerika, an der Grenze von Canada und den Vereinigten Staaten, der größte und sicher eins der merkwürdigsten Naturwunder, von dem alle Reisende mit Erstaunen und Bewunderung reden. Bei diesem Wasserfalle kommt noch der seltene Umstand hinzu, daß er sich in keiner bergigen Gegend befindet, wo man dergleichen Naturwunder eher erwartet; er wird an der Stelle gebildet, wo der große Fluß Niagara aus der Ebene des Erie-Sees in die des Ontario herabstürzt, und das ganze Gefälle zwischen beiden Seen beträgt auf eine Entfernung von sieben deutschen Meilen 450 Fuß. Der Strom breitet sich etwa eine Meile vor dem Sturze in einen See aus, wird dann aber bald wieder schmäler und fließt schneller, je näher er der 1400 Fuß langen Felseninsel, die Ziegeninsel genannt, kommt, die ihn in zwei Arme spaltet. Die ihn einschließenden Berge rücken allmälig näher, verengern sein Bette und verursachen, daß eine halbe Meile vor dem Falle schon nicht mehr befahren werden kann. Die ihn trennende Insel ist am Ende 120 Fuß breit, der westliche Arm des Flusses, 1800 Fuß breit, ist vor dem Sturze viel reißender als der andere, weil er über Klippen hinfließt, bis er 137 Fuß hoch herabstürzt; der östliche Arm ist nur 1050 Fuß breit, fällt aber höher (164 Fuß) herab. Sonach steht der Niagarafall, wenn man nur auf die Höhe sieht, mehren andern Wasserfällen beträchtlich nach, übertrifft aber den Rheinfall bei Schaffhausen, der nicht über 30 Fuß hoch ist, sehr bedeutend. Das hervorgebrachte Getöse gleicht dem Donner, Dünste steigen unablässig empor, durchnässen alle Diejenigen, die sich dem Falle nähern, und gleichen, aus der Ferne gesehen, einer dicken Rauchsäule von einem brennenden Walde. Die herabgedrückte Luft steigt aus der Tiefe mit großer Gewalt wieder herauf und schleudert große Wassermassen in beträchtliche Höhen. Hinter dem herabfallenden Wasser ist eine Höhle, die von Reisenden besucht wird, jedoch nicht ohne Gefahr, weil es schwer ist, in dem dicken Dunste den Weg, welcher hineinführt, zu finden. Sie ist ungefähr 120 Fuß hoch, 50 F. breit und 300 F. lang, ihr Eingang aber nicht sichtbar; in ihr gibt es eine Menge Aale und Wasserschlangen. Sie soll nur durch das Licht erhellt werden, welches durch das fallende Wasser dringt, und es herrscht in ihr stets ein sturmähnlicher Zugwind. Der Fall ist fast senkrecht und gleitet unten an einem senkrechten, unter der Höhle befindlichen Felsen ab. Im Winter gefriert der Nebel an den Bäumen und bildet die herrlichsten Krystalle. In der großen Kluft unterhalb des Falles, eine Drittelmeile tiefer, hat der Strom noch einen Fall von 65 Fuß Höhe, und man glaubt, daß beide früher zusammengehangen haben; doch kannten ihn die Europäer nie anders als in seiner jetzigen Gestalt. Am Ausflusse des Niagara in den Ontariosee liegt in Obercanada die kleine Stadt Niagara mit etwa 200 Einwohnern. Wir lassen hier noch die Bemerkungen eines Reisenden, des französischen Herzogs von Larochefoucauld-Liancourt, im Auszuge folgen.

„Jeder Ruderschlag brachte uns dem großen Wasserfalle näher, der einer der Hauptzwecke unserer Reise war, und voller Begierde, seinen Nebel zu bemerken und seinen Donner zu vernehmen, achteten wir wenig auf die Ufer dieses Flusses, die auf der canadischen Seite ziemlich angebaut sind, auf den majestätischen Lauf seiner Gewässer und auf die ungeheure Breite seines Bettes. Endlich bemerkten wir jenen Nebel und vernahmen jenen Donner; das Wetter war nicht günstig genug, uns diesen Genuß schon aus großer Entfernung zu gewähren. Die reißende Schnelligkeit des

Flusses, die schon mehre (engl.) Meilen vom Wasserfalle selbst bemerkbar ist, brachte uns bald nach Chippawa; schon eine Meile vorher darf man sich nicht vom Ufer des Flusses entfernen; ohne diese Vorsicht würde man bald in die Strömung gezogen werden, welche Alles, was sie erreicht, unwiderstehlich in den Abgrund reißt; es bedarf sogar eines angestrengten Ruderns, um den kleinen Seitenfluß Chippawa, der sich auf der Seite Canadas in den Niagara ergießt, hinauf zu fahren."

„Bei Chippawa beginnt das große Schauspiel. Der Fluß, der vom Fort Erie an immer an Breite zugenommen hat, ist hier mehr als drei englische Meilen breit, wird aber nachher sehr zusammengedrängt; die schon vorher bedeutende Geschwindigkeit seines Laufes nimmt noch zu, sowol wegen der großen Neigung des Terrains, als wegen der Verengerung seines Bettes. Bald darauf ändert sich die Natur dieses Bettes; es ist ein felsiger Grund, dessen angehäufte Trümmer die ungestümen Fluten nicht aufhalten, sondern nur ihre Heftigkeit vermehren können. Nachdem der Fluß durch ein fast ebenes Land geflossen ist, erhebt sich hier zu beiden Seiten des Flusses, der nur noch eine engl. Meile breit ist, eine Kette sehr weißer Felsen; dies sind die Alleghanies, welche von Florida bis hierher ganz Nordamerika durchziehen. Der durch die Felsen zur Rechten eingeengte Niagarafluß theilt sich hier; ein Arm folgt dem Rande dieser Felsen, der andere bedeutendere, von jenem durch eine Insel getrennt, wendet sich links, bildet sich hier im Gestein eine Art Becken, das er mit Schaum und Getöse erfüllt; endlich aufgehalten durch die neuen Felsen, die er zur Linken findet, ändert er noch plötzlicher seinen Lauf in einer auf seine bisherige senkrechten Richtung, um sich gleichzeitig mit dem rechten Arme von 160 Fuß Höhe über eine fast halbkreisförmige Felsenplatte herabzustürzen, welche ohne Zweifel durch die Gewalt dieser ungeheuern Wassermasse, die seit der Schöpfung der Welt sich über sie hinwälzt, geebnet worden ist."

„Der Sturz des Flusses bildet hier eine in ihrer ganzen Ausdehnung fast gleiche Wasserfläche, deren Gleichförmigkeit nur durch die Insel unterbrochen wird, die beide Arme trennt und unerschütterlich zwischen diesen beiden Strömen schwebt, welche die Gewässer des Eriesees, Michigansees, St.-Clairsees, Huronensees, obern Sees und der zahlreichen Flüsse, welche in diese großen meerähnlichen Landseen fallen, auf einmal in den ungeheuern Abgrund ergießen."

„Die Gewässer beider Wasserfälle fallen senkrecht auf die Felsen; ihre Farbe ist beim Fallen bald dunkelgrün, bald weiß, bisweilen vollkommen durchsichtig, und wird von der Art, wie sie von den Sonnenstrahlen getroffen werden, von der Tageszeit, von der Beschaffenheit der Atmosphäre und von der Stärke der Winde mannichfaltig abgeändert. Ein Theil des Wassers erhebt sich, nachdem er auf die Felsen gestürzt ist, als dichter Nebel, der die Höhe des Falls oft bedeutend übertrifft, und vermischt sich dann mit den Wolken. Das übrige Wasser bricht sich an Felsenstücken und ist in beständiger Bewegung; lange schäumt es, dreht sich im Wirbel und wirft Baumstämme, Kähne, ganze Bäume, Trümmer aller Art ans Ufer, die es in seinem langen Laufe fortgerissen hat. Das Bett des Flusses, eingezwängt zwischen zwei Bergketten, die sich auch unten weithin erstrecken, ist nach dem Falle noch mehr verengert, als wenn ein Theil des ungeheuern Flusses während des Falles verschwunden oder von den Eingeweiden der Erde verschlungen worden wäre. Das Getöse, die Unruhe, der unregelmäßige Lauf, die Heftigkeit der Strömung erstrecken sich noch $1\frac{3}{4}$ deutsche Meilen weiter, und erst bei Queenstown, zwei deutsche Meilen vom Falle, ist der Fluß wieder breiter und ruhiger geworden und kann mit Sicherheit passirt werden."

„Ich ging bis an den Fuß des Wasserfalls, dessen Zugänge schwierig sind. Das steile Herabsteigen, Stufen, die in die Bäume gehauen sind, Steingerölle, drohende Felsen, welche durch die Trümmer, mit denen die Erde bedeckt ist, die Reisenden an die Gefahr erinnern, der sie sich aussetzen, kein Anhalt, außer abgestorbenen Zweigen, die in der Hand des Unvorsichtigen bleiben würden, der sich auf sie verlassen wollte, Alles scheint gemacht, um Schrecken einzuflößen. Aber die Neugierde raubt die Besinnung wie jede andere Leidenschaft, und eine Leidenschaft ist sie in der That; was sie mich in diesem Augenblicke thun ließ, dazu hätte mich wahrscheinlich die sichere Aussicht auf einen großen Gewinn nicht bestimmen können. Bald auf den Händen kriechend, bald in meiner Begierde eine Gewandtheit findend, die ich mir selbst nicht zugetraut hätte, bald mich dem Zufalle preis gebend, gelangte ich, nachdem ich $1\frac{1}{2}$ englische Meilen mit der größten Anstrengung auf diesem schwierigen Ufer hingegangen war, an den Fuß des unermeßlichen Wasserfalles; die Eitelkeit, ihn erreicht zu haben, kann allein die Pein der Anstrengungen, die der Erfolg gekostet hat, vergelten."

„Dort befindet man sich in einem wahren Strudel. Die Dünste, die vom Wasserfall aufsteigen, vermengen sich mit den stürzenden Fluten; das Wasserbecken wird von dieser dichten Wolke verborgen; das Getöse, das hier heftiger als sonstwo ist, gewährt einen dieser Stelle eigenthümlichen Genuß. Man kann einige Schritte vorwärts thun auf den Felsen zwischen dem fallenden Wasser und der Felsenplatte, von der es sich herabstürzt, aber man ist dann von der ganzen Welt, selbst von dem Schauspiele dieses Falles durch jene Wassermauer getrennt, welche durch ihre Bewegung und ihre Dicke die äußere Luft abhält, sodaß man ganz ersticken müßte, wenn man lange verweilte."

„Es ist unmöglich, den Eindruck zu schildern, den dieser Wasserfall auf uns machte; unsere Einbildungskraft, die sich lange mit der Hoffnung, ihn zu sehen, genährt hatte, hatte sich ein Bild von ihm gemacht, welches uns übertrieben schien, aber dennoch unter der Wahrheit blieb. Dieses schöne Schauspiel und die Wirkung, die es hervorbringt, beschreiben wollen, hieße das Unmögliche versuchen. Zwei Tage darauf verließen wir Chippawa zeitig, um den Wasserfall noch einmal zu sehen, ohne uns durch den in Strömen fließenden Regen abhalten zu lassen. Ein Landsmann, Herr v. Blacons, der sich in Amerika aufhielt, führte uns zu einer Stelle, von der er den Wasserfall am Abend zuvor betrachtet hatte. Diese Stelle ist in der Gegend unter dem Namen des Tafelfelsens bekannt; sie bildet einen Theil des Felsens, von welchem sich der Fluß herabstürzt; man steht hier mit seinem Bette gleich und fast in seinem Gewässer, sodaß man mit vollkommener Sicherheit den Strom unter sich herabstürzen sieht; ginge man aber zwei Schritte weiter vorwärts, so würde man selbst mit hinabgerissen. Hier genießt man auf einmal das schöne Schauspiel dieser schäumenden Fluten, welche mit gewaltigem Getöse über die Schnellen dieses erstaunenswerthen Wasserfalls herankommen, von dem man durch nichts getrennt wird, und des sich im Wirbel drehenden Beckens, das sie verschlingt. Von diesem Punkte aus muß dieses Naturwunder ohne Zweifel betrachtet werden, wenn man es nur von einem Punkte aus sehen will; man muß es aber von allen Seiten betrachten, und von jeder findet man es schöner, wunderbarer und wird mehr von Staunen und Bewunderung ergriffen. Der Zugang zum Tafelfelsen ist viel leichter als zu den andern Punkten."

„Es braucht kaum bemerkt zu werden, daß der Wasserfall, ungeachtet der Strenge der Winter in diesem Lande, niemals friert, so wenig als der vorhergehende Theil des Flusses; aber die Seen, die ihn mit Wasser versorgen, und die in dieselben stürzenden Flüsse frieren oft zu, wenigstens zum Theil, und ungeheure von ihnen losgerissene Eisschollen stürzen während des Winters beständig den Wasserfall hinab und zerschellen an den Felsen nicht ganz; sie erheben sich oft in Masse

Der Niagarawasserfall.

bis zur halben Höhe des Falles. Das Getöse des Falles fanden wir weniger bedeutend als wir erwartet hatten; mein Begleiter, Hr. Guillemard, der wie ich den Rheinfall bei Schaffhausen gesehen hatte, stimmte mir darin bei, daß das Getöse des Rheins noch gewaltiger ist. Aber noch einmal, der Niagarafall kann mit nichts auf der Welt verglichen werden; nicht das Angenehme, noch das Milde, noch das Romantische oder gar das Schöne darf man hier suchen; vielmehr das Überraschende, Wunderbare, Erhabene, welches alle Fähigkeiten der Seite auf einmal faßt, sich ihrer um so dauernder bemächtigt, je länger man es betrachtet, und Den, der davon ergriffen ist, stets unfähig macht, Das, was er empfindet, auszudrücken."

Merkwürdig ist, daß der Wasserfall immer weiter südlich rückt. Man hat in neuern Zeiten ziemlich allgemein als ausgemacht angenommen, daß die Fälle erst einige Meilen tiefer unten bei dem Bergrücken an Queenstown waren und durch allmäliges Ausgraben des aus Schiefer bestehenden Bettes bis an ihre jetzige Stelle zurückwichen. Dem Geologen Forsyth zufolge soll in den letzten 40 Jahren das Zurücktreten des Falls 150 Fuß, also jährlich etwa 4 Fuß, betragen haben; hiernach würde der Fall von Queenstown bis zu seiner jetzigen Stelle 9850 Jahre gebraucht haben und würde in 27,720 Jahren den gegen fünf Meilen entfernten Eriesee erreichen. Bei weiterm Zurückweichen wird jedoch der Fall auf Schichten von sehr verschiedener Härte und Mächtigkeit kommen, und daher wahrscheinlich seine Schnelligkeit bedeutend ändern. Sollte die oberste Schicht, die jetzt die härteste ist, vor Erreichung des Eriesees die weichste werden, was nicht unmöglich ist, so ist nicht zu zweifeln, daß sich der jetzige majestätische Fall in mehre Fälle von unbedeutender Höhe auflösen wird.

Zellenwagen zum Transport der Sträflinge.

Eine der vielen wohlthätigen Einrichtungen, welche Frankreich seiner jetzigen wohlwollenden und einsichtsvollen Regierung verdankt, ist unstreitig das seit dem Jahre 1836 eingeführte System des Transports der Galeerensträflinge. Das bisherige System war barbarisch und empörend und ein Überrest der finstern Zeiten des Mittelalters. Die zu den Galeeren, d. h. zu Zwangsarbeit auf längere Zeit oder auf Lebenszeit verurtheilten Verbrecher wurden nämlich truppweise, an eine Kette geschmiedet, an den Ort ihrer Bestimmung (das Bagno oder Seearsenal in Brest oder Toulon) geführt oder vielmehr getrieben und mußten so oft halb Frankreich durchwandern. Wie empörend mußte dieser alljährlich mehrmals wiederholte Anblick den Bevölkerungen der Ortschaften sein, durch welche der Zug der sogenannten Kette kam, und wie mußte diese Behandlung dienen, die Züchtlinge noch mehr zu verstocken und den in dem Einen oder dem Andern noch schlummernden Rest von Scham und besserm Gefühl auf dieser Zwangsreise gänzlich zu ersticken! Seit dem Jahre 1836 hat dies, wie gesagt, aufgehört und die Züchtlinge werden in sogenannten Zellenwagen transportirt. Der von Guillot erfundene Zellenwagen hat bei einer Länge von 14 Fuß die Gestalt eines Omnibus, in welchem die Sträflinge jedoch nicht nebeneinander, sondern einander gegenüber, aber Jeder in einer besondern Zelle, sitzen. Die beiden Zellenreihen sind durch einen Gang getrennt, welcher fünf Fuß vier Zoll Höhe hat, höher liegt als die beiden Seiten, und in welchem sich die Wächter von einer Seite zur andern begeben können. Zu jeder Seite dieses Ganges befinden sich sechs Zellen, in denen die Sträflinge unter fortwährender Aufsicht der Wächter sitzen, ohne unter sich oder nach außen durch die Stimme oder das Gesicht communiciren zu können, so zwar, daß die Sträflinge von einem Orte zum andern geschafft werden, ohne daß einer eine Sylbe gesprochen und einen seiner Gefährten auch nur mit einem Blicke gesehen hat. Jede Zelle hat 22 Zoll Breite und 38 Zoll Länge; für die Füße ist eine eigne Verlängerung angebracht. Im Innern, welches mit Roßhaarpolstern ausgefüttert ist, befinden sich zwei lederne Taschen, von denen die eine zur Aufnahme des dem Sträflinge zu reichenden Brotes, die andere für den Wein bestimmt ist. Diese Nahrungsmittel werden täglich dreimal erneuert. In der Decke des Wagens ist ein durchlöchertes Blech angebracht, welches zur Lüftung dient, und durch welches jeder Sträfling mittels einer Klappe eine größere oder geringere Menge Luft in seine Zelle eintreten lassen kann. Zur Erleuchtung der Zelle dient ein Loch von drei bis vier Zoll. Unter jedem Sitze befindet sich eine Nachtstuhlbrille, von der ein Trichter aus Zink oder Eisenblech ausläuft, welcher den Unrath auf die Straße ableitet. Der Sträfling verläßt die Zelle erst bei seiner Ankunft am Orte seiner Bestimmung. An ein Entwischen ist nicht zu denken. Die Thüren, aus Eichenholz, sind mit Eisen beschlagen und jede derselben hat ein doppeltes Fach, wovon das eine zum Einführen der Nahrungsmittel dient, während das andere, welches vergittert ist, die Beaufsichtigung der Sträflinge erleichtert. Nach außen zu sind gar keine Öffnungen im Wagen angebracht, vielmehr hat hier der Wagen überall eine Fütterung aus Blech. Abgesehen von den beiden im Innern des Wagens sitzenden Wächtern sitzt noch außen ein Gendarme; weitere Escorte ist nicht nöthig. Die Wagen sind leichter als die gewöhnlichen Diligencen und werden mit fünf Pferden bespannt. Wie man sieht, reisen die Sträflinge in diesen Wagen ganz bequem und haben keinen Grund, über grausame und unmenschliche Behandlung zu klagen; gleichwol sollen sie im Allgemeinen die frühere Art zu reisen weit vorziehen.

Fang der Zitteraale mit Pferden. *)

Ungeduldig gemacht durch langes Warten — erzählt Alexander von Humboldt — und verdrießlich über die unsichern Resultate, die wir bei einem lebendigen, aber sehr geschwächten Zitteraal, den man uns gebracht hatte, erhielten, begaben wir uns nach Caño de Bera, um am Ufer selbst im Freien einen Versuch anzustellen. Die Indianer führten uns zu einem Bache, welcher in Zeiten der Trockenheit nur Schlamm enthält und von schönen Bäumen mit duftenden Blüten umgeben ist. Der Fang der Zitteraale mit Netzen ist sehr schwierig, weil sich diese ausnehmend behenden Fische wie Schlangen in den Koth vergraben. Man wollte den Barbasco nicht anwenden, d. h. die Wurzeln des Fischfängerbaums und einiger andern Bäume, welche in einen Teich geworfen die Fische betäuben. Dieses Mittel hätte die Zitteraale geschwächt. Die Indianer sagten uns, daß sie mit Pferden fischen würden. Wir konnten uns von diesem seltsamen Fischfange keine Vorstellung machen, bald sahen wir aber unsere Führer von der Prairie zurückkommen, wo sie etwa 30 wilde

---

*) Vergl. über den Zitteraal Pfennig-Magazin Nr. 266.

Pferde und Maulthiere eingefangen hatten, die man in das Wasser trieb.

Der durch das Pferdegetrampel hervorgebrachte ungewöhnliche Lärm treibt die Fische aus dem Schlamm und reizt sie zum Kampfe. Die Zitteraale, von gelblicher und blauer Farbe und großen Wasserschlangen ähnlich, kommen an die Oberfläche und drängen sich unter den Bauch der Pferde und Maulesel. Der Kampf zwischen Thieren von so ganz entgegengesetzter Organisation bietet das interessanteste Schauspiel dar. Die Indianer, welche mit Harpunen und langen und dünnen Rohrstäben bewaffnet sind, schließen das Wasser eng ein; einige von ihnen steigen auf die Bäume, deren Zweige sich horizontal über die Oberfläche des Wassers ausbreiten. Durch ihr wildes Geschrei und ihre langen Binsen verhindern sie die Pferde an der Flucht auf das Ufer. Die Aale, welche der Lärm betäubt, vertheidigen sich durch die wiederholte Entladung ihrer elektrischen Batterieen und scheinen geraume Zeit hindurch siegreich zu sein. Mehre Pferde erliegen der Heftigkeit der unsichtbaren Schläge, die sie von allen Seiten in den für das Leben wesentlichsten Organen erhalten; betäubt durch die Stärke und Häufigkeit der Erschütterungen verschwinden sie unter dem Wasser. Andere erheben sich wieder, keuchend, mit zu Berge stehender Mähne und verstörten, ihre Angst anzeigenden Augen, und suchen dem Unwetter, das sie überfällt, zu entfliehen. Sie werden von den Indianern in das Wasser zurückgedrängt, aber nur einem kleinen Theile gelingt es, die thätige Wachsamkeit der Fischer zu täuschen. Man sieht sie das Ufer erreichen, bei jedem Schritte straucheln, und sich im Sande ausstrecken, völlig erschöpft und von den elektrischen Schlägen der Zitteraale ganz steif geworden.

In weniger als fünf Minuten waren zwei Pferde ertrunken. Der Aal, welcher fünf Fuß lang ist, drängt sich an den Bauch der Pferde und entladet die ganze Ausdehnung seines elektrischen Organs. Natürlich muß die Wirkung, welche die Pferde empfinden, stärker sein als diejenige, welche derselbe Fisch auf den Menschen hervorbringt, wenn dieser ihn nur mit einer seiner Extremitäten berührt. Die Pferde werden wahrscheinlich nicht getödtet, sondern nur betäubt. Sie ertrinken dann, weil der Kampf zwischen den anderen Pferden und Zitteraalen es ihnen unmöglich macht, sich wieder aufzurichten.

Wir zweifelten nicht, daß der Fischfang sich mit dem successiven Tode der dazu gebrauchten Thiere endigen würde. Aber die Hitze dieses ungleichen Kampfes läßt allmälig nach; die ermatteten Zitteraale zerstreuen sich. Sie bedürfen einer langen Ruhe*) und einer reichlichen Nahrung, um den Verlust an elektrischer Kraft zu ersetzen. Die Maulesel und Pferde schienen weniger erschrocken; sie sträubten ihre Mähnen nicht mehr und ihre Augen drückten weniger Entsetzen aus. Des Zitteraale näherten sich zögernd den Ufern des Sumpfes, wo man sie mittels kleiner, an lange Stricke befestigter Harpunen fing. Sind die Stricke recht trocken, so fühlen die Indianer beim Aufheben der Fische in der Luft keine Erschütterungen. In wenigen Minuten hatten wir fünf große Aale, die größtentheils nur leicht verletzt waren. Andere wurden gegen Abend auf dieselbe Weise gefangen.

---

*) Die Indianer versichern, daß, wenn man die Pferde zwei Tage hintereinander in einem mit Zitteraalen angefüllten Sumpf treibt, am zweiten Tage kein Pferd getödtet wird.

Eine zahlreiche Familie.

Wiewol bei den Fürsten des Morgenlandes zahlreiche Familien — in anderm Sinne, als wir Abendländer diesen Ausdruck gewöhnlich brauchen — eben nichts Seltenes sind, so möchten doch selbst unter diesen nur Wenige dem verstorbenen Beherrscher Persiens, Feth Ali Schah, nahe kommen. Zwar ist es unmöglich, die Zahl seiner Frauen mit einiger Bestimmtheit anzugeben, da er sehr veränderlich war und die Regel befolgte, jedes Frauenzimmer zu heirathen, das ihm gefiel, und jede Frau verstieß, die ihm nicht mehr gefiel; man behauptet indeß, daß er in der Regel 800 — 1000 Frauen auf einmal gehabt habe. Noch zur Zeit seines Todes (er starb im October 1835) soll sein Harem zwischen 700 und 800 Bewohnerinnen enthalten haben. Mit diesen Frauen zeugte er 100 — 130 Söhne und etwa 150 Töchter, und da diese Nachkommenschaft ebenso heirathslustig war als ihr erlauchter Vater, und die Mittel in Händen hatte, ihre Wünsche zu befriedigen, so wuchs das königliche Geschlecht in einem solchen Grade an, daß der Schah bei seinem Tode, wenn alle seine Abkömmlinge versammelt worden wären, deren volle 5000 gesehen haben würde. Wie sehr contrastirt mit dieser Riesenfamilie, die jedoch für das Land eine unerträgliche Last war, die schwache, freilich auch durch Todesfälle sehr decimirte Familie des Großsultans.

Zur Statistik des Buchhandels.

Paris zählt nach dem „Almanach de commerce" für 1838 477 Buch-, 42 Musik-, 95 Kunsthandlungen, 80 Buchdruckereien (bestimmte Zahl), 12 Schriftschneider, 234 Kupferstecher (eingerechnet 22 Schriftstecher und 19 Stecher geographischer Karten), 109 Kupferdruckereien, 96 Anstalten für Steindruck, 25 Papierfabrikanten, 277 Papierhändler, 207 Buchbinder (worunter 39 Brocheurs).

In Berlin sind jetzt 85 Buchhandlungen, 29 Antiquare, 233 Buchbinder, gegen 50 Leihbibliotheken, 4 Papierfabrikanten.

Das Grabmal Engelbert's von Nassau in der Kirche zu Breda.

Engelbert, Graf von Nassau und Gouverneur von Brabant, war einer der ausgezeichnetsten Männer seiner Zeit. Karl, Burgunds letzter Herzog, der Verdienste und Tapferkeit zu schätzen und für seine Sache zu gewinnen wußte, schenkte dem Grafen seine besondere Gunst und setzte großes Vertrauen in ihn, wofür er von diesem mit der treuesten Anhänglichkeit belohnt wurde. Karl ernannte ihn im Jahre 1473 zum Ritter des goldenen Vließes, ein Orden, der von Philipp, Karl's Vater, gestiftet worden war und dessen Verleihung damals für die höchste Ehre gehalten wurde. Engelbert wurde in der Schlacht bei Nancy, am 2. Januar 1477, wo Karl mit fast allen seinen Tapfern den Tod fand, gefangen genommen. Karl hatte keine männlichen Erben hinterlassen, und da der schlaue Ludwig XI. von Frankreich Burgund an sich zu ziehen versuchte, bemühte er sich, den tapfersten Ritter und geehrtesten Mann dieses Landes Engelbert von Nassau, für seine Sache zu gewinnen, doch ohne Erfolg. Engelbert starb, von seinen Zeitgenossen betrauert, im Jahre 1504.

Die protestantische Hauptkirche in Breda in Nordbrabant hieß ursprünglich die Kirche Notre Dame, wurde aber im Jahre 1637 von den Generalstaaten den Protestanten eingeräumt. Sie enthält mehre schöne Denkmale, wovon jedoch das Engelbert's und seiner Gemahlin, einer Prinzessin von Baden, das bemerkenswertheste ist. Die Bildnisse Beider sind von Alabaster; die halbknieenden Figuren, welche die Platte tragen, worauf der Waffenschmuck des Grafen liegt, sollen Helden des Alterthums vorstellen, als Julius Cäsar, Regulus u. s. w. Die Figuren sollen ein Werk Michael Angelo's sein, und die kunstreiche Vollendung derselben würde wenigstens, wenn diese Angabe richtig ist, diesem Meister nicht zur Unehre gereichen.

Das Grabmal Engelbert's von Nassau in der Kirche zu Breda.

Das Pfennig-Magazin

für Verbreitung gemeinnütziger Kenntnisse.

271.] Erscheint jeden Sonnabend. **[Juni 9, 1838.**

Barcelona.

Die Kirche Santa-Maria del Mar in Barcelona.

Da die Seefahrer des Archipelagus früh die Küsten des mittelländischen Meeres besuchten, indem sie sich erst mit den ihnen zunächst liegenden Ufern bekannt machten und bald nachher auch mit den entferntern, so haben die Alterthumsforscher nicht unrecht, wenn sie der Stadt Barcelona ein hohes Alter beilegen. Sie war höchst wahrscheinlich, wie Marseille, eine Colonie der Griechen. Ihr lateinischer Name war Barcino, und sie soll nach dem karthagischen Feldherrn Hannibal Barcino so benannt worden sein. Abwechselnd sind die Römer, Gothen, Mauren und Franzosen Herren der Stadt gewesen. Im Mittelalter hatte sie ihre eignen Fürsten, die den Titel Grafen von Barcelona führten, aber später kamen ihre Besitzungen in die Hände der Könige von Aragon und wurden endlich mit dem Königreiche Spanien vereinigt. Im Jahre 1706 widersetzte sich Barcelona den Ansprüchen Philipp V. auf den spanischen Thron, und obschon ihr Widerstand bei der Belagerung fruchtlos war, so hat er doch genügende Beweise von dem Heldenmuthe der Catalonier gegeben. Barcelona hat bei vielen Gelegenheiten die Leiden und Folgen des Krieges erdulden müssen; es wurde in einem Zeitraume von 62 Jahren nicht weniger als fünf Mal belagert. Im Jahre 1715 war die Bevölkerung in Folge der Belagerung des vorhergehenden Jahres bis auf 37,000 Seelen gesunken, hob sich aber, vom Frieden begünstigt, in einem halben Jahrhundert wieder bis auf 54,000, 18 Jahre später zählte Barcelona wieder 111,400 und 1807 fast 130,000 Einwohner. Vom Jahre 1808—14 war die Stadt von den Franzosen besetzt; Handel und Gewerbe geriethen in Stocken und viele thätige Bewohner wanderten aus. Ein Fieber, das 1821 in der Stadt ausbrach, war so bösartig, daß fast ein Fünftel der Einwohner erlag. Aber eine Pest wirkt nicht so nachtheilig auf die Wohlfahrt einer Stadt als die dauernden Folgen eines verwüstenden Krieges; wir finden daher, daß sich bis 1830, also innerhalb neun Jahren, die Bevölkerung Barcelonas wieder bis auf 160,000 vermehrt hatte. Wenn Spanien den Frieden wieder erlangt haben, Gewerbfleiß zurückgekehrt sein wird und der Handel der Levante sich hebt, so muß auch der Verkehr Barcelonas mit der Türkei, mit Griechenland, Ägypten und den östlichen Ufern des mittelländischen

VI. 23

Meeres eine größere Ausbreitung erhalten, wie es der Lage dieser Stadt und der Betriebsamkeit der Catalonier angemessen ist.

Barcelona ist wegen seiner günstigen Lage am mittelländischen Meere und seines von frühester Zeit her blühenden Handels eine Stadt von besonderer Wichtigkeit für Spanien gewesen. Die Provinz Catalonien, deren Hauptstadt sie ist, hat ungefähr eine Million Einwohner und im Verhältniß zu andern Provinzen ziemlich blühenden Ackerbau, obschon die Erzeugnisse nicht für den eignen Bedarf genügen und daher noch bedeutende Einfuhren stattfinden müssen, während die Ausfuhren größtentheils in Manufacturwaaren und Wein bestehen. Die Catalonier sind stolz, übermüthig, stürmisch in ihren Leidenschaften, unbeugsam und lieben die Unabhängigkeit; aber sie sind auch thätig, unternehmend, unerschrocken und Viele von ihnen suchen als Seeleute ihr Glück in allen Gegenden der Welt. Barcelona selbst hat eine ausnehmend schöne und romantische Lage, besonders wenn man sich der Stadt von dem Meere her nähert. Der mit einer Burg gekrönte Montjuy, der geräumige Hafen, die Stadt selbst und ihre Umgegend gewähren einen überraschenden Anblick. Die Stadt liegt am Fuße eines steilen und stark befestigten Felsens am Ufer einer kleinen Bai und wird von einem nicht sehr umfangreichen Halbzirkel schöner und malerischer Berge eingeschlossen. Die Umgegend ist mit Landhäusern, Weinbergen und Obstgärten bedeckt, während an den Abhängen und zuweilen auf den höchsten Gipfeln der Berge geistliche Gebäude von verschiedenem Umfange prangen. Klöster und Einsiedeleien liegen in der Umgegend nach allen Richtungen hin zerstreut, einige schweben über ungeheuern Abhängen, andere krönen fast nicht zu erklimmende Felsen, andere wieder liegen in tiefen Thalschluchten fast begraben, aber alle vereinigen sich, Überraschung und Bewunderung zu erregen. Die Stadt ist regelmäßig befestigt und nächst Elvas*) vielleicht eine der stärksten Festungen der Halbinsel. Die Citadelle, die sich auf der der Ebene zunächst liegenden Seite befindet, ist ein wahres Muster in ihrer Art. Sie besteht aus einem von Vorschanzen vertheidigten Siebeneck und der Thurm in der Nähe der Wälle ist von seltener Schönheit und bildet ein Kreuz mit einer offenen Laterne auf der Spitze. Die Stadt zerfällt in zwei Theile und zählt mit der Vorstadt Barcelonetta 300 Straßen und 10,200 Häuser. Die Straßen sind schmal und beschränkt, während die Höhe der Häuser auf beiden Seiten ihnen ein düsteres Ansehen gibt. Die Häuser, wenigstens die der Privatleute, gleichen im Ganzen denen der übrigen Städte der Halbinsel und sind größtentheils im maurischen Style erbaut. Die Esplanade in der Fronte der Citadelle und innerhalb der Stadtmauern gewährt einen angenehmen Spaziergang. Sie ist von einer vierfachen Allee alter Eichen durchzogen, deren dichtes Laubwerk ein anmuthiges Schutzdach gegen die heißen Strahlen der Sonne bildet. Da jedoch alle Hinrichtungen in der Esplanade vollzogen werden, wird sie nur wenig von den Bewohnern besucht und die „Rambla", obschon weniger von dichten Bäumen beschattet, von ihnen vorgezogen. Dieser Spaziergang liegt im Innern der Stadt und zerfällt in zwei ungleiche Theile; an dem einen Ende wird der Markt gehalten, während das andere die schöne Welt zu ihrem Versammlungsort benutzt. Die große Hitze im Sommer gestattet nicht, bei Tage spazieren zu gehen, aber des Abends füllt sich die Rambla mit Spaziergängern. Hier befindet sich auch das Opernhaus und mehre andere öffentliche Gebäude, als das Collegium und die Kirche Belem und das Kloster Santa-Clara, das jetzt in eine Baracke umgewandelt ist, sowie auch mehre Restaurationen, wohin sich auch die Frauen begeben, um Eis, Zuckerwerk oder Kaffee zu genießen. Dies darf nicht auffallen; Völlerei ist ein Laster, das der gebildete Spanier nicht kennt; er ist mäßig, obschon er in einem Weinlande und unter heißen Sonnenstrahlen lebt, und stillt selten, ausgenommen beim Mittagsmahle, seinen Durst anders als durch Wasser, das er mit Citronensaft und Zucker würzt. So können die Frauen diese Häuser besuchen, ohne befürchten zu dürfen, Zeugen eines Verstoßes gegen den Anstand unter der Gesellschaft zu sein.

Der Punkt in Barcelona, wo sich fast alle schönen und geschmackvollen Gebäude vereinigen, ist die große Plaça del Palacio. Hier bewundert man das glänzende Gebäude der Casa de Lonja, im edelsten dorischen Style erbaut, mit wahrhaft großartigen Marmortreppen, das völlig aus Marmor erbaute Zollhaus, die schönen Paläste des Adels, die Börse und die Thürme der Kirche Santa-Maria del Mar (Unserer Frau vom Meere). Diese Kirche, deren Rückseite unsere Abbildung darstellt, ist nach der Kathedrale die bedeutendste der Stadt und steht auf einem kleinen an der Plaça del Palacio grenzenden Platze. Obschon sie, wie die meisten Kirchen dieses Theiles der Halbinsel, sich wenig durch äußere Schönheit auszeichnet, so liegt doch in ihrem Ansehen etwas Feierliches, das die Aufmerksamkeit fesselt. Die Fronte besteht aus zwei Thürmen, die eine Eingangspforte mit einem darüber befindlichen Fenster einschließen. Die Leichtigkeit und Schönheit dieser Thürme ist sehr bemerkenswerth. Sie sind achteckig und äußerst einfach, bis sie sich über das Gebäude erheben, wo sie dann gewölbt sind und auf jeder Seite ein Fenster haben. Sie überragen das Gebäude zwei Stockwerk hoch, während eine gewölbte Laterne das Ganze krönt. Nur ein Thurm jedoch ist vollendet, der andere hat ein eisernes Gestelle, das zwei kleine Glocken trägt. Das Gebäude bildet ein Oblong und ist an einem Ende gerundet. Der Mangel äußern Glanzes wird hinlänglich durch das Innere ersetzt, und wiewol es schon viel von seinem Glanze in der Ausschmückung der verschiedenen Kapellen und Altäre verloren hat, so zeigt es doch hinlänglich die Pracht des katholischen Gottesdienstes. Das gewölbte Dach ruht auf einer doppelten Reihe achteckiger Säulen, und es ist fast unbegreiflich, wie Pfeiler von so geringem Durchmesser die ungeheure Masse des Daches tragen können. Der Hauptaltar, der den Halbzirkel einnimmt, war ehemals von Silber und reich verziert; aber die Kriege, die neuerlich das Land verwüstet haben und noch verwüsten, haben selbst die kirchlichen Heiligthümer nicht geschont. Alles, was weggetragen werden konnte, ist entweder von den Soldaten geraubt oder, um es vor der Raubgier zu schützen, von den Einwohnern vergraben worden. Von dem Altare ist jedoch noch so viel vorhanden, daß man sich einen Begriff von seiner frühern Gestalt machen kann. Er bildete ein Dreieck, zu welchem mehre Stufen führten, die bei großen Festlichkeiten mit silbernen Leuchtern und mit Blumen geziert waren, während den Altar selbst ein prächtiges Tuch bedeckte, dessen Stickerei allein 20,000 Thaler gekostet haben soll.

Der freie Raum hinter dieser Kirche, der auf unserer Abbildung mit dargestellt ist, wird zum Markt für alle möglichen Waaren benutzt und gewährt immer

---

*) Vgl. Pfennig-Magazin Nr. 265.

einen lebendigen Anblick. Von der Kirche Santa=Maria del Mar führt eine Straße nach der Kathedrale; ehe man jedoch dahin gelangt, stößt man auf das Kloster Santa Clara, das außer einem schönen Thurme mit einer herrlichen Aussicht über die Stadt, den stets belebten Hafen und das Meer nichts besonders Merkwürdiges enthält. Das Kloster ist durch Strebepfeiler mit der Kathedrale verbunden, wovon früher einer hohl war und einen geheimen Gang in die Kirche verbarg, der aber jetzt ausgefüllt ist. In einem der Zimmer des Klosters wird das große Crucifix aus dem nun zerstörten Gebäude der Inquisition aufbewahrt. Die Gestalt des Heilandes ist in Lebensgröße und bemalt; aber aus den Zügen spricht der Charakter des Tribunals, dem das Kreuz einst angehörte, und sie gleichen eher dem starren, herzlosen Gesichte eines präsidirenden Richters der Inquisition, als daß sich die Sanftmuth des großen Gründers des Christenthums darin ausspräche. Man sieht jetzt von dem Gebäude des gefürchteten Gerichts nichts als einige Schutthaufen; die Kerkerzellen sind noch sichtbar. Sie sind lang und schmal, ungefähr acht Fuß lang und vier Fuß breit. Die Thüren sind äußerst schmal, sodaß kaum ein Mensch ohne Mühe durchgekommen sein kann; aber von Fenstern oder Luftlöchern sieht man keine Spur. Die Dächer sind zusammengebrochen und es läßt sich nicht bestimmen, ob irgend eine Vorrichtung angebracht war, die Zellen mit Luft zu versehen; man kann jedoch annehmen, daß dies nicht der Fall gewesen ist, denn unmittelbar über den Kerkern, aber mit dem Erdboden gleich, war die Versammlungshalle der Inquisitoren; hätten die Zellen Luftlöcher gehabt, so würden diese Männer stets die Seufzer und das Wehklagen ihrer in unterirdischen Kerkern schmachtenden Opfer gehört haben und dadurch in ihren Berathungen gestört worden sein.

Aber wenden wir uns ab von einem Gegenstande, der so furchtbare Erinnerungen hervorruft, und richten unsere Blicke auf die Kathedrale. Dieses schöne Gebäude ist noch immer unvollendet. Die Fronte ist eine einfache Mauer mit gemalten Bogen über der Thüre und den Fenstern. Am östlichen Ende erheben sich zwei schöne und reich verzierte Thürme. Die Gestalt dieser Kirche ist dieselbe wie die von Santa=Maria del Mar, aber man hat mehr auf ihren äußern Glanz verwendet. Die Pfeiler sind schön und mit Geschmack verziert und in den Zwischenräumen befinden sich gewölbte Fenster. Das Innere ist schön und großartig. Das ungeheure Dach ruht auf hohen Säulen, die die Kirche in das Schiff und zwei Chorgänge theilen, während sich in allem Übrigen Glanz und Geschmack zeigen. Neben der Kathedrale steht der bischöfliche Palast, der früher durch ein Thor mit derselben verbunden war, wovon aber jetzt nur noch zwei Thürme sichtbar sind.

Barcelona hat zwei Hospitäler, wovon eines ausschließlich für Soldaten, das andere aber für alle andern hülfsbedürftigen Armen bestimmt ist; beide werden jedoch nur durch freiwillige Beiträge unterhalten. Auch ein Findelhaus ist damit vereinigt, und die weiblichen Findlinge werden, wenn sie das gehörige Alter erreicht haben, jährlich einmal durch die Straßen der Stadt geführt, um sich den heirathslustigen Männern zu zeigen. Findet einer derselben Gefallen an einem dieser Mädchen, so überreicht er ihr sein Schnupftuch, das von ihr sorgfältig aufbewahrt wird, bis sich der Eigenthümer im Findelhause meldet. Hier muß er Zeugnisse seiner Moralität vorlegen und beweisen können, daß er eine Frau ernähren kann. Hat er diese Erfodernisse, so wird die Braut vorgeführt, die Mitgift ausgezahlt und das glückliche Paar auf der Stelle vermählt. Man hält es keineswegs für herabwürdigend, sich auf diese Weise zu verheirathen; im Gegentheil scheuen sich oft Edelleute nicht, so stolz sie auch sonst sein mögen, sich eine Lebensgefährtin aus dem Findelhause zu holen.

Chronik der Erdbeben im Jahre 1837.

In den letzten Jahren haben sich die Nachrichten von Erderschütterungen auf eine ganz ungewöhnliche Weise gehäuft, und waren auch die meisten darunter sehr unschuldiger Art, so fehlte es doch auch keineswegs an solchen, welche verheerende und mörderische Wirkungen hervorbrachten und dem schrecklichen Begriffe entsprachen, den man mit dem Worte Erdbeben zu verknüpfen pflegt. Diese noch immer für uns so höchst räthselhafte Naturerscheinung scheint so häufig zu sein, daß vielleicht selten ein Tag vergeht, wo nicht an irgend einem Orte der Erde von den Bewohnern desselben, wenn nämlich solche vorhanden sind, ein Erdstoß, der freilich oft kaum oder doch nur Wenigen merklich ist, verspürt werden könnte. Jedenfalls aber haben wir Deutsche Ursache, uns Glück zu wünschen, daß wir ein Land bewohnen, in welchem nach fast zweitausendjähriger Erfahrung Erdstöße sehr selten und niemals verheerender Art sind. Von dem verflossenen Jahre 1837 sind folgende mehr oder weniger heftige Erderschütterungen bekannt geworden, die aber, so weit dies nicht ausdrücklich bemerkt ist, keinen Schaden thaten.

Januar. Am Neujahrstage wurden Syrien und Palästina durch ein äußerst heftiges Erdbeben verheert. Die Städte Saphed und Tabarich (das alte Tiberias) wurden gänzlich zerstört und die meisten ihrer Einwohner kamen um; auch die Städte Acre, Saida (das alte Sidon) und Damascus litten bedeutend. Im Ganzen kamen in Palästina 6845 Menschen um. An den folgenden Tagen spürte man neue Erschütterungen. Am 11. in Poitiers; am 17. im Districte Neder=Kalix in Schweden; am 21. auf mehren ostindischen Inseln, auch auf Amboina (großer Schaden an Gebäuden); am 24. in Süddeutschland (Stuttgart, Lindau, Konstanz, Freiburg), der Schweiz (Basel, Zürich, Genf, Neufchatel, St.=Gallen, Bern) und Oberitalien (Mailand); am 28. in Solothurn.

Februar. Am 24. in Gent.

März. Am 1. in Illyrien (Mitterburg in Istrien); am 3. in Zara in Dalmatien; am 14. in Wien (wo an Gebäuden einiger Schaden angerichtet wurde), Prag, Linz, Brünn, Grätz, Presburg. Am 18. und den folgenden Tagen that ein sehr heftiges und anhaltendes Erdbeben auf den griechischen Inseln Hydra, Poros, Spezzia und Ägina sehr bedeutenden Schaden und tödtete mehre Menschen; noch am 26. dauerte es fort. Auch in Athen (am 20. und 28.) und auf Morea war es fühlbar. Am 28. in Dalmatien und auf der Insel Martinique in Westindien.

April. Am 1. zweites noch furchtbareres Erdbeben auf den genannten griechischen Inseln; die Erdstöße dauerten acht Tage; auf Hydra zählte man über 70 Stöße. Am 3. in Athen (einiger Schaden an Gebäuden). Am 11. in Italien (Florenz, Genua, Modena, besonders Lucca); an mehren Orten in Lucca, besonders in Minucciano und Ugliano=Calde, wurde sehr bedeutender Schaden angerichtet und mehre Menschen getödtet; die Stöße erneuerten sich und man zählte bis

*

Mitte Aprils mehr als 40. Ende des Monats auf Amboina.

Mai. Im Anfang des Mon. auf Amboina. Am 10. in Grusien (Elisabethpol, Helenendorf bei Tiflis); am 21. in Lissabon; am 25. in Irkuzk; am 27. in Koblenz; am 28. und 29. im Kirchenstaat (Rom, Frascati, Albano, Velletri u. s. w.); am 31. in Innsbruck.

Juni. Am 19. in Ungarn (Filepszallas in Klein-Cumanien, vier Mal); am 21. in Illyrien (Bleiburg) und Steiermark (Schönstein).

Juli. Am 17. auf der Insel Jamaica.

August. Am 3. auf der Insel Zante (Schaden an Gebäuden, viele Stöße; die meisten Einwohner der Stadt übernachteten aus Furcht auf den Straßen). Am 15. in Griechenland (Pyrgos auf Morea); an mehren Orten spaltete sich die Erde. Am 29. auf der westindischen Insel St.-Vincent.

September. Am 4. zu Breisach und Mailand; am 6. auf der westindischen Insel Barbados; am 19. in der Schweiz (Eglisau) und im Kirchenstaate (Foligno und Spoleto, wo man sieben Stöße zählte); am 22. zu Agram in Kroatien (fast kein Haus blieb unbeschädigt; die Einwohner flüchteten aus den Häusern), auf der Insel Jamaica und zu Lasaya in Vandiemensland (die Einwohner flohen ans Meer; viele kamen unter den Trümmern der Häuser um).

October. Am 6. und 7. in ganz Kroatien, besonders in Agram (unterirdisches Getöse seit dem 1.; am 6. wiederholte Stöße, die bedeutenden Schaden thaten und auch Menschen getödtet haben sollen). Am 18. und 19. in Acapulco an der mexicanischen Westküste starkes Erdbeben mit sehr häufigen Stößen; am 18. zählte man von 4—9 Uhr Abends 130 Stöße; am 19. früh 1 Uhr stürzte ein starker Stoß viele Häuser um; doch verloren nur wenig Menschen ihr Leben, da die Wirkung allmälig war. Am 18. in Frankreich (Departement Calvados); am 30. in Breisach in Baden und Mühlhausen im Elsaß; am 31. in Spanien (in Murcia, besonders aber in Torrevieja, wo man von 2—9 Uhr Morgens gegen 400 Stöße zählte, und wo selbst die stärksten Gebäude gelitten haben).

November. In der sehr stürmischen Nacht vom 2. zum 3. in Karlsruhe (sehr zweifelhaft); am 12. in Breisach und Freiburg in Baden; am 23. in der Stadt Mexico sehr heftiges Erdbeben, das mehre Minuten dauerte, vielen Schaden anrichtete und eine Menge Menschen getödtet haben soll; zu gleicher Zeit wurden in Veracruz und Acapulco eine Menge todter Fische ans Land geworfen; am 25. in Smyrna; am 26. in Odessa.

December. Am 8. in England (von Stamford bis Hambleton in Rutlandshire); am 11. in Frankreich (Depart. de l'Aude).

Ein französischer Prinz am Senegal.

Am 1. December 1837 kam der für den Seedienst bestimmte Prinz von Joinville auf seiner großen Seereise in der französischen Colonie Gorea am Senegal an der Westküste von Afrika an. Tags darauf besuchte er einige der am äußersten Ende der Halbinsel gelegenen Dörfer im Lande Dakar und dessen Oberhaupt oder Iman. „Dieser Besuch", schreibt einer der ihn begleitenden französischen Offiziere, „war nicht ganz uneigennützig; der Prinz wollte nämlich gern einen Baobab oder Affenbrotbaum fällen lassen, den das Cabinet der Naturgeschichte in Paris zu haben wünschte.

Diese Baumart ist aber nicht sehr häufig in Dakar, und wenn sie auch nicht ausdrücklich von der Religion des Landes geheiligt ist, so haben die Schwarzen doch eine Art von abergläubischer Furcht, sie zu zerstören. Der Iman trug jedoch kein Bedenken, die nachgesuchte Erlaubniß zu geben; als die Sache aber den übrigen Häuptern, die sich am Gestade versammelt hatten, um dem Prinzen bei seiner Einschiffung ihr Compliment zu machen, mitgetheilt wurde, erhob sich eine furchtbare Opposition, und wir mußten uns nach neuen Bitten mit einem Exemplare begnügen, das wir, wenn es von uns abgehangen hätte, sicher nicht gewählt haben würden. Es ist ein Ungeheuer von Baum, der selbst auf einem Schiffe von 100 Kanonen sehr im Wege sein würde. Er hat an seinem Fuße nicht weniger als neun Fuß Durchmesser, und der Prinz hätte es nach dem Wunsche des naturhistorischen Cabinets gern gesehen, daß man auch einen acht bis zehn Fuß langen Zweig daran gelassen hätte. In dem Augenblicke, wo ich dieses schreibe, ist der Baum gefällt, und 200 Mann, durch die Gegenwart des Schiffscapitains befeuert, sind beschäftigt, ihn ans Meer zu schleifen. Es fragt sich nun, ob es möglich sein wird, ihn im Ganzen einzuschiffen."

Wir erinnern hierbei an die bereits früher*) von diesem Baume gegebene Nachricht und fügen Folgendes hinzu. Sein botanischer Name ist Adansonia digitata, so genannt von dem französischen Botaniker Adanson (geboren 1727, gestorben 1806), der ihn in der Mitte des vorigen Jahrhunderts zuerst genau untersuchte; gewöhnlich nennt man ihn den Affenbrotbaum. Er ist vor allen Bäumen merkwürdig als der dickste und zugleich derjenige, welcher das höchste Alter erreicht. Der Stamm ist oft so stark, daß er oft 25 Fuß im Durchmesser, also etwa 80 Fuß im Umfang, und dabei nur eine Höhe von 10 Fuß, höchstens 15 Fuß hat; aber seine Krone besteht aus zahlreichen starken, an 60 Fuß langen Ästen. Hieraus erhellt, daß das oben erwähnte Exemplar noch lange keines der größten ist. Adanson fand um 1750 einen fünf bis sechs Fuß im Durchmesser haltenden Baum, worin eine Jahrzahl aus dem 14. Jahrhundert eingeschnitten war, und schließt daraus, daß wenigstens ein, wo nicht mehre Jahrtausende erforderlich sind, ehe der Baum seine vollkommene Stärke erreicht! Ein hohler Stamm des Baums dient wegen seiner ungeheuern Dicke oft mehren Negerfamilien zur Wohnung.

Die Besteigung des Montblanc.

Schon früher ist im Pfennig-Magazin (Nr. 97 und 98) von einigen Besteigungen des Montblanc Nachricht gegeben worden. Im Ganzen ist dieser Berg von 1786—1834 17 Mal bestiegen worden, nämlich 1786 von dem Führer Balmat und dem Arzte Dr. Paccard, Beide aus Chamouni; 1787 von dem berühmten Saussure aus Genf und sechs Tage nachher von einem Engländer; 1788 von einem Engländer; 1802 von dem Baron Doorthesen aus Curland und einem Lausanner; 1812 von einem Hamburger; 1818 von dem polnischen Grafen von Matezesecki; 1819 von zwei Amerikanern; 1819, 1822, 1823, 1825 und 1827 von sieben Engländern, worunter 1825 der bekannte Reisende Dr. Edmund Clarke; 1827 noch einmal von einem Schotten; 1830 von einem Engländer; 1834 zweimal,

---

*) Vergl. Pfennig-Magazin Nr. 37.

Übergang über die Felsen am Fuße der Aiguille du Midi.

von einem Engländer und von einem Franzosen, dem Grafen de Tilly. Sehr bemerkenswerth ist es, daß nicht weniger als zehn dieser Besteigungen von Briten unternommen wurden. Die Schwierigkeiten der Besteigung schildert einer der Besteiger folgendermaßen:

„Wer den Gipfel des Montblanc erreichen will, muß sehr bald auf einem Wege gehen, der in einen mehre hundert Fuß hohen, theils lothrechten, theils überhängenden Felsen gehauen und so schmal ist, daß man häufig seitwärts gehen muß, um sich im Gleichgewichte zu erhalten; dies ist aber noch einer der am wenigsten gefährlichen Theile der Wanderung. Bald nachher trifft man auf Abgründe, die man nur mittels übergelegter Stäbe zu passiren vermag. Andere Abgründe sind so breit, daß man nur auf natürlichen Brücken von Schnee darüber kommen kann, und da der Schnee oft zu dünne ist, um das Gewicht eines darüber gehenden Menschen zu tragen, so kriecht Einer hinüber und die Andern werden mit Stricken nachgezogen. An einer Stelle liegt ein ungeheurer Eisblock im Wege und über einer so tiefen Spalte, daß das Auge nicht auf den Grund sehen kann. Auf der lothrechten Seite dieses Blocks sind mit dem Beile Stufen eingehauen, mittels welcher der auf Vergnügen ausgehende kühne Reisende die andere Seite erreicht, wenn er so glücklich ist, nicht auszugleiten. Bisweilen gleiten beim Erklimmen der Seiten des Gletschers die Füße aus und der Reisende rollt bis an den Rand des Abgrunds, bevor der Führer, an den er durch ein Seil befestigt ist, ihn aufhalten kann. Lawinen sind so häufig, daß man bei jeder Reise Gefahr läuft, von einer derselben begraben zu werden. Auf dem letzten Theile der Besteigung des Berges tritt wegen der Verdünnung der Luft und der Anstrengung des Steigens sehr leicht das Zerspringen eines Blutgefäßes ein, das sicher gefährlich wird, wenn sich im Kopfe oder in der Brust verborgene Schäden finden. Die Gefahren der Rückkehr werden bedeutend durch die große Schwierigkeit vermehrt, der großen Ermattung ungeachtet die Glieder zu gebrauchen."

Dies sind die Schwierigkeiten und Gefahren, welche der kühne Reisende zu bestehen hat. Der erste Punkt, über den er sich Gewißheit verschaffen muß, ist, ob der Zustand des Berges einen glücklichen Erfolg möglich macht; er muß sich in dieser Hinsicht auf die erfahrenen Führer verlassen und sich bei ihrem Ausspruche beruhigen, denn gegen ihren Rath das Unternehmen zu wagen, würde, wie Dr. Clarke bemerkt, nicht nur kindische und verwerfliche Tollkühnheit, sondern ein unermessenes und selbstsüchtiges Spiel mit Menschenleben sein. Vor dem Beginne des Unternehmens wird dem Reisenden empfohlen, mehre vorläufige Bergwanderungen anzustellen, um sich von seiner physischen Kraft zu überzeugen und dieselbe für die Zeit, wo er sie erproben soll, zu vermehren. Der schlechte Erfolg so vieler Versuche zur Besteigung des Montblanc ist mehr der Vernachlässigung dieser Vorsicht als allen andern Ursachen beizumessen. Sechs bis sieben Führer werden gewöhnlich zur Expedition genommen; ihre Belohnung wird vorher festgesetzt, und in der Regel wird ausgemacht, daß sie in dem Falle, wo es nicht gelingt, den Gipfel zu erreichen, einen Theil der ganzen festgesetzten Summe erhalten sollen, welcher mit dem zurückgelegten Wege im Verhältniß steht.

Da der Weg bis zum Gipfel in nicht weniger als zwei Tagen zurückgelegt werden kann, so muß man an einem Orte Halt machen, wo die Gesellschaft die Nacht zubringen kann. Man wählt gewöhnlich die Felsen Grands Mulets, von wo aus der Reisende am zweiten Morgen den Weg zum Gipfel antritt und wohin er beim Herabsteigen zurückkehrt, entweder um eine Weile auszuruhen, wenn er die Expedition in zwei Tagen beendigen will, oder um wieder hier zu schlafen, wenn er drei Tage darauf zu verwenden gesonnen oder genöthigt ist. Die Grands Mulets befinden sich 11,000 Fuß über der Meeresfläche oder 4000 Fuß unter dem Gipfel des Montblanc, und man hat in der Regel genug zu thun, um in einem Tage bis zu ihnen zu kommen. Clissold brachte die Nacht viel höher, bei den rothen Felsen, zu, nicht ganz 1000 Fuß unter dem Gipfel, und es scheint, als wäre den Reisenden zu rathen, daß sie am ersten Tage so weit als möglich zu kommen suchen, damit sie am folgenden Zeit genug haben, den Gipfel zu erreichen und wieder herabzusteigen. Indessen muß die Höhe, in welcher es für den Reisenden rathsam ist, sein Nachtlager aufzuschlagen, von der Länge und Kälte der Nächte abhängen. Dem Herkommen entgegen, ist Dr. Clarke der Meinung, daß Niemand die erste Nacht bei den Grands Mulets zubringen sollte. „Wer dies thut", sagt er, „setzt sich keiner geringen Gefahr aus. Ungeachtet des schönsten Wetters, das man haben kann, und der äußersten Anstrengung, wurde es uns nicht leicht, den Gipfel zu erreichen und vor Einbruch der Nacht zurückzukehren. Ein Regenschauer oder der geringfügigste Zufall wäre gefährlich geworden."

Bei den Vorbereitungen zur Reise wird der Reisende immer von den Führern und Andern, deren Ortskenntniß sie zu Rathgebern befähigt, geleitet. Er muß sich mit Kleidern versehen, die stärker und dauerhafter sind als seine gewöhnliche Kleidung, sowie mit Schuhen, die mit eisernen Nägeln beschlagen sind, namentlich an den Hacken, mit Kamaschen, grünen Schleiern und vielleicht auch einer grünen Brille. „Noch brauchten wir", sagt Jackson, „zwei Decken, ein langes Zelttuch, einen Tiegel, um den Schnee zu schmelzen, Stricke von etwa 15 Fuß Länge, um uns beim Passiren gefährlicher Stellen aneinander zu befestigen, ein Beil, um in das Eis und den gefrorenen Schnee Stufen zu hauen, und für Jeden von uns eine etwa sechs Fuß lange zugespitzte Stange." Hinsichtlich des mitzunehmenden Proviants wollen wir das Verzeichniß des Dr. Clarke mittheilen, der vom Capitain Sherwell und sieben Führern begleitet wurde: „21 Flaschen ordinairer Wein, eine Flasche Cognacbranntwein, eine Flasche Weinessig, ein Topf Syrup, zwei Töpfe Weinessigsyrup, zwei Flaschen alter Neufchatelwein, zwei Flaschen Claret, sieben Brote, fünf Pfund Käse, zwei und ein halbes Pfund Zucker, Citronen, drei Pfund Rosinen und Pflaumen, neun Stück kaltes Geflügel, acht Stücke Kalb- und Schöpsenfleisch. Diese Vorräthe wurden durch Träger, die von den Führern selbst gedungen waren, bis an den Rand des Gletschers getragen, wo wir frühstücken wollten."

Der Weg geht, wenn man das Dorf Prieuré verlassen hat, eine kleine Strecke im Chamounithale hin nach dem südwestlichen Ende desselben zu, bis zum Dorfe des Pélérins. Hier verläßt er das Thal und geht bergauf am südlichen Ende jenes großen Bergpfeilers, der sich Prieuré gegenüber mehr als zwei englische Meilen auf jeder Seite desselben erstreckt und dessen nördliches Ende der Montanvert ist, der über den Gletscher des Bois vorragt. Man steigt auf der Seite des Gletschers des Bossons hinauf, an den dieser Bergpfeiler im Süden stößt. Der Weg geht zuerst durch einen Wald, wenn er aus diesem herauskommt, wird er allmälig steiler und beschwerlicher, ist aber ungefähr drei Stunden von Prieuré aus für Maulthiere noch zu passiren. Die letzte menschliche Wohnung, die Sennhütte della Para, erreicht man etwa in 1½ Stunden; die Aussicht von diesem Punkte beschreibt Dr. Clarke als höchst reizend. „Am nordöstlichen Ende des vor uns liegenden Thales erhob sich der erhabene grüne Weg über den Col de Balme, dann kamen die rothen, vom Blitze getroffenen, zackigen Gipfel der Aiguilles rouges, dann uns gerade gegenüber die langen schönen Wälder und der kahle, zerklüftete Gipfel des Breven, weiterhin die kühnen Kalkspitzen der Aiguille de Varens, zum Theil bedeckt durch eine tiefhängende weiße Wolke. Weiterhin kamen die grünen Hügel, welche das Chamounythal am andern Ende schließen. Richteten wir unsere Blicke gerade herunter, so sahen wir unter unsern Füßen die dunkeln Fichtenwälder am Rücken des Berges, durchschnitten von dem weißen, felsigen Bette des Bergstroms, der sich mehre Kanäle gegraben hat, um die Arve zu bilden. Weiterhin zahlreiche braune Sennhütten, unregelmäßig zerstreut unter den Vierecken von gelbem Korn oder grünem Hanf, oder Flachs, oder Klee; noch weiterhin das zusammengedrängte Dorf Chamouny mit seinem schlanken, zinngedeckten Kirchthurme. Kehrt man dem Dorfe den Rücken und erhebt seinen Blick ein wenig vom Thale, so sieht man eine lange Linie großer, steiler, dunkelgrüner Fichten, welche für die weißen Eiszinnen des zackigen Gletschers des Bossons, der in das lachende Thal unter ihm weit hinabragt, einen sehr schönen Hintergrund bilden. Höher hinauf sieht man über sich die Aiguille du Gouté und die gewaltige Masse des Felsendoms du Gouté, welche in der Morgensonne wie polirtes Silber glänzt; noch höher, gerade über demselben, die schneeigen Gipfel der ungeheuern Aiguille du Midi, deren Fuß mit Eis, weiter unten aber mit Moos, Haidekraut, Wacholderbüschen, Alpenrosen u. s. w. bedeckt ist."

Die Maulthiere werden verlassen bei der Pierre Pointue, einer Art Steinzelt, auf der einen Seite von einem ungeheuern Felsenstücke und auf der andern von einer natürlichen Mauer gebildet. Der Eingang ist zwar offen, doch ist man darin leidlich wohl verwahrt. Hier findet der einsame Ziegenhirt mit einem Theile seiner Heerde Schutz gegen Sturm und Unwetter. Die einzige merkwürdige Stelle im übrigen Theile des Weges bis zum Fuße der Aiguille du Midi, wie man gewöhnlich den Gipfel des Felsenpfeilers nennt, zu welchem der Reisende vom Thale aus hinaufgestiegen ist, oder der Punkt, wo er ihn verläßt, um das Eis zu betreten, ist ein Felsenrand an der Seite des Berges, welcher über den Gletscher des Bossons hängt. Man kommt dahin, bald nachdem man Pierre Pointue verlassen hat. Der Schotte Auldjo, der 1827 den Montblanc bestieg, sagt hierüber: „Wir passirten einen schmalen Pfad in der Vorderseite des Felsens, der an einigen Stellen lothrecht ist, an andern sogar überhängt. Dieser Weg ist zum Theil natürlich, zum Theil haben die Bewohner des Thales nachgeholfen. Man kann sich von ihm einen ziemlich genauen Begriff machen, wenn man sich denkt, daß an einem Felsen von einigen hundert Fuß Höhe eine Mauer von zwei Fuß Dicke etwa in halber Höhe angebaut war und der Weg einzig und allein über den Gipfel dieser Mauer ging, aber oft so schmal war, daß wir genöthigt waren, seitwärts zu gehen, das Gesicht nach dem Felsen gekehrt, weil die gewöhnliche Breite der Schultern eines Mannes den Schwerpunkt des Körpers über den Rand des Abgrunds hinaus gebracht hätte. Auch war der Weg schlüpfrig und mit losen Steinen bedeckt, den zerbröckelnden Bruchstücken des verwitternden Felsens, um dessen Spitzen wir uns oft wanden, erst hinaufkletternd, dann mit größerer Schwierigkeit hinuntersteigend oder uns vielmehr von einer Spitze zur andern herablassend, sodaß dieser Theil unserer Wanderung, wiewol weniger gefährlich als das spätere Hinauf- und Hinabsteigen in den Eisabgründen der Gletscher, doch hinreichend war, die Kraft eines Neulings auf die Probe zu stellen, und die äußerste Vorsicht in den Bewegungen, selbst bei dem erfahrensten unter den Führern, erheischte."

Über den Anblick, den der Montblanc gewährt, sagt Goethe: „Es wurde dunkler, wir kamen dem Thale Chamouny näher und endlich darein. Nur die großen Massen waren uns sichtbar. Die Sterne gingen nacheinander auf und wir bemerkten über den Gipfeln der Berge, rechts vor uns, ein Licht, das wir nicht erklären konnten. Hell, ohne Glanz wie die Milchstraße, doch dichter, fast wie die Plejaden, nur größer, unterhielt es lange unsere Aufmerksamkeit, bis es endlich, da wir unsern Standpunkt verändert hatten, als Pyramide, von einem innern geheimnißvollen Lichte durchzogen, das dem Schein des Johanniswurms am besten verglichen werden kann, über den Gipfeln aller Berge hervorragte und uns gewiß machte, daß es der Gipfel des Montblanc war. Es war die Schönheit dieses Anblicks ganz außerordentlich, denn da er mit den Sternen, die um ihn herumstanden, zwar nicht in gleich rothem Lichte, doch in einer breitern, zusammenhängendern Masse leuchtet, so schien er den Augen zu einer höhern Sphäre zu gehören, und man hatte Mühe, in Gedanken seine Wurzeln wieder an die Erde zu befestigen. Vor ihm sahen wir eine Reihe von Schneegebirgen dämmernd und ungeheure Gletscher zwischen den schwarzen Wäldern herunter ins Thal steigen."

Vom Col de Balme aus sieht man den Montblanc im Profil, dagegen vom Breven aus von vorn. Auf der piemontesischen Seite ist er viel steiler als auf der savoyischen. Von jener übersieht man ihn ganz vom Fuß bis zum Gipfel; er scheint seinen Mantel abgeworfen zu haben, um seinen Bau übersehen zu lassen, und erhebt sich fast senkrecht bis zu einer Höhe von 10,000 Fuß, fast überall das lebendige Gestein bloß legend.

Sicheres Mittel, das Kahnigwerden des Weins zu verhüten.

Es ist bekannt, daß die meisten Weine, und namentlich die Neckarweine, die Eigenschaft haben, daß sich auf ihrer, wenn auch noch so kleinen Oberfläche im Fasse die sogenannten Kahnen bilden, was der Einwirkung der Luft zugeschrieben wird. Da diese nie ganz abgehalten werden kann, wenn das Faß nicht beinahe täglich aufgefüllt und so das Verdunstete sogleich wieder ersetzt wird, da vielmehr, wenn dies nicht geschieht, in dem Fasse zwischen der Oberfläche des Weins und dem Spunde ein mit Luft angefüllter Raum sich bildet und mit der fortwährenden Verdunstung des Weins durch die Poren des Holzes und durch den Zwischenraum zwischen dem Spunde und der Spundöffnung sich vergrößert, so bilden sich die Kahnen, eine Art Schimmel, der dem Weine natürlich nicht zuträglich ist und demselben leicht einen üblen Geschmack mittheilt. Es gibt aber ein sehr leicht anwendbares Mittel, diese Kahnen zu verhüten. Es besteht darin, daß man einen zwei bis drei Zoll breiten Streifen reiner Leinwand durch die Spundöffnung bis unter die Oberfläche des Weins einhängt, über der Öffnung zurückschlägt und mit dem ebenfalls mit reiner Leinwand umwickelten Spunde befestigt. Dieses Mittel wurde in verschiedenen Fässern angewandt. In ganz gefüllten zeigte sich nach drei Monaten, daß sich gar keine Kahnen gebildet hatten. In einem nicht vollkommen aufgefüllten Fasse, bei welchem nach drei Monaten die Oberfläche sich etwa zwei Zoll unter der Spundöffnung befand, waren zwar ebenfalls auf dem Weine gar keine Kahnen zu bemerken; der Leinwandstreifen aber, der bei den erstern Fässern ganz rein geblieben war, war bei diesem von da, wo er aus dem Weine herausging, bis zu dem Spunde herauf mit einer Menge Kahnen behängt, die nun mit dem Streifen aus dem Fasse gezogen werden konnten, ohne daß der Wein verunreinigt wurde.

Zusammenhang der europäischen und asiatischen Türkei.

Man nahm bisher gewöhnlich an, die Meerenge von Konstantinopel oder der Bosporus, welche aus dem schwarzen Meere ins Meer von Marmara führt, habe sich in Folge eines heftigen Erdstoßes gebildet, welcher Europa und Asien an dieser Stelle gewaltsam voneinander gerissen habe. Indessen ist diese Meinung völlig unhaltbar und wird durch die Geognosie entschieden widerlegt. Die europäische Küste dieser Meerenge besteht nämlich von Bujukdere bis zum schwarzen Meere aus Trachyten und ähnlichem Gestein, welche blaue Grundmasse mit weißen Krystallen haben, die asiatische Küste hingegen, vom Riesenberg bis Fanaraki, aus Übergangskalkstein. Hieraus ergibt sich deutlich, daß beide Küsten hier wenigstens nicht vereinigt sein konnten. Wenn sich die Breite des Bosporus seit den ältesten Zeiten überhaupt verändert hat, so ist sie nicht vergrößert, sondern durch den Erguß der trachytischen Gesteine auf der europäischen Küste verringert worden. Ein anderer Fall ist es freilich bei der Meerenge der Dardanellen, wo beide Ufer in der That in geognostischer Hinsicht übereinstimmen, indem sie aus Tertiairgebilden bestehen.

Amerikanische Alterthümer.

In der Nähe von Guarmey (etwa 10° südl. Breite), in der Provinz Trujillo in Peru, wurde vor Kurzem eine verschüttete Stadt entdeckt, von der sich unter den Einwohnern keine Kunde erhalten hatte. Der Schiffscapitain Ray fand daselbst mehre vollkommen erhaltene menschliche Leichname; Haare, Nägel und Haut waren unverändert, und selbst die Muskeln waren nur sehr wenig zusammengezogen, obwol völlig ausgetrocknet. Die Stellungen, in denen man diese Mumien findet, lassen glauben, daß die Bevölkerung mitten unter ihren häuslichen Beschäftigungen von einer plötzlichen und furchtbaren Zerreißung des Bodens überrascht und verschüttet wurde. So grub man unter Anderm einen aufrecht stehenden Mann aus, in dessen Kleidern sich Münzen vorfanden, die nach Lima gesandt worden sind und aus denen man schließt, daß das Ereigniß wenigstens vor 250 Jahren stattgefunden hat. In einem Hause sah Ray eine Frau, die, mit einem sehr weiten baumwollenen Gewande bekleidet, vor einem Webestuhl von Rohr saß, auf dem sich ein zum Theil schon gewebtes Stück Zeug befand. Die Frau hielt in der Hand eine acht bis neun Zoll lange Spindel, um die die gesponnene Baumwolle gewickelt war; gesponnene Wolle von verschiedenen Farben lag ebenfalls dort herum.

In Nord= und Südamerika findet man übrigens eine Menge von alten Denkmälern. Die in Nordamerika deuten auf eine untergegangene Civilisation, von der aber die Geschichte nicht die mindeste Kunde gibt. Zahlreiche Grabhügel, viereckige Festungswerke und ungeheure Verschanzungen findet man in den Vereinigten Staaten vom Ontariosee bis zum mericanischen Meerbusen und zwischen den Alleghannies und den Felsengebirgen. Am häufigsten sieht man diese Denkmäler im Staate Ohio, z. B. bei Chillicothe; sie bestehen in Befestigungswerken, Erdhügeln, Erdmauern, die miteinander parallel laufen, unterirdischen Mauern aus Erde oder Backsteinen, Erdöffnungen, die man gewöhnlich Brunnen nennt, Felsen mit hieroglyphischen Inschriften, Götzenbildern, Muscheln, die aus fremden Ländern stammen, und Mumien. Eine dieser letztern, die in einer Kalksteinhöhle in Kentucky gefunden wurde, war etwa sechs englische Fuß groß und so ausgetrocknet, daß sie nur 12—14 Pfund wog; man bemerkte am Körper keine aromatische Substanz, die innere Hülle bestand aus einer Art Stoff von doppeltem, auf eigenthümliche Art gedrehtem Bindfaden, zwischen welchem braune Federn mit vieler Kunst hindurchgeflochten waren; die zweite Hülle bestand aus demselben Stoffe ohne Federn, die dritte und vierte aus Damhirschfell. Mitchell schließt aus der Ähnlichkeit der Hüllen mit den Stoffen, welche noch jetzt von den Fidschi= und Sandwichinsulanern verfertigt werden, daß jenes untergegangene amerikanische Culturvolk dem malayischen Stamme angehört haben müsse. Zu diesen Denkmälern sind neuerlich noch Schädel hinzugekommen, welche Dr. Warren aus Boston genau untersucht hat. Der ganze Bau ist von den Schädeln der jetzigen Indianer Nordamerikas durchaus verschieden, und Warren meint, sie seien Überreste jenes alten Volkes. Ein in einem Erdhügel gefundener Schädel glich im Allgemeinen denen der alten Peruaner, und Warren nimmt an, beide Völker hätten einen gemeinsamen Ursprung gehabt, so viele hundert Meilen auch zwischen ihnen lägen; die Erdhügel in Peru hätten mit denen am Ohio große Ähnlichkeit, und endlich zeige die Schädelbildung beider große Übereinstimmung mit der der Hindus.

Die Felsen Grands Mulets auf dem Montblanc.

Das Pfennig-Magazin
für
Verbreitung gemeinnütziger Kenntnisse.

272.]   Erscheint jeden Sonnabend.   **[Juni 16, 1838.**

Das Gnu.

Afrika ist die große Heimat der Antilopen. Sie nehmen dort die Stelle ein, welche das Hirschgeschlecht in andern Ländern einnimmt, ein Geschlecht, welches den südlichen und innern Gegenden Afrikas ganz abzugehen scheint. Mit dem Namen der Antilopen verbinden wir gewöhnlich den Begriff einer anmuthigen und schlanken Gestalt und behender und schneller Bewegungen. Auf viele Arten passen allerdings diese Begriffe. Die Gazelle und der Springbock bieten Beispiele trefflicher Verhältnisse dar; mit schlanken und leichten Gliedern ausgestattet, springen sie mit erstaunlicher Leichtigkeit und Schnelligkeit einher. Auf andere Arten hingegen passen jene Begriffe durchaus nicht. Nach ihrer Größe und ihren Verhältnissen sind sie den Ochsen verwandt; ihr Gang ist langsam und schwer, ihre Gestalt plump, ihre Augen matt und ohne Leben. Dahin gehört die Canna, die in Südafrika zu Hause ist und dort gewöhnlich Elenthier genannt wird. Sie ist sehr groß und schwer, wiegt ausgewachsen 7—900 Pfund und wird gewöhnlich sehr fett. Da ihr Fleisch sehr geschätzt wird, so stellt man ihr häufig nach, und da sie weder lange noch schnell laufen kann, so wird sie eine leichte Beute ihrer Verfolger. Sie lebt in großen Heerden, die oft einen Reiter in ihre Mitte kommen lassen, ohne die Flucht zu ergreifen. Auch die Caama oder das Hartebeest und die Koba oder große braune Kuh sind hierher zu rechnen. Während aber einerseits gewisse Antilopenfamilien dem Ochsengeschlechte sehr verwandt sind, fehlt es andererseits nicht an solchen, die sich an Gestalt und Lebensart mehr den Ziegen nähern. Beispiele davon sind die Alpengemse, das Goral und das Thar in den Hochebenen des Himalayagebirges in Indien, der Gabelbock in den Felsengebirgen von Nordamerika und der Klippenspringer in den unzugänglichen Gebirgen von Südafrika. In der That bestehen die Antilopen aus einer Zahl verschiedener Gestalten oder Geschlechter, die unpassend unter einem Namen vereinigt sind. Diese Geschlechter haben jedes seinen eigenthümlichen Charakter und stehen zugleich in verschiedenen Graden von Verwandtschaft miteinander; auch hat jedes seine besondere Lebensweise. Einige, deren Schnauze mit Haaren bedeckt ist, fressen von den Sträuchern, da ihre Lippen sie dazu geschickt machen, andere hingegen, deren Schnauze glatt ist wie beim Ochsen, fressen das Gras des Feldes. Einige wählen die dürre Einöde zu ihrer Wohnung und leben in der Wildniß in großen Heerden, zufrieden mit den zerstreuten Sträuchern, die sie gewährt; andere ziehen die üppigen Flußufer und Ebenen von reichem Pflanzenwuchse vor; wieder andere machen die Bergrücken zu ihrer Wohnung und schreiten furchtlos am Rande der furchtbarsten Abgründe hin, von Klippe zu Klippe springend, wo der unerschrockenste Jäger ihnen nicht folgen kann; andere endlich verbergen sich in dichtem Gebüsch und Unterholz, in dem sie mit besonderer Geschicklichkeit gleichsam untertauchen; eine Art hat sogar von dieser Gewohnheit den Namen Taucherbock erhalten.

Die Antilopen sind also, wie erwähnt, in mehre verschiedene Geschlechter zu trennen. Eines der merkwürdigsten, wo nicht das allermerkwürdigste ist dasjenige, dem Oberst Hamilton Smith den Namen Katoblepas beigelegt hat und das drei Arten umfaßt: das Gnu (Catoblepas Gnu), das Kokuhn (Catoblepas taurina) und das gefleckte Gnu (Catoblepas gorgon).

Den griechischen Namen Katoblepas gab der griechische Naturhistoriker Aelian einem wilden Thiere von fürchterlichem Aussehen, das Afrika bewohnte, und dessen Beschreibung es sehr wahrscheinlich macht, daß es kein anderes als das Gnu war. Plinius gibt an, es sei in Äthiopien in der Nähe der Nilquellen einheimisch, und fügt hinzu, es sei von mäßiger Größe, aber unbeholfen in seiner Bewegung, habe einen gewaltigen Kopf, den es gesenkt trage, und einen tödtlichen Blick, eine Beschreibung, die auf das Gnu durchaus nicht paßt und zu unbestimmt und sonderbar ist, um von Seiten der Naturforscher ernstliche Beachtung zu verdienen. Indessen ist das Gnu ein seltsames Thier, sodaß es uns nicht überraschen kann, daß die Alten ihm etwas Wunderbares beilegten. Es sieht aus, als wäre es aus einem Pferde, einem Ochsen und einem Hirsche zusammengesetzt, denn es hat etwas vom Charakter aller drei Thiere, und zwar nicht wenig von dem des Pferdes; Hals, Leib und Schwanz sind wirklich wie bei einem wohlgebildeten kleinen Pferde; der Hals hat eine Mähne und der Schwanz ist lang und herabhängend. Die Beine sind schlank, kräftig und gleichen denen eines Hirsches, während Kopf und Hörner uns an den Büffel erinnern. Die Augen sind finster und drücken große Wildheit aus; die Hörner, die beiden Geschlechtern gemeinschaftlich sind, sind denen des wilden Capbüffels sehr ähnlich, nur kleiner; sie gehen von einer Hornbasis aus, die sich helmartig am Vorderhaupt ausbreitet, dann zwischen den Augen herab, dann wieder plötzlich in die Höhe und auswärts und endigen mit einer Spitze. Ihre Stellung ist so, daß sie die Augen beschatten und dem Thiere das Ansehen des Argwohns und der Rachsucht geben. Kinn und Hals sind mit borstigen Haaren bedeckt, die eine Art von zottigem Bart bilden, während von der untern Seite des Halses zwischen den Vorderfüßen eine vollständige Mähne herabfällt; die Mähne auf der obern Seite des Halses ist dicht und struppig. Der Kopf ist schwer, die Schnauze ist in einen dicken Fleischlappen verlängert, der wie ein Augenlid niedergelassen werden kann und die Öffnung der Nasenlöcher verschließt, die also nach Belieben geöffnet und geschlossen werden können. Der Thränensack besteht aus einer kleinen Drüse unter dem Winkel jedes Auges und ist mit einem Büschel langer Haare bedeckt.

Das Gnu stammt aus den hügeligen Gegenden von Südafrika, wo es bisweilen einzeln, gewöhnlich aber in großen Heerden lebt, die nach der Jahreszeit wandern. Wie weit es in den innern Gegenden sich verbreitet, ist nicht bekannt, so weit jedoch Reisende gedrungen sind, haben sie Heerden davon angetroffen und gejagt, denn sein Fleisch wird sowol von den Eingeborenen als von den Colonisten als Nahrungsmittel geschätzt. Sie sind ausnehmend scheu und man kann sich ihnen nicht ohne Schwierigkeit nähern. Beim ersten Lärm läuft die ganze Schar davon, nicht in einer unordentlichen Masse, sondern in einer Reihe, einem Führer folgend, und wenn man sie in der Entfernung über die Ebene jagen sieht, haben sie mit Zebras, welche dieselben Wildnisse bewohnen, so viele Ähnlichkeit, daß man sie ohne die Verschiedenheit der Farbe leicht für diese Thiere halten könnte. Die allgemeine Farbe des Gnu ist ein Dunkelbraun, das sich dem Schwarz nähert; Schwanz und Mähne sind grau, letztere fast weiß. Ihre Schnelligkeit ist, wie sich von der Stärke und Gedrungenheit des Körpers und der Glieder erwarten läßt, sehr groß. Doch wenden sie dieselbe nicht an, wenn sie zuerst aufgescheucht werden, sondern springen dann umher, schlagen dabei aus, stoßen nach allerhand Gegenständen und legen eine heftige Wuth an den Tag. Nur selten wagen sie einen Angriff, wenn sie nicht hart bedrängt oder verwundet sind, aber sie vertheidigen sich mit wahrer Verzweiflung; sie stürzen sich dann auf ihren Feind mit außerordentlicher Kraft und Heftigkeit, und wenn er nicht Geistesgegenwart hat und vorbereitet ist, so kann er seinem Schicksale nicht entgehen.

Der Name Gnu ist derjenige, mit welchem die Hottentotten das Thier bezeichnen. Die Größe des Gnu ist ungefähr die eines Pferdes; seine Länge beträgt etwa fünf Fuß, die Höhe etwas über vier Fuß. Das Fleisch desselben hat mit Rindfleisch sehr große Ähnlichkeit. Pringle versichert, daß dieses Thier, gleich dem Büffel und Ochsen, durch den Anblick der scharlachrothen Farbe in Wuth gesetzt werde. Er sagt hierüber: „Es gehörte zu unsern Belustigungen, ein rothes Tuch an eine Stange zu befestigen und die Gnus dann herumspringen zu sehen, wie sie ihre Seiten mit ihren langen Schwänzen peitschten und den Boden mit ihren Hufen aufwühlten, als wären sie heftig gereizt und bereit, auf uns loszustürzen, dann aber zu sehen, wie sie vor uns die Flucht ergriffen, als wir uns fertig machten, auf sie zu schießen, und in einer Entfernung, wo sie sicherer waren, wieder im Kreise um uns herum sprangen." Diesen Widerwillen gegen das Scharlachroth haben wir selbst an Exemplaren, die sich in der Gefangenschaft befanden, bemerkt, und bei einer Gelegenheit ein Gnu durch plötzliches Ausbreiten des rothen Futters eines Mantels sehr in Wuth gesetzt.

Wenn das Gnu jung gefangen wird, so kann es ohne große Schwierigkeit gezähmt werden. Es soll dann ebenso zahm werden als das Rindvieh, an das es sich anschließt auf dem Wege zur Weide und von der Weide. Wie es aber scheint, zähmen es die Colonisten nicht gern, weil es einem Hautausschlage unterworfen ist, den es dem Rindvieh mittheilt und der unfehlbar verderblich wird. In der Einsperrung wird das Gnu oft wüthend und man darf sich ihm nicht ohne Vorsicht nähern; die Weibchen sind weniger gefährlich als die Männchen und leichter zu behandeln.

Die zweite Art des Gnu, das Kokuhn, wie es die Buschmänner nennen, oder das schwarzgeschwänzte Gnu, ist größer als die vorhergehende Art, der es sehr ähnlich ist, mit der es aber nie in Gesellschaft gefunden wird, wiewol es dieselben Gegenden bewohnt. Es ist weit weniger muthig als das Gnu und wird bisweilen allein, gewöhnlich aber in Heerden angetroffen, die über die Karroos oder ausgedehnten Ebenen des Innern wandern. Der Fluß Gariep oder schwarze Strom scheint die südliche Grenze des Bezirks zu sein, in dem diese Art vorkommt. Zwar weiden oft Heerden fast am Ufer dieses Stromes, aber nie hat man ein einziges Kokuhn jenseit desselben gesehen, was um so merkwürdiger ist, als die gewöhnliche Art regelmäßig über denselben setzt, um sich in die nördlichen Districte der Colonie zu begeben. Was die Lebensweise betrifft, so scheint das Kokuhn wilder als es ist. Es nähert sich dem Jäger, als wollte es ihn angreifen, und reißt dann vor ihm aus mit einer solcher Hurtigkeit als das schüchternste Thier, das bei seinem ersten Blicke flieht. Man trifft es in beträchtlichen Heerden in den ausgedehnten Ebenen im Norden des Orangestroms; wenn sie aufgeschreckt werden, so entfernt sich jede Heerde in langen regelmäßigen Reihen. Das Fleisch dieser Art, wie das der vorhergehenden, ist als Nahrungsmittel sehr gesucht sowol von den Eingeborenen als von solchen Colonisten, welche Erlaubniß erhalten, behufs der Jagd über die Grenzen der Colonie hinauszugehen, und gilt für gesund und schmackhaft. Die Bechuanas machen ihre Mäntel aus der Haut dieses Thieres.

Von der dritten Art wissen wir nur wenig, sie ist aber von den beiden vorigen Arten sehr verschieden. Levaillant bemerkt in seiner zweiten Reise eine Abart des Gnu, die vielleicht mit dieser Art einerlei ist, sowie nach Smith's Vermuthung dasjenige Thier, welches die holländischen Bauern in Südafrika Baas nennen.

Das südliche Kreuz.

Bekanntlich sind nicht in allen Gegenden der Erde dieselben Sterne sichtbar und der Anblick des Sternhimmels ändert sich mit der geographischen Breite des Orts. Nur die Bewohner der gerade unter dem Äquator liegenden Orte haben Gelegenheit, sich mit allen Sternen des Firsternhimmels, ohne ihren Ort zu verändern, durch Anschauung bekannt zu machen, denn alle Sterne sowol der nördlichen als der südlichen Halbkugel des Himmels kommen in 24 Stunden einmal über ihren Horizont und jeder verweilt genau 12 Stunden über demselben. Wiewol es nun hiernach scheinen könnte, als müßte die eine Hälfte der Sterne, welche am Tage über dem Horizonte steht, immer unsichtbar bleiben, so ist dies doch darum nicht der Fall, weil die scheinbare Umdrehung der Himmelskugel nicht genau 24 Stunden, sondern etwa 4 Minuten weniger dauert, so daß z. B. alle diejenigen Sterne, welche an dem einen Tage grade um 6 Uhr Morgens auf- und um 6 Uhr Abends untergehen, am Tage darauf schon 4 Minuten vor 6 Uhr früh auf- und ebenso 4 Minuten vor 6 Uhr Abends untergehen. So geschieht es, daß sich der Anblick des Himmels von einer Nacht zur andern verändert und dieselben Sterne, die an einem Tage früh 6 Uhr auf- und Abends 6 Uhr untergehen, folglich in der ganzen Nacht darauf nicht sichtbar sind, grade ein halbes Jahr nachher um 6 Uhr Abends auf- und früh 6 Uhr untergehen, mithin die ganze Nacht über sichtbar sind, weil jene 4 Minuten nach 180 Tagen grade 12 Stunden ausmachen. Alle andern Erdbewohner können, wenn sie an einem Orte bleiben, nur einen Theil der sämmtlichen Firsterne sehen, je näher sie aber dem Äquator wohnen, desto kleiner ist derjenige Theil des Himmels, der ihnen fortwährend verborgen bleibt, und alle Orte in gleicher geographischer Breite oder gleicher Entfernung vom Äquator sehen im Laufe eines Jahres nach und nach genau dieselben Sterne des Nachts über ihrem Horizonte. Allen Bewohnern der nördlichen Halbkugel der Erde bleibt der Südpol des Himmels mit den ihm zunächst gelegenen Sternen, allen Bewohnern der südlichen Halbkugel der Erde der Nordpol des Himmels mit den ihn umgebenden Sternen unsichtbar. Je weiter man sich vom Äquator nach Norden zu entfernt, desto höher steigt der Nordpol des Himmels und der in dessen Nähe stehende Polarstern am Himmel, und Dasselbe ist, wenn man vom Äquator nach Süden reist, mit dem Südpol des Himmels der Fall. Endlich wenn man sich genau am Nordpol der Erde befände (ein Fall, in den freilich noch nie ein Sterblicher gekommen ist und allem Anscheine nach schwerlich je einer kommen wird), so würde man grade nur die eine Hälfte der Sterne und zwar nur die nördliche Halbkugel des Himmels sehen können; gerade über sich im Mittelpunkte des Himmelsgewölbes sähe man den Nordpol des Himmels, um den alle sichtbaren Sterne sich in größern oder kleinern Kreisen bewegen, alle Sterne blieben immerwährend über dem Horizonte, ohne jemals auf- oder unterzugehen, und der Anblick des Himmels bliebe demnach unausgesetzt völlig unverändert. Dasselbe gilt natürlich vom Südpole, dem man sich jedoch bisher noch nicht einmal so weit als dem Nordpole hat nähern können. Indessen bedarf es bei diesem Punkte der Bestätigung der Reisenden nicht; mit vollkommener Gewißheit wissen wir, es ist so und kann nicht anders sein. — Wiewol die großen, d. h. hellen Firsterne auf beide Halbkugeln des Himmels ziemlich gleich vertheilt sind (jede Halbkugel enthält 9 Sterne der ersten und 26 der zweiten Größe), so ist doch die südliche Halbkugel an glänzenden und ausgezeichneten Sternbildern, wo mehre helle Sterne nahe beisammen stehen, reicher als die nördliche. Eins der schönsten Sternbilder jener Halbkugel ist der Orion mit den drei in gerader Linie stehenden hellen Sternen, welche unter dem Namen des Jakobsstabs bekannt sind, in dessen Nähe Sirius, der hellste Firstern des ganzen Himmels, steht; diese Gegend des Himmels ist aber dem größten Theile der nördlichen Halbkugel der Erde sichtbar. Anders verhält es sich mit dem prachtvollsten Sternbilde der südlichen Halbkugel, dem südlichen Kreuze, welches dem Südpol des Himmels ganz nahe steht. Über dieses Sternbild, sowie über den Anblick der südlichen Sternwelt überhaupt, spricht sich der berühmte Humboldt folgendermaßen aus:

„Seit unserm Eintritte in die heiße Zone konnten wir nicht müde werden, alle Nächte die Schönheit des südlichen Himmels zu bewundern, welcher unsern Augen immer neue Sternbilder enthüllte, je weiter wir nach Süden vordrangen. Man empfindet ein ganz eigenthümliches Gefühl, wenn man die Sterne, die man seit seiner ersten Kindheit kennt, allmälig tiefer sinken und endlich verschwinden sieht, indem man sich dem Äquator nähert und besonders indem man von einer Halbkugel auf die andere übergeht. Nichts erinnert den Reisenden lebhafter an die ungeheure Entfernung von seinem Vaterlande, als der Anblick eines neuen Himmels. Das nahe Beisammenstehen großer Sterne, einige zerstreute Nebelflecke, die an Glanz mit der Milchstraße wetteifern, und hinwieder ausgedehnte

*

Räume, die sich durch eine außerordentliche Dunkelheit auszeichnen, geben dem südlichen Himmel ein ganz eigenthümliches Ansehen. Dieses Schauspiel fällt selbst Denen auf, welche, der Astronomie unkundig, das Himmelsgewölbe nur so betrachten, wie man etwa eine schöne Landschaft, eine großartige Gegend bewundert. Man braucht kein Botaniker zu sein, um die heiße Zone aus dem bloßen Ansehen der Vegetation zu erkennen; ebenso fühlt man, ohne astronomische Kenntnisse zu haben und mit den Himmelskarten von Flamstead und Lacaille vertraut zu sein, daß man nicht mehr in Europa ist, wenn man das ungeheure Sternbild des Schiffs und die leuchtenden Magellanswolken über dem Horizonte emporsteigen sieht. In der Tropengegenden hat Alles, Erde und Himmel, einen exotischen Charakter."

„Die tiefern Luftschichten waren seit einigen Tagen mit Dünsten erfüllt; wir sahen daher erst in der Nacht vom 4. zum 5. Juli unter dem 16. Grade nördlicher Breite das südliche Kreuz zum ersten Male deutlich. Es war stark geneigt und schimmerte von Zeit zu Zeit aus Wolken hervor, deren vom Wetterleuchten durchzuckter mittlerer Theil ein silbernes Licht zurückwarf. Ich füge hinzu (wenn es einem Reisenden anders verstattet ist, von seinen persönlichen Empfindungen zu sprechen), daß ich in dieser Nacht einen der Träume meiner ersten Jugend in Erfüllung gehen sah. Das Vergnügen, das ich empfand, als ich das südliche Kreuz entdeckte, wurde von denjenigen Personen unter der Schiffsmannschaft getheilt, welche sich einmal in den Colonien aufgehalten hatten. In der Einsamkeit des Oceans begrüßt man einen Stern wie einen Freund, von dem man lange Zeit getrennt gewesen ist. Bei den Portugiesen und Spaniern scheinen besondere Gründe diese Theilnahme noch zu erhöhen; ein religiöses Gefühl fesselt sie an ein Sternbild, dessen Form sie an jenes Zeichen des Glaubens erinnert, das einst von ihren Vorfahren an den Gestaden der neuen Welt aufgepflanzt wurde."

„Da die beiden großen Sterne, welche den obern und untern Theil des Kreuzes bezeichnen, beinahe gleiche gerade Aufsteigung haben, so steht das Kreuz beinahe aufrecht, wenn es durch den Meridian geht. Dies wissen alle Völker, welche jenseit des Wendekreises oder in der südlichen Halbkugel wohnen. Man hat beobachtet, in welchem Theile der Nacht das südliche Kreuz in den verschiedenen Jahreszeiten aufrecht oder schief steht. Dies gibt eine Uhr, welche völlig genau, aber regelmäßig 4 Minuten täglich zu schnell geht, und keine andere Sterngruppe bietet dem bloßen Auge eine so leicht anzustellende Beobachtung dar. Wie oft hörten wir in den Savannen von Venezuela oder in der Einöde, welche sich von Lima bis Trurillo erstreckt, unsere Führer sagen: Mitternacht ist vorüber, das Kreuz beginnt sich zu neigen! Wie oft haben uns diese Worte an die rührende Scene erinnert, wo Paul und Virginie, an der Quelle des Flusses der Schirmpalmen sitzend, sich zum letzten Male unterhalten und wo der Greis sie beim Anblicke des südlichen Kreuzes erinnert, daß es Zeit ist, sich zu trennen."

Saint Cloud.

Der Flecken St.-Cloud, zwei Stunden von Paris, romantisch gelegen, ist in vielfacher Hinsicht historisch merkwürdig. Im dortigen königlichen Schlosse wurde am 2. August 1589 König Heinrich III. von Clement ermordet; Katharine von Medici, Mazarin, die Herzöge von Orleans, die schöne und unglückliche Marie Antoinette hielten sich nacheinander hier auf; zur Zeit der Revolution hielten der Rath der Alten und der Rath der Fünfhundert hier ihre Sitzungen; hier stürzte Bonaparte am 18. Brumaire (9. November 1799) das Directorium und bahnte sich dadurch den Weg zum Consulat und zum Throne. Als Kaiser hielt sich Napoleon gern hier auf, wenn seine Feldzüge es ihm gestatteten, und verschönerte Schloß und Park ausnehmend. Im Jahre 1814 wurde das Hauptquartier der Verbündeten am 7. April hierher verlegt und blieb hier bis 3. Juni, in welcher Zeit Fürst Schwarzenberg hier eine Reihe glänzender Feste gab. Im J. 1815, nach der Schlacht bei Waterloo, nahm Blücher in St.-Cloud sein Hauptquartier und am 3. Juli wurde hier die Militairconvention abgeschlossen, welche Paris abermals in die Hände der Verbündeten lieferte. Nach der Restauration war es der Sommeraufenthalt Ludwig XVIII. und Karl X., und Letzterer unterzeichnete hier am 25. Juli 1830 die verhängnißvollen Ordonnanzen. Jetzt hält sich Ludwig Philipp mit seiner Familie im Sommer häufig hier auf.

Für den pariser Bürger ist St.-Cloud ein beliebter Sonntagsaufenthalt. Besonders ist die Kirmeß von St.-Cloud, die am 7. September und den folgenden Tagen gehalten wird, eines der Hauptvolksfeste für Paris und die ganze Umgegend und man sieht dann von allen Himmelsgegenden eine zahllose Menge herbeiströmen.

Der Park zerfällt in zwei Theile, den kleinen und den großen Park. Der kleine Park erstreckt sich vom königlichen Schlosse bis zum Gipfel des Hügels; rechts nimmt er unter dem Gebäude nur ein mit Blumenbeeten, Gebüschen, Rasenplätzen und Bassins geziertes Thal ein. Der große Park enthält einen prachtvollen Wasserfall und Fontainen, die größtentheils durch die Teiche der Marche gespeist werden; das Wasser fällt in das Bassin der großen Wassergarbe und ergießt sich von da in die übrigen Bassins und Behälter. Die obere Cascade ist 108 Fuß breit und ebenso lang. Die untere Cascade ist größer und mannichfaltiger als die erste und hat 96 Fuß Breite und 270 Fuß Länge. Zwischen beiden Cascaden befindet sich eine Esplanade, von welcher aus man die Bewegung des Wassers genau betrachten kann, dessen Masse jede Stunde 3700 Tonnen beträgt; die Behälter sind so eingerichtet, daß die Cascaden alle 14 Tage drei Stunden hintereinander spielen können, und vier Stunden, wenn die Bassins sich leeren sollen. Die große, von Delille besungene Fontaine bringt mit solcher Gewalt hervor, daß sie ein Gewicht von 130 Pfund in die Höhe hebt; sie erhebt sich 125 Fuß über die Oberfläche des Bassins und fällt mitten unter Bäumen nieder, die gleichsam ein grünes Gemach bilden; sie verbraucht jede Stunde 600 Tonnen Wasser. Noch ist im Park ein Obelisk zu bemerken, dessen Gipfel die Nachahmung eines artigen atheniensischen Denkmals ziert, das unter dem Namen der Laterne des Diogenes bekannt ist. Herr v. Choiseul hatte während seines Aufenthalts in Griechenland Gypsabgüsse davon fertigen lassen und sie nach Paris gebracht; sie wurden in gebrannter Erde so geschickt nachgeahmt, daß Napoleon eigens, um sie aufzustellen, den Obelisken von St.-Cloud erbauen ließ. Die Aussicht vom Gipfel dieses Gebäudes ist reizend.

Zum Schlosse gelangt man durch eine Allee, die zuerst in einen Vorhof führt, der die Verlängerung der Allee zu sein scheint; von da kommt man zu einem zweiten Gitter, das in den eigentlichen Schloßhof führt, in dessen Hintergrunde sich das Schloß, aus einem Hauptgebäude und zwei Flügeln bestehend, erhebt. Die Hauptfaçade ist mit mehren Bildhauerarbeiten und vier korinthischen Säulen geziert, welche die Statuen der Stärke, der Klugheit, des Reichthums und des Kriegs tragen; die Flügel sind ebenfalls mit fünf Statuen von Denizot geziert. Als Nebengebäude, die zum Schlosse

Saint-Cloud.

gehören, sind zu bemerken der Pavillon Artois im ersten Hofe, ferner die Orangerie, das Theater, die Ställe, die Reitbahn und die neuen Casernen. Das Innere des Schlosses enthält sieben Säle, nämlich die Galerie und den Saal der Diana, die Galerie des Apollo, die Säle des Mars, Ludwig XVI., der Prinzen und den großen Saal; der Dianensaal ist mit Gobelins tapeziert; der Saal des Mars enthält Gemälde von Mignard und das Deckengemälde des Apollosaals wird als Meisterwerk dieses großen Künstlers betrachtet; man findet hier ferner Gemälde von Lesueur, Rubens und Michel Angelo. Das Deckengemälde im Saale Ludwig XVI. ist von Prudhomme; die merkwürdige Pendeluhr im Prinzensaale (von Robin) hat 10,000 Francs gekostet. Fast alle andern Zimmer sind ebenfalls mit werthvollen Gemälden geziert.

Steinkohlenverbrauch.

Der stärkste Steinkohlenverbrauch findet ohne Zweifel in England statt. Im Jahre 1835 schätzte man den gesammten Jahresbedarf auf 366 Millionen Centner, von denen auf Irland nur 20 Millionen, auf die Ausfuhr 16 Mill. kamen. Bei der Gewinnung sind etwa 200,000, beim Transport etwa 300,000 Arbeiter ausschließlich beschäftigt. Der jährliche Ertragswerth beträgt 67 Mill. Thaler. Der neueste Statistiker Englands, Mac Culloch, gibt den jährlichen Steinkohlenverbrauch gar auf 454 Mill. Centner an. In London allein wurden 1833 40 Mill., 1836 48 Mill. Centner eingeführt. Ungeachtet dieser ungeheuern Consumtion ist nicht zu besorgen, daß ein Mangel an Steinkohlen in einer nicht fernen Zeit eintreten werde. In den englischen Grafschaften Durham und Northumberland befinden sich noch unangerührte Kohlenlager, die 35 deutsche Quadratmeilen einnehmen, 200,000 Millionen Centner enthalten und daher den jetzigen Bedarf (zu 366 Mill. Centner gerechnet) auf 550 Jahre decken. In Wales nehmen die Kohlenlager noch 57 Quadratmeilen ein, können 900,000 Millionen Centner liefern und decken also das jährliche Bedürfniß auf andere 2450 Jahre.

Ungleich geringer ist der Steinkohlenverbrauch in Frankreich, wo er jetzt jährlich etwa 27 Millionen Centner (im Werthe von 15 Mill. Francs) beträgt, die aus 209 Gruben gewonnen werden. Dazu kommen noch 1,400,000 Centner Braunkohle und 780,000 Centner Anthracit.

In Belgien wurden aus den Kohlenwerken der Districte Mons und Charleroi und der lüttricher Division zu Tage gefördert: 1831 44½ Mill. Centner; in jedem der folgenden Jahre stieg diese Quantität und betrug 1837 schon 63 Mill. Centner. Die Ausfuhr betrug in dieser Zeit im Mittel noch nicht 1,400,000 Centner, und erreichte nur 1832 1,600,000 Centner.

Im Königreiche Sachsen wurden 1837 höchstens 2 Mill. Scheffel Steinkohlen oder 3¾ Mill. Centner im Werthe von ½ Mill. Thaler gewonnen.

Senkbrunnen oder negative Quellen.

Während das Graben oder Bohren von Brunnen in der Regel die Gewinnung von Wasser zum Zweck hat, kann es auch dienen, um Wasser in die Erde zu leiten, um es auf die Seite zu schaffen. Am Rhein, namentlich in Köln, bedient man sich schon von Alters her solcher durch Grabung oder Bohrung niedergetriebenen Abzugskanäle, dort Senkbrunnen genannt, zur Fortschaffung des unbrauchbaren Wassers, was sich nun in dem Sandboden verliert. Auch in der Mark Brandenburg, wo ihren eigenthümlichen Bodenverhältnissen nach die Erbohrung artesischer Brunnen niemals gelingen kann, wie noch neuerlich ein mislungener Versuch in Berlin selbst gezeigt hat, hat man auf dem Lande in den meisten Haltungen eine sogenannte Senke, eine Grube oder einen kurzen Schacht, worin man unbrauchbare Flüssigkeiten langsam von dem lockern Sandboden einsaugen läßt. In neuerer Zeit hat man dergleichen auch in der Gegend von Paris mit großem Nutzen angelegt. Ein Stärkmehlmacher in einem Dorfe unweit St.-Denis bei Paris schafft durch ein im Winter 1832 niedergetriebenes Bohrloch täglich nicht weniger als 80,000 Liter (69,867 preuß. Quart) schmuzigen und übelriechenden Wassers in die Erde, welches ihn ohne diese Vorrichtung längst genöthigt haben würde, seine Anstalt aus dem Orte zu verlegen. Noch zu Anfange 1835 verrichtete dieses Bohrloch unausgesetzt seine Dienste.

Die Eishöhlen und Äolushöhlen.

Unter den eigenthümlichen Erscheinungen, welche viele Höhlen zeigen, ist die ganz besonders merkwürdig, daß manche eine auffallend kalte Temperatur haben, die beträchtlich niedriger als die mittlere Temperatur des Orts ist, weshalb man sie Eishöhlen nennt. Bekanntlich ist im Allgemeinen in Höhlen wie in Kellern und Bergwerken der Wechsel der Wärme und Kälte weniger bedeutend als im Freien außerhalb derselben, und daher kommt es, daß man es in ihnen im Sommer auffallend kühl, dagegen im Winter warm findet. Hier ist aber von solchen Höhlen die Rede, die sich durch eine ganz besondere, nicht scheinbare, sondern wirkliche Kälte auszeichnen und daher größtentheils viel Eis enthalten. Eine der bekanntesten ist die in einem Felsen bei Besançon, die schon lange bekannt ist. Das Thermometer steht in ihr das ganze Jahr auf dem Gefrierpunkte, aber im October und November schmilzt ein Theil des Eises, während noch im August das Eis sich vermehrt. Ähnlich sind die Höhlen von St.-George über Rolles im Waadtlande und die von Mont Verzi in Faucigny (Savoyen). Alle drei sind durch ihre Lage gegen den Einfluß der Sonnenstrahlen und der warmen und feuchten Luftströmungen geschützt und gleichen natürlichen Eiskellern, in welchen die Kälte im Winter so viel Eis erzeugt, daß die Sommerwärme es nicht schmelzen kann. Auch bei Besoul in der Franche-Comté ist eine kleine Höhle mit einem Loche, die unglaublich viel Eis enthält, wovon in einem kalten Tage mehr erzeugt wird, als acht warme schmelzen können. Die berühmteste Höhle dieser Art ist die bei Scelicze in Ungarn. Hier tropft an der Decke stets Wasser, das im Sommer zu mehr als mannsdicken, viele Zacken bildenden Eiszapfen gefriert, sodaß man den Eisinhalt der Höhle zu 600 Wagen voll anschlägt. Im Winter, wo anderwärts Eis entsteht, fängt das in der Höhle befindliche an aufzuthauen, die Luft in derselben wird warm und zieht eine Menge Mücken, Fliegen, Fledermäuse und Nachteulen herbei; sogar auch Hasen finden sich ein, die das am Eingange neben dem fließenden Wasser wachsende Gras suchen. Der vordere, bis jetzt genauer bekannte Theil der Höhle ist 30 Lachter tief und 26 breit und steht mit vielen weiten und tiefen Schlunden in Verbindung, deren Ausdehnung, nach dem Wiederhalle eines abgeschossenen Gewehrs zu urtheilen, sehr groß sein muß.

Äolushöhlen nennt man kleinere oder größere, meist durch lockeres Gestein verschlossene und mit solchem angefüllte Räume, aus denen im Sommer stets ein kalter Luftstrom dringt. Solcher gibt es eine Menge, namentlich in Italien. Die Italiener erbauen an solchen Stellen künstliche Grotten, in welche die kalten Luftströme fließen und die daher in heißen Sommern einen angenehm kühlen Aufenthalt gewähren. Interessante Höhlen dieser Art finden sich im Monte Eolo bei Terni im Kirchenstaate, im Monte Testaceo bei Rom, zu Ottajano am Fuße des Vesuvs, auf Ischia, bei S.-Marino u. s. w.

Auch die kalten Höhlen von Rocquefort in Frankreich im Departement de l'Aveyron gehören hierher, denen das genannte Dorf den weit verbreiteten Ruhm seiner Käse verdankt, wegen deren es schon zu des Plinius Zeiten berühmt gewesen sein soll. Durch die Kälte der aus dem Felsen gehauenen Keller, die an sich keine andere Merkwürdigkeit haben, wird nämlich die Gährung des Käses verlangsamt und dieser dadurch veredelt. Diejenigen Keller, die vorzüglich kühl sind, stehen unglaublich hoch im Preise; ein jetziger Besitzer kaufte die seinigen für den enormen Preis von 218,000 Francs! Die Ursache ihrer Kühle liegt nicht sowol in ihrer gegen die Sonne geschützten Lage, als in kalten Luftströmen, welche unausgesetzt aus Rissen und Spalten des Kalkfelsens dringen und an einigen Stellen so stark sind, daß sie ein Licht ausblasen. Dicht vor diesen Spalten ist die Temperatur am niedrigsten und sinkt zuweilen auf zwei Grade (nach Réaumur) unter Null.

Woher kommen nun diese Luftströme und ihre niedrige Temperatur? Der ältere Saussure nimmt an, daß mit den Äolushöhlen große unterirdische Räume in Verbindung stehen, in denen die Luft im Sommer durch den Einfluß der Wärme ausgedehnt wird, jedoch nur wenige Grade über ihre sehr niedrige Temperatur, und daß sie also vermöge ihrer Ausdehnung ausströmt, woraus dann folgt, daß im Winter die Luft wieder eingesogen wird. Mehr Wahrscheinlichkeit hat eine andere Vermuthung, nach welcher man ebenfalls große Lufträume annehmen muß, die durch eine Öffnung mit den Äolushöhlen in Verbindung stehen, außerdem aber noch eine zweite haben, durch welche Luft von außen einströmen kann. Durch diese zweite Öffnung muß im Winter die kalte Luft eindringen, vermöge ihres größern Gewichts niedersinken, die wärmere dagegen ausfließen, bis die Räume mit der kalten Luft ganz erfüllt sind. Die angehäufte Menge derselben strömt dann im Sommer in die Äolushöhlen aus und bewirkt die Eisbildung.

Projectirter Riesenbrunnen.

In der Sitzung der pariser Akademie vom 16. Januar 1837 zeigte ein gewisser Moncey derselben an, daß er eine Actiengesellschaft gebildet habe, um zu einem industriellen Zwecke einen Brunnen von 5 Fuß Durchmesser und 2000 Fuß Tiefe anzulegen, und zu Anstellung etwa hierbei möglicher wissenschaftlicher Untersuchungen nach einer von der Akademie zu gebenden Anleitung bereit sei. Von der Ausführung dieses mehr als großartigen Projects ist seitdem noch nichts bekannt geworden.

Teniers der Jüngere.*)

Die niederländische Schule besitzt zwei Maler dieses Namens, Vater und Sohn, welche sich Beide sehr ausgezeichnet haben und Beide den Vornamen David führen, weshalb man sie durch den Beisatz der Ältere und der Jüngere unterscheidet. Der Letztere wurde 1610 zu Antwerpen geboren und erhielt natürlich in der Werkstatt seines Vaters (geboren 1582, gestorben 1649) die erste Anleitung zur Malerkunst. Mehren seiner Biographen zufolge hatte er später mehre andere Meister zu Lehrern, darunter auch Rubens, nach Andern jedoch hatte sein Vater allein den Ruhm, seinen Sohn gebildet zu haben. Die Manier des Sohns ist ganz die des Vaters, der unbestreitbar vor seinem berühmtern Schüler das Verdienst der Erfindung voraus hat, und die Ähnlichkeit zwischen ihren Werken ist oft so vollständig, daß es nicht leicht ist, zu erkennen, welches der Vater und welches der Sohn gemacht hat. Andererseits ahmte Teniers beim Beginn seiner künstlerischen Laufbahn abwechselnd mit ungemeiner Geschicklichkeit den meisten Malern seiner Zeit nach, woraus man allerdings schließen darf, daß er ihren Unterricht genossen hat. Diese ganz außerordentliche Geschicklichkeit begründete seinen Ruf in Antwerpen, sodaß man ihn den Proteus oder wol gar den Affen in der Malerei nannte. Er fing also damit an, sogenannte Pasticcios zu malen, d. h. solche Gemälde, die zwar Originalgemälde sind, in denen aber der Maler die Composition, Zeichnung, Manier und das Colorit eines andern Meisters so genau nachahmt, daß man sie dem letztern zuzuschreiben versucht wird. Noch jetzt täuscht der jüngere Teniers unaufhörlich diejenigen Liebhaber, welche mit seiner außerordentlichen Geschicklichkeit, sich wechselsweise in Paul Veronese, in Tintoretto, in Rubens zu verwandeln, nicht bekannt sind. Auf diese Weise hat er auch mit einer Treue, die das geübteste Auge überraschen muß, die ganze Galerie des Erzherzogs Leopold Wilhelm copirt.

Zum Glück fühlte Teniers bei Zeiten die Nothwendigkeit, etwas Anderes zu sein, als ein ausgezeichneter Nachahmer der Gemälde anderer Meister. Schon hatte er einen merkwürdigen Beweis geliefert, daß es würdig war, die Natur selbst zum Muster zu nehmen. Als er einmal in einer Dorfschenke war, wurde er, im Begriff wegzugehen, gewahr, daß er kein Geld hatte, um seine Zeche zu bezahlen. Sogleich ließ er einen Blinden, welcher Flöte spielte, zu sich treten, malte ihn auf der Stelle und verkaufte sein Gemälde an einen englischen Reisenden, der in der Schenke eingekehrt war, um die Pferde zu wechseln, für drei Dukaten. Dieses Stegreif-Gemälde bewies sein großes Talent und Kenner haben es lange als sein Meisterstück betrachtet.

In der neuen Bahn, die Teniers betreten hatte, fand er bald Glück und Ruhm. Der Erzherzog Leopold ernannte ihn zu seinem Kammerherrn; die Königin Christine von Schweden gab ihm ihr Portrait mit einer goldenen Kette; ein Prinz von Östreich war sein Schüler und sogar, wie man sagt, auf einige Monate sein Gast; der König von Spanien, der Prinz von Oranien und andere vornehme Herren schenkten ihm ihre Gunst. Nur Ludwig XIV. wußte sein Verdienst nicht zu schätzen. Als eines Tags ein Kammerdiener einige holländische Scenen dieses Malers in die Gemächer von Versailles gestellt hatte, rief der stolze

*) Vgl. die kurze Nachricht über ihn in Nr. 94.

Monarch, als er sie sah, aus: „Fort mit allen diesen Fratzen!" Verwöhnt durch den lügenhaften Prunk des theatralischen Styls seiner Zeit fand der König sein Auge beleidigt, indem er in Teniers' Gemälden ein einfaches und treues Bild der Natur traf.

Da, abgesehen von seinem Talente, auch die Anmuth seines Betragens eine Menge Besucher zu Teniers führte, die ihn im Arbeiten störten, so beschloß er, seine Geburtsstadt zu verlassen, sich in das Dorf Perth zwischen Mecheln und Antwerpen zurückzuziehen und hier ungestört seiner Kunst zu leben. Dieser Plan gelang jedoch nur halb, denn dieser ländliche Zufluchtsort ward zu seinem großen Leidwesen bald der Sammelplatz für den ganzen Adel des Landes. Indeß konnte Teniers von dieser Zeit an sich unter die Bauern mengen, ihre Sitten, Gebräuche, Tänze, Spiele, und Streitigkeiten beobachten und alles Dies findet man in seinen zahllosen Gemälden mit unendlichem Reize und ungemeiner Wahrheit dargestellt. Übrigens wich der Darsteller dieser alltäglichen, grotesken und burlesken Scenen von jenen niederländischen Malern ab, welche sich selbst malten, indem sie die niedrigsten Classen der Gesellschaft darstellten, denn er bewahrte immer die Würde seines Standes und seines Talents.

Da Teniers nur das Land, was er bewohnte, kannte, hat er seinen landschaftlichen Gemälden nicht die wünschenswerthe Mannichfaltigkeit gegeben; dafür haben sie jedoch das Verdienst der Wahrheit. Er verband die Gruppen kunstvoll und vertheilte die Beleuchtung mit größter Einsicht. Er stellte nicht nur die grotesken Gestalten und die Tracht der flamändischen Bauern trefflich dar, sondern gab auch mit unübertrefflicher Wahrheit, Naivetät und Genauigkeit das Spiel ihrer Mienen, ihre Gebräuche, Leidenschaften, Charaktere wieder. Seine Dorfkirmsen sind so reich an Leben und Fröhlichkeit, daß sie bei Jedem, der sie betrachtet, gute Laune hervorrufen. Man erblickt hier eine Menge Menschen, die alle verschieden beschäftigt sind, einige trinken, andere rauchen, spielen Karte, tanzen, unterhalten sich, zanken sich, prügeln sich, taumeln in der Trunkenheit, verfolgen fliehende Weiber, und unter allen diesen verschiedenen Scenen ist nicht eine Stellung oder Geberde, die nicht völlig naturgetreu wäre. Seine Zeichnung ist fein und läßt hinsichtlich der Richtigkeit nichts zu wünschen übrig. Er arbeitete so unglaublich schnell, daß er zu keinem seiner besten Gemälde mehr als einen Tag gebraucht haben soll. Obgleich seine Werke in ganz Europa in großer Menge verbreitet sind, behaupten sie sich immer in einem sehr hohen Preise, was nach dem Gesagten nicht überraschen kann. Besonders reich an Werken des Meisters ist auch die dresdner Galerie.

Teniers starb zu Brüssel 1694, 84 Jahre alt. Er hatte einen Bruder, Abraham, der gleichfalls seines Vaters Schüler war aber sich nur selten über die Mittelmäßigkeit erhob.

Die Tabackraucher, nach Teniers.

Verantwortlicher Herausgeber: Friedrich Brockhaus. — Druck und Verlag von F. A. Brockhaus in Leipzig.

Das Pfennig-Magazin

für Verbreitung gemeinnütziger Kenntnisse.

273.] Erscheint jeden Sonnabend. [Juni 23, 1838.

Badajoz.

Das Schloß von Badajoz.

Unweit der portugiesischen Grenze, am linken Ufer der Guadiana, über welche eine steinerne Brücke mit 22 Bogen führt, liegt Badajoz, die befestigte Hauptstadt der spanischen Provinz Estremadura. Sie wurde im französischen Kriege von den Engländern dreimal belagert, zweimal im Jahre 1811 vergeblich; erst am 7. April 1812 eroberte Wellington die Stadt nach einem mörderischen Kampfe mit Sturm. Noch ist die Bresche, durch welche die englischen Soldaten eindrangen, an der verschiedenen Farbe der zur Ausfüllung gebrauchten Steine deutlich zu erkennen. Das Schloß, welches unsere Abbildung darstellt, die von der Stelle aus aufgenommen ist, wo die Engländer unter General Picton einrückten, ist nur ein Trümmerhaufen, das Bild der Zerstörung. Viele Jahre sind vergangen, seit der Kanonendonner den Stolz dieses festen Platzes demüthigte; wie wenig hat sich aber seitdem verändert! Nicht ein Stein ist entfernt oder hinzugefügt worden; die maurischen Thürme sind noch in demselben verfallenen Zustande und die zertrümmerte Mauer ist nicht wiederhergestellt worden.

Badajoz liegt auf einem Hügel, der sich allmälig von der Ebene erhebt und sich beim Schlosse ziemlich steil endigt. Dieser Hügel beschließt die Reihe der Berge von Toledo, wiewol er von dieser Gebirgskette durch die dunkle Guadiana getrennt ist, die unter der Stadtmauer hinfließt. Eigentlich aber ist St.-Christobal, ein starkes Fort auf der portugiesischen Seite des Flusses, das die Stadt vollkommen beherrscht, der letzte der Toledoberge, da die Erhöhung, auf welcher die Stadt liegt, einen so ansehnlichen Namen nicht verdient. Badajoz wird auf drei Seiten von einer sehr ausgedehnten Ebene, auf der vierten vom Flusse eingefaßt. Jene Ebene war ehemals mit Wein und Ölbäumen und den malerischen Landhäusern der wohlhabendern Einwohner bedeckt; jetzt bildet sie nur eine weite und trostlose Einöde; der Krieg hat mit seinem verheerenden Hauche die Cultur des Bodens vernichtet und die Sichel in das Schwert, die Pflugschar in den Speer verwandelt.

Die Brücke von Badajoz ist ein schöner Überrest römischer Baukunst, und die vollkommene und dauerhafte Maurerarbeit zeigt die Größe jenes denkwürdigen Volkes in ihren Bauwerken. Sie wird noch ansehnlicher durch den Brückenkopf auf der Feldseite und die schönen Thürme der Puerta de los Palmas auf der Seite der Stadt. In der Mitte wirft ein Springbrunnen seine erfrischenden Strahlen hoch in die schwüle Luft, und die schöne Aussicht nach allen Seiten macht

VI.

die Brücke von Badajoz zu einem sehr angenehmen Spaziergange. Der Fluß unter ihr ist im Sommer so seicht, daß er fast überall durchwatet werden kann; aber im Winter wird er ein gewaltiger Strom, der seine Fluten mit unwiderstehlicher Gewalt vorwärts rollt und sein weites Bette vollkommen ausfüllt. An Schiffahrt ist daher bei diesem Flusse nicht zu denken; man sieht auf ihm nur einige kleine Kähne, die zu Lustfahrten oder zum Fischfang dienen.

Wegen seiner ausnehmenden Schönheit verdient das Palmersthor erwähnt zu werden; die beiden an den Seiten stehenden runden Thürme sind vollkommen symmetrisch, und die goldähnliche Farbe des Alters, welche die schöne reine Luft eines südlichen Klimas über dem weißen Marmor geworfen hat, aus dem sie gebaut sind, vermehrt die Schönheit ihres Aussehens, indem sie die Reize der Farbe zu denen der Form fügt. Dieses Thor, welches ebenfalls römischen Ursprungs ist, wurde von Philipp II. im Jahre 1551, wie die Inschrift besagt, erneuert, und seit dieser Zeit hat kein Arbeitsmann wieder Hand daran gelegt. Hingegen die Brücke, deren Ausgang dieses Thor bildet, ist durchaus erneuert und gepflastert worden. Das Innere der Stadt enthält nichts Merkwürdiges, doch ist sie nett und reinlich, ohne Beihülfe von Tünche, die in Portugal so üblich ist, um alten und schlechten Straßen ein Ansehen von Sauberkeit zu geben. Die Häuser sind größtentheils groß und bequem, und der Gasthof, genannt zu den vier Nationen, ist vortrefflich; man ist überrascht, in Badajoz ein so glänzendes Hotel zu finden, nachdem man sich an die elenden, unerfreulichen, armseligen Schenken in Portugal gewöhnt hat. Der Marktplatz in der Nähe des Schlosses bildet ein schönes Viereck; die Gebäude auf demselben sind ungemein malerisch und werden von einigen alten Thürmen und Ruinen überragt, die einen interessanten Hintergrund bilden. Die Straße von diesem Platze nach der Kathedrale ist mit den Häusern des Adels besetzt und sein Ende bildet die Rambla, den öffentlichen Spaziergang, wo sich die Schönen des Orts in der Abendluft ergehen. Die Kathedrale, deren gothische Bogen und massiver Thurm auf diesen Spaziergang herabschauen, ist von außen ein einfaches und unschönes Gebäude, aber alle Künste und der größte Aufwand sind aufgeboten worden, um das Innere prachtvoll und glänzend zu machen. Die zahlreichen Kapellen sind mit Schnitzwerk und Vergoldung bedeckt, die Altäre sind mit Stickereien der kostbarsten Arbeit, silbernen Leuchtern und beständig brennenden Wachskerzen geziert, und der Hauptaltar entfaltet alle Kunst und Pracht des katholischen Cultus.

Das Neueste aus der Natur- und Gewerbswissenschaft.*)

Wir müssen unsern diesmaligen Bericht wiederum mit den Wundern des Firsternhimmels eröffnen, in welche uns ein zwar schon lange angekündigtes und sehnlich erwartetes, aber erst jetzt wirklich an das Licht getretenes Werk des großen russischen Astronomen Struve einen neuen, tiefen Einblick thun läßt. Dasjenige Resultat dieses Werkes, mit welchem wir unsern Spruch anzuheben haben, betrifft die Entfernung der Firsterne von der Erde, ein Element, über welches die Astronomie bisher noch immer nichts Bestimmtes zu ermitteln

---
*) Siehe Pfennig-Magazin Nr. 256—260.

gewußt hatte. Beobachtete man nämlich einen und denselben Firstern auch wirklich von den beiden Endpunkten der großen Axe der elliptischen Erdbahn um die Sonne, wo sich unser Planet im Verlaufe von sechs Monaten wechselnd befindet, so schienen, wiewol der Abstand über 40 Millionen Meilen beträgt, beide Gesichtslinien doch vollkommen parallel miteinander zu laufen, zum Beweise, daß jene ungeheure Standlinie gegen die Entfernung des Firsterns noch gar nicht in Anschlag komme, und in Vergleichung zu derselben gleichsam zu einem einzigen Punkte zusammenschrumpfe. Struve, dem es bei seinem in Rede stehenden Werke vorzüglich auch mit auf diese Bestimmung ankam, mußte also auf ein anderes Hülfsmittel der Messung denken, und er fand dieses in den sogenannten optischen Doppelsternen. Es ereignet sich nämlich oft, daß am Himmel zwei, wiewol in sehr großen Entfernungen, hintereinander stehende Sterne gleichwol dicht nebeneinander zu stehen scheinen; dergleichen also in gar keiner weitern Relation miteinander stehende Sterne heißen optische Doppelsterne, im Gegensatze der physischen, von welchen wir unsere Leser früher in diesen Blättern unterhalten haben. Haben nun die verschiedenen Standpunkte der Erde in ihrer Bahn, von denen aus wir einen solchen optischen Doppelstern betrachten, auch nur den mindesten bemerkbaren Einfluß auf den scheinbaren Ort, so wird sich dies an der noch am leichtesten mit großer Präcision meßbaren Veränderung im anscheinenden Abstande der beiden Sterne ergeben: die Gesichtslinien nach dem entferntern Sterne werden zwar wieder ganz parallel zu sein scheinen; wenn sie nach dem nähern aber auch nur ganz wenig von dieser Richtung abweichen, so muß sich dieses, wie man gleich übersieht, nothwendig aus einer Veränderung des gegenseitigen Abstandes der Sterne ergeben. Erschienen sie z. B. von dem einen Endpunkte der großen Axe der Erdbahn aus vollkommen dicht beisammen, so wird der nähere, vom andern Endpunkte aus betrachtet, in einer der Bewegung der Erde entgegengesetzten Richtung vom entferntern etwas abgerückt zu sein scheinen, und diese Veränderung wird sich, wie klein sie sei, noch am leichtesten messen lassen. Eine solche beobachtete Veränderung im Abstande vertritt aber offenbar die Stelle der Messung des parallactischen Winkels, und man erhält also dadurch die Parallaxe des nähern Firsterns, woraus bekanntlich die gesuchte Entfernung desselben von der Erde folgt.

Dieses Verfahren hat nun unser Struve auf den Firstern α Lyrae (Wega) und den nur optisch dabei befindlichen kleinen Stern angewendet und auf die angegebene Weise ermittelt, daß die Parallaxe des gedachten Firsterns α Lyrae 0,125″ beträgt, woraus eine Entfernung von 1½ Millionen Sonnenweiten (über 30 Billionen Meilen) dieses Firsterns folgt, welchen wir seiner großen Helligkeit wegen noch für einen der nächsten zu halten berechtigt sind. Die menschliche Einbildungskraft erliegt freilich dem Gedanken einer so ungeheuern Entfernung; allein was ist jeglicher Raum, auch der ungeheuerste, im Vergleiche zu der Unendlichkeit, zu welcher sich das Universum ausdehnt?

Über die physischen Doppelsterne, mit deren Begriffe meine Leser aus den frühern Vorträgen bereits vertraut sind, bringt Struve nicht weniger Merkwürdiges bei. So sind nach seinen Untersuchungen im Sterne ϱ des großen Bären zwei Sonnen durch Anziehung zu einem Systeme vereinigt, deren Masse 117 und 42 Mal, zusammen also 159 Mal so groß ist als die Masse unserer Sonne. Nehmen wir für jene beiden Körper eine gleiche Dichtigkeit als für die letztere an, so sind die Durchmesser derselben 5 und 3½ Mal größer als der Sonnendurchmesser. Sie umkreisen sich gegenseitig (welches bekanntlich den eigenthümlichen Bewegungscharakter dieser merkwürdigen Systeme abgibt) in einer elliptischen Bahn von 60½ Jahren, und in dieser Bahn ist ihre mittlere Entfernung voneinander 83 Abständen der Erde oder fast 4½ Abständen des Uranus von der Sonne gleich. Keine menschliche Vorstellungskraft ist vermögend, sich von der ungeheuern Ausdehnung aller dieser Verhältnisse einen Begriff zu machen; aber der Geist des Forschers hat vermocht, seine Maße und Schlüsse darauf anzuwenden.

Merkwürdig ist die ganz unerwartet große Zahl der Doppelsterne. Schon jetzt kennt man deren an dem in unsern Breiten zu Gesichte kommenden Theile des Himmelsgewölbes (etwa ⅔ des Ganzen) über 3000, und gewiß wird sich diese Zahl bei fortgesetzter Beobachtung noch mit jedem Tage vermehren. Ebenso merkwürdig ist die Dauer der Umlaufszeiten einiger von ihnen; man kennt jetzt schon Doppelsterne, von denen sich, aus sichern Schlüssen, vermuthen läßt, daß ihre Umlaufszeit viele Tausende von Jahren beträgt. Im Ganzen genommen hat die Astronomie durch diese Entdeckungen am Firsternhimmel einen durchaus andern, noch viel erhabenern Charakter gewonnen: wir haben es in den Doppelsonnen mit einer ganz neuen Classe von Himmelsgebilden zu thun bekommen. Sonst — wie wir den Gesichtspunkt wol schon einmal geltend gemacht haben — erhob man sich nicht höher, als unter den Firsternen Sonnen, nach dem Bilde unserer Sonne, mit einem jedesmaligen eignen Gefolge von Planeten, Monden, Kometen zu denken; den Begriff von Doppelsonnen, Sonnen, welche um Sonnen kreisen, kennt die ältere Astronomie noch nicht. Es ist dies, wie gesagt, ein ganz verschiedenes Himmelsgebilde, von einem ganz andern, viel höhern Charakter; und man würde, nach Analogie dieser neuen, vor einer Anzahl von Decennien noch ganz ungeahneten Entdeckung, gewiß Unrecht haben, von einer folgenden astronomischen Generation nicht die Enthüllung abermals anderer Himmelsgeheimnisse zu erwarten.

Während die Astronomie aber solchergestalt in der Kenntniß der Wunder des Firsternhimmels so unerwartete und außerordentliche Fortschritte gemacht hat, ist sie auch in der Erweiterung und Bereicherung der Topographie unsers Planetensystems nicht zurückgeblieben. Die wichtigste Entdeckung in diesem Bezuge bezieht sich auf den Ring des Saturn. Meine Leser wissen nämlich, daß den Saturn in der Richtung seines Äquators ein frei schwebender Ring umfängt, welcher gegen 600 geographische Meilen breit, aber nur etwa 20 Meilen dick ist, und den man sich hiernach sehr gut versinnlichen kann, wenn man einen Erdglobus betrachtet, wo die planetarische Kugel auch in einem nach Verhältniß zur Dicke ziemlich breiten Ringe oder Rande hängt. Von diesem Ringe des Saturn wußte man nun schon länger, daß er aus zwei concentrischen, durch einen freien Zwischenraum getrennten Streifen bestehe, von welchen der äußere der schmälere ist. Als unser verdienstvoller berliner Astronom Encke aber in einer heitern Decembernacht des vorigen Jahres ein neues achromatisches Ocular von Duve (einem ausgezeichneten berliner Optiker) an seinem großen Refractor angebracht hatte und auf den Saturn probirte, bemerkte er ganz deutlich, daß jener äußere, schmälere Ringstreifen durch einen andern freien Zwischenraum wiederum in zwei concentrische Streifen getheilt sei, sodaß man also künftig nicht mehr von zwei, sondern vielmehr von drei in der erweitert gedachten Äquatorsebene übereinander liegenden, durch freie Zwischenräume getrennten Saturnringen zu sprechen haben wird. Diese höchst merkwürdige Beobachtung wurde in verschiedenen Nächten wiederholt und bestätigt gefunden; auch der bekannte Selenograph Dr. Mädler überzeugte sich von ihrer Richtigkeit.

Was ist nun aber — und diese Frage wird für meine Leser noch interessanter sein — diese die Saturnkugel in der Richtung ihres Äquators frei umschwebende, wie gesagt, an 600 Meilen breite und dabei nur etwa 20 Meilen dicke, in drei concentrische Streifen zerfallende Ringscheibe? wozu dient sie? den Saturnbewohnern? und wie kommt es, daß Saturn der einzige Planet ist, den diese Eigenthümlichkeit eines Ringes auszeichnet? Man muß sich, zur Beantwortung dieser Fragen, zuvörderst daran erinnern, daß die Saturnkugel unsere Erdkugel an Volumen fast 1000 Mal übertrifft, d. h. daß man aus der Saturnkugel beinahe 1000 Kugeln von der Größe unserer Erdkugel schneiden könnte. An Schwere dagegen würde jede dieser Kugeln der Erdkugel bedeutend nachstehen, da der Saturn aus einer viel leichtern Masse als die Erde zusammengesetzt ist, indem seine mittlere Dichtigkeit nur etwa der doppelten des Korkes gleich kommt. Trotz jener so viel bedeutendern Größe aber rotirt Saturn schon in 10 Stunden um seine Axe, wozu die Erde bekanntlich 24 Stunden braucht. Man kann sich also augenblicklich vorstellen, welch eine ungeheure Schwungkraft aus dieser schnellen Umdrehung entspringen muß, und man weiß überdies, daß diese Schwungkraft unter dem Äquator, als dem größten der dabei zu durchlaufenden Kreise, auch am größten ist. Wahrscheinlich hat also die Heftigkeit dieses Schwunges in der Äquatorialzone des Saturn einen Theil der angegebenermaßen ohnedies so lockern Masse dieses Planeten losgerissen und zur Ringscheibe ausgedehnt; ja die Trennung in mehre concentrische Streifen scheint ebenfalls recht eigentlich auch in diesem Umstande ihre Erklärung zu finden. Daß der Saturn von allen Planeten unsers Systems allein diese Eigenthümlichkeit zeigt, davon dürfte hiernach der Grund in der Vereinigung der auch nur bei demselben zusammentreffenden Umstände: seiner Größe, seiner schnellen Axendrehung und der besondern Lockerheit seiner Masse liegen; wir glauben, auf Grund dieser Umstände, wie wir sie oben angemerkt haben, auch voraussagen zu dürfen, daß es spätern Beobachtern gelingen werde, eine Trennung der Ringscheibe in noch mehr als drei concentrische Streifen nachzuweisen. Was aber endlich den Nutzen dieses Ringes für die Saturnbewohner anbetrifft, so wird dieser Nutzen zunächst wol in einer durch den Ring zu bewirkenden mondähnlichen Erleuchtung seines Planeten bestehen, woran sich andere aus der eigenthümlichen Ökonomie dieses Planeten hervorgehende Bedingungen reihen mögen, von denen uns freilich der deutliche Begriff fehlt, da sich aus der irdischen Natur doch immer nur ein sehr unvollständiger Schluß auf die Saturnsnatur machen läßt.

Alle diese glänzenden Entdeckungen in der Astronomie befeuern denn aber auch den Eifer für diese herrliche Wissenschaft immer mehr, und wir theilen unsern Lesern mit inniger Freude die Nachricht mit, daß abermals eins der vortrefflichsten astronomischen Instrumente, ein auf Befehl des russischen Monarchen für die Sternwarte zu Kasan bestellter Riesenrefractor, aus der Utzschneider-Frauenhofer'schen optischen Anstalt zu München hervorgegangen ist. Ein junger russischer Astronom ist schon vor längerer Zeit von Kasan nach München gesendet worden, um die Construction dieses schönen Instruments genau zu studiren und hiernächst dessen Transport nach jenem fernen Punkte der Erde zu besorgen. An demselben ist ein und ein halbes Jahr gearbeitet worden und es kostet auf der Stelle 15,000 Gulden. Also werden sich nunmehr auch von Kasan aus besser bewaffnete Blicke nach dem Himmel wenden, und der entlegenste Osten wird seine Spende zur Bereicherung der Sternkunde liefern.

(Fortsetzung folgt in Nr. 274.)

Anwendung des Argentans als Küchengeräthe.

Bekanntlich ist in neuerer Zeit das Argentan, auch Neusilber, Weißkupfer oder Packfong genannt, als Surrogat des Silbers, namentlich bei Löffeln und anderm Küchengeräth, sehr in Aufnahme gekommen. Es ist dies eine Metallmischung, welche aus Nickel, Kupfer und Zink besteht und sich durch die dem Nickel eigne schöne Farbe und Dehnbarkeit nebst einem außerordentlich schönen Klange empfiehlt. Nickel ist ein ziemlich seltenes Metall, welches 1751 von dem Schweden Cronsted entdeckt wurde, aber erst seit Anfang dieses Jahrhunderts genauer bekannt geworden ist; in der sogenannten Kobaltspeise, die in den Blaufarbenwerken gewonnen wird, ist es in großer Menge vorhanden. In mancher Hinsicht verdient es den edeln Metallen angereiht zu werden, namentlich weil es sich bei der gewöhnlichen Temperatur an der Luft gar nicht oxydirt, sondern seine Politur beibehält; selbst in der Glühhitze oxydirt es sich nur langsam. Es ist im reinen Zustande silberweiß, ziemlich hart, vollkommen dehnbar, äußerst strengflüssig (strengflüssiger als Gold, leichtflüssiger als Stabeisen) und zeigt nächst dem Eisen den stärksten Magnetismus, indem es theils vom Magnete angezogen wird, theils selbst anziehend gemacht werden kann.

Die Legirungen von Nickel mit Kupfer, Zink, Zinn und Eisen werden in China schon seit Jahrhunderten allgemein angewendet, kamen aber in Europa erst in der neuesten Zeit in Gebrauch. Sie haben eine sehr große Ähnlichkeit mit Silber, besonders mit solchem, welches $1/5$ Kupfer enthält, sodaß man leicht getäuscht werden kann. Bisweilen enthalten sie nur Kupfer, Nickel, Zink (eine der einfachsten Legirungen enthält $1/2$ Kupfer, $5/16$ Zink und $3/16$ Nickel), gewöhnlich aber auch Zinn und Eisen (z. B. $55/100$ Kupfer, $17/100$ Zink, $23/100$ Nickel, $3/100$ Eisen, $2/100$ Zinn), einige auch Schwefel.

In Frankreich dürfen Silberwaaren zu zweierlei Gehalt verfertigt werden; entweder enthalten sie $19/20$ Silber und $1/20$ Kupfer oder $4/5$ Silber und $1/5$ Kupfer. Die Vergleichung des Argentans mit beiden Silbersorten ergab nun, daß jenes röthlicher ist als Silber vom ersten Gehalt, das durch die gewöhnlich in den Küchen vorkommenden fetten oder sauern Nahrungsmittel selbst nach langer Zeit kaum angegriffen wird. Von Silber vom zweiten Gehalt ist Argentan kaum zu unterscheiden, ja manche Reagentien schienen das Argentan weniger als Silber vom zweiten Gehalt anzugreifen, folglich ist es wenigstens nicht nachtheiliger als dieses. Nach dem ausgezeichneten deutschen Chemiker Liebig gleicht das Argentan dem Silber von $3/4$ Feingehalt (mit $1/4$ Kupfer legirt), ist sehr dehnbar, einer schönen Politur fähig, oxydirt sich schwer und verliert nach mehrjährigem Gebrauch weder seine weiße Farbe, noch seinen Glanz. Läßt man in 6 Unzen starken Essigs einen 3 Unzen (6 Loth) schweren Argentanlöffel 48 Stunden lang liegen und thut dasselbe mit Löffeln von Messing, Kupfer und Silber vom zweiten Gehalt, so kann man die verschiedenen Grade der Schädlichkeit dieser Metalle durch die Menge der in Essig aufgelösten Kupfertheile ausdrücken; dann ergibt sich, daß vom Messinglöffel achtmal, vom Kupferlöffel siebenmal so viel, vom silbernen Löffel aber nur halb so viel Kupfertheile aufgelöst werden, als vom Argentanlöffel.

Der Arsenikgehalt des Nickels, welches zum Argentan gebraucht wird, ist ganz unerheblich, und viele gebräuchliche Metalle, z. B. Antimon und Zinn, enthalten weit mehr Arsenik. Das Nickel vom Arsenik zu reinigen, liegt schon darum im Interesse der Argentanfabrikanten, weil auch ein höchst geringer Zusatz von Arsenik das Nickel spröde macht. Also auch von dieser Seite darf man von der Anwendung des Argentans keine Gefahr befürchten.

Actiengesellschaften in Frankreich.

Interessant ist folgende officielle, vom französischen Justizminister in der französischen Deputirtenkammer gegebene Übersicht über die Zahl der Actiengesellschaften in Frankreich, wo freilich das Actienwesen zu einer wahren Manie und somit zu einem Actienunwesen geworden ist und in einer Ausdehnung betrieben wird, von der wir in unserm Vaterlande, Gottlob! keinen Begriff haben, weil hier zu Lande Niemand in dem Grade wie in dem pfiffigen Frankreich dem Publicum Sand in die Augen zu streuen weiß und zu streuen vermag. Es entstanden dort 1833 55 Gesellschaften mit 28,125 Actien und 15 Mill. Francs Capital; 1834 84 Gesellschaften mit 58,549 Actien und 80 Mill. Fr. Capital; 1835 106 Gesellschaften mit 47,522 Actien und $45½$ Mill. Fr. Capital; 1836 216 Gesellschaften mit 373,278 Actien und 157 Mill. Fr. Capital; 1837 288 Gesellschaften mit 586,579 Actien und 361 Mill. Fr. Capital.

Demnach ist es schwerlich übertrieben, wenn man den Betrag des Capitals der in den letzten 12 Jahren begründeten Actiengesellschaften auf mehr als 1000 Millionen Francs, d. i. mehr als 290 Mill. Thaler preuß. schätzt. Wenn man zu dieser täglich wachsenden Aufhäufung der Capitale, die sich nur auf die bei dem Handelsgerichtshof zu Paris eingezeichneten Gesellschaften beziehen, noch die hinzufügt, welche den zu verschiedenen Zeiten außer Paris oder vor 1816 in Paris entstandenen Gesellschaften angehören, so begreift man leicht, daß der größte Theil des Reichthums des Landes in klingender Münze auf Actienunternehmungen angelegt ist.

Die Besteigung des Montblanc.
(Beschluß aus Nr. 271.)

Wenn sich der Reisende dem Gipfel nähert, so beginnt er die Wirkung der bedeutenden Höhe auf seinen Körper zu spüren. Dr. Barry beschreibt die von ihm beobachteten Symptome folgendermaßen. „Große Trockenheit in einigen Theilen, bleiche Farbe und Zusammenziehung der Haut fingen nun an, bemerkt zu werden, der Durst wurde heftig, wiewol wir beständig Zucker, Rosinen und Schnee aßen. Wir befanden uns in einem engen Thale, das vor dem Winde geschützt und den directen Sonnenstrahlen ausgesetzt war, wohin auch die von den ausgedehnten umgebenden Schneemauern zurückgeworfenen Strahlen reflectirt wurden. Die

Ansicht des Montblanc nebst Angabe des Wegs bis zum Gipfel.
1) Gipfel. 2) Neuer Weg. 3) Großes Plateau. 4) Alter Weg. 5) Dom du Goûté. 6) Aiguille du Goûté. 7) Aiguille du Midi. 8) Grands Mulets und Petits Mulets. 9) Gletscher des Bossons. 10) Taconnazgletscher. 11) Anfang des Gletschers. 12) Die auf S. 182 beschriebene Passage. 13) Hütte des Führers J. Balmat. 14) Hütte des Führers J. M. Coutet. 15) Dorf Favrans. 16) Dorf des Pélerins. 17) Chamounythal. 18) Dorf Bossons. 19) Fluß Arve.

Hitze war daher jetzt sehr drückend. Wir hatten zwar einen Schleier mitgenommen, brauchten ihn aber nicht, aus Furcht, daß er den Eindruck der Eislandschaft um uns her schmälern möchte, wiewol wir fast gewiß sein konnten, daß die Gesichtshaut sich in Folge dieser Unterlassung schälen würde. Doch brauchten wir grüne Brillen, die unerläßlich sind, um den Glanz des Schnees unschädlich zu machen."

Auldjo, ein anderer Reisender, schildert die empfundenen Beschwerden so. „Alle zwei oder drei Minuten sanken wir Alle auf den Schnee nieder, ganz athemlos und kaum im Stande, ein Wort vorzubringen. Mein Freund war nebst seinem Führer nahe bei uns, aber bei der verdünnten Luft konnten wir uns einander, der geringen Entfernung ungeachtet, nur mit großer Anstrengung verständlich machen. Die Stimme klang schwach und als käme sie aus der Ferne. Einem Führer zuzurufen, der 50 Schritte von mir stand, durfte ich mir nicht einfallen lassen."

„Einer der Führer hatte eine Blutung, nicht von der bloßen Verdünnung der Luft, sondern aus einer zufälligen Verletzung. Das Blut schien mir entschieden dunkler als gewöhnlich; unsere Lippen waren ganz blau, unsere Gesichter ausnehmend zusammengezogen und blaß, die Augen sehr eingefallen, mit einem tiefen Ringe unter den untern Augenlidern; aber Keinem von uns bluteten von selbst Zähne oder Augen. Von Zeit zu Zeit warfen wir einen sehnsüchtigen Blick nach dem Gipfel, senkten dann unsere Köpfe und gingen weiter, bis die Ermattung unwiderstehlich war und wir wieder platt auf den Schnee niedersanken. Ich hatte eine leichte Neigung zum Erbrechen, höchst empfindliches Kopfweh, etwas Brustschmerz und fürchtete das Zerspringen eines Blutgefäßes; aber der Brustschmerz und das heftige Schlagen des Herzens hörten auf, sobald wir ausruhten."

„Als wir noch etwa 300 Fuß vom Gipfel entfernt waren, fühlte ich außer den übrigen Beschwerden noch eine starke Neigung zur Ohnmacht, größer als ich sie je gehabt zu haben mich erinnere, außer einmal bei heftiger Blutung. Ich war ungewiß, ob meine Kräfte bis zuletzt aushalten würden."

Der Wunsch, die ausgedehnte Aussicht zu genießen, welche der Gipfel des Montblanc gewährt, kann nicht füglich zu einer Besteigung desselben veranlassen. Selbst bei dem schönsten und heitersten Wetter ist die Entfernung des Beschauers von den Gegenständen seiner Betrachtung so groß, daß auch die Gegenstände, die allenfalls nahe genannt werden können, nur sehr undeutlich erscheinen; dazu ist es immer möglich, ja sogar wahrscheinlich, daß ein dichter Nebel seinem Auge Alles verbirgt. Als Jackson den Gipfel erreichte, war das Wetter ungünstig. „Alles, was ich sehen konnte", sagt er, „war ein verworrener Haufe von Bergen in der Richtung des Schreckhorns und der Jungfrau. Monterosa im Osten fiel am meisten ins Auge; zu Zeiten war ein Theil von Piemont sichtbar. Auf der entgegengesetzten Seite war Alles verdeckt." Capitain Sherwill, der einen vorzüglich schönen Tag hatte, sagt: „Jeder von diesem Gipfel aus sichtbare Gegenstand erscheint, mit Ausnahme weniger Hauptberge, so klein und verkürzt, daß man ihn kaum wieder erkennt. Die schöne Aiguille du Midi, die Bewunderung jedes Fremden, der Chamouny besucht, geht in der allgemeinen Verworrenheit fast unter; ich möchte sagen, daß nicht ein einzelner Gegenstand deutlich sichtbar war." Dr. Barry schreibt in seiner Begeisterung: „Ich habe bisher, gleichsam widerstrebend, den Gegenstand zu berühren, nichts gesagt von der wundervollen Scene, die unter mir ausgebreitet war, als ich auf dem Gipfel des Berges stand. Wol mag ich ein Widerstreben fühlen, davon zu sprechen, und schäme mich nicht, meine gänzliche Unfähigkeit zu gestehen, Das zu beschreiben, was Worte nicht ausdrücken können. Wo sollte ich anfangen, ein Panorama zu schildern, das weit über die Grenzen der Aussicht des Adlers hinausgeht? Obgleich es durch die Alpen nach verschiedenen Seiten begrenzt wird, so begreift es doch fast ganz Sardinien, die westliche Hälfte der Schweiz, ein Drittel der Lombardei und ein Achtel von Frankreich. Dieses ungeheure Gebiet ist der Alpen wegen, die in Nordost und Südwest begrenzen, von ovaler Form und sein längster Durchmesser geht von Mont Morran in Frankreich im Nordwesten bis zu den toscanischen Bergen im Südosten."

Es wäre nicht möglich, hier alle die verschiedenen Gegenstände aufzuzählen, welche in dieser Aussicht begriffen sind. Wir können nur einzelne hervorstehende Züge derselben erwähnen und schicken die Bemerkung voraus, daß das mittelländische Meer nicht sichtbar ist; eine Linie hoher Hügel in der Richtung von Genua hindert es zu sehen, wiewol Manche es gesehen haben wollen. Der genfer See erscheint fast zu den Füßen des Beschauers; man sieht nur einen Theil davon, so klein wie ein halbmondförmiger Teich und anscheinend nahe, obwol zehn deutsche Meilen entfernt. Die Berge von Savoyen verbergen die östliche Hälfte des Sees. Von Frankreich erkennt man wenig. Zwar ist der Montblanc von dem Hügel von Fourvière bei Lyon deutlich sichtbar, wiewol die Entfernung in gerader Linie über 20 deutsche Meilen beträgt, ja sogar zuweilen auf dem Wege von Dijon nach Senlis und unter günstigen Umständen in Langres an der Grenze von Burgund und Champagne, in gerader Linie 42 Meilen entfernt, aber vom Montblanc aus ist Lyon nie gesehen worden. Im Allgemeinen bildet die Linie des Jura die Grenze des deutlichen Sehens; Alles jenseit derselben bildet eine Dunstmasse, in welcher nur wenige vorragende Stellen zu unterscheiden sind.

Auf der Seite von Italien schweift das Auge ungehindert über die unermeßlichen Ebenen der Lombardei, bis es endlich an der blauen, nebeligen Linie der entfernten Apenninen aufgehalten wird. Mailand ist, nach Dr. Clarke, schwerlich sichtbar. Nördlich vom Lago di Garda erscheinen in nebelgrauer Ferne einige zu Tirol gehörige Gipfel, doch ist dieser zu entfernte Theil der Landschaft weit weniger interessant als der Lauf des schönen Po, der sich wie ein Silberfaden vom Monte Viso her zieht, wo der Hauptstrom entspringt, die Ebene von Turin bewässert und den vom Lago maggiore kommenden Tessin aufnimmt.

Die Ansicht des langen grünen Thales Chamouny und des kleinen zusammengedrängten Dorfs Prieuré ist für den Reisenden vorzugsweise interessant, denn wenn er aus seiner luftigen Höhe ihre verschwindenden Züge betrachtet, kann er immer gewiß sein, daß man unten seine Bewegungen ängstlich durch Fernröhre beobachtet und die Reisegesellschaft zählt, um sich zu überzeugen, ob auch Niemand umgekommen ist. Der Anblick des Berges selbst, wenn man nach der Aiguille du Dru zu sieht, ist großartig. Im Allgemeinen sagt Dr. Clarke, daß die Aussicht vom Gipfel die Erwartungen seiner Reisegesellschaft übertroffen und sie für die vorausgegangenen Beschwerden der Besteigung reichlich entschädigt habe. Der Charakter dieser Aussicht kann nach ihm nicht mit dem Worte „schön" bezeichnet werden. Wenn aber der Anspruch auf Schönheit aufgegeben wird, bleibt die großartigste schauerlichste Erhabenheit übrig. Wie sollte auch eine Landschaft nicht großartig sein, welche so reiche und große Strecken von Europa umfaßt, die Ebenen Italiens auf der einen und den ganzen Zug der Alpen auf der andern Seite? Es ist nicht leicht, eine Aussicht anzugeben, mit welcher die Aussicht vom Gipfel des Montblanc aus eine Vergleichung gestattet. Mit den sanften und lieblichen Aussichten von dem neufchateller Berge oder dem reizenden Spaziergange bei Bern hat sie nur wenige Züge gemein; weit näher kommt sie der vom Rigi-Culm und besonders der vom Gipfel des Buet, in welcher der Montblanc selbst den hervorstechendsten Theil des glänzenden Panoramas bildet.

Das Herabsteigen vom Gipfel geht mit weit größerer Schnelligkeit von statten als das Hinansteigen. Die Methode des Hinuntergleitens oder Rutschens wird gemeiniglich bei Schneeabhängen, wo es nur geht, angewandt. Auldjo gibt davon folgende Schilderung. „Da der erste Führer den Weg rein und sicher fand, so setzte er sich auf den Rand des Abhangs und rutschte in einem Augenblicke bis zu der unten befindlichen Fläche herab. Ich mußte mich hinter einen andern Führer setzen und meine Beine um seinen Leib, meine Füße auf seine Schenkel, meine Hände auf seine Schultern legen. Dann hielt ich mich an ihm fest und wir Beide glitten mit erstaunlicher Geschwindigkeit herunter, wobei er seinen Stock als eine Art Ruder gebrauchte, um unsere Fahrt zu leiten, und seine Füße bereitschaft hielt, um die reißende Schnelligkeit zu mäßigen, indem er sie in den Schnee steckte. Dies ist eine Art russische Rutschpartie im Großen und sie empfiehlt sich bei Gelegenheiten wie diese ebenso wol durch Schnelligkeit als durch Zweckmäßigkeit. Sie setzte uns oft in den Stand, unsern Marsch abzukürzen, indem wir in einem Augenblicke über Strecken hinwegkamen, welche zu erklimmen uns eine Stunde gekostet hatte. Auch erregt sie Heiterkeit wegen der dabei zuweilen vorkom=

menden unfreiwilligen Burzelbäume. Diejenigen, welche weniger schnell herabgleiten, werden oft von den schneller Rutschenden eingeholt. Beide werden dadurch gewöhnlich über den Haufen geworfen und kollern dann eine Strecke zusammen herunter, bis sie wieder eine aufrechte Stellung erlangen. Wenn jedoch an den Seiten oder unten Felsenspalten vorkommen, so ist das Herabgleiten gefährlich und die Scherze unterbleiben dann. Die Geschicklichkeit der Führer beim Herabgleiten ist außerordentlich." Siehe Abbildung S. 200.

Die Führer brauchen beim Herabsteigen auch noch eine andere Methode, die aber zu ihrer Ausführung die allergrößte Geschicklichkeit erfordern soll. Sie ist der Methode der Norweger ähnlich, mit der sie Eisabhänge mittels langer Schlittschuhe herabgleiten; aber die Savoyarden haben keine Schlittschuhe; sie stellen ihre Füße zusammen, stellen sich auf die Hacken, beugen den Körper zurück, werfen die Last desselben auf den Stock, den sie in der linken Hand mit dem spitzigen Ende im Schnee in geringer Entfernung hinter sich halten, sodaß ein gleichschenkeliges Dreieck entsteht, in welchem der Körper und der Stock die beiden gleichen Seiten bilden. In dieser Stellung gleiten sie nun lange Abhänge mit bewundernswürdiger Schnelligkeit herab.

Auch beim Herabsteigen fehlt es aber zuweilen nicht an großer Gefahr. Da die Rückkehr gewöhnlich in eine spätere Tageszeit fällt als das Hinaufsteigen, so wird die Schneeoberfläche, die vorher weich war und eine gute Bahn bildete, hart und schlüpfrig. Capitain Sherwill sagt von einem Abhange in der Nähe des großen Plateaus: „Dieser Hügel war um Mittag, als wir ihn passirten, durch die Sonne erwärmt worden; jetzt aber war er vermöge des Schattens und der kalten Winde wieder gefroren und überaus gefährlich geworden. Wir fingen an, mit sehr sorgfältigen und vorsichtigen Schritten vorwärts zu gehen, indem wir unsere Füße in die am Morgen zurückgelassenen Fußtapfen setzten. So stiegen wir einige Zeit langsam herab, wobei wir alle mögliche Vorsicht brauchten, um nicht auszugleiten, denn obgleich wir durch Stricke aneinander befestigt waren, so hätte doch der Fall des Einen auch die Andern gefährden können. Ich war noch nicht über 100—150 Schritte herabgestiegen, als ich fiel; hinter mir her rollte der Schnee herab, und nicht eher konnte ich meinen Fall aufhalten, bis die Stricke zu ihrer ganzen Länge angespannt waren. Ein Führer rief mir zu, ich sollte meine Fersen in den Schnee zu drücken suchen und mich so ein wenig aufrichten, während die beiden Führer, welche die Stricke hielten, mich allmälig emporziehen würden. Als ich aber versuchte, meine Füße mit Gewalt in den Schnee zu drücken, kamen sie in Berührung mit dem Eise und glitten aus, sodaß meine Anstrengungen ganz vergeblich waren. Indeß wurde ich durch die äußerste Anstrengung, deren ich fähig war, und durch die Kraft der Führer emporgezogen, brauchte aber einige Zeit, um meine Besinnung wiederzuerlangen, denn als ich fast in der Luft schwebte, unmittelbar über einer so großen Tiefe und in Ungewißheit über den Erfolg des Manoeuvres, war ich einen Augenblick lang fast bewußtlos gewesen."

Auldjo gibt uns eine Schilderung von den großen Leiden beim Herabsteigen. „Der Übergang über das Plateau bis zu der Stelle, wo wir am Morgen gefrühstückt hatten, wurde wegen der Weichheit des Schnees, in dem wir bei jedem Schritte bis an die Knie einsanken, mit entmuthigender Ermattung bewerkstelligt. Der Kopfschmerz, den die mit großer Intensität brennende Sonne verursacht, und die dünne Luft brachten bei mir einen solchen Grad von Schwäche hervor, daß ich genöthigt war, mich wiederholt auf den Schnee niederzuwerfen."

Dr. Barry erzählt, daß er beim Herabsteigen längs der Eishügel über dem großen Plateau häufig schwer gefallen sei, weil der neue Schnee ihre glatte Oberfläche verborgen habe. „Mehr als einmal glitt ich bis an den Rand eines Abgrunds herab, was nicht ohne Gefahr war. Aber die Führer zogen mich sehr kaltblütig wieder in die Höhe und schienen nur darüber besorgt, daß die überhängenden Schneemassen dadurch in Bewegung gesetzt werden möchten; denn ich fiel grade an einer Stelle, wo sie darauf bedacht waren, so still als möglich vorwärts zu gehen, und kaum laut zu sprechen wagten, weil an dieser Stelle und zu dieser Tageszeit (es war zwischen vier und fünf Uhr Nachmittags) Lawinen sich nicht selten ereignen."

Feuersbrünste in London und Paris.

Mit jedem neuen Jahre pflegt man in London die Zahl der im vergangenen Jahre in dieser Weltstadt vorgekommenen Feuersbrünste mit sehr genauer Angabe ihrer Bedeutung, ihrer Ursachen und Umstände, nach gewissen Rubriken classificirt, und des Geschäfts der Hausbesitzer oder Wirthe, bei denen sie ausgebrochen sind, bekannt zu machen; ohne Zweifel eine löbliche und beifallswürdige Gewohnheit. Nach der Übersicht für das Jahr 1837 gab es in diesem Jahre in London 717 Mal Feuerlärm, also im Durchschnitt täglich 2 Mal. In 89 Fällen war es blinder Lärm, der nicht weniger als 5 Mal durch Nordlicht verursacht wurde, das so glänzend war, daß die Löschmannschaft herbeieilte; in 127 hatten Schornsteine Feuer gefangen, nur 501 waren wirkliche Brände; aber nur in 22 Fällen wurden die Gebäude gänzlich zerstört, in 357 nur leicht beschädigt. In 143 Fällen waren die Gebäude mit Inhalt, in 47 die Gebäude allein, in 76 nur der Inhalt, in 205 nichts versichert. 10 Brände kamen in den Wohnungen von Zündhölzchenfabrikanten vor. Unter den durch zufällige Ursachen entstandenen Feuersbrünsten wurden 125 durch Verwahrlosung des Lichts, 31 durch Entzündung von Gas, 34 durch vernachlässigte Feuerung in Manufacturen, 28 durch mangelhafte oder überheizte Ofenröhren veranlaßt (70—80 Brandfälle haben in der Regel jährlich in der Entzündung von Bettvorhängen, die in Deutschland glücklicherweise abgekommen sind, ihren Ursprung; 35—40 in der Entzündung von Fenstervorhängen).

In Paris zählte man 1836 191 Feuersbrünste und 1352 Fälle, wo Kamine brannten.

Das Tabacksgift.

Der wirksame Bestandtheil des Tabacks liegt in einem scharfen und flüchtigen Stoffe, dem man nach dem Franzosen Nicot, welcher 1564 das Tabackrauchen in Frankreich einführte, und von welchem die Tabackspflanze ihren botanischen Gattungsnamen Nicotiana führt, den Namen Nicotin beigelegt hat. Ein verstorbener französischer Chemiker, Vauquelin, entdeckte den Stoff, der aber erst in der neuesten Zeit, namentlich von französischen Gelehrten, genauer untersucht worden ist.

Die Hauptresultate ihrer Untersuchungen sind folgende: 1) Das Nicotin ist eine sehr starke und höchst giftige organische Basis, der man die reizende Wirkung des Tabacks, wenn auch nicht seine Qualität beimessen muß. 2) Sie ist in den Blättern zum Voraus vorhanden, in kleiner Menge auch in den Wurzeln mit einer vegetabilischen Säure verbunden. 3) Das mit dem Nicotin verbundene Ammoniak trägt dazu bei, das erstere flüchtiger zu machen und dem Taback Kraft zu geben. 4) In den durch Gährung zubereiteten Sorten scheint das Nicotin mehr als in den andern entwickelt, weil es frei wird, wiewol sie eigentlich entschieden weniger davon enthalten.

Was nun ferner die Eigenschaften dieses Stoffes im Einzelnen betrifft, so ist er in Äther, Weingeist, Terpentinöl, Wasser und verdünnten Säuren sehr auflöslich. Sein specifisches Gewicht ist $1^{48}/_{1000}$, d. h. nicht ganz fünf Procent größer als das des destillirten Wassers. Erhitzt verflüchtigt sich das Nicotin als ein weißer, sehr reizender Rauch, der sich bei Annäherung einer Flamme entzündet. Es äußert starke alkalische Wirkungen und hat zwar keinen Geruch, aber sein Dampf ist sehr beizend und reizt die Geruchsnerven. Sein Geschmack scheint auch bei sehr starker Verdünnung äußerst scharf und ätzend. Unter allen Pflanzengiften ist es eins der wirksamsten; Hunden und Vögeln gegeben veranlaßte es in allen Fällen schleunig den Tod. Ein Tropfen in den Schnabel einer starken Taube gebracht, tödtete sie sogleich, und vier bis fünf Tropfen waren stets hinreichend, um ziemlich starke Hunde zu tödten. Als einer der Gelehrten, die damit Versuche anstellten, eine sehr schwache Auflösung in Wasser höchstens eine Secunde lang in den Mund genommen hatte, überfiel ihn eine heftige Betäubung, die zehn Secunden anhielt, Schwere in den Gliedern und ein mehre Stunden dauernder Kopfschmerz. Nach Versuchen mit sieben noch gar nicht zubereiteten Sorten enthielten 1000 Grammen Tabacksblätter von Cuba 9, von Maryland 5, von Virginien 10, aus französischen Departements $6^{1}/_{2}$, 8, 11, dagegen Rauch= und Schnupftaback nur 4 Grammen Nicotin. Hieraus erhellt, daß die Qualität des Tabacks ebenso wenig ausschließlich von der Menge des darin enthaltenen Nicotins, als die Güte des Weins von der Menge des Alkohols abhängt. Ein nicht festzuhaltendes Princip, welches das Nicotin in gewissen Sorten begleitete, macht eine Art Bouquet aus. Auffallend ist der geringe Gehalt von Nicotin in dem zubereiteten und der Gährung unterworfenen Taback, der doch an Kraft und scharfem Geschmack andere Sorten weit übertrifft.

Der erwähnten ausnehmend giftigen Eigenschaften des Nicotins ungeachtet, möchte es dennoch äußerst schwierig sein, einen verderblichen Einfluß des Tabacks auf die Gesundheit und insbesondere auf die Lebensdauer mit Bestimmtheit nachzuweisen.

Das Herabgleiten auf Schneeabhängen des Montblanc.

Das Pfennig-Magazin
für Verbreitung gemeinnütziger Kenntnisse.

274.] Erscheint jeden Sonnabend. [Juni 30, **1838.**

Der Justizpalast zu Paris.

Zu den merkwürdigsten Gebäuden in Paris gehört der Justizpalast, wenn er auch eben nicht zu den schönsten gezählt werden kann, da im Laufe der Zeiten so viel daran geflickt und gebessert worden ist, daß er fast eine Musterkarte der verschiedensten Baustyle darbietet. Er steht an der Stelle des alten königlichen Palastes, in welchem Hugo Capet und seine Nachfolger residirten. Ludwig IX. baute den Theil, worin der Cassationshof seine Sitzungen hält, und die altgothische heilige Kapelle. Philipp der Schöne baute 1313 fast den ganzen Palast um; unter der Regierung seines Sohnes Ludwig X. fing das Parlament an, hier seine Sitzungen zu halten; Karl V. verließ den Palast 1364 und zog in das Hotel St.=Paul, aber Karl VI. wohnte hier 1385; Karl VII. bestimmte ihn ganz für die Justizverwaltung, doch wohnte Franz I. hier 1531. Es fiel, wie man sieht, den Königen von Frankreich schwer, sich von ihrem alten Palast zu trennen; als sie aufhörten, ihn zu bewohnen, bemächtigte sich dessen das Feuer.

Der große prachtvolle Saal mit dem berühmten Marmortische, auf welchem die geistlichen Schauspiele aufgeführt wurden, der Saal, wo die Könige ehemals die Gesandten empfingen, wo sie öffentliche Feste gaben, wo die Vermählungen der französischen Prinzen gefeiert wurden, der Saal, welcher mit den Statuen aller Könige, von Pharamund an, geziert war, brannte nebst einem Theile des Palastes am 7. März 1618 ab. Das Feuer war schon bis zum Glockenthurme gedrungen und hätte den ganzen Palast zerstört, wenn man nicht das Holzgerüste dieses Thurmes niedergerissen hätte. So gelang es, dem Feuer Einhalt zu thun und einen großen Theil des Palastes zu retten. Damals verbreitete sich das Gerücht, die Regentin Maria von Medici wäre dem Entstehen dieser Feuersbrunst nicht fremd gewesen, weil sie ihr seltsamerweise einen großen Dienst erwies, indem sie die Actenstücke der vom Parlamente angefangenen Untersuchung über die Ermordung Heinrich IV. vernichtete. Man behauptete, daß mehre dieser Documente die Königin selbst, Maria von Medici und den Herzog von Epernon bedeutend compromittirten. Der große, wirklich ungeheure Saal, gegenwärtig der Saal des Pas=Perdus (der verlorenen Schritte) genannt, wurde 1622 von dem Architekten Jakob de Brosse, dem Erbauer des Palastes Luxembourg, neu erbaut; er besteht aus zwei parallelen mit vollem Bogen gewölbten

Schiffen, die durch Arcaden getrennt werden. Als 1776 ein neues Feuer den ganzen Theil des Palastes verzehrt hatte, der sich von der Galerie der Gefangenen bis zur heiligen Kapelle erstreckte, baute man die jetzige Façade des Palastes. Der nach dem Platze Dauphine zu stehende Theil dieses Palastes ist der einzige, der noch niemals abbrannte.

Unter dem Justizpalaste ist das berüchtigte Conciergeriegefängniß und an denselben stößt die Policeipräfectur.

Das Neueste aus der Natur- und Gewerbswissenschaft.
(Fortsetzung und Beschluß aus Nr. 273.)

Ehe wir uns für diesmal von den Sternen selbst abwenden, müssen wir noch einmal zu den Sternschnuppen zurückkehren, von denen wir unsere Leser im vorigen Berichte ausführlich unterhalten haben, und welche, nach den Mittheilungen und Auslegungen über die so viel besprochenen November-Sternschnuppennächte, beinahe zu der Ehre gekommen wären, in das astronomische Gebiet gezogen zu werden. Zunächst fügen wir jenen über dieses Phänomen bereits vorgetragenen Bemerkungen noch nachstehende Resultate der diesfallsigen langjährigen Beobachtungen eines „wirklichen" (wir schreiben nicht ohne Absicht so) Naturforschers (d. h. in unserm ehrenden Sinne, eines in Gottes freier Natur die Naturerscheinungen verfolgenden Beobachters, nicht aber eines blos im Bücherstaube vergrabenen Stubengelehrten) hinzu, womit sich Das, was wir selbst beobachtet haben, zu unserm großen Vergnügen meistens in der vollkommensten Übereinstimmung findet.

Hiernach bleibt sich nun der Anblick, welchen Sternschnuppen dem unbewaffneten Auge gewähren, nicht gleich. Näher dem Horizonte gleichen sie hinfliegenden, blendenden Funken oder flackernden Sternen (mit scheinbar ausgezackten Umrissen). Näher dem Zenith, besonders von dem lichten Hintergrunde dichterer Sterngruppen, z. B. in der Milchstraße, tritt ihre runde Gestalt deutlicher hervor. Ihre Bahn hält nur in seltenen Fällen die gerade Linie; öfters bildet sie eine die convexe Seite nach innen kehrende Curve. Zuweilen stellen sich die Bahnen der Sternschnuppen auch geschlängelt dar, dem Fluge kleinerer Vögel vergleichbar, welcher ein abwechselndes Steigen und Fallen ist. Die Schnelligkeit der Bewegung anlangend, so scheint diese nahe am Horizonte mäßig; in der Nähe des Zeniths dagegen ist sie der des Blitzstrahls ähnlich, wobei jedoch bemerkt werden muß, daß sich letzterer außer dem Mangel eines Conglomerats noch durch seine vielfachen Strahlenzweige, durch häufigere Schlangenwindungen und noch mehr durch die Risse eines gesprengten Steins ähnlichen, gebrochenen Linien seiner Bahn unterscheidet. Es ist sehr zu beachten, daß sich die scheinbare Geschwindigkeit des Fluges weder bei allen Sternschnuppen gleich, noch selbst bei einer und derselben stetig zeigt. Man hat viel von auffallend parallelen Richtungen gesprochen, welche die Sternschnuppen in gegebenen Zeiten und Räumen befolgen sollen. Der sorgsame Beobachter, dem wir in unserer Darstellung folgen, hat dies nicht nur nicht gefunden, sondern vielmehr oft kurz nacheinander eingetretene Sternschnuppen verschiedene, ja sogar ganz entgegengesetzte Bewegungsrichtungen einschlagen sehen.

Hieraus leitet er nun ein Hauptargument gegen die bekanntlich für die November-Sternschnuppennächte aufgebotene Hypothese von solchen Bahnen dieser Meteore her, worin sie die Erdbahn, gleichsam als Asteroiden, durchschneiden sollen; und wir können uns in der That nicht verhergen, daß uns diese Hypothese, wiewol wir sie aus dem Munde eines überaus berühmten Astronomen selbst vernommen haben, um so abenteuerlicher erscheint, je mehr wir darüber nachdenken. Außerdem aber erheben sich gegen die Bedeutung, welche man diesen Sternschnuppennächten beigelegt hat, jetzt auch schon astronomische Stimmen selbst, und der wackere Karl v. Littrow z. B. bemerkt ausdrücklich: es habe überraschen müssen, in allen den Nächten vom 19. bis 29. November ebenso viel Sternschnuppen wahrgenommen zu haben, als in den in diesem Bezuge so sehr hervorgehobenen Nächten vom 12. zum 15. November. Mit diesem Avis au lecteur scheiden wir für diesmal von den Sternschnuppen, den Lesern überlassend, mit wie vielem Vertrauen sie auf den Grund dieser Erläuterungen in den nächsten Novembernächten darnach ausschauen wollen.

Indem wir damit zugleich vom Gebiete der Astronomie auf das Gebiet der Physik übergehen, begegnet uns als die bedeutendste neuere Erscheinung auf dem letztern, die elektrische Telegraphie, d. h., wie sich unsere Leser erinnern, die Anwendung der ungeheuern Schnelligkeit, mit welcher der elektrische Funke eine Drahtleitung, sie sei nun so lang wie sie wolle, durchläuft, um dadurch Mittheilungen zu bewirken.

Diese große Geschwindigkeit des elektrischen Funkens hat freilich schon früher auf den Gedanken einer Anwendung zur Telegraphie führen müssen, und wir finden in einer ältern naturwissenschaftlichen Zeitschrift (Voigt's Magazin, Bd. IX, St. 1), daß ein deutscher Physiker, Reißer, schon im Jahre 1794 Vorschläge dazu gethan hat; er wollte Metalldrähte in Glasröhren einschließen und diese unter den Boden legen. Vier Jahre später, 1798, errichtete Dr. Salva zu Madrid, mit Unterstützung des Infanten Don Antonio, einen elektrischen Telegraphen nach denselben Principien, dessen Wirksamkeit sehr gelobt wurde; Salva sowol als Reißer hatten dabei aber nur die bis dahin allein bekannte gewöhnliche Reibungselektricität anwenden können, obwol sie bei ihrer Veränderlichkeit nicht recht geschickt dazu ist. Die Entdeckung der Contactelektricität durch Galvani und Volta änderte die Sache, und Sömmerring fand sich dadurch in den Stand gesetzt, im Jahre 1808 eine auf diese Berührungselektricität (Volta'sche Säule) begründete telegraphische Einrichtung auszuführen. Ich lasse mich indeß auf eine weitere Beschreibung des von ihm dabei angewendeten, ziemlich complicirten Verfahrens um so weniger ein, da die einige Zeit nachher bekannt werdenden wichtigen Entdeckungen Oersted's und Faraday's über Wechselwirkung zwischen Galvanismus und Magnetismus natürlich auch auf diesen Gegenstand nicht ohne Einfluß bleiben konnten und der Sache eine ganz veränderte Gestalt gaben. Durch die Reibungselektricität, als die angeführtermaßen zuerst angewendete Potenz, konnten nur sichtbare Zeichen gegeben werden; der galvanische Strom bewirkt bekanntlich noch auf große Entfernungen chemische Zersetzungen, welche also zu einer stillern Mittheilung geeignet schienen; der Einfluß dieses Stromes auf Magnetnadeln besteht aber, wie meine Leser sich ebenfalls erinnern, in einer Ablenkung derselben von ihrer normalen Richtung, also in Hervorbringung einer Bewegung, wodurch demnach sogar eine mechanische Kraft auf so große Entfernungen und in so unmeßbar kurzer

Zeit ausgeübt wird. Letztere Vortheile in ihrer Anwendung auf elektrische Telegraphie hat zuerst unser großer Gauß zu Göttingen hervorgehoben. Bei Gelegenheit anderer magnetischer Untersuchungen führte er von der Sternwarte gedachten Ortes nach dem dortigen physikalischen Cabinet einen 3000 Fuß langen Kupferdraht und ließ durch denselben einen mittels der mit dem Drahte in Verbindung gebrachten Volta'schen Batterie erregten Strom von Berührungselektricität strömen, wobei sich ergab, daß dieser elektrische Strom von seiner obenerwähnten Fähigkeit, Magnetnadeln aus ihrer normalen Richtung zu lenken, durch die Weite des im Leitungsdrahte zurückgelegten Weges nichts einbüßte. Gauß hatte also ein Mittel gefunden, auf große Weiten in der kürzesten Zeit Signale zu geben, indem er an dem einen Ende eines sehr langen Drahtes Elektricität in diesen Draht treten ließ, welcher am andern Ende sogleich eine Magnetnadel in ablenkende Bewegung setzte. Die Einrichtung war dabei so getroffen, daß es von der Willkür des Experimentators abhing, ob diese Ablenkung der Magnetnadel rechts oder links erfolgen sollte. Gauß hat hiernach also nur zwei verschiedene Zeichen: ein solches stoßweises (ablenkendes) Rücken der Nadel rechts und links; aber Verbindungen mehrer solcher Zeichen können natürlich auch ein Alphabet bilden, und dann ist diesem Gauß'schen Verfahren der außerordentliche Vortheil eigen, daß man dabei nur eines Leitungsdrahtes bedarf, welcher Umstand natürlich um so mehr Beachtung verdient, auf je größere Strecken diese galvanische Telegraphie ausgedehnt wird. Unsere Leser erinnern sich aus unsern frühern Vorträgen über diesen Gegenstand, daß wir, um die Sache recht anschaulich zu machen, anfänglich immer von 25, die 25 Buchstaben des Alphabets repräsentirenden, Leitungsdrähten gesprochen haben; die Engländer, in deren praktischen Lande man die schöne Idee, wie gewöhnlich, zuerst zu einer dem bürgerlichen Leben auch wirklich dienenden, die Foderungen und Vortheile desselben wirklich fördernden Ausführung gebracht hat, haben hernach Mittel erdacht, durch vier Leitungsdrähte Dasselbe zu bewirken; unserm Gauß aber gehört also der Gedanke, mit einem Leitungsdrahte zum Ziele zu gelangen.

In dieser Gestalt nun empfahl der große göttinger Mathematiker dem Professor Steinheil zu München die Verfolgung des Gegenstandes, und es scheint Letzterm, wie wir gleich zeigen werden, gelungen zu sein, diese elektrische Telegraphie mittels eines Leitungsdrahtes auf eine unerwartete Stufe der Ausbildung zu erheben. Aus dem Observationssaale des physikalischen Cabinets der königlichen Akademie zu München hat er solche einfache Leitungsdrähte nach seiner Wohnung in der Lerchenstraße (auf eine Entfernung von 6000 Fuß), nach der mechanischen Werkstatt der Akademie (1000 Fuß) und nach der königlichen Sternwarte zu Bogenhausen (30,000 Fuß) führen lassen. Die augenblickliche Verbindung eines jeden dieser Leitungsdrähte mit der Batterie, aus welcher der elektrische Strom in die eingelassen werden soll, wird durch einen bloßen Balancier bewirkt, welcher zum Geben der Zeichen nur rechts oder links gedreht zu werden braucht, wie wir schon oben Ähnliches angeführt haben. Um die Aufmerksamkeit auf der betreffenden Station zu erregen, daß eine Mittheilung erfolge, sind Glöckchen angebracht, welche sich durch die mittels des elektrischen Stromes in Bewegung gesetzte Magnetnadel zum Anschlage gebracht finden, und sobald dies Zeichen an der Station ertönt, wird es von dort in gleicher Art auch rückwärts ertheilt, dergestalt, daß man durch eine solche elektrische Rückmittheilung in München sogleich weiß, ob auch die ursprüngliche Anzeige, z. B. in Bogenhausen, richtig angelangt sei. Die Zeichensprache selbst hiernächst, wodurch nun der eigentliche Rapport zwischen zwei Stationen fortgesetzt wird, besteht darin, daß durch gleiche Bewegung einer zweiten Magnetnadel schwarze Punkte auf einem Papierstreifen abgedruckt werden, deren höherer oder tieferer Stand ein übereingekommenes Signal andeutet. Wir gehen, um die Einbildungskraft unserer Leser nicht zu sehr anzustrengen, auf die Beschreibung des Details der hierzu getroffenen Einrichtungen nicht ein; als ein Beispiel der dadurch bewirkten Schnelligkeit der Mittheilung aber mag angeführt werden, daß eine Depesche von 92 Worten ohne Abkürzung 15½ Minuten erforderte, welche Zeit lediglich auf die Signalisirung gerechnet werden muß, da die Überpflanzung selbst, wie wir schon öfter angeführt haben, in einem Nu erfolgt. Diese Versuche wurden unter den Augen des Königs von Baiern und einer Menge sachkundiger Männer angestellt, und es ist daher an der vollkommenen Genauigkeit der darüber hier mitgetheilten Umstände nicht zu zweifeln. Die Engländer haben nun zwar, wie vorläufig schon in unserm frühern Berichte angeführt worden, eine solche elektrische Telegraphenverbindung bereits im größern Maßstabe zwischen London und Liverpool ausgeführt; da ihr Mechanismus aber erwähntermaßen vier Leitungsdrähte erfodert, statt daß Gauß und Steinheil mit einem solchen Drahte zu Stande kommen, so überragt die deutsche Idee doch die englische Ausführung. Möge nun jene schöne Gauß-Steinheil'sche deutsche Idee erst zwischen ein Paar großen deutschen Städten auch in ein echtes praktisches Leben getreten und nicht länger eine blos münchen-bogenhausener experimentale Spielerei bleiben!

Landschaftsbilder aus Abyssinien.

Ein deutscher Reisender, Joseph von Rußegger, der Chef derjenigen östreichischen Bergbeamten, welche die östreichische Regierung auf das Gesuch des Paschas von Ägypten nach diesem Lande geschickt hat, um sämmtliche der Herrschaft dieses Fürsten unterworfene Länder in bergmännischer Hinsicht zu untersuchen, gibt interessante Nachrichten über Abyssinien, wo er sich am Ende des vorigen Jahres befand, aus denen wir Folgendes mittheilen: „Die Berge des Innern von Afrika bilden keine große zusammenhängende Kette, wie unsere Alpen, Karpaten u. s. w., sondern stehen isolirt in Gruppen auf der unermeßlichen Savannenebene. Hier sieht man keine Berge, wie der Glockner und andere sind, die ihre mit ewigem Schnee und Eis bedeckten Spitzen hoch in die reinen dunkelblauen Lüfte heben. Die hiesigen Berge sind pittoresk geformt, aber niedrig, denn noch keinen habe ich gesehen, der 3000 Fuß Meereshöhe gehabt hätte. Dagegen erschauen wir andere Schönheiten, die wir in Europa nicht kennen, die Pracht der Tropenwälder, die herrlichen Gruppen von Palmen, Adansonien, Tamarinden, umschlungen von mannichfaltigen Schlingpflanzen, prangend mit Blumen, schön wie sie nur die reichste Phantasie zaubern kann, bevölkert von Vögeln, schimmernd im Prachtgefieder der heißen Zone, bewohnt von den seltensten Thieren unserer Menagerien. Die Savanne — ein weiter unabsehbarer Graswald, wo das Gras eine Höhe von mitunter 12—15 Fuß erreicht und dicht wie eine

Mauer steht, wechselnd mit meilenweit ausgedehnten Mimosengebüschen, durchschlungen und verflochten mit stacheligen Schlingpflanzen, undurchdringlich für die Menschen, die Heimat der Löwen, Tiger, Hyänen u. s. w. — bildet das Hauptterrain, welches Afrika vom atlantischen Ocean bis zum indischen am Äquator durchzieht. Von einem solchen Graswalde, wie ihn die Savanne, meist in der Nähe großer Flüsse, darbietet, ist es schwer, sich eine Vorstellung zu machen. Ich verirrte mich auf der Reise von Sennaar hierher auf der Jagd einst in diesem Grase. Nur ein Schwarzer begleitete mich; wir sahen nichts als die dürren Halme, zwischen denen wir steckten, und einen ganz kleinen Theil des Himmels über uns. Es war gegen Mittag, die Hitze fürchterlich, brennender Durst peinigte uns; ich hatte keinen Compaß bei mir, wir konnten uns nicht mehr orientiren. Ich versuchte mit einem großen Jagdmesser mir Platz zu machen, vergebens, ich mußte ermattet den fruchtlosen Versuch aufgeben. Zu einem Wege von höchstens zehn Minuten Länge brauchten wir zwei qualvolle Stunden, und wir kamen nur dadurch vorwärts, daß Jeder mit beiden Händen das Gras zur Seite drückte; so mußte mit unsäglicher Mühe jeder Schritt errungen werden. Es ist ein ganz eigenthümlich schöner Anblick, Thiere, die man bisher nur in Menagerien, zum Theil mit Ketten belastet, zu sehen gewohnt war, im freien Zustande wild zu schauen. So erblickten wir auf der Reise einmal einen Tiger, der sein Wohlgefallen an der Karavane durch gewaltiges Herumschlagen seines Schweifes zu erkennen gab, uns jedoch ruhig ziehen ließ. Ein andermal mußten wir wegen dieser Bestien eine Nacht und einen halben Tag ohne Wasser bleiben. Es war tief in der Nacht, als wir auf der Savanne lagerten; der Mond leuchtete herrlich; ich sendete mehre unserer Schwarzen mit Kameelen an den nahen Fluß, um Wasser zu holen. Nicht lange hernach hörten wir Schüsse fallen und trafen die kleine Karavane auf dem Rückzuge. Ganz nahe am Flusse nämlich standen drei Tiger mitten auf dem Wege und schienen sie zu erwarten. Die Neger schossen ihre Gewehre in die Luft, die Tiger aber behaupteten ihren Posten, die Kameele zitterten, bäumten sich, gingen durchaus nicht vorwärts; man mußte umkehren, denn die Beleuchtung des Mondes war zu trügerisch, um mit Sicherheit zielen zu können."

„Hier in Roserres, einem ungeheuern Negerdorfe, aus lauter kegelförmigen, von Schilf geflochtenen Hütten bestehend, wohnt der Melek oder König von Fasoglo, insgemein Schah Soliman genannt. Er ist, wie die meisten hiesigen Neger, Mohammedaner und ein seelenguter Alter, der beinahe täglich zu mir ins Zelt kommt, um mit mir von dem fernen Europa sich zu unterhalten. Ich schenkte ihm eine Doppelflinte und verschiedene Kleinigkeiten, als Spiegelchen, Feuerzeuge u. s. w., die ihn ganz glücklich machten. Sein Äußeres ist seltsam genug; er ist lang und hager, trägt ein weites weißes Hemd und ein großes buntes Tuch vielfach verschlungen um den Leib gewickelt, auf dem Kopfe eine Mütze, deren beide Enden emporgerichtet sind. Der Hofsitte seines Landes gemäß läßt er sich immer ein großes Schwert nachtragen und ist stets von einem großen Gefolge von Negern, die mit Wurfspießen, Schwertern und Schilden von Rhinoceroshaut bewaffnet sind, umgeben. Die Menschen hier sind im Allgemeinen ungemein schön, stark, nervig, schlank, wahre Götterformen; sie haben in ihren Gesichtern nicht das Stumpfe der südlichen Negerracen, und mit ihren westlichen Nachbarn, den Dinkas, die wirklich mehr Affen als Menschen gleichen, gar keine Ähnlichkeit, als die dunkelschwarze Hautfarbe."

„Bei Excursionen ist einige Vorsicht nöthig, theils der feindlichen Neger, theils der vielen Bären wegen, die uns bereits einen Soldaten und ein Kameel zerrissen haben. Man brachte den Thäter todt ins Lager, ein großes, schönes, königliches Thier, das größte Exemplar, das ich bis jetzt gesehen habe, denn der Körper allein, ohne Kopf und Schwanz, maß sieben pariser Fuß Länge. Der Kopf hatte eine Länge von $1\frac{1}{2}$ Fuß; man kann sich darnach das furchtbare Gebiß und die enorme Stärke dieses Thieres vorstellen."

Nächtliches Thierleben in den Tropenländern.

Der Contrast zwischen dem Leben in den Ländern der gemäßigten Zone und dem Leben in den heißen Ländern zwischen den Wendekreisen ist in unzähligen Hinsichten so grell, daß wir uns von dem letztern kaum einen Begriff machen können. Nur einen Umstand wollen wir hier ins Auge fassen, den verschiedenen Einfluß der Nacht auf die Thierwelt. Wir sind es gewohnt, daß mit dem Beginne der Nacht das gesammte Thierreich, nur mit Ausnahme weniger Thiere, wie der Eulen, Fledermäuse und Nachtschmetterlinge, sich der Ruhe und dem Schlafe hingibt und erst mit der Sonne wieder munter wird; daher sind unsere Wälder in der Nacht in tiefe Stille begraben. Ganz anders in der heißen Zone; hier beginnt für sehr viele Thiere das Leben erst mit dem Eintritte der kühlen Nacht, und daher erfüllt die Wälder in der Nacht der wildeste Lärm, von welchem Alexander von Humboldt folgende lebendige Schilderung gibt:

„Die Nacht war ruhig und heiter; der Mond schien hell. Die Krokodile lagen am Ufer ausgestreckt, in einer solchen Stellung, daß sie das Feuer betrachten konnten. Wir glauben beobachtet zu haben, daß sein Glanz sie anzieht, wie die Fische, Krebse und andere Wasserbewohner. Die Indianer zeigten uns im Sande die Spuren von drei Tigern, von denen zwei sehr jung sein mußten. Ohne Zweifel war es ein Weibchen, das seine Jungen an den Fluß geführt hatte, um sie trinken zu lassen. Da wir keinen Baum am Ufer fanden, steckten wir die Ruder in den Boden, um unsere Hängematten daran zu befestigen. Bis 11 Uhr Nachts blieb Alles ziemlich still. Aber dann erhob sich in dem benachbarten Walde ein so entsetzlicher Lärm, daß es fast unmöglich war, ein Auge zu schließen. Unter so vielen Stimmen wilder Thiere, die durcheinander schrien, erkannten unsere Indianer nur die, welche sich einzeln vernehmen ließen. Dahin gehörten die dünnen flötenartigen Töne der Sapajous (einer kleinen Affenart), das Seufzen der rothen Brüllaffen, das Geschrei des Tigers, des Couguars oder amerikanischen Löwen ohne Mähne, des Pecari oder Bisamschweins, des Faulthieres, des Hokko, des Parraqua und einiger anderer hühnerartigen Vögel. Als sich die Jaguars dem Rande des Waldes näherten, fing unser Hund, der bis dahin ohne Aufhören gebellt hatte, an zu heulen und unter unsern Hängematten Schutz zu suchen. Bisweilen kam nach langer Stille das Geschrei der Tiger von der Höhe der Bäume herab; dann folgte ihm das scharfe, langgedehnte Pfeifen der Affen, welche die Gefahr, von der sie bedroht wurden, zu fliehen schienen."

„Ich schildere diese nächtlichen Scenen Zug für

Zug, weil wir noch nicht daran gewöhnt waren, da wir erst kurz zuvor die Fahrt auf dem Rio Apure begonnen hatten. Sie haben sich für uns ganze Monate hindurch wiederholt, überall, wo der Wald sich dem Bette der Flüsse näherte. Die Sicherheit, welche die Indianer dabei zeigen, flößt auch den Reisenden Vertrauen ein. Man glaubt ihrer Versicherung, daß alle Tiger das Feuer fürchten, und daß sie nie einen in der Hängematte liegenden Menschen angreifen. Wirklich sind solche Angriffe ungemein selten, und während meines langen Aufenthalts in Südamerika erfuhr ich, so viel ich mich entsinne, nur ein einziges Beispiel dieser Art, wo ein Llanero, der Achaguasinsel gegenüber, zerrissen in seiner Hängematte gefunden wurde."

„Wenn man die Indianer nach den Ursachen des entsetzlichen Lärms fragt, den die Thiere des Waldes in gewissen Stunden der Nacht erheben, so antworten sie lächelnd: Sie feiern den Vollmond. Ich vermuthe, daß ihre Unruhe meistens die Folge eines Streites ist, der im Innern des Waldes ausgebrochen ist. So verfolgen z. B. die Jaguars die Pecaris und Tapirs, welche sich nur durch ihre Menge zu vertheidigen wissen und in geschlossenen Scharen fliehen, indem sie die Büsche, die sie auf ihrem Wege antreffen, umreißen. Durch diesen Kampf in Schrecken gesetzt, antworten die furchtsamen und mistrauischen Affen von den Gipfeln der Bäume herab auf das Geschrei der großen Thiere. Dadurch erwecken sie die in Gesellschaft lebenden Vögel, und so ist bald die ganze Menagerie in Bewegung. Aber nicht nur bei einem schönen Mondschein, sondern hauptsächlich bei Gewittern und großen Regengüssen erheben die wilden Thiere diesen Tumult. „Möge Ihnen der Himmel eine ruhige Nacht und Schlaf schenken wie uns!" sagte der Mönch, der uns auf dem Rio Negro begleitete, als er ganz ermattet uns unsern Bivouac einrichten half. In der That ist es seltsam genug, daß man mitten in der Einsamkeit der Wälder keine Ruhe finden kann. In den spanischen Herbergen fürchtet man die durchdringenden Töne der Guitarren aus dem benachbarten Zimmer, in denen am Orinoco, die in einem offenen Ufer oder im Schatten eines allein stehenden Baumes bestehen, muß man fürchten, durch Stimmen, die aus dem Walde kommen, im Schlafe gestört zu werden."

Die Jungfrau, nach Murillo.*)

*) Vergl. Pfennig-Magazin Nr. 87.

Hyänenjagd in Afganistan.

Der britische Lieutenant Conolly, welcher auf seiner Reise durch Asien einige Zeit bei den Afganen verweilte, schildert die Hyänenjagd auf folgende Weise.

Man entdeckte die Fährte einer Hyäne. Ein Mann, der nur zur Noth bekleidet war und keine andere Waffe als ein Messer im Gürtel trug, trat hervor mit einem Stricke, welcher zwei Schleifen hatte, in der rechten und einem kleinen Filzmantel in der linken Hand. So ausgerüstet ging er ruhig in die Höhle des blutgierigen Thieres. Bei seiner Annäherung zog sich die Hyäne immer weiter zurück bis in ihres Baues Hintergrund, wo ihr kein Ausweg mehr übrig blieb.

Der Mann, obgleich auf allen Seiten von der tiefsten Dunkelheit umschlossen, konnte dennoch sehr gut alle ihre Bewegungen bemerken, da ihrer Augen außerordentliches Funkeln ihm immer den Ort andeutete, an welchem sie sich befand. Er rutschte auf den Knieen der wilden Bestie näher, und diese, von Furcht ergriffen, schickte sich keineswegs zur Vertheidigung an, sondern dachte nur darauf, sich in sich selbst zusammen zu schmiegen und zu verbergen. Endlich ganz nahe vor ihr, warf er ihr den Filzmantel über den Kopf und zog ihn dergestalt zusammen, daß sie sich desselben nicht leicht entledigen konnte.

Über diesen plötzlichen Angriff ist das Thier in der Regel so bestürzt, daß es sich noch mehr zusammendrückt, und obgleich es in den Filz beißt, gibt es sich doch keine Mühe, seine scharfen Zähne auch an den kühnen Jäger zu versuchen. Dieser ergreift nun die Vorderbeine der Hyäne, zieht die Schleife fest darum und schnürt sie auf diese Weise zusammen, schlingt dann rasch den Strick um den Hals und schleift nun seine Beute ohne alle Gefahr ans Tageslicht.

Man bringt die Hyänen gewöhnlich auf solche Weise nach den Städten, wo man sich ihrer zu Jagdbelustigungen bedient, ihnen jedoch zuvor einen Knebel in dem Rachen befestigt, damit sie die Hunde nicht beißen können.

Die Provinz Navarra in Spanien.

Navarra, ein rauhes Gebirgsland, 115 Quadratmeilen enthaltend, wird auf der einen Seite von den Pyrenäen, auf der andern von Biscaya, Altcastilien und Aragon begrenzt und hat gegen 288,000 Einwohner, die in 9 größern, 154 kleinern Städten und 630 Dörfern leben. In frühern Zeiten war die Bevölkerung zahlreicher, verminderte sich aber gegen das Ende des 16. Jahrhunderts durch starke Auswanderung nach der Gascogne.

Die Pyrenäen, welche hier zackig und schroff emporsteigen, durchkreuzen das Land nach allen Richtungen, schließen aber auch liebliche und fruchtbare Thäler ein, deren Namen zum Theil geschichtlich bekannt sind, wie das Thal Roncesvalles, wo der tapfere Roland beim Rückzuge Karl's des Großen fiel, ferner die Thäler Roncal, Bastan, Lescou. Der Ebro bewässert das Land und nimmt innerhalb der Grenzen desselben mehre Nebenflüsse auf, den Rio Quallas, Aragon, Iraci, Cidaco, Agra, Ega, Alhama. Die Bidassoa bildet die Grenze zwischen Spanien und Frankreich, nach einem Vertrage, welcher zwischen Ferdinand dem Katholischen, und Ludwig XII. abgeschlossen wurde.

Die Provinz zerfällt in fünf Merindades oder Grafschaften, deren Hauptorte Pampelona (die Hauptstadt von Navarra), Estella, Tudela, Sanguessa und Olite heißen.

Pampelona, mitten in einer Ebene an der Agra gelegen, soll unter dem Namen Pompejopolis von dem römischen Proconsul Pompejus, nach Besiegung des Sertorius, gegründet worden sein. Es führen sechs Thore in die Stadt, die durch breite, regelmäßige Straßen ein freundliches Ansehen erhält, obgleich bei den meisten Häusern die Glasfenster fehlen. Dicht vor der Stadt ist eine Citadelle, von Philipp II. angelegt, wodurch Pampelona als ein militairisch wichtiger Punkt an Bedeutung gewinnt. Auf einer nahen Anhöhe liegt die Wohnung des Vicekönigs von Navarra, ein unbefestigtes Schloß. Die Einwohner von Pampelona rühmen sich, das Licht des Christenthums zuerst empfangen zu haben, und verehren den heiligen Saturnin als ihren ersten Apostel. Seit dem Jahre 1608 besteht hier eine Universität. Die Stadt zählt ungefähr 14,000 Einwohner, welche nur die gewöhnlichen städtischen Gewerbe betreiben, da Fabriken und derartige Unternehmungen zu den Seltenheiten gehören; überhaupt würde die Stadt ganz still und einsam sein, wenn nicht die Hauptstraße nach Frankreich dieselbe berührte und den Verkehr zu gewissen Zeiten belebte. Noch verdient hier bemerkt zu werden, daß Ignatius Loyola, der Stifter des Jesuitenordens, welcher im spanischen Heere die Stelle eines Hauptmanns bekleidete, bei der Vertheidigung Pampelonas gegen die Franzosen im Jahre 1512 eine schwere Verletzung erhielt, indem ihm durch eine umstürzende Mauer der Schenkel zerschmettert wurde. Auf seinem langwierigen Krankenlager las er Legenden berühmter Heiligen und entschloß sich nun, da er zum Kriegsdienste nicht wieder tauglich wurde, ein Streiter für die Kirche Jesu zu werden.

Tudela, am Ebro, hat eine äußerst reizende Lage; eine schöne Brücke führt über den Ebro, und angenehme Spaziergänge umgeben die von 8000 Menschen bevölkerte Stadt. Die Umgegend ist fruchtbar und die Schafzucht wird mit glücklichem Erfolg betrieben.

Estella, an der Ega, hat ebenfalls eine romantische Lage. Außer einem befestigten Schlosse hat diese Stadt nichts Bemerkenswerthes aufzuweisen. Die Einwohner, ungefähr 5000 an der Zahl, arbeiten vorzüglich in Wolle.

Olite und Sanguessa sind freundliche Landstädtchen, die nur als Centralorte ihrer Districte einige Bedeutung haben. Die übrigen Städte und Dörfer liegen sehr vereinzelt, eingezwängt in enge Thäler, angelehnt an Felsenwände oder hingestreut auf luftige Höhen.

Der Navarrese zeichnet sich durch Thätigkeit und Genügsamkeit aus; unverdrossen bearbeitet er seinen kärglichen Boden oder durchzieht wie der Alpenbewohner Berg und Thal mit seinen Heerden. Sein starker, gedrungener Körperbau macht ihn geschickt zur Ertragung jeglicher Beschwerde, im Gefühle seiner Kraft und Gewandtheit wagt er oft Unglaubliches und vorzüglich trotzt er als Schleichhändler in den wilden Pässen und auf den schwindelnden Pfaden der Pyrenäen allen mit diesem Gewerbe verknüpften Gefahren. Daß er als Krieger mit der größten Leichtigkeit steile Felsen überklettert, hier Frost und Kälte, in den Niederungen wiederum die brennendste Sonnenhitze erträgt, mit sehr wenigen Bedürfnissen meilenlange Schnellmärsche macht, das beweist besonders die neuere Geschichte der spanischen Kriege. Er hängt mit unerschütterlicher Festigkeit an seinen alten Gewohnheiten, verficht mit unbeugsamer Beharrlichkeit ererbte Rechte, und deshalb schreibt man ihm einen starrsinnigen, widerspenstigen, stolzen Charakter zu. Ungeachtet seines Ernstes ist er doch auch witzig und schlau.

Was die Fruchtbarkeit des Bodens betrifft, so gedeihen in Navarra die meisten Getreidearten, wie Roggen, Gerste, Mais, so auch Obst, Gemüse, Öl und Wein, reichen jedoch nur eben für den eignen Bedarf hin, was zum Theil daher kommt, daß man den Ackerbau nicht mit der gehörigen Einsicht betreibt. Selten nur kann einer der genannten Artikel ausgeführt werden. Tudela liefert einen sehr guten, dem Burgunder ähnlichen Wein. Fabriken und Handel haben in Navarra nie geblüht und stehen noch heute auf der niedrigsten Stufe der Ausbildung. Dagegen ist die Provinz reich an Eisen- und Kupferbergwerken, und das berühmte Steinsalzwerk bei dem Dorfe Valtierra ist wahrhaft sehenswerth. Ebenso finden sich an einigen Orten heiße Mineralquellen.

Künste und Wissenschaften lagen in dieser Provinz stets in der Wiege, und die Universität zu Pampelona ist von der Art, daß ihre Schüler kaum etwas mehr als die Anfangsgründe der lateinischen Sprache erlernen. Sonstige Anstalten zur Erlangung der nothwendigsten Kenntnisse fehlen beinahe gänzlich, weshalb auch Navarra keinen berühmten Gelehrten oder Schriftsteller aufzuweisen hat.

Schlauheit eines Schmugglers.

Vor Kurzem kaufte Jemand in Caen in Nordfrankreich ein Kalb, welches er ohne Abgabe in die Stadt zu bringen versprach, wobei er folgende List anwendete. Er borgte sich von Demjenigen, welchem er das Kalb abgekauft hatte, einen großen Hund, steckte ihn in einen Sack, den er über seine Schultern warf, und ging zum Stadtthore hinein, ohne von den Acciseofficianten Notiz zu nehmen. Natürlich wurde er angehalten und gefragt, was er im Sacke habe, worauf er sehr ängstlich erwiderte, daß es nur ein Hund sei, den er von einem Freunde zum Geschenke erhalten und in den Sack gesteckt habe, damit er jede Spur nach der Wohnung seines ehemaligen Herrn verlieren möchte. Die Zollofficianten, die dergleichen Streiche kannten, bestanden darauf, daß er den Sack öffnen sollte, und der Schmuggler erfüllte endlich nach langem Sträuben ihr Verlangen. Kaum war dies geschehen, als der Hund heraussprang und in vollem Lauf der Wohnung seines alten Herrn zueilte. Der Schmuggler jammerte und klagte, während die Officianten über seine Angst sich höchlich ergötzten. Er lief dem Hunde nach und erschien nach zwanzig Minuten mit seinem Sacke wieder vor dem Thore, indem er mit fröhlichem Gesicht erklärte, daß er seinen „Sultan" wiedergefangen habe. Die Beamten ahneten nicht, daß anstatt des Hundes ein Kalb im Sacke war, und ließen den Listigen ruhig einziehen. Der Verkäufer hatte den Preis des Kalbes dagegen gewettet, daß ihm der Streich nicht gelingen würde, und der Schmuggler war für nichts zu dem Kalbe gekommen.

Verbesserte Art, Bücher einzubinden.

Die Bogen werden wie gewöhnlich gelegt und geschlagen, aber anstatt geheftet und geleimt zu werden, in der gehörigen Ordnung in die Presse gelegt und mit dem Messer der Rücken der Bogen abgeschnitten, sodaß nun jedes Blatt von den übrigen getrennt ist; der so entstehende Rücken wird durch Schaben, Raspeln oder auf ähnliche Art gerauht und dann mit zwei Schichten einer dicken Auflösung von Kautschuk überzogen, wodurch die einzelnen Blätter fest aneinander geleimt werden. Auf diesen Firniß wird entweder eine dünne Kautschukplatte oder ein Stück mit Kautschuk getränkten Seiden-, Leinen- oder Baumwollenzeugs aufgelegt und mit der Hand fest angedrückt, worauf der Einband wie gewöhnlich angebracht wird. Bei gehöriger Fertigkeit zeigt dieser Einband einen bisher noch nicht erreichten Grad von Elasticität beim Aufschlagen des Buchs. Trägt man Bedenken, den ganzen Rücken der gefalteten Bogen abzuschneiden, so läßt sich der gleiche Effect dadurch erreichen, daß man nur einige Streifen in den Rücken einschneidet, mit denselben wie vorher verfährt und den Rücken dann mit einem Stück Kautschuk oder in Kautschuk getränkten Zeuches überlegt.

Kyanisirtes Holz.

Vor wenigen Jahren ist in England eine in privat- und nationalökonomischer Hinsicht höchst bedeutende Erfindung gemacht worden. Schon lange hatte man sich nämlich bemüht, ein Schutzmittel gegen den trockenen Moder im Holze zu entdecken, indem die Erzeugung desselben große Verwüstungen bei allen Bauten, wozu Holz gebraucht wird, veranlaßt. Vorzüglich war es Englands Marine, der dadurch bedeutende Verluste zugefügt worden waren. Nachdem man gegen dieses Übel eine Menge Mittel vorgeschlagen und angewandt hatte, die sich mehr oder weniger unzulänglich erwiesen, machte schon 1825 der berühmte Humphry Davy auf das ätzende Quecksilbersublimat aufmerksam und schlug vor, die äußern Flächen des zum Schiffbau zu verwendenden Holzes mit einer Sublimatauflösung zu überstreichen. Die Sache kam jedoch nicht in Aufnahme, und erst später machte ein gewisser Kyan zahlreiche Versuche, die durch den vollkommensten Erfolg gekrönt wurden. Er legte verschiedene Stücke Holz in eine solche Auflösung, und nachdem sie gehörig durchzogen, nebst Stücken desselben Holzes, die nicht so vorgerichtet waren, an einen Ort, wo Moder und Fäulniß herrschte. Dort ließ er sie mehre Jahre liegen und fand beim Wegnehmen das zubereitete Holz so frisch und gesund, wie es hingelegt worden war, während die unzubereiteten Stücke in Staub zerfielen. Die Sache erregte Aufsehen, und einer der bedeutendsten Chemiker und Physiker Englands, Professor Faraday, machte sie zum Gegenstand eines Vortrags, worin er bewies daß dies Verfahren auf den erwiesensten chemischen Grundsätzen beruhe, aber aber auch zugleich zeigte, daß von dem dabei in Anwendung kommenden starken Gifte durchaus keine Gefahr zu besorgen sei, indem die chemische Verbindung, welche zwischen gewissen Bestandtheilen des Holzes und dem Sublimat eingegangen werde, einen durchaus ungiftigen Stoff bilde. Seit dieser Zeit ist dieses Verfahren in England vielfach angewendet worden; alles Schiff- und anderes Bauholz wird auf diese Art zubereitet, ja selbst Zeuche aus Pflanzenfaserstoffen, bei denen die gleiche Ursache der Fäulniß und des Moderns stattfindet, werden auf diese Weise vor dem frühen Verderben geschützt. Größer und wichtiger erscheint die Erfindung noch, wenn man bedenkt, daß frisch geschlagenes Holz binnen drei Wochen auf diese Weise völlig getrocknet wird, sodaß keine Risse und kein Werfen desselben mehr möglich werden. So hat man auf der birmingham-londoner Eisenbahn zu den Längen- und Querschwellen des Schienenlagers frischgefälltes Kiefern- und Lärchenholz, welches auf diese Weise vorgerichtet war, angewendet. Die Beize ist eine Auflösung von 1 Pfund Sublimat in 40 Quart oder etwa 100 Pfund Wasser. Die Vorrichtung, das Holz zu kyanisiren, wie die Methode genannt wird, ist ein einfacher, die Sublimatauflösung enthaltender Trog, in welchen das Holz so gelegt wird, daß die Flüssigkeit es ganz bedeckt; es muß so lange in derselben liegen bleiben, bis es ganz von der Beize durchdrungen ist, sonst hilft sie nichts. Die Kosten stellen sich auf acht Groschen für den Centner Holz, ohne die Apparate, welche die Anwendung der Methode im Großen für den Privatmann zu kostspielig machen.

Aus dem Gesagten erhellt Genüge, das das Kyanisiren nichts mit dem Cyan oder Blaustoffe zu thun hat, worunter man eine Verbindung aus Kohlenstoff und Stickstoff versteht, die mit Wasserstoff verbunden die Blausäure bildet und ihren Namen von der griechischen Benennung der blauen Farbe erhalten hat.

Die Stadt Braubach.

Braubach, wovon wir hier eine Ansicht geben, ist ein Städtchen am Rhein mit 1300 Einwohnern, zum Herzogthume Nassau seit 1815 gehörig, in welchem Jahre die Niedergrafschaft Katzenellnbogen, in der es liegt, welche vorher unter hessen-kasselscher Oberhoheit dem landgräflichen Hause Hessen-Rothenburg gehörte, an Nassau abgetreten wurde. Auch dieser Ort hat seine Mineralquelle, und zwar einen Sauerbrunnen, genannt Dinkholder Brunnen. Über der Stadt erscheint das auf steilem Felsen am Rhein thronende Schloß Marxburg, einst der Zufluchtsort des Kaisers Heinrich IV., jetzt Invalidenhaus mit hohem Thurme.

Verantwortlicher Herausgeber: Friedrich Brockhaus. — Druck und Verlag von F. U. Brockhaus in Leipzig.

Das Pfennig-Magazin
für Verbreitung gemeinnütziger Kenntnisse.

275.]   Erscheint jeden Sonnabend.   **[Juli 7, 1838.**

Kanton.

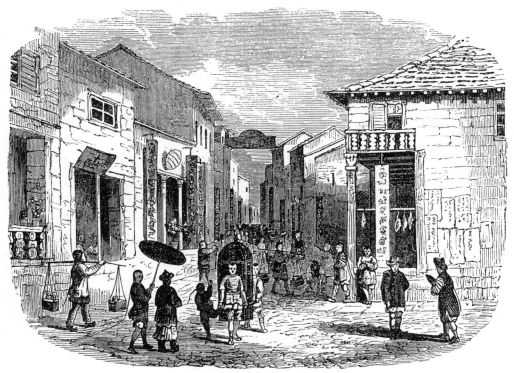

Straße in einer Vorstadt von Kanton.

Kanton, eigentlich Kuang-tscheu-fu, d. i. die große mit Wasser umgebene Stadt, an den Ufern des breiten Flusses Ta- oder Si-Kiang, nur wenige Meilen vom Ausflusse desselben in das chinesische Meer, ist der einzige See- und Handelsplatz in China, der den Europäern offen steht. Der Umfang der hohen Stadtmauern beträgt beinahe zwei deutsche Meilen, doch ist nur ein Drittel des von ihnen eingeschlossenen Bezirks mit Gebäuden, das Übrige mit Lustgärten und Fischteichen besetzt. Die Häuser sind im Allgemeinen eng und niedrig, meist nur ein Stockwerk hoch, doch sind einige Factoreien, namentlich die der Theekaufleute, außerordentlich geräumig und enthalten eine ungeheure Zahl von Gemächern. Die Straßen von Kanton, deren es mehr als 600 gibt, von denen freilich viele mehr Alleen als Straßen zu nennen sind, sind größtentheils kurz, enge und krumm, ihre größte Breite beträgt 16 Fuß, die mittlere Breite etwa 8 Fuß; überall sind sie mit großen Steinen, hauptsächlich von Granit, gepflastert. Da die Europäer die innere Stadt nicht betreten dürfen, so beschränkt sich unsere Kenntniß zwar nur auf die Straßen der Vorstadt, doch sollen die Straßen der innern Stadt ihnen völlig gleichen. Einige der engsten Straßen in den Vorstädten gehören zu den lebhaftesten; sogar in den Geschäftsdistricten gibt es mehre, in denen ein Mann mit ausgebreiteten Armen die Häuser zu beiden Seiten erreichen kann. An den Ecken der Straßen sind Pforten, die leicht geschlossen werden können und sehr gut berechnet sind, um den Pöbel zu trennen oder einen Dieb einzusperren. Bei Nacht sind sie geschlossen und von Wächtern bewacht.

Die bunte Menge, die sich in der geschäftigen Tageszeit durch diese engen Straßen drängt, ist ausnehmend groß. Fast jede Straße ist eine Art Markt; Verkäufer von Fischen, Früchten, Gemüsen und allen Arten von Lebensmitteln, Handwerker, Quacksalber, Barbiere, oft auch Gaukler, Geschichtenerzähler, Spieler, stehende und wandelnde, Alle drängen sich in diesen Gassen, sodaß man kaum hindurchgehen kann. Eßwaaren aller Art werden in den Straßen ausgelegt und herumgetragen, Hunde, Katzen, Ratten, lebendige und todte, nebst Hühnern, Enten und anderm Federvieh, sowie lebenden Aalen, Karpfen u. s. w. in Eimern mit Wasser; die Fische werden zuvor sorgfältig gefüttert und gemästet.

Die Barbiere bilden in den Straßen Kantons eine wichtige Classe. Sehr häufig sieht man einen roth lackirten Stand, über dem zuweilen ein großer Sonnenschirm ausgespannt ist, wo Personen aus den niedern Ständen sich versammeln, um sich der wichtigen Operation des Haarabschneidens zu unterziehen. Zugleich kann hier Jeder sein Haar frisirt, seine Augen und Ohren gereinigt, ja selbst seine Nägel an Händen und Füßen gehörig beschnitten und gesäubert erhalten. Kanton soll nicht weniger als 7000 Barbiere enthalten.

In diesen engen Straßen gibt es natürlich keinerlei Karren oder Wagen, denn es ist nicht abzusehen, wie sie Platz finden sollten. Sie werden ersetzt durch flinke Sänftenträger und die stämmigen Lastträger, welche alle Arten von Waaren auf ihren Schultern tragen, und zwar von der Mitte oder Ende von Bambusstäben herabhängend; auf diese Weise tragen sie die schwersten Lasten mit großer Schnelligkeit in beliebige Entfernung. Unaufhörlich hört man die Stimmen dieser Leute, welche die Begegnenden auffodern, Platz zu machen, aber so groß ist das Gedränge, daß ihr Fortschreiten ebenso wol von ihren Lungen als von ihren Muskeln abhängt. Eine Classe, welche die Chinesen Pferde ohne Schwänze nennen, behandelt die Vorübergehenden weit barscher und brutaler; dies sind die Träger der Vornehmen und Reichen, welche sich in der Regel in Sänften und Tragsesseln tragen lassen und mit denselben oft einen so großen Theil der engen Straßen einnehmen, daß zwischen ihnen und den Häusern nur ein gefährlicher Raum bleibt.

Eine zahlreiche und nicht die unwichtigste Classe von der Bevölkerung Kantons ist die der Bettler, welche den Vorübergehenden zu großer Beschwerde gereichen, selbst in alle Verkaufsläden eindringen und durch ihren mistönenden Gesang, begleitet von dem Geklapper zweier Bambusstäbe, die sie nach dem Takte zusammenschlagen, einen entsetzlichen Lärm verursachen. Durch das Herkommen scheinen sie privilegirt zu sein, die Läden zu betreten und diesen Lärm zu machen, bis der Eigenthümer sich durch ein Almosen von ihnen befreit. Einige dieser Elenden gewähren durch Krankheit oder Krüppelhaftigkeit einen empörenden Anblick. Übrigens soll es in Kanton einen ordentlich organisirten Bettlerverein geben, der etwa 1000 Mitglieder zählt und den Namen der himmlischen Blumengesellschaft führt; die Mitglieder zahlen beim Eintritt einen Beitrag, unterwerfen sich bestimmten Regeln und verfallen, wenn sie ungehorsam sind, in eine strenge Strafe. Ihr Oberhaupt wird selbst von der Regierung anerkannt und ist für das Betragen des ganzen Vereins verantwortlich.

Die Policei in Kanton unterliegt demselben Tadel wie alle Behörden in China; die Habsucht und Feilheit der öffentlichen Beamten in China, vom Gouverneur einer Provinz bis zu dem niedrigsten Policeidiener herab, ist fast sprüchwörtlich geworden. Alle scheinen den ihnen anvertrauten Posten nur als ein Mittel zu betrachten, sich auf Unkosten ihrer Mituntertanen zu bereichern, welche nicht so glücklich sind, dieselbe Gelegenheit benutzen zu können. Die Policei von Kanton soll die Gewohnheit haben, reiche Personen unter falschen Beschuldigungen zu verhaften und in Privathäuser oder im Kielraume eines Schiffes einzusperren, wo sie Plackereien und schlechter Behandlung aller Art ausgesetzt sind, bis sie sich entschließen, für ihre Freilassung zu zahlen. Die Offenheit, mit der diese ungesetzlichen Handlungen wiederholt werden, entspringt ohne Zweifel aus der allgemein herrschenden Überzeugung von der Nutzlosigkeit einer Beschwerde bei den höhern Behörden. Man sagt sogar, daß die Angestellten der Regierung sich selbst leichte Wunden auf der Hand oder sonstwo beibringen und dann ihre auserlesenen Opfer mit der Anklage bedrohen, kaiserliche Beamte verwundet zu haben; dies ist ein schweres Verbrechen, und um der Anklage zu entgehen, unterwerfen sich die Unglücklichen einer bedeutenden Geldfoderung.

Geschichte des Walfischfanges.

Wenn angenommen werden darf, daß die Art und Weise des Walfischfanges ziemlich allgemein bekannt ist, so kann man auf der andern Seite fast mit Bestimmtheit voraussetzen, daß die Geschichte desselben für viele unserer Leser etwas Neues ist, vorzüglich da erst die zahlreichen Unfälle, welche in neuerer Zeit Walfischfänger betrafen, Veranlassung zu ausführlichern Bearbeitungen jener Geschichte gegeben haben. Wir entnehmen daher aus einer neuerlich in England erschienenen Schrift folgende gedrängte Übersicht derselben.

Ob die Biscayer oder die Normänner die ersten gewesen, welche den Walfischfang systematisch und in ausgedehnterm Maßstabe betrieben haben, darüber sind die Meinungen getheilt; nur so viel ist gewiß, daß die Art des Fanges und die dabei gebrauchten Werkzeuge noch dieselben sind, wie sie bei den Biscayern des 15. Jahrhunderts üblich waren. Gegen das Ende des 16. Jahrhunderts wagten sich diese bis nach Island hinauf, wo die dort angesiedelten Norweger gemeinschaftliche Sache mit ihnen machten, sodaß ihre Flotte bald 50—60 Segel zählte.

Kurz nach der Entdeckung von Amerika machten die Engländer und Holländer viele unglückliche Versuche, durch eine nordöstliche Fahrt nach Indien zu gelangen, und trafen dabei in den nördlichen Meeren eine ungeheure Anzahl Walfische, welche seit Jahrhunderten hier ungestört, ganz furchtlos und ziemlich träge waren. Die Seefahrer benutzten nun diese Gelegenheit, um, wenn sie auch nicht das Glück hätten, auf diesem Wege die köstlichen Gewürze aus Indien zu holen, doch wenigstens etwas Preiswürdiges nach Hause zu bringen. Was anfänglich nur Nebensache gewesen, wurde bald Hauptzweck: die kühnen Hoffnungen der entdeckungssüchtigen Seefahrer gingen unter in der schweren Arbeit des Walfischfanges.

Indeß scheint es, als ob vor dem 17. Jahrhundert die ganze Sache für den Handel nicht besonders wichtig gewesen sei, indem die erste, ausschließend für den Walfischfang bestimmte Fahrt erst im Jahre 1610 von den Engländern unternommen wurde. In Amsterdam und London bildeten sich Compagnien, welche bald zahlreiche Flotten nach Spitzbergen sandten; allein da nun auch andere Nationen Europas daran Theil nehmen wollten und man sich gegenseitig das Recht auf diesen Seestrich streitig machte, so wurden die Fahrten wegen der unaufhörlichen Kämpfe um dieses Besitzrecht öfters nutzlos und hatten einen ganz unglücklichen Ausgang. Die Schiffe liefen in kleinen Geschwadern aus und waren ebenso zum Angriff wie zur Vertheidigung gerüstet; namentlich trieben die Engländer fast nichts als Seeräuberei, indem sie sich auf Plünderung der Schleichhändler, wie sie die Seefahrer anderer Nationen nannten, beinahe ausschließlich legten. Endlich, nachdem man sich lange genug auf eine so nutzlose Weise gestritten hatte, wurde ein Übereinkommen getroffen, nach welcher die besten Seestriche längs der Küste von Spitzbergen unter die Engländer, Spanier, Franzosen, Holländer und Hamburger vertheilt wurden.

Nun betrieb die englisch-moskowitische Compagnie einige Jahre hindurch den Handel mit ziemlichem Erfolge; aber als ihre Schiffe später fast jedes Jahr unglücklich waren, so verschwanden sie allmälig aus den nördlichen Meeren und überließen den Platz den Holländern, welche selten ohne reiche Ladungen zurückkehrten. Diese setzten das Geschäft mit der ihnen eignen Kraft und Ausdauer fort, und da sie im Anfange an dem ihnen zugetheilten Küstenstriche die Walfische in Menge und sehr träge fanden, so gründeten sie am Ufer eine Sommercolonie und bereiteten hier das Öl aus dem Thran, welchen die Schiffe brachten. Ein kleines Dorf, Smeerenberg, erhob sich hier an diesem öden Strande. Das ganze 17. Jahrhundert hindurch dehnte sich das Geschäft der Holländer immer mehr aus, sodaß nicht selten 200 Fahrzeuge von verschiedener Art und Größe in dem Hafen von Smeerenberg lagen. Endlich aber wurden die Walfische scheu, man mußte nun weit hinausfahren in die offene See und den gefahrvollen Kampf beginnen. So entfernte man sich immer mehr und mehr von Spitzbergen, und von dem ehemaligen Dorfe Smeerenberg ist auch nicht eine Spur übrig geblieben.

Mehr als hundert Jahre lang sandten die Engländer kaum einen Walfischfänger aus, während die Holländer und Hamburger bis zum Jahre 1778 jährlich eine Flotte von 2—200 Schiffen mit 18,000 Mann dazu ausrüsteten. Dadurch gereizt und durch hohe Prämien aufgemuntert, wurden die Engländer abermals Mitbewerber, allein die Versuche, welche unter dem Namen der Grönland- und der Südseecompagnie unternommen wurden, blieben erfolglos. Die Prämie stieg allmälig auf 40 Schillinge für die Tonne und blieb so das ganze vorige Jahrhundert hindurch. Bis 1785 besuchten etwa 60 Walfischfänger Grönland und die Davisstraße, welche Zahl sich jedoch im Jahre 1788 bereits auf 235 vermehrt hatte. Durch die französische Revolution wurden Hollands Walfischflotten zu Grunde gerichtet, sodaß England die Oberhand erhielt und fast allein auf dem Schauplatze blieb.

Die englischen Walfischfänger fahren jetzt gewöhnlich von Hull und Whitby in England, von Peterhead, Aberdeen, Dundee und Leith in Schottland ab, da diese Häfen bequemer für sie sind. Übrigens braucht es wol kaum erwähnt zu werden, daß durch die beständige Verfolgung die Walfische aus ihren alten Aufenthaltsorten in den Meeren um Grönland vertrieben worden sind und sich über das atlantische Meer nach der Davisstraße und bis in die Baffinsbai gezogen haben. In den acht Jahren vor 1818 gingen dahin 130 Schiffe ab, jetzt aber ist ihre Zahl auf 90 gesunken. Hinsichtlich der Unglücksfälle stellt sich folgendes Verhältniß heraus: bis zum Jahre 1778 gingen im Durchschnitt von 100 Schiffen nur 4 unter, allein jetzt, wo die Walfischfänger mit großer Gefahr in die Tiefen der Baffinsbai eindringen müssen, hat sich die Anzahl der Unfälle so gesteigert, daß in den letzten drei Jahren ein Fünftheil der Flotte nicht wieder zurückgekehrt ist.

Die Theerschwelerei.*)

Unser gemeines Kiefern-, Fichten- und Tannenholz ist ein vorzüglich nutzbares Naturproduct. Die Kiefer gibt das gröbste Harz, die Fichte etwas besseres und die Tanne eine noch bessere Sorte; allein auf diesen Unterschied wird bei der technischen Benutzung nur wenig gesehen, denn man macht gewöhnlich aus allen drei Sorten Theer und Pech.

Um das Harz in möglichst großer Menge zu gewinnen, ritzen die Harzscharrer (auch Pechler oder Pechhauer genannt) diese Bäume im Frühjahre mit ihren Messern, damit es den Sommer hindurch desto reichlicher hervorquillt. Dann wird es eingesammelt und auch noch allerhand Kienholz dazu genommen. Der harzige Saft dringt zwischen Holz und Rinde hervor, fließt jedoch nicht auf die Erde, sondern verdickt sich und bleibt in Klumpen an den Wunden hängen.

Um das Harz zu reinigen, wird es in kupferne Kessel gethan, welche, in viereckige Öfen ausgesetzt, mit Deckeln versehen sind und in ihrem Boden ein Loch haben, unter welchem im Ofen eine Rinne angebracht ist, durch die der bei gelindem Feuer auströpfelnde Theer in vorgesetzte Gefäße geleitet wird.

Das Kienholz wird in besondere Öfen oder Gruben geschüttet und ebenfalls bei gelindem Feuer ausgeschmolzen. Zuerst fließt gewöhnlich ein weißes, dünnes Harz, der weiße Theer genannt, aus welchem man durch Destillation das Kienöl erhält. Nachher gewinnt man den Schweiß oder ein Sauerwasser, die Thrangalle, dann einen groben, schwarzen Theer, welcher der gemeine Wagen- und Schiffstheer ist. Was nun nach dem Ausschmelzen noch übrig bleibt, sind die Pechgrieven, welche zum Kienrußschwelen benutzt werden.

Aus dem Theer bereitet man durch Einkochen in Kesseln das Pech; der weiße gibt weißes, der schwarze schwarzes Pech. Von dem durch Kochen gereinigten Peche destillirt man Pechöl und zieht es mit gebranntem Alaun und Salbeiblättern ab. Es wird als ein wirksames Mittel gegen Krankheiten der Nerven und Gelenke gebraucht.

Terpenthin.

Man erhält von den Nadelbäumen noch verschiedene andere ähnliche Producte. Die weiße Tanne setzt in der Rinde kleine Beulen oder Blasen an, welche den gemeinen deutschen oder schweizerischen Terpenthin enthalten, der ohne weitere Bearbeitung verkauft wird. Ist er unrein, so läßt man ihn durch einen reinen Sack laufen.

Aus dem Terpenthin erhält man durch Destillation den gewöhnlichen Terpenthingeist. Der Lärchenbaum liefert denjenigen Terpenthin, der bei uns unter dem Namen des venetianischen verkauft wird; der echte cyprische oder griechische Terpenthin aber (welcher ehemals, weil er über Venedig zu uns kam, der venetianische genannt wurde, aber jetzt in Deutschland selten ist) wird vom Terpenthinbaum gewonnen. Bei der Destillation des Terpenthinöls bleibt in der Blase das verdickte Harz, welches Geigenharz oder Kolophonium heißt, zurück.

Johann Gutenberg's Statue in Mainz.

Im Laufe des Sommers 1837 wurde dem Erfinder des Druckens mit beweglichen Lettern, Johann Gutenberg, in seiner Geburtsstadt Mainz ein Denkmal errichtet und am 14. August mit großen Feierlichkeiten eingeweiht. Aus allen Theilen Europas waren Personen herbeigeeilt, um das Andenken des Mannes zu feiern, der sich durch seine Erfindung den Dank der

---

*) Vgl. Pfennig-Magazin Nr. 170.

ganzen Welt erworben hat und die Anerkennung in so vollem Maße verdient, welche die Nachwelt ihm zu erweisen sich bestrebt. Seine Statue, ein Werk Thorwaldsen's, wurde unter dem enthusiastischen Freudenrufe der versammelten Menge enthüllt. Nie hörte man das Jauchzen einer ungeheuern Menschenmasse bei einer so erhebenden Gelegenheit, nie wurden die Triumphe des Verstandes mit größerer Inbrunst gefeiert. Bei der Enthüllung von Gutenberg's Statue, der für seine Geburtsstadt die Dankbarkeit der Welt errungen hat, äußerten sich Gefühle, wie sie nur je gegen einen Sieger auf dem Schlachtfelde ausgedrückt worden sind. Der arme Buchdrucker von Mainz kämpfte in der That einen Kampf; die Früchte seines blutlosen Sieges sind unvergänglich; aber es ist schön, daß unsere Zeitgenossen gefühlt haben, daß dieser Sieg des Geistes, der alle künftigen Siege der Art dauernd gemacht hat, eine Trophäe verdiente, die so unvergänglich wäre als die Erfindung, die man dadurch verherrlichen wollte.

Wol kaum brauchen wir auf die unschätzbaren Wohlthaten hinzudeuten, die der ganzen Menschheit aus Gutenberg's Erfindung erwachsen sind. Literatur und Bücher waren schon vor dieser Erfindung die Hauptquellen des geistigen Lichtes, und man kann sich kaum eine Art von Civilisation ohne dieselben denken. Selbst zur Zeit, als man die Bücher nur durch Abschreiben vervielfältigen konnte, und daher der Besitz derselben sich nur auf Wenige beschränkte, war doch ihr Einfluß schon sehr bedeutend. Die wenigen hundert Menschen, die diese Bücher lesen konnten, theilten den Inhalt derselben Tausenden mit. Dafür sorgten die Prediger, die öffentlichen Leser und die wandernden Sänger mit ihren Balladen und Volksliedern. Aber dennoch war die Verbreitung der Wissenschaften und der Gedanken immer nur unvollkommen, bis Gutenberg's wohlthätige Erfindung ins Leben trat. Sie war die einflußreichste Revolution, welche je die Welt erfahren hat, wenn man nicht allein die Veränderung, die sie für den Augenblick erzeugte, betrachtet, sondern auch ihre wohlthätigen und dauernden Folgen. Man kann sagen, daß sie der Kern aller künftigen Revolutionen war. Die Welle, die von ihr in Bewegung gesetzt wurde, hat sich bis auf den heutigen Tag fortbewegt, hat aber noch nicht ihr Ziel erreicht; denn so Großes auch schon durch die Buchdruckerkunst bewirkt worden ist, so hat sie doch vielleicht ihre größten Triumphe noch zu erwarten.

Die Art und Weise, wie große Bevölkerungen ihren Enthusiasmus an den Tag legen, ist fast in der ganzen Welt dieselbe. Wenn das Gefühl, das die Menschen vereinigt, wahrhaft herzlich ist, so stimmen die äußern Zeichen dieses Gefühls mit der wirklichen Wahrheit desselben überein. So sind Processionen, Reden, Gastmähler und Prunk zwar an und für sich leer und bedeutungslos, aber wichtig, wenn die Menschen, die dabei versammeln, von Einem Gefühle beseelt werden. Nie sah man wol eine größere Begeisterung als beim Gutenbergsfeste in Mainz. Die Statue sollte Montags, den 14. August, enthüllt werden, aber schon am Sonntag Abend ertönte Gutenberg's Name in allen Straßen der Stadt, und die ganze Bevölkerung hatte sich am Ufer des Flusses versammelt, um ein Transparent auf einem Dampfboote in Augenschein zu nehmen. Am nächsten Morgen um sechs Uhr bewegte sich schon eine ungeheure Menge durch die Stadt und um acht Uhr begab sich eine Procession nach der Kathedrale, wo eine feierliche Ruhe herrschte, die hinlänglich verrieth, daß die Versammlung die Wichtigkeit der Feier erkannte. Die schöne alterthümliche Kathedrale war mit Menschen überfüllt; der Bischof von Mainz hielt Hochmesse; die erste Bibel, von Gutenberg gedruckt, wurde gezeigt. Welches große Feld der Betrachtungen wurde hier eröffnet! Die erste Bibel in Verbindung mit dem imponirenden Prunk des Katholicismus — die Bibel, für den größten Theil des Volkes ein versiegeltes Buch — der Gottesdienst in einer Sprache, unbekannt der Mehrzahl der Andächtigen; aber jene erste Bibel, der Keim jener Millionen Bibeln, die durch den ganzen bewohnten Erdkreis das Licht der Christenheit verbreitet haben! Die Messe war zu Ende, die Procession begab sich wieder nach dem nahen Platze, wo die Statue enthüllt werden sollte. Hier war ein ungeheures Amphitheater errichtet, wo die Deputationen aus vielen großen Städten Europas saßen. Unter Artilleriesalven wurde der Schleier von der Bildsäule ge-

Gutenberg's Statue in Mainz.

nommen und tausend Stimmen begannen einen feierlichen Lobgesang. Dann folgten Reden, Gastmähler, Bälle, Fackelzüge u. dergl. Drei Tage lang war die Bevölkerung von Mainz in steter Aufregung, und das Echo dieser Aufregung hallte in ganz Deutschland wieder.

Die Statue selbst zeugt von Thorwaldsen's ausgezeichneter Kunstfertigkeit. Am Piedestal befinden sich auf zwei Seiten Basreliefs, wovon eines den Erfinder der Buchdruckerkunst darstellt, wie er eine Matrize prüft, das andere, wie er einen Druckbogen mit dem Manuscript vergleicht. Bei Gelegenheit dieses schönen Festes trat eine zahlreiche Versammlung von Gelehrten, Buchhändlern und Buchdruckerherren zusammen, die darin übereinkamen, daß der gelehrten Welt die Preisfrage für eine Schrift gestellt werden sollte, welche durch historische Beweise die bis jetzt noch nicht bestimmte Epoche der Druckerfindung mit beweglichen Lettern nachwiese, und es wurden die Universitäten Berlin, München und Göttingen zu Schiedsrichtern über die eingehenden Preisschriften ernannt. Außerdem beschloß man aber auch noch, selbst wenn die literarische Polemik über die Erfindungsepoche nicht einig werden sollte, einstweilen ein Jahr zu bestimmen, in welchem alle hundert Jahre in ganz Deutschland das Gutenbergfest gefeiert werden möge. Man wählte das Jahr 1840 und in diesem den 24. Juni. Dieses Fest soll jedoch an keinen bestimmten Ort gebunden sein, sondern in der ganzen gebildeten Welt zu gleicher Zeit gefeiert werden.

Basrelief an Gutenberg's Denkmal.

Zweites Basrelief.

Ausgrabungen im Birglstein bei Salzburg.

Der Festung Hohensalzburg gegenüber erhebt sich an der Salzach der felsige Hügel des Birglsteins mit reizender Aussicht. Gartenanlagen umziehen bis zum Flusse den Fuß des Felsens, Wohn- und Treibhäuser glänzen durch die Gebüsche. Schon 1792 fand man hier durch Zufall Alterthümer und grub bis 1836 so erfolgreich nach, daß eine bedeutende Sammlung aufgestellt werden konnte, die der König von Baiern angekauft hat. Vorzüglich interessant ist aber, was der jetzige Besitzer des Birglsteins (von seinem frühern Besitzer gewöhnlich der Rosenegger'sche Garten genannt) im letzten Herbst daselbst gefunden hat; die Reste eines römischen Todtengebäudes mit seinen Abtheilungen für Urnen und Aschentöpfe, nebst vielen merkwürdigen Gegenständen, Urnen, Lampen, Thränengläsern, Münzen von Erz, einem Leichenstein, dem ersten hier ausgegrabenen, mit gut erhaltener Inschrift u. s. w. Das meiste Aufsehen machte aber das Gerippe eines Mannes, das man unter zwei regelmäßig stehenden Urnen in einer Schicht von feinem gelben, mit Lehm gemischten Sand gegen sechs Fuß tief ausgrub. Die wunderbarsten Ansichten durchkreuzten sich über diesen Fund, der einige Tage hindurch Jung und Alt in den Garten des Birglsteins zog und alle Gemüther und Zungen beschäftigte; man hatte zu bisher nie immer Spuren der Verbrennung, aber nie der Beerdigung gefunden, und daß der Knochen sich gegen 18 Jahrhunderte in der Erde hätte erhalten sollen, schien Vielen gar unglaublich. Da nun aber alle über dem Skelett gefundenen Gegenstände spätestens auf das Ende des 2. oder den Anfang des 3. Jahrhunderts hinwiesen, so mußte natürlich der darunter Begrabene viel früher — mithin glaublich im 1. Jahrhundert unserer Zeitrechnung — gelebt haben. Daß er aber ein Römer oder mindestens ein Bewohner der Juvavia (der römische Name dieses Landes) gewesen, dafür spricht die Bestattung innerhalb eines römischen Todtengebäudes. Übrigens fanden sich in den entfernten Umgebungen von Salzburg schon oft Gerippe unter römischen Brandplätzen, nur wurde ihnen leider keine Aufmerksamkeit geschenkt. Der Eigenthümer ließ das Skelett mit Sorgfalt aufheben, von einem geschickten Anatomen zusammensetzen und mit den übrigen gefundenen Sachen in dem frühern Locale der Sammlung aufstellen.

Dampfschifffahrt von England nach Amerika.

Wiederum ist ein großer Schritt vorwärts in der Benutzung des Dampfes zur Verbindung entfernter Länder und Völker gethan worden, denn was früher für unmöglich gehalten wurde, mit Dampfschiffen von Europa nach Amerika zu fahren, ist nun gelungen, und zwar mit zwei Dampfschiffen auf einmal. Auch hier sind die Engländer allen andern Nationen vorangegangen. Amerikanische Zeitungen behaupten zwar jetzt, daß schon vor 20 Jahren, im Jahre 1818, ein amerikanisches Dampfschiff, Namens Savannah, von Neuyork nach Liverpool, von da nach Petersburg und dann nach Neuyork zurückgefahren sei; wenn jedoch dieser Versuch schon damals so wohl gelungen wäre, so würde man ihn gewiß schon weit früher wiederholt haben. Am 21. April dieses Jahres, dem Tage des heiligen Georg, des alten Schutzpatrons von England, langten die beiden englischen Dampfschiffe Sirius und der große Westen oder Great Western in Neuyork an, von denen das erste am 4. April von Cork in Irland, das zweite am 8. April von Bristol in England abgefahren war, sodaß das erste in 17, das zweite in 14 Tagen die Fahrt zurückgelegt hatte. Wer hätte sonst gedacht, daß man in 14 Tagen von Europa nach Amerika kommen könnte, während man bisher dreimal so viel Zeit brauchte! Doch wird man, nach der Meinung Sachverständiger, künftig, wenn erst Alles gehörig geordnet und berechnet sein wird, die Überfahrt gar in 10—12 Tagen machen können. Beide Schiffe wurden mit ungeheuerm Jubel in Amerika aufgenommen und ihre Ankunft erregte unbeschreibliche Sensation. Der Bericht einer neuyorker Zeitung mit der Überschrift: „Das breite atlantische Meer endlich überbrückt! Vernichtung von Raum und Zeit!" enthält hierüber unter Anderm folgende Angaben: „Am 20. April nach Sonnenuntergang hatte das Aufsteigen glänzender Raketen uns die Annäherung des Sirius an unsern glücklichen Continent verkündigt. Das Schiff liegt jetzt an der Hafenbatterie vor Anker, wohin gleich Morgens Tausende von Menschen strömten, um es zu sehen. Das Rollen des Schiffes war nach der Aussage von Passagieren nur sehr gering, beiweitem nicht so stark als bei einem Segelschiffe. Die Annäherung des Great Western war ein höchst prachtvolles Schauspiel. Es war gegen 4 Uhr Nachmittags, der Himmel heiter, die Menschenmenge auf der Batterie und dem Hafendamme ungeheuer, darunter eine Unzahl elegant gekleideter Damen mit lächelnden, erwartungsvollen Mienen. Unten auf der blauen Wasserfläche schwamm näher und näher dieser Leviathan, von vier Masten überragt und dicke Dampfwolken ausstoßend. Es sah schwarz und schmuzig aus, wie englische Dampfboote in der Regel, rauchig, düster, aber sorglos und verwegen."*) Als er sich dem Sirius näherte, verminderte er die Schnelligkeit seiner Bewegungen und machte dann, die mächtigen Dimensionen seines Baues vor uns entfaltend, eine halbe Schwenkung. In diesem Augenblicke stieg vom Strande ein tausendstimmiger Hurrahruf unter dem Schwenken der Hüte und Taschentücher empor."

Die Capitaine der beiden Schiffe, Roberts und Hoskin, wurden mit Artigkeiten überhäuft; am Vorabende der Rückreise des Sirius nach England, 30. April, wurde ihnen vom Gemeinderathe der Stadt ein Festmahl gegeben. An jedem Tage wallfahrteten Tausende zu den Schiffen, worunter die angesehensten Männer von Neuyork, und einen Tag bestimmte der galante Capitain des Great Western ausschließlich für den Besuch der Damen, deren nicht weniger als 5000 an Bord kamen. Zur Rückfahrt waren schnell alle Passagierplätze in beiden Schiffen bestellt, und mehr als die Hälfte der Bestellungen mußten aus Mangel an Raum zurückgewiesen werden. Die Preise betrugen auf dem

---

*) Hier muß wohl bemerkt werden, daß dieser Tadel von einem Amerikaner herrührt. Amerikanische Schiffe sind überall durch ihre äußerste Nettigkeit, die Frische des Anstrichs u. s. w. zu erkennen, daher sich die Amerikaner über die mindere Schönheit der englischen Schiffe lustig machen, ungeachtet es einem Continentaleuropäer, der zuerst ein englisches Dampfschiff erblickt, vorkommt, als habe er nie etwas Schöneres gesehen. Wenn man aber die Nachrichten von den entsetzlichen und beständig wiederkehrenden Unglücksfällen amerikanischer Dampfschiffe liest, die größtentheils nur in unverzeihlicher Fahrlässigkeit oder in dem thörichten Bestreben der Capitaine, es einander an Schnelligkeit zuvorzuthun, ihren Grund haben, wie z. B. am 25. April durch das Springen des Kessels vom Dampfschiffe Moselle auf dem Ohio über 200 Menschen ihren Tod fanden, so möchte man wol hinsichtlich des Vorzugs amerikanischer oder englischer Dampfschiffe auf andere Gedanken kommen und an das Sprüchwort denken: Es ist nicht Alles Gold, was glänzt.

Sirius 35, 20 und 8 Guineen für den ersten, zweiten und dritten Platz. Der Sirius verließ Neuyork am 1. Mai, und bei seiner Wiederabfahrt feuerte die Hafenbatterie eine Salve von 17 Kanonenschüssen, was ein in der Geschichte der Handelsmarine unerhörtes Ereigniß ist; er lief am 19., also nach einer ungewöhnlich langen Fahrt (man hatte geglaubt, zur Hinfahrt etwa 20, zur Rückfahrt nur 14 Tage zu brauchen), in Falmouth in England ein. Der Great Western fuhr am 7. Mai von Neuyork ab und lief am 22. Mai, nach einer Fahrt von 14 Tagen und 17 Stunden, wieder in Bristol ein, wobei zu bemerken ist, daß das Schiff neun Tage lang gegen contrairen Wind und einmal sogar gegen einen kleinen Sturm zu kämpfen hatte. Als es von Neuyork abfuhr, waren über 100,000 Menschen am Strande versammelt und mehre Dampfböte mit Musikchören begleiteten es bis Sandy-Hook. Es hatte 68 Kajütenpassagiere an Bord (die größte Zahl, die jemals ein Schiff über das atlantische Meer geführt hatte), zu 35 Guineen oder 250 Thaler Preuß. auf den Kopf, dazu 20,000 Briefe, deren Porto einen Schilling oder acht Groschen für den einfachen Brief betrug, und eine Fracht von Baumwolle, Indigo, Seide und andern Waaren. Der Ingenieur des Great Western hat leider seine Probefahrt mit dem Leben bezahlt; er starb zu Neuyork an den Folgen einer heftigen Verbrennung, die er erlitt, als er gleich nach der Ankunft des Schiffes in Amerika den Dampf vollends herausließ.

Der Sirius gehört der Georg-Dampfschifffahrtsgesellschaft in London und ist nicht für seinen jetzigen Gebrauch gebaut, sondern schon einige Jahre anderweitig verwandt worden; er hält 700 Tonnen und seine Maschinen haben die Kraft von 320 Pferden. Viel größer ist das Dampfschiff Great Western, welches die westliche Schiffscompagnie in Bristol ausdrücklich für die Fahrt nach Amerika hat bauen lassen; es hält 1600 Tonnen, ist 58 Fuß breit, 234 Fuß lang, 22 Fuß tief, hat 4 Masten, seine Maschinen haben die Kraft von 450 Pferden und wiegen 420 Tonnen oder 8400 Centner; das Schiff sollte 600 Tonnen Kohlen einnehmen und ist auf 200 Passagiere und 220 Tonnen Waaren berechnet. Mit den beiden Gesellschaften in London und Bristol wetteifert eine dritte in Liverpool, welche zwei ähnliche Dampfschiffe für die Fahrt von England nach Amerika bauen läßt. Alle bisher genannten, sowie überhaupt alle bisher existirenden Dampfschiffe übertrifft aber das von der londoner Dampfschifffahrtsgesellschaft gebaute, „Die britische Königin" genannt, welches 1862 Tonnen hält, Maschinen von 500 Pferdekraft hat und am 24. Mai dieses Jahres auf der Themse vom Stapel gelassen wurde, nachdem der Bau desselben zwei Jahre gedauert und 100,000 Pf. Sterl. gekostet hatte. Es ist 253 Fuß lang, 69 Fuß breit, 27 Fuß tief, geht geladen 16 F. tief im Wasser und soll für 25 Tage Steinkohlen (800—1000 Tonnen) und 500 Reisende aufnehmen.

Noch vor zwei Jahren erklärte Dionysius Lardner, einer der ausgezeichnetsten englischen Physiker, der die Dampfmaschine zum hauptsächlichen Gegenstande seiner Studien gemacht hat, daß eine directe Dampfschifffahrt von England nach Neuyork unmöglich sei, weil die Dampfschiffe nicht im Stande wären, den für diese weite Fahrt nöthigen ungeheuern Kohlenbedarf zu transportiren. Diese Behauptung beruhte 1) auf dem Verhältniß zwischen dem Tonnengehalte eines Dampfschiffes und der Zahl der Pferdekräfte; 2) auf der Quantität von Kohlen, welche eine Dampfmaschine in einer gewissen Zeit nach Verhältniß ihrer Kraft consumirt, und 3) auf dem Wege, welchen ein Dampfschiff in einer bestimmten Zeit zurücklegt. Das Erstere anlangend, rechnet Lardner eine Pferdekraft auf zwei Tonnen für die kürzesten, auf vier Tonnen für die längsten Seereisen, doch können auf die Pferdekraft höchstens $1\frac{1}{2}$ Tonnen Kohlen gerechnet werden. Bei den Schiffen der englischen Admiralität, die zwischen England und Korfu im mittelländischen Meere fahren, kommt eine Pferdekraft auf drei bis vier Tonnen, und nur $1\frac{1}{4}$ Tonnen Kohlen können für jede Pferdekraft aufgenommen werden. Den zweiten Punkt betreffend, betrug früher der Kohlenverbrauch in Schiffsdampfmaschinen zehn Pfund für jede Pferdekraft in einer Stunde; aber seit sechs Jahren hat man in dem Bau der Maschinen und der Schiffe solche Fortschritte gemacht, daß man statt zehn nur noch sechs Pfund für die Stunde und Pferdekraft braucht. Hierbei kommt auch auf die Qualität der Kohlen viel an, sowie z. B. die Kohlen aus Wales weit mehr Hitze geben, als die von Newcastle und Nordengland überhaupt. Hinsichtlich des dritten vorhin erwähnten Punktes können nach einem Durchschnitte aus 51 Reisen englischer Regierungsdampfschiffe von England nach Korfu von einem Dampfschiffe mit Ausschluß des Aufenthalts $7\frac{1}{4}$ englische oder etwas über $1\frac{1}{2}$ deutsche Meilen in einer Stunde bei mittlerm Wetter zurückgelegt werden. Da aber außer den Störungen des Wetters auch beständig Störungen in der Maschinerie vorkommen, so kann man auf langen Reisen den täglichen Lauf eines Dampfschiffes nur zu 160 englischen oder 35 deutschen Meilen annehmen. Wenn eine Reise bei vorherrschend widrigem Winde gemacht wird, so läßt sich die durchschnittliche Geschwindigkeit nicht erreichen oder es ist für eine gegebene Entfernung mehr Feuerungsbedarf nöthig. Gegen einen heftigen entgegengesetzten Wind kann selbst ein starkes Dampfschiff nicht über zwei bis drei engl. Meilen in einer Stunde zurücklegen. Grade im atlantischen Meere herrschen aber fast immer sehr heftige westliche Winde, weshalb die Fahrt der Segelpacketschiffe von England nach den Vereinigten Staaten im Durchschnitt in 33—35 Tagen, die Rückfahrt aber in 23—24 Tagen, also in zwei Drittheilen jener Zeit, gemacht wird; nicht selten kommt es aber vor, daß die Hinfahrt 70 und noch mehr Tage dauert.

Es ist nun leicht, auf diese Data eine Berechnung zu gründen. Rechnet man, daß auf die Stunde und Pferdekraft 10 Pfund Kohlen gebraucht werden, und nimmt man an, daß nicht mehr als $1\frac{1}{2}$ Tonnen oder etwa 3300 Pfund Kohlen für jede Pferdekraft mitgenommen werden können, so kann das Schiff mit diesem Vorrathe 330 Stunden oder $13\frac{3}{4}$ Tage fahren und in dieser Zeit 2200 englische oder 480 deutsche Meilen zurücklegen. Dies wäre nach obiger Annahme das Höchste, was ein Dampfschiff leisten könnte, und zwar nur bei günstigem Wetter. Da nun die geringste Entfernung zwischen Europa und Amerika *) 1900 engl. oder 420 deutsche Meilen beträgt (so weit ist St.-Johns in Neufundland von dem Hafen Valentia auf der Westküste von Irland entfernt), aber Bristol in England von Neuyork in gerader Linie 3400 englische oder 730 deutsche Meilen entfernt ist, so erklärte Lardner, daß eine directe Fahrt von England nach Neuyork unmöglich sei, daß man aber allenfalls von Irland nach St.-Johns fahren, dort Kohlen einnehmen und von da nach Neuyork, das von St.-Johns noch 1200 eng-

---

*) Wobei natürlich von Island und Grönland nicht die Rede sein kann.

lische oder 260 deutsche Meilen entfernt ist, fahren könnte. Aber ganz anders gestaltet sich die Rechnung, wenn man, wie man jetzt thun darf, nur sechs Pfund Kohlen auf die Stunde und Pferdekraft rechnet, denn dann kann ein Schiff, das für jede Pferdekraft 3300 Pfund Kohlen geladen hat, mit diesem Vorrathe unter günstigen Umständen 550 Stunden fahren und in dieser Zeit über 3900 englische oder 850 deutsche Meilen zurücklegen, also recht gut direct von Bristol nach Neuyork kommen, wie es denn auch dem Great Western wirklich gelungen ist. Man berechnete im Voraus, daß dieses Schiff nur etwa 450 Tonnen Kohlen brauchen würde, wiewol es 600 Tonnen einnahm, die für 498 Stunden oder fast 21 Tage ausgereicht hätten. Der Sirius hatte von 453 Tonnen Kohlen noch 22 übrig, hatte also, da er 17 Tage zur Fahrt gebraucht hatte, in der Stunde nicht ganz 7½ Pfund Kohlen für die Pferdekraft consumirt; er fuhr stündlich im Durchschnitt 8½ engl. Meilen, hätte aber bei besserm Wetter leicht 10—12 Meilen zurücklegen können. Der Great Western brauchte auf der Rückreise etwas weniger als eine Tonne Kohlen auf die Stunde, also nicht ganz fünf Pfund auf die Stunde für jede Pferdekraft, und legte sowol auf der Hinfahrt als auf der Rückfahrt stündlich im Durchschnitt etwa zehn engl. Meilen zurück. Seltsam ist es, daß keines der beiden Schiffe die Rückfahrt schneller als die Hinfahrt zurücklegte, was doch bei Segelschiffen, wie gesagt, gewöhnlich der Fall ist. Die Räder des Sirius hatten etwa 367,000, die des Great Western 273,000 Umdrehungen gemacht.

Für England sowol als für Nordamerika verspricht das Gelingen dieses Unternehmens außerordentliche Vortheile, und es kann nicht bezweifelt werden, daß dadurch zwischen den beiden stammverwandten und dieselbe Sprache redenden, wenn auch politisch getrennten Völkern ein neues Band geknüpft werden wird.

Die Alameda und das Kloster unserer lieben Frau del Carmen zu Cadiz.

Die Alameda, der besuchteste Spaziergang von Cadiz, ist für die Bewohner dieser Stadt Das, was der Tuileriengarten für die Pariser ist. Am Abend drängt sich hier eine Menge von Spaziergängern aus allen Ständen und Nationen, deren mannichfaltige Trachten einen reizenden Contrast bilden. Alle kommen, um sich längs der Doppelreihe weißer Ulmen zu ergehen, und setzen sich auf die steinernen Bänke zu beiden Seiten oder genießen das prachtvolle Schauspiel, welches das unermeßliche Meer darbietet. Aber auch das Land bildet das lebendigste Gemälde; man sieht die Reiter auf der Ostseite der Bucht einhersprengen, die Handelsschiffe kommen und gehen und nahe bei der Stadt eine ungeheure Menge von Booten von jeder Gestalt und Größe die Wasserfläche durchschneiden. Auf der andern Seite kann der Blick über eine Menge weißer Häuser hinschweifen und verliert sich in der Ferne bei den Umrissen der drei Städte Santa-Maria, Rota und Porto-Reale.

Während der Verwaltung des Grafen O'Reilly, welchem Cadiz wegen der wichtigen Verschönerungen, die er ausführen ließ, so großen Dank schuldig ist, wurde auch die Alameda nicht vergessen. Man beseitigte ihre alten Häuser, die durch eine Reihe schöner Gebäude ersetzt wurden, und symmetrisch gepflanzte Bäume kamen zu den übrigen Reizen dieses Platzes hinzu. Ein beträchtliches Stück Land wurde dem Meere abgewonnen und auf demselben das Zollhaus nebst den dazu gehörigen Gebäuden erbaut. Auch von den Gebüschen wurde die Alameda befreit, welche nur den Spitzbuben als Schlupfwinkel dienten.

Verantwortlicher Herausgeber: Friedrich Brockhaus. — Druck und Verlag von F. A. Brockhaus in Leipzig.

Das Pfennig-Magazin
für
Verbreitung gemeinnütziger Kenntnisse.

276.] Erscheint jeden Sonnabend. [Juli 14, **1838**.

Das Rathhaus in Ulm.

Das Rathhaus in Ulm.

Die Stadt Ulm, im Donaukreise des Königreichs Würtemberg, liegt am linken Ufer der Donau, an der Stelle, wo sich dieser Strom mit der Iller und Blau vereinigt. Sie war früher eine freie Reichsstadt, 1802 jedoch fiel sie an Baiern und 1810 wurde sie an Würtemberg abgetreten. In den letztern Jahren ist sie bedeutend gesunken, indem ihre Bevölkerung, die sich 1808 auf 14,000 belief, jetzt nur noch gegen 12,000 Seelen stark ist; dessenungeachtet aber ist sie noch die zweite Stadt des Königreichs, sowol hinsichtlich ihrer Einwohnerzahl als auch der Wichtigkeit ihres Handels und ihrer Manufacturen. Das Ansehen der Stadt ist höchst alterthümlich; viele Häuser sind mit jenen ungeheuern Dächern versehen, die zuweilen so hoch wie das Haus selbst sind; das Rathhaus, das unsere Abbildung darstellt, ist ein Beispiel dieses Baustyls.

An der Spitze der öffentlichen Gebäude in Ulm steht die Kathedrale oder der Münster, ein gothisches Gebäude, das man wegen seiner schönen Verhältnisse nicht genug bewundern kann. Der Grund zu dem Gebäude wurde im Jahre 1377 gelegt, aber 111 Jahre verstrichen, ehe es seine jetzige Gestalt erlangte, und selbst jetzt ist es noch nicht ganz vollendet. Es ist von großem Umfang und sein Styl und seine Architektur massiv und höchst imposant. Das Innere ist edel und entspricht dem Äußern, doch hat es durch Neuerungen manche Reize verloren.

Der Thurm dieser Kathedrale zieht besonders die Aufmerksamkeit an, und wenn er vollendet wäre, würde er vielleicht an Schönheit unübertrefflich sein; es vereinigen sich in ihm die schönste Architektur, leichte Eleganz und hinlängliche Stärke. Er gewährt eine schöne Aussicht über die Stadt und deren Umgebung. „Zu unsern Füßen", erzählt ein Reisender, „lag Ulm. Auf der entgegengesetzten Seite floß die Donau, nicht breit und in Schlangenwindungen. Der Fluß beginnt hier für größere Boote schiffbar zu werden, aber man sieht an den Ufern keine Thätigkeit, kein Leben; nur wenige oder gar keine Segel sieht man den Strom hinabgleiten, und nur selten hört man den Ruf fröhlicher Schiffer. Unser Führer wies uns einen Vorsprung in der Brustwehr und machte uns auf die unendliche Tiefe von diesem Punkte aus aufmerksam. Merken Sie auf, fuhr er fort, hier auf demselben Punkte war es, wo unser berühmter Kaiser Maximilian sich auf ein Bein stellte und sich ein paar Male im Kreise drehte, zum Schrecken seiner Begleiter; dies war eines seiner kühnen Wagnisse. Die Geschichte hat sich von vielen Jahrhunderten her bis auf unsere Zeit fortgepflanzt, und in neuerer Zeit versuchten es zwei Offiziere, das Kunststück des Kaisers nachzumachen; aber der eine stürzte in die unendliche Tiefe hinab, dem andern glückte es, und er nannte sich seitdem Maximilian den Zweiten."

Zunächst der Kathedrale ist das Rathhaus das wichtigste Gebäude in Ulm. Seine Erbauung fällt ziemlich in dieselbe Zeit als die der Kathedrale. Die übrigen öffentlichen Gebäude der Stadt sind weder zahlreich noch bemerkenswerth; die bedeutendsten sind das Arsenal und die Bibliothek.

Ulms Manufacturen sind von keiner Bedeutung und der Handel hat noch keine große Ausdehnung erlangt, obschon er in früherer Zeit einmal sehr blühend war. Trotz des Verfalls in dieser Hinsicht hat Ulm noch Anspruch, und zwar, nach der Meinung Mancher, einen nicht unbedeutenden, auf Berühmtheit. Seine Pasteten, ulmer Brot genannt, sein Spargel und die Schnecken, die in der Nachbarschaft gemästet und wovon jährlich über vier Millionen versendet werden, sind allen Feinschmeckern bekannt.

Die Stadt ist in historischer Hinsicht nicht ganz ohne Interesse. Abgesehen von ihrer Theilnahme an vielen innern Kämpfen Deutschlands, ist sie in neuerer Zeit als der Schauplatz eines wichtigen Ereignisses berühmt geworden, das wenigstens für einige Zeit einen wesentlichen Einfluß auf das Geschick Europas hatte. Wir meinen den berühmten Vergleich, der von der Stadt seinen Namen trägt und der im Jahre 1805 geschlossen wurde. Es war in diesem Jahre, wo die dritte Coalition gegen Frankreich zusammengetreten war; sie bestand aus Östreich, Rußland, England und Schweden. Napoleon war nicht lässig, diesen neuen Widerstand zu unterdrücken, und schnell warf er sich mit einem mächtigen Heere in das Herz Deutschlands, wo eine starke östreichische Armee unter dem Oberbefehle des Generals Mack versammelt war, eines Feldherrn, der einen größern Ruf hatte, als er behaupten konnte. Napoleon überfiel seinen Gegner, ehe es derselbe noch erwartet hatte, und die Östreicher wichen. Mack nahm mit 40,000 seiner besten Soldaten seine Stellung in Ulm und wurde so von dem übrigen Heere getrennt. Napoleon versäumte nicht, ihm den Rückzug abzuschneiden und führte seine Maßregeln mit der gewöhnlichen Schnelligkeit aus.

Er machte Vorbereitungen, die Stadt zu stürmen, und verkündete seinen Soldaten, daß die folgenden Tage ihnen hundertmal mehr Ruhm bringen würden, als der Kampf von Marengo. Dann ließ er Mack auffodern, ohne Zeitverlust zu capituliren, und drohte, wenn er sich sträuben würde, die Stadt zu stürmen. Am folgenden Tage ließ Mack an seine Soldaten den Befehl ergehen, ihre Stellung bis aufs äußerste zu vertheidigen, verbot Jedem streng, an Übergabe zu denken, und erklärte seinen Entschluß, lieber Pferdefleisch zu wollen, als sich auf Vergleich einzulassen. Diese Großprahlerei ließ er am 16. October bekannt machen und am folgenden Tage unterschrieb Mack die Bedingungen der Übergabe.

Ulm wurde den Franzosen mit allen Magazinen und allem Geschütz übergeben, den Östreichern wurde ehrenvoller Abzug gestattet und sie legten die Waffen nieder. Die höhern Offiziere wurden auf Ehrenwort nach Östreich entlassen, während die Soldaten und Subalternen bis auf Auswechselung nach Frankreich geschickt wurden. Der junge Erzherzog Ferdinand widersetzte sich der Übergabe seines Befehlshabers und schlug sich mit vielen Tapfern glücklich nach Böhmen durch. Der übrige Theil des östreichischen Heeres, ungefähr 28,000 Mann, zog aus der Stadt und streckte, vor Napoleon defilirend, das Gewehr. Dies war die berühmte Capitulation von Ulm, die das Einrücken der Franzosen in Wien, dann die Schlacht bei Austerlitz und endlich den Frieden von Presburg zur unmittelbaren Folge hatte.

Bergmehl in Lappland und China.

Im Jahre 1832 wurde im Kirchspiel Degernä an der lappländischen Grenze (in Schweden) während des unglücklichen Miswachses jener Jahre eine mehlartige Erde, mit anderm Mehl und Brotrinde vermischt, zu Brot verbacken. Diese Erde wurde von dem berühmten schwedischen Chemiker Berzelius als mit organischen

Substanzen vermischte Kieselerde erkannt und vom Professor Retzius in Stockholm mit dem Mikroskope untersucht, wobei sich ergab, daß sie aus 19 verschiedenen Formen von Infusionsthierchen bestand. Eine Probe davon wurde an Ehrenberg in Berlin, den berühmten Forscher der Infusionsthierchenwelt, gesandt, und diesem zufolge bietet jenes Bergmehl noch dadurch ein besonderes Interesse dar, daß es weit reicher an ausgezeichneten, bisher ganz unbekannten organischen Formen ist, als das ihm sehr ähnliche und sehr formenreiche von Santafiora oder irgend einer der bekannten Kieselguhre. Es enthält 24 verschiedene, nicht blos Formen, sondern Arten organischer Wesen.*)

Hieran schließt sich folgende Mittheilung über ein gleichfalls zur Nahrung benutztes Bergmehl in China, die sich in der japanischen Encyklopädie unter dem Worte Bergmehl findet. Daselbst heißt es, das Bergmehl sei eine wunderbare Substanz, die zur Zeit einer Hungersnoth wachsen solle. In den Jahren 744, 809, 1062 und 1080 unserer Zeitrechnung hätten sich die Steine zersetzt und wären in Mehl verwandelt worden; 1012 wäre Bergfett, ähnlich dem Mehl, gewachsen. Alle diese Arten Bergmehl wären gesammelt und von den Armen gegessen worden. Zu diesen Nachrichten aus alter Zeit kommt jedoch eine neuere, enthalten in einem Briefe eines französischen Missionars, Mathieu-Ly, aus der Provinz Kiang-Li vom Jahre 1834, worin es heißt: „In drei Jahren lebten unzählige Personen von der Rinde eines gewissen Baumes; Andere aßen eine leichte und weiße Erde, die man in den Bergen findet." Um sich die häufige Hungersnoth in China zu erklären, muß man wissen, daß es dort Provinzen gibt, die größer als das halbe Deutschland sind und aus niedrigen, eingedeichten Ebenen bestehen, daher, wenn die Flüsse die Deiche durchbrechen oder übersteigen, den verheerendsten Überschwemmungen ausgesetzt sind, sodaß dann die ganze Ernte vernichtet wird und die zahlreiche Bevölkerung, trotz der Fruchtbarkeit des Bodens, der Gefahr des Hungertodes preisgegeben ist.

Der anscheinend so unnatürliche Geschmack an der Erde als Nahrungsmittel ist fast in der ganzen heißen Zone verbreitet. Lange Zeit sah man die in vielen Reisebeschreibungen enthaltenen Nachrichten über das Essen von Erde für fabelhaft an, aber Humboldt hat diesen Gebrauch bei den Ottomaken am Orinoco beobachtet und andere Reisende haben es außer Zweifel gestellt, daß die Bewohner der heißen Zone oft eine unwiderstehliche Lust haben, Erde zu essen, und zwar nicht eine alkalische oder kalkhaltige, um die Magensäure zu neutralisiren, sondern einen sehr fetten, meist stark riechenden Thon. In diesen Ländern muß man die Kinder oft binden, damit sie nicht hinauslaufen und Erde essen, wenn es aufgehört hat zu regnen. Gily in seinem Werke über die Geschichte Amerikas bemerkt, daß in dem Dorfe Banco am Ufer des Magdalenenstroms die eingeborenen Frauen, wenn sie irdene Töpfe machen, große Stücke Thon in den Mund stecken. In Guinea essen die Neger eine gelbliche Erde, die sie Kauak nennen; die nach Amerika versetzten Negersklaven suchen sich einen ähnlichen Genuß zu verschaffen, aber stets zum Nachtheil ihrer Gesundheit. Nach Thibaut de Chanvallon, welcher Amerika gegen das Jahr 1750 besuchte, sind die Neger daselbst sehr auf eine gewisse Erde erpicht. Eine allgemeine Ursache des Magenübels bei den Sklaven ist nach ihm die Gewohnheit der von Guinea gekommenen Neger, Erde zu essen, nicht aus einem verdorbenen Geschmack, sondern aus einer in der Heimat angenommenen Gewohnheit, der zufolge sie häufig eine gewisse Erde essen, die ihnen schmeckt, ohne ihnen beschwerlich zu werden. Namentlich lieben sie einen rothgelben, auf den Antillen sehr gewöhnlichen Tuff, den man sogar heimlich auf dem Markte verkauft. Die Neger, welche diese Gewohnheit haben, sind so lüstern darnach, daß keine Strafe sie davon abhalten kann. Labillardière sah auf seiner Reise zur Aufsuchung von Lapeyrouse auf der Insel Java zwischen Surabaya und Samarang kleine viereckige Kuchen zum Verkauf ausgesetzt, die nach näherer Untersuchung aus einem röthlichen Thone bestanden, den man ißt. Demselben Reisenden zufolge essen die Einwohner von Neucaledonien zur Stillung ihres Hungers faustgroße Stücke eines sehr zerreiblichen Steins, worin sich, der chemischen Analyse Vauquelin's zufolge, Kupfer befand. Auch in Peru kaufen die Eingeborenen auf dem Markte neben andern Lebensmitteln eine kalkartige Erde, die sie mit den Cocablättern — den Blättern einer Pflanze, die das peruanische Rothholz heißt, welche von den in den Bergwerken arbeitenden Indianern in großer Menge gekaut werden — vermischen.

Endlich gehört hierher eine von dem Arzte Cotting im Bezirke von Richmond in den Vereinigten Staaten mitgetheilte Notiz. In diesem Bezirk findet sich ihm zufolge eine Thonart, die von vielen Leuten, namentlich von Kindern, als Nahrung gesucht ist. Diese von dunkelgelb in rothgelb wechselnde Erde hat ein sehr feines Korn, ist weich und klebt an der Zunge. Wenn sie feucht ist, hat sie einen Thongeruch, setzt sich in Wasser als Pulver ab und bildet darin keinen dehnbaren Teig; 100 Theile davon geben 31 Theile Kieselerde, 12 Theile Eisenoxyd, 34 Thonerde, 10 Magnesia und 12 Wasser. Diese Erde enthält keine Spur von animalischen Substanzen, aber man findet darin vegetabilische Stoffe in verfaultem Zustande und Lignit. Am reinsten findet sich dieselbe in der Grafschaft Richmond, wo man große Aushöhlungen findet, die von den Erdessern herrühren. Der Geschmack dieser Erde ist süßlich und dem der calcinirten Magnesia ziemlich ähnlich; diesem Umstande ist wol die Begierde zuzuschreiben, mit der Manche sie als Nahrungsmittel gebrauchen. Glaubwürdige Personen haben Herrn Cotting versichert, daß Diejenigen, welche sich diesem unnatürlichen Genusse hingeben, kränklich, blaß und leichenhaft aussehen, wie die Leute, welche sich gewöhnlich mit dem Poliren der Metalle beschäftigen, und daß man sie häufig hinsterben sieht, ohne einen andern Grund für ihren Tod anführen zu können, als jene Gewohnheit. Cotting sah selbst an Ort und Stelle einen 14jährigen Knaben, der diese seine Lieblingsspeise zu sich nahm und auf Befragen angab, daß er jedesmal eine Hand voll esse, und daß seine Mutter, wenn sie gesund sei, Dasselbe thue.

Über den Bau der Zähne.

Jeder Kinnbacken hat 16 Zähne von völliger Gleichförmigkeit; auf jeder Seite jedes Kinnbackens acht. Die Zähne der einen Seite stimmen vollkommen mit denen der andern überein. Man theilt die Zähne hinsichtlich der Verschiedenheit ihrer Größe, ihrer Gestalt und der Art ihrer Verbindung mit dem Kinnbacken, sowie ihres Gebrauchs in vier Classen ein. Man zählt näm-

---

*) Vergl. über Kieselerde aus Infusionsthierchenschalen Pfennig-Magazin Nr. 262.

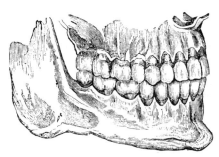

Eine Seitenansicht der ganzen Zahnreihen.

lich auf jeder Seite jeder Kinnlade zwei Schneidezähne, einen Spitzzahn, zwei Doppelspitzzähne und drei Backenzähne.

Die Schneidezähne liegen vorn an der Kinnlade und sie dienen, wie ihr Name andeutet, dazu, die Speise zu zerschneiden, was sie wie Scheren verrichten. Der unmittelbar in der Mitte liegende Schneidezahn heißt der centrale oder mittelste, und der nächste der Seitenschneidezahn. Dem letzteren zunächst steht der Spitzzahn oder auch der Hunds= oder Augenzahn. Er ist der längste von allen Zähnen. Sein Geschäft ist, die Theile der Speisen klein zu machen, welche für die Schneidezähne zu hart sind.

Neben dem Spitzzahne befinden sich die Doppelspitzzähne, auf jeder Seite zwei, so genannt, weil sie mit zwei hervorragenden Spitzen versehen sind; sie dienen dazu, zähe Substanzen gleichsam vorbereitend zu erweichen und sie dann den Backenzähnen zur völligen Zermalmung zu übergeben.

Die Backenzähne, deren auf jeder Seite drei sich befinden, sind mit vier bis fünf Spitzen versehen, die so eingerichtet sind, daß die Spitzen der untern Zähne in die Vertiefungen der obern passen, und so umgekehrt.

Von den Schneide= bis zu den Backenzähnen findet eine regelmäßige Abstufung in der Größe, der Gestalt und dem Gebrauche statt, indem der Spitzzahn den Mittelplatz zwischen den Schneidezähnen und den Doppelspitzzähnen einnimmt, während die Doppelspitzzähne unmittelbar zwischen dem Spitzzahn und den Backenzähnen sich befinden. So sind die Schneidezähne nur zum Zerschneiden, der Spitzzahn zum Zerreißen, die Doppelspitzzähne theils zum Zerreißen, theils zum Zermalmen und die Backenzähne nur allein zum Zermalmen der Speisen bestimmt. Der Schneidezahn hat nur eine einzelne Wurzel, die fast rund und ganz einfach ist; der Spitzzahn hat ebenfalls nur eine Wurzel, die aber platt und theils ausgehöhlt ist; selbst der Doppelspitzzahn hat nur eine Wurzel, diese ist aber am Ende getheilt und überdies so hohl, daß sie das Ansehen hat, als ob sich zwei Fänger oder Zangen theilweise vereinigt hätten, während der Körper zwei Spitzen hat und sich so der Gestalt der Backenzähne nähert, die fast immer zwei, zuweilen drei und auch vier Wurzeln haben, während ihr Körper um Vieles größer und ihre Oberfläche, d. h. der Theil, wo die ineinander passenden Spitzen der obern und untern Zähne sich treffen, vollkommen zum Zermalmen eingerichtet ist.

Bei einigen Thieren, deren Nahrung und Gewohnheiten die vielfältigste Anwendung einer der verschiedenen Classen der Zähne erfodern, findet man auch eine entsprechende größere Entwickelung oder Stärkegrade dieser Classe. So sind bei den fleischfressenden Thieren, wie man bei dem Tiger und dem Löwen deutlich bemerken kann, die Spitz= oder Hundszähne bedeutend länger und stärker, damit diese Thiere ihre Nahrung fassen und zerreißen können. Hingegen sind bei den Thieren, deren Nahrung in Pflanzen besteht, oder bei den Nagethieren, wie z. B. beim Biber, die Schneidezähne bedeutend verlängert, während bei den grasfressenden und den wiederkäuenden Thieren die Backenzähne die stärksten und größten sind. In allen solchen Fällen sind die andern Classen der Zähne von weniger verhältnißmäßiger Wichtigkeit, zuweilen fehlen sie sogar ganz. So hat z. B. der Haifisch nur eine Zahnart, die Schneidezähne, von diesen jedoch allerdings mehre.

Diese Organe stehen mit der Art der Nahrung, wodurch das Leben erhalten wird, und die Nahrungsart steht wieder mit den allgemeinen Gewohnheiten des Thieres in so enger Verbindung, daß ein Anatom bei der bloßen Besichtigung der Zähne die Classe nennen kann, wozu das Thier gehört, und auch im Stande ist, die Beschaffenheit der Verdauungswerkzeuge, die Art des Nervensystems, die physischen und selbst geistigen Eigenschaften desselben zu ergründen.

Bei dem Menschen sind die verschiedenen Classen der Zähne so gleichförmig ausgebildet, so gleich gebaut, daß man sie als den wahren Typus betrachten kann, von welchem die andern Formen nur Abweichungen sind.

Zur Vollziehung ihres Geschäfts müssen die Zähne mit ungeheurer Kraft begabt sein. Zur Erfüllung der Zwecke, die unmittelbar mit den Verdauungswerkzeugen in Verbindung stehen, ist es nöthig, daß sie sich in der Nähe ungemein weicher, zarter, reizbarer und empfindlicher Organe befinden. Damit sie den nöthigen Grad von Stärke besitzen, sind sie hauptsächlich aus Knochen gebildet, der härtesten organischen Substanz. Der Knochen, wenn auch nicht so empfindlich als andere Theile des Körpers, ist doch nicht ohne Gefühl. Beständen die Zähne, womit wir so harte Speisen zerkauen müssen, aus einer empfindlichen Substanz, so würde das Essen keine angenehme, sondern vielmehr eine schmerzhafte Arbeit sein, und jeden Augenblick, wo die Zähne mit der Speise in Berührung kämen, würden wir jenen ungeheuern Schmerz ertragen müssen, den uns jetzt nur zuweilen entzündete Zähne bereiten. Ebenso wenig könnte aber auch ein völlig unorganischer und daher unempfindsamer Körper die Bestimmung der Zähne erfüllen; erstens weil ein todter Körper mit lebenden Theilen sich nicht in Verbindung bringen läßt, ohne daß Reizungen, Krankheit und daher auch Schmerz entstände, und zweitens, weil ein solcher Körper, unfähig, auf irgend eine Art Nahrungs= oder Stärkungsstoff einzusaugen, bald abbrechen würde und daher unmöglich wieder erzeugt werden oder wieder entstehen könnte. Das Werkzeug muß also Härte, Dauerhaftigkeit und bis zu einem gewissen Grade auch Unempfindlichkeit besitzen; aber es muß auch fähig sein, mit empfindlichen und lebenden Organen sich eng zu verbinden und ein wesentlicher Theil des lebenden Systems zu werden.

Um dem Werkzeuge die erfoderliche Härte zu verleihen, ist die harte Substanz, die seine Basis bildet, viel härter als gewöhnlicher Knochen, sodaß Physiologen selbst gezweifelt haben, ob es Knochen sei. Daß dieser Zweifel völlig grundlos ist, geht deutlich aus folgenden drei Beweisen hervor. 1) Der Zahn besteht, wie jeder Knochen, theils aus erdiger, theils aus thierischer Substanz; der erdige Theil läßt sich völlig entfernen durch Einweichung in einer Säure, der thierische Theil durch Verbrennung, und bei jeder dieser Operationen behält der Zahn völlig seine ursprüngliche Gestalt. 2) Die Wurzel des Zahns ist außerhalb mit Knochenhaut be=

deckt; die innere Höhlung ist mit einer gefäßreichen und nervigen Membrane belegt und beide Structuren sind mit der Substanz des Zahns eng verbunden; wenn aber diese Membrane oder Häutchen wirklich ihre Blutgefäße und Nerven der Substanz der Zähne mittheilen, was kaum zu bezweifeln ist, so ist die Analogie zwischen dem Bau der Zähne und dem Bau des Knochens offenbar. 3) Obschon die Blutgefäße der Zähne so klein sind, daß sie unter gewöhnlichen Umständen keine rothen Bluttheilchen zulassen, und obschon kein färbender Stoff, den man bisher in künstlichen Einspritzungen angewandt hat, wegen seiner Dicke im Stande war, die Gefäße der Zähne zu durchdringen, so vollführt doch zuweilen die Krankheit, was die Kunst nicht zu bewirken vermag. Bei der Gelbsucht erhalten nämlich die Zähne eine glänzend gelbe Farbe, und bei Menschen, die eines gewaltsamen Todes gestorben sind, und in welchen daher der Blutumlauf plötzlich gehemmt worden ist, werden sie dunkelroth. Wenn überdies der Zahnarzt einen Zahn feilt, so empfindet man keinen Schmerz, bis die Feile die Knochensubstanz erreicht; fängt sie aber an, diesen Theil des Zahnes anzugreifen, so wird die Empfindung höchst schmerzhaft.

Diese Thatsachen beweisen, daß die Knochenmasse des Zahns, wenn auch der Bestimmung desselben angepaßt, dennoch eine wirkliche und eigenthümlich organisirte Substanz ist.

Jeder Zahn zerfällt in den Körper, den Hals und die Wurzel. Der Körper ist der Theil des Zahnes, der über dem Zahnfleische, die Wurzel derjenige, der unter dem Zahnfleische ist, und der Hals derjenige, wo sich Körper und Wurzel vereinigen. Der Körper ist der eigentliche Zahn, das Instrument, das wir zum Kauen benutzen.

Durchschneidet man den Zahn in verticaler Richtung, so findet man, daß er eine beträchtliche Höhlung enthält, die im Körper des Zahnes am weitesten ist und dann nach und nach bis zur Spitze der Wurzel sich verengt. Diese Höhlung ist durchaus mit einer dünnen, zarten und gefäßreichen Haut überzogen, die eine Fortsetzung von derjenigen ist, welche die Kinnlade bedeckt. Sie enthält eine weiche Substanz, die sehr gefäßreich und äußerst empfindsam ist, besteht fast einzig und allein aus Blutgefäßen und Nerven und ist die Quelle, aus welcher der Knochentheil des Zahnes sein Leben, seine Empfindlichkeit und seine Nahrung zieht. Die Blutgefäße und Nerven, die diese weiche Substanz bilden, treten an der Spitze der Wurzel mit der Höhlung des Zahnes in Verbindung. Die Haut, welche die Höhlung bedeckt, dehnt sich auch über die äußere Oberfläche der Wurzel aus, sodaß sie eine vollkommene Hülle bildet. Die äußere Glasur der Zähne ist eine unorganische Substanz, die aus Erdsalzen, vorzüglich aus phosphorsaurem Kalk und einem kleinen Theile Thierstoff zusammengesetzt, sehr dicht, von milchweißer Farbe und halbdurchsichtig ist und aus kleinen faserigen Krystallen besteht. Die Art, wie der Körper des Zahnes von dieser unorganischen Substanz umgeben wird, ist sehr merkwürdig. Die Krystalle sind in Radien oder Strahlen vertheilt, welche von dem Mittelpunkte des Zahnes aus entspringen, sodaß die Extremitäten der Krystalle die äußere Oberfläche des Zahnes bilden, während die innern Endpunkte derselben mit der Knochensubstanz in Verbindung stehen. Durch diese Anordnung entsteht ein zweifacher Vortheil; erstens ist die Glasur weniger der Abnutzung ausgesetzt und weniger dem Abbrechen unterworfen.

Durch die Vereinigung dieser zweckmäßigen und weisen Einrichtungen ist denn ein Instrument entstanden, das die nöthige Härte, Dauerhaftigkeit und Unempfindlichkeit besitzt, aber dennoch, da es organisch ist und Leben enthält, einen ebenso selbständigen Theil des Organismus ausmacht, als das Auge oder das Herz.

Nicht weniger Genauigkeit und Sorgfalt als der Bau der Zähne zeigt ihre Befestigung. Sie werden in ihren Stellungen nicht durch ein Mittel, sondern durch mehre fest gehalten. Den ganzen Rand beider Kinnladen entlang befindet sich ein Knochenbogen, der mit Höhlungen versehen ist, welche die Zahnscheiden bilden. Jede Zahnscheide ist abgesondert, sodaß jeder Zahn seine eigne Höhle hat. Jede Wurzel paßt eng und genau in die für sie bestimmte Zahnscheide. Die Wurzeln der Zähne, wenn es zwei oder mehre sind, laufen nicht parallel, und diese Ungleichheit vermehrt die Festigkeit der Verbindung. Durch den einen Rand mit dem Knochenbogen des Gebisses, durch den andern mit dem Halse des Zahnes verbunden, befindet sich eine besondere Substanz, dicht, fest und aus festen Häutchen bestehend, die das Zahnfleisch genannt wird und weniger hart als Knorpel, aber bedeutend zärter als Haut oder gewöhnliche Membrane ist. In dem Zahnfleische befinden sich unzählige Blutgefäße, dennoch aber ist es sehr unempfindlich und hat den ausschließenden Zweck, die Festigkeit der Zähne zu unterstützen. Die dichte und feste Membrane, welche den Knochenbogen des Gebisses bedeckt, dehnt sich auch bis in die Zahnscheide aus, welche sie überzieht, und von dem Grunde derselben erstreckt sie sich über die Wurzel des Zahnes bis an seinen Hals, wo sie endet und die Glasur beginnt. Diese Membrane trägt, wie ein derbes festes Band, viel mit zur Festigkeit des Zahnes bei. Endlich befestigen den Zahn auch die Blutgefäße und Nerven, die sich am Ende der Wurzel mit ihm verbinden, und die selbst im vorgerückten Alter, wo alle andern Befestigungsmittel erschlaffen, dem Zahne noch eine bedeutende Festigkeit verleihen.

Aber wenn eine solche dichte Substanz wie die Glasur mit einer so harten Substanz wie Knochen in starke Berührung käme, so würde ein Knarren entstehen, das leicht alle Knochentheile des Gesichts und die Hirnschale angreifen und das Essen schmerzhaft machen würde. Diesem Übel ist abgeholfen, 1) durch den Bau der Zahnscheiden, die nicht aus dichten und festen, sondern aus lockern, schwammigen Knochen bestehen; 2) durch die Membrane, welche die Zahnscheide bedeckt; 3) durch die Membrane, welche die Wurzel bedeckt, und 4) durch das Zahnfleisch.

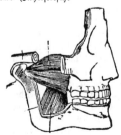

Kinnladenmuskeln.

Die Zähne sind im Kauen nur passive Instrumente, die durch die Kinnbacken in Bewegung gebracht werden. Der obere Kinnbacken ist fest, nur der untere ist beweglich und kann vier verschiedene Bewegungen machen; er bewegt sich aufwärts, niederwärts, vorwärts und rückwärts. Aus diesen einfachen Bewegungen gehen wieder andere zusammengesetzte Bewegungen hervor. Zahlreiche Muskeln, deren einige ungemeine Kraft haben, sind so geordnet und vereinigt, daß sie nach Belieben jede Bewegung hervorbringen können, die grade nöthig ist (s. Fig. 2).

Durch die Vereinigung, Veränderung und Wiederholung dieser Bewegungen kann der untere Kinnbacken auf den obern jeden Druck hervorbringen, der zum Kauen der Speisen erforderlich ist. Bei dieser Handlung leisten die Muskeln der Zunge kaum einen geringern Dienst als die Muskeln des untern Kinnbacken, und sie verleihen diesem wichtigen Organe die Kraft, sich nach allen Richtungen hin zu bewegen und die Arbeit der Zähne zu erleichtern.

Das Pflastern mit Erdharz.

Eine der besten in neuerer Zeit gemachten Erfindungen ist das Pflastern mit Erdharz. Man hat dieses seit einigen Jahren in Paris vielfach auf Trottoirs, Terrassen, Fußpfaden der Brücken u. s. w. angewandt und gefunden, daß ein Guß von Erdharz von einem halben Zoll Dicke, mit feinem Sand gemischt, vollkommen hinreichend ist, den Füßen der Menschen auf lange Zeit zu widerstehen. Die Hälfte des Fußpfades des Pont royal ist seit fünf Jahren damit gepflastert oder vielmehr übergossen, und weder Kälte noch Hitze, noch die zahlreichen täglich darüber gehenden Menschen haben den geringsten Eindruck darauf gemacht; das Gehen darauf ist ein wahres Vergnügen, man geht wie auf einem gedielten Boden. Die Mosaik aus Erdharz, mit der man den Platz des Obelisken (mit Ausnahme des Fahrwegs) bedeckt hat, ist ebenfalls vortrefflich gelungen und eine wahre Zierde der Stadt, während sie nur halb so viel kostet als das gewöhnliche Pflaster. Aber man wollte den Versuch weiter treiben und versuchte das Fahrpflaster damit zu versehen; man füllte dazu eiserne Formen von einem Cubikfuß Inhalt mit zerbrochenem Granit, wie er auf Chausseen gebraucht wird, goß Erdharz darüber, bis alle Zwischenräume ausgefüllt waren, und pflasterte mit diesen Würfeln im vorigen Herbste den Eingang der elysäischen Felder. Es fährt sich sehr angenehm darauf, die Pferde gleiten nicht, man fühlt nicht den geringsten Stoß und die Wagen leiden nicht, aber man fürchtete, daß eine strenge Kälte das Harz zu spröde machen und das dieses daher zerbröckeln möchte. Die Erfahrung des letzten Winters hat jedoch gezeigt, daß diese Besorgniß ungegründet war, da die Harzwürfel so fest als je geblieben sind. Die Stadt will daher dieses Pflaster weiter führen lassen und, wenn thunlich, nach und nach auf die Straßen ausdehnen, was eine große Wohlthat für Paris wäre, da bei dem jetzigen Pflaster an keine Art von Reinlichkeit und Trockenheit der Stadt zu denken ist. Jetzt geben sich schon mehre Actiengesellschaften mit dieser Industrie ab; zwei wenden das natürliche Erdharz, eine dritte künstliches, von den Steinkohlengasfabriken geliefertes, an, bis jetzt aber scheint das natürliche Erdharz den Vorzug zu verdienen, da das künstliche zu spröde ist. An zwei Orten in Frankreich werden asphaltische Mineralien im Großen gewonnen: bei Seyßel im Departement de l'Ain und bei Lobsann am Rhein im Depart. Niederrhein; die Gruben werden auf Kosten der beiden erstgedachten Actiengesellschaften bearbeitet. In England hat diese neue Pflasterung gleichfalls Eingang gefunden und es haben sich auch dort Actiengesellschaften gebildet. Deutschland ist diesem Beispiele in der neuesten Zeit gefolgt, und der Asphalt ist nicht blos zur Pflasterung, sondern auch zu Bedachungen angewendet worden.

Übrigens versteht man bekanntlich unter Erdharz, das auch häufig Erdpech, Asphalt oder Judenpech genannt wird, ein schwarzbraunes mineralisches Harz, das von einem widrig riechenden Öle durchdrungen ist. In sehr großer Menge findet es sich auf dem todten Meere, das daher bei den Alten der Asphaltsee hieß. Von den alten Ägyptern wurde es zu den bei der Mumienbereitung gebrauchten Stoffen genommen. Heutzutage brauchen es die orientalischen Völker häufig in Öl aufgelöst zum Bestreichen ihres Pferdegeschirrs, um Stechfliegen und andere Insekten abzuhalten.

Tiefe unter dem Meeresspiegel.

Wir haben in Nr. 265 eine Übersicht der merkwürdigsten Höhen über dem Meere und in Nr. 266 eine Nachricht über die relative Höhe des schwarzen und kaspischen Meeres mitgetheilt, aus welcher letztern sich ergab, daß der Spiegel des kaspischen Meeres ganz entschieden tiefer als der des schwarzen, und zwar ungefähr 100 Fuß tiefer liegt. Sehr merkwürdig ist es nun, daß mit diesem Resultate die Ergebnisse derjenigen barometrischen Höhenmessungen genau übereinstimmen, welche der Begleiter des Professors von Schubert in München auf seiner Reise nach Palästina, Dr. Erdl, im vorigen Jahre vorgenommen und Prof. v. Steinheil berechnet hat. Während nämlich bisher kein unter der Meeresfläche liegender Landsee bekannt war und eben deshalb diese Eigenschaft des kaspischen Meeres oder Sees sehr auffallend, ja lange Zeit zweifelhaft erscheinen mußte, geht aus den gedachten Messungen hervor, daß der See Genezareth 535, das todte Meer aber sogar 598 pariser Fuß unter dem Niveau des mittelländischen Meeres liegt, sodaß die Niveaudifferenz zwischen dem todten und mittelländischen Meere sechsmal so groß als die zwischen dem kaspischen und schwarzen Meere wäre! Dadurch würde also zu den zahlreichen historischen und physikalischen Eigenthümlichkeiten, die das todte Meer vor allen andern Landseen der ganzen Erde auszeichnen, eine neue nicht minder merkwürdige und bedeutende gefügt, die man bisher nicht geahnet hatte. Um über die Richtigkeit der gefundenen Resultate völlige Gewißheit zu erlangen, bedürfte es freilich eines genauen Nivellements, welches ausgeführt zu sehen vor der Hand keine Aussicht vorhanden ist, so wünschenswerth es auch wäre. Indessen stimmen die Nachrichten anderer Reisenden, wiewol die meisten keine eigentlichen Messungen vornahmen, mit den Angaben Erdl's überein. Die Engländer Beke und Moore, die 1837 das todte Meer befuhren, fanden das Niveau desselben 700 engl. oder 657 par. Fuß unter dem Mittelmeere und 200 engl. oder 188 par. Fuß unter Jericho. Es fiel ferner vielen Reisenden auf, daß sie von der Seestadt Acre nach Nazareth, Kana und andern Orten in Galiläa mit wenig bemerklichem, allmäligem Ansteigen kamen, gleichwol aber hernach den Abfall zum See Genezareth sehr steil und tief fanden. In diesem Sinne äußern sich z. B. Korte, Parthey, Burckhardt und Legh. In Verbindung hiermit scheint auch das tropische Klima der Ebene am See zu stehen, welche den großen Sommerhitze wegen fast unbewohnbar ist; die Melonen reifen z. B. bei Tiberias einen Monat früher als bei Acre, und Jericho, unweit des todten Meeres, erntete früher als Jerusalem und Acre; die Bewohner der Jordansaue gehen im Sommer fast nackend.

Andere Orte, die unter der Meeresfläche liegen,

sind nicht bekannt. Bergwerksschachte gehen zwar oft zu einer bedeutenden Tiefe herab — z. B. zu Kitzpühl in Tirol bis 3000 Fuß, ohne die Meeresfläche zu erreichen — aber nur selten gelangt man unter die Meeresfläche. Der französische Geognost d'Aubuisson glaubt in der Tiefe von 924 Fuß unter dem Meeresspiegel, bis zu welcher er in den Minen von Anzin bei Valenciennes kam, die größte Tiefe, bis zu welcher man kommen kann, erreicht zu haben; doch war die tiefste Kohlengrube in England, die bei Monkwearmouth, im November 1834 angeblich 264 Faden, also 1584 englische oder 1486 französische Fuß unter der Meeresfläche tief,*) während der Schacht in Cornwallis, welcher bis dahin der tiefste war, nur 1150 Fuß unter der Meeresfläche herabgeht. Größere Tiefen sind dem Menschen unzugänglich wegen des starken Andrangs des Wassers, was sich überall im Niveau des Meeres findet, wenn es nicht in seltenen Ausnahmen durch eine feste Thonschicht oder dicht gefügte Felsmassen am Zudringen gehindert wird.

Die Kasten der Hindus.

Eines der merkwürdigsten und dabei zahlreichsten Völker in Asien sind die Hindus oder Ureinwohner von Vorderindien oder Hindostan, die gleich den Ägyptern und Chinesen schon im grauen Alterthume eine verhältnißmäßig hohe Stufe der Cultur erreicht haben, aber auf dieser wie die Chinesen Jahrtausende lang unverrückt stehen geblieben und für europäische Civilisation noch immer so gut als völlig unzugänglich sind. Man schlägt die Gesammtbevölkerung von Hindostan auf 134 Millionen an, worunter 114 Millionen Hindus und 20 Millionen eingewanderte Völker sind, nämlich 15 Millionen Mongolen, außerdem Afghanen, Parsen, Armenier, Araber, Juden, Europäer u. s. w.; die Zahl der in England geborenen Briten beträgt, obgleich diese die Beherrscher des Landes sind, höchstens 40,000, und die Zahl der Anglo-Indier, d. h. der Abkömmlinge von geborenen Briten und inländischen Müttern, etwa 760,000. Der Name Hindu ist persisch und bedeutet schwarz.

Das Haupthinderniß, welches dem Fortschritte der Cultur bei den Hindus im Wege gestanden hat und noch steht, ist ihre Eintheilung in erbliche Stände oder Kasten, die von den Hindus selbst Farben genannt werden, eine Einrichtung, die sie mit den alten Ägyptern gemein haben, die seit den ältesten Zeiten besteht und von ihrer Religion, der uralten brahminischen Religion, geboten wird. Niemand darf ein anderes Gewerbe treiben, als das seiner Ältern, Niemand in eine andere Kaste heirathen, mit Mitgliedern einer andern umgehen oder gar mit ihnen speisen. Die Übertreter dieses Gebots werden aus ihrer Kaste ausgestoßen und dadurch aus aller menschlichen Gesellschaft verbannt; die Wiederaufnahme ist dann sehr schwierig und kostspielig.

Die Zahl der Hauptkasten ist vier: die der Brahminen, Schetriyes, Waischis und Sudras, zu denen dann noch die Parias kommen, die aber keine Kaste bilden und fast von aller menschlichen Gesellschaft ausgeschlossen sind. Nach den heiligen Büchern der Hindus entstanden die Kasten aus Brahma, dem Schöpfer und Erhalter der Welt, einer der drei höchsten Gottheiten der Hindus. Brahma ließ nämlich, um die Erde zu erhalten, aus seinem Haupte die Brahminen, aus seinen Schultern die Schetriyes, aus seinen Schenkeln die Waischis und aus seinen Füßen die Sudras hervorgehen. Auch die Nahrungsmittel sind nach den Kasten bestimmt. Die Brahminen dürfen nichts genießen, was gelebt hat, also weder Fleisch noch Fisch, die zweite Classe darf Schöpsenfleisch und Wildpret essen, die dritte und vierte kein Fleisch, wol aber Fisch. Diese Vorschriften werden indeß häufig übertreten, jedoch enthalten sich einige Sekten der Fleischspeisen gänzlich und alle Hindus haben einen Abscheu vor dem Rindfleische und verachten Den, der es genießt.

Die erste oder vornehmste Kaste ist die der Brahminen; aus dieser werden zwar ausschließlich die Priester gewählt, doch ist es ein Irrthum, wenn man glaubt, daß das Wort Brahmine einen Priester bedeutet, denn die Brahminen können auch Gelehrte, Lehrer, Ärzte, Staatsbeamte, selbst Krieger und Kaufleute sein und dienen sogar zuweilen bei der letzten Kaste. Im Leben eines Brahminen gibt es vier Zustände oder Stufen. Im ersten Zustande bleibt er bis zum zwölften Jahre; im zweiten darf er heirathen, wenn er auf die höhern Stufen keinen Anspruch macht; thut er aber das, so müssen harte Proben und Büßungen vorhergehen. Auf der dritten Stufe lebt der Brahmine als Einsiedler und nackter Büßer in Keuschheit, muß auf der bloßen Erde schlafen und darf sich nie reinigen. Die vierte Stufe kann er erst in 72. Jahre erreichen; er entsagt dann allem Irdischen, beschäftigt sich nur mit Gott und läßt Nägel, Bart und Haupthaar wachsen.

Die zweite Kaste umfaßt die Krieger und die Radschas oder Fürsten indischen Gebluts. Ganze Völkerschaften, wie die Radschuten, d. h. Königssöhne, sind aus dieser Kaste hervorgegangen. Die dritte Kaste begreift die Gutsherren, Bauern, Kaufleute und Fabrikinhaber. Die vierte Kaste endlich, die in zwei Hauptabtheilungen zerfällt, die der rechten und linken Hand, welche sich nicht miteinander verheirathen dürfen, umfaßt die Künstler, Handwerker, Fischer, Sänger und Musiker, Zauberer, Wahrsager und niedern Mönche. Manche der zahlreichen Unterabtheilungen gelten für unrein, z. B. die Fleischer und Schuhmacher, die zu Henkern gebraucht werden.

Der Paria wird als Auswurf der Menschheit betrachtet, einzig und allein seiner Geburt wegen, weil er der Sohn eines Paria ist. Wenn er mit einem bessern Hindu spricht, muß er die Hand vor den Mund halten; wenn er einem Brahminen begegnet, muß er die Flucht ergreifen; wenn er einen Hindu berührt, kann er sogleich von diesem getödtet werden; er darf ferner keinen Tempel betreten, sondern nur durch die offene Thüre an den Götzen beten, und kein Thier schlachten, sondern nur das Fleisch von gefallenem Vieh essen. Da sie gar keinen Unterricht erhalten, sind sie meist ganz sittenlos und oft blödsinnig.

Einer der grausamsten und unsinnigsten Gebräuche der Hindus ist die unnatürliche Sitte der Flammenweihe der Witwen, das heißt, das Verbrennen derselben mit ihren verstorbenen Männern. Diese Sitte, die schon in den ältesten Zeiten eingeführt worden ist, wird in den alten Gesetzbüchern zwar nicht geboten, aber den Witwen als ein Beweis der Liebe zu ihren Gatten empfohlen. Übrigens hat nicht etwa jede Witwe das Recht, sich mit der Leiche ihres Mannes verbrennen zu lassen, sondern eigentlich steht dieses Vorrecht nur den Brahminenwitwen zu, aber die Witwen der zweiten Kaste erkaufen es oft mit Geld. Die Opfer dieser Art sind sehr zahlreich, da sich oft mit der Witwe eines Großen eine Menge Beischläferinnen verbrennen. Noch im Jahre 1803 wurden in einem Umkreise von

---

*) Vergl. Pfennig-Magazin Nr. 123.

sieben englischen Meilen um Kalkutta 270 Witwen verbrannt. Gewiß muß es ein ergreifendes Schauspiel sein, wenn ein schönes Weib in der Blüte ihrer Jahre, mit Blumen und Juwelen geschmückt, unter dem Jubel der Menge und dem Schalle der Musik um den Scheiterhaufen ihres verstorbenen Mannes geführt wird, ihn dann besteigt und von den Flammen verzehrt wird. Es ist wol möglich, daß treue Liebe zuerst eine Witwe bestimmt hat, sich dem Flammentode zu unterwerfen; später kam der Aberglaube dazu, weil der Verheißung nach die sich opfernde Witwe ihren Gatten von aller Sünde frei machen und sogleich nach dem Tode mit ihm in die Wohnungen der Seligen versetzt werden soll. Jedoch ist gewiß, daß in sehr vielen Fällen die Witwen nicht freiwillig, sondern von ihren Verwandten und von den Priestern genöthigt, in den Tod gegangen sind, da die Liebe zum Leben stärker zu sein pflegt als der Aberglaube. So tief war die Sitte in den höhern Kasten eingewurzelt, daß es die Engländer bis 1827 nicht wagen durften, sie aufzuheben. Erst in der neuesten Zeit, namentlich unter dem vorigen Generalgouverneur Lord Bentinck, zu dessen ersten Maßregeln dieses Verbot gehörte, als er 1827 seinen Posten antrat, haben sie in den von ihnen beherrschten Ländern das Witwenverbrennen streng untersagt, ohne auf großen Widerstand zu stoßen, ja die Brahminen selbst haben zum Theil ihren Beifall darüber ausgesprochen. In den von ihnen unabhängigen Ländern eingeborener Fürsten ist in den neuesten Zeiten durch Missionare sehr viel geschehen, um auch dort diese barbarische Sitte almälig abzuschaffen, obgleich übrigens die Ausbreitung des Christenthums in Hindostan fast gar keine Fortschritte gemacht hat, da die Hindus, ohne im mindesten unduldsam gegen Bekenner anderer Religionen zu sein, an ihrer eignen Religion mit der größten Hartnäckigkeit hängen.

Opfertod der Witwe eines Brahminen, nach einem Gemälde von Biard.

Verantwortlicher Herausgeber Friedrich Brockhaus. — Druck und Verlag von F. A. Brockhaus in Leipzig.

Das Pfennig-Magazin

für
Verbreitung gemeinnütziger Kenntnisse.

277.] Erscheint jeden Sonnabend. [Juli 21, **1838**.

General Jackson.

Andrew Jackson, siebenter Präsident und zugleich einer der bedeutendsten Feldherren der Vereinigten Staaten von Nordamerika, wurde am 14. März 1767 auf einem Landgute in der Nähe von Camden in Südcarolina von irländischen Ältern, die 1765 Irland verlassen hatten, geboren. Er war anfangs zum geistlichen Stande bestimmt, verließ aber 1782, wo die Engländer in Südcarolina einfielen, als funfzehnjähriger Knabe die Schule, um als Freiwilliger gegen den Feind zu ziehen, und war in diesem Kampfe, wiewol er gefangen wurde, glücklicher als seine beiden ältern Brüder, die darin ihren Tod fanden. Zwei Jahre nachher verließ er den Kriegsdienst und widmete sich der Rechtswissenschaft; 1786 wurde er Sachwalter in Nordcarolina, zog später nach Nashville in Tennessee, wurde hier Generaladvocat und Befehlshaber der Miliz, was ihm Gelegenheit gab, die Indianer mehrmals zurückzuschlagen, Generalmajor, später Repräsen= tant und Senator für den neuen Staat Tennessee, 1799 Oberrichter desselben, aber bald nachher zog er sich aus dem öffentlichen Leben zurück und bewirthschaftete sein Landgut. Als 1812 der Krieg mit England ausbrach, übertrug ihm der Congreß den Oberbefehl der Milizen, später den der Linientruppen. Jackson zeigte sich dieses Vertrauens vollkommen würdig, wiewol ihm geringe Streitkräfte zu Gebote und große Schwierigkeiten im Wege standen. Mit Glück bekämpfte er die ins Land einfallenden, von den Spaniern bewaffneten Indianer, jagte sie nach Florida zurück und eroberte Pensacola. Als die Engländer im October 1814 mit 5000 Mann bei Neuorleans in Luisiana landeten, griff sie Jackson mit 2000 Mann an, und als jene mit 10,000 alten Kriegern am 8. Januar 1815 die Verschanzungen der Amerikaner, deren Zahl nur 3700 betrug, zu erstürmen suchten, brachte er ihnen eine entscheidende Niederlage bei, in der auf Seite der Englän=

VI.   29

der drei Generale, worunter der Oberbefehlshaber, und 2700 Mann blieben. Ebenso zeichnete er sich 1816 — 21 im Kriege mit den Indianern aus, zog sich aber, nachdem er 1821 das von den Spaniern abgetretene Florida in Besitz genommen hatte, wieder in das Privatleben zurück, widmete sich, wie Cincinnatus und Washington, dem Landbau und schlug mehre ihm angetragene ansehnliche Staatsämter aus. Bei der Präsidentenwahl im Jahre 1825 erhielt er unter allen Candidaten die meisten Stimmen, da er aber gleichwol keine absolute Stimmenmehrheit, d. h. nicht mehr Stimmen als alle übrigen Candidaten zusammen, erlangt hatte, so hatte der Congreß der Verfassung gemäß unter den drei Candidaten zu wählen, welche die meisten Stimmen hatten, und wählte nicht Jackson, sondern seinen Mitbewerber Quincy Adams. Erst im Jahre 1828 wurde Jackson mit großer Stimmenmehrheit zum Präsidenten gewählt und verwaltete dieses Amt, da er 1832 wieder gewählt wurde, acht Jahre lang, von 1829— 37. Er bewies dabei große Entschlossenheit und Festigkeit, verbunden mit Klugheit und Umsicht, hatte aber seit 1831 bis zuletzt mit einer sehr zahlreichen Gegenpartei zu kämpfen. Namentlich waren es drei wichtige Fragen, über welche die Meinungen sehr getheilt waren: wegen des Zolltarifs, wegen der Zwistigkeiten mit den Indianern und wegen der Fortdauer der Bank. Der Zolltarif rief in den südlichen Staaten eine so große Aufregung hervor, daß eine Trennung jener von den nördlichen Staaten ohne Jackson's Energie und Mäßigung leicht möglich gewesen wäre. Die Indianer wurden nach Jackson's Vorschlag seit 1830 immer mehr zur Auswanderung auf das rechte Ufer des Missisippi genöthigt und zum Theil mit großer Härte behandelt; die Folge davon war im Jahre 1836 der Aufstand zweier Stämme in Florida, der Seminolen und Creeks, der noch jetzt nicht gedämpft ist, wiewol eine sehr bedeutende Kriegsmacht gegen sie aufgeboten wurde. Aber den meisten Widerstand fand Jackson wol bei seinen Maßregeln gegen die Bank der Vereinigten Staaten, der er sehr abgeneigt war, weshalb er sich der Erneuerung ihres Privilegiums, das im Jahre 1836 erlosch, widersetzte. Nur durch Beharrlichkeit und große Energie konnte sich Jackson behaupten. Selbst mit dem Senate kam er über diese Frage in Zwiespalt, da dieser auf die Seite der Bank trat, wogegen das Repräsentantenhaus das Verfahren Jackson's billigte. Noch in den letzten Jahren seiner Präsidentschaft drohte ein Krieg der Vereinigten Staaten mit Frankreich auszubrechen und schien kaum vermieden werden zu können; aber noch zur rechten Zeit kam eine Versöhnung zu Stande, nachdem Jackson eine Erklärung abgegeben hatte, die Frankreich zufrieden stellte. Zum dritten Male und wol für immer zog sich Jackson, nachdem er seinem Nachfolger, Van Buren, die Präsidentschaft übergeben hatte, 70 Jahre alt, im Jahre 1837 ins Privatleben zurück.

General Jackson ist ein langer, hagerer Mann, weshalb ihm früher der Beiname Hickory, von dem Namen eines in Amerika einheimischen weißen Walnußbaumes, beigelegt wurde. Er ist noch immer so kräftig, rasch und thätig wie in jüngern Jahren, übrigens angenehm im Umgange, einfach in seinen Sitten, freundlich und für Jedermann zugänglich.

Die Bewohner von Boothia Felix.

Die Landenge Boothia Felix, die der bekannte Seefahrer Capitain Roß entdeckt und nach einem Sheriff von London, Namens Felix Booth, benannt hat, verbindet zwei in den nördlichsten Gegenden von Amerika liegende Länder, Nordsomerset und König=Wilhelms=Land. Sie liegt unter $69^1/_2$ — $74°$ nördl. Breite und unter $72 - 81°$ westl. Länge von Ferro und ist des magnetischen Pols wegen wichtig, den Roß auf ihrer Südwestseite unter $70° 6'$ nördl. Breite und $79°$ westl. Länge unweit des Vorgebirgs Adelheid entdeckt hat.

Es ist überraschend, daß eine so rauhe, unwirthbare Gegend Bewohner hat, die niemals den Drang gespürt zu haben scheinen, nach südlicher liegenden, wohnlichern Ländern auszuwandern, auch mit den Europäern in Canada und an der Hudsonsbai und mit den Bewohnern des großen Landes zwischen der Chesterfieldseinfahrt und dem Kupferminenstrome in gar keiner Verbindung stehen. Die Natur ist ihnen eine sehr strenge Mutter, die ihnen nicht nur oft die nothwendigsten Mittel zu ihrer Erhaltung versagt, sondern sie auch durch wilde Thiere und namentlich durch eine wahrhaft grimmige Kälte, von der wir Deutsche uns keinen Begriff machen können, bekriegt und ihnen nicht einmal Wasser läßt. Der Bewohner von Boothia Felix bekommt nie einen Grashalm, nie Holz oder Früchte irgend einer Art zu sehen. Er hat keinerlei Hausthiere, selbst das dem Lappländer so nützlichen Rennthiere muß er entbehren, weil er nichts hat, um sie zu nähren, und macht nur Jagd auf sie, wenn die wärmere Jahreszeit ihnen zu ihm zu kommen erlaubt, da das Klima im Winter für sie zu rauh scheint.

Aus Eis und Schnee verfertigt er die Steine zu seiner Hütte; seine gefährlichsten Feinde, Bären und Füchse, liefern ihm, was er zu seiner Nahrung, Kleidung, Feuerung und Erleuchtung braucht. Der Hungersnoth, die ihn bedroht, stellt er ungeheure Vorräthe von Fleisch und Fischen entgegen, die er in den zwei Sommermonaten sammelt. Seine Unmäßigkeit und Gefräßigkeit ist der erste und auffallendste Zug, den man an ihm bemerkt. Capitain Roß gibt uns davon eine lebhafte Schilderung. In seinem Tagebuche erzählt er vom 4. Juni 1830: „In einer Hütte fanden wir zwei Familien oder vielmehr Ehepaare. Sie saßen auf ihrem Lager, einen Trog voll in Thran gekochter Fische in ihrer Mitte. Sie fraßen dieses Gericht ganz wie hungrige Schweine und verschlangen die Fische mit einer Gier, die sich eher zu vermehren als zu vermindern schien." Ein anderes Mal hielt er nebst vier Begleitern ein Mahlzeit in Gemeinschaft mit zwölf Eingeborenen, wobei die fünf Engländer sich an anderthalb Lachsen sättigten, jeder Eingeborene aber zwei Lachse oder ungefähr 14 Pfund rohen Lachs verzehrte, und zwar dem Anscheine nach, ohne satt zu werden. Dabei waren ihre Tischgebräuche sehr sonderbar. Die beiden ältesten schnitten zwei Lachse nach Absonderung des Kopfes und der großen Gräte der Länge nach durch, thaten dasselbe mit beiden Hälften und bildeten dann mit den Händen eine lange Wurst von zwei Zoll Durchmesser, die sie in den Schlund steckten, so tief sie konnten, und dann am Munde abschnitten, worauf sie den Rest ihrem Nachbar darboten. Dasselbe wurde wiederholt, bis alle Fische verzehrt waren. Ebenso verfahren sie mit Fleisch.

Einen vorzüglichen Leckerbissen bilden bei ihnen die halb verdauten Nahrungsmittel, die man im Magen der Rennthiere findet. Dieses Moos= und Kräutergericht, das uns höchst ekelhaft vorkommen muß, gewährt ihnen bei ihren beständigen rohen Fleischspeisen und der Unmöglichkeit, sich auf anderm Wege irgend eine Pflanzennahrung zu verschaffen, eine angenehme

Abwechselung, sowie sie aus demselben Grunde, nach der Versicherung von Roß, den frischen Mist der Moschusochsen und Rennthiere als Leckerbissen betrachten.

Große Reinlichkeit kann man von Leuten, denen Fischthran als Getränk, Brennmaterial und Beleuchtungsstoff dient, natürlich nicht erwarten. Die beste Entschuldigung der Boothier ist jedoch ihr gänzlicher Wassermangel, der sie nöthigt, viel Fischthran zu verbrennen, um Schnee zu schmelzen. Da sie aber viel trinken, so würden sie Durst leiden, wenn sie das mühsam gewonnene Schneewasser zum Waschen brauchen wollten. Daher darf man sich nicht wundern, wenn ihre Haut während des zehnmonatlichen Winters mit dem Wasser in keine Berührung kommt, und auch während der Sommermonate weichen sie von ihrer angenommenen Gewohnheit nicht ab, obgleich es ihnen dann nicht an Wasser fehlt. Daß sie aber das Bedürfniß der Reinlichkeit empfinden, sieht man daraus, daß sie sich von Zeit zu Zeit das Gesicht mit einer Serviette aus Bärenhaut waschen; wenn sie sich auf dem englischen Schiffe befanden, machte es ihnen viel Vergnügen, sich mit Seife zu reinigen, zu rasiren und sich Haare oder Nägel abzuschneiden.

Ihre außerordentliche Gefräßigkeit leitet Roß von einem ungemeinen Thätigkeitsbedürfniß her. Selbst in ihren engen Schneehütten können sie keinen Augenblick müßig bleiben, weshalb sie auch nach der reichlichsten Mahlzeit sich nie einer trägen Ruhe überlassen, und da das strenge Klima sie zur Unthätigkeit verdammt, essen sie meistens nur, um wenigstens etwas zu thun. Alle ihre Gedanken und Unternehmungen sind darauf gerichtet, sich Nahrung zu verschaffen; andere Geschäfte begreifen sie nicht. Die astronomischen Fernröhre des Capitain Roß betrachteten sie als Dinge, deren er sich zur Erspähung der Seekälber bediente, und die ganze so gefahrvolle Expedition der Engländer schien ihnen keinen andern Zweck zu haben, als eine reichliche Seekalbjagd.

Jede Jahreszeit hat bei ihnen ihre eigenthümliche Jagd; auch kennen sie keinen andern Kalender als den von den Fährten der wilden Thiere, welche sie verfolgen, gezeichneten. Tritt Thauwetter ein, so wird die Seekalbjagd aufgegeben und der Lachsfang beginnt, welcher immer sehr einträglich ausfällt. Im Juli, August und September gewähren ihnen Rennthier- und Lachsfleisch eine gewisse Abwechselung in ihrer Nahrung; im April haben sie Moschusochsenfleisch, die übrigen acht Monate nichts als Seekalbfleisch. Um sich dasselbe zu verschaffen, unternehmen sie oft beträchtliche Reisen über holperige Eisfelder in Schlitten, die aus gefrorenen Lachsen und Rennthierknochen verfertigt sind und von Hunden gezogen werden.

Bei der Seekalbjagd kommt es darauf an, kleine Öffnungen oder Spalten im Eise zu entdecken, woraus die Seekälber Luft schöpfen; rings um dieselben werden Schneewälle aufgehäuft, hinter denen der Jäger sich verbirgt; sobald das Thier den Kopf hervorstreckt, schleudert er seinen kleinen Wurfspieß dagegen und zieht seine Beute mit Hülfe eines am Wurfspieße befestigten Darmseils in die Höhe. Noch weit ergiebiger ist der Lachsfang, wie sich aus einem Tauschhandel abnehmen läßt, den Capitain Roß abschloß. Er bot nämlich einem Eingebornen für eine der Eisgruben, in die gefrorenen Fische aufbewahrt werden, in der Meinung, daß sie etwa 40 Lachse enthalten möchte, sein Taschenmesser an, was Jener mit großer Freude annahm; bald darauf boten zwei andere Eingeborne um denselben Preis Lachsgruben an. Roß fand hernach, daß sich in jeder Grube ungefähr 220 Lachse befanden, wovon jeder im Durchschnitt fünf Pfund wog, sodaß er für ein Taschenmesser von geringem Werthe zehn Centner Lachse gekauft hatte. Auf verschiedenen Punkten im Innern des Landes haben die Eingebornen beträchtliche Vorräthe von Lebensmitteln aufgehäuft, um sich freier bewegen zu können und nirgend Mangel leiden zu müssen.

Sobald gegen Ende Septembers der Frost dauernd wird, verwenden sie die Häute, welche sie zum Bau ihrer Kähne gebraucht hatten, zu dem ihrer Schlitten, wobei sie folgendermaßen verfahren. Eine gewisse Menge gefrorener Lachse wird in einer Länge von sieben Fuß in jene Häute gewickelt, fest zusammengedrückt und mit Seilen, die man aus Därmen verfertigt, umwunden. So bildet man die Seitenwände des Schlittens, die durch Rennthier- oder Moschusochsenknochen aneinander befestigt werden. Der Zwischenraum wird mit Erde und Moos angefüllt und mit Wasser begossen, das sogleich gefriert und den Boden des Schlittens bildet. Solche Schlitten sind zu Reisen in den nördlichen Gegenden viel vortheilhafter als die, welche die Engländer mitgebracht hatten, welche durch das daran befindliche Eisen viel zu schwer werden. Bei einfallendem Thauwetter schmelzen jene Schlitten und dienen zum Theil als Speise (durch die in den Häuten zusammengepreßten Lachse); die Knochen werden aufbewahrt oder den Hunden vorgeworfen, oder zum Bau der Sommerhütten verwandt, bestehend in Zelten, die man aus Ochsenhäuten zusammen näht, welche sich auf Knochen stützen. Die Winterwohnungen bauen sie aus Schneestücken mit großer Geschicklichkeit und Schnelligkeit, indem sie weniger als eine Stunde dazu brauchen. Eine Eisscholle dient als Fenster; um sie durchsichtig zu machen, brauchen sie so viel Thran, daß sie dasselbe Eisstück bei ihren Winterreisen überall mit sich nehmen.

Mit den Eskimos sind sie ohne Zweifel verwandt, und zwar gehören sie zu derselben Gattung, wie die westlichen Eskimos auf der Küste des Baffinlandes, doch bedienen sie sich einer andern Mundart, die aber nicht wohlklingender ist. Ihre Hautfarbe ist ein schmutziges Kupferroth; sie messen eher unter als über fünf Fuß und sind durchgehends untersetzt, aber kräftig gebaut. Ihr Gesicht ist breit, ihre Backen rund und voll, ihr Mund groß und gewöhnlich halb offen. Sie haben weiße, sehr regelmäßige Zähne, dicke Lippen und kleine, schwarze, nahe beieinander stehende Augen. Ihr Haar ist lang, schwarz, rauh und anliegend. Der Bart ist schwach, dünn und auf Kinn und Oberlippe beschränkt. Sie haben kleine dicke Hände mit kurzen Fingern und ebenfalls sehr kurze und dicke Füße. In ihren Gesichtszügen bemerkt man den Ausdruck von Gutmüthigkeit und Beschränktheit, vermischt mit Wildheit, der allen rohen, vereinzelt lebenden Stämmen eigen ist. Die Bevölkerung der Landenge ist begreiflich nur sehr gering und weit zerstreut; meistens hausen sie familienweise oder in kleinen Gruppen, denn durch die Anhäufung von einigen hundert Personen auf demselben Punkte könnte bei ihrer Gefräßigkeit leicht Hungersnoth entstehen.

Ihre geistigen Fähigkeiten sind ungeachtet der niedrigen Culturstufe, auf der sie stehen, durchaus nicht so gering als man meinen sollte. Sie erkundigten sich genau nach dem Verfahren der Engländer bei der Jagd und dem Fischfange, wiewol ihr eignes Verfahren vollkommen zweckmäßig ist; am meisten wurden sie betroffen von dem Nutzen der Netze, deren sich die Engländer bedienten, und die sie nicht nur sogleich gebrauchen, sondern sogar verfertigen lernten.

*

Wenn es für sie nicht so schwierig wäre, den zur Verfertigung der Netze erfoderlichen Stoff aufzutreiben, so würde diese Kunst vortheilhafter für sie sein, als die Stücke Eisen, welche die Engländer ihnen gelassen haben. Jedes neue Werkzeug untersuchten sie mit großer Aufmerksamkeit und forschten nach seinem Gebrauche. Auch ist als ein charakteristischer Zug zu bemerken, daß die Weiber Glaskorallen und andere Putzgegenstände verächtlich bei Seite warfen, sich dagegen sehr dankbar bezeigten, wenn man ihnen Nähnadeln, kleine Stücke Holz, Eisen und Kupfer zum Geschenk machte. Nach dem Urtheile von Roß fehlt es diesem Völkchen nur an dem nöthigen Unterrichte, um in Künsten und Gewerben rasche Fortschritte zu machen.

Saragossa.

Das seltsame Gebäude, das unsere Abbildung zeigt, ist ein Gegenstand von großem Interesse in der spanischen Stadt Saragossa. Es trägt den Namen Torre Nueva oder neuer Thurm, eine Benennung, die jetzt kaum mehr anwendbar ist, denn er wurde schon im Jahre 1594 erbaut; jetzt dient er als Glockengerüst oder Warte. Gefahrdrohend neigt er sich nach der Kirche hin, die auf der andern Seite der Straße sich befindet. Er gleicht dem berühmten Thurme zu Pisa*) und scheint jeden Augenblick einstürzen zu wollen; aber dieses Ansehen hat er schon seit fast 250 Jahren und er steht heute noch. Er ist sehr hoch; man steigt auf 200 Stufen zu seiner Spitze und genießt von dem obern Balcon einer herrlichen Aussicht. Der Thurm ist größtentheils aus Backsteinen erbaut und die Bauart selbst schön und schmuckreich.

Beim ersten Anblick dieses seltsamen Gebäudes dringt sich die Frage auf: „Warum wurde es so gebaut?" Aber man findet nicht leicht eine Antwort; die Meinungen über die Absicht sind ebenso getheilt wie hinsichtlich des Thurmes von Pisa. Es ist nicht unwahrscheinlich, daß sich der Grund während des Baues senkte, und daß der Architekt zum Triumphe seiner Kunst dennoch die Vollendung des Thurmes ausgeführt hat, indem er der innern Seite ein Gegengewicht gab, um das Gebäude gegen das Einstürzen zu schützen.

Die Stadt Saragossa besitzt in architektonischer Hinsicht viele interessante Gegenstände, und besaß deren noch mehre vor den furchtbaren Belagerungen, welche sie durch die Franzosen erlitt. Die erste Belagerung ist eine der merkwürdigsten, und wir finden in den Annalen der alten und neuern Zeit kein Ereigniß, das größere Bewunderung verdiente. Saragossa war eine der wenigen Städte, die mit Erfolg gegen Napoleon sich vertheidigt haben, als er es zuerst versuchte, sich zum Herrn von Spanien zu machen, und das Benehmen der Bewohner während der großen Bedrängnisse, welchen sie ausgesetzt waren, ist wahrlich ein schönes Beispiel von Muth und Ausdauer.

Es war am 14. Juli 1808, kurz bevor das erste britische Heer unter Wellington in Portugal landete, als sich eine französische Streitmacht unter Lefebvre-Desnouettes zuerst der Stadt Saragossa näherte. Die Stadt war unbefestigt, nur von einer zehn bis zwölf Fuß hohen Mauer umgeben und überdies keineswegs durch eine vortheilhafte Lage begünstigt. Palafox war Commandant, und dieser General traf alle Maßregeln, die ihm am passendsten schienen.

Am Morgen nach ihrer Ankunft suchten die Franzosen die Stadt durch Sturm zu nehmen, aber sie sahen sich nach einem empfindlichen Verlust genöthigt, vom Angriffe abzustehen. Es folgte ein Stillstand von neun Tagen, worauf der Angriff erneut wurde, doch da Lefebvre auf neuen Widerstand stieß, beschloß er, die Stadt zu beschießen. Bomben und Granaten wurden in furchtbarer Masse in die Stadt geworfen und es war nicht ein Gebäude innerhalb der Mauern, das bombenfest gewesen wäre. Die Einwohner leisteten die tapferste Gegenwehr. Sie rissen selbst die gegen die Sonne schützenden Bekleidungen der Fenster herab und machten Säcke daraus, die sie mit Sand füllten und wie Batterien vor den Thoren aufhäuften. Sie brachen Schießscharten in die Mauer und die nächsten Gebäude und stellten an den günstigsten Punkten Kanonen auf. Frauen aus allen Classen leisteten Beistand; sie bildeten förmliche Compagnien, einige, um die Verwundeten zu pflegen, andere, um mit Wasser, Wein und Speise Diejenigen zu versorgen, die die Thore vertheidigten. Die Gräfin Burita errichtete ein Corps für diesen Zweck. Sie war jung, zart und schön. In der Mitte des mörderischsten Feuers sah man sie ruhig und kaltblütig die Geschäfte verrichten, die sie sich zur Pflicht gemacht hatte, und während der zweimonatlichen Dauer der Belagerung schien keine, wenn auch noch so große Gefahr einen Eindruck auf sie machen, noch sie von ihrem heldenmüthigen Unternehmen abbringen zu können.

Sie war jedoch nicht die einzige Heldin. Es ereignete sich einst, daß alle Männer, die eine Batterie vertheidigten, gegen welche die Franzosen ein furchtbares Feuer richteten, getödtet wurden; Augustine Saragossa, ein Weib aus der untern Volksclasse, kam eben mit Erfrischungen herbei, als die Bürger sich beeilten, das Geschütz neu zu bedienen. Sie sprang herbei über die Todten und Sterbenden, entriß der erstarrten Hand eines todten Artilleristen eine Lunte und schoß einen Sechsundzwanzigpfünder in die Reihen der Feinde; dann sprang sie auf die Kanone und legte ein feierliches Versprechen ab, sie während der Belagerung nie lebend zu verlassen. Sie überlebte jedoch diese Belagerung und spielte auch noch in der zweiten eine heldenmüthige Rolle, fiel dann mit Andern als Gefangene in die Hände der Franzosen.

Endlich eröffneten die Franzosen am 3. August die Breschebatterie; die leichten Mauern waren bald zertrümmert und die Belagerer drangen vorwärts zum Angriff. Sie fielen in die Straße St.-Engracia ein, rückten bis zum Ende derselben vor und steckten das Hospital in Brand. Ein furchtbarer Lärm entstand; die Kranken sprangen aus den Fenstern, um dem Feuertode zu entgehen, während sich Verrückte singend, heulend und tanzend unter die kämpfenden Soldaten mengten. Nach langem Kampfe drangen die Franzosen in die Straße Cozo im Mittelpunkte der Stadt, und ehe die Nacht einbrach, waren sie im Besitz einer Hälfte von Saragossa. Lefebvre glaubte nun Vorschläge zur Übergabe machen zu können, und richtete ein kurzes Schreiben an den Commandanten Palafor. Es lautete: „Hauptquartier St.-Engracia. — Capitulation." Die Antwort des Spaniers war nicht weniger lakonisch: „Hauptquartier Saragossa. — Krieg bis zum Messer."

Der Kampf, der jetzt folgte, war in der That schrecklich und sucht seines Gleichen in der Geschichte. Eine Seite der Straße Cozo war im Besitz der Franzosen und im Franziskanerkloster, im Mittelpunkte der Straße, ertheilte der französische General Verdier seine Befehle. Die andere Seite wurde von Aragoniern behauptet, die

---

*) Vergl. Pfennig-Magazin Nr. 40.

Das Pfennig=Magazin.

an den Ausgängen der Querstraßen Batterien aufführ=
ten, nur einige Schritte von den französischen entfernt.
Der Zwischenraum war mit Haufen von Todten an=
gefüllt, die man auf der Stelle erschlagen oder
aus den Fenstern geworfen hatte. Am nächsten Tage
begann der Kriegsbedarf der Bürger zu fehlen; man

erwartete jeden Augenblick, daß die Franzosen ihre An=
griffe erneuern würden, um den Sieg vollständig zu
machen; aber selbst diese Aussicht vermochte nicht, den
Bürgern den Muth zu nehmen und sie zu verleiten,
an Capitulation zu denken. Sie schwuren, wenn ih=
nen Pulver fehlen sollte, den Feind mit ihren Messern

Der überhängende Thurm zu Saragossa.

anzugreifen. Glücklicherweise jedoch langte frischer Vorrath an; der Kampf wurde erneut und dauerte fast ununterbrochen elf Tage und elf Nächte fort. Die Zahl der Todten war ungeheuer und sie blieben liegen, wo sie der letzte Streich getroffen hatte. Die Luft war verpestet und man fürchtete nicht ohne Grund den Ausbruch einer Seuche. Dennoch sank der Muth der Bürger nicht, die Franzosen sahen sich bald nur noch im Besitz eines Achtels der Stadt und am 14. August sah man die französischen Truppen in vollem Rückzuge.

In der zweiten Belagerung durch die Franzosen im November desselben Jahres war Saragossa weniger glücklich. Nachdem es sich bis in die Mitte des Februar des folgenden Jahres gehalten hatte, mußte es capituliren.

Über Kaffeeverfälschung.

Seit längerer Zeit hat man in manchen Seeplätzen, besonders in Triest, und seit einigen Jahren fast in allen Handelsstädten am Rhein und Main ein Mittel gefunden, dem Kaffee eine höhere bläuliche Farbe zu geben. Das Verfahren, wodurch dies geschieht, besteht im Wesentlichen blos in Bestäubung des Kaffees mit fein gepulverter Holzkohle, wodurch zwar nicht die durch Nässe gebleichten, noch die verschrumpften Bohnen, wol aber diejenigen, welche schon von Natur eine bläuliche oder grünliche Farbe haben, ein farbigeres Ansehen gewinnen. Sofern durch diese Behandlung bei der Unschädlichkeit des angewandten Stoffes weder der innere Gehalt der Waare, noch das Gewicht, noch auch, seitdem die Sache aufgehört hat, Geheimniß zu sein, der Preis verändert wird, möchte es scheinen, als sei dieser Gegenstand, gleich vielen andern unschuldigen Mitteln, durch welche man das Aussehen mancher Producte für das Auge des Käufers empfehlender zu machen sucht, keiner öffentlichen Besprechung werth; indessen hängt derselbe mit einem unter dem consumirenden Publicum herrschenden Vorurtheil zusammen. Wir meinen das Vorurtheil, daß die Güte des Kaffees von der schönen blauen Farbe desselben abhänge, eine Ansicht, welche Viele veranlaßt, das dadurch sehr vertheuerte Product einiger weniger transatlantischer Districte, welche blaue Sorten liefern, mit Vorliebe zu kaufen, während sie um merklich geringern Preis die reinern, an Aroma reichern, aber minder farbigen ostindischen Sorten erhalten könnten, welche seit der gesteigerten Cultur der holländisch-ostindischen Besitzungen in großen Quantitäten vorkommen, und von dem hierin besser unterrichteten niederländischen Publicum allen andern vorgezogen werden. Andere dagegen kaufen blos der Farbe wegen den geringern Kaffee Brasiliens, der aus dem noch ziemlich rohen Boden des Landes einen unangenehmen Geruch und Geschmack zieht und in grüner Waare ebenso theuer ist als jene theuern, aber weniger farbigen Sorten. Es soll daher hier nur im Allgemeinen bemerkt werden, daß die Güte des Kaffees, d. h. sein Aroma und die Reinheit seines Geschmacks, nicht von der Farbe abhängen, und der Consument viel besser daran thun würde, denselben nach dem Geruche, welcher jene Eigenschaften deutlich zu erkennen gibt, als nach dem Aussehen zu beurtheilen, in welcher letztern Hinsicht blos das Vorkommen gebrochener Bohnen, welche vom Rösten früher als die ganzen afficirt werden, sodann auch von verdorbenen, schwarzen, geschrumpften Bohnen und Steinchen zu berücksichtigen ist, die vor dem Rösten ausgelesen werden müssen. Nach dem Mokkakaffee, der von kleiner, bräunlich-gelbgrüner Bohne, der beste, aber auch theuerste ist, liefern die ostindischen Besitzungen der Holländer die beste Waare, welche unter den Namen Java-, Cheribon- und Sumatrakaffee in den Handel kommt. Der Javakaffee, von brauner Farbe, ist unter diesen der vorzüglichste. Auch diese Farbe hat man künstlich darzustellen gesucht, und zwar, da es dabei mehr auf Erhöhung des Preises abgesehen war, und die natürliche Farbe nicht blos gesteigert, sondern verändert wurde, auf eine weniger zu entschuldigende Weise, bald durch gelindes Rösten, bald durch wirkliches Färben, obwol mit unschädlichen Mitteln; indessen läßt der nur dem echten Javakaffee eigenthümliche aromatische Geruch diesen leicht von nachgemachtem unterscheiden, auch kommt letzterer im inländischen Handel jetzt weniger oder gar nicht mehr vor. Der Javakaffee von hellerer gelblicher Farbe ist sehr häufig und steht dem besten westindischen Kaffee von blauer Farbe (Surinam, Berbice, Cuba, Portorico), an Reinheit des Geschmacks nicht nach, übertrifft ihn aber noch an Aroma; minder gehaltreich als jener, aber doch viel reiner und besser als der kleinbohnige Havana- und brasilische Kaffee ist der blaßgrünliche Cheribon, der sich durch Wohlfeilheit empfiehlt. Auch das Product der Insel St.-Domingo (Haiti) gehört zu den bessern, wohlfeilern Sorten, kommt aber nicht mehr häufig vor.

Lange Lebensdauer von Pflanzen.

Ein gewisser Herr Houlton hat der medicinisch-botanischen Gesellschaft in London angezeigt, daß eine Zwiebel, die man in der Hand einer ägyptischen Mumie fand und die über 2000 Jahre alt war, bloß gelegt, wieder eingegraben wurde, und mit voller Kraft ausschlug; die erzeugte Pflanze gleicht der unsern völlig.

Die Eidechsen.

In seiner allgemeinsten Bedeutung bezeichnet das Wort Eidechse alle in ihrer Gestalt unserer gewöhnlichen Eidechse ähnlichen Thiere, welche eine große Familie unter den Amphibien bilden. Der Körper der meisten ist entweder mit Schuppen allein oder mit Schuppen auf dem Rücken und mit Schildern unter dem Bauche, oder überall mit Schildern bekleidet. Ihr Körper endigt mit einem Schwanze, der mit dem Rumpfe eine Art Kegel bildet. Gestalt und Verhältnisse des Schwanzes sind sehr verschieden; bei einigen ist er flach, bei andern rund, bei einigen Arten beträgt seine Länge das Dreifache von der Länge des Körpers, bei andern ist er sehr kurz.

Ihre Glieder sind geeigneter für das Gehen als bei den andern Reptilien; vor den Schlangen haben sie den Vorzug wirklicher Füße, deren Länge und Gestalt mit der Bildung des ganzen Körpers zusammenhängt; je kürzer und unvollkommener die Füße bleiben, desto mehr ähnelt der übrige Körper den Schlangen; je mehr die Füße an Länge gewinnen, desto mehr zieht sich der Körper zusammen und entfernt sich von der Schlangenbildung. Die Hinterfüße sind länger als die Vorderfüße; manche haben fünf Zehen an jedem Fuße, andere nur vier, noch andere nur an den Hinter- oder Vorderfüßen. Bei den meisten dieser Thiere sind die Zehen der Hinterfüße ungleich, was nicht nur ihre Bewegungen auf dem horizontalen Boden erleichtert, sondern den meisten unter ihnen auch gestattet, mit Leichtigkeit an den Mauern und sogar an den glattesten Decken hinzukriechen.

Im Vergleich zu den Säugthieren sind ihre Füße sehr kurz und ihr Gang scheint mehr ein Kriechen als ein behendes Laufen. In den kalten oder gemäßigten Ländern erstarren alle diese Thiere im Winter; sie vergraben sich in die Erde und versinken darin in einen vollkommenen Todesschlaf; in diesem Zustande ruht die Thätigkeit ihrer Organe fast gänzlich; sowol das Athemholen als der Blutumlauf scheinen unterbrochen zu sein. Wenn sie wieder aus der Erde kommen, erneuern sie ihre Haut; denn da dieselbe wegen der Schuppen, die sie bedecken, keine Elasticität hat, so muß sie nothwendig bei fortschreitender Entwickelung des Thieres zu eng werden. Ihr Maul ist stets mit langen, kegelförmigen Zähnen bewaffnet, die aber nur dazu dienen, die Beute zu ergreifen und festzuhalten (denn die Eidechsen fressen sämmtlich Fleisch und Insekten), nicht aber zum Kauen, da sie ihre Nahrung ungekaut verschlingen. Die Lebensweise dieser Thiere ist ebenso mannichfaltig als ihre äußere Bildung; einige leben im Wasser oder auf den öden Ufern großer Flüsse und Moräste, andere suchen trockene und der Sonne ausgesetzte Stellen auf; noch andere bewohnen vorzugsweise feuchte Wälder; einige von ihnen klettern mittels ihrer spitzigen Nägel und ihres Schwanzes auf Sträucher, Bäume, Mauern u. s. w. Manche wählen bewohnte Gegenden zu ihrem Aufenthalte; einige leben mitten in den Wäldern und laufen behend über die Zweige der höchsten Bäume; andere haben an den Seiten flügelförmige Häute, mittels deren sie sich mit Leichtigkeit über große Räume hinweg schwingen, und vereinigen mit der Fähigkeit, zu schwimmen und zu klettern, die Gabe zu fliegen und von einem Zweige zum andern zu springen. Im Meere hält sich keine Art auf. Alle legen Eier, deren Größe von der einer Erbse bis zu der eines Gänseeies wechselt. Keines dieser Thiere brütet; das Ausbrüten der Eier bleibt der Natur überlassen und wird durch den Einfluß der Sonne in Verbindung mit der Feuchtigkeit des Bodens bewirkt. Gleichwol verlassen die Eidechsen ihre Jungen nicht ganz; bei manchen Arten bewachen die Weibchen die Eier, bis sie ausgebrütet sind, und wachen dann über ihre Jungen lange nach ihrer Geburt, um sie vor Gefahr zu schützen

Man kennt jetzt nicht viel über 200 Eidechsenarten, wovon in Europa etwa 22, in Deutschland 12 vorkommen. Alle Eidechsen bilden eine natürliche Familie, die auf der einen Seite an die Schlangen, auf der andern an die Frösche grenzt und demnach in drei Abtheilungen zerfällt, in schlangenartige oder Schleicheidechsen, in eigentliche Eidechsen und in froschartige Eidechsen; die letztern kommen fast alle auch in Deutschland vor. Ihre Größe wechselt zwischen 20 Fuß und einigen Zollen Länge. Die meisten und größten sind in warmen Ländern, besonders in der heißen Zone einheimisch; in der gemäßigten Zone nehmen sie an Zahl und Größe ab, in der kalten verschwinden sie ganz. Es gibt unter ihnen keine Art, deren Biß giftig wäre; nur eine Art Gecko hat eine giftige Absonderung.

Zu den eigentlichen Eidechsen gehören vier Geschlechter: der Gecko, der Leguan,*) die Eidechse und das Krokodil.**) Unter das Geschlecht der Leguane gehören auch das Chamäleon,***) der Drache und der Basilisk.

Die Geckos sind am Kopfe und am ganzen Körper mit Schuppen bedeckt und zeichnen sich aus durch Häßlichkeit, Kürze und Schwerfälligkeit des Körpers, welcher gewöhnlich dem einer Kröte ebenso ähnlich ist, als dem einer Eidechse. Ihr Kopf ist abgeplattet, wie beim Frosch, ihre Glieder so kurz, daß das Thier mehr zu kriechen als zu laufen scheint. Sie haben große Augen, eine nicht ausstreckbare Zunge und können die Nägel auf den Zehen zurückziehen, auch sich mittels ihrer breiten Zehen an der Stelle, wo sie sind, etwas fest halten; einige haben auch gar keine Nägel. Übrigens sind sie zahlreich, aber nur eine Art kommt im südlichen Europa vor, die andern wohnen in den warmen Ländern von Afrika, Asien und Amerika und eine in Neuholland.

Das Geschlecht der Eidechsen (im engern Sinne) kann in vielfacher Hinsicht, besonders wegen der Mannichfaltigkeit seiner Arten, als das interessanteste betrachtet werden. Sie haben am Bauche große Schilder, auf dem Kopfe Schildchen, am übrigen Körper Schuppen. Bei vielen ist die Kehlhaut mit einer Reihe hervorstehender Schilder bekleidet, die ein Halsband bilden. Ihr Kopf ist verlängert und hat nicht die Gestalt eines Frosch= oder Krötenkopfes, wie bei den Geckos und Leguanen. Am größten und zahlreichsten sind sie in der heißen Zone, mehre Arten kommen aber auch in der gemäßigten Zone vor. Die größern Arten werden mitunter mehre Fuß lang und finden sich nicht selten in der Nähe der Krokodile, weil sie ebenfalls das Wasser lieben; bei Annäherung von Menschen oder Thieren sollen sie einen Ton von sich geben, gleichsam, um sie vor den Krokodilen zu warnen, weshalb man sie Warneidechsen nennt. In Deutschland kommen namentlich zwei Arten vor: die gemeine oder Mauereidechse und die grüne Eidechse. Erstere, von braungrauer Farbe, auf dem Rücken mit drei dunkeln Streifen, auf dem Bauche bläulichgrün, wird etwa sechs bis acht Zoll lang. Sie ist in Deutschland häufig und verbreitet sich sehr weit nach Norden. Ihre aus Insekten, Regenwürmern u. s. w. bestehende Nahrung weiß sie sich geschickt zu verschaffen. Das Weibchen legt 7—15 weiße Eier mit pergamentartiger Schale, größer als eine große Erbse, bringt auch zuweilen lebendige Junge zur Welt. Zweimal im Jahre häutet sie sich. Sie läßt sich gut in einem Glase aufheben, wird sehr zahm, leckt gern Speichel und stirbt von einer Priese Schnupftaback auf der Stelle. Ihr Schwanz ist fast zweimal so lang als der übrige Körper, sehr dünn und sehr zerbrechlich. Das Fleisch dieser Art wird gegessen. Männchen und Weibchen hängen mit großer Treue aneinander. Die grüne Eidechse ist gelbgrün, wird bedeutend größer als die vorige Art und findet sich in Süddeutschland und Südeuropa. Am Bauche ist die Farbe grünlichweiß, mit braun, gelb und grau gemischt. Diese Art ist menschenscheu, läßt sich aber zähmen. Die größte Länge, die sie erreicht, beträgt 30 Zoll. Andere bemerkenswerthe Arten sind die grüne gefleckte Eidechse, die größte und stärkste von allen, die sich durch die Schönheit ihrer Farben auszeichnet. Auf dem Rücken hat sie gelbe, grüne und schwarze, an den Seiten runde blaue Flecken; am Bauche ist sie grünlich. Sie hält sich am liebsten in Gebirgsgegenden auf und findet sich in den wärmern Ländern von Europa. Die Baumstammeidechse findet sich mitten in Wäldern unter den Baumstämmen, hat ebenfalls schöne Farben und ist in der Umgegend von Paris häufig, wo man sie oft in der Sonne Mücken, Ameisen und Würmer fangen sieht; sie ist nicht sehr scheu, versteckt sich aber unter Blättern oder in Löchern, wenn sie ernstlich gereizt

---
*) Vergl. Pfennig=Magazin Nr. 25.
**) Vergl. Pfennig=Magazin Nr. 166.
***) Vergl. Pfennig=Magazin Nr. 55.

wird. Alle andern Arten gehören fremden Welttheilen an und sind uns nicht gehörig bekannt.

Im Allgemeinen suchen die Eidechsen trockene und der Sonne ausgesetzte Stellen, wo sie gegen den Wind geschützt sind, am liebsten auf einem Hügel, der die Sonnenstrahlen zurückwirft. Haben sie eine solche Stelle gefunden, so sind sie sehr lebhaft und man sieht sie sich in allen Richtungen bewegen und die Insekten, welche ihnen zur Nahrung dienen, verfolgen. Ist aber der Himmel bedeckt und scheint die Sonne nicht recht warm, so bleiben sie in ihren Verstecken, in Baumstämmen, unterirdischen Löchern, unter Steinhaufen oder in Felsenspalten, und kommen nur auf einige Augenblicke zum Vorschein. Im Winter suchen sie beim Beginn der Kälte einen gesicherten Ort auf und fallen hier, wie erwähnt, in gänzliche Erstarrung, die bis zur Wiederkehr des Frühjahrs dauert. Während dieses Winterschlafs kann man sie jeder Art von Verletzung unterwerfen, ohne daß sie den mindesten Schmerz dabei zu empfinden scheinen. Man kann ihnen die Haut abziehen oder die Glieder abhauen, sie leben dennoch mehr oder weniger lange fort. Nach ihrem Erwachen häuten sie sich und kommen nun verjüngt aus ihrem Verstecke hervor; man muß dann den Glanz, den Reichthum und die Mannichfaltigkeit ihrer Farben bewundern. Dieser reiche Farbenglanz rührt von dem färbenden Stoffe her, den ein dünnes schleimiges Gewebe unmittelbar unter der Oberhaut absondert. Der Schwanz aller Eidechsen zerbricht sehr leicht; dies geschieht so häufig, daß man meistens Eidechsen mit erneuertem Schwanze trifft; faßt man eine der kleinern Eidechsen bei diesem Theile, so läßt sie ihn bei der Flucht gewöhnlich in der Hand des Angreifenden. Das getrennte Schwanzstück behält lange Zeit die Fähigkeit, sich zusammenzuziehen; wenn man hinein sticht, so windet es sich. Sogar ohne Kopf lebt eine Eidechse noch einige Zeit. Die Wunde, welche das Abbrechen des Schwanzes verursacht hat, vernarbt sehr schnell unter einer dicken Rinde, die einige Wochen nach ihrer Bildung abfällt. Die Narbe erscheint dann in der Form einer kleinen schuppenlosen Warze, die immer länger und breiter wird, bis sie die Dimensionen des ersten Schwanzes erreicht hat. In den ersten Tagen besteht diese Warze aus einer harten, zähen Substanz; wenn sie allmälig wächst, sieht man deutlich die Haut sich bilden, später sieht man auch, wie die Schuppen entstehen und wie zugleich die Mitte des Schwanzes hart wird und sich nicht, wie bei dem ersten Schwanze, in einen wirklichen Knochen, sondern in einen einzigen, weißen, elastischen Knorpel verwandelt, der nun zeitlebens aushält. Ich füge zum Schlusse nur noch hinzu, daß die Eidechsen unschuldige Thiere sind, die nur den Insekten und Würmern, welche ihnen zur Nahrung dienen, Schaden thun, eben dadurch aber dem Landmanne sehr nützlich werden und nur aus Vorurtheil oft für giftig gehalten werden.

Die grüne Eidechse und der Gecko.

Verantwortlicher Herausgeber: Friedrich Brockhaus. — Druck und Verlag von F. A. Brockhaus in Leipzig.

Das Pfennig-Magazin
für
Verbreitung gemeinnütziger Kenntnisse.

278.]   Erscheint jeden Sonnabend.   **[Juli 28, 1838.**

Boppard.

Boppard ist eine kleine Stadt am linken Rheinufer, zwei Meilen südlich von Koblenz. Der allgemeinen Meinung der Alterthumsforscher zufolge ist sie einerlei mit dem Baudobrica der Römer, einem der fünf von Drusus erbauten Castelle, in welchen sich ein Anführer der Ballistarier, d. h. derjenigen Soldaten, welchen die Bedienung der Ballisten oder Steinschleudern oblag, aufhielt. Nachmals bauten die fränkischen Könige einen Palast auf diesen Platz, dessen Ruinen noch zu sehen sind, und eine andere Erinnerung an den ehemaligen Königssitz hat sich in dem Namen Königsbach erhalten, den ein kleiner Fluß führt, der in der Nähe in den Rhein fällt. Später wurde Boppard zu einer Reichsstadt erhoben, aber im Jahre 1312 vom Kaiser Heinrich VII. zu den Besitzungen seines Bruders, des Erzbischofs und Kurfürsten von Trier, geschlagen. Die Stadt versuchte einmal, ihre Freiheit wiederzuerlangen, aber vergeblich, und die Erzbischöfe von Trier blieben im ruhigen Besitze derselben, bis zu den durch die französische Revolution herbeigeführten Wechseln. Jetzt gehört sie zu dem Regierungsbezirk Koblenz der preußischen Provinz Niederrhein und zählt gegen 3500 Einwohner.

Diese merkwürdige alte Stadt ist gebaut auf den Trümmern alter Schlösser und Paläste, die zu den

Zeiten der Römer und Franken aufgeführt wurden. Einige alte Klöster sind zu nützlichen Zwecken verwandt worden; das größte, Marienberg, welches über der Stadt liegt, ist in eine sehr bedeutende Baumwollenmanufactur verwandelt. Die Kirche mit ihrer gothischen Bauart und ihren achteckigen Thürmen ist nicht minder bemerkenswerth als die Klöster. Die Straßen sind eng und das zweite und die obern Stockwerke hängen über, sodaß die Bewohner gegenüberliegender Häuser einander beinahe die Hände reichen könnten. Dies gibt der Stadt einen ihrem Alter entsprechenden düstern Charakter, der jedoch etwas gemildert wird durch das frische Laub der Bäume auf den die Stadt umgebenden hohen Bergen, die sich übereinander erheben und von denen jeder eine geräumige Plattform bildet, welche mit Wald oder angebauten Feldern bedeckt ist. Diese Bergterrassen dienen zum Bau des Weines, sodaß man, auf dem Rheine fahrend, in einer erstaunlichen Höhe über sich Winzer, welche den Weinstock bearbeiten, erblickt. In dem ganzen langen Thale zwischen Boppard und Bingen wird der Rhein von steilen Bergen so eng eingeschlossen, daß er keinen andern Anbau als den des Weines gestattet. Der größte Theil der Lebensmittel für die Bewohner dieses Thales muß ihnen von außen zugeführt werden, weil auf dem dürftigen Boden nur Wein und Obst gedeihen.

Der Anbau des Weins auf Terrassen an den Seiten der Berge am Rhein ist am obern oder südlichen Ende des engen Thales von Boppard bis Bingen zu großer Vollkommenheit gebracht worden. Zwischen Asmannshausen und Ehrenfels sind die steilen Seiten der Berge bis zu einer Höhe von wenigstens 1000 Fuß mit Weinterrassen bedeckt, die sich übereinander bis an den Gipfel erheben und durch feste Steinmauern von fünf Fuß bis acht Fuß Höhe gestützt werden; doch beträgt bei vielen dieser Terrassen die Breite noch nicht das Doppelte von der Höhe der sie stützenden Mauern. Bei Ehrenfels, auf dem rechten Rheinufer, Bingen gerade gegenüber, kann man nicht weniger als 22 solcher Terrassen zählen, die sich übereinander erheben.

Schon oft ist die Bemerkung gemacht worden, daß der Anblick der Weinberge am Rhein, wie der weinbepflanzten Hügel in Frankreich, eben kein schöner ist. Zum Unglück für die Freunde des Malerischen steht in diesem Zweige des Landbaus der Grundsatz fest, daß an hohen Weinstöcken die Trauben nie so gut reifen und fast nie dieselbe Qualität erlangen, als bei solchen, die niedrig gezogen werden. In denjenigen Gegenden, wo man den Bau der Rebe am besten versteht, läßt man sie selten höher wachsen als zwei bis drei Fuß; auf diese Weise kommen ihr sowol die directen als die reflectirten Sonnenstrahlen zu Gute und zugleich die warmen Ausdünstungen, die aus der Erde aufsteigen. Wollte man nur nach dem Aussehen gehen, so müßten die schmucklosen und anscheinend verkrüppelten Weinstöcke in Burgund und der Champagne denen des sonnigen Italiens freilich nachstehen, wo man ihnen erlaubt, ihr Laub frei und ungehindert zu entfalten, und wo ihre Ranken, sich ineinander verschlingend und Gewinde von Baum zu Baum bildend, als wenn die Hand des guten Geschmacks selbst ihre Anordnung geleitet hätte, um die Worte eines Schriftstellers zu brauchen, zur Mannichfaltigkeit und Schönheit der Landschaft sehr viel beitragen. Kann aber wol das von diesen schönen Stöcken gelieferte Gewächs nur einen Augenblick mit dem Producte der zwerghähnlichen Reben auf derjenigen Seite der Alpen, welche die Italiener so gern wohlgefällig die barbarische nennen, verglichen werden? Bei alledem sind die Weinberge am Rhein nicht ohne alle Schönheit, und sind für den Reisenden, der genügsam genug ist, sie zu nehmen, wie er sie findet, und es nicht ihnen zur Last legt, daß sie hinter dem Bilde seiner Einbildungskraft zurückbleiben, Gegenstände von bedeutendem Interesse; nur ist ihr Anblick im Winter natürlich nicht sehr anziehend.

Die Katakomben in Paris.

Die meisten Katakomben in Italien und Sicilien, unter denen besonders die von Rom, Neapel und Syrakus berühmt geworden sind, mögen den Steinbrüchen und den Ausgrabungen von Erde und Sand ihren Ursprung verdanken. Diese unterirdischen Räume dienten später zu andern Zwecken; man machte Gefängnisse und Begräbnisse daraus. In der Unverletzlichkeit dieser Gräber suchten die verfolgten Christen eine Freistatt, doch findet man hier Spuren der verschiedensten Gottesverehrungen.

Auch die pariser Katakomben waren nichts als Steinbrüche unter den Vorstädten Saint-Germain und Saint-Jacques und haben erst in neuerer Zeit eine religiöse Bestimmung erhalten. Man hat nämlich hier zahllose Haufen von Gebeinen, die aus allen innern Kirchhöfen der Riesenstadt ausgegraben worden waren, aufgethürmt, und diese von der Zeit gebleichten Mauern bilden eine unterirdische Stadt, in welcher die Symmetrie die blinden Niederlagen des Todes unter Gesetze und Regeln gebracht hat. Eine an der Decke gezogene schwarze Linie dient als Führer in diesen schauerlichen Galerien. Wenn man sich nicht nach ihr richtete, so würde man sich bald in den verschiedenen Wegen verirren, die sich weit über die lebende Stadt hinaus erstrecken, unter welcher man schreitet, und deren wüstes Getöse über diesen Räumen verhallt; voller Entsetzen würde man jene nächtlichen Tiefen der Erde befragen, deren Schoos, durch die Arbeit des Menschen geöffnet, ihn mit allen seinen Arbeiten zu verschlingen droht. Drei Treppen führen in die Katakomben; die bei der Barrière d'Enfer (Höllenbarriere) zeigt ein merkwürdiges Zutreffen des Namens. Rechts und links von der ersten Galerie der Katakomben trifft man mehre andere, die unter der Ebene von Montrouge hinlaufen. Von Zeit zu Zeit erblickt man malerische und groteske Felsenbildungen, auch bemerkt man Tropfsteingebilde, vom Durchsickern des Wassers hervorgebracht. Folgt man der Galerie der Vorstadt Saint-Jacques, so sieht man die großen Arbeiten der Wasserleitung von Arcueil aus der Zeit Ludwig XIII. und die Bauten, welche bestimmt waren, den unterirdischen Schleichhandel zu verhindern. In Südwesten entspricht der Weg der doppelten Steinbrüche der ehemaligen Straße nach Orleans, genannt die hohle Straße, und läuft unter der Wasserleitung des Kaisers Julian hin.

In derselben Richtung gelangt man durch mehre Wendungen in die Galerie von Port-Mahon, genannt von dem Plane der Citadelle dieser Stadt (auf der Insel Minorca), den der Invalid Decure hier in Stein gehauen hat. Er hatte unter dem Marschall Richelieu gedient und wurde hier bei den Befestigungsarbeiten verwandt; der Unglückliche kam bei einem Einsturz dieses Steinbruchs um, als er eben noch den Meisel in der Hand hielt, der ihm seine ehemaligen Feldzüge vergegenwärtigte.

Eine Quelle ist zum Gebrauch der Arbeiter hier

gegraben worden; das Wasser, das aus ihrer dunkeln Einfassung dringt, verliert sich mit leisem Ton in einzelnen Tropfen. Anfangs nannte man sie die Lethequelle, später die Samaritanerin, von einer Bibelstelle, welche ihr weit passender als eine mythologische Anspielung zur Inschrift dient. Fische, die man in das Bassin warf, konnten sich nicht fortpflanzen; die Sonne fehlt, um das Leben zu befruchten. Ein Feuer, das man in einer Vase von antiker Form unterhält, ist bestimmt, die Luft zu reinigen; es gleicht der Lampe, die bei Todten wacht, ohne ihre Hülle beleben zu können. Eine mineralogische Sammlung enthält Proben aller Erd- und Steinschichten, welche den Boden dieser Räume bilden. Auch ein pathologisches Museum kann man in Augenschein nehmen, bevor man sich in die Knochengalerien begibt.

Der Vorsaal der Katakomben ist achteckig. Zwei Pfeiler bilden den Eingang, über dem eine poetische Inschrift steht. Man findet eine Menge andere in allen Sprachen, wenn man in dieser stillen Stadt vorwärts schreitet, in welcher dicke Mauern aus Gebeinen Straßen und Plätze bilden und nur Altäre und Obelisken die Sprache der Menschen reden. Man liest jene rührenden und salbungsvollen Verse eines berühmten Satirikers, von welchem ein Sarkophag den Namen Gilbert's Grab entlehnt hat. Ein Pfeiler enthält in zwei Worten die ganze Bestimmung des Menschen: Pulvis es! (Du bist Staub!) Ein anderer heißt der Pfeiler der Clementinischen Nächte wegen seiner aus diesem Gedichte über den Tod des Papstes Clemens XIV. entlehnten Inschriften.

An diesem Orte wenigstens schweben nicht, wie auf dem Gottesacker des Père Lachaise, wo die Aristokratie der Gräber herrscht, die Erinnerungen des Stolzes über dem Nichts. Der gänzliche Mangel aller Namen unterscheidet die Katakomben von allen andern Wohnungen des Todes.

Im Jahre 1777 unternahm man es, die Decken dieser Steinbrüche, deren Aufsicht viel zu lange vernachlässigt worden war, zu stützen. Mehre Häuser waren bei verschiedenen Einstürzen verschüttet worden. Heutzutage entspricht jede unterirdische Straße einer über der Erde mit derselben Nummerfolge, um jeder bedrohten Stelle sogleich zu Hülfe zu kommen. Man richtete eine allgemeine Verwaltung ein und eine Compagnie des Geniecorps wurde ausdrücklich dazu verwandt, diese Ausgrabungen zu befestigen. Mauern und Streben befestigten ein Terrain, dessen die Vergrößerungen der Hauptstadt sich allmälig bemächtigt hatten.

Andrerseits beunruhigten die unermeßlichen Magazine des Todes im Innern der Stadt die Einwohner und veranlaßten eine Reclamation nach der andern. Der Kirchhof des Innocens (der unschuldigen Kindlein), welcher Jahrhunderte lang der einzige gewesen war und schon im Jahre 1554 Unruhe verursachte, hatte den Boden um mehr als 8 Fuß über die Straßen und anstoßenden Wohnungen erhöht. Endlich verfügte im Jahre 1785 ein Beschluß des Staatsraths die Aufhebung dieses Gottesackers und die Verwandlung desselben in einen öffentlichen Platz. Am 7. April 1786 wurden die Katakomben mit allem Gepränge religiöser Ceremonien eingeweiht. So eröffneten also dieselben Steinbrüche, aus denen Paris das Material seiner Gebäude entlehnt hatte, der Bevölkerung, die es in mehren Jahrhunderten gehabt hatte, eine letzte Wohnung.

Nach den aus dem Friedhofe des Innocens ausgegrabenen Gebeinen wurden die aus den Friedhöfen von Saint-Eustache und Saint-Etienne-des-Près hierher geschafft; alle diese menschlichen Reste wurden hier in diesem ungeheuern Beinhause zum zweiten Male der Erde überliefert. Bald aber sollte die Revolution die Opfer der verschiedenen Kämpfe, die mitten in Paris in den Jahren 1788, 1789 und in den Tuilerien am 21. August 1792 geliefert wurden, sowie die der Metzeleien in den Gefängnissen am 2. und 3. Sept. desselben Jahres hier aufhäufen. In demselben Jahre verfügte der Convent die Aufhebung aller Friedhöfe im Innern von Paris. Mehr als je brauchte der Tod neue Behältnisse.

Von 1792—1808 wurden die Ausgrabungen von 12 Kirchhöfen in die Katakomben geschafft; von 1808—11 alle durch neue Ausgrabungen im ehemaligen Kirchhof des Innocens gefundenen Gebeine, später die aus dem Kirchhofe der Saint-Ludwigsinsel und aus der Saint-Benedictskirche, endlich im Jahre 1813 die aus dem Spital der Dreifaltigkeit. Ebenso hatte man alle Leichensteine und Monumente hierher geschafft und um den Haupteingang der Katakomben geordnet, genannt das Grab Isoire oder Isouard von dem berüchtigten Räuber, der hier getödtet und begraben worden sein soll. An dieser Stelle hatte man einen gemauerten Brunnen angelegt, um die Gebeine hineinzuwerfen. Aber alle Gegenstände des religiösen Cultus wurden 1793 zerstört. Auch das der Stadt Paris zugehörige Grab des Isoire wurde als Nationaleigenthum verkauft und, nachdem es seinen Eigenthümer in zwanzig Jahren zehn Mal gewechselt hatte, in eine Schenke verwandelt, wie der Kirchhof von Saint-Sulpice in einen Tanzsaal, wo man die Inschrift las: Zephirsaal.

Zucker aus Kürbissen.

Ein Fabrikant in Ungarn benutzt seit drei Jahren die dort sehr häufig angebauten und außerordentlich gedeihenden Kürbisse zur Gewinnung von Zucker. Die Raffinade aus dieser Fabrik ist an Härte, Weiße und Süßigkeit dem Colonialzucker völlig gleich, der Rohzucker grobkörnig, krystallinisch, schwach gefärbt, von angenehm (melonenartigem) Beigeschmack als gewöhnlich der Rübenzucker; der Syrup ist schwärzlichgrün, ebenfalls von melonenartigem Beigeschmacke, aber genießbar. Bei Anwendung hölzerner Spindelpressen zur Gewinnung des Saftes erhält man durchschnittlich sechs Procent Zucker. Das ganze Verfahren soll einfacher sein als bei der Rübenzuckerfabrikation, erfodert auch weniger Aufmerksamkeit, da Brei und Saft sechs Wochen lang ohne Säuerung oder Zuckerverlust stehen bleiben können. Der Rückstand ist gutes Viehfutter. Aus den Kürbiskernen läßt sich ein sehr schmackhaftes Tafelöl (16 Procent) gewinnen. Noch reicher als der nordungarische Kürbis ist die Wassermelone des Südens.

Der Anbau und die Manufactur der Baumwolle.

Die Baumwolle, wie sie hier im Handel vorkommt, ist der zarte weiche Flaum, welcher die Frucht eines Baumes oder vielmehr einer Staude umgibt, die man in den meisten der wärmeren Länder der alten und neuen Welt findet. Von dem Geschlechte, wozu diese Pflanze gehört, gibt es wenigstens neun bis zehn verschiedene Arten, die sich einander fast ähnlich sind; die gewöhnlichste ist das Gossypium herbaceum. Der hauptsächlichste Unterschied zwischen den verschiedenen Arten besteht darin, daß einige jährig, andere stetig sind.

*

Der größte Theil der Baumwolle kommt von den westindischen Inseln, aus dem südlichen Theile der Vereinigten Staaten und aus Guiana in Südamerika. In Guiana theilt man das Land, das zur Anpflanzung der Baumwollenstaude bestimmt ist, in Beete, die ungefähr 36 Fuß breit sind, sich nach der Mitte zu erheben und von kleinen Gräben umgeben sind, durch welche die überflüssige Nässe abgeleitet wird, welche, wenn man sie auf den Beeten stehen lassen wollte, den Pflanzen wesentlichen Schaden thun würde. Die großen Beete werden wiederum in kleinere getheilt, die ungefähr fünf Fuß im Gevierte haben, und in den Linien, die diese Vierecke bilden, werden mit einer Hacke kleine Höhlen gemacht, die ungefähr fünf Zoll tief und sieben bis acht Zoll weit sind. Jedes dieser Löcher wird ungefähr bis zur Hälfte mit leichter Erde angefüllt und hierauf eine Hand voll Samenkörner gelegt, die wieder mit etwas Fruchterde bedeckt werden. Wenn das Wetter günstig ist, keimt der Same schon in drei bis vier Tagen, und wenn die Pflanzen eine Größe von sechs bis sieben Zoll erlangt haben, läßt man in jedem Loche nur die kräftigsten Pflanzen stehen. Alle Monate muß gejätet werden, und beim dritten Male bleibt nur eine Pflanze, und zwar die größte an jeder Ecke eines Vierecks, stehen. Hat man die Samenkörner früh im Jahre gesteckt, d. h. im Januar oder Februar, so wird schon im Juni die letzte Jätung vorgenommen und außer den stärksten werden alle andern Pflanzen entfernt. Zuweilen gibt die frühe Saat schon zu Weihnachten desselben Jahres Baumwolle, aber gewöhnlich gewinnt man diese erst im zweiten Jahre, worauf jedoch die Pflanze für vier bis fünf Jahre fruchtbar bleibt. Geht eine Pflanze ein, so wird sie herausgezogen und neuer Same an ihre Stelle gesteckt, wodurch den Pflanzern eine jährliche Ernte auf lange Zeit gesichert bleibt.

Gegen das Ende des Juli oder zum Anfang des August treibt die Baumwollenstaude Blüten und das Einsammeln beginnt im October und dauert bis zum December. Nachdem man die Hülsen eingesammelt hat, werden sie so lange an der Sonne getrocknet, bis die Samenkörner völlig hart sind. Diese werden dann dadurch abgesondert, daß man die Hülsen zwischen zwei gerieften Walzen preßt, die ungefähr einen Viertelzoll dick sind. Diese Walzen sind in die Maschine eingepaßt, welche unsere Abbildung darstellt, und werden mittels einer Kurbel und eines Tretschemels in Bewegung gesetzt. Diese Arbeit wird von Negern verrichtet und soll höchst beschwerlich sein.

Ein anderes Verfahren, die Baumwolle von Samenkörnern abzusondern, ist besonders in einigen Theilen von Georgien einheimisch. Man benutzt hier zu diesem Zwecke eine Bogensehne, die, wenn man sie angezogen hat, und dann zurückprallen läßt, mit großer Kraft auf die Baumwolle schlägt, die Hülsen zerbricht und die Samenkörner löst. Hierauf wird die Wolle sorgsam durch Frauen von den lockern Hülsen und Samenkörnern gesondert, in Ballen gepackt und nach Europa geschickt.

Da die Engländer die Baumwolle aus der ersten Hand beziehen und überhaupt den größten Vertrieb derselben an sich gebracht haben, so wird es nicht unzweckmäßig sein, uns mit dem Verfahren einigermaßen bekannt zu machen, welchem die Baumwolle unterworfen wird, sobald sie auf britischem Boden angekommen ist, und welches, wenigstens in den Hauptsachen, von dem bei uns angewendeten nicht sehr verschieden ist. Vorerst wird sie noch völlig von den Samenkörnern gereinigt und zwar mittels einer Maschine, die aus zwei Walzen besteht, welche durch einen einfachen Mechanismus in Bewegung gesetzt werden, und durch welche die Baumwolle gezogen und zugleich von mehren Schlegeln, die wie Dreschflegel gehandhabt werden, geschlagen wird, während man die gelösten Samenkörner durch Worfler entfernt.

Das nächste Verfahren ist das Kämmen oder Krempeln, das darin besteht, daß man mittels einer Art eiserner Kämme alle Fibern der Wolle in eine gerade oder parallele Lage bringt. Die Art, wie diese Kämme wirken, mag die nachstehende Abbildung Fig. 1 erklären. Wenn der untere Kamm A mit einer Quantität Baumwolle beladen ist und der obere Kamm nach der Richtung B C bewegt wird, so erhält man die gewünschte parallele Lage der Fibern. Dieses Verfahren wird so oft wiederholt, bis die Wolle völlig von dem untern Kamme entfernt ist.

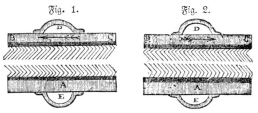

Wenn man den obern Kamm umdreht, wie bei Figur 2, so ergibt sich aus der Lage seiner Zähne gegen die des untern Kammes, daß, wenn man ihn in der Richtung C B bewegt, alle Wolle von dem untern gezogen wird, und zwar in Gestalt eines wohlgekämmten und vollkommenen Vließes.

Dies Verfahren wurde ursprünglich durch Handkämme vollzogen, wie wir sie auf den Abbildungen sehen, indem der Arbeiter seine Hände durch die Löcher D und E steckt. Da diese Art des Kämmens sehr mühsam und unbequem war, so erleichterte man es sich erst dadurch, daß man den untern Kamm auf einen aufrecht stehenden Balken befestigte, und man nannte ihn daher den „Stockkamm". Der Arbeiter konnte nun mit beiden Händen den obern Kamm handhaben und daher auch schneller und mit weniger Anstrengung arbeiten. Endlich, als sich die Maschinenarbeit auch auf diesen Zweig der Manufactur ausdehnte, erfand man die Krempel= oder Kämmmaschine. Die Abbildung zeigt die Theile dieser Maschine, die zur Erklärung derselben nöthig sind. A ist eine große Walze, die sich um eine Achse C dreht und deren Umkreis mit einer Anzahl Kammzähne versehen ist. Diese Zähne

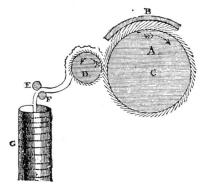

Die Krempel= oder Kämmmaschine.

jedoch bedecken nicht die ganze Oberfläche dieser Walze, sondern bilden nur einen breiten Gürtel, der sich schneckenförmig um die Walze windet, welche die Stelle des untern Kammes bei den Handkämmen vertritt, während der obere Kamm B der befestigte ist. Der Cylinder, der mit Baumwolle bedeckt ist, wird in Bewegung gesetzt und bald ist die Wolle gekämmt. In gewissen Zwischenräumen nähert sich die kleine Walze D, die ebenfalls mit Zähnen versehen ist, der großen Walze A, und ihre Zähne, die zu diesem Zwecke gebogen sind, nehmen die gekämmte Wolle hinweg. Diese kleine Walze wird der Abnehmer genannt, und nachdem sie die Wolle in Gestalt eines langen Bließes oder Gürtels empfangen hat, kommt diese zwischen die zwei Walzen E und F, die sie in eine lange Rolle ausdehnen und sie dem Behältniß G übergeben.

Diese Rollen werden nun länger ausgedehnt und zum Verspinnen in Fäden dienlicher oder bequemer gemacht.

Das Spinnen oder die Verwandlung der Baumwolle in Fäden ist nun das nächste Verfahren in der Manufactur dieses nützlichen Materials. Die rohesten und zugleich die ältesten Vorrichtungen, die man zu diesem Zwecke benutzte, waren Rocken und Spindel, und es ist bemerkenswerth, daß die frühesten Bewohner aller bis jetzt entdeckten Länder diese Werkzeuge schon kannten und die Eingebornen Indiens und anderer Theile der neuen Welt dieser einfachen Erfindung bis heute noch treu geblieben sind.

Man sieht aus der beigefügten Abbildung, daß beide Hände der Spinnerin beständig in Thätigkeit sein

Spindel. Rocken. Eine Spinnerin mit Spindel und Rocken.

müssen, und daß große Gewandtheit und Fertigkeit dazu erfoderlich ist, einen nur leidlich feinen oder gleichen Faden hervorzubringen; zugleich kann aber auch die Quantität der Fäden nicht sehr bedeutend sein.

Das Handspinnrad war die nächste Erfindung; auf diesem konnten zwar allerdings mehr Fäden gesponnen werden, aber noch immer hing die Güte derselben von der Gewandtheit der Spinnerin ab.

Ursprüngliches Handspinnrad.

Die nächste Verbesserung war, daß das Spinnrad mittels eines Tretschemels durch den Fuß in Bewegung gesetzt werden konnte, sodaß die Spinnerin nun mit beiden Händen den Faden zu bearbeiten im Stande war. Bei dieser Verbesserung der Baumwollenspinnerei blieb es, bis im Jahre 1767 Jakob Hargreaves, ein Weber in Stanhill in Lancashire, die Spinnmaschine erfand.

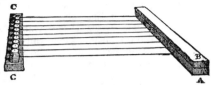

Unsere Abbildung wird das Princip der Spinnmaschine erläutern. A B sind zwei Stücke Holz, zwischen welche die Baumwolle gezogen wird, und die, wenn sie zusammengedrückt werden, die Stelle der Finger und des Daumens vertreten und den Faden durch die Spindeln C C ausziehen lassen, welche durch einen Mechanismus gedreht werden. Natürlich darf man die vorstehende Figur nicht als eine Abbildung der Maschine selbst, sondern nur als die Erklärung des Princips derselben betrachten. Hargreaves besaß nur wenig mechanische Geschicklichkeit; er war zwar fleißig, aber ohne alle Kenntnisse. Seine erste Maschine war daher plump und unvollkommen, und man sagt, er habe sie allein mit einem Taschenmesser verfertigt. Die Heimlichkeit, womit er zu arbeiten gezwungen war, verhinderte ihn, einen geschickten Mechaniker zu Rathe zu ziehen. So roh jedoch sein erster Versuch war, und obschon die Maschine nur acht Spindeln enthielt, so blieb doch immer seine Erfindung eine wichtige und vortheilhafte Verbesserung der Baumwollenmanufactur. Der große Vortheil dieser Maschine besteht darin, daß eine Hand auf einmal eine große Quantität Fäden zu spinnen vermag, und obschon diese Quantität im Vergleich mit der Wirkung der neuern Vorrichtungen nur klein war, so stieg sie doch, als die Maschine vollkommener ausgebildet wurde.

Die neueste große Verbesserung der Spinnerei war Arkwright's Erfindung. Hargreaves' Erfindung kann man als das Ergebniß eines bloßen Zufalls betrachten, die Arkwright's jedoch entstand durch unermüdetes Nachdenken und vielfache Versuche. Wenn eine lockerge=

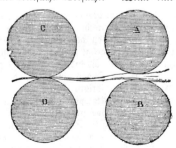

flochtene Baumwollenschnur zwischen die Walzen A B und C D gezogen wird und diese zwei Paar Walzen sich mit gleicher Geschwindigkeit drehen, so wird die einzige Wirkung, die man auf die Baumwollenschnur hervorbringt, die sein, daß man sie platt macht; läßt man aber die Walzen C D sich mit zweimal so großer Schnelligkeit drehen, als A B, so ist es klar, daß, wenn man eine Elle lockere Baumwollenschnur zwischen die letztern Walzen legt, dieselbe, wenn sie durch C D ge=

zogen wird, zu einer zweimal größern Länge als ihre ursprüngliche sich ausdehnen läßt; und drehen sich C D dreimal schneller als A B, so wird sie dreimal länger. Hierin besteht das Princip der Verbesserung Arkwright's, und durch die verschiedenen Modificationen dieses Princips kann man die Baumwolle zum feinsten und gleichförmigsten Faden ausdehnen.

Die Kraft der Maschine läßt sich aus der Thatsache erkennen, daß mit ihrer Hülfe ein Pfund Baumwolle bis zu einer solchen Länge ausgedehnt worden ist, daß man daraus 356 Strähne bilden konnte, wovon jeder als 840 Ellen langen Faden enthielt, sodaß also ein Pfund Baumwolle einen Faden von $168\tfrac{3}{4}$ Meilen und 280 Ellen Länge bilden würde.

Die früheste Nachricht von Baumwolleneinfuhr in England fällt in das Jahr 1430, und die ganze Quantität, die sehr unbedeutend war, wurde durch Kaufleute vom mittelländischen Meere dorthin gebracht, aber erst im Anfange des 17. Jahrhunderts scheinen in der Manufactur dieses Handelsartikels einige Fortschritte gemacht worden zu sein.

Im Jahre 1641 finden wir den ersten glaubwürdigen Bericht, worin es heißt, daß die Bürger von Manchester in London Baumwolle aufkauften, die von Cypern und Smyrna gekommen war, dieselbe zu Zeuchen verarbeiteten*) und diese wieder nach London zum Verkauf brächten, von wo aus diese Zeuche nicht selten nach den entferntesten Theilen der Erde verschickt würden. Aber selbst um das Jahr 1765 war die Baumwolle nur noch wenig als Handelsartikel in England bekannt, im Jahre 1788 jedoch hatte sich die Manufactur wesentlich gehoben, und obschon es in England nur 114 Wassermühlen und in Schottland nur 19 gab, so betrug doch der ganze Gewinn von den rohen und verarbeiteten Baumwolle schon sieben Millionen Pf. St., und man erzählt, daß schon damals diese Manufacturen gegen 110,000 Menschen beschäftigten. Doch seit dieser Zeit haben sich die Baumwollenmanufacturen ums Vierfache erhoben; es werden jetzt jährlich gegen 80 Millionen Pfund Baumwolle verarbeitet, eine Million Menschen sind bei den Manufacturen beschäftigt und der dadurch erlangte Gewinn beläuft sich auf 20 Millionen Pf. Sterl. England hat jetzt die größten Manufacturen, und die Arbeiten, die sie liefern, werden überall als die besten anerkannt.

Die Zigeuner.

Die Zigeuner sind ein Nomadenvolk von offenbar asiatischer Bildung und Sprache. Der Name ist den Benennungen, die ihnen von den Italienern, Portugiesen, Russen und Türken beigelegt werden, ganz ähnlich und wahrscheinlich ursprünglich indisch; auch gibt es noch jetzt am Ausflusse des Indus ein Volk, die Tschinganen, deren Sitten den ihrigen ähnlich sind. Nach Andern stammen sie aus Äthiopien oder Ägypten, indessen werden sie in Ägypten, wo sie zahlreich sind, als Fremde angesehen, auch sind sie in Sprache, Sitten und Körperbildung von den Kopten sowol als von den Fellahs durchaus verschieden. Die Holländer nennen sie Heiden, die Schweden und Dänen Tataren, die Engländer Ägypter, die Franzosen Böhmen, die Spanier Gitanos, die Ungarn und Siebenbürgen Pharaos-Volk. Sie sind durch ganz Europa verbreitet und ihre Zahl mag sich in diesem Erdtheile auf 7—800,000 belaufen. In England, wo eine Missionsanstalt zu ihrer Bekehrung besteht, gibt es über 18,000, die einen eigenen König haben. In Deutschland und Frankreich findet man sie nur noch einzeln, desto zahlreicher aber in Ungarn, Siebenbürgen und in der Moldau, wo an 200,000 leben, ferner in Südrußland, der Türkei und dem südlichen Spanien; in dem letztern Lande beläuft sich ihre Anzahl auf 40,000.

Die Zigeuner bilden eine seltsame Erscheinung in der Geschichte. Über vier Jahrhunderte lang sind sie über die Oberfläche unserer fortschreitenden Civilisation hingezogen und haben ihre morgenländischen Sitten beibehalten, denn ihre morgenländische Abstammung unterliegt keinem Zweifel. Im Anfange des 15. Jahrhunderts kamen sie nach Europa, wir wissen nicht, aus welchem Anlasse; nur hat man vermuthet, daß ihre Einwanderung durch die Siege und Grausamkeiten Timur's oder Tamerlan's veranlaßt worden ist. Sie scheinen von Indien nach Ägypten und von da über das mittelländische Meer nach Europa gekommen zu sein. Der englische Bischof Heber ist geneigt, ihre Abstammung nicht aus Indien, sondern aus Persien herzuleiten, aber die Mehrzahl Derer, welche sich mit Erforschung der Geschichte der Zigeuner beschäftigt haben, betrachten das erstgenannte Land als ihren ursprünglichen Wohnsitz. In Deutschland werden sie zuerst 1417 erwähnt und scheinen aus der Moldau dahin gekommen zu sein; nach der Schweiz kamen im Jahre 1418 auf einmal 14,000; in Frankreich finden wir sie zuerst 1427. Sie scheinen mit morgenländischer Schlauheit das Volk und die geistlichen Behörden mit ersonnenen Geschichten getäuscht zu haben; wenigstens hielt man sie anfangs für Pilger, die aus dem gelobten Lande zurückkämen, schonte sie deshalb und ertheilte ihnen sogar Schutzbriefe, wie Kaiser Sigismund 1423 that. In Paris erschienen sie in einer Schar von mehr als 100 unter ein paar Anführern, die sich Grafen nannten, und gaben sich für Christen aus, die von den Muselmännern aus Ägypten vertrieben worden wären. Sie erhielten Erlaubniß, in Frankreich zu bleiben, durchstreiften dasselbe in allen Richtungen und blieben viele Jahre lang, ungeachtet ihrer Diebereien, unangefochten. Erst 1560 befahl eine Verordnung der Stände von Orleans bei Galeerenstrafe allen Betrügern und Vagabunden, genannt Böhmen oder Ägypter, das Königreich zu verlassen. Lange blieben sie auf dem festen Lande, bevor sie nach England gingen; hier hielt man sie für Ägypter, und ihre Zahl muß anfangs sehr bedeutend gewesen sein, sodaß man im Jahre 1530 für nöthig fand, eine Parlamentsacte, genannt „eine Acte in Betreff der Ägypter", zu erlassen. Im Eingange derselben werden sie so geschildert, wie sie noch heutiges Tages sind. Wegen ihrer Betrügereien wurde ihnen bei Strafe aufgegeben, das Königreich binnen 14 Tagen zu verlassen, und Staatsschiffe wurden zu ihrer Deportation verwandt. Eine andere, fünf Jahre nachher erlassene Acte bedrohte Jeden, der einen Ägypter oder Zigeuner nach England brächte, mit einer Geldstrafe von 40 Pf. Sterl.

Aber weder diese Acte, noch die unter den nachfolgenden Regierungen erlassenen (eine unter Elisabeth befahl ihnen, das Königreich zu räumen, widrigenfalls sie für Landesverräther erklärt werden würden) konnten die Zigeuner aus dem Lande treiben. Der Zustand der Landstraßen und die regellose Lebensart der Zigeuner erlaubten nicht, das Gesetz in aller Strenge in Ausführung zu bringen. Die große Masse des Volks hatte eine abergläubische Scheu vor ihnen und sah in ihnen geheimnißvolle Wesen die, wiewol sie selbst Bettler und Vertriebene waren, doch den leichtgläubigen Bewohnern

---

*) Derselbe Stoff, welcher noch heute Manchester heißt.

des Landes, das sie aufgenommen hatte, die Geheimnisse der Zukunft enthüllen konnten. Auch machten sie sich durch Verbreitung vieler Handelsartikel in entfernten Gegenden des Landes und durch ihre mechanische Geschicklichkeit im Kesselflicken nützlich. Wenn man erwägt, daß noch unter der Königin Anna ein Cabinetsminister an Marlborough schrieb, daß zwei Monate erfodert würden, einen Befehl wegen eines allgemeinen Dankgebets durch das ganze Land zu schicken, so kann man den Nutzen der wandernden Zigeuner begreifen und muß beklagen, daß sich die Regierung aus Abscheu vor ihrer vorgeblichen Wahrsagerkunst bestimmen ließ, sie mit so großer Strenge zu behandeln. In Gemäßheit der strengen Acte der Elisabeth wurden von Zeit zu Zeit viele Zigeuner ergriffen und hingerichtet. Zwar wurde die Strenge des Gesetzes gemildert, aber von der Regierung der Königin Anna an wurden die Zigeuner in die Landstreicheracte einbegriffen und bezeichnet als „Personen, die Ägypter zu sein behaupten oder in der Tracht vorgeblicher Ägypter wandern, oder vorgeben, der Physiognomonik, der Wahrsagerei oder einer ähnlichen betrügerischen Kunst kundig zu sein."

Bald nach ihrer Ankunft in England scheinen die Zigeuner auch nach Schottland gekommen zu sein; die harte Behandlung, die sie im Süden Britanniens zu erdulden hatten, mag sie nach Norden getrieben haben, doch wurden sie auch hier vom Gesetze verfolgt, besonders 1579 durch die schottische Landstreicheracte. Die Zigeuner in England und Schottland nahmen, ohne darum ihre eignen Sitten und Gebräuche abzulegen, viele von den charakteristischen Sitten der Länder, in denen sie herumschweiften, an, und zwar namentlich die schottischen. Dies ist leicht zu erklären; die englischen Armengesetze zielten dahin, die Zahl der Landstreicher und Heimatlosen zu vermindern und die Zigeuner frei von Vermischung zu erhalten; Schottland hingegen, namentlich die Grenzdistricte, wimmelte von Müßiggängern und Vagabunden, die sich größtentheils durch Heirath mit den Zigeunern vermischten und ihre Gebräuche annahmen.

Norwood, etwa 1½ deutsche Meilen von London, war ehemals ein berüchtigter Aufenthaltsort der Zigeuner, doch sind sie jetzt aus der Umgegend verdrängt worden. Die Gegend von London wird mehr von unechten und ausgearteten Zigeunern und bloßen Betrügern besucht, als von solchen, die noch die Züge des Stammes tragen. In den nördlichen und westlichen Theilen von England sind die echten Zigeuner noch in großer Zahl zu finden; bisweilen campiren sie den Winter hindurch ebenso wol als den Sommer. Die Beschäftigungen, welche sie gewöhnlich treiben, sind der Pferde- und Eselhändler, Hufschmiede, Kesselflicker, Kupferschmiede, Scherenschleifer, Korbmacher, Täschner und Musikanten.

Die erste befriedigende Nachricht von den Zigeunern gibt Grellmann's historischer Versuch über die Zigeuner, dessen Verfasser, ein Deutscher, aus den Angaben von Zigeunern auch ein Wörterbuch ihrer Sprache zusammenstellte, welches, einer genauen Prüfung mehrer vorzüglicher Orientalisten zufolge, den indischen Ursprung der Zigeuner unumstößlich beweist. Auch der Engländer Hoyland, der um die Verbesserung ihres Zustandes sich viele Mühe gegeben hat, schrieb über sie ein verdienstvolles Werk. Durch das Studium von Grellmann's Wörterbuch hatte er sich ihre Sprache ziemlich angeeignet.

Die Zigeuner zeichnen sich aus durch gelbbraune Hautfarbe, kohlschwarze Augen und Haare, weiße Zähne und Ebenmaß der Glieder; sie sind schlank und gewandt, selten von hohem Wuchs oder wohlbeleibt; dies Alles haben sie mit den Indianern gemein. Sie leben herumziehend, lagern am liebsten hordenweise in Wäldern und Einöden, wenn das Klima es erlaubt, führen aber selten Zelte mit sich; gegen die Winterkälte suchen sie in Höhlen oder Erdhütten, die sie mit Gras bedecken, Schutz. Ihr musikalisches Talent, das sich aber auf Instrumentalmusik beschränkt, wird gerühmt, namentlich spielen sie Violine und Maultrommel und blasen Waldhorn, Flöte und Oboe; in Ungarn, Siebenbürgen und Polen braucht man sie häufig in Schenken als Spielleute. Überhaupt fehlt es ihnen nicht an Schlauheit und natürlichen Anlagen. Die Weiber sind in ihrer Jugend oft Tänzerinnen, besonders in Spanien; später treiben sie Wahrsagerei, besonders Chiromantie, d. h. Wahrsagerei aus den Händen, ein Gewerbe, das ihnen durch die ganze Welt eigen und eine hauptsächliche Erwerbsquelle für sie ist. Ob es schon vor ihrer Ankunft in Europa getrieben oder erst hier, mit der Gewandtheit und dem Takte der schlauen Hindus in einer Zeit, wo der große Haufe in allen Ländern Europas im höchsten Grade leichtgläubig und abergläubisch war, erwählt und sich angeeignet haben, ist ungewiß. So viel ist gewiß, daß sie selbst in unserer vermeintlich so aufgeklärten Zeit und sogar in England noch gläubige Seelen finden. Ihre Nahrung ist ekelhaft; sie essen selbst das Fleisch von gefallenen Thieren, daher sind Viehseuchen für sie erfreulich. Branntwein lieben sie sehr; den Taback kauen und rauchen beide Geschlechter mit Leidenschaft. Eine eigentliche Religion haben sie nicht, wiewol sie unter den Türken mohammedanische, in christlichen Ländern christliche Gebräuche annehmen. Der junge Zigeuner heirathet frühzeitig, gewöhnlich schon im 14. oder 15. Jahre, nicht selten seine Schwester, aber stets nur eine echte Zigeunerin, die er fortjagt, wenn er ihrer überdrüssig ist. Erziehung kennen sie nicht; ihre Kinder, zu denen sie eine wahre Affenliebe haben, strafen sie nie. Ihre Sitten sind sehr verderbt; aus dem Stehlen machen sie sich kein Gewissen, finden Lust an Grausamkeit, sind aber sehr feige, weshalb manche Regierungen sie als Nachrichter benutzt haben. Die Versuche, ihren sittlichen und bürgerlichen Zustand zu verbessern, die besonders in Rußland und Östreich (hier namentlich unter Maria Theresia und Joseph II.) gemacht wurden, haben bisher nur geringen Erfolg gehabt, am wenigsten aber haben natürlich Verfolgungen gefruchtet. Doch treiben in Ungarn und Siebenbürgen Viele von ihnen einen regelmäßigen Handel und haben feste Wohnsitze; sie waschen Gold aus dem Flußsand und arbeiten in Eisen oder Kupfer, Einige sind Zimmerleute oder Drechsler, Andere sind Pferdehändler oder halten sogar Gasthäuser und Weinstuben.

Zahl der Wahnsinnigen in England.

Wahnsinn und Selbstmord — dieser meist die Folge von jenem — sind bekanntlich in England häufiger als in andern Ländern, und man schiebt die Schuld davon, zum Theil wenigstens, auf den trüben Himmel und die dicke Luft dieses Landes. Nach einer dem Parlamente kürzlich vorgelegten Übersicht gibt es in England und Wales allein — also Schottland und Irland ungerechnet — 6402 Wahnsinnige und 7265 Blödsinnige, also 13,667 Leute, die nicht bei gesundem Verstande sind und von den Gemeinden unterstützt wurden. Im Jahre 1833 wurden auf Befehl der Krone

399 Wahnsinnige eingesperrt, die zusammen eine jährliche Einnahme von 306,000 Pfund oder zwei Millionen Thaler hatten, was zu 4 Procent gerechnet ein Capital von 50 Millionen Thaler gibt.

Die Steinblöcke bei Carnac.

Carnac, ein Flecken mit 2600 Einwohnern im Departement Morbihan an der französischen Westküste, ist merkwürdig durch die räthselhaften Reihen von Steinblöcken, die sich in der Nähe desselben finden. Sie sind geradlinig wie Baumreihen in elf parallelen Linien aufgestellt, welche Zwischenräume von zwei bis sechs Toisen Breite bilden, wie Straßen, die nach der Schnur gezogen sind. Die Steine einer Reihe selbst sind 18, 20—25 Fuß voneinander entfernt; viele sind nicht größer als gewöhnliche Marksteine, dagegen sind aber andere außerordentlich dick und 16, 18—20 Fuß hoch. Man kann sie nicht ohne Erstaunen betrachten. Manche darunter müssen mehr als 80 Tonnen (1600 Centner) wiegen. Es ist nicht zu begreifen, welcher Maschine man sich zu ihrer Aufstellung bedient hat; dabei ist noch der Umstand höchst merkwürdig, daß fast alle oben dicker sind als unten. Sie sind roh, wie man sie aus der Erde gebrochen hat. Die gedachten elf Linien sind jedoch nicht ununterbrochen, sondern haben einige leere Räume; auch beträgt die Zahl der Linien oft nur 10, an einer Stelle 14. Viele dieser Steine sind umgeworfen, andere ganz verschwunden; einer soll für die Kirchthüre von Carnac verwandt worden sein. Die Zahl der noch vorhandenen Steinblöcke beträgt gegen 4000. In der ganzen Gegend findet man viele andere auf den Feldern zerstreute, zum Theil auch in Gruppen beisammen stehende große Steine, selbst auf der Halbinsel Quiberon und den nahen Inseln Belle-Isle und Grouair. Besonders zu erwähnen ist eine Reihe von 60 ungeheuern Felsstücken bei dem Dorfe Camaret in dem Departement Finisterre, welches an Morbihan stößt; an diese Reihe von 1800 Fuß Länge schließen sich zwei Reihen, bestehend aus zwölf Felsmassen.

Über Ursprung und Bestimmung dieser seltsamen Denkmäler ist man nicht im Klaren. Nach Einigen dienten die Steinblöcke dazu, die Zelte Cäsar's zu stützen, damit die ungestümen Küstenwinde sie nicht wegführen möchten; Andere erklären sie für Grabsteine eines Kirchhofs, noch anderer Erklärungen nicht zu gedenken. Das Wahrscheinlichste dürfte sein, daß sich hier ein gallisches oder druidisches Heiligthum befand, das auch zu politischen Volksversammlungen gebraucht wurde. Die Druiden waren die Priester der Celten oder Galen, eines der vier Hauptvölkerstämme, die das alte Gallien oder Frankreich bewohnten, welcher in unbekannter Vorzeit aus Asien gekommen war, etwa 600 Jahre v. Chr. in Oberitalien einwanderte und sich außer Gallien auch in Deutschland, Ungarn, der Schweiz, Spanien und Britannien niederließ, ihre Sprache findet sich noch in Irland, dem schottischen Hochlande und auf den hebridischen Inseln. Die meisten Nachrichten von den Druiden haben uns Julius Cäsar und Plinius hinterlassen. Sie standen bei ihrem Volke im größten Ansehen, hatten selbst an der Regierung großen Antheil, übten die Rechtspflege aus und wählten die höchsten Obrigkeiten; der Unterricht war ausschließlich in ihren Händen, von allen Lasten und Abgaben waren sie frei. In der Arzneikunde waren sie nicht unerfahren, entstellten sie aber durch Aberglauben, wie sie denn auch Astrologie, Zauberei und Wahrsagerei trieben; Bücher hatten sie nicht. Bei ihren Opfern schlachteten sie Menschen, und lange waren die Bemühungen der römischen Kaiser von August an, diese grausame Sitte abzuschaffen, ohne vielen Erfolg, wiewol Tiber die Theilnehmer an Menschenopfern kreuzigen ließ. Sie lehrten Unsterblichkeit der Seele und Seelenwanderung. Als das Heiligste in der Natur und als Universalarznei galt ihnen die weiße Mistel, eine auf Waldbäumen wachsende Schmarozerpflanze, namentlich sollte der davon bereitete Trank die Fruchtbarkeit von Menschen und Thieren befördern und ein Mittel gegen alle Gifte sein. Noch jetzt hält man häufig die auf Eichen wachsende Mistel für ein Heilmittel gegen die fallende Sucht, obgleich diese Meinung durchaus nicht begründet ist. Die Druiden hatten ein gemeinschaftliches Oberhaupt, das durch Stimmenmehrheit auf Lebenszeit gewählt wurde. Ihr Name soll von der griechischen Benennung der Eiche, die sie verehrten, weil die Mistel darauf wächst, herkommen.

Das Pfennig-Magazin für Verbreitung gemeinnütziger Kenntnisse.

279.] Erscheint jeden Sonnabend. [August 4, **1838**.

Colbert.

Einer der bedeutendsten Staatsmänner und zugleich Wohlthäter Frankreichs, dem es seinen Flor unter der Regierung Ludwig XIV. zum großen Theile zu danken hat, war Jean Baptiste Colbert, der am 31. August 1619 in Rheims geboren wurde. Er war der Sohn eines Tuch- und Weinhändlers, der aber später in den Adelsstand erhoben und Haushofmeister des Königs wurde, und trat 1648 in Dienste des Staatssecretairs Letellier, später in die des Premierministers Mazarin, der sehr bald seine Talente erkannte, ihm 1654 den Posten eines Secretairs der Königin gab und ihn sterbend 1660 dem Könige Ludwig XIV. empfahl. Dieser ernannte ihn zum Intendanten und später an Fouquet's Stelle zum Generalcontroleur der Finanzen, wodurch er an die Spitze des französischen Finanzwesens kam.

In diesem herrschte eine heillose Verwirrung; Betrug und Unterschleif waren an der Tagesordnung; von 90 Millionen, die das Volk an Abgaben zahlte, flossen kaum 35 Millionen in die Staatskasse; bei Colbert's Amtsantritte war nicht nur der Schatz leer, sondern sogar die Staatseinkünfte waren schon auf zwei Jahre voraus verwendet. Die Schwierigkeiten wurden aber durch den ungestümen und eifersüchtigen Charakter des Kriegsministers Louvois, der Letellier's Sohn war, und die Verschwendung und Prachtliebe Ludwig XIV., sowie durch seine Kriege sehr bedeutend gesteigert. Gleichwol gelang es dem rastlosen Eifer Colbert's, in das Chaos der Finanzen Ordnung zu bringen, indem er eine Menge Mißbräuche abstellte, den Amterhandel abschaffte, den ungeheuern Gewinn der Steuereinnehmer beschränkte, die hohen Gehalte herabsetzte und so auf der einen Seite die Staatseinnahmen bedeutend erhöhte, auf der andern aber die Lasten des Volkes um ebenso viel verminderte. Im Jahre 1664 wurde er über die Bauten, Künste und Manufacturen gesetzt und 1669 zum Minister des Seewesens ernannt, behielt aber zugleich die Leitung des Finanzwesens. In diesen neuen Ämtern sorgte er mit großer Thätigkeit und dem glücklichsten Erfolge für die Gewerbe, den Handel und die Seemacht Frankreichs, und die letztere erhob er zu einer Größe, die sie vorher nie gehabt hatte und gegenwärtig nicht mehr hat. Als Colbert ins Ministerium trat, fand er nur wenige alte, halbverfaulte Schiffe in den Häfen vor; Colbert errichtete Seeschulen und Arsenale, brachte die Zahl der Linienschiffe auf 60, die der Fregatten auf 40 und 1681 hatte Frankreich im Ganzen 193 Kriegsschiffe. Durch Colbert entstanden eine Menge Fabriken und Manufacturen; der Handel mit der Levante wieder angeknüpft, ost- und westindische Handelsgesellschaften wurden gegründet, die alten Colonien in Amerika gehoben und durch neue vermehrt; freilich blieb auch der Vorwurf nicht aus, daß Colbert die Industrie und den Handel auf Kosten des Ackerbaus befördert habe. Colbert sorgte aber nicht blos für den materiellen Wohlstand und die äußere Macht Frankreichs, sondern war auch ein eifriger Beförderer der Wissenschaften und Künste und Beschützer der Gelehrten nicht nur in Frankreich, sondern in ganz Europa. Ausgezeichnete Gelehrte aller Länder erhielten durch ihn aus dem französischen Staatsschatze Gratificationen, die sich jährlich auf ungeheure Summen beliefen. Die Akademien der Wissenschaften und der Inschriften, die Bauakademie und die französische Malerschule in Rom verdanken ihm ihr Entstehen; auch erbaute er 1667 die königliche Sternwarte in Paris und stellte bei derselben zwei der ausgezeichnetsten Astronomen ihrer Zeit, den Italiener Cassini und den Holländer Huyghens, an. Gewiß würde er noch weit mehr Gutes haben wirken können und noch weit mehr als Wohlthäter des Volkes gepriesen worden sein, wenn er nicht zu sehr von Ludwig XIV. abhängig gewesen und durch ihn in seinen wohlwollenden Absichten zu sehr gehemmt worden wäre; höchst wahrscheinlich würde er nicht minder als Sully gefeiert und beliebt gewesen sein, dem er an gutem Willen und Fähigkeit sicher nicht nachstand, wenn er einen Gebieter gehabt hätte, wie der gute Heinrich IV. war, der nur das Beste seines Volkes vor Augen hatte und die weise Sparsamkeit seines Ministers thätig beförderte. Colbert war ehrgeizig, aber streng rechtschaffen, religiös, aber nicht unduldsam gegen Andersgläubige, weshalb er sich auch zeitlebens der Aufhebung des Edicts von Nantes widersetzte, die erst nach seinem Tode erfolgte. Da er beständig mit Ränken und Eifersucht zu kämpfen hatte, konnte er nicht zum Genusse eines ruhigen Glücks kommen. Weder beim Volke, für dessen Bestes er unablässig thätig war, noch beim Könige fand er die wohlverdiente Anerkennung; der König zog ihm offen Louvois vor. Indeß blieb er bis an sein Ende, das am 6. September 1683 erfolgte, Minister und brachte es durch seine weisen Maßregeln dahin, daß die letzten Jahre seiner Verwaltung die glücklichste und glänzendste Epoche der Regierung Ludwig XIV. bildeten. Bei seinem Tode hatte sich die Staatsschuld von 52 auf 32 Millionen gemindert und die Einkünfte waren auf 115 Millionen gewachsen. Gleichwol mußte sein Leichenbegängniß des Nachts und mit militairischer Bedeckung gefeiert werden, um seine Leiche vor Frevel zu schützen.

Die Lasen in Kleinasien.

Bei der großen Wichtigkeit, welche in der neuesten Zeit die transkaukasischen Länder durch die Kriege zwischen Rußland und der Pforte erlangt haben, dürfte es den Lesern nicht unangenehm sein, etwas Näheres über ein Volk zu erfahren, welches durch Alter, geographische Stellung, Sitten und Charakter unsere Aufmerksamkeit in gleich hohem Grade anspricht.

Unter Lasistan, welches in den frühesten Zeiten einen Theil von Armenien bildete, jetzt aber eine Grenzprovinz der asiatischen Türkei gegen Rußland hin ist, begreift man die Districte Jomarah, Sirmenah, Rizah und Lasistan. Die Einwohner, Las oder Lasen genannt, sind eines der ältesten asiatischen Völker und hausen mitten in fast nicht zu durchdringenden Schluchten. Sie führen ein halbnomadisches Leben und nähren sich in der Regel von Ackerbau, Bienenzucht, Viehzucht und Fischfang. Auf dem sehr beschränkten anbaufähigen Lande bearbeiten sie auch die unersteiglichsten Stellen, und nicht selten sieht man Kornfelder an den schroffen Seiten der Berge hängen, wohin kein Pflug gelangen kann; an solchen Stellen bedienen sie sich zum Umgraben des Bodens einer dem Lande eigenthümlichen Gabel mit zwei Zinken. Auch pachten sie in den Ebenen der Grenzdistricte von Erzerum Weidegründe, weshalb sie, nach Art der Nomaden, im Sommer mit Zelten dahin ziehen.

Die Lasen haben ihre Tapferkeit, Kühnheit, Selbstverleugnung und allen kriegerischen Ruhm ihrer in der Geschichte der Umwälzungen Kleinasiens bekannten Vorfahren bis auf den heutigen Tag bewahrt. Sie zeichnen sich durch Unbeugsamkeit des Charakters, zugleich aber auch durch eine gewisse Rechtschaffenheit und Biederkeit aus. Obgleich Arbeitsamkeit eine ihrer Haupttugenden ist, so lieben sie doch vor Allem Krieg und Raub, wobei ihnen ihr halbwildes, von Kindheit an abgehärtetes Leben trefflich zu statten kommt. Jene Ruhe und Weichlichkeit, denen sich die Bewohner der morgenländischen Ebenen so unbegrenzt hingeben, kennen die Lasen durchaus nicht, vielmehr suchen sie Gefahren auf und verachten den Tod. In den Reihen der türkischen Krieger bilden sie die beste, in ganz Kleinasien so bekannte Infanterie, und die Pforte verlangt stets von Lasistan eine gewisse Anzahl Leute für das Arsenal von Konstantinopel. Unter sich selbst leben sie in immerwährenden Feindseligkeiten, und die kleinste Veranlassung führt zu täglichem Blutvergießen.

Nach einer in der neuesten Zeit vorgenommenen Zählung beläuft sich die Zahl der waffenfähigen Männer in Lasistan auf ungefähr 18,000. Der Pascha, unter dem sie stehen, hat wenig Gewalt über sie, und je weiter von seinem Sitz entfernt, desto unabhängiger sind sie. Selbst die eignen Ältesten der Lasen, denen die Pforte die Verwaltung von Lasistan überläßt, haben nur eine geringe Macht, denn ihr Einfluß reicht in der Regel nicht über die Grenzen ihres Wohnorts hinaus. Im Glauben der Lasen herrscht gewaltige Verwirrung: die Herrschaft Mithridat's, der Griechen, Römer, der alten Perser und endlich der Türken hat unter ihnen Spuren der Religionen aller dieser Völker zurückgelassen. Die Bewohner der näher bei Trapezunt liegenden Ortschaften kann man für Mohammedaner ansehen, weiterhin gegen Batum sind Spuren des Christenthums übrig, doch finden sich weder Gotteshäuser noch eine Geistlichkeit.

Die Hanf- und Flachscultur.

Rußland handelt fast nur mit den Erzeugnissen seines Bodens, und diese sind sehr wichtig, denn es sind grade solche, die für die Bedürfnisse der Menschen im Allgemeinen wesentlich erfodert werden. Unter diesen sind vorzugsweise auch Hanf und Flachs zu nennen, weil sie in diesem Lande in größerer Ausdehnung als in irgend einem andern gebaut werden. Der russische Hanf gilt gewöhnlich für den besten; zwar soll ihn der englische noch übertreffen, allein in England wird nur sehr wenig producirt, weil dort das Land viel vortheilhafter zur Cultur anderer Vegetabilien verwandt werden kann. In dem ungeheuern, dünn bevölkerten Rußland ist jedoch der Hanfbau vortheilhaft, und so lange der russische Hanf seine Überlegenheit behält und der Boden nicht auf andere Weise mit mehr Vortheil benutzt werden kann, wird die Cultur desselben in einer sehr großen Ausdehnung fortdauern. Vergleicht man die erstaunliche Consumtion dieses nothwendigen Stoffes im Reiche selbst mit der großen Menge, welche jährlich ausgeführt wird, so erkennt man, daß mit Ausnahme des Roggens kein Product des Landbaus für Rußlands Industrie und Handel von größerer Wichtigkeit ist.

Der wilde Hanf wächst in einigen Theilen Rußlands sehr häufig, besonders im Uralgebirge und in der Nähe der Wolga, am meisten in Gegenden, wo ehemals Städte standen. Wenn er im Sommer seinen Samen ausgestreut hat und abzusterben anfängt, wird er von vielen der halbwilden Stämme des Reichs gesammelt und gegessen.

Von gleicher Wichtigkeit mit der Cultur des Hanfs ist für Rußland die des Leins oder Flachses, welcher ebenfalls in großer Menge erbaut wird und von vortrefflicher Qualität ist. In vielen Gegenden nehmen die Flachsfelder ebenso viel Raum ein als die Kornfelder. Gleich dem Hanfe wird er vorzüglich in den mittelsten Provinzen des europäischen Rußlands erbaut. Der feinste walachische Flachs wächst in den Districten am Kama; Pallas sagt, daß er an den Ufern dieses Flusses sieben Spannen hoch wächst und ein besseres Garn als die gewöhnliche Art liefert. Sowol der gemeine als der ausdauernde oder sibirische Flachs werden häufig wild gefunden, der erstere in den Steppen am nördlichen Ural, der letztere an den Ufern der Wolga. Noch findet man viele Nesselarten, die Fasern geben, welche denen des Hanfes und Flachses ähnlich sind, in sehr großer Ausdehnung wild wachsend; von einigen von ihnen verfertigen die halbwilden Völkerschaften ein Garn, woraus sie eine Art Stoff weben, der aber natürlich nicht diejenige Festigkeit hat, welche nur die zähen Hanf- und Flachsfasern geben können.

Die Behandlung des Flachses in Rußland hat nichts Eigenthümliches; er wird gerauft, wie überall, von den Samenkörnern gesondert, in Wasser geweicht und durch Schlagen mit hölzernen Schlägeln gebrochen. Dieses Product gibt nächst dem Hanfe den bedeutendsten Ausfuhrartikel; eine große Menge davon wird zu Leinwand, Segeltuch und andern Stoffen verarbeitet, und sogar der Same wird, in seinem natürlichen Zustande und als Öl, ausgeführt, da der aus Rußland, besonders aus Liefland kommende Same (rigaer Leinsamen) als vollkommen reif und ausgebildet vorzüglich geschätzt wird, während man ihn in Deutschland nicht ordentlich zur Reife kommen läßt, weil dadurch die Güte des Bastes oder eigentlichen Flachses verliert. Die jährliche Ausfuhr des Hanf- und Leinsamens beträgt gegenwärtig 13½ Millionen Rubel, die des rohen Hanfes und Flachses 49 Millionen Rubel. Allein in Großbritannien und Irland wurden im Jahre 1833 aus Rußland 469,959 Centner Hanf und 667,868 Ctr. Flachs eingeführt; alle andern Länder lieferten zusammen nur 57,500 Ctr. Hanf und 315,000 Ctr. Flachs.

In verschiedenen Theilen Rußlands wird Hanfsamenöl und Leinöl in sehr großen Quantitäten producirt. Das Auspressen desselben geschieht mittels eines sehr einfachen Verfahrens und meistens durch die Bauern selbst. Die Samenkörner werden in kleinen Ölmühlen zerquetscht, die von einem Pferde in Bewegung gesetzt werden.

Unsere Abbildung erläutert das Verfahren, durch welches in Rußland Hanf und Flachs ausgesucht und getrocknet werden. Die Bauern pflegen neben dem bebauten Felde eine kleine kreisförmige Hütte zu erbauen; auf der andern Seite derselben ebenen sie ein kleines Stück Land mit großer Sorgfalt und errichten daneben eine Art sehr hoher Leiter mit horizontalen Pfosten oder Sprossen. Diese Einrichtung dient zum Aussuchen, Trocknen und Aufbewahren des Hanfes und Flachses. Den Flachs legen sie auf die Leiter, wo er der Luft ausgesetzt ist und daher sehr schnell trocknet; auf dem Boden sondern sie den Hanf vom Samen und bewahren Alles bis zum Gebrauch in der Hütte auf.

Die Hanfpflanze soll aus Persien stammen und aus dem Osten in die nördlichen und östlichen Theile von Europa, in denen sie jetzt so allgemein verbreitet worden ist, eingeführt worden sein. Doch wissen wir, daß sie schon im 5. Jahrhunderte vor Christus sowol im wilden als im cultivirten Zustande in dem Lande nördlich von der Donau existirte. Herodot beschreibt den Hanf als in Scythien wachsend, wo er ihn aller Wahrscheinlichkeit nach selbst gesehen hatte. „Im Lande der Scythen", sagt er, „wächst Hanf, der dem Flachse sehr ähnlich ist, bis auf die Dicke und Größe, worin der Hanf den Flachs weit übertrifft. Derselbe wächst sowol von selbst, als gesäet; auch machen aus ihm die Thracier Kleider, welche den leinenen ganz gleichen, und wenn sich Jemand nicht genau darauf versteht, so kann er nicht unterscheiden, ob sie von Flachs oder von Hanf sind, wenn er aber noch keinen Hanf gesehen hat, so wird er das Kleid für ein flachsenes halten. Von diesem Hanf nehmen die Scythen den Samen, legen sich unter wollene Decken und streuen den Samen auf glühende Steine, wo er dann einen Rauch gibt und einen solchen Dampf verbreitet, daß es kein griechisches Schwitzbad besser kann, und die Scythen in ihrem Schwitzbade vor Wohlbehagen laut aufschreien. Das gilt ihnen statt des Bades, weil sie ihren Leib im Wasser gar nicht baden." Die morgenländischen Völker brauchen den Hanf noch heutiges Tages, wiewol auf andere Weise, um ähnliche Wirkungen hervorzubringen. Bei den Hindus dient er als Surrogat für Malz und sie bereiten davon ein beliebtes berauschendes Getränk, Banga genannt (anderwärts Hachiesch, Molac oder Maslach). Von den gepulverten Blättern, denen noch eine Art Gewürz beigefügt wird, machen sie einen Wasseraufguß, und dieser bringt getrunken eine einschläfernde und zugleich berauschende Wirkung hervor, die viel angenehmer sein soll als die durch Opium hervorgebrachte. Diesen Genuß können sie sich sehr wohlfeil verschaffen, aber eine zu häufige Wiederholung desselben wird allmälig tödtlich. Auch in Ägypten macht man vom Hanfe denselben Gebrauch. In den persischen Wirthshäusern auf dem Lande wendet man den

Das Aussuchen und Trocknen des Hanfes und Flachses in Rußland.

Hanftrank an, um die Ermüdung der Fußgänger zu heben. Bisweilen werden die Blätter mit Tabak vermischt und geraucht.

Die im Hanf enthaltene betäubende Absonderung ist so stark, daß ihre nachtheiligen Wirkungen selbst bemerkt werden, wenn er noch in der Erde steht, und wer sich lange Zeit auf einem Felde, auf welchem junger Hanf steht, aufhält oder in der Nähe eines solchen schläft, soll von Kopfweh, Schwindel und einer Art von Rausch befallen werden. Die schädlichsten Folgen entstehen aber aus der unter den russischen Bauern weit verbreiteten Gewohnheit, den Hanf, nachdem er gerauft worden ist, in den nächsten Flüssen, Seen und Teichen einzuweichen, um den harzigen Stoff, welcher die nützlichen Fasern umgibt und verbindet, aufzulösen, was man das Rotten oder Röten, zuweilen auch das Rösten nennt, denn dadurch wird das Wasser verdorben und eine große Menge von Fischen getödtet. Die Sache ist von solcher Wichtigkeit, daß die Obrigkeit dagegen einschreiten sollte. Die Russen behaupten, der in Flüssen und Bächen eingeweichte Hanf wäre von viel besserer Qualität, und gehen mit ihrem Hanfe Meilen weit, um einen Fluß zu erreichen, aber gewiß ist, daß das Rotten in stehendem Wasser weit schneller als in fließendem von statten geht.

Das Wasser, in welchem Hanf gerottet worden ist, nimmt einen höchst unangenehmen Geschmack und übeln Geruch an. Wenn sich Fische darin befinden, so werden sie zuerst betäubt und sterben endlich, wenn die Gährung allmälig zu vielen Sauerstoff aus dem Wasser an sich zieht. Aber nicht nur das Wasser nimmt diese schädlichen Eigenschaften an, welche es unbrauchbar für Menschen und Thiere machen, sondern es entstehen auch Ausdünstungen, welche wahrscheinlich ansteckende Krankheiten in der Umgegend erzeugen. Deshalb haben in Frankreich die Behörden, denen die Wohlfahrtspolicei obliegt, fast allgemein das Rotten des Hanfes in der Nähe von Städten und Wohnungen überhaupt und in Flüssen oder fließenden Gewässern, aus denen Menschen oder Thiere trinken, verboten. Das Verfahren des Rottens der Pflanzen, um die faserigen Theile oder das Bast von den holzigen Theilen zu trennen, ist sehr alt, kommt schon in der heiligen Schrift vor und ist in Europa seit undenklicher Zeit in Gebrauch, hat aber gewiß der Gesundheit von Menschen und Thieren außerordentlichen Schaden gethan.

Übrigens verlangt das Rotten des Hanfes und Flachses viel Sorgfalt, da die Dauer dieser Operation von mehren zufälligen Umständen abhängt, die eine mehr oder minder leichte Auflösung der Holzfasern bewirken. Unter Anderm haben die Stärke der Pflanze, die feuchte oder trockene Witterung und die Temperatur sowol der Luft als des Bodens, in welchem sie gewachsen ist, darauf Einfluß. Läßt man die Pflanzen zu lange im Wasser liegen, so werden nicht nur die holzigen Theile, sondern auch der Bast angegriffen oder zerstört; liegen sie dagegen nicht lange genug, so läßt sich der Flachs nicht gut hecheln und kann, wenngleich die Ernte gut gewesen ist, auf der ersten Stufe seiner Verarbeitung leicht verdorben werden. Beide Umstände vereint mögen namentlich dem Anbaue von Flachs und Hanf in England hinderlich gewesen sein.

Mit weniger Schwierigkeiten ist das Rotten im Thau verbunden, auch liefert es oft schönern Bast, führt aber weniger schnell zum Ziele. Man breitet dabei den Flachs ganz dünn auf ein Grasland oder Kleefeld, wo er so lange dem Thau, Regen und Sonnenschein ausgesetzt bleibt, bis sich der Bast leicht von den Holzfasern trennen läßt.

Eine andere, den damit beschäftigten Personen

ebenfalls nachtheilige Operation ist die, welche auf das Rotten folgt, nämlich das Brechen und Hecheln, welches in der Trennung der Holzfasern von dem Baste oder den nutzbaren Fasern besteht. Es kann entweder mit Instrumenten oder mit der Hand verrichtet werden; gewöhnlich geschieht es durch eine Reihe stumpfer eiserner Zähne oder Zinken, die auf ein Bret befestigt sind, und an welche sich eine andere ähnliche Reihe von Zähnen anlegt, die an ein bewegliches Bret befestigt sind; das letztere wird mit der einen Hand gehandhabt, während der Flachs in verschiedenen Richtungen mit der andern Hand zwischen diese Zähne gebracht wird. Während der Operation entsteht ein äußerst feiner Staub, den man für die Ursache der Krankheiten hält, welche die mit dieser Arbeit Beschäftigten sehr häufig befallen und vorzüglich ihre Respirationswerkzeuge angreifen. Da dieser Staub wegen seiner außerordentlichen Feinheit und Leichtigkeit in der Luft schwebt, so wird er mit der Luft eingeathmet und in den Lungen mehr oder minder heftigen Husten und Brustbeschwerden, die zu andern ernstlichen Leiden, z. B. Lungenentzündung, führen, denen die Arbeiter unfehlbar erliegen. In England sind in den letzten Jahren mehre Versuche gemacht worden, um die Gefahren und Übelstände zu beseitigen, die mit der gewöhnlichen Art des Rottens und Hechelns verknüpft sind; aber in Rußland und andern Ländern des Continents hat man hinsichtlich dieser Arbeiten in der Vertauschung der Handarbeit mit Maschinerie nur geringe Fortschritte gemacht. Durch die Hechel wird der Lein in Flachs und Werrig (Werg) geschieden, wovon jener das feinere, dieser nur grobes Gespinnst liefert.

Das Neueste aus der Natur- und Gewerbswissenschaft.*)

Eine wichtige, wenngleich unmittelbar weniger das praktische Leben als die wissenschaftliche Forschung interessirende Frage, welche jetzt die Aufmerksamkeit der Physiker besonders in Anspruch nimmt, bezieht sich auf die in den letzten Zeiten so eifrig verfolgte Aufklärung über die wahren Gesetze des tellurischen Magnetismus. In einer der jüngsten Sitzungen der königlichen geographischen Gesellschaft zu London ward in diesem Bezuge ein Schreiben A. v. Humboldt's an den Herzog von Sussex verlesen, worin der Naturforscher dem Prinzen für seine Mitwirkung zur Vermehrung magnetischer Stationen über die ganze Erdoberfläche dankt, und diesen Gegenstand zur fernern Beachtung und Unterstützung angelegentlich empfiehlt. Wir müssen unsere Leser über die eigentliche Bedeutung dieser Bemühungen und den Zweck, den man damit verbindet, durch wiederholte Explicationen vollkommen in Klarheit zu setzen versuchen.

Es ist ihnen nämlich bekannt, daß die Beobachtung der auf verschiedenen Punkten der Erdoberfläche aufgestellten Magnetnadeln die auffallendsten jährlichen, monatlichen, täglichen, ja stündlichen und augenblicklichen Veränderungen in der Abweichung und Neigung dieser Nadeln zeigt, daß sowol Abweichung als Neigung darnach nicht nur an den verschiedenen Orten verschieden, sondern selbst an einerlei Ort zu verschiedenen Zeiten veränderlich sind, und daß sich diese Anomalien auf den ersten Blick so unendlich verwickelt darstellen, daß es unmöglich schien, dieselben ohne Ausnahme auf ein allgemeines Abhängigkeitsgesetz zurückzuführen. Gleichwol versuchte dies der Scharfsinn der Physiker, und man nahm, wie sich meine Leser ebenfalls erinnern, früherhin zu dieser Erklärung eine Ursache im Innern der Erde, z. B. einen großen, daselbst verborgenen, gewissen Bewegungen unterworfenen Magneten an, welche Bewegungen jene Bewegungen der Magnetnadeln als nothwendige Folgen nach sich zögen. Diese Hypothese, mit tausend Ausschmückungen, ist besonders von Halley, dem berühmten englischen Naturforscher, und nach ihm vom Professor Hansteen in Christiania ausgebildet worden.

Als dagegen in der neuesten Zeit diese Beobachtungen der Nadel an immer mehren Punkten der Erdoberfläche angestellt und immer sorgfältiger unter sich verglichen wurden, so ergab es sich, daß die regelmäßigen täglichen Variationen sowol in der Abweichung als auch in der Neigung der Nadeln selbst für die entferntesten Orte in die nämlichen Tagesstunden eines jeden dieser Orte und also keineswegs in die nämlichen physischen Augenblicke fallen, woraus mit einer gewissen Nothwendigkeit zu folgen scheint, daß sie nicht von einer bleibenden Ursache im Innern der Erde, sondern vielmehr dem täglichen Einflusse der Sonne abzuleiten sind, wodurch die Erde im Gegentheil auf ihrer Oberfläche magnetisch wird.

Ein zweiter höchst merkwürdiger, aus diesen Beobachtungen ebenso unzweifelhaft hervorgehender Umstand ist ferner der, daß dagegen die außerordentlichen, z. B. die durch den bekannten Einfluß der Nordlichter veranlaßten Störungen der Magnetnadel an den entferntesten Orten gleichzeitig (allerwärts im nämlichen physischen Augenblicke) erfolgen, wenngleich ihre Wirkungen von ungleicher Größe sind.

Man wird gestehen, daß diese beiden Resultate der Beobachtung wichtig genug erscheinen, um darnach von Fortsetzung und Ausdehnung solcher magnetischen Beobachtungen sehr viel zu erwarten. Die gänzliche Unhaltbarkeit der angeführten ältern Hypothese einer bleibenden Ursache der magnetischen Erscheinungen im Innern der Erde ist dadurch wenigstens schon vollständig erwiesen, und der Zusammenhang zwischen diesen Erscheinungen und dem Sonnenlaufe dagegen im Allgemeinen dergestalt bis zur Evidenz dargethan, daß man hoffen darf, mittels vervielfältigter Beobachtungen vielleicht auch noch das Speciellere des Vorgangs in seiner Abhängigkeit von jener großen Ursache nachzuweisen. Und letzterer Zweck ist es denn nun zunächst, welchen Humboldt bei seiner Empfehlung immer größerer Ausdehnung von magnetischen Stationen über die ganze Erdoberfläche im Auge hat, da sich das magnetische Gesetz angeführtermaßen bis auf einen gewissen Grad bereits aus Vergleichung vieler Beobachtungen und nur dadurch ergeben hat, sodaß also von Vermehrung solcher Beobachtungen für Enthüllung dieses Naturgeheimnisses mit Grunde etwas gehofft werden darf.

Mit derselben Aufmerksamkeit, mit welcher sich die Beobachtung solchergestalt den Magnetnadeln zugewendet hat, ist sie auch auf die Chronometer gerichtet gewesen, bei denen man ebenfalls sehr interessante Erfahrungen gemacht hat, von denen wenigstens ein Theil selbst ein größeres Publicum angehen wird. Es hat sich aus diesen sorgsamen Beobachtungen mit hinreichender Gewißheit ergeben, daß der Temperaturwechsel die Hauptursache der Abweichungen des Chronometer- und überhaupt des Uhrganges ist. Dabei ist aber zugleich wahrgenommen worden, daß, was die Unterlage der Chronometer (oder der Uhren überhaupt)

*) Siehe Pfennig-Magazin Nr. 273 und 274.

betrifft, ein Kissen von Pferdehaaren einer festen Unterlage beiweitem vorzuziehen ist, ein noch besseres Resultat aber erreicht wird, wenn man die Uhrkiste auf Sägespähne setzt. Die Uhren aufzuhängen oder auf eine feste Unterlage zu legen, hat dagegen allemal einen schädlichen Einfluß auf den Gang. Dies mögen sich also diejenigen meiner Leser ja merken, welche ihre Uhren Nachts auf die harte Platte des Schlaftisches legen oder an die Wand hängen; eine Unterlage eines mit Sägespähnen gefüllten Kissens erhält den Gang der Uhr, abgesehen freilich von andern überwiegenden Einflüssen, viel regelmäßiger.

Da einmal von Uhren die Rede ist, so mag, was die Vervollkommnung der Pendeluhren betrifft, hier noch erwähnt werden, daß die Sternwarte zu Wien jetzt eine neue Penduluhr eines dortigen Uhrmachers beobachten läßt, wobei sich das überraschende Resultat ergeben hat, daß diese dem Temperaturwechsel, dem Luftzuge, kurz allen schädlichen Einflüssen ausgesetzte Uhr während eines vollen halben Jahres höchstens eine tägliche Acceleration von einer halben Secunde erlitten hat. Da die Quecksilbercompensation dieser Uhr noch keineswegs ganz ausgeglichen ist, so ist man berechtigt, eine noch größere Regelmäßigkeit zu erwarten; um wie viel wird die Uhr dann aber noch hinter absoluter Vollkommenheit zurückbleiben? In der That, die auf die Zeitmessung bezüglichen Instrumente scheinen auch gar nichts mehr zu wünschen übrig lassen zu sollen.

Indem wir nunmehr auf das geheimnißvolle Feld der Meteorologie übergehen, wollen wir gleich von vorn herein unser eignes geringes Vertrauen zu Witterungsvorhersagungen eingestehen. Wer wäre von denselben nicht schon getäuscht worden, und wer hätte doch andererseits der Versuchung widerstehen können, sich der Beschämung einer neuen solchen Täuschung auszusetzen! Dies liegt aber in der Natur der Sache; gleichwie die zu erwartende Witterung ein zu wichtiger Gegenstand für uns ist, ebenso hängt sie doch anderseits von dem Zusammenwirken so mannichfacher und so verwickelter Ursachen ab, daß es unmöglich scheint, diese Einflüsse sämmtlich zu bestimmen und zugleich auch hinreichend scharf zu trennen. Uns fällt bei der Meteorologie immer Mephistopheles' Erklärung über die Medicin ein:

Der Geist der Medicin ist leicht zu fassen.
Ihr durchstudirt die groß' und kleine Welt,
Um es am Ende gehn zu lassen,
Wie's Gott gefällt!

Gleichwol können wir auch nach diesem Vorwort der Versuchung einer Vorhersagung in Bezug auf die im laufenden Jahre *) zu erwartende Witterung nicht widerstehen. Unsere Leser erinnern sich nämlich des furchtbaren Frühgewitters, welches, aus dem Abend kommend, vom 17. auf den 18. März einen großen Theil von Westdeutschland in Schrecken versetzte. Nun liegen Mittheilungen des bekannten dubliner Naturforschers Dr. Kirwan über die Wetteranzeichen aus Frühgewittern vor uns, wonach, zufolge hundertjähriger Beobachtungen, dergleichen um die Mitte des März eintretende, aus Westen kommende Frühgewitter gemeiniglich nasse Sommer bringen. Die Wahrscheinlichkeit eines solchen bevorstehenden nassen Sommers wird aber im vorliegenden besondern Falle noch durch einen Umstand vergrößert, da die stattgehabten, fast beispiellosen Überschwemmungen den Boden an sehr vielen Stellen mit Feuchtigkeit dergestalt getränkt haben, daß bei der Wiederaufsaugung durch die Atmosphäre lange und heftige Regengüsse unausbleiblich scheinen. Wir sagen ausdrücklich „scheinen", da es uns bei unsern langjährigen sorgsamen Beobachtungen schon gar zu oft vorgekommen ist, daß von allem Demjenigen, was nach menschlichem Urtheile erfolgen zu müssen geschienen hat, durchaus nichts eingetreten ist, indem die große Gewalthaberin Natur geheime Kräfte besitzt, von welchen uns nicht einmal eine Idee beiwohnt. Sollte sie sich also im diesjährigen Sommer vorgenommen haben, einen besonders schnellen Auftrocknungs- und weitern Vertheilungsproceß der Feuchtigkeiten eintreten zu lassen, so würde Kirwan's und meine meteorologische Vorhersagung, wie viel sie auch für sich zu haben scheint, doch abermals zu Schanden gemacht werden.

(Der Beschluß folgt in Nr. 280.)

Thiere als Blindenführer.

Wenn man von der Gelehrigkeit und dem Scharfsinne gewisser Thiere spricht, vergißt man gewöhnlich, daß, um diese Eigenschaften zu entwickeln, es von Seite des Menschen großer Sorgfalt und, was noch mehr sagen will, einer gewissen Pflege, einer Zuneigung, ja man könnte sagen, der Liebe zu den Thieren bedarf. Daher sieht man auch meistens Arme, Nothleidende, Gefangene, Hülflose, welche unter ihrer Umgebung keine wahrhaft theilnehmende Seele oder in dieser Theilnahme selbst etwas Überlegenes, Drückendes finden, ihre Zuflucht zu jenen Wesen nehmen, die auf der Stufenleiter der Schöpfung tiefer gestellt sind als sie, und mit ihnen eine Art Freundschaft eingehen, die zwar nicht immer ohne Eigennutz ist, die aber, wenn einmal geschlossen, sehr oft frei von jenen gemeinen Beweggründen erscheint, welche so viele gesellschaftliche Verhältnisse bestimmen und befestigen müssen. Wir lassen ein Paar Beispiele dieser Art als Beiträge zur Seelenlehre der Thiere hier folgen.

Blinde Sänger und Instrumentisten, die den Broterwerb mit der Ruhmesernte verbanden, gab es seit dem in der „Odyssee" gefeierten Phemios viele. Wer sie auf ihren Wanderungen begleitet und geleitet, wird uns nicht immer berichtet. Als das Geschäft des wandernden Harfners noch in Ehren stand, konnte leicht ein Erwachsener ihnen zum Führer dienen, wenigstens fand sich immer ein Kind, das den Lieblinge der Musen den Arm bot. In so ganz industriellen Zeiten wie unserigen kann die Kraft eines Kindes zweckmäßiger verwandt werden; darum haben die blinden Musiker außer der Brottasche nur noch, wenn es gut um sie steht, einen Hund zum Gefährten. Jedermann kennt in Paris das verständige Füchslein, das am Jardin turc den metallenen Empfangsbecher des blinden Geigers in der Schnauze trägt und den Vorübergehenden höflichst um einen Sou bittet. Es hat allen Trieben der Gattung entsagt und kennt keinen andern Beruf, als das Interesse seines blinden Patrons wahrzunehmen; die Neckereien der bösen Buben selbst übersieht es großmüthig, um seinem Herrn Ärger und Verdruß darüber zu ersparen. Ob dieses treue Thier dem Geiger zum Führer diene, wenn er sich vom Hause weg- und nach Hause zurückbegibt, weiß ich nicht; das nur weiß ich ganz bestimmt, daß das Hundethum manches Individuum in sich begreift, welches dazu völlig im Stande ist. Hierher gehört der weiße Pommer, der den blinden Clarinettenspieler vom Carousselplatze durch die Pforten der

---

*) Dieser Aufsatz ist, wohl zu merken, Anfangs April geschrieben.

Tuilerien über den Pont royal in die Rue du Bac und weiter in das Faubourg St.-Germain hineinführt. Ein Kind, ja selbst ein Erwachsener könnte den Augenlosen nicht besser führen als der Pommer. In Verbindung mit seinem Herrn durch eine Schnur, deren Ende dieser in der Hand hält, geht er demselben nach Bedarf bald voran, bald links, bald rechts zur Seite und warnt ihn vor jeder drohenden Gefahr, sei es, daß er lediglich dem Triebe der Selbsterhaltung folgt, sei es aus Rücksicht auf seinen Herrn. Neulich sah ich, wie er seinen Herrn mit größter Umsicht durch die Pforte der Tuilerien die Straße kreuzend nach dem erhöhten Trottoir des auf dem rechten Ufer der Seine befindlichen Quais führte. An den Stiegen des Trottoirs angelangt, drängte er sich eng an das Schienbein des Blinden und stand stille, um ihn zu bedeuten, er solle den Fuß nun höher aufheben, um die Stufen hinanzusteigen. Der Blinde gehorchte, suchte mit seinem Stabe die erste Stufe und setzte seinen Fuß unverzagt darauf. Auf dem Trottoir angelangt, führte er den Clarinettenspieler möglichst dicht an die Brustwehr des Quais. Ebenso verfuhr er auf dem Pont royal, mit dem Unterschiede, daß er hier seinen Herrn zweimal von der Brustwehr ablenkte, weil sich an derselben spielende Knaben befanden. Am jenseitigen linken Ende der Brücke angelangt, warnte er abermals dadurch seinen Herrn, daß er ihm so zu sagen in die Beine fiel und stille stand. Der Blinde tastete nach der Brustwehr der Brücke und seine Hand fiel auf das letzte von den dort zum Verkauf aufgestellten Büchern. „Oui c'est cela", sagte er, „tu a raison; descendons." Hierauf führte ihn der Hund bis an den Rand des Trottoirs, wo er wieder stille stand, bis der Clarinettenspieler die erste Stiege mit dem Stabe berührt hatte. Darauf durchschnitten Beide den Quai des linken Seineufers und befanden sich alsbald in aller Sicherheit auf dem Trottoir der Rue du Bac. Wie angenehm überrascht uns die Treue und Empfindsamkeit dieses Pommers!

Das Capitol zu Washington.

Bekanntlich war das Capitolium die Burg des alten Roms, stand auf einem der sieben Hügel, der daher auch der capitolinische genannt wurde, und enthielt unter andern Merkwürdigkeiten namentlich einen prachtvollen Tempel, welcher eigentlich aus drei dem Jupiter, der Juno und der Minerva gewidmeten Tempeln bestand und oft auch allein das Capitol genannt wird. Im Mittelalter wurde es zerstört, und an seine Stelle baute Papst Bonifaz VIII. nach den Rissen des Michel Angelo das neue Capitol.

Denselben Namen führt nun auch das nordamerikanische Congreßhaus in Washington, von welchem ein deutscher Prinz, Herzog Bernhard von Sachsen-Weimar, der Nordamerika 1825 und 1826 bereiste, folgende Schilderung macht: „Das Capitol ist ein imposantes Gebäude. Wenn es einst von andern schönen Gebäuden umgeben ist, so wird es einen großen Effect hervorbringen. Es ist von weißem Marmor gebaut und hat drei Kuppeln, die große oder Hauptkuppel über der Halle und zwei kleinere auf beiden Flügeln. Das Capitol ist an einem Abhange gebaut und zeigt an der vordern Seite drei, an der hintern Seite, die nach dem Palast des Präsidenten hinsieht, vier Stockwerke. An der vordern Seite ist der etwas niedrige Eingang mit einem Portal von korinthischen Säulen; an der hintern Seite ist ein großer, mit Säulen gezierter Balcon."

„In der Mitte des Gebäudes, unter der Hauptkuppel, ist eine große kreisförmige Halle oder Rotunde, die 96 Fuß im Durchmesser hat und ihr Licht von oben erhält. In derselben sollen Gemälde aufgestellt werden, unter Basreliefs, die schon vorhanden sind. Das eine stellt die Befreiung des Capitains Smith, Befehlshabers der ersten englischen Niederlassung in Virginien, durch eine indianische Prinzessin dar; ein anderes ist eine Allegorie, die Landung europäischer Auswanderer darstellend. Hinter dieser Halle ist in einem großen Saale, der an den Balcon stößt, die Bibliothek des Congresses. Bei dem englischen Besuche im Jahre 1814 (am 24. August 1814 rückten die Engländer hier ein, nahmen alles Staatseigenthum weg und zerstörten die öffentlichen Gebäude nebst den drei Brücken über den Fluß Potomac) ist die damalige Bibliothek verbrannt; die jetzige besteht großentheils aus den Büchern des ehemaligen Präsidenten Jefferson. Unter der großen Halle ist eine kleine, einem Familienbegräbnisse nicht unähnlich, von drei Reihen Säulen getragen. Sie erhält ihr Licht von oben durch eine runde Öffnung im Fußboden der großen Halle und dient zum Durchgang, doch sagt man, daß es beabsichtigt werde, den Sarg Washington's hier beizusetzen. Eine Haupttreppe ist noch nicht vorhanden, nur eine Menge kleiner Treppen; überhaupt ist das Innere etwas winkelig gebaut; Säulen hat man nicht gespart; man findet sie in allen Seitengalerien, Sälen und Corridors; ihre Capitäler sind meistens in ägyptischem Geschmacke. In dem Corridor, der nach dem Saale des Senats führt, sind Säulen, bei denen der Schaft ein Bündel von Stengeln indianischen Kornes vorstellt und das Capitäl die Kolben derselben Pflanze. Im Flügel rechts vom Eingang ist der Versammlungssaal des Senats, ein 74 Fuß langer und 42 Fuß hoher Halbkreis, die dazu gehörigen Bureaus, das Bureau des Präsidenten und der Versammlungssaal des höchsten Gerichtshofes der Vereinigten Staaten, ebenfalls halbkreisförmig gebaut. Im Mittelpunkte befindet sich der Sitz des Präsidenten. Die Mitglieder des Senats sitzen amphitheatralisch, Jeder hat einen Sessel und vor sich ein kleines Bureau von Mahagoniholz. In diesem Flügel sind auch einstweilen die vier großen Gemälde von Trumbull aufgestellt, die später in der großen Halle ihren Platz finden sollen. Das eine stellt die Unabhängigkeitserklärung der Vereinigten Staaten dar, das andere die Übergabe des englischen Generals Bourgoyne an den General Gates bei Saratoga, das dritte die Übergabe von Yorktown und das Defiliren der englischen Truppen zwischen der amerikanischen und französischen Armee, das vierte die Resignation des Generals Washington und die Rückgabe seiner Commission an den Congreß am 23. December 1783. Die Ähnlichkeit der Portraits soll sprechend sein. Was aber die Composition und die Ausführung betrifft, so erinnert jene sehr an die steife englische Schule von West, und diese verliert durch die matten Farben. Der Maler war übrigens durch den wenigen Kunstgeschmack seiner Landsleute, die ihn von ihren englischen Vorfahren geerbt haben, genirt; man schrieb ihm beinahe die Stellung jedes einzelnen Individuums vor."

„Im andern Flügel des Gebäudes befindet sich der Versammlungssaal der Repräsentanten und die dazu nöthigen Bureaus. In diesem Saale, der 95 Fuß lang und 60 Fuß hoch ist, hängt ein lebensgroßes Bild des Generals Washington. Außerdem wird der Saal von einer kolossalen Statue der Freiheit und einer Statue der Geschichte geziert. Die Decke dieses Saales, sowie die des Senats und des hohen Gerichtshofs wird von ionischen Säulen von amerikanischem Marmor getragen. Die Galerie über der großen Kuppel gewährt eine sehr weite Aussicht. Die Hauptstraßen der Stadt laufen alle von diesem Gebäude aus, sodaß diese Aussicht an die Lage des karlsruher Schlosses erinnert, nur daß man hier (in Washington) keinen Wald und nur wenige Häuser (1826) sieht."

Über die Einrichtung des Congresses bemerken wir noch Folgendes. Für den Senat wählt jeder Staat zwei Mitglieder auf sechs Jahre; alle zwei Jahre wird ein Drittheil desselben erneuert. Da sich nun gegenwärtig die Zahl der Staaten auf 26 beläuft, so besteht der Senat aus 52 Mitgliedern. Jeder Senator muß 30 Jahre alt, seit neun Jahren amerikanischer Bürger und in dem Staate, der ihn wählt, einheimisch sein; der Vicepräsident der Vereinigten Staaten ist jedesmal zugleich Präsident des Senats. Die Zahl der Mitglieder der Repräsentantenkammer hängt von der Volksmenge ab, indem eines auf 47,700 kommen soll, und da alle zehn Jahre eine allgemeine Zählung vorgenommen wird, so ändert sie sich nach jeder zehnjährigen Zählung; gegenwärtig beträgt die Zahl der Repräsentanten 242. Die Abgeordneten werden alle zwei Jahre neu gewählt; jeder muß 25 Jahre alt, seit sieben Jahren Bürger der Vereinigten Staaten und in dem Staate, der ihn wählt, wohnhaft sein. Wer ein Amt in den Vereinigten Staaten bekleidet, ist während der Dauer desselben unfähig, Repräsentant oder Senator zu sein. Die Territorien, d. h. die Gebiete der Union, welche noch nicht 60,000 Einwohner haben und daher noch nicht fähig sind, als Staaten in den Staatenbund aufgenommen zu werden, wählen ebenfalls Abgeordnete zum Congresse, die aber nicht stimmfähig sind, wiewol sie an den Berathungen Theil nehmen. Das Haus der Repräsentanten wählt sich selbst seinen Sprecher oder Präsidenten. Die Zahl der Wähler der Abgeordneten zum Congresse beträgt in allen Staaten gegen zwei Millionen, fast ein Sechstel der ganzen Volksmenge. Der Congreß hat ausschließend die gesetzgebende Gewalt, während die vollziehende dem Präsidenten und dem Senate übertragen ist. Wenn der Präsident einen von beiden Häusern genehmigten Gesetzentwurf nicht annimmt, so gilt er dennoch als Gesetz, sobald in jedem der beiden Häuser wenigstens zwei Drittheile der Stimmen ihn billigen. Der Congreß versammelt sich jährlich wenigstens einmal und seine ordentliche Sitzung beginnt am ersten Montag des December. Jedes Mitglied des Congresses erhält auf die Dauer der Sitzung täglich sechs Dollars oder neun Thaler Preuß. aus dem Schatze der Union. Seit 1800 ist der Sitz des Generalcongresses in der wenige Jahre zuvor gebauten und nach dem Helden der amerikanischen Unabhängigkeit benannten Stadt Washington, der Haupt- und Bundesstadt der Vereinigten Staaten; das neue Capitol ist aber erst nach dem Einfalle der Engländer gebaut. Früher war der Sitz des Congresses in Neuyork gewesen.

Versammlungssaal der Repräsentanten in Washington.

Verantwortlicher Herausgeber: Friedrich Brockhaus. — Druck und Verlag von F. A. Brockhaus in Leipzig.

Das Pfennig-Magazin
für Verbreitung gemeinnütziger Kenntnisse.

280.] Erscheint jeden Sonnabend. [August 11, **1838**.

Vincenz de Paula.

Vincenz de Paula, einer der ehrwürdigsten Wohlthäter der Menschheit, wurde 1576 in dem Dorfe Ranquines im französischen Departement Landes, unweit der Pyrenäen gelegen, geboren. Seine Ältern besaßen ein kleines Haus mit Feld; er war der dritte Sohn unter sechs Geschwistern und mußte in seiner Jugend die wenigen Schafe und Schweine hüten, welche einen bedeutenden Theil des Besitzthums seiner armen, aber betriebsamen Familie ausmachten.

Der Sohn eines Bauers der Umgegend, der noch ärmer als der Vater des Vincenz war, war in den geistlichen Stand getreten, hatte es bis zum Prior gebracht und für seine Verwandten gesorgt. Vincenz gab in seiner Jugend Beweise eines denkenden und fähigen Kopfes. Seine Ältern meinten daher, daß er wol ebenso gut als ihres Nachbars Sohn in den geistlichen Stand treten und mit der Zeit seine Geschwister oder auch sie selbst unterstützen könnte, wenn das Alter sie schwach und zur Arbeit unfähig machen sollte. Sie schickten ihn daher in die Stadt Acqs zur Schule, und als er 16 Jahre alt war, fand er in der Familie einer Magistratsperson in Povi Aufnahme, wodurch seinen Ältern die Sorge um seine Erziehung sehr erleichtert wurde. Sein Vater machte es aber auf seinem Sterbebette seiner Familie zur Pflicht, ihre Anstrengungen fortzusetzen, um dem Vincenz die Vollendung seiner Studien möglich zu machen.

Vincenz entsprach den Hoffnungen seiner Familie insofern, als er ein ausgezeichneter Mann wurde, nicht aber in anderer Hinsicht. Viele Jahre nach seines Vaters Tode besuchte er Povi, als er schon zu bedeutendem Ansehen gelangt war, und nahm seine Wohnung bei dem Pfarrer des Dorfes. Er berief bei dieser Gelegenheit seine Verwandten zusammen und erklärte ihnen, daß es sein Entschluß wäre, als ein armer Mann zu leben und zu sterben, und daß seiner Überzeugung nach die Geldgeschenke, welche Geistliche ihren Familien machten, selten Glück brächten. Er ermahnte sie daher, mit

VI.

ihrem Loose zufrieden zu sein. Als er nachmals erfuhr, daß sie sich in sehr bedrängter Lage befänden, vertheilte er unter sie ein ihm vermachtes Legat von etwa 600 Thalern; darin und in dem Geschenke einiger Groschen, die er einmal seinem Bruder gab, bestand, ungeachtet der großen Summen, die durch seine Hände gingen, die ganze zeitliche Unterstützung, die er seiner Familie zufließen ließ. Ohne Zweifel ging er in dieser Hinsicht zu weit. Ein Mann, den die Entbehrungen seiner Familie in den Stand gesetzt haben, eine hohe Stellung zu erlangen, hat gegen sie eine unbestreitbare Verpflichtung und kann durch verständige und gewissenhafte Abtragung dieser Schuld ihr Wohlthäter werden, damit aber eine anderweite Ausübung der Wohlthätigkeit sehr wohl verbinden.

Vincenz bezog die Universität Toulouse, weil aber seine Geldmittel unzulänglich waren, legte er in dem nahen Dorfe Buset eine Schule an und war so sieben Jahre lang zugleich Lehrer und Lernender, indem er Unterricht gab, um seinen Unterhalt zu verdienen, und zugleich die für den Stand eines Geistlichen nöthigen Kenntnisse einsammelte. Im Jahre 1600 wurde er, 24 Jahre alt, vom Bischof von Perigueur ordinirt.

Fünf Jahre darauf ging er nach Marseille, um ein ihm vermachtes Legat zu heben. Im Begriff, nach Toulouse zurückzukehren, schiffte er sich auf Zureden eines Freundes mit diesem auf einer Felucke ein, die von Marseille über den Golf von Lyon nach Narbonne segeln wollte. „Ich ging zu Schiffe", sagt Vincenz in einem 1607 geschriebenen Briefe, „um sowol Zeit als Geld zu ersparen; aber ich sollte Narbonne nicht erreichen und Alles verlieren." Drei tuniser Corsarenschiffe, die an der Küste im Golf kreuzten, um die nach der berühmten Messe zu Beaucaire an der Rhone fahrenden oder daher zurückkehrenden Schiffe zu plündern, entdeckten sie und machten auf sie Jagd. Die Schiffsmannschaft und die Reisenden der Felucke versuchten, Widerstand zu leisten, wobei auf beiden Seiten mehre Personen getödtet wurden und Vincenz selbst durch einen Pfeil verwundet wurde. Als die Seeräuber das Schiff enterten, hieben sie, erbittert durch den Widerstand, der ihnen das Leben von mehren der Ihrigen gekostet hatte, den Capitain der Felucke nieder und legten die Schiffsmannschaft und die Passagiere, welche sämmtlich verwundet waren, in Ketten. Nachdem sie sieben bis acht Tage im Golf von Lyon geblieben waren und während dieser Zeit mehre andere Schiffe beraubt hatten, Allen, die sich nicht widersetzten, nach ihrer Beraubung die Freiheit schenkend, segelten sie nach Tunis, wo sie, um nichts mit dem französischen Consul zu thun zu bekommen, über die Gefangennehmung eine Schrift aufsetzten, in der sie fälschlich angaben, daß Vincenz und seine Begleiter auf einem spanischen Schiffe gefangen genommen worden wären.

Vincenz beschreibt selbst seinen und seiner Leidensgefährten Verkauf in Tunis, einen Vorgang, dessen Einzelheiten bei weißen und schwarzen Sklaven ziemlich dieselben sind. Die Kauflustigen untersuchen sie, nach seinem Ausdrucke, grade so, wie man ein Pferd oder eine Kuh vor dem Kaufe untersucht. Er wurde von einem Fischer gekauft, welcher, da er ihn nicht sehr brauchen konnte, ihn an einen alten Arzt und Alchemisten verkaufte, der 50 Jahre lang den Stein der Weisen gesucht hatte, aber, was besser war, menschlich und milde war. Der gutmüthige alte Mann wurde bald inne, daß Vincenz unterrichtet war, und arbeitete daher mit großer Beharrlichkeit mittels langer Vorlesungen dahin, ihn zu dem Glauben an die Alchemie und die Lehre Mohammed's zu bekehren. Aber nicht einmal die verführerische Aussicht, den Reichthum des Arztes zu erben, konnte Vincenz bestimmen, einen Glauben anzunehmen, den er nicht zu theilen vermochte; er blieb standhaft, und zur Ehre der duldsamen Gesinnung des alten Mannes muß bemerkt werden, daß er seinen Sklaven wegen seines hartnäckigen Beharrens im christlichen Glauben oder, nach mohammedanischen Begriffen, im Unglauben um nichts schlechter behandelte. Vincenz blieb bei ihm vom September 1605 bis zum August 1606. Um diese Zeit mußte der Arzt eine Reise machen und starb unterwegs, Vincenz aber kam mit der Habe seines alten Herrn in den Besitz eines Neffen, dessen Charakter von dem seines Oheims ganz das Widerspiel war. Indessen hatte er unter seiner harten Behandlung nicht lange zu leiden. Denn als sich das Gerücht verbreitete, daß ein französischer Botschafter, mit Vollmacht von Konstantinopel versehen, käme, um die Christensklaven zu befreien, verkaufte der schlaue Muselmann den Vincenz vortheilhaft an einen aus Nizza gebürtigen Renegaten, der sich in Afrika niedergelassen hatte. Dieser Mann schickte ihn nach seinem Landgute, das, nach der eignen Angabe des Vincenz, auf einem Berge in einer heißen und öden Gegend lag. Eine der Frauen seines Herrn war eine Türkin und muß offenbar lebhafter und verständiger gewesen sein, als sonst die türkischen Weiber zu sein pflegen. Begierig, etwas von den Christen zu erfahren, pflegte sie dem Vincenz aufs Feld zu folgen und unterbrach seine Arbeit durch ihre Fragen.

Einmal bat sie ihn, eins der geistlichen Lieder der Christen zu singen. „Eingedenk", sagt Vincenz, dessen eignen Angaben wir bei diesem Theile seines Lebens folgen, „der Gesänge der Kinder Israels während der babylonischen Gefangenschaft, begann ich mit Thränen im Auge den 137. Psalm „An den Flüssen Babylons", dann Salve Regina und mehre andere Gesänge." Dies versetzte die Türkin in freudiges Staunen; am Abende erklärte sie ihrem Manne, daß er Unrecht gethan habe, die christliche Religion zu verlassen, die ihr höchst beifallswürdig schien, und daß das Paradies der Christen ihr herrlicher und freudenreicher dünkte als das ihrer Väter. Ihren Mann überfielen Gewissensbisse; am Tage darauf zeigte er dem Vincenz an, daß er mit ihm entfliehen würde, sobald er seine Angelegenheiten ordnen könnte. Sechs Monate darauf durchschiffte er in einem kleinen Boote das Mittelmeer und landete am 28. Juni 1607 wohlbehalten in Aigues-Mortes. Von da gingen sie nach Avignon, wo der Renegat in der Peterskirche feierlich widerrief. Wir erfahren nicht, was aus seiner türkischen Frau geworden ist.

Der Vicelegat, in dessen Gegenwart der Widerruf stattgefunden hatte, nahm Vincenz und seinen Begleiter mit sich nach Rom. Hier trat der Neubekehrte in ein Kloster, Vincenz aber wurde dem Papste vorgestellt und fand Zutritt bei dem französischen Botschafter in Rom. Dieser schickte ihn mit einem Auftrage von einiger Wichtigkeit nach Paris, wo er im Anfange des Jahres 1609 ankam und mehre Unterredungen mit Heinrich IV. hatte.

Bei seiner Ankunft in Paris nahm er seine Wohnung in der Vorstadt St.-Germain, unweit des Hospitals der Barmherzigkeit (de la Charité). Er verwandte nun alle seine Muße auf die Sorge für die Kranken im Hospital, und von dieser Zeit an beginnt jene Laufbahn der Mildthätigkeit, die ein langes Leben auszeichnete. Seine Geduld und Charakterstärke wurden um diese Zeit auf eine harte Probe gestellt. Während seines Aufenthalts in Sore auf einer Reise in Südfrankreich wurde ein Beamter, der mit ihm ein Zimmer inne hatte, um eine Summe Geldes bestohlen und beschuldigte Vincenz des Diebstahls. Da dessen Name durch seine seltsamen Abenteuer einigermaßen bekannt geworden war, so wurde auch die Anklage allgemein bekannt und der Verdacht lastete sechs Jahre lang auf ihm. Als aber der wirkliche Dieb nachmals eines andern Vergehens wegen eingezogen worden war, gestand er auch jenes erste ein, und der Ankläger des Vincenz gewährte diesem eine öffentliche Ehrenerklärung.

Im Jahre 1611 wurde er Pfarrer zu Clichy bei Paris, wo er seinen ersten Ruf als Seelsorger erwarb. Im Allgemeinen war zu jener Zeit der Charakter des größten Theils der französischen Geistlichkeit sehr schlecht, daher mußte das Bild eines Priesters, der alle seine Geisteskräfte den Pflichten seines Amtes widmete und mit großem Ernst und Eifer predigte, die allgemeine Aufmerksamkeit auf sich ziehen. Er sammelte unter reichen Freunden Beiträge für einen neuen Bau seiner Dorfkirche und stiftete einen Verein zur Unterstützung seiner armen Pfarrkinder.

Im Jahre 1613 gab er seine Stelle auf und trat in die Familie von Philipp Emanuel de Gondi, Graf von Joigny, der über sämmtliche französische Galeeren gesetzt war, als Erzieher der drei Söhne des Grafen ein. Dieser Beruf öffnete ihm einen neuen Wirkungskreis. Folgendes heben wir aus als einen charakteristischen Zug. Eines Morgens hörte der Graf die Messe, worauf er ein Duell zu bestehen beabsichtigte. Als Vincenz von seinem Vorhaben Kenntniß erhalten hatte, ergriff er nach geendigtem Gottesdienste die Gelegenheit, dem Grafen über dasselbe ernstliche Vorstellungen zu machen, die auch von Erfolg waren, da der Graf seinem Gegner sagen ließ, daß er sich nicht schlagen würde. Während seines Aufenthalts in der Familie des Grafen von Joigny wirkte er nur kurze Zeit als Pfarrer zu Chatillon in Bresse, wo seine Bestrebungen im Kampfe gegen Unwissenheit, Sittenlosigkeit und Armuth, besonders während einer herrschenden pestartigen Krankheit und Hungersnoth, ihn den Bewohnern theuer machten.

Als Vorgesetzter der königlichen Galeeren mußte der Graf von Joigny häufig Marseille besuchen, wohin ihn Vincenz oft begleitete. Die Lage der zu den Galeeren verurtheilten unglücklichen Verbrecher war zu jener Zeit überaus schrecklich. Wenn die Galeeren nicht Platz hatten, sie aufzunehmen, wurden sie bei Wasser und Brot in dumpfe, finstere Kerker gesperrt; mit Ungeziefer bedeckt, unwissend und trotzig, glichen sie mehr wilden Thieren als menschlichen Wesen. Vincenz begann das Werk der Reform, indem er bei den Verbrechern als ein an ihren Leiden Theil nehmender Freund eintrat, der sie zu lindern wünschte. Er gewann bald ihr Vertrauen; die von ihm bewirkten Verbesserungen bewogen den Grafen, derselben gegen Ludwig XIII. zu gedenken, der den Vincenz zum Generalalmosenier der französischen Galeeren ernannte. Von dieser Zeit an erhielt Vincenz reichliche Beiträge, um seine wohlwollenden Absichten auszuführen.

Die Verbesserung des Zustandes der zu den Galeeren verdammten Verbrecher war Vincenz de Paula's erstes großes Werk, die Errichtung seines Missionscollegiums war das zweite. Auch bei diesem wurde er von dem Grafen von Joigny und seiner Gemahlin wirksam unterstützt. Die Missionscongregation hatte zum Zweck, für die französischen Provinzen einen Verein von Predigern zu bilden, dessen Mitglieder die ordentliche Geistlichkeit unterstützen und den kirchlichen Behörden untergeordnet sein sollten. Acht Monate des Jahres sollten sie als Seelsorger, Friedensstifter, Krankenpfleger und Beförderer der Sittlichkeit unter dem Landvolke zubringen, daneben sich selbst in Gemeinschaft zu einem tugendhaften Wandel erwecken und Diejenigen, welche sich zu Landpriestern bildeten, mit ihren Kenntnissen und Erfahrungen in Bezug auf ihren künftigen Beruf unterstützen. Dieser Plan wurde vom Papste förmlich gebilligt. Die Anfänge seiner Unterrichtsanstalt waren klein, aber Vincenz lebte lange genug, um zu sehen, wie seine Lazaristenmissionare, so genannt von der St.-Lazarusabtei, in der sich die Anstalt befand, die hebridischen Inseln, Irland, Madagaskar u. s. w. besuchten. Aber nicht allein um das Besten der Laien war er thätig, sondern arbeitete auch an der Reform der Geistlichkeit, deren Sittenverderbniß, nach seinen eignen Worten, eine Hauptursache des Verfalls der Kirche war. Hätte es in Frankreich mehr Männer wie er gegeben, vielleicht wären die Greuel der ersten französischen Revolution bedeutend gemindert worden.

Während der Regierung Ludwig XIII. stand Vincenz de Paula in hohem Ansehen. Er stand diesem Könige in seiner letzten Krankheit bei. Sein Beispiel trieb sowol die wirklich wohlthätig Gesinnten als auch Diejenigen an, welche nur den Eingebungen der Eitelkeit folgten; die letztere Classe war beiweitem die zahlreichste und verdunkelte oft das Gute in vielen seiner Pläne. Unter seiner Leitung stiftete Demoiselle le Gras den Orden der barmherzigen oder grauen Schwestern (von ihrer grauen Tracht so genannt). Auch stiftete er einen religiösen Frauenverein für die Pflege der Armen im Hôtel-Dieu, und bewogen durch die Rücksicht auf die vielen Kinder, welche in der Mitte des 17. Jahrhunderts in den Straßen von Paris ausgesetzt wurden, gründete er unter dem Beistande der Frauen und barmherzigen Schwestern das Findelhaus. Unter der Regierung Ludwig XIII. war ein großer Theil von Frankreich allen Greueln des Krieges, der Pest und der Hungersnoth ausgesetzt. Mehre Jahre lang war Vincenz de Paula deshalb unermüdlich thätig, sammelte beträchtliche Geldsummen, deren Vertheilung ihm anvertraut wurde, und sandte sie zur Unterstützung der Einwohner in die Picardie, Champagne und nach Lothringen. Einmal hatte er eine Zusammenkunft mit Richelieu, und nachdem er ihm den schrecklichen Zustand des Landes vorgestellt hatte, bat er ihn, Frankreich den Frieden zu schenken. Der stolze Minister war gerührt, entließ Vincenz gütig und versicherte ihm, daß sehr bald Friede geschlossen werden würde, wenn dies nur von seinen eignen Wünschen abhinge.

Während der Minderjährigkeit Ludwig XIV. errichtete die Königin Regentin Anna von Östreich einen Kirchenrath, bestehend aus dem Cardinal Mazarin, dem Kanzler, dem Großpönitentiar von Paris und Vincenz de Paula, der zum Präsidenten ernannt wurde. Aber ungeachtet seines offenen, geraden und verträglichen Charakters fühlte er doch bisweilen, daß er den Ränken und der Eifersucht der Hofleute ausgesetzt war, und sein strenges Festhalten am priesterlichen Ansehen, das er durch unbedingte Unterwerfung unter Diejenigen, welche er als seine geistlichen Obern betrachtete, an den Tag legte, verwickelte ihn in Streitigkeiten mit den Jansenisten.

Er starb im Jahre 1660, 84 Jahre alt, im Hause des heiligen Lazarus, dem Sitze seiner Missionsanstalt. Vom Papst Clemens XII. wurde er 1737 unter die Heiligen aufgenommen.

———————
*

Erzwungene Mildthätigkeit.

Vor Kurzem verheirathete sich ein sehr reicher alter Herr in Neuorleans mit einem blühenden jungen Mädchen. In der Hochzeitnacht versammelten sich 3—4000 der Katzenmusik kundige Dilettanten, mit Hörnern, Kesseln, Trommeln, kleinen Glocken und ähnlichen Instrumenten ausgerüstet, vor seinem Hause und begannen eine Serenade, wie noch nie eine ähnliche die Ohren eines sterblichen Mannes oder Weibes begrüßt hat. Der alte Herr erschien am Fenster und bat inständig um Erbarmen. Hierauf trat der Sprecher der Musikbande vor und erklärte ihm, daß sie einen Eid abgelegt hätten, weder ihn noch seine blühende Braut eher ein Auge zuthun zu lassen, bis er dem Waisenhause eine Schenkung von 1000 Dollars gemacht hätte. Der alte Herr wollte darauf nicht eingehen und die jungen Tonkünstler waren unerbittlich und unermüdlich. Sie setzten ihr schreckliches Concert diese ganze Nacht hindurch fort, ebenso die nächste und vielleicht mehre folgende, denn ein Journal von Neuorleans meldet, daß sie eben im Begriff gestanden hätten, die Musik in der dritten Nacht zu beginnen. Bald darauf bescheinigte der Kassirer des Waisenhauses in Neuorleans in den öffentlichen Blättern den Empfang von 1000 Dollars, geschenkt von einem Herrn B. aus jener Stadt.

Die Blume Victoria Regina.

Die Wälder und Flüsse von Guiana enthalten ein reiches, noch lange nicht genügend ausgebeutetes Feld für naturhistorische Forschung. Wiewol viele Pflanzen durch botanische Beschreibungen ihren äußern Formen nach bekannt geworden sind, so ist doch Europa in Hinsicht auf zahllose für die Künste und die Heilkunde nutzbare vegetabilische Producte, sowie auf viele eßbare und nahrhafte Früchte und Pflanzen mit diesen fruchtbaren Gegenden von Südamerika eigentlich noch gar nicht bekannt. Unsere Abbildung zeigt, daß in Guiana ganz außerordentliche Pflanzenwunder zu finden sind. Diese neue, der Wasserlilie verwandte Gattung, welche mit Erlaubniß der Königin von England Victoria Regina genannt worden ist, wurde im vorigen Jahre von dem deutschen Reisenden Schomburg entdeckt, der sich gegenwärtig im englischen Guiana aufhält und in seiner Mittheilung an die londoner botanische Gesellschaft über diese Pflanze sich folgendermaßen ausspricht:

„Es war am 1. Januar dieses Jahres (1837), als wir, mit den Hindernissen kämpfend, welche die Natur unserm Fortschreiten auf dem Flusse Berbice bei der Fahrt stromaufwärts in verschiedenen Gestalten in den Weg legte, bei einer Stelle ankamen, wo sich der Fluß ausbreitete und ein Becken bildete, in welchem keine Spur von Strömung zu bemerken war; am südlichen Ende des Beckens zog ein Gegenstand, den ich durchaus nicht deutlich erkennen konnte, meine Aufmerksamkeit auf sich; ich trieb meine Leute zu schnellerm Rudern an und bald darauf waren wir dem Gegenstande gegenüber, der meine Neugier erregt hatte; es war ganz eigentlich ein Pflanzenwunder. Alle Mühseligkeiten waren nun vergessen, denn als Botaniker fand ich mich reichlich dafür belohnt. Ein riesenförmiges

Blatt, das fünf bis sechs Fuß im Durchmesser hatte, tellerförmig, mit einem breiten, oben hellgrünen, unten hellcarmoisinrothen Rande, lag auf dem Wasser; dem wunderbaren Blatte war die üppige Blüte angemessen, die aus mehren hundert Blumenblättern bestand, deren Farbe vom reinsten Weiß in zahllosen Abstufungen in Fleischfarbe und Rosenroth überging. Das ruhige Wasser war mit diesen Blüten bedeckt; ich ruderte von einer zur andern und fand immer einen neuen Gegenstand der Bewunderung. Das Blatt ist auf der Oberfläche hellgrün, unten hellcarmoisinroth; seine Gestalt ist kreisförmig, nur an der Achse ein wenig eingedrückt; der Rand ist etwa drei bis fünf Zoll hoch. Der Blütenstengel ist nahe am Kelch einen Zoll dick und mit spitzigen elastischen Stacheln besetzt, die etwa ¾ Zoll lang sind. Der Kelch ist vierblätterig; jedes Kelchblatt ist über 7 Zoll lang, an der Basis 3 Zoll breit, dick, inwendig weiß, außen röthlichbraun und stachelig. Der Kelch hat 12—13 Zoll im Durchmesser; auf ihm ruht die prachtvolle Blume, welche, völlig entfaltet, den Kelch mit ihren hundert Blumenblättern vollständig bedeckt. Wenn sie sich öffnet, ist sie weiß, in der Mitte fleischfarben, und je älter die Blume wird, desto mehr verbreitet sich die Fleischfarbe und bedeckt gewöhnlich schon am folgenden Tage die ganze Blume. Ein angenehmer Geruch erhöht die Schönheit derselben. Wir trafen später diese Blumen häufig, und je weiter wir stromaufwärts kamen, desto gigantischer wurden sie; wir maßen ein Blatt, welches 6 Fuß 5 Zoll im Durchmesser hatte, sein Rand war 5½ Zoll hoch und die Blume hatte 15 Zoll im Durchmesser. Eine gewisse Käferart thut dieser Blume großen Schaden und zerstört den innern Theil vollständig; wir haben in einer Blume 20—30 solcher Insekten gezählt."

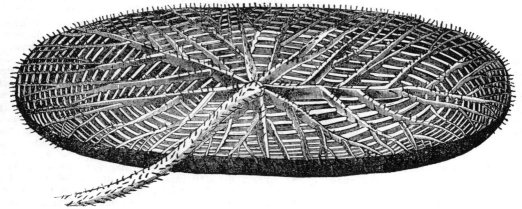

Untere Seite eines Blattes der Victoria Regina.

Das Neueste aus der Natur= und Gewerbswissenschaft.
(Beschluß aus Nr. 279.)

Wir eilen jetzt zu einem naturwissenschaftlichen Gegenstande, der die öffentliche Aufmerksamkeit sehr lebhaft beschäftigt: wir meinen die berliner Mumien, nach dem neuen Verfahren eines dortigen Arztes, des Dr. Hohlfeld, von welchem besonders in den Blättern jener Hauptstadt schon so viel erzählt worden ist. Diese neuen Mumien sind in Berlin um so lebhafter besprochen worden, da fast gleichzeitig eine reiche Sammlung wohlerhaltener ägyptischer Mumien angekommen und das Mittel der Vergleichung also unmittelbar geboten war. Von diesen letztern unterscheiden sich nun die neuen Hohlfeld'schen Mumien, wie wir sogleich bemerken müssen, sehr zu ihrem Vortheile dadurch, daß die innern Theile nicht, wie bei jenen, herausgenommen werden, welches, wenigstens für die Einbildungskraft, doch immer eine unangenehme Zugabe des Verfahrens bleibt, daß das Fleisch nicht vertrocknet, sondern prall bleibt; daß die Haut nicht schwarz wird, sondern ihre natürliche Farbe behält, sodaß die balsamirten Körper wie Schlafende aussehen.*) Letzterer Umstand, wenn er sich durch die Zeit, welche hier allein vollkommen entscheiden kann, ganz bestätigen sollte, würde schon allein für den Vorzug des Hohlfeld'schen Verfahrens sprechen. Unsere Leser erinnern wir indeß bei dieser Veranlassung, daß die beiden Hauptstellen über das Mumisiren oder Balsamiren der alten Ägypter bei Herodot und bei Diodor vorkommen. Das Detail des Verfahrens, welches wir hier übergehen, findet sich dort ausführlich beschrieben; als Preis der kostbarsten Art wird ein Talent (über 1200 Thaler unsers Geldes) angegeben, welches, wenn man die damalige Seltenheit des Geldes in Betracht zieht, eine ungeheure Summe war. Bei einem wohlfeilern Verfahren kamen die Kosten etwa auf den dritten Theil desselben zu stehen.

Jene ägyptische Mumisirungskunst in der angedeuteten Art scheint hiernächst Jahrtausende lang nicht weiter ausgeübt worden zu sein; im vorigen Jahrhunderte aber hat der bekannte große holländische Anatom Ruysch die Kunst verstanden, Leichnamen das Ansehen des Lebens zu erhalten. Peter der Große soll bei seinem damaligen Aufenthalte in Holland eine so zubereitete Kinderleiche geküßt haben. Ruysch hat aber sein Geheimniß mit in das Grab genommen, wenigstens habe ich bei den sorgfältigsten, durch mehrfache Veranlassungen gebotenen Nachforschungen darnach nirgend etwas darüber auffinden können.

---
*) Letztere Anführung wird durch das Schreiben eines vollkommen zuverlässigen Augenzeugen durchaus bestätigt.

Der berühmte französische Armeearzt Larrey wandte späterhin Auflösungen von Quecksilberchlorid (ätzendem Sublimat) zum Mumisiren an *) und balsamirte nach dieser Art den Körper des in der Schlacht bei Austerlitz gefallenen Generals Morland. Ein Augenzeuge, welcher diesen Leichnam mehre Monate nach der Operation gesehen hatte, erzählte mir, daß er damals noch wie lebend ausgesehen habe. Es würde freilich darauf ankommen, zu wissen, in welchen Zustand er später gerathen sei. Bemerkt muß aber werden, daß bei dieser Methode alle innern Theile zu entfernen sind. Dagegen hat ein Apotheker beim Militairhospital zu Palermo, Dr. Tranchina, im Jahre 1834 ein Verfahren entdeckt, **) ohne jene unangenehme Operation des Herausnehmens der innern Theile, für den unglaublich geringen Preis von höchstens vier Thalern und in der kurzen Zeit von einer Stunde Leichname zu mumisiren. Er wendet dabei eine Auflösung von weißem Arsenik und gepülvertem Zinnober in Alkohol an, welche in die Karotis eingespritzt wird, und erhält also den Leichnamen mehre Monate das volle Ansehen des Lebens. Nach dieser Zeit aber fangen diese an einzuschrumpfen und färben sich schwarz. Letzterer Übelstand nun veranlaßte aber den Dr. Hohlfeld, noch auf eine andere Procedur zu denken, wodurch dem Erfolge die Dauer gesichert werde, und welche zugleich die Anwendung des so schädlichen Arseniks ausschließe, um z. B. auch bei zoologischen Sammlungen u. s. w. gebraucht werden zu können. Dies ist, nach Ausweis mehrer Leichen, welcher der Operateur vorzeigt und die sich jetzt schon über vier Jahre in diesem Zustande befinden, wie wir auch schon oben vorläufig erwähnten, wirklich gelungen; mit Rührung betrachtet man darunter namentlich ein zwei Monate altes, an der Mutterbrust verschiedenes Mädchen, welches noch zu saugen scheint. Seine Methode selbst behandelt der Erfinder mit Recht als Geheimniß; er fodert für das Balsamiren eines ausgewachsenen Körpers 25 Thaler, aber ein Jahr Zeit. Auf so lange müßte man sich also von den körperlichen Überresten eines geliebten Todten trennen. Gleichwol scheint uns die Hohlfeld'sche Methode große Aufmerksamkeit zu verdienen.

Auf dem Felde der Technologie, auf welches wir schließlich übertreten, begegnet uns zunächst ein Verfahren zur Darstellung unechter Diamanten, wovon wir zwar noch nicht die technischen Details mittheilen können, welches aber zu einer andern merkwürdigen Frage, einer Rechtsfrage die Veranlassung gegeben hat, die wir auch unsern Lesern vorlegen werden. Dieselben erinnern sich nämlich, daß vor Kurzem ein pariser Chemiker mit Namen Dumas eine Aussicht zur Darstellung solcher unechten, von den echten durchaus nicht zu unterscheidenden Diamanten eröffnete. Bei dieser Veranlassung nun gab der „Amsterdamer Courant" einen Artikel, worin angeführt wird, daß schon vor zehn Jahren ein anderer pariser Künstler einen dergleichen unechten, den echten (d. h. unmittelbar von der Natur selbst erzeugten) vollkommen gleichkommenden Diamanten von der Größe einer Haselnuß angefertigt und einem Juwelier für die Summe von 11,000 Francs verkauft habe. Die Sache sei aber ruchbar geworden, und das französische Gouvernement habe dem Künstler hiernächst die fernere Ausübung seiner Kunst untersagt. Der „Amsterdamer Courant" wirft dabei nun die Frage auf: mit welchem Rechte das Gouvernement ein solches Verbot habe aussprechen können? Und dies ist nun eben die Frage, welche wir auch an den Scharfsinn unserer Leser richten. In der That: kann ein Gouvernement die Ausübung einer solchen Kunst, wie hier die täuschendste Nachahmung der Diamanten, untersagen? Freilich, wenn nun Einer das Verfahren zur Nachahmung des Goldes und Silbers erfände, würde man ihn unbedingt gewähren lassen wollen oder selbst können? Meine Leser mögen die Sache einmal unter verschiedenen Gesichtspunkten betrachten; wir kommen, beim großen Interesse der Frage, vielleicht gelegentlich darauf zurück.

Die Diamanten und das Gold bahnen uns den Weg zu den Perlen, rücksichtlich welcher man uns interessante Details über die Perlenmuschelzucht im Voigtlande mittheilt. Diese im Jahre 1621 zum Regal erhobene und seit 1825 durch verbesserte Einrichtungen neu belebte Perlenfischerei hat in den beiden Jahren 1835 und 1836 zusammen 335 Perlen geliefert, worunter sich über 200 der ersten Classe befanden. Zwei Jahre früher, im Jahre 1835, wurde von den damals vorhandenen schönsten Stücken dieser Naturseltenheit des Continents ein Collier von über 3000 Thalern Perlenwerth zusammengesetzt und nach Dresden an das grüne Gewölbe abgeliefert. Diese Perlenmuschel gedeiht in den klaren, kalkhaltigen Gewässern des Voigtlandes recht gut; sie erlangt ein Alter von 150—200 Jahren und eine Länge von 5—6 Zoll bei 1—2 Zoll Breite. Wir drücken bei dieser Veranlassung unsere Verwunderung aus, ähnliche Muschelzuchten nicht an andern Orten zu finden. Schlesien z. B. mit seinen gleich klaren, gleich kalkhaltigen Gewässern würde sich wahrscheinlich ebenso gut dazu eignen, und wir schmeicheln uns mit der Hoffnung, daß unsere Bemerkung vielleicht für manchen dortigen Grundbesitzer zur Einladung werden wird, seine Thätigkeit diesem neuen Industriezweige zuzuwenden.

Den Schluß dieses technologischen Abschnitts machen wir durch einige Bemerkungen über die so viel besprochenen Dorn'schen Lehmdächer, einen Gegenstand, welcher für die Baukunst entscheidend und für das menschliche Wohlsein wichtiger als aller vorher erwähnte Reichthum an Gold, Diamanten und Perlen zu werden verspricht. Mit der Sache im Allgemeinen müssen wir unsere Leser bekannt voraussetzen; Denjenigen indeß, welche eine detaillirtere Belehrung darüber wünschen, dürfen wir nach eigner Prüfung nachstehende kleine Schrift darüber: „Der Bau der Dorn'schen Lehmdächer, nach eignen Erfahrungen und mit Rücksicht auf die dabei vorkommenden Holzconstructionen und Kostenberechnungen, bearbeitet von Gustav Linke, königlich preußischen Bauinspector (mit einer Kupfertafel, Braunschweig 1837. 6 Gr.")," angelegentlichst empfehlen. Den Erfinder dieses neuen trefflichen Verfahrens der Dachdeckung selbst haben wir übrigens persönlich als einen von jeder Charlatanerie weit entfernten, noch unablässig auf die Verbesserung seiner Erfindung sinnenden Mann kennen gelernt. Wir wissen eine solche Dorn'sche Dachdecke nicht besser als mit dem Ausdrucke eines Steinleders zu vergleichen, da die Masse den Temperatureinflüssen elastisch folgt und also nicht berstet oder reißt. Der Erfinder hat uns versichert, daß

---

*) Die Idee gehört jedoch nicht ihm, sondern einem französischen Chemiker aus Lavoisier's Schule, einem gewissen Chauffier.

**) Auch hiervon ist in öffentlichen Blättern, aber blos andeutungsweise, so viel die Rede gewesen, daß wir eine genauere Angabe zweckmäßig halten.

Die türkischen Courriere.

In einem uncivilisirten Lande, wie die Türkei, gibt es natürlich auch keine Posten auf europäischem Fuße; um aber Depeschen, Briefe und Gelder sowol für den Staat als für Privatpersonen zu transportiren, dienen die sogenannten Tataren und die Boten und Courriere der Hauptstädte. Es gibt in Konstantinopel ein vom Staate unterhaltenes Tatarencorps, besonders zur Beförderung der Depeschen im ganzen Bereiche der türkischen Staaten bestimmt. Diese Tataren, welche demnach mit unsern Cabinetscourrieren überein kommen, schlagen gewöhnlich die großen Straßen ein, die in ziemlich weiten Entfernungen mit Relais versehen sind, wo man Pferde findet; sie reisen Tag und Nacht und legen in der Stunde in der Regel etwas über eine deutsche Meile zurück.

Bei wichtigen Angelegenheiten, wo rasche Beförderung der Correspondenzen nöthig ist, erhalten auch die Kaufleute von der Regierung Erlaubniß, sich dieser Tataren zu bedienen, mit denen sie dann über die Bezahlung einig werden. Auch die Reisenden nehmen öfters solche Tataren mit, um den Fermans der Pforte in den Dörfern des Innern Achtung zu verschaffen und sonstigen Beistand zu leisten. Die bloße Begleitung der Tataren ist schon ein Zeichen, daß der Reisende den großherrlichen Schutz genießt, und sichert ihn vor vielen Hindernissen und Widerwärtigkeiten. Wo eine so große Schnelligkeit nöthig ist, braucht der Handelsstand seine besondern Boten, die in vielen Städten, z. B. Aleppo, ein organisirtes Corps bilden, unter einem Chef, dem sogenannten Scheik-es-sea, der für die Redlichkeit und Pünktlichkeit seiner Untergebenen haftet. Hat man nicht Zeit, den Abgang einer Karawane zu erwarten, um Briefe oder Geldsendungen abzuschicken, so wendet man sich an diese Leute, läßt ihren Chef rufen und kommt mit ihm über den Preis überein, der sich nach den Jahreszeiten und der zur Zurücklegung der Reise bewilligten Zeit richtet.

Der Scheik-es-sea macht sich zur Erfüllung der gestellten Bedingungen verbindlich und übernimmt alle Verantwortlichkeit, wählt daher auch selbst den Boten, der ihm der geeignetste scheint, ertheilt ihm seine Instructionen und begleitet ihn bis an die Stadtthore, um sich von seiner Abreise zu überzeugen. Diese Boten besitzen eine vollständige Kenntniß der Örtlichkeiten, die sie gewöhnlich besuchen, und nehmen daher die kürzesten Wege, wenn sie nicht, um Gefahren zu entgehen, Umwege machen müssen. Ihr Talent, den rechten Weg zu finden, und ihre lange Ausdauer bei den Strapazen des Marsches sind wahrhaft überraschend. Sie sind im Stande, während einer Reise von 60—90 deutschen Meilen bis zu 15 Stunden täglich zu marschiren. Jeden Abend finden sie eine Zufluchtsstätte in dem Dorfe, wo sie anhalten. Gastfreundliche Bewirthung fehlt ihnen nie; es gibt kein Haus, dessen Thüre ihnen nicht offen stände und in dem sie nicht wohlwollend aufgenommen würden.

Seltener sind die Courriere zwischen Aleppo und Bagdad, weil es schwer hält, Männer zu finden, die hinreichend verständig, muthig und mit der Wüste vertraut sind, um zu einer derartigen Sendung zu taugen.

Das römische Amphitheater zu El Dschemm.

El Dschemm, in der Regentschaft Tunis, das alte Thisdrus, enthält die Ruinen eines Amphitheaters, das zu den schönsten Denkmälern römischer Kunst und Pracht gehört und wahrscheinlich von dem ältern Gordianus, der um 237 n. Chr. in dieser Provinz zum Kaiser ausgerufen wurde, erbaut worden ist. Es ist von ovaler Form und bestand früher aus vier Säulenreihen übereinander und 64 Arcaden; die obere Reihe ist jetzt fast ganz eingestürzt, die untern sind gut erhalten. Vom Boden bis zum Anfange der vierten Galerie ist es 90 Fuß hoch, und rechnen wir die Höhe der Säulen zu 15 Fuß, so muß die ganze Höhe des Gebäudes 105 Fuß betragen haben. Der innere Raum ist 300 Fuß lang und 200 Fuß breit; in der Mitte ist ein Brunnen, der aber jetzt ganz verstopft ist. Die Ruinen dieses Amphitheaters haben ganz das frische Ansehen, als wäre dasselbe erst kürzlich erbaut worden. Die Breite der Arcaden beträgt 105 Fuß und der ganze Umfang des Gebäudes ungefähr 1570 Fuß; nach Pückler's Schätzung beträgt die Länge des Ganzen an 450, die Breite über 300 Fuß. In einer Ecke des Amphitheaters liegt eine Statue der Venus, aber ohne Kopf; auf dem Gebäude selbst sind die Köpfe eines Widders und eines Menschen angebracht. Der Contrast zwischen diesem riesenmäßigen Gebäude und den erbärmlichen arabischen Hütten rings umher ist unbeschreiblich; elendere Hütten und armseligere Beduinen kann es nicht geben. Die Umgegend ist reich an Bruchstücken von marmornen Säulen, Gebäuden, Cisternen u. s. w. Die Stadt ist etwa eine halbe Stunde vom Amphitheater entfernt und enthält ebenfalls zahlreiche Ruinen.

Der Fürst von Pückler-Muskau, der 1835 diese Gegend besuchte, sagt von diesen Ruinen: „Dieses berühmte Amphitheater ist von einem Umfange, der dem von Verona nur wenig nachgeben kann, welches doch nach dem Colosseum in Rom*) das größte bekannte ist. Noch immer ist der größte Theil davon erhalten und sein Anblick in hohem Grade imposant, obgleich täglich von den Einwohnern des Orts etwas davon weggeholt wird, wie man leicht an der weißen Farbe derjenigen Steine sehen kann, deren Nachbarn frisch ausgebrochen sind. Den inwendigen Raum fanden wir wol an 20 Fuß tief verschüttet und von den Stufensitzen, die hier zweimal durch einen freien breiten Raum unterbrochen wurden, welcher mit einem Bogengange dahinter zusammenhing, ist kein einziger mehr übrig; ebenso wenig von den sogenannten Vomitorien (den Eingängen zu den Sitzen) mit ihren Treppen. Nur die Grundlagen der letztern bestehen größtentheils noch so, daß man mit einiger Mühe an verschiedenen Orten bis zum obersten Stock hinaufklettern kann. In jeder Arcade des Gebäudes befand sich eine solche Treppe."

„Mohammed Bei, der vor etwa hundert Jahren regierte, war der erste Bei von Tunis, unter dessen Regierung man das bisher noch ganz unversehrte Gebäude zu zerstören begann. Während eines Aufstandes der Araber, wo diese das Amphitheater mit gutem Er-

*) Vergl. Pfennig-Magazin Nr 18.

folge als Festung benutzten, wurde der obere Stock fast ganz von ihnen abgetragen, um die Steine auf die Belagerer niederzuwerfen, und als man die Empörer bezwungen, ließ der Bei am Haupteingange vier Bogen des Ganzen bis auf den Grund sprengen, damit man keinen ähnlichen Gebrauch mehr davon machen könne. Seitdem hat man es fortwährend zu den gebrechlichen Bauten der Umwohnenden benutzt, deren elendes Städtchen nebst vier bis fünf Marabuts, d. h. Grabmälern arabischer Heiligen, unmittelbar am Fuße des colossalen Römerwerks und größtentheils aus seinen Trümmern errichtet wurde. Man kann voraussehen, daß auf diese Weise in einigen Jahrhunderten von einem der stolzesten Denkmäler der alten Welt wenig mehr übrig sein wird. Die einstige Pracht desselben scheint der anderer Gebäude dieser Art, deren Überreste uns noch geblieben sind, in nichts nachgestanden zu haben. Es ist durchgängig aus großen Quadern von gleichem Maße in einfachem und edlem Style aufgeführt; die Säulenreihen sind alle von derselben Ordnung in einer Mischung dorischen und ägyptischen Styls, und nur in der Dimension der verschiedenen Etagen verschieden, die Capitäler mit glatten Lotosblättern verziert und ohne alle Ausführung der Fasern. In der Mitte, wo man in den Schutt einen Trichter gegraben hat, befindet sich unten eine gemauerte Öffnung, deren auch Shaw (ein früherer Reisender) erwähnt. Dieser vermuthete, daß sie dem Pfeiler zum Halt gedient habe, an dem das Zeltdach befestigt wurde, das bei eintretendem Unwetter die Zuschauer vor dem Regen schützte. Man hat aber seitdem entdeckt, daß diese Öffnung mit einem breiten Wasserkanal in Verbindung steht, von dem die Eingeborenen steif und fest behaupten, er gehe ununterbrochen fort bis Susa, welches sechs deutsche Meilen von hier entfernt ist. Bei fernerer Untersuchung der Ruinen zeigten uns die Araber, deren uns wol über 50 unter großem Lärm begleiteten, eine Marmorstatue in einem Haufen Mist verborgen. Sie war etwas über Lebensgröße, ohne Kopf und Füße, der Rest aber wohlerhalten und von guter Arbeit, besonders der Faltenwurf des Gewandes. Man hat hier zu verschiedenen Zeiten sehr unvollständige Nachgrabungen gemacht, und dennoch bereits viel Interessantes zu Tage gefördert. Goldene und silberne Münzen, geschnittene Steine, irdene Lampen und dergleichen finden sich täglich, und da die ganze Ebene mit den Ruinen des alten Thisdrus bedeckt ist, so mögen hier ohne Zweifel noch weit größere Schätze zu finden sein, wie an so vielen andern Orten in diesem Theile von Afrika, die kaum je von einem Europäer flüchtig besehen worden sind. So sehr nun das Innere dieses Amphitheaters beschädigt worden ist, so auffallend vollständig und conservirt erscheint es von außen, besonders von der Seite, wo man die große Bresche nicht gewahr wird. Daß der vierte Stock fehlt, fällt nicht sehr auf, da er überall fast gleich tief abgebrochen ist. Das Gebäude scheint nie ganz beendigt worden zu sein, denn über den untersten Bogen bemerkt man auf einigen der Schlußsteine Sculpturen, während die andern noch roh und unausgearbeitet sind."

Die Regentschaft Tunis, welche bei den Alten das Gebiet der einst so mächtigen Handelsstadt Karthago, später die römische Provinz Zeugitana bildete, ist überhaupt reicher an prachtvollen und großartigen Ruinen römischer Städte und Bauwerke, als irgend ein anderer Theil von Afrika.

Das römische Amphitheater zu El Dschemm.

Das Pfennig-Magazin
für
Verbreitung gemeinnütziger Kenntnisse.

281.] Erscheint jeden Sonnabend. [August 18, 1838.

Das heidelberger Schloß.

Eine der schönsten und großartigsten Ruinen in Deutschland, wenn nicht die schönste von allen, ist die berühmte heidelberger Schloßruine, die durch ihre reizende Lage in der herrlichsten Gegend noch anziehender wird. Sie steht auf dem etwa 240 Fuß über der Stadt sich erhebenden Jettenbühel, einem der vier die Stadt begrenzenden Vorhügel des großen Heidelberges, der von einer heidnischen Prophetin, Namens Jetta, seinen Namen haben soll, die nach der Sage auf diesem Hügel wohnte und wegen ihrer Wunder und Orakelsprüche weit und breit berühmt war, sich aber der Menge, die aus allen Ländern zu ihr strömte, nur selten zeigte; ihre prophetischen Worte kamen aus einem Fenster der von ihr bewohnten Hütte. Einer ihrer Orakelsprüche verkündete, daß Paläste, in denen Könige residiren würden, ihren niedrigen Hügel bedecken und zahlreiche Wohnungen das unten liegende Thal einnehmen würden. Ihrem Leben wurde der Sage nach durch eine wilde Wölfin ein Ende gemacht, als sie einmal in prophetischer Verzückung durch den Wald bis zu einer Quelle wanderte; der Schauplatz dieses tragischen Ereignisses heißt noch jetzt der Wolfsbrunnen, liegt in einem engen romantischen Thale und wurde sonst wie jetzt fleißig besucht. Die uralten Sagen vom Jettenbühel, die Pracht, Größe und Mannichfaltigkeit der Gebäude, welche das in seinen Ruinen noch stolze Schloß bilden, die großen Fürsten aus dem Hause der Wittelsbacher,

welche es erbauten und hier residirten, die Umwandlung dieser theils prächtigen, theils gewaltigen und kolossalen Bauwerke in wunderbare Felsen, die theils durch die Franzosen gegen das Ende des 17. Jahrhunderts, theils durch Feuer vom Himmel im Jahre 1764 bewirkt wurde, endlich die Lage in einer wunderschönen Gegend, Alles hat zum Ruhme dieses Schlosses beigetragen. In einem Keller dieses Schlosses wird das weltberühmte heidelberger Faß aufbewahrt, welches $30\frac{1}{2}$ Schuh nach heidelberger Maß lang und $21\frac{1}{2}$ Schuh dick ist und 236 Fuder oder 236,000 Trinkflaschen in seinem ungeheuren Bauche fassen kann.

Den Namen des heidelberger Schlosses führte ursprünglich eine auf dem Gipfel des kleinen Geisberges etwa ½ Stunde von dem neuern Schlosse über demselben stehende Burg, die sich auf den Ruinen eines römischen Castells erhob, das die Römer zum Schutze gegen die in das Neckarthal einfallenden Schaaren eingeborener Stämme erbaut hatten. Außerdem wurden sie durch eine Mauer beschützt, die von diesem Castell hinab zum Flusse führte, mit einem Thurme endigte und gegen einen Angriff zu Wasser sicherte. Dieser Thurm ist nebst einem Theile der Mauer in einem alten Gebäude, das der Marstall heißt und als Entbindungsanstalt dient, noch zu sehen. Nach dem Abzuge der Römer aus Deutschland wurde diese obere Burg als Festung erhalten und später die Residenz der

VI. 33

ältern Pfalzgrafen am Rhein, deren Reihe mit dem Halbbruder des Kaisers Friedrich I. Rothbart, Konrad von Hohenstaufen, Herzog der Franken, beginnt, welcher 1156 von seinem Bruder zum Pfalzgrafen am Rhein ernannt wurde, seine Residenz in dieser Burg nahm und 1195 hier starb. Von diesem alten heidelberger Schlosse, welches 1278 abbrannte, dann nothdürftig wiederhergestellt und zur Aufbewahrung von Kriegsbedürfnissen benutzt, 1537 aber gänzlich zerstört wurde, sind kaum noch einige Spuren übrig.

Das neue, tiefer unten liegende Schloß auf dem Jettenbühel wurde von dem Pfalzgrafen und Kurfürsten Rudolf I., dem Stammler, dem Stammvater des in den Königen von Baiern fortblühenden Hauses Pfalz, welcher 1294 zur Regierung kam und 1319 starb, gegründet, zum Theil auf römischen Substructionen, und von seinem ältesten Sohne und Nachfolger, Adolf dem Einfältigen, der von 1319—1327 regierte, vollendet. Aber erst dessen Enkel, Kurfürst Ruprecht III., der von 1398—1409 regierte und im Jahre 1400 zum römischen Kaiser erwählt wurde, nahm in dem neuen Schlosse seinen Wohnsitz, nachdem er es durch würdige Erweiterungen in einen bequemen Aufenthalt seines Hoflagers umgeschaffen hatte. Von ihm rührt derjenige Theil des Schlosses her, der noch bis auf den heutigen Tag der Ruprechtsbau heißt und einer der ältesten und malerischsten Theile ist, die sich erhalten haben. In seiner Eigenschaft als Kaiser residirte er in Oppenheim. Unter seinem Enkel, Kurfürst Friedrich I. dem Siegreichen (1449—76), wurde das Schloß nebst der Stadt und den angrenzenden Berghöhen stark befestigt; die Regierung dieses trefflichen Fürsten und seines Nachfolgers Philipp's des Aufrichtigen (1476—1508) war die glänzendste Periode Heidelbergs. Kurfürst Ludwig V. der Friedfertige, Philipp's Sohn und Nachfolger (1508—44), verwandte ungeheure Summen, um das Schloß zu vergrößern; kolossale Mauern und Wälle, weitläufige unterirdische Verbindungsgänge, gewaltige und stolze Thürme, heitere, mit allen Bequemlichkeiten versehene Paläste wurden aufgeführt. Er begann das gewaltige Bollwerk um das ganze Gebäude, von welchem der westliche Theil als Denkmal der Festigkeit noch vorhanden ist; auch der die Stadt überschauende sogenannte dicke Thurm, von welchem nur noch ein Theil erhalten ist, der gut erhaltene viereckige Thurm, die Brücke, das Brückenhaus, der Stückgarten u. s. w. rühren von ihm her. Im Jahre 1537 schlug der Blitz in den westlichen Thurm der alten Pfalz auf dem kleinen Geisberge, welcher mit einer großen Menge Schießpulver und Salpeter angefüllt war, und die Explosion verwandelte die ganze Burg plötzlich in einen Steinhaufen. Viele Menschen wurden theils verwundet, theils getödtet und der Kurfürst selbst, der sich in dem untern Schlosse befand, würde einem ähnlichen Schicksale nicht entgangen sein, wenn er nicht grade außerhalb seines Gemachs gewesen wäre, da dieses durch hinabgeschleuderte ungeheure Steinmassen fast gänzlich zertrümmert wurde. Sein Bruder Friedrich II. der Weise setzte seine Bauten fort und baute unter Anderm den achteckigen Thurm, der noch jetzt einer der schönsten Theile der Ruine ist. Otto Heinrich der Großmüthige, Kurfürst von 1556—59, welcher seinen Geschmack in der Baukunst durch Reisen in Italien gebildet hatte, übertraf noch seine Vorgänger und setzte ihren Schöpfungen die Krone auf, denn er verherrlichte das Schloß mit dem schönsten Palaste nach Plänen von Raphael und Giulio Romano, welcher in einem edlen Stile, reich an Bildhauerarbeiten, noch in seinen Trümmern von Meistern und Kennern bewundert wird und von seinem Erbauer der Otto-Heinrichsbau heißt. Derselbe bildet die westliche Seite des Turnierhofs und enthält den Rittersaal und eine herrliche Reihe von Gemächern, deren Façade, mit kolossalen Figuren aus der heiligen Schrift und der Geschichte geziert, eine in ihrer Art einzige Probe der blühenden und prächtigen Bauart jener Zeiten darbietet. Dies Alles wurde in drei Jahren vollendet.

Kurfürst Friedrich IV. der Aufrichtige (1583—1610) ließ die baufällige Rupertinische Kapelle auf der Nordseite 1600 abtragen und an ihrer Stelle bis zum Jahre 1607 den kolossalen, mit Bildhauerei schwer bedeckten Palast aufführen, der nach ihm der Friedrichsbau heißt, die südliche Seite des großen Turnierhofes bildet und die vortrefflichsten Keller, die heutige Schloßkapelle und darüber die ehemaligen kurfürstlichen Wohnungen enthält. An seiner Mittagsseite ließ er ihn mit 16 Bildsäulen von Kaisern, Königen und Kurfürsten aus dem pfälzischen Hause schmücken. Auch der herrliche Steinbalcon gehört in diese Zeit.

Auf Friedrich IV. folgte 1610 sein Sohn, der unglückliche Friedrich V., nachmals König von Böhmen. Auch dieser baute fleißig an dem Schlosse und umgab es mit prachtvollen Gärten und reizenden Lusthäusern. Beseelt von Liebe zur Pracht, im Besitze eines hochgebildeten Geistes und vor Allem von der heftigsten Leidenschaft für seine englische Braut, Elisabeth, Tochter Königs Jakob I. von England, durchdrungen, bot er Alles auf, um sein Schloß ihrer würdig zu machen. Ihr zu Ehren erhob sich schnell ein Palast in dem Baustyle, der zur Zeit der Königin Elisabeth in England geherrscht hatte, und unterscheidet sich noch jetzt durch die Einfachheit und Leichtigkeit seiner Verhältnisse sehr bestimmt von der massiven Pracht der umgebenden Gebäude. Nichts konnte die anziehende Mannichfaltigkeit des Gartens übertreffen, den ein elegantes Portal zierte, noch jetzt die Elisabethspforte genannt.

Als im dreißigjährigen Kriege Tilly am 16. September 1622 Heidelberg erstürmt hatte, übergab sich ihm auch an folgendem Tage das Schloß kraft eines für die Besatzung ehrenvollen Vertrags; elf Jahre nachher, im Jahre 1633, wurde es von den Schweden unter Pfalzgraf Christian belagert und mußte sich ihnen ergeben. Nach der nördlinger Schlacht im Jahre 1634 nahm das östreichisch-bairische Heer die Stadt Heidelberg weg, konnte aber das von einem französischen Heere beschützte Schloß nicht erobern, was ihm erst beim dritten Versuche 1635 gelang, wo das Schloß am 24. Juli capitulirte. Nach dem westfälischen Frieden verließen die Baiern 1649 Heidelberg und Kurfürst Karl Ludwig stellte das sehr verwüstete Schloß wieder her, sowie sein Sohn Karl (1680—85) es mit zierlichen Festungswerken umgab. Aber die Zeit des Verfalls war nun für das Schloß gekommen. Karl's Schwester war mit dem Herzoge Philipp von Orleans vermählt, und dies gab dem Bruder desselben, dem eroberungssüchtigen König Ludwig XIV. von Frankreich, Veranlassung, die Pfalz nach dem Erlöschen der Linie Pfalz-Simmern, welche bis 1685 regiert hatte, in Anspruch zu nehmen. Stadt und Schloß wurden am 24. October 1688 von dem französischen General Chamlay zur Capitulation genöthigt, ungeachtet der gegebenen Versprechungen gebrandschatzt, beraubt, Mauern und Thürme gesprengt, Felder und Weinberge verheert. Der vom Kurfürsten Karl erbaute prächtige Karlsthurm, sowie der sogenannte dicke Thurm, wurden nebst den meisten Mauern des Schlosses gesprengt; aber von

Friedrich's des Siegreichen gewaltigem Thurme blieb der losgerissene Theil unzertrümmert und ragt noch heute aus der Tiefe des ungeheuren Schloßgrabens hervor. Otto Heinrich's königlicher Palast wurde mit allen benachbarten Gebäuden in Brand gesteckt; desgleichen Friedrich V. hohe Paläste, der ehrwürdige Ruprechtsbau und die ganze Westseite des Schlosses durch Feuer verwüstet, sowie auch das Rathhaus, die Brücke und ein großer Theil der Stadt zerstört wurde. 1690 wurden die Franzosen durch das deutsche Heer zum Abzuge genöthigt; mit unermüdetem Eifer wurden nun die zertrümmerten Festungswerke wiederhergestellt und schon das Jahr darauf waren Stadt und Schloß wieder in solchem Vertheidigungsstande, daß sie einer langwierigen Belagerung durch die Franzosen unter General Melac trotzen konnten. Dennoch fielen sie 1693 am 22. und 23. Mai durch die Nachlässigkeit und Verrätherei ihres Befehlshabers, des kaiserlichen Feldmarschall-Lieutenants von Heydersdorff, wieder in die Hände der Franzosen, welche die frühern Scenen der Grausamkeit wiederholten und die Stadt in Brand steckten. Wälle und Mauern sanken, die festen Thürme stürzten, die Brunnen wurden verderbt, die Kellergewölbe gesprengt; selbst die Gräber wurden beraubt und aus dem Chore der Stiftskirche zum heiligen Geist und dem Franziskanerkloster die ehrwürdigen Gebeine vieler Kurfürsten auf die Straße geworfen. Auch das Schloß erfuhr abermals die Greuel der Verwüstung. Otto Heinrich's herrlicher Palast wurde aufs Neue den Flammen preisgegeben. Die kurfürstlichen Keller wurden ruinirt, die künstlichen Fässer theils zerschlagen, theils beschädigt. Das große Faß allein blieb verschont, man weiß nicht durch welchen Zufall. Als König Ludwig XIV. die erfreuliche Nachricht von der Zerstörung Heidelbergs erhielt, ließ er ein Tedeum in Paris singen und eine Gedächtnißmünze prägen, die das brennende Heidelberg mit der Umschrift: „Der König sprach und es geschah" darstellt. Im September zogen die Franzosen ab, kamen aber im Februar 1694 wieder und vollendeten ihr Zerstörungswerk, ohne jedoch diesmal einen Angriff auf das Schloß zu wagen.

Nach dem ryswicker Frieden (1697) ließen Kurfürst Johann Wilhelm (1690—1716) die Stadt und sein Bruder Karl Philipp (1716—42) das Schloß mit seinen Gärten, so weit es möglich war, wiederherstellen und Letzterer verlegte 1718 seine Residenz von Neuburg wieder nach Heidelberg. Er verwandte auf die Herstellung beträchtliche Summen, begnügte sich aber mit derselben nicht und entwarf großartige Pläne zur weitern Verschönerung und Ausbesserung des Schlosses, die dasselbe, wenn sie ausgeführt worden wären, ohne Zweifel zu dem stolzesten aller Residenzschlösser gemacht haben würden. Friedrich IV. stolzer Palast mit der Schloßkapelle, Friedrich II. neuer Hof und der schöne achteckige Glockenthurm, Otto Heinrich's edles Werk, mit dem Kaisersaale, der Bibliothekthurm Friedrich II. und der ernste Riesenthurm, Ludwig V. alter Bau nebst den Ökonomiegebäuden, dem tiefen Burgbrunnen und den Granitsäulen von Karl's des Großen ehemaligem Palaste zu Niederingelheim erhoben sich wieder aus ihren Trümmern. Aber ein seltsames Verhängniß waltete über den Unternehmungen des Kurfürsten. Über Gegenstände des Kirchenwesens gerieth er mit den Bürgern von Heidelberg in Zwist, verlegte im Unwillen 1720 seine Residenz nach Manheim und verwandte die ungeheuren für Heidelberg bestimmten Summen auf den Bau eines Palastes in jener Stadt und die Vergrößerung derselben. Nach seinem Tode (1742) kam Karl Theodor aus der Nebenlinie Pfalz-Sulzbach zur Regierung. Zwanzig Jahre verstrichen, bevor dieser Kurfürst die verfallenden Hallen besuchte, die seine Vorfahren bewohnt hatten. Entzückt von der königlichen Größe und romantischen Schönheit des Schlosses beschloß er, wenigstens einen Theil desselben in wohnlichen Stand setzen zu lassen, um abwechselnd mit Manheim und Schwetzingen auch wieder in der ehrwürdigen Burg seiner Ahnen zu wohnen. Aber seine Wiederherstellungspläne sollten sehr bald vereitelt werden. Noch in derselben Nacht brach ein heftiges Gewitter aus, der Blitz schlug wiederholt in das Schloß, steckte es in Brand (am 24. Juni 1764) und versetzte es in den Zustand, in dem wir es jetzt erblicken. Als das Haus Baden im Jahre 1802 in den Besitz von Heidelberg gelangte, wurden zweckmäßige Einrichtungen zur Erhaltung der ehrwürdigen Reste des Schlosses getroffen und der dabei angelegte Park zugleich als belehrende ökonomische und forstbotanische Anstalt mit der Universität verbunden.

Gewiß wird das heidelberger Schloß — dessen ausgedehnter Hofraum in der neuesten Zeit sehr zweckmäßig zu Musikfesten benutzt ward — noch Jahrhunderte lang für alle wahren Freunde des Alterthums und des Schönen ein höchst anziehender Gegenstand bleiben, in Tausenden einen unauslöschlichen Eindruck hinterlassen und ihnen Sinn für architektonische Symmetrie, Pracht, Festigkeit und Größe einflößen.

Eroberung von Canada durch die Engländer.

Während der ersten Hälfte des 18. Jahrhunderts war fast das ganze Festland von Nordamerika zwischen den Franzosen und Engländern getheilt. Die Engländer hatten die Seeküste des atlantischen Oceans inne, die Franzosen die Ufer des Lorenzstroms. Dieser schöne Fluß öffnete aber den Letztern einen bequemen und geräumigen Seiteneingang in das Herz des Continents. Die Franzosen beherrschten die Seen und hatten die Schiffahrt auf dem Strome in ihrer Macht, und obgleich mancher Morast und mancher Wald die eifersüchtigen Colonien beider Nationen trennte, bauten die Franzosen, um sich auf der an den englischen Besitzungen zunächst gelegenen Seite wirksamer zu schützen, zwei starke Forts, Ticonderoga und Crown Point, am südlichen Ende des Sees Champlain, welcher in einer Länge von mehr als 20 Meilen den obern Theil des jetzigen Staats Neuyork von dem Staate Vermont trennt. Aus diesem See fließt der Richelieufluß in den Lorenzstrom und gewährte so eine sehr bequeme Wasserverbindung zwischen dem damaligen französischen und britischen Amerika. Längst schon sahen die Engländer mit neidischem Auge auf die mit so vielen Vortheilen ausgestatteten Besitzungen der Franzosen in Amerika, schon 1709 nahmen sie Acadien, jetzt Neuschottland und 1745 die in der Nähe von Neuschottland liegende Insel Cap Breton in Besitz, und wenn beide Nationen in Krieg verwickelt waren, sahen sie es als eine treffliche Politik an, einander in ihren Colonien zu bekämpfen. Künftige Geschlechter mögen über die seltsame Verkehrtheit staunen, welche die Menschen bewog, die Schrecken des Kriegs in Wälder zu tragen, wo der Ansiedler mit der Natur kämpfte und ihrer Wildniß Besitzthum und Unterhalt abzugewinnen im Schweiße seines Angesichts bemüht war. Die obern Theile von Pennsylvanien und Neuyork und die Ufer des Sees Champlain wurden als Grenzländer der Schauplatz mancher Greuelthaten.

*

In diesen unruhigen Zeiten konnte der Ansiedler, der es gewagt hatte, sein Wohnhaus in einiger Entfernung von seinen Mitmenschen zu bauen, kaum eine Nacht sein Haupt ruhig zum Schlafe niederlegen. Um Mitternacht konnte vielleicht das Kriegsgeschrei der Indianer durch den Wald erschallen und vor Tagesanbruch hatte vielleicht das Feuer sein Haus und alle Früchte seiner Arbeit auf dem Felde verzehrt.

Während in Europa Friedrich der Große und Maria Theresia einander bekriegten, bekämpften sich ihre Bundesgenossen, England, das auf des Erstern, in Amerika, und Frankreich, das auf der Letztern Seite stand, in Amerika, und die Feindseligkeiten begannen hier schon 1755. Frankreich, welches die Wichtigkeit von Canada wohl einsah, schickte im folgenden Jahre eine aus auserlesenen Truppen gebildete Streitmacht unter dem Commando des tapfern und erfahrenen Marquis von Montcalm ab, der sogleich Fort Oswego im Staate Neuyork belagerte und zur Übergabe zwang. Auch noch im nächsten Jahre, 1757, waren die französischen Waffen siegreich. Allein die grausame Ermordung von 2000 Mann regulairer englischer Truppen durch die mit den Franzosen verbündeten Indianer erregte die heftigste Erbitterung der Engländer gegen die Franzosen und beschleunigte den Fall ihrer Herrschaft in Canada. Der ältere Pitt, der zu jener Zeit das Ruder des britischen Staats lenkte und auf dem Gipfel seines Ruhms stand, regte das englische Ministerium und die ganze Nation auf und bald machten sich die Folgen davon in Amerika fühlbar.

Im Jahre 1759 beschloß die englische Regierung, einen kräftigen und wirksamen Versuch zu machen, um Canada den Franzosen zu entreißen. Drei Expeditionen, welche zuletzt zusammenstoßen sollten, wurden vorbereitet. General Amherst sollte von Neuyork aus marschiren, die Forts Ticonderoga und Crown Point nehmen, dann den See Champlain und den Richelieufluß hinab in den Lorenzstrom fahren und zu General Wolfe stoßen, der um dieselbe Zeit mit einer Flotte und einem Heere von Quebek ankommen sollte. Das dritte Corps sollte das Fort Niagara nehmen, dann über den Ontariosee schiffen, Montreal nehmen und, wenn es nöthig wäre, mit Amherst und Wolfe gemeinschaftlich operiren. Dieser Plan war kühn und vielen nicht vorauszusehenden oder wenigstens nicht zu umgehenden Störungen ausgesetzt. Dennoch gelang es jedem der drei Corps, ungeachtet vieler Schwierigkeiten, seine abgesonderte Aufgabe zu lösen, und da Wolfe ohne Mitwirkung der beiden andern seinen Zweck erreichte, so wollen wir unsere Aufmerksamkeit auf ihn allein richten.

Die englische Flotte, unter Admiral Saunders, auf welcher sich Wolfe mit seinem 7000 Mann starken Corps befand, segelte den Lorenzfluß hinauf und kam ohne Hinderniß vor der Insel Orleans bei Quebek an. Der französische Anführer, Marquis Montcalm, lagerte sich sogleich mit einer Armee von 12,000 Mann, bestehend aus regulairen Truppen, Milizen und Indianern, am Ufer entlang bis zu dem Flusse Montmorency, welcher etwa 1½ Meilen unterhalb Quebek in den Lorenzfluß im eigentlichen Sinne fällt, indem er bei einer Breite von 50 Fuß 220 Fuß hoch herabstürzt. Er vermuthete ganz richtig, daß Wolfe hier zu landen versuchen würde und nicht oberhalb der Stadt. Unterdessen ließ man Brander den Fluß hinabschwimmen und nichts würde die englische Flotte nebst den Transportschiffen gerettet haben, wenn nicht die Matrosen mit verwegenem Muthe die brennenden Schiffe geentert und ans Ufer gezogen hätten, wo sie sie fruchtlos brennen ließen, bis sie bis zum Wasserspiegel niedergebrannt waren. Zweimal wurde der Versuch gemacht und jedesmal auf dieselbe Weise vereitelt. Wolfe landete und versuchte oberhalb der Fälle über den Montmorency zu setzen, im Angesichte der französischen Armee, wurde aber mit einem Verluste von 500 Mann und vielen Officieren zurückgetrieben.

Diese Niederlage nahm sich der junge Held so sehr zu Herzen, daß er in eine Krankheit verfiel; wiewol ihn dieselbe sehr angriff und schwächte, so verlieh doch sein Eifer, diesen Unfall wieder gut zu machen, seinem Geiste ohne Zweifel den Grad von Entschlossenheit, welcher ihn in den Stand setzte, seinen Zweck zu erreichen. Die Engländer nahmen Besitz von Point Levi, Quebek gegenüber, und die Flotte segelte an der Stadt vorbei, ohne daß ihr ein Nachtheil zugefügt wurde. Montcalm glaubte oberhalb der Stadt vollkommen sicher zu sein und ahnete nicht, daß Wolfe dort eine Landung versuchen würde. Er stellte daher nur eine zahlreiche Linie von Wachtposten längs der Höhe der steilen und felsigen Ufer auf. Die Zeit war für Wolfe kostbar, denn es war im Anfange Septembers und der canadische Winter war nicht mehr fern. Nach eifrigem Suchen wählte er einen kleinen Einschnitt im Ufer, etwas über eine halbe Stunde oberhalb der Stadt, der noch jetzt seinen Namen führt. Hier beschloß er, die Truppen still und insgeheim während der Nacht landen, sie einen engen Pfad erklimmen zu lassen, der noch jetzt, obgleich gebahnt, selbst bei Tage beschwerlich zu ersteigen ist, und sie auf der oben befindlichen Fläche, die Abrahamsebene genannt, in Schlachtordnung zu stellen. Am 13. September 1759 um 1 Uhr Nachts landete die erste Division mit der Ersten war Wolfe selbst. „Ich hoffe kaum", flüsterte er einem Officier zu, „daß es möglich ist, hinaufzukommen, aber ihr müßt es versuchen." Die Hochländer und die leichte Infanterie erklimmten den Pfad, hoben eine oben stehende Schildwache auf und Montcalm erhielt zu seiner großen Bestürzung die Nachricht, daß sich die Engländer auf der Abrahamsebene befänden.

Schleunigst führte er seine Armee hierher und schon um 9 Uhr Morgens begann das Gefecht. Bald nach dessen Anfange erhielt Wolfe einen Schuß in das eine Handgelenk; er wickelte ein Schnupftuch darum und fuhr fort, Befehle zu ertheilen. Als er an der Spitze der Grenadiere vorrückte, bekam er einen zweiten Schuß in die Brust. Er lehnte sich auf einen Officier, der sich zu diesem Zwecke niedersetzte, und der Tod kam allmälig über ihn. Der Ruf: „Sie laufen! sie laufen!" schreckte ihn auf. „Wer läuft?" fragte er sogleich hastig. Man antwortete ihm: „Die Franzosen." „Wie? laufen sie schon? dann sterbe ich glücklich." Wenige Augenblicke darauf verschied er.

Montcalm, der französische Anführer, war durch die einzige Kanone, welche die Engländer auf die Höhe zu ziehen im Stande gewesen waren, ebenfalls tödtlich verwundet worden und starb am folgenden Tage. Wider seinen Rath versäumten die Franzosen Verstärkungen an sich zu ziehen, zogen sich weit zurück und überließen die Stadt Quebek ihrem Schicksal; diese, durch das Feuer der englischen Schiffe geängstigt, ergab sich vier Tage nach der Schlacht, am 17. September, auf ehrenvolle Bedingungen; die englische Flotte verließ darauf den Fluß, nachdem sie in der Stadt eine starke Garnison zurückgelassen hatte. Während des Winters litt die Garnison sehr am Scharbock und im Frühjahre 1760 kamen die Franzosen von Montreal herab und besetzten die Abrahamsebene. General Murray wagte

Tod des Generals Wolfe, nach einem Gemälde von West.

eine Schlacht, wurde geschlagen und zur Rückkehr nach Quebek gezwungen. Aber noch zur rechten Zeit kam eine englische Flotte im Flusse an, sonst wäre die Stadt wieder in die Hände der Franzosen gefallen und Wolfe's Sieg wäre vergeblich gewesen.

Ganz Canada wurde im Jahre 1760 besetzt, indem die Einwohner sich den Eroberern gutwillig unterwarfen, sodaß das Land nicht durch einen länger fortgesetzten Widerstand verheert wurde. Es wurde im pariser Frieden 1763 förmlich an England abgetreten.

Ein sehr großer Theil von Amerika gehörte nun den Engländern. Ihre Colonien nahmen den größten Theil des Küstenlandes der jetzigen Vereinigten Staaten ein, und da sie durch die Eroberung von Canada im unbeschränkten Besitze des Innern waren, so war jenen blutigen Grenzstreitigkeiten, welche die Colonisirung des Landes gehemmt hatten, ein Ziel gesetzt. Die Flut der Auswanderung bewegte sich nun vom atlantischen Ocean bis nach den Seen; der Pelzhandel wurde ausgedehnt. Die französischen Canadier befanden sich ebenso wohl unter britischer als vorher unter französischer Herrschaft ein, und da man sie bei ihren Gesetzen, Sitten und ihrer Religion ungestört ließ, so konnten sie sich nicht beklagen und thaten es auch nicht. „Es ist die Frage", sagt ein ausgezeichneter nordamerikanischer Reisender, „ob jemals irgend ein erobertes Land von seinen Eroberern besser behandelt worden ist. Sie sind im vollständigen Besitze ihrer Religion und der dafür bestimmten Geldmittel, ihres Eigenthums, ihrer Gesetze, Sitten und Gebräuche gelassen worden; selbst die Verwaltung und Vertheidigung ihres Landes kostet ihnen fast nichts. Es ist zweifelhaft, ob unsere eignen so günstig gestellten Gemeinden in politischer Hinsicht glücklicher sind."

Die Revolution, die mit der Unabhängigkeit der Vereinigten Staaten endigte, beschleunigte die Gährung der Gemüther in Frankreich, blieb aber ohne Einfluß auf die Canadier. Zufrieden trabten sie auf ihren alten Wegen einher; gutmüthig, einfach, dem Wechsel abgeneigt, öffneten sie ihre Thüre und deckten ihren Tisch für den englischen Reisenden, während sie sich weigerten, seine Sitten anzunehmen und von seiner Sprache mehr zu lernen, als nöthig war, um mit höflicher Behendigkeit für seine Bedürfnisse zu sorgen. „Wenn man die Leute fragt", schreibt ein Engländer, der Canada 1796 bereiste, „warum sie nicht etwas frische Luft in ihre Häuser lassen, so ist ihre beständige Antwort, wie auf alle Fragen ähnlicher Art: die Sitte des Landes bringt es nicht so mit sich."

Kein Wunder also, daß die französischen Canadier mit dem in den britischen Colonien am atlantischen Meere stattfindenden Kampfe, der mit der Gründung der großen Republik der Vereinigten Staaten endigte, nicht sympathisirten. Da man die Bevölkerung nicht zur Theilnahme am Kampfe bewegen konnte, so machte man von Seiten der Vereinigten Staaten einen Versuch, das Land zu erobern. Im Jahre 1775 drang der Nordamerikaner Montgomery mit Truppen in Canada ein und nahm Montreal und mehre andere wichtige Positionen, und Arnold, ein anderer republikanischer Anführer, erschien nach einem außerordentlichen Marsche zu Lande von Neuengland aus unerwartet zu Point Levi, Quebek gegenüber. Er ging über den Fluß, wurde aber in seinem Angriffe auf die Stadt zurückgeschlagen und zog sich in die Abrahamsebene zurück. Hier stieß Montgomery zu ihm und da die beiden Anführer keine Artillerie hatten, beschlossen sie, die Erstürmung der Stadt am 31. December zu versuchen.

Sie gelang ihnen nicht. Montgomery fiel und Arnold wurde verwundet. Die Amerikaner hoben die Belagerung am 6. Mai auf, und obgleich Arnold den Winter über in Canada blieb, wurden die Amerikaner im folgenden Jahre aus dem Lande vertrieben.

Das Ende des Kriegs machte es nothwendig, eine Grenzlinie zwischen den Vereinigten Staaten und Canada zu ziehen. Der Friedensschluß von 1783 zog die Grenze mitten durch die Seen und den Lorenzstrom bis zum 45. Breitengrad; dies war bestimmt genug, dennoch gab es an vielen Stellen Inseln, deren Lage es zweifelhaft machte, wem sie gehörten. Vom Flusse an sollte die Grenzlinie den Parallelkreise des gedachten Breitengrades durch das nördliche Ende der Staaten Neuyork und Vermont bis zu dem Ursprunge des Flusses Connecticut folgen. Dann sollte das Gebirgsland, welches die in den atlantischen Ocean fallenden Flüsse von den dem Lorenzstrome zufließenden scheidet, die Grenze bilden. Diese Grenzlinie ließ sich freilich leichter auf der Karte, als durch Wälder und Sümpfe verfolgen. Der Staat Maine, der östlichste der Vereinigten Staaten, nimmt einen größern Theil von Canada in Anspruch, als die englische Regierung bisher abzutreten Willens war. Der Johnsfluß, welcher in Niedercanada entspringt, fließt durch Neubraunschweig und fällt in die Fundybai. Das ganze von ihm durchflossene Land nimmt die amerikanische Regierung in Gemäßheit der unbestimmten Ausdrücke des Vertrags von 1783 in Anspruch. Die Entscheidung, welche der zum Vermittler gewählte König der Niederlande gab, ist von keiner der beiden Parteien angenommen worden. Unterdessen sind englische Niederlassungen auf beiden Ufern des Johnsflusses bis zu seinem Zusammenflusse mit dem Madawaska und längs der Ufer dieses Flusses und des Sees von Temiscouata, der in diesem Theile von Canada der größte ist, entstanden und die Straße, welche Canada mit Neubraunschweig und Neuschottland zu Lande verbindet, führt durch dieselben. Der Bau einer Eisenbahn von St.-Andrews an die Fundybai nach Quebek, einer Länge von fast 45 deutschen Meilen, durch welche Denjenigen, welche von Europa nach Quebek reisen und die Eisenbahn dem Lorenzstrome vorziehen, ein sehr großer Umweg erspart werden würde, ist aufgeschoben worden bis zur endlichen Entscheidung der Frage, da die Bahn einen Theil des streitigen Gebiets durchschneiden würde. Ganz neuerlich sind wieder von beiden Regierungen Schritte gethan worden, um die Frage zu entscheiden, doch ist auch jetzt noch nicht viel Aussicht zu einer Beilegung der Sache vorhanden.

Die Gefahr, Canada zu verlieren, in welcher England neuerdings zu schweben schien, ist vor der Hand aller Wahrscheinlichkeit nach verschwunden. Die englische Regierung hat eine weise Mäßigung gezeigt, noch eben zur rechten Zeit eingelenkt und sich bereit erklärt, den gerechten Beschwerden der Canadier abzuhelfen, und man darf hoffen, daß es der Umsicht und den Talenten des Lord Durham gelingen wird, alle einer vollständigen Aussöhnung der Canadier mit der englischen Regierung noch im Wege stehenden Hindernisse aus dem Wege zu räumen.

Die balearischen Inseln.

Die zu Spanien gehörigen balearischen Inseln liegen im Mittelpunkte des Beckens, welches die Küsten von Spanien, Frankreich, Sardinien und Afrika bilden. Die Gesammtoberfläche des balearischen Archipels (wenn wir unter diesem Namen auch die pityusischen Inseln Iviza und Formentera begreifen) wird auf 83 Quadratmeilen und die Bevölkerung auf 218,950 Seelen geschätzt; davon kommen auf Majorca 66 Quadratmeilen und 160,000 Einwohner, auf Minorca 12 Quadratmeilen und 40,000 Einwohner, auf Iviza 9 Quadratmeilen und 17,500 Einwohner und auf Formentera 4 Quadratmeilen und 1450 Einwohner.

Die Hauptproducte sind Öl, Mandeln, Pomeranzen und Wein. Von Öl erzeugt Majorca allein 10—12,000 Pipen; der innere Verbrauch beträgt höchstens 4000 Pipen, das Übrige wird aber nicht ganz ausgeführt, weil die Besitzer immer $\frac{3}{4}$ des Ertrags für das nächste Jahr aufheben; den Ertrag eines guten Jahres kann man in Majorca auf $1\frac{1}{2}$ Millionen Thaler anschlagen. Die Mandelproduction hat sich seit mehr als 20 Jahren auf Majorca mehr als verdoppelt; den Ertrag einer guten Ernte schlägt man auf $\frac{1}{4}$ Million Thaler an. Die jährliche Pomeranzenproduction von Majorca schätzt man auf 30 Millionen Stück, die jährliche Ausfuhr auf 80,000 Thaler an. Die Cultur des Weinstocks wird auf Majorca sehr gepflegt und einige Hügel geben die geschätztesten Weine, die nur zu dick und süß sind; sie werden nach Frankreich, Algier, den spanischen Colonien und Spanien selbst verführt. Von allen Inseln liefert Minorca den besten Wein; er ist trockener und leichter als der von Majorca und ähnelt ein wenig dem Bordeauxweine; die Engländer und Amerikaner führen viel davon aus. Außer diesen Producten werden auch Brennholz, Salz, Feigen, trockne Rosinen, Caroben, Honig, Wachs und Kartoffeln ausgeführt. Getreide bildet in keiner der vier Inseln einen Ausfuhrartikel; nur Minorca producirt davon genug für seinen Bedarf. Die Industrie ist noch weiter zurück als der Ackerbau.

Majorca hat mehre Städte von einiger Bedeutung: Palma, die Hauptstadt, hat 36,000 Einwohner, Monacor und Felaniche zwischen 8—9000, Lluchmayor und Soller 7—8000, Pollenza und Arla 5—6000 u. s. w. Die Bucht von Palma im südlichen Theile der Insel ist eine der schönsten im mittelländischen Meere; die größten Schiffe können darin am Fuße der Stadtmauern ankern. Der Grund von zehn Klaftern ist auf der ganzen Rhede vortrefflich, das Ankern leicht und sicher, mit Ausnahme des Winters.

Minorca hat nur drei Städte von einiger Bedeutung: Mahon mit 20,000 Einwohnern, Ciudadella und Alayor. Mahon, eine ganz englische, von den andern spanischen Städten sehr verschiedene Stadt, liegt auf einer Felsenplatte, 120 Fuß über der Meeresfläche. Der Hafen besteht aus drei Becken; das erstere ist wegen seines wohleingerichteten Lazareths bemerkenswerth, das zweite ist geräumig und tief und kann die größten Fahrzeuge aufnehmen; das dritte zeigt die Trümmer einer Werfte und eines Arsenals. Dieser von den umgebenden Felsen vor allen Winden geschützte Hafen kann 500 Segel fassen, hat aber einen sehr engen Eingang. Das Lazareth dient als Quarantaine für die mit verdächtigem und und unreinem Gesundheitsscheine anlangenden Schiffe, die von allen spanischen Häfen, selbst von denen Galiciens, hierher gewiesen werden.

Iviza hat nur eine einzige nennenswerthe Stadt, Iviza, mit 4500 Einwohnern, Formentera nur einen großen Marktflecken, Don Juan Favier.

Die Vorzüge der balearischen Inseln werden leider durch die ungünstige Beschaffenheit ihres Bodens und

Klimas aufgewogen. Majorca besteht aus einem ebenen und einem gebirgigen Theile; der höchste Berggipfel, Puig Mayor de Torella, ist 4500 Fuß hoch. Der kalkige, steinige, blos mit einer dünnen Lage Dammerde bedeckte Boden trocknet bei dem Mangel an Flüssen und Quellen in der heißen Jahreszeit sehr schnell aus und widersteht den groben Werkzeugen, die beim Ackerbau seit undenklichen Zeiten gebraucht werden. Das Thermometer steigt bis 30 Grad Réaumur und fast nie fällt befruchtender Thau. Im Winter sinkt das Thermometer beinahe auf Null herab. Nach der Regenzeit entwickeln die stehenden Wasser in den tiefen Gegenden ungesunde Ausdünstungen, welche gefährliche Fieber erzeugen. Im Winter 1832 wurden mehr als 80,000 Bewohnern von denselben befallen, von denen ein großer Theil in wenigen Tagen unterlag. Die Gebirge sind von diesem Übel fast völlig frei, da dort die Luft rein und gesund ist. Dieses Klima erklärt die Abneigung der Bewohner von Majorca gegen jeden Industriezweig und den schlechten Zustand des Landbaues, dessen Fortschritte außerdem durch die hohen Auflagen gehindert werden. Der Boden und das Klima von Minorca sind nicht besser. Iviza, das wegen seiner heißen und feuchten Temperatur höchst ungesund ist, und wo beinahe stets das dreitägige Fieber herrscht, ist ein Verbannungsort für Spanien und hat gar keinen Ackerbau, liefert aber Salz, Holz, Gummi, Harz, Orangen, Citronen, Feigen, Rosinen, Mandeln und Baumwolle. Formentera ist noch ungesunder und enthält eine große Anzahl giftiger Thiere.

Die Steinbrüche auf der Insel Portland.

An der Südküste von England, ungefähr in der Mitte zwischen Plymouth und Portsmouth, liegt die ihrer Steinbrüche wegen wichtige Halbinsel oder sogenannte Insel Portland in Dorsetshire. Sie ist etwa eine Meile lang und da, wo sie am breitesten ist, fast eine Drittelmeile breit und ist durchaus ein Quadersteinfelsen. Ihr höchster Punkt liegt 458 Fuß über dem Meere; die Klippen an der Westseite sind sehr hoch, aber die an der Spitze haben nur 20—30 Fuß Höhe. Die Dammerde ist hoch genug, um die Halbinsel zur Erzeugung von Feldfrüchten fähig zu machen, doch reichen sie nicht für den Bedarf der Einwohner hin, die sich in der nahen Stadt Weymouth damit versehen müssen. Süßes Wasser ist nur sparsam vorhanden; einen Fluß gibt es hier nicht und der nöthige Vorrath wird aus Quellen und Brunnen erhalten, die indeß gutes Wasser liefern. Die ganze Halbinsel bildet ein Kirchspiel von etwa 3000 Seelen. Ältere Schriftsteller versichern, daß Portland einst von der Küste von England getrennt und daher wirklich eine Insel gewesen sei; jetzt ist sie mit der Küste durch eine Landzunge verbunden, welche Chesil Bank heißt. Die Oberfläche dieser seltsamen Bank oder dieses natürlichen Dammes besteht aus abgerundeten losen Kieseln, die auf hartem blauen Thon liegen. Sie läuft vom nördlichen Ende von Portland längs der Küste von Dorsetshire hin, von der sie durch einen schmalen Kanal oder Meeresarm getrennt ist, bis nach Abbotsbury, zwei Meilen von Portland, dann verbindet sie sich mit dem Lande und bildet auf eine Länge von 1¼ Meilen den Rand der Küste; an manchen Stellen ist sie über 1000 Fuß breit, im Allgemeinen aber viel schmäler. Die Kiesel, mit denen sie bis zu einer Tiefe von vier, fünf und sechs Fuß bedeckt ist, bestehen vorzüglich aus weißem Kalkspath, zum Theil auch aus Quarz, Jaspis u. s. w. und liegen so lose, daß ein Pferd bei jedem Schritte fast bis an die Knie einsinkt. Die Bank steigt gegen Portland zu allmälig an und besteht dort aus Steinen von der Größe von Schwaneneiern, welche in der Entfernung von Portland kleiner werden und endlich in bloßen Sand übergehen. Diese Kieseldecke ist sehr veränderlich; ein Nordostwind bläst zuweilen die Kiesel an einigen Stellen hinweg und legt den Thonboden bloß, aber diese kahlen Stellen werden bald wieder vom Meere bedeckt, das der Südostwind gegen die Bank treibt.

Die größte Merkwürdigkeit von Portland sind, wie gesagt, die Steinbrüche. Schlägt man einen der zahlreichen Nebenwege ein, die von der Portland durchschneidenden Hauptstraße abgehen, so gelangt man durch eine Reihe wohlgeschichteter Haufen von Sandstein zu einer 200 oder mehr Fuß breiten Steingrube von unregelmäßiger Form, die von natürlichen, bis zu einer Höhe von etwa 60 Fuß emporsteigenden Mauern von einem verschiedenartig geschichteten Gestein eingeschlossen ist. Hier bietet sich ein schöner Anblick dar; Steinblöcke von der Größe geräumiger Zimmer liegen in höchst malerischer Verwirrung umher, weiß von Farbe, mit gelber, grüner und rother Schattirung; ungeheure orangefarbige Tropfsteingebilde, von den Arbeitern Eiszapfen genannt, hängen von den vorragenden Felsen herab. Flecken, hervorgebracht durch mancherlei verwelkende Moose und Flechten, welche in die mit vielen Eisentheilen gemischten kleinen Bäche getaucht sind, geben dem Gemälde ein eigenthümliches Gepräge. Bevor man Zeit hat, seinem Erstaunen über die Neuheit der Scene Luft zu machen, vernimmt man den wilden und oft wiederholten Ruf: „Hoch, Jungen, hoch!" welcher von einer Schar von Steinbrechern herkommt, die beschäftigt sind, einen Steinblock aus der Grube in die Höhe zu ziehen.

Da Portland zu den ehemaligen Domainen gehörte, so sind die Steinbrüche im Besitze des Königs als Grundherrn, werden aber von ihm an Andere verpachtet. Die Zahl der Steinbrüche beträgt etwa 100; von diesen wird etwa der vierte Theil auf Rechnung der Krone bearbeitet.

Bevor ich die bei dem Brechen des Steins üblichen Operationen beschreibe, muß ich die Structur der obersten Schichten angeben. Zuerst kommt Dammerde, 7 Fuß tief; dann drei Schichten von grobem Sande, zusammen 16 Fuß tief; dann Grünstein, 9 Fuß tief; dieser bedeckt unmittelbar den im Handel vorkommenden guten Portlandstein, der eine compacte horizontale Schicht von etwa 8 Fuß Tiefe bildet. Hier haben wir also eine obenliegende, 32 Fuß tiefe Masse von Erde und Gestein, welche weggeräumt werden muß, bevor nur ein einziger Fuß des unten liegenden guten Steins gewonnen werden kann; eine mühsame Arbeit, die dadurch noch unerfreulicher wird, daß vor ihrer Beendigung die Arbeiter keinen Anspruch auf Vergütung haben, da ihr Lohn von dem wirklichen Betrage des gewonnenen und gelieferten Steins abhängt. In einem Steinbruche von der oben angegebenen Größe, der von acht Arbeitern bearbeitet wird, ist dazu die Arbeit dreier Jahre erforderlich. Zuerst werden die Lager von Erde und Schutt aufgegraben, in starken Schubkarren fortgeschafft und auf die nächsten brachliegenden Äcker geschüttet. Dann kommt das Sandlager daran, welches seiner Structur und seines Gewichts wegen viel Arbeit macht. Die Schichten, aus denen es besteht, sind oft sehr fest und compact, bisweilen aber von Natur in große Massen getrennt; in beiden Fällen müssen sie in kleine Stücke getheilt und in Karren geschafft werden. Die nächste Schicht ist der Grünstein; da dieser völlig compact, sehr hart und neun oder mehr Fuß tief ist, so erfodert er natürlich viele Anstrengung, um ihn zu entfernen. Er wird zuerst mit Schießpulver auf die gewöhnliche Weise gesprengt. Nun müssen die gelösten Steinmassen weggeschafft werden, und da manche von ihnen über 50 Tonnen oder 1000 Centner wiegen, so begreift man kaum, wie die Kräfte von einem halben Dutzend Arbeiter und die dürftigen zu ihrer Verfügung stehenden mechanischen Hülfsmittel dazu ausreichen. Die einzigen angewandten Instrumente sind Walzen von verschiedener Größe und starke Flaschenzüge, daher dauert die langsam fortschreitende Operation Monate lang. Drei Flaschenzüge werden an der Felsmasse befestigt, natürlich aber erfodert es unerhörte Anstrengung, damit eine Steinmasse von 1000 Centnern 300 und mehr Fuß weit über Haufen von losen Steinen durch ein halbes Dutzend Menschen bewegt werde, wobei der gellende Ruf „Hoch, Jungen, hoch!" sehr oft wiederholt wird. Die Anstrengung, welche diese Arbeit erheischt, erkennt man aus den häufigen Pausen und dem beständigen Gebrause eines Wassergefäßes. Doch scheint die Anstrengung diesen Leuten nicht zu schaden; eine Nacht macht Alles wieder gut und die Arbeiter sind bis in ein Alter von 70 und mehr Jahren völlig kräftig. Überhaupt sind die Steinbrecher auf Portland Leute von herkulischer Kraft, und eine Last von drei Centnern zu erheben, ist für sie eine Kleinigkeit.

Wenn nun endlich nach Wegräumung seiner Decke der gute Portlandstein bloßgelegt ist, so beginnt erst die wirkliche Arbeit der Steinbrecher. Alle seine vorhergehenden Arbeiten erheischten nicht viel mehr als die Ausübung bloßer rein mechanischer Kraft, aber nun werden Verstand und Geschicklichkeit zur Auswahl und Zubereitung der rohen Steinblöcke für architektonische Zwecke erfodert und der Arbeiter wird zum Handwerker. Das Steinlager hat nämlich in vielen Richtungen Spalten, die es in Massen von verschiedener Größe theilen. Auf diese Weise erhält man Blöcke von jeder nur denkbaren Größe und Form; sobald sie ganz abgelöst worden sind, wird eine Berathung darüber angestellt, ob sie sich besser für Brückenpfeiler oder für Säulenschäfte, oder für das Geländer einer Brustwehr u. s. w. eignen. Ist man darüber einig geworden, so werden die Blöcke einzeln nach verschiedenen Stellen geschafft und mittels eines 25 Pfund schweren eisernen Hammers in eine vierseitige oder sonstige geeignete Form gebracht. Das einzige vor Ablieferung der Steine an den Ladeplatz noch übrige Geschäft ist, ihr Gewicht zu bestimmen und sie damit zu bezeichnen. Es wird nach dem Cubikinhalt berechnet, indem man annimmt, daß **16** Cubikfuß eine Tonne (20 Centner) wiegen. Wenn endlich der Stein zur Ablieferung fertig ist, so wird er auf einen Wagen mit soliden hölzernen Rädern gehoben, ganz ähnlich den Wagen der Alten und den noch heutiges Tages in Spanien üblichen maurischen Ochsenkarren; jeder Wagen wird mit sieben Pferden bespannt. Aus den westlichen Steinbrüchen schafft man die Steine zu einer Eisenbahnstation auf den Gipfel eines Hügels, von wo sie eine Eisenbahncompagnie auf geneigten Ebenen zu einem Ladeplatze am Fuße der Chesilbank schaffen läßt.

Die Steinbrüche auf der Halbinsel Portland.

Verantwortlicher Herausgeber: Friedrich Brockhaus. — Druck und Verlag von F. A. Brockhaus in Leipzig.

Das Pfennig-Magazin
für
Verbreitung gemeinnütziger Kenntnisse.

№ 282.] Erscheint jeden Sonnabend. [August 25, 1838.

Der Obelisk von Luxor in Paris.

Der kleinere der beiden Obelisken von Luxor*) ist jetzt auf einem der merkwürdigsten Plätze von Paris aufgestellt, dem Platze der Eintracht, früher Platz Ludwig XVI. genannt, dem Schauplatze vieler Schreckensscenen der französischen Revolution. Dieser Platz liegt zwischen dem Tuileriengarten und der Allee großer schattiger Bäume, welche man die elysäischen Felder nennt, eine sehr hochtrabende Benennung, da sie den Alleen im Schloßgarten, von wel-

*) Siehe Pfennig-Magazin Nr. 77 und 231.

VI. 34

chem ein Theil in unserer Abbildung dargestellt ist, bedeutend nachsteht. Der Platz bildete noch in der Mitte des vorigen Jahrhunderts eine leere Einöde, die mit dem glänzenden Schloßgarten auf der einen und den elysäischen Feldern auf der andern Seite höchst seltsam contrastirte. Als aber im Jahre 1763 eine Statue, welche die Stadt Paris zu Ehren Ludwig XV. zu errichten beschlossen hatte, vollendet war, wurde dieser Platz zu ihrer Aufstellung hergerichtet. Dieses Denkmal von Bronze, welches den König zu Pferd darstellte und von den vier Tugenden unterstützt wurde, rief bei seiner Errichtung manches bittere Witzwort der Pariser hervor, welche nicht unterlassen konnten, zu bemerken, „daß die Tugenden standen und das Laster zu Pferde saß".

Bevor die um diesen Platz erbauten Gebäude vollendet waren, ereignete sich hier eine tragische Katastrophe. Er wurde nämlich bei der Vermählung Ludwig XVI., der damals noch Dauphin und Thronerbe von Frankreich war, mit der schönen, geistvollen und unglücklichen Marie Antoinette von Oestreich zum Schauplatze von Feuerwerken ausersehen. Am Schlusse derselben fingen die Zuschauer an, den Platz zu verlassen; Andere, die wahrscheinlich nicht wußten, daß das Schauspiel vorüber war, drängten vorwärts, um die von den Weggehenden geräumten Plätze einzunehmen. Es entstand ein furchtbares Gedränge, über 500 Menschen sollen auf der Stelle todt geblieben sein, während die Zahl Derjenigen, die bald darauf an den erhaltenen Verletzungen starben, auf wenigstens 1200 berechnet wird.

Das erste in der Revolution vergossene Blut wurde auf diesem Platze, der damals Platz Ludwig XV. hieß, am 12. Juli 1789 vergossen; in der langen Liste der Schlachtopfer, welche hier auf dem Blutgerüste fielen, steht Ludwig XVI. oben, nach dessen Namen der Platz eine Zeit lang geführt hat. Auch die Königin fiel hier; ferner die junge, enthusiastische Charlotte Corday; die talentvolle und muthige Madame Roland — deren letzte Worte ein Ausruf an die Gypsstatue der Freiheit waren, welche die Stelle der zertrümmerten Bronzestatue Ludwig XV. einnahm: „O Freiheit, wie viele Verbrechen werden in deinem Namen begangen!" —; Ludwig Philipp (Egalité), Herzog von Orleans, der Vater des jetzigen Königs; Lavoisier, der nur um wenige Tage Aufschub bat, um einige wichtige chemische Versuche, die er begonnen hatte, beendigen zu können, und die Antwort erhielt, daß die Republik keine Chemiker brauche; Camille Desmoulins und Danton — von denen der Letztere wünschte, daß sein schrecklicher Kopf dem Volke und den übrigen Sklaven und Werkzeugen Robespierre's gezeigt werden möchte — bis endlich die Reihe an Robespierre selbst und seine Mitschlächter kam.

Nach dem Ausbruche der Revolution wurde die Statue Ludwig XV. gestürzt und der Platz erhielt den Namen Platz der Revolution, später Platz der Eintracht (de la Concorde); bei der Rückkehr der Bourbons wurde ihm sein ursprünglicher Name, Platz Ludwig XV., wieder zu Theil, den er behielt, bis ihm Karl X. den Namen Platz Ludwig XVI. beilegte, weil er beabsichtigte, dem Andenken dieses unglücklichen Monarchen dort eine Bildsäule zu errichten. Diese ist indessen nie errichtet worden, aber nach der Revolution von 1830 wurde auf das für die Statue bestimmte Fußgestell eine Inschrift gesetzt, welche besagte, daß dieser Ort zu einem der Charte geweihten Denkmale bestimmt wäre; jetzt wird er jedoch, wie die Abbildung zeigt, durch den Obelisken von Luxor eingenommen. Der Platz erhielt 1830 seinen früheren Namen, Platz der Eintracht, wieder.

Ein Schiff, welches eigens für den Transport des Obelisken gebaut war, segelte im März 1831 von Toulon ab und kam den 14. August in Theben an.*) Die erste Operation der Franzosen nach ihrer Ankunft war die Ausgrabung des untern Theils beider Obelisken, die bis zu bedeutender Tiefe eingesunken waren. Beide sind vollkommen gut erhalten; der größere ist etwa 77, der kleinere 71 pariser Fuß hoch. Um diesen Unterschied zu verbergen, war der kleinere auf ein höheres Fußgestell und etwas weiter vorwärts als der andere gestellt worden. Drei verticale Reihen von Hieroglyphen bedecken die Seitenflächen beider Obelisken; die Mittelreihe ist fast sechs Zoll tief, die beiden andern sind nur sehr oberflächlich eingegraben. Dies gibt diesen Schriftreihen ein sehr verschiedenes Ansehen. Das von den Franzosen aufgedeckte Fußgestell enthält auf der nordöstlichen und südwestlichen Seite je vier Hundsköpfe, die auf der Brust eine Rolle tragen, welche, wie man glaubt, den Namen Ramesses enthält. Nach der sehr wahrscheinlichen Vermuthung von Delaborde hat der Unterschied in der Größe beider Obelisken seinen Grund in der Schwierigkeit, zwei fehlerfreie Granitblöcke von gleicher Größe zu finden.

Der Pascha von Ägypten hatte den einen von beiden Obelisken dem Könige der Franzosen geschenkt und den Franzosen die Wahl freigestellt. Diese wählten den kleinern, weil er besser erhalten und leichter als der andere war; er wiegt etwa 5000 Centner. Um ihn umzulegen, brauchte man sehr einfache Mittel, bestehend in einem Anker, der sorgfältig im Boden befestigt war, einer langen hölzernen Stange und einigen Tauen und Flaschenzügen; während des Herablassens blieb er zwei Minuten lang in einem Winkel von 32 Graden schwebend. So wurde er am 31. Oct. 1831 abgebrochen, mittels einer schiefen Ebene an den Nil und dann an Bord des Schiffs gebracht, dessen Hintertheil man abgesägt hatte, um den Obelisken hineinbringen zu können; aber erst am 18. August 1832 wurde das Schiff (Luxor genannt) dem Nil wieder übergeben, kam am 1. Januar 1833 in Alexandrien an, trat am 13. April, von einem andern Schiffe ins Schlepptau genommen, seine Seefahrt an und lief am 13. Sept. 1833 in die Seine ein.

Erst am 25. Oct. 1836 wurde der Obelisk zu Paris auf dem Platze der Eintracht unter Leitung des geschickten Marineingenieurs Lebas, der auch die Einschiffung geleitet hatte, durch 500 Arbeiter aufgestellt. Der König sah der Operation mit seiner Familie aus dem Marinehotel zu. Während der Vorbereitungen war der Obelisk einiger Gefahr ausgesetzt, nicht wegen Mangel an Geschicklichkeit oder Sorgfalt, sondern aus einer ganz entgegengesetzten Ursache. „Die pariser Alterthumsforscher — sagte damals ein französisches Blatt — sind so raubgierig, daß zwei am Obelisken aufgestellte Wachen nicht hinreichten, die unbedeckt gebliebene Spitze zu schützen. Ungeachtet der strengen Strafen des Gesetzes wurden mehre Stücke abgebrochen, und Fragmente, die keine Haselnuß groß waren, wurden mit 50 Francs bezahlt. Man fand es nöthig, das Monument ganz zu bedecken, um es vor diesen Vandalen zu retten."

Von den Tuilerien gesehen nimmt sich der Obelisk recht schön aus. Mit Wohlgefallen sieht man hinunter bis zu diesem schönen Ueberreste altägyptischer Kunst und Macht im Mittelpunkte jenes Platzes, der recht eigentlich das Blutfeld einer schrecklichen Zeit war. Dar-

---

*) Nähere Angaben über Einschiffung und Transport s. Pfennig-Magazin Nr. 77 und 78.

über hinaus läuft der Weg durch die elysäischen Felder und steigt die sanfte Anhöhe hinan, welche der von Napoleon begonnene und von Ludwig Philipp vollendete Triumphbogen ziert.

Die Trüffel.

Die gemeine Trüffel ist eine Art Pilz, der ganz unter der Erde wächst. Es gibt mehre Arten, unter denen die eßbare oder schwarze (Tuber cibarium) die merkwürdigste ist. Ihre Gestalt ist unregelmäßig, rundlich oder länglich, beinahe wie eine misgestaltete Kartoffel, ihre Größe wechselt aber von der einer Haselnuß bis zu der einer mäßig großen Faust; die Außenseite ist schwarz, dunkelgrün oder braun, bedeckt mit einer dicken, harten und warzigen Haut; das innere Fleisch ist fest, seifenartig anzufühlen, voll von Adern und Zellen und hat eine hellbraune oder schmuzigweiße und grünliche Farbe. Bevor die Trüffel reif ist, hat sie einen rein erdigen Geruch, der sich während der Reife in einen eigenthümlichen, Vielen sehr angenehmen Geruch verwandelt.

In den meisten Ländern ist die Trüffel selten und wird als Luxusartikel sehr gesucht, da man sie in der feinern Kochkunst braucht, um Saucen wohlschmeckend zu machen, auch zu Fleisch- und Quittenpasteten braucht man sie häufig, und ein mit Trüffeln gefüllter Truthahn, den man einige Zeit hat hängen lassen, sodaß sich der Trüffelgeschmack dem Fleische mitgetheilt hat, wird als einer der größten Leckerbissen der französischen Küche angesehen. Auch allein werden die Trüffeln gekocht oder geröstet gegessen.

Die Trüffel wächst in den meisten Ländern der Erde; Linné fand sie in Lappland und Kämpfer in Japan. Vorzüglich findet man sie aber in den gemäßigten Ländern Europas, in England, Spanien, Italien, Frankreich, besonders im Süden, und in Nord- und Süddeutschland, und sowol die Gänseleberpasteten aus Strasburg als die Rebhuhnpasteten aus Südfrankreich verdanken einen großen Theil ihrer ausgezeichneten Schmackhaftigkeit dem Umstande, daß sie reichlich mit frischen Trüffeln gefüllt sind. Von jeher hat man sie als einen Leckerbissen betrachtet. Schon Plinius, Martial und Juvenal erwähnen sie, und Apicius und Athenäus, die uns die ausführlichsten Nachrichten über die Kochkunst der Alten hinterlassen haben, rühmen ihre Vorzüge.

Man findet die Trüffeln gewöhnlich unter Bäumen in Waldungen und Pflanzungen von Laubbäumen. In Deutschland hat man beobachtet, daß sie am häufigsten unter oder nahe bei Eichen oder Weißdorn gefunden werden; in England aber nimmt man an, daß sie sich gewöhnlich unter Buchen oder in deren Nähe verlangen, wie es scheint, einen gegen die Sonne geschützten Platz und leichten lehmigen oder thonigen Boden. Meistens findet man sie in England in oder nahe bei Kalkgebirgen, besonders in Sussex und Northhampshire. Die Meinung hinsichtlich der Buchen scheint ein Irrthum und aus dem Umstande entsprungen zu sein, daß dieser Baum meistens zu den Baumpflanzungen an den Orten gehört, wo die Trüffel gewöhnlich gefunden wird. Da die Trüffel ganz unterirdisch wächst und wegen ihrer Seltenheit nicht aufs Gerathewohl durch Aufwühlen des Bodens gesucht werden kann, so wird sie gewöhnlich durch dazu abgerichtete Hunde aufgespürt. Wenn die Trüffel reif wird, was gegen Ende des August oder zu Anfang Septem-

bers geschieht, so verbreitet sich der erwähnte starke Geruch. Ungemein vermehren sie sich, wenn es in diesen Monaten anhaltend regnet.

Die Hunde werden abgerichtet, die Trüffeln durch den Geruch zu spüren und sie dann auszuscharren, da sie sich meistens 2—3 Zoll unter der Oberfläche finden; zuweilen finden sie sich jedoch unmittelbar unter der Oberfläche, zuweilen aber auch 6—7 oder mehr Zoll unter derselben. Der Hund, den man hierzu gewöhnlich als Spürhund braucht, ist entweder ein Pudel oder ein französischer Wasserhund; beide Arten sind gelehrig, haben einen scharfen Geruch und gewähren noch überdies den Vorzug, daß sie keinen starken Instinct das Wild zu verfolgen haben und daher durch Aufjagen von Wild nicht von ihrer Bestimmung abgezogen werden. Die Abrichtung geschieht auf eine sehr einfache Art; man gewöhnt den Hund zuerst zu apportiren, dann wird der Gegenstand, den er apportiren gelernt hat, in die Erde vergraben und er gewöhnt, ihn auszuscharren und seinem Herrn zu bringen, wobei er immer durch ein Stück Brot für seine Gelehrigkeit gehörig belohnt wird; später werden wirkliche Trüffeln als Gegenstand, den er apportiren soll, gebraucht, dann in die Erde vergraben und der Hund ausgesandt, sie zu holen. Der in der Abbildung dargestellte alte Mann, ein in der Umgegend seines Wohnorts bekannter englischer Abrichter von Trüffelhunden, bewahrt gewöhnlich einige Trüffeln getrocknet oder in Fett eingeweicht den Winter hindurch auf, wodurch sie einigermaßen ihren Geruch behalten, der zur Abrichtung junger Hunde nöthig ist. Sobald der Hund mit dem Geruch der verborgenen Trüffeln so weit bekannt ist, daß er sie ausscharrt, so nimmt ihn der Jäger mit hinaus ins Feld, gewöhnlich von einem schon völlig abgerichteten Hunde begleitet, und beide werden dann auf die Jagd ausgesandt, um die Trüffeln unter Bäumen, in Anpflanzungen u. s. w. durch ihren Geruch zu entdecken und auszuscharren. Bevor der Hund auf die Jagd genommen wird, darf er nichts als einige Bissen Brot zu fressen bekommen. Der Jäger pflegt die Hunde, wenn sie anfangen auszuscharren, mit einem Grabscheit, wie es in der Abbildung zu sehen ist, zu unterstützen; nach jedem glücklichen Funde werden die Hunde mit einem Stück Brot belohnt, was am besten mit den Trüffeln in einem Sack gelegen und dadurch ihren Geruch angenommen hat.

Diejenigen Grundbesitzer, welche Wild halten, sind in der Regel nicht geneigt, die Trüffeljäger auf ihren Revieren zuzulassen, weil diese oft der Versuchung nachgeben, ihren Plan zu ändern und anderm Wilde nachzuspüren. Der Hund ist nicht das einzige Thier, welches für die Aufsuchung der Trüffeln abgerichtet wird; auch das Schwein wird zuweilen in England, Deutschland und Italien dazu abgerichtet und gebraucht; aber abgesehen davon, daß das Schwein nicht so gelehrig und verständig ist als der Hund, ist es auch sehr geneigt, die Trüffeln, die es findet, selbst zu verzehren. In Italien bindet man gewöhnlich einen Strick an das eine Hinterbein eines Schweins, treibt es aus und beobachtet nun, wo es zu wühlen anfängt. Ohne Hunde und Schweine werden die Trüffeln in Mecklenburg und Pommern vom Menschen gesucht, als ein Kennzeichen der verborgenen Trüffeln daran haben sollen, daß die Erde über denselben etwas aufgerissen ist; auch behauptet man, daß eine Fliegenart über der Stelle schwärme, wo Trüffeln zu finden sind. Übrigens hat der Mensch viele Nebenbuhler, die gleich ihm nach dem Besitze dieses geschätzten Leckerbissens streben; Eichhörnchen, wilde

*

und zahme Schweine, Hirsche, Rehe, Dachse und Mäuse, alle spüren den Trüffeln in den Wäldern eifrig nach.

Folgender Fall ist ein außerordentliches Beispiel von dem scharfen Geruche, den der Trüffelhund besitzt. Ein Engländer ging mit einem Trüffeljäger von Profession aus; sein Hund fand in einem Parke viele Trüffeln; als er seine Jagd fortsetzte, sprang der Hund zur größten Überraschung beider Männer plötzlich über den den Park einschließenden Zaun und lief mit größter Schnelligkeit querfeldein, wenigstens 300 Fuß weit, bis zu einem gegenüber befindlichen Zaune, wo er unter einer Buche eine Trüffel fand und nach Art der Trüffelhunde seinem Herrn in der Schnauze brachte. Die Trüffel war von ungewöhnlicher Größe und wog 25 Loth.

Die Trüffeln sind in einigen Theilen Italiens und in Südfrankreich ein bedeutender Ausfuhrartikel; die besten kommen aus Italien, besonders aus Piemont, wo das Stück bisweilen mehre Pfund wiegen soll. Um sie zu erhalten, werden sie gewöhnlich in Öl gelegt und gegen den Zutritt der Luft geschützt; doch behalten sie so nur wenig von ihrem Wohlgeruch. Es gibt noch einige andere Arten dieses Pilzes, von denen jedoch nur eine eßbar ist; diese heißt die weiße Trüffel und wächst bei Florenz und Turin, auch in andern Theilen von Piemont; sie hat einen sehr starken Knoblauchgeruch und wird daher nur von Denjenigen als Leckerbissen betrachtet, denen der Knoblauch nicht zuwider ist. Man hat in verschiedenen Zeiten viele Versuche gemacht, die Trüffeln anzubauen, wie man mit den gewöhnlichen Pilzen gethan hat, indem man Erde von den Plätzen, wo die Trüffel wild gefunden wird, auf Felder oder unter den Schatten von Bäumen brachte. In einigen Gegenden von Deutschland und in Ungarn sollen Versuche dieser Art von Erfolg gewesen sein. Wiewol dieses Gewächs in verschiedenen Stufen seines Wachsthums gefunden wird, so hat man doch bisher weder die Organe seiner Befruchtung, noch die Art seiner Verbreitung ausfindig machen können.

Ein englischer Trüffeljäger.

Skizzen aus dem Leben der Chinesen.*)
Kleidung der Chinesen.

Ein Chinese, dessen Anzug vollständig ist, hat eine Menge Dinge an sich hängen, die ein Fremder beim ersten Anblick für Bestandtheile einer kriegerischen Bewaffnung halten könnte, die aber dennoch höchst friedlicher Natur sind; dahin gehören ein seidener Beutel, der einen Fächer enthält, eine am Gürtel hängende kleine lederne Tasche, die einer Patrontasche ähnlich ist und Feuerstein und Stahl zum Anzünden der Pfeife enthält, endlich ein gestickter Tabacksbeutel. Oft fügt man ein kleines Messer mit Futteral und ein Paar Stäbchen zum Essen hinzu.

Die bedeutenden Wärme- und Kältegrade in den entgegengesetzten Jahreszeiten und die Gewohnheit, im Freien zu leben, machen einen großen Unterschied zwischen der Sommer- und Winterkleidung nothwendig, der sich aber namentlich an der Kopfbedeckung bemerklich macht. Die kegelförmige Sommermütze ist aus Bambusfasern oder hobelspanartigen Stoffe gemacht und hat bei vornehmen Personen eine rothe, blaue, weiße oder vergoldete Kugel auf der Spitze, von welcher ein Büschel von karmoisinrother Seide oder rothen Pferdehaaren herabhängt und die ganze Mütze umgibt; bisweilen trägt man auch vorn auf der Mütze eine einzige große Perle. Die Wintermütze ist nicht kegelförmig, sondern folgt mehr die Form des Kopfes und hat einen rund herum aufgeschlagenen, vorn und hinten etwas höhern Rand von schwarzem Sammt oder Pelzwerk; auch sie hat die Kugel als Unterscheidungszeichen der Stände und ist mit einem Büschel von schöner karmoisinrother Seide geziert. Im Beginn der warmen oder kalten Jahreszeit legt der Vicekönig jeder Provinz seine Sommer- oder Wintermütze an; dies Ereigniß wird in der amtlichen Zeitung bekannt gemacht und ist ein Signal für alle seine Untergebenen, dieselbe Veränderung vorzunehmen.

Die Sommerkleidung für die reichern Classen besteht in einem langen weißen Gewande von Seide, Gaze oder Leinwand, das man bei feierlichen Gelegenheiten durch einen Gürtel von stark gewebter Seide zusammenpreßt, welcher unter der Brust mittels einer Agraffe von Achat oder Nierenstein befestigt wird. In einem so heißen Klima findet man es bequem, weite Ärmel und den Hals frei zu tragen; die Europäer, welche in ihre steifen Kragen und engen Ärmel eingezwängt sind, werden hier bemitleidet oder gar verlacht. Die Winterkleidung ist fast ebenso weit als die Sommerkleidung; über ein längeres, bis an die Knöchel herabhängendes seidenes Gewand trägt man einen großen Spenser, der nur bis an die Hüften reicht. Leute von Stand tragen Stiefeln von Tuch, Seide oder Sammt mit dicken weißen Sohlen; man putzt sie auf eine unserer Sitte entgegengesetzte Art, indem man sie nicht schwarz, sondern weiß färbt.

Der Hauptfehler in der Kleidung der Chinesen ist die wenige dazu gehörige weiße Wäsche; sogar ihre Leibwäsche ist von Seide; auch brauchen sie keine Bett- und Tischtücher, was in Verbindung mit ihrem Mangel an Reinlichkeit ihnen Hautkrankheiten zuzieht. Die Felle aller Thiere dienen ihnen als Schutzmittel gegen die Kälte. Die weniger Bemittelten brauchen Schaf-, Katzen-, Hunde-, Bock- und Kaninchenfelle; selbst die Felle von Ratten und Mäusen näht man zusammen und macht daraus Kleider. In reichen Häusern vererbt das Pelzwerk vom Vater auf den Sohn und bildet nicht den geringfügigsten Theil vom Erbe der Familien. In diesem Stücke raffiniren sie auf eine seltsame Weise; sie schneiden nämlich den Schafmüttern, wenn sie eine gewisse Zeit getragen haben, die Lämmer aus dem Leibe und machen aus ihren mit großen Kosten zubereiteten Fellen Kleider, die als der größte Luxus angesehen werden.

Die Chinesen haben eine sehr sonderbare Art, ihre Verehrung und Dankbarkeit einem Beamten, mit dessen Verwaltung sie zufrieden gewesen sind, zu erkennen zu geben; bei seiner Abreise übersenden sie ihm nämlich durch eine Deputation ein Kleid von mehren Farben, das aber nicht getragen, sondern von der Familie Dessen, dem es geschenkt worden ist, als eine ehrenvolle Reliquie aufbewahrt wird. Wenn er seinen Bezirk verläßt, begleitet das Volk seinen Tragsessel oder kniet nieder, wenn er vorbeikommt. In Zwischenräumen sind längs dem Wege, den er nehmen muß, Tische mit Speisen und angezündetem Weihrauch aufgestellt. Einem der letzten Gouverneurs von Kanton wurden dieselben Ehren zu Theil; außerdem foderte man ihm, bevor er die Thore der Stadt überschritt, feierlich seine Stiefeln ab, um sie als theures Andenken aufzubewahren, und ersetzte sie durch andere. Diese Ceremonie erneuerte sich auf seinem Wege mehrmals, und sorgfältig hob man die Stiefeln auf, die er einige Augenblicke an den Füßen gehabt hatte.

Die Chinesen lassen sich — um auf die Tracht zurückzukommen — den Kopf bis auf einen Haarbüschel kahl scheren; nur wenn sie trauern, lassen sie die Haare wachsen. Da sie sehr wenig Bart haben, so braucht nur ihr Kopf rasirt zu werden, und Niemand kann sich folglich selbst rasiren; daher die große Zahl von Barbieren, die man in allen Städten sieht.

Die chinesischen Frauen wären, abgesehen von der Verunstaltung ihrer Füße, ziemlich hübsch, wenn sie nicht die leidige Gewohnheit hätten, sich das Gesicht weiß und roth zu schminken; dagegen ist zu loben, daß sie sich nicht schnüren, weshalb ihre Kinder wohlgebildet und selten kränklich zur Welt kommen. Ihre Kleidung ist sehr sittsam und gefällig; die der wohlhabenden Frauen ist so prächtig, als die schönste Seide und die wundervollste Stickerei sie nur machen kann. Was wir verhüllt nennen, würde ihnen als entblößt gelten, z. B. alle Formen, welche die kurzen Kleider hervortreten lassen, indem sie sie zu verbergen scheinen. Die jungen Frauenzimmer lassen ihre Haare in langen Flechten herabhängen, aber eine der Ceremonien, die vor der Heirath stattfinden, besteht darin, sie aufzubinden, mit Blumen oder Perlen zu schmücken und mit zwei Nadeln zu befestigen. Bisweilen tragen sie einen Zierath von Gold und Edelsteinen, welcher den chinesischen Phönix vorstellt, mit ausgebreiteten Flügeln und den Schnabel auf die Stirne herabhängend. Die jungen Frauen pflegen ihre Augenbrauen mit Sorgfalt, damit sie eine schöne krumme Linie bilden.

Wohnungen.

Die chinesischen Wohnungen sind den in der Asche von Pompeji aufgegrabenen auffallend ähnlich. Sie bestehen gewöhnlich in einem Erdgeschoß, getheilt in mehre Gemächer und nur durch Fenster, welche auf einen innern Hof gehen, erleuchtet. Das Hauptzimmer, welches auf das Eingangszimmer folgt, dient als Empfangzimmer für die Besuchenden und zugleich als Speisesaal; dann kommen die Privatzimmer, bei denen Vorhänge von Seide oder Baumwolle als Thüren dienen.

---
*) Vergl. Pfennig-Magazin Nr. 263.

Alle einigermaßen ansehnlichen Häuser haben drei Eingangsthüren. Die in der Mitte wird nur bei festlichen Gelegenheiten, um Gäste von Auszeichnung zu empfangen, geöffnet, während die beiden andern kleinern für den täglichen Gebrauch dienen. Die Gestalt dieser Thüren ist oval oder kreisrund.

Die große Mannichfaltigkeit, nach der Meinung der Chinesen aber Schönheit ihrer Schriftzüge bringt ihnen eine leidenschaftliche Vorliebe für die Kalligraphie bei, sodaß sie in ihren Zimmern die Handschriften ihrer Freunde als Zierathen und Andenken zugleich aufbewahren. Diese Handschriften, welche Sittensprüche, Verse oder Stellen aus den heiligen Büchern enthalten, sind gewöhnlich auf Seide oder schönes Papier geschrieben.

Man kann sich denken, daß in der Heimat des Porzellans dieser Stoff als allgemeine Zierath gebraucht wird; je älter die Gefäße von Porzellan sind, desto mehr werden sie geschätzt. Dieser Geschmack der Chinesen hat die Entstehung von Manufacturen nachgemachter Antiken nicht nur von Porzellan, sondern auch von Bronze veranlaßt, wodurch die Europäer begreiflicherweise oft getäuscht werden.

Reisen der Chinesen.

Die große Zahl der Kanäle und Flüsse, welche das Land nach allen Richtungen durchschneiden, hat aus den Böten das allgemeinste Transportmittel gemacht. In Gegenden, wo es an fließendem Wasser fehlt, bedient man sich der Tragsessel und in der ausgedehnten Ebene von Peking eines einspännigen Karrens. Es gibt nichts Unbequemeres als diese Art von Wagen, welche weder Federn noch erhöhte Sitze haben, und deren sehr große Räder auf sehr kurzen Achsen ruhen, sodaß nur zwei Personen nebeneinander darin Platz haben. Die Chinesen reisen bisweilen zu Pferde, aber ihr gewöhnliches Transportmittel auf dem Lande ist der Tragsessel oder Palankin, und es gibt nirgend ein bequemeres. Zwei Träger tragen die dünnen und elastischen Stangen auf ihren Schultern und gehen mit gemessenem, aber schnellem Schritte, welcher dem Palankin kaum einen Stoß verursacht. Der Vordertheil desselben ist mit einer Jalousie von Bambusstäben geschlossen, die eine mit Gaze bedeckte Öffnung hat, durch welche man die Vorübergehenden sehen kann, ohne selbst gesehen zu werden. Privatleute dürfen nur zwei Träger haben; die niedern Beamten haben deren 4, die Vicekönige 8, nur der Kaiser 16.

In keinem Lande werden die Pferde so wenig benutzt als in China; freilich sind sie klein und unansehnlich; die Aufzäumung ist ihrer Qualität entsprechend. Der Reiter sitzt oder liegt auf einem hohen Sattel von orientalischer Construction, der ebenso grob gearbeitet als unbequem ist.

Nirgend reist man so bequem zu Wasser als in China, wenn man von der Schnelligkeit absieht. Die Fahrzeuge der Mandarinen und Reichen bieten Luxus und Bequemlichkeit in einem Grade dar, der uns gänzlich unbekannt ist, und sind wahre Wasserpaläste. Die in denselben herrschende außerordentliche Reinlichkeit contrastirt seltsam mit der Unsauberkeit der Wohnungen.

Nichts beweist mehr die Handelsthätigkeit der Chinesen, als die ungeheure Zahl der Böte, die, mit Reisenden und Waaren beladen, sich auf den Flüssen und Kanälen unaufhörlich kreuzen. Am Maste jedes Reiseboots ist gewöhnlich folgende Warnung angeschlagen: „Nehmt eure Geldbeutel in Acht." Die Gesellschaft auf diesen Böten ist freilich sehr gemischt. Alle nur möglichen Maßregeln, um zur Erhaltung der allgemeinen Ordnung und Ruhe beizutragen, werden mit einer wahrhaft bewundernswürdigen Sorgfalt ergriffen.

Der große Kanal von China und der gelbe Fluß sind eine beständige Quelle von Ausgaben für die Regierung, welche genöthigt ist, ihre Ufer, die unaufhörlich unter dem ungestümen Andrange der ungeheuern Wassermasse zusammenstürzen, zu unterhalten und auszubessern. Dies ist ein triftiger Grund für China, niemals die Dampfschiffahrt einzuführen.

Städte.

Der auffallendste Zug der bedeutendsten Städte Chinas besteht in den hohen, mit Zinnen versehenen, aus blauen Ziegelsteinen erbauten Mauern, welche sie umgeben und ihr Muster in der von Peking, der höchsten und dicksten von allen, zu haben scheinen. Wie die alte chinesische Mauer, ist die Mauer von Peking aus Trümmern, Schutt, Erde und Ziegelsteinen aufgeführt. Ihre Höhe beträgt ungefähr 30 Fuß; die Brustwehr ist schmal und mit Zinnen versehen, die jedoch keine Ähnlichkeit mit den regelmäßigen Schießscharten haben, welche in Europa zur Aufnahme der Kanonen bestimmt sind. Auch sieht man wirklich selten Geschütze auf denselben, immer aber an den Thoren.

Der Raum, welchen Nanking ehemals einnahm, war noch ausgedehnter als der von Peking, aber der größte Theil desselben enthält heutzutage nicht einmal mehr die Ruinen der Gebäude, die ihn bedeckten, und die Stadt Kiang-ning-fu, wie sie jetzt heißt, nimmt nur einen Winkel ihres ehemaligen Umfangs ein. Auch Peking enthält leere Räume von ungeheurer Ausdehnung, und da die Häuser nicht mehr als ein Stockwerk haben, so läßt sich schwer begreifen, wie diese Stadt eine so ungeheure Bevölkerung fassen kann, als man ihr gewöhnlich beilegt. Ein sehr großer Theil ihres Umfangs nach Norden zu, die tatarische Stadt genannt, wird von den Pälasten und Lustgärten des Kaisers eingenommen; in der übrigen Stadt befinden sich viele gottesdienstliche und der Regierung gehörige Gebäude, sämmtlich mit großen offenen Höfen umgeben. Südlich von der chinesischen Stadt sind sehr ausgedehnte Räume, bedeckt mit einzeln stehenden Gebäuden. Die beiden Städte, die chinesische und tatarische, welche zusammen die Hauptstadt bilden, enthalten angeblich drei Millionen Einwohner, was ziemlich der jetzigen Bevölkerung von Portugal gleich kommt. Diese Angabe scheint jedoch höchst übertrieben zu sein; die gesammte Bevölkerung von Peking übertrifft schwerlich die von London.

Kanton und alle bedeutenden Städte enthalten einen Tempel, der der Majestät und dem langen Leben des Kaisers gewidmet ist; die Wände und Zierathen desselben sind gelb. Alljährlich versammeln sich hier der Vicekönig und alle höhern Beamten am Geburtstage des Kaisers, um ihm ihren Zoll der Verehrung darzubringen. Die äußern Formen dieser Ceremonie sind denen ähnlich, die man in seiner Gegenwart beobachtet. Sessel sind hier nicht erlaubt, aber Jeder bringt ein Kissen mit, auf dem er sich mit gekreuzten Beinen niederläßt.

Unter die ansehnlichsten Gebäude von Kanton muß man die Factoreien der Ausländer zählen, die einen sehr kleinen Raum längs des Flusses einnehmen. Man wird es unglaublich finden, daß die ganze Façade der Gebäude, in denen die Kaufleute von verschiedenen Nationen zur Besorgung ihrer Geschäfte sich aufhalten, nicht über 750 Fuß lang ist. In diesen engen Raum sind also die Wohnungen der Engländer, Franzosen, Holländer, Amerikaner, Perser u. s. w. zusammengedrängt. Die meisten dieser Leute bringen den größten Theil ihres Lebens, wo nicht ihr ganzes Leben im Dienste der Gottheit des Reichthums hin, sehen niemals ein weibliches Gesicht und finden ihren ganzen Genuß im Klingen der Dollars, die von den chinesischen Wechslern, welche sie als Zahlung annehmen, unaufhörlich geprüft und gewogen werden. Vor vielen Jahren wurden mehre europäische Flaggen, darunter die der Dänen, Schweden und Östreicher, auf der Façade der Factoreien neben den holländischen, englischen und amerikanischen Flaggen aufgepflanzt; aber seit einem Viertsjahrhundert sind nur die letztern übrig geblieben, nebst der dreifarbigen Flagge der Franzosen, die bald nach der Revolution von 1830 entfaltet wurde.

Das Ohr des Dionys.

Unter den Alterthümern von Syrakus in Sicilien bewundert man vorzüglich die sogenannten Latomien, gewisse Kammern und Gänge, die in einen festen Felsen eingehauen sind, und darunter besonders eine weite Grotte, aus der ein krummer, nach oben allmälig enger werdender Gang oder Kanal in die Höhe geht. Nach einer alten Sage war diese Grotte ein Gefängniß, welches der berüchtigte Tyrann von Syrakus, Dionysius,*) für seine Staatsgefangenen habe bauen lassen, damit er in seiner Wohnung oder einem eigens für diesen Zweck bestimmten Zimmer, das über der engen Öffnung des Kanals gestanden haben soll, Alles hören und verstehen könne, was die Gefangenen etwa untereinander reden möchten. Viele Reisende haben früher die Meinung geäußert, daß jener Kanal eine künstliche Nachbildung des menschlichen Ohres sei, und zwar desjenigen Theils, den man die Schnecke nennt, weil er spiralförmig um die sogenannte Spindel gewunden ist. In neuern Zeiten haben aber vorurtheilsfreie Männer, die Kenntnisse und Scharfsinn besaßen, die Grotte untersucht und durch ihre Angaben ist das angebliche Wunder sehr verringert worden. Der Felsen, in welchem sie sich befindet, ist ein Kalkstein, der eine Menge Versteinerungen enthält. Die Steine, aus denen Syrakus erbaut wurde, sind aus diesem Felsen gebrochen worden, und durch diese Steinbrüche sind jene Höhlungen oder Kammern entstanden, dergleichen sich auch anderwärts, z. B. bei Rom, Neapel, Paris und Mastricht, finden, zum Theil zu Gefängnissen und Gräbern angewandt wurden und unter dem Namen Katakomben bekannt sind. Der erwähnte Kanal ist nicht eigentlich schneckenförmig und vielleicht von den Arbeitern nur aus Spielerei angelegt worden. Die Verdoppelung des Schalls wollen einige Reisende gehört haben, während andere sie leugnen. Mit der Zeit mag sich allerdings die spiralförmige Gestalt dieser Höhlungen zum Theil verändert haben, doch hört man noch jetzt das Zerreißen eines Stückchens Papier von einem Ende bis zum andern auf eine Entfernung von 47 1/2 Fuß. Die obere enge Öffnung soll jetzt verschüttet sein und ist so hoch, daß wol selten Jemand den Muth gehabt haben mag, hinauf zu klettern.

Ein neuerer Reisender, Kephalides, gibt folgende Nachrichten von dem Ohr des Dionys: „Das Ohr des Dionys ist eigentlich nur ein Gewölbe in der großen Latomie zwischen dem Theater und Amphitheater in der Neustadt oder Neapolis von Syrakus. Diese Latomie unterscheidet sich von andern, z. B. der benachbarten der Kapuziner, auffallend theils durch ihre Größe, theils besonders dadurch, daß hier in die Seitenwände ungeheure Hallen, die auf ausgesparten Stützen ruhen, und spitz zulaufende Gewölbe, wie z. B. eben das Ohr des Dionysius, hineingetrieben sind; in einer dieser Grotten ist eine Salpetersiederei angelegt. Der ganze Anblick dieser Latomie ist höchst romantisch, aber furchtbar, außerordentlich wild, und das ganze Felsenlager weit öder und weniger freundlich als die Latomie, welche die Kapuziner so reich bepflanzt haben. Der kegelförmige Felsen in der Mitte, auf welchem der Gefängnißwächter seinen Sitz gehabt haben soll, ist zusammengestürzt, dennoch kann man die Stufen der Treppe sehr genau erkennen. Das Gewölbe, welches das Ohr des Dionys genannt wird, krümmt sich in Gestalt eines lateinischen S und hallt furchtbar wieder; man kann die Spuren der Ringe, in welchen weit über dem Boden unglückliche Gefangene aufgehangen wurden, noch sehr gut erkennen, sonst sind die eigentlichen Hörgänge gänzlich zerstört; denn obgleich wir uns, auf einem Stücke Holz reitend, welches sich ziemlich seltsam ausnahm, 70 Fuß hoch an die Zinne der Grotte zu der sogenannten Kammer des Dionys, als dem Mittelpunkte aller Schallgänge, hinaufwinden ließen, so wurde doch unser antiquarischer Eifer durchaus nicht belohnt, und es könnten sich füglich alle Reisende die lächerliche Posse ersparen. Die genauen Maße sind folgende: Länge 167, Breite wechselnd zwischen 15, 21 und 49, Höhe 60 pariser Fuß." Graf Friedrich Leopold von Stolberg, der 1792 in Sicilien war, spricht sich über denselben Gegenstand folgendermaßen aus. „Lächerlich ist die Sage, es habe Dionysius diesem Gefängnisse die Gestalt eines Ohres gegeben und es so akustisch angelegt, daß er ungesehen sich an den Wehklagen und Seufzern der Gefangenen habe weiden oder ihre Unterredungen belauschen können. Daß diese Latomien, deren erster Zweck nur war, gehauene Steine zu haben, gleich den andern Latomien von Syrakus, zu einem Gefängniß gebraucht worden, ist außer allem Zweifel. Auch sieht man Löcher in die Steine gehauen, durch welche vermuthlich Ringe liefen, an denen die Gefangenen mit Ketten befestigt waren. Dem Eingang dieser Latomie kann die Phantasie leicht die Gestalt eines umgewendeten Ohres geben, dessen Ohrläppchen nach oben zu gerichtet wäre. Daher vermuthlich erst der Name, später die falsche Erklärung. Das Werk ist erstaunenswerth. Es hat verschiedene Abtheilungen, in einigen schließt sich oben die Wölbung, in andern stürzte sie ein und Felsenmassen, die ihr zu Pfeilern dienten, starren in die nun freie Luft empor. Die erste Abtheilung ist oben ganz vom Felsen gewölbt. Hier ist ein lautes Echo. Wir ließen eine Flinte abfeuern, deren Knall sich langsam donnernd umherwälzte."

Was die vorhin erwähnte Sage von dem Gebrauche dieser Grotte durch Dionys betrifft, so scheint sie völlig grundlos zu sein; es ist völlig unwahrscheinlich, daß sie ein Werk des Tyrannen sei; auch bediente sich dieser, nach Plutarch's Erzählung, der Policeispione, um gefährliche Personen zu behorchen. Kein alter Schriftsteller erwähnt jene Sage. Zwar beschreibt Cicero ein seiner Größe, Festigkeit und mühsamen Anlegung wegen höchst merkwürdiges Gefängniß in den Steinbrüchen bei Syrakus, das Dionysius habe anle-

---

*) Zwei Tyrannen dieses Namens, Vater und Sohn, Beide wahrhafte Tyrannen in dem schlechten Sinne, in welchem das Wort jetzt gebraucht wird, während es bei den Griechen ursprünglich nur einen König oder Alleinherrscher bezeichnete, haben Syrakus beherrscht: Dionys der Ältere von 406—368, Dionys der Jüngere von 368—343 v. Chr. Letzterer wurde von Timoleon vertrieben und starb in Korinth als Schullehrer; namentlich ist er seiner Grausamkeit und seines zügellosen Lebens wegen berüchtigt.

gen laſſen, aber ohne die oben gedachte Eigenſchaft mit einem Worte zu berühren.

Durch das Ohr des Dionyſius wurde der rühmlichſt bekannte deutſche Naturforſcher Athanaſius Kircher, ein Jeſuit, der jene Grotte 1638 beſuchte, ſeiner Behauptung nach auf den Vorſchlag gebracht, den er in einem ſeiner Werke äußerte; nach demſelben ſoll man einen Trichter in einem Gebäude dergeſtalt anbringen können, daß man in dem Zimmer, wohin die enge Öffnung deſſelben geleitet iſt, hören kann, was außer dem Gebäude oder in einem andern Zimmer, wo ſich die weite Öffnung des Trichters befindet, geredet wird. Derſelbe Kircher ſchrieb ſpäter, als der Engländer Morland im Jahre 1670 das Sprachrohr erfunden hatte, dieſe Erfindung ſich zu, wiewol ohne Grund, da er zwar mit dem Gebrauche des Hörrohrs bereits bekannt war, nicht aber mit dem des Sprachrohrs.

Das Ohr des Dionys gehört übrigens zu den ſogenannten Sprachgewölben oder Flüſtergalerien, worunter man Räume verſteht, in denen die Schallwellen von einem oder mehren Punkten aus in einen Punkt zurückgeworfen, alſo vereinigt und verſtärkt werden, ſodaß man in dieſem Punkte die Töne, durch welche dieſe Schallwellen hervorgebracht werden, ſehr deutlich hört, während man ſie in den übrigen Theilen dieſer Räume nur wenig oder gar nicht hört. Die Schallwellen oder, wie man bisweilen auch ſagt, Schallſtrahlen befolgen nämlich bei der Zurückwerfung oder Reflexion von feſten Körpern, die ihnen im Wege ſtehen, ähnliche Geſetze wie die Lichtſtrahlen, und können daher ebenſo in einem Punkte vereinigt oder geſammelt werden, wie Lichtſtrahlen durch Hohlſpiegel. Räume, die eine elliptiſche Wölbung haben, taugen am beſten zu Sprachgewölben. Bekanntlich hat diejenige ovale krumme Linie, welche Ellipſe genannt wird, und ebenſo jeder nach dieſer Linie oder elliptiſch gewölbte Körper zwei merkwürdige Punkte, die man Brennpunkte nennt. Wenn ſich in dem einen Brennpunkte eines elliptiſch geſchliffenen Hohlſpiegels ein Licht befindet, ſo ſammeln ſich alle von dieſem ausgehenden und von dem Hohlſpiegel zurückgeworfenen Lichtſtrahlen in dem andern Brennpunkte und bringen daſelbſt eine weit lebhaftere Erleuchtung hervor, als in allen andern Punkten vor dem Hohlſpiegel, ſelbſt in denen, die dem Lichte viel näher liegen. Ebenſo iſt es nun auch mit dem Schalle in einem elliptiſch gewölbten Zimmer oder Saale; wenn Jemand in dem einen Brennpunkte ſteht und leiſe etwas ſpricht, ſo kann dies Jemand, der in dem andern Brennpunkte ſteht, wenn dieſer auch 50 und mehr Fuß von jenem entfernt iſt, deutlich hören. In der Regel ſind ſolche Sprachgewölbe abſichtslos entſtanden, und bei Räumen, die von gekrümmten Flächen eingeſchloſſen ſind, iſt es oft ſchwierig, die nachtheilige Verſtärkung des Schalles, die der Deutlichkeit ſchadet, zu vermeiden. Man muß daher bei Hörſälen, Concertſälen, Schauſpielhäuſern u. ſ. w. mit allen Arten von Wölbungen vorſichtig ſein, weil ſich die verſchiedenen reflectirten Schallwellen nicht zu gleicher Zeit vereinigen, ſodaß ein unverſtändliches, brauſendes Getöſe entſteht. Als Sprachgewölbe merkwürdig ſind unter Anderm: die Kathedralkirche zu Girgenti in Sicilien, wo man Das, was am einen Ende bei verſchloſſener Thüre geredet wird, ſehr deutlich am andern Ende, nicht aber dazwiſchen hört; die Kuppel der Paulskirche zu London, wo man das Ticken einer Taſchenuhr oder ein leiſes Flüſtern von einer Seite der Galerie bis zur andern hört; die Kirche zu Glouceſter in England, wo ſich zwei leiſe redende Perſonen auf der Galerie in einer Entfernung von 150 Fuß verſtehen können; eine Flüſtergalerie am Rathskeller zu Bremen u. ſ. w. In der Sternwarte zu Paris befindet ſich ein abſichtlich elliptiſch gewölbtes Zimmer, welches daher die oben erwähnte Eigenſchaft hat, wie man im Voraus erwartete.

Das Ohr des Dionys.

Das Pfennig-Magazin
für
Verbreitung gemeinnütziger Kenntnisse.

283. Erscheint jeden Sonnabend. [Sepember 1, 1838

Das Schloß Johannisberg.

Die meisten Rheinweine wachsen zwischen Mainz und Koblenz, wo der Fluß auf beiden Seiten hohe Ufer hat, deren leichter poröser Boden und felsiger Grund sich für den Weinbau am besten eignet; im engern Sinne nennt man nur solche Weine Rheinweine, die zwischen Nierstein und Bacharach wachsen. Die geschätztesten Sorten werden auf dem rechten Ufer erzeugt, und namentlich in dem reizenden und fruchtbaren Theile des Herzogthums Nassau, der sich von den Taunusbergen zum Rheine hinzieht und unter dem Namen des Rheingaus bekannt ist. Dieser Landstrich, unstreitig eine der lieblichsten Gegenden in ganz Deutschland, die sich durch milde Luft und Naturschönheiten ebenso sehr als durch malerische Ruinen vieler alten Ritterburgen und zahlreiche und geschmackvolle Landsitze auszeichnet, ist vier Stunden lang, zwei Stunden breit, fängt bei dem Dorfe Niederwalluf unterhalb Mainz an und endigt bei Lorch; er hat etwa 18,000 Einwohner. Seine Lage, da er durch das Rheingaugebirge, dessen höchste Spitze der Rabenkopf ist, gegen die Ost- und Nordwinde geschützt und dem Mittagsstrahl der Sonne ausgesetzt ist, trägt zur Güte des Weins vorzüglich bei. Hinsichtlich des Weinbaus theilt man den Rheingau in die obere und untere Gemarkung, d. h. in die Dörfer der Höhe und die Dörfer längs des Ufers. Die geistigsten Weine gedeihen auf den Höhen, die gesündesten auf den mittlern; die in der Tiefe wachsenden werden spät trinkbar. Unter allen Weinen dieser Landschaft nimmt aber derjenige, der auf dem Johannisberg wächst, den ersten Platz ein.

„Dieser goldene Hügel", sagt ein Reisender, „ist die Krone des Rheingaus, in dessen Mitte er höchst malerisch thront. In seiner Nähe fühlen wir, daß wir uns im Herzen des berühmten Rheinlandes befinden. Unmerklich ersteigen wir diesen einzeln stehenden Weinhügel, der gegen Nordosten durch den waldbedeckten Rabenkopf, gegen Norden durch die Taunusberge geschützt ist. Hinter der auf diesem Hügel stehenden Abtei liegt das Dorf Johannisberg, ehemals eine Colonie von Unterthanen der Abtei; am Fuße des Hügels liegt dem Flusse gegenüber das kleine Dorf Johannisgrund und ein Nonnenkloster, genannt die Klause, das mit der Abtei durch einen unterirdischen Gang verbunden war. Auf dem Gipfel des Berges hat man eine sehr schöne Aussicht den Rhein entlang von Biberich bis Bingen und über die neun dazwischen liegenden Rheininseln."

Nach der allgemeinen Meinung bepflanzte Rhabanus Maurus, Abt von Fulda, zuerst diesen Berg und baute hier eine dem heiligen Nikolaus geweihte Kapelle; auch soll er hier im Jahre 847 zum Erzbischof von Mainz gewählt worden sein. Diese Erzählung ist jedoch nicht gehörig beglaubigt; gewiß ist aber, daß Ruthard, Erzbischof von Mainz, auf diesem Hügel ein Benedictinerkloster gründete, das er dem heiligen Johannes weihte; 1130 wurde dieses Kloster unter dem Erzbischof Adalbert in eine Benedictinerabtei verwandelt. Berg und Abtei führten damals den Namen Bischofsberg. Im Jahre 1525 litt die Abtei sehr im Bauernkriege; 27 Jahre nachher wurde sie von dem Markgrafen Albert von Brandenburg geplündert und niedergebrannt. Sie wurde zwar später wiederhergestellt, aber 1631 abermals durch die Schweden zerstört. Durch diese wiederholten Unglücksfälle gerieth die Abtei in Schulden und wurde vom Erzbischof Anselm Kasimir für 20,000 Thaler den Reichsschatzmeister Hubert von Bleimann verpfändet. Es lag den Benedictinern sehr am Herzen, ihr Besitzthum wiederzuerlangen, aber die Pfandsumme stieg bis zu 30,000 Thalern, was über ihre Kräfte ging. Indeß fanden sie einen mächtigen Unterstützer in dem Fürstbischof und Abt von Fulda, der auch Benedictiner war; dieser löste 1716 die Abtei ein, statt sie aber ihrer frühern Bestimmung zurückzugeben, verwandelte er sie in ein Priorat.

In den Jahren 1722—32 baute der Fürstbischof das Bergschloß, in welchem beständig zwei Domherren des Stifts Fulda wohnten. In dem einen Zimmer sieht man noch jetzt die Portraits von fünf Bischöfen. Als die Franzosen 1792 über den Rhein gingen, leerten sie sämmtliche Weinkeller des Schlosses; in einem derselben soll man noch die Spuren der Anstalten sehen, die sie im Jahre 1796 machten, um wegen rückständiger Contribution das Schloß in die Luft zu sprengen. Nur das entschlossene und unerschrockene Benehmen des Amtmanns von Rüdesheim, der gegen den feindlichen General eine freimüthige Sprache führte, konnte das Schloß damals retten. Bis zum Jahre 1802 blieb Johannisberg im Besitze des Bisthums Fulda, erst unter kurmainzischer, dann unter nassauischer Landeshoheit; dann war es bis zum Jahre 1805, wie das ganze Bisthum Fulda, im Besitze des Hauses Nassau-Oranien, kam hierauf an die Franzosen und wurde 1807 von dem Kaiser Napoleon dem Marschall Kellermann geschenkt, der es bis zum Sturze der französischen Herrschaft in Deutschland im Jahre 1813 behielt, wo die Östreicher es in Besitz nahmen. Am 1. August 1816 wurde das Schloß nebst Zubehör vom Kaiser Franz dem gegenwärtigen Besitzer, dem Fürsten von Metternich, in Lehn gegeben. Den zehnten Theil des gewonnenen Weines erhält jährlich der Kaiser von Östreich. Das zugehörige Dorf Johannisberg zählt etwa 700 Einwohner.

Die ganze Domaine, welche dem Fürsten jährlich 40,000 Gulden einträgt, enthält 63 Morgen Weinland, 70 Morgen Wiesen, 450 Morgen Felder und 400 Morgen Wald. Der Weinertrag beträgt jährlich 25 Stückfaß zu 1300 Flaschen, die gewöhnlich zu 23—24,000, in dem heißen Kometenjahre 1811 aber zu 32,000 Gulden verkauft wurden. Der auf dem Berge wachsende Wein ist unter dem Namen Schloß-Johannisberger bekannt und zeichnet sich aus durch Wohlgeruch und Mangel an aller Säure. In früherer Zeit, als die Domaine Eigenthum des Bischofs von Fulda war, war dieser kostbare Wein sehr selten und nur durch besondere Vergünstigung konnte man von vorzüglichen Jahrgängen einige Flaschen erhalten. Während der Wechsel, die seit 1802 stattfanden, ist eine bedeutende Menge dieses Weins in den Handel gekommen. Außer dem Schloß-Johannisberger gibt es noch Dorf-Johannisberger und Drittelweine, die am Fuße des Berges wachsen, welche zwar sehr gut sind und die meisten andern Rheinweine übertreffen sollen, aber das Feuer und die Lieblichkeit der Schloßweine nicht erreichen. Diese geringern Sorten werden in weit größerer Masse producirt.

Außer dem Johannisberger wachsen im Rheingau noch folgende sehr gesuchte Rheinweine: der Rüdesheimer (Bergwein), Steinberger, Geisenheimer, Rothenberger, Gräfenberger, Hattenheimer, Markebrunner und Asmannshäuser. Alle sind bekanntlich weiße Weine, mit Ausnahme des letzten, welcher der einzige am Rhein wachsende rothe Wein ist, der Erwähnung verdient; in guten Jahren gibt er einigen der besten Burgunderweine wenig nach, aber die von ihm producirte Menge ist klein und geringere Weine werden oft unter seinem Namen verkauft.

Masaniello.

Es gibt wenig Königreiche in Europa, die so vielen Veränderungen unterworfen gewesen wären, als Neapel, und die Hauptquelle dieser traurigen Veränderungen waren die unzeitigen Ansprüche der Päpste, über die Krone nach Belieben zu verfügen. Nach dem Untergange der Hohenstaufen, einer Dynastie, die durch ihre Feindseligkeit gegen die päpstlichen Usurpationen sich auszeichnete, fiel Neapel an das Haus Anjou; doch wurde die neue französische Herrscherstamm bald beliebt, bis nach vielen Schicksalswechseln Neapel mit Spanien vereinigt ward. Es blieb 150 Jahre lang ruhig im Besitz der Spanier, bis im Jahre 1647 ein armer Fischer einen Aufstand herbeiführte, der das Misgeschick und Elend des Landes nur noch vermehrte. Die Geschichte dieser außerordentlichen Revolution ist ebenso interessant als lehrreich; um aber die Ursachen dieses Aufstandes verstehen zu können, wird es nöthig sein, vorher ein Bild von der spanischen Tyrannei gegen die Neapolitaner zu entwerfen.

Als Spanien die Herrschaft über Neapel erlangte, war dieses Land ungeachtet des kaum beendigten Krieges reich und bevölkert und seine Lage gab gegründete Hoffnung auf wachsenden Wohlstand, denn es hatte die schönsten Häfen im westlichen Theile des mittelländischen Meeres, das damals die große Hauptstraße des Handels war. Spanien hingegen war durch lange Kriege gegen die Mauren erschöpft, die Entdeckung von Amerika verleitete einen großen Theil der Bevölkerung, nach den neuen Ländern auszuwandern, und das Gold und Silber, das aus Peru kam, konnte nicht den Verfall des Landbaus, die Auswanderung der fleißigsten Bewohner und die Abnahme alles einheimischen Gewinns ersetzen. Unter diesen Umständen betrachtete Spanien das neapolitanische Gebiet als eine Art Schatzkammer, aus welcher Spaniens leere Kassen gefüllt werden könnten, und der Hauptzweck der Verwaltung war daher, entweder durch Güte oder Gewalt von den italienischen Unterthanen so viel Geld zu erpressen, als nur immer möglich. Neapel wurde von Vicekönigen regiert; nur wer eine besondere Fähigkeit zum Erpressen hatte, wurde von der spanischen Regierung zu diesem Amte erwählt, und wenn er viel Geld heimschickte, kümmerte man sich nicht um die Tyrannei oder Grausamkeit, die er auf eigne Verantwortung ausübte. Die Fruchtbarkeit und der Wohlstand der neapolitanischen Besitzungen würde die Bevölkerung zwar in den Stand gesetzt haben, sehr schwere Abgaben zu tragen, aber je mehr die Spanier erhielten, desto mehr verlangten sie, und die große Bereitwilligkeit, womit man die bestehenden Steuern entrichtete, war für die spanische Regierung ein Entschuldigungsgrund und eine Ermuthigung, neue aufzulegen. So wurden die Erpressungen fortgesetzt, bis die Geduld der Neapolitaner ihr Ziel erreichte. „Das verborgene Feuer des Vesuvs", sagt ein italienischer Schriftsteller, „war nicht so zahlreich noch so gefährlich, als die rachsüchtigen Flammen, die in dem Busen der neapolitanischen Bevölkerung brannten."

Während der Regierung Philipp III. und Philipp IV. von Spanien waren die Leiden der Neapolitaner durch den Gebrauch, die Abgaben zu verpachten, noch erschwert worden. Die genuesischen Mäkler, die sie vom Könige von Spanien erkauften, erpreßten auf alle mögliche Weise ihren Gewinn von dem unglücklichen Landmanne und Handwerker. Bei einem solchen Verfahren ist es kein Wunder, daß Neapels Wohlstand endlich erschöpft wurde, und als der Admiral von Castilien, der regierende Vicekönig, eine Steuer von den gesammten Grundstücken verlangte, wurde sie ihm verweigert, weil das Volk in seiner Armuth sie nicht aufbringen konnte. Er schrieb an Philipp IV., daß Neapel in seinem jetzigen erschöpften Zustande die neue Foderung unmöglich erfüllen könnte, er erhielt jedoch als Antwort entscheidende Befehle, die Abgabe einzutreiben, und der ritterliche Admiral, der kein Werkzeug der Unterdrückung sein wollte, legte sein Amt nieder.

Ihm folgte der Herzog von Arcos, Don Rodrigo Ponce de Leon, ein Mann von ganz entgegengesetztem Charakter. Er war stolz, rachsüchtig und hartnäckig, aber auch, wie selten einer seiner Landsleute, listig und tückisch. Er hatte sein Amt noch nicht lange verwaltet, als Frankreich, damals mit Spanien im Kriege, eine Flotte aussendete, die einen Angriff auf Neapel zu machen drohte und daher den Vicekönig zwang, sich zur Vertheidigung zu rüsten. Bei dem erschöpften Zustande der Provinz verpfändete man, wie es schon damals gewöhnlich war, an Capitalisten einen Theil der öffentlichen Einkünfte, um das nöthige Geld aufzutreiben. Natürlich ließen dann diese Wucherer kein Mittel unversucht, einen doppelten Gewinn zu ziehen, und drückten auf diese Weise das verarmte Volk mit schonungsloser Härte. Trotzdem aber ließ sich diesmal kaum eine Hoffnung auf Rückerstattung der Anleihe geben. Endlich machte der Vorstand der Kaufleute, Andrea Nauclerio, den Vorschlag, eine Taxe von einem Carlin von dem Pfunde auf alle Früchte und Gewächse zu legen, die zum Verkauf auf den Markt gebracht wurden und die damals, wie jetzt, fast die einzigen Nahrungsmittel der niedern Volksclasse ausmachten. Der Vorschlag wurde angenommen und die Verfügung am 3. Januar 1647 bekannt gemacht.

Diese Abgabe war keineswegs eine neue Erfindung; schon mehre Vicekönige hatten versucht, diese Steuer einzuführen, aber den Plan immer wieder aufgegeben, da sie einsahen, wie drückend sie war. Der Herzog von Arcos jedoch war taub gegen alle Vorstellungen und beschuldigte selbst diejenigen seiner Räthe des Hochverraths, die ihn an das Sprüchwort erinnerten, daß „Hunger steinerne Mauern durchbreche". Kaum war die Verordnung verkündigt, als sich in ganz Neapel die größte Unzufriedenheit kund gab. Es gibt in Neapel eine sehr zahlreiche Classe Menschen, die Lazzaroni genannt, die an wohlfeilen Lebensunterhalt gewöhnt sind, da sie mit wenigem Gelde ein unthätiges Leben führen können. Für diese zahlreiche und gefährliche Classe war die neue Abgabe eine ungeheure Last, sie nahm ihnen, wie sie sagten, die dürftige Nahrung aus dem Munde. Gewaltthätigkeiten waren die Folgen, als ihre Beschwerden unbeachtet blieben. Der Vicekönig konnte nicht öffentlich erscheinen, ohne sich persönlichen Beleidigungen auszusetzen; auf dem Marktplatze fand man an den Ecken aufrührische Anschläge und die Bude, die zur Einnahme der Steuer erbaut war, wurde in Brand gesteckt. Der erschrockene Herzog von Arcos rief endlich seinen Rath zusammen und man zog die Sache scheinbar in Berathung; aber alle andern Quellen waren erschöpft, Geld mußte geschafft werden und das Ende der Berathschlagung war die Bestimmung, daß die Abgabe fortdauern müsse. Man versuchte Diejenigen zu bestrafen, die laut ihre Unzufriedenheit aussprachen; aber dieses Verfahren vermehrte nur die Zahl der geheimen Verschworenen und der Vicekönig wurde bald vor den Gefahren gewarnt, die ihn umgaben. In der Bai von Neapel lag eine spanische Flotte. Des Admirals Galeere war wegen ihrer Stärke und Schönheit berühmt und am Bord befanden sich 300,000 Ducati, die nach Spanien bestimmt waren. In der Nacht des 12. Mai sah man sie in Flammen stehen und ehe man es verhindern konnte, war sie mit ihrem ganzen Schatze und einem Theile der Mannschaft vernichtet. Jeder, der das Unglück sah, erkannte, daß es kein Werk des Ungefährs war, und der Vicekönig war so in Schrecken gesetzt, daß er, obschon selbst sehr abergläubisch, die alljährlich am 24. Juni stattfindende Procession zu Ehren Johannis des Täufers verbot, damit nicht die Versammlung einer großen Menschenmenge den plötzlichen Ausbruch eines Aufstandes herbeiführen möchte.

Unter Denjenigen, die am lautesten über die Abgabe klagten, war Tommaso Aniello, bekannter unter dem abgekürzten Namen Masaniello, der bestimmt war, einen schnellern Wechsel des Geschicks zu erdulden, als je ein Anderer vor und nach ihm. Er war ein schöner, gewandter und thätiger junger Mann, erst 24 Jahre alt, gleichwol aber schon von seinen Kameraden wegen seines Verstandes und seiner Thätigkeit in männlichen Spielen, womit sich die Fischer Neapels unterhalten, als ihr Führer anerkannt. Seine Frau hatten die Zolleinnehmer schon einmal gemißhandelt und ins Gefängniß geworfen, da sie einen Sack Mehl beim Einkaufe verborgen hatte, um nicht die Abgabe dafür zu zahlen.

Unsere Erzählung beginnt am 7. Juli 1647. Es war der zweite Sonntag vor dem Feste der heiligen Jungfrau von Karmel, das von den Neapolitanern mit großer Feierlichkeit begangen wird. Unter andern Ergötzlichkeiten war es gebräuchlich, eine hölzerne Festung zu erbauen, welche die Fischer, als Türken verkleidet, vertheidigten, während sie von den Lazzaroni angegriffen wurde, die in ihrer gewöhnlichen Tracht gingen. Dieses Schauspiel war beim Volke so beliebt, daß man schon an den drei vorhergehenden Sonntagen Probe hielt; an dem Sonntage, wovon wir sprechen, hatte Masaniello, zum Anführer einer der beiden Parteien gewählt, schon zu früher Stunde einen Haufen junger Leute versammelt, um ihnen ihre Rollen einzuüben. Zufällig war an diesem Tage auch ein großer Markt und viele Landleute hatten ihre Früchte und ihr Getreide zum Verkauf gebracht; aber der Markt war sehr schlecht, entweder weil sich zu viele Verkäufer versammelt hatten, oder weil die Menge von den Vorspielen zum Feste gefesselt wurde. Die Zollbeamten aber bestanden dennoch darauf, daß die Taxe für Alles bezahlt werden sollte, möchte es verkauft sein oder nicht; doch war es noch unentschieden, ob die Abgabe von den Landleuten oder von den Höckern bezahlt werden müßte.

*

Der Streit kam vor Andrea Nauclerio, der den Vorschlag zu der neuen Erpressung gemacht hatte, und er entschied, daß die Taxe von Denjenigen bezahlt werden sollte, welche die Früchte auf den Markt brächten. Masaniello's Schwager, einen Landmann von Pozzeroli, traf diese Entscheidung besonders hart, da er einen großen Waarenvorrath hatte; er klagte laut über die Ungerechtigkeit, daß er von Waaren eine Abgabe geben sollte, die ihm noch keinen Gewinn gebracht hätten, und seine laute Stimme erregte die Aufmerksamkeit Masaniello's und seiner Genossen. Sie eilten nach dem Marktplatze und der Landmann, jetzt des Beistandes gewiß, ließ seinem Zorne freien Lauf, indem er seine Feigen, die eigentlich den Streit herbeigeführt hatten, ausschüttete und rief: „Nehme sie, wer will, unsere Tyrannen sollen keine davon bekommen!" Augenblicklich ergriff auch Masaniello ein Körbchen voll Feigen und sie dem Nauclerio in's Gesicht werfend rief er: „Dies ist das Letzte, was ihr von uns erhaltet!" Hiermit gab er das Zeichen zu dem allgemeinen Aufruhr; die Abgabeneinnehmer und ihre Untergebenen wurden mit Steinen geworfen, eine Gewaltthätigkeit folgte der andern; die Buden der Einnehmer wurden niedergebrannt und in wenigen Minuten war der Marktplatz in den Händen einer wüthenden Volksmasse. Masaniello ergriff die Gelegenheit, zu seinen Genossen zu sprechen; der Zorn lehrte ihn Beredtsamkeit und obschon er sich nicht der Vortheile der Erziehung erfreute, so war doch seine Rede darauf berechnet, den Beistand des Volks ihm zu sichern. Er machte seine Zuhörer darauf aufmerksam, in welchen Gefahren sie schwebten, indem sie den Zorn der Spanier gereizt hätten; er erklärte, daß jetzt der Wendepunkt des Geschicks ihres Vaterlandes eingetreten sei; er beschwor sie, zu ihm zu halten, und versprach mit den kräftigsten Worten die Abschaffung aller Beschwerden, wovon sie bisher gedrückt worden waren.

Allerdings war dies die Sprache, die jeder Volksaufwiegler gebrauchte, um die Menge zu begeistern; aber Masaniello war kein Redner, der nur eine Aufregung beabsichtigte; es war ein reiner Zufall, der ihn zum Urheber und Leiter eines Aufstandes erhob. Sein Geschick bewies hinlänglich, wie gefahrvoll es ist, die Leidenschaften der Unwissenden zu erwecken, und fügte ein Beispiel zu den vielen, welche die Geschichte darbietet, daß es unmöglich ist, durch physische Kraft Uebeln abzuhelfen, ohne Beschwerden hervorzubringen, die unendlich größer sind als diejenigen, deren Druck den Aufstand bewirkte.

Angetrieben durch Masaniello's feurige Rede zerstreute sich der Volkshaufe vom Marktplatze; einige bewaffneten sich mit ihren Arbeitswerkzeugen, andere erbrachen die Läden der Büchsenmacher und bemächtigten sich der Waffen, die sie darin fanden. Die Häuser der Abgabenpächter wurden erbrochen, man feuerte in die Wohnungen der Spanischgesinnten und Viele ergriffen die Gelegenheit, sich für persönliche Beleidigungen zu rächen, unter dem Vorwande des Eifers für das öffentliche Wohl. Anfänglich enthielten sich die Aufrührer der Plünderung, aber bald war auch bei diesem Aufstande, wie bei unzähligen andern, der Eifer des Patriotismus nicht mehr im Stande, die Raublust zu bändigen; die Weiber, die mit den Aufrührern gemeinsame Sache machten, gaben das Beispiel zum Stehlen, das bald zu einem regelmäßigen Raubsystem ausartete.

Noch hatten die Empörer keinen anerkannten Anführer; sie wünschten einen aus dem Adelstande und zwangen den Prinzen von Bisignano, sich an ihre Spitze zu stellen. Aber obschon der neapolitanische Adel die Tyrannei des Vicekönigs höchlich misbillige, so war er doch zu klug, um den Volksauflauf zu begünstigen; er wußte zu gut, daß der Volkshaufe die Edlen, die falscher Ehrgeiz verleitet, sich mit ihnen zu vereinigen, bald nachdem er sie benutzt hat, aus der natürlichen Eifersucht, womit die untern Classen stets die höhern betrachten, wie unnützes Geräthe wegwerfe, zu schwach, um den rohen Anfoderungen einer herrschsüchtigen Volksmasse genügen zu können. Empört über die Ausschweifungen, denen er beizuwohnen gezwungen war, ergriff der Prinz die erste Gelegenheit, zu entfliehen, während die verwirrten Massen, welche in der Stadt zerstreut waren, sich auf einem Punkte versammelten und mit wildem Geschrei vor den Palast des Vicekönigs zogen. Seine Garde machte einen schwachen Versuch, die Wüthenden aufzuhalten, wurde aber bald überwältigt, einige aus dem Haufen drangen in die Zimmer des Vicekönigs und verlangten unter wüthenden Drohungen die Abschaffung sämmtlicher Abgaben. Da der Herzog von Arcos sah, daß er auf Beistand nicht rechnen durfte und der Volksauflauf mit jedem Augenblicke einen ernsthaftern Charakter annahm, willigte er in alle Foderungen; aber die Nachgiebigkeit unterdrückte den Aufruhr nicht, das Volk zertrümmerte sein kostbarstes Geräthe und verschonte ihn selbst nicht mit persönlichen Beleidigungen. Er versuchte in einer Kutsche zu entfliehen, wurde aber entdeckt und gemishandelt. Endlich jedoch, als er Geld unter das Volk warf und dadurch die Aufmerksamkeit von sich abwendete, gelang es ihm, in das Castell zu entfliehen, indem er die Stadt den Rebellen überließ.

Das Volk rief hierauf Masaniello zum „Feldherrn des getreuen neapolitanischen Volks" aus; er, der am Morgen noch ein armer Fischer gewesen war, sah sich als unumschränkter Herrscher, ehe noch die Nacht begonnen hatte. Er ernannte einen Rath aus den niedrigsten und berüchtigtsten unter den Aufrührern, aber im wahren Geiste eines rohen Demokraten, stolz gemacht durch zeitliche Macht, gestattete er nicht, daß seine Genossen über seine Befehle und Verordnungen berathschlagten; ja er ließ sich sogar kaum herab, auf ihren Rath zu hören.

Schon jetzt zeigte Masaniello Spuren des Wahnsinns, der höchst wahrscheinlich eine Folge der ungewohnten Verhältnisse, worin er sich versetzt sah, und auch der hauptsächliche Grund seines baldigen Sturzes war. Er machte den Thurm der Karmeliter zu seinem Hauptquartiere und hier beobachtete er, während sein Rath mehr sprach als berathschlagte, ein finsteres Schweigen und wärmte seine Hände über einem Kohlenbecken. Die einzige Antwort, die er auf wiederholte Fragen gab, war: „Ich fühle ein Brennen und eine Schwere, als ob geschmolzenes Blei auf meinen Schädel gegossen würde; aber die heilige Jungfrau und die Heiligen erscheinen mir jede Nacht und versprechen mir ihren Schutz und Beistand. Ich habe dem Volke Freiheit versprochen und es soll frei sein, ja ich verspreche, ich schwöre, es soll frei sein." Diese abgebrochenen Reden sprach er mit wahnsinniger Hast und seine verblendeten Anhänger hielten sie für Worte einer höhern Eingebung. Ohne Zögern gehorchten sie seinen Befehlen, alle Kerker zu öffnen und die Gefangenen zu befreien; sie ermordeten die wenigen Einwohner, die es wagten, Widerstand zu leisten, und steckten die Häuser mehrer verrufener Personen in Brand. Eines der Häuser, die ein Raub der Flammen wurden, enthielt eine bedeutende Menge Pulver; es flog in die Luft und 87 Menschen verloren ihr Leben. Die Sonntagsnacht wurde von den Bewohnern Neapels schlaflos zugebracht; die Flammen der brennenden Häuser erleuchteten jeden Theil der Stadt; auf jeder Straße hörte man das Geschrei der Verwundeten und die Klagen der Verwandten derselben, ausgenommen, wo die Aufrührer mit Gewalt Schweigen geboten.

Kaum war der nächste Morgen angebrochen, als die zügellosen Haufen der Aufrührer die Straßen durchzogen und mit zehnfacher Wuth die Greuel des vergangenen Tags erneuten; hier, wie bei andern Volksaufständen, zeigte sich, daß ein Aufruhr wie alles Böse durch Nachsicht stärker wird und daß die Trübsale der Zügellosigkeit sich mit furchtbarer Schnelligkeit häufen. Der Herzog von Arcos beschloß zu unterhandeln und wählte einen neapolitanischen Edelmann, den Herzog von Matalone, den er damals im Schlosse gefangen hielt, zum Vermittler unter den Empörern.

Keine Frage hätte die Neapolitaner mehr in Verlegenheit bringen können, als diejenige, worin ihre Foderungen bestünden. Die Erwartung des gemeinen Volks ist immer zügellos und unbestimmt und deshalb verlangt es Unmöglichkeiten. Die Anführer des Aufstandes foderten nicht allein die Abschaffung aller Abgaben, sondern auch die Auslieferung eines Freibriefs mit goldenen Lettern geschrieben, den der Kaiser Karl V. einst den Bürgern Neapels ausgestellt haben sollte. Eine solche Urkunde gab es nicht, aber Masaniello erklärte, daß sie ihm durch höhere Eingebung beschrieben worden sei, und diese Erklärung machte alle andern Beweise überflüssig.

Unter diesen Umständen suchte der Vicekönig durch eine falsche Urkunde, der verlangten ähnlich, das Volk zu täuschen. Sie erschien jedoch in zu kurzer Zeit, um der List auch nur den geringsten Erfolg verschaffen zu können; man entdeckte augenblicklich den Betrug und der Herzog von Matalone wurde der Gegenstand einer allgemeinen Verachtung. Die wüthenden Aufrührer ergriffen und fesselten ihn und warfen ihn ins Gefängniß.

Masaniello's Krankheit war durch eine schlaflose Nacht verschlimmert worden; er feuerte seine Genossen zu neuen Greuelthaten an und verrieth einen wilden Haß gegen den Adel und die höhere Volksclasse. Mit seiner Billigung wurden die Häuser aller Derjenigen, die man für Feinde des Volks hielt, geplündert und zerstört; seine Genossen, die verworfensten und zügellosten Lazzaroni, durchzogen die Straßen mit Bootshaken, um die Vornehmen von ihren Pferden zu ziehen, und verbreiteten solchen Schrecken, daß das Erscheinen eines von ihnen hinlänglich war, eine mit Menschen angefüllte Straße zu räumen. Selbst die Weiber, mit Flinten auf den Schultern, Schwertern an den Seiten und Dolchen im Gürtel, nahmen Theil an diesen Gewaltthätigkeiten, und sogar Kinder theilten die allgemeine Tollwuth. Eine zweite Nacht der Revolution brach an und die Resultate der Tyrannei eines Pöbelhaufens waren Blut und Flammen in der einst so freundlichen Stadt.

Die Ausschweifungen des vorigen Tages wurden am 9. Juli mit frischer Wuth erneut. Masaniello führte eine Abtheilung seiner Genossen gegen die St.=Lorenzokirche, worin eine Compagnie spanischer Soldaten lag, die aber zu schwach war, um nachdrücklichen Widerstand leisten zu können. Von nun an wurde diese Kirche das Hauptquartier der Aufrührer und die

Glocken wurden geläutet, wenn Masaniello und seine Genossen es für nöthig hielten, das Volk zu versammeln. Am Abend des Tages machte der Vicekönig einen neuen Versuch, eine Unterhandlung zu eröffnen, und wählte zu seinem Gesandten den Cardinal Felomarino, Erzbischof von Neapel, der ein Günstling des Volks war. Er überredete das Volk und seine Führer, daß er bevollmächtigt sei, alle streitigen Punkte auszugleichen, und zeigte Abschriften der Privilegien von Ferdinand dem Katholischen und Karl V. Obschon diese Urkunden nichts von jenen Gewährungen enthielten, die das Volk fälschlich erwartete, so wurden sie doch mit Zufriedenheit aufgenommen und die Nacht verging ruhiger als eine der vorhergehenden.

Der Friede, wozu des Cardinals Unterhandlung einige Hoffnung gegeben hatte, wurde am folgenden Tage durch neue Greuelthaten gestört. Große Banditenhaufen, die lange eine Plage des Landes gewesen waren, zogen in die Stadt und wurden von Masaniello freudig aufgenommen. Einem dieser Verbrecher, Namens Peronne, übergab er die Bewachung der Gefangenen. Aber der Herzog von Matalone fand es nicht schwer, den Banditen zu überreden, ein Verräther gegen die Sache des Volks zu werden und sich mit einem andern Räuber, Namens Palombe, zur Ermordung Masaniello's zu vereinigen. Vorläufig ließ man den Herzog entwischen und er eilte, sich in sichere Entfernung zu begeben.

(Der Beschluß folgt in Nr. 284.)

Das Flintglas.

Das hauptsächlichste der fortschreitenden Vervollkommnung der Fernröhre im Wege stehende Hinderniß bestand bisher darin, daß man kein Mittel kannte, Flintglasstücke von jeder verlangten Größe in der nöthigen Güte und Reinheit zu verfertigen. Dieses Hinderniß ist allem Anscheine nach durch eine ganz neuerlich in Frankreich gemachte Erfindung beseitigt worden; bevor ich aber näher darauf eingehe, muß ich einige erläuternde Bemerkungen vorausschicken.

Die ältern Fernröhre hatten den Fehler, daß sie die Gegenstände mit farbigen Rändern zeigten, was der Deutlichkeit großen Eintrag that; man mußte sie sehr lang machen, um den Übelstand möglichst zu verkleinern, der bei kleinen Fernröhren am störendsten hervortritt; aber selbst der große Newton, der sich durch so viele höchst wichtige Entdeckungen unsterblich gemacht hat und dem wir die erste genügende Erklärung der Farbenerscheinungen verdanken, erklärte es mit Bestimmtheit für unmöglich, den Übelstand der farbigen Ränder zu beseitigen. Hierin irrte er sich aber; denn 1758, 30 Jahre nach seinem Tode, gelang es seinem Landsmanne John Dollond, ein farbenloses, d. h. die Gegenstände mit ihren natürlichen Farben, ohne die fremdartigen farbigen Ränder, zeigendes Fernrohr zu verfertigen, das bei einer Brennweite von fünf Fuß weit mehr leistete, als die besten bisher verfertigten von drei bis vier Mal größerer Brennweite und Länge. Solche farbenlose Fernröhre nennt man achromatisch; sie unterscheiden sich von den frühern dadurch, daß das größte, vorderste Glas, das sogenannte Objectivglas, das nach den betrachteten Gegenständen zugekehrt wird, nicht einfach, sondern aus zwei oder drei Gläsern oder Glaslinsen von zwei verschiedenen Glasarten zusammengesetzt ist. Es besteht nämlich aus einer concaven, das Licht stark zerstreuenden Linse von Flintglas und einer oder zwei *) converen Linsen aus einer andern das Licht weniger stark zerstreuenden Glasart, gewöhnlich aus englischem Tafelglas oder Kronglas.

Das Flintglas, das seinen englischen Namen von Flint, d. i. Feuerstein, hat, enthält viel Blei und ist daher bedeutend schwerer als das Kronglas; dieses ist nur etwa $2\frac{1}{2}$, das Flintglas aber $3\frac{1}{2}-3\frac{3}{4}$ Mal schwerer als Wasser. Die Fabrikation dieses Glases hat große Schwierigkeiten, welche die größten Optiker und Chemiker aller Länder zu überwinden gesucht haben. Diese Schwierigkeiten rühren eben von dem Bleigehalte her, indem dieses Metall wegen seiner Schwere ein Bestreben äußert, während der Schmelzung sich zu trennen und herabzusinken, wodurch mehre Glasschichten von verschiedener Dichtigkeit entstehen. Dies macht aber die Masse für den Gebrauch zu Fernröhren unbrauchbar, denn dieser Zweck erheischt eine vollkommen gleichartige Masse. Die geringste Ungleichartigkeit wird beim Gebrauche im Fernrohr durch ein streifiges Ansehen der Gegenstände merklich, indem die ungleiche Mischung eine nicht in allen Theilen der Masse gleiche Brechung der Lichtstrahlen hervorbringt. Nur in der Verfertigung einer gleichförmigen Masse ohne Streifen und Wolken liegt die Schwierigkeit, nicht in der Mischung selbst; über diese ist man im Reinen und weiß, daß zu 100 Theilen 43 Theile Bleikalk, 42 Kieselerde und 11 Pottasche zu nehmen sind; also nur auf einen besondern Kunstgriff bei der Verfertigung kommt es an, um dicke Stücke Flintglas ohne alle Streifen zu erhalten.

Lange Zeit waren die Bemühungen, diese Glasart zu verfertigen, ohne genügenden Erfolg, denn das vortreffliche Glas, dessen sich Dollond zu seinen berühmten und noch jetzt so hoch geschätzten Fernröhren bediente, war eigentlich zufällig entstanden; es war nämlich nicht das gewöhnliche unter dem Namen Flintglas schon früher in England bekannte weiße Krystallglas, sondern Dollond hatte es sich von einer Glashütte im Norden Englands verschafft, wo ein Block von Flintglas vorhanden war, der durch Auslaufen aus dem Risse eines Tiegels entstanden war und Jahre lang in der Glut gelegen hatte, indem man ihn erst beim Einreißen des Ofens auffand. In Frankreich wurden zwar mehre Preise auf die Verfertigung von gutem Flintglase gesetzt und gewonnen, aber ohne daß man dadurch viel weiter kam.

Erst ein deutscher Optiker, Fraunhofer in München, der zu seinen Fernröhren beide Glasarten seit 1811 selbst verfertigte, aber leider schon 1826 starb, hat sich mit entschiedenem Erfolge mit der Darstellung großer Flintglasmassen abgegeben. Sein Glas war so gleichförmig, daß, wenn er aus einem Hafen mit 400 Pfund Flintglas zwei Stücke nahm, eins vom Boden, das andere von der Oberfläche, diese von vollkommen gleicher Dichtigkeit waren. Er verfertigte Objectivgläser bis zu neun Zoll Durchmesser, die ohne allen Vergleich mehr leisteten, als je vor ihm geleistet worden ist, ja er versicherte sogar in seinen letzten Lebensjahren, daß er sich getraue, achromatische Objectivgläser von 18 Zoll Durchmesser zu liefern. Er hat sein Verfahren nicht bekannt gemacht; sein Nachfolger, Mär; in München, hat ein Fernrohr verfertigt, dessen Objectivglas 12 Zoll im Durchmesser hat und noch von Fraunhofer sein soll. Je mehr ein Fernrohr leisten, je stärker es vergrößern soll, desto größer muß das Objectivglas sein,

---

*) Dreifache Objectivgläser mit zwei converen Linsen brauchte man bald nach der Erfindung der achromatischen Gläser; jetzt sind sie nicht mehr üblich.

aber die Schwierigkeit der Verfertigung achromatischer Gläser wächst mit der Größe in sehr schnellem Verhältnisse, weshalb ein anscheinend geringer Unterschied in der Größe einen sehr großen Unterschied im Preise hervorbringt. Ein doppeltes in einen einfachen metallenen Ring gefaßtes Objectivglas von Fraunhofer, ohne allen übrigen Zubehör, kostet, je nachdem der Durchmesser 1, 2, 3, 4, 5, 5½ oder 6 Zoll beträgt, 10, 36, 125, 300, 580, 770 oder 1000 Gulden. Bei diesen Gläsern kommt freilich zu der Schwierigkeit der Verfertigung des Glases noch die des Schleifens, aber auch die einfachen, roh gegossenen, weder geschliffenen noch polirten Glasplatten steigen sehr schnell im Preise; eine Scheibe Flintglas kostet, je nachdem der Durchmesser 4, 6, 8, 10 oder 12 Zoll beträgt, 56, 232, 980, 1690 oder 2880 Gulden, eine Scheibe Kronglas von gleicher Größe nur 30, 117, 274, 544 oder 1000 Gulden.

In England wurde in dieser Hinsicht weniger geleistet, obgleich große Summen zu diesem Zwecke für Gelehrte und Künstler bestimmt wurden. Dem berühmten Physiker Faraday gelang es, mit Hülfe der geschicktesten Glaser schöne Massen von Flintglas hervorzubringen, aber sein Verfahren, das er mit großer Uneigennützigkeit bekannt machte, ist zu kostspielig, um anwendbar zu sein. Er kam nur dann zum Ziele, wenn er die Masse in großen Platintiegeln schmolz; das so erhaltene Flintglas war so empfindlich, daß die mindeste Berührung es trübe machte und der leiseste Hauch ihm seine Politur raubte. Die größten von den Engländern gelieferten Objectivgläser haben nicht über 5 englische Zoll im Durchmesser.

In Fraunhofer's Werkstätte arbeitete ein Franzose, Guinand, der ziemlich zu gleicher Zeit mit Jenem auf das Geheimniß der Verfertigung gekommen zu sein scheint. Als Fraunhofer sich von ihm trennte, legte Guinand in der Schweiz eine Flintglasfabrik an, die lange Zeit viele Optiker mit Flintglas versah; aber auch Guinand ist, wie Fraunhofer, gestorben, ohne Jemand sein Geheimniß mitgetheilt zu haben. Der Optiker Lerebours in Paris hat in den letzten Jahren zwei von Guinand erhaltene Glasscheiben zu Objectivgläsern von 12 und 13 Zoll im Durchmesser verarbeitet.

Dem Sohne Guinand's scheint es nach mehrjährigen Bemühungen gelungen zu sein, das von seinem Vater angewendete Verfahren wieder aufzufinden; er wird daher auch wol ohne Zweifel den Preis von 10,000 Francs erhalten, welchen eine Gesellschaft in Paris, deren Zweck die Beförderung der Industrie ist, erst im Januar 1838 auf die Verfertigung des Flintglases im Großen gesetzt hat. Sein Verfahren ist sehr einfach, vollkommen praktisch und bei der Verfertigung des Kronglases und aller andern Glasarten ebenfalls anwendbar. Unter den Augen zweier ausgezeichneten französischen Gelehrten, des Astronomen Arago und des Chemikers Dumas, die er in den Besitz des Geheimnisses gesetzt hat, hat Guinand wiederholt sehr schöne Massen ganz reines Flintglas von allen Dimensionen ohne alle Streifen verfertigt, und verlangt nur 2000 Francs, um sein Geheimniß zu veröffentlichen.

Von großem Nutzen ist aber jedenfalls die neue, von dem berühmten Littrow in Wien gemachte und von dem Optiker Plößl ausgeführte Erfindung der dialytischen Fernröhre, bei welchen die beiden Linsen des Objectivglases nicht dicht nebeneinander stehen, sondern voneinander getrennt aufgestellt sind.*) Bei dieser Einrichtung können nämlich die Fernröhre kürzer sein und kleinere Objectivgläser haben, als achromatische von derselben Güte nach der bisherigen Einrichtung.

Theepflanzungen in Brasilien.

Es ist allgemein bekannt, daß der Thee zu den wichtigsten Handelsartikeln gehört, da England jährlich mehr als 30 Millionen Thaler dafür nach China sendet. Wenn daher die brasilische Regierung in der neuern Zeit versucht hat, mittels einer aus Chinesen bestehenden Colonie die Theecultur einzuführen, so dürfte dieser Versuch wol einer besondern Erwähnung werth sein. Könnte Europa erst von Brasilien wenigstens einen Theil seines Theebedarfs erhalten, dann würde es nicht mehr genöthigt sein, ihn für klingende Münze zu kaufen und einen großen Theil seiner edeln Metalle dem Orient zu geben, sondern es würde dafür Waaren nach Brasilien schicken. Überhaupt läßt sich mit der größten Gewißheit annehmen, daß unberechenbare Vortheile für Europa sowol als für Brasilien sich herausstellen würden, falls dieser Versuch gelingen sollte.

Der frühere Minister, Graf von Linhares, ließ vor mehren Jahren eine Menge Theepflanzen, sowie einige Chinesen zu deren Pflegung kommen und gründete hinter dem Corcovado, am Ufer des kleinen Sees Lagoa de Rodrigo das Freitas, die erste Pflanzung. Im Jahre 1825 belief sich die Zahl der Theestauden auf 6000; sie wurden reihenweise gepflanzt, je drei Fuß voneinander, und gediehen vortrefflich. Die Blütezeit ist vom Juli bis September und der Same wird vollkommen reif. Dreimal des Jahres wählt man die zu pflückenden Blätter aus, trocknet sie in Öfen von Thonerde und sondert sie sorgfältig nach den verschiedenen Arten, ganz wie es in China zu geschehen pflegt.

Wenn man aber dem in Brasilien gebauten Thee den Vorwurf macht, es fehle ihm der feine, aromatische Geschmack des besten chinesischen Thees, und wenn selbst Unparteiische eingestehen, daß ein harter, erdartiger Geschmack nicht zu verkennen sei, so erklärt sich dies leicht durch den Umstand, daß diese Pflanze noch nicht lange genug in Brasilien eingeführt ist, um sich ganz zu acclimatisiren, und man darf wol nicht ohne Grund hoffen, daß der Thee bei fortwährender Sorgfalt nach und nach alle die Eigenschaften annehmen werde, die man bei der chinesischen Pflanze schätzt. Vielleicht ist man auch nicht vorsichtig genug in der Wahl der Chinesen gewesen, welche man zu diesem Zwecke kommen ließ, ein Fehler, der einzig und allein auf Rechnung der Regierung gesetzt werden müßte.

Die Zahl der beim Lagoa de Rodrigo das Freitas und bei der Pflanzung von Santa-Cruz beschäftigten Chinesen beläuft sich auf ungefähr 300, von denen aber nur wenige sich mit der Theecultur beschäftigen. Die meisten sind Köche oder Mäkler. Sie gewöhnen sich sehr leicht an das brasilische Klima, und es würde wahrscheinlich für das Land äußerst vortheilhaft sein, wenn man größere Chinesencolonien anlegte und die Begründung derselben begünstigte.

Harmuir.

Wenn man die Grafschaft Murray in Schottland in westlicher Richtung bereist, so wird man von der Schönheit der Aussicht, die man auf allen Seiten hat, ganz bezaubert. Die Üppigkeit fruchtbarer Felder, welche von zahllosen Bächen bewässert werden, die sich weithin ausdehnenden Wälder, mit stattlichen Schlössern, die aus

---

*) Vgl. Pfennig-Magazin Nr. 241. S. 354.

ihrem Schatten hervorragen, die fernen Hügel mit ihrer purpurfarbigen Bekleidung von Haidekraut, die von den Strahlen der untergehenden Sonne beleuchtet werden, die friedlichen Flecken und Dörfer, Flüsse, die in ihren alten Betten dahinfließen, und das mit Schiffen belastete Meer, das mit seinen kleinen Wellen die Muscheln an seinem sandigen Gestade küßt, Alles vereinigt sich, um ein Gemälde von fesselnder Schönheit zu bilden. Hat aber der Reisende das Ende der Grafschaft erreicht, wo sie an die Grafschaft Nairn stößt, so bietet sich seinen Blicken ein ganz verschiedenes Schauspiel dar; eine flache, weit ausgedehnte Haide erscheint, die jede Berührung der Cultur zurückstößt, baumlos und ohne Sträucher, außer an ihrer östlichen Grenze, wo eine Gruppe verkrüppelter Föhren und einige Gebüsche von Pfriemenkraut und Geniste dem dürren Boden ein kümmerliches Dasein abnöthigen. Hier und da erhebt sich auf ihrer Oberfläche eine aus Rasen erbaute Hütte oder die dachlosen Mauern einer längst verödet stehenden Wohnung. Dem Reisenden wird es unheimlich zu Muthe, wenn er die düstere Wildniß um sich her erblickt, und auf Befragen erfährt er, daß sie der Harmuir genannt wird, und daß der allgemeine Aberglaube sie als die Gegend bezeichnet, wo Macbeth mit den drei Hexen zusammenkam.

Gewiß fühlt Jeder, der nicht ganz gefühllos ist, an dieser Stelle seine Pulse rascher schlagen. Er steht auf dem Schauplatze von einem der großartigsten Gemälde Shakspeare's, wo nach seiner Dichtung und der alten Sage die Schicksalsschwestern den Pfad jenes Mannes kreuzten, der damals einer der größten und trefflichsten von Schottlands Kriegern war, bald aber der Feind seines Vaterlandes werden sollte. Dort stiegen jene schrecklichen Träume vor Macbeth's innerm Auge auf, deren Erfüllung seiner Zukunft Macht und Herrschaft, aber auch Schuld und Tod bringen sollte. Der Wanderer fühlt sich wie festgebannt; sein Gedächtniß verweilt abwechselnd auf jenen „Blasen der Erde", wie Banquo sie nennt, auf dem königsmörderischen Usurpator und zuletzt auf Derjenigen, die den goldenen Reif mit ihm theilte und bei der sich der maßloseste Ehrgeiz und eine sich nie verleugnende Energie in Ausführung ihres verbrecherischen Vorhabens vereinigt fanden. Wird er nun vollends von einer krampfhaften Zuckung der Elemente überfallen, wo Erde und Himmel im Kampfe liegen, wo die nahe See durch die entfesselten Winde gepeitscht und in Wuth versetzt wird, und wo die Möve oder der Rabe ihre wilden Töne über seinem Kopfe vernehmen lassen, wie sehr wird dann das Interesse gesteigert. Sollte aber gar sein Weg zufällig nach Forres führen und er der Entfernung dieses Orts unkundig sein, so kann er wie Banquo fragen: „Wie weit ist es noch bis Forres?" Und die einzige Abweichung von der Dichtung würde dann sein, daß der Antwortende, wenn auch noch so seltsam und auffallend gekleidet, doch einem Bewohner der Erde gleichen würde.

Harmuir liegt größtentheils auf Grund und Boden der Familie Brodie. Die in unserer Abbildung dargestellte Ruine war bis gegen das Ende des vergangenen Jahrhunderts der Wohnsitz dieses alten Geschlechts und nimmt sich ungemein malerisch aus, indem sie in ihrem verfallenen Zustande zu der Ode der umgebenden Gegend sehr gut paßt. In weiter Entfernung sieht man die Hügel von Roß und Caithneß. Die dürre Haide findet sich etwa fünf englische Meilen westlich von Forres; sie verdient jenen Namen noch ebenso wohl, als vor 700 Jahren, wo sie Macbeth so nannte, und ist ein vollkommenes Bild einer trostlosen Wildniß.

Die Gegend, wo der Sage nach Macbeth den drei Hexen begegnete.

Verantwortlicher Herausgeber: Friedrich Brockhaus. — Druck und Verlag von F. A. Brockhaus in Leipzig.

Das Pfennig-Magazin
für
Verbreitung gemeinnütziger Kenntnisse.

284.]   Erscheint jeden Sonnabend.   **[September 8, 1838.**

Der tarpejische Felsen.

Die südliche Seite oder Spitze des capitolinischen Berges in Rom hieß bei den Römern der tarpejische Felsen und diente als Hinrichtungsplatz für Staatsverräther; die einzige Todesstrafe, welche hier vollzogen wurde, bestand aber darin, daß die Verbrecher herabgestürzt wurden. Seinen Namen erhielt der Felsen der Sage nach von der Tarpeja, der Tochter des Römers Spurius Tarpejus, dem in dem Kriege des ersten römischen Königs Romulus mit den Sabinern die Vertheidigung einer hier stehenden Burg anvertraut war. Tarpeja wurde von dem sabinischen Anführer Tatius durch Bestechung bewogen, seine Krieger heimlich in die Burg einzulassen. Als Lohn soll sie sich ausbedungen haben, was die Sabiner an den linken Armen trügen, womit sie die schweren goldenen Spangen und Ringe mit Edelsteinen meinte, welche die Sabiner am linken Arm zu tragen pflegten. Die Sabiner aber sollen sie nach ihrem Eindringen in die Burg, zum Lohn für ihren Verrath, mit ihren Schilden, die sie ebenfalls an dem linken Arme trugen, bedeckt und so erstickt haben. Personen vom ersten Range litten hier die Strafe des Herabstürzens, die zu den Zeiten des Horaz noch nicht völlig abgeschafft war und noch von Tiberius in Anwendung gebracht wurde.

Der tarpejische Felsen war wegen seiner Steilheit und Höhe, sowie wegen der vorragenden Ecken zu seinem Gebrauche vollkommen geeignet; ein Fall von ihm mußte unfehlbar tödtlich sein. Gegenwärtig hat sich die Localität so sehr verändert, daß es nicht völlig ausgemacht ist, wo der tarpejische Felsen zu suchen ist. Der Haupteingang zum Capitol war sonst im Süden, jetzt

VI.

im Norden; oben ist ein viereckiger Platz, in dessen Hintergrunde der Palast des Senators steht. Hinter demselben befinden sich nach Süden zu zwei Spitzen des capitolinischen Berges; auf der östlichen steht die Kirche Sta. Maria in ara Celi, auf der westlichen der Palast Caffarelli und eine kleine Straße. Jene Spitze war das eigentliche Capitol mit dem Tempel des Jupiter Capitolinus; die westliche, welche weit größer und stärker ist und dem Andrange der Etrusker und Gallier mehr ausgesetzt sein mußte, enthielt höchst wahrscheinlich die Citadelle und den tarpejischen Felsen. Man hat von hier aus eine herrliche Aussicht auf die Tiber und die in der Nähe befindlichen prachtvollen Ruinen. Indessen finden sich die Reisenden sehr getäuscht, wenn sie den tarpejischen Felsen in Augenschein nehmen, weil er den furchtbaren Begriffen, die sie aus den alten Schriftstellern mitbringen, wenig entspricht. In mehren Reisebeschreibungen ist die Meinung ausgesprochen, daß man von demselben wol füglich ohne Lebensgefahr herabspringen könnte; indessen ist dies doch schwerlich möglich und der Versuch ist wahrscheinlich nie gemacht worden. Allerdings hat sich aber die Höhe des Felsens durch verschiedene Ursachen vermindert; der Boden am Fuße des Felsens ist durch die Anhäufung von Schutt und Ruinen bedeutend erhöht, der Felsen selbst ist zum Theil abgetragen und Häuser sind darauf gebaut worden; auch wissen wir, daß ein Stück desselben von der Größe eines ansehnlichen Hauses in der Mitte des 15. Jahrhunderts herabstürzte. Die größte Höhe des capitolinischen Hügels über dem Boden beträgt nach neuerer Messung etwa 57 rhein. Fuß. Davon kommt freilich nur etwa die Hälfte auf den senkrechten Abhang, die andere Hälfte auf den obersten Gipfel, auf welchem der Palast Caffarelli steht, aber der ganze Hügel ist steil zu nennen, und rechnen wir in mäßiger Schätzung 20 Fuß für die Tiefe des am Fuße angehäuften Schuttes, so erhalten wir einen sehr ansehnlichen Abgrund.

Masaniello.
(Beschluß aus Nr. 283.)

Masaniello hielt eine allgemeine Versammlung, um über des Cardinals Anträge zu berathschlagen. Eine ungeheure Menge strömte nach dem Platze, der zur Zusammenkunft bestimmt war, als plötzlich das Erscheinen von 500 Banditen, welche vollständig bewaffnet und gut beritten waren, eine Bewegung unter dem Volke hervorbrachte. Sie ritten nach dem Platze, wo Masaniello stand; einige Ausrufungen von der Menge erweckten seinen Argwohn und er befahl den Räubern, abzusteigen. Anstatt seinen Befehlen zu gehorchen, schossen sieben von ihnen aus ihre Karabiner auf ihn ab; aber obschon seine Hand vom Pulver verbrannt wurde, so verletzte ihn doch keine Kugel. Die wüthende Menge stürzte sich sogleich auf die Räuber; 40 von ihnen wurden beim ersten Angriff umgebracht; die übrigen suchten Schutz in einer Kirche, in dem Wahne, daß die Neapolitaner, deren Aberglaube sprüchwörtlich war, das Heiligthum achten würden. Aber in der furchtbaren Aufregung des Volkswuth hört die Religion auf, den Zorn zu bändigen. Die erzürnte Menge sprengte die Thüren, die Metzelei begann in den geheiligten Hallen; auf dem Fußboden floß das Blut und die Bilder der Jungfrau und der Heiligen wurden damit bespritzt; selbst Jene wurden nicht geschont, die mit ihren Armen den Altar umfaßten; die Gottheit und die Heiligen, die sie so lange verleugnet hatten, gewährten ihnen keinen Schutz.

Nur Einige wurden für größere Qualen aufgespart; sie wurden gefoltert, um ihnen Bekenntnisse abzuzwingen; man wickelte Stricke um ihre Daumen, bis das Blut aus den Nägeln sprang, und bereitete ihnen noch andere schreckliche Qualen. Sie bekannten, daß sie den Plan gehabt hätten, Masaniello zu ermorden und dann auf das durch den Verlust ihres Führers verwirrte Menge einzudringen. Alle sagten einstimmig aus, daß der Herzog von Matalone und sein Bruder Don Joseph Caraffa die Anstifter der Verschwörung wären; Andere aber, wahrscheinlich in der vergeblichen Hoffnung, ihr Leben zu retten, sprachen noch von andern schrecklichen Dingen; sie erzählten, man habe beabsichtigt, den Versammlungsplatz zu unterminiren und ihn mit der ganzen versammelten Menge in die Luft zu sprengen. Diese Aussagen verzögerten kaum das Geschick der Gequälten, denn sobald einer Alles gestanden hatte, was er wußte, wurde er niedergehauen, der Kopf vom Rumpfe getrennt und der Körper mit barbarischer Lust verstümmelt.

Die Versammlung wurde fortgesetzt; Masaniello, mit zerschossenem Hemde und von den wildesten Lazzaroni umgeben, die auf ihren Piken die blutigen Köpfe der Banditen trugen, redete das Volk an, übertrieb die Gefahren, welchen er und sie Alle entgangen wären, und feuerte sie an, gegen den ganzen Adel und die Vornehmen furchtbare Rache zu üben.

Ein gräßliches Geschrei füllte die Luft, als er seine Rede geendet hatte; ein Haufen machte sich sogleich auf den Weg, um den Herzog und seinen Bruder aufzusuchen, während Andere ein Schaffot erbauten; die blutenden Körper der Erschlagenen wurden an die Schweife der Pferde gebunden und mit triumphirendem Geschrei durch die Straßen geschleift; die Fischer, die Lazzaroni und Haufen nichtswürdiger Weiber und Mädchen verstümmelten mit wahrhaft thierischer Wuth die Leichen der Banditen, während Kinder sich im Blute wälzten oder mit den Gliedern der Verstümmelten spielten und ein gräßliches Vergnügen an dem Blutbade zu finden schienen. Matalone entging seinen Verfolgern, aber Caraffa wurde gefangen und nach dem Platze der Hinrichtung geschleppt. Seine Feinde konnten ihren Durst nach seinem Blute nicht zähmen und ehe er noch das Schaffot erreicht hatte, schlug ihm ein Fleischer mit einem Beile das Haupt ab. Als Masaniello dieses Ereigniß hörte, bestieg er, immer noch in seiner Fischertracht, das Schaffot und ein bloßes Schwert in der Hand rief er: „Bringt den Verräther hierher!" Man gehorchte seinen Befehlen und nun begann der wüthende Rebell den Körper des unglücklichen Edelmanns zu mishandeln und mit Füßen zu stampfen, sodaß selbst seine hartherzigen Genossen ihr Misfallen verriethen.

Während dieses furchtbaren Tages hielt die Geistlichkeit die Kirchen offen, sprach Friedensgebete und veranstaltete Seelenmessen für die Opfer des Aufstandes. Selbst diese Feierlichkeit verfehlte den beabsichtigten Erfolg; Mörder mit ihren Schlachtwerkzeugen, Mordbrenner mit ihren brennenden Fackeln blieben vor den Thüren der Kirchen stehen, entblößten ihr Haupt, beugten ihr Knie und zogen dann weiter, um das Werk der Vernichtung fortzusetzen.

Der Herzog von Arcos ließ sich durch diese Greuel keineswegs abschrecken, die Unterhandlungen fortzusetzen. Der Cardinal Felomarino erschien am 11. Juli aufs Neue als Vermittler. Masaniello, der nicht schreiben konnte, dictirte seinen Secretairen gewisse Friedensbedingungen, die besonders in der Aufhebung aller Abgaben und der allgemeinen Amnestie für alle Theilnehmer am Aufruhr bestanden. Als die Artikel niebergeschrieben waren, wurden sie in der Kirche der Karmeliter dem Volke öffentlich vorgelesen und mit lautem Beifall aufgenommen. Cardinal Felomarino schlug dann vor, Masaniello sollte ihn zum spanischen Vicekönig begleiten; der Vorschlag wurde angenommen und der Volksführer vertauschte sein Fischerkleid mit einem prächtigen Gewande von Silberstoff; dann bestieg er ein reich geschmücktes Roß und begab sich von einer ungeheuren Menge begleitet zum Vicekönig. Der stolze Herzog empfing den mächtigen Fischer mit der größten Achtung und behandelte ihn wie den ersten Granden. Die höfischen Ceremonien wurden zu einer solchen Länge ausgedehnt, daß das Volk, welches außerhalb auf Masaniello's Rückkehr wartete, unruhig zu werden anfing und Verdacht schöpfte. Als Masaniello den Lärm hörte, trat er ans Fenster und indem er den Finger an den Mund legte, herrschte plötzlich wieder das tiefste Stillschweigen unter der zahllosen Menge. Er ergriff diese Gelegenheit, dem Vicekönig ein Beispiel von dem wunderbaren und gefährlichen Einflusse zu geben, welchen er über das Volk ausübte. Er gab ein Zeichen mit seiner Hand und augenblicklich ertönten alle Glocken der Stadt; er winkte noch einmal mit der Hand und sogleich verstummten sie wieder. Er erhob seinen Arm und die Menge stieß ein betäubendes Geschrei aus; er legte seinen Finger an den Mund und die tausend und aber tausend Menschen wurden stumm und bewegungslos wie Bildsäulen. Ein solcher Beweis hatte den beabsichtigten Erfolg. Der Vicekönig fand es nöthig, den Titel eines so mächtigen Volksführers anzuerkennen; er begrüßte ihn nicht nur als Feldherrn des Volks, sondern hing ihm auch mit eigner Hand eine goldene Kette um den Hals und ernannte ihn zum Herzog von St.-Georg.

Die Hoffnung auf Frieden wurde durch Masaniello's zunehmende Krankheit vereitelt; es peinigte ihn eine stete Angst vor dem Tode, indem er theils die Banditen, theils die Vornehmen fürchtete, welche, er glaubte, jene gegen ihn aufhetzten. Er konnte nur einige Minuten schlafen und hielt seine Umgebung in steter Aufregung, indem er sogleich von seinem Lager wieder aufsprang und ausrief: „Auf, auf! wir dürfen nicht ruhen, ehe wir Herren von Neapel sind." Er nahm keine Nahrung nur aus den Händen eines seiner Verwandten, da er stets besorgte, vergiftet zu werden. Oft äußerte er die Vermuthung, daß er von dem wankelmüthigen Volke verlassen, ermordet und sein Körper ebenso großen Mishandlungen ausgesetzt werden würde, wie Caraffa's Leiche. Seine Ahnung war nur zu wahr! Von diesem Argwohn geängstigt, nahm er Gesuche und Bittschriften nicht mehr auf dem Marktplatze in Empfang, sondern stellte sich in seiner Fischerkleidung vor das Fenster seiner Hütte, während eine geladene Büchse neben ihm stand. Ein Haufe Lazzaroni umgab das Haus als Wachen und Vollstrecker seines Willens, während zwei Secretaire seine Verfügungen ausfertigten, worin er fortwährend einen tiefen Haß gegen die Aristokraten an den Tag legte.

Am 13. Juli wurden in der Kathedrale die Friedensbedingungen zwischen Masaniello und dem Vicekönige feierlich bestätigt. Während der Feierlichkeit wurden die Zeichen von Masaniello's Wahnsinn zuerst dem Volke bemerkbar; er unterbrach häufig die Vorlesung des Vergleichs durch verfängliche und selbst ungereimte Einwürfe. Nach Beendigung der Ceremonie konnte man ihn nur mit Mühe davon abhalten, daß er nicht vor der ganzen Versammlung seine kostbaren Gewänder auszog und sein Fischerkleid wieder anlegte. Dennoch aber hing die Menge an ihm und ihr anhaltender Freudenruf brachte ihn wieder zur Besinnung.

Der Aufstand hatte nun schon acht Tage gedauert. Der zweite Sonntag hatte begonnen und Neapels Leiden schienen schlimmer als je geworden zu sein. Masaniello's Wahnsinn wurde jetzt dem Volke ganz offenbar; er sprengte halbnackt durch die Straßen, lud den Herzog von Arcos zu Tische, sprang mit den Kleidern ins Meer, schwamm eine Stunde lang darin herum und leerte bei Tische zwölf Flaschen starken Weines. Die Trunkenheit, die folgte, gewährte ihm den Schlaf, den er seit seiner Erhebung, nicht genossen hatte.

Die Wuth der Aufrührer war jetzt erschlafft und sie waren der Greuelthaten müde. Das Volk hatte nichts zu thun; denn Alle, die für Feinde der Volkssache galten, waren beseitigt worden. Masaniello's wahnwitzige Grillen, die zuweilen närrisch, aber stets nachtheilig waren, verminderten sehr die Begeisterung, womit das Volk an ihm hing. Es bildete sich eine zweite Verschwörung gegen ihn, worein viele seiner eifrigsten Anhänger verwickelt waren. Seine despotische Macht, die er häufig durch Handlungen der Tyrannei an den Tag legte, schien noch zu furchtbar zu sein, um ihr widerstehen zu können. Aber am 15. Juli gegen Abend zog er sein Schwert, hieb wüthend nach Allen, die sich ihm näherten und wurde so unbändig, daß ihn seine Freunde binden und während der Nacht in Sicherheit bringen mußten.

Mit Tagesanbruch eilte Masaniello aus dem Gewahrsam, worin ihn seine Freunde gehalten hatten, nach der Kirche del Carmine, wo eine große Menge zum Gottesdienst versammelt war. Nach Beendigung der Feierlichkeit bestieg Masaniello, ein Crucifix in der Hand, die Kanzel, redete in verzweifeltem Zorne zu der Versammlung und klagte, daß er betrogen und verlassen sei. Als er sich durch sein Sprechen immer mehr erhitzte, kam sein Wahnsinn zum vollen Ausbruch und seine Rede und seine Geberden wurden so furchtbar, daß ihn die Priester mit Gewalt von der Kanzel reißen mußten. Dann rief er den Cardinal um Schutz an, indem er sich erbot, seine ganze Würde dem Vicekönige abzutreten, und der Prälat überredete ihn, sich in ein anstoßendes Kloster zurückzuziehen. Die Verschworenen drangen alsbald mit dem Geschrei: „Heil dem Könige von Spanien, Tod dem Masaniello!" in seinen Zufluchtsort ein. Auf einen Augenblick kehrte seine ganze frühere geistige Kraft zurück und sich gegen die Anstürmenden wendend, rief er mit fester Stimme: „Suchen mich meine getreuen Unterthanen? Hier bin ich!" Kaum hatte er diese Worte gesprochen, als vier Kugeln in seine Brust drangen und mit dem Ausruf: „Undankbare Verräther!" sank er leblos zu Boden.

Die Versammlung in der Kirche del Carmine vernahm ohne Bewegung das Geschick des kühnen Volksführers. Diejenigen, die noch am vorigen Tage mit Freudengeschrei ihn begrüßt hatten, sahen jetzt gleichgültig zu, wie man ihm das Haupt abschlug und es als Siegestrophäe zum Vicekönig trug. Sein Körper wurde von einem Haufen Knaben, unter welche der Adel frei und offen Geldstücke warf, durch die Straßen geschleift und dann in einen der Stadtgräben geworfen.

Mit Masaniello's Tode war jedoch die Ruhe noch nicht wiederhergestellt. Am Tage nach seiner Ermordung, am 17. Juli, versammelte sich ein ungeheurer Haufen Lazzaroni, suchte seine entehrten Überreste und trug sie in Procession nach der Kathedrale; hier kleidete man seinen Körper in königliche Gewänder, gab ihm ein Scepter mit einem Lorberkranz in die

*

Hand, und eine Krone nahm die Stelle ein, wo einst sein Haupt gewesen war. Sein Leichenbegängniß fand mit dem größten Glanze statt, Tausende von Bewaffneten folgten der Bahre mit dem Ausdrucke der Achtung und der Betrübniß, und als der Körper in das Grab gesenkt wurde, brach die ungeheure Menge in Thränen und Klagen aus, und das Andenken an den unglücklichen Fischer wurde noch lange von dem neapolitanischen Volke mit großer Verehrung bewahrt.

So wurde Masaniello in einem Zeitraume von zehn Tagen aus der Dunkelheit zu einer schwindelnden Höhe der Macht erhoben, dann plötzlich ermordet, mit Schimpf durch die Stadt geschleift und endlich wie ein Fürst begraben und fast wie ein Heiliger verehrt. Der Bürgerkrieg brach bald aufs Neue aus; aber nachdem sich der erste Enthusiasmus der Neapolitaner abgekühlt hatte, sahen sie endlich ein, daß sie unfähig waren, der spanischen Herrschaft länger zu widerstehen. Durch innere Aufstände geschwächt, von ihren Führern mißhandelt und getäuscht und von Räubern geplündert, gingen sie gern jede Bedingung ein, um den Frieden zu erkaufen, und unterwarfen sich einer Herrschaft, die weit drückender war als diejenige, gegen welche sie sich empört hatten.

Der Vogel Apteryx.

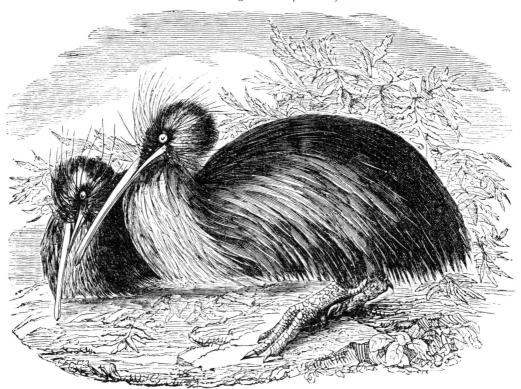

Die gelehrte Welt verdankt die erste Kenntniß dieses sonderbaren Vogels dem verstorbenen Engländer Dr. Shaw, der ein Exemplar, welches er im Jahre 1812 aus Neuseeland erhalten hatte, abbildete und beschrieb. Da keine öffentliche Sammlung im Besitze eines Exemplars war, so nahmen die Naturforscher des Continents Anstand, an das Dasein des Vogels zu glauben. Einige meinten, es wäre eine untergegangene Gattung, wie der Dodo, während Andere glaubten, der Vogel wäre völlig fabelhaft und die Beschreibung desselben gründe sich auf die im Britischen Museum aufbewahrten Ueberreste des Dodo.

In der neuesten Zeit ist das Dasein des Apteryx außer Zweifel gesetzt worden. Seine Heimat ist Neuseeland, wo er unter dem Namen Kiwikiwi bekannt ist. Die Eingeborenen jagen ihn bei Nacht mit Hülfe von Lichtern, um ihn zu blenden, und mit Hunden, um ihn zu tödten. Die außerordentlich weichen Federn werden von ihnen sehr geschätzt und besonders zur Verfertigung von Galakleidern gebraucht; eine damit verzierte Matte gilt für das kostbarste Gewand eines Häuptlings. Gewänder dieser Art stehen in so hohem Werthe, daß ein Europäer, der sich sechs Jahre in Neuseeland aufgehalten hatte, nur einen von diesen Federn gemachten Mantel zu sehen Gelegenheit hatte, aber nichts konnte den Eigenthümer bewegen, sich von ihm zu trennen. Neuerlich hat die Zoologische Gesellschaft in London mehre ausgestopfte Exemplare dieses seltsamen Vogels aus Neuseeland erhalten und nach ihnen seine Eigenthümlichkeiten besser bestimmt; von seiner Lebensart ist noch sehr wenig bekannt. Man weiß nur, daß die Eingeborenen ihn durch Abbrechen des abgestorbenen Zweiges eines Baumes aus seinem Verstecke locken, indem der plötzliche krachende Ton ihn antreibt, es zu verlassen.

Der eigenthümliche Bau des Apteryx, die Länge seines Schnabels, die Dicke seiner Füße und der fast gänzliche Mangel an Flügeln machten es schwierig, ihm seine passende Stelle im Systeme anzuweisen. Der lange und dünne Schnabel des Apteryx ist auf den ersten Blick dem des Brachvogels sehr ähnlich, aber bei genauerer Untersuchung bemerkt man einen großen Unterschied. Bei dem letztern Vogel befinden sich die Nasenlöcher immer an der Wurzel des Schnabels, was nothwendig ist wegen der Art, wie er sein Futter sucht, das aus Würmern und andern kleinen im Schlamme, in welchen der Vogel seinen Schnabel taucht, sich aufhaltenden Thieren besteht; wenn sich nun die Nasenlöcher am Ende befänden, so würden sie sich mit Erde füllen, was dem Vogel mindestens lästig fallen würde. Der Apteryx hingegen findet sein Futter auf der Oberfläche, daher ist für ihn die Stellung der Nasenlöcher am Ende nützlich, weil dadurch den Geruchsorgane den Gegenständen, die er sieht, näher gerückt werden, was für ihn darum nöthig ist, weil er ein Nachtvogel ist und die Augen ihm der Finsterniß wegen von geringem Nutzen sind.

Der Vogel selbst hat die Größe eines drei Monat alten Truthahns und eine dunkelbraune Farbe; sein Fleisch ist schwarz, sehnig, zähe und geschmacklos. Nach seiner Gestalt und seinem Bau gehört er in die Familie der straußartigen Vögel, unterscheidet sich aber von den wenigen bis jetzt bekannten Arten dieses Geschlechts durch seinen langen Schnabel, die Kürze der Fußwurzeln und den Besitz eines scharfen Sporns, der eine unausgebildete Zehe endigt. Am nächsten kommt er dem amerikanischen Strauß, nicht nur hinsichtlich der Länge des Schnabels, sondern auch hinsichtlich der Stellung der Nasenlöcher, nur daß jener beim Apteryx noch länger ist. Die Flügel des letztern sind zwar fast nur angedeutet, stimmen aber mit denen des amerikanischen Straußes darin überein, daß sie am Ende stark gekrümmt sind; im Baue der Federn kommt der Apteryx dem Casuar am nächsten. Die wenigen Arten dieser Familie zeichnen sich sämmtlich aus durch die nach ihrer Lebensart modificirten Eigenthümlichkeiten ihres Baus; bei keiner tritt dies mehr hervor als beim Apteryx, welcher sich sowol in seiner Bildung als in seiner Lebensart am meisten von dem Typus der Familie, dem afrikanischen Strauße, entfernt und den Eigenthümlichkeiten seiner Heimat angepaßt ist. Übrigens soll es in Neuseeland noch einen andern Apteryx mit kürzerm und dickerm Schnabel geben.

Die Gegenden, welche dieser Vogel liebt, sind tiefliegende morastige Gegenden und solche, die mit ausgedehntem und dichtem Farrnkraut bedeckt sind, unter welchen er sich verbirgt; wird er von Hunden, wenn man ihn gewöhnlich jagt, hart bedrängt, so flüchtet er sich in Felsenspalten, hohle Bäume und die tiefen Löcher, die er im Boden aushöhlt und in denen er sein Nest aus getrocknetem Farrnkraut und Gras bauen soll. Wenn er ungestört ist, trägt er den Kopf so, daß der Schnabel gegen den Boden gerichtet ist; wird er verfolgt, so läuft er sehr schnell und trägt den Kopf aufrecht, wie der Strauß. Angegriffen, vertheidigt er sich sehr muthig und theilt schnelle und gefährliche Schläge mit seinen starken Füßen und scharfen Sporen aus, mit denen er auch auf den Boden stampfen soll, um die Würmer, die er frißt, zu stören; sobald sie sich zeigen, faßt er sie mit seinem Schnabel. Wahrscheinlich frißt er auch Schnecken und Insekten.

Erster vollendeter Themsetunnel.

Im Monat December 1837 eröffnete Herr Hoofe, der Architekt der West-Middleserwasserwerke, diese Werke dadurch, daß er mit seinen drei Söhnen durch einen Kanal kroch, der unter der Themse hindurch geführt ist. Dieser kleine Tunnel besteht aus 68 Röhren, von denen jede 9 Fuß Länge und 3 F. Durchmesser hat. Er leitet das Wasser von Surrey, wo zu dessen Reinigung Reservoirs von 30 Acres Oberfläche angelegt sind, nach Middleser. Hr. Hoofe, der erste Mensch, der je unter der Themse hindurchpassirte, legte seinen Weg durch den Tunnel auf Händen und Füßen zurück und brauchte dazu 8¼ Minute. Allem Anscheine nach dürfte diese Art, die Themse zu passiren (nämlich unterirdisch), noch nicht sobald allgemein werden, da die Vollendung des großen Themsetunnels, von welchem Nr. 28 und 30 des Pfennig-Magazins Nachricht geben, ohne Zweifel noch im weiten Felde ist. Im März dieses Jahres hat die Themse den Arbeitern im Tunnel abermals einen Besuch abgestattet, wiewol der vorige noch im frischen Andenken war.

Ursprung der größern europäischen Monarchien und Regentenhäuser.

Europa zerfällt gegenwärtig in 59 Staaten, nämlich 51 Monarchien und 8 Freistaaten (letztere sind die Schweiz, die vier freien Städte in Deutschland, Krakau, die Republik der sieben ionischen Inseln und San-Marino). Die Monarchien werden regiert von zwei Kaisern, einem Sultan, dreizehn Königen, drei Königinnen, dem Papste, sieben Großherzögen, einem Kurfürsten, zehn Herzögen, einer Herzogin, elf Fürsten und einem Landgrafen. Alter und Ursprung der Kaiserthümer und Königreiche und ihrer Regentenhäuser stellen wir im Folgenden übersichtlich zusammen.

Kaiserthümer.

I. *Rußland.* Früher Großfürstenthum, später Zarthum, Kaiserthum seit 1721 (Peter I.). Seit Peter III. Thronbesteigung 1762 regiert das deutsche Haus Holstein-Gottorp, ein Ast des oldenburgischen Regentenhauses, das in zwei Hauptlinien zerfällt, von denen die ältere in Dänemark regiert. Der regierende Kaiser Nikolaus I. ist der fünfte Regent aus diesem Hause, überhaupt aber haben in Rußland sieben Kaiser und vier Kaiserinnen regiert.

II. *Östreich.* Anfangs Markgrafschaft, seit dem 12. Jahrhundert Herzogthum, seit 1360 Erzherzogthum, seit 1804 Kaiserthum; erster Kaiser Franz I. (als römisch-deutscher Kaiser Franz II. genannt). Die Regenten von Östreich führten seit Rudolf von Habsburg (1273) gewöhnlich zugleich die römisch-deutsche Kaiserwürde, bis zum Jahre 1806. Seit dem Jahre 1740 regiert das Haus Lothringen (durch Vermählung mit dem im Mannsstamme erloschenen Hause Habsburg vereinigt); der jetzige Kaiser Ferdinand I. ist der fünfte Regent aus diesem Hause und der zweite Kaiser von Östreich. Seitenlinien regieren in Toscana, Modena und Parma.

III. *Türkei.* Das osmanische Reich in Asien wurde von Osman I. gestiftet, der 1300 den Titel Sultan annahm. Die Herrschaft der Türken in Europa begann 1360 und ihr Reich trat 1453 an die Stelle des griechischen Kaiserthums. Noch jetzt regiert die Nachkommenschaft Osman I.; der jetzige Sultan oder Großherr Mahmud II., zuweilen auch Kaiser genannt, ist der 32ste.

Königreiche.

I. *Frankreich.* Die älteste europäische Monarchie, schon um 500 von Clodwig gegründet. Seit 987 herrscht die Dynastie der Capetinger, benannt vom ersten Könige dieses Hauses, Hugo Capet, Grafen von Paris; im Jahre 1589 kam mit Heinrich IV., dem 28sten Könige dieser Dynastie, die bourbonische Linie auf den Thron, von einem jüngern Sohne Ludwig IX. (starb 1270) abstammend; der ältere Zweig des Hauses Bourbon wurde mit Karl X. 1830 vertrieben und ihm folgte der von einem jüngern Sohne Ludwig XIII. (starb 1643) gestiftete jüngere Zweig des Hauses Bourbon oder das Haus Orleans, dessen erster König Ludwig Philipp I. der achte König aus dem Hause Bourbon, der 35. aus der Dynastie der Capetinger und der 62. König von Frankreich ist. — Von 1792—1804 war Frankreich ein Freistaat, von 1804—14 und 1815 ein Kaiserthum unter Napoleon Bonaparte.

II. Spanien bildet eine einzige Monarchie, seitdem Ferdinand V. der Katholische von Aragonien im Jahre 1479 die beiden Kronen von Aragonien und Castilien auf seinem Haupte vereinigt hat. Das seit 1701 (Philipp V., Enkel Ludwig XIV.) regierende königliche Haus ist ein Zweig des in Frankreich regierenden Hauses Bourbon, und zwar von dessen älterer Linie. Dem sechsten Könige aus diesem Hause, Ferdinand VII., folgte 1833 seine Tochter Isabella, welcher Ferdinand's Bruder Karl unter dem Namen Karl V. den Thron streitig macht. — Von 1808—13 regierte in Spanien Joseph, Bruder des Kaisers Napoleon.

III. Portugal. Seit 1094 Grafschaft; seit 1139 Königreich. Der erste König war Alfons I. aus der ältern burgundischen Linie des Capetingischen Stammes. Seit Johann I. (1383), einem natürlichen Sohne des Königs Peter I., regiert die unechte burgundische Linie, seit Johann IV. (1640) das Haus Braganza, ein jüngerer Zweig dieser Linie, gegründet von einem natürlichen Sohne Johann I.; von 1580—1640 hatten drei Könige von Spanien in Portugal regiert. Der 27. König, aus dem Hause Braganza der siebente, war Johann VI.; nach dessen Tode 1826 trat sein Sohn Dom Pedro I., Kaiser von Brasilien, Portugal an seine Tochter Maria II. ab, deren Gemahl, Prinz Ferdinand von Sachsen-Koburg, jetzt auch den Titel König führt.

IV. Neapel und Sicilien wurden 1130 durch Roger II. zu einem Königreiche vereinigt, waren aber später, von 1282—1503, 1707—34 und 1805—15, getrennt. Das regierende Haus ist seit Karl III. (1734) der in Spanien regierende Zweig des Hauses Bourbon, der sich 1759 in eine ältere oder spanische und eine jüngere oder neapolitanische Linie getheilt hat; der jetzt regierende König Ferdinand II. ist der vierte König aus diesem Hause. — Von 1805—8 war Joseph Bonaparte, Bruder Napoleon's, von 1808—15 Joachim Murat, Schwager Napoleon's, König von Neapel.

V. Sardinien. Dieses Königreich ist aus der Grafschaft Savoyen entstanden, welche 1416 unter Amadeus VIII. zum Herzogthum erhoben wurde, und unter Victor Amadeus II. 1713 die Königswürde und Sicilien, 1720 aber Sardinien statt Sicilien erhielt. Der erste Graf von Savoyen war Beroald, gestorben 1023, dessen Nachkommen noch jetzt regieren. Die ältere, 1630 gestiftete Linie erlosch 1831 im Mannsstamme mit Karl Felix, worauf die jüngere Linie oder das Haus Savoyen-Carignan mit Karl Albert, dem siebenten Könige von Sardinien, zur Regierung kam.

VI. Großbritannien und Irland. Das Königreich England stiftete der angelsächsische König Egbert I. von 800—818, indem er die sieben um 450 gestifteten angelsächsischen Königreiche in England vereinigte. Irland ist seit 1172, Schottland seit 1603 mit England unter einem Könige verbunden. Seit 1714 regiert das Haus Braunschweig-Lüneburg, dessen erster König, Georg I., von mütterlicher Seite ein Urenkel des Königs Jakob I. aus dem Hause Stuart war. Auf den fünften König aus dem Hause Braunschweig, Wilhelm IV., folgte 1837 seine Nichte Victoria, Tochter des Herzogs von Kent, und fünfte regierende Königin von England.

VII. Holland (Niederlande). Die sieben nördlichen Provinzen der Niederlande gehörten bis 1477 zum Herzogthume Burgund, später zu Ostreich und zum deutschen Reiche, seit 1556 zu Spanien, befreiten sich aber schon seit 1559 von der spanischen Herrschaft und wurden 1648 unter dem Namen der vereinigten Niederlande als Freistaat anerkannt. Von 1806—10 bildete Holland unter Napoleon's Bruder, Ludwig, ein Königreich, von 1813—15 ein Fürstenthum, seit 1815 ein Königreich, und zwar bis 1830 in Verbindung mit Belgien. Der jetzige König, Wilhelm I., der erste König dieses Landes, 1813 zum souverainen erblichen Fürsten von Holland, 1815 zum König der Niederlande proclamirt, stammt aus der jüngern oder Ottonischen Hauptlinie des Hauses Nassau, dessen ältere oder Walramische Hauptlinie in dem deutschen Herzogthume dieses Namens regiert, und zwar aus dem einzigen noch blühenden Aste Nassau-Dietz oder Nassau-Oranien. Das Haus Nassau befindet sich seit 1587 im Besitz der Statthalterwürde der Niederlande, die 1674 erblich wurde.

VIII. Belgien. Die südlichen Provinzen der Niederlande gehörten, wie die nördlichen, früher zu Burgund, dann zu Spanien, seit 1713 zu Ostreich, bis sie sich 1789 losrissen, seit 1794 zu Frankreich; 1815 wurden sie mit den nördlichen Provinzen zu einem Königreiche vereinigt, trennten sich aber 1830 wieder von demselben. Der 1831 gewählte König Leopold stammt aus dem Hause Sachsen-Koburg und ist ein Bruder des regierenden Herzogs von Sachsen-Koburg-Gotha.

IX. Dänemark bestand schon in uralter Zeit als Königreich; aber erst 920 n. Chr. wurden mehre kleine Staaten zu einem Reiche vereinigt. Seit 1448, wo Christian I. zum König gewählt wurde, regiert das Haus Oldenburg, dessen jüngere Linie, Holstein-Gottorp, in Rußland und Oldenburg regiert und von 1751—1818 in Schweden regiert hat. Die in Dänemark regierende ältere Linie heißt die königliche Linie. Der jetzige König Friedrich VI. ist der 14. König aus diesem Hause.

X. Schweden und Norwegen. Olav II., König von Upsala, nahm 1001 das Christenthum an und nannte sich zuerst König von Schweden, aber erst 1137 wurden die kleinen Reiche zu einer Monarchie vereinigt. Bis 1544 war Schweden ein Wahlreich. Norwegen, das bisher zu Dänemark gehört hatte, wurde von diesem 1814 an Schweden abgetreten, bildet aber ein selbständiges, unabhängiges, nur unter einem König mit Schweden vereinigtes Königreich. Das regierende Haus ist seit 1818 das Haus Bernadotte, dessen Stifter, König Karl XIV. Johann, ein geborener Franzose von bürgerlicher Herkunft, noch jetzt regiert.

XI. Griechenland gehörte seit dem Sturze des griechischen Kaiserreichs im Jahre 1453 zur Türkei, aber im Jahre 1821 empörten sich die Griechen gegen die türkische Herrschaft und 1830 wurde ihre Unabhängigkeit von dem Großsultan anerkannt. 1832 wurde das Königreich Griechenland gegründet und der (bis 1835 minderjährige) Prinz Otto, zweiter Sohn des Königs von Baiern, von den drei Mächten Rußland, England und Frankreich mit Zustimmung der Griechen zum König gewählt, worauf sich derselbe nach

Griechenland begab und am 6. Februar 1833 die Regierung antrat.

XII. **Preußen.** Das Stammland ist die Mark oder das Kurfürstenthum Brandenburg, das regierende Haus ist die jüngere Linie des uralten Hauses Hohenzollern, dessen ältere Linie in den beiden süddeutschen Fürstenthümern dieses Namens regiert. Beide Linien wurden um 1200 gestiftet von Friedrich und Konrad, den Söhnen Rudolf II. von Hohenzollern. Friedrich VI. von Hohenzollern, Burggraf von Nürnberg, erwarb Brandenburg und die Kurwürde 1415 durch Kauf. Einer seiner Nachkommen, Markgraf Albrecht (aus einer Seitenlinie), wurde 1525 erblicher Herzog von Preußen, das jedoch erst 1617 mit der Mark Brandenburg unter einem Regenten (Kurfürst Johann Sigismund) vereinigt und erst 1657 von der polnischen Lehnsherrlichkeit befreit wurde. Der zwölfte Kurfürst aus dem Hause Hohenzollern, Friedrich III., erklärte sich unter dem Namen Friedrich I. 1701 zum Könige von Preußen; der jetzt regierende König Friedrich Wilhelm III. ist der fünfte.

XIII. **Baiern** war schon in uralten Zeiten ein Herzogthum; 1623 wurde es Kurfürstenthum und 1805 Königreich. Regiert wird es vom Hause Wittelsbach, dessen Stammvater, Graf Otto I. von Wittelsbach, nach der Ächtung Herzog Heinrich's des Löwen aus dem Hause der Welfen oder Guelfen 1180 erblicher Herzog von Baiern wurde. Von den Söhnen seines Urenkels, Ludwig's des Strengen, stiftete der ältere, Rudolf I., welcher die Pfalz am Rhein erbte, die pfälzische Hauptlinie, der jüngere, Ludwig der Baier, der Oberbaiern erbte und 1314 Kaiser wurde, die bairische Hauptlinie. Letztere starb 1777 mit dem fünften Kurfürsten, Maximilian Joseph, aus, worauf Baiern an die ältere Linie fiel, von welcher die sulzbacher Nebenlinie von 1777 bis zu ihrem Erlöschen 1799 regierte, wo die noch jetzt blühende birkenfeldische Nebenlinie zur Regierung kam. Der jetzt regierende König Ludwig I. ist der zweite.

XIV. **Hanover** war unter dem Namen Braunschweig-Lüneburg seit 1235 ein Herzogthum, seit 1692 ein Kurfürstenthum; seit 1815 ist es ein Königreich. Das regierende Haus ist die jüngere Hauptlinie des Welf-Esteschen Stammes, dessen ältere in Braunschweig regiert. Der erste bekanntere Fürst dieses von dem italienischen Hause der Markgrafen von Este abstammenden Geschlechts ist Heinrich der Löwe, Herzog von Baiern und Sachsen, dessen Sohn, Otto das Kind, 1235 erster Herzog von Braunschweig und Lüneburg wurde. Einer seiner Nachkommen war Herzog Ernst I., der Bekenner, zu Celle, dessen Söhne Heinrich und Wilhelm 1569 die beiden genannten noch blühenden Hauptlinien stifteten. Kurfürst Georg Ludwig wurde 1714 König von England; seit dieser Zeit waren England und Hanover 123 Jahre lang unter einem Regenten vereinigt und wurden erst 1837 wieder getrennt, wo Ernst August, der vierte König von Hanover, zur Regierung kam.

XV. **Sachsen** war ein Herzogthum seit 842 (doch ist das alte Sachsen von dem heutigen verschieden), wurde 1370 zum Kurfürstenthum und 1806 zum Königreich erhoben. Das regierende Haus ist das Haus Wettin, welches 1130 unter dem Grafen Konrad dem Großen die 926 gestiftete Markgrafschaft Meißen, 1423 unter Friedrich dem Streitbaren das Herzogthum Sachsen und die Kurwürde erhielt. Die Söhne von Kurfürst Friedrich dem Sanftmüthigen, Ernst und Albert, welche die ältere oder Ernestinische und die jüngere oder Albertinische Hauptlinie stifteten, theilten 1485 die Besitzungen des Hauses; die ältere Linie behielt die Kurwürde bis 1547, wo sie an die jüngere Albertinische Linie fiel, die sie seitdem immer behalten und 1806 mit der Königswürde vertauscht hat. Der jetzige König Friedrich August II. ist der dritte König. Die Ernestinische Linie regiert in dem Großherzogthume Sachsen-Weimar und den drei sächsischen Herzogthümern.

XVI. **Würtemberg** war im 13. Jahrhundert eine Grafschaft; 1495 wurde es unter Eberhard V. oder I. ein Herzogthum, 1803 unter Friedrich II. dem 15. Herzoge, ein Kurfürstenthum und unter demselben 1806 ein Königreich. Die Nachkommen des ersten bekannten Grafen von Würtemberg, Ulrich I., welcher 1265 starb, regieren noch gegenwärtig. Der jetzige König Wilhelm I. ist der zweite.

Die französischen Haiden.

Im Südwesten von Frankreich, am atlantischen Meere und zwischen der Gironde und den Pyrenäen, liegt das Departement der Haiden (Landes), früher zur Provinz Gascogne gehörig, durch welches der Weg von Bayonne nach Bordeaux führt. Die Haiden nehmen drei Viertel des Departements ein, dessen Flächenraum 174 deutsche Quadratmeilen beträgt, erstrecken sich aber auch über einen beträchtlichen Theil des angrenzenden Departements Gironde, haben im Ganzen eine Länge von mehr als 30 Stunden bei einer Breite von 15—20 Stunden und machen etwa den 36. Theil von ganz Frankreich aus. Sie bilden unstreitig den ödesten, traurigsten und ärmsten Theil des Königreichs, ja man kann sagen, eine der ödesten Gegenden von Europa, mit welcher sich die viel besser angebaute lüneburger Haide nicht vergleichen läßt. Der Boden der Haide ist mit dürrem, leichtem Flugsande bedeckt, zum Theil auch sumpfig. Die Ortschaften liegen sehr weit auseinander und machen einen ähnlichen Eindruck wie die Oasen in Afrika. Nur in der Nähe dieser wenigen Ortschaften findet man einige Roggenfelder, sonst sind die Haiden gar nicht angebaut und außer Haidekraut nur mit Fichten- und Korkbäumen bewachsen. Der ödeste Theil ist die Gegend am Meere, die darum auch den Namen „wilde Haiden" führt. Hier wachsen fast nur Fichten, meilenweit trifft man keine Ortschaft und erst in neuerer Zeit sind Posthäuser und Gasthöfe an der durch das Departement führenden Landstraße angelegt worden. Die Oberfläche ist eine beständige Ebene; längs der Meeresküste finden sich jedoch einige Sandhügel. Nur der kleinere südöstliche und südliche Theil des Departements ist ziemlich fruchtbar. Natürlich ist die Bevölkerung desselben sehr dünn; sie betrug nach der Zählung von 1837 285,000 Einwohner, sodaß auf eine Quadratmeile nur 1640 Menschen kommen*), während im Durchschnitt auf eine Quadratmeile in Frankreich etwa 3400 Menschen wohnen; nur vier der französischen Departements sind noch schwächer bevölkert (Lozère, Niederalpen, Oberalpen und Corsica). Das Klima ist größtentheils ungesund, mehr heiß als kalt; im Sommer ist die Hitze oft sengend, die Winter hingegen sind gewöhnlich naßkalt. Die Hauptstadt des Departements ist Mont de Marsan mit 4200 Einwohnern; außerdem sind die bedeutendsten Städte St.-Esprit, Bayonne gegenüber, mit 5700, St.-Sever mit 5300, Dax mit 4400 Einwohnern.

Übrigens ist der öde Charakter des Landes nicht der Natur allein beizumessen. An mehren Punkten er-

---

*) Im Fürstenthume Lüneburg kommen nur 1500 Menschen auf die Quadratmeile.

kennt man aus sichern Zeichen, daß der Ackerbau ohne große Mühe hier betrieben werden könnte. In der Nähe der Bäche und Flüsse wird das des Anblicks der traurigen Einöden überdrüssige Auge angenehm überrascht, reichliche Ernten und gedeihende Anpflanzungen zu finden. In den Niederungen ist der Boden im Grunde von guter Beschaffenheit, weil durch die Gewässer von jeher vegetabilische Stoffe dahin geführt worden sind, die den Boden gedüngt haben; auf den Höhen hingegen ist der Sand fast ganz dürre, breitet sich immer weiter aus und droht die nahe am Meere gebauten Dörfer zu bedecken, wie bei zweien schon der Fall gewesen ist. Wenn also diese Gegenden nicht besser angebaut sind, so sind nur die Menschen daran Schuld. Selbst wenn die Haiden nur überall mit Fichten bepflanzt würden, wäre dies eine sehr bedeutende Bereicherung des Landes, denn man berechnet, daß ein Stück Land, das jetzt unangebaut ist und nur einigen magern Heerden zur Weide dient, mit Fichten bepflanzt einige 30 Mal mehr als jetzt eintragen würde. Gewiß aber ist ein Theil der Haiden fähig, in Wiesen, Getreidefelder und Weinberge verwandelt zu werden. Übrigens werden die Kanäle, die man jetzt hier anzulegen im Begriff ist, den dreifachen Nutzen gewähren, morastige und ungesunde Stellen trocken zu legen, dürres Land zu bewässern und zu befruchten, und als wohlfeile Transportwege zu dienen. Auch eine Eisenbahn von Bordeaux nach Bayonne, die man neuerlich in Vorschlag gebracht hat, würde gewiß zweckmäßig sein, da sich Holz zum Oberbau in hinreichender Menge hier findet; sie würde zugleich eine empfindliche Lücke in der Straße von Paris nach Madrid ausfüllen und nicht viel kostspieliger sein als eine Chaussee, die hier nothwendig gepflastert werden müßte.

Die Bewohner verleugnen die Eigenthümlichkeit der Gascogner nicht; sie sind froh, gemüthlich und arbeitsam, obgleich sehr arm. Ihre Bildung steht im Allgemeinen auf einer niedrigen Stufe, namentlich gilt dies von den Haidebauern, die aber gleichfalls bieder, gastfrei und jovialisch sind, wiewol sie in elenden Hütten ein sehr beschränktes und armseliges Leben führen.

Sie nähren sich durch Schafzucht (doch gehören die hiesigen Schafe bei der kärglichen Nahrung natürlich zur schlechtesten Race und geben die gröbste Wolle), Jagd, Kohlenbrennen, Sammeln von Pech und Harz, Verkauf von Honig, Wachs und Korkholz und Verfertigung der sogenannten Sabots, d. h. hölzerner Schuhe, zum Theil auch durch Fischfang und Ackerbau, der aber für die Bedürfnisse der Bevölkerung lange nicht ausreicht. Namentlich geben die Korkeichen und Fichten viele nutzbare Producte, die meistens für den Schiffsbau verwandt werden, Harz, Pech, Schiffstheer, Kolophonium (Geigenharz), Terpentin, Breter, Schiffsmasten und Korkholz. Industrie ist in diesem Theile von Frankreich, mit Ausnahme der nothwendigsten Gewerbe, so gut als unbekannt. Die Landbewohner zeichnen sich durch ihre auffallende, großentheils aus Schaffellen bestehende Kleidung, besonders auch durch ihr Barret, aus und gehen in den sumpfigen Gegenden auf hohen Stelzen, deren sie sich mit großer Geschicklichkeit sogar beim Arbeiten bedienen.

Sowie hier, bedient man sich der Stelzen auch in einigen andern Landstrichen, z. B. in Krain, in der Bretagne und den pontinischen Sümpfen, deren Beschaffenheit die Bewohner frühzeitig darauf hinwies. Bekanntlich gehört nicht geringe Übung zum Gebrauche der Stelzen, denn das Gehen auf Stelzen ist ein beständiges Balanciren, wobei unaufhörlich dem Fallen vorgebeugt werden muß, eben darum aber ist es eine sehr nützliche und empfehlenswerthe gymnastische Übung für die Jugend, durch welche Gewandtheit erworben wird und die Armmuskeln gestärkt werden. Auf Stelzen still zu stehen, ohne sich mit dem Körper anzulehnen, ist nicht wol möglich, weil die Unterstützungsfläche des Körpers ein langer, aber sehr schmaler Streif ist, über welchem der Schwerpunkt nur sehr kurze Zeit erhalten werden kann. Die Stelzen waren übrigens schon den alten Römern bekannt, wurden aber damals nur auf dem Theater gebraucht; dasselbe Wort bezeichnete bei ihnen Stelzen und Sumpfvögel, denen die Natur eben zum Gebrauch in Sümpfen lange Füße verliehen hat.

Die französischen Haiden.

Das Pfennig-Magazin
für Verbreitung gemeinnütziger Kenntnisse.

285.] Erscheint jeden Sonnabend. [Sepember 15, 1838.

Toussaint L'Ouverture.

Von sehr großer Wichtigkeit ist die Frage, ob die Neger hinsichtlich ihrer Geisteskräfte den Weißen von Natur und so entschieden nachstehen, daß an eine Gleichstellung nicht zu denken ist. Von der Antwort, welche die Erfahrung auf diese Frage ertheilen wird, hängt das Wohl von einem großen Theile der Menschheit ab; denn sie betrifft nicht nur die ungeheure Bevölkerung von Afrika, sondern auch mehre Millionen von Negern, die fern von ihrem Vaterlande leben, und die Weißen, die in Ländern, wo die Sklaverei noch besteht, oder bis vor Kurzem bestanden hat, mit den Schwarzen zusammen leben müssen. Viele haben über die Frage bereits ein entscheidendes Urtheil in dem einen oder andern Sinne gewagt, aber die Mehrzahl ist von den wirklichen Fähigkeiten des Negergeschlechts noch nicht überzeugt. Die gegenwärtige niedrige Stufe, auf welcher die Neger in geistiger Hinsicht stehen, ist zu einleuchtend, um bezweifelt zu werden, läßt sich aber aus den Umständen erklären, unter welchen sie sowol in ihrer Heimat als außerhalb derselben gelebt haben. Wenn aber ein einziges Beispiel von einem Schwarzen angeführt werden kann, der ein Genie zeigte, das auch unter den civilisirten Europäern für außerordentlich gelten würde, so haben wir wenigstens einen Beweis, daß die Organisation eines Negers mit höhern Verstandeskräften nicht unverträglich ist. Unter der sehr geringen Zahl von Personen aus dem Negergeschlechte, die sich bisher durch ihre geistigen Fähigkeiten ausgezeichnet haben, ragt Toussaint L'Ouverture weit hervor, und es scheint erlaubt, eine günstige Meinung über die Naturanlagen der Neger und große Hoffnungen für ihre Zukunft auf den Charakter eines Mannes zu gründen, der ebenso trefflich im Frieden als gefürchtet im Kriege war und in der Geschichte immer als einer der merkwürdigsten Männer einer in außerordentlichen Erscheinungen reichen Zeit angesehen werden wird.

Zu der Zeit, als die französische Revolution ausbrach, gehörte die Insel S.=Domingo in Westindien, jetzt Haiti genannt, theils den Spaniern, theils den Franzosen. Diese schöne Insel, welche so nahe bei Jamaica liegt, daß man von den Höhen der erstern die blauen Berge von Jamaica sehen kann, ist 85 deutsche Meilen lang, an ihrer breitesten Stelle 30 Meilen breit, hat einen Flächeninhalt von 1385 Quadratmeilen und ist nächst Cuba die größte unter den großen Antillen oder westindischen Inseln. Etwa zwei Drittel der Insel gehörten den Spaniern und das übrige Drittel, der westliche Theil, den Franzosen. Die Nord- und Ostküste sind kahl, aber das Innere hat fruchtbare Ebenen, ist reich an wilden Pferden, Rindvieh und Schweinen. Der den Franzosen gehörige Theil bestand aus drei Districten, die einige blühende Städte und viele von Sklaven bebaute reiche Pflanzungen enthielten. Die Insel hat hohe Berge, viele schöne Thäler, beschattet von Cacaohainen und Kaffeepflanzungen; die Ebenen aber enthielten Baumwollen=, Zucker= und Tabackfelder, durch Hecken von Citronenbäumen und blühendem Gesträuch von einander getrennt. Dies war das Land, dessen Beherrscher Toussaint wurde.

Die Bevölkerung der französischen Districte der Insel bestand aus drei Classen: den Pflanzern, welche Franzosen oder Abkömmlinge von Franzosen waren, den freien Farbigen, welche von freigelassenen Sklaven oder weißen Vätern und Negerinnen abstammten, und der zahlreichen Classe der Sklaven. Die Zahl jeder dieser Classen wurde 1790 so angenommen: Weiße 30,831, freie Farbige 24,000, Haussklaven 46,000, Feldsklaven 434,429, sodaß auf jeden Weißen beinahe 16 Sklaven kamen.

Nach dem Ausbruche der französischen Revolution gelangten Nachrichten von Dem, was in Frankreich vorging, natürlich auch in die Colonie von S.=Domingo. Vielleicht hätte man erwarten können, daß die Pflanzer, welche selbst schwach an Zahl waren, aber eine große Menge von Sklaven hielten und unter Mulatten lebten, denen sie, obgleich sie frei waren, die Rechte ebenbürtiger Mitbürger nicht einräumen wollten, sorgsam darauf bedacht gewesen wären, daß in der Colonie nichts von Menschenrechten und Gleichheit gesagt würde. Indessen dachten sie seltsamerweise nur an weiße Menschen, wenn sie von Menschen und Menschenrechten sprachen, und nie scheint es ihnen in den Sinn gekommen zu sein, daß Menschen von dunkler Hautfarbe auch ihren Theil von bürgerlicher Freiheit zu erhalten wünschen oder versuchen könnten. Die Mulatten erwogen jedoch, daß sie ebenso gut als andere Menschen Freiheit jeder Art in Anspruch nehmen konnten, und während die weißen Pflanzer die ihnen aus Frankreich übersandten dreifarbigen Fahnen entfalteten und ein neues Zeitalter begrüßten, darüber aber vergaßen, daß sie während dessen die Mulatten unterdrückten und Mitmenschen als ihr Eigenthum behandelten, sannen ihre farbigen Nachbarn auf Mittel, um von der französischen Regierung das Bürgerrecht zu verlangen, von dem sie durch die stolzen Weißen ausgeschlossen wurden. Ein schrecklicher Krieg war die Folge der entschiedenen Weigerung der Weißen, sie zur Gleichheit zuzulassen. Die französische Regierung begünstigte erst die eine Partei, dann die andere, und steigerte so den tödlichen Haß, den beide Parteien gegeneinander hegten. Nie hörte man von schrecklichern Grausamkeiten, als die waren, welche die Weißen und Mulatten in diesem Revolutionskriege von S.=Domingo gegeneinander verübten.

Bisher war nur von den Mulatten oder freien Farbigen die Rede. Was thaten aber die Sklaven während dieser Vorgänge? Einige Zeit blieben sie sehr ruhig, in der Meinung, daß die Sache sie nichts anginge. Ihre Herren waren es so sehr gewohnt, die Neger zu verachten, daß sie nicht gefürchtet zu haben scheinen, ihren Sklaven möchte von den neumodischen Freiheitsgrundsätzen etwas zu Ohren kommen. Es ist nicht entschieden, ob die Mulatten die Sklaven aufreizten, ihre Befreiung zu versuchen, oder ob diese es ganz aus eignem Antriebe thaten. Die Mulatten waren damals von den Weißen übermannt, und es ist sehr wahrscheinlich, daß sie die Sklaven zum Aufstande aufhetzten; doch ist nur so viel gewiß, daß auf einer Pflanzung im nördlichen Theile der Insel im Monate August 1791 eine Feuersbrunst ausbrach und daß sich bald zeigte, daß alle Sklaven des Districts in Uebereinstimmung handelten und sich gegen ihre Herren empörten. Der nordwestliche Theil der Insel stand ganz in Flammen; die Haussklaven wurden von ihren Besitzern eingesperrt und die Weißen fingen an, die Städte zu befestigen.

Zu dieser Zeit war Toussaint Sklave auf einer Pflanzung in der Mitte dieses Districts. Er war einer der Letzten, die sich empörten, und oft hörte man ihn über den gewaltsamen Aufstand seiner Brüder Klage führen. Sein Vater soll der zweite Sohn eines afrikanischen Königs gewesen und im Kriege mit einem andern Stamme gefangen und als Sklave verkauft worden sein. Er wurde das Eigenthum eines Pflanzers auf S.=Domingo, des Grafen Noë, dessen Besitzung etwa eine Stunde von der Stadt Cap Français entfernt auf der nordwestlichen Küste der Insel lag. Auf dieser Besitzung, Breda genannt, wurde Toussaint im Jahre 1743 oder 1745 geboren; er hatte zwei jüngere Brüder und eine Schwester. Das erste Geschäft des jungen Sklaven war, das Rindvieh zu hüten; schon in seiner frühen Jugend zeigte er sich sanft, sinnig und religiös. Als er ein großer Mann wurde, war Jedermann begierig, Einzelheiten über seine Kindheit zu erfahren, und die Wenigen, die etwas zu sagen wußten, stimmten über seine nachdenkliche und religiöse Richtung überein. Er wurde, wie die Hirten im Morgenlande, durch lange Einsamkeit, einen heitern Himmel, die ringsumher ausgebreitete üppige Natur und eine Beschäftigung, welche weder den Kopf noch die Hände sehr in Anspruch nimmt, in seinem Nachdenken begünstigt. Doch alles Dies wäre für ein nicht gewecktes Gemüth ohne Wirkung gewesen; Toussaint hätte vegetirt, wie das Gras, auf dem er sich ausstreckte, hätte nicht ein höherer Geist ihm Gedanken eingeflößt oder ihn zum Selbstdenken angespornt. Wer dies war, ob sein Herr, sein Vater, sein Freund oder ein Priester, ist unbekannt. Der Oberaufseher der Pflanzung, Bayou de Libertas, war gütig gegen ihn und er lernte lesen, schreiben und ein wenig rechnen. Ob der Oberaufseher ihn unterrichten ließ oder ob er seine Kenntnisse einem befreundeten Neger, Namens Baptist, verdankte, oder ob er durch Beobachtung Anderer lernte, ist unentschieden. Der Oberaufseher bemerkte seine Bildung, nahm ihn aus dem Felde und machte ihn zu seinem Kutscher. In dieser Lage, wie in jeder andern, zeichnete sich Toussaint durch eine Seelenruhe, welche nichts stören konnte, und eine außerordentliche Geduld aus. Statt tyrannisch gegen Kinder und Thiere zu sein, wie die in Unterdrückung Lebenden gewöhnlich sind, war er gegen sie liebevoll und freundlich. Die christliche Religion lehrte ihn, geduldig zu ertragen und Andern nicht zuzufügen, was er nicht sich selbst zugefügt haben wollte. Sein ganzes Leben hindurch war er als Sklave wie als Herrscher mäßig in allen Arten von Vergnügungen und zog die geistigen Freuden den sinnlichen vor. In seinem 25. Jahre verband er sich mit einem Weibe seiner Farbe und hatte von ihr mehre Kinder, die er mit Zärtlichkeit und großer Umsicht erzog.

Als sich 1791 die Sklaven empörten, fürchtete Toussaint, daß Rache und Plünderung ihre Zwecke sein möchten; er trauerte über ihre Excesse und blieb selbst ruhig, in der Überzeugung, daß es besser wäre, Unrecht zu leiden, als es zu rächen. Sobald er aber bemerkte, daß die Rechte seiner Brüder auf dem Spiele ständen, erklärte er seine Absicht, sich ihnen anzuschließen, und ging von der Sklaverei zur Freiheit über. An den Bränden und Blutscenen im August 1791 hatte er keinen Theil. Als die Pflanzung, auf der er diente, durch die Annäherung der Negertruppen bedroht war, sorgte er für die Sicherheit seines Herrn, indem er ihn an Bord eines im Hafen liegenden amerikanischen Schiffes brachte und mit ihm eine Quantität Zucker einschiffte, von deren Ertrag Jener in seiner Verbannung leben sollte. Nach Vollziehung dieser Pflicht meldete er sich bei dem schwarzen General Jean François und wurde in die Reihen der Armee aufgenommen. Da er von der Arzneikunde etwas verstand, wurde er zum Militairarzt ernannt und stieg durch den Rang eines Adjutanten zu dem eines Obersten und Divisionsgenerals.

Diese Armee stand unter royalistischen Anführern und focht damals für den König und die alte Ordnung der Dinge in Frankreich, während die Pflanzer, die Aristokraten der Insel, die revolutionnairen Grundsätze verfochten. Gewiß eine seltsame Lage der Dinge! Indeß kümmerte sich Toussaint wenig um die Parteien in Frankreich; er kämpfte für seine schwarzen Brüder gegen ihre weißen Unterdrücker.

Bevor er die Stellung erkannte, die er einzunehmen berufen war, befand er sich mit Jean François und der Armee in dem spanischen Theile der Insel, denn die spanischen Colonisten waren in Feindschaft mit den republikanisch gesinnten französischen Pflanzern. Zu dieser Zeit wurden von Frankreich zwei Commissaire an die Neger gesandt, um ihnen im Namen der Nation Freiheit und Frieden anzubieten. Toussaint's Antwort auf ihre Eröffnungen ist merkwürdig, weil sie zeigt, wie er im Jahre 1793 gesinnt war, wo er unter dem Einflusse des spanischen Gouverneurs der Insel stand und die Lage der Dinge auf der Insel noch nicht gehörig aufgefaßt hatte. Er schrieb nämlich an die Commissaire: „Wir können dem Willen der Nation nicht Folge leisten, weil wir, seit es eine Regierung in der Welt gibt, nie einer andern als der eines Königs gehorcht haben. Wir haben unsern französischen König verloren, aber der spanische König ernährt, unterstützt und bezahlt uns. Daher können wir euch, Commissaire, nicht anerkennen, bis ihr einen andern König eingesetzt habt."

Toussaint stand damals mit seinen Negertruppen zu Marmalade unter dem Commando eines spanischen Generals. Dort erfuhr er das Decret des französischen Convents vom 4. Februar 1794, welches die Freiheit aller Sklaven bestätigte und verkündigte und S.-Domingo für einen Theil von Frankreich erklärte. Diese Nachricht scheint seine Augen für die Wahrheit geöffnet zu haben, daß er gegen die Freiheit der Schwarzen stritt, indem er den republikanischen General bekämpfte. Er trat daher sofort mit Laveaux, dem republikanischen Anführer, in Communication und stieß wenige Tage darauf mit einer beträchtlichen Zahl von Negern zu ihm, indem er den Franzosen mehre sehr wichtige spanische Posten überlieferte. Der spanische General Hermona hatte wenige Tage zuvor, als er Toussaint das Abendmahl nehmen sah, ausgerufen, Gott habe sich nie einem reinern Geiste genaht; jetzt aber herrschte Verwirrung und Schrecken unter den Spaniern und der Name des Negergenerals wurde ebenso sehr geschmäht als vorher gepriesen. Nach einigen Geschichtschreibern war Ehrgeiz eine der Ursachen von Toussaint's Abfall; er hatte nämlich ihnen zufolge wenig Hoffnung, sich zu dem Range aufzuschwingen, den Jean François im spanischen Heere bekleidete, während er vom französischen General Beförderung hoffte. Laveaux ernannte ihn in der That zum Generalmajor, beobachtete aber alle seine Bewegungen, weil er glaubte, daß ein Mann, der einmal die Partei gewechselt habe, es auch zum zweiten Male thun könne. Die Gewalt, welche Toussaint bald über die unwissenden und rohen Soldaten, nämlich die von ihm befehligten freigewordenen Sklaven, erhielt, war wunderbar genug, um allgemeine Aufmerksamkeit bei Denen, die sich in seiner Nähe befanden, zu erregen, und die klügsten und erfahrensten unter diesen standen ebenso wohl als die beschränktesten unter dem Zauber seines Einflusses, den er durch Beobachtung der Menschen und seine eigne Charakterfestigkeit erlangt hatte. Zwar hatte er noch keine Gelegenheit gehabt, seine Tapferkeit zu zeigen, war keineswegs beredt, sondern sprach nur wenig und ängstlich, aber er fühlte, daß die Schwarzen einen Führer brauchten und daß er dazu geschaffen wäre, und diese Überzeugung gab ihm Selbstvertrauen und Überlegenheit. Als die spanischen Stellungen nacheinander in die Hände der Franzosen fielen, rief einer der französischen Commissaire aus: „Cet homme fait ouverture partout!" („Dieser Mensch macht überall Öffnung.") Seit dieser Zeit gab die öffentliche Stimme dem Toussaint den Namen l'Ouverture (die Öffnung), den er auch bereitwillig annahm.

Indessen schien ihn das Mistrauen, mit dem ihn Laveaux betrachtete, zur Unthätigkeit zu verdammen; aber Toussaint war der Mann, der Zufälle zu benutzen verstand, und ein solcher Zufall bot sich bald dar. Im März 1795 verschworen sich die Mulatten in der Stadt Cap Français gegen den französischen General und nahmen ihn gefangen. Als Toussaint es hörte, marschirte er gegen die Stadt und hatte, bevor er sie erreichte, 10,000 Mann unter seinen Befehlen. Er schickte sich an, den Platz zu belagern, aber die Einwohner öffneten ihm die Thore. Er zog als Eroberer ein, befreite den französischen General und setzte ihn wieder in seine Würden ein. Lavaux erklärte hierauf voll warmer Dankbarkeit: „Dieser Schwarze, dieser schon von Raynal verkündigte Spartacus ist bestimmt, das an seinem ganzen Volke begangene Unrecht zu rächen", und fügte hinzu, daß er künftig nichts ohne Toussaint's Rath und Beistand thun würde. Er ernannte ihn auf der Stelle zum zweiten Befehlshaber von S.=Domingo und von diesem Tage an war Toussaint in der That der Dictator der Colonie. Der erste Gebrauch, den er von seiner Gewalt machte, war, daß er Zucht und Ordnung unter der schwarzen Bevölkerung herstellte, und der gute Erfolg seiner Bemühungen ist ebenso ehrenvoll für ihn als für seine Landsleute. Frankreich war ihm sehr vielen Dank schuldig. Der Krieg mit dem spanischen Theile der Insel wurde bald zum Ende gebracht und die auf der Seite der Spanier dienenden Negeranführer begaben sich nach Spanien, indem sie dem Toussaint die Hoffnungen ihres Volks überließen.

Wohin er nur ging, überall ließ er Ordnung an die Stelle der Zügellosigkeit und Sorgfalt an die Stelle der Sorglosigkeit treten. Die Insel wurde fruchtbar unter seinen Schritten und die Zeichen der Verwüstung verschwanden. Die Pflanzer begaben sich unter seinen Schutz und erkannten seine Gewalt bereitwillig an. Mit welchen seltsamen Gefühlen muß Toussaint jene Pflanzung betrachtet haben, auf welcher er 50 Jahre als Sklave gelebt hatte! Aber er war stolz und ließ unnöthiges Wort über diesen erstaunlichen Glückswechsel entschlüpfte ihm. Er scheint in sich selbst die Bestimmung für etwas Großes gefühlt zu haben. Als General Lavaux nach Europa zurückkehrte, wurde Toussaint vom Commissair Santhonax zum Oberbefehlshaber ernannt. Bald darauf kam ein Franzose aus dem Mutterlande an, um diese Würde zu übernehmen, und beschwerte sich, als er sie im Besitz eines Schwarzen fand. Toussaint befahl ihm, an Bord einer im Hafen liegenden Corvette zu gehen und nach Frankreich zurückzukehren. Auch des Commissairs Santhonax entledigte er sich bald darauf, indem er ihn mit Depeschen an die französische Regierung sandte. Freilich bleibt ungewiß, wie viel von diesem anscheinlich willkürlichen Verfahren seinem persönlichen Ehrgeize zuzuschreiben ist und wie viel auf Rechnung seiner Überzeugung kommt, daß der Friede und das Wohl der Insel darauf beruhten, daß die Macht in seinen Händen blieb. Gewiß ist, daß durch ihn S.=Domingo einen hohen Grad von Wohlstand erlangte, daß die Bewohner ihm ergeben waren, und daß er, so viel bekannt, nie ein Verbrechen beging, um seinen Ehrgeiz zu befriedigen. Weil er aber einsah, daß seine willkürlichen Maßregeln gegen die französischen Offiziere ihm in Frankreich nachtheilig sein mußten, schickte er seine beiden Söhne, Placidus und Isaak, nach Paris, um dort erzogen zu werden, begleitet von einem Offizier, der den Auftrag hatte, der französischen Regierung die allgemeine Unzufriedenheit vorzustellen, die durch einen längern Aufenthalt des Commissairs Santhonax auf der Insel entstanden sein würde. In dem Schreiben, das er bei dieser Gelegenheit an das Directorium richtete, verbreitete er sich darüber, wie groß sein Vertrauen gegen das Directorium sein müßte, da er seine Kinder zu einer Zeit in die Macht desselben lieferte, wo die gegen ihn erhobenen Klagen wohl einen Zweifel an seiner Treue hervorrufen könnten. „Gegenwärtig", fügte er hinzu, „ist kein Anlaß zu innern Unruhen. Unter meiner persönlichen Verantwortlichkeit bürge ich für die Unterwerfung meiner schwarzen Brüder unter das Gesetz und für ihre Treue gegen Frankreich. Bürger Directoren, rechnet auf baldige gute Resultate, ihr werdet bald erkennen, ob ich euch vergeblich hoffen ließ." Sein Benehmen wurde in Paris allgemein gepriesen. Er wurde der Befreier von S. Domingo genannt und das Directorium übersandte ihm eine reich gestickte Uniform.

(Die Fortsetzung folgt in Nr. 286.)

Der Lateran in Rom.

Unter den 364 Kirchen Roms ist nächst der Peterskirche ohne Zweifel die merkwürdigste die Kirche des heiligen Johannes im Lateran, die bischöfliche oder Pfarrkirche des Papstes und die Haupt- und Mutterkirche Roms, daher sie auch über ihrer Hauptthüre die Inschrift hat: Omnium urbis et orbis ecclesiarum mater et caput, d. h. Mutter und Haupt aller Kirchen Roms und der ganzen Erde. Sie steht auf dem cölischen Berge, nahe bei dem Thore gleiches Namens, und hat ihren Namen von der altrömischen Lateranischen Familie, die im Besitz der hier stehenden Gebäude bis auf Nero's Zeit war, der den letzten Besitzer, Plautius Lateranus, hinrichten ließ und sich seine Güter zueignete. Vermuthlich schenkte der Kaiser Konstantin der Große den Palast, der seit Nero kaiserliches Eigenthum geblieben war, um 312 dem Papst Melchiades oder Miltiades, welcher 313 eine Kirchenversammlung hier hielt. Die spätern Päpste bewohnten diesen Palast gegen 1000 Jahre lang, bis sie 1307 ihre Residenz nach Avignon verlegten. Neben diesen Palast baute Konstantin die Kirche gleiches Namens, die auch häufig der Lateran schlechthin genannt wird, sowie den seinen Namen führenden Brunnen. Zweimal brannte die Kirche ab, 1308 unter Clemens V. und 1361 unter Innocenz VI., wurde aber von Innocenz X. (1644—54) vollständig wiederhergestellt. Nicht weniger als 11 Kirchenversammlungen wurden hier gehalten, von denen die wichtigsten folgende fünf sind: 1) 1122 oder 1123 unter Calixt II.; 2) 1139 unter Innocenz II.; 3) 1179 unter Alexander III.; 4) 1215 unter Innocenz III., die große Kirchenversammlung genannt, weil sie außerordentlich zahlreich besucht wurde, von den Patriarchen von Konstantinopel und Jerusalem, 71 Erzbischöfen, 340 Bischöfen, über 800 Äbten und Prioren u. s. w.; 5) von 1512—17 unter Julius II. und Leo X.

Aber nicht blos aus historischen Gründen und ihres hohen Alterthums wegen, sondern besonders wegen ihres prächtigen Baus ist die Kirche sehr merkwürdig und soll selbst die Peterskirche an Pracht übertreffen. Sie ist eine Basilika von fünf Schiffen, mit Gold und Marmor reich geziert, selbst der Fußboden ist von Marmor; das Dach wird von 336 Säulen, die vier Reihen bilden, getragen. Leider hat Clemens XII. die großen Säulen ganz mit Pfeilern überbaut und dadurch der Schönheit der Architektur sehr geschadet. Mehre Säulen sind von Granit, Verde antico (antikem grünen Marmor) und vergoldeter Bronze, zwei von Giallo antico (gelbem afrikanischen Marmor). Am meisten bewundert man die in den herrlichsten Verhältnissen erbaute Kapelle Corsini, von Alexander Galilei erbaut. Das Altargemälde ist eine Mosaik, die nach einem Gemälde von Guido Reni verfertigt ist; unter der Statue des Papstes Clemens X. steht ein schöner Sarkophag von Porphyr, der im Pantheon gefunden wurde und, wie man glaubt, die Asche von Agrippa, dem Freunde

Die Kirche des heiligen Johannes im Lateran zu Rom.

des Kaisers August, enthält. Vor einem Altar stehen vier aus Erz gegossene Säulen von römischer Ordnung, mit welchen Titus den Tempel des capitolinischen Jupiter geschmückt hatte, und die er nach der Überlieferung aus dem Tempel in Jerusalem genommen haben soll, wahrscheinlich aber nur aus dem im Tempel gefundenen Erze gießen ließ. Der Eingang wird von vier großen Säulen von weißem Marmor und von römischer Ordnung gestützt; die herrliche antike eherne Thüre ist bewundernswerth. Am Portal ist der Balcon, von welchem herab der Papst dem Volke den Segen zu ertheilen pflegt. Jeder neugewählte Papst nimmt von dieser Kirche feierlich durch die Cavalcade, d. h. eine Procession zu Pferde, Besitz und wird in derselben gekrönt. Am Hauptaltare darf nur der Papst Messe lesen, weil sich in demselben ein alter hölzerner befindet, an welchem, der Überlieferung nach, schon der Apostel Petrus Messe gelesen hat. An Reliquien ist die Kirche sehr reich; dahin gehören die Häupter Petri und Pauli, Christi Purpurkleid, das Rohr, mit dem Christus geschlagen worden, selbst Christi Blut u. s. w.

Auf dem Lateranplatze steht noch eine Kapelle, in der sich die sogenannte Scala santa oder heilige Treppe von 28 Stufen aus weißem Marmor befindet, auf welcher Christus in den Palast des Kaiphas gestiegen sein soll und welche die Gläubigen nur knieend besteigen, und die vom Kaiser Konstantin erbaute prachtvolle Taufkapelle (Baptisterium), deren Kuppel auf acht schönen Säulen von Porphyr ruht. Der lateranische Palast, unter Sixtus V. (1585—90) durch Fontana neu aufgebaut, ist seit 1693 in ein Armenhaus verwandelt und jetzt in Verfall. Vor der Kirche steht der größte und älteste von Roms 11 Obelisken, den Germanicus nach Rom gebracht haben soll.

Der Asbest.

Der Asbest ist ein zum Talkerdegeschlecht gehöriges Mineral von sehr faseriger Structur, bestehend aus Kiesel=, Talk=, Kalk= und Thonerde und Eisenkalk. Es gibt davon vier Arten. Der gemeine oder unreife Asbest ist grobfaserig und wenig biegsam; der Bergkork, auch Bergleder genannt, nimmt Eindrücke an, besteht aber doch aus Fasern; das Bergholz oder der Holzasbest ist weich, halbverfaultem Holze ähnlich und in manchen Hinsichten sehr räthselhaft; endlich der Amianth oder biegsame Asbest, auch reifer Asbest genannt, ist die merkwürdigste und bekannteste Art, die sich zwar an vielen Orten, namentlich in Graubündten, Corsica und China, aber fast nie in größerer Menge findet.

Er kommt von verschiedener Farbe vor, gewöhnlich gelblichgrau, auch grünlichweiß, und hat ein deutlich ausgebildetes, langfaseriges Gefüge. Die parallel laufenden, meist geraden, zuweilen eine halbe Elle langen Fasern sind immer nur lose und bei dem schönsten Amianth gar nicht miteinander verbunden, sodaß der Asbest einige Ähnlichkeit mit dem Flachse hat, weshalb er auch zuweilen Bergflachs genannt wird. Obgleich die Fasern sehr biegsam sind, brechen sie dennoch, wenn sie kurz abgebogen werden, und verrathen dadurch ihre steinartige Natur.

Der Asbest läßt sich, wiewol mit ziemlicher Mühe, zu Garn spinnen, das auf dem Weberstuhle, oder durch Flechten oder Stricken in eine Art Zeug verwandelt werden kann, welches, wie das rohe Material selbst, ein mäßiges Glühen aushält und dadurch gereinigt werden kann. Asbest mit ganz freien Fasern taugt am besten zum Spinnen; sind die Fasern verbunden, so muß er erst zum Spinnen tauglich gemacht werden. Dies geschieht dadurch, daß man den lang- und feinfaserigen Asbest (denn anderer ist nicht zu brauchen) so lange ins Wasser legt, bis er davon durchdrungen ist, und dann auf einer hölzernen Tafel mit einem kleinen Klopfholze vorsichtig klopft, worauf er mit vielem, anfangs kochendheißem Wasser so lange ausgewaschen wird, bis das Wasser nicht mehr milchig, sondern ganz klar abfließt; dabei zieht man die Fäden behutsam auseinander. Dann werden die Fäden auf einem Siebe schnell getrocknet, mit feinen eisernen Kämmen vorsichtig gekämmt und mit der Spindel gesponnen, aber so, daß sich an derselben ein feiner Flachsfaden befindet, an welchen die Asbestfasern gelegt und mit dessen Hülfe sie zusammengedreht werden. Beim Spinnen muß man die Finger unaufhörlich mit Baumöl benetzen, um die Asbestfasern geschmeidiger zu machen und die Finger gegen die abbrechenden Spitzen zu sichern. Diesem Gespinnste dient also der Flachsfaden zur Grundlage, weil die Asbestfäden allein keinen haltbaren Faden geben könnten. Das erhaltene Garn kann wie jedes andere Garn zu Zeuchen verarbeitet werden; diese wäscht man mit heißem Seifenwasser, um sie vom Öle zu reinigen, und brennt sie im Feuer aus; dadurch wird der Flachsfaden zerstört und das Zeuch besteht nun blos aus Asbest und ist unverbrennlich.

Die Asbestleinwand war, wie es scheint, schon den Alten bekannt, welche die Leichen vornehmer Personen in ihr verbrannten, um Asche und Knochen unvermischt mit der Holzkohle zu erhalten; doch war sie theuer, wie schon Plinius bemerkt. Auch jetzt wird aus diesem Grunde die Verfertigung der Asbestzeuche nur in wenigen Gegenden und nirgend im Großen betrieben, da der schönste langhaarige Asbest selten und die Arbeit sehr mühsam ist. In Sibirien, wo sehr schöner Asbest vorkommt, verfertigt man seit längerer Zeit nicht nur Leinwand, sondern auch gestrickte Sachen, z. B. Handschuhe, aus Asbest; ebenso in den Pyrenäen. In Como in Oberitalien werden sehr schöne Arbeiten dieser Art gefertigt, namentlich Spitzen, die so fein und weiß sind, daß sie von mittelfeinen Zwirnspitzen kaum zu unterscheiden sind; diese scheinen auch keinen Flachsfaden zu enthalten. Zum wirklichen Gebrauche als Kleidungsstücke eignen sich alle diese Fabrikate schon darum nicht, weil sie, wie alle steinartigen Producte, gute Wärmeleiter sind und daher die Haut ebenso unangenehm erkälten, als feine Drahtgewebe thun würden; außerdem würden sie wegen der abbrechenden kleinen Spitzen beschwerlich und nachtheilig sein, weshalb auch Gewebe aus Glasfäden unbrauchbar sind.

Auch eine Art Papier kann man aus Asbest verfertigen. Man stampft ihn deshalb mit Wasser in einem Mörser, wäscht ihn mit einem Siebe aus und behandelt ihn dann wie das Gangzeug aus leinenen Hadern. Damit das Papier nicht zu spröde und brüchig wird, setzt man dem Brei vor dem Schöpfen noch etwas feine Papiermasse, außerdem, um das Fließen beim Schreiben zu verhindern, Leimwasser oder besser eine sehr verdünnte Auflösung von Traganth in Wasser zu. Dennoch ist das Papier immer sehr spröde, nicht weiß genug und so hart, daß es die Tinte schwer annimmt und die Federn schnell abstumpft. Ein ähnlicher Brei aus Amianth, der in Wasser zerrieben oder zerstoßen worden ist, ist zu Basreliefs, Abdrücken von Gemmen, Stuccaturarbeit u. s. w. empfohlen worden, doch auch dazu eignet sich der Asbest nicht; die Abdrücke haben nur den Vorzug der Leichtigkeit.

Zu Lampendochten soll man die Asbestfäden in Grönland und China brauchen; solche Dochte verbrennen zwar nicht, müssen aber wie alle andern geputzt werden, weil sich an ihnen eine harte Kruste ansetzt. Die Chinesen verfertigen ferner kleine tragbare Öfen, die, nach den in Frankreich angestellten Untersuchungen, ebenfalls aus Asbest bestehen und sich durch Leichtigkeit empfehlen. Dem zerstoßenen oder gemahlenen Asbest ist wahrscheinlich der nöthige Zusammenhang durch ein Bindemittel, wozu Traganthschleim am besten taugt, gegeben worden; doch reicht auch starkes Pressen und Anstreichen mit einem bindenden Anstrich hin. Auf der Insel Corsica, wo sich sehr guter Amianth in größerer Menge findet, setzt man ihn dem Töpfergeschirre zu; dieses wird dadurch leichter, porös und weniger spröde, sodaß es plötzliche Temperaturwechsel besser ertragen kann, ohne zu springen. Ganz neuerlich hat der Ritter Aldini in Mailand bei den von ihm erfundenen Apparaten zur Sicherung der Personen, die mit dem Feuerlöschen beschäftigt sind, Asbest angewendet, und bei den angestellten Versuchen sollen sich seine Vorrichtungen sehr vortheilhaft gezeigt haben.

Die allgemeinste Anwendung des Asbests ist die zu den chemischen Geschwindfeuerzeugen. Auf dem Boden der Gläschen, aus denen sie bestehen, befindet sich nämlich etwas Asbest, der dazu dient, um die Schwefelsäure, die hineingegossen wird, aufzusaugen, damit nur eine geringe Menge derselben an die Schwefelhölzchen übergehen kann und das gefährliche Umherspritzen dieser ätzenden Substanz vermieden wird. Zu dieser Anwendung ist jeder Asbest tauglich, der sich nur einigermaßen durch Zertheilung in ein wollähnliches Hanfwerk zertheilen läßt. Man nahm früher gewaschenen Kiessand statt des Asbests, dieser ist aber ungleich besser.

Die Albinos und Kakerlaken.

Unter den Namen Kakerlaken, Albinos, weiße Neger, Blafards, Dondos u. s. w. versteht man Menschen von einer gewissen krankhaften und abnormen körperlichen Constitution, die man sonst irrig für eine eigne Gattung oder Spielart hielt, die aber in allen Gegenden der Erde findet, wiewol am häufigsten bei Völkern von dunkler Hautfarbe. Die Albinos haben eine milchfahle, bleiche, leichenhafte Hautfarbe, auch wenn sie von Negern abstammen; sie unterscheiden sich aber dann von den echten Weißen durch ihre runzelige Haut, deren Farbe bei den Albinos weiß, aber bei den eigentlichen Kakerlaken, die zuweilen von braunen und schwarzen Ältern gezeugt werden, braun und mit weißen Flecken gesprenkelt ist. Eine besondere Eigenthümlichkeit der Albinos ist es ferner, daß sie rothe Augen haben, die sie beim hellen Tageslichte nicht ganz öffnen können, wogegen sie beim Mondschein und im Dunkeln ziemlich gut sehen; deshalb fliehen sie das Licht, pflegen daher nur bei Nacht auszugehen, und werden von Linné und andern Naturforschern Nachtmenschen genannt. Ihrem Auge fehlt nämlich das schwarze Pigment, d. h. die schwarze schleimartige, aus Kohle bestehende Substanz, mit welcher die innere Seite der sogenannten Aderhaut oder weißen Haut überzogen ist, und welche dazu dient, die Reflexion des Lichts von den Seitenwänden des Auges zu verhüten, also ein sehr wesentlicher Bestandtheil des Auges ist. Fehlt das Pigment ganz, wie bei den Albinos, so ist die Sehe oder Pupille dunkelroth und der sie umgebende Augenstern oder die Iris (Regenbogenhaut) blaßroth; bei wenigem Pigment ist die Pupille roth, die Iris violett, bei vielem Pigment, wie z. B. bei den Bewohnern südlicher Gegenden, ist die Iris schwarz; mit zunehmenden Jahren verändert sich das Pigment, wie die Farbe der Haare, ebenso in Krankheit. Sowie im Auge, fehlt den Albinos auch unter der Oberhaut der färbende Stoff, welcher den Negern, bei denen er reichlicher ins Hautgewebe aufgenommen ist, ihre Hautschwärze verleiht und die auf der Farbe beruhenden Verschiedenheiten der Menschenracen bestimmt. Auch völlig blonde Menschen haben diesen Stoff, nur in geringerer Menge, sie machen daher den Übergang zum Kakerlakismus, der bei den weißfarbigen Menschen weit weniger auffallend ist, als bei denen mit dunkler Hautfarbe. Das Haar der Albinos ist stets fahl und widerlich, wie ihre Haut, dem Ziegenhaare ähnlich, und Dasselbe gilt von dem Barte, den Augenwimpern, den Augenbrauen und kurzen Haaren am Leibe; übrigens ist das Haar ebenso gewachsen wie bei andern Individuen ihrer Nation, also wollenartig, wenn sie von Negern, und etwas weniger kraus, wenn sie von Ostindiern abstammen. Selten sind sie fähig, sich fortzupflanzen; bekommen sie aber Kinder, so werden diese, wenigstens in der Regel, wie die Ältern. Überhaupt sind sie gewöhnlich von sehr schwacher Leibesbeschaffenheit, fast nie von der gewöhnlichen Größe ihres Volkes und meistens außerordentlich dumm, wiewol es nicht an Beispielen von solchen fehlt, die sich durch bessere Geistesanlagen auszeichneten und selbst wissenschaftliche Bildung erlangten. Nicht immer ist der Zustand angeboren, denn es hat Neger gegeben, die bis in ihr zwanzigstes Jahr vollkommen schwarz waren, dann aber in wenig Monaten ganz milchfahl und grau geworden sind.

Man glaubte sonst, daß nur auf der Erdenge von Panama und in Ostindien an den Mündungen des Ganges Menschen dieser Art zu finden wären; sie finden sich jedoch in verschiedensten Gegenden Europas, z. B. in der Schweiz, unter den Savoyarden im Chamounythale, in Frankreich, am Rhein, in Tirol u. s. w. und unter den Negern in Afrika, besonders in Guinea und Madagaskar. Die weißen Neger, von den Spaniern Albinos, von den Franzosen Blafards genannt, heißen Dondos im Königreiche Loango und sind hier des Königs Wahrsager und stete Begleiter.

Ein neuerer Reisender hat unter den Malaien einen Albino gefunden, dessen Großvater ebenfalls ein Albino war, während seine beiden Ältern dieselbe Farbe wie die andern Malaien hatten; seine Schwester war ebenfalls eine Albino. Der Reisende schildert die Haut dieses noch sehr jungen Albino als röthlichweiß, mit wenigen kurzen weißen Haaren bewachsen. Die Augen waren klein und zusammengezogen, die Iris ziemlich hellblau, im Widerspruche mit dem oben Gesagten, die Pupille beim Lichte sehr zusammengezogen, die Augenlider roth, mit kurzen weißen Wimpern; die Augenbrauen klein und ebenfalls weiß. Er zeigte sich sehr empfindlich gegen die Lichtstrahlen und suchte seine Augen stets durch Vorhalten der Hände dagegen zu schützen; auch erzählte er, er könne besser als seine Landsleute in der Dämmerung, am besten aber bei Mondschein sehen. Gegen die Hitze war er auf eine krankhafte Weise empfindlich, aber übrigens kräftig gebaut. Dennoch wurde er von seinen Verwandten selten zu harten Arbeiten verwendet, theils wegen seines ausgezeichneten Verstandes, theils in Folge der abergläubischen Achtung, mit der ihn die Malaien behandelten. Diese bilden sich nämlich ein, die Genien hätten an der Erzeugung solcher seltsamen Naturspiele geheimen Antheil, wiewol sie dies als großes Geheimniß erzählen; deshalb wird auch das Grab des Großvaters jenes Albino für heilig gehalten und es werden Gebete an demselben verrichtet.

Auch unter den Thieren finden sich Kakerlaken, dahin gehören die weißen Mäuse, weißen Kaninchen u. s. w. Seltener kommen sie bei andern Säugthieren vor, bei Affen, Eichhörnchen, Ratten, Hamstern, Maulwürfen, Mardern, Rehen; die Frettchen, die weißgelbe Farbe und rothe Augensterne haben, sonst aber mit den Iltisen ganz übereinkommen, scheinen ebenfalls Kakerlaken zu sein. Unter den Vögeln finden sich Kakerlaken bei den Raben, Amseln, Kanarienvögeln, Rebhühnern, Haushühnern, Pfauen u. s. w., die dann weißes Gefieder und zugleich lichtscheue Augen haben. Der Name Kakerlaken scheint von den Indianern herzurühren, die damit ursprünglich eine Art Schaben bezeichneten, die getigerte, fuchsrothe und gelbliche Flügeldecken haben und deren Benennung die Indianer auf jene fleckigen oder scheckigen Menschen übertragen haben mögen

Der Leierschwanz.

Der prachtvolle Vogel, von dem wir hier eine Abbildung liefern, gehört zu den hühnerartigen Vögeln, welche, wie unser gemeines Huhn, kurze Flügel und Füße von mittlerer Länge haben und nur wenig und niedrig fliegen, aber gut laufen. Er steht in der Bildung zwischen dem Pfau und dem Fasan in der Mitte, ist in Neuholland einheimisch und erst neuerlich entdeckt worden; man kennt von ihm bis jetzt nur eine Art. Sein langer Schwanz, dessen beide äußerste Federn wie ein lateinisches S gebogen sind und daher die Form einer Leier bilden, zeichnet ihn sehr aus. Seine Gestalt ist schlank, wie die des Fasans, mit dem er auch in der Größe übereinkommt, und seine Haltung stolz, wie die des Pfaus. Sein theils röthliches, theils graubraunes und aschfarbenes Gefieder zeichnet sich keineswegs durch Farbenglanz aus; nur auf die Gestaltung seiner Schwanzfedern scheint die Natur alle Kunst verwendet zu haben. Der Schwanz besteht aus 16 Federn; 12 von diesen sind ohne Fahne, nur mit entfernten Fasern und an der Basis mit einem seidenartigen Barte besetzt; zwei Federn in der Mitte haben nur auf der einen Seite einen dichten Bart, beugen sich bogenförmig gegeneinander und kreuzen sich in der Mitte; die beiden äußersten Federn haben an der äußern Seite einen sehr schmalen, an der innern einen sehr großen und dichten

Bart in Form eines breiten, braun- und rothgefärbten Bandes, das am äußersten Ende sammtschwarz gefärbt und weiß eingefaßt ist. Doch trägt der Vogel den Schwanz nicht immer ausgebreitet; nur zuweilen, in Augenblicken der Freude, breitet ihn das Männchen aus, wie der Pfau seinen Schweif.

Der Leierschwanz lebt auf Bäumen in den Waldungen und Gebirgen Neuhollands und wird von den dort lebenden Europäern Bergfasan genannt. Seine Gewohnheiten und Lebensweise sind noch nicht beobachtet worden, ja der Vogel ist noch so wenig genau bekannt, daß nicht einmal alle Naturforscher einig sind, in welche Vogelfamilie sie ihn setzen sollen; Manche versetzen ihn sogar, aber gewiß mit Unrecht, in das Sperlingsgeschlecht oder unter die Singvögel und stellen ihn neben die Amsel.

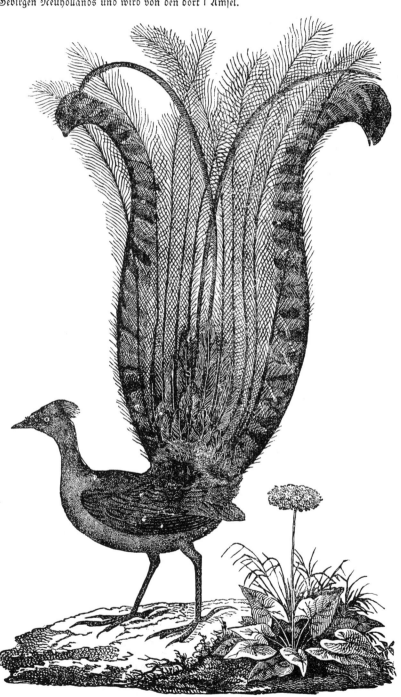

Der Leierschwanz.

Verantwortlicher Herausgeber: Friedrich Brockhaus. — Druck und Verlag von F. A. Brockhaus in Leipzig.

Das Pfennig-Magazin
für Verbreitung gemeinnütziger Kenntnisse.

286.] Erscheint jeden Sonnabend. [September 22, **1838.**

Ein birmanisches Kium oder Kloster.

Die Birmanen.

Die Birmanen, die sich selbst Maramas nennen und deren Name nur durch die Engländer in Burma und Birman verstümmelt ist, beherrschen als eine von den drei Mächten des hinterindischen oder indo-chinesischen Staatensystems (Birma, Siam und Anam oder Cochinchina) ungefähr ein Viertel Hinterindiens oder der gesammten Halbinsel jenseit des Ganges, ein Gebiet, welches Deutschland zwar an Größe, aber keineswegs an Bevölkerung gleichkommt. Die letztere hat man früher zu sehr überschätzt, da die Berglandschaften durchaus nicht so mit Bewohnern erfüllt sind, als das fruchtbare Thal des das Birmanenreich durchströmenden großen Flusses Irawaddy, obgleich auch dieses nach seiner herrlichen Natur und seiner günstigen Lage gegen die indische und chinesische Welt noch bevölkerter sein könnte. Nach neuern Berechnungen würde die Anzahl der Bewohner im birmanischen Reiche, die man früher bald auf 7, bald auf 11, bald auf 17 Millionen schätzte, sich nur auf vier Millionen belaufen, also nur ein Neuntel der Bewohner des gleich großen Deutschlands betragen, und zwar besteht die Bevölkerung aus drei verschiedenen Hauptbestandtheilen, neben welchen sich noch viele kleinere zerstreute Stämme im Lande befinden, die man als die Überreste der Urbewohner des Landes betrachten kann. Den nördlichen obern Theil des Landes bewohnen die Birmanen; hier liegen am Irawaddy die beiden Königsstädte Ava, jetzt größtentheils in Trümmern liegend und fast ganz verödet ist, und Ummerapura, die jetzige Haupt- und Residenzstadt, die 185,000 Einwohner haben soll. Den südlichen Theil oder das Deltaland zwischen den Mündungen des Irawaddy bewohnen die Peguanen oder Talain mit ihrer alten Königsstadt Pegu, bis 1757 Hauptstadt eines unabhängigen Königreichs, und dem großen Seehafen Ranguhn. Endlich in dem nordöstlichen Theile findet sich das merkwürdige Land der Laos oder Louwen, die bei den Birmanen Schan heißen und die weiten Berglandschaften des Centralgebiets von Hinterindien einnehmen. Diese ausgedehnte Gruppe der Schanvölker, von denen die heutigen Siamesen abstammen, ist seit längerer Zeit politisch gespalten und gehorcht außer den Birmanen auch noch den Königen von Siam und Cochinchina, welche drei Mächte über den Besitz jenes wichtigen Landes vielfache Fehden miteinander geführt haben.

Das ganze Leben der Birmanen zeigt, daß sie den Zustand der Barbarei noch nicht lange verlassen haben. Gleich den Peguanen haben sie auch noch die Sitte des Tätowirens der Haut, das jedoch nur bei den Männern stattfindet, beibehalten. Ihrer Körperbildung nach sind sie kurz gebaut, stämmig, gut proportionirt und sehr beweglich; niemals dunkelfarbig, sondern nur braun gefärbt, mit schwarzem, straffem und reichlichem Haupthaare, schöner und kräftiger als die Hindus. Auch zeichnen sie sich durch einen stärkern Bartwuchs vor ihren Nachbarn, den Malaien, aus. Die Männer und Frauen färben ihre Augenwimpern und ihre Zähne schwarz. Ihr Galaanzug ist gefällig; er besteht aus einem geblümten Sammt- oder Atlasgewande, das bis auf die Knöchel herabgeht; darüber tragen sie einen leichten wallenden Mantel; den Kopf bedeckt eine hohe Mütze. Die Ohrringe machen einen Theil des männlichen Schmuckes aus; Manche tragen in den Ohrläppchen Röllchen von Goldplatten, durch deren Gewicht das Ohrläppchen zuweilen zu einer Länge von zwei Zollen ausgedehnt wird. Die birmanischen Damen färben ihre Nägel und innern Handflächen mit einem Pflanzensafte roth und pudern ihren Busen mit einem Pulver von Sandelholz, reiben auch zuweilen ihr Gesicht damit ein. Die Männer der niedern Stände gehen gewöhnlich bis zur Mitte des Körpers nackt; nur in der kältern Jahreszeit tragen sie eine Jacke oder Weste von meist europäischem Tuche. Das Klima und die Natur des Landes scheinen keinen besondern Einfluß auf die Natur der Bewohner auszuüben, denn die Peguanen in den Niederungen sind im Allgemeinen weit stärker und thätiger als die Birmanen auf den trockenen Höhen des Berglandes. Im Frieden sind die Birmanen sanft und harmlos, aber der Krieg entflammt sie zur Wuth und zu Grausamkeiten, was die Europäer nur zu sehr erfahren haben. Die bei allen ostasiatischen Völkern herrschende buddhistische Religion scheint in dieser Hinsicht ohne bedeutende Wirkung auf die Birmanen geblieben zu sein, wiewol sie zur Milderung der Sitten der mittelasiatischen Völker so viel beigetragen hat.

Das Gesetzbuch der Birmanen ist voll der reinsten Moral; es enthält specielle Gesetze für fast alle erdenkliche Arten von Verbrechen, theilt von jedem viele Beispiele mit und fügt die Entscheidungen der Weisen bei. Den Fürsten und Obrigkeiten prägt es ihre Pflichten in einer strengen und kräftigen Sprache ein; es bedroht den Monarchen, der sein Land bedrückt, und den Richter, der sich bestechen läßt, mit einer schrecklichen Strafe. In Bezug auf den Letztern heißt es darin: „Die Strafe desjenigen, der unbillig und gegen sein Gewissen entscheidet, wird größer sein, als wenn er tausend Weiber, hundert Priester und tausend Pferde ermordet hätte." Der Stifter der buddhistischen Religion hatte nämlich verboten, das Blut der Thiere zu vergießen.

Rücksichtlich ihrer Civilisation stehen die Birmanen auf einer ähnlichen Stufe wie die Siamesen und weit hinter die Hindus, namentlich aber hinter den Chinesen zurück. Indessen haben sie vor diesen beiden Völkern den Vorzug, daß sie sich in religiöser und politischer Hinsicht von Bigoterie frei hielten. Alle fremden Religionen wurden stets vollkommen geduldet, die Ansiedelung von Fremden wurde begünstigt und die Ehen zwischen Ausländern und birmanischen Mädchen wurden befördert, aber weder die mohammedanische noch die christliche Religion hat bedeutenden Eingang gefunden, da im ganzen Orient das Staatsleben mit der Religion so innig verwachsen ist, daß nur beide zugleich umgestaltet werden können; daher sind die Missionsversuche der Europäer nicht glücklich gewesen. Die Birmanen sind zwar von den Schranken des Kastenwesens frei, zerfallen aber doch in bestimmte Stände, und zwar zählt man bei ihnen deren sieben, wie bei den Peguanen, nämlich außer der den ersten Stand bildenden königlichen Familie die Beamten, Priester, Kaufleute, Bauern, Sklaven (einheimische und kriegsgefangene) und Verstoßenen, ähnlich den Parias der Hindus; zu der letzten Classe gehören die Sklaven der Pagoden, Todtenverbrenner und Henker. Die Priester stehen zwar in großem Ansehen, sind aber nicht sehr zahlreich, viel weniger als bei den Siamesen, wiewol sie bei den Birmanen weit mehr Tempel haben. Die birmanischen Priester zeichnen sich durch gelbe Kleidung, völlige Scherung des Kopfes, den sie immer unbedeckt tragen, und Gelübde des ehelosen Standes aus. Sie gehen barfuß einher, tragen einen langen Mantel, dürfen ihr Kium oder Kloster nur mit Erlaubniß ihrer Obern verlassen und müssen sich aller sinnlichen Vergnügungen und aller gemeinen Arbeit enthalten, um ihre Zeit ganz dem Anschauen des göttlichen Wesens zu weihen. Auch der Adel unterscheidet sich von den übrigen Volksclassen durch Kleidung, Wohnung und Hausgeräthe. Besonders trägt er eine Art Kette, Tsaloe genannt, die nach den verschiedenen Adelsgraden aus 3, 6, 9 oder 12 einzelnen Ketten besteht; der König oder Boa trägt eine aus 24 Kettchen zusammengesetzte Tsaloe. Alle Schmuckgegenstände und Gerätschaften, die Betelbücher, Ohrringe, Staatsmützen, Pferdedecken u. s. w. richten sich nach dem Stande; wer sich unbefugt die Attribute eines höhern Ranges anmaßt, wird deshalb streng bestraft. Lesen, schreiben und rechnen sollen die meisten Birmanen können; gewöhnlich schreiben sie mit einem eisernen Griffel auf Palmblätter. Ihre Bücher bestehen aus dünnen Elfenbeintafeln; ihre Gelehrten übersetzen häufig englische Werke. Eine Hauptbelustigung der Birmanen ist das Theater, wo, wie bei uns, Rede, Tanz und Musik abwechseln. Ihre Wohnungen dürfen nur von Holz und Bambusrohr gebaut werden, sind aber durch gute Löschanstalten gegen Feuersgefahr geschützt. Statt der Münzen brauchen die Birmanen gestempelte Stangen von Silber und Blei.

So gesegnet auch das Land an Naturschätzen aller Art ist — der gebirgige nördliche Theil ist reich an Gold, Silber, Eisen, Blei und andern Metallen, Arsenik, Schwefel und Naphtha, die reichlich aus der Erde quillt, der südliche, von vielen Flüssen durchströmte Theil erzeugt Baumwolle, Zuckerrohr, Reis, Taback, Indigo und alle tropischen Früchte — so wenig entspricht diesem Reichthume im Allgemeinen der durch den Fluß Irawaddy sehr erleichterte Handelsverkehr, der sich meistens in den Händen der Chinesen, Mohammedaner und Europäer befindet. In der Industrie stehen die Birmanen ihren Nachbarn, den Chinesen und Hindus, beiweitem nach; indessen führen sie baumwollene und seidene Zeuche, Glas und Porzellan aus, sind geschickte Weber und zeigen in ihren Bildwerken, besonders den marmornen Götzenbildern, die auch ausgeführt werden, sowie in ihren Arbeiten in Gold und Silber eine große Kunstfertigkeit. Eine nähere Untersuchung ihres Finanzwesens hat gezeigt, daß hier beiweitem nicht die Schätze zu finden seien, die man sonst immer hier vermuthete und nach der Natur und Lage des Landes wol mit Recht erwarten konnte. Obgleich die Birmanen selbst die Ursache zum Ausbruche ihres Krieges mit der ostindischen Compagnie gewesen sind und den Kampf gewünscht haben, sind sie eigentlich nicht kriegerisch; ihre Waffen, namentlich die Schießgewehre, sind schlecht und von einem geordneten Kriegswesen findet sich keine Spur. So wenig aber auch die Birmanen jetzt zur Kriegführung taugen, so würden sie doch ihren körperlichen Eigenschaften nach, von den Engländern geübt und geleitet, eine treffliche Kriegerschar bilden können.

Verschiedene Gewaltthätigkeiten der Birmanen gegen die Briten und das Umsichgreifen der Erstern in den nordwestlichen Grenzgebieten gegen das britische Bengalen nöthigten endlich den englischen Generalgouverneur Lord Amherst im Frühjahre 1824 zur Kriegserklärung. Die Briten machten die Stromlinie des Frawaddy zur Basis ihrer Operationen, und indem sie mit ihrer Flotte in diesen Strom einfuhren, sich des Seehafens Ranguhn bemächtigten, die gegenüberstehenden feindlichen Scharen zersprengten, sodann die birmanische Hauptarmee zum schleunigen Rückzuge aus den Berglandschaften von Munipur im Norden des Reichs nöthigten und sich bis auf wenige Meilen der Hauptstadt Ava näherten, hatten sie den Kampf entschieden und konnten dem Könige „mit den goldenen Füßen und den weißen Elefanten", wie der Titel des Birmanenkönigs lautet, die Friedensbedingungen vorschreiben. Der zu Jandabu bei Ava am 24. Februar 1826 abgeschlossene, zu Ranguhn bestätigte Friede war für die Briten rühmlich, überhäufte aber die ostindische Compagnie mit neuen Schulden und mit neuen Gebieten, obschon diese besonders für die Zukunft dem englischindischen Reiche von der größten Wichtigkeit und fast unentbehrlich sind. Durch jenen Frieden kamen nämlich die Engländer in den Besitz der hafenreichen Küstenlandschaft Arracan und des noch weiter südlich hinablaufenden Küstenstrichs Tangkwen mit der Hauptstadt Sandoway am Meerbusen von Bengalen und der Landschaften Martaban und Tenasserim auf der Halbinsel Malakka am peguanischen Golf, wo seitdem die Handelsstadt Amhersttown aufgeblüht ist, und diese Erwerbung verbindet nicht nur in commercieller Beziehung die bengalischen Besitzungen der Compagnie mit den wichtigen Colonien von Malakka und Singapore am Südende der Malakka-Halbinsel, sondern gewährt auch der britischen Marine das trefflichste Gebiet in den Waldungen der indischen Eiche oder des Teakbaums, dessen Holz in den indischen Gewässern allein zum Schiffbau geeignet ist. Ferner steht die Compagnie durch eben diese Gebiete mit dem reichen Lande Siam in unmittelbarer Verbindung, kann sich von hier aus leicht einen Weg in die Länder der Schanvölker an den Grenzen von China bahnen und durch eine engere Verbindung mit jenen Völkern eine völlige Umgestaltung der jetzigen politischen Verhältnisse der drei herrschenden Mächte jenes Gebietes oder der Höfe von Cochinchina, Siam und Ava herbeiführen. Alle diese Verhältnisse werden sich im Laufe dieses Jahrhunderts weiter entwickeln und in mercantilischer und politischer Beziehung, nicht minder aber für die Wissenschaft von der größten Bedeutung sein.

Die Manufactur der Krempelwolle.

Man unterscheidet bekanntlich in technischer Hinsicht zwei Arten Wolle: Kammwolle und Krempelwolle. Jene ist länger und schlichter, wird vor dem Spinnen mit eisernen Kämmen gekämmt und dient zu allen glatten wollenen Zeuchen, Merinos, Shawls, Westenzeuchen, Strümpfen u. s. w. Die Krempelwolle ist kürzer, mehr gekräuselt und verworren, dichter zusammenhängend und dient zu allen gewalkten wollenen Zeuchen, Tuch, Casimir u. s. w.

Die erste Operation, welcher die Krempelwolle in der Manufactur unterworfen wird, besteht in dem Auflockern oder Trennen ihrer Fasern, wozu die sogenannte Wollmühle oder Auflockerungsmaschine dient. Dies ist eine cylindrische oder conische Trommel, etwa 3 Fuß lang und 2½ Fuß im Durchmesser, welche an der Außenseite mit spitzigen eisernen Zähnen oder Pflöcken dicht besetzt ist. Dieser Cylinder dreht sich um eine starke, horizontal liegende Achse und ist in einen hölzernen Kasten eingeschlossen, der an zwei entgegengesetzten Seiten geöffnet werden kann; der Boden des Kastens besteht aus mehren Latten, damit der bei der Operation entstehende Staub durchfallen kann. Neben dem Cylinder befinden sich fünf kleinere Walzen, die ebenfalls mit Zähnen versehen sind und sich jede um ihre Achse drehen. Die Zähne der Walzen und die der Trommel greifen während der Umdrehung ineinander; dasselbe thun die Zähne der Walzen gegenseitig. Zuerst wird nun die Vorderthüre um ihre Angeln ge-

*

dreht und eine Quantität roher Wolle darauf gelegt; hierauf wird die Thüre wieder geschlossen und dadurch die Wolle in den Bereich der Zähne der Trommel gebracht, welche sie in die Höhe nimmt, sodaß sie zwischen ihre Zähne und die der kleinern Walzen gelangt; dadurch werden, da die Bewegung der Trommel sehr schnell ist, die Wollenfasern getrennt und in allen Richtungen auseinander gezogen. Nach einiger Zeit wird die Thüre an der andern Seite des Kastens geöffnet, worauf die Wolle durch die Fliehkraft des Cylinders herausgeschleudert wird. Dann wird die Vorderthüre wieder geöffnet, eine neue Quantität Wolle hineingebracht, und so ferner. Dieses Verfahren wird nach der Beschaffenheit der Wolle oder des Zwecks, für welchen sie bestimmt ist, mehrmals wiederholt; wenn die Wolle gefärbt ist, so wird nach dem Färben dieselbe Operation mit ihr vorgenommen.

Hierauf wird die Hechelmaschine angewandt; sie ist in Princip und Construction der vorhin beschriebenen ganz ähnlich, aber statt daß die Cylinder mit starken Zähnen besetzt sind, sind hier ihre Oberflächen mit Krempeln oder Kratzen besetzt, wie sie in der Baumwollenmanufactur gebraucht werden; durch diese Maschine werden die Fasern der Wolle gleichmäßig vertheilt. Nachdem die Wolle dreimal durch diese Maschine gegangen ist, kommt sie auf die Krempelmaschine.

Die Krempelmaschine besteht aus einer Anzahl kleiner Walzen, A B C D E F G, die mit Krempelwolle

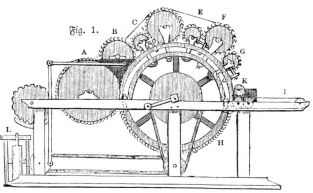

Die Wollkrempelmaschine.

bedeckt werden und sich um eine große, auf dieselbe Weise bedeckte Walze drehen, welche ungefähr 36 Zoll im Durchmesser hat und 32 Zoll lang ist. I ist ein endloses Tuch, auf welches die Wolle mit der Hand ausgebreitet wird; es wird langsam nach den beiden Walzen K bewegt, welche die Wolle ergreifen und zu der kleinen Walze G bringen, die sie auf die große Walze H bringt. Hier ergreift sie die erste größere Walze F, von dieser nimmt sie die kleine Walze E und bringt sie wieder auf die große Walze H u. s. w., bis sie endlich die Walze A erreicht, welche größer ist und sich langsam umdreht. Die Krempeln bedecken die Oberfläche dieser Walze, welche die Abstreifwalze heißt, nicht ganz, sondern sind in Streifen gestellt (s. Fig. 2). Die Wolle fällt von ihr in Flocken, die etwa

Fig. 2.

4 Zoll breit und 27—28 Zoll lang sind, herab in eine cylindrische Büchse L, in deren Mitte sich ein dünner Cylinder umdreht, welcher den Flocken eine spiralförmige Windung gibt und so das erste Element des Fadens bildet. Die folgenden Operationen, das Spinnen u. s. w., sind denjenigen ganz ähnlich, welche bei der Baumwollenmanufactur stattfinden.

Wenn das Tuch vom Weber kommt, befindet es sich in einem sehr rohen und unscheinbaren Zustande und enthält eine Quantität Öl, die ihm von den verschiedenen Operationen, denen es unterworfen worden ist, anhängt. Es muß daher zunächst gereinigt werden, was in der Walkmühle geschieht, indem es in eine Lauge eingeweicht und durch eine Maschinerie ausgedrückt wird; dann wird es in reinem Wasser gut eingeweicht und auf die Tuchrahmen gehängt, um zu trocknen. Wenn es trocken ist, wird es abgenommen und sorgfältig untersucht; dabei werden die Knoten herausgezogen und alle Risse oder Schnitte, die es etwa bekommen hat, durch Einziehen neuer Fäden ausgebessert; dies nennt man das Noppen. Zuletzt muß das Tuch in der Walkmühle mit Seife und Wasser vollends gereinigt werden.

Der nächste Proceß ist das Filzen oder Walken. In dem Zustande, in welchem das Tuch vom Tuchrahmen kommt, sind die bloßen Fäden noch sichtbar. Das Walken besteht darin, daß die Fäden aufgeschwellt und so zusammengefilzt werden, daß das Tuch jener Glätte und glänzenden Oberfläche fähig ist, welche die Schönheit des Tuchs ausmacht, und durch welche es für die Feuchtigkeit weniger durchdringlich wird. Gewöhnlich erheischt ein Stück Tuch von 90 Ellen Länge 6 Pfund Seife, welche in Wasser aufgelöst wird; das Stück wird dann in einen Trog gethan und drei Stunden lang in der Walkmühle bearbeitet. Wenn die ganze Operation des Walkens 12 Stunden gedauert hat, so ist das Tuch um $2/3$ schmäler und $1/3$ kürzer geworden; es wird dann wieder auf den Tuchrahmen gespannt, wodurch es um $1/20$ gestreckt, in der Breite aber nur sehr wenig ausgedehnt wird. Nur die kurze Wolle oder Krempelwolle hat die Eigenschaft, sich walken oder filzen zu lassen.

Aus der vergrößerten Darstellung von drei Arten Wolle in Fig. 3 kann man den Grund erkennen, warum eine Sorte sich filzen läßt, die andere nicht. Die lange englische Wolle A hat an ihrer Oberfläche augenscheinlich weit weniger Kerben oder Zacken als die sächsische B oder die echte spanische C. Wenn die Fa-

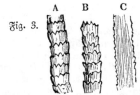

Fig. 3.

sern von Tuch, das aus kurzer Wolle gemacht ist, der Operation des Walkens unterworfen werden, so schrumpfen sie in der Länge bedeutend zusammen und greifen gleichsam ineinander ein. Die zackigen Enden dieser Wolle verfitzen sich jetzt, und jeder Versuch, das Tuch wieder zu seiner ursprünglichen Länge auszustrecken, würde vergeblich sein; je häufiger die Operation des Walkens wiederholt wird, desto dichter wird das Gewebe des Tuchs. Bekanntlich laufen Kleidungsstücke von bloßem Wollenzeuch in der Nässe bedeutend ein und werden so zum großen Misvergnügen Derer, die sie tragen, am Körper gewalkt. In der Hutmanufactur geschieht das Filzen der Wolle auf dieselbe Weise, nur wird das Verfahren hier häufiger wiederholt, sodaß die Wollenfasern völlig ineinander gewirrt werden.*)

Nachdem das gewalkte Tuch gehörig getrocknet worden ist, muß es appretirt werden; dies geschah sonst durch Weberkarden, aus denen man Handkrempeln machte, in der neuern Zeit aber durch Maschinerie und zuweilen mit sehr feinen Drahtkrempeln. Die letzte Operation, welche mit dem Tuche vorgenommen wird, nennt man das Scheren. In Folge des Appretirens bedeckt nämlich die Wolle die Oberfläche des Tuchs wie loser Pelz, und muß erst entfernt werden, bevor das Tuch in den Handel kommen kann; dies geschah sonst aus freier Hand mittels einer großen Schere, aber neuerlich hat man auch diesen Theil der Manufactur durch Maschinerie zu verrichten angefangen. Die dabei gebrauchten schneidenden Instrumente gleichen den Klingen einer Handschere; die eine Klinge ist in schräger Richtung befestigt, während auf einer sich umdrehenden Walze mehre bewegliche Klingen angebracht sind, welche sich eine nach der andern an die befestigte Klinge anlegen, auf dieselbe Weise, als wenn eine Schere gehandhabt wird. Das Tuch selbst ist über eine metallene Unterlage ausgespannt, um zu verhüten, daß es sich in Falten legt. Der Rand (die Salleiste oder Anschrote), welcher dicker als das übrige Fabrikat ist, wird nicht geschoren, weil die schneidenden Klingen nicht von hinreichender Breite sind, um die Tuchflocken, mit der er bedeckt ist, abzuschneiden, und da er dicker ist als die übrigen Theile des Tuchs, so werden Rinnen angebracht, um ihn aufzunehmen, damit die Schere genau schließen kann.

Manche der gewöhnlichen wollenen Tücher werden heiß gepreßt, um sie zu glätten, und damit diese Glätte nur auf einer Seite zum Vorschein kommt, wird die andere Seite durch einen Schwamm und Wasser wieder rauh gemacht. Diese Art Tuch wird nach dem Weben gefärbt und die Salleiste wird dann daran genäht, um dem Tuche den Anschein zu geben, als wäre es in der Wolle gefärbt.

Toussaint L'Ouverture.

(Fortsetzung aus Nr. 285.)

Gleichwol mußte die französische Regierung auf Toussaint eifersüchtig sein, und General Hédouville wurde als Oberbefehlshaber nach S.=Domingo geschickt; er sollte versuchen, den Ehrgeiz des Neger=Dictators zu zügeln. Aber Hédouville konnte mit ihm nicht mehr als seine Vorgänger ausrichten. Als der Schiffscapitain den Toussaint von den Mühen des Oberbefehls sprechen hörte, sagte er, er würde stolz darauf sein, den Toussaint nach Frankreich zu bringen, nachdem er den Hédouville hergebracht hätte. Sogleich antwortete Toussaint: „Ihr Schiff ist für einen Mann wie ich bin nicht groß genug." Hédouville kehrte bald nach Europa zurück. Die Feinde, welche noch übrig blieben, waren die Mulattenanführer, welche, eifersüchtig auf die Macht eines Negers, die Ihrigen gegen ihn aufgewiegelt hatten, und die Engländer, welche noch Posten auf der Insel inne hatten und deren man sich entledigen mußte. Mit beiden wurde Toussaint auf folgende Weise fertig.

Der englische General, Maitland, versuchte mit Toussaint zu unterhandeln, so bald es klar wurde, daß sich die Briten nicht länger auf der Insel halten konnten. In dem Archive der Hauptstadt von Haiti soll sich eine Abschrift der von den Engländern gemachten Vorschläge finden, welche darauf hinausgingen, daß sie ihre Posten auf der Insel räumen würden und Toussaint von England als König von Haiti anerkannt werden würde, wenn er in einen ausschließlichen Handelstractat mit Großbritannien willigte. Toussaint war zu vorsichtig, um diese Vorschläge voreilig zu genehmigen, nahm aber die Räumung der englischen Posten und die in Silbergeschirr und Kanonen bestehenden Geschenke des britischen Generals an. Die wichtigsten Posten nahm er mit großem Gepränge in Besitz. Die britischen Truppen waren längs des Weges aufgestellt; ein katholischer Priester ging ihm in Procession mit der Hostie entgegen; er wurde in einem prachtvollen Zelte empfangen und bewirthet. Nach dem Feste musterte er die englischen Truppen. Er scheint den Gedanken, sich zum König von Haiti zu machen, gehegt zu haben, denn er verkündigte eine allgemeine Amnestie, bestätigte die Landeigenthümer in ihren Besitzungen, befahl und betrieb die eifrige Fortsetzung der Feldarbeiten und gewann alle Creolen, indem er seine Macht dazu anwandte, sie in ihre Rechte wieder einzusetzen. So verordnete er, daß die frühern Feldsklaven, wiewol sie jetzt frei waren, fünf Jahre lang für ihre ehemaligen Herren arbeiten sollten, sorgte für ihre gute Behandlung und bestimmte, daß der vierte Theil des Ertrags ihnen gehören sollte; nach dieser Verordnung zogen die Schwarzen auf die Felder mit den Waffen an der Seite und der Hacke in der Hand, und bald verschwanden alle Spuren der Verheerungen des Kriegs. Ein charakteristischer Zug wird berichtet von dem Benehmen Toussaint's, als General Maitland seinen Besuch im Lager der Neger erwiderte. General Maitland vertraute der Ehre des Negeranführers so sehr, daß er sich mit nur drei Begleitern mitten unter die bewaffneten Schwarzen begab. Der französische Commissair Roume schrieb an Toussaint und rieth ihm, sich des Generals Maitland bei einer so günstigen Gelegenheit zu bemächtigen. General Maitland wußte dies, ließ sich aber dadurch von seinem Vorhaben nicht abhalten, weil er Toussaint zu kennen glaubte. Im Hauptquartiere ließ man ihn eine Weile warten; endlich erschien Toussaint mit zwei offenen Briefen in der Hand und sagte: „Leset diese Briefe, General, bevor wir uns besprechen. Einer ist vom französischen Commissair, der andere ist meine Antwort darauf. Ich konnte nicht vor euch treten, bis ich sie geschrieben hatte, um euch zu überzeugen, wie sicher ihr bei mir seid und wie unfähig ich einer Niederträchtigkeit bin."

*) Vergl. über die Hutmanufactur Pfennig=Magazin Nr. 194.

Jetzt erhoben die Mulatten ein Geschrei, die Insel wäre an Großbritannien verkauft und die Sklaverei würde wiederhergestellt werden; ein blutiger Krieg brach nun zwischen ihnen und den Negern aus, in welchem die Weißen je nach der Lage ihrer Besitzungen für die Einen oder für die Andern Partei nahmen. Als Toussaint die Nachricht von einigen Vortheilen erhielt, die der Mulattenchef Rigaud davongetragen hatte, sammelte er seine Streitkräfte in der südwestlichen Hauptstadt Port=au=Prince und befahl allen Mulatten der Stadt, in der Kirche zu erscheinen. Hier redete er sie von der Kanzel herab an und verkündigte ihnen seinen Sieg und ihren Untergang, wenn sie sich gegen ihn auflehnten. Indeß waren die Mulatten eine Zeit lang glücklich und wurden durch Verrätherei in den Stand gesetzt, sich im Norden zu behaupten. Während sie aber glaubten, Toussaint wäre in Port=au=Prince eingeschlossen, war er ihnen auf dem Nacken, nachdem er hundert Gefahren entgangen und mit außerordentlicher Eile marschirt war. Er befreite die Weißen, wo sie eingekerkert waren, und strafte die Verräther, die ihren Feinden beigestanden hatten. Die Mulatten flüchteten sich in der Verzweiflung nach Cap Français, aber auch hier erreichte sie Toussaint sehr bald. Er berief die Ortsbehörden in die Kirche, bestieg die Kanzel und erklärte: „Die Farbigen sind hinlänglich bestraft worden; mögen ihnen Alle vergeben, wie ich es thue. Sie mögen in ihre Wohnungen zurückkehren, wo sie beschützt und als Brüder behandelt werden sollen."

Der durch diese unerwartete Milde erregte Enthusiasmus war zwar bei Denen groß, die vor dem Sieger gezittert hatten, erstreckte sich aber nicht auf ihre noch unter Waffen stehenden Brüder. Noch war der Krieg nicht vorüber, aber am Ende siegte Toussaint. Gegen das Ende des Jahres 1799 sandte Bonaparte, damals erster Consul, Commissaire nach S.=Domingo, um Toussaint in dem Posten eines Oberbefehlshabers zu bestätigen. Rigaud, der Mulattenanführer, sah, daß seine Partei ihn verließ, und begab sich nach Frankreich.

Abermals schien es, als ob Alles Frieden und Wohlstand verspräche; aber Toussaint's Gemüth war noch nicht zufrieden. Die Ehrgeizigen sind niemals zufrieden, irgend ein Zweifel, irgend eine Furcht stört immer ihre Ruhe. Bonaparte hatte nicht an ihn geschrieben, und aus Besorgniß, daß diese Vernachlässigung ihm unheilbringend sein möchte, vermied er es, die von den Commissairen mitgebrachte Proclamation bekannt zu machen und den Truppen die Adresse Bonaparte's vorzulesen: „Tapfere Schwarzen, seid stets eingedenk, daß nur die Franzosen eure Freiheit und eure Rechtsgleichheit anerkennen." Indeß behielt er damals seine Unzufriedenheit für sich und unterzog sich seinen Pflichten, wie vor dem letzten Kriege und mit nicht weniger Erfolg. Als er hörte, daß der Oberaufseher der Pflanzung, auf welcher er Sklave gewesen war, in den Vereinigten Staaten lebte, ließ er an ihn schreiben und ihn zur Rückkehr auffodern. Jener beeilte sich, zu kommen und wurde noch am Abend seiner Ankunft in Port=au=Prince zu einer Gesellschaft beim Commandanten eingeladen. Er war im Begriff, diesen zu umarmen; aber Toussaint trat zwei Schritte zurück und sagte ernst: „Nicht also, Herr! jetzt besteht ein größerer Unterschied zwischen uns, als ehemals. Kehrt auf die Pflanzung zurück, seid gerecht und wacker, und laßt die Schwarzen fleißig arbeiten, damit ihr durch den Wohlstand eurer kleinen Besitzung zu dem allgemeinen Wohlstande und dem des ersten der Schwarzen, des Oberbefehlshabers von S.=Domingo, beitragt."

Er hielt streng auf die Vorschriften der Religion und Moral und ging in Zucht und Mäßigkeit mit dem besten Beispiele voran. Bei seinen öffentlichen Audienzen wurde der strengste Anstand beobachtet und in seinen Abendgesellschaften herrschte der feinste Ton. Alles um ihn her war prächtig und sein Gefolge war glänzend wie das eines morgenländischen Fürsten; aber er selbst war in seinen Mahlzeiten, seiner Kleidung und seinen Sitten einfach. Er trug immer einen Turban und wurde daher von seinen Feinden „der Affe mit dem leinenen Kopftuche" genannt. Seine gewöhnliche Kost bestand aus Käse und Früchten, wozu er ein Glas Wasser trank. Seine körperliche Stärke war außerordentlich und er erhielt sie durch beständige Übung. Er hatte die Gewohnheit, plötzliche Ausflüge in verschiedene Theile der Insel zu machen, wobei er immer die Punkte wählte, wo er am wenigsten erwartet wurde. Bisweilen ritt er ohne Unterbrechung 150 englische Meilen, wobei er immer alle seine Begleiter ausstach, zwei Trompeter ausgenommen, die ebenso gut ritten. Nach einer solchen Anstrengung pflegte er zwei Stunden zu schlafen und stand dann wieder auf, gestärkt zu neuen Strapazen. Er war für Jedermann zugänglich und Keiner ging unbefriedigt von ihm; wenn er ein Gesuch nicht gewähren konnte, so suchte er doch den Bittsteller bei guter Laune zu erhalten. Seine Generale waren gehorsam gegen ihn wie Kinder; seine Soldaten betrachteten ihn als ein höheres Wesen, und die Menge pries ihn als ihren Befreier. Es ist kein Wunder, daß er seinen Lippen die in seiner Seele lebendige Überzeugung entschlüpfen ließ, daß er der Bonaparte von S.=Domingo wäre und die Colonie ohne ihn nicht bestehen könnte.

Toussaint sah ein, daß auf der Insel kein dauernder Friede herrschen könnte, so lange ein Theil derselben unter spanischer Herrschaft blieb, und sein erster großer politischer Fehler scheint der gewesen zu sein, daß er ausschließend den Stand der Angelegenheiten auf der Insel ins Auge faßte, und die Macht, die aus Europa gegen ihn gesandt werden konnte, übersah oder geringschätzte. Die Schwierigkeit vereinigte er den spanischen und französischen Theil der Insel unter seiner Herrschaft. Auf seine Auffoderung lieferte die Stadt S.=Domingo ihm ihre Schlüssel aus, und die bei der spanischen Bevölkerung sehr einflußreiche Geistlichkeit war auf der Seite eines andächtigen Gewalthabers, der durch seine Ehrerbietung gegen sie und ihr Amt ihrem Ehrgeize schmeichelte. Sie bestimmte die Bewohner, ihn auf seinem Zuge durch die Insel mit Zuruf, Glockengeläute und Kanonenschüssen zu empfangen.

Charakteristisch für ihn ist seine Eidesleistung vor den spanischen Behörden. Der herkömmliche Eid, den man von ihm begehrte, enthielt die Verpflichtung, das Land mit Weisheit zu regieren. Als man ihm diesen Eid vorlegte, erwiderte er: „Das Versprechen, das ihr verlangt, kann ich nicht leisten; aber ich schwöre vor Gott, der mich hört, daß ich das Vergangene der Vergessenheit übergebe und daß meine Bemühungen keinen andern Zweck haben sollen, als die Bevölkerung, die sich unter meine Leitung gestellt hat, glücklich und zufrieden zu machen." Hierauf händigte ihm der Gouverneur ohne Bedenken die Schlüssel ein. Dies geschah im Januar 1801.

Durch eine von ihm berufene Commission wurde eine Colonialverfassung ausgearbeitet, um die verschiedenen Bewohner der Insel unter einer gleichförmigen und unparteiischen Regierung zu vereinigen. Durch diese Verfassung wurde ihm unter dem Namen eines lebenslänglichen Präsidenten alle vollziehende Gewalt übergeben, mit der Befugniß, seinen Nachfolger zu ernennen und alle Ämter zu besetzen. In Allem, was den Handel und die Finanzen betraf, that diese Verfassung in der kurzen Zeit ihres Bestehens die beste Wirkung. Schiffe aller Nationen besuchten unter amerikanischer Flagge die Insel, der Schatz füllte sich, die Pflanzungen blühten und Toussaint wurde allgemein verehrt.

Jedoch hatte er nunmehr den Gipfel seines Glücks erreicht. Funfzig Jahre seines Lebens hatte er in geräuschloser Vorbereitung für das große Werk verlebt, das er die letzten zehn Jahre ausgeführt hatte. Er war das Werkzeug gewesen, um aus einer Schar von Negersklaven ein Volk freier Männer zu bilden, und hatte sie gelehrt, daß Selbstbeherrschung die einzige Bürgschaft der Unabhängigkeit ist; er hatte den ersten civilisirten Negerstaat glücklich gegründet; jetzt blieb übrig zu zeigen, wie die Bildung, deren er theilhaftig geworden, ihn für ein anderes Schicksal vorbereitet hatte und wie die Grundsätze der Religion und die Geduld, die er gelernt, ihn durch den dritten unglücklichsten Theil seiner Laufbahn führen würden. Zwei Jahre blieben von seinem Leben übrig, die er in Unglück, Demüthigung, Mühsal, Kummer und Krankheit verleben sollte. So wenig er es selbst einsehen mochte, ist doch für Andere klar, daß grade seine größten moralischen Triumphe diesen beiden letzten Jahren angehören.

(Der Beschluß folgt in Nr. 287.)

Das naturhistorische Museum zu Paris.

Die großartigste und reichhaltigste Naturaliensammlung auf der ganzen Erde ist der Pflanzengarten zu Paris, seit 4. Juni 1793 naturhistorisches Museum genannt, eine Anstalt, welche Sammlungen aus allen drei Reichen der Natur vereinigt, selbst die größte Menagerie, die es gibt, enthält, und Hülfsmittel zum Studium der Naturgeschichte darbietet, die sich fast nirgend in solcher Vollständigkeit beisammen finden, weshalb der noch immer übliche Name Pflanzengarten viel zu beschränkt ist.

Ein von Ludwig XIII. i. J. 1625 auf Ansuchen seines Leibarztes Gui de la Brosse angelegter botanischer Garten, ursprünglich nur für officinelle Pflanzen bestimmt, 24 französische Morgen groß, und ein Cabinet von Naturmerkwürdigkeiten legten den Grund zu der Anstalt, die gegenwärtig fast alle Producte der Erde vereinigt. Unter Tournefort, Jussieu und namentlich Dufay gewann die Anstalt immer mehr an Bedeutung. Unter Buffon's Leitung bis 1788 betrug der Flächenraum schon 43 französische Morgen; jetzt hat er sich verdoppelt, und besonders unter der Verwaltung des berühmten Cuvier hat die Anstalt eine außerordentliche Ausdehnung und wahrhaft europäische Berühmtheit erlangt. Alle großen Reisen, die seit einigen Jahren unternommen wurden, haben zur Vermehrung ihrer Schätze beigetragen, in ganz Europa, wie überall, wo die Wissenschaften betrieben und in Ehren gehalten werden, machen sich hervorragende Männer durch ihre Bereicherung verdient und die aus Staatskassen bewilligten Beiträge sind in den letzten Jahren sehr vermehrt worden. Da die Sammlungen gefüllt und die Treibhäuser unzureichend waren, sind in der neuesten Zeit für die zoologischen, mineralogischen und botanischen Sammlungen große und schöne Gebäude aufgeführt worden.

Das in der Abbildung dargestellte Hauptgebäude, dessen Fronte dem Garten zugekehrt ist, hat eine Länge von 360 Fuß, mit 33 Fenstern in jeder Etage; die der zweiten sind vermauert, weil sie durch eine besondere Vorrichtung das Licht von oben her erhält. Das Erdgeschoß besteht aus verschiedenen kleinen Zimmern, welche ihrer Niedrigkeit und Feuchtigkeit wegen nur zu Niederlagen von Steinen, die dem Lehrer der Geologie aus allen Theilen der Erde zugeschickt werden, gebraucht werden können. Das erste Stockwerk war lange für die mineralogischen und geologischen Sammlungen, sowie für die Wirbelbeinthiere mit kaltem Blute bestimmt. Früher befand sich auch die Bibliothek hier, hat aber der durch Cuvier zu außerordentlichem Umfange angewachsenen Sammlung der Fische weichen müssen und ist jetzt in den Zimmern eines abgesonderten Gebäudes, welches früher Buffon inne hatte, aufgestellt. In der neuesten Zeit sind auch die mineralogischen und geologischen Sammlungen in besondere Galerien verwiesen worden. Im zweiten Stockwerke stehen lange Reihen von Glasschränken. In den an den Wänden stehenden befinden sich Wirbelbeinthiere mit warmem Blute; in der Mitte stehen niedrigere Schränke mit Polypen, Schwämmen, Korallen, Schalthieren, Insekten und Mollusken. Die Zoologie nimmt also gegenwärtig das ganze Gebäude ein.

Das älteste noch vorhandene Gewächshaus wurde im Jahre 1714 gebaut, als der berühmte Botaniker Vaillant Professor an der Anstalt war; ein älteres sehr unvollkommenes ist nicht mehr vorhanden. Jenes ist 34 Fuß lang, 14 breit, 15 hoch und hat beständig 15 Grad Wärme. Drei Jahre nachher wurde ein viel größeres gebaut, in dessen Mitte ein 40 Fuß hoher Cactus aus Peru steht. Dieser kam im Jahre 1700 nach Paris, als er nur 4 Zoll hoch und 2 Zoll dick war; nach 13 Jahren war er bis an die Dachfenster hinauf gewachsen; im Jahre 1717 war er 23½ Fuß hoch. Um das Wachsthum der Pflanze zu hindern, schnitt man den Gipfel ab und brannte die Wunde, und da dies nichts half, erhöhte man das Gewächshaus nach und nach, sodaß es jetzt thurmähnlich emporsteigt. Mehre andere Gewächshäuser wurden später gebaut. Das große besteht aus mehren Etagen, die ihr Licht durch mehr als 2000 Fenster erhalten. Die älteste Etage ist die oberste und rührt von 1768 her, sie ist durch eine gläserne Scheidewand in zwei Hälften getheilt, deren jede 125 Fuß lang, 15 hoch und 11 breit ist. Später wurde 5 Fuß unter der obern die mittlere Etage angelegt. 1811 legte man einen dritten Theil des Gewächshauses unter der Erde an, als aus Amerika 80 Kisten frischer Pflanzen geschickt wurden; dieser Theil ist 75 Fuß lang, 12 breit und 10 hoch.

Die Sammlungen enthielten im Jahre 1833 152,000 lebende und ausgestopfte Thiere, 350,000 getrocknete Pflanzen, 4500 Holzproben, Sämereien und Früchte, 60,000 Steine, Mineralien oder Fossilien; seitdem haben sich diese Zahlen sehr bedeutend vermehrt, da das Museum jetzt jährlich ungefähr 30,000 Gegenstände aller Art empfängt. Die Bibliothek enthält 30,000 Bände, fast alle über Naturwissenschaften. Die merkwürdigste Sammlung der Bibliothek ist eine Sammlung von naturhistorischen Originalzeichnungen auf Pergament, die von berühmten Künstlern entworfen sind. Sie wurde im Jahre 1635 angefangen und vergrößert sich alle Tage; jetzt besteht sie aus 80 Mappen, welche über 6000 die seltensten Pflanzen und Thiere darstellende Originalzeichnungen enthalten; ihr Werth wird auf zwei Millionen Francs geschätzt. Im Pflanzengarten werden zugleich 14 wissenschaftliche Lehrvorträge über Anatomie, Physiologie, Zoologie, Botanik, Mineralogie, Geologie und Chemie gehalten, die in der Regel von 1800 Studirenden gehört werden. Der erste Lehrstuhl wurde hier 1672 gestiftet und war für Anatomie be=

stimmt, weil die ganze Anstalt ursprünglich nur für die Heilkunst bestimmt war. Das Amphitheater kann 1200 Personen fassen.

Im Garten selbst werden jetzt über 12,000 Pflanzengattungen gezogen. Die an Ludwig XIV. geschickten Palmbäume sind noch vorhanden, ebenso die große Fackeldistel, welche 1700, also vor fast anderthalb Jahrhunderten, in den Garten verpflanzt wurde. Die Einrichtung des Gartens ist höchst sinnreich; auf den Zetteln angebrachte Farben dienen zur Bezeichnung der Zier= und Giftpflanzen, sowie derjenigen, die als Heilmittel, in den Künsten und zu Nahrungsmitteln gebraucht werden. Besondere Zeichen machen die einjährigen, zweijährigen, perennirenden u. s. w. kenntlich, ebenso diejenigen, welche auf freiem Boden, im erwärmten Gewächshause oder in den Orangerien gezogen werden müssen. Mehre Theile des Gartens sind vorzugsweise zu Baumschulen, sowie zur Zucht der Zier=, Nutz= und Arzneipflanzen bestimmt; für die Wasserpflanzen sind Wasserbehälter vorhanden. Die Sammlung der Pflanzenfossilien, die in Frankreich gebauten Getreidearten, die ausgezeichneten Früchte, die seltenen Holzarten, die Herbarien, sowol das aus 50,000 Arten bestehende allgemeine, als die besondern, werden in den botanischen Galerien aufbewahrt. Die alten geheizten Gewächshäuser sind zu niedrig und genügen nicht; man zieht darin den ägyptischen Papyrus, den Cocosbaum, die Vanille, den Kaffeebaum, mehre Theearten, den Flaschenkürbisbaum, den Sagobaum u. s. w. Die neuen Gewächshäuser, welche 60 Fuß hoch sind, werden durch Dampf und mittels einer sehr sinnreichen Vorrichtung erwärmt. Ein Bambusrohr, welches jetzt daselbst gezogen wird, hat im Laufe eines Jahres einen Schößling von 18 Fuß getrieben. Pisang=, Zimmt= und Palmenbäume werden hier schon in freier Erde gezogen.

Der Reichthum der mineralogischen Sammlungen ist außerordentlich; nur der riesenmäßige, über 800 Pfund wiegende Bergkrystall und der in der Provence gefundene Meteorsteinklumpen, dessen Gewicht 1200 Pfund übertrifft, mögen hier erwähnt werden. Die zur Geologie gehörigen Proben sind methodisch und chronologisch geordnet. Mehre Säle sind für die Fossilien, Polypen, Conchylien, Pflanzen und Wirbelthiere bestimmt. Dort finden sich die Mollusken, die Schalenthiere, die Zoophyten, die schönen fossilen Fische vom Monte Bosca, von Glarus, vom Libanon und aus der Pfalz, die in dem Gyps des Montmartre verborgenen Thierstücke, mehre Theile des Mammuth aus dem Eismeere und des Mastodon aus Ohio, von Alexander v. Humboldt und dem Präsidenten Jefferson übergeben, endlich jene ganze riesenhafte Bevölkerung der Flötzgebirge, von welcher die Walfische und Pottfische vielleicht nur späte Abarten sind.

Ein besonderes Gebäude mit 12 Sälen ist für die vergleichende Anatomie bestimmt. Hier findet sich die kostbare Schädelsammlung des Dr. Gall, eine Reihe Köpfe von Wirbelthieren und besonders Menschenköpfe von verschiedenen Racen und Zeiten, Skelette und anatomische Präparate von fast allen bekannten Thieren, Fötus von verschiedenen Altern, Mumien, Fossilien und eine große Zahl Misgeburten. Die Skelette des Zwergs Stanislaus', der hottentottischen Venus und des Schwärmers Soliman Kalebi, der den General Kleber ermordete, werden ebenfalls hier aufbewahrt.

In den zoologischen Sammlungen sind alle organischen Wesen, von den Riesen der Schöpfung bis zu den Conchylien und mikroskopischen Insekten herab, vereinigt; die Zahl der Säugthiere allein beträgt 5000, die der Vögel 10,000. Die lebenden Thiere sind im Garten vertheilt; hier findet man zuvörderst Panther, Löwen, Tiger, Jaguars als Repräsentanten der Raubthiere. Die große Rotunde beherbergt gegenwärtig zwei Elefanten, einen aus Asien und einen aus Afrika, wilde Maulesel, mehre Kameele, afrikanische Zebras, von denen zwei in dem Hause geboren sind, endlich einige Wiederkäuer des Hirschgeschlechts und die Giraffe. Die Vogelhäuser sind mit seltenen Vögeln besetzt; hier findet man Condors und Geier, Adler und Kolibris, Perlhühner und Pfauen, Gold- und Silberfasane, Strauße aus Amerika und aus der alten Welt, Kronenkraniche vom Senegal, Kasuare vom indischen Archipel und aus Neuholland u. s. w.

Äußere Ansicht des Museums zu Paris.

Verantwortlicher Herausgeber: Friedrich Brockhaus. — Druck und Verlag von F. A. Brockhaus in Leipzig.

Das Pfennig-Magazin
für Verbreitung gemeinnütziger Kenntnisse.

287.] Erscheint jeden Sonnabend. [September 29, 1838.

Das berner Oberland.

Ansicht der Jungfrau und Wengernalp.

Der Canton Bern, einer der drei Vororte, d. h. dirigirenden Cantone der Schweiz, ist von allen 22 Schweizercantonen beiweitem der größte, volkreichste, wichtigste und wohlhabendste, welcher fast ein Fünftel von der ganzen Schweiz, sowol an Flächenraum als an Einwohnerzahl, begreift, und zugleich derjenige, der unter allen am meisten in allen Richtungen von Reisenden durchstreift wird. Er enthält an seiner nördlichen und westlichen Grenze einen Theil des Jura, in seinem südlichen und östlichen Theile aber einige der bedeutendsten Gipfel der Alpen; der dazwischen liegende Raum besteht aus Hügelland, welches die üppigsten Weideplätze darbietet, ein Land von außerordentlicher Schönheit, die jedoch bei Betrachtung der großartigen Pracht der umliegenden Gegenden fast ganz übersehen wird.

Derjenige Theil der Hochalpen, welcher zum Canton Bern gehört, unstreitig der interessanteste Theil desselben, ist unter dem Namen des berner Oberlandes oder Hochlandes bekannt. Dasselbe besteht hauptsächlich aus vier großen Thälern, deren Gewässer sich in die Becken des Thuner- und Brienzersees ergießen. Das westlichste und vielleicht am wenigsten bemerkenswerthe unter diesen Thälern ist das Simmenthal, welches das Stockhorn vom Niesen trennt. Das zweite, dem Simmenthale parallel laufende Thal, ist das Kanderthal, welches vom Fuße des nach Wallis führenden Gemmipasses ausgeht. Diese beiden Thäler ergießen ihre vereinigten Gewässer — die Kander fließt in die Simmen, bevor sie den See erreicht — in den Thunersee, der 2½ Meilen lang, ½ Meile breit ist, und bilden in der Nähe desselben ein Wiesengelände vom üppigsten Grün mit malerisch gelegenen Dörfern. Die beiden andern Thäler senden ihre Gewässer dem Brienzersee zu, und aus ihnen und den sie umgebenden Bergen besteht eigentlich das Oberland. Das wichtigste ist das östlichste, das sechs Meilen lange Haslithal, welches die Aar von ihrem Ursprunge am Grimsel an bis zu ihrem Ausflusse in den See durchströmt; das andere besteht aus dem vereinigten Grindelwalder- und Lauterbrunnenthale; dazu kommen noch andere kleinere Thäler, das Kienthal, Lütschinenthal u. s. w. Nirgend erscheint die Natur erhabener als in dieser wunderbaren Gegend; nirgend findet sich eine so ununterbrochene Folge von Felsen, Wasserfällen und Gletschern. Die Seele, von einem Wunder zum andern getrieben, kann vor Staunen und Bewunderung nicht zu sich kommen, und es bedarf eines längern Aufenthalts in der Nähe dieser Naturschönheiten, um sie gehörig würdigen zu können.

Vor Allem fallen natürlich die großen Granitberge ins Auge, welche diese Thäler einschließen; die bedeutendsten davon sind folgende:

Das Finsteraarhorn	13205 pariser Fuß.
Die Jungfrau	12850 = =
Der Mönch	12663 = =
Das Schreckhorn	12558 = =
Der Eiger	12216 = =
Das Wetterhorn	11454 = =
Die Grimsel	9104 = =
Das Faulhorn	8250 = =
Die Furca	7788 = =
Der Niesen	7340 = =

Vom Lauterbrunnenthale und dem darin befindlichen Staubbach ist bereits in diesen Blättern *) die Rede gewesen; jetzt soll uns zunächst das grindelwalder Thal beschäftigen, welches dem Reisenden noch größere Schönheiten und Wunder als jenes darbietet. Gewöhnlich gelangt man zu demselben durch das Lütschinenthal, aber der Weg von Lauterbrunnen über die Wengernalp ist viel anziehender für die Freunde des Erhabenen. Die Wengernalp steht dem Staubbach gegenüber und man braucht einen zweistündigen angestrengten Marsch, um ihren Gipfel zu erreichen; aber bei heiterer Luft wird die Anstrengung durch die Aussicht überreichlich belohnt. Denn unmittelbar gegenüber erheben sich nach Süden und Osten die drei ungeheuern Massen der Jungfrau, des Mönchs und des Eigers in scheinbarer Nähe, mit ewigem Eise bedeckt, während das Ohr den häufigen Donner entfernter Lawinen vernimmt. Zschokke, der trefflichste Schilderer der Schweiz, sagt von der Wengernalp: „Durch das Thal von Lauterbrunnen, von dessen Felsenwänden 20 Wasserfälle herabflattern, unter ihnen 900 Fuß hoch der vielgepriesene Staubbach, geht der gewöhnliche Zug der Gebirgswallfahrer zur Wengernalp. Denn dort, wo sie in öder Höhe ein wirthliches Haus empfängt, steigt ihnen gegenüber aus schrecklichen Abgründen die Jungfrau empor in ihrem Eistalar. Man sieht jedoch von ihr durch eine gewaltige Schlucht geschieden und sieht gefahrlos darin jene Lawinen verschwinden, welche die Sonnenwärme fast täglich von ihren weiten, blendenden Firnen löst. Das Murmeln eines fernen Donners verkündet den Fall der mächtigen Massen, die dem Auge wie bestäubte Schneebälle erscheinen, welche von beschneiten Dächern rollen." Übrigens machen die Lawinen auf das Gehör einen weit mächtigern Eindruck als auf das Auge, das sie in vielen Fällen gar nicht sieht; in der Entfernung nehmen sie sich aus wie ein Wasserstrom, während ihr Schall, von tausend Felsen und Schluchten widerhallend, überaus erhaben und furchtbar schön ist.

Bis auf die neueste Zeit galt die Jungfrau für unzugänglich, aber 1828 gelang es nach mehren fruchtlosen Versuchen einer Gesellschaft von grindelwalder Gemsenjägern, den Gipfel zu erreichen, wiewol mit bedeutender Schwierigkeit und Gefahr. Ihrer Beschreibung nach hat die Gipfelfläche etwa 30—40 Fuß im Durchmesser, und das Eisfeld, das auf dem Rücken der Jungfrau die berner und walliser Gebirge verbindet, ist weit ausgedehnter, als man früher glaubte, nämlich 5 deutsche Meilen lang, bei einer Breite von ¾—3 Meilen.

Von der Wengernalp steigt man nach Grindelwald über die große Scheidegg herab, auf welcher man die schreckliche Wirkung eines Gletschers, der vor etwa 12 Jahren herabgestürzt ist, beobachten kann. Man glaubte früher, daß Wälder einen vollkommenen Schutz gegen das Vorrücken der Gletscher gewährten, aber in dem erwähnten Falle wurden die Bäume durch die fortrückende Masse fortgeschoben, während diejenige Seite des Bergs, welche davon nicht betroffen wurde, noch jetzt mit herrlichen Fichten bedeckt ist.

Die größte Merkwürdigkeit in Grindelwald sind die Gletscher, die einen Besuch nicht nur verdienen, sondern auch zugänglicher sind als in andern Theilen der Schweiz; der schönste und üppigste Rasen reicht fast bis an das Eis, und wilde Johannisbeeren und Blumen kann man wenige Schritte vom Eise pflücken. Der Hauptarm der Lütschine entspringt aus einem Eisbogen am Fuße des untern Gletschers und wird durch das beständige Schmelzen des obern Eises mit Wasser versehen. Dieser ganze Gletscher ist mit Gipfeln bedeckt, die 30—40 Fuß hoch sind, und durch Spalten unterbrochen, in denen mancher Reisende verunglückt sein mag, wie 1790 der Pastor Monson aus dem Waadtlande, der sich an dem Rande einer dieser Spalten auf seinen Alpenstock lehnte, um in den Abgrund hinabzuschauen, aber, da plötzlich der Stock ausglitt, 770 Fuß tief hinunterstürzte.

Sehr interessant ist, was Zschokke über Grindelwald mittheilt. „Vom Anblick des außerordentlichen Schauspiels auf der Wengernalp wendet sich der Zug der Bergpilger zu dem der Zwillingsgletscher, welche unten im fruchtbaren Thale von Grindelwald zwischen zerrissenen und eisbelasteten Felsenwänden hervorzuquellen scheinen. Das Thal von Grindelwald, mit seinen Hütten von Kirschbäumen beschattet, mit seinen dunkelgrünen Wiesen, hier und da von kleinen Beeten unterbrochen, die mit Roggen und Gerste besäet sind, mit der erhabenen Wildheit der Felsenberge und Firnen, die sich in den Wolken des Himmels verirren, macht alle Schönheit des gefeierten Chamounythales vergessen. Mancherlei Fußwege führen hinauf in die höchsten der Alpen, auch zu der höchsten aller menschlichen Wohnungen unsers Welttheils. Bisher hatte das Hospiz auf dem St.-Bernhardsberge (7680 Fuß über dem Meere) dafür gegolten, seit dem Jahre 1832 aber nicht mehr. Denn 8140 Fuß erhaben über dem Meere, am Gipfel des Faulhorns, liegt auf geebnetem Platze ein drei Stock hohes Gasthaus, mit allen Bequemlichkeiten für Reisende ausgestattet. Nordwärts verdämmert ihnen da in der Tiefe alles Land weit umher; südwärts, wohin die Fenster des Zimmers des Gesellschafts- und Speisesaales gerichtet sind, hat es das Auge nur mit Eismeeren und einsamen Felsengipfeln der höchsten Berge zu thun. Man sieht die aus dem Abgrunde der Urmeere hervorgebrochenen, durch unbekannte Gewalten himmelwärts gehobenen Eingeweide des Erdballs, wie sie in schauerlicher Zerstörung erstarrt und leblos da liegen. Der Mensch verschwindet auf diesen Weltruinen, neben welchen drunten der Lämmergeier in den Lüften, wie ein verlorener Käfer, schwärmt. Ein anderer Fußweg, und gewöhnlich schlagen ihn die Lustwanderer ein, leitet über die Alpen der großen Scheidegg, neben dem gewaltigen Gebirgsstock der Wellhorns vorüber, welches in seiner blendenden Eisschale fast 10,000 Fuß hoch ragt. Der Roselavigletscher, zackig und zerrissen, hängt zwischen ihm, dem Stelli- und Engelhorn, vom Kamme des Gebirgs herunter. Seitwärts, in wilder Waldschlucht verloren, rinnt eine Schwefelquelle neben einigen hölzernen Gebäuden, dem Badeorte benachbarter Landleute. Jenseit der Scheidegg gelangt man, auf rauhem, oft jähem,

---

*) Vergl. Pfennig-Magazin Nr. 185.

bald von Gießbächen zerrissenem, bald von Bergfällen überschüttetem Pfade zum Anblick des lachenden Haslithales und seines majestätischen Wasserfalles. Dieser verbreitet seinen Donner weithin über das stille Gelände. Der Reichenbach stürzt in dreifachen Absätzen von Felsenbecken zu Felsenbecken. Den Abgrund, in welchem er sich schäumend verliert, umschweben ewige Gewölke."

Alhambra.

Alhambra heißt bekanntlich der Palast oder vielmehr die Festung der maurischen Könige von Granada, von wo aus sie dieses Königreich beherrschten, und wo sie den letzten Kampf für ihre Herrschaft in Spanien wagten. Der Palast nimmt nur einen Theil des Raumes der Festung ein, deren mit Thürmen versehene Mauern die ganze Fläche auf dem Gipfel des Hügels einschließen, der die Stadt Granada beherrscht und einen der Ausläufer der Sierra Nevada oder des Schneegebirges bildet. Gegründet wurde die Alhambra von Mohammed Abu Alahmar, einem aufgeklärten, weisen und trefflichen Fürsten, der 1238 in den Besitz von Granada gelangte, der Erste aus dem Stamme der Beni Nasar war, der auf dem Throne saß, und 1254 starb. Er begann den Bau der Alhambra gegen die Mitte des 13. Jahrhunderts und führte persönlich Aufsicht über denselben. Sein Name prangt in den schönsten und geschmackvollsten Verzierungen des Palastes. Vollendet wurde derselbe erst von einem nicht minder ausgezeichneten Könige, Yusef Abul Hagiz, zuweilen auch Haris geschrieben, der den Thron 1333 bestieg und im Jahre 1348 das schöne Thor der Gerechtigkeit, welches den Haupteingang zur Festung bildet, erbaute, auch mehre Hallen und Höfe des Palastes verzierte, wie man aus den Inschriften sieht, in denen sein Name häufig vorkommt, und 1354, grade 100 Jahre nach dem Tode des Gründers der Alhambra, in der königlichen Moschee derselben ermordet wurde.

Die Alhambra, welche zur Zeit der Mauren eine Armee von 40,000 Mann fassen konnte, diente den maurischen Königen gelegentlich als Zufluchtsort, wenn ihre Unterthanen sich empörten. Nach der Eroberung von Granada durch König Ferdinand den Katholischen von Castilien am 25. November 1491 wurde sie Eigenthum der Könige von Spanien und zuweilen von ihnen bewohnt. Kaiser Karl V. begann innerhalb der Ringmauern der Alhambra einen prachtvollen Palast zu bauen, wurde aber an der Vollendung desselben durch wiederholte heftige Erdbeben gehindert. Die letzten königlichen Bewohner der Alhambra waren Philipp V. und seine schöne Gemahlin Elisabeth von Parma zu Anfange des vorigen Jahrhunderts. Zu ihrem Empfang wurden große Vorbereitungen gemacht; man besserte den Palast aus und erbaute eine Reihe von Gemächern, die durch italienische Künstler ausgeschmückt wurden. Der Aufenthalt des königlichen Paares war nur kurz und nach ihrer Abreise verödete der Palast abermals. Indeß blieb die Alhambra immer noch ein wichtiger militairischer Posten; der Gouverneur derselben empfing sein Amt unmittelbar vom Könige und hatte eine vom Generalcapitain von Granada unabhängige Gerichtsbarkeit. Die Festung hatte eine zahlreiche Besatzung und bildete für sich eine kleine Stadt; sie enthielt mehre Straßen, ein Franziskanerkloster und eine eigne Pfarrkirche.

Daß der Hof die Alhambra nie wieder bezog, war der Todesstreich für die Burg. Ihre verödeten schönen Hallen stürzten ein, die Gärten verwilderten und die Springbrunnen hörten auf zu springen. Nach und nach fand sich eine gesetzlose und ausschweifende Bevölkerung ein: Schmuggler, Diebe und Schelme aller Art, die sich die privilegirte Gerichtsbarkeit des Orts zu Nutze machten und hier ihr Hauptquartier aufschlugen. Endlich legte sich die Regierung ins Mittel; die Bevölkerung wurde von dem Auswurfe gereinigt und nur ehrbaren Leuten mit erlaubten Erwerbsquellen wurde zu bleiben gestattet; der größte Theil der Häuser wurde abgetragen und es blieb ein bloßes Dorf mit dem Franziskanerkloster, der Pfarrkirche und etwa 200 Häusern. Als die Franzosen im letzten Kriege Granada inne hatten, legten sie eine starke Besatzung in die Alhambra und der französische Commandant bewohnte den Palast. Damals thaten die Franzosen viel, dieses schöne und interessante historische Denkmal zu erhalten. Die Dächer wurden ausgebessert, Säle und Galerien gegen die Witterung geschützt, die Gärten und Wasserleitungen hergestellt, und den Springbrunnen entstiegen abermals schimmernde Wassersäulen. Bei ihrem Abzuge sprengten die Franzosen mehre Thürme der äußern Ringmauer in die Luft und machten dadurch die Festung unhaltbar, sodaß ihre Wichtigkeit als militairischer Posten seitdem verschwunden ist. Die Besatzung besteht jetzt nur aus einer Hand voll Invaliden, denen es obliegt, einige der noch stehenden äußern Thürme zu bewachen, welche zuweilen zu Staatsgefängnissen dienen.

Ein riesiger, von Karl V. in griechischem Style erbauter Thorweg bildet den Eingang in das Gebiet der Alhambra. Der Haupteingang der Festung selbst führte ehemals durch einen hohen viereckigen maurischen Thurm, der eine Art von Außenwerk bildete. Dieser Eingang heißt das Thor der Gerechtigkeit, weil während der maurischen Herrschaft innerhalb seiner Halle über geringere Vergehen und Streitsachen nach der Sitte der Orientalen Gericht gehalten wurde. Die Halle wird durch einen ungeheuern arabischen Bogen in Hufeisenform gebildet, der bis zur halben Höhe des Thurmes emporreicht; auf dem Schlußsteine des Bogens ist eine gigantische Hand, innerhalb der Halle aber auf dem Schlußsteine des Portals eine ungeheurer Schlüssel eingegraben. Nach der mohammedanischen Symbolik soll die Hand das Sinnbild der Lehre, der Schlüssel das des Glaubens sein; bei der Eroberung Andalusiens durch die Muselmänner prangte der Schlüssel auf ihren Fahnen als Gegenzeichen des Kreuzes der Christen.

Ist man durch das Thor der Gerechtigkeit geschritten, so steigt man einen engen, sich zwischen Mauern emporwindenden Weg hinan und kommt auf einen freien, länglichrunden, ebenen Platz, den Platz de los Algibes oder Platz der Cisternen, so genannt von den großen Wasserbehältern, die sich auf demselben befinden und von den Mauren für den Bedarf der Festung in den Felsen gehauen worden waren. Hier ist auch ein Brunnen von unermeßlicher Tiefe, der das reinste und kälteste Wasser liefert, ein Denkmal des Geschmacks der Mauren, die in ihren Bemühungen, dieses Element in seiner Krystallreinheit zu erhalten, unermüdlich waren. Diesem Platze gegenüber liegt der prachtvolle Bau, den Karl V. hatte anfangen lassen, und durch welchen er, wie es heißt, die Residenz der mohammedanischen Fürsten in den Schatten stellen wollte. Trotz seiner Größe und seines architektonischen Verdienstes macht er des Contrastes wegen keinen günstigen Eindruck. An ihm vorüberschreitend, gelangt man durch ein einfaches, prunkloses Portal in das Innere des maurischen Palastes.

Hier fühlt man sich plötzlich in andere Zeiten und Gegenden versetzt. Man befindet sich in einem großen, mit weißem Marmor gepflasterten, mit leichten maurischen Säulengängen verzierten Hofe, dem Hofe der Alberca. In der Mitte ist ein großes Becken, ein Fischbehälter, 130 Fuß lang und 30 breit, voll Goldfische und mit Rosengebüsch umkränzt. Am obern Ende des Hofes erhebt sich der große Thurm des Comares, der diesen Namen nach seinem arabischen Baumeister führt. Er ist hoch und dick, überragt den ganzen Bau und steht auf einem Felsenabhange, der nach dem Flusse Darro zu steil abfällt. Den innern Raum des Thurmes nimmt eine weite hohe Halle ein, die den mohammedanischen Monarchen als Audienzsaal diente und daher die Halle der Botschafter heißt. Sie trägt noch immer die Spuren ihrer frühern Pracht an sich. Die Wände sind reich mit Stuckaturarbeit und Arabesken verziert; die gewölbte Decke von Cedernholz verliert sich der Höhe wegen fast in Dunkelheit, glänzt aber noch immer in reicher Vergoldung und in den hellen Farben des arabischen Pinsels. Auf drei Seiten der Halle befinden sich tiefe, durch die außerordentlich dicke Mauer gehauene Fenster, von deren Altanen man das grüne Thal des Darro, die Straßen und Klöster des Albaycin, d. h. des auf dem rechten Ufer des Darro liegenden Theils der Stadt Granada, und die ferne Vega, die üppige Ebene, in welcher Granada liegt, überschauen kann.

Vom untern Ende des Hofes der Alberca gelangt man durch einen maurischen Bogengang in den berühmten Hof der Löwen. Dieser Theil des Gebäudes hat am wenigsten von der Zeit gelitten und gibt daher den

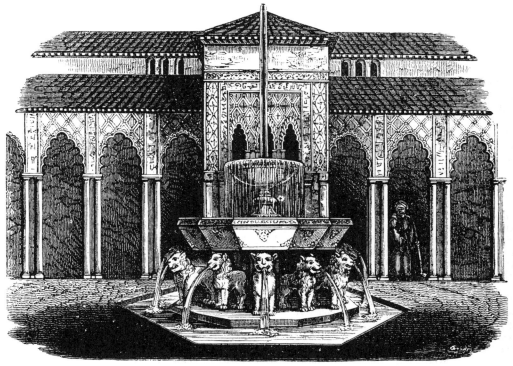

Der Hof der Löwen.

vollständigsten Begriff von seiner ursprünglichen Schönheit und Pracht. In der Mitte steht der in Gesängen so oft gefeierte Brunnen. Noch immer sickern aus dem alabasternen Becken diamantene Tropfen; noch immer sprühen die das Becken tragenden zwölf Löwen ihre krystallenen Ströme, wie in den Zeiten Boabdil's, des letzten maurischen Königs. Der Hof, welcher länglichrund, etwa 100 Fuß lang und 50 breit ist, ist mit Blumenbeeten geziert und von leichten arabischen Arkaden mit durchbrochener Arbeit umgeben, welche durch schlanke Säulen von weißem Marmor getragen werden. Die Mauern sind mit gelben und blauen Ziegeln belegt; darüber ist ein umlaufender Sims, der auf das reichste mit Blau und Gold emaillirt ist und arabische Sittensprüche enthält. Die Bauart dieses, sowie aller andern Theile des Palastes deutet mehr auf Eleganz als Größe und zeigt von feinem Geschmack und Hang zum mühelosen Genuß. Wenn man den schlanken Bau der Säulengänge und die erhabene Arbeit an den Wänden betrachtet, so begreift man kaum, wie so Vieles die Zerstörungen der Jahrhunderte, die Stöße der Erdbeben, die Gewaltthätigkeit der Kriege und die heimlichen, aber nicht minder verderblichen Diebstähle der Reisenden überdauern konnte, und ist sehr geneigt, die Volkssage, daß das Ganze durch einen Zauberbann geschützt werde, zu entschuldigen.

Auf einer Seite des Hofes führt ein reich verziertes Portal in eine hohe, mit weißem Marmor gepflasterte Halle, genannt die Halle der beiden Schwestern. Sie führt diesen Namen von zwei wunderschönen weißen Marmorplatten, die durchaus rein und fleckenlos und 15 Fuß lang, 7 Fuß breit sind. Eine Kuppel läßt von oben ein gemäßigtes Licht ein und gestattet der Luft freien Durchzug. Der untere Theil der Mauern ist mit schönen maurischen Ziegeln belegt, auf welchen die Wappen der maurischen Monarchen prangen; den obern Theil ziert jene zarte Stuckaturarbeit, welche zu Damascus erfunden wurde. Sie besteht aus großen, in Formen gegossenen Tafeln, welche künstlich zusammengefügt sind, sodaß es den Anschein hat, als hätte die Hand des Künstlers die leichten Reliefs und phantastischen Arabesken, die Texte des Korans und die poetischen Inschriften in arabischen und kufischen Charakteren eingemeißelt. Diese Verzierungen der Wände und Kuppel sind reich vergoldet und die Zwischenräume mit Azur und andern glänzenden und dauerhaften Farben bemalt. Auf jeder Seite der Halle befinden sich Vertiefungen für Ottomanen und Ruhebetten. Oberhalb des innern Portals ist ein Balcon, der mit den Frauengemächern in Verbindung stand. Die vergitterten Jalousien, hinter welchen die schwarzäugigen Schönheiten des Harems ungesehene Zuschauer der Feste unten in der Halle sein konnten, sind noch immer vorhanden.

Auf der entgegengesetzten Seite des Hofes der Löwen ist die Halle der Abencerragen, so genannt von den 36 tapfern Rittern dieses berühmten Stammes, die darin, nach der gewöhnlichen Angabe, auf Befehl des letzten maurischen Königs Boabdil el Chico, wahrscheinlich aber auf den seines grausamen Vaters Aben Hassan, wegen des Verdachts einer Verschwörung, um ihn vom Throne zu stoßen, ermordet wurden. Manche zweifeln zwar an der Wahrheit dieser ganzen Geschichte; aber noch zeigt man auf dem Fußboden breite röthliche Flecken, nach dem Volksglauben unvertilgbare Spuren ihres Blutes; auch sollen nach der Sage die Geister der gemordeten Abencerragen, die allnächtlich über dem Schauplatz ihrer Leiden schweben und die Rache des Himmels gegen ihren Mörder anrufen, oft bei Nacht im Hofe der Löwen umgehen. In der Mitte der Halle ist ein weißer Marmorbrunnen.

Am obern Ende des Hofes der Löwen erheben sich die dunkeln Bogen der Halle der Gerechtigkeit. Hier wurden nach der Einnahme der Alhambra die prachtvollen Ceremonien des Hochamts vor Ferdinand dem Katholischen und Isabella von Aragonien und ihrem triumphirenden Hofe gefeiert. Man sieht noch das Kreuz an der Wand, wo der Altar errichtet war, und wo der Cardinal und andere hohe spanische Würdenträger Gottesdienst hielten.

Die Löwenhalle des Alhambra.

Noch sind besonders erwähnenswerth: der Tocador oder das Ankleidezimmer der Königin; ein offenes Belvedere auf dem Gipfel eines Thurmes, wo die maurischen Sultaninnen die reine Luft der nahen Gebirge und den Anblick des Paradieses ringsum genossen; der abgeschiedene kleine Patio oder Garten mit seinem alabasternen Springbrunnen, seinen Rosen und Myrthen, Citronen und Orangen; die kühlen Hallen und Grotten der Bäder, worin der Glanz und die Glut des Tages zu einem sanften Dunkel und einer erquickenden Frische gemäßigt wurden, u. s. w.

Die alten maurischen Wasserleitungen führen dem Palaste aus den Bergen eine reichliche Menge Wasser zu, das sich überall verbreitet, die Bäder und Fischteiche versieht, in den Hallen als Fontaine emporspringt oder unter dem marmornen Fußboden in Röhren murmelt. Nachdem es dem Palast seinen Tribut abgetragen und die Gärten und Wiesen desselben bewässert hat, fließt es abwärts und erhält in den Hainen, welche den ganzen Berg, worauf die Alhambra steht, beschatten und zieren, eine ewige Grüne. Während die Stadt unten in der Mittagshitze schmachtet und die versengte Vega dem Auge zu zittern scheint, spielen die lieblichen Lüfte der Sierra Nevada durch die hohen Hallen und verbreiten darin die Wohlgerüche der umliegenden Gärten, die noch immer mit Blumen geschmückt sind, und in denen noch immer der alabasterne Springbrunnen zu sehen ist, obschon der Alabaster seine von einer arabischen Inschrift gepriesene Weiße verloren hat.

Auf dem der Alhambra gegenüber liegenden Berge steht zwischen prachtvollen Hainen und niederhängenden Gärten der Generalife mit seinen schlanken weißen Thürmen und langen Bogengängen, ein Sommerpalast der maurischen Könige, wohin sie sich in der schwülen Jahreszeit zurückzogen, um eine noch frischere Luft, als selbst die der Alhambra ist, zu genießen.

Toussaint L'Ouverture.
(Beschluß aus Nr. 286.)

Viele seiner Rathgeber machten ihn darauf aufmerksam, daß die Verkündigung einer neuen Colonialverfassung eine entschiedene Feindseligkeit gegen Frankreich wäre und als eine Kriegserklärung gegen den Mutterstaat betrachtet werden würde. Er gab ihnen kein Gehör und hoffte, daß man in Europa über die Form der Regierung hinwegsehen würde, da ja Alles im Namen Frankreichs und so augenscheinlich zum Besten der Colonie geschehen war. Aber das hartnäckige Stillschweigen Bonaparte's machte ihn immer mehr stutzig. Wiederholt hatte er an ihn geschrieben — „der Erste der Schwarzen an den Ersten der Weißen" — aber er hatte von seinen Zuschriften keine Notiz genommen.

Gegen das Ende des Jahres 1801 traf die Nachricht ein, daß in Martinique und Cayenne die Sklaverei aufrecht erhalten werden sollte, daß Friedenspräliminarien zwischen England und Frankreich unterzeichnet worden wären und daß Napoleon S.-Domingo zum Gehorsam bringen und die Sklaverei dort wieder einführen würde. Die Ungewißheit, in welcher Toussaint geschwebt hatte, war nun zu Ende. Am 18. December 1801 erließ er eine Proclamation, die zwar mit Betheuerungen des Gehorsams gegen Frankreich begann, aber im Grunde ein Aufruf zu den Waffen war. Dafür nahm man sie auch, und die Colonie wurde inne, daß eine Vertheidigung gegen Frankreich versucht werden sollte.

Im Januar 1802 lief das französische Geschwader mit den auserlesensten Truppen von Napoleon's Armee unter den Befehlen von dessen Schwager Leclerc in der Bai von Samana ein. Toussaint stand an der Bergseite, um ihre Annäherung zu beobachten. In einem Augenblicke unbewachter Aufwallung ließ er seinen Offizieren etwas der Verzweiflung Ähnliches merken. „Wir Alle werden untergehen", sagte er, „ganz Frankreich kommt nach S.-Domingo, aber es bringt Rache und Sklaverei." Scharen von Schwarzen, die sich versammelt hatten, um nach den Franzosen zu sehen, die an einer Stelle landeten, wo man sie nicht erwartete, wurden unversehens mit dem Bayonnet angegriffen und Toussaint war nicht sogleich bei der Hand, um ihnen beizustehen. General Christoph, der nachmals König von Haiti wurde, gab Befehl, die Landung der Franzosen zu Cap Français ohne Erlaubniß des Oberbefehlshabers nicht zu gestatten. Leclerc bat um eine Zusammenkunft mit Christoph und suchte ihn auf die Seite der Franzosen zu ziehen; Toussaint soll sich in einem anstoßenden Zimmer befunden und die ganze Unterredung gehört haben. Christoph's unveränderliche Antwort war, daß er Alles seinem Chef berichten würde, aber nichts ohne seine Erlaubniß thun könnte. Die Negergenerale konnten aber damals nicht kräftig handeln, weil die Weißen in Cap Français in Hoffnung der Wiederherstellung der Sklaverei es heimlich mit den Franzosen hielten. Christoph fand bald, daß die Bewohner der Stadt nicht eben sehr geneigt schienen, dem Feinde den Einlaß zu verweigern, und daß daher kein anderes Mittel blieb, als die Stadt zu verbrennen. Er zündete sie an mehren Stellen an und zog seine Truppen in guter Ordnung heraus, indem er 2000 Weiße als Geiseln mit sich führte, von denen keinem in dem folgenden Kriege ein Leid widerfuhr.

Unterdeß war Toussaint nicht müßig. Von Christoph wußte er, daß er ihm die Sorge für die Stadt überlassen könnte; er selbst war im Innern thätig, um Anstalten für einen langwierigen Krieg zu treffen. Er wußte, daß, wenn er sich bis zum August halten könnte, das gelbe Fieber ein mächtiger Bundesgenosse für ihn sein würde. General Leclerc scheint eine große Furcht vor dem mächtigen Neger gehabt zu haben, denn er versuchte alle Mittel, um ihn zum Nachgeben zu bringen, bevor es zum Äußersten käme. Unter andern Verführungen brauchte er auch Toussaint's beide Söhne, die in Paris erzogen worden waren und sich an Bord des Geschwaders befanden. Die Knaben wurden mit ihrem Erzieher nach Ennery, einem der Landhäuser ihres Vaters, gesandt, wo sie ihre Familie trafen. Die Zusammenkunft fand am 8. Febr. statt und war sehr rührend. Der Erzieher wandte allen seinen Einfluß, alle ihre Hoffnungen und Besorgnisse, alle ihre französischen Gedanken und Gefühle an, um ihren Vater zu überreden, unter Leclerc's Oberbefehl Generallieutenant zu werden; doch Alles war umsonst. Toussaint wußte wohl, daß die Unterjochung seiner schwarzen Brüder der Zweck der Expedition war, und ließ sich weder durch Drohungen noch durch Versuchung zu irgend einem Zugeständnisse bringen. Er verließ das Landhaus, wo seine Söhne einige Tage blieben, und schickte ihnen nach deren Verlauf den Befehl, mit einem an Leclerc gerichteten Briefe folgenden Inhalts auf die Flotte zurückzukehren: „Sie sind gekommen, mich durch Waffengewalt zu verdrängen. Sie haben den Brief des ersten Consuls an mich drei Monate lang zurückbehalten und unterdessen die Ordnung und Freiheit der Schwarzen durch feindselige Handlungen gefährdet. Die Rechte meiner Farbe legen mir Pflichten auf, die höher stehen als die der Natur; ihnen bin ich bereit, meine Kinder aufzuopfern, die ich Ihnen zurücksende, um nicht durch ihre Gegenwart erweicht und gehemmt zu werden. Ich bin gegen Frankreich mistrauischer als je und brauche Zeit, um einen Entschluß zu fassen." Leclerc beeilte sich, die Knaben zurückzusenden, mit der Erklärung, daß er in einen viertägigen Waffenstillstand willige; nach Verlauf desselben würde er die Negergenerale außer dem Gesetze erklären, wenn sie nicht in den Dienst Frankreichs träten.

Nachzugeben kam dem Toussaint nicht in den Sinn. Sein erster Gedanke betraf die Gewissensfreiheit seiner Söhne. Er stellte es ihnen frei, zwischen ihm und Frankreich zu wählen. „Meine Kinder", sagte er, „wählt zwischen euern Pflichten. Wie ihr auch wählen mögt, ich werde euch immer lieben und segnen." Placidus erklärte, er gäbe Frankreich auf, und focht später an seines Vaters Seite, Isaak hingegen kehrte zur Flotte zurück.

Der Drohung Leclerc's gemäß wurden Toussaint und Christoph außer dem Gesetze erklärt. Leclerc wandte jedes Mittel an, um die Negertruppen zum Abfalle von ihnen zu bringen, und es gelang ihm nur zu gut, was bei den damaligen Umständen nicht überraschen konnte. Die größte Bewunderung verdient, was Toussaint mit den auf der Insel vorhandenen gesellschaftlichen Elementen auszurichten im Stande gewesen war. Bedenkt man, daß dieselbe aus Weißen, die erst als Sklaveneigenthümer willkürlich und despotisch, dann durch den Verlust ihres Menscheneigenthums rachsüchtig gewesen waren, aus Mulatten, die durch Unterdrückung eifersüchtig geworden waren, und aus Negern, welche die Sklaverei verderbt hatte, bestanden, so muß man höchlich erstaunen, daß Toussaint, so lange er nach außen unangefochten blieb, auf der Insel Ordnung, Frieden und Wohlstand herstellen konnte. Die Gegenwart eines auswärtigen Feindes, der an die Eifersucht, Habsucht und Furcht der verschiedenen Theile der Gesellschaft appellirte, mußte sein Werk für den Augenblick zerstören und ihn dem Abfalle des Volks preisgeben. Nach vielen Gefechten und Wechselfällen befestigte sich Toussaint mit seinen Generalen und einer geringen Truppenzahl in einer Stellung auf den Bergen. Leclerc griff ihn an und verlor 1500 Mann in wiederholten angeblichen Versuchen ihn herauszutreiben. Die Schwarzen machten mehre Ausfälle, schnitten die Communication zwischen verschiedenen Abtheilungen der Franzosen ab und griffen sie an, wenn sie sich dessen nicht versahen. Einmal erschien Toussaint vor einer Division, zu welcher in der Zeit der stärksten Desertion ein Theil seiner eigenen Truppen übergegangen war. Die schwarzen Überläufer fielen vor ihm nieder, als sie ihn erblickten, während er sie so anredete: „Wollt ihr euren General, euren Vater, eure Brüder tödten?" Aber Alles war umsonst. Die disciplinirten französischen Truppen, die mit den Verstärkungen auf 25,000 Mann beliefen, waren für ihn zu mächtig. Zwar wurde er durch Scharen von Arbeitern aus den Pflanzungen unterstützt, aber dafür wurden die Franzosen durch die Ankunft von 4000 Mann frischer Kerntruppen verstärkt. Christoph und Dessalines, seine beiden Hauptstützen, wurden zur Unterwerfung genöthigt und auch für Toussaint war die Zeit gekommen, sich zu ergeben.

Er ließ zwei seiner Gefangenen rufen, von denen der eine ein Marineoffizier, der andere ein Offizier der Landtruppen war, und sandte sie an Leclerc mit einem Schreiben, in welchem er erklärte, daß er in Unterhandlung zu treten wünschte, da der Krieg nun zu einem zwecklosen Blutvergießen geworden wäre. Er schloß mit der Versicherung, daß er immer noch stark genug wäre, um zu verbrennen, zu verwüsten und zu zerstören und um ein Leben theuer zu verkaufen, welches dem Mutterlande sowol als seinem eignen Volke von einigem Nutzen gewesen wäre. Leclerc war gern bereit, Unterhandlungen anzuknüpfen, denn 5000 seiner Truppen waren gefallen, 5000 lagen in den Spitälern und nur 12,000 waren kampffähig.

Die Ächtserklärung Toussaint's wurde zurückgenommen und wenig Tage darauf machte der unerschrockene gefallene Held dem französischen General einen Besuch. Sein Erscheinen machte großes Aufsehen und die ihm zu Ehren von den Forts und der Flotte abgefeuerten Salven hallten von den Bergen wieder. Alle beugten ihr Haupt vor ihm und die Franzosen staunten über die dem Befreier in seinem Unglücke bewiesene Ehrerbietung. Toussaint war gefolgt von 3—400 Reitern, die während der Besprechung der beiden Anführer mit gezogenen Säbeln in kampffertiger Stellung blieben. Leclerc fragte Toussaint unter Anderm, wo er Waffen hergenommen haben würde, um seinen Widerstand fortzusetzen? „Ich würde die eurigen genommen haben", war die Antwort. Toussaint leistete den Eid der Treue und erhielt Erlaubniß, sich auf seine Besitzungen zurückzuziehen.

So wurde Leclerc dem Namen nach in den Besitz der Colonie und der Colonialtruppen gesetzt, aber in der That war Toussaint der Monarch der Insel. Sein moralischer Einfluß war unberechenbar, und so lange er lebte und gegenwärtig war, übten die Franzosen nur eine scheinbare Souverainetät. Ein Blick von seinem Auge, das Aufheben seines Fingers, sein leisester Hauch vermochten mehr als die Truppen und Schiffe Frankreichs. Napoleon wußte dies wohl und ertheilte daher dem Leclerc geheime Befehle, die ihn bevollmächtigten, den Einfluß, den er mit Gewalt zu vernichten nicht vermocht hatte, durch Verrath zu beseitigen. Die oben erzählte Übereinkunft wurde von Leclerc „die Begnadigung Toussaint's" genannt, von den Negern aber insgeheim „ein Waffenstillstand bis zum August," d. h. bis zu der Zeit, wo das gelbe Fieber, jener mächtige Verbündete, sich einstellen würde. Die Zeit drängte; dem Toussaint beizukommen, war wegen seiner Behutsamkeit und der Liebe des ganzen Volks zu ihm schwierig. Endlich führte Hinterlist zum Ziele.

Der District Ennery wurde absichtlich mit Truppen überfüllt. Die Bewohner desselben wurden darüber unwillig und baten Toussaint, sich ihrer anzunehmen. General Brunet, an den sich dieser wandte, antwortete, er kenne die Örtlichkeit nur unvollkommen und bedürfe den Beistand des vormaligen Gewalthabers von S.-Domingo, um die Stellung der Truppen zu bestimmen. „Seht doch die Weißen", rief Toussaint aus, als er den Brief des Generals Brunet las, „Sie zweifeln an nichts, wissen Alles und sind doch genöthigt, den alten Toussaint um guten Rath zu bitten." Er ging in die Falle und versprach dem General Brunet, daß er in Begleitung von 20 Mann sich am 10. Juni zu einer Besprechung mit ihm einfinden würde. General Brunet stellte sich an dem bestimmten Orte, auch von 20 Mann begleitet, pünktlich ein; Toussaint kam gleichfalls und Beide schlossen sich zur Unterredung ein. Unterdessen traten die französischen Soldaten mit Toussaint's Begleitern in Verkehr, knüpften mit ihnen ein Gespräch an und auf ein verabredetes Signal sprang jeder auf den ihm zunächst stehenden Neger zu und entwaffnete ihn. In demselben Augenblicke trat der französische Admiral, Ferrari, vor Toussaint und sagte: „Ich habe Befehle vom General Leclerc, Sie zu verhaften. Ihre Wachen sind gefangen, unsere Truppen halten die ganze Gegend besetzt; wenn Sie Widerstand leisten, sind Sie des Todes. Geben Sie mir Ihren Degen." Schweigend reichte ihm Toussaint den Degen hin.

Er wurde nach seiner Besitzung Gonaives gebracht, und kam hier an, nicht, wie seine Anhänger hofften, um ein kräftiges und ruhiges Alter in Ruhe, von seiner Familie umgeben und von dem Volke, das er befreit hatte, geliebt zu verleben, sondern nur zur Vorbereitung neuer Beschimpfungen und Unbilden. Nahe bei der Besitzung lag die Fregatte, der Creole, vor Anker. In der Nacht wurde er mit seiner Familie aus dem Schlafe geweckt, an Bord geschleppt und nach der Nordwestküste der Insel geführt, wo man sie an Bord des Linienschiffs, der Heros, brachte, welches sie nach Frankreich transportirte. Diejenigen schwarzen Anführer, welche seine Befreiung versuchten, wurden erschossen; etwa 100 von seinen treuesten Anhängern wurden verhaftet und auf verschiedene Schiffe des Geschwaders vertheilt. Von keinem hat man sie wieder gehört; man vermuthet, daß sie über Bord geworfen worden sind.

Bei seiner Zusammenkunft mit dem Commandeur des Heros sagte Toussaint: „In mir habt ihr nur den Stamm der Negerfreiheit auf S.-Domingo gestürzt. Er wird sich aus seinen Wurzeln neu erheben, denn ihrer sind viele und sie gehen tief in den Boden." Er sprach die Wahrheit. Die Sklaverei ist auf Haiti nie wiederhergestellt worden und diese Insel kann als der Mittelpunkt betrachtet werden, aus welchem sich die Freiheit und Civilisation der Neger in alle Länder verbreiten wird, wo das schwarze Geschlecht gefunden wird. Die dem Toussaint zugefügte Behandlung empörte die ganze Insel. Christoph und Dessalines standen mit ihren Truppen auf, die Franzosen wurden überall bedrängt und alle aus Frankreich gesandten Verstärkungen schienen vergeblich zu sein. Noch bei Toussaint's Lebzeiten sollen an 40,000 Franzosen auf der Insel umgekommen sein. Zwar führten die Franzosen die Folter ein und holten Bluthunde aus Cuba, um auf die Schwarzen Jagd zu machen, aber für jeden Schwarzen, den sie mordeten, schienen sich ihrer zwei zu erheben, und bevor sie den Kampf aufgaben, waren sie genöthigt, das Fleisch derselben Hunde zu verzehren, welche sie auf ihre Feinde gehetzt hatten. Am 1. Januar 1804 wurde die Unabhängigkeit von Haiti förmlich proclamirt und die Bewohner der Insel nahmen ihre Stelle unter den Nationen ein.

Während der Überfahrt nach Frankreich wurde Toussaint in enger Gefangenschaft gehalten und ihm nicht einmal gestattet, seine Familie zu sehen. Erst bei der Ankunft in Brest erlaubte man ihm, auf immer von ihr Abschied zu nehmen; auf immer für diese Welt, aber Toussaint glaubte fest an ein künftiges Leben. Ein Detachement Dragoner geleitete ihn nach Paris, wo er in das Gefängniß des Tempels gebracht wurde. Dorthin sandte Napoleon wiederholt seinen Adjutanten Caffarelli, um ihn wegen der Schätze zu befragen, die er vergraben haben sollte. Die einzige Antwort, die man von ihm erhalten konnte, war die: „Ich habe etwas verloren, was von weit größerem Werthe war, als die Schätze, die ihr sucht." Als man sah, daß Alles umsonst war, brachte man ihn auf das Schloß Jour bei Besançon in Franche-Comté, wo er der Dienste seines einzigen ihm gebliebenen Dieners Mars-Plaisir beraubt und in einen Kerker gesperrt wurde, dessen Fußboden unter Wasser stand. Natürlich mußte diese Gefangenschaft ihn ums Leben bringen, was auch ohne Zweifel die Absicht seiner Feinde war. Zehn Monate hielt er aus und starb an einem Schlagflusse (nach der Meinung Anderer an Gift) am 27. April 1803. Seine Familie hielt sich in Südfrankreich auf, wo seine Witwe 1816 in den Armen ihrer Söhne Placidus und Isaak starb.

War dies nicht ein Mann, der diesen Namen in jeder Hinsicht verdiente? Er war ganz Afrikaner, in seiner Körperbildung ein vollkommener Neger, aber dabei ein reich begabter und höchst talentvoller Mann. In keiner Hinsicht scheint seine Natur ungleich gewesen zu sein; bei ihm war keine Schwäche in einer Richtung als Folge einer ungewöhnlichen Stärke in einer andern zu bemerken. Er besaß Kraft des Körpers, des Verstandes, des Glaubens, der Neigung, der Phantasie und des Willens. In Allem war er ein großer Mann, und was ein Mann seines Geschlechtes gewesen ist, können auch Andere nach ihm sein.

Das Licht einer Kerze.

Eines Abends — erzählt ein Liebhaber der Physik — saß ich mit mehren Mitgliedern meiner Familie an einem Tische; wir lasen Alle beim Schein einer Kerze. Ich kam auf einen eignen Einfall, nämlich zu berechnen, wie viel Personen bei einer Kerze sehen und lesen könnten, wenn sie so aufgestellt wäre, daß kein Lichtstrahl verloren ginge. Die Kerze war ziemlich stark und leuchtete sehr hell. Ich fand, daß ich in einer Entfernung von drei Fuß von derselben in einem Buche lesen konnte, welches ich neun Zoll von meinen Augen entfernt hielt, sodaß ich also drei Fuß neun Zoll von der Kerze entfernt war. Die Kerze hätte hiernach die erhabene Oberfläche einer Kugel von drei Fuß Halbmesser genügend erhellt. In meinem Buche gingen auf jeden Quadratzoll 400 Buchstaben; freilich gehört dazu ziemlich kleine Schrift. Eine Kugel von drei Fuß Halbmesser würde also $6\frac{1}{2}$ Millionen Buchstaben auf ihrer Oberfläche enthalten haben, welche die Kerze für das neun Zoll vom Buche entfernte Auge genügend erhellte. Das Licht, welches ein Buchstabe zurückstrahlt, läßt denselben in solcher Entfernung sichtbar erscheinen, in größerer oder kleinerer Entfernung jedoch weniger deutlich; aber nicht blos nach einer Richtung hin ist es sichtbar, sondern nach allen möglichen; für wie viel Augen würde folglich das so zurückgestrahlte Licht genügen, um den Buchstaben deutlich lesen zu können? Die Rechnung ist nicht schwer. Nimmt man an, daß die Pupille des Auges anderthalb Linien oder den achten Theil eines Zolles im Durchmesser habe, was der Wahrheit ziemlich nahe kommt, so enthält die Oberfläche einer Halbkugel von neun Zoll Halbmesser Raum für die Pupillen von 41,465 Augen; das Licht, welches ein einzelner Buchstabe zurückstrahlt, genügt also, um denselben so vielen Augen oder 20,732 Augenpaaren sichtbar erscheinen zu lassen; ich nehme hier nur eine Halbkugel an, weil sich sämmtliche Augen auf der von der Kerze abgewandten Seite des Buchstabens befinden müssen. Da nun nach dem Vorigen auf der Oberfläche einer Kugel von drei Fuß Halbmesser $6\frac{1}{2}$ Millionen Buchstaben Platz haben — bei sehr kleiner Schrift sogar noch weit mehr — und da jeder Buchstabe 20,732 Augenpaaren zugleich sichtbar erscheinen kann, so würde das auf alle diese Buchstaben fallende Licht für 135,000 Millionen Augenpaaren genügen, oder so viele Menschen könnten beim Lichte einer Kerze zugleich lesen, wenn kein Lichttheil verloren geht und Alles auf gleiche Weise vertheilt wird. Nehmen wir nun die Zahl der Erdbewohner zu 900 Millionen an, so würde das Licht einer einzigen Kerze den Bewohnern von 150 ähnlichen Welten das Vergnügen des Lesens verschaffen, wenn die Pupillen an den Augen heraustreten und sich um das Licht herumstellen könnten.

Indessen ist hier nicht zu übersehen, daß bei einer solchen Gruppirung der Augen in einer Halbkugel um jeden einzelnen Buchstaben die Augen einander nothwendig im Wege sein würden. Dies ist nicht der Fall, wenn man sich denkt, daß sich die Augen auf der innern Oberfläche einer Kugel von drei Fuß Halbmesser befinden, die von der ersten Kugeloberfläche neun Zoll absteht; auf einer solchen Kugelfläche hätten aber die Pupillen von mehr als zwei Millionen Augen Platz, sodaß hiernach über eine Million Menschen zugleich lesen können, ohne daß sie oder vielmehr die Pupillen ihrer Augen einander im Wege wären, also immer noch eine überraschend große Anzahl, wenn sie auch hinter der vorigen sehr bedeutend zurückbleibt.

Verantwortlicher Herausgeber: Friedrich Brockhaus. — Druck und Verlag von F. A. Brockhaus in Leipzig.

Das Pfennig-Magazin
für Verbreitung gemeinnütziger Kenntnisse.

№ 288.] Erscheint jeden Sonnabend. [October 6, 1838.

Elisabeth, Königin von England.

Während eine junge Königin den englischen Thron einnimmt, ist es nicht uninteressant, vier Jahrhunderte rückwärts zu blicken, wo eine große Frau mit männlicher Kraft herrschte, deren Regierung mit Recht als Englands goldenes Zeitalter gepriesen wird und deren glücklicher, ruhmvoller Lebenslauf die glänzendste Epoche in der Geschichte ihres Landes bildet.

Elisabeth wurde am 7. September des Jahres 1533 im Palaste zu Greenwich geboren. Ihre Mutter, die unglückliche Anna Boleyn, die Tochter des Sir Thomas Buller, war im Januar desselben Jahres heimlich mit Heinrich VIII. vermählt und von diesem, nachdem durch den Erzbischof Cranmer das vorhergehende Ehebündniß mit Katharina von Aragonien für nichtig erklärt worden war, 3½ Monate vor Elisabeth's Geburt öffentlich als seine Gemahlin anerkannt worden. Elisabeth's Geburt scheint die Veranlassung zu vielen Festen und Feierlichkeiten gewesen zu sein, denn die Chronisten können nicht genug von dem Glanz und Aufwand erzählen, womit die Taufe der Prinzessin begangen wurde. Doch nicht lange sollte sie das Glück mütterlicher Pflege und Sorgfalt genießen, denn kaum hatte sie ihr drittes Lebensjahr erreicht, als Anna Boleyn das Blutgerüst bestieg. Es war am 19. Mai 1536, als sie auf dem Platze vor dem Tower enthauptet wurde, und am folgenden Tage vermählte sich Heinrich mit Jo-

VI.
40

hanna Seymour. Bald nach Elisabeth's Geburt war eine Parlamentsacte erlassen worden, worin bestimmt wurde, daß, falls ihre Mutter ohne männliche Nachkommen stürbe, die Krone nach Heinrich's Tode auf Elisabeth übergehen sollte; so hatte die Prinzessin in der Thronfolge nicht nur den Vorrang vor der Prinzessin Maria, der Tochter der verstorbenen Königin Katharina, sondern auch vor allen noch zu erwartenden männlichen Erben des Königs. Diese Bestimmung wurde jedoch nach Anna's Tode wieder umgestoßen, indem Heinrich bald nach seiner Vermählung mit Johanna Seymour nicht nur seine erste, sondern auch seine zweite Ehe für ungültig erklären ließ, sodaß Elisabeth und Maria als unfähig von der Thronfolge ausgeschlossen wurden und die Krone ausschließlich den Kindern zufiel, die Heinrich mit Johanna oder irgend einer andern zukünftigen Gemahlin zeugen würde.

Nach der Hinrichtung ihrer unglücklichen Mutter scheint Elisabeth von ihrem Vater sehr vernachlässigt worden zu sein. Ein Brief ihrer Erzieherin, Lady Bryan, an den Lord Cromwell läßt uns darüber nicht im Zweifel. Nach einigen einleitenden Bemerkungen fährt die Erzieherin, die für ihren Zögling sehr eingenommen zu sein scheint, ungefähr folgendermaßen fort: „Als ihre Gnaden, die Prinzessin Marie geboren wurde, gefiel es dem gnädigsten Könige, mich zu ihrer Erzieherin zu ernennen und zur Baronesse zu erheben. Seit dieser Zeit bin ich dem Könige und seinen Kindern immer treu ergeben gewesen. Doch jetzt haben sich die Verhältnisse der Prinzessin Elisabeth so verändert, daß ich fast nicht weiß, wie ich ihr die ihrem königlichen Stande angemessene Erziehung geben soll. Ich bitte Euch daher, edler Lord, meine Gebieterin und die Ihrigen zu bedenken, damit sie sich wenigstens kleiden kann, denn sie hat weder Kleider noch Mieder, noch Leibwäsche, noch Tücher, noch Bänder, noch sonst etwas, das zur weiblichen Kleidung gehört u. s. w." Außerdem lobt sie noch sehr das Gemüth Elisabeth's und ihres andern Zöglings Maria und legt es dem Lord mit dringenden Worten ans Herz, sie aus ihrer dürftigen Lage zu erretten. Doch bewirkte vielleicht eben diese verlassene und hülflose Lage, daß Elisabeth schon früh zu denken und zu betrachten anfing, und aus dieser Periode stammen vielleicht die männlichkräftigen Züge ihres Charakters, die sie in spätern Jahren fast immer zeigte.

Johanna Seymour gebar Heinrich VIII. einen Sohn, Eduard, und kurz darauf wurde die Thronfolge wieder anders geordnet, sodaß die gegen Elisabeth und Maria ausgesprochene Regierungsunfähigkeit zurückgenommen, gleichwol ihre Geburt nicht ausdrücklich als rechtmäßig vom Parlament erklärt wurde. Außerdem war Eduard's Geburt für die beiden Prinzessinnen auch noch insofern von Wichtigkeit, daß sie bald darauf mit größerer Sorgfalt behandelt wurden und eine geregeltere, vortheilhaftere Erziehung mit ihrem Stiefbruder genossen, ein Umstand, den sie vorzüglich der letzten Gemahlin ihres Vaters, Katharina Parr, zu verdanken hatten. Der Unterricht, den Elisabeth erhielt, beschränkte sich daher nicht allein auf die gewöhnlichen Kenntnisse jener Zeit, sondern er umfaßte auch selbst die griechische Sprache, die damals noch kein Gegenstand des gewöhnlichen Studiums in England war. Ihr erster Lehrer in den gelehrten Sprachen war William Grindal, ein Schüler des berühmten Roger Ascham, und nach Grindal's Tode im Jahre 1548 wurde Ascham selber an den Hof berufen, an seines Schülers Stelle zu treten. Er war vorher beschäftigt gewesen, Elisabeth, den Prinzen Eduard und mehre andere hohe Personen das Schönschreiben zu lehren, eine Kunst, worin er sich ganz besonders auszeichnete, worin aber damals Vollkommenheit sehr selten war und daher in desto höherm Werthe stand.

Wir haben noch einen sehr interessanten Brief von Ascham an einen Freund, worin er von Elisabeth's schnellen Fortschritten in den Wissenschaften spricht und einige Bemerkungen über ihren Charakter und ihre Sitten beifügt. Der Brief ist vom Jahre 1550 und enthält unter Anderm Folgendes: „Nie war der englische Adel gelehrter als jetzt. Unser erlauchter König Eduard übertrifft in Kenntnissen, in Fleiß, Ausdauer und Gelehrsamkeit sowol sein Alter als auch fast die Möglichkeit. Viele Töchter des hohen Adels übertreffen jetzt an Gelehrsamkeit die Töchter Thomas Moore's; aber unter allen leuchtet meine erlauchte Gebieterin, die Prinzessin Elisabeth, wie ein Stern und zeichnet sich mehr durch den Glanz ihrer Tugenden und ihrer Kenntnisse als durch den Ruhm ihrer königlichen Geburt aus. Sie hat jetzt ihr 16tes Jahr zurückgelegt, aber so viel Verstand, so viel Güte mit Würde vereinigt, habe ich noch nie bei so großer Jugend bemerkt. Sie hegt die eifrigste Liebe für Religion und für die schönen Wissenschaften. Ihr Gemüth ist frei von aller weiblichen Schwäche und verräth eine männliche Stärke. Keine Vorstellungskraft kann lebendiger sein als die ihrige, kein Gedächtniß treuer."

Ascham's Lehramt dauerte nur zwei Jahre, denn da er mit einigen von Elisabeth's Hausbeamten in Zwietracht gerieth, verließ er sie plötzlich, bereute diesen Schritt aber bis zu seinem Tode, obschon er bald nachher Elisabeth's Gunst wieder erlangte. Sie hegte stets eine große Achtung und Liebe für ihren Lehrer, und als man ihr später die Nachricht von seinem Tode überbrachte, soll sie geäußert haben: „Lieber hätte ich 1000 Pfund ins Meer geworfen, als meinen Ascham verloren" — ein Ausspruch, der, wenn man ihre große Sparsamkeit berücksichtigt, deutlich zeigt, wie hoch sie seine Verdienste schätzte.

Nach ihres Vaters Tode und der Thronbesteigung Eduard VI., der erst 10 Jahre alt war, lebte Elisabeth einige Zeit bei ihrer Stiefmutter, der Königin Witwe, die sich mit dem Lord Seymour von Sudley vermählte, dem ehrgeizigen und unglücklichen Bruder des Protektors Sommerset. Später wurde der Palast Hatfield ihr Aufenthalt; im Jahre 1551 schenkte ihr Eduard die Abtei Ashridge und die klösterliche Einsamkeit derselben wurde bald durch ein geräuschvolles Hofleben verdrängt. Sie lebte mit ihrem Bruder in der größten Eintracht und ihre Briefe an ihn sind oft schöne Zeugnisse ihres ausgezeichneten Charakters. Eduard nannte sie nicht anders als seine „schöne Schwester Mäßigkeit". Ebenso war sie beim Volke beliebt und geachtet, „denn sie war", sagt ein Zeitgenosse, „eine liebenswürdige Schönheit und einer Krone würdig, bescheiden, witzig, von königlichem Gemüth, glücklichem Gedächtniß und von großer Gelehrsamkeit".

Unsere Abbildung zeigt das Portrait Elisabeth's, ursprünglich nach einem Gemälde von Holbein, das er im Jahre 1551 fertigte, als sie 18 Jahre alt war. Ein venetianischer Gesandter, der sich einige Jahre später in England aufhielt, sagt in einem Schreiben an den Dogen und den Senat Folgendes von ihrem Aeußern: „Sie ist eine Dame von großer Anmuth, sowol in Hinsicht auf ihren Geist als auch auf ihren Körper, obschon ihr Gesicht mehr angenehm als schön genannt zu werden verdient. Sie ist schlank und wohlgewachsen und ihre Augen, vor Allem aber ihre Hände, die sie nicht zu verbergen sucht, sind von ausnehmender Schönheit."

Die Einfachheit der Kleidung Elisabeth's in diesem Bildnisse steht in seltsamem Contrast zu der phantastischen Tracht, worin sie später sich gefiel. Holbein ist, nach dem Zeugnisse vieler Zeitgenossen, der Natur sehr treu geblieben und hat nicht, wie viele andere Maler, mit seiner Kunst der Eitelkeit der Königin zu schmeicheln gesucht.

Nach Heinrich's Bestimmung bestieg Eduard den Thron, und in Ermangelung männlicher Erben war Maria und dann Elisabeth seine Nachfolgerin. Trotz seiner großen Jugend wollte man ihn dennoch vermählen, und zwar mit der jungen Königin Maria von Schottland; aber der Plan kam nicht zur Ausführung; Maria Stuart ging nach Frankreich und vermählte sich später mit dem Könige Franz II. Eduard starb schon in seinem 15ten Jahre, allgemein betrauert, nach einer sechsjährigen Regierung, die allerdings nur seinen ränkevollen Leitern und Räthen oblag und deshalb manche Schattenseite zeigte. Nachdem die durch den ehrgeizigen Northumberland auf den Thron erhobene unglückliche Johanna Gray wieder gestürzt war, ließ sich Maria zur Königin ausrufen. Jetzt begann für Elisabeth ein unglücklicher Zeitraum. Sie bekannte sich zur protestantischen Lehre, während Maria der katholischen Kirche mit fanatischem Eifer anhing. Bald nach ihrer Thronbesteigung wurde das Volk durch das Vorhaben der Königin, sich mit dem grausamen und bigotten König Philipp II. von Spanien zu vermählen, höchst beunruhigt. Um diese Katastrophe abzuwenden, brachen in mehren Gegenden des Landes Aufstände aus, und Elisabeth stand bei der Regierung in großem Verdachte, auf irgend eine Art die Hand dabei im Spiele zu haben. Es war bekannt, daß auf sie die ganze Hoffnung der protestantischen Partei sich stützte, einer Partei, die stark genug war, um die Königin für ihre Sicherheit besorgt machen zu können. Die Politik schien daher die Maßregel zu erheischen, sich der Person Elisabeth's zu versichern. Sie wurde aus ihrer Wohnung in Buckinghamshire, wohin sie sich zurückgezogen hatte, nach dem Tower gebracht, woraus sie jedoch einige Zeit nachher auf Philipp II. Verwendung wieder befreit wurde. Man schlug ihr vor, den Herzog von Savoyen zu heirathen, doch da dies nur eine verdeckte Verbannung war, nahm sie diesen Antrag nicht an, und da die eifersüchtige Königin nun einsah, daß sie ihre Schwester nicht aus dem Reiche entfernen konnte, ließ sie im October des Jahres 1553 durch das Parlament die Scheidung ihres Vaters von ihrer Mutter, Katharina von Aragonien, für ungültig erklären, wodurch Elisabeth unehelich und den entfernten Verwandten Heinrich's VIII. nachgesetzt wurde. Bald darauf wurde sie aufs Neue als Gefangene auf das Schloß Woodstock gebracht, erhielt aber ihre Freiheit wieder auf Fürsprache Philipp's, der dadurch die Gunst des englischen Volkes sich erwerben wollte. Sie zog sich jetzt auf ein Landgut zurück, wo sie der Natur und den Wissenschaften ihre Zeit widmete, wurde jedoch unter so strenger Aufsicht gehalten, daß sie nicht ohne Erlaubniß und Begleitung das Schloß verlassen durfte, bis es endlich gelungen war, durch die Ehrerbietung, die sie stets ihrer Stiefschwester bezeigte, das Mistrauen derselben einigermaßen zu zerstreuen, und sie die Erlaubniß erhielt, auf ihrem einsamen Landsitze in Freiheit leben zu können, obschon sie immer noch die tiefsten Kränkungen von Maria erdulden mußte, die jedoch ihren männlichen Geist nicht zu beugen vermochten.

Am 17. Nov. 1558 endete der Tod die despotische Regierung Maria's und das ganze Land, besonders aber die protestantische Partei, die von Maria's Fanatismus hart verfolgt worden war, begann nach sechs Jahren des härtesten Druckes wieder frei zu athmen. Das Parlament war versammelt, als Maria starb, und als der Kanzler die eben erhaltene Nachricht bekannt machte, rief die ganze Versammlung: „Gott segne die Königin Elisabeth. Möge sie lange und glücklich regieren!"

Elisabeth hielt sogleich unter dem betäubenden Freudenruf des Volkes in London ihren Einzug. Als sie in den Tower trat, wo sie vor nicht langer Zeit als Gefangene gelebt hatte, fiel sie in tiefer Rührung auf die Knie und dankte im Angesichte der ganzen Versammlung Gott für ihre Errettung aus den Händen ihrer Feinde. Das Volk war begeistert von diesem Benehmen und die neue Königin wurde sein Abgott. Sie dachte an keine Rache, und selbst Diejenigen, die ihr die tiefsten Kränkungen zugefügt hatten, empfing sie freundlich und verzieh ihnen großmüthig.

Elisabeth war damals 25 Jahre alt und bestieg unter den bedenklichsten Umständen den Thron, aber sie leitete mit Kraft und Weisheit das Staatsschiff durch die gefahrvollsten Klippen. Es waren damals drei Religionsparteien herrschend, die der bischöflichen oder Hofkirche, der noch viel vom Papismus anhing, die Puritaner oder streng Reformirten und die Presbyterianer, die besonders in Schottland herrschend wurden.

Unter den zahlreichen Bewerbern um Elisabeth's Hand war auch wieder Philipp II. von Spanien, der England noch nicht vergessen konnte. Sie wußte ihre Bewerber stets hinzuhalten, um ihnen nicht grade eine abschlägige Antwort geben zu müssen, und obschon sie zu jeder Zeit einen oder mehre Günstlinge hatte, so hat sie doch wol nie den aufrichtigen Wunsch gehegt, sich zu vermählen. Sie äußerte im Parlamente, sie suche eine Ehre darin, daß man einst auf ihren Grabstein schreiben könne: „Hier ruht die jungfräuliche Königin." Vielleicht hatte ihr die frühere Unterdrückung einen Widerwillen gegen jede Art von Gebundenheit eingeflößt, vielleicht brachte sie ihrer Religionspartei und ihrem Volke ein Opfer, das ihr manche Überwindung gekostet zu haben scheint, wie man aus mehren ihrer Äußerungen abnehmen kann.

Elisabeth war klug genug, das Reformationswerk, nachdem die Trennung von Rom vollendet war, mit Vorsicht und Mäßigung zu verfolgen, und nur nach und nach schaffte sie die unter Maria eingeführten katholischen Gebräuche wieder ab, ohne Blutvergießen, ohne Greuelscenen. Im Mai des Jahres 1559 schloß ihr erstes Parlament seine Sitzungen, und in sechs Monaten nach ihrer Thronbesteigung sah Elisabeth die Rechtmäßigkeit ihrer Ansprüche und die Ehe ihrer Mutter, die Religion ihres Vaters und die Unabhängigkeit ihrer Krone und ihrer Person anerkannt. Überhaupt waren ihre Maßregeln und Verordnungen so weise und gerecht und zeigten von einem so kräftigen und edeln Charakter, daß bald ganz Europa bewundernd auf die jugendliche Königin blickte und sich die fruchtlosen Bewerbungen um ihre Hand von allen Seiten erneuerten. Einer jedoch wurde sichtbar vor Allen von ihr vorgezogen: es war Robert Dudley, der jüngste Sohn des Herzogs von Northumberland. Er hatte mit ihr zu gleicher Zeit im Tower gefangen gesessen und von hier aus schrieb sich ihre erste Bekanntschaft. Sie erhob

*

ihn zum Grafen von Leicester, ertheilte ihm den Hosenbandorden und ernannte ihn zum ersten Minister. Doch leider war er ihrer Gunst nicht würdig, denn er stand wegen seines Charakters nicht im besten Rufe.

Jetzt näherte sich jene unglückliche Epoche, die durch Elisabeth's gehässiges Handeln eine dunkle Wolke an dem glänzenden Himmel ihrer Regierung zurückgelassen hat, und die, wenn auch vortheilhaft für die Sicherheit ihres Thrones, doch auf ihren moralischen Charakter einen Flecken warf. Wir haben bereits erwähnt, daß die junge Königin von Schottland, Maria Stuart, sich mit Franz II. von Frankreich vermählt hatte, der sich nun König von Frankreich, Schottland und England nannte, und zwar auf Antrieb der ehrgeizigen Herzöge von Guise, ihrer Oheime; Grund genug für Elisabeth, sie als eine gefährliche Nebenbuhlerin zu betrachten. Maria wurde Witwe nach einer kurzen, aber glücklichen Ehe und mußte nun das für sie so reizende Frankreich, wo sie die schönsten Jahre ihres Lebens zugebracht hatte, mit dem rauhen Schottland vertauschen, wo die Reformation, durch den unbeugsamen Knox gepredigt, gefährliche Spaltungen verursacht hatte, die Elisabeth auf alle Weise zu befördern suchte.

Vom Jahre 1560 an knüpft sich die Geschichte Schottlands so eng an Englands Geschichte und Elisabeth spielt in beiden eine so wichtige Rolle, daß man beide zugleich ins Auge fassen muß. Maria sah sich als Katholikin von ihrem Volke gehaßt und verfolgt und that daher Alles, was in ihren Kräften stand, um sich mit Elisabeth auszusöhnen, um an ihr eine Stütze in ihrer gefährlichen Lage zu haben. Elisabeth stellte sich geneigt, den Freundschaftsbund anzunehmen, aber man muß fast bezweifeln, daß sie in ihrem ganzen Benehmen gegen Schottlands Königin je aufrichtig gewesen sei. Sie hat gegen Maria nur als Weib, und zwar als ein eitles Weib, nicht als Königin gehandelt. Sie betrachtete Maria mehr als eine Nebenbuhlerin ihrer Schönheit als ihrer Krone, und man kann diese kleinliche weibliche Schwäche mit der männlichen Klugheit und Charakterstärke, die sie sonst in all ihren Handlungen zu zeigen pflegte, kaum in Einklang bringen. Elisabeth schlug Maria vor, den Lord Leicester zu heirathen, der doch ihr Günstling war, machte aber alle möglichen Ausflüchte, als sich Maria bereit zeigte, den Antrag anzunehmen. Maria vermählte sich endlich, auf den Wunsch der schottischen Lords, mit ihrem Vetter, Heinrich Stuart, Lord Darnley, der aller höhern Bildung entbehrte. Elisabeth war über dieses Bündniß so sehr ergrimmt, daß sie Darnley's Verwandte in London gefangen nehmen ließ und alle Güter der Familie Lenor, aus welcher Darnley stammte, einzog. Ja sie beförderte sogar einen Aufruhr unter dem schottischen Adel und unterstützte ihn gegen die Königin. Darnley's Ermordung und Maria's Vermählung mit dem unbeliebten Bothwell zogen ihr den Abscheu und die Verachtung der Schotten zu. Es brach eine Empörung aus und Bothwell ergriff die Flucht. Maria wurde gefangen genommen und mußte zu Gunsten ihres Sohnes, Jakob VI., abdanken. Der Aufruhr wurde immer gefährlicher und die unglückliche Königin sah, nachdem alle Versuche gescheitert und ihre Anhänger auseinander getrieben waren, keinen andern Ausweg, als Zuflucht bei Elisabeth zu suchen und sie zu bitten, als Schiedsrichterin zwischen ihr und ihren Unterthanen aufzutreten; aber Elisabeth, anstatt königliche Gastfreundschaft zu üben, bot der Hülfesuchenden nichts als einen Kerker. Maria's Schönheit und Unglück führten ihr zahlreiche Anhänger zu, die, von Rittersinn geleitet, ihre Befreiung versuchten, aber dadurch nur den Zorn und die Eifersucht Elisabeth's noch mehr reizten und der unglücklichen Gefangenen noch strengern Gewahrsam bereiteten. Der Proceß begann, Maria wurde der Ermordung Darnley's und der Angriffe auf Elisabeth's Leben beschuldigt; der ganze Lauf der Untersuchung war ein Gemisch von Ungerechtigkeiten und Ränken und das Ergebniß war ein Todesurtheil. Elisabeth unterschrieb es nach langem erkünstelten Zögern und Maria bestieg nach vierzehnjähriger Gefangenschaft am 8. Februar 1587 das Blutgerüst. Elisabeth's Trostlosigkeit über die Vollziehung des Urtheils war gewiß nur reine Verstellung; denn wie sollte ein sonst so fester Charakter einen Schritt bereuen können, der Jahre lang bedacht, Jahre lang gewünscht worden war? Mögen Maria's Verbrechen gewesen sein wie sie wollen, ihr Tod erweckt für sie eine Theilnahme, die ihre Fehler mildert, dagegen aber den Charakter ihrer Nebenbuhlerin in ein ungünstiges Licht stellt.

Nun erst, nachdem die gefährliche Maria aus dem Wege geräumt war, fing Elisabeth an zu leben und überließ sich nun ungestört der Sorge für ihr Volk und ihr Land. Die Stürme, die ihrem unglücklichen, blühenden Reiche drohten, wußte sie mit Kraft und Klugheit abzuwenden und ihrer Macht eine immer größere Ausdehnung zu geben.

Ein neuer Bewerber um ihre Hand, der Herzog von Alençon, war während dieser Zeit aufgetreten, und Elisabeth schien anfangs geneigt, den Antrag anzunehmen, ohne stellte sie doch wenigstens so, um nicht gradezu mit Frankreich zu brechen. Bald jedoch durchschaute der Herzog ihr falsches Spiel und die Verbindung ging zurück. Des Papstes Bannstrahl, den er schon vorher gegen sie geschleudert und dadurch ihr Volk der Unterthanenpflicht entbunden hatte, wußte sie unwirksam zu machen, worin ihr die Bartholomäusnacht in Frankreich zu Hülfe kam, die ganz Europa mit Haß gegen die Katholiken erfüllte.

Im Jahre 1588 jedoch zog sich ein drohendes Gewitter an Englands Horizont zusammen, das für die Unabhängigkeit des Inselreichs leicht hätte gefährlich werden können. Philipp II. von Spanien, der die Hinrichtung der Königin von Schottland als einen Frevel gegen die königliche Hoheit betrachtete, der durch das kühne Umsichgreifen der englischen Seemacht gereizt und überdies vom Papst zum König von England ernannt worden war, wenn er es erobern könnte, rüstete eine Flotte aus, wie sie noch nie das Meer getragen hatte, und nannte sie die Armada, die unüberwindliche. Doch England wurde von Gottes Hand beschützt. Die unüberwindliche Flotte, zu zu deren Ausrüstung drei Jahre und ungeheure Geldsummen verwendet worden waren, kehrte gedemüthigt nach der Heimat zurück und der drohende Sturm war für England nur der Herold einer glänzenden Sonne der Macht und des Ruhmes gewesen. Die Besieger der Armada benutzten die errungene Überlegenheit und ihr siegreicher Kampf gegen Spanien dauerte fort, so lange Elisabeth herrschte, deren Bündniß mit dem König Heinrich IV. von Frankreich (1596) die Erbitterung Philipp's nur noch erhöhte, der sich zu rächen suchte, daß er die aufrührerischen Irländer unterstützte, bis er 1598 starb, wodurch England von einem seiner wüthendsten Feinde befreit wurde. Englands Überlegenheit zur See breitete sich mit jedem Jahre mehr aus und mit dem Steigen der Macht des

Landes stieg auch die Begeisterung des Volkes für seine Königin.

Wie in ihrer Jugend, hatte Elisabeth auch im Alter ihren Günstling, denn selbst als sie schon ihr 60. Jahr zurückgelegt hatte, wollte sie noch für die schönste Frau in Europa gelten, eine Eitelkeit, die sich bei ihren Vorzügen als Regentin allerdings leicht übersehen ließ. Der Letzte, der sich ihrer Gunst im hohen Grade erfreute, war der Graf Esser. Sein tragisches Ende, die Folge seiner Unbesonnenheit, hat vielleicht viel zum Tode der großen Königin beigetragen. Er pflanzte in Irland die Fahne des Aufruhrs auf, nachdem er sich mit Jakob VI. von Schottland, dem Sohne der Maria Stuart, verbunden hatte, fand aber so wenig Anhang, daß er gefangen genommen und zum Tode verurtheilt wurde. Es war für Elisabeth ein harter Kampf; bald unterzeichnete sie das Todesurtheil, bald widerrief sie den Befehl zur Hinrichtung. Wenn er sie nur um Gnade bäte, meinte sie, so würde sie ihm vergeben; da aber dies nicht erfolgte, willigte sie endlich in einem Anfall von Erbitterung in die Hinrichtung. Esser bestieg in tiefer Reue das Blutgerüst, erst 34 Jahre alt.

Drei Jahre darauf fiel Elisabeth in eine tiefe Schwermuth. Eine traurige Entdeckung war die Ursache davon. Einige Zeit vor seiner Gefangennehmung äußerte Esser eines Tages gegen die Königin, daß die Gunst der Fürsten so veränderlich wäre, und bedauerte,

Tod der Königin Elisabeth.

daß ihn seine Pflicht so oft von ihrer Person entferne und seine Sache in den Händen seiner Feinde lasse. Elisabeth war gerührt, schenkte ihm einen Ring als Pfand ihrer Zuneigung und sagte ihm, er möchte auch noch so sehr in Ungnade gefallen sein, so würde sie doch, sobald er ihr den Ring sendete, allen Groll vergessen und ihm vergeben. Essex hatte das theure Kleinod für die äußerste Noth aufgespart; als er aber nach seiner Verurtheilung keine andere Hoffnung sah, beschloß er, die Kraft des Talismans zu versuchen. Er überlieferte deshalb den Ring der Gräfin Nottingham, die ihn der Königin einhändigen sollte; aber ihr Gemahl, ein Todfeind des Grafen Essex, erhielt von dem Auftrage Kenntniß und verhütete dessen Ausführung. Elisabeth schrieb natürlich das Schweigen ihres Günstlings seiner Hartnäckigkeit zu und erst als die Gräfin auf dem Sterbebette lag, ließ sie die Königin um einen Besuch bitten, gestand ihr ihre Nachlässigkeit und bat um Verzeihung. Elisabeth war entrüstet über diese Entdeckung, und als sie sich von ihrem Entsetzen erholt hatte, überschüttete sie die Sterbende mit Vorwürfen und rief: „Gott mag Euch vergeben, ich kann es nie!" Dann stürzte sie hinaus und gab sich von dieser Zeit an der tiefsten Schwermuth hin. Zehn Tage und zehn Nächte lag sie auf einem Fußteppich und verschmähte jeden Trost und Beistand. Es mochte vielleicht so manches Schattenbild aus früherer Zeit vor ihr geistiges Auge treten und das Gewissen, das vielleicht bisher geschlummert hatte, mochte in den letzten Stunden ihres Lebens desto ernster mahnen. Als man sie fragte, wen sie zu ihrem Nachfolger ernennen wollte, nannte sie Jakob VI. von Schottland. Der Erzbischof von Canterbury ermahnte sie ernstlich, ihre Gedanken Gott zuzuwenden, worauf sie erwiederte, daß sie denselben keinen Augenblick vergäße, und nach vielen Leiden hauchte sie am 24. März 1603 ihren Geist aus, im 70. Jahre ihres Lebens und 55. ihrer Regierung.

Sie hinterließ ihr Land im blühendsten Zustande. Ihr Andenken war dem Volke heilig und noch heutiges Tages erweckt ihr Name die Begeisterung und den Patriotismus der Engländer. Ihre Herrschertalente waren in der That groß und einzig und wenige Regenten Englands haben unter so schwierigen Verhältnissen den Thron bestiegen, denselben mit so vollständigem Erfolge und so großem Glücke zu behaupten gewußt und das Land in einem so glänzenden Zustand hinterlassen.

(Der Beschluß folgt in Nr. 289.)

Die Chocolade.*)

Der Name dieses in der ganzen Welt beliebten Getränks kommt her von Choco, was in der Sprache der Mexicaner Schall oder Geräusch bedeutet, und Latteh, d. h. Wasser, weil sie die Chocolade, um sie zu trinken, in heißem Wasser schäumen ließen. Der Cacao, von welchem die Chocolade bekanntlich bereitet wird, ist die Frucht des Cacaobaumes, eines amerikanischen Baumes, der auch auf den Antillen angebaut wird. Die Spanier fanden die Chocolade in Mexico in Gebrauch, als sie dieses Land 1520 eroberten; durch sie wurde sie in Europa bekannt, und noch heutiges Tages ist bei keiner europäischen Nation der Verbrauch der Chocolade größer als bei ihnen, sowie sie auch nirgend besser getrunken wird. „Keine Chocolade haben" bedeutet bei den Spaniern so viel als bei uns „kein Brot haben".

Der Cacaobaum gleicht einem Kirschbaume von mittlerer Größe und wird 30—40 Fuß hoch und nur ½—¾ Fuß stark; sein Holz ist porös und leicht, seine Rinde hat eine mehr oder weniger tiefe Zimmtfarbe; seine abwechselnden, eiförmigen, glänzenden und mit Blattstielen versehenen Blätter erneuern sich unaufhörlich. Die kleinen röthlichen Blüten wachsen in Büscheln, die an den Zweigen sitzen; sie sind vollständig, bestehen aus fünf hellgelben Blättern, die von einem Kelch mit fünf Einschnitten gehalten werden, und sind auswendig blaß, inwendig röthlich. Die Zahl der Staubfäden ist zehn, von denen fünf unfruchtbar und länger als die andern, fünf aber mit je zwei Staubbeuteln versehen sind. Die Frucht ist eine knollige, zähe Kapsel, 6—8 Zoll lang, von der Gestalt einer Gurke oder Melone und dicker, lederartiger Schale; ihre Oberfläche ist streifig; das Innere ist in fünf Zellen getheilt, die mit einem weißen und süßlichsäuerlichen Fleische oder Muse erfüllt sind, welches 20—40 glatte, glänzende Bohnen umgibt, die eine fast mandelartige Gestalt haben und aus einer pergamentartigen Schale und einem violetbraunen Kerne mit feiner Haut bestehen. Die Haut ist bitter und das sie umgebende Fleisch angenehm und erfrischend. Aus diesen Kernen des Cacaobaums wird die Chocolade gemacht.

Man unterscheidet im Handel eine Menge Sorten Cacao. Besonders zu bemerken sind 1) der Caracas-Cacao. Die Bohne davon ist lang und etwas abgeplattet. Diese Sorte ist weniger ölig als der Inselcacao, wird aber in Spanien und Frankreich vorgezogen, während im Norden die letztere Sorte mehr gesucht ist. Der Caracas-Cacao kommt aus der Provinz dieses Namens in Venezuela. Bevor er in den Handel kommt, wird er gerottet, d. h. 30—40 Tage in der Erde vergraben, damit die breiartigen Theile sich durch Fäulniß absondern und er seinen bittern Geschmack verliert. 2) Der Berbice-Cacao. Die Bohne ist kürzer und runder. 3) Der Cacao von Surinam ist lang und nur wenig abgeplattet. 4) Der Insel-Cacao hat eine dickere Rinde, eine kleinere und mehr abgeplattete Bohne; man baut ihn auf Martinique, Haiti, Jamaica u. s. w., und selbst von Isle de France und Bourbon erhält man Cacao unter diesem Namen. Der Insel-Cacao, sowie andere Sorten, Para, Rio Negro, Cayenne u. s. w., sind nicht gerottet. Bei diesen Sorten werden die Früchte in großen hölzernen Gefäßen fünf Tage lang der Gährung unterworfen und an der Sonne oder am Feuer getrocknet. Die Rinde, welche die Bohne umschließt, trennt sich von derselben durch das Rösten; sie dient zu Aufgüssen, die für die Brust heilsam sind und allein oder mit Milch genommen werden. Durch Auspressen gewinnt man aus der Cacaobohne ein consistentes butterartiges Öl, Cacaobutter genannt; man braucht sie innerlich und äußerlich, mit Zucker in Form von Kügelchen als Heilmittel für die Brust, auch zuweilen zu Quecksilbersalben, um den ranzigen und unangenehmen Geruch zu vermeiden, den das Schweinefett annimmt.

Der wahre Cacaobaum wächst wild in den warmen Gegenden von Amerika, zwischen den Wendekreisen, am üppigsten in warmen, feuchten Thälern. Angebaut wird er vorzüglich in Mexico, Guatemala, Venezuela, Guiana und auf den Antillen. Die Samen oder Bohnen sind anfangs weiß, werden aber gepreßt, müssen eine Art von Gährung überstehen, damit sie

*) Vergl. Pfennig-Magazin Nr. 6.

sich versenden lassen, und erhalten dann eine braune Farbe. Wenn sie aus der Frucht genommen werden, verlieren sie in wenigen Tagen ihre Keimkraft, in der Frucht aber halten sie sich lange frisch und gut. Die Mexicaner brauchten die Bohnen ehemals als Münze.

Durch Rösten, Zucker und Gewürz bereitet man aus den Cacaobohnen einen Teig, die Chocolade, die ein nahrhafteres Getränk als der Kaffee abgibt. Sie besteht im Wesentlichen aus einer fetten, butterartigen Masse und einer größern oder geringern Menge von Zucker, welcher den Cacao nahrhafter macht. Die gerösteten und entschälten Cacaobohnen werden in einem eisernen erwärmten Mörser oder mittels einer Maschine zu feinem Teige zerrieben, dem man gepulverten Zucker und Gewürze beimischt; nachdem dies geschehen ist, wird der Teig in Formen von überzinntem Eisenblech gegossen, worin man ihn erkalten und hart werden läßt. Auf drei Punkte kommt es bei der Chocoladenfabrikation hauptsächlich an: auf den Grad der Röstung, welcher die Bohnen vor ihrer Verkleinerung unterworfen werden, auf das dem Teige beigemischte Gewürz und auf das Verhältniß des Zuckers. Das Rösten entwickelt einerseits Empyreuma (verbranntes Öl) und ein eigenthümliches Aroma, auf der andern vermindert sie die Menge der Cacaobutter. Die verschiedenen Verhältnisse dieser und des Empyreumas haben Einfluß auf die Eigenschaften der Chocolade. Man unterscheidet in dieser Hinsicht im Handel zwei Sorten: 1) Chocolade, die auf spanische Weise bereitet wird, welcher die Cacaobohne sehr wenig geröstet wird; 2) italienische Chocolade, wobei die Bohnen stark geröstet sind. Die erste gibt dem Wasser eine rothe Farbe, enthält viel Cacaobutter und wenig Empyreuma. Die italienische Chocolade ist mit Wasser verdünnt fast schwarz und enthält weniger Butter und mehr Empyreuma als die spanische. Obgleich aus den nämlichen Ingredienzen bereitet, haben beide Sorten verschiedene Eigenschaften. Die spanische ist öliger, süßer, angenehmer, nimmt aber weniger Gewürz an, sättigt schnell und wird bisweilen schwer verdaut. Die italienische ist bitterer, nimmt nach Verhältniß ihrer Röstung mehr Gewürz an, ist weniger ölig, erregt den Appetit und wird im Allgemeinen so schnell verdaut, daß sich die Empfindung des Hungers bisweilen kurze Zeit nach dem Genusse der Chocolade erneuert.

Die Mexicaner würzten ihre Chocolade mit spanischer Würze, Ingwer und Gewürznelken; bisweilen fügten sie Orlean oder Roucou hinzu, um sie färben. Die Spanier nahmen statt dieser Stoffe Vanille und Zimmt, zwei Gewürze, welche wir beibehalten haben. Beide reizen die Magenorgane und befördern die Verdauung der Chocolade. Es ist daher unpassend, die ungewürzte Chocolade Gesundheitschocolade zu nennen, da sie grade für viele Menschen schwer verdaulich ist. Die Vanille ist sehr angenehm, man schreibt ihr aber erhitzende und stark reizende Eigenschaften zu, die man wol übertrieben hat. Auch die Medicin hat mit der Chocolade heilsame Ingredienzen verbunden, und der Zusatz von Salep, isländischem Moos, Sago, Osmazom und verschiedenen Gallerten, die man der Chocolade zum Besten der Brustkranken beigemischt hat, ist sehr zweckmäßig.

Man hat den Cacao in neuern Zeiten auf mancherlei Arten durch Beimischung von Reis-, Hafer-, Weizen- oder Kartoffelmehl, Stärke, gerösteten Haselnüssen, gestoßenen süßen Mandeln u. s. w. verfälscht, doch sind diese Verfälschungen leicht zu erkennen. Chocolade, die einen andern Grundstoff als Cacao enthält, quillt, in warmes Wasser gerührt, sehr auf und verwandelt sich beim Erkalten in eine gallertartige Masse. Indessen ist diese Eigenschaft zu gerinnen auch der auf spanische Art zubereiteten Chocolade, bei welcher die Cacaomasse durch die Röstung nur wenig verändert ist, nicht ganz fremd, kommt aber bei der auf italienische Methode, die man in Deutschland allgemein befolgt, bereiteten nicht vor, außer wenn sie zu lange gekocht und verdunstet hat. Wer an eine sorgfältig bereitete Chocolade gewöhnt ist, nimmt dergleichen Verfälschungen bald wahr. Gute Chocolade darf auf dem Bruche nichts Griesiges haben; äußerlich muß sie glatt und glänzend sein; sie muß im Munde zergehen und eine Empfindung von Kühle darin zurücklassen. Nimmt sie einen ranzigen Geschmack an, so ist dies ein Zeichen, daß sie mit öligen Samen vermischt ist. Nimmt sie mit der Zeit einen Käsegeruch an, so kann man annehmen, daß sie mit thierischem Fette oder gewöhnlicher Butter zubereitet ist. Mit einem fremdartigen Stoffe verfälscht, ist sie weit schwerer zu verdauen, als wenn sie nur guten reinen Cacao enthält. Zuweilen braucht man auch Cacao, aus welchem man bereits die Butter gepreßt hat, und ersetzt diesen öligen Stoff bald durch Eidotter oder thierisches Fett, bald durch Gummi-Traganth oder arabisches Gummi.

Die Halbwilden der Provence.

In der Mitte der Provence, in den Wäldern von Esterel und deren Umgebungen, lebt eine Menschenclasse, die auf einer so niedrigen Stufe sittlicher und geistiger Bildung steht, daß sie in mancher Beziehung mit den Wilden verglichen werden kann. Ihre Wohnungen sind gewöhnlich rohe Steinhütten, deren Fugen mit Thon verstrichen und die durch quer über den Boden gelegte Holzstücke in drei Abtheilungen geschieden werden: die erste ist für die Hauswirthschaft bestimmt und deshalb die größte, die zweite ist mit Stroh und trockenen Blättern bedeckt und bildet die Lagerstätte der gesammten Familie, die dritte endlich nimmt das Vieh ein. Ihre Nahrung besteht aus einem schwarzen, schlecht bereiteten Brote, welches mit einigen Kräutern oder gekochten Hülsenfrüchten gewürzt ist. Zum Sitzen bedienen sie sich kleiner Balken oder rohbehauener Steine, und Tische findet man nur selten bei ihnen. Sie beschäftigen sich mit dem Anbau einiger Äcker, vorzüglich aber mit der Zucht der Ziegen und mit Kohlenbrennen.

Ob sie gleich ohne Geistlichkeit und Gotteshäuser sind, so hat sich doch ein gewisser religiöser Glaube oder vielmehr Aberglaube unter ihnen erhalten. So flößt ihnen z. B. eine vom Blitze getroffene Eiche einen heiligen Schrecken ein; wenn sie an ihr vorübergehen, erzählen sie sich leise, an welchem Tage das Unglück geschehen ist. Manche Höhlen halten sie für Wohnsitze von Geistern, die sie sich durch abergläubische Worte geneigt zu machen suchen; jedoch gehen sie gewöhnlich schweigend an solchen Orten vorüber, aus Furcht, es theuer büßen zu müssen, wenn sie die Ruhe des Geistes stören. Jeden Gegenstand, der ihren Vorältern gehört hat, betrachten sie mit einer besondern Verehrung, indem sie fürchten, die geringste Vernachlässigung desselben ziehe großes Unglück nach sich.

Ihre Kleidung besteht aus ganz rohen Stoffen. In ihren Wohnungen sowol als an ihrem Körper zeigt sich die größte Unreinlichkeit. Die Haare fallen in Unordnung über die Schultern herab, nie beschneiden sie ihre Nägel, welche oft bei ihren mühseligen Arbeiten zerbrechen. Die

Meisten lassen den Bart wachsen, bis er sie durch seine Länge belästigt, und nur Die, welche die Märkte besuchen, lassen sich bisweilen rasiren. In der Regel herrscht unter ihnen ein dumpfes Stillschweigen, welches ohne Zweifel in ihrem beschränkten Ideenkreise seinen hauptsächlichsten Grund hat.

Nur wenige Monate des Jahres bringen sie in ihren Hütten zu, ja Manche gehen sogar nur dahin, um ihre Vorräthe zu erneuern, und schlafen das ganze Jahr hindurch unter einem Felsen, neben welchem sie für ihre Heerden eine Hecke aus Baumzweigen errichten und ein großes Feuer anzünden. Im Sommer schlafen sie am Tage, um in der Nacht die Heerden zu bewachen und gegen die Wölfe zu schützen. Wahrscheinlich würden sie ganz verwildern, wenn nicht der Verkauf von Ziegen oder Kohlen sie bisweilen in die Städte führte.

In der neuesten Zeit ist ein bedeutender Schritt geschehen, um sie diesem elenden Zustande zu entreißen. Ein dortiger Pfarrer hat sich unter sie begeben, nach und nach ihr Zutrauen gewonnen und ihnen das Evangelium gepredigt; zuletzt hat er es dahin gebracht, daß mitten unter ihren Hütten eine einfache Kapelle errichtet worden ist.

Der Leuchtthurm von Pharos.

Zu den sieben Wundern der Welt rechneten die Alten bekanntlich auch den Leuchtthurm von Pharos.*) Er stand auf der kleinen Insel Pharos in der Bai von Alexandrien in Ägypten, welche ursprünglich von dem festen Lande etwa eine halbe Stunde entfernt lag (nach Ho-

*) Vergl. Pfennig-Magazin Nr. 15.

mer in den ältesten Zeiten sogar so weit, daß man kaum mit vollen Segeln in einem Tage von Pharos nach Ägypten kommen konnte, was jedoch gar nicht möglich ist), aber um 300 v. Chr. durch einen von Deriphanes erbauten Damm, nach Andern durch eine Brücke, mit dem festen Lande verbunden wurde. Am östlichen, dem festen Lande nächsten Ende dieser Insel ließ der König Ptolemäus II. Philadelphus von Ägypten um 283 v. Chr. auf einem Felsen einen Leuchtthurm erbauen, auf dessen Spitze bei Nacht ein Feuer brennend erhalten wurde, um den Schiffen den Eingang in den Hafen von Alexandrien zu zeigen und sie vor den vielen an der Küste vorhandenen Klippen und Sandbänken zu warnen. Da dies der erste Leuchtthurm war, der seit Menschengedenken erbaut wurde, so wurde der Name Pharos, der ihm von der Insel beigelegt wurde, auf der er stand, auch auf alle übrigen später erbauten Leuchtthürme übergetragen. Er war viereckig, aus weißem Marmor und in einem großartigen Style gebaut; an den vier Ecken sollen vier gläserne Pfeiler gestanden haben, die aber nicht aus Glas, sondern aus einem harten, durchscheinenden Steine bestanden und weniger zur Unterstützung als zur Zierde des Thurmes gedient haben mögen. Die Kosten des Baus werden auf 800 alexandrinische Talente angegeben, was, wenn wir das Talent zu 1560 Thaler rechnen, die ungeheure Summe von 1,200,000 Thalern ausmacht. Der Erbauer des Thurmes war der berühmte Baumeister Sostratus aus Knidus. Diesem befahl der König, auf den Thurm die Inschrift zu setzen: „Der König Ptolemäus Philadelphus den schützenden Göttern zum Besten der Schiffer." Weil aber Sostratus allein den Ruhm des Baus davon tragen wollte, grub er seinen eignen Namen auf den Marmor ein, bedeckte die Stelle mit Mörtel und setzte auf diesen den Namen des Königs. Mit der Zeit fiel der Mörtel ab und folgende Inschrift kam zum Vorschein: „Sostratus aus Knidus, Sohn des Deriphanes, den rettenden Göttern zum Besten der Schiffer." Die Nachrichten von diesem Thurme enthalten viel Fabelhaftes, dahin gehört namentlich die Angabe über die Entfernung, in welcher er sichtbar gewesen sei. Nach dem arabischen Geographen Edrisi war er 300 Ellen hoch und 100 Meilen weit sichtbar, was aber nicht möglich ist. Verstehen wir unter diesen Meilen arabische Meilen, von denen etwa vier auf eine deutsche Meile gehen, so hätte der Leuchtthurm, um auf eine Entfernung von 100 Meilen von der Meeresfläche aus sichtbar zu sein, von der Meeresfläche bis zur Spitze über 9600 rheinische Fuß hoch sein müssen, was nicht möglich ist, da er auf keinem Berge stand; wenn er aber 300 Ellen oder 600 Fuß hoch war (was schon eine außerordentliche Höhe sein würde, da die höchste Pyramide nur 450 Fuß hoch ist), so konnte er, sobald wir diese 600 Fuß vom Meere an rechnen, von der Meeresfläche aus erst in einer Entfernung von 6½ deutschen oder etwa 25 arabischen Meilen sichtbar sein, eine Entfernung, die durch die geringe Höhe des Felsens, auf dem er stand, nur unbeträchtlich vergrößert werden konnte. Übertreibungen dieser Art sind jedoch bei den alten Schriftstellern nur zu häufig. Wann und durch welches Ereigniß der Leuchtthurm zerstört worden ist, wissen wir nicht, aber gewiß ist, daß er über anderthalb Jahrtausende der Wuth der Stürme und dem Andrange der Wellen getrotzt hat.

Das Pfennig-Magazin
für
Verbreitung gemeinnütziger Kenntnisse.

289.] Erscheint jeden Sonnabend. [October 13, **1838**

Feierlicher Empfang der Königin Elisabeth in Kenilworth.

Elisabeth, Königin von England.
(Beschluß aus Nr. 288.)

Elisabeth liebte die Musik leidenschaftlich und wollte selbst gern für eine treffliche Clavierspielerin gelten. Außerdem widmete sie ihre Mußestunden den alten Sprachen; so soll sie z. B. mehre griechische und lateinische Classiker in ihre Landessprache übertragen haben.

Nirgend wird die Pracht und der Glanz der Regierung Elisabeth's lebhafter geschildert als in den aus jener Zeit noch vorhandenen Tagebüchern, die besonders die Reisen oder Sommerausflüge der Königin nach den Schlössern und Landsitzen ihrer Großen beschreiben, und nirgend finden wir vielleicht anziehendere Bilder der Sitten und des Geschmacks jenes Zeitalters. Diese Reisen nach den verschiedenen Theilen ihres Königreichs gehörten zu dem Plane, den Elisabeth, um sich die Gunst des Volkes zu gewinnen, von ihrer Thronbesteigung an befolgte. Bei solchen Gelegenheiten lieh sie Jedem Gehör; Privat- und Magistratspersonen, Männer und Frauen, Landleute und Kinder eilten freudig und ohne Scheu herbei, um die geliebte Königin zu sehen. Jeder, dem ein Unrecht zugefügt worden war oder der eine Klage anzubringen hatte, fand in ihr eine gütige und gerechte Richterin. Mit eigner Hand empfing sie die Bittschriften, die ihr überreicht wurden, las sie selber durch und half entweder sogleich oder versprach, die Sache zu prüfen, und stets hielt sie dann ihr Wort.

Daß bei solchen Reisen von der Königin wie auch von den Edeln, welchen ihr Besuch galt, keine Pracht, kein Glanz gespart wurde, läßt sich denken, aber trotzdem, daß Elisabeth gern Pracht entwickelte und königlich bewirthet zu werden wünschte, so vermied sie doch überflüssigen Luxus. Zu den glanzvollsten Festen dieser Art gehören die, welche der Graf von Leicester in Kenilworth 1575 und der Graf von Hertford in Elvetham 1591 der Königin gaben. Erstern hatte sie schon vorher zweimal (1566 und 1568) besucht, war aber nicht mit solcher Pracht empfangen und bewirthet worden. Bei ihrem dritten Besuche verweilte sie einige Wochen lang in Kenilworth und an jedem Tage ihrer Anwesenheit gab es ein neues Fest. Es wäre unmöglich, die Festlichkeiten, die Leicester veranstaltete, alle zu beschreiben; wir wollen nur einigermaßen ihren Empfang in Kenilworth zu schildern suchen, und man wird sich dann vielleicht einen Begriff von dem Geschmacke machen können, mit welchem die folgenden Feste und Vergnügungen angeordnet waren.

Nachdem Elisabeth am 9. Juli 1575 in Ishington, einige Stunden von Kenilworth, gespeist hatte, setzte sie, von Leicester und einem glänzenden Gefolge begleitet, ihre Reise nach dem Schlosse fort; unterwegs wurde Jagd gehalten, sodaß der Zug erst Abends 8 Uhr in Kenilworth anlangte. Hier wurde die Königin von einer Sibylle, in einen Mantel von weißer Seide gekleidet, angeredet, die ihre Freude über ihre Ankunft aussprach und ihr eine lange und glückliche Regierung prophezeite. Als die Königin am ersten Thore anlangte, erschienen sechs riesenhafte Trompeter auf der Mauer mit verhältnißmäßig großen Trompeten, worein sie zu blasen schienen. Doch waren diese Riesen nur künstliche und hinter ihnen waren wirkliche Trompeter verborgen, die den Dienst der riesenhaften Figuren versahen. Man wollte dadurch zeigen, daß es zu König Arthur's Zeiten, dessen Name überhaupt viel mit den verschiedenen Festlichkeiten und Vergnügungen verknüpft war, wirklich so große Menschen gegeben habe. Der Thürsteher jedoch war ein wahrhafter Riese; er war in Seide gekleidet und trug ein gewaltiges Bund Schlüssel, die mit seiner Größe in Verhältniß standen. Als die Königin in seinen Bereich kam, bezeigte er seine Ungeduld und seinen Verdruß über die vielen Fremden, die ohne seine Erlaubniß in das Thor einzögen, und verweigerte ihnen den Eintritt; als er aber der seltenen Schönheit der Königin ansichtig wurde, gab er sich überwunden und überreichte ihr die Schlüssel, indem er seine Gefühle in Versen aussprach. Als die Königin in den ersten Hof gelangte, wurde sie von der Jungfrau des Sees und zwei weiß gekleideten Nymphen empfangen, die auf einer beweglichen, mit Fackeln erleuchteten Insel in einem Teiche schwammen. Die Jungfrau sprach von der Geschichte des Schlosses und sagte, daß sie seit König Arthur's Zeiten sich im See verborgen gehalten und ihm allein ihre Sorgfalt gewidmet habe; jetzt hielte sie es jedoch für ihre Pflicht, sich zu zeigen und der Pflege der Königin zu widmen.

Die Königin begab sich dann nach dem innern Hofe über eine Brücke, die auf beiden Seiten mit Geländern versehen war. Aller zwölf Schritte wurden der Königin von heidnischen Gottheiten Geschenke überreicht, die jeder Gottheit angemessen waren, welche sie darbrachte. Als sie im innern Hofe angelangt war, tönte ihr eine liebliche Musik entgegen; hierauf stieg sie von ihrem Zelter und betrat unter dem Schalle der Pauken, Pfeifen und Trompeten ihre Gemächer, während plötzlich die Dämmerung durch ein prächtiges Feuerwerk unterbrochen wurde, dessen Flamme man, wie ein Chronist erzählt, mehre Meilen weit gesehen haben soll. Zwanzig Tage dauerten nun diese Festlichkeiten fort, und die Königin selbst erklärte, daß der Lord alle ihre Erwartungen übertroffen habe. Walter Scott hat uns diese Feierlichkeiten größtentheils in seinem Roman „Kenilworth" meisterhaft beschrieben.

Fast jährlich unternahm Elisabeth solche Ausflüge, und überall, wo sie ihren Aufenthalt zu nehmen gedachte, bot man Alles auf, der gepriesenen Königin zu gefallen. Obschon ihre Besuche den Edelleuten bedeutende Kosten verursachen mochten, so war diesen doch die Ehre, die ihnen dadurch widerfuhr, ein reichlicher Ersatz.

Unsere Abbildung ist nach einer Zeichnung von Vertue gemacht, der sie im Jahre 1737 nach dem Originalbilde copirte, das sich seit langer Zeit im Besitze des Grafen von Orford zu Coleshill in Warwickshire befindet, und das man für ein Werk Gerrard's aus Brügge hält, welcher am Hofe der Elisabeth wohnte. Man sieht die Königin auf einem prachtvollen Thronsessel sitzen, der von sechs Edelleuten getragen wird. Mehre Ritter des Hosenbandordens mit der Ordenskette um den Hals gehen der Königin voran, während ihr mehre ihrer Hofdamen folgen; die Ehrenwache bildet eine Straße, wodurch die Procession ihren Weg nimmt.

Die Ureinwohner von Südafrika.*)

Das Vorgebirge der guten Hoffnung, 1487 von dem Portugiesen Bartholomäus Diaz entdeckt, ist der südlichste Punkt von Afrika. Eine weite Meeresfläche, die sich im Westen bis nach Amerika, im Osten bis nach Australien, im Süden bis zum Südpole erstreckt, umgibt es auf allen Seiten. Es wurde von seinen Entdeckern das Vorgebirge der Stürme genannt, erhielt

---

*) Vergl. Pfennig-Magazin Nr. 280.

aber später seinen jetzigen Namen wegen der Aussichten, die es in Bezug auf den Osten gewährte, wohin damals der Strom der europäischen und namentlich der portugiesischen Unternehmungen ging. Der Versuch der Portugiesen, hier eine Niederlassung anzulegen, mißglückte; lange Zeit diente das Vorgebirge den Europäern nur als bequeme Station für die zwischen Europa und Ostindien fahrenden Schiffe. Hätte dieses Land edle Metalle oder sonst etwas besessen, was ohne viele Anstrengung unmittelbar hätte nutzbar gemacht werden können, so würde die Habgier von Scharen von Abenteurern erregt worden sein und das Vorgebirge hätte schon frühzeitiger Wichtigkeit als Niederlassung für die Europäer erlangt. Die Personen, welche die Länder Europas zu jener Zeit ausschickten, verließen ihr Vaterland nicht darum, weil ihre Vermögensumstände ihnen die Auswanderung rathsam erscheinen ließen, sondern sie waren kühne und unternehmende Männer, welche sich durch die Aussicht, plötzlich reich zu werden, verblenden ließen und die Schätze des Morgenlandes zu sammeln hofften, um nach einer Abwesenheit weniger Jahre in ihrer Heimat eine bedeutende Rolle zu spielen. Wahrscheinlich würden sie mit Verachtung auf die Auswanderer unserer Tage herabgesehen haben, welche darauf ausgehen, sich durch Arbeit und Fleiß eine neue Heimat zu gründen. Der Anblick von Südafrika ist weder für den Kaufmann noch für den Landbauer besonders einladend. Es besitzt wenige Häfen und hat Mangel an schiffbaren Strömen. Die Ebenen, welche gegen das Innere allmälig ansteigen und durch drei von Osten nach Westen laufende Gebirgsketten getrennt werden, enthalten keine fruchtbaren Landstriche von beträchtlicher Ausdehnung; ganze Districte sind außerordentlich dürr und von aller Vegetation entblößt.

Auf den Flußufern liegen fruchtbare und ziemlich bedeutende Ländereien, die aber einzig der Bewässerung ihren bessern Boden verdanken. Offenbar ist ein solches Land zur Viehzucht bestimmt; wenn auch die Künste des Landbaus auf die vortheilhafteste Weise angewandt werden, so kann doch das Land nur eine sehr sparsame Bevölkerung ernähren. Eine große Heerde erheischt nothwendig einen sehr ausgedehnten District, damit Raum vorhanden ist, um in trockenen Zeiten die Weideplätze zu wechseln. Demnach war das Vorgebirge der guten Hoffnung offenbar kein Ort für Personen, die durch eine kühne Unternehmung mit einem Male ihr Glück machen wollten; selbst Solche, die hinsichtlich der Mittel, diesen Zweck zu erreichen, nicht sehr bedenklich waren, wurden durch die natürlichen Schwierigkeiten abgehalten, welche einer schnellen Versilberung der Heerden im Wege stehen. Daher gab es auch auf dem Vorgebirge lange Zeit nach der Entdeckung desselben keine Niederlassung der Europäer. Schiffe legten auf ihren Fahrten zwischen Europa und Ostindien dort an und ließen Nachrichten am Ufer, die von andern in entgegengesetzter Richtung kommenden Schiffen mitgenommen werden sollten. Diese Nachrichten wurden an einem Orte, wo sie gegen das Wetter geschützt waren, niedergelegt und ihr Versteck wurde durch ein Signal bezeichnet, welches so angebracht war, daß es die Aufmerksamkeit der Landenden auf sich ziehen mußte.

Erst im Jahre 1650 entschlossen sich die Holländer, in deren Händen sich damals der größte und bedeutendste Theil des ostindischen Handels befand, eine Niederlassung auf dem Vorgebirge anzulegen, die sehr gut berechnet war, um ihre Stellung in den ostindischen Meeren zu verstärken. Hundert Personen jedes Geschlechts wurden als der Kern einer Colonie abgeschickt. Bald langten auch unabhängige Ansiedler an, theils durch religiöse oder politische Verfolgungen, theils durch Unbehaglichkeit ihrer Umstände zur Auswanderung getrieben. Der Widerruf des Edicts von Nantes trieb manche Franzosen hierher, von denen einige den Weinbau begannen. Noch aber machte die Colonie keine großen Fortschritte. Sie war auf die Halbinsel von etwa sieben deutschen Meilen Länge beschränkt, an deren äußerster Spitze die Capstadt steht. Die holländisch-ostindische Compagnie scheint die Colonie als den großen Interessen ihres ostindischen Handels völlig untergeordnet betrachtet zu haben. Im Laufe der Zeit dehnte sich das Gebiet der Colonie außerordentlich aus. Anfangs waren die Colonisten beinahe in dem Fort in der Capstadt eingeschlossen; später verbreiteten sie sich über den Capdistrict, dessen Flächeninhalt 180 deutsche Quadratmeilen beträgt, und jetzt sind fast 10,000 Quadratmeilen, ein Gebiet, das so groß als ganz Deutschland ist, mit ihren Heerden bedeckt.

Die Zahl der Europäer oder Abkömmlinge von Europäern in Südafrika beträgt gegenwärtig nicht über 120,000, unter denen die Capholländer die zahlreichste Classe bilden. Sie sind die Abkömmlinge der ersten Ansiedler und der später aus Holland gekommenen Colonisten und werden häufig holländische Afrikaner und Boors oder Bauern genannt. Die Bevölkerung des platten Landes besteht fast ausschließlich aus dieser Classe, welche unermeßliche Ländereien und Heerden besitzt. Gewöhnlich beträgt das Besitzthum eines Bauers 6000 englische Acker und 7—8000 Stück Vieh, bestehend aus Hornvieh, Schafen und Ziegen; manche der reichern Bauern besitzen sogar über 13,000 Schafe und 2—3000 Stück Hornvieh. Nur an der Zahl der Knechte und des Viehs kann man dort einen reichen Mann erkennen, da sich der Reichthum auf andere Weise nicht zur Schau tragen läßt. Einige der reichern Bauern treiben zwar den Luxus so weit, daß sie eine Equipage halten, diese besteht aber nur in einem von Pferden gezogenen Karren; dagegen leben viele Bauern in ihren Ochsenkarren, während ihre Heerden in der Nähe weiden. Auch der Besitz von Pferden gilt als Zeichen des Wohlstandes. Im Jahre 1834 wurde die Zahl des Hornviehs in der Colonie auf 312,569, die der Schafe auf 2 Millionen (worunter 20,000 spanische und andere der Veredelung halber eingeführte) und die der Ziegen auf 1¼ Million geschätzt. Die große Zerstreuung der Bauern und die Leichtigkeit, mit der sie unter dem milden Klima von Südafrika ihre Bedürfnisse befriedigen können, erklären den geringen Handelswerth, den diese großen Heerden haben. Für zehn Thaler kann man einen Ochsen, für zwei Thaler ein Schaf bekommen.

Die Capholländer sind den Bewohnern ihres ehemaligen Mutterlandes auffallend ähnlich. Sie sind langsam und phlegmatisch, aber beharrlich, sparsam und fleißig, lauter Eigenschaften, die zur Gründung des Wohlstandes eines neuen Landes erforderlich sind. Die Capholländer haben jedoch weniger Energie als ihre europäischen Vorfahren, und das Hirtenleben scheint ihnen nicht völlig zu genügen. Die Leichtigkeit, mit welcher sie Arbeit erhalten konnten, hat ihre Betriebsamkeit untergraben; auch die durch ihre Unmäßigkeit, die zu ihren Fehlern gehört, hervorgebrachte Erschlaffung trägt viele Schuld. Sie sind außerordentlich gastfrei, aber sehr neugierig. Von Statur sind sie groß, besitzen aber keine große Muskelstärke und neigen sich im Allgemeinen zur Wohlbeleibtheit. In der ganzen Ausdehnung der Colonie sind ihre Sitten ziemlich dieselben. Ihre

Häuser sind einer Scheune ähnlich und aus Lehm gebaut; die Außenwände sind getüncht; das Innere hat keine Decke und ist bis zum Dache offen. Die Querbalken sind behängt mit Zwiebelreihen, Werkzeugen, Flinten, Jagdgeräth, getrocknetem Fleisch von verschiedenen Arten Wildpret u. s. w. Das Haus ist in drei Abtheilungen getheilt, eine Art Halle oder Saal, welcher der Familie als Wohn- und Speisezimmer dient, und zwei Gemächer an beiden Enden; von diesen hat jedes eins, jener hat zwei Fenster. Gekocht wird in einer danebenstehenden kleinen Hütte, denn das Wohnhaus hat weder Ofen noch Kamin. In einer Ecke des Saals hängt gewöhnlich vor den Augen der Familie ein geschlachtetes Schaf; eine Familie verzehrt mit ihren Knechten und Hirten häufig zwei Schafe täglich. Das producirte Getreide reicht nur eben für den Bedarf hin; ein Obstgarten liefert Pfirsichbranntwein, ein Weingarten Wein, eine kleine Getreidemühle steht häufig neben dem Hause. Die Heerden werden jede Nacht gepfercht, was gewöhnlich eine sehr belebte Scene gibt, welcher der Bauer mit Familie und Knechten beiwohnt. Bei der Geburt eines Kindes erhält es seinen Antheil an der Heerde, indem eine Anzahl Vieh gezeichnet wird; diese bildet nebst ihrem Zuwachs das Eigenthum des Kindes. Das Leben eines holländisch-afrikanischen Bauers hat mit dem im Alten Testament beschriebenen Leben der Patriarchen große Ähnlichkeit. Ein großes Stück Land ist viele Meilen in der Runde oft mit den Heerden der Kinder und Kindeskinder eines reichen Bauers bedeckt.

Fragen wir, ob die Fortschritte der Europäer in diesem Theile der Erde die vermehrte Civilisation der Ureinwohner desselben zur Folge gehabt haben, so kann die Antwort leider nicht günstig für die europäischen Ansiedler ausfallen. Wenn aber die Ureinwohner eines Landes nach einem langen Verkehre mit einem civilisirten Volke in der Barbarei bleiben, so beweist dies, daß der Verkehr nicht nach solchen humanen Grundsätzen geleitet wurde, die es den Ureinwohnern möglich machen, neue und bessere Sitten anzunehmen. Als sich die Holländer auf dem Vorgebirge ansiedelten, waren alle Theile des Gebiets der Colonie mit den Heerden der Eingeborenen bedeckt. Die Hottentotten hatten denjenigen Theil des Gebiets inne, der zwischen der Capstadt und dem Innern liegt, und trennten die Holländer von andern Stämmen. Sie machten ein von Häuptlingen regiertes Volk aus; die Gleichheit der Sitten verband verschiedene Stämme miteinander und gab ihnen so eine Art Nationalität. Die natürliche Beschaffenheit des Landes benutzend, waren sie Hirten geworden, befanden sich aber auf einer sehr niedrigen Stufe des Hirtenlebens. Wären sie ein ackerbauendes Volk gewesen, so wären sie wahrscheinlich gerüstet gewesen, jeden Zoll ihres Landes zu vertheidigen; aber ein Hirtenvolk hat ein geringes Interesse, einem Angriffe von außen Widerstand entgegenzusetzen, da es gewohnt ist, umher zu ziehen, um neue Weideplätze aufzusuchen, und es leichter finden muß, einen Bezirk, den es nur zuweilen besucht, zu räumen, als um dessen Besitz mit mächtigen Feinden zu kämpfen. Die Hottentotten (welche sich übrigens selbst Quaiquae nennen) waren zwar ein sanftes und harmloses Volk, aber nicht ohne geistige Anlagen. Die Nothwendigkeit, ihre Heerden gegen die Angriffe der wildesten Thiere zu vertheidigen, mußte ihnen sogar einige Kraft und Energie einflößen. Unter Häuptlingen lebend, die fähig waren, sie zum Widerstande aufzumuntern, vertheidigten sie sich in mehren hartnäckigen Kämpfen gegen die ersten Colonisten, welche endlich auf einen Vergleich eingingen, der einige Jahre gehalten wurde. Damals war die Zahl der Colonisten gering und Klugheit und Interesse machten sie zu friedlichen Nachbarn. Etwa ein halbes Jahrhundert lang nach der Ansiedelung der Holländer wurden die guten Eigenschaften der Hottentotten aufrichtig anerkannt. Ihre Wahrheitsliebe zeichnete sie aus; sie waren warmer Anhänglichkeit fähig, dankbar und ehrlich. Selbst viel später noch war ihre Sittlichkeit musterhaft; die Zucht der Ältern war streng und sie wachten sorgfältig über die Sitten der Jugend. Sie lebten in Kraals, die aus einer Vereinigung von Hütten bestanden, und besaßen alles Eigenthum gemeinschaftlich; wenn einer von ihnen einen Ochsen oder ein Schaf schlachtete, so schmausten Alle davon; die Weiber bewachten die Heerden, während die Männer jagten, melkten die Kühe, besorgten die Wirthschaft, die nur wenig Zeit wegnahm, webten Matten und sammelten Holz für die Abendfeuer. Sparrmann, welcher Südafrika 1775 besuchte, war einer der letzten Reisenden, welche die Hottentotten in diesem ursprünglichen Zustande sahen; Vaillant, welcher 1781 in Südafrika war, ergötzte sich noch an den Überresten desselben. Jetzt ist die Unabhängigkeit der Hottentottenstämme nur noch ein Gegenstand der Geschichte und melancholischer Betrachtung.

Die Ruhe, deren sich die Ureinwohner eine Zeit lang erfreuten, ist ohne Zweifel lediglich der Furcht der Colonisten und ihrer noch nicht gehörig erregten Selbstsucht beizumessen. Während dieser Periode bezahlten sie das Vieh, das sie für sich und die bei der Capstadt anlegenden Schiffe bedurften. Als aber die Colonie durch neue Scharen von Auswanderern verstärkt wurde, waren ihre Bedürfnisse zuweilen größer als die Mittel zu ihrer Befriedigung. Sie bedurften mehr Land, um ihnen Unterhalt zu gewähren. Als sie einmal aus dem Bereiche des Forts waren, wurde ein dauerndes System der gewaltsamen Ausbreitung unvermeidlich. Die Hottentotten wichen mit ihren Heerden und den Materialien ihrer Wohnungen zurück, um sich in entferntern Gegenden niederzulassen. Auch dahin folgte man ihnen bald, da die Gewissenlosesten unter den Colonisten es vortheilhaft fanden, ihre Pläne in einiger Entfernung vom Sitze der Regierung in Ausführung zu bringen, wo sie, um auf die leichteste Weise zu Vermögen zu kommen, die Hottentotten mit der größten Aussicht, unentdeckt zu bleiben, plündern konnten. Die Colonialregierung war nicht stark genug, um diese entfernten Verbrechen zu bestrafen, und die Scenen der Gewaltthätigkeit, welche nun folgten, wurden, wie es die Gelegenheit gab, von den erbitterten Parteien selbst gerächt. Der holländische Gouverneur gestand selbst in einer Depesche, daß er außer Stande sei, diesem Unwesen zu steuern, wenn er nicht die halbe Colonie zu Grunde richten wollte. Indeß konnte dieses System nicht lange bestehen, ohne den Charakter der Colonisten sowol, als der Eingeborenen zu verderben. Jene hatten bald die besten Weideplätze inne und Diesen mangelte es bald an Vieh, ohne welches das Land ihnen nutzlos war. Es kam dahin, daß die erniedrigten und mishandelten Hottentotten in einem Lande, das sie einst friedlich besessen hatten, als Eindringlinge betrachtet wurden. Einige wanderten in die entferntern und unzugänglichen Theile des Innern, wo sie ihr Dasein kümmerlich fristeten. Andere nahmen aus den Händen der Colonisten ihren Unterhalt an und ihre Weiber und Kinder wurden von der Güte jener abhängig. Mit der Zeit wurde diese Verbindung der Eingeborenen mit den Holländern schlimmer als

Sklaverei. Nach der Arbeit der erstern war wenig Nachfrage, und selbst in einem so wohlfeilen Lande wurde ihre Unterhaltung als lästig betrachtet. Das Leben des Hottentotten wurde Gefahren und Anstrengungen preisgegeben, denen man seine Sklaven nicht aussetzte, weil ihr Tod für den Eigenthümer ein wirklicher Verlust gewesen wäre. Seine geistigen Anlagen wurden durch Ungerechtigkeit und Tyrannei unterdrückt, und er wurde so, wie seine Unterdrücker ihn beschrieben hatten, schwach an Verstand und alles Charakters, aller bessern Eigenschaften beraubt.

Bereits im Jahre 1798 fand sich bei den Hottentotten keine Spur von einer Nationalität mehr vor. Man sollte meinen, daß wenigstens einige ihrer Dörfer in den entferntern, wenig bevölkerten Theilen der Colonie übriggeblieben wären; aber nicht ein einziges war zu finden. Der Engländer Barrow, der die Colonie 1798 besuchte, sagt darüber: „Dieses schwache Volk, das hülfloseste und in seiner jetzigen Lage vielleicht das elendeste auf der ganzen Erde, hat, seiner Besitzungen, seines Vaterlandes und seiner Freiheit beraubt, seiner unglücklichen Nachkommenschaft ein Dasein aufgebürdet, in Vergleich mit welchem die Sklaverei ein Glück ist. Indessen kann dieser Zustand nicht durch viele Generationen fortdauern, da die Zahl des Volkes in schnellem Abnehmen begriffen ist. Kaum gibt es ein Beispiel von Grausamkeit, welche gegen die Sklaven auf den westindischen Inseln verübt worden sein soll, das nicht in der Behandlung der holländischen Bauern in den entfernten Districten der Colonie gegen die Hottentotten eine Parallele fände." Obgleich aber die Hottentotten zu einem schmählichen Zustande der Knechtschaft verdammt waren, konnten sie doch nicht verkauft und gekauft werden, waren daher sogar der eigennützigen Theilnahme beraubt, die man seinem Viehe beweist. Daher war ihre Nahrung gewöhnlich schlechter und kärglicher als die, welche die Sklaven bekamen. Waren sie krank, so bekamen sie selten Arznei, und sie wurden häufiger und strenger als Sklaven bestraft. Das Übermaß der Grausamkeit und Unterdrückung trieb endlich selbst die Hottentotten zum Widerstande. Sie flohen mit Zurücklassung ihrer Familien ins Kaffernland, und es gelang ihnen, einige Kaffernhäuptlinge zur Theilnahme an einem Einfalle zu bewegen, welche die Grenzdistricte der Colonie mit Feuer und Schwert überzogen. Die Bauern fühlten die Rache Derjenigen, welche sie so lange unterdrückt hatten; aber diese Züchtigung lehrte sie nichts als neue Grausamkeit. Das Volk, das sie verächtlich behandelt hatten, wurde für den Muth, den es bewiesen hatte, bestraft. Die feige Ausübung ihrer Rache zog endlich die Aufmerksamkeit der Behörden auf sich, und 1811 that die Colonialregierung Schritte, um den Zustand der Hottentotten zu verbessern, indem sie einen obersten Gerichtshof errichtete, dessen Mitglieder von Zeit zu Zeit alle Theile der Colonie bereisen und die Beschwerden der Hottentotten untersuchen sollten. Indessen blieb die Verbesserung doch nur partiell und nur Fälle ausgezeichneter Grausamkeit kamen vor den Gerichtshof. Die Hottentotten konnten kein Land besitzen und wurden ohne Hoffnung auf Erhebung zu den niedrigsten Geschäften gebraucht. Die Colonisten waren im Allgemeinen der Verbesserung ihres Zustandes durch moralische oder religiöse Mittel abgeneigt. So herabgewürdigt waren die Hottentotten, daß die Sklavinnen es unter ihrer Würde hielten, einen Mann dieses dem Namen nach freien Volkes zu heirathen. Dies war der Zustand der hottentottischen Bevölkerung noch lange Zeit, nachdem die Engländer im Jahre 1806 zum bleibenden Besitze des Vorgebirges gelangt waren.

Zum Glück trat aber später eine erfreuliche Ver-

Koranna-Hottentotten im Begriff ihr Lager abzubrechen.

änderung in der Lage der hottentottischen Bevölkerung ein, die hauptsächlich vier Ursachen zuzuschreiben ist: 1) der Zunahme der europäischen Bevölkerung, wodurch die Dienste der Hottentotten im Werthe stiegen; 2) den Anstrengungen der Missionare, welche dahin arbeiten, ihre Empfänglichkeit für einen bessern Zustand zu beweisen; 3) den Schritten der Colonialregierung, welche die Hottentotten mit der übrigen freien Bevölkerung auf gleichen Fuß stellte; 4) der Abschaffung der Sklaverei und einer durch die öffentliche Meinung in England herbeigeführten aufgeklärtern Politik. Im Jahre 1806 wurde die Zahl der Hottentotten auf 20,426 geschätzt, war aber 1823 auf 30,549 gestiegen. Im Jahre 1828 erließ der Gouverneur der Capcolonie eine Verordnung, durch welche die Hottentotten die Rechte der Freien erhielten und mit den Colonisten völlig auf gleichen Fuß gestellt wurden. Diese Verordnung wurde freilich von der Colonie nicht gut aufgenommen. Die Colonisten meinten, die Sklaven könnten füglich freigelassen werden, wenn die Eigenthumsrechte nicht dadurch beeinträchtigt werden würden; es wäre aber ungereimt, von den Hottentotten die Kraft und den Verstand zu erwarten, die für den Zustand der Freiheit erfoderlich wären. Während der Sklave fleißig und sparsam wäre, verwendeten die Hottentotten ihren ganzen Verdienst auf Branntwein oder unnützen Putz. Freilich sprachen sie dadurch nur ihrer eignen frühern Vernachlässigung der Hottentotten das Verdammungsurtheil. Die Colonisten erklärten den Ruin der Colonie für unausbleiblich, wenn den Hottentotten das Recht gegeben würde, über ihre Arbeit frei zu disponiren, und allerdings fehlte es nicht an Gründen zu Besorgniß über die Folgen des schnellen Wechsels. Die Knechtschaft der Hottentotten war hart und unbarmherzig gewesen; jetzt befreiten sich Viele vor der festgesetzten Zeit und verließen ihren Dienst vor Ablauf ihrer Contracte. Andere wurden Vagabunden; die Districtstädte, wo wohlfeiler Branntwein zu haben war, zogen Viele an; Andere verschafften sich durch Raub ihren Unterhalt. Die große Mehrzahl der Hottentotten blieb jedoch bei ihren alten Herren, durch das Gesetz gegen die schmachvolle Behandlung geschützt, welche sie bisher erduldet hatten. Sie konnten nicht mehr nach Willkür, sondern nur für Vergehen, die das Gesetz bezeichnete, nach einem Verhör vor einer obrigkeitlichen Person bestraft werden. Für ihre Arbeit mußte ein angemessener Lohn gezahlt werden, widrigenfalls sie sich weigern konnten zu arbeiten, und die Zunahme der europäischen Bevölkerung bewirkte Nachfrage nach ihrer Arbeit. Auch das oft so schändlich verletzte Recht der Hottentotten auf ihre Kinder wurde wieder anerkannt.

Daß die Hottentotten der Civilisation fähig waren, zeigte sich deutlich in allen Fällen, wo man sie ernstlich auf die Probe stellte. 1829 wurde in einem unbebauten Landstrich eine Colonie freier Hottentotten zum Schutz der östlichen Grenze gegen die Kaffern angelegt und kam bald empor, sodaß die Zahl der Ansiedler sehr schnell auf 4000 wuchs. Im Jahre 1831 befand sie sich im besten Gedeihen und die sittliche Verbesserung der Hottentotten war sehr erfreulich. Für die Anlegung von Schulen zeigten sie vielen Eifer; sie bezahlten ihre Abgaben pünktlich und hatten nicht weniger als 55 Bewässerungskanäle gegraben, in einer Länge von ungefähr ebenso vielen englischen Meilen; ihr District war der sicherste Theil der Grenze. Gewiß ein erfreuliches Beispiel von der Erhebung eines Volkes, das man so lange für unfähig zu jeder noch so verständig versuchten Verbesserung gehalten hatte.

Unter der verständigen Leitung einiger aufrichtigen Freunde ihrer Civilisation sind die Hottentotten nicht nur geschickte Landbauer, sondern auch gute Handwerker geworden. Namentlich finden sich unter ihnen ausgezeichnete Grobschmiede und Maurer. Sie arbeiten jetzt mit Freuden sechs bis acht Stunden des Tages, während ihnen sonst eine Stunde zu viel war. Allmälig haben sie ihren Schaffellkleidern entsagt und kleiden sich in britische Manufacturwaaren. Die Hauptbeschäftigung derjenigen Caphottentotten, welche nicht in der Niederlassung am Katflusse oder in andern wohnen, ist Viehzucht, für welche sie sich besonders eignen; auch als Kutscher sind sie brauchbar und in dieser Eigenschaft sehr gesucht.

Unter den verschiedenen Stämmen der Hottentotten befinden sich die in unserer Abbildung dargestellten Korannas, welche häufig genöthigt sind, ihre Wohnungen zu verlegen und neue Weideplätze für ihre Heerden zu suchen; sie stehen zwischen den Kaffern und den ehemaligen Caphottentotten in der Mitte.

Die Buschmänner sind ebenfalls Überreste von Hottentottenstämmen und bestehen aus herumziehenden Horden, die ehemals Hirten waren, aber wieder Jäger geworden sind, weil die Colonisten sie ihrer Heerden beraubt und in entfernte Districte getrieben haben. Jetzt haben sie gar kein Vieh mehr, leben in beständiger Unruhe in unzugänglichen Felsen und ändern ihren Aufenthaltsort häufig, damit ihre Schlupfwinkel nicht entdeckt werden. Ein in die Erde gegrabenes, mit einer über ein Paar Stöcke gezogenen Matte bedecktes Loch bildet oft ihre Wohnung. Die einzelnen Buschmännerhorden haben keinen Zusammenhang miteinander; selbst die Unterdrückung hat sie nicht vereinigt, sondern langjährige grausame Behandlung, da die Capholländer sie ehemals mit der größten Kaltblütigkeit hinmordeten, hat sie gegen die ganze Menschheit erbittert. Wiewol man ihnen unüberwindliche Abneigung gegen Civilisation zuschreibt, fehlt es ihnen keineswegs an Verstand; sie sind kühne und geschickte Jäger, für Belehrung nicht unempfänglich, dankbar und gewissenhaft in der Ausführung eines ertheilten Auftrags. Die Missionen unter den Buschmännern sind nicht ohne Erfolg gewesen. Einige dieser Wilden hatten angefangen, den Spaten und die Sichel zu handhaben, indianisches Korn, Kürbisse, Wassermelonen, Bohnen u. s. w. zu produciren, als neue Bedrückung sie nach einigen Jahren wieder in die Wildniß trieb.

Die Griquas sind ein Mulattengeschlecht, dessen Vorfahren von europäischen Vätern und hottentottischen Müttern abstammten. Als eine niedriger stehende Classe behandelt und an der Erwerbung von Eigenthum gehindert haben sie sich allmälig unter den Stämmen jenseit des großen Fischflusses niedergelassen. Vor 40 Jahren lebten sie nur von Jagd und Raub, aber die Missionare haben mit vielem Erfolg an der Verbesserung ihres Zustandes gearbeitet, und jetzt treiben sie Ackerbau und Viehzucht.

Die Bechuanas sind ein schönes Geschlecht und haben in ihrem Äußern eine Würde, die erkennen läßt, daß sie niemals unterjocht gewesen sind. Sie tragen den Kopf kahl geschoren und lassen nur auf dem Scheitel einen Haarbüschel; Manche tragen Strauß- oder Kranichfedern auf dem Kopfe. In ihrer Körperbildung kommen sie den Europäern näher als irgend ein anderer südafrikanischer Stamm. Die Häuptlinge und ihre Familien haben ein weit edleres Ansehen als die übrigen. Zu den härtesten Arbeiten brauchen sie ihre Weiber und die Männer lassen sich nicht herab, ihnen den mindesten Beistand zu leisten. Im Jahre 1824 erschienen sie zuerst in der Colonie; nach ihrer eignen Angabe liegt ihr Land eine Monatsreise weit von der Colonie entfernt. Die Namaquas bestanden einst aus zahlreichen Horden, jetzt nur noch aus vier, welche den District an der Westküste in der Nähe des Orangeflusses bewohnen. Ihre großen Horden sind verschwunden und sie versinken schnell in die Knechtschaft der holländischen Grenzbauern.

Nächst den Hottentotten sind die Kaffern die wichtigste Classe der Eingeborenen von Südafrika. Die Europäer am Cap begreifen unter diesem Namen drei an der Grenze wohnende Stämme, die Amakosas, Amatembus und Amapondas, welche ihren Ursprung von einem gemeinschaftlichen Stammvater herleiten. Sie besitzen weit mehr Kraft, als die Hottentotten je gehabt haben, und verbinden mit der Viehzucht den Anbau von Mais, Hirse, Wassermelonen und einigen andern Feldfrüchten. Sie leben in Kraals von 10—20,000 Familien; jeder Kraal hat einen Häuptling, aber mehre zusammen stehen unter einem höhern Häuptlinge. Das Dasein eines höchsten Wesens erkennen sie an, ohne es zu verehren; Götzenbilder besitzen sie nicht. Abergläubisch sind sie in hohem Grade und die Amakiras, d. h. Propheten, Zauberer und Regenmacher, üben einen sehr verderblichen Einfluß aus, sogar Gewalt über Leben und Tod; das Eigenthum ihrer Opfer theilen sie mit den Häuptlingen. Gleich den Juden essen sie kein Schweinefleisch, auch mit Ausnahme des Schellfisches keine Fische. Die Hütten der Kaffern gleichen Bienenkörben, sie haben 18—20 Fuß im Durchmesser und sind 6—7 Fuß hoch. Sie bestehen aus Pfählen, die durch Zweige verbunden sind, welche mit Stroh und Lehm bedeckt werden. Der Rauch des Feuers zieht durch die Thüröffnung ab; die Thüre ist aus Ruthen geflochten. Die ganze Ausstattung dieser einfachen Wohnungen besteht in einigen Matten, rothen thönernen Töpfen, einem Binsenkorb, der so dicht ist, daß er Flüssigkeiten zurückhält, und einer oder zwei hölzernen Schüsseln. Ein Mantel von Schaffellen bildet die Kleidung beider Geschlechter; nur die Häuptlinge tragen als Auszeichnung ein Leopardenfell. Die Körperbildung der Kaffern ist angenehm; sie sind ein großes, athletisches, schönes Geschlecht, mit Zügen, die sich oft der europäischen oder asiatischen Race nähern, und mit Ausnahme ihres wolligen Haares haben sie nur wenige Merkmale der Negerrace. Ihre Farbe ist dunkelbraun; ihr Benehmen ist offen, heiter und männlich. Die Frauen sehen wegen der Arbeiten, die sie verrichten, nicht so gut aus, denn die Männer überlassen ihnen den Feldbau und die Erbauung ihrer Hütten. Die Polygamie ist häufig, aber nur bei wohlhabenden Männern, da die Frauen durch Vieh erworben werden müssen. Die Sprache der Kaffern ist weich, reichhaltig, viel angenehmer als die der Hottentotten; Gastfreundschaft ist eine Haupttugend der Kaffern. Lange Zeit nach der Gründung der Colonie auf dem Cap kamen die Colonisten mit den Kaffern wenig in Berührung; denn so lange die Hottentotten noch Vieh besaßen, hatten die Colonisten nicht nöthig, ihre Einfälle in das Innere des Kaffernlandes auszudehnen, wo sie ein kriegerischeres und energischeres Volk antrafen. Nach und nach kam es dahin, daß die Plünderung der Kaffernstämme unter obrigkeitlicher Sanction betrieben wurde. Unter dem Vorwande, geraubtes und in den Kraals der Eingeborenen verborgenes Vieh wiederzuerlangen, wurden militairische Expeditionen, sogenannte Commandos, gegen die Kaffern unternommen. Der lange Widerstand, den sie diesen Commandos entgegensetzten, beweist die Kraft und Energie dieses Volkes. Der Grenzkrieg mit den Kaffern dauert noch gegenwärtig fort und mit schreiender Ungerechtigkeit werden sie aus ihren Besitzungen vertrieben, wiewol die englische Regierung sich ihrer endlich annehmen zu wollen scheint.

Geburtsort des Columbus.*)

Man wußte bisher den Geburtsort dieses berühmten Seefahrers nicht genau. Seine Lebensbeschreiber stimmen zwar darin überein, daß er im Gebiete von Genua geboren ist, weichen aber in der nähern Bezeichnung des Geburtsorts ab. Nach Einigen ist er in Cogoreo oder Nervi geboren, nach Andern in Savona oder Cenes, noch Andere geben Cagureto oder Cuccaro in Montferrat an. Jetzt sind alle Zweifel über diesen Punkt gehoben. Isnardi, ein piemontesischer Alterthumsforscher, hat kürzlich in dem Archiv zu Genua den authentischen Beweis gefunden, daß Christoph Colombo in Colognetto in der Republik Genua geboren ist. Er hat nämlich ein Schreiben der Regierung vom 7. November 1586 an den genuesischen Gesandten in Madrid, Doria, aufgefunden, in welchem folgende Stelle vorkommt: „Christoph Colombo aus Colognetto, ein ausgezeichneter Mann, wie ihr in Spanien erfahren haben müßt, hat in seinem Testamente verordnet, daß in Genua ein Haus gebaut werden soll, das seinen Namen trägt, und eine Rente zur Erhaltung dieses Gebäudes bestimmt."

Der runde Thurm in Cloyne.

Cloyne ist eine kleine Stadt in der Grafschaft Cork im südlichen Irland, unweit des Hafens von Cork. Sie ist unansehnlich und hat eigentlich nur eine Straße, deren Häuser größtentheils einzeln stehen, aber ihres Alters wegen ist sie gleich dem Bisthume, dessen Sitz sie ist, merkwürdig, da ihre Domkirche schon im 6. Jahrhunderte vom heiligen Colman, welcher im Jahre 604 starb, gegründet wurde. Die Stadt steht auf einem kleinen Kalksteinhügel, der sich allmälig in der Mitte des Thales erhebt, durch welches einst eine Verbindung des Hafens von Cork mit dem Meere stattgefunden zu haben scheint; dieser Hügel mag ehemals von Wasser, später, als das Wasser allmälig gefallen war, von einem tiefen Sumpfe umgeben gewesen sein; jetzt wird er von üppigen und gutgehaltenen Wiesen umgeben. Zur Sicherheit der vom heiligen Colman gegründeten Kirche mag die im höchsten Theile des Hügels befindliche Höhle, die sich in verschiedenen Abtheilungen weithin erstreckt, nicht wenig beigetragen haben. In jenen rohen Zeiten flüchteten sich die Eingeborenen bei dem ersten Erscheinen eines Feindes in Höhlen dieser Art, und da die eingefallenen Feinde sich selten lange aufhalten konnten, so befanden sich Weiber und Kinder der Bauern und vielleicht selbst ihr Vieh ziemlich in Sicherheit, bis die Männer zur Vertheidigung des Landes versammeln konnten. Ja es ist gewiß, daß dergleichen Zufluchtsörter für so nöthig gehalten wurden, daß man zuweilen künstliche Höhlen zu diesem Zwecke anlegte, wie wir solche auf einigen der hebridischen Inseln finden; wenn aber die Natur selbst

---

*) Nachrichten über ihn s. Pfennig-Magazin Nr. 25, 27, 45.

eine so tiefe und geräumige Höhle hervorgebracht hatte, wie die Höhle von Cloyne, so war es ganz natürlich, daß die Menschen in der Nachbarschaft derselben ihre Heerden weideten und ihre Hütten bauten, wie sie in späterer Zeit unter dem Schutze eines normännischen Schlosses ihre Wohnungen anlegten. Diese Vermuthung wird durch den alten Namen der Stadt bestätigt, die ursprünglich Cluaine hieß, was in der irischen Sprache eine Höhle bedeutet.

Die Hauptmerkwürdigkeit in Cloyne ist der runde Thurm, eines von jenen merkwürdigen Denkmälern des Alterthums, über deren Ursprung und Zweck die Alterthumsforscher so verschiedener Meinung sind, welche aber unstreitig die einzigen als Kunstwerke Erwähnung verdienenden Gebäude unbekannter Entstehung in Irland und daher der einzige Beweis von der Geschicklichkeit und den Kenntnissen der frühesten Bewohner dieses Landes sind. Was die Zeit ihrer Erbauung betrifft, so sind sie nach dem Glauben der Landleute so alt als die Hügel. Über ihre Bestimmung haben die Alterthumsforscher die verschiedensten Vermuthungen aufgestellt; nach ihnen dienten sie als Wohnungen von Einsiedlern, als Behältnisse eines heiligen Feuers, welches die Ureinwohner von Irland verehrt haben sollen, als Bußörter, als Wachtthürme, welche die Dänen errichtet haben, oder endlich als Glockenthürme. Der runde Thurm steht der Kirche gegenüber. In der Mitte des vorigen Jahrhunderts wurde er vom Blitze bedeutend beschädigt; seine Höhe beträgt 92 Fuß, die Dicke der Mauer 43 Zoll.

Im Jahre 1805 wurde in einer Höhle in der Nähe von Cloyne ein merkwürdiger Fund gemacht. Ein Steinbrucharbeiter ließ nämlich sein Brecheisen zufällig durch einen Spalt im Kalksteinfelsen fallen; er erweiterte die Öffnung und stieg, um sein Werkzeug zu suchen, in eine Höhle hinab, in der er mit Erstaunen ein Menschengerippe erblickte, zum Theil mit sehr dünnen Platten von getriebenem Golde, die durch Wachs verbunden waren, bedeckt, und daneben eine Menge Ambrakügelchen. Die Knochen des Gerippes wurden von den abergläubischen Bauern, welche sie für die Gebeine des heiligen Colman erklärten, begierig weggeholt, um als Zaubermittel zu dienen. Nach einer Überlieferung, die sich in der Gegend erhalten hat, soll vor uralten Zeiten in der Nähe dieser Stelle eine Schlacht geliefert worden sein, in welcher vier Könige fielen.

Der runde Thurm in Cloyne.

Verantwortlicher Herausgeber: Friedrich Brockhaus. — Druck und Verlag von F. A. Brockhaus in Leipzig.

Das Pfennig-Magazin
für Verbreitung gemeinnütziger Kenntnisse.

290.] Erscheint jeden Sonnabend. [October 20, 1838.

Die Gemmi und das leuker Bad.

Einer der wichtigsten Pässe in jenem großen Gebirgszuge der Alpen, welcher vom Montblanc nach Nordosten ausläuft und von der Hauptgebirgskette durch das Rhonethal getrennt ist, bis er sich mit ihr in der Nähe des St.-Gotthards wieder vereinigt, ist der Paß über die Gemmi. Der Name dieses Berges kommt her von dem lateinischen Worte gemini, d. h. die Zwillinge, eine Benennung, die auf die Gestalt des Gipfels gut paßt, der aus zwei völlig ähnlichen Spitzen besteht. Die Ansicht von da nach Süden erstreckt sich über das Rhonethal bis nach Piemont, und ihr hervorstechendster Zug ist der Monte Rosa, nach dem Montblanc der höchste Berg in Europa (14,222 pariser Fuß über dem Meere). Gegen Westen erheben sich die Gipfel des Strübel und Razli, von denen sich zwei ungeheure Gletscher herabsenken, die ihre Gießbäche in den Daubensee auf dem Gipfel der Gemmi ergießen. Dieser See ist ungefähr eine halbe Stunde lang und halb so breit und acht Monate im Jahre gefroren; er ist besonders deshalb merkwürdig, weil er keinen sichtbaren Abfluß hat, obwol er von mehren durch das jährliche Schmelzen von Schnee und Eis gebildeten bedeutenden Bergströmen gespeist wird. Wahrscheinlich gibt es einen unterirdischen Kanal, der das Wasser in die Dala führt, welche selbst in die Rhone fällt. Dieser See liegt etwa 7400 Fuß über der Meeresfläche.

Der Gemmiberg ist hauptsächlich wegen der merkwürdigen Straße oder des Passes bekannt, der über ihn von Kandersteg im Canton Bern zu den Bädern von Leuk im Oberwallis führt und dessen höchste Stelle 6985 pariser Fuß über dem Meere liegt. Wie in den Alpen durchgängig, ist die südliche Seite des Berges die steilste und unzugänglichste; in dieser Richtung bildet derselbe einen fast senkrechten Abhang von fast 3000 Fuß Höhe. Ein für Fußgänger und Maulesel gangbarer Weg wurde 1741 von Arbeitern aus Tirol angelegt; er ist durchgängig in das Gestein gehauen und führt in einem beständigen Zickzack vom Gipfel bis zum Fuße. Von der leuker Seite kann der Reisende, der sich zur Besteigung des Berges anschickt, keine Spur des Wegs entdecken und sieht nur allein im Anschein nach völlig unzugängliche senkrechte Felsenwand. Obgleich dieser Weg nur für Maulthiere zu passiren ist, so ist er ohne Zweifel mehr zu bewundern, als die meisten Pässe, die man mit Wagen passiren kann; wiewol er in den bloßen Felsen gehauen ist, so hat man doch nicht die mindeste Gefahr zu fürchten, denn eine rohe, aber vollkommen zweckmäßige, fast bis zur Brusthöhe reichende Brustwehr aus großen Steinen schützt gegen jeden Unfall. Von dem leuker Bade bis zum Gipfel des Passes hat man einen Weg von etwa 2 Stunden und von da bis zum Dorfe Kandersteg noch etwa 3½ Stunden.

Die Bäder von Leuk, in der bedeutenden Höhe von 4500 Fuß über dem Meere, sind in der Schweiz sehr berühmt, besonders wegen ihrer Wirksamkeit in Hautkrankheiten; auch soll das Wasser innerlich genommen sehr heilsam sein, um Störungen des Magens zu beseitigen. An unzähligen Stellen des Thales entspringen hier aus dem Erdboden dampfende Quellen, deren Temperatur etwa 41 Grad Réaumur beträgt. Etwa 12 darunter sind reinlich eingefaßt; die bedeutendste davon ist dem heiligen Laurentius geweiht, dessen Bild unmittelbar über der Quelle hängt, von welcher das Wasser in zwei Kanälen abfließt; der eine dient, um die Bäder zu versehen, der andere zum Gebrauch der Landleute, die man am Ufer knieen und Leinenzeug waschen sieht. Das Wasser ist hell und hat keinen sehr merklichen Geschmack, nur einen sehr schwachen Schwefelgeruch, den jedoch Goethe leugnet, setzt auch, wo es quillt und durchfließt, gar nichts Mineralisches an, wiewol es nach neuern Untersuchungen nicht weniger als 26 verschiedene Salze enthält. Ungeachtet die Bäder so besucht sind, fehlt es hier doch sehr an den Bequemlichkeiten deutscher Bäder. In einer Höhe von 4500 Fuß über dem Meere in einem fast unzugänglichen Thale, das nicht einmal Getreide erzeugen kann und den Lawinen sehr ausgesetzt ist, war es nicht gut thunlich, die Ansprüche des Luxus zu befriedigen. Zschokke sagt hierüber: „Wie übel immerhin auch für die Gäste, deren Bequemlichkeit oder Vergnügen gesorgt sein mag; wie beschwerlich für Kranke und Leidende der Weg bis dahin und wie mangelhaft die Badeeinrichtung selbst sein mag, wo man im weiten Raume des Gebäudes buntgemischt Personen beiderlei Geschlechts und jedes Standes, Kapuziner und Kriegsleute, Bauern, Banquiers, ehrbare Matronen und empfindsame Damen traulich beisammen im Wasser erblickt; dennoch führt jeder Sommer ein Menge Gäste herbei, die hier Genesung suchen. Das Kleinod der Gesundheit ist so edel, das Leben so süß!"

Der folgende Auszug aus dem Reisejournal eines fußreisenden Engländers enthält Nachrichten über die Gemmi, die Bäder von Leuk und den Leiterweg zum Dorfe Albinen: „An einem schönen Septembermorgen kam ich in Kandersteg an und begann den Gemmipaß zu ersteigen, der anfangs sehr steil war; aber endlich kam ich aus einer engen Schlucht in ein offenes Thal, etwa 6300 Fuß über dem Meere, wo schon einiger Schnee lag, der natürlich immer tiefer wurde, je mehr der Weg bergan stieg. Nachdem ich an einigen Hütten vorbeigekommen, erblickte ich zur Linken das sich am Fuße des Berges Altels ausbreitende Thal Gastern und kam weiterhin über eine Stelle, wo die Wirkungen einer Lawine vom Jahre 1782 noch deutlich sichtbar waren. Dann schritt ich unter dem Schutt eines Berges hin, der wahrscheinlich vor ein paar Jahrhunderten eingestürzt ist, eine andere Art der Verwüstungen, denen diese Alpengegenden ausgesetzt sind. Bald erreichte ich den Schwarrenbach, so heißt eine einsame Wohnung, die nur im Sommer in Gebrauch ist, wo ich für die Benutzung der Straße einen kleinen Zoll erlegen mußte. Damals begriff ich indeß noch nicht recht, wofür dieser Zoll verlangt wurde; denn da ich keinen Führer hatte und der erst kürzlich gefallene Schnee mir bis an die Knie reichte, so war der Weg ganz unsichtbar und ich suchte ihn nur mit Hülfe der Karte auf. Nachdem ich diese traurige Stelle verlassen, kam ich an den Daubensee; als ich an diesem vorüber war, befand ich mich offenbar auf dem Kamme der Gemmi und fing daher an, mich nach einer Stelle zum Herabsteigen umzusehen, die ich nicht ohne Schwierigkeit fand. Jetzt erst wurde mir klar, warum mir ein Straßenzoll abgefodert worden war, da der ganze Bergpfad mühsam in den Felsen gehauen worden ist, wie man überall deutlich sieht. Niemand kann daran denken, irgendwo anders herabzusteigen, denn die Südseite des Berges ist ganz senkrecht, und gerade unter mir erblickte ich in einer Tiefe von 3000 Fuß das Bad Leuk, während das Auge in dem Thale, worin es liegt, den Lauf der Dala verfolgte, die ungestüm in das Rhonethal eilt, an deren anderer Seite der ewige Schnee des Monte Rosa die Aussicht schloß. Einmal begonnen, ging das Herabsteigen sehr schnell. Ich fand es leichter, den Abhang herunter zu laufen als zu gehen, und mein Alpenstock machte die Wendung an jeder Spitze des Zickzacks sicher und leicht. Nie sah ich so ungeheure Eiszapfen als hier; sie hängen an jeder Vorragung; viele, an denen ich vorüber kam, waren viel länger als ich selbst, und manche, die ich in der Entfernung sah, mußten wenigstens 20 Fuß lang sein. Auf einem vorragenden Felsen bemerkte ich eine Fichte, die fast horizontal wuchs und über den Abgrund hing. Ein Walliser soll einmal diesen Baum erklettert und den äußersten Zweig desselben zurückgebracht haben; bei diesem tollkühnen Versuche hat er in einer Höhe von wenigstens 2000 Fuß über dem unten liegenden Thale gehangen. Als ich fast auf dem Grunde des Abgrunds angekommen war, sah ich an einer Seite einer steilen Schlucht, die in den Felsen hineingeht, eine Art Schilderhaus, das in den Felsen gehauen und anscheinend unzugänglich ist. Dies ist der Aufenthalt eines Wächters, der dort angestellt ist, um den Schleichhandel zwischen den Cantonen Bern und Wallis zu verhüten und die Schafdiebe zu bewachen, welche durch eine enge unwegsame Schlucht auf einer Seite des gebahnten Wegs über den Berg zu kommen versuchen; die Herunterkommenden sehen den Wächter nicht eher, als bis es zur Flucht zu spät ist. Als ich den Fuß des Passes erreicht hatte und zurücksah, konnte ich nicht die mindeste

Spur von dem Wege, auf dem ich herabgestiegen war, entdecken, und nicht begreifen, wie ich heruntergekommen war. Natürlich ermangelte ich nicht, in den berühmten Bädern von Leuk ein Bad zu nehmen. Nachdem ich eine Art von unscheinbarem Schlafrock angelegt, wurde ich in ein viereckiges Gebäude geführt, das vier Bäder enthielt, in deren jedem sich mehre Personen beiderlei Geschlechts befanden. Ich hatte gelesen, daß man dort mit Hülfe schwimmender Tische zu lesen pflegte und die Damen sich mit weiblichen Arbeiten beschäftigten, fand aber nichts davon. Nur schwammen einige kleine Korktische auf dem Wasser und eine junge Dame, die sich mit mir in einem Bade befand, belustigte sich einzig damit, sie unter das Wasser zu drücken, um das Vergnügen zu haben, sie wieder emporkommen zu sehen."

„Als ich am nächsten Morgen meine Wanderungen fortsetzte, folgte ich etwa eine halbe Stunde lang dem Laufe der Dala und wandte mich dann zur Linken, um zu dem Leiterwege zu gelangen, der nach dem Dorfe Albinen führt. Er besteht aus acht Leitern, die von einem Felsen zum andern reichen. Da die Communication zwischen Albinen und den nördlich davon liegenden Thälern nur mittels dieses seltsamen Weges stattfindet, so wird er von den Landesbewohnern, die mit schweren Lasten hinauf= und hinabsteigen, stark benutzt, und obgleich oft alte und gebrechliche, selbst blinde Personen diese Leitern passiren, so hört man nichts von vorgekommenen Unglücksfällen. Ein einstündiger Marsch über üppige, mit prächtigen Fichten und Lärchenbäumen bedeckte Triften brachte mich nach Albinen, von wo ich auf einem Fußpfade nach dem Dorfe Leuk und dem Rhonethale gelangte."

Das Dorf Leuk selbst ist auf geradem Wege beinahe drei Stunden von dem Bade entfernt. Es liegt am Fuße des Gebirges vor der Ausmündung einer Bergschlucht und ist mit seinen zwei halb oder ganz öden Schlössern, mit seinen baufälligen Hütten und unreinlichen Straßen nichts weniger als lieblich zu nennen; Goethe nennt es sogar garstig. Vielleicht ist es aber eben darum desto pittoresker, wozu auch die nächste Umgebung mitwirken kann, denn auch hier steigen ein paar jener gewaltigen, gegen 200 Fuß hohen Schuttkegel, zwischen denen die Rhone hinrauscht, aus der Thalebene auf, wahrscheinlich aus Felsentrümmern gebaut, die einst vom Hochgebirge niedergestürzt sind.

Die Bastfabrikate.

Bast nennt man bekanntlich den faserigen Bestandtheil holziger Gewächse, der unter der Rinde und über dem Splint liegt und als Fortsetzung der Rinde angesehen werden kann. Nach dem Baste des Flachses oder Leins und des Hanfes, von welchem in Nr. 279 die Rede gewesen ist, wird der Lindenbast am meisten gebraucht und in Rußland, Frankreich, Italien und andern Ländern zu wohlfeilen und nützlichen Gegenständen verwandt. Dieser Bast kommt an der gemeinen oder europäischen Linde in sehr großer, an den andern Arten in geringerer Menge vor und kann ohne weitere Vorbereitung von der Rinde abgezogen werden, wird aber geschmeidiger und läßt sich leichter in bandförmige Streifen theilen, wenn man ihn, wie den Flachs und Hanf, einer Art Röstung unterwirft, indem man die durch Keile von den Stämmen getrennte Rinde nebst dem Baste mit Steinen beschwert 6—8 Wochen im Wasser liegen läßt.

Am meisten bemerkenswerth sind folgende Lindenbastfabrikate: 1) Bastwische oder Bastkränze zur Reinigung des Küchengeschirrs, mehrfach zusammengewundener und in Wülste oder Kränze verwandelter Bast. 2) Bastmatten, geflochtene oder auf einem sehr einfachen Stuhle gewebte Baststreifen, ein für Rußland nicht unwichtiger Handelsartikel. Sie dienen meist zum Verpacken von Waaren; wenn man sie auftrennt, so geben sie den Bast, den die Gärtner seiner Festigkeit und Wohlfeilheit wegen zum Binden brauchen. 3) Baststricke werden in der Lombardei (oft bis 90 Fuß lang), in Ungarn und in großer Menge in Rußland verfertigt. Sie sind wohlfeil und sollen den Vortheil gewähren, die auf ihnen aufgehangene nasse Wäsche nicht so leicht fleckig zu machen, als die hanfenen Stricke, halten aber weniger aus als diese. Auch verfertigt man in Rußland Schuhe und Hüte aus Lindenbast.

Die sogenannten Basthüte, deren Fabrikation im südlichen Europa, namentlich in Italien, einheimisch ist, sind wol nur durch Misverständniß so genannt worden, denn sie bestehen nicht aus Bast, sondern aus Holz, nämlich aus Bändchen, die aus dünnen schmalen Holzstreifchen zusammengeflochten sind. Das hierzu verwendete sehr weiße Holz ist das der gemeinen oder weißen Weide, welche nur in südlichen Gegenden die hierzu nöthige Vollkommenheit erreichen soll. Man nimmt dazu die jungen Zweige, schichtet sie in Gruben mit Lehmerde, läßt sie mehre Monate darin liegen und verwandelt sie mit einem besonders dazu eingerichteten Messer in Streifen. Von diesen werden sieben oder neun durch Flechten aus freier Hand, ganz so wie bei Strohhüten, in sehr lange schmale Bänder vereinigt und aus diesen Hüte gebildet, wozu es verschiedene Methoden gibt; aber nur sehr selten werden sie nach Art der florentiner Hüte genäht, weil dieses Verfahren zu kostspielig ist. Am häufigsten werden die sogenannten Bastplatten in den Handel gebracht, welche kreisrund und ganz flach sind, und aus einem einzigen sehr langen Holzbändchen bestehen, das spiralförmig gekrümmt und an einander berührenden Kanten auf eine eigenthümliche Art, durch sogenanntes Zusammenketteln, in eine Fläche verwandelt ist. Die Basthüte sind zwar sehr wohlfeil, aber von sehr geringer Dauer. Die weißen Hüte mit der natürlichen Holzfarbe sind die schönsten, sie verändern sich aber sehr bald, indem sie durch Luft und Licht erst gelb, dann röthlich, endlich braun werden.

Ähnlich sind die durch Weben aus Holzstreifen gebildeten Platten, die unter verschiedenen Namen vorkommen, z. B. Siebplatten, welche namentlich in Böhmen und Sachsen verfertigt werden. Bei diesen liegen die Streifen nicht unmittelbar aneinander, sondern lassen Zwischenräume, weshalb solche Platten zuweilen wirklich zu Siebböden benutzt werden. Andere Platten, die den Namen Sparterie führen, sind feiner, sehr dicht, geköpert und selbst mit Mustern gewebt und werden vorzüglich in der Schweiz und Frankreich in großer Vollkommenheit verfertigt. Die Streifen zu diesen Geweben werden nicht aus Zweigen, sondern aus Brettern und zwar durch Hobeln verfertigt. Zu den feinern braucht man Weidenholz, zu den gröbern auch Pappelholz. Das Weben geschieht durch einen einfachen Webestuhl, der dem des Leinewebers ähnlich ist, aber freilich wird die Arbeit durch die Sprödigkeit des Holzes erschwert, vermöge welcher die Streifen der Kette leicht reißen. Man macht von diesen Holzgeweben verschiedenen Gebrauch. Die Siebplatten dienen gewöhnlich nur zu Unterfutter für Hüte aus Seidenzeuchen; zuweilen macht man aus ihnen ordinaire Frauen- und selbst Männerhüte. Die Sparterie oder die feinen gemusterten Holzgewebe braucht man auch zu Unterfutter für Hüte, aber ihres höhern Preises und schönern Ansehens wegen häufiger zu Hüten selbst.

Correggio.

Antonio Allegri, der sich nach seiner Geburtsstadt im Gebiete von Modena Correggio nannte, wurde 1493 oder 1494 geboren. Er war von seinen Ältern für den gelehrten Stand bestimmt, aber sein Beruf für die Kunst war zu entschieden und ließ ihm keinen Zweifel über den Weg, den er einzuschlagen hätte. Sein Oheim, Lorenzo Allegri, war wahrscheinlich sein Lehrer. Bekannt ist die Anekdote, daß Correggio einst beim Anblick eines Gemäldes von Rafael im stolzen Selbstbewußtsein ausgerufen habe: „Anch' io son pittore!" („Auch ich bin ein Maler!") Indessen ist die Wahrheit dieser Erzählung sehr zweifelhaft, weil es nicht erwiesen ist, daß Correggio jemals in Rom gewesen sei und in Parma und Modena, wo er sich eine Zeit lang aufhielt, als er seine Vaterstadt 1511 der Pest wegen verlassen mußte, damals keine Gemälde von Rafael zu finden waren. Ungeachtet vieler Privatgeschäfte, die seine Zeit in Anspruch nahmen, arbeitete er sehr fleißig, namentlich an der Ausschmückung der Hauptkapelle und der kleinen Kuppel der Kirche des heiligen Johannes zu Parma mit Frescomalereien. Mehr Muße wurde ihm, als seine häuslichen Angelegenheiten 1527 eine erfreulichere Wendung nahmen, indem er einen Erbschaftsproceß gewann und dadurch zum Besitze einiger Ländereien in dem Gebiete von Correggio gelangte. Der Krieg versetzte ihn bald in neue Bedrängniß, die ihn nöthigte, einem schon seit Jahren abgeschlossenen Contracte nachzukommen und das unter den Namen der Nacht bekannte, in der dresdener Galerie befindliche Gemälde zu beginnen, welches die Geburt des Heilandes vorstellt und sein Hauptwerk wurde. Bald nach Vollendung desselben störte der Tod seiner Gattin im Jahre 1529 sein Glück und seine Ruhe auf immer, und um sich zu zerstreuen, ging er 1530 nach Mantua. Sein letztes, 1533 gemaltes Meisterwerk ist die büßende Magdalena, ebenfalls in der dresdener Galerie. Er starb im Wohlstande am 5. März 1534, nur 40 Jahre alt; die (von Öhlenschläger zu seinem bekannten Trauerspiele „Correggio" benutzten) Erzählungen von seiner großen Dürftigkeit, welche die Ursache zu seinem Tode geworden sein soll, indem er als Lohn für seine Arbeiten in einer Kirche zu Parma einen Sack mit Kupfermünzen erhalten, diesen selbst nach seiner Wohnung geschleppt und sich durch die übermäßige Anstrengung den Tod zugezogen habe, sind völlig grundlos.

Von Correggio's Leben und Charakter weiß man verhältnißmäßig nur wenig, aber sein Ruf als Maler steht sehr hoch, und er ist um so mehr zu bewundern, weil er ganz durch eigne Kraft eine so hohe Meisterschaft erreichte, ohne die Denkmäler des Alterthums in seinem Vaterlande und die Meisterstücke der frühern Maler gesehen zu haben. Drei Eigenschaften verdienen bei Correggio vornehmlich bewundert zu werden: Grazie, Harmonie und Führung des Pinsels. In den Bewegungen seiner Figuren liegt eine eigne Anmuth und in ihrem Ausdruck eine Lieblichkeit, die wahrhaft hinreißend ist. Ein Feind aller rauhen, harten, unangenehmen Gegenstände, suchte er durch einen milden, fast weiblichen Reiz und durch die von ihm fast unbekannte Harmonie der Farben zu wirken. Ein Meister ist er im Helldunkel, d. h. in der Vertheilung des Lichts und in der Geschicklichkeit, seine Figuren hervor- und zurücktreten zu lassen, worin sich überhaupt die lombardische Schule, als deren Haupt und Stifter er betrachtet wird, auszeichnete. In seinem Faltenwurfe berechnete er Alles auf die Wirkung des Helldunkels, ohne auf die strenge Beobachtung der Wahrheit ängstlich Rücksicht zu nehmen. Sind seine Gestalten weniger markirt als die von Michel Angelo, sein Colorit weniger kräftig in seinen Tinten als das von Tizian, seine Zeichnung weniger vollkommen und genial als die von Rafael, so hat ihn dagegen an Zartheit und Lieblichkeit kein Künstler erreicht und keiner erregt auf eine lebhaftere Weise die Gefühle des Zuschauers. Wie sinnig Correggio war, zeigen außerdem noch die allegorischen Anspielungen, die er bei seinen Gemälden zuweilen angebracht hat. Die Fortschritte dieses Meisters kann man vorzüglich an den sechs Gemälden erkennen, welche die dresdener Galerie von ihm besitzt, wozu außer den beiden genannten drei unter dem Namen des heiligen Franziscus, des heiligen Sebastian und des heiligen Georg bekannte Madonnenbilder und das Bildniß seines Arztes gehören. Zu seinen berühmtesten Werken gehören auch Jo und Leda, die er für den Herzog Gonzaga von Mantua malte und die nach mancherlei Schicksalen jetzt Zierden des königlichen Museums zu Berlin bilden; ferner die in Neapel befindliche, unter dem Namen Zingara (Zigeunerin) bekannte Mutter Gottes, der man wegen ihres orientalischen Gewandes und Kopfputzes diesen seltsamen Namen gegeben hat und die das Bildniß seiner Gattin sein soll; sodann die Vermählung der heiligen Katharina, ebenfalls in Neapel.

Das in unserer Abbildung dargestellte Gemälde befindet sich in der Nationalgalerie in London. Im Anfange der französischen Revolution kaufte es der Engländer Sir Simon Clarke von der Familie Colonna in Rom, überließ es aber später an Murat. Von dessen Witwe kaufte es der Marquis von Londonderry zugleich mit einem andern Gemälde desselben Meisters, die Erziehung Amor's vorstellend, und endlich kaufte das Parlament beide Gemälde für 11,500 Pf. St. (80,000 Thaler). Das Gemälde Ecce homo enthält fünf Figuren, von denen drei unsern Heiland, seine Mutter und Pilatus vorstellen, und vergegenwärtigt uns den merkwürdigen Augenblick, wo Pilatus, dem wüthenden Geschrei der aufgeregten Menge nachgebend, dieser ihr Opfer mit den Worten überliefert: „Seht, ich bringe

Ecce homo, nach einem Gemälde von Correggio.

ihn euch, damit ihr wißt, daß ich keine Schuld an ihm finden kann." Darauf kam Jesus heraus im Purpurgewande und die Dornenkrone tragend. Und Pilatus sagte zu ihnen: „Seht, welch ein Mensch ist das!"

Der Maler lenkt unsere ganze Aufmerksamkeit ausschließlich auf einen Theil der Handlung; der wilde Tumult und die leidenschaftliche Heftigkeit sind unserm Anblick entzogen. Der Beschauer muß sich den Widerstreit der Leidenschaften auf den Gesichtern Derjenigen denken, welche, als sie Jesus erblickten, den Ruf ausstießen: Kreuzige ihn! kreuzige ihn! Ohne Zweifel wußte der Maler recht gut, worin seine größte Stärke lag, und daß er nicht verstand, die beschämte Heuchelei, welche nach Rache dürstet, den Neid, welcher besorgt ist, daß seine Beute ihm entrissen werden möchte, Ingrimm und Undankbarkeit, welche durch Vorurtheil und Bosheit zur Tollheit gesteigert sind, zu schildern. Während er sich also des Vortheils bedient, sich auf einen Theil der Handlungen zu beschränken, hat er sein eigentliches Talent an den Tag gelegt, indem er die ungetheilte Aufmerksamkeit des Zuschauers auf die Gruppe, die er uns gegeben hat, hinlenkt. Man erinnere sich an Charakter und Zeit der Begebenheit und erwäge, wie der Maler sie behandelt hat. Hat er seinen Figuren einen Ausdruck der Würde oder Vornehmheit gegeben? Hat er sie etwa gleichsam über die dargestellte Scene erhoben, um unsere Gemüther mit Empfindungen der Scheu oder Ehrfurcht zu erfüllen? Nein. Seine Figuren gehören alle dem gemeinen Leben an, sie sind in ihrem Charakter durchaus menschlich. Aber ein Versuch, der manchen Künstler um seinen Ruf gebracht hätte, ist für Correggio zu einem erhabenen Triumphe geworden. Er hat sich weder zum Heroischen erhoben, noch ist er ins Gemeine gefallen, aber er hat dem Menschlich-Alltäglichen eine Anmuth und einen Reiz gegeben, die Auge und Gemüth des Beschauers unwiderstehlich hinreißen, je länger er das Gemälde betrachtet. Allerdings haben die Haltung und Miene des Heilandes nicht jenen würdevollen, ernsten, erhabenen Charakter, den unsere Einbildungskraft in jenem Augenblicke ihnen wol beilegt. Aber vergessen wir dies nicht, wenn wir das milde, gütevolle Gesicht betrachten, in welchem Ergebung, Liebe und Mitleid mit dem Schmerz zu kämpfen scheinen? Es zeigt keine stoische Gleichgültigkeit, kein Versunkensein der Seele in ihre eignen Betrachtungen, wodurch der Ausdruck passiv und theilnahmlos geworden wäre. Auch keinen zornigen Unwillen über Undankbarkeit und Ungerechtigkeit zeigt es, noch Verachtung der bethörten Menge. Er scheint mit einem Lächeln tiefer Bekümmerniß vor das Volk zu treten und dessen Todesruf zu hören. Und wie stark ist der Contrast, den der Kopf des römischen Soldaten darbietet. Lesen wir in diesem forschenden Blicke die Frage: „Was für ein Mann ist das?" oder gleicht er Demjenigen, der genöthigt war, auszurufen: „Dieser ist ein frommer Mann gewesen?"

Bei den weiblichen Figuren sehen wir deutlich, wie auch das Alltägliche durch Correggio's Pinsel veredelt wird. Die Madonna ist nur ein Weib und eine Mutter. Ihren mütterlichen Gefühlen unterliegend, hat sie keine Begeisterung, die sie in dieser Prüfungsstunde aufrecht erhalten könnte; der gegenwärtige Augenblick ist Alles für sie und die Zukunft ruht in der Nacht des Grabes. Während Pilatus für ihren Sohn sprach, war noch Hoffnung vorhanden; sie wurde aber durch die Furcht überwogen, als die schreckliche Entscheidung gegeben war: Nicht diesen Mann, sondern Barrabas! In den Tagen seiner empfänglichen, hoffnungsvollen Jugend hatte sie alle seine Reden in ihrem Herzen bewahrt, und als die mütterliche Zärtlichkeit ihm in ein reiferes Alter folgte, mit seinen Jüngern gehofft, daß er Israel erlösen würde. Als er noch als Kind in ihren Armen ruhte, hatte ein ehrwürdiger Mann sie gewarnt: „Ein Schwert wird auch deine Seele durchbohren!" Aber diese Warnung hatte sie ohne Zweifel vergessen in dem Staunen über die großen Dinge, die von ihm verkündigt wurden. Jetzt aber hatten die Schwankungen der Hoffnung und Furcht in der Gewißheit der Verzweiflung geendigt; ihr Benjamin war ihr Benoni geworden; nicht als ein Befreier, sondern als ein Verbrecher erscheint er und trägt die Zeichen des Hohns und Schmerzes an sich, und der bethörte Haufe, dem er überliefert wird, bestätigt sein Todesurtheil durch sein Geschrei. Wie entsprechend der einfachen Wahrheit des Gefühls, das wir als vorherrschend in ihr annehmen müssen, stellt sie der Maler dar! Das Schwert hat ihre Seele durchbohrt. Auch hier hat sich der Maler der Macht des Contrastes bedient. Wie ganz weiblich und theilnehmend ist das Gesicht Derjenigen, deren Hände die leidende und hülflose Madonna unterstützen! Es ist die personificirte Sympathie, nicht die Sympathie eines Engels, nicht die Sympathie eines Wesens, das uns an Form gleicht, aber an moralischer Kraft höher und besser ist, sondern die Sympathie eines Menschen, die sich in ruhiger Unterstützung ihres hülflosen Gegenstandes äußert.

Dieses Gemälde ist ohne Zweifel die Hauptzierde der Nationalgalerie in London. Außer diesem und dem Gemälde, welches mit dem Ecce homo zugleich gekauft wurde, und den Mercur darstellt, wie er den Amor in Gegenwart der Venus unterrichtet, besitzt die Nationalgalerie noch drei andere Gemälde, welche dem Correggio zugeschrieben werden.

Entdeckung der nordwestlichen Durchfahrt um Amerika.

Eine der interessantesten geographischen Aufgaben, auszumitteln, ob Amerika eine Insel bildet und ob es im Norden ebenso umschifft werden kann wie im Süden, scheint endlich gelöst zu sein oder ist mindestens ihrer Lösung um ein Bedeutendes näher gekommen. Es dürfte daher nicht unzweckmäßig sein, bei dieser Gelegenheit auch der frühern Versuche, über diesen Gegenstand aufs Reine zu kommen, Erwähnung zu thun.

Schon seit fast 100 Jahren bemühten sich namentlich die Engländer, einen Weg aus der Baffinsbai um die Nordküste Amerikas in das stille Meer durch die Beringsstraße zu finden; denn die Hoffnung, eine nordöstliche Durchfahrt aus dem atlantischen Meere in das stille um Asiens Nordküste durch die Beringsstraße zu finden, war in Folge vieler Versuche ganz verschwunden. Aus verschiedenen Gründen hoffte man eine offene Straße in der Mitte des Eismeeres zu finden, weil dieses zwischen Grönland und Spitzbergen von unergründlicher Tiefe und in steter Bewegung sei, daher nicht ganz gefrieren könne, ferner weil das Meer an der Nordküste von Spitzbergen offen ist, und aus mehren andern Anzeigen. Auch ist nach historischen Nachrichten das Polarmeer an der Ostküste von Altgrönland, wo schon 983 eine dänische Colonie angelegt wurde, welche guten Fortgang hatte, erst seit 1406 unzugänglich.

Daher veranstaltete seit 1818 die englische Regierung (welcher später die russische folgte) Nordpolreisen, und eine Parlamentsacte sicherte dem ersten Schiffer, der durch die nordwestliche Durchfahrt ins stille Meer gelangte, 20,000 Pf. Sterl., und dem ersten Schiffe, welches den Nordpol erreichte, 5000 Pf. St. als Prämie zu. Die englischen Expeditionen leiteten folgende Seefahrer: 1) 1818 Buchan und Roß, ohne bedeutendes Resultat; Roß erreichte unter 77° 40' die nördlichste Grenze der Baffinsbai. 2) 1819—20 Parry, welcher auf der Melvilleinsel unter 74° 45' überwinterte und den ersten vom Parlamente ausgesetzten Preis erhielt, weil er über 110° westl. Länge von Greenwich hinaus (bis 113° 46½') gekommen war. 3) 1821—23 Parry und Lyon; auch diesmal zwang das Eis zur Rückkehr. 4) 1819—22. Capitain Franklin versuchte zu Lande von der Factorei York an der Hudsonsbai aus bis an die Nordküste von Amerika vorzudringen und legte einen Weg von 1200 deutschen Meilen zurück. 5) 1824—25 Parry und Lyon mit zwei Schiffen, von denen das eine, Fury, vom Eise zertrümmert wurde. 6) 1825—26 Capitain Franklin, zweite Landreise, wobei die Küste in einer Strecke von 36 Längengraden (113—149½° westl. Länge v. Greenwich) untersucht wurde. 7) 1825—28. Capitain Beechey kam zur See aus dem stillen Ocean durch die Beringsstraße und sollte mit Capitain Franklin zusammentreffen, was nicht gelang. 8) 1827. Capitain Parry suchte von Spitzbergen aus den Nordpol zu erreichen, kam aber nur bis 82° 45'. 9) 1829—33. Cap. Roß, der vier Winter an der Nordküste Amerikas verlebte und sein Schiff verlor, sodaß er in Booten die Fahrt fortsetzen mußte. 10) 1833—35. Capitain Back, ausgesandt, um Roß aufzusuchen, an dessen Rückkehr man zu verzweifeln anfing. Durch die russischen Nordpolerpeditionen unter Otto v. Kotzebue 1814—18 und 1824—26, Baron Wrangel 1820—24 und Wassiljeff 1819—22 wurde entschieden, daß Asien im Norden nicht mit Amerika zusammenhänge.

Nach allen diesen Versuchen, die mit der beharrlichsten Ausdauer, der kühnsten Selbstverleugnung und der weisesten Umsicht angestellt wurden, erschien eine nordwestliche Durchfahrt um Amerika durch das Polarmeer nicht ausführbar. Übrigens hatte der Baron von Zach bereits früher aus der Berechnung der Zeit der Passatwinde und der Moussons bewiesen, daß eine nordwestliche Durchfahrt, wenigstens für den Handelsweg nach Indien, keinen Nutzen haben könne. Gleichwol haben sich die Engländer noch immer nicht abschrecken lassen und scheinen auch endlich zum Ziele gekommen zu sein, wiewol kein Schiff geradezu aus dem atlantischen durch das Eismeer in das stille Meer gefahren ist.

Im Jahre 1836 rüstete die Hudsonsbai-Compagnie auf eigne Kosten eine Expedition zur Aufsuchung der Nordwestdurchfahrt aus. Zwei unternehmende Männer, Dease und Thomas Simpson, die an der Spitze derselben standen, brachten nebst 12 freiwilligen Begleitern den Winter 1836—37 im Fort Chipewayan am Athabaseesee zu und fuhren bei Eröffnung der Schiffahrt am 1. Juni 1837 mit zwei kleinen Booten den Sklavenfluß hinab, umschifften das westliche Ende des großen Sklavensees und gelangten am 1. Juli über den Mackenziefluß nach dem Fort Norman. Von da schickten sie zwei der Ihrigen mit zwei Mann der Factorei nach dem östlichsten Punkte des großen Bärensees, um daselbst eine Niederlassung für den Winter zu errichten. Sie selbst fuhren mit ihren übrigen Gefährten weiter den Mackenziefluß hinab und erreichten am 4. Juli das Fort der guten Hoffnung, die nördlichste Niederlassung der Hudsonsbai-

compagnie. Hier erfuhren sie, daß drei der von ihnen abgeschickten Männer von den Eskimos ermordet worden waren. Am 9. Juli erreichten sie das Meer an der westlichen Mündung des Mackenzieflusses unter 68° 49' 23" nördl. Breite, 136° 36' 45" westl. Länge von Greenwich. Ihre weitere Fahrt war überaus beschwerlich, theils wegen des Eises, der kalten dichten Nebel und starken Gegenwinde, theils wegen der Feindseligkeit der Eskimos. Während des Julimonats fuhren sie längs der Küste hin. Am 11. trafen sie bei Point Kay ein Eskimolager; eine dichte Eismasse, welche die Philippsbai versperrte, hielt sie hier bis zum 14. auf. Am 17. sahen sie sich genöthigt, auf einer ununterbrochenen, meereinwärts sich ausdehnenden Eismasse in der Cambenbai bei einem großen Lager von Eskimos, die sie freundlich empfingen, zu landen. Nachmittags zeigte sich eine schmale Wasserdurchfahrt im Eise und sie schifften sich wieder ein, aber als sie kaum drei englische Meilen zurückgelegt, versperrte das Eis ihnen abermals den Weg und brachte das eine Boot in große Gefahr; nur mit Mühe retteten sie Gepäck und Vorräthe, gelangten von einer Eisscholle zur andern, indem sie die Ruder als Brücken brauchten, und kamen endlich auf eine große Scholle, wo sie eine unruhige und ängstliche Nacht zubrachten. Am 20. erreichten sie die Foggyinselbai, wo Eis und Nordostwind sie bis zum 23. aufhielten; die Breite an der Küste war 70° 9' 48". Am 22. wären sie bei einem vergeblichen Versuche, Point Anriety zu umschiffen, fast ertrunken. Am 23. Abends erreichten sie Sir John Franklin's Rückkehr-Riff, wo ihre eigne Aufnahme der Küste begann, da Franklin nicht weiter gekommen war. Jenes Riff gehört zu einer Kette von Riffen, die sich 20 engl. Meilen weit in der Entfernung von etwa einer Stunde parallel mit der Küste hinziehen und für ihr kleines Fahrzeug hinreichendes Wasser darboten. Das sehr niedrige Festland bildet von Point Berens bis zum Cap Halkett die Harrisonsbai, welche 50 englische Meilen breit und ein Drittel so tief ist. Im Hintergrunde derselben erhebt ein malerischer Ausläufer der Felsengebirge seine hohen Gipfel über das niedrige Ufer; an seinem Fuße fließt der Colvillesfluß, der an seiner Mündung zwei engl. Meilen breit ist; südwestlich von der Mündung befindet sich Cap Halkett, wo ein starker Nordostwind sie am ganzen 25. aufhielt. Das Land am Fuße der Berge besteht aus Ebenen, die mit kurzem Grase und Moos bedeckt sind und den Rennthieren, von welchen sie zahlreiche Heerden sahen, ein reichliches Futter gewähren. Die Beobachtungen ergaben für Cap Halkett 70° 43' nördl. Breite, 152° 14' westl. Länge und die Abweichung des Compasses 43° 8' 33" östlich. Am 26. Juli passirten sie den Fluß Gany, der etwa eine engl. Meile breit ist.

(Der Beschluß folgt in Nr. 291.)

Die heißen Quellen von Hammam-Meskhutin im Atlas.

Die Quellen von Hammam-Meskhutin in der Regentschaft Algier sind das imposanteste Naturwunder des Atlasgebirgs. Zwar kannte man sie in Europa schon lange vom Hörensagen, doch keiner der frühern Reisenden hatte sie selbst gesehen. Erst im vorigen Jahre entschloß sich der französische Oberst Duvivier, durch die Erzählungen der Araber neugierig gemacht, von Ghelma aus sie zu besuchen, und der enthusiastische Bericht, den er darüber an den Marschall Clauzel schrieb, erregte allgemeine Neugierde, sodaß auch der Generalgouverneur Graf Damrémont und der Herzog von Nemours sich bewogen fanden, bei Gelegenheit der Expedition nach Konstantine jene romantische Gegend in Augenschein zu nehmen.

Die Quellen gehören unstreitig zu den heißesten der ganzen Erde. Ihre geringste Wärme ist 71° Réaumur, ihre größte selten über 76°, aber an einer Stelle, wo sich ein neuer Sprudel bildete, hatte das Wasser im Augenblicke der Entstehung 80° R. Chemisch sind sie noch nicht untersucht worden, aber schon eine flüchtige Beobachtung zeigt, daß sie eine bedeutende Menge in Kohlensäure aufgelösten kohlensauren Kalk, kohlensaures Eisen und ziemlich viel Schwefelwasserstoffgas enthalten. Sie befinden sich in einem kleinen engen Bergthale voll schöner Pflanzen und Gebüsche. Das kochende Rauschen des großen Quellensturzes und die schwarzen aufwirbelnden Dampfwolken sind schon aus ziemlicher Ferne bemerkbar, aber ehe man sich den schönsten Anblick von Hammam-Meskhutin genießt, verweilt der verwunderte Blick auf den seltsamen pyramidenförmigen Felsenhügeln, die wie eine Masse isolirter arabischer Zelte aus dem platten Boden sich erheben. Die Farbe dieser Steinhügel ist wie ihre Größe verschieden, von dem dunkelsten Aschgrau bis zum Schneeweiß. Die kleinsten sind 2—3 Fuß hoch, die größern 20 Fuß. Der Anblick der seltsamen Felsenfiguren, neben welchen allenthalben rauchende Dampfsäulen aus der Erde steigen, ist höchst überraschend. Die Pyramidenhügel befinden sich sämmtlich auf einem ebenen Terrain und sind eine Schöpfung der Quellen. Das Wasser, welches kochend heiß an den verschiedensten Punkten aus der Öffnung der Erde sprudelt und über das Thal hinfließt, enthält als Hauptsubstanz eine bedeutende Masse von kohlensaurem Kalk, welcher sich in dem Maße, als das Wasser verdampft, auf der Erde absetzt. Auf diese Art bildet sich dicht um die Mündung der Quelle die erste weißröthliche Kalkschicht. Auf diese thürmt dann der Quellsprudel mit der Länge der Zeit immer neue Schichten, indem er zugleich mit seinem herabträufelnden Wasser den Durchmesser der untersten Schichten vergrößert. So erhebt sich nach und nach ein Steinhügel, bis der Sprudel, auf der äußersten Spitze angelangt, durch seine eigne verhärtete Substanz verstopft wird. Ist dann mit der Vollendung der Kegelbildung der aus den Eingeweiden der Erde kommende Quellsprudel nicht versiegt, so wird er gezwungen, sich eine andere Öffnung zu suchen, wo das Erdreich seinem Ausflusse den geringsten Widerstand leistet. Auf einem ziemlich großen Raume gewahrt man neue in der Bildung begriffene Felsen. Diejenigen, die den Mundlöchern der Quellen zunächst sich befinden, sind schneeweiß, noch ziemlich weich und rein aus kohlensaurem Kalk gebildet. Weiterhin sieht man weißröthliche Kegel, deren Bildung kürzlich vollendet ist, und der bei einigen von dem Spitze emporsteigende leichte Dampf zeigt an, daß der Kanal der Quelle sich erst ganz kürzlich geschlossen hat. Endlich gibt es in großer Zahl schon längst gebildete Felsen, deren graue Substanz fast so hart wie Granit ist. Der Ausgangspunkt der Gewässer scheint sich im Laufe der Zeiten öfters verändert zu haben, denn dieselben Steinbildungen finden sich in einem weiten Umkreise und Nachgrabungen bei dem Lager Medschez-Hammar zeigten, daß die tiefsten Schichten völlig dieselben Kalkbestandtheile enthalten. Es ist kaum anders denkbar, als daß diese Massen von Felsenschichten, die aber nur das Werk einer Reihe von Jahrtausenden sein können, von dem Quellabsatze nach und nach auf einander gethürmt wurden.

Nahe bei den heutigen Quellen finden sich Ruinen von römischen Bädern, die beträchtlich und ziemlich gut erhalten, aber noch nicht genauer untersucht sind. Sie tragen nicht wenig dazu bei, durch ihre malerischen Formen die wunderbare Gegend zu verschönern; man gewahrt deutlich die Reste des öffentlichen Badebehälters und der kleinen unbedeckten Privatbadebecken. Auffallend ist es, daß kein alter Schriftsteller, der über Numidien Nachrichten gibt, diese warmen Bäder erwähnt, sodaß wir nicht einmal ihren römischen Namen kennen.

Die imposanteste Stelle ist der große dampfende Wassersturz, der östlich von den Kalksteinkegeln sehr nahe bei den Ruinen liegt. Über den Kalkfelsen und seine versteinerten Thier- und Pflanzengruppen stürzt der siedende Wasserfall der großen Quelle zischend und donnernd in den Abgrund. Von jedem Felsenzacken prallt der heiße Wasserstrahl zurück, peitscht mit seinem Sprudel dann wieder den tiefen Abhang und fällt so, schwarze Rauchwolken ausspeiend, von Stufe zu Stufe, bis er sich unter den Felsen mit dem übrigen Sprudel vereinigt und einen heißen Bach bildet, der seinen Lauf nach Süden nimmt und dessen Wasser in einer Entfernung von einigen hundert Schritten noch immer über 60° Réaumur zeigt. Seine Ufer, so wie die Umgebungen der Quellen, ziert allenthalben eine reiche, herrliche, üppige Vegetation, die so dicht bei wilden Felsen und rauchenden Quellen überraschen muß.

Bemerkenswerth ist die arabische Sage über den Ursprung dieser Quellen, welche die Araber die verfluchten nennen. Nach derselben lebte in dieser Gegend einst ein reicher Araber, der, von strafbarer Leidenschaft für seine Schwester entbrannt, eine gesetzliche Heirath mit ihr einzugehen trachtete. Freilich widersetzten sich die Religion und die Landessitten dieser blutschänderischen Verbindung, aber bestochen von dem Golde und eingeschlossen von den Drohungen des reichen Mannes ließen Kadi und Priester sich endlich bereden, den Heirathsvertrag zu schließen und sich sogar ins Haus der neuen Eheleute zu begeben, um am Feste und Schmause Theil zu nehmen. Auch die Volksmenge eilte mit Trommeln und Pfeifen herbei, um den Freuden der Hochzeit beizuwohnen; in ungeheuern Kesseln kochte der Kuskusu, reizende Tänzerinnen entzückten die Augen der Gäste und die ganze Gesellschaft war in trunkene Lust versunken, als Allah endlich im gerechten Zorne seinen Fluch auf Eheleute, Kadi, Marabut und Volk herabschleuderte. Die Hauptpersonen des Festes wurden zu Stein verwandelt; dies sind die Figuren, welche in Kegelform das ebene Terrain von Hammam-Meskhutin bedecken. Der größte Kegel soll der Marabut sein, welcher das blutschänderische Paar einsegnete. Die Volksmenge floh entsetzt das verruchte Haus, aber Gottes Zorn erreichte sie unterwegs. Sie wurde gleichfalls in Stein verwandelt und bildet den mit spitzigen Zacken bedeckten Felsen. Die kochenden Kessel, welche das gottlose Gastmahl bereiten sollten, wurden verdammt, ewig zu kochen und zu sieden. Der aus ihnen aufsteigende Dampf und Schwefelgeruch verkündete dem Wanderer schon von weitem, daß hier ein verfluchter Ort sei; daher der Name Hammam-el-Meskhutin, die verfluchten Quellen.

Verantwortlicher Herausgeber Friedrich Brockhaus. — Druck und Verlag von F. A. Brockhaus in Leipzig.

Das Pfennig-Magazin

für Verbreitung gemeinnütziger Kenntnisse.

№ 291. Erscheint jeden Sonnabend. [October 27, **1838**.

Die türkischen Kaffeehäuser.

Das Innere eines Kaffeehauses in Konstantinopel.

Im Orient gibt es statt unserer Conditoreien, Restaurationen, Kaffeegärten, Weinstuben, Bierhäuser u. s. w. nichts als Kaffeehäuser, die auch ihrem Namen insofern besser als die unsrigen entsprechen, als in ihnen nichts weiter als Kaffee und Pfeifen zu bekommen ist. In Konstantinopel ist die Zahl der Kaffeehäuser außerordentlich groß, die meisten davon sind aber klein und unansehnlich. Gegen Abend sind sie sämmtlich vollgedrängt von Türken, Armeniern, Juden und Griechen, welche Alle rauchen und aus zinnernen Bechern Kaffee trinken, der hier allgemein nicht nur ohne Milch, sondern auch ohne Zucker getrunken wird.*) Indessen sind in Konstantinopel, wo sich in der neuesten Zeit so Vieles geändert hat, auch die Kaffeehäuser nicht mehr Das, was sie waren. Sultan Mahmud, der sich so viele Mühe gibt, die Rolle eines Reformators der türkischen Nation durchzuführen, suchte nach der Unterdrückung der Janitscharen auch die Kaffeehäuser abzuschaffen; über den Erfolg seiner Maßregeln theilt der Engländer Mac Farlane, welcher Konstantinopel im Jahre 1828 besuchte, Folgendes mit:

„Auffallend war mir die in Konstantinopel verhältnißmäßig geringe Zahl von Kaffeehäusern, welche sich in Smyrna und allen andern türkischen Städten, die ich besucht hatte, in so großer Menge finden, und zugleich die außerordentlich große Menge von Barbierstuben. Das Räthsel wurde mir gelöst, als mich mein türkischer Begleiter auf meinen Wunsch, ein wenig aus-

---

*) Wie sonderbar es den Orientalen vorkommt, daß wir den Kaffee mit Zucker versüßen, zeigt folgende komische Anekdote, welche der englische Lieutenant Wellsted in seinen kürzlich erschienenen Reisen in Arabien mittheilt. Eine Anzahl Beduinen geriethen einmal über die bekannte Lady Esther Stanhope (die Nichte Pitt's, welche schon seit langer Zeit auf dem Libanon in Syrien in einem einsamen Schlosse ganz nach morgenländischer Sitte wohnt) in Streit; ein Theil behauptete nämlich, eine so mildthätige, freigebige Dame müßte sich im völligen Besitze ihrer geistigen Fähigkeiten befinden, während Andere Beweise vom Gegentheil anführten. Ein alter Mann mit weißem Barte gebot Stillschweigen und sagte: „Sie ist verrückt"; dann setzte er leise flüsternd hinzu: „denn sie thut Zucker in ihren Kaffee." Dies war entscheidend.

zuruhen, in eine jener offenen Stuben führte, die dem Anscheine nach nur zum Barbieren bestimmt war, aber hinter einem hölzernen Schirm, der wie das Ende des Zimmers aussah, ein geräumiges Gemach verbarg, wo an der Wand Tschibuks (gewöhnliche Pfeifen), Narghilés (Wasserpfeifen) und zinnerne Kaffeebecher hingen. Bänke standen rund umher und in einer Ecke brannte, wie gewöhnlich, das schwache Kohlenfeuer zur Bereitung des köstlichen Getränks. Kurz, es war ein förmliches Kaffeehaus, und eine Anzahl Türken kamen unmittelbar nach uns an, nicht um sich rasiren zu lassen, sondern um ihre Pfeifen zu rauchen und ihren Kaffee zu trinken. Nach Unterdrückung der Janitscharen erließ der Sultan einen allgemeinen Befehl wegen Schließung der zahllosen Kaffeehäuser, die jener aufrührerischen Classe als Versammlungsörter gedient hatten und die gewöhnlichen Zufluchtsörter aller müßigen, sittenlosen und unzufriedenen Menschen in der Hauptstadt waren. Nur gewisse achtbare Häuser in jedem Stadtviertel waren von dieser Maßregel ausgenommen. Die herumwandernden Geschichtenerzähler, welche in den Kaffeehäusern die Stelle unserer Zeitungen vertraten und zahlreiche Zuhörer um sich zu versammeln gewohnt waren, wurden von diesem Befehle ebenfalls getroffen und im Falle des Ungehorsams mit der Bastonade bedroht. Seitdem sind die meisten Barbierstuben nichts Anderes als maskirte Kaffeehäuser."

Um die Mitte des 16. Jahrhunderts verbreitete sich der Gebrauch des Kaffees aus Arabien nach Ägypten und Konstantinopel; 1551 wurde in Konstantinopel das erste Kaffeehaus errichtet, erst 100 Jahre später, 1652, in London, 1694 in Leipzig und 1724 in Paris (Café Procope).

Der Eispalast.

Der neuerliche Brand des Winterpalastes in Petersburg erinnert an einen vor fast 100 Jahren in seiner Nähe erbauten Palast, der nur der Gefahr des Zerschmelzens, nicht aber der des Verbrennens ausgesetzt war, nämlich an den berühmten Eispalast.

Der Winter von 1740 war schrecklich, das russische Volk litt, die Kaiserin Anna war traurig und kränklich. Um die Monarchin zu zerstreuen, kam der Graf Biron, im Einverständnisse mit dem Feldmarschall Münnich, auf den Gedanken, selbst die Härte der Jahreszeit zu benutzen und auf der Newa einen Palast von Eis zu erbauen. Der Feldmarschall entwarf den Plan, zahlreiche Arbeitsleute wurden zusammengebracht, man häufte auf die gefrorene Fläche des Flusses ungeheure Eisblöcke, die man mittels glühend gemachter Werkzeuge zerschnitt und bearbeitete. Schon war das Gebäude zur Hälfte fertig, als plötzlich das Eis des Flusses unter der Last brach und der Palast in das Wasser versank. Dieser Unfall entmuthigte indessen die Architekten nicht. Biron war zu hartnäckig und zu stolz, um auf sein Werk zu verzichten und sich in einem Kampfe mit den Elementen für besiegt zu erklären. Der Versuch hatte gezeigt, daß es möglich sei, einen Palast von Eis zu erbauen; die Grundlage allein hatte nicht ausgehalten. „Statt unser Gebäude auf die Newa zu bauen", sagte Biron, „wollen wir es nun auf dem festen Lande aufführen." Man wählte eine schickliche Stelle zwischen der Admiralität und dem neuen Winterpalaste, demselben, der im letzten Winter ein Raub der Flammen geworden ist; die Arbeiten fingen mit neuem Eifer an und der vollständigste Erfolg krönte dies kühne und originelle Unternehmen.

Das ganze Gebäude war 52½ Fuß lang, 16½ F. breit, 20 F. hoch, aus 2—3 F. dicken Blöcken von reinem und durchsichtigem Eise zusammengesetzt, auch mit einer Bedachung von Eis versehen; die Verbindung der einzelnen Stücke war geschickt verborgen durch Übergießen mit Wasser, das durch die Kälte wieder gefroren war, sodaß man es für einen einzigen Block von irgend einem kostbaren Stein, nach den Regeln der Architektur behauen, hätte halten können. Vor dem Palast erhoben sich zwei Obelisken und ein Elefant, begleitet von drei türkischen Soldaten, sämmtlich von Eis. Aus dem Rüssel des Elefanten sprang ein Strahl von entzündetem Naphtha. Ein langer Eingang war auf jeder Seite mit prächtigen Vasen von antiker Form geziert, in welchen man Blumen und Gesträuche erblickte. Die Treppe des Palastes war mit Statuen geziert und von acht Geschützen vertheidigt, Alles von Eis. Als die Kaiserin den merkwürdigen Bau besuchte, salutirten bei ihrer Ankunft die Kanonen. Diese waren auf der Drehbank gebohrt und gedreht worden und mit Rädern und Laffeten versehen. Zwei von ihnen waren Mörser, nach den üblichen Verhältnissen verfertigt, die übrigen sechs waren Sechspfünder, die drei Pfund Pulver gebrauchen; sie wurden jedoch nur mit einem Viertelpfunde geladen und Kugeln aus Werg, ja selbst eiserne daraus geschossen. Eine solche Kugel durchschlug ein zwei Zoll dickes Bret in der Entfernung von 60 Schritten.

Die Mauern des Palastes waren mit künstlich geschnittenen Basreliefs geziert; das Dach war von einer durchbrochenen Galerie umgeben, die mit bewundernswerther Kunst ausgehauen war. Zwölf Statuen standen in der Vorhalle, zur Rechten und zur Linken öffneten sich zwei Säle, ein Salon und ein Schlafzimmer. Das letztere war vollkommen meublirt und enthielt die kleinsten Gegenstände, Tassen, Gläser u. s. w. von Eis. Man machte im Kamin Feuer mit Holzspänen, die mit Naphtha bestrichen waren; auf dieselbe Weise zündete man Lichter an. Die Erleuchtung dieses durchsichtigen Palastes machte in der Entfernung einen zauberischen Effect. Die Kaiserin nahm daselbst eine Collation ein. Dann hatte eine Wettfahrt mit Schlitten um das Gebäude herum statt; die Kaiserin reichte dem Sieger einen Becher von Eis, der mit angezündetem Punsch gefüllt war.

Mehre Wochen lang bot dieser Palast den Bewohnern von Petersburg ein merkwürdiges Schauspiel dar. Die Strahlen der Märzsonne schmolzen ihn, und bald nach ihm verschwanden auch Die, die ihn hatten erbauen lassen, vom Schauplatze. Noch in demselben Jahre (1740) starb die Kaiserin Anna; Biron wurde nach Sibirien geschickt und in eine Citadelle eingekerkert, zu welcher Münnich, der Erbauer des Eispalastes, den Plan gemacht hatte. Auch Münnich wurde 1741 im Schlosse von Pelim, das er selbst erbaut hatte, ins Gefängniß gesetzt, sowie Menschikoff in einer Stadt, die er selbst gegründet, gefangen gehalten wurde. Nach einem zwanzigjährigen Exil wurden Biron und Münnich von Peter III. 1762 an den Hof zurückgerufen; sie sahen die Newa und die Stelle wieder, wo der Eispalast der Kaiserin Anna gestanden hatte.

In Bezug auf die Festigkeit des Eises, von welcher jener merkwürdige Bau den auffallendsten Beweis lieferte, mag noch bemerkt werden, daß sie zehn Mal geringer als die des Marmors ist. Im Jahre 1795 wurden in Landshut aus großen Eisstücken der Donau Kanonen und Mörser gedreht; sie wurden mit Kugeln von Eis geladen und das Pulver durch die Zündröhre angezündet. Ungeachtet der heftigen Explosion litt das Eis nicht im mindesten. In den Mörser paßte eine 36 Loth schwere Eiskugel; sie wurde senkrecht in die Luft geschossen, flog zu einer außerordentlichen Höhe und fiel erst nach beinahe zwei Minuten wieder auf die Erde. Auch beim Thauwetter gelang der Versuch vollkommen, wenn man den Mörser mit Löschpapier austrocknete." Die Festigkeit des Eises wird sehr vermehrt, wenn es über einer ausgedehnten Wasserfläche gelagert ist, weil der Widerstand des Wassers die Last auf eine größere Fläche vertheilt; auch die Anhängung des Eises am Ufer vermehrt seine Tragkraft bedeutend. Die Dicke von einem Zoll und weniger reicht hin, um einen Mann zu tragen, nur darf er nicht lange auf derselben Stelle bleiben, auch dürfen nicht Mehre zusammentreten. Als man im Jahre 1683 über die gefrorene Themse mit Wagen fuhr, war das Eis nur 11 englische Zoll dick.

Die englischen Krönungsinsignien.

Ganz Europa hat mit dem lebhaftesten Interesse die Berichte von der Krönung der jungen Königin Victoria von Großbritannien und Irland gelesen, welche am 28. Juni dieses Jahres zu London stattgefunden hat. Ungleich interessanter muß freilich dieses großartige und in seiner Art einzige Schauspiel für Diejenigen gewesen sein, welche Augenzeugen desselben waren, wenigstens dürfte es nicht möglich sein, in irgend einem andern Lande der Erde so viel Glanz, Pracht und Reichthum beisammen zu sehen, als bei dieser Gelegenheit in der Westminsterabtei, wo die Krönung vollzogen wurde, zu schauen war. Die Ceremonie gewann für die Zuschauer wie für die Leser außerordentlich an Interesse durch den Umstand, daß der zu krönende Souverain eine in der schönsten Blüte des Lebens stehende, erst neunzehnjährige Jungfrau war. Auch für die Leser unsers Blattes, wiewol wahrscheinlich die meisten derselben bereits längst Beschreibungen der Krönung gelesen haben, werden dennoch einige historische Notizen über dieselbe und die dabei gebrauchten Insignien selbst jetzt noch nicht ganz ohne Interesse sein.

In der beigefügten Abbildung sind zwei Gruppen von Insignien zu sehen; linker Hand diejenigen, welche bei der Krönung eines regierenden Monarchen männlichen oder weiblichen Geschlechts, rechts diejenigen, welche bei der Krönung einer Königin, die nur die Gemahlin eines regierenden Königs ist, also an der Regierung keinen Antheil hat, gebraucht werden. Jeder regierende Herrscher von England muß dem Herkommen gemäß in der Westminsterabtei gekrönt werden, hingegen die Krönung einer Königin, die nur durch Vermählung, nicht durch Geburt Königin von England ist, hängt lediglich von dem Belieben ihres Gemahls ab.

In der Gruppe linker Hand sieht man zwei Kronen: rechts die Reichskrone, links die Staatskrone. Die erstere heißt auch Sanct-Eduards-Krone, von dem Könige Eduard dem Bekenner, obgleich sie eigentlich für die Krönung Karl II. gemacht worden ist, da die ältere Krone 1642 gestohlen und verkauft worden war. Dies ist die Königskrone, welche bei der Krönung auf des Königs Haupt gesetzt wird; bei allen andern feierlichen Gelegenheiten, namentlich im Parlament, trägt der König die kleinere und leichtere Staatskrone. Bei einer Krönung werden die zu der Staatskrone gehörigen Juwelen und Edelsteine herausgenommen und an die Reichskrone gesetzt; nach Beendigung der Krönungsceremonie treten falsche Steine an ihre Stelle. Zum Behuf der Krönung der Königin Victoria ist eine neue Krone angefertigt worden; da nämlich die alte Krone, welche 7 Pfund wog, für sie zu groß und schwer gewesen wäre, so hat man sie auseinander genommen und eine neue überaus kostbare und zierliche und zugleich beiweitem geschmackvollere Krone daraus verfertigt. Dieselbe ist bis zur Spitze des obern Kreuzes 7 Zoll hoch und hat 5 Zoll im Durchmesser; sie wiegt nur 3$\frac{1}{4}$, ohne Sammt und Hermelin aber nur 1$\frac{1}{4}$ Pfund und besteht aus einem goldenen Hauptreif und zwei sich oben durchkreuzenden silbernen Reifen in Gestalt von Eichenzweigen, an denen Perlen die Eicheln bilden, und die eine Kappe von dunkelblauem, rothschillerndem Sammt einschließen. Die Reifen sind mit Edelsteinen ganz bedeckt und auf ihnen ruht ein kleiner von Diamanten strahlender Reichsapfel, auf welchem sich wieder ein aus Brillanten bestehendes Malteserkreuz befindet. In der Mitte des Kreuzes glänzt ein kostbarer Saphir und der goldene Kronreif ist mit ebenso reichen Malteserkreuzen und Lilien von Diamanten verziert. Dicht unter dem Malteserkreuze, welches vorn auf dem Reif der Krone steht, ist der große herzförmige Rubin angebracht, den einst Eduard, der schwarze Prinz, trug, und unter demselben, mitten in dem Stirnbande, welches aus Smaragden, Rubinen und Saphiren zwischen einer doppelten Perleneinfassung besteht, erblickt man den berühmten großen, länglichrunden Saphir, der sich seit langer Zeit im Besitze der englischen Monarchen befindet. Die Zahl sämmtlicher Diamanten ist 377 und ihr Gesammtwerth soll 112,000 Pf. Sterl. sein; nur allein die vier großen Diamanten auf Spitze der Krone werden auf 40,000 Pfund geschätzt. Der untere Theil der Krone ist mit Hermelin eingefaßt. Daß die Krone hiernach einen wahrhaft blendenden Anblick darbieten muß, kann man sich denken.

Vier Schwerter werden bei einer Krönung gebraucht: das Schwert des Staats, ein breites, zweischneidiges Schwert, welches in der Abbildung in seiner verzierten Scheide über der Gruppe rechts dargestellt ist, und die drei Schwerter der Gnade und der Gerechtigkeit. Das Schwert der Gnade, Curtana genannt, ist ein Schwert ohne Spitze; die Klinge ist 32 Zoll lang und 2 Zoll breit. Das Schwert der geistlichen Gerechtigkeit hat eine stumpfe Spitze; die Klinge ist 40 Zoll lang und 1$\frac{1}{2}$ Zoll breit. Das Schwert der zeitlichen Gerechtigkeit endlich hat eine scharfe Spitze. Diese Schwerter werden dem Monarchen bei der Krönung entblößt vorausgetragen. Auf der Reichskrone ruht in der Abbildung Sanct Eduard's Stab; derselbe ist ein breiter goldener Stab mit einem Reichsapfel und einem Kreuze am Ende und wird im Krönungszuge vor dem Könige hergetragen. Das Scepter und der kleine Stab liegen in der Abbildung im Vordergrunde. Das Scepter, das sich ebenfalls mit Reichsapfel und Kreuz endigt, wird bei der Krönung dem Könige in die rechte Hand, der Stab aber, der sich mit einem Kreuze und einer darauf stehenden emaillirten weißen Taube endigt, in die linke Hand gegeben. Der Unterschied zwischen Scepter und Stab ist sehr alt und kommt schon unter Richard I. vor. Der Reichsapfel mit dem Kreuze, eine goldene Kugel von 6 Zoll im Durchmesser, mit Rosen von Diamanten verziert, wird dem Monarchen in die

*

Die englischen Krönungsinsignien.

Hand gegeben, bevor ihm die Krone aufgesetzt wird; er ist ein Symbol der Souverainetät. Die übrigen Krönungsinsignien sind: die Sporen von feinem Golde, kunstreich gearbeitet, der Krönungsring (von manchen alten Schriftstellern der Hochzeitring von England genannt) von reinem Golde mit einem großen violetten Rubin, in den ein Georgskreuz gravirt ist, und die Armringe oder Armbänder, die aber gegenwärtig bei der Krönung nicht mehr gebraucht werden. Alle diese Insignien rühren noch aus der Zeit König Karl II. her, für den sie neu gefertigt werden mußten, da die frühern Kleinodien vernichtet worden oder verloren gegangen waren.

Noch kann man den Krönungsstuhl und die Salbungsgefäße mit zu den Krönungsinsignien rechnen. Der Krönungsstuhl, genannt Stuhl des heiligen Eduard, hat von allen das meiste historische Interesse. Er ist ein alter bunt bemalter Sessel von hartem festen Holz mit Rücken- und Armlehnen, in welchem in der ältesten Zeit die Könige von Schottland gekrönt wurden. König Eduard I., genannt der Langschenkelige, brachte ihn 1296, als er den schottischen König Johann Baliol bei Dunbar besiegt hatte, nach England; seitdem ist er in der Westminsterabtei geblieben und alle Könige von England sind darauf gekrönt worden. Unter dem Sitze befindet sich 9 Zoll über dem Boden ein Bret, das von vier Löwen getragen wird; auf diesem Brete liegt der berühmte Jakobstein oder Stein des Schicksals, auf welchem der Kopf Jakob's geruht haben soll, als er von der Himmelsleiter träumte. Ursprünglich war dieser Stein der Königssitz der Könige von Irland; er hieß Liafail oder Stein des Schicksals, und ihm zu Ehren wurde die ganze Insel Innisfail oder Schicksalsinsel genannt. Der Sage nach wurde dieser Stein von Gathol, König der Scoten, die ein Stamm der Galen waren, nach Brigantia, einer Stadt in Galicien in Spanien, von da aber von Simon Brech, dem Anführer einer Schar von Scoten, etwa 700 Jahre v. Chr. nach Irland gebracht. Hier bedienten sich die Scoten dieses Steins, um Diejenigen darauf zu setzen, die durch den hohen Priester (Baal's Diener auf Erden) zu Königen ausgerufen werden sollten. Die Gottheit oder Baal selbst soll diesen Stein dem scotischen Stamme mit der Verheißung gegeben haben, daß in jedem Lande, in welchem sich dieser Stein befinden würde, einer dieses Stammes herrschen würde, daher der Name Stein des Schicksals. Die Verheißung ist enthalten in den uralten Mönchsversen:

Ni fallat fatum, Scoti, quocunque locatum
Invenient lapidem, regnare tenentur ibidem,

d. h. „Wenn das Schicksal nicht trügt, werden die Scoten herrschen, wo sie nur immer den Stein finden werden." Die beglaubigte Geschichte des Steins erzählt Walter Scott in seiner Geschichte von Schottland. Fergus, Eric's Sohn, angeblich ein Nachkomme von Simon Brech, wurde aus Irland vertrieben, ließ sich 503 n. Chr. in Schottland an der Küste der Grafschaft Argyle nieder und brachte den Stein mit, den er in Dunstaffnage deponirte; später brachte ihn König Kenneth nach Scone in der Grafschaft Perth, woselbst von dieser Zeit an auf demselben die schottischen Könige unter Vortritt eines Barden, der das Verzeichniß der Könige von Fergus an hersagte, gekrönt wurden, bis Eduard I. die Krönungsstätte in Scone völlig zerstörte und den Stein als Zeichen seiner Eroberung von Schottland nach London brachte, wo er

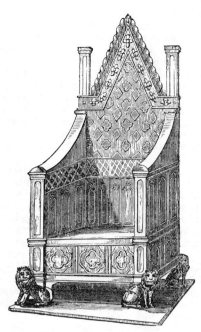

Sanct-Eduard's Stuhl.

Das Salbungsgefäß.

seitdem immer geblieben ist. Die Schotten glaubten ehemals, der Stein gäbe laute harmonische Töne von sich, sobald der rechtmäßige Thronerbe sich darauf setzte, bliebe aber stumm, sobald ein Usurpator gekrönt zu werden verlangte. Die Wegführung des Steins nach England wurde vom ganzen schottischen Volke als eine Nationaldemüthigung gefühlt; daher wurde auch in dem 1328 abgeschlossenen Vertrage zwischen England und Schottland die Rückgabe des Steins ausdrücklich bedungen. König Eduard III. erließ auch einen Befehl wegen Zurücksendung des Steins, der aber aus unbekannten Ursachen nie vollzogen worden ist. Als Jakob VI., König von Schottland, im Jahre 1603 unter dem Namen Jakob I. den englischen Thron bestieg, schien die erwähnte Prophezeiung in Erfüllung zu gehen; ein großer Theil der schottischen Nation legte wirklich viel Gewicht darauf und der Einfluß dieses Umstandes war so groß, daß unter der Regierung der Königin Anna viele Schotten die Vereinigung Schottlands und Englands, der sie sich unter andern Umständen widersetzt haben würden, ruhig geschehen ließen und selbst beförderten. Unstreitig ist der Stein ein merkwürdiges Überbleibsel des grauesten Alterthums. Übrigens ist er in keinem Fall ein Meteorstein, wie mehre Schriftsteller behauptet haben, sondern ein rother Sandsteinblock, der aber ungewöhnlich viele Eisentheile enthält. Er war ehemals mit Vergoldung, Malerei und Sculptur verziert, doch sind diese Verzierungen längst verschwunden; bei den neueren Krönungen ist er mit Goldstoff bedeckt worden.

Die Ampulla oder das Gefäß für das heilige Öl, mit welchem die Könige bei der Krönung gesalbt werden, hat die Form eines Adlers, der mit ausgebreiteten Flügeln auf einem Piedestal ruht, Alles von Gold und vortrefflich gearbeitet; sie ist 7 Zoll hoch und wiegt etwa 10 Unzen. Der Schnabel des Adlers öffnet sich mittels eines Charniers, um das Öl auszugießen. Ehemals wurden die Könige auf dem Kopfe, in den Armhöhlen, auf beiden Schultern, zwischen den Schultern, auf der Brust und auf den Händen gesalbt. In neuern Zeiten fanden immer nur drei Salbungen statt, auf dem Kopf, der Brust und den Händen, welche Ruhm, Heiligkeit und Stärke bedeuten sollen. Man legte ehemals auf diese Salbung großes Gewicht, daher sagt Richard II. bei Shakspeare:

> Des Königs, des gesalbten, Balsam waschen
> Des tiefen Meeres Wasser selbst nicht ab.

Eine seltsame Legende knüpft sich an diese Ampulla. Nach derselben wurde zuerst König Heinrich IV. mit demselben Öle gesalbt, welches die heilige Jungfrau dem Märtyrer Thomas, Erzbischof von Canterbury, gegeben hatte, d. h. dem Thomas Becket, dessen Anmaßung und Übermuth in der Geschichte Königs Heinrich II. von England eine so bedeutende Rolle spielen. Becket empfing dieses außerordentliche Geschenk in der Verbannung, und die Jungfrau versicherte ihm, daß alle mit diesem Öle gesalbten Könige von England milde Herrscher und treffliche Kämpfer der Kirche sein würden. Dieses Öl, in einem goldenen Adler und steinernen Krug aufbewahrt, war lange verloren, wurde aber endlich auf wunderbare Weise ans Licht gebracht. Während nämlich Herzog Heinrich von Lancaster in fremden Ländern zu Felde zog, wurden ihm Adler und Krug von einem heiligen Manne übergeben, dem der Ort ihres Verstecks durch göttliche Eingebung bekannt geworden war. Er gab das Gefäß dem unter dem Namen des schwarzen Prinzen bekannten Prinzen Eduard, der es in den Tower von London lieferte. Es wurde in ein mit ungewöhnlicher Sorgfalt verwahrtes Kästchen verschlossen, aber das Kästchen selbst kam durch Zufall abhanden, sodaß das heilige Öl bei der Krönung Richard II. nicht gebraucht werden konnte. Im Jahre 1399 forschte Richard II. nach den ihm von seinen Vorfahren hinterlassenen Schätzen und fand das Gefäß zugleich mit einer von Thomas Becket geschriebenen Schrift, welche die prophetische Beschreibung aller Vortheile und Segnungen enthielt, die den Königen von England durch die Salbung mit diesem heiligen Öle zu Theil werden würden. Dies machte auf den König solchen Eindruck, daß er eine Wiederholung seiner Krönung wünschte und sich deshalb an den Erzbischof von Canterbury wandte. Dieser Prälat weigerte sich beharrlich und erklärte, daß die Salbung wie das Sacrament der Taufe nicht zum zweiten Male vollzogen werden könne. Richard nahm das Gefäß auf seiner unglücklichen Reise nach Irland mit und übergab es bei seiner Rückkehr in Chester dem Erzbischof von Canterbury mit den Worten zur Aufbewahrung: „Offenbar ist es Gottes Wille, daß ich mit diesem heiligen Öle nicht gesalbt werden soll; diese Gnade ist einem glücklichern Monarchen vorbehalten." Der Erzbischof behielt den kostbaren Schatz bis zur Usurpation des Königs Heinrich IV., welcher der erste mit dem heiligen Öle gesalbte englische König ist. Die ursprüngliche Ampulla, welche Thomas Becket erhalten haben soll, wurde mit den übrigen Krönungsinsignien in der Zeit der Republik zerstört und für Karl II. neu angefertigt, sowie der Löffel für die Salbung, der ebenfalls von getriebenem Gold und am breitesten Theile des Griffs mit vier großen Perlen geziert, aber nach seiner geringen Dicke zu schließen sehr abgenutzt ist.

Die Krönungsceremonie in der Westminsterabtei selbst geht jedesmal genau dem alten Herkommen gemäß vor sich; auch diesmal wurde davon nicht abgewichen. Sie begann mit der Anerkennung des Rechts der Königin durch alle in der Abtei Anwesenden, indem der Erzbischof von Canterbury sagte: „Ich stelle euch hier Victoria, die rechtmäßige Erbin der Krone dieses Königreichs, vor; ihr Alle, die ihr heute hierher gekommen seid, um Huldigung, Dienst und Pflicht zu leisten, seid ihr Willens, selbiges zu thun?" Dies wurde vier Mal wiederholt, indem sich der Erzbischof nach den vier Himmelsgegenden wandte, wobei die Königin stand und sich jedesmal nach derselben Seite zukehrte. Auf jede Frage wurde dem Brauche gemäß mit dem lauten Zuruf „Gott erhalte die Königin Victoria" geantwortet, worauf Trommeln und Trompeten ertönten. Darauf wurde eine Hymne gesungen, der Erzbischof und die ihm assistirenden Bischöfe legten reiche Gewänder an, die Königin stand wieder auf und schritt, begleitet von zwei Bischöfen und dem Dechant von Westminster, unter dem Vortritte der höchsten Staatsbeamten und Edelleute, welche die Insignien trugen, nach dem unbedeckten Altar zu und kniete auf den Kissen nieder. Hierauf brachte sie eine Opfergabe dar, bestehend in einem Altartuch von Goldstoff, das auf den Altar gelegt wurde; der Erzbischof sprach ein kurzes Gebet, die Insignien wurden auf dem Altar niedergelegt und Alle kehrten auf ihre Plätze zurück. Die Litanei wurde dann gelesen und der Bischof von London hielt eine Predigt. Nach Beendigung derselben las der Erzbischof von Canterbury eine Erklärung aus einer Pergamentrolle vor, enthaltend eine Abschwörung der Lehren der römisch-katholischen Kirche, unter welche die Königin ihren Namen setzte. Nun begann der Krönungseid. Der Erzbischof legte der Königin folgende Fragen vor.

Erzbischof. Madame, sind Sie Willens, den von Ihren Vorfahren herkömmlich geleisteten Eid zu leisten?

Königin. Ich bin es Willens.

Erzbischof. Wollen Sie feierlich versprechen und schwören, das Volk dieses vereinigten Königreichs von Großbritannien und Irland und der dazu gehörigen Gebiete in Gemäßheit der im Parlamente angenommenen Statuten und der bestehenden Gesetze und Gebräuche zu regieren?

Königin. Ich verspreche feierlich, dies zu thun.

Erzbischof. Wollen Sie, so viel in Ihrer Macht steht, Recht und Gerechtigkeit vereint mit Milde in allen Ihren Gerichten ausüben lassen?

Königin. Ich will es.

Erzbischof. Wollen Sie nach bestem Wissen und Vermögen die Gesetze Gottes, das wahre Bekenntniß des Evangeliums und die gesetzlich eingeführte protestantisch-reformirte Religion aufrecht erhalten? Und wollen Sie die Einrichtung der englischen Kirche und die Lehre, Würde, Disciplin und Verwaltung derselben, wie sie gesetzlich bestimmt sind, in den Königreichen England und Irland, dem Lande Wales, der Stadt Berwick am Tweed und den Gebieten, welche vor der Vereinigung der beiden Königreiche (England und Schottland) dazu gehörten, aufrecht erhalten und unverletzt bewahren? Und wollen Sie den Bischöfen und der Geistlichkeit von England und Irland und den daselbst ihrer Obhut anvertrauten Kirchen alle Rechte und Privilegien erhalten, die ihnen, Allen oder Einzelnen von ihnen, zukommen oder zukommen werden?

Königin. Alles dieses verspreche ich zu thun.

Hierauf ging die Königin zum Altar, legte ihre Hand auf das Evangelium und leistete folgenden Eid: „Alles, was ich vorhin versprochen habe, werde ich thun und halten, so wahr mir Gott helfe." Sodann küßte sie das Buch und unterzeichnete den Eid, zu welchem Ende ihr vom Lord Oberkämmerer ein silbernes Schreibzeug dargeboten wurde.

Auf den Krönungseid folgte die Ceremonie der Salbung; zuvor aber wurde die Hymne Veni creator gesungen und vom Erzbischof ein Gebet gesprochen. Während der Chor den Chorgesang „Zadok der Priester und Nathan der Prophet salbten Salomo zum König" sang, wurde der Königin ihr carmoisinrother Mantel abgenommen, sie setzte sich auf den Stuhl des heiligen Eduard, vier Ritter des Hosenbandordens hielten ein reiches Tuch von Goldstoff über sie, der Erzbischof nahm die das Öl enthaltende Ampulla vom Altar und goß ein wenig davon in den goldenen Löffel, womit er auf dem Kopfe und den Händen der Königin das Zeichen des Kreuzes beschrieb. Nach der Salbung folgten mehre andere Ceremonien. Lord Melbourne, der erste Minister, welcher das Staatsschwert trug, übergab es dem Erzbischof, der es mit einem Gebete auf den Altar legte, dann löste es Lord Melbourne mit 100 Schillingen wieder ein und der Erzbischof gab es der Königin mit einer Anrede in die rechte Hand; der Königin wurde der Krönungsmantel angelegt und Reichsapfel, Ring und Scepter wurden ihr übergeben. Nun folgte der imposanteste Theil der Feierlichkeit, die Krönung selbst. Der Erzbischof weihte vor dem Altar stehend die Krone, die er in der Hand hielt, stieg dann, von den assistirenden Bischöfen und dem Dechanten von Westminster begleitet, herunter und setzte der Königin die Krone auf. In demselben Augenblicke setzten die Pairs und Pairessen, sowie die Wappenkönige ihre kleinen Kronen, die Bischöfe ihre Mützen auf, die Trompeten und Trommeln ertönten und eine doppelte Salve von 41 Kanonenschüssen, die auf ein von der Spitze der Westminsterabtei gegebenes Signal im Tower und in Hydepark abgefeuert wurden, verkündigte dem Volke, daß die Königin gekrönt worden sei, worauf sich der Jubelruf von außen mit dem innerhalb der Abtei ertönenden vermischte. Als er verhallt war, sprach der Erzbischof die Ermahnung: „Sei stark und gutes Muthes." Die Königin kniete nieder, beide Scepter in den Händen haltend, und der Erzbischof segnete sie mit folgenden Worten: „Möge der Herr dich segnen und dich erhalten! Und so wie er dich zur Königin dieses Volkes gemacht hat, möge er dir Glück in dieser Welt verleihen und dich in der andern der ewigen Glückseligkeit theilhaftig werden lassen." Alle Bischöfe antworteten hierauf Amen. Dann wandte sich der Erzbischof zum Volke und sprach: „Möge der Herr ferner geben, daß Geistlichkeit und Volk, die hier versammelt sind, durch seinen Beistand von dir beständig glücklich regiert werden u. s. w."

Auf die Krönung folgte die Übergabe der Bibel, und während das Te deum gesungen wurde, setzte sich die Königin auf den Thron und empfing die Huldigung sämmtlicher Bischöfe und Pairs, welche der Erzbischof von Canterbury begann, indem er vor dem Throne niederkniete, die Hand der Königin küßte und die Worte sprach: „Ich, William, Erzbischof von Canterbury, will treu und ergeben und wahr sein gegen dich, unsere souveraine Herrin, und gegen deine Erben, Könige oder Königinnen der vereinigten Königreiche Großbritannien und Irland, und ich will getreulich thun, was meines Amts ist, welches ich, als kirchliches Recht, von dir mir erbitte. So wahr mir Gott helfe." Denselben Eid leisteten die übrigen Bischöfe. Dann stiegen die Herzöge von Sussex und Cambridge, die Oheime der Königin, die Stufen des Thrones hinan, nahmen ihre Kronen ab und knieten vor die Königin nieder, worauf der Herzog von Sussex folgenden Huldigungseid sprach: „Ich, August Friedrich, Herzog von Sussex, werde dein Lehnsmann auf Lebenszeit; ich schwöre dir Ergebenheit und Treue und verspreche, für dich zu leben und zu sterben, gegen Jedermann; so wahr mir Gott helfe." Der Herzog von Cambridge wiederholte die Formel. Die beiden Prinzen berührten dann die Krone der Königin, küßten ihre linke Wange und stiegen herab. Ihnen folgten die Herzöge und nach der Reihe die übrigen Pairs, küßten aber nur die Hand der Königin. Während der Huldigung warf der Hausschatzmeister der Königin Krönungsmünzen unter die Versammlung. Auf die Huldigung folgte die Abendmahlsfeier und die zweite in einem Beutel mit Goldstücken bestehende Opfergabe, worauf die Königin mit demselben Gefolge und Gepränge, mit welchem sie gekommen war, aber im völligen Krönungsornat, die Krone auf dem Haupte und Scepter und Reichsapfel in den Händen, die Westminsterabtei verließ.

Das Krönungsbankett in der Westminsterhalle wurde bei der Krönung Wilhelm IV., die am 8. September 1831 stattfand, weggelassen, und bei der jetzigen Krönung wurde dieses Beispiel befolgt. Sonst erschien während des Bankettes des Königskämpe, welcher zwischen dem Grafen Marschall und dem Lord Großconnetable in die Halle ritt, eine Ceremonie, welche Wilhelm der Eroberer nach der Schlacht bei Hastings einführte, und die bei der Krönung Georg IV. zum letzten Male stattfand; diese Krönung, welche am 19. Juli 1821 vollzogen wurde und auch wegen der geflissentlichen Ausschließung der Königin bemerkenswerth ist, war die letzte, welche mit allem Glanze früherer Jahrhunderte gefeiert worden ist.

Entdeckung der nordwestlichen Durchfahrt um Amerika.

(Beschluß aus Nr. 290.)

Vom Cap Halkett wendet sich die Küste plötzlich nach Westnordwest und zeigt dem Auge nur eine Reihe niedriger Bänke von gefrorenem Schlamme. Abends passirten die Reisenden wieder die Mündung eines großen Stromes, den sie Smithsfluß nannten. In Point Pitt, neun engl. Meilen von da, hielt sie das Eis bis zum 27. Juli Nachmittags auf, wo sie weiter fahren konnten, da sich eine Öffnung zeigte. Ein schneidender Wind blies aus Nordost und das Salzwasser fror an den Rudern und Tauen. Point Drew, sieben engl. Meilen von ihrem letzten Nachtlager, ist der Anfang einer Bai von beträchtlicher Größe, die aber außerordentlich seicht und mit vielem Eise angefüllt ist. Seewärts war das Eis noch glatt und fest, als befänden sie sich mitten in einem sonnenlosen Winter. Um Mitternacht erreichten sie eine schmale Landspitze, auf welcher die Gipfel einiger hohen Eisberge erschienen. Diese Spitze, welche sie zu Ehren des Gouverneurs der Gebiete der Hudsonscompagnie, dessen trefflichen Anordnungen der Erfolg der Expedition größtentheils verdankt wird, Cap Georg Simpson nannten, bestimmten sie als das Ziel ihrer Bootfahrt, da sie während der folgenden vier Tage nur ebenso viele engl. Meilen vorwärts zu kommen im Stande waren; sie liegt unter 71° 3′ 24″ nördl. Breite und 154° 26′ 30″ westl. Länge. Zu Wasser die von Beechey benannte Barrowspitze zu erreichen, war wenig Aussicht vorhanden.

Unter diesen Umständen unternahm es Thomas Simpson, die Reise zu Fuß fortzusetzen, und brach daher am 1. August mit fünf Mann auf, während Dease mit den übrigen fünf Mann bei den Booten zurückblieb. Die Fußgänger hatten ihre Waffen, Munition, Proviant, ein kleines geöltes Boot von Segeltuch zum Passiren der Flüsse, die nöthigen astronomischen Instrumente und einige Sachen für die Eingeborenen bei sich. Es war einer der schlechtesten, trübsten Tage und der Nebel war so dicht, daß sie genöthigt waren, genau der gewundenen Linie der Küste zu folgen, die in einer Länge von 20 engl. Meilen eine Art unregelmäßiger, nach außen von einer Reihe Sandhügel eingeschlossener Bai bildete, deren Ufer mit der Wasserfläche fast gleiche Höhe hatte und von unzähligen kleinen Buchten durchschnitten war, durch welche sie wateten, nicht gerechnet drei beträchtliche Flüsse, die sie mittels ihres tragbaren Boots passirten. Am folgenden Tage wurde das Wetter besser und am Mittag fand Simpson die Breite 71° 9′ 45″. Das Land wandte sich nun südwestlich und blieb sehr niedrig, schlammig und reich an Salzwasserbuchten, deren Wasser die Gefrierkälte hatte. Sie hatten etwa zehn engl. Meilen zurückgelegt, als sich zu ihrem großen Misvergnügen die Küste plötzlich südlich wandte und, so weit sie sehen konnten, eine Einfahrt bildete. Sie trafen ein Eskimolager; die Männer befanden sich auf der Jagd, Weiber und Kinder flüchteten sich in größter Bestürzung in ihre Boote und ließen nur einen kranken Mann zurück, der vor Furcht in Todesangst war. Einige freundliche Worte verscheuchten seine Angst und brachten die Flüchtlinge zurück, die die Reisenden mit Rennthierfleisch und Robbenthran bewirtheten. Durch Geschenke von Taback, Knöpfen u. s. w. gelang es, von den Eskimos ein sogenanntes Umiak oder Boot aus Häuten zu erhalten, und ein Eskimoweib zeichnete ihnen mit dem Finger eine Reiseroute nach der Barrowspitze vor. Mit diesem Boote, an das vier Ruder mit Riemen befestigt waren, fuhren sie längs einer durchschnittenen und gefährlichen Küste hin.

Die erwähnte Einfahrt, von ihnen Dease's Einfahrt genannt, ist an dieser Stelle fünf engl. Meilen breit, aber das Land ist so niedrig, daß man auch beim heitersten Wetter von dem einen Ufer das andere kaum sehen kann. Von Neuem blies ein scharfer Nordostwind und brachte den kalten dichten Nebel wieder, aber mit Hülfe des Compasses wurde die Überfahrt bewerkstelligt. Die Wellen gingen hoch, aber das Boot aus Häuten leistete gute Dienste; sie campirten auf der westlichen Seite der Einfahrt. Das Ufer bestand aus gefrorenen Schlammbänken von zehn bis zwölf Fuß Höhe; das Land war völlig flach, reich an kleinen Seen und mit sehr kurzem Grase bewachsen, aber nirgend war der Boden mehr als zwei Zoll tief aufgethaut und der Grund des Wassers war längs dem Ufer fest gefroren. In diesem öden Lande war kein Scheit Holz zu finden, aber die Reisenden folgten dem Beispiele der Eingeborenen und machten aus den Wurzeln der Zwergweide in einem kleinen Torfofen Feuer. Am 3. August zertheilte sich der Nebel eine Zeit lang, aber noch war es empfindlich kalt und die Wellen schlugen heftig gegen die Außenseite der dicken Eiskruste des Ufers. Diesem Wetter Trotz zu bieten, war gefährlich, aber die guten Eigenschaften ihres bereits bewährten Bootes brachten sie glücklich hindurch. Das Land ging fünf Meilen weit nördlich und wandte sich dann nordwesten bei Point Christie, wo sie die Breite 71° 12′ 36″ beobachteten. Von da lief die Küste mehr westlich fort. Sie kamen dann zu einer anscheinenden großen Bai, wo sie zwei bis drei Stunden Halt machten, um die Zertheilung des Nebels abzuwarten, da sie nicht wußten, wohin sie steuern sollten. Gegen Abend wurde ihr Wunsch erfüllt und das Wetter besserte sich. Die Bai, von ihnen Mackenzie's Bai genannt, war nur vier englische Meilen breit; die Tiefe betrug in der Mitte 1½ Faden über Sandboden; in Dease's Bai fanden sie später zwei Faden Tiefe auf schlammigem Grund, und dies war die größte Tiefe zwischen dem Rückkehrriff und der Barrowspitze, ausgenommen zehn Meilen südöstlich vom Cap Halkett, wo sie auf der Rückkehr drei Faden fanden. Nachdem sie Mackenzie's Bai passirt hatten, zog sich die Küste wieder westnordwestlich; eine gewaltige Eismasse erstreckte sich am Ufer hin und seewärts, so weit man sehen konnte; aber die kühnen Schiffer brachten ihr kleines Fahrzeug in diesen schrecklichen Paß und fuhren durch die engen Kanäle dicht am Ufer hin.

Um Mitternacht am 3. August passirten sie die Mündung eines schönen tiefen Flusses, der eine Viertelmeile weit war und den sie Bellevue nannten, und eine Stunde darauf hatten sie die Freude, bei Aufgang der Sonne die Barrowspitze in nord-nordwestlicher Richtung zu erblicken. Bald darauf passirten sie die Elsonbai, welche bei der vollkommenen Windstille eine starke Eisdecke erhalten hatte, fanden aber große Schwierigkeit, an einer breiten und dicken Eismasse hin, die am Ufer lag, sich einen Weg zu bahnen. Als sie die Barrowspitze erreichten und das Meer sich nach Süden hin ausbreiten sahen, zogen sie ihre Flagge auf und nahmen mit dreimaligem Hurrahgeschrei von ihren Entdeckungen im Namen des Königs (denn von der Thronbesteigung der Königin konnten sie natürlich noch nichts wissen) Besitz.

Die Barrowspitze, unter 71° 23′ 33″ nördl. Breite und 156° 20′ westl. Länge von Greenwich gelegen, ist eine lange, niedrige Landspitze, bestehend aus Kies und grobem Sand, den der Druck des Eises zu zahlreichen Dämmen aufgehäuft hat, die, aus der Ferne gesehen, wie Felsen aussehen. An der Stelle, wo sie landeten, ist sie nur ¼ engl. Meile breit, wird aber nach dem Ende zu breiter. Das Erste, was ihnen beim Landen in die Augen fiel, war ein großer Todtenacker; die Leichen lagen auf die gräßlichste und widrigste Art umher, und manche von ihnen sahen so frisch aus, daß die Reisenden fürchteten, die Cholera oder sonst eine andere verheerende Krankheit möchte unter den Eingeborenen wüthen. Bald darauf stießen sie auf zwei ansehnliche Eskimolager, mit denen ein Tauschhandel eröffnet wurde. Die Wilden sangen und tanzten und schienen ein freundliches, gutartiges Völkchen zu sein.

Nach Norden hin bedeckten unermeßliche Eisberge das Meer, aber nach Westen hin gab es eine geräumige offene Durchfahrt, die sich nach der Versicherung einiger Eskimos weit nach Süden hin erstrecken sollte. Die Aussicht war nach dieser Seite hin so einladend, daß sie keinen Augenblick angestanden haben würden, die Reise bis zu Cook's Einfahrt in ihrem Lederboote fortzusetzen, wenn dies in ihrem Plane gelegen hätte. Die Eingeborenen versicherten, daß im Norden der Landspitze Walfische zahlreich wären und Robben überall unter dem Eise spielten. Sie waren übrigens hier nur wenige engl. Meilen vom Eiscap entfernt, das bereits Cook im Jahre 1778 erreichte und das die russische Expedition im Jahre 1821 umfuhr, und befanden sich demnach bereits an der nördlichen oder innern Öffnung der Beringsstraße, welche bekanntlich Asien und Amerika trennt. Sie fanden, daß hier die Flut, deren Höhe 14 Zoll betrug, von Westen oder vielmehr von Süden her einströmte, also aus dem Meere von Kamtschatka durch die Beringsstraße. Dies scheint die insularische Beschaffenheit Amerikas hinlänglich zu beweisen, und somit wäre es nun wirklich entschieden, daß es eine nordwestliche Durchfahrt um Amerika aus dem nördlichen Eismeere in den stillen Ocean gibt, aber bei den außerordentlichen Schwierigkeiten, die das Eis und das Klima dieser Schiffahrt entgegensetzen, ist es mehr als zweifelhaft, ob die Lösung dieses großen Problems der Schiffahrt und dem Handel jemals einen unmittelbaren Nutzen gewähren wird.

Die Reisenden gingen nicht über die Barrowspitze hinaus, sondern traten unverweilt ihre Rückreise an. Sie erreichten die westliche Mündung des Mackenzieflusses am 17. August und Fort Norman am 4. September. Von da wollten sie sich nach dem großen Bärensee begeben, den Winter 1837—38 über dort bleiben, dann ihre Boote nach dem Kupferminenflusse ziehen und im Juli 1838 mit Aufgang der Schiffahrt ihre Reise in östlicher Richtung fortsetzen, um die Entdeckungen Franklin's und des Capitain Back von Point Turnagain bis zum großen Fischflusse in Verbindung zu bringen.

Blumenhandel in Paris.

Einen sehr wichtigen Industriezweig bildet in Paris der Blumenhandel, betrieben von nur etwa 20 Anstalten, die allein im Besitze der Lieferungen für den Blumenluxus sind und fast alle ohne Ausnahme gedeihen. Ein kleiner Blumengärtner, der sich vor 15 Jahren in Paris mit einem Vermögen von 50 Francs niederließ, ist jetzt ein reicher Mann; ein anderer Kunstgärtner, der auf seine Einrichtung über 50,000 Francs verwenden konnte, ist jetzt ein Millionair. Man rechnet, daß vier oder fünf dieser Gärtner mehr als eine Million Francs besitzen. Wie dies möglich ist, werden folgende Angaben erläutern. In acht Tagen, vom 23. bis 30. Januar 1836, betrug die Miethe für Kübel und Vasen mit Blumen, Bäumchen und Gesträuchern u. s. w. bei verschiedenen Bällen 10,000 Francs, dazu kommen 32,000 Francs für Blumensträuße, besonders zur Verzierung der Haare, Camelien in Töpfen, abgeschnittene Camelienblüten u. s. w., zusammen also 42,000 Francs in acht Tagen.

Den Absatz von Blumen auf den verschiedenen Märkten Londons schätzt man auf 400,000 Pf. St. oder 2,800,000 Thaler jährlich.

Verantwortlicher Herausgeber: Friedrich Brockhaus. — Druck und Verlag von F. A. Brockhaus in Leipzig.

Das Pfennig-Magazin

für

Verbreitung gemeinnütziger Kenntnisse.

292.]   Erscheint jeden Sonnabend.   **[November 3, 1838.**

Oberlin.

Einer der trefflichsten Menschen, der mit der edelsten Aufopferung und Selbstverleugnung für das Wohl seiner Mitmenschen zu wirken bis in sein hohes Alter nicht müde wurde, war Johann Friedrich Oberlin, und wiewol seine Thätigkeit auf einen kleinen Kreis beschränkt war, so ist doch die Geschichte seines langen Lebens wohlthuender, erhebender und lehrreicher für den Menschenfreund, als die Geschichte so vieler berühmten und gepriesenen Helden und Staatsmänner.

Johann Friedrich Oberlin wurde am 31. August 1740 zu Straßburg geboren, wo sein Vater Lehrer an der gelehrten Schule, sein um fünf Jahre älterer Bruder aber, Jeremias Jakob Oberlin, gestorben 1806, einer der gründlichsten Alterthumsforscher und Diplomatiker, früher ebenfalls Lehrer am Gymnasium, später Professor und Bibliothekar war. Der jüngere Oberlin war ein lebhafter, gutmüthiger, fröhlicher Knabe. Sein gutes Herz gab sich unter Anderm in folgendem Zuge kund. Einmal sah er auf dem Markte mehre muthwillige Buben eine arme Bauerfrau necken, bis sie bewirkt hatten, daß sie einen Korb mit Eiern, den sie trug, fallen ließ. Die arme Frau schrie laut auf, als sie den Verlust ihres kleinen Eigenthums erblickte. Schnell sprang der junge Oberlin herbei, machte den Urhebern dieses Streichs die lebhaftesten Vorwürfe, bat dann die Frau, mit ihm nach Hause zu kommen, und händigte ihr hier den Inhalt seiner Sparbüchse ein.

Von dem Unterrichte seines Vaters ging er zur Universität über, wo er sich dem Studium der Theologie widmete. Im Jahre 1762 wurde er Hauslehrer bei einem ausgezeichneten Wundarzte seiner Vaterstadt, Namens Ziegenhagen, und blieb in dieser Stellung drei Jahre lang, wobei er sich die Liebe seiner Zöglinge und die Freundschaft seines Principals erwarb. Die folgenden zwei Jahre verlebte er im Hause seines Vaters. Er setzte während derselben seine Studien fleißig fort, predigte von Zeit zu Zeit und half bei Gelegenheit seinem Vater, war aber eifrig darauf bedacht, eine passende Anstellung zu finden, in der er seine Energie entwickeln könnte. Bemüht, sich an ein strenges Studium zu binden, wurde er in seinen Gewohnheiten fast ascetisch, aber sein Geist war nicht geeignet, ihn in der gelehrten Welt berühmt zu machen. „Das Studium der Sprachen", schrieb er einmal an seinen gelehrten Bruder, „erheischt ein gutes Gedächtniß, und das meinige ist sehr arm." Da sich sonst keine Gelegenheit darbot, bemühte sich sein Vater, um seine Sehnsucht nach einer Anstellung zu befriedigen, ihm eine Stelle als Regimentsprediger zu verschaffen. Hier hätten wir Oberlin vielleicht aus dem Gesichte verloren ohne einen jener Umstände, die in der gewöhnlichen Sprache zufällig genannt werden, durch welchen er 1767 das Pfarramt zu Waldbach im Steinthale erhielt.

Das Steinthal (Ban de la Roche) gehört zu der unter dem Namen des Hochfeldes bekannten Gebirgsgegend, welche durch ein tiefes Thal von der Ostgrenze der Vogesen getrennt ist. Die Natur ist mit ihren Gaben sehr karg gegen diesen abgesonderten District gewesen, dessen natürliche Unfruchtbarkeit durch seinen Namen richtig bezeichnet wird. Der Winter fängt hier im September an und der Schnee schmilzt erst im Mai. In den höhern Theilen des Districts pflegen die Leute zu sagen, daß die Frau das Heu, welches ihr Mann in einem ganzen Vormittage gemäht habe, in ihrer Schürze nach Hause tragen könne. Dazu kommt, daß der District im dreißigjährigen Kriege und nach kurzen Erholung unter der Regierung Ludwig XIV. verwüstet wurde. So läßt es sich begreifen, daß die 9000 Morgen, aus denen das Steinthal besteht, in der Mitte des vorigen Jahrhunderts den 100 fast ganz lutherischen Familien, die es bewohnten, keinen genügenden Unterhalt gewährten, sodaß sie fast aller Bedürfnisse und Bequemlichkeiten des gesitteten Lebens entbehrten.

Der würdige Vorgänger Oberlin's im Pfarramte zu Waldbach, Stuber, arbeitete mit Umsicht und unermüdetem Eifer an der Verbesserung des Zustandes seiner Pfarrkinder theils durch seine Predigten, theils durch Anlegung von Schulen, theils durch Einführung einer bessern Methode des Ackerbaus. Aber nach dem Tode seiner Gattin begann seine Gesundheit zu schwanken und seine Kraft und Thätigkeit abzunehmen, als ihm eine Predigerstelle in Strasburg angetragen wurde. Wiewol er sich zu schwach fühlte, das begonnene Werk fortzusetzen, so konnte er sich lange nicht entschließen, es aufzugeben; schon früher hatte er seine kärgliche und mühselige Stelle in Waldbach einer bessern vorgezogen. Jetzt war er entschlossen, sein Amt nicht zu verlassen, bis er einen Geistlichen gefunden hätte, der von seinem eignen Geiste beseelt und mehr als er geeignet wäre, seine Pläne auszuführen. Während er nach einem solchen suchte, nannte man ihm Oberlin. Er begab sich nach Strasburg zu ihm und erkannte in ihm nach einer kurzen Unterredung den Mann, den er brauchte. Sogleich lud er ihn nach Waldbach ein, und als Oberlin mit der Armuth und niedrigen Bildungsstufe der Bewohner des Kirchspiels bekannt wurde, rief er aus, dies wäre der rechte Platz für ihn. Bald nachher trat er auch wirklich die Pfarrstelle in Waldbach an.

Hier war seine Lage nicht eben sehr anlockend. Sein Vorgänger hatte nur eben den Boden aufgegraben und den Samen der Verbesserung ausgestreut. Die alten Bauern waren in ihren alten Gewohnheiten gestört, die jungen aber erst zu einem Gefühle Dessen, was ihnen mangelte, erwacht, womit sich die Überzeugung verband, daß sie wenig thun könnten, diesem Mangel abzuhelfen. Stuber hatte ihr Vertrauen erworben; jetzt kam an seine Stelle ein fremder junger Mann, voll Feuer und Thätigkeit, der Wunder thun zu können glaubte und das Unterste zu oberst zu kehren Lust hatte. Oberlin beging einen Fehler, der lebhaften jungen Geistern natürlich ist; er ging zu rasch zu Werke. Er zeigte seinen Pfarrkindern zu hastig ihre Mängel und Fehler, verletzte ihre Eigenliebe und weckte Haß und Eifersucht, sodaß die Bauern in ihrer Stupidität beschlossen, ihm aufzulauern und ihren Grimm ihm durch Thätlichkeiten fühlbar zu machen, ein anderes Mal aber, ihn in einem Brunnen unterzutauchen; aber seine Geistesgegenwart und Sanftmuth setzte sie stets in Verwirrung und hinderte sie, ihre Absicht auszuführen. Oberlin selbst sah seinen Fehler ein und erkannte, daß er die Herzen der Bauern gewinnen müßte, bevor er etwas bei ihnen ausrichten könnte. Er ging daher von Haus zu Haus und ruhte nicht eher, bis die Bauern einsahen, daß er ihres Vertrauens würdig war und es gut mit ihnen meinte. Dann begann er mit mehr Aussicht auf Erfolg sein Verbesserungswerk von Neuem. Zuerst war er darauf bedacht, sein Kirchspiel durch Wege, an denen es ganz fehlte, mit der Umgegend in Verbindung zu setzen. Die wenigen Pässe über das Gebirge wurden beständig durch Bergströme ungangbar gemacht oder durch die von den überhängenden Felsen herabfallenden Massen gesperrt. Der durch den District fließende Fluß konnte nur auf gelegten Steinen passirt werden. In sehr geringer Entfernung lag das wohlhabende, gebildete, mit allen Bequemlichkeiten der Civilisation ausgestattete Strasburg; er beschloß, zwischen dieser Stadt und seinem Dorfe eine regelmäßige Verbindung herzustellen, damit die Bewohner des Steinthals ihre Producte dorthin zu Markte bringen und von dort Werkzeuge und andere Mittel zur Verbesserung ihres Zustandes zurückbringen könnten. Er berief die Landleute, setzte seine Pläne auseinander und schlug ihnen vor, längs des Flusses, über dem eine Brücke zu bauen war, einen Weg, eine Stunde lang, in den Felsen zu hauen. Einstimmig erklärten sie, die Sache sei unmöglich, und verweigerten ihre Theilnahme an der Ausführung eines so unvernünftigen Planes. Alles Zureden, alle Vorstellungen Oberlin's waren vergeblich. Endlich warf er eine Hacke über die Schulter und ging selbst an die Arbeit, unterstützt von einem treuen Diener; bald fanden sich auch noch einige Gehülfen. Die Beschwerden der ungewohnten Arbeit schreckten ihn nicht. Er opferte dem Unternehmen einen großen Theil seiner geringen Einkünfte, die noch nicht 300 Thaler betrugen, und sammelte bei seinen Freunden Beiträge, um für Alle, die arbeiten wollten, Werkzeuge anzuschaffen. Am Sonntage arbeitete der gute Pfarrer in seinem Berufe als Lehrer des göttlichen Worts, aber am Montage zog er mit Sonnenaufgang an der Spitze von 200 seiner Pfarrkinder aus, um mit neuer Kraft seinen Kampf mit den natürlichen Hindernissen, die der Civilisation des Districts im Wege standen, fortzusetzen. In drei Jahren war der Weg fertig, die Brücke gebaut und die Verbindung mit Strasburg hergestellt. Die gewöhnlichen Folgen des Verkehrs zwischen einer armen und einer wohlhabenden, einer ungebildeten und einer auf einer hohen Stufe der Bildung stehenden Gemeinde wurden bald fühlbar. Oberlin machte ferner den jüngeren Bewohnern seines Pfarrsprengels die Nothwendigkeit begreiflich, außer dem Ackerbau noch andere Gewerbe zu erlernen. Er brachte ihre Knaben als Lehrlinge bei Zimmerleuten, Maurern, Glasern, Grobschmieden und Stellmachern in Strasburg unter. In wenig Jahren begannen diese Handwerke, welche bisher im District so gut als unbekannt gewesen waren, in Aufnahme zu kommen. Das Handwerkszeug wurde in guter Ordnung gehalten, Wagen mit Rädern wurden allgemein, die schlechten Hütten verwandelten sich in schmucke Häuser, die Bewohner des Steinthals aber sahen den Werth dieser großen Veränderung ein und waren von unbegrenzter Ehrfurcht gegen ihren Pfarrer durchdrungen.

Hinsichtlich des Ackerbaus und der Erziehung verfolgte Oberlin alle Pläne Stuber's, aber nach einem größern Maßstabe. Bei Verbesserung der Bodencultur seines Districts griff er die Bauern auf ihrem eignen Grund und Boden an und hatte mit ihren eingewurzelten Vorurtheilen zu kämpfen. Da er wußte, daß es unmöglich war, mit ihnen zu disputiren, belehrte er sie durch sein Beispiel. In der Nähe seiner Pfarre hatte er zwei große Gärten; der Boden war außerordentlich dürftig, aber er grub ihn um, düngte ihn und bepflanzte ihn mit Fruchtbäumen. Die Bäume blühten zum großen Erstaunen der Bauern; endlich baten sie ihren Pfarrer, ihnen zu sagen, wie er es anfinge. Er erklärte ihnen sein Verfahren und gab ihnen Steckreiser aus seiner Baumschule. Die Bauern fanden Geschmack am Pflanzen und Pfropfen und in wenig Jahren waren die vereinzelten Hütten von freundlichen Obstgärten umgeben. Die Kartoffeln, das Hauptnahrungsmittel der Bewohner, waren so ausgeartet, daß die Felder nur einen sehr dürftigen Ertrag lieferten. Die Bauern behaupteten, daß der Boden Schuld wäre; um das Gegentheil zu beweisen, besorgte Oberlin neue Saat. Der Gebirgsboden war im Grunde der Cultur dieser Pflanze vorzüglich günstig, und daher gedieh natürlich die Saat des Pfarrers; dieses Beispiel wirkte und der District gelangte bald zu seinem frühern Reichthume an Kartoffeln. Ebenso führte Oberlin die Cultur von holländischem Klee und Flachs ein und besiegte endlich das hartnäckigste Vorurtheil, indem er unbrauchbare Weideplätze in Ackerland verwandelte und die Stallfütterung einführte. Gleich allen Verbesserern des Ackerbaus lehrte er die Bauern den Vortheil des Düngens und die beste Methode, aus verschiedenen Stoffen brauchbaren Dünger zu erhalten. Die Maxime, die er unaufhörlich wiederholte, war: Laß nichts verloren gehen. Er stiftete eine Ackerbaugesellschaft in seinem Kirchspiele und setzte Preise für die geschicktesten Landwirthe aus. In zehn Jahren seit dem Antritt des Pfarramts in Waldbach hatte er Communicationen zwischen den fünf Dörfern des Steinthals unter sich und zwischen ihnen und Strasburg hergestellt, einige der nützlichsten Handwerke in einer Gegend eingeführt, wo sie bisher kaum bekannt waren, und den Landbau dieser armen Bergbewohner aus einer rohen Überlieferung in eine praktische Wissenschaft verwandelt.

Mit gleicher Energie und Beharrlichkeit arbeitete er für die geistige Erziehung seiner Pfarrkinder und machte sich namentlich um den Schulunterricht verdient. Sein Vorgänger hatte zwar ein Schulhaus gebaut, da es aber eine aus ungetrockneten Stämmen errichtete Hütte war, so gerieth es bald in Verfall, und doch war es das einzige Schulhaus aller fünf Dörfer. Indessen hatten die Bewohner derselben keine Lust, ein zweites zu bauen. Oberlin sammelte bei seinen Freunden in Strasburg Beiträge und bald erhob sich in Waldbach ein neues Schulhaus. In wenig Jahren kam es dahin, daß die Bewohner der vier andern Kirchspiele freiwillig Schulhäuser bauten. Oberlin führte ein besseres Unterrichtssystem ein, setzte für Lehrer und Schüler Preise aus, ließ Schulbücher drucken, gründete eine Sammlung gemeinnütziger Bücher, die in alle Dörfer von Haus zu Haus geschickt wurden, und gab seinen Bauern einen Kalender in die Hände, der von allen unnützen und für sie unverständlichen Dingen, sowie Allem, was nur den Aberglauben nähren konnte, den Wetterprophezeiungen, der Angabe glücklicher und unglücklicher Tage u. s. w. gereinigt war. Für die nicht schulfähigen Kinder solcher Ältern, die außer dem Hause arbeiten mußten, wurde 1784 eine Bewahranstalt eingerichtet und in jeder Gemeinde Aufseherinnen gewählt, unter deren Leitung diese Kinder gepflegt und beschäftigt wurden.

Bald nachdem sich Oberlin in Waldbach niedergelassen hatte, sah er ein, daß eine Gattin ihm Bedürfniß sei. Während er hin und her sann, wo und wie er wol ein Weib finden könnte, die mit Verstand und Gemüth in solchem Grade ausgestattet wäre, daß sie ihn in seinen Plänen unterstützen könnte, ohne sich durch die Unwissenheit und Roheit ihrer Umgebungen abschrecken zu lassen, besuchte ihn seine Schwester in Begleitung einer Verwandten, der die Ärzte die Gebirgsluft zur Herstellung ihrer Gesundheit empfohlen hatten. Mit dieser Verwandten verband sich Oberlin im Jahre 1768 und erhielt an ihr ein liebendes und treues Weib. Ihr Tod im Jahre 1783 war für ihren Gatten, dem ihr Andenken bis an das Ende seines Lebens theuer war, eine harte Prüfung. Außer diesem und andern häuslichen Leiden, wohin der Tod seines ältesten Sohnes gehörte, der in der französischen Armee diente und, 21 Jahre alt, im Jahre 1793 auf dem Felde der Ehre fiel, entging Oberlin auch den Trübsalen der französischen Revolution nicht. Er verlor durch dieselbe alle seine Einkünfte, weshalb seine Pfarrkinder eine Sammlung zu seinem Unterhalte veranstalteten, doch stieg in der Folgezeit sein Einkommen nie wieder über 400 Francs, da er die Annahme von Stolgebühren anzunehmen verweigerte. Als nach der Revolution die Kirchen in ganz Frankreich wieder geöffnet wurden (im Steinthale selbst war der Gottesdienst auch während der Schreckensregierung nicht unterbrochen worden), erklärte Oberlin, daß er sein Amt ohne feste Besoldung verwalten wolle; Jeder solle darbringen, so viel ihm beliebe. Auch ihn traf, wie so viele der edelsten Männer Frankreichs, das Loos, den revolutionnairen Gewalthabern verdächtig zu werden. Er wurde angeklagt, die Emigrirten aus Elsaß und Lothringen begünstigt zu haben, was ihn eine Zeit lang zu einem Gegenstande des Argwohns der Behörden machte; außerdem beschuldigte man ihn, daß er einige geächtete Personen beherberge, welche während der revolutionnairen Schreckensherrschaft in das Steinthal geflohen waren. Allerdings beschützte er mit eigner Lebensgefahr einige dieser Unglücklichen, aber nicht aus politischen Beweggründen, sondern einzig aus Mitleid und Menschlichkeit. Ein Gendarme stellte einmal in seiner Wohnung eine Haussuchung an. Oberlin führte ihn heiter und unbefangen von einem Zimmer ins andere, als sie aber an sein Schlafzimmer kamen, sagte er lächelnd: „Wünschen Sie auch da hinein zu gehen? Es ist keine größere Ursache des Argwohns darin, als ich bin." Der Gendarme verneinte es, entschuldigte sein Verfahren mit der Strenge seiner Instructionen und zog sich zurück. Im Schlafzimmer befand sich einer der Geächteten, auf dessen Kopf in Paris ein Preis gesetzt war, versteckt und verdankte der doppelsinnigen Rede Oberlin's seine Rettung.

In größere Gefahr gerieth Oberlin 1794. Er wurde nebst seinem Freunde, dem Pfarrer des benachbarten Dorfes Rothau, der mit ihm eines Sinnes war und das Werk der Verbesserung mit ihm gemeinschaft=

lich förderte, verhaftet und nach Schlettstadt gebracht; während aber andere verhaftete Geistliche ins Gefängniß geführt wurden, erlaubte man ihnen, in einem Gasthofe zu wohnen, wo sie mit den Verwaltungsbehörden des Districts an der Wirthstafel speisten. In dieser Zeit zeigte sich recht deutlich die große Wirkung, welche Oberlin's Bestrebungen auf die Bewohner seines Kirchspiels ausgeübt hatten. Sie, die in der ersten Zeit Willens gewesen waren, ihn persönlich zu mishandeln, waren jetzt um ihren Pfarrer sehr in Sorgen, und eins der Zeugnisse der Municipalität erklärte, daß er, seit er Pfarrer in Waldbach wäre, Alles, „was er war und hatte", der Beförderung ihres zeitlichen und geistigen Wohls gewidmet habe. Uebrigens befreite der Fall Robespierre's ihn und seinen Freund aus ihrer Haft und gab sie ihren Pfarrkindern wieder.

Von nun an bis zu seinem Tode genoß Oberlin ungestört die Liebe seiner Gemeinde und die Achtung Aller, die ihn kannten. Auch als er alt wurde, ließ er in seiner Thätigkeit nicht nach, wiewol er allerdings, je mehr seine eigne Kraft abnahm, desto weniger nöthig hatte, sich anzustrengen, da der Same, den er ausgestreut hatte, aufgegangen war und Früchte trug. Dazu hatte sein Wort Gesetzeskraft, denn sein Charakter litt keinen Widerspruch, und seine grauen Haare waren das Ehrenzeichen patriarchalischer Würde. Er hatte in seinen alten Tagen die Freude, seine Gemeinde schnell an Zahl und Wohlstand zunehmen zu sehen. Von 100 Familien hatte sich die Bevölkerung des Steinthals während seiner Amtsführung auf 3000 Seelen vermehrt. Als die Landwirthschaft die so bedeutend gestiegene Zahl der Bewohner nicht mehr hinlänglich beschäftigen konnte, wurde das Strohflechten und die Baumwollenspinnerei, später auch die Weberei eingeführt, und als die Weberei durch die Einführung von Maschinen in benachbarten Dörfern ins Stocken kam und die Bewohner dadurch in große Bedrängniß geriethen, verlegte Legrand aus Basel seine Manufactur seidener Bänder vom Oberrhein in das Steinthal und eröffnete so den Bewohnern desselben einen neuen Erwerbszweig.

Nachdem Oberlin fünf Jahre lang gekränkelt und oft seine Erlösung herbeigewünscht hatte, starb er sanft und ohne Schmerzen am 1. Juni 1826 in dem hohen Alter von 86 Jahren. Menschen aus allen benachbarten Departements strömten zu seiner Leichenfeier herbei und begleiteten seine Leiche zu dem Grabe auf dem Kirchhofe zu Foubay, das durch ein Kreuz bezeichnet ist, welches die Inschrift trägt: „Vater Oberlin".

Behemoth und Leviathan.

Vielen unserer Leser ist ohne Zweifel bekannt, wie viele Mühe man auf die Untersuchung gewandt hat, welche Thiere unter den Ausdrücken Behemoth und Leviathan im Buche Hiob zu verstehen sind. Schwerlich werden wir durch fernere Untersuchungen über diesen Gegenstand aufs Reine kommen, gleichwol dürfte eine kurze Prüfung der aufgestellten Vermuthungen nicht uninteressant sein.

Hinsichtlich des Behemoth waren die Meinungen immer sehr getheilt, aber hinsichtlich des Leviathan, „des größten unter allen Thieren, welche im Meere schwimmen", scheinen alle ältern Erklärer der Bibel einstimmig der Meinung gewesen zu sein, daß der Walfisch darunter zu verstehen sei. Dagegen halten fast alle neuern Erklärer den Leviathan für einerlei mit dem Krokodil, und Viele darunter meinen, der Behemoth sei das Nilpferd. Einer von ihnen sagt: „In frühern Stellen sahen wir den Strauß mit dem Storche zusammengestellt und den Adler nach dem Habicht erwähnt; da nun hier Leviathan und Behemoth aufeinander folgen, so können wir auf eine ähnliche Verbindung zwischen ihnen schließen und die Vermuthung wagen, daß Behemoth das Nilpferd, Leviathan dagegen das Krokodil ist, ein Bewohner desselben Flusses und noch furchtbarer. Diese Meinung gewinnt an Wahrscheinlichkeit durch den Umstand, daß die Alten beide Thiere zusammenzustellen pflegten. So sehen wir auf einigen in Herculanum gefundenen Wandgemälden, welche ägyptische Landschaften darstellen, das Krokodil im Schilfe liegen und das Nilpferd von den Pflanzen einer Insel fressen; ebenso sind in dem berühmten Mosaikfußboden von Präneste, welcher die Pflanzen und Thiere Ägyptens darstellt, Nilpferd und Krokodil in einer Gruppe am Nil zusammengestellt."

Sehen wir aber, inwiefern die Beschreibungen des Behemoth und Leviathan im Buche Hiob mit Demjenigen, was wir von der Lebensart des Nilpferds und des Krokodils wissen, übereinstimmen. Hierbei dürfen wir jedoch die Veränderungen nicht übersehen, welche mit der fortschreitenden Civilisation in der gegenseitigen Stellung des Menschen und der wilden Thiere eingetreten sind. Diejenigen Geschöpfe, deren bloße Namen in der frühern Menschengeschichte Furcht einflößten, sind furchtsamer und weniger gefährlich geworden, je mehr sie der Mensch, mit bessern Waffen zu ihrer Vernichtung ausgerüstet, siegreich zu bekämpfen gelernt hat.

Behemoth wird im Buche Hiob so beschrieben: „Der Behemoth frißt Heu wie ein Ochse. Seine Knochen sind wie festes Erz, seine Gebeine sind wie eiserne Stäbe. Er liegt gern im Schatten, im Rohr und im Schlamme verborgen. Das Gebüsch bedeckt ihn mit seinem Schatten und die Bachweiden bedecken ihn." Diese Ausdrücke passen sehr gut auf das Flußpferd oder Nilpferd, das sich von Wurzeln und Pflanzen nährt und am Ufer im Schilf ruht und schläft. Man findet es jetzt nicht mehr in Ägypten, wiewol es am untern Nil häufig war. Es hat mit dem Rhinoceros fast gleiche Größe, einen ungeheuern Kopf und große Fangzähne; obgleich es im Allgemeinen ruhig und unschädlich ist, so wird es doch in der Wuth, wenn es gereizt wird, durch seine Stärke sehr gefährlich, besonders im Wasser. Das Flußpferd aus Südafrika scheint furchtsamer als das Flußpferd von Dongola in Nubien; dieser Unterschied ist wahrscheinlich den Schießgewehren der Capcolonisten zuzuschreiben. Es fand sich sonst in den meisten großen Flüssen von Südafrika; jetzt ist es innerhalb der Grenzen der Colonie fast verschwunden, da das Schießen der Jäger diejenigen, welche dem Tode entgingen, verscheucht hat; aber noch findet man viele in den Flüssen derjenigen Gegenden, wo der Gebrauch von Feuerwaffen beinahe oder völlig unbekannt ist. In Gegenden, wo sie die Wahl haben, scheinen sie das Meer den Flüssen als Aufenthaltsort am Tage vorzuziehen. Sie nähren sich von Gras, und zwar vorzüglich bei Nacht; bei Tagesanbruch gehen sie ins Wasser und bleiben darin, bis die Dämmerung sie einladet, ans Ufer zu kommen. Wenn nicht ihre eigne Sicherheit oder die ihrer Jungen bedroht ist, sind die Flußpferde so furchtsam, daß sie sich bei der Annäherung von Menschen ins Wasser flüchten; wenn sie aber im Wasser angegriffen und verwundet werden, so schwimmen sie oft zu dem Boote des Jägers, tauchen neben demselben plötzlich empor und beschädigen es bedeutend

Kampf und Jagd eines Nilpferdes und eines Krokodils, nach Rubens.

oder zerstören es. Ihr Fleisch wird als Nahrungsmittel von Eingeborenen sowol als Colonisten sehr gesucht, besonders aber der sogenannte Seekuhspeck, d. h. das gesalzene und getrocknete Fett, welches unmittelbar unter der Haut liegt. Man fängt die Nilpferde gewöhnlich in Gruben, die an den Flußufern gegraben und täglich mit frischem Grase bedeckt werden, damit das verwelkte nicht den Verdacht des Thieres erwecke. Diese Art, das Thier zu fangen, scheint auf die Worte im Buche Hiob zu passen: „Durch Fallstricke durchbohrt man ihm seine Nase." Alles wohl erwogen, ist unter dem Behemoth, den einige Bibelerklärer für ein untergegangenes Thiergeschlecht halten, höchst wahrscheinlich das Nilpferd zu verstehen.

Die Beschreibung des Leviathan in der Bibel ist länger und enthält mehr Schwierigkeiten. Darin werden folgende Fragen aufgeworfen: „Kannst du den Leviathan ziehen mit dem Hamen und seine Zunge mit einem Strick fassen? Kannst du ihm einen Angel in die Nase legen und mit einem Stachel ihm die Backen durchbohren? Kannst du das Netz füllen mit seiner Haut und die Fischreusen mit seinem Kopf? Wer kann die Kinnbacken seines Antlitzes aufthun? Schrecklich stehen seine Zähne umher. Seine stolzen Schuppen sind wie feste Schilder, fest und enge ineinander." Diese Worte passen ohne Zweifel auf das Krokodil, doch kommen noch andere Ausdrücke vor, welche, wenn man nicht den übertreibenden Styl der Morgenländer berücksichtigt, auf ein Thier zu gehen scheinen, das noch furchtbarer und gefährlicher ist als das Krokodil. Aber sowol das Krokodil der alten, als der Alligator der neuen Welt sind grimmige Feinde, und wir können uns den Schrecken denken, den das Thier in frühern Zeiten einflößen mußte, sodaß es wol von ihm heißen konnte: „Er achtet Eisen wie Stroh und Erz wie faules Holz. Kein Feind wird ihn verjagen, die Schleudersteine sind ihm wie Stoppeln. Den Hammer achtet er wie Stoppeln; er spottet der bebenden Lanzen."

Unsere Abbildung ist nach einem Gemälde von Rubens gemacht*) und stellt eine Scene auf den Ufern des Nil vor. Ein Nilpferd und ein Krokodil, die im Kampfe begriffen sind, werden von Jägern überfallen, die sie, ungeachtet der Gefahr ihres Wagstücks, sehr beherzt angreifen. Kaum brauchen wir unsern Lesern das Abgeschmackte und Ungehörige der Zeichnung bemerklich zu machen. Zu Rubens' Eigenschaften gehörte Gewandtheit und Vielseitigkeit; er entfaltete sie oft auf Kosten der Wahrscheinlichkeit und Schicklichkeit, aber Alles, was er unternahm, trägt das Gepräge des Talents, und so unnatürlich auch die in der Abbildung vorgestellte Scene sein mag, so ist doch den Figuren viel Feuer und Kraft nicht abzusprechen.

Das Neueste aus der Natur= und Gewerbswissenschaft.**)

Der interessante Gegenstand, mit welchem wir unsern diesmaligen Bericht zu eröffnen haben, ist das Himmelsereigniß der Wiedererscheinung des Encke'schen Kometen, welcher der Erde am 7. November so nahe kommt, als er ihr überhaupt kommen kann, und sich dann so glänzend zeigen wird, als es seine Lichtstärke gestattet.

Dieser Komet wurde am 26. November 1818 von dem als Kometensucher berühmten französischen Astro=

---

*) Vergl. über Rubens Pfennig=Magazin Nr. 23.
**) Siehe Pfennig=Magazin Nr. 273 u. fg.

nomen Pons entdeckt. Encke, der königlich preußische Astronom zu Berlin, unterwarf die Pons'schen Beobachtungen dieses Gestirns sogleich einer Berechnung*) und erkannte daraus, daß sich dasselbe in der für Kometen unerhört kurzen Zeit von 1208 Tagen (fast $3^{3}/_{10}$ Jahre) um die Sonne bewege.

An der Richtigkeit dieses Resultats durfte folglich nicht gezweifelt werden, da sich bald nachher fand, daß dieser Komet schon früher mehrmals in Zeitpunkten gesehen worden war, welche mit jener Umlaufsperiode zusammentrafen. Gleichwol ward seine Wiederkehr, welche nach Encke's Rechnung im Mai 1822 eintreten mußte, von den Astronomen mit Neugier erwartet. Auf der nördlichen Halbkugel konnte man zwar, wegen der zu dieser Zeit daselbst schon stattfindenden langen und starken Abenddämmerungen, kaum hoffen, ihn zu erblicken; aber jenseit des Äquators mußte er, nach Sonnenuntergang, noch hoch genug über dem Horizonte stehen, um wahrgenommen zu werden. Wirklich beobachtete ihn auch der damals zu Paramatta auf Neuholland angestellte Astronom Rümker genau an der berechneten Stelle; und ebenso sind die spätern Wiedererscheinungen dieses Kometen in den Jahren 1825, 1828, 1831 und 1835 genau zu den vorgeschriebenen Zeiten und an den vorgeschriebenen Orten erfolgt. Im laufenden Jahre erreicht er den Punkt seiner größten Sonnennähe (sein Perihelium) am 19. December.

In dieser seiner Sonnennähe ist der Encke'sche Komet nur 6 Millionen Meilen von der Sonne entfernt, in der Sonnenferne (dem Aphelium) dagegen 85 Millionen Meilen. Die große Axe seiner elliptischen Bahn um die Sonne beträgt also $85+6=91$ Millionen Meilen, wovon die Hälfte, die mittlere Entfernung von der Sonne, demnach 45,500,000 Meilen beträgt. Der Lage nach fällt der Punkt der Sonnenferne jenseit der Ceresbahn, jedoch ohne die des Jupiter zu erreichen, die Sonnennähe aber zwischen die Sonne und die Bahn des Mercur, und der Komet kann diesem letztern Planeten dabei bis auf 360,000 Meilen nahe kommen. Dieser Umstand verleiht dem Encke'schen Kometen eine ganz besondere astronomische Wichtigkeit, indem es dadurch wahrscheinlich möglich werden wird, die bis jetzt noch sehr zweifelhafte Masse des Mercur mit größerer Genauigkeit zu bestimmen. Unter Masse eines Planeten (welche nicht mit seinem Volumen, seinem räumlichen Inhalte zu verwechseln ist) versteht man sein Gewicht, die Anzahl von Centnern, Pfunden, welche der Planet wiegen würde, wenn man ihn in eine Wagschale legen könnte. Unsere Erdkugel z. B. würde solchergestalt fast 90,000 Trillionen Centner schwer befunden werden. Man hat dies ausmitteln können, indem man die Größe der Erdkugel durch Messungen auf ihrer Oberfläche, woraus ihr körperlicher Inhalt folgte, und sodann ihre mittlere Dichte bestimmte, indem man mit der Dichte (Schwere) eines andern Körpers verglich. Nun übertrifft jene mittlere Dichte der Erde die Dichte des reinen Regenwassers $4^{1}/_{2}$ Mal. Das Gewicht eines Cubikfußes reinen Regenwassers, gleichwie die Anzahl von Cubikfußen, welche die Erde enthält, sind aber bekannt, woraus sich also die obige Gewichtsangabe der Erdkugel durch eine leichte Rechnung ergibt. Mit dieser ihrer Masse, ihrem Gewichte, den 90,000 Trillionen Centnern, wirkt die Erdkugel anziehend im Weltenraume; sie zwingt dadurch namentlich den Mond, trotz seiner Entfernung in der bestimmten Zeit seinen Umlauf um sie zu machen. Letzterer Umstand gestattet nun einen Schluß auf die Masse derjenigen andern Planeten, welche auch Monde haben; je weiter diese Monde vom Planeten entfernt sind, und je schneller sie gleichwol durch die Anziehung des Planeten gezwungen werden, ihren Umlauf um ihn zu machen, um desto größer muß die anziehende Masse, das Gewicht, desselben Planeten sein. Diese Bestimmung der Masse, des Gewichts, und der daraus folgenden im Weltenraume wirksam werdenden Anziehungskraft konnte, nach dieser Analogie, also für diejenigen Planeten leicht bewirkt werden, welche auch Monde haben. Die drei Planeten Mercur, Venus und Mars sind aber mit Monden bekanntlich nicht versehen. Indeß üben doch die beiden letztern, Venus und Mars, wenigstens auf den Lauf der ihnen in Folge ihrer Stellung sehr nahe kommenden Erde einen anziehenden Einfluß von solcher Stärke aus, daß daraus ein Schluß auf ihre Masse gemacht werden konnte; bei dem Mercur aber ist dieser Einfluß wegen der größern Entfernung zu unbedeutend, um einen ähnlichen Schluß zu gestatten, und was man daher über die Masse dieses Planeten bis jetzt angenommen hat, erscheint als ganz hypothetisch.

Dieser Ungewißheit über einen für die Kenntniß unsers Planetensystems so wichtigen Umstand dürfte nun durch den dem Mercur sehr nahe kommenden Encke'schen Kometen ein Ende gemacht werden. Die gegenseitige Annäherung beider Gestirne wird diesmal so bedeutend sein, daß, nach Maßgabe der größern oder geringern Masse des Mercur und seiner davon abhängigen größern oder geringern Anziehungswirkung auf den Kometen, letzterer seine Sonnennähe um mehre Stunden früher erreichen kann, als es ohne diesen Einfluß der Fall sein würde, und man begreift, daß sich aus dem Zeitbetrage dieser Beschleunigung auf den Massenbetrag des Körpers schließen läßt, dessen Anziehung sie verursacht.

Außerdem ist dieser Encke'sche Komet aber noch in einer andern Rücksicht wichtig, indem derselbe die Frage zur Entscheidung bringen dürfte: ob der Weltenraum, in welchem die Bewegung der Himmelskörper vor sich geht, mit einer Materie, einem Äther, von hinreichender Dichtigkeit erfüllt sei, um Gestirnen von solcher Lockerheit der Materie, als der Encke'sche Komet unzweifelhaft nur besitzt, einen bemerkbaren Widerstand entgegenzusetzen? Mehre Elemente der Bahn dieses Kometen sind nämlich, nach Encke's Rechnungen, regelmäßigen, mit der Zeit wachsenden Veränderungen unterworfen, wovon jener Astronom den alleinigen Grund eben in einem solchen Widerstande des Äthers findet. Die große Axe seiner Bahn verkürzt sich dabei beständig, und seine Umlaufszeit wird in einem gewissen, davon abhängigen Verhältnisse ebenfalls kürzer; diese Änderungen sind aber um so auffallender, da grade die gedachten beiden Elemente der Bahnen und Bewegungen der übrigen Himmelskörper unsers Systems den Charakter der Unveränderlichkeit an sich tragen. Auch ist der Encke'sche Komet bis jetzt das einzige Gestirn, bei dessen Laufe durch den Himmelsraum sich ein solcher hindernder Einfluß des Äthers offenbart, wovon, wie gesagt, der Grund nur in der ganz besonders lockern Beschaffenheit seiner Materie zu suchen sein kann. Der jüngere Herschel spricht deshalb auch die Vermuthung aus, daß dieser Komet noch früher verdunsten werde, als sein Zusammensturz mit der Sonne, welcher er sich in Gemäßheit der angegebenen beständigen Verkürzung seiner großen Axe fortwährend nähert, erfolgen dürfte.

---

*) Hiernach heißt der Komet der Encke'sche; Encke selbst nennt ihn dagegen nach dem Entdecker den Pons'schen.

Denjenigen meiner Leser, welche genauer über das hier Angedeutete nachdenken, dürfte es vielleicht auffallend erscheinen, daß ein merklicher Widerstand des Äthers, wie wir ihn für diesen Kometen behauptet haben, gleichwol eine Beschleunigung seiner Bewegung hervorbringen soll, da auf den ersten Blick vielmehr eine Verzögerung die nothwendige Folge davon sein zu müssen scheint. Wenn wir laufen, werden sie mir z. B. einwenden, und uns die Luft widersteht, so verzögert dieser Widerstand unsere Bewegung, beschleunigt sie aber nicht. — Wie gegründet dieser Einwand aber auch scheint, so findet er doch auf den vorliegenden Fall keine Anwendung; denn die Bewegung eines Planeten oder Kometen um die Sonne erfolgt bekanntlich in Gemäßheit einer zwiefachen Ursache: einmal wegen eines dem Gestirne ursprünglich beiwohnenden Bestrebens, sich von der Sonne in das Unendliche zu entfernen, und zweitens wegen der Anziehung der Sonne, wodurch das Gestirn stets von jener Entfernung abgehalten und vielmehr zum Umlaufe gezwungen wird. Trifft das Gestirn also auf einen Widerstand, wie hier des Äthers, so wird also auch das Streben sich zu entfernen behindert, und die Anziehung der Sonne, welche jenem Streben entgegenwirkt, kann freier wirken und das Gestirn näher heranziehen, wovon Beschleunigung der Bewegung die unausbleibliche Folge werden muß.

Nächst diesem Kometen müssen wir eine von Sir John Herschel, welcher bekanntlich lange am Vorgebirge der guten Hoffnung den südlichen Himmel beobachtet hat und erst kürzlich nach England zurückgekehrt ist, wahrgenommene merkwürdige Vergrößerung des Sterns η in der Argo (dem bekannten südlichen Sternbilde) erwähnen. „Ich habe", so drückt sich Herschel darüber in einem Schreiben an die astronomische Gesellschaft zu London aus, „eine merkwürdige Erscheinung am Sternhimmel beobachtet, deren Entwickelung ich mit großem Interesse verfolge. Sie betrifft den Nebelstern zweiter Größe η in der Argo, welchen man bisher als einen sehr großen Stern zweiter oder selbst als einen kleinen Stern erster Größe betrachten konnte. Zuweilen erschien er mir von gleicher Größe mit Fomalhaut (Stern erster Größe am Maul des südlichen Fisches), während er ein andermal der Größe nach zwischen α und β im Kreuz (ebenfalls südliches Sternbild) zu stehen schien. Ich dachte jedoch nie daran, daß er ein veränderlicher Stern sein könne. Daher war ich nicht wenig erstaunt, als ich bei einer wenig spätern Beobachtung fand, daß er an Größe sehr zugenommen habe und kaum Rigel im Orion (bekannter Stern erster Größe) nachstand. Diese merkwürdige Zunahme ist sehr plötzlich eingetreten. Ob der Stern aber jetzt das Maximum seiner Größe erreicht habe und nun allmälig wieder abnehmen werde, müssen spätere Beobachtungen lehren."

Diese Beobachtung von Herschel führt uns auf eine Betrachtung der veränderlichen Sterne überhaupt. Vergleichen wir unsere jetzige Bestimmung des scheinbaren Glanzes und der scheinbaren Größe verschiedener Sterne mit den Bestimmungen älterer Astronomen, so finden sich viele merkwürdige Verschiedenheiten. So bemerkt Olbers, daß z. B. α im Drachen, δ im Großen Bären (den frühere Beobachter noch als sehr glänzend bezeichnen) und β des Adlers bedeutende Lichtabnahme erlitten zu haben scheinen, wogegen σ des Schützen und ε des Pegasus vielmehr heller geworden sind. Andere Sterne hinwiederum scheinen die Farbe verändert zu haben: Sirius, den Seneca „roth wie Mars" beschreibt, ist jetzt vollkommen frei von allem rothen Lichte u. s. w. Noch auffallender sind die bei manchen Sternen beobachteten periodischen Veränderungen, welche darin bestehen, daß der Stern eine Zeit lang einen hellern Glanz zeigt, dann an Licht abnimmt und später regelmäßig wieder zur vorigen Lichtstärke zurückkehrt. Dahin gehört z. B. Algol im Medusenhaupte, welcher sich allemal nach zwei Tagen 20 Stunden auffallend verdunkelt. Bei andern Sternen ist dieser Wechsel nicht regelmäßig; noch andere, welche nach frühern Beobachtungen ehemals einem solchen Wechsel unterworfen gewesen sind, werden jetzt in gleichmäßigem Lichte gesehen. Besäßen wir schon seit längern Zeiten sorgfältige Firsternbeobachtungen und wäre es nicht so außerordentlich schwer, das ganze zahllose Heer dieser Himmelskörper unter beständiger strenger Controle zu halten, so würden sich solcher Veränderungen am Firsternhimmel gewiß noch viel mehre nachweisen lassen. Wir würden sehr weitläufig werden müssen, wenn wir auf alle in dieser Hinsicht bis jetzt gemachten Entdeckungen, von denen aber nur wenige Beispiele angeführt sind, eingehen wollten, und fragen lieber nach den Gründen dieser so höchst auffallenden Erscheinungen. Solcher Gründe können aber freilich wieder mehre angenommen werden. Da man sich unter den Firsternen wenigstens großentheils Sonnen nach der Analogie unserer von Planeten umkreisten Sonne denken muß, so darf man also auch ihnen dergleichen umkreisende Planeten oder, wenn es sich (vergleiche unsere frühere Mittheilung) um Doppelsterne handelt, umkreisende Wandelsonnen beilegen. Unter dieser Voraussetzung aber erscheint der periodische Zwischentritt eines solchen umkreisenden dunkeln oder dunklern Körpers zwischen Firstern und Beobachter zunächst als eine sehr natürliche Veranlassung der gleichfalls periodischen Verdunkelung des erstern für den letztern. Handelt es sich aber ferner um Nebelsterne, wie bei der Beobachtung von Herschel, welche uns zu den gegenwärtigen Betrachtungen die Veranlassung gegeben hat, so muß man auf den wahrscheinlichen Ursprung und die allmälige Bildung der Gestirne zurückgehen. Dieselben scheinen aus der Zusammenballung, wenn wir so sagen dürfen, eines den ganzen Weltraum erfüllenden Licht- und Weltenschöpfungsstoffes entstanden zu sein, welcher bei den hier in Rede stehenden Nebelsternen noch keine hinreichende Verdichtung erfahren hat. In dem Maße, als letztere vorschreitet, wird sich natürlich das Ansehen des Gestirns verändern: es wird lichter und in dem nämlichen Maße größer erscheinen, genau wie dies die Beobachter angeben; und eine solche Veränderung im Aussehen eines Nebelsterns kann sehr plötzlich eintreten, wenn alle Vorbedingungen erfüllt gewesen sind. Die Farbenveränderungen im Lichte eines Firsterns endlich aber, wie wir davon oben ein Beispiel am Sirius gesehen haben, lassen sich, wie uns scheint, aus geringen Änderungen in seiner Lichtsphäre erklären, worüber es aber bei den ungeheuern, in viele Billionen Meilen gehenden Entfernung dieser Gestirne freilich schwer hält, etwas Bestimmteres festzusetzen.

(Die Fortsetzung folgt in Nr. 293.)

Beharrlichkeit eines Hindu.

Von dem Starrsinne, mit welchem die Hindus bei ihren angestammten Vorurtheilen beharren, erzählt ein neuerer Reisender in Ostindien, der englische Major Skinner, ein auffallendes Beispiel. Einer seiner Freunde besuchte nämlich in Begleitung eines eingeborenen Dieners ein englisches Schiff, konnte aber an demselben Tage nicht zurückkehren, weil eingetretene üble Witterung jeden Versuch, zu landen, unmöglich machte. Er mußte deshalb, auf solchen Fall nicht vorbereitet, die Küche des Schiffes für sich und seinen Diener in Anspruch nehmen. Allein der letztere war nicht zu bewegen, von dem Dargebotenen etwas zu berühren, weil er sich dadurch nach den Gesetzen seiner Religion verunreinigt haben würde; er fastete vielmehr geduldig, in der Hoffnung, am andern Morgen das Schiff verlassen zu können. Unglücklicherweise hielt jedoch der Sturm mehre Tage an, während welcher der Hindu einen harten Kampf zwischen den Foderungen der Natur und seinen religiösen Meinungen zu bestehen hatte. Fische, die einzige für ihn erlaubte Nahrung, die man in dieser Lage hätte anschaffen können, konnten der hohen See wegen nicht erlangt werden, und als es endlich dennoch gelungen war, einen solchen zu fangen, verschmähte der gänzlich Entkräftete ihn doch, weil er ihn nicht selbst bereiten konnte; ja er würde sicher vor Hunger gestorben sein, wenn nicht günstigeres Wetter bald darauf die Rückkehr nach dem Lande gestattet hätte, wo er nun todtkrank ankam.

Der Saugefisch.

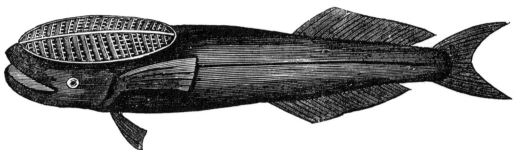

Der Saugefisch oder Schildfisch (auch Sauger, Hemmfisch, Schiffhalter genannt) hat seinen Namen von einem ovalen, platten, mit einem hervorstehenden Rande umgebenen, aus beweglichen, schiefliegenden und gezähnelten Querblättchen zusammengesetzten Schilde auf dem Kopfe, mittels dessen sich der Fisch an den Boden der Schiffe, unter dem Bauche anderer Fische, z. B. der Rochen und Haifische u. s. w., ansaugen kann. Sein Körper ist lang und mit kleinen Schuppen bedeckt. Es gibt besonders zwei Arten: den kleinen Saugefisch von schwarzgrauer Farbe, der höchstens 1½ Fuß lang wird und im mittelländischen Meere und im Ocean wohnt, und den großen Saugefisch von olivengrüner Farbe, der mehre Fuß lang wird und sich in allen Meeren findet. Von diesem letztern glaubte man ehemals, daß er ein Schiff, an dessen Boden er sich ansauge, aufhalten könne, was natürlich eine bloße Fabel ist; doch kommt daher sein Beiname naucrates, d. h. Schiffhalter. Besonders an Haifische hängt sich dieser Fisch an und scheint zu jenen durch einen eigenthümlichen Instinct hingezogen zu werden, weshalb man selten einen Haifisch ohne eine Begleitung von Saugefischen von verschiedener Größe findet, und andererseits die Erscheinung eines Saugefisches in der Regel auf die Nähe eines Haifisches deutet. Dabei hat man die Bemerkung gemacht, daß die kleinen Saugefische vorzugsweise die kleinen, die großen hingegen die großen Haifische begleiten, sodaß sie fast miteinander aufzuwachsen und zu altern scheinen. Die Saugefische schwimmen mit außerordentlicher Geschwindigkeit, besonders um den Rachen der Haifische umher, und setzen sich, wenn sie müde werden, an seine Seiten, an die Winkel seiner Flossen, ja bis nahe an den Rand seiner furchtbaren Kinnladen an.

Ein neuerer Reisebeschreiber, Dr. Ruschenberger, gibt in seiner Reise um die Welt von diesem Fische folgende Nachricht. „An jedem Haifische hängt gewöhnlich unter einer Finne ein merkwürdiger Fisch, der Sauger genannt; er hängt sich an Haifische und andere Körper mittels einer flachen ovalen Scheibe, die einen weichen häutigen Rand hat und von 20—30 Rippen durchzogen ist, welche das Thier nach Gefallen heben und niederdrücken kann, und wodurch es die Luft und das Wasser von unten aufsaugt und Gegenstände mit einer Festigkeit und Kraft festhalten kann, die dem Drucke des Wassers oder der Luft von oben gleich kommt. Daher behauptete man, dieser Fisch könne ein Schiff im vollen Segeln aufhalten. Die Scheibe oder der Saugapparat befindet sich am Hinterkopfe und gibt dem Fische das Ansehen, als sei er verkehrt; auch schwimmt er in der That mit dem Rücken nach unten. Er hat eine dunkle Bleifarbe und seine Größe variirt von wenigen Zollen bis auf einen Fuß und darüber."

Der Sage, daß dieser Fisch Schiffe aufhalten könne, gedenkt der ältere Plinius, der ihr vollen Glauben beizumessen scheint, mit folgenden Worten: „Ein einziger kleiner Fisch, Echeneis genannt, bezähmt die Wuth der Stürme und zwingt die Schiffe still zu stehen, was weder Taue noch schwere Anker vermögen. Jene mit Erz und Eisen bedeckten Schiffe kann ein Fischchen hemmen und festhalten. In der Schlacht bei Actium soll ein solcher Fisch das Schiff des Antonius, welcher durch die Reihen der Seinigen eilen und sie zum Kampfe ermuntern wollte, aufgehalten haben, sodaß er ein anderes Schiff besteigen mußte." Ja er schreibt diesem Umstande Einfluß auf die Schlacht selbst zu und erwähnt andere Beispiele ähnlicher Art. Übrigens gab es im Alterthume noch mehre wunderbare und ungereimte Sagen von diesem Fische, welche Plinius gleichfalls mittheilt. Er sollte die Frauen vor frühzeitiger Niederkunft bewahren; wenn er eingesalzen wäre, so sollte es nur seiner Annäherung bedürfen, um das etwa in einen tiefen Brunnen gefallene Gold herauszuziehen, u. s. w.

Das Pfennig-Magazin
für Verbreitung gemeinnütziger Kenntnisse.

№ 293.] Erscheint jeden Sonnabend. [November 10, 1838.

Die Ruinen von Babylon.

Die Stadt Hillah auf den Ruinen von Babylon.

Der Euphratexpedition der Engländer, d. h. der Fahrt zweier englischer Dampfschiffe auf dem Euphrat, von seiner Mündung stromaufwärts, welche vor Kurzem in der Absicht unternommen wurde, um zu untersuchen, ob der Fluß überall schiffbar sei und zu einer Verbindung des mittelländischen Meeres mit Ostindien dienen könne, verdanken wir außer andern interessanten Nachrichten auch Mittheilungen über den jetzigen Zustand von dem einst so berühmten Babylon; unsere Abbildung ist nach einer Zeichnung gemacht, welche ein an der Expedition Theil nehmender englischer Offizier an Ort und Stelle entworfen hat.

An der Stelle einer bedeutenden Vorstadt von Babylon steht jetzt die Stadt Hillah, die unsere Abbildung darstellt. Sie liegt unter 32° 28′ nördl. Breite an der Ostseite des Euphrat, 48 englische Meilen von Bagdad. Ihre Bevölkerung beträgt 6—7000 Seelen und besteht hauptsächlich aus Arabern, die ihren eignen Scheik haben, aber der Mutsellim oder Gouverneur der Stadt steht unter dem Pascha von Bagdad. Zu beiden Seiten des Flusses stehen Bazars; die Läden derselben werden von Armeniern, Türken und Juden gehalten. Der Handel der Stadt ist bedeutend; die Mauren kommen theils auf Kameelen aus dem Innern, theils zu Wasser auf Böten, die Reis, Datteln, Taback und andere bei den Arabern gesuchte Artikel herzuführen.

Die Ruinen fangen neun englische Meilen östlich und fünf nördlich von Hillah an und bestehen in großen Haufen von gebrannten und ungebrannten Ziegeln, die auf der Oberfläche wieder zu Erde geworden, im Innern aber noch wohlerhalten sind; sie sind zum Theil Ueberreste großer Mauern und ganzer Häuser. Östlich vom Euphrat liegen die meisten Ruinen, in einer wüsten, baumlosen Gegend, etwa 100 Fuß über dem Spiegel des Flusses; hier bilden sie, von drei großen Erdwällen und dem Strome eingeschlossen, ein längliches Viereck und bestehen aus drei Hauptgruppen. Am nördlichsten liegt die große Ruine, genannt El Mukallibe; diese halten Manche für den Thurm des Belos. Sie ist ein Oblongum, dessen vier Seiten der Reihe nach 200, 182, 219 und 133 Ellen lang und nach den vier Himmelsgegenden gerichtet sind; die größte Höhe beträgt 141 Fuß. Jetzt dient die Ruine allerlei

Thieren, Stachelschweinen, Eulen und vielleicht auch Löwen, nach der Meinung der Bewohner dieser Gegend aber bösen Geistern, zum Aufenthalte. Die zweite große Ruine liegt eine englische Meile südlich und heißt bei den Arabern el Kasr, d. h. das Schloß, ist etwa 3100 Fuß lang und breit, besteht aus vielen Mauern, Pfeilern und unterirdischen Gängen, in die sich Niemand wagen will, und hat außerordentlich festes Mauerwerk. Die mit Inschriften gezierten Mauersteine, die glasirten und farbigen Ziegel, die Sculpturen, die man hier gefunden hat, deuten auf die Wichtigkeit dieser Ruine und haben Veranlassung gegeben, daß man sie allgemein als den östlichen babylonischen Königspalast, der wegen seiner hängenden Gärten berühmt war, angesehen hat. Die wichtigste Ruine aber, welche mehre Reisende wol mit Recht für den berühmten Thurm des Belos halten, liegt westlich vom Euphrat, etwa sechs englische Meilen südwestlich von Hillah, und wird von den Arabern Birs Nimrod, d. h. Thurm des Nimrod, von den Juden Nebukadnezar's Gefängniß genannt. Sie bildet einen ganz aus Backsteinen bestehenden Hügel in Gestalt eines länglichen Vierecks, der 762 Ellen im Umfange und an der Westseite 50—60, an der Ostseite 198 Fuß Höhe hat. Sämmtliche Ruinen imponiren nur durch kolossale Größe, aber durchaus nicht durch Schönheit; alle Verzierungen und Bildhauerarbeiten sind roh und barbarisch. Die merkwürdigsten ausgegrabenen Alterthümer sind: Basreliefs, Cylinder von Achat und ähnlichen Steinarten, geschnittene Onyxe und andere Edelsteine, besonders aber unzählige keilförmige Inschriften, theils auf den Backsteinen, theils auf den ausgegrabenen Gemmen oder geschnittenen Steinen.

Die Nachrichten, welche die alten Schriftsteller von der Ausdehnung und kolossalen Bauart des alten Babylon geben, gehen ganz ins Unglaubliche. Die Stadt bildete ein regelmäßiges Viereck und hatte nach Herodot 480, nach Ktesias und Diodor 360, nach Klitarch 365, nach Curtius 368, nach Strabo 385 Stadien im Umfange. Nehmen wir nun an, daß hier das am häufigsten gebrauchte kleine ägyptische Stadium zu verstehen ist, so erhält man nach der kleinsten Angabe 5, nach der größten 6½ deutsche Meilen. Die Mauern, von gebrannten Ziegelsteinen aufgeführt und mit Asphalt verbunden, waren nach Herodot 200 Ellen hoch und 50 Ellen dick, nach Ktesias 50 Klaftern hoch und so breit, daß sechs Wagen nebeneinander darauf fahren konnten. Die Stadt enthielt 250 Thürme und 100 eherne Thore mit ehernen Pfosten und Schwellen; ihre Straßen waren einander theils parallel, theils durchschnitten sie sich in rechten Winkeln; die Häuser waren drei bis vier Stockwerke hoch. Das königliche Schloß, ebenfalls mit einer mehrfachen Mauer umgeben, welche mit Figuren bemalt war, befand sich auf beiden Seiten des Stromes, doch war der westliche Theil der bedeutendste. Beim Schlosse befanden sich die berühmten schwebenden oder hängenden Gärten der Semiramis, die aber nach Diodor nicht von dieser Königin, deren Regierung man um 2000 vor Christus setzt, sondern weit später von einem syrischen Könige angelegt worden sind; Herodot erwähnt sie noch nicht. Sie bestanden aus einem Palast in Terrassenform mit ungeheuern Säulen und Schwibbögen und einer Bleidecke; auf diese war so viel Erde aufgetragen, daß die größten Bäume darin wurzeln konnten; zur Bewässerung des Gartens diente eine Wasserleitung, durch welche aus dem Flusse Wasser heraufgepumpt wurde. Das merkwürdigste Gebäude der Stadt, das zu den sieben Wundern der Welt gerechnet wurde, war der babylonische Thurm oder Tempel des Belos, auf der östlichen Seite des Euphrat.*) Seine viereckige Basis hatte 4 Stadien oder 1200 Fuß im Umkreise und seine Höhe betrug nach Strabo ein Stadium (etwa 300 Fuß). Wendeltreppen gingen von außen rund herum. Der Thurm bestand aus acht Stockwerken oder Abtheilungen von abnehmendem Durchmesser, von denen die oberste das Allerheiligste war und ein Lager nebst einem goldenen Tische für die Gottheit enthielt. Im untersten Stockwerke befand sich nach Herodot eine große sitzende Bildsäule des Zeus oder Belos von Gold mit Fußgestell und Thron von Gold; vor derselben stand ein großer Tisch und im Vorhof ein Altar, beide ebenfalls von Gold.

Als Cyrus 539 v. Chr. das babylonische Reich stürzte und die Stadt Babylon eroberte, blieb dieselbe sammt ihren Mauern unversehrt und wurde von ihm zur dritten Hauptstadt des persischen Reichs bestimmt; erst unter Darius Hystaspis (521—487) wurden, nach der Empörung der Babylonier und der Eroberung von Babylon im Jahre 516, Mauern und Thore niedergerissen und die Stadt so entvölkert, daß die umwohnenden Völkerschaften auf Befehl des Darius 50,000 Weiber nach Babylon schicken mußten. Der Belostempel, den Xerxes beraubt, nach Andern zerstört hatte, verfiel; seine Wiederherstellung, die Alexander der Große beabsichtigte, hinderte dessen schneller Tod, und mit dem Wegräumen des Schuttes hatten 10,000 Menschen zwei Monate lang zu thun. Nach Alexander gerieth Babylon immer mehr in Verfall, besonders seit Seleucus in der Nähe davon eine neue Stadt Seleucia als Hauptstadt des syrischen Reiches erbaut hatte, die sehr bald großen Glanz und Wohlstand erlangte.

Die von den alten Schriftstellern angegebene ungeheure Ausdehnung von Babylon ist mehrfach in Zweifel gezogen worden; man muß aber erwägen, daß in den Städten der ältesten Völker die Häuser nicht wie bei uns dichtgedrängt beisammen standen, sondern von Gärten, Weideplätzen und Feldern umgeben waren, was auch Curtius von Babylon ausdrücklich erwähnt. Vielleicht war diese Stadt niemals ganz bebaut und mehr ein von Mauern eingeschlossener District als eine Stadt.

Der Alabaster.

Alabaster bezeichnet bekanntlich einen schönen weißen Stein, ist aber kein wissenschaftlicher, sondern nur ein technischer Name, der sehr unbestimmt gebraucht wird. Gewöhnlich nennt man Gypsstein so, die fest, halbdurchscheinend und marmorähnlich sind; er besteht also aus Schwefelsäure und Kalk. Man findet ihn, wie den Marmor, von mannichfaltigen Farben und verschiedener Härte, doch ist er immer weicher als Marmor; in den Gypsbrüchen bildet er gewöhnlich die untersten Schichten. Die Bildhauer schätzen am meisten den härtesten, ganz weißen und körnigen, der dem carrarischen Marmor zuweilen täuschend ähnlich ist; doch geben sie auch vielen andern Steinen, besonders Marmorsteinen, oft auch dem Selenit, dichtem Gyps u. s. w. den Namen Alabaster.

---

*) Damit ist freilich die obenerwähnte Annahme nicht zu vereinigen, daß die Ruine Birs Nimrod die Ruine dieses Thurmes sei, wenn nicht entweder die Angabe der Alten irrig ist, oder der Euphrat seinen Lauf seitdem geändert hat.

Die Behandlung des Alabasters ist wegen seiner viel größern Weichheit leichter als die des Marmors, aber weil er weniger dicht ist, nimmt er die Politur schwerer an. Man polirt ihn mit einer breiartigen Masse aus Kreide, Seife und Milch und zuletzt mit Flanell; dadurch erhält er eine gelbliche Farbe, die mit der Zeit dunkler wird. Bildhauerarbeiten aus Alabaster springen überdies bei großer Hitze und werden vom Wasser angegriffen, eignen sich also nicht gut zur Aufstellung im Freien.

Nur der härtere Alabaster kann zu Bildhauerarbeiten verwandt werden; aus dem weichen, ganz weißen verfertigt man Büchsen, Vasen, Lampen, Säulen an Stutzuhren und ähnliche Gegenstände. Die Anwendung des Alabasters zu gedrehten Arbeiten war schon den Alten bekannt; das Wort Alabaster ist griechisch und bedeutet eine Balsambüchse. Jetzt gibt es sowol große Fabriken, z. B. in Florenz, Livorno, Mailand, als auch viele einzelne Drechsler, die sich ausschließlich mit diesem Industriezweig abgeben. Am meisten schätzt man den ganz weißen, gleichartigen, durchscheinenden Alabaster, der von undurchsichtigen Flecken und Streifen frei ist. Der florentinische ist der beste und zu größern Stücken anwendbar; andere Sorten, z. B. die salzburgische und östreichische, enthalten Sand, Adern und ungleich harte Stellen und müssen deshalb in kleinere Stücke getheilt werden; noch andere Sorten, z. B. der tirolische, sind nicht weiß genug.

Der weiche Alabaster ist schon frisch gebrochen weich, wird aber durch Liegen noch etwas weicher. Er läßt sich mit dem Messer schneiden und mit stählernen Werkzeugen entweder aus freier Hand oder noch schneller auf der Drehbank beliebig formen; man kann dabei dieselben Werkzeuge anwenden, mit denen Elfenbein und Messing gedrechselt werden. Zu Figuren und feinen Zügen braucht man, außer dem Messer und der Feile, auch Grabstichel und kleine Meißel. Durch alle diese Werkzeuge erhält man immer nur eine matte und rauhe Oberfläche; daher muß der Alabaster erst noch geschliffen und dann polirt werden. Das Schleifen geschieht entweder mit Bimsstein, der aber der Weiße schadet, oder erst aus dem Groben durch Schachtelhalm mit Wasser, dann durch gebrannten, in Wasser gelöschten Kalk. Die Politur und einen atlasähnlichen Glanz erhält man durch Seifenwasser und Kalk, dem man zur Erhöhung des Glanzes etwas gepulvertes und geschlämmtes Federweiß oder Talk zusetzen kann.

Die Alabasterarbeiten können leicht hergestellt werden und sind ihrer verhältnißmäßigen Wohlfeilheit wegen beliebt, haben aber manche Mängel. Selbst der härteste Alabaster leidet durch Hitze und Nässe. Geschirre zu Flüssigkeiten kann man nicht aus Alabaster machen, weil er sich im Wasser auflöst und dadurch der Gesundheit nachtheilig wird, auch durch schnelle Erwärmung springt. Durch Rauch und Alter wird er gelb und endlich braun, nimmt auch sehr leicht Fettflecken an.

Künstlicher Alabaster läßt sich durch geschmolzene Salze hervorbringen, namentlich durch eine Mischung von Alaun mit Gyps. Auch bloßer Salpeter ist dazu angewandt worden, ist aber dem Alabaster weniger ähnlich.

Um Alabaster zu ätzen, kann man die Eigenschaft desselben benutzen, daß er im Wasser auflöslich ist, wiewol sich in 4—500 Theilen Wasser erst ein Theil auflöst. Man bedeckt nämlich die Stellen, welche nicht matt und vertieft werden sollen, mit einer Mischung aus Wachs, Terpenthinöl und Bleiweiß oder mit Terpenthinfirniß, um sie gegen die Auflösung zu schützen. Ist dieser Überzug getrocknet, so legt man den Stein in Regen- oder destillirtes Wasser und läßt ihn 48 und mehr Stunden darin liegen. Den Firniß schafft man dann durch Terpenthinöl wieder weg und reibt die matten und vertieften Stellen mittels eines Bürstchens oder feinen Pinsels mit fein gesiebtem Gyps ein, wodurch sie eine Art von Undurchsichtigkeit annehmen, die sie von den erhabenen Stellen unterscheidet. Auf dieselbe Weise wie Marmor kann auch Alabaster gefärbt werden, entweder mit metallischen Auflösungen, oder mit geistigen Tincturen aus färbenden Pflanzenstoffen, oder mit gefärbten Ölen.

Um endlich den Alabaster und dichten Gyps härter und marmorähnlicher zu machen, kann man so verfahren. Der Gypsblock wird aus dem Groben behauen und etwa 24 Stunden lang auf einem Ofen getrocknet, dann eine nach Verhältniß der Dicke kürzere oder längere Zeit in demselben Ofen einer Hitze ausgesetzt, die der zum Brotbacken nöthigen gleich ist; wenn er erkaltet ist, wird er etwa eine halbe Minute in Flußwasser eingetaucht, wieder einige Secunden der Luft ausgesetzt und endlich wieder einige Minuten eingetaucht. Durch diese Bereitung soll Alabaster oder Gypsstein nach einigen Tagen an der Luft die Härte des Marmors annehmen.

Die schlagenden Wetter.

Mit diesem Ausdrucke bezeichnen die Bergleute die brennbaren Luftarten, die vorzüglich in den Kohlenbergwerken vorkommen und durch ihre Entzündung große Unglücksfälle hervorbringen. Je tiefer die Kohlenschachte hinabgeführt werden, desto öfter ereignet es sich, daß die aus dem Gesteine so oft hervordringenden mephitischen, das heißt, zum Einathmen unbrauchbaren Luftarten wegen des so sehr erschwerten Zutritts der Luft von oben und der immer größern Schwierigkeit eines die Luft erneuernden Luftzuges sich ansammeln und Unglücksfälle herbeiführen. Solche Luftarten entwickeln sich vorzüglich aus alten verlassenen Gruben, aber auch sonst aus den Spalten der Stein- und Steinkohlenschichten und bringen zuweilen in außerordentlicher Menge hervor. Von diesen Luftarten sind nun die brennbaren die häufigsten und gefährlichsten, weil sie, wenn sie sich mit gewöhnlicher atmosphärischer Luft vermischen, eine Explosion veranlassen, sobald sie von dem Grubenlichte des Bergmanns entzündet werden. Besonders gehört das Kohlenwasserstoffgas hierher, was theils in stehenden Gewässern als Product der Fäulniß durch Zersetzung der auf dem Grunde befindlichen Pflanzensubstanzen und des Wassers selbst gebildet und Sumpfluft genannt wird, theils sich in den Steinkohlengruben durch langsame Zersetzung des Grubenwassers auf Kosten der Kohle entwickelt. Hiervon zu unterscheiden ist dasjenige Gas, welches zur Beleuchtung gebraucht wird. Dieses ist eine Mischung aus Kohlenwasserstoffgas und dem sogenannten ölerzeugenden Gas und heißt Ölgas oder Steinkohlengas, je nachdem es aus Öl oder Steinkohlen gewonnen wird. Obgleich das Kohlenwasserstoffgas nicht eingeathmet werden kann, ist es doch an sich der Gesundheit der Arbeiter nicht sehr schädlich, wird auch gar nicht von ihnen bemerkt, während es langsam die Grube füllt; allein wenn es sich mit der atmosphärischen Luft mengt, so bildet es damit ein explodirendes Gemisch, eine Art Knallluft, die sich nach einiger Zeit, wenn sie bis zu einem Siebentel der Luftmenge in der Grube angewachsen ist, entzündet und dadurch verderblich wird.

Durch solche Explosionen werden oft ganze Strecken der Bergwerke verschüttet, die in der Tiefe arbeitenden Bergleute werden entweder durch die Explosion selbst verstümmelt oder getödtet, oder durch das Verschütten der Zugänge aller Hülfe beraubt. Unglücksfälle dieser Art waren sonst namentlich in England häufig und lange dachte man auf Mittel, ihnen zu entgehen, was um so schwieriger war, da der Bergmann einerseits den Ort, wo sich schlagende Wetter gesammelt haben, unmöglich im Voraus erkennen und vermeiden, andererseits aber die Lampe nicht entbehren kann. Es war die Frage, wie man die Lampe so einrichten könnte, daß sie mit der äußern Luft in keiner Verbindung steht und daher dieselbe, wenn sie brennbar ist, auch nicht entzünden kann. Der Engländer Davy hat durch seine bekannte Sicherheitslampe *) diese Aufgabe so vollständig als möglich gelöst, und seit dieser Erfindung sind Unglücksfälle der erwähnten Art ungleich seltener geworden, kommen jedoch noch immer vor, da jene Lampe doch keine absolute Sicherheit gewährt.

Einer der schrecklichsten Fälle dieser Art hat sich ganz neuerlich, am 22. Juni dieses Jahres, in der Steinkohlengrube zu Seraing bei Lüttich — ein Ort, der durch die kolossalen Etablissements von John Cockerill in ganz Europa bekannt geworden ist — ereignet. Am Abende dieses Tages, zwischen 7 und 8 Uhr, sollte eben die Nachtarbeit beginnen; noch waren nicht alle Arbeiter in die Grube hinabgestiegen, als der Arbeitermeister, der sich dem Gebrauche gemäß anschickte, zuletzt hinabzusteigen, bemerkte, daß ein dicker Rauch aus dem Tagschachte kam. Dieses Zeichen war für seine Erfahrung hinreichend; er fürchtete sogleich, daß in Folge einer Gasentzündung ein Unglück stattgefunden habe, und ließ sogleich die großen Körbe, genannt Cuffats, hinunter. Das Unglück war fürchterlich; von 99 Arbeitern, die hinabgestiegen waren, wurden bis zum Mittag des folgenden Tages 56 todt, 7 mehr oder minder schwer verwundet heraufgezogen. Einer der unverletzt herausgezogenen Arbeiter hatte den Muth, von Neuem in den 1500 Fuß tiefen Schacht hinabzusteigen, um seinen Gefährten Beistand zu leisten, und es gelang ihm, Mehre herauszuholen. Ein Familienvater, den die väterliche Liebe auf das erste Gerücht dieses Ereignisses herzutrieb, erkannte die Leichen seiner drei Söhne. Diejenigen Arbeiter, die im Augenblicke der Explosion nicht arbeiteten, stiegen schon Tags darauf wieder in die Grube hinab, als wenn nichts vorgefallen wäre; sie machten das Zeichen des Kreuzes und ließen sich ruhig in ihren finstern Aufenthalt hinabsenken. Die Entstehung dieses Ereignisses war darum räthselhaft, weil die Maschine, welche bestimmt war, reine Luft in die Grube zu bringen, nicht aufgehört hatte zu arbeiten. Man hatte jedoch eine Galerie verschlossen gehalten, damit die einströmende frische Luft desto besser durch die andern strömte. Der bei der verschlossenen Galerie wachende Arbeiter war nachlässig gewesen, sein Licht hatte das darin befindliche Gas entzündet und so die Explosion verursacht.

Nelson.

Horatio Nelson, einer der größten Seehelden, die es je gegeben hat, war der fünfte Sohn des Pfarrers Edmund Nelson zu Burnham-Thorpe in der englischen Grafschaft Norfolk, und wurde daselbst am 29. Sept.

*) Vergl. Pfennig-Magazin Nr. 13.

1758 geboren. Bereits in seinem zwölften Jahre begann er seine seemännische Laufbahn, indem ihn sein Oheim Suckling, welcher Capitain eines Linienschiffs war, als Midshipman, d. h. Seecadet, an Bord nahm, und gewann gleich anfangs eine entschiedene Vorliebe für den Seedienst. Im Jahre 1777 wurde er zweiter Lieutenant auf einer Fregatte, welche vor Jamaica kreuzte, und zeichnete sich bei der Eroberung eines amerikanischen Schiffes durch seine Unerschrockenheit aus. Die folgenden Friedensjahre konnten ihm keine Gelegenheit geben, sich besonders hervorzuthun; erst mit dem Jahre 1793, wo der Krieg Englands gegen Frankreich ausbrach, beginnt die Periode seines Ruhmes. In diesem Jahre segelte er unter dem Befehl des Lord Hood nach dem mittelländischen Meere und wirkte in Corsica zur Einnahme von Bastia und Calvi thätig mit, hatte aber das Unglück, vor Calvi ein Auge zu verlieren. 1795 wurde er zum Commodore ernannt und erhielt den Befehl eines Linienschiffes. In der Schlacht bei dem Vorgebirge St.=Vincent am 14. Februar 1797 zeichnete er sich sehr aus und hatte am Siege sehr großen Antheil, wofür er den Rang eines Contreadmirals erhielt. Bei einem Angriffe auf ein reiches im Hafen von Sta.=Cruz liegendes spanisches Schiff, der jedoch fehlschlug, im Juli 1797, erhielt Nelson einen Schuß in den rechten Arm und mußte sich denselben in Folge davon ablösen lassen. Bald nachher unternahm Bonaparte den Feldzug nach Ägypten. Nelson hatte zwar den Auftrag, den Hafen Toulon, wo die französische Expedition ausgerüstet wurde, zu bewachen, konnte jedoch das Auslaufen der französischen Flotte nicht hindern. Dafür griff er sie am 1. August 1798 an der ägyptischen Küste an und vernichtete sie in der denkwürdigen Seeschlacht bei Abukir gänzlich. Neun Linienschiffe der Franzosen wurden von den Engländern genommen, eins flog in die Luft, ein anderes wurde nebst einer Fregatte von den Franzosen selbst verbrannt; nur zwei Linienschiffe und zwei Fregatten entkamen. Als Belohnung für diesen Sieg wurde Nelson der Dank des Parlaments, die Erhebung zur Pairswürde unter dem Titel Baron Nelson vom Nil und eine Pension von 1000 Pf. Sterl. zu Theil. Im November 1800

Denkmal Nelson's bei Yarmouth.

kehrte Nelson nach England zurück und wurde Viceadmiral der blauen Flagge. 1801 nahm er an der Expedition der Engländer gegen Kopenhagen Theil. Als die Franzosen später eine Flotte ausrüsteten, welche eine Landungsarmee nach England führen sollte, wurde Nelson zum Oberbefehlshaber eines Geschwaders ernannt, allein sein Angriff auf die französische Flotte mislang. 1803 erhielt er den Befehl im mittelländischen Meere und vereinigte daselbst 27 Linienschiffe, mit denen er am 21. October der aus 33 Linienschiffen bestehenden französisch-spanischen Flotte bei dem Vorgebirge Trafalgar, unweit der Straße von Gibraltar, eine Schlacht lieferte, die nicht minder wichtig ist, als die Schlacht bei Abukir. Die französischen und spanischen Schiffe bildeten eine drei Stunden lange Linie und ordneten sich in einen Halbkreis, als die englische Flotte sich näherte; allein diese, welche vom Winde besser unterstützt und mit kühnern und erfahrenern Offizieren und Matrosen besetzt war, durchbrach, nachdem Nelson den letzten Befehl in den Worten: „England erwartet, daß Jeder seine Pflicht thue", ertheilt hatte, die feindliche Linie und trug einen vollständigen Sieg davon. Der Kampf war schon nach drei Stunden geendet; die Feinde hatten 19 Schiffe verloren, worunter eins von 130 und eins von 120 Kanonen, der spanische Admiral Gravina starb an seinen Wunden und der französische Admiral Villeneuve wurde gefangen. Aber die Engländer hatten ihren Sieg theuer erkauft, denn Nelson mußte ihn mit dem Leben bezahlen. Schon war der Ausgang des Kampfes fast entschieden, als ein Musketenschuß aus dem Mastkorbe des feindlichen Schiffes Santa-Trinidad, mit welchem das englische Admiralschiff stritt, von einem Scharfschützen abgefeuert, der Nelson an seinen Orden erkannte, den Helden in die Schulter traf, den Stern durchbohrte, den er auf der Brust trug, durch die Lunge drang und das Rückgrat zerschmetterte. Nelson fühlte sogleich, daß sein Ende gekommen sei. Angelegentlich erkundigte er sich nach dem Stande der Schlacht, lächelte freudig, als man ihm sagte, daß schon zehn feindliche Schiffe die Flagge gestrichen hätten, und starb mit den Worten: „Gott sei Dank, ich habe meine Pflicht gethan." Die Leiche des Helden wurde in einem Sarge, den er sich nach der Schlacht bei Abukir aus dem großen Maste des französischen Admiralschiffes hatte verfertigen lassen, nach England gebracht, am 8. Juni 1806 unter großen Feierlichkeiten nach London geführt und in der St.-Paulskirche bestattet.

Unsere Abbildung stellt Nelson's Denkmal bei Yarmouth in der Grafschaft Norfolk, wo er geboren wurde, dar. Es besteht in einer cannelirten Säule von 130 Fuß Höhe und steht an der Küste zwischen den Barracken und der Mündung des Hafens. Der Grundstein dazu wurde am 15. August 1817 gelegt. Zur See kann man es in ziemlicher Entfernung sehen, sodaß es dem Schiffer zur Bezeichnung der Küste dient. Auch in Edinburg und Dublin befinden sich Denkmäler Nelson's, aber seltsamerweise noch keines in London (außer dem kleinen Grabdenkmale in der St.-Paulskirche): doch wird auch hier in Kurzem ein sehr glänzendes errichtet werden, wozu die Kosten bereits durch eine Subscription, die außerordentlich reichlich ausgefallen ist, gedeckt sind.

Das Neueste aus der Natur- und Gewerbswissenschaft.
(Fortsetzung aus Nr. 292.)

Während das Fernrohr der Astronomen solchergestalt am Himmel umherschweift, durcheilen mehre zu Entdeckungen und naturwissenschaftlichen Beobachtungen ausgesendete Fahrzeuge die entferntesten Meere der Erde, und wir zeichnen davon das französische Schiff Astrolabe aus. Über die an Bord desselben seit der Abfahrt von Toulon bis zu Ende des verwichenen Jahres 1837 angestellten mehrfachen wissenschaftlichen Untersuchungen hat der französische Marineminister der pariser Akademie der Wissenschaften eine in deren Sitzung vom 26. März vorgelesene Übersicht eingesendet, und es befinden sich darunter besonders merkwürdige Beobachtungen über die Temperatur des Meerwassers in verschiedenen Tiefen und an der Oberfläche. Die größte Tiefe des Meeres, bis zu welcher das Thermometer hinabgelassen werden konnte, fand sich zu 5000 Fuß, und das Schiff lag damals unter 28° 59′ nördlicher Breite und 16° 55′ westlicher Länge von Paris. Die Temperatur des Meerwassers an der Oberfläche wurde hier 18°,9 Réaumur, in der angegebenen Tiefe von 5000 Fuß aber nur 4°,1 gefunden,*) sodaß also der Unterschied 14°,8 betrug. Die gleichzeitige Lufttemperatur war 18°,1. An diese Beobachtung knüpfen sich einige wichtige Fragen. Wird die Temperaturabnahme des Meerwassers in demselben Verhältnisse mit der Tiefezunahme fortgehen? Was wird sich in diesem Falle da finden, wo diese Temperatur weit unter 0 gesunken ist? Würde sich in einer solchen sehr großen Tiefe Eis bilden können, da die Eisbildung eine Vergrößerung des Volumens bedingt, welche doch hinwiederum durch den ungeheuern Druck der darüberliegenden Wasserschichten unzulässig gemacht zu werden scheint? Wir übergeben diese Fragen dem Nachdenken unserer Leser und wollen sie dadurch zugleich aufmerksam darauf machen, welcher Ausdehnung unsere mühsamsten physikalischen Versuche noch bedürfen, ehe die Fragen vollständig beantwortet werden können, in deren Interesse wir sie anstellen. In vielen Fällen verweigert die Natur die vollständige Beantwortung der solchergestalt durch den Versuch an sie gerichteten Fragen ganz. Gleichwie aber auf diese Weise die Kenntniß der Beschaffenheit tieferer Schichten des Meerwassers vermehrt wird, schlägt der bekannte französische Naturforscher Biot in einer spätern Sitzung (vom 2. April) derselben Akademie vor, die Luftreisen, die sich in der neuesten Zeit so sehr vermehrt haben, zur Vermehrung unserer Kenntnisse über die höhern Schichten der Atmosphäre zu benutzen, indem jeder Luftschiffer veranlaßt würde, möglichst zahlreiche und genaue Barometer-, Thermometer- und Hygrometerbeobachtungen anzustellen. Aus 21 solchen Beobachtungen z. B., welche bei der berühmten Luftreise des französischen Physikers Gay-Lussac am 16. September 1804 gemacht wurden, leitet Biot Schlüsse über den Zustand der Atmosphäre nahe an ihren Grenzen ab, welche um so mehr Aufmerksamkeit verdienen, da sie sich in einer gewissen Übereinstimmung mit Demjenigen finden, was bloße Betrachtungen a priori über jenen Zustand andeuten. Die oberste, gleichsam als Grenze für die Erdkugel umgebenden Lufthülle zu betrachtende Luftschicht muß darnach eine gewisse Dichtigkeit, aber zugleich vollkommene Unelasticität besitzen, um sowol auf die darunter liegenden Schichten einen zurückhaltenden Druck auszuüben, als auch selbst an der eignen Expansion verhindert zu werden. Das bloße Nachdenken erklärt sich für diese solchergestalt bestätigte Annahme, da ohne Grenzschicht von dieser Beschaffenheit die Entweichung der übrigens elastischen Erdatmosphäre in den unendlichen Himmelsraum erfolgen würde. Denn wir haben oben bei unsern Betrachtungen über den Encke'schen Kometen gesehen, daß dieser Himmelsraum nur mit einer unsere Luft an Feinheit unendlich übertreffenden Materie, der man den Namen des Äthers beigelegt hat, erfüllt sein kann, indem die denselben durchschneidenden Gestirne von nur einiger Dichtigkeit bei ihrem Laufe durch denselben keinen im mindesten bemerkbaren Widerstand erfahren. Und da Letzteres von unserer Erde mit ihrer Dunstkugel bei dem Umlaufe um die Sonne selbst gilt, so muß die irdische Atmosphäre durch die ihrer Beschaffenheit nach oben bezeichnete Grenzschicht unmittelbar mit dem Äther zusammenstoßen.

Von den wissenschaftlichen Bestrebungen der Franzosen gehen wir zu denen der Engländer über. Am 17. März fand zu London bei dem Herzoge von Sussex, als Präsidenten, eine Versammlung der londoner Akademie der Wissenschaften statt, bei welcher der Herzog von Cambridge, der Prinz von Capua, der Erzbischof von Canter-

---

*) Da eine unmittelbare Thermometerbeobachtung in solcher Wassertiefe doch nicht auszuführen ist, das Quecksilber aber beim Wiederheraufziehen des Instruments und Durchschneiden wärmerer Wasserschichten auch wieder steigt, so hat man zu Versuchen dieser Art sogenannte Thermometrographen ausgedacht, bei welchen durch eine künstliche Vorrichtung der erreichte tiefste oder höchste Stand des Quecksilbers angezeigt bleibt.

bury, der Herzog von Wellington, der Graf von Aberdeen, Sir Robert Peel, fast sämmtliche fremde Gesandte und außerdem eine Menge ausgezeichneter Gelehrter und Schriftsteller gegenwärtig waren. In einem Saale der großartigen Bibliothek des Herzogs fand sich ein galvanischer Telegraph von der in unserm vorigen Bericht (Nr. 257) beschriebenen Einrichtung aufgestellt, welcher mittels eiserner Drähte mit einem Hause am Ende des Gartens vom Kensington-Palast in Verbindung stand. Der Herzog von Wellington ließ durch diesen elektrischen Telegraphen fragen: wie weit er vom angegebenen Hause entfernt sei? und erhielt im nämlichen Augenblicke die Antwort: tausend Schritt, bei welcher Veranlassung bemerkt wurde, daß Professor Wheatstone (der bekannte Ausführer dieser Art von Telegraphen für England) die Geschwindigkeit der galvanisch-elektrischen Materie gegen 60,000 Meilen in der Secunde groß (also selbst größer als die des Lichts, welches bekanntlich nur etwa 40,000 Meilen in der Secunde durchläuft) gefunden habe. Sodann wurde der Apparat des französischen Physikers Thilorier zur Darstellung der sonst gasförmig erscheinenden Kohlensäure im verdichteten tropfbar flüssigen, ja selbst im festen Zustande (in schnee- oder eisähnlicher Beschaffenheit) vorgezeigt, und dieses überraschende Experiment, von welchem ebenfalls schon in unsern frühern Berichten die Rede gewesen ist, damit ausgeführt.

Die Theilnahme an öffentlichen Vorträgen über Experimentalphysik hat sich auch in Deutschland auf eine nicht weniger erfreuliche Weise, und ganz besonders bei den Darstellungen mittels des Hydro-Orygen-Gasmikroskops kund gegeben, welche von dem Naturforscher Schuh in den meisten bedeutenden Orten unsers Vaterlandes ausgeführt worden sind. Die Zusammensetzung dieses Instruments ist von uns in diesen Blättern schon mehrfach besprochen worden; auf die damit bewerkstelligten Experimente selbst müssen wir aber, bei ihrer Wichtigkeit für den Unterricht in den Naturwissenschaften, nochmals zurückkommen.

Mikroskopische Demonstrationen werden bei dem naturwissenschaftlichen Unterrichte immer unentbehrlicher, und werden es namentlich für die Physiologie, aus deren Gebiete deshalb auch meistens ein großer Theil der darzustellenden Gegenstände gewählt zu werden pflegt. Von den allgemeinen thierischen Geweben lassen sich die Structur der Oberhaut und der übrigen Horngebilde, die Capillargefäße nach ihren mannichfaltigen und charakteristischen Verzweigungen, die Knochen, Zähne, das Muskel-, Nerven- und Drüsengewebe, nach zweckmäßiger Präparation vortrefflich darstellen. Will man namentlich schön geformte und das Auge wunderbar überraschende Gestaltungen solcher organischen Gebilde zur Anschauung bringen, so bieten die unerschöpflichen Schätze des Thierreichs an den Haaren, Schuppen, Panzern, Flügeldecken, den unzählbaren Augenformen, den Fühlhörnern u. s. w. einen überreichen Vorrath dazu dar. Kleine durchsichtige Thierlarven von Wassernymphen, kleine Wasserkrebse, Infusionsthierchen der höhern Art stellen ihr ganzes Innere dar. Häufig ist es auch interessant, Producte der bloßen Kunst mit Producten der großen Meisterin Natur zu vergleichen und die ungeheure Überlegenheit der letztern an Feinheit und Regelmäßigkeit der Structur nachzuweisen. Fast noch nützlicher und anwendbarer aber ist das hier betrachtete Mikroskop für die Anatomie der Pflanzen, wo es so oft darauf ankommt, einen größern Abschnitt auf einmal zu übersehen, wie z. B. Querschnitte von Pflanzenstämmchen, um Verhältniß und Lage der Gefäße und Zellen zueinander deutlich zu machen. Hier zeigt nun unser Instrument unter Anderm mit bewunderswürdiger Klarheit die sogenannten Poren oder Punkte in den Holzzellen der Fichtenarten, der lebenden sowol als der versteinerten, die Faserzellen der Sumpfmoose, die Spiralgefäßbündel, kurz alle die Wunder der Pflanzenorganisation, deren Beschaffenheit zwar dem Botaniker nicht mehr zweifelhaft ist, von denen es aber doch so sehr wichtig erscheint, einem größern Zuhörer- und Zuschauerkreise eine sinnliche Überzeugung zu verschaffen. Endlich gewährt das Mikroskop in dieser neuen Einrichtung auch den noch gar nicht genug erkannten Nutzen, zur Entwerfung richtiger Zeichnungen naturhistorischer Gegenstände ein ruhiges, klares Bild darzubieten.

Indem wir uns jetzt unmittelbarer zum praktischen Leben wenden, begegnet uns zuerst ein sinnreicher Vorschlag zur Straßen- und Zimmererleuchtung, welcher, wenn sich die Anwendbarkeit im Großen bewährt, außerordentlich viel leisten dürfte. Der berühmte englische Chemiker Sir H. Davy hat nämlich schon vor längerer Zeit die Beobachtung gemacht, daß, wenn man den galvanisch-elektrischen Strom, denselben, dessen wir bei Beschreibung der elektrischen Telegraphie so oft gedacht haben, durch eine Kohle gehen läßt, dieselbe mit einem Glanze verbrennt, gegen welchen jedes andere Licht, selbst das beim Verbrennen des Phosphors in Sauerstoffgas entstehende, sonst wegen seiner außerordentlichen Intensität bekannte, als schwach erscheint; erfolgt jene Hindurchleitung im luftleeren Raume, so glüht die Kohle noch heller und verliert nichts von ihrer Substanz. Diese Davy'sche Entdeckung nun verfolgt jetzt der Professor Dumas zu Paris, hat seinen Zuhörern das Experiment zu ihrer großen Überraschung mehrmals gezeigt und beabsichtigt die oben angegebene praktische Anwendung.

An diesen neuen Erleuchtungsversuch schließt sich ein anderer, nämlich die Anwendung des tragbaren Gases, welche jetzt im Großen zunächst in Petersburg in das Leben getreten ist, wo sich eine eigne Gesellschaft für Beleuchtung der Hauptstadt mit solchem Gase gebildet hat. Bisher haben übermäßig kostbare Vorrichtungen die allgemeinste Anwendung des Leuchtgases, wie es namentlich bei der trockenen Destillation der Steinkohlen gewonnen und in bekannter Weise angewendet wird, noch immer verhindert; die Leitung des Gases von der Productionsstelle bis zum Verbrauchsorte war der Hauptgrund jener Kostbarkeit. Letzteres Hinderniß findet sich nun gänzlich beseitigt bei dem eben in Petersburg zur Anwendung gebrachten Systeme, wobei das Gas in Gefäßen und in jeder beliebigen Quantität verführt und vertheilt wird, sodaß man also der theuern Leitungsröhren gar nicht bedarf. Die Gaskerze, wenn wir so sagen dürfen, unter welcher sich das Behältniß zur Aufnahme des Gases angebracht findet, ist, in der Form einer gewöhnlichen Wachskerze, von weißem Milchglase, aber mit einer kleinen verschließbaren Öffnung, aus der das Gas strömt, dessen Strom nun hier angezündet wird; die Flamme behält also immer gleiche Höhe. Da aber das gewöhnliche Steinkohlengas häufig einen sehr übeln Geruch verbreitet, so wird dieses transportable Gas dagegen aus harzigen und ähnlichen Bestandtheilen bereitet und ist ganz geruchlos. Die Gesellschaft liefert den Cubikfuß dieses Gases, womit man etwa so weit als mit drei mäßigen Wachskerzen reicht, für 5 Kopeken (ungefähr 1 Groschen).

Hierher gehören auch die neuen portativen Spiritusgaslampen der Gebrüder Müller in Berlin. Diesen denkenden Mechanikern entging nämlich der unendliche Vortheil nicht, welcher aus praktischer Ausführung der Idee entspringen könnte, durch Zersetzung des Weingeistes brennbares Gas zu erzeugen und somit alle Vortheile der Gaserleuchtung mit der Bequemlichkeit der gewöhnlichen Lampenfüllung zu vereinigen. Nach anhaltenden Versuchen ist es ihnen nun auch wirklich gelungen, Lampen von einem solchen Mechanismus auszuführen, daß man sie mit Spiritus füllt, der sich darin zum brennbaren Gase zersetzt, welches letztere sodann an der Ausströmungsöffnung angezündet wird. Das Licht dieser Lampen ist stark, stetig, selbst zur Erleuchtung größerer Räume ausreichend, und überdies für das Auge höchst angenehm. Ganz besonders eignet sich diese neue Construction aber zu Hänge- und Wandlampen in solchen Localen, die nur dann und wann, vielleicht unerwartet, benutzt werden sollen. Das Öl verdickt sich, wenn es lange nicht erneuert wird; beim Spiritus ist dies nie zu befürchten; die Müller'schen, damit gespeisten Lampen können nach längern Zwischenräumen augenblicklich wieder angezündet werden, ohne den mindesten Übelstand. Ebenso ersparen sie das Reinigen, das beschwerliche Abputzen des Dochtes; man hat kein Abträufeln, kein Beschmuzen durch Ölflecke zu befürchten u. s. w. In jedem Falle verdienen diese Lampen also eine weitere Verbreitung.

(Der Beschluß folgt in Nr. 294.)

Gewinnung des Seesalzes.*)

Das meiste Seesalz, das in Europa in den Handel kommt, wird in Portugal gewonnen und zwar hauptsächlich in der Nähe der kleinen Stadt Setubal, von Ausländern gewöhnlich St.-Ubes genannt, südlich von Lissabon in geringer Entfernung am Ausflusse des Rio Sado ins Meer gelegen. Die Örtlichkeit begünstigt die Anlegung von Salinen zur Bereitung des Seesalzes, welches hier von besonderer Güte und der vorzüglichste Handelsgegenstand und Nahrungszweig der Setubalenser ist, sodaß man es weit und breit nach Amerika, sowie nach dem nördlichen Europa verführt. Viele hundert Salzpfannen, große und kleine Caldeiras, wie sie hier heißen, liegen längs den Ufern des Sado und seiner Seitenarme auf fünf deutsche Meilen hinauf bis in die Nachbarschaft des alten, vom Salze benannten Marktfleckens Alcacer do Sal, die viele Millionen eingebracht haben und wovon sich Tausende nährten und noch nähren. Allein durch die so ungemein gesunkenen Preise des Salzes und die geringere Nachfrage hat auch diese Industriezweig außerordentlich gelitten, und zwar so, daß seit jener Zeit, wo der Salzhandel in Setubal im höchsten Flore stand, was etwa bis zum Jahre 1803 dauerte, die Bevölkerung der Stadt, welche damals noch über 20,000 Einwohner zählte, sich um 5000 vermindert hat. In vielen Caldeiras wird gar kein Salz mehr bereitet, denn Jahre lang liegen jetzt die schönen schneeweißen Salzpyramiden an den Ufern aufgehäuft, ohne Absatz zu finden.

Die Salzbereitung ist äußerst einfach und wenig kostspielig, sobald man nur das Terrain dazu vorbereitet hat. Es werden hierfür an den Flußufern große viereckige Teiche ausgegraben, deren Grund und Boden sehr genau planirt sein und höher liegen muß, als der niedrigste Wasserstand des Flusses, von dem er durch einen Damm oder eine wasserdichte Mauer, in welcher ein Schütz zum Einlassen des Wassers angebracht ist, geschieden wird. Bei voller Flut wird der Schütz geöffnet und der Teich oder die Caldeira füllt sich mit Seewasser. Sowie nun die Ebbe beginnt, schließt man den Schütz und die ganze Wassermasse bleibt zurück. Sie wird von der Sonne beschienen, von trockenen Winden bestrichen und verdunstet in wenigen Wochen, worauf man neues Wasser hinzuläßt, wodurch die darin bleibende Soole immer stärker wird, bis man sie endlich ganz verdunsten läßt und die Salzkrystalle sich wie eine schneeweiße Fläche und in beträchtlicher Menge niederschlagen. Darauf bildet man aus ihnen mit hölzernen Krücken kleine Häuschen, wo sie von der Sonne erst noch recht weiß gebleicht werden, schafft sie dann mit Körben auf die dazu bereiteten Tonnen und schichtet sie in hohen pyramidalischen Haufen auf, die zur Regenzeit, wenn man sie bis dahin nicht hat abführen können, mit Stroh bedeckt werden. Dieser Proceß der Verdunstung, der hier so außerordentlich durch die lange anhaltende trockne Witterung vom Mai bis zum Ende Octobers, grade ein halbes Jahr, befördert wird, kann also im Verlauf dieser Zeit sehr oft wiederholt werden, sodaß man, je nach der Größe der Pfannen, in dieser Zeit und mit geringer Mühe eine außerordentliche Quantität Salz gewinnen kann.

Eine ungeheure Rattenfalle.

Die größte Rattenfalle in der Welt besteht gegenwärtig auf dem Anger oder der Scharfrichterei in Montfaucon bei Paris. Sie besteht in einem großen Vierecke, von Mauern umgeben, in denen, gleich Schießscharten, ringsherum Schlupflöcher angebracht sind. In das Innere dieses Gemäuers werden drei oder vier todte Pferde geschleppt, und wenn es Nacht wird, schleichen die Ratten durch die Schlupflöcher zu ihrem Festmahle. Sobald man glaubt, daß eine gehörige Gesellschaft beisammen ist, eilt man herbei und verschließt plötzlich alle jene Schlupflöcher, worauf man dann auf Leitern, wohlversehen mit Fackeln, Knitteln, starken Stiefeln und einigen zwanzig großen Bullenbeißern, über die Mauern steigt. Nun wird unter den Ratten durch Fußtritte, Stockschläge und Hundebisse ein Blutbad angerichtet. Die Hunde bellen, die Ratten schreien vor Wuth und Verzweiflung, und die kecksten von ihnen springen die Mauern hinan und klammern sich an das Gestein, um sich zu retten. Aber man verfolgt sie mit den brennenden Fackeln. Halbgebraten müssen sie endlich die Steinritzen loslassen, in welche sie sich krampfhaft festgebissen, und fallen in den Rachen der unten lauernden Hunde. In Monatsfrist hat man so 16,050 Ratten getödtet, davon 9101 in vier Jagden und 2650 in einer einzigen Jagd. Die Ratten haben sich in Montfaucon auf eine so ungeheure Weise vermehrt, daß man endlich zu einem außerordentlichen Mittel greifen mußte. Es ist gewiß, daß sich diese Thiere untereinander selbst auffressen, und es mögen vielleicht 500 täglich als Opfer dieses Kampfes gegeneinander fallen, indessen übersteigt ihre Vermehrung diesen Abgang und alle bisher angewandten Vertilgungsmittel blieben ohne Erfolg.

---

*) Vergl. die kürzere Notiz Pfennig-Magazin Nr. 59.

Das Pfennig-Magazin

für

Verbreitung gemeinnütziger Kenntnisse.

294.]   Erscheint jeden Sonnabend.   **[November 17, 1838.**

Wiesbaden.

Wiesbaden, einer der besuchtesten Badeorte in Europa, ist die Hauptstadt (aber nicht Residenzstadt) des Herzogthums Nassau, wo die obersten Staatsbehörden, das Oberappellationsgericht und der evangelische Bischof des Landes ihren Sitz haben; sie liegt am Abhange des Taunusgebirges und am Salzbache, in einem lieblichen, nach Süden und Osten von Wiesen und Getreidefeldern, nach Norden von weinreichen Hügeln umgebenen Thale, zwei Meilen von Mainz entfernt, durch hohe Waldgebirge vor rauhen Winden geschützt. Gemüse- und Obstgärten ziehen sich um die Stadt her; auf allen Seiten sieht man freundliche Meierhöfe und Dörfer. Die Stadt hat gegen 8000 Einwohner, die allerhand Gewerbe, Acker- und Weinbau treiben; sie ist völlig offen, im Ganzen nicht schön, doch befinden sich namentlich in der Wilhelms-, Friedrichs- und Nerostraße ausgezeichnete Gebäude; die Straßen sind breit, reinlich und gut gepflastert; mitten in der Stadt befindet sich eine Esplanade, die zu Spaziergängen dient. Das schönste Gebäude ist der prachtvolle neue Cursaal, 350 Fuß lang, 170 Fuß breit; die Fronte ist mit einem Porticus von kolossalen korinthischen Säulen von inländischem Marmor geschmückt; der darin befindliche Hauptsaal hat 127 Fuß Länge und 67 Fuß Breite, ruht auf 28 Säulen von nassauischem Marmor und ist mit Marmorbüsten und Bildsäulen geziert; er wurde 1809—10 auf Actien erbaut. Der rechte Flügel des Gebäudes dient als Restauration, der linke als Spielzimmer, wofür und für die Erlaubniß, Bank zu halten, der Pachter jährlich 30,000 Gulden an den Herzog Pacht zahlt. Auf jeder Seite stößt an den Cursaal ein 110 Fuß langer Säulengang, der Kaufläden für Galanteriewaaren enthält. Das ganze Gebäude kostet 150,000 Gulden Rheinisch (86,000 Thaler). In der Nähe des Cursaals befindet sich der anmuthige Herrengarten und der Weiher. Zu bemerken ist ferner das am Ende des 16. Jahrhunderts erbaute Schloß (vom alten ist nur noch etwas Mauerwerk erhalten), das Bibliothekgebäude mit der ansehnlichen herzoglichen Bibliothek von 30— 40,000 Bänden und dem reichen Museum der Alterthümer, die Caserne, welche 600 Mann faßt, die neue katholische Kirche, das Pädagogium, die Münze, das Schauspielhaus, das Rathhaus, wegen der in Holz gearbeiteten und andern Verzierungen sehenswerth, u. s. w.

Seit den ältesten Zeiten ist der Ort, der 1283 zuerst als Stadt genannt wird, durch seine warmen Bäder berühmt; schon die Römer kannten die hiesigen Quellen, die sie, von der in dieser Gegend wohnenden Völkerschaft der Mattiaken, die mattiakischen nannten, und auf dem Kirchhofe bemerkt man die Trümmer eines von Drusus erbauten Castells; auch hat man um die Stadt herum Überreste römischer Bäder und alter Grabmäler entdeckt und die die Stadt durchschneidende, sich bis zum heidnischen Berg erstreckende heidnische Mauer rührt wahrscheinlich ebenfalls von den Römern her. Die Karolingischen Kaiser hatten hier eine Pfalz, d. h. ein Schloß, welches Karl der Große oft bewohnte; Otto der Große erhob Wiesbaden 955 zur Stadt. Es gibt hier 15 warme und 2 kalte mineralische Kochsalzquellen. Die warmen haben zwischen 38 und 52 Grad Réaumur; die wärmste, von 52 Grad R., ist der Kochbrunnen, der von einem Tempel mit offenen Säulen umgeben ist und in jeder Minute 17 Cubikzoll Wasser gibt. Nicht ganz so warm ist der Adlerbrunnen, welcher im Posthofe quillt. Das Wasser dieser Quellen ist etwas trübe, ins Gelbliche spielend, schwachsalzig, fade, schmeckt nach Kalbfleischbrühe und riecht wie abgelöschter Kalk. Der Kochbrunnen enthält hauptsächlich salzsaures Natron und kohlensaures Gas, außerdem schwefelsaures Natron, salzsauren, schwefelsauren und kohlensauren Kalk, salzsauren und kohlensauren Talk, Thonerde, Extractivstoff und kohlensaures Eisenoxyd. Die Stadt hat nur ein trinkbares Wasser, das in Röhren vom schwalbacher Wege hereingeleitet wird; alle übrigen Brunnen der Stadt sind salzhaltig. Unter den 27 Badehäusern, worunter 2 öffentliche (das Hospitalbad und das Stadt- oder Bürgerbad), ist das neue Gast- und Badehaus zu den vier Jahreszeiten mit mehr als 150 Zimmern und 44 Bädern das größte und schönste; die übrigen haben 10—30 Bäder. Von den Hauptquellen wird das Wasser durch Kanäle in die übrigen Bäder der Stadt geleitet. Die wiesbadener Quellen wirken durchdringend, reizend, belebend, auflösend, gelind abführend, harntreibend, auf Absonderungsorgane, Drüsen, Schleimhäute u. s. w., und erweisen sich besonders heilsam bei Scrophelleiden, Gicht, Rheumatismen, Hautkrankheiten, Krankheiten der Harnorgane, der Luftwege, der Nieren. Man gebraucht sie vorzugsweise zum Baden, viel weniger zum Trinken zu vier, sechs bis acht Bechern, gewöhnlich mit Bittersalz vermischt, um Ausleerung zu bewirken; ferner zu Douchen und Klystieren. Beim Gebrauche entsteht zuweilen Jucken und Brennen auf der Haut, auch wol anfangs eine Verschlimmerung der Zufälle und Ausschlag, der aber von selbst verschwindet. Das Wasser wird neuerdings auch versendet. Die Zahl der Badegäste ist in den letzten Jahren fortwährend im Steigen gewesen; die meisten darunter halten sich aber nur des Vergnügens wegen dort auf. Im Sommer 1838 zählte man bis zum August über 8000 eigentliche Badegäste.

Unter den Spaziergängen von Wiesbaden ist die den Cursaal umgebende neue Anlage, die sich vom Herrengarten bis zum ehemaligen Wiesenbrunnen hinzieht, die schönste. Die Umgegend ist an reizenden Punkten außerordentlich reich. Unter diesen sind vorzüglich zu nennen: die sogenannte Platte auf der Spitze eines Berges, welcher der Trompeter heißt, ein Jagdschloß mit einer der schönsten Aussichten in Deutschland; das Wiesenthal; der Geisberg, von welchem man eine reizende Aussicht nach Mainz und dem Rheine hat; das Dorf Sonnenberg mit den weitläufigen Ruinen der alten Sonnenburg; das Nerothal; die Fasanerie; das ehemalige Kloster Klarenthal; die Meierei Adamsthal; die Walkmühle; endlich die etwa eine Meile entfernt liegende Residenz Biberich am Rhein mit einem herrlichen Schlosse. In wenig Jahren wird eine Eisenbahn, die sogenannte Taunuseisenbahn, Frankfurt, Mainz, Biberich und Wiesbaden verbinden; ohne Zweifel wird sie künftig eine der frequentesten in Deutschland sein.

Das Neueste aus der Natur- und Gewerbswissenschaft.
(Beschluß aus Nr. 293.)

Von diesen neuen Anwendungen des Gases erheben wir uns zur Dampfanwendung,*) welche ebenfalls täglich weitere Ausdehnung gewinnt und ganz besonders auch in der Landwirthschaft eine sehr wichtige Rolle zu spielen verspricht. Großbritannien, als der gedeihlichste Boden alles höhern industriellen Strebens geht dem Continent auch in dieser Rücksicht wieder mit einem glänzenden Beispiele voran, und wir erhalten von dorther eben einen wichtigen Bericht darüber. Ein Gegenstand, heißt es darin, welcher schon lange viele englische und schottische Landwirthe eifrig beschäftigt, ist die mechanische Dampfanwendung bei der Landwirthschaft im weitesten Sinne des Worts. Schon seit 1831 besteht ein Verein reicher englischer und schottischer Landeigenthümer, Parlamentsglieder u. s. w., welche sich diesen Gegenstand zur Aufgabe gemacht haben, deren Lösung sie mit allen ihnen zu Gebote stehenden Hülfsmitteln verfolgen. Bis jetzt beschränkte sich die Anwendung der Dampfkraft bei der Landwirthschaft auf einzelne Verrichtungen, z. B. das Dreschen, Buttern, Häckseln u. s. w. Für diese und einige ähnliche Arbeiten sind in Großbritannien schon mehre hundert kleinere und größere Dampfmaschinen im Gange; allein die dadurch bewirkten Ersparnisse erscheinen unbedeutend gegen den von der Anwendung der Dampfkraft auf Bearbeitung des Bodens selbst zu gewärtigenden Vortheil. So weit dabei von vollständiger Bearbeitung des Ackers eines Landgutes die Rede war, hatte man eine solche paßliche Anwendung dieser Kraft bisher noch immer unausführbar gefunden; jetzt sind aber bereits mehre Maschinen zu diesem Zwecke zum Vorschein gekommen, welche den vollständigsten Erfolg versprechen. Wir erwähnen davon zuvörderst eines zur Bearbeitung von Sumpf- und Moorboden bestimmten Dampfpfluges von 12 Pferdekraft. Derselbe bewegt ein doppeltes Pflugeisen und zieht zwei Furchen von 8—9 Zoll Tiefe und angemessener Breite auf einmal; alles Widerstehende wird dabei mit Leichtigkeit überwunden und der Boden vollständig umgewendet; zugleich geschieht die Arbeit mit großer Sicherheit und Regelmäßigkeit. Bei den in Gegenwart vieler Sachkundigen angestellten Versuchen wurden immer zwei solche Furchen, jede 640 Fuß (Rheinländisch) lang, in drei Minuten gezogen, wornach in

---

*) Es wird hier angemessen sein, den sprachlichen Unterschied zwischen Gas, Dampf und Dunst zu bezeichnen. Wenn flüssige oder feste Körper mit einer ihrer Natur entsprechenden Menge Wärmestoffs verbunden werden, so verwandeln sie sich in unsichtbare elastische Flüssigkeiten, welche man Dunst nennt; wird letzterm durch kältere Körper so viel Wärmestoff entzogen, daß sichtbare Nebel entstehen, so verwandeln sich die Dünste in Dampf (oft auch Rauch). Von den Gasen unterscheiden sich die Dünste und Dämpfe dadurch, daß jene dauernd elastisch sind, wogegen diese ihren luftförmigen Zustand durch Verdichtung und Abkühlung wieder einbüßen.

12 Stunden über 22 magdeburger Morgen schwierigen Sumpfbodens bearbeitet werden können. Um diesen Dampfpflug in Gang zu bringen, sind acht Menschen erfoderlich, welches in Vergleich mit Dem, was durch Thiere ausgerichtet wird, sehr unbedeutend erscheint. Gespeist wird die Maschine nur mit Torf, also eben mit demjenigen Material, welches sich in dem Sumpf- und Moorboden, für den sie bestimmt ist, am ersten erwarten läßt. Wird in Betracht gezogen, daß man eine solche Maschine, wenn sie eben nicht gebraucht wird, stehen lassen kann, ohne daß sie, gleich den Pferden, Futter kostet, so springt der große davon zu erwartende Vortheil noch mehr in die Augen. Eine andere von einem Herrn Upton erfundene Maschine dient zum Pflügen gewöhnlicher Bodenarten. Der durch die Dampfkraft dabei in Bewegung kommende Pflug, welcher bei dem ersten damit angestellten Versuche nur erst ein Eisen hatte, nimmt mit der Maschine einen Raum von 4 Fuß Breite und 10 Fuß Länge ein; mit dem Pfluge zugleich kann eine Egge oder eine Säemaschine, Walze u. s. w. in Bewegung gesetzt werden. Das Maschinenwerk ist gleichwol sehr einfach und erfodert wenig Reparatur; zur Regierung sind nur zwei Menschen nöthig. Ein solcher Dampfpflug, welcher noch den großen Vortheil gewährt, daß die Ackerfläche nicht durch die Pferde zertreten wird und also viel ebener bleibt, bearbeitet 4½ magdeburger Morgen in einem Tage; die Kosten sind in Vergleich des Aufwandes für Pferde unbedeutend. Wenn man bedenkt, wie viel Boden, selbst in den cultivirtesten Ländern Europas, aus Mangel an Händen immer noch der sorgfältigsten Anbaues entbehrt, wie viel — nehmen wir z. B. Irland — noch ganz wüst liegt, wenn man dies mit kundigern Augen, mit den Augen des Landwirths betrachtet, dann wird Einem erst der ganze ungeheure Vortheil, welcher von Ausführung dieses Gedankens allgemeinster Anwendung der Dampfkraft auf das Ackergeschäft erwartet werden darf, recht klar, und die Welt wird vielleicht einst die Hand, welche sie mit dem Dampfpfluge beschenkte, noch mehr als früher den Erfinder des einfachen Pfluges selbst segnen.

Da wir uns aber einmal auf dem Gebiete des Dampfes befinden, so werden wir bei der Unermeßlichkeit der Ausdehnung, welche dieses Gebiet gewinnt, wol noch länger auf demselben verweilen müssen. Betrachten wir zunächst die Fortschritte der Dampffahrt und der Eisenbahnen in Amerika. Viele Umstände vereinigen sich, um den Amerikanern bei ihrer Anlegung von Eisenbahnen in die Hände zu arbeiten: die Ebenen von angespültem Terrain, welche oft hundert Meilen lange unbebaute Flächen darbieten, wo der Boden ganz ungehindert benutzt werden kann, die leichtere Erwerbung des übrigen Terrains in dem noch weniger dicht bevölkerten Lande, der große Überfluß an Bauholz erleichtern eine Eisenbahnunternehmung in Amerika außerordentlich. Die Amerikaner haben ihre Eisenbahnen mitten in die Wildniß hinein angelegt, gleich den altrömischen Militairstraßen gehen sie gerade durch, über Ebenen und Moräste, durch Wälder und Schluchten, über die rauhen Alleghanygebirge und durch die Wildnisse an den Ufern des Mohawk, und wo sich noch vor wenigen Jahren kaum der indianische Jäger einen Weg bahnen konnte, fährt man jetzt mit der furchtbaren Schnelligkeit von 20 und 30 englischen Meilen in der Stunde dahin. Sehr viele dieser Bahnen sind für nicht einmal 5000 Dollars auf die englische Meile gebaut worden; die besten darunter, welche aus englischem Eisen gebaut sind und deren Schienen auf steinernen Trägern ruhen, kosten doch nur etwa 20,000 Dollars, wogegen die Ausgaben in England bekanntlich auf das Doppelte und Dreifache steigen. Die Maschinen sind fast alle in Amerika selbst gebaut, und die dortigen Ingenieure scheinen dieselben mehr in ihrer Gewalt zu haben. Auch sind die Conducteure gewandter als die europäischen, welches auch um so nothwendiger ist, da die meisten amerikanischen Eisenbahnen bis jetzt nur einfache Geleise haben, welches zu Verzug und Gefahr Veranlassung gibt, wenn sich die Wagenzüge begegnen. Vorn an der Maschine befindet sich eine große Schaufel, welche jedes auf die Bahn gerathene Hinderniß sogleich aus dem Wege räumt. Unser Berichterstatter gewahrte z. B. bei einer Reise nach Washington einstmals eine todte Kuh auf der Bahn liegen und machte sich schon auf einen tüchtigen Stoß gefaßt; allein die Schaufel faßte das Thier und schleuderte es mit großer Gewalt aus dem Wege. Eine schöne Bahn ist die von Albany, am Hudson, nach Utica, ungefähr 90 englische Meilen lang; diese Bahn wird in Kurzem bis nach Buffalo am Eriesee ausgedehnt sein, und der Reisende wird dann in 24 Stunden von Neuyork nach Niagara reisen können. Noch merkwürdiger aber ist die Eisenbahn, welche den Ohio mit dem Delaware auf eine Entfernung von 350 englischen Meilen verbindet, und es eröffnet sich die Aussicht, vom Meerbusen von Neufundland zum Meerbusen von Mexico, von Eisbergen zu Orangehainen in sechs Tagen zu gelangen.

In der Erwartung aber, daß wirkliche Eisenbahnen die ganze Welt durchziehen werden, hat man mehrfach auf Einrichtungen gesonnen, die dieselben einstweilen noch durch andere künstliche Hülfsmittel zu ersetzen, und zu den letztern gehören denn auch die Fuhrwerke mit beweglichen Geleisen, auf welche dem russischen Stabscapitain Dmitrij Sagrjaschkij kürzlich ein sechsjähriges Privilegium ertheilt worden ist. Bei solchen Wagen geht um jedes der vier Räder eine eiserne platte Kette, welche zugleich um sechseckige, vor jenen gewöhnlichen Rädern befindliche, besondere Räder läuft. Die Seiten der letztern sechseckigen Räder haben eine den Gliedern der Kette gleiche Länge, und diese Ketten ersetzen nun bis zu einem gewissen Grade eine Eisenbahn, indem sie den Rädern des Fuhrwerks stets eine platte, feste Fläche darbieten. Jede Kette wird nämlich von dem zugehörigen gewöhnlichen Rade in Bewegung gesetzt, welches bei der eignen Drehung um seine Achse zugleich die unter demselben befindlichen Glieder der Kette fortdreht, wodurch sich also die Kette, über das sechseckige Rad hinweggehend, wieder unter das Hauptrad legt. Der Nutzen dieser Einrichtung, welche übrigens nur geringe Kosten verursacht, soll darin bestehen, daß die Arbeit des Vorspanns fast um die Hälfte erleichtert wird. Ein zweiter Rival der Dampfwagen ist in der Person des bairischen Mechanikus Schmidbauer aufgetreten. Schon vor ungefähr einem Jahre las man nämlich in öffentlichen Blättern viel über einen von diesem Manne erfundenen hydrostatisch-hydraulisch-mechanischen Kraftwagen, welcher, nach den damaligen Versicherungen, die Dampfwagen sogar übertreffen und sich, selbst auf gewöhnlichen Straßen, ja steile Höhen hinan, mit außerordentlicher Schnelligkeit fortbewegen solle. Die Sache schien seitdem verschollen; am 1. August wollte Schmidbauer bei München eine Probefahrt machen, über die aber nichts bekannt geworden ist. Diese Bemühungen, die Dampfkraft mit ihrer Foderung eines großen Aufwandes von Brennmaterial durch andere Hülfsmittel zu ersetzen, müssen um so mehr Aufmerksamkeit erregen, wenn man die täglich und in beunruhigendem Grade wachsende Erschöpfung der alternden Erde an diesem Material in Betracht zieht. Wie groß der Holzmangel bereits sei, ist allgemein bekannt, und wo soll, wenn man also immer und immer nur zur Steinkohle greift, bei dem mit der Vermehrung der Dampfmaschinen auch stets wachsenden Bedürfniß der Vorrath daran für die Nachwelt endlich herkommen? Neben jenen Bemühungen verdient also Alles große Beachtung, was die kostbare Steinkohle in einem größern oder geringern Grade zu ersetzen verspricht, und wir sehen dahin um so mehr den Torf, als seine Bildung ganz neu und noch ununterbrochen fortgeht. Die berliner Akademie der Wissenschaften, die ganze Wichtigkeit des Gegenstandes fühlend, hat deshalb auch schon im Jahre 1833 die Bildung des Torfes und die Rolle, welche der für Acker- und Gartenbau so wichtige Humus dabei spielt, zum Gegenstande einer ihrer Aufgaben gemacht, deren Preis der um Chemie, Mineralogie und Botanik gleich verdiente Professor Wiegmann davongetragen hat. Die Resultate der vielfachen diesfallsigen Untersuchungen finden sich nun in der kleinen Schrift desselben Gelehrten: „Über die Entstehung, die Bildung und das Wesen des Torfes" vereinigt, welche um so mehr Berücksichtigung verdient, da der Verfasser seine Theorie der Torfbildung einer praktischen Probe unterworfen hat, indem er diese Torfbildung künstlich im Kleinen nachmachte und nach fortwährender genauer Beobachtung des Hergangs solchen künstlich producirten Torf darstellte, welcher dem sich freiwillig erzeugenden völlig gleich kommt.

Der Torf bildet nach Oken eine Sippe der Salzbrenze und ist aus Gras, Wurzeln, Moos und ähnlichen Pflanzentheilen entstanden, die mit Erzharzen und andern brennbaren Stoffen durchzogen und eben deshalb und bei gleichzeitiger Wasserbedeckung an Fäulniß gehindert worden sind. Ganz zerfallen heißt er erdiger Torf oder Torferde, und in dieser Gestalt ist er dem Alter nach der erste. Der sogenannte Moortorf dagegen, welcher an seinem innigern Zusammenhange erkannt wird, ist neuer. Obgleich der Torf dem aufgeschwemmten Lande angehört und obgleich seine Formation noch beständig fortgeht, welches eben das Wichtigste bei der Sache ist, so zeigen doch auch manche darin vorkommende Gegenstände: Seeschaalthiere, Muscheln u. s. w., daß wenigstens mehre Torflager schon ältere Erdrevolutionen überstanden haben. Die Torfbildung ist also eine solche Erdoperation, welche ebenso sehr von der Vorwelt betrieben worden ist, als in der Jetztwelt betrieben wird, und demnach eine Unerschöpflichkeit darbietet, welches für die Steinkohle nicht gilt. Das Nämliche findet zwar beim Holzwuchse statt, aber nur zu langsam.

Man trifft den Torf sowol in Bergebenen als in Niederungen oft in meilenlangen und breiten Lagern von verschiedener Mächtigkeit, bis zu 30 Fuß und darüber, an; dergleichen Torflager heißen Moore (in einigen Gegenden Deutschlands auch Moose). Der Torf aber, den diese Lager liefern, ist nicht von derselben Güte. Die obersten Schichten sind von gelblicher Farbe, und solcher Torf brennt leicht weg, ohne viel Hitze zu geben; mehr nach der Tiefe zu wird der Torf brauner und schwerer, letzteres weil er mehr von bituminösen Theilen, von Bergöl u. s. w., durchdrungen ist, wodurch seine Heizkraft zunimmt. Die unterste Schicht heißt Klipptorf, welcher sich der Steinkohle nähert und wie diese abgeschwefelt und angewendet wird; dergleichen Klipptorf besonders ist ein vortreffliches, dem Holze vorzuziehendes Brennmaterial, dem sich nur ein unangenehmer Geruch vorwerfen läßt, welchen man indeß auch weniger verspürt, wenn die Öfen nur zweckmäßig construirt sind; nach des Referenten Erfahrungen wird derselbe gar nicht verspürt, wenn ein solcher gut gebauter Ofen nur nicht voreilig, d. h. nicht eher zugesetzt wird, bis der Torf ganz vollständig ausgebrannt ist. Geschieht Letzteres grade im rechten Augenblicke, so kann man dann aber auch gewiß sein, noch nach 24 Stunden und wol noch später Glut zu finden, daher bei Wegschüttung der Torfasche gar nicht sorgfältig genug verfahren werden kann. In Waschküchen, zum Plätten und den ökonomischen Operationen ist solcher Torf unvergleichlich.

Indessen steht der allgemeinen Anwendung des Torfes immer noch ein Vorurtheil im Wege. Im nördlichen Deutschland aber gibt es ganze Städte und Landschaften, wo man fast gar kein anderes Brennmaterial kennt. So feuert z. B. ganz Bremen nur mit Torf; ein einziges Torflager, das sogenannte Teufelsmoor, versorgt diese ganze stark bevölkerte Stadt. Der Torf wird in diesem Moore vom Frühjahre bis zur Zeit des Heuschnittes gestochen, aufgesetzt und getrocknet, hiernächst aber in eignen langen Kähnen, die man Torfbäcke nennt, die Humme und Wumme hinab nach der Stadt transportirt. Öfen und Herde sind der Beschaffenheit dieses Brennmaterials gemäß construirt, und so wird der Geruch, welcher, was ganz besonders bemerkt werden muß, der Gesundheit keineswegs nachtheilig ist, wenig empfunden. Auch stumpft die Gewohnheit sehr dagegen ab, und es wird bei der immer steigenden Holznoth am Ende nichts übrig bleiben, als die kleine Unbequemlichkeit dieses Geruchs zu ertragen.

In diese Kategorie der Ersparung von Brenn- und Erleuchtungsmaterial gehören auch die gegenwärtig der Akademie der Wissenschaften zu Paris zur Prüfung vorliegenden Versuche eines Herrn Gaudin, eine außerordentlich energische Erleuchtung mit geringem Aufwande von Material durch Verbrennung gewisser Substanzen in Sauerstoffgas hervorzubringen. Meine Leser erinnern sich, aus meiner Beschreibung des Hydro-Oxygengas-Mikroskops in frühern Nummern, daß die Vereinigung von Wasserstoffgas und Sauerstoffgas im rechten Verhältnisse mit einem Glanze verbrennt, welcher das Sonnenlicht überstrahlt, und daher statt des letztern zur Beleuchtung der Gegenstände bei dem genannten Instrumente mit außerordentlichem Erfolge angewendet wird. Mit demselben Glücke aber hat man sich des auf solche Weise, nämlich durch Anzündung der aus engen Öffnungen hervorbrechenden Ströme einer solchen Mischung von Wasserstoff- und Sauerstoffgas, entstehenden Lichts bedient, um Leuchtthürme zu beleuchten, und Gaudin's Idee ist nun eben, ganze Städte mittels solcher Leuchtthürme zu erhellen, welche in die Atmosphäre Ströme eines auf ähnliche Art erzeugten künstlichen, aber höchst energischen Lichtes ausgießen. Wir werden auf diesen interessanten Gegenstand, mit welchem wir unsern heutigen Vortrag beschließen, seiner Zeit ausführlicher zurückkommen.

Corneille.

Peter Corneille, der als der Schöpfer des französischen Trauerspiels betrachtet werden kann, wurde am 6. Juni 1606 zu Rouen, wo sein Vater Generaladvocat war, geboren. Ein Abenteuer mit der Geliebten eines Freundes, zu der er arglos von diesem selbst gebracht worden war, veranlaßte ihn, sich als Lustspieldichter zu versu-

Corneille.

chen, indem er es zum Gegenstande eines Lustspiels machte, welches 1629 auf der Bühne erschien. Da es Beifall fand, so ließ er ihm mehre andere folgen, die so gefielen, daß sich eine eigne Schauspielergesellschaft zur Aufführung derselben bildete. Damals hielt der Cardinal Richelieu mehre Dichter in seinem Solde, die nach seinen Angaben Lustspiele ausführen mußten; auch Corneille wünschte der Cardinal zu gewinnen, aber eine Änderung, die sich Jener in einem ihm übergebenen Plane erlaubte, verdarb Alles und brachte ihn um die Gunst des allmächtigen Ministers. Corneille zog sich nun nach Rouen zurück, wandte sich dem Trauerspiele zu und nahm sich die Spanier zum Muster; durch den Cid, den er 1636 schrieb, bewährte sich sein Beruf zum Trauerspieldichter. Bald erlangte er durch seine Stücke, die mit allgemeinem Beifalle aufgenommen wurden, einen großen Ruf, aber kein Vermögen, da die Verhältnisse damals für die französischen Bühnendichter noch nicht so günstig waren, als sie 200 Jahre später geworden sind. Corneille lebte stets in beschränkten Umständen, die zuweilen sogar dürftig genannt werden konnten. Seit 1647 war er in die französische Akademie aufgenommen und starb am 1. October 1684, 78 Jahre alt, als der Älteste der Gesellschaft. Im Leben hatte Corneille wenig Einnehmendes; seine Unterhaltung war weder fließend noch geistreich, sein Äußeres nicht eben empfehlend, und so ist es sehr begreiflich, daß er sich am Hofe nicht an seinem Platze fühlen konnte, zumal da er sich seines Werthes zu gut bewußt war und daher durch jede Verletzung seiner Eigenliebe bitter gekränkt wurde. Sein Bruder, Thomas Corneille, geboren am 20. August 1625, gestorben am 8. December 1709, war ebenfalls ein dramatischer Dichter von vielem Verdienst, und wiewol er seinen ältern Bruder nicht erreichte, so fanden doch mehre seiner Stücke, namentlich Lustspiele, sehr großen Beifall.

Peter Corneille hinterließ 33 Stücke, von denen jetzt nur etwa acht noch gegeben werden. Die französischen Kunstrichter halten „Cinna" für sein Meisterwerk; Andere ziehen den „Polyeucte" vor, der durch die Mischung des Rührenden mit dem Feierlichen sehr anzieht. Als eines seiner Stücke 1653 völlig misfiel, wollte sich Corneille der dramatischen Kunst völlig entziehen und beschäftigte sich sechs Jahre lang mit der Übersetzung des berühmten Werkes von Thomas a Kempis von der Nachfolge Christi, bis ihn Fouquet bewog, sich wieder der Bühne zu widmen. Sein Ansehen hat durch die Zeit gewonnen, doch ist zu bedauern, daß er fast alle seine Stoffe aus der römischen Geschichte entlehnt hat und dadurch in eine nicht zu verkennende Einseitigkeit verfallen ist, indem sich seine Tragödien meistens entweder um den starren Patriotismus der frühern oder um den Ehrgeiz der spätern Römer drehen.

Die Stecknadelfabrikation.

Eins der geringfügigsten Dinge, deren wir uns bedienen, ist die Stecknadel, die wir häufig nennen, wenn wir etwas völlig Unbedeutendes und Werthloses bezeichnen wollen. Aber grade die Stecknadel gibt zu vielen wichtigen Betrachtungen Anlaß und ihre Verfertigung ist im hohen Grade interessant, weil sie recht deutlich den großen Vortheil einer zweckmäßigen Arbeitstheilung erkennen läßt. Sehr viele Menschen ahnen gewiß nicht, daß jede Stecknadel bei ihrer Verfertigung durch so viele Hände geht und daß dazu so viele einzelne Vorrichtungen gehören. Nur selten hat man Gelegenheit, über dieselben einen bequemen Überblick zu gewinnen, weil die einzelnen Arbeiten gewöhnlich von den Arbeitern in einzelnen Hütten verrichtet werden, die oft mehre Stunden von einander entfernt liegen. Die Reineker'sche Stecknadelfabrik in Köln, auf welche die folgenden Angaben sich vorzugsweise beziehen, gewährt den großen Vortheil, daß alle Operationen in einem einzigen Fabrikgebäude vereinigt sind.

Die verschiedenen Vorrichtungen, welche zur Verwandlung des rohen Messingdrahts in Stecknadeln nöthig sind, sind folgende:

1) *Das Drahtziehen.* Der Draht wird in Ringen von ungefähr 22 Zoll Durchmesser und 36 Pfund Gewicht gekauft; diese Ringe werden in kleinere von etwa 6 Zoll Durchmesser und 1 bis 2 Pfund Gewicht abgewunden. Dann wird der Draht durch Löcher, die in stählernen Platten angebracht sind, so lange hindurchgezogen, bis er so dünn ist, als man ihn haben will. Hierauf bringt man die Drahtgebinde in stark mit Wasser verdünnte Schwefelsäure, um sie zu reinigen, und schlägt sie dann auf einen Stein, um das angesetzte Oxyd zu entfernen. Wie außerordentlich der Draht auf diese Weise verlängert wird, geht aus einem Versuche hervor, wo ein Stück schwedisches Messing, das vor dem Ziehen 3 Fuß 8 Zoll lang war, nach dem Ziehen durch 6 Löcher 16 Fuß 8 Zoll, zuletzt aber, nachdem es noch durch 6 Löcher gegangen war, 144 Fuß Länge hatte.

2) *Das Strecken.* Wenn der Draht aus dem Drahtzuge kommt, ist er ringförmig zusammengelegt und muß daher zuvörderst ganz gerade ausgestreckt werden. Der Draht liegt, um eine Scheibe gerollt, auf einem etwa 18 Fuß langen Tische; mit Hülfe einer Zange wird er nun zwischen zwei Reihen in den Tisch eingeschlagener eiserner Stifte hindurchgezogen; die so gestreckte Länge wird abgeschnitten und mit dem Reste des Ringes der Proceß von Neuem begonnen. Die Stifte liegen nicht alle in gerader Linie, sondern die ersten drei Paare bilden eine sanfte Krümmung, wodurch die ursprüngliche Biegung des Drahtes in die entgegengesetzte verwandelt wird.

3) *Das Zerschneiden.* Ein Arbeiter hat den ganzen Tag weiter nichts zu thun, als die langen geraden Drahtstücke in kleine Drahtstückchen von gleicher Länge (in Köln von doppelter Stecknadellänge) zu zerschneiden. Sollten aber die einzelnen Drahtstücke abgemessen und abgeschnitten werden, so wäre dies eine sehr zeitraubende Arbeit, die viel Arbeiter erfodern würde, aber mit Hülfe eines einfachen Apparats, des Schaftmodels, verrichtet sie bequem ein einziger Mann. Dieses Instrument ist ein viereckiges, mit einem Handgriff versehenes Stück Holz, das in bestimmter Entfernung vom Rande eine ebene Rückwand und seitwärts erhöhte Leisten hat. Der Arbeiter nimmt 80 bis 100 Drähte auf einmal in die Hand, stößt ihre Enden gegen die erwähnte Rückwand und schneidet sie mittels einer kolossalen an einen Block befestigten Scheere mit einem Ruck an der Kante des Models ab. Diese Arbeit kann er in der Minute wenigstens zehn Mal verrichten und daher in dieser Zeit den Stoff zu 1600 bis 2000, in einer Stunde zu 100 bis 120,000, in 8 bis 10 Stunden zu etwa einer Million Nadeln liefern.

4) *Das Zuspitzen.* Die von diesem Arbeiter gelieferten rohen Stecknadelschäfte werden nun den Händen von 14 Zuspitzern übergeben. Das Zuspitzen geschieht durch stählerne Schleifscheiben oder Spitzringe von etwa 6 Zoll Durchmesser und 2½ Zoll Breite, welche die Stelle von Schleifsteinen vertreten und durch vier Pferde mittelst eines Göpelwerks und einer Seiltrommel sehr schnell umgedreht werden. Bei jeder Scheibe ist der Umfang feilenartig mit Querfurchen versehen. Jeder Arbeiter sitzt vor zwei Scheiben, von denen die eine rauhe, die andere eine feinere Feile hat; zwischen die Daumen und Zeigefinger beider Hände faßt er etwa 30 Stecknadelschäfte und drückt ihre Enden unter einem spitzigen Winkel gegen die eine rauhere Scheibe, indem er zugleich jedes einzelne Drahtstück zwischen den Fingern langsam dreht; dann hält er sie, um sie feiner zuzuspitzen, an die zweite feiner behauene Scheibe, kehrt hierauf die Schäfte um und wiederholt dasselbe Verfahren. Diese Arbeit erfodert viel Geschicklichkeit, soll aber nicht, wie bei der Nähnadelfabrikation, der Gesundheit nachtheilig sein. Ein Zuspitzer kann in einer Stunde 7 bis 8000, also in einem Tage bei einer Arbeitszeit von 8 Stunden etwa 60,000 Stecknadeln mit Spitzen versehen. Die Zuspitzer übergeben nun die an beiden Enden zugespitzten Drahtstücke einem andern Arbeiter, dessen Geschäft darin besteht, mittels eines Schaftmodels sie zu halbiren und dadurch die eigentlichen Stecknadelschäfte, denen nur noch der Kopf fehlt, zu bilden.

5) *Drehen der Nadelköpfe.* Hierzu werden gewöhnlich Kinder gebraucht. Ein Knabe dreht mittels einer Kurbel ein Rad, das durch einen Riemen oder eine Schnur eine viel kleinere Rolle schnell umdreht. Der zweite Knabe steckt an die Achse derselben einen ziemlich dicken Draht, welcher der Dorn heißt, führt dann einen feinern Draht durch das Ohr eines kleinern Instruments, das er in seiner linken Hand hält, und befestigt ihn an den stärkern Draht. Wenn sich nun die Rolle dreht, so windet sich der dünnere Draht spiralförmig auf den dickern auf und überspinnt ihn der Länge nach, wobei eine Windung sich dicht an die andere anlegt. Am Ende des Dorns schneidet der Knabe die Spirallinie ab und schiebt sie herunter, wodurch er eine dünne Drahtröhre von etwa 2 Fuß Länge erhält, die er dem dritten Knaben übergibt. Dieser steht mit einer Scheere bereit und schneidet aus freier Hand die Drahtröhre in lauter kleine gleich lange Stückchen, daß jedes ein Drahtgewinde von zwei Windungen bildet und sich durch die folgende Operation in einen Nadelkopf verwandelt. Ein fleißiger Knabe kann in einem Tage bei achtstündiger Arbeit den Stoff zu 288,000 Köpfen liefern und die ganze Fabrik versehen. Die Kinder, die aus den Röhren die Gewinde schneiden, sind so geübt, daß sie in der Minute 60 Schnitte machen.

6) *Aufsetzen und Schlagen der Köpfe.* Die Verbindung des Nadelschaftes mit dem Kopfe bewirken in Köln ungefähr 40 Knaben von 6 bis 10 Jahren mittels einer Wippe. Jedes Kind sitzt vor seiner Wippe, deren Haupttheile ein kleiner Amboß und ein darauf passender, mittelst eines Trittes bewegbarer, etwa 7 bis 10 Pfund schwerer Stempel oder Hammer sind, beide von gehärtetem Stahl. In dem Ambose befindet sich eine halbkugelförmige Höhlung, in welche

der halbe Stecknadelkopf paßt; der Stempel hat eine entsprechende Höhlung für die andere Hälfte des Kopfes; die erstere geht in eine kleine Rinne aus. Neben sich hat der Knabe zwei Gefäße, eins mit Nadelschäften, eins mit Drahtgewinden; aus jenem nimmt er einen Schaft, fährt mit dem stumpfen Ende in das zweite Gefäß, spießt hier einen Kopf an, legt die Nadel auf den Amboß in die Rinne, schiebt das Gewinde ans Ende und läßt den Hammer drei oder vier Mal darauf fallen, nur 1 bis 2 Zoll tief; dadurch wird der Kopf nicht nur befestigt, sondern erhält auch seine Kugelform. Die Gewandtheit und Geschicklichkeit der Kinder bei dieser Arbeit ist bewundernswürdig; in einer Stunde kann ein Kind 720 Stecknadeln liefern. Der Grund, warum zu dieser Arbeit so kleine, zum Theil kaum sechsjährige Kinder genommen werden, liegt besonders in der Natur des Geschäfts, welches zarte, gelenkige Hände und ein feines Gefühl in den Fingerspitzen verlangt.

Seltener werden die Köpfe angegossen, statt angeschlagen zu werden. Das dabei angewandte Verfahren ist zwar viel leichter und productiver, die gelieferten Nadeln sind aber weniger dauerhaft. Auch bei dieser Arbeit sind Kinder beschäftigt, welche die Nadelschäfte in Formen bringen, von denen jede zum Gießen von 50 und mehr Köpfen auf einmal eingerichtet ist. In diesen Formen ist das stumpfe, vorher rauhgeschlagene Ende jedes Schaftes von einer kugelförmigen Höhlung umgeben, die nur noch durch die Masse ausgefüllt werden darf, was mittels einer Rinne geschieht, aus welcher kleine Gießlöcher in die einzelnen Grübchen führen. Ein erwachsener Arbeiter füllt die Composition aus dem Schmelztiegel in einen Trichter mit feiner Mündung und fährt mit demselben bei jeder Form in einem Striche über alle Gießlöcher in der Rinne hinweg, wobei er in einer Minute an 1000 Stecknadeln mit ihren Köpfen versehen kann. Sobald der Guß erkaltet ist, schlagen die Knaben die Formen auseinander und nehmen die Stecknadeln heraus.

7) *Verzinnen.* Diese Arbeit wird gewöhnlich von einem Manne mit Hülfe seiner Frau oder eines Jungen verrichtet. Zuerst werden die Nadeln, welche nach so vielen Operationen ein schmuziges schwarzes Aussehen haben, in Salzlake oder verdünnte Schwefelsäure gethan, wodurch sie nicht nur gereinigt werden und ihre ursprüngliche messinggelbe Farbe wieder erhalten, sondern zugleich rauh werden, was das Anhängen des Zinns erleichtert. Dann legt man sie in einen Kessel mit einer Auflösung von Weinstein in Wasser, worin sie mit einer Quantität Zinn in kleinen Körnern vermengt werden. Hier läßt man sie gegen 2½ Stunden kochen und bringt sie dann in ein Gefäß mit Wasser, worein etwas Kleie geworfen wird, um die saure Flüssigkeit abzuwaschen. Dann werden sie herausgenommen und in hölzernen Mulden in trockener Kleie wohl umgeschüttelt, wodurch das anhängende Wasser entfernt wird. Durch eine angemessene Bewegung der Mulde zerstäubt die Kleie nach und nach.

8) *Einbriefen.* Die einzige nun noch übrige Operation ist das Aufstecken der Nadeln auf Papier, was in Köln durch etwa 50 Kinder von 8 bis 12 Jahren, meistens Mädchen, verrichtet wird. Jedes Kind hat vor sich eine Art Mulde, in welcher die Stecknadeln verworren durch einander liegen. Wollte es jede Nadel einzeln aufsuchen und aufs Papier stecken, so würde dies viel zu langsam gehen; auf folgende Weise geht es sehr geschwind von statten. Das muldenförmige Gefäß, worin die Stecknadeln liegen, ist nämlich um eine Achse drehbar und im Boden sind reihenweise mehre schmale Ritzen angebracht. Indem die Mulde hin- und hergeschwungen wird, geräth ein Theil der Nadeln in die Ritzen, kann aber nicht ganz durchfallen, sondern bleibt an den Köpfen hängen, die Spitzen nach unten gekehrt. Nun faßt das Kind mit den Fingern etwa 20 bis 30 Nadeln und legt sie auf den eigentlichen Aufsteckapparat. Dieser besteht aus einem horizontalen messingenen Lineal, so lang als die Breite des Briefs und so breit als ⅔ der Stecknadellänge, welches mit so vielen kleinen, gleichweit von einander abstehenden Rinnen versehen ist, als der Brief Nadeln in einer Reihe enthalten soll. Vor diesem Lineal ist eine Vorrichtung, welche das Papier an der Stelle bricht und einklemmt, wo die Nadeln durchgestochen werden sollen. Das Kind streicht die aus der Mulde genommenen Nadeln über das Messinglineal, wobei jede Nadel in eine Rinne so zu liegen kommt, daß alle Köpfe über die eine Kante des Lineals vorstehen, und es bedarf nun blos eines leichten Druckes mit der Hand auf die Köpfe, um 10 bis 12 Nadeln auf einmal durch den Brief zu stechen. Im Durchschnitt liefert jedes Kind in einer Minute einen Brief.

Gewiß zeigen sich hier die Vortheile der Arbeitstheilung vorzüglich deutlich, die besonders darauf beruhen, daß die Arbeiter grade diejenige Arbeit verrichten, für die sich jeder am besten eignet, und durch häufige Wiederholung derselben bald eine große Fertigkeit darin erlangen. Dies setzt sie natürlich in den Stand, in einer gewissen Zeit weit mehr zu liefern, als sie außerdem gekonnt hätten, wozu auch die große Zeitersparniß viel beiträgt, die stattfindet, wenn jeder Arbeiter nur ein Geschäft verrichtet, denn bei jedem Übergange von einem Geschäfte zu einem andern geht einige Zeit verloren, theils wegen des Wechsels der Werkzeuge, theils weil Hand und Kopf, die eine Zeit lang an eine Gattung Arbeit gewöhnt worden sind, einige Zeit brauchen, um sich in eine andere zu finden. Dazu kommen aber noch andere Vortheile. Die Arbeiter brauchen viel weniger Zeit zum Erlernen eines Geschäfts, als bei Beschäftigungen, die aus vielen einzelnen Arbeiten zusammengesetzt sind, und selbst Kinder können sich ihren Unterhalt verdienen. Die oft wiederholte Verrichtung desselben Geschäfts, auf welches ein Arbeiter unausgesetzt seine Aufmerksamkeit zu verwenden hat, führt zur Erfindung von Werkzeugen und Maschinen. Endlich geht für die Fabrikherrn eine bedeutende Ersparniß daraus hervor, daß er die Arbeiter ganz nach Verhältniß der Geschicklichkeit, die ihre Arbeiten erheischen, bezahlen oder nach Verhältniß ihres Lohns beschäftigen kann, indem er den geschicktern und besser bezahlten nur schwerere Arbeiten aufträgt, nicht solche, die er durch minder geschickte und daher wohlfeilere Arbeiter fertigen lassen kann. Auf der andern Seite entsteht freilich ein gewisser Nachtheil aus der Erschlaffung und Ermüdung, die unausbleiblich ist, wenn ein Mensch ohne Unterlaß und Abwechselung, einen Tag nach dem andern vom Morgen bis zum Abend nur ein und dasselbe mechanische Geschäft betreibt.

Die südafrikanischen Ochsen.

Der Gebrauch des Ochsen als eines Hausthieres ist fast so alt als das Menschengeschlecht. Wir finden ihn daher in den ältesten Nachrichten als Hauptbestandtheil des Vermögens und in den ältesten auf uns gekommenen Gesetzen als Gegenstand des Schutzes aufgeführt, wie in den Verboten, nicht einen Ochsen und einen Esel zusammen an einen Pflug zu spannen, und dem Ochsen, der da drischt, das Maul nicht zu verbinden. Daß der Ochse sehr frühzeitig als Zugthier gebraucht wurde, lehren uns schon die Denkmäler Ägyptens, auch deutet darauf seine Erwähnung im Buche Hiob, wo unter den übrigen Gütern Hiob's auch 500 Joch Ochsen angeführt werden; dort ist auch von ihrer Verwendung zum Pflügen die Rede. Der Ochse war in der frühern Menschengeschichte von weit größerm Werthe, als Thiere, die erst später gezähmt wurden, wie das Pferd, und im Frieden sowol als im Kriege von Nutzen. Seine Haut diente als Schildüberzug und seine Hörner lieferten die ältesten, am leichtesten gebildeten Trompeten.

Die Gattung des Ochsen, zu welcher auch die Büffel gehören, begreift theils solche Arten, die seit undenklichen Zeiten im Dienste des Menschen gewesen sind, theils solche, die unsers Wissens durchaus wild sind und sich nicht zähmen lassen. Zu letztern gehört der Auerochse, der einst in dem hercynischen Walde im alten Deutschland wild lebte und auch in ten Wäldern Britanniens häufig war, eine Art, die man jetzt für völlig untergegangen hält, die wol ausgerottet, aber niemals gezähmt wurde, und die für unsere uncivilisirten Vorfahren der Gegenstand einer gefährlichen, aber interessanten Jagd war. Auch der europäische Büffel, den man noch in einigen lithauischen Wäldern, vielleicht auch in denen der Moldau und Walachei und am Kaukasus findet, und der dem untergegangenen Auerochsen bald nachfolgen dürfte, ist eine Art, welche der Mensch nie gezähmt hat. Der wilde afrikanische Büffel geht wahrscheinlich ebenfalls seinem Untergange entgegen; er ist jetzt innerhalb der Grenzen der Capcolonie selten und wird sich wahrscheinlich immer mehr zurückziehen, je weiter die Cultur fortschreitet.

Der zahme Capochse hat für die Colonisten und Eingeborenen von Südafrika denselben Werth, den der zahme Ochse in den Zeiten der Patriarchen hatte, leistet aber überdies noch viele von denjenigen Diensten, welche im Morgenlande dem Kameele zukamen.

Die Kaffern und Hottentotten ziehen eine schöne Race mit großen braunen oder schwarzen Flecken. Einige davon erreichen eine außerordentliche Größe; ihre Hörner sind erst vorwärts, dann aufwärts gerichtet. Aus diesen nehmen sie ihre Bakeley, d. h. Kriegsochsen; sie reiten auf ihnen bei allen Gelegenheiten, da sie schnell, ausdauernd und außerordentlich lenksam sind und sich leicht durch die Stimme oder ein Pfeifen leiten lassen. Ihre langen Hörner werden von den Namaguas und andern Stämmen häufig in Spirallinien oder andere künstliche Formen gewunden was durch heißes Eisen bewirkt werden soll.

Die beigegebene Abbildung stellt reisende Ansiedler mit ihrem von Ochsen gezogenen Reisewagen dar, wie sie bemüht sind, ein widerspenstiges Thier zum Gehorsam zu bringen. In der Entfernung sieht man Ochsen über einen Fluß schwimmen.

Die südafrikanischen Ochsen.

Das Pfennig-Magazin
für Verbreitung gemeinnütziger Kenntnisse.

295.] Erscheint jeden Sonnabend. [November 24, **1838**.

Die spanische Armada.

Die sogenannte Armada oder unüberwindliche Flotte, welche König Philipp II. von Spanien aussandte, um das ihm vom Papste geschenkte England zu erobern, bestand nach spanischen Nachrichten aus 130 Kriegsschiffen von 57,868 Tonnen (jede zu 2240 Pfund), worunter 100 Gallionen der ersten Größe; sie war mit 2630 Kanonen besetzt und hatte 19,295 Soldaten, 8450 Matrosen und 2088 Sklaven, außerdem den Großinquisitor und 180 Dominikaner und Ketzerrichter, und außer ungeheuern Kriegsvorräthen auf sechs Monate Proviant an Bord; dazu kamen noch 30 kleinere Fahrzeuge zum Dienst des Heeres, sogenannte Caravellen und Postschiffe. Ihre Ausrüstung dauerte drei Jahre und soll, was indessen wol übertrieben sein dürfte, 120 Millionen Dukaten gekostet haben. Sie war die größte Seemacht, die seit Menschengedenken versammelt worden war. Zwar konnten es die großen Schiffe mit unsern Linienschiffen durchaus nicht aufnehmen und waren zu schwer und unbehülflich, aber ihre Größe war ungeheuer; daß die Stärke und Wirksamkeit eines Schiffes nicht von seiner Größe allein abhängt, wußte man damals noch nicht. Die Macht, welche ihr die Eng- länder entgegenzusetzen hatten, war ungleich geringer. Elisabeth's Seemacht bestand anfangs nur aus 13 Kriegsschiffen, daher boten die Engländer Alles auf, um die Ausrüstung der spanischen Flotte Jahre lang hinzuhalten und dadurch für ihre eignen Vertheidigungsanstalten Zeit zu gewinnen, weshalb der kühne Franz Drake die Spanier an ihren eignen Küsten angriff und ihre reichen indischen Gallionen wegnahm. Die Stadt London rüstete auf eigne Kosten 36 Schiffe aus, worunter das größte 200 Tonnen hielt; die Königin rüstete 34 Schiffe aus, dazu kamen 42 Fahrzeuge von flachem Bord, die es mit den ungeheuern spanischen Schiffen nicht aufnehmen konnten. Auch die mit den Engländern verbündeten Holländer rüsteten eine Flotte von 90 Schiffen aus, von denen 44 unter Justin von Nassau zur englischen Flotte stießen, die übrigen die Abfahrt des spanischen Heeres in Flandern verhindern sollten. Befehligt wurde die englische Flotte von Lord Charles Howard (Marquis von Effingham); Unteranführer waren Franz Drake, Hawkins, Forbisher und Lord Seymour, sämmtlich von erprobter Tüchtigkeit. In England selbst standen 100,000 Mann unter den

Waffen, um die Spanier, falls sie eine Landung versuchen sollten, gehörig zu empfangen.

Verschiedene Umstände trugen dazu bei, die Abfahrt der spanischen Flotte zu verzögern. Der Admiral Marquis von Santa=Croce, einer der ausgezeichnetsten spanischen Seehelden, starb, wie man glaubt, aus Gram über die Ungnade, in die er bei Philipp gefallen war, weil er 1587 die Engländer unter Drake die spanischen Küsten hatte verheeren und 30 Schiffe im Hafen von Cadiz, noch mehre aber zwischen Cadiz und St.=Vincent theils in den Grund bohren und verbrennen=lassen. Auch der spanische Viceadmiral, Herzog de Paliano, starb um dieselbe Zeit. Die Besetzung beider Stellen nahm einige Zeit hinweg; endlich wurde an die Stelle des Marquis von Santa=Croce der Herzog von Medina Sidonia, ein geübter Feldherr, der aber vom Seewesen nichts verstand, zum Oberadmiral ernannt, zum Viceadmiral aber Martinez de Racaldo, ein sehr erfahrener Seemann. Am 29. Mai 1588 segelte die Armada endlich von Lissabon ab, aber schon bevor sie den spanischen Hafen Corunna erreichte, litt sie durch einen heftigen Sturm bedeutend, und mehre Wochen vergingen, bevor sie sich in Corunna wieder gesammelt hatte und nach Ausbesserung der beschädigten Schiffe weiter segeln konnte. Unterdessen verbreitete sich in England das Gerücht, der Sturm habe der Flotte so vielen Schaden zugefügt, daß der Angriff auf England um ein Jahr verschoben worden wäre; sogleich befahl Elisabeth dem Admiral Lord Howard, vier seiner größten Schiffe abtakeln zu lassen und den Matrosen ihren Abschied zu geben. Lord Howard vollzog den Befehl nicht; er bat dringend, sie beibehalten zu dürfen, wenigstens wenn es nicht anders müßte, auf seine eignen Kosten, bis er Gewißheit über den Zustand der spanischen Flotte erlangt hätte, segelte daher nach der spanischen Küste ab und kehrte nach Erreichung seines Zwecks schleunigst nach Plymouth zurück.

Als die Armada deutlich zu sehen war in Gestalt eines Halbmondes, dessen Spitzen 1½ deutsche Meile voneinander abstanden, glaubte man anfangs, daß Plymouth ihre Bestimmung wäre; aber bald ergab es sich, daß der spanische Admiral den ihm vom madrider Hofe vorgeschriebenen Plan auszuführen gesonnen war. Dieser bestand darin, durch den Kanal bis zur Küste von Flandern zu segeln, hier die Blockade der Häfen von Nieuport und Dünkirchen durch die englischen und holländischen Schiffe aufzuheben und die in Flandern stehende, 30,000 Mann Fußvolk und 4000 Reiter zählende spanische Armee unter dem Herzog von Parma, zu deren Transport kleine in Antwerpen gebaute Fahrzeuge dienen sollten, nach England zu escortiren, dort in die Themse einzulaufen und London zu nehmen. Bei der Ungleichheit der Streitkräfte nahm der englische Admiral das von den Spaniern angebotene Treffen nicht an, sondern begnügte sich damit, dieselben auf jede Weise zu beunruhigen und die Vortheile abzuwarten, die sich aus Stürmen, contrairen Winden und andern Zufällen für die Engländer ergeben könnten. Er that auf diese Weise den Spaniern vielen Schaden und ihre Flotte litt bedeutend, da jeder Schuß der Engländer traf, während die meisten Schüsse jener in die Luft gingen, weil ihre Kanonen zu hoch standen. Gewandtheit und Entschlossenheit charakterisirten die Bewegungen der englischen Flotte, während den Spaniern die Größe ihrer Schiffe nachtheilig war. Mit Mühe und Noth kam die Armada nach Calais; hier sandte der Admiral sogleich einen Eilboten an den Herzog von Parma, um ihn von seiner Ankunft zu benachrichtigen,

und segelte dann weiter nach Dünkirchen, aber sein Plan, sich mit der spanischen Armee in Flandern zu vereinigen, wurde durch die List des englischen Admirals vereitelt. Am 7. August trat eine völlige Windstille ein, welche die Flotten der Spanier, Engländer und Holländer zur Unthätigkeit nöthigte; als sich aber gegen Mitternacht ein Lüftchen erhob, ließ Lord Howard acht Brander unter die feindlichen Schiffe treiben. Diese damals neue Erscheinung verbreitete den größten Schrecken; in größter Eile und Verwirrung gingen die spanischen Schiffe wieder unter Segel, jedes nur auf seine eigne Rettung bedacht, mehre stießen aneinander und wurden dadurch sehr stark beschädigt. Am Tage darauf, den 8. August 1588, wurde das Hauptgefecht geliefert, indem Lord Howard früh um 4 Uhr die spanische Flotte angriff; es dauerte bis Abends 6 Uhr. Die Spanier fochten tapfer und erbittert; ein spanischer Offizier, der sich zu ergeben vorschlug, wurde von einem andern sogleich niedergestoßen; aber der Sieg der Engländer war entscheidend und 13 der großen spanischen Schiffe wurden in den Grund gebohrt. Abends 6 Uhr entschloß sich der Herzog von Medina Sidonia, das Unternehmen aufzugeben und nach Spanien zurückzukehren. Ein starker Südwind erlaubte aber nicht, durch den Kanal zu fahren; daher mußte die spanische Flotte nach Norden steuern und einen Umweg um Schottland und Irland nehmen, verfolgt von dem größten Theile der englischen. Die letztere mußte jedoch aus Mangel an Kriegsvorrath in englische Häfen einlaufen; zu gleicher Zeit brach aber ein außerordentlich heftiger Sturm aus, der die Vernichtung der Armada, die gänzlich zerstreut wurde, vollendete. Einige Schiffe scheiterten an den Küsten von Norwegen und Schottland, andere versanken mitten im Meere. Nur einige 30 erreichten das atlantische Meer, aber hier wurden sie am 2. September von einem neuen Sturme aus Westen überfallen und zum Theil auf die Küste von Irland geworfen, wo das Volk die dem Meere entronnenen Schiffbrüchigen ermordete. Im Ganzen verlor die spanische Flotte 72 große Schiffe und 10,185 Mann, ohne die kleinern Schiffe; kaum 6000 Mann und wenige Schiffe führte der Viceadmiral Racaldo sehr beschädigt in spanische Häfen zurück, wo noch zwei zufällig in Brand gerathene Gallionen ein Raub der Flammen wurden. So ging die Armada, „die Mittags stolze Flotte", zu Grunde; ihr Untergang erfüllte ganz Spanien mit Trauer, da es fast keine angesehene Familie gab, aus welcher nicht ein Glied umgekommen wäre, sodaß König Philipp sich bewogen fand, durch ein Edict die Zeit der Trauer abzukürzen. Merkwürdig war die Ruhe und Gelassenheit, mit welcher er selbst die Nachricht von der Vernichtung seiner mit so ungeheuern Anstrengungen ausgerüsteten Flotte aufnahm; er dankte Gott, daß er im Stande wäre, eine neue Flotte auszurüsten, was er aber bekanntlich nicht versucht hat, und als der Herzog von Medina Sidonia, der gegen Ende Septembers im Hafen von Santander eingelaufen war, gebeugt und zagend vor seinen königlichen Gebieter trat, spendete ihm dieser statt aller Vorwürfe Lobsprüche, daß er am Vaterlande nicht verzweifelt habe, worauf er kalt hinzusetzte: „Ich habe die Flotte nicht gegen die Winde und Wellen ausgesandt, sondern gegen die Menschen. Der Name des Herrn sei gelobt!" Es war das erste Mal, daß Philipp eine gewisse Seelenstärke und Größe an den Tag legte, die ihm sonst nicht beiwohnte. Aber der Macht und dem Reichthume Spaniens, das man bis dahin zu den Mächten ersten Ranges gezählt hatte, versetzte dieses Unglück den Todesstoß, während es den

Grund zu der entschiedenen Überlegenheit der Engländer zur See legte, welche sie seitdem ununterbrochen zu behaupten gewußt haben.

Panama.

Die Stadt Panama, am stillen Meere und auf der von ihr benannten Landenge gelegen, welche Süd- und Nordamerika verbindet, liegt unter 7° 47′ nördl. Breite und 61° 50′ westl. Länge von Ferro. Ein neuerer englischer Reisender gibt von dieser Stadt folgende Schilderung. „Ich habe außer dem Hafen von Rio de Janeiro nichts gesehen, was sich mit diesem Hafen an Schönheit vergleichen ließe. Die Stadt hat Mauern und Wälle, liegt auf einer Landzunge und bietet mit ihren zahlreichen Kirchen, steinernen Häusern mit Ziegeldächern und alten, zum Theil verfallenen Klöstern, in deren Mitte Bäume wachsen, einen sehr malerischen Anblick dar. Sie liegt am Fuße einer grünen, wellenförmigen Hügelkette, die mit tropischen Bäumen bedeckt ist und den Vordergrund einer höhern Classe von Gebirgen bildet, die sich wie eine Scheidewand zwischen beiden Meeren (dem atlantischen und dem stillen Meere) hinziehen. Doch sind auch die höchsten Berge auf der Landenge nicht so hoch, daß sie nicht selbst bis zum Gipfel mit Bäumen und Buschwerk bedeckt wären.

Die Stadt ist nicht groß, enthält aber mehr Proben architektonischer Schönheit, als ich in irgend einer andern Stadt Südamerikas gesehen habe. Das Kloster auf der Plaça ist mit einigen schönen Säulen mit korinthischen Capitälern geziert. Als Festung ist die Stadt ungünstig gelegen, denn obwol ihre Mauern von solider Bauart sind, so wird sie doch von einem benachbarten Hügel völlig beherrscht.

Die Bevölkerung besteht hauptsächlich aus Mulatten, doch sind auch einige spanische Creolen hier. Die Frauen, namentlich die braunen, sind schön und ihr Costume ungemein zierlich. Die Bevölkerung ist jetzt nicht mehr halb so groß als zur Zeit der Blüte unter der spanischen Herrschaft. Das üppige Gras, das in den Straßen wächst, die zerstörten Klöster und verfallenen Mauern erinnern den Reisenden sogleich daran, daß die Stadt einst bessere Tage gesehen hat.

Alles erwacht hier erst in der Nacht zu neuem Leben. Die brennende Hitze des Tages veranlaßt die ganze Bevölkerung, die Läden zu schließen und halb oder ganz schlafend in ihren Hängematten zu liegen; aber wenn die Sonne untergegangen ist, dann ist die ganze Stadt in Bewegung. Kauf und Verkauf, Geschwätz und Promenade und selbst die Processionen gehen dann erst vor sich. Oft bin ich mitten in der Nacht durch den unaufhörlichen Lärm der Neger und Mulatten, die in einem benachbarten Wirthshause tanzten, aufgeweckt worden. Man kann das Haus krachen hören von dem Gestampfe der Füße und die Luft ertönt von dem Gejauchze, wie von dem Gerassel einer halb mit Steinen gefüllten Kürbisflasche, die ein sehr beliebtes Musikinstrument ist und den monotonen Klang einer Guitarre und eines pfeifenden Flageolets begleitet. Diese Belustigung dauert ohne Unterbrechung bis zum Morgen."

Die Stadt Panama gehört jetzt zum Staate Neugranada und zählt etwa 25,000 Einwohner. Die Landenge von Panama, auch Landenge von Darien genannt, ist an ihrer schmalsten Stelle zwischen den Baien von Mandinga im Norden und Panama im Süden vier deutsche Meilen breit; der durchaus felsige Boden scheint der Anlegung eines Kanals unüberwindliche Schwierigkeiten in den Weg zu legen.*) Neuern Messungen zufolge soll das stille Meer zur Fluthzeit 13½ Fuß höher als das atlantische, zur Zeit der Ebbe aber 6½ Fuß niedriger stehen, da der Unterschied der tiefsten Ebbe und höchsten Flut im stillen Meere 21, im atlantischen Meere nur einen Fuß beträgt; der mittlere Spiegel des stillen Oceans würde hiernach 3½ Fuß höher sein als der des atlantischen. Obgleich dieses Ergebniß seitdem ziemlich allgemein angenommen wird, so steht es doch mit theoretischen Gründen so sehr im Widerspruche, daß es schwerlich richtig sein kann; denn da das Wasser der Meere aus vielen Gründen stets von Ost nach West strömt, so muß es nothwendig an der östlichen Küste Amerikas höher stehen, als an der westlichen. Dies fanden auch Humboldt und Andere durch Barometerbeobachtungen. Die Eisenbahn von Panama nach dem Hafen Porto Bello oder Puerto Belo am atlantischen Meere wird wol noch geraume Zeit ein bloßes Project bleiben.

Robin Hood.

Unter den Helden der altenglischen Balladen ist keiner gefeierter als Robin Hood. Freilich war er im Grunde weiter nichts als ein kühner Wegelagerer, der Anführer einer Räuberbande, weil er aber seine Angriffe nur gegen die Reichen und namentlich gegen feiste Prälaten richtete, gegen die niedern Stände aber sich hülfreich und freundlich erwies und sie nicht selten gegen die Bedrückungen der Vornehmen schützte, also in vieler Hinsicht mit dem deutschen Ritter Götz von Berlichingen Ähnlichkeit hatte, wiewol dieser im Allgemeinen einer weit höhern Kategorie angehört, so steht er beim Volke in England noch jetzt in gutem Andenken.

Von vornehmen Ältern — wiewol Walter Scott dies bezweifelt — wurde er, wie man gewöhnlich annimmt, um das Jahr 1160, während der Regierung Heinrich II., in der Grafschaft Nottingham in England geboren. Schon in seiner Jugend war er wild und ausschweifend, verschleuderte einen Theil seines väterlichen Erbes und wurde um den übrigen Theil durch die vereinten Ränke eines Sheriffs und eines Abts gebracht. Dies trieb ihn zu verzweifelten Schritten; er ergriff das Räuberhandwerk, schlug seinen Wohnsitz im Walde auf und lebte in den ausgedehnten Wäldern, die sich von Nottingham aus über mehre Grafschaften erstrecken, ein ungebundenes Leben in der Gesellschaft von Genossen, die er sich zu verschaffen wußte. Bald erfüllte sein Ruf die ganze Insel, und mit Unteranführern, die nach seinem Sinne waren, unter denen der kleine John, Will Scarlet, Bruder Tuck und Allan-a-Dale bekannt sind, streifte er ungehindert durch die Wälder als Schrecken der Reichen und Vornehmen, der Sage nach auf vielen seiner Züge von einem jungen und schönen Weibe begleitet. So lebte er viele Jahre als unumschränkter Herr der Wälder und im beständigen Kriege mit dem Könige von England und dessen Unterthanen, nur die armen, bedrängten und hülfsbedürftigen ausgenommen; gegen üppige Bischöfe und tyrannische Obrigkeiten war sein Bogen immer gespannt. Bei seinen Raubanfällen zeigte er nicht selten vielen Humor; das größte Fest war es aber für ihn, einem reichen Abt oder Prälaten, der in seinen

---
*) Über eine anderswo projectirte Kanalverbindung zwischen dem atlantischen und stillen Meere vergl. Pfennig-Magazin Nr. 263.

Robin Hood und der Gerber.

Bereich kam, einen Theil seines Gepäckes abzunehmen. Demüthig und ehrerbietig näherte er sich ihm, dankte der heiligen Jungfrau, daß sie einen zugleich heiligen und reichen Mann in sein Waldgebiet gesandt habe, und forschte nach dem Inhalt seiner Börse, als wäre er begierig, ihn zu vermehren; aber wehe Dem, der sich für arm ausgab und Geld bei sich trug. Robin hieß ihn dann niederknieen und seinen Schutzpatron um Geld bitten, und da sein Geheiß mit Stock und Schwert unterstützt wurde, so war das Gebet nicht eben sehr andächtig; Robin aber stellte sich, als schriebe er das Gold, das sich bei genauerer Untersuchung in dem Mantelsacke des Prälaten vorfand, der Wirksamkeit des Gebets zu und theilte es mit dem Manne Gottes. Von Blutvergießen war Robin kein Freund, und schonte selbst Die, welche ihm nach dem Leben trachteten, wenn sie in seine Hände fielen. Gegen das weibliche Geschlecht war er ausnehmend galant und aufmerksam. Nächst den Frauen liebte er den Bauernstand; er that keinem Bauer, welcher pflügte, keinem Drescher in der Scheune, keinem Hirten, der seine Heerde weidete, etwas zu Leide und war der Freund und Beschützer der Armen, Witwen und Waisen. Geschichtschreiber und Dichter rühmen einstimmig seine Barmherzigkeit und nennen ihn bald den menschlichsten aller Räuber, bald den artigsten aller Diebe. Aber nicht nur das Drama und der Ballade haben sein Leben und seine Thaten Stoff gewährt, auch Sprüchwörter, die noch jetzt üblich sind, beziehen sich darauf; bei seinem Bogen und seiner Barmherzigkeit wurde geschworen; ihm zu Ehren wurden in Schottland und England jährliche Spiele gefeiert; noch wird sein Grab gezeigt, sowie sein Bogen und einer seiner breiten Pfeile.

Außerordentlich war die Geschicklichkeit, mit der er das Schwert, den Stock, namentlich aber den Bogen zu handhaben wußte, wiewol er bei der ihm eignen Schlauheit, mit der er die Pläne zu seinen Expeditionen aussann, nur selten seiner körperlichen Stärke und Gewandtheit sich zu bedienen Gelegenheit fand. Wer in seinen Dienst treten wollte, mußte seine Befähigung durch einen mit ihm zu bestehenden Kampf mit Schwert oder Stock darthun. Unsere Abbildung stellt einen solchen in einer alten Ballade erzählten Kampf zwischen ihm und dem Gerber Arthur aus Nottingham dar, der dadurch ein Unteranführer seiner Raubgenossen wurde.

Das Filtriren des Wassers.

Das Wasser, jener dem Menschen so unentbehrliche Stoff, der zu den mannichfaltigsten Zwecken verwandt wird und ohne den menschliche Existenz undenkbar ist, erscheint in der Natur in vielfachen Gestalten und Qualitäten. Bleiben wir bei dem süßen Wasser stehen, so sind im Allgemeinen vier Arten Wasser nach seinem natürlichen Vorkommen zu unterscheiden: Regenwasser, Brunnenwasser, Quellwasser und Flußwasser.

Das Regenwasser, welches für den Gebrauch in Cisternen gesammelt wird, ist in der Regel (außer bei Regen, die nach längerer Dürre fallen) sehr rein und kommt dem durch Kunst gereinigten (destillirten) Wasfer am nächsten; nur mit den empfindlichsten chemischen Reagentien (Mitteln, welche dienen, um in einer Flüssigkeit das Vorhandensein der darin enthaltenen Stoffe zu erkennen) entdeckt man fremdartige Stoffe. Dennoch würden die Cisternen das beste Trinkwasser liefern, wenn der Regen direct und allein hineinfiele und nicht Staub, Insekten und Unreinigkeiten mancherlei Art von den Terrassen und Dächern hineinbrächte, wo sie sich in der trocknen Jahreszeit angehäuft haben; auch sind die offenen Cisternen beständig mannichfacher Verunreinigung ausgesetzt. Deshalb wird in Venedig das in der großen Cisterne im Dogenpalaste aufgefangene Regenwasser vor dem Gebrauche in einem großen Behälter gereinigt.

Das Brunnenwasser sowol als das Quellwasser hat gleich dem Regenwasser seinen Ursprung in der Atmosphäre, indem das Regenwasser durch die engen Bodenritzen eindringt, nach und nach tiefer sinkt und über Erdschichten, die es nicht durchdringen kann, sich sammelt. Da nun nach dem bekannten Gesetze der zusammenhängenden Röhren das Wasser ebenso tief steigen muß, als es fällt, so kommt es nur auf die Beschaffenheit der über den unterirdischen Wasserbehältern liegenden Erdschichten an, ob das Wasser von selbst hervorspritzen kann oder nicht, da es durch den Druck ununterbrochener Wasserfäden aufzusteigen getrieben wird. Springt es von selbst zu Tage, so bildet es eine Quelle; kann es die darüberliegenden Erdschichten nicht durchdringen, wird ihm aber durch eine gegrabene oder gebohrte Öffnung das Emporsteigen möglich gemacht, so heißt dies bekanntlich ein Brunnen. Das Wasser aber, welches Brunnen und Quellen liefern, — sogenanntes hartes Wasser — ist kein reines Regenwasser mehr, weil es auf seinem Wege auflösliche Theile der Schichten, durch die es geflossen ist, aufgelöst und aufgenommen hat, doch ist es ebenso klar und durchsichtig als Regenwasser. Die Beschaffenheit und Menge der aufgelösten Stoffe hängt von der Länge des Wegs und der Natur der Schichten und Gebirgsarten, durch und über welche es geflossen ist, ab. Die Quellen werden zu Mineralquellen, wenn sie mineralische Stoffe in einer großen Menge aufgelöst enthalten und daher kein eigentliches Trinkwasser liefern, und zu heißen Quellen, wenn sie aus einer sehr beträchtlichen Tiefe kommen.

Da Flüsse durch Vereinigung von Quellen und Bächen gebildet werden, so sollte man meinen, daß das Wasser eines Flusses die mittlere chemische Constitution aller Quellen des Flußgebiets darbieten müßte, was jedoch aus mehren Ursachen nicht der Fall sein kann. Bei einem starken Platzregen läuft das Regenwasser schnell und in großer Menge über die Oberfläche des Bodens, ohne in denselben einzudringen und dessen Bestandtheile aufzulösen, in den Fluß, wodurch also das Flußwasser (das sogenannte weiche Wasser) eine größere Reinheit erhält, indem es zum Theil wirkliches Regenwasser ist. Dazu kommt, daß die mit dem Quellwasser verbundene überschüssige Kohlensäure entweicht, während das Wasser der freien Luft ausgesetzt ist, und der kohlensaure Kalk sich niederschlägt. Allein diese beiden der Reinheit des Flußwassers günstigen Umstände werden durch die unaufhörliche Trübung desselben mehr als aufgewogen, welche daher rührt, daß das schnell fließende Wasser bei jedem heftigen Regen Erde, Sand, Kies u. s. w. mit sich fortreißt. Die Menge der fremdartigen im Flußwasser enthaltenen Substanzen ist nach Ort und Zeit verschieden; bei der Seine beträgt sie nach Arago zu Zeiten $1/2000$ des Wassers (dem Gewichte nach); bei dem Rhein zur Zeit des größten Wassers $1/100$, bei mäßiger Trübung $1/174$, nach Horner jedoch nach anhaltendem Regen im November nur $1/12500$ und im August gar nur $1/20700$; beim Nil $1/132$; der Ganges etwas über $1/100$. So trübes Wasser aber, das so viele erdige und also unverdauliche Bestandtheile enthält, ist zum Trinkwasser für Menschen nicht geeignet. Läßt sich auch nicht gradezu behaupten, daß trübes Wasser der Gesundheit nachtheilig ist, denn die Thatsache, daß viele Thiere aus Pfützen erst dann trinken, wenn sie den Boden mit den Füßen aufgestoßen und dadurch das ohnehin trübe Wasser noch mehr getrübt haben, scheint eher dagegen zu sprechen, so haben doch die Menschen zu allen Zeiten nur klares Wasser trinken wollen und gegen trübes einen Widerwillen gehabt. Daher haben auch schon die Alten tiefe Brunnen gegraben und in herrlichen Wasserleitungen, die wir noch jetzt bewundern, Quellen aus weiter Ferne in Städte geleitet, obgleich diese von großen Strömen durchschnitten wurden und an Wasser nicht Mangel litten. Gleichwol muß man sich an vielen Orten in Ermangelung von Quellen mit Flußwasser begnügen, in andern Gegenden liefern selbst die Quellen nach der Natur des Bodens nur moorige und trübes Wasser, z. B. in marschlandigen und torfreichen Districten; daher wurden die Menschen sehr früh genöthigt, auf Mittel zu denken, um trübes Wasser zu reinigen und trinkbar zu machen.

Das einfachste Mittel, das Wasser zu reinigen, besteht darin, daß man es sich selbst überläßt, d. h. ruhig stehen und sich setzen läßt. Allerdings setzt sich der Schlamm in ruhigem Wasser, doch dauert es gar zu lange; im Anfange schlagen sich zwar die gröbsten Unreinigkeiten schnell nieder, indem sie der Schwere folgend zu Boden fallen, allein die feinern und leichtern Unreinigkeiten setzen sich nur sehr langsam, und z. B. beim Wasser der Garonne reichten nach angestellten Versuchen zur Zeit der größten Trübung 10 Tage zur vollständigen Klärung auf diesem Wege nicht hin. Demnach ist dieses Mittel für große Städte nicht anwendbar; man würde 8—10 große Bassins nöthig haben, jedes groß genug, um den Wasserbedarf für einen Tag zu enthalten, sodaß nur immer Wasser, das 8—10 Tage lang ruhig gestanden hätte, gebraucht würde. Hierzu kommt noch der Umstand, daß das stehende Wasser, wenn es so lange der Luft ausgesetzt ist, an gewissen Orten und besonders in gewissen Jahreszeiten bekanntlich einen schlechten Geschmack annimmt, der von zahllosen verfaulten Insekten und von Vegetationserscheinungen auf der Oberfläche des Wassers herrührt. Gleichwol kann man das Stillstehen des Wassers benutzen, um es vorerst von den gröbsten darin schwebenden Substanzen zu befreien, und in dieser Absicht wird das Wasser in England und Frankreich in großen Behältern gesammelt.

Ein anderes Mittel ist, in das Wasser gepülverten Alaun zu werfen, welcher die Fällung der erdigen Theile sehr beschleunigt und fast augenblicklich bewirkt, jedoch nicht bei allen Flüssen (bei der Seine sehr schnell). Indessen ist dieses Mittel im Großen nie zur Anwendung gekommen, weil es keine vollständige Klärung bewirkt, indem gewisse feine Stoffe im Wasser zurückbleiben, ferner zu theuer ist, auch die chemische Reinheit des Wassers ändert, und endlich schädlich werden kann, wenn der Alaun durch Nachlässigkeit in zu großer Menge angewandt wird.

Sehr alt und aus der Natur selbst hergenommen ist die Idee, das Wasser zu filtriren oder durchzuseihen, d. h. durch poröse und lockere Körper laufen zu lassen, wobei die dem Wasser mechanisch beigemengten, es trübenden Substanzen durch den Widerstand, welchen die nahe bei einander liegenden Theile des Filtrirmittels oder Filtrums ihnen entgegensetzen, zurückgehalten werden, das Wasser selbst durch die vielen feinen Zwischenräume dringt und hell und gereinigt wieder zum Vorschein kommt; ein Mittel, dessen man sich bekanntlich auch zum Reinigen vieler andern Flüssigkeiten, so wie auch zur Bereitung von Extracten bedient. Solche Substanzen aber, welche mit dem Wasser chemisch verbunden oder auch nur vollständig in demselben aufgelöst sind, können durch das Filtriren nicht abgesondert werden, daher auch dasselbe nicht angewandt werden kann, um Seewasser trinkbar zu machen. Zum Klären des Wassers kann man nur unwirksame Stoffe, welche von dem Wasser nicht aufgelöst werden oder an dasselbe nichts abgeben können, als Filtrirmittel brauchen. Denselben Stoff zu gebrauchen, den die Natur bei den Quellen anwendet, nämlich Sand, lag sehr nahe, auch ist die Benutzung dieses Mittels, das noch jetzt das zweckmäßigste ist, sehr alt. Nur wurde in neuern Zeiten häufig ein zweiter Stoff damit verbunden, nämlich frische Holzkohle, seitdem Lowitz die merkwürdige Eigenschaft der Kohlen entdeckt hatte, die bei der Fäulniß organischer Körper entstehenden Stoffe zu verschlucken, weil nämlich das trübe Wasser in der Regel thierische und vegetabilische Stoffe aufgelöst enthält, die der Gesundheit nachtheilig sind und durch das einfache Filtriren mit Sand nicht ausgeschieden werden können. Die Kohlen müssen zu diesem Zwecke vorher ausgeglüht und gewaschen sein, um das Wasser nicht mehr zu schwärzen. Ein Zusatz von Schwefelsäure verstärkt die reinigende Kraft der Kohlen sehr bedeutend.

Gegenwärtig ist man hinsichtlich der Theorie der Filtrirung des Wassers fast ganz im Reinen, nicht aber in ökonomischer und technischer Hinsicht bei der Ausführung in sehr großem Maßstabe. Eine Hauptsache ist, daß das Filtrirmittel schnell, sicher und wohlfeil gereinigt werden kann. Nur eine der acht großen Wassercompagnien in London, die Compagnie in Chelsea, hat ihren Zweck durch drei ungeheure communicirende Bassins erreicht; in den beiden ersten setzen sich in der Ruhe die gröbsten Substanzen ab; im dritten bringt das Wasser durch eine dicke Schicht von Sand und Kies. Wenn es ganz abgelaufen ist, ersetzen die Arbeiter die verunreinigte obere Schicht durch frischen Sand. Die Dicke der filtrirenden Schicht beträgt 6 engl. Fuß, die Oberfläche 1 Acre (228 preuß. Morgen). Der Apparat kostet etwa 80,000 Thaler, die Bedienung desselben jährlich 6700 Thaler; täglich werden 10,000 Cubikmètres oder 323,459 preuß. Cubikfuß Wasser geliefert. Die andern Compagnien haben dem Parlament erklärt: wenn sie das Themsewasser zu filtriren genöthigt würden, so müßten sie den Preis des Wassers um 15 Procent erhöhen.

Das vom Civilingenieur Robert Thom in Greenock 1828 eingeführte System hat den Vortheil, daß der Sand sich selbst reinigt; die Dicke der filtrirten Schicht beträgt 5 engl. Fuß. Man kann das Wasser von oben und unten eintreten lassen. Hat man von oben filtrirt und bemerkt man, daß das Filtrum sich verstopft, so läßt man einige Zeit Wasser von unten eintreten, wodurch der Satz fortgerissen und in einen Entleerungskanal geführt wird.

In Frankreich hat man das Filtriren des Wassers bisher nicht im Großen betrieben. In einigen Anstalten in Paris braucht man viele kleine prismatische Kästen mit einer Schicht Kohle, die zwischen zwei Schichten Sand eingeschlossen ist; diese Kästen müssen zu manchen Zeiten täglich (auch wol zwei Mal des Tags) erneuert werden und liefern in 24 Stunden auf 1 Quadratmètre (10 preuß. Quadratfuß) Oberfläche 3000 Litres (2620 preuß. Quart) Wasser. Kürzlich hat nun der Franzose Heinrich von Fonvielle ein einfaches Mittel angegeben, um mehr Wasser zu erhalten; es besteht darin, daß man die Kästen luftdicht verschließt und das Wasser nicht durch sein Gewicht, wie bisher geschah, sondern mittelst eines starken Drucks durch die filtrirende Masse treibt. Nach dieser Methode liefert der Filtrirapparat im Hotel-Dieu bei einer nicht ganz 1 Quadratmètre betragenden Oberfläche täglich 50,000 Litres Wasser, also 17 Mal so viel, als bisher geliefert wurde, bei einem Drucke von $1\frac{1}{6}$ Atmosphäre oder etwa 230 preuß. Ctr., ja zu gewissen Zeiten lieferte der Apparat in der Minute 95 Litres, was auf den Tag 137,000 Litres oder 46 Mal so viel, als nach der alten Methode, betragen würde. Hieraus möchten die großen Vorzüge dieser neuen Methode zur Gnüge erhellen. Dabei braucht gleichwol das Filtrum nicht öfter als bei gewöhnlichen Apparaten gereinigt zu werden, weil die in demselben abgesetzten erdigen Substanzen sich wegen des starken Drucks tiefer in den Sand hinein zerstreuen. Die Reinigung geschieht übrigens mittels zweier entgegengesetzter Wasserströme, durch welche heftige Stöße und Wirbel bewirkt werden. Der Arbeiter öffnet schnell und fast gleichzeitig die Hähne der Röhren, die den untern und obern Theil des Apparats mit dem erhöhten Wasserbehälter verbinden; dann entstehen zwei starke entgegengesetzte Ströme. In 8 Monaten ununterbrochenen Gebrauchs im Hotel-Dieu, während welcher die Seine schon außerordentlich schlammig war, wurde dieselbe Sandschicht ohne Unterbrechung benutzt.

Noch ist eine von einem Deutschen, dem Professor Pfaff in Kiel, schon vor 25 Jahren angegebene Wasserreinigungsmaschine zu erwähnen, welche einfach, wohlfeil und, wo es sich nicht um Filtrirung im Großen handelt, sehr zweckmäßig ist. Der ganze Apparat besteht aus 3 Stücken, die sich leicht auseinandernehmen lassen, der Dauerhaftigkeit wegen von Eichenholz, zur Vermeidung der Fäulniß inwendig leicht verkohlt und der Haltbarkeit wegen mit eisernen Bändern beschlagen sein müssen. Das oberste Stück ist ein gewöhnlicher, auf einem Brete feststehender Eimer, in welchen das zu reinigende Wasser gefüllt wird und in feinen Strahlen durch drei dicht nebeneinander im Boden befindliche, durch gemeine Badeschwämme verstopfte Löcher läuft. Unter diesem Gefäße befindet sich die eigentliche Filtrirtonne, der wesentlichste Theil des ganzen Apparats, eine gewöhnliche Tonne, die wenigstens 2 Fuß hoch sein muß und in deren oberm beweglichen Deckel sich in der Mitte einige Löcher befinden. Sie ruht mittels eines Bretes auf dem untern Gefäße, das zur Aufnahme des filtrirten Wassers bestimmt und zum Ablassen desselben mit einem Hahne versehen ist. Die Filtrirtonne enthält zu oberst eine Lage Sand, der vorher geschlemmt und gewaschen sein muß, damit er keine lehmigen und erdigen Theile mehr enthält. Hierauf folgt eine starke Lage Kohlen von der Größe einer Wallnuß bis zu der einer Erbse, sodaß die feinsten oben, die gröbern unten liegen; sie können von jeder Art Holz sein, jedoch sind die klingenden und glänzenden die besten. Man thut wohl, sie unmittelbar vor dem Gebrauche in bedeckten hessischen Tiegeln oder eisernen Gefäßen (oder auch in Töpfen, die inwendig nicht glasirt sind) in gewöhnlichem Kohlen- oder Torffeuer auszuglühen, bis sie durchaus keinen Rauch mehr geben. Unter den Kohlen liegt die unterste Lage, bestehend aus grobem, vorher rein ausgewaschenem Kiessand, dessen Druck gegen den untern, im Boden der Filtrirtonne befindlichen Badeschwamm durch einen umgestürzten Topf verhindert wird. Da die höchste Reinlichkeit erfoderlich ist, so müssen die Schwämme vor dem Gebrauche ausgekocht und in warmem Wasser so lange ausgewaschen werden, bis das Wasser aus ihnen klar abläuft. Das obere und das untere Gefäß müssen alle 8—14 Tage ausgewaschen und gereinigt werden, ebenso die (dann herauszunehmenden) 3 Schwämme des obern Eimers. Die eigentliche Filtrirtonne dagegen hat eine ungleich längere Dauer, die sich der Erfahrung nach auf 2 bis 2½ Jahre erstreckt, ohne daß das filtrirte Wasser eine Abnahme der Wirkungsfähigkeit bemerken läßt; jedoch muß die obere Sandlage alle 3 Monate mit einem Löffel abgenommen und erneuert werden. Wegen des vielen bei der Herstellung des Apparats erfoderlichen reinen Wassers wird die Herstellung oder Erneuerung des Apparats am zweckmäßigsten in solchen Jahreszeiten vorgenommen, in denen am meisten klares Wasser vorhanden ist.

Das menschliche Gehirn.

Das Gewicht des Gehirns eines erwachsenen Europäers wechselt von 3 Pfund 2 Unzen (Troygewicht) bis zu 4 Pfund 6 Unzen; bei Männern von sehr ausgezeichneten Talenten steigt das Gewicht oft noch höher; das Gehirn Cuvier's z. B. wog 4 Pf. 11 U. 4½ Drachmen, das des berühmten französischen Operateurs Dupuytren 4 Pf. 10 U. Das Hirn von Blödsinnigen dagegen wiegt weit weniger; bei zwei Cretinen wog das Gehirn des einen 1 Pf. 9 U., des andern 1 Pf. 11 U. Das Gehirn der Frauen ist leichter als das der Männer und wechselt von 2 Pf. 8 U. bis 3 Pf. 11 U.; die durchschnittliche Verschiedenheit ist 4—8 U. und ist bei Kindern von der Geburt an bemerklich. Das Gehirn gelangt im siebenten oder achten Jahre zu seiner vollständigen Entwickelung. Es ist wahrscheinlich, aber nicht völlig erwiesen, daß das Gehirn in einem sehr vorgerückten Alter an Gewicht und Umfang abnimmt, und daraus mag sich wol die im Alter gewöhnlich eintretende Schwächung der Geisteskräfte erklären.

Cäsarea.

Die Küste von Palästina ist für eine handeltreibende Nation nicht geeignet; sie enthält keinen einzigen guten Hafen. Der beste ist noch der von Acre, weshalb er der Schlüssel von Palästina genannt wird, wiewol er an sich auch nichts taugt. Joppe (das jetzige Jaffa), welches der einzige Hafen war, den die Juden zur Zeit ihrer Unabhängigkeit besaßen, wenigstens der einzige Platz, der auf den Namen eines Nationalhafens Anspruch machen konnte, ist einer der schlechtesten des mittelländischen Meeres und erhielt nur durch seine Nähe bei Jerusalem, wovon er etwa neun Meilen nach Westen entfernt liegt, einige Wichtigkeit. Auch der Küstenstrich, den die Phönizier inne hatten, welche den Handel in so großer Ausdehnung betrieben, entspricht den Bedürfnissen der jetzigen Schiffahrt durchaus nicht; er ist felsig und für die Schiffer reich an Gefahren.

Ein Blick auf die Karte zeigt jedoch auf dieser Küste eine Menge Namen berühmter und einst bedeutender Städte. Bei Gaza und Ascalon denkt man an die Philister, von denen das Land den Namen Palästina erhielt, und an ihren starken Gegner Simson, welcher nach der Erzählung des Buches der Richter das Thor der einen dieser Städte ausgehoben und 30 Bewohnern der andern ihre Kleider abgenommen hat. Das heutige Gaza ist eine neue Stadt, die sich auf den Ruinen der alten erhoben hat. Alexander der Große wurde während seiner Belagerung von Gaza zwei Mal verwundet. Bei einer Empörung der Juden litt die Stadt sehr, woraus man die Stelle des Lukas erklärt, worin er die Stadt verlassen nennt. Ascalon, die Geburtsstadt von Herodes dem Großen, ist eine Einöde, der in der Bibel enthaltenen Prophezeiung gemäß. Nördlich von Ascalon liegt Joppe, jetzt Jaffa, noch weiter nördlich Cäsarea, jetzt Kaisarieh genannt, welches nach dem Willen des Herodes mit außerordentlicher Eile gebaut wurde, dann das Vorgebirge Karmel und das berühmte Acre; weiterhin endlich das Gebiet der einst so mächtigen und blühenden Phönizier, deren Schiffe in grauer Vorzeit auf unbekannten Meeren schwammen und die durch ihren Handel in die entferntesten Gegenden Civilisation verbreiteten. Diese ganze Küstenlinie liegt eigentlich in Ruinen, und das Schweigen und die Öde derjenigen Gegenden, welche ehemals durch das Leben und die Thätigkeit der Bewohner von Sidon und Tyrus belebt wurden, gibt dem Reisenden Stoff zu ernsten und wehmüthigen Betrachtungen.

Die Juden konnten ihren Gesetzen, Sitten und Einrichtungen nach kein Schiffahrt treibendes Volk sein; daher dienten ihnen in den besten Tagen ihrer Monarchie, als sie nach dem Besitze einer Seemacht strebten, die Phönizier als Lehrer, Führer und Kaufleute. Nach dem Falle von Tyrus, und als Palästina ein Theil des römischen Reichs geworden war, gab es in den jüdischen Häfen mehr mercantilische Thätigkeit, die von den Beherrschern der Juden befördert wurde. Herodes der Große, welcher zwar grausam und tyrannisch war, aber Unternehmungsgeist besaß, baute die Stadt Cäsarea, deren Ruinen unsere Abbildung zeigt, von welcher Josephus folgende Nachricht gibt.

„Da er einen Platz an der Küste bemerkte, der vorher Strato's Thurm hieß und für eine Stadt sehr geeignet war, entwarf er einen Plan für eine Stadt, die hier erbaut werden sollte, und ließ viele Häuser aus weißem Stein erbauen. Er schmückte die Stadt mit großen und prachtvollen Palästen und versah sie, was das größte und mühsamste Werk von allen war, mit einem gegen die Wellen des Meeres geschützten Hafen, der dem Piräus (dem Hafen von Athen) an Größe nicht nachsteht. Die schöne Bauart der Stadt ist darum besonders bemerkenswerth, weil die Materialien mit großen Kosten aus andern Gegenden herbeigeschafft werden mußten. Die Stadt liegt auf dem Wege von Ägypten nach Phönizien, zwischen Joppe und Dora, welche Orte sich wegen der ungestümen Südwinde, die an die Küste schlagen, nicht zu Hafenplätzen eignen; die Schiffer sind daher genöthigt, ihre Schiffe mitten im Meere vor Anker zu legen. Herodes war darauf bedacht, diesem Übelstande abzuhelfen, und richtete einen hinreichend großen Platz zu einem Hafen ein, in welchem große Schiffe in Sicherheit liegen konnten. Er bewirkte dies, indem er ungeheure Steinblöcke von mehr als 50 Fuß Länge, 18 Fuß Breite und 9 Fuß Tiefe ins Meer schütten und so einen Hafendamm von 200 Fuß Breite erbauen ließ. Die eine Hälfte desselben war bestimmt, die Wellen abzuhalten, die sich an ihm brachen, auf der andern stand eine Mauer mit mehren Thürmen, von denen der größte, ein merkwürdiges Bauwerk, von des Kaisers Schwiegersohn Drusus genannt wurde. Auch fehlte es nicht an vielen Wohnungen für die Seeleute. Der Eingang oder die Mündung des Hafens befand sich auf der Nordseite, welche den Winden am wenigsten ausgesetzt war. Im Anfange links stand ein sehr starker runder Thurm, bestimmt, die größten Wellen abzuhalten. Gebäude standen rings um den kreisförmigen Hafen, aus dem schönsten Steine erbaut; auf einem Hügel stand ein Tempel, den die Schiffer schon in der Entfernung sehen konnten, und der zwei Statuen enthielt, von denen die eine Rom, die andere den Kaiser darstellte. Die Stadt selbst wurde, wie mehre andere Städte, zu Ehren des Kaisers Cäsarea genannt und auf Kosten des Herodes in zwölf Jahren erbaut. Herodes baute daselbst auch ein steinernes Theater und im südlichen Viertel am Hafen ein Amphitheater, das eine ungeheure Menschenmenge fassen konnte und wegen der Aussicht auf das Meer günstig gelegen war."

Das prachtvolle Cäsarea war zur Zeit der Römer die eigentliche Hauptstadt von Judäa; König Herodes und die römischen Statthalter hatten hier ihre Residenz. Herodes stiftete öffentliche Spiele, die zu Ehren des Kaisers und der Gründung der Stadt jedes fünfte Jahr stattfanden. In der Apostelgeschichte kommt die Stadt häufig vor; hier wurde der Apostel Paulus gefangen gehalten, als er der Gewalt der Juden entzogen und von Jerusalem hierher gesandt worden war; hier hielt er seine Rechtfertigungsreden vor dem Landpfleger Felix und dem König Agrippa; hier schiffte er sich ein, um seine gefahrvolle Reise anzutreten.

Unter mannichfachen Schicksalen erhielt sich Cäsarea bis nach den Kreuzzügen. Der Engländer Clarke, der die Ruinen besuchte, sagt: „Vielleicht gibt es in der ganzen Weltgeschichte kein Beispiel von einer Stadt, die in so kurzer Zeit zu einem solchen außerordentlichen Glanze gelangt ist, als Cäsarea, und durch das jetzige verödete Ansehen ihrer Ruinen einen kläglichern Contrast gegen ihre frühere Pracht darbietet. Ihre Theater, in denen einst der Beifallsruf der Menge ertönte, hallen jetzt keine andern Töne wieder, als das nächtliche Geschrei von Thieren, die auf Beute ausgehen. Von ihren üppigen Palästen und Tempeln, die mit dem kostbarsten Marmor geschmückt, mit den auserlesensten Kunstwerken verziert waren, ist kaum noch eine Spur zu erkennen." Buckingham beschreibt in seinen Reisen in Palästina die Ruinen von Cäsarea und sagt, daß sie der Beschreibung, welche Josephus von ihrer Pracht gegeben habe, vollkommen entsprächen. Neuere Reisende sprechen von der gänzlichen Verödung des Orts. Monro sagt in seiner Sommerwanderung in Syrien: „Die Einbildungskraft, welche bei den lebhaften Straßen und stattlichen Säulengängen verweilt, fragt: wo ist Cäsarea? Es liegt begraben unter den kleinen Hügeln, die sich kaum von der Oberfläche unterscheiden und so niedrig sind, daß sie kaum dienen könnten, die Überreste einer Bauernhütte zu verbergen; selbst die Steine im Boden scheinen verwittert zu sein. In der Nähe der Mauer an der Ostseite des Hafens befinden sich einige große unterirdische Bogen, die Überreste jener Kornmagazine, welche Herodes anlegte. Am südlichen Thore sind noch die Marmorsockel erhalten." Ein kleines nahe gelegenes Dorf ist zum Theil aus den Ruinen von Cäsarea erbaut.

Die Ruinen von Cäsarea in Palästina.

Das Pfennig-Magazin

für Verbreitung gemeinnütziger Kenntnisse.

296.] Erscheint jeden Sonnabend. [December 1, 1838.

Frau von Staël.

Anne Louise Germaine Necker, die einzige Tochter des bekannten französischen Finanzministers Necker, ohne Zweifel die ausgezeichnetste und geistvollste Schriftstellerin der neuern Zeit, wurde am 22. April 1766 zu Paris geboren, als ihr Vater noch Commis eines dortigen Banquiers war. Von ihrer Mutter, einer verständigen und frommen Frau, von welcher ihr Mann sagte: „Sie hätte vielleicht für vollkommen liebenswürdig gelten können, wenn sie nur irgend eine Schwäche besessen hätte", wurde sie nach den Grundsätzen des genfer Calvinismus mit fast pedantischer Strenge erzogen, die so weit ging, daß sie ihr verbot, mit ausgeschnittenen Puppen Komödie zu spielen; von ihrem Vater hingegen wurde sie fast verzärtelt und mit Liebkosungen oft so überhäuft, daß die Eifersucht der Mutter erregt wurde. Schon frühzeitig legte sie ungewöhnliche Geistesgaben an den Tag, zu deren Ausbildung sie im Hause ihres Vaters die beste Gelegenheit hatte, welches damals der Sammelplatz der geistreichsten Männer des In- und Auslandes war, wie Marmontel's, Raynal's, Franklin's, Hume's, durch deren Umgang sie sich frühzeitig einen hohen Grad von Bildung aneignete. Als Beleg davon kann angeführt werden, daß sie schon als Mädchen von 13 Jahren Auszüge aus dem berühmten Werke Montesquieu's, „Geist der Gesetze", machte, das sonst von Damen, selbst reifern Alters, wol nur sehr selten in die Hände genommen zu werden pflegt. Im Jahre 1786 heirathete sie, 20 Jahre alt, durch Vermittelung der Königin Marie Antoinette den damaligen schwedischen Gesandten am pariser Hofe, Baron von Staël-Holstein, der, wie sie, der protestantischen Confession zugethan war; doch scheint ihr Herz schon damals einem Herrn von Montmorency gehört zu haben, der mit ihr stets in freundschaftlicher Verbindung blieb. An der Revolution, welche bald darauf ausbrach, nahm sie als begeisterte Anhängerin Rousseau's, über dessen Schriften und Charakter sie 1788 ein besonderes Werk herausgegeben hatte, einen großen und vielleicht nur zu lauten Antheil; die Sucht, sich vorzudrängen und Aufsehen zu erregen, war ihr schon damals eigen und verleitete sie oft zu einem Benehmen, das keineswegs weiblich und liebenswürdig genannt werden konnte. Die Freude über die französische Revolution verging ihr aber bald genug, als dieselbe durch die empörendsten Greuelthaten befleckt wurde. Ihr Vater hatte 1790 zum zweiten Male das Ministerium aufgegeben und sich in die Schweiz zurückgezogen; allein die Verhältnisse erlaubten ihr nicht, ihm zu folgen. Mit großer Unerschrockenheit suchte sie in jener verhängnißvollen Zeit viele Schlachtopfer der Guillotine zu entziehen, was ihr auch glücklich gelang; nach der Verhaftung des Königs zu Varennes entwarf sie sogar einen Plan, ihn mit seiner Familie nach England zu retten, den sie dem Ministerium vorlegte. In den Septembertagen 1792 floh sie zu ihren Ältern in die Schweiz und entging nur durch die Hülfe ihres Freundes Manuel dem Blutgerüste. Als bald darauf ihre Mutter starb, ging sie nach England und schrieb hier ihre beredten Betrachtungen über den Proceß der Königin, deren Hinrichtung sie mit Trauer erfüllte. Nachdem Schweden die französische Republik anerkannt hatte, kehrte ihr Gemahl 1795 als Gesandter nach Paris zurück, wohin sie ihm folgte. Bald darauf trennte sie sich von ihm, aber nur auf kurze Zeit; als der bejahrte und kränkliche Mann weiblicher Pflege bedurfte, vereinigte sie sich wieder mit ihm und begleitete ihn 1798 auf seiner Reise nach der Schweiz, auf welcher er starb.

Kurze Zeit nachher lernte sie den General Bonaparte kennen, der indessen wenig Geschmack an ihr fand und sie nachmals beständig mit unversöhnlicher Feindschaft verfolgt hat, woran freilich Frau von Staël selbst Schuld war, die ihm anfangs durch ihre vorlauten Rath- und Vorschläge lästig wurde und später ihren Haß gegen ihn durch Worte und Handlungen bei jeder Gelegenheit an den Tag legte. Indessen sah Bonaparte wohl ein, daß die Unterstützung ihrer Feder ihm von Nutzen sein könne; er ließ sie daher durch seinen ihr befreundeten Bruder Joseph auffodern, sich der Regierung anzuschließen, in welchem Falle er ihr die zwei Millionen Francs auszahlen lassen wolle, die ihr Vater aus der Staatskasse zu fodern hatte. Sie wies aber diese Anträge zurück und beleidigte den ersten Consul unablässig durch spöttische Äußerungen, die ihm zu Ohren kamen, indem sie ihn z. B. Robespierre zu Pferde nannte, sodaß er sich im Jahre 1803 bewogen fand, ihr zu befehlen, binnen 24 Stunden Paris zu verlassen und sich bis auf 40 Stunden von der Hauptstadt zu entfernen, wobei er ihr sagen ließ, er überlasse ihr den Erdkreis, nur Paris wolle er für sich behalten. Sie ging daher nach Deutschland und zwar zunächst nach Weimar, wo sie mit Schiller, Goethe und Wieland in nähere Bekanntschaft kam, dann nach Berlin, wo der Hof sie zuvorkommend aufnahm, und machte sich während ihres fast ein Jahr dauernden Aufenthalts in Deutschland mit der deutschen Sprache und Literatur in höherm Grade als vielleicht je ein Franzose bekannt, was ihr freilich durch den vertrauten Umgang mit dem geistreichen August Wilhelm von Schlegel, der sie begleitete, ausnehmend erleichtert wurde. Die eingesammelten Kenntnisse über Deutschland legte sie in einem sehr bekannt gewordenen Werke nieder, das nicht wenig dazu beigetragen hat, richtigere Ansichten über Deutschland, das bisher von ihren Landsleuten vielfach verkannt worden war, in Frankreich zu verbreiten. Durch den plötzlichen Tod ihres Vaters im Jahre 1804 und durch mancherlei widerwärtige Schicksale tief gebeugt, unternahm sie im Jahre 1805 zur Herstellung ihrer Gesundheit eine Reise nach Italien, das sie ebenfalls zum Gegenstande eines ihrer ausgezeichnetsten Werke machte, welches vielleicht allen übrigen vorzuziehen ist. Von da ging sie nach Frankreich und näherte sich immer mehr der Hauptstadt, bis sie Befehl erhielt, Frankreich zu verlassen, worauf sie im Jahre 1807 nach Wien und nach kurzem Aufenthalte auf ihre Familienbesitzung Coppet bei Genf ging. Um den Druck ihres Werkes über Deutschland selbst zu leiten, wagte sie, 1809 in die Nähe von Paris zu kommen, wurde aber aufs Neue verbannt und erhielt sogar 1811 Befehl, sich nicht weiter als zwei Stunden von Coppet zu entfernen. Mehre vornehme und ausgezeichnete Landsleute, die sie daselbst besucht hatten, namentlich der Herzog von Montmorency und die berühmte Madame Recamier, wurden ebenfalls aus Frankreich verbannt. Erst nach langer Vorbereitung gelang es ihr, 1812 nach Wien zu entkommen, von da floh sie durch Galizien und Podolien nach Moskau, bei Annäherung der französischen Armee nach Petersburg, wo der Kaiserhof sie sehr auszeichnete. Hierauf begab sie sich zu Schiff nach Schweden, und als ihr der Aufenthalt in diesem Lande durch den Tod ihres jüngern Sohnes, der im Duell blieb, verleidet wurde, nach London, wo sie blieb, bis ihr die Restauration gestattete, nach Frankreich zurückzukehren. Später lebte sie meist, von Ludwig XVIII. hochgeschätzt, in Paris, wo ihre erst kürzlich (im October 1838) verstorbene Tochter an den Herzog von Broglie verheirathet war. Im Jahre 1816 machte sie mit ihrem zweiten Gemahl, Herrn von Rocca, einem tapfern, in Spanien invalid gewordenen französischen Officier, eine zweite Reise nach Italien. Sie hatte sich mit Herrn von Rocca, der 20 Jahre jünger als sie war, ganz insgeheim verheirathet, um ihren berühmt gewordenen Namen nicht aufgeben zu müssen. Die letzten Jahre war sie mit Abfassung eines Werkes über die französische Revolution beschäftigt, kränkelte indeß fortwährend, wozu der häufige Genuß des Opiums nicht wenig beitrug, und starb zu Paris am 14. Juli 1817. Ihr zweiter Gatte, der ihr innig zugethan war, folgte ihr ein halbes Jahr darauf.

Der Ruf, den Frau von Staël durch ihre zahlreichen Schriften sich erworben hat, ist fest begründet und wohl verdient; jedenfalls muß sie den größten Schriftstellern Frankreichs beigezählt werden. Ihrem Charakter und ihrem Benehmen sind mit Recht mannichfache Vorwürfe gemacht worden, namentlich ist ihr eine ungemessene Eitelkeit auf ihr schriftstellerisches Verdienst zur Last zu legen, wiewol Benjamin Constant von ihr sagt, er habe nie Jemand gekannt, der von seiner unendlichen Überlegenheit über Jedermann mehr überzeugt gewesen sei und doch Andere diese Überlegenheit weniger habe fühlen lassen. Inzwischen hatte ihr Charakter auch sehr viele gute Seiten. Von ihrer Herzensgüte gab sie häufig sprechende Beweise; dabei besaß sie eine tiefe Religiosität und erscheint durch die kindliche Verehrung ihrer Ältern, namentlich ihres Vaters, den sie mit wahrer Zärtlichkeit liebte und über dessen Tod sie sich lange nicht trösten konnte, in hohem Grade achtungswürdig. Sehr mit Unrecht hat man die Lobsprüche, die sie ihm in ihren Schriften ertheilt, lächerlich gefunden; augenscheinlich gingen sie ihr von Herzen, und ihr Aufsatz über seinen Charakter und sein häusliches Leben ist unstreitig ein schönes Denkmal kindlicher Liebe.

Die Krönung des Kaisers von Östreich in Mailand.

Da wir vor Kurzem (Nro. 291) über die Krönung der Königin von England berichtet haben, so wäre es unpassend, wenn wir die wenige Wochen nachher vollzogene Krönung eines deutschen Monarchen, des Kaisers Ferdinand I. von Östreich, welcher am 6. September dieses Jahres in Mailand zum Könige des lombardisch-venetianischen Königreichs gekrönt worden ist, mit Stillschweigen übergehen wollten. Wir theilen daher im Folgenden im Auszuge den Bericht eines Augenzeugen mit.

Am 27. August kam der Kaiser in dem etwa 2 Stunden von Mailand entfernten Städtchen Monza an, wo die eiserne Krone aufbewahrt wird, mit welcher die Krönung vollzogen werden sollte. Diese Krone, welche ursprünglich für Agilolf, König der Lombarden, zu Ende des 6. Jahrhunderts verfertigt und später bei der Krönung der Könige von Italien gebraucht wurde, ist von Gold und mit Edelsteinen verziert; ihren Namen hat sie von einem eisernen Reif im Innern, welcher nach der Sage aus einem Nagel am Kreuze Christi geschmiedet wurde. Am 1. September hielt der Kaiser in Mailand seinen Einzug. Kurz nach halb 10 Uhr sah man die Spitze des kaiserlichen Zuges sich der prächtigen Porta Orientale nähern und von dem Augenblicke an, bis der Kaiser vorüber kam, hörte man keinen Laut mehr in der unermeßlichen Menschenmenge. Alles schwebte offenbar in der gespanntesten Erwartung und man vernahm erst dann Ausrufungen der Bewunderung und des Entzückens, als der ganze majestätische Zug sichtbar wurde. Das Erscheinen der Herolde erregte ein allgemeines Gemurmel des Beifalls, und kaum war dies vorüber, als das Herannahen des Kaisers verkündet wurde, aber keineswegs durch das laute Jubelgeschrei, welches bei solchen Gelegenheiten anderwärts vernommen wird. Der pantomimische Italiener drückt seine Freude nicht durch Worte, sondern durch Geberden aus, und legt seinen Beifall öffentlich auf dieselbe Art an den Tag, wie wir dies im Theater thun, denn zu meinem Erstaunen gewahrte ich, daß das Herannahen des Kaisers durch ein einfaches Händeklatschen angekündigt wurde. Kein einziger Ruf ertönte. Für Jemand, der daran nicht gewöhnt ist, hat diese Art der Begrüßung etwas sehr Auffallendes. Kaiser und Kaiserin dankten nach allen Seiten durch unaufhörliche Verneigungen.

Den 2. September erschienen Kaiser und Kaiserin im Theater alla Scala. Bei meiner ersten Anwesenheit in diesem Theater befand sich das Publicum vergleichungsweise in Dunkelheit und die Beleuchtung war mehr für die Bühne vorbehalten. An diesem Abend aber goß sich eine blendende Helle, mit der die Beleuchtung der Bühne nicht wetteifern konnte, über die Zuschauer aus. Die Anzahl der Logen in diesem ungeheuren Theater beträgt 213, und vor jeder war ein vergoldeter Armleuchter mit 5 Wachslichtern angebracht. Ueber tausend solcher Lichter strahlten daher und brachten sammt dem ungeheuern Kronleuchter, welcher von der Decke hing, und den Leuchtern an den Seiten der Vorbühne eine Helle hervor, welche auf Diejenigen, die daran nicht gewöhnt waren, einen fast peinlichen Eindruck machte. Doch währte er nur einen Augenblick und machte der Bewunderung Platz, als man gewahrte, daß die Strahlen auf das polirte Gold fielen, womit die Logen verziert waren, oder auf die Diamanten, welche die Damen trugen, oder womit die prachtvollen Dolmans der Ungern besäet waren, oder auf die Sternen und Orden der Ritter und Großen prangten, in unendlicher Mannichfaltigkeit zurückgestrahlt wurden. Ueber alles Das aber, so großartig es auch sein mochte, gab es einen Anziehungspunkt, auf welchen jedes Auge gerichtet war, die große, für den Kaiser und die kaiserliche Familie vorbehaltene Loge. Dieselbe befindet sich in der Mitte des Theaters, der Bühne gerade gegenüber, ist mit Sammt behangen und von einer ungeheuern durch zwei Figuren getragenen Krone überragt. Diesmal war sie mit goldenen Candelabern erleuchtet und im Innern durchaus mit Spiegeln belegt, so daß es keinen einzigen Punkt gab, der nicht von blendendem Lichte gestrahlt hätte. In dem Augenblicke, als die Mitglieder der kaiserlichen Familie die Loge betraten, hörten Geräusch und Verwirrung in dem überfüllten Parterre auf und eine Todtenstille folgte. Diese währte, bis sich der Kaiser und die Kaiserin dem Rande der Loge näherten, in welchem Augenblicke aus allen Theilen des Theaters lautes Beifallgeklatsch erscholl und viele Damen in den Logen ihre Tücher schwenkten. Der Kaiser und die Kaiserin dankten durch wiederholte Verneigungen. Es folgte ein Gelegenheitsstück, in welchem Tänze mit Gesängen wechselten. Der Refrain aller Gesänge war das Lob des Kaisers und der Kaiserin. So oft etwas vorkam, das eine passende Beziehung hatte, zum Beispiel auf die persönliche Milde des Monarchen, auf seine Neigung, die schönen Künste zu unterstützen, oder auf die Wohlthätigkeit der Kaiserin und ihre menschenfreundliche Theilnahme am Loose der Armen, brach die Versammlung in lautes Beifallgeklatsch aus; wenn dasselbe besonders allgemein und stürmisch wurde, stand der Kaiser auf, die Kaiserin folgte ihm und Beide verneigten sich jedesmal zuerst gegen die Mitte des Theaters, dann nach beiden Seiten. Als sich das Gelegenheitsstück seinem Ende näherte, bedeckten Wolken den Hintergrund der Scene und der Friedensbogen, der sie bis dahin geschmückt hatte, verwandelte sich in ein gothisches Schloß mit den östreichischen Farben. Nach dieser Verwandlung wurde die Nationalhymne von sämmtlichen Mitgliedern des Theaters gesungen und stürmisch beklatscht. Hierauf verneigten sich der Kaiser und die Kaiserin wieder mehrmals gegen die Versammlung und verließen mit ihrem Gefolge das Theater.

Am 3. Sept. fand die Huldigung im Karyatidensaale der Hofburg statt. Es ist schwer, ja fast unmöglich, einen richtigen Begriff von dem Glanze zu geben, den die Scene der Huldigung darbot. Indem man in den ungeheuern, nach dem besten Kunstgeschmacke verzierten Saal hinuntersah, gewahrte man, daß fast nur solche Personen ihn füllten, deren Gewänder mit Gold gestickt waren und deren Schmuck aus den kostbarsten Juwelen bestand. Auf der einen Seite saß der Kaiser auf seinem Throne, umgeben von allen Großwürdenträgern des Staates. Auf der andern Seite sah man die Kaiserin in der Mitte eines Kreises von Damen des höchsten Ranges; sie selbst war, gleich diesen, nur eine Zuschauerin. Der äußerste Kreis der Menschenmenge im Saale bestand aus Garden in ihren einfachen, aber schönen Uniformen. Ihnen zunächst folgten die Bischöfe und Priester der katholischen Kirche in den reichsten Gewändern, die sie nur bei den höchsten Feierlichkeiten tragen. Dem Throne zunächst standen die Ritter des goldenen Vließes und die Großkreuze der verschiedenen östreichischen Orden. Betrachtete man die Personen, dem Throne unmittelbar gegenüber und auf beiden Seiten des Saales, so erblickte man an der Spitze zweier Reihen von Herren in Hofkleidern zwei welche prächtiger gekleidet waren als die übrigen. Es waren die Statthalter der Lombardei und Venedigs, hinter ihnen standen Diejenigen, welche dem Souverain die Huldigung zu leisten hatten, die Abgeordneten der Central- und Provinzialcongregationen mit ihren Podestas. Die zweite Reihe bildeten zwei voneinander leicht zu unterscheidende Classen, der hoffähige Adel und die Herolde der verschiedenen Städte in ihrer schwerlastenden Tracht. Diese konnte man die handelnden Personen im Saale nennen. Nach kurzen Anreden des Hofkanzlers und Oberhofmeisters des Königreichs an den Kaiser, welche dieser beantwortete, leisteten die Deputirten den von einem Hofrathe vorgelesenen Huldigungseid, worauf der Kaiser mit der ganzen Versammlung einem Tedeum in dem Dome beiwohnte. Am 4. September fand die Übertragung der eisernen Krone von Monza nach Mailand in einem sechsspännigen, nur für die Krone bestimmten Hofwagen unter großen Feierlichkeiten statt; am Abende desselben Tages wurde im Karyatidensaale und im Säulensaale der Hofburg ein prachtvolles Ballfest gegeben, zu welchem 4000 Personen geladen waren.

Am 6. September folgte endlich die Krönung selbst in dem prachtvollen Dome, dessen kolossale Wände mit Sammt und Seide behangen waren. Von dem untern Theile des Domes waren die Sonnenstrahlen gänzlich ausgeschlossen; neun gothische Kronleuchter, die von der Decke niederhingen, und Armleuchter, die auf dem Pfeiler jedes Bogens standen, erhellten denselben. Der untere Theil lag in neblicher Dämmerung, während oben die Sonne nur durch Fensterscheiben von gemaltem Glase dringen konnte; ihre Strahlen übergossen mit Regenbogenfarben jeden Platz und jede Person, die sie trafen, und liehen Allem ein überirdisches Aussehen. Unten brannten Wachskerzen und selbst wo das natürliche Licht Einlaß fand, schien es ein künstliches zu sein. Der erste Eindruck war jener der Finsterniß; nachdem sich aber das Auge daran gewöhnt hatte, bemerkte man, daß das Licht in der Kirche so vertheilt war, daß Alles, was erblickt werden sollte, mit der größten Deutlichkeit gesehen werden konnte. Die Kunst schien zu dem einzigen Zwecke, Goldverzierungen anzubringen, aufgeboten worden zu sein. Der Thron des Kaisers war von Gold und mit Goldstoff bedeckt, so auch das Kissen, auf dem der Monarch kniete, und der Thronhimmel, über welchem prachtvolle Büsche von Straußfedern wogten. An der Tribune für die Kaiserin und die Mitglieder der kaiserlichen Familie war mehr Gold als Sammt zu sehen. Gold war in jeder Form angebracht, da auf dem Fußboden, dort stieg es in schlangenähnlichen Falten zum Dache empor. Es schimmerte und glänzte allenthalben. Der Kaiser, der um 9 Uhr in feierlichem Gepränge den Palast verlassen hatte, schritt, sobald er im Dome angekommen war, nach einigen einleitenden Feierlichkeiten in den blendenden Prachtgewändern königlicher Würde zum Altar, wo er den feierlichen Schwur, seine Pflichten als Monarch zu erfüllen, ablegen sollte. Vor ihm schritten die Prinzen und hinter ihm alle Großen seines Reichs, neben ihm stand der goldene Thron, den er zu besteigen im Begriffe war. Nahe dabei in ihrer prachtvollen Tribune die Kaiserin, besäet mit Diamanten, und seine kaiserlichen Verwandten, geschmückt mit den köstlichsten Juwelen. Ihm gegenüber saßen die Vertreter aller befreundeten Staaten und Monarchen, und die Abgeordneten der verschiedenen Gemeinden, welche das Königreich bilden, vor und hinter ihm das Volk. An den Gewändern Derer, die den Kaiser umgaben, hing der Reichthum ganzer Bergwerke, und so weit das Auge reichte, hatte es allenthalben nur Glanz zu betrachten oder Schönheit zu bewundern. Es war ein Schauspiel, das selbst den Fremdling lebhaft interessiren mußte und von dem man hätte glauben sollen, daß es Denjenigen, der dessen Mittelpunkt war, mit Entzücken und Stolz erfüllen mußte. Und doch war es, wenn man den Kaiser aufmerksam betrachtete, offenbar, daß nur Andacht ihn erfüllte. Wie er an den Stufen des Altars stand, schien er weit mehr in die Betrachtung der religiösen Pflichten, die er zu verrichten im Begriffe war, versunken zu sein, als daran zu denken, daß sie mit dem irdischen Pompe, der ihn umgab, in irgend einem Zusammenhange standen. Es sah aus, als empfinde er, daß die ernsten Schläge der Glocken, welche während der Krönung regelmäßig ertönten, ihn und alle Anwesenden mahnten, daß sie zwar die Feier zu ihrem Ende, aber auch Alle bei jedem Schlage dem Grabe näher brächten. Diese innige Religiosität ist der ganzen kaiserlichen Familie gemeinsam; alle ihre Mitglieder, besonders aber die Kaiserin, waren während des Hochamtes in tiefe Andacht versunken. Während der Wandelung der Hostie senkte der Oberstallmeister des lombardisch-venetianischen Königreichs die Spitze des Staatsschwertes zur Erde, und dasselbe thaten der Herold der Lombardei und Venedigs und die Herolde der Städte mit ihren Stäben; zugleich verneigten sich Alle tief. Kanonendonner ertönte vom Castell und alle Glocken läuteten. Nach dem Hochamte empfing der Kaiser die Glückwünsche der Kronkapläne (des Cardinalerzbischofs von Mailand und des Patriarchen von Venedig), der Großwürdenträger des Königreichs und verschiedener andern in seiner Nähe befindlichen Personen vom höchsten Range. Man bemerkte, daß sich die Züge des Kaisers, indem er die Glückwünsche anhörte, erheiterten; es war das erste Mal, daß man ihn während der ganzen, langen Feier lächeln sah. Er schien nicht ermüdet; das Antlitz der Kaiserin aber strahlte offenbar vor Freude, daß die größten Mühen des Tages vorüber waren. Der einzige Theil der Feier, den das Volk mitgenoß, war der Augenblick, wo sich ihm der Kaiser auf dem Balkon des Palastes im Krönungsornate als Souverain zeigte. Um diese Zeit hatte sich das Wetter aufgehellt und die Sonne schien von einem klaren, italienischen Himmel. Die Großwürdenträger waren dem Kaiser auf den Balkon gefolgt, die Kaiserin und mehre Erzherzoge und Erzherzoginnen befanden sich an seiner Seite. Der Kaiser schien überaus heiter zu sein, und als das Volk ihn erblickte, gekrönt mit der alten eisernen Krone und angethan mit dem prächtigen Krönungsornat, brach es, nicht zufrieden mit dem gewöhnlichen Händeklatschen, auch in das Jubelgeschrei aus: „Viva, Ferdinando, Imperatore!" Dieses Schauspiel königlichen Glanzes und volksthümlicher Freude dauerte ungefähr fünf Minuten, worauf sich der Kaiser und der Hof zurückzogen, um sich zum königlichen Bankette vorzubereiten. Die Beleuchtung am Krönungstage wurde durch den Regen, der in Strömen goß, verdorben, aber die Zeitung von Mailand, die an diesem Abend erschien, brachte, was Freude in die Herzen aller Italiener goß, die vollständigste Amnestie für alle politischen Vergehen, welche je ein Monarch erlassen hat.

Hogarth's Perspective.

Obgleich wir unsern Lesern bereits eine ansehnliche Anzahl der ergötzlichsten Caricaturen Hogarth's mitge-

Hogarth's Perspective.

theilt haben*), so werden sie doch auch diese nicht ohne Interesse betrachten. Hogarth gibt hier seinen Collegen die Lehre, vor allen Dingen die Perspective, die richtige Zeichnung der Gegenstände hinsichtlich ihrer Entfernung und Lage, wohl zu beobachten, und wer über Perspective nur allgemeine Begriffe hat, wird aus diesem Caricaturbilde zwar nicht lernen, wie eine perspectivische Zeichnung beschaffen sein muß, wol aber, wie sie nicht beschaffen sein darf.

Die absichtlichen Verstöße dieses Bildes gegen die Perspective sind sehr handgreiflich. Der Mann auf dem Hügel ist für seine Entfernung viel zu groß, da er ebenso groß ist, als der Baum neben ihm; aus der Lage seiner Füße und seines Schattens schließen wir, daß er auf dem Hügel steht, aber seiner Größe nach muß er uns so nahe sein, als die Frau, welche aus dem Fenster sieht. Die am Fuße des Hügels stehenden Bäume werden immer größer, je weiter entfernt sie stehen, und der auf dem letzten Baume sitzende Vogel ist ebenso lang, als der erste Baum breit ist; auf dieselbe verkehrte Weise nehmen die im Vordergrunde befindlichen Schafe mit der Entfernung an Größe zu. Das Schiff ist im Begriff, gerades Weges auf die Brücke zu fahren. Die Brücke selbst ist nach ihrem Verhältnisse gegen die viel nähern Gegenstände von ganz ungeheurer Größe. Ein Theil des Baumes im Vordergrunde wird

---

*) Vergl. Pfennig=Magazin Nr. 95, 99, 104, 112 fg., 115—117, 123, 126, 130, 134 fg., 145, 149, 153, 155, 157, 159, 180, 185, 190, 194, 224.

von der weit entferntern Kirche, ein Theil des Wirthshausschildes von den entferntern Bäumen verdeckt. Doch es ist überflüssig, die Leser auf die zahllosen Fehler der Zeichnung aufmerksam zu machen. Wie man sieht, hat Hogarth Fehler dargestellt, die selbst der größte Stümper in der Zeichnenkunst und Malerei niemals begehen wird; wenn er also den Zweck hatte, die von vielen ausgezeichneten Künstlern begangenen Verstöße gegen die Perspective zu geißeln, so scheint er diesen Zweck darum verfehlt zu haben, weil es seiner Caricatur an demjenigen Grade von Wahrheit fehlt, den selbst Caricaturen haben müssen.

Das Himalayagebirge.

Der Himalaya, das höchste Gebirge der Erde, welches 25 Gipfel enthält, die höher sind, als der Chimborasso, der so lange für den höchsten Berg der Erde galt, trennt Hindostan und Tibet und bildet die südlichste der ungeheuern Berggruppen, die das Rückgrat von Mittelasien ausmachen. Durch Verzweigungen steht er mit den drei andern großen mittelasiatischen Gebirgen, dem Kuen-Lün, dem Altai und dem Thian-Schan oder Himmelsgebirge in Verbindung. Er reicht von den Quellen des Indus in Nordwest bis zur Mitte des großen Bassins des Bramaputra in Südost, denn dieses kann man als seine äußerste östliche Grenze annehmen. Von diesem an erstreckt sich die Kette durch das zum chinesischen Reiche gehörende, noch von keinem Reisenden besuchte unwirthbare Land auf der einen Seite bis zum Cap Negrais im birmanischen Reiche, auf der andern bis in die chinesischen Provinzen Kuang-Si und Kuang-Tung (Kanton). Der Gebirgskamm ist zwar den Menschen unzugänglich, aber vermittelst der Betten der hindostanischen Gewässer, welche an verschiedenen Stellen tiefe Breschen darin gebildet haben, ist die Wissenschaft kühn in die Seiten des Gebirges eingedrungen.

Als die höchste Bergspitze sieht man durchgängig den Dhawalagiri oder weißen Berg an, der sich an der Grenze von Nepaul und Tibet, etwa unter 29 Grad nördl. Breite, bei den Quellen des Gunduk, erhebt. Die Angaben über seine Höhe wechseln von 24,166—26,340 pariser Fuß. Ungeachtet der großen Schwierigkeiten und Gefahren der Forschung und der ängstlichen Wachsamkeit der chinesischen Regierung sind doch die Engländer mit ausdauerndem und unermüdlichem Eifer bestrebt gewesen, zu einer genauern Kenntniß des Himalayagebirges und der Höhe seiner Gipfel zu gelangen, und namentlich sind die Reisenden Colebrooke, Fraser, Webb, Herbert, Royle, Hodson mit Auszeichnung zu nennen. Soviel wir bis jetzt über die Gipfel des Himalaya wissen, sind nicht weniger als 39 davon höher als der Montblanc, der höchste Berg in Europa.

Der ganze westliche Gürtel des Gebirgs bietet nach den Ebenen von Hindostan und dem Lande der Sikhs zu unbekannte, aber zugängliche Strecken dar, wo die großen Flüsse entspringen, welche den Norden der Besitzungen der ostindischen Compagnie bewässern; dort erhebt sich der Himalaya mit seinem majestätischen Glacis von Felsen, Waldungen und Schneehaufen. Verweilen wir einen Augenblick zu Simla, dem hindostanischen Belvedere, an der äußersten Grenze der Präsidentschaft Kalkutta, wo der Himalaya ein prachtvolles Panorama gewährt. Simla ist der Sammelplatz der Reichen, Müßigen und Kranken. Der hier residirende englische Beamte kam vor 18 Jahren auf den Einfall, seinen Palast in der Ebene zu verlassen und auf dem Gebirge im Schatten der Cedern zu wohnen. Etwa 60 zerstreute Häuser wurden hier aufgeführt, herrliche Wege in den Felsen gehauen und bald kam die 700 Stunden von Kalkutta, 7000 Fuß über dem Meeresspiegel angelegte Colonie in Aufnahme und sogar in die Mode. Man kann sich nichts Erhabeneres und Malerischeres denken, als die Ansicht des Himalaya, von der Mitte der Anhöhe von Simla aus gesehen. Eine Promenade, die sich schneckenförmig eine Stunde weit um den Bergabhang windet, wo sich die niedlichsten Häuser erheben, dient als Terrasse für die Schaulustigen, die durch dies einzige Panorama aus allen Theilen Bengalens herbeigezogen werden. Der Ort prangt mit der üppigsten Vegetation, und bildet gleichsam eine reizende Oase zwischen Indien und China. Auch Gasthöfe und Kaffeehäuser, selbst ein Theater fehlen in Simla nicht.

Der Himalaya, der für die Ebenen von Bengalen ein so grandioses Schauspiel darbietet, ist aber nur ein bescheidenes Vorspiel der tibetanischen Alpen, des Himalayagebirges, weil es sich an den Quellen des Sutledge oder Indus zeigt. Indessen wird man durch die allmälige Erhöhung der Basis der über einander geschichteten Berge und der Ebene von Hindostan bis zu den Eisrücken über ihre Höhe getäuscht. Man campirt zuweilen 6, ja 9000 Fuß hoch und doch sind das nur die niedrigsten Orte, wo Stationen angelegt sind. Im Allgemeinen ist der südliche Abhang des Gebirges, nach Hindostan zu, schroff, der nördliche dagegen senkt sich allmälig herab. Verglichen mit den europäischen Gebirgen, geht die Vegetation auf dem Himalaya weit höher hinauf, als z. B. in den Alpen, die viel nördlicher liegen. Waldungen von Fichten, Cedern, Paradiesfeigenbäumen bedecken seine Seiten. Noch 2100 Fuß über dem Gipfel des Montblanc findet man Flechten und Moose als die letzten Spuren vegetabilischen Lebens, und 15,000 Fuß über dem Meere haben Reisende noch Anemonen und Glockenblumen gefunden. In 13,000 Fuß Höhe zeigen sich noch die Birke und der Wachholderstrauch, jedoch nur kümmerlich, aber in 12,000 Fuß Höhe entfaltet sich die Eiche in voller Herrlichkeit. Zu Kaschmir, am äußersten nördlichen Ende des Himalaya, finden sich kolossale Platanen und riesige Reben, die zwei Fuß im Umfang haben. Im Osten hat man noch über 10,000 Fuß hinaus Gerstenfelder gefunden. Merkwürdig ist die Verschiedenheit zwischen dem nördlichen und südlichen Abhange; da nämlich jener schräg, dieser steil ist, so hat dies die Folge, daß im hohen Sommer die Vegetation im Süden verbrennt, während sie im Norden ewig dauert. Die Vegetation des Südens ist auf verkrüppelte Gesträuche und versengte Gräser reducirt und bildet nur hier und da an den Ufern der Ströme schwärzliche Flecken; der unermeßliche Horizont bietet nur ein Schauspiel der Öde und Trostlosigkeit dar, das sich auf allen Seiten in Gipfeln von Schnee und Eis endigt.

Vom Himalaya hernieder ergießen sich wie aus einem Bassin die Wassermassen, die sich bald in den beiden prächtigen Flüssen vereinigen, deren Lauf an ihren Ufern eine so erstaunliche Fruchtbarkeit verbreitet, dem Brahmaputra und dem Ganges. Der schönste und poetischste dieser Flüsse ist aber der Jumna, dessen Quellen bei den Hindus für heilig gelten. Schon von der Wiege an denkt der fromme Hindu an die Wallfahrt zum Jumna und Ganges und erreicht selten das mittlere Alter, ohne die heiligen Kühe von Kursali im Himalaya angebetet zu haben. In demselben Districte, nahe bei Kursali, schlummern in einem schwarzen marmornen Grabmale die fünf Brüder von Pandu, denen in der unterirdischen Pagode von Ellora Altäre errichtet sind. Über der Straße, die von diesem Denkmale zu den Quellen des Jumna führt, wölbt sich ein ungeheurer Wald von Fichten- und Lärchenbäumen, verschönert durch das Laubwerk des Rosenlorbers. Die Quelle des Jumna stürzt sich in Cascaden 80 Fuß hoch herab. Ungeheure Fichtenstämme, gleich Brücken quer über Abgründe geworfen, dienen als gefährliche Stufen, um die höhern Gipfel zu erklimmen, wo sich Scharen wilder Vögel in der Nähe des herabstürzenden Wassers herumtummeln. Was aber diese Quelle zu einer Naturmerkwürdigkeit macht, ist die Wärme des Wassers, welches 50° R. hat. Ein Engländer aus Delhi benutzte dies, um im Angesichte der Pilger Eier darin zu kochen, eine Unvorsichtigkeit, die ihm beinahe theuer zu stehen gekommen wäre. Die Quelle ist klar und ohne Beigeschmack, daß sie aber eisenhaltig ist, beweisen die schwarzen Furchen, die sie an dem Felsen hinterläßt, wenn sie den Schnee geschmolzen hat. Bald verlieren sich die Cascaden des Jumna unter dem Gürtel, den die Bergspitzen bilden, bald runden sie sich über dem Haupte des in Andacht versunkenen, auf den Schnee hingeworfenen, voll Inbrunst die heilige Stätte küssenden Pilgers zu einem feuchten Regenbogen. Die Erfüllung des Gelübdes, das die Hindus hierher führt, hat jedoch ihre Gefahren; man kann dem Wasserfaden nur im October nahe kommen, wo das Schmelzen der untern Eislagen den Weg hierher gangbar macht.

Zwischen dem Jumna und dem Indus äußert sich die Frömmigkeit der Hindus durch religiöse Feste, die einen ganz andern Charakter haben, als die in der Ebene herrschenden Gebräuche. Die Bevölkerung sammelt sich in den höchsten Thälern und drängt sich vor einem riesigen Piedestal zusammen, wo ein beweglicher Wagen den Gegenstand ihrer Verehrung ausmacht. Auf dem Wagen befinden sich vier heilige Figuren, welche den Nagus oder die gute Schlange, den Budrimath und die Naragán, letztere doppelt, vorstellen; als Piedestal dient die Plateform, worauf die Hindus ihr Korn dreschen. Die Götzenbilder sind mit den schönsten purpurfarbenen Stoffen Indiens bekleidet, und mit zahllosen Federbüschen, aus der Wolle der tibetanischen Ziegen gebildet, geschmückt. Die Hauptfigur, Budrimath, hat 18 Köpfe, worunter 6 goldene und 12 silberne; ein Schirm, wie ihn nur die vornehmen Hindus tragen dürfen, schützt sie vor der Sonne. Zu den Füßen dieser Figuren drehen sich die Andächtigen im Tanze.

Die Quellen des Ganges sind nicht weniger interessant. Der Ursprung des Ganges, wie er von den Brahminen angenommen wird, im Thal von Gherwal, ist ein ziemlich breiter Strom, der zu Berai den natürlichen Bogen einer Brücke von Schnee hervorbricht, die ebenso fest ist, als wäre sie aus weißem Marmor erbaut. Sie ist 300 Fuß hoch und ihre Pfeiler gleichen ungeheuern Orgelpfeifen. Es läßt sich wohl begreifen, daß die Großartigkeit eines solchen Ursprungs das Gemüth der Pilger mit abergläubischen Eindrücken erfüllen muß, aber der eigentliche echte Ursprung des Ganges liegt drei englische Meilen höher an der Basis der Berge von Bunderpuch. Man gelangt von Kursali nach dem Thale der Gangesquellen durch eine Einöde, die nach allen Richtungen hin von einem durch Pflanzenausdünstungen vergifteten Winde durchstrichen wird, der in den Vertiefungen am gefährlichsten sein soll. Auf dem Rücken des Bunderpuch, des Dhuti-Manzi und des Bachuncha entfaltet sich vor den Blicken des Reisenden die Schneeschichten wie ein Meer von Schaum, dessen blendende Weiße durch das Düstere der untern Wälder und durch das Blau des Himmels noch gehoben wird. Die Luft ist hier so trocken, daß man an den Gräsern und auf der Erde nicht den mindesten Reif bemerkt. Der Ganges ist übrigens erst nach einer langen Folge von pittoresken Wasserstürzen zwischen Felswänden und unter Abgründen, die eine Zeit lang seinen Lauf verbergen und ihn erst dann in den Ebenen von Hindostan erscheinen lassen, wenn er sich in rasenden Fluthen in einem weiten Bette einherwälzt, seines Namens würdig.

Vorrichtung zur Verhütung der Feuersbrünste.

Herr Maratuch ist der Erfinder eines Schutzmittels gegen jene Feuersbrünste, die durch Entzündung der Schornsteine entstehen. Dasselbe beruht auf dem Grundsatze, daß jeder Körper, der nicht brennt, eine abkühlende Kraft hat, welche in dem Maße groß ist, als er den Wärmestoff, den er mitgetheilt erhält, abgibt. Die Vorrichtung wird im Innern der Schornsteine zwischen der Flamme und dem Orte, wo eine Entzündung erfolgen kann, angebracht, und besteht aus drei in gewissen Entfernungen übereinander angebrachten Metallgittern. Die abkühlende Kraft dieser Gitter ist so groß, daß, mit welcher Lebhaftigkeit die Flamme an das untere Gitter schlagen mag, das oberste doch nicht so heiß wird, daß man die Hand nicht darauf leiden könnte. Die Funken, die so häufig die Ursache der Kaminbrände werden, erleiden auf ihrem Durchgange durch die drei Scheidewände eine solche Abkühlung, daß sie auslöschen oder wenigstens ganz unschädlich werden. Man darf hoffen, daß die Apparate des Herrn Maratuch bald allgemein in Anwendung kommen; denn sie widersetzen sich 1) der Verbreitung der Flamme und der Funken; sie concentriren 2) die Wärme auf der Heizstelle und erhöhen dadurch die dem Zimmer zu Gute kommende Wärme; sie lassen sich 3) auf Schornsteine aller Art und jeder Größe anwenden, und sie thun 4) der Güte und dem Zuge der Schornsteine keinen Eintrag, sodaß man sie selbst zur Verhütung des Rauchens derselben empfehlen kann.

Ein Theater aus Eisenblech.

Nachdem man das Eisen, dieses nutzbarste aller Metalle, schon seit Jahren zu Schiffen, Dächern, Bettstellen u. dergl. angewandt hat, baut man nun auch ganze Häuser daraus. Den Anfang damit hat der nordamerikanische Baumeister und Decorationsmaler Ananiali gemacht, welcher zu Boston im Staate Massachusetts in den Vereinigten Staaten von Nordamerika ein Theater vollständig aus Eisenblech erbaut hat. Dieser Einfall, zu welchem die zahlreichen Feuersbrünste in der letzten Zeit den Anlaß gaben, ist mit dem besten Erfolg und in sehr kurzer Zeit ausgeführt worden. Die Vorhänge, die Coulissen, die Bänke, die Logen, die Galerien, sogar das Souffleurloch und der Fußboden der Bühne sind von Eisenblech. Von den Reden der Schauspieler geht kein Wort verloren. Die Kosten betrugen um ein Drittel weniger als zu einem gewöhnlichen Theater. Bei der ersten Vorstellung äußerte das Publicum den lebhaftesten Beifall und rief den Erbauer heraus; der Kaufmannsstand machte demselben eine kostbare Dose zum Geschenk und das Volk begleitete ihn im Triumph nach Hause. Wenn wirklich die Bewegungen auf der Bühne kein unangenehmes Geräusch verursachen, wovon in den bisher bekannt gewordenen Nachrichten nichts erwähnt wird, so hat die Anwendung des Eisens einen außerordentlichen Vorzug vor allen andern sogenannten unverbrennlichen Stoffen. In mehren pariser Theatern, von denen in kurzer Zeit drei hintereinander niedergebrannt sind, das Theater de la Gaité, das italienische Theater und das Vaudeville, beabsichtigt man, wenigstens eiserne Vorhänge anzubringen, welche die Bühne im Fall eines ausbrechenden Feuers von dem übrigen Hause absperren können. Eine ähnliche Vorrichtung findet sich im münchner Theater.

Die Halle von Brügge.*)

Eins der merkwürdigsten Gebäude von Brügge ist die Halle, auch die alte Halle genannt, eine von dem Handelsstande erbaute Waarenniederlage. Das ursprüngliche Gebäude brannte 1280 ab und die an dessen Stelle aufgeführten Gebäude hatten, von Blitzschlägen getroffen, in den Jahren 1493 und 1741 dasselbe Schicksal. Das jetzige Gebäude ist in gothischem Styl erbaut und hat einen schönen Thurm mit einem berühmten Glockenspiele, das aus 47 Glocken besteht. Die Flügel des Gebäudes dienen als Fleischbänke und der Hof in der Mitte als Leinwandmarkt. Darüber befindet sich eine große Galerie, wo jährlich im Mai eine Messe gehalten wird.

Die übrigen öffentlichen Gebäude in Brügge sind das Stadthaus, welches eine öffentliche Bibliothek enthält, der Justizpalast, die Akademie der schönen Künste und die Kirchen. Außerdem ist das schöne Denkmal Karls des Kühnen bemerkenswerth. Brügge enthält noch viele Überbleibsel und Spuren seiner ehemaligen Wichtigkeit und seines Wohlstandes. Es zählt 42,000 Einwohner, enthält fast 200 Straßen und wird von Kanälen durchschnitten, über welche mehr als 50 Brücken führen. In frühern Zeiten hatte die Stadt freilich über 50,000 Einwohner, aber in der neuern Zeit hat sie sich wieder sehr zu heben angefangen, die hier befindlichen wichtigen Spitzen-, Leinwand-, Moll-, Baumwollen- und Lederfabriken tragen zu ihrem Flore nicht wenig bei, und ohne Zweifel werden auch die seit dem August dieses Jahres eröffneten Eisenbahnen, welche die Stadt einerseits mit Ostende und dem Meere, anderseits mit Gent, Brüssel, Antwerpen, Löwen und Lüttich verbinden, auf die Erhöhung ihres Wohlstandes nicht ohne fühlbaren Einfluß bleiben.

*) Vergl. über Brügge Pfennig-Magazin Nr. 212.

Das Pfennig-Magazin
für Verbreitung gemeinnütziger Kenntnisse.

297.] Erscheint jeden Sonnabend. [December 8, 1838.

Baltimore.

Baltimore, die Hauptstadt der Grafschaft gleiches Namens im nordamerikanischen Staate Maryland, ist an Volkszahl gegenwärtig die dritte Stadt der Vereinigten Staaten, da sie nur von Neuyork und Philadelphia übertroffen wird. Sie liegt unter 39° 21' nördlicher Breite am Flusse Patapsko, der sich drei deutsche Meilen von der Stadt in die Chesapeakbai ergießt, und hat einen vorzüglichen und großen Hafen, der an 2000 Kauffahrteischiffe fassen kann, aber für Schiffe von mehr als 200 Tonnen nicht tief genug ist; sein schmaler Eingang wird durch das Fort Mac Henry beschützt. Im Jahre 1729 wurde sie als Meierei gegründet und erst 1797 zur Stadt erhoben; 1765 bestand sie aus etwa 50 Häusern, 1790 hatte sie schon 13,000 Einwohner, gegenwärtig über 92,000, worunter über 10,000 Negersklaven. Ein großer Theil der Stadt, genannt Fell's Point, liegt eine Viertelmeile entfernt auf einer Landspitze. Wiewol die Gegend fruchtbar ist, hält man sie ihrer niedrigen Lage wegen für ungesund; auch hat das gelbe Fieber früher öfter hier große Verheerungen angerichtet, ist aber jetzt in Folge zweckmäßiger Einrichtungen, namentlich der Ausfüllung von Sümpfen, seltener geworden. Die Stadt ist nach dem Muster von Philadelphia regelmäßig gebaut; ihre gutgepflasterten Straßen durchschneiden sich rechtwinkelig und sind 40—60 Fuß breit, die Hauptstraße ist eine halbe Stunde lang und 80 Fuß breit. Unter den öffentlichen Gebäuden sind mehre Kirchen, namentlich die katholische Paulskirche, die Bank, das Museum, die prächtige Börse, der Circus, die Gemäldegalerie und die drei Schauspielhäuser bemerkenswerth. Außerdem befinden sich hier zwei schöne Denkmäler, das Denkmal Washington's, ein 180 Fuß hoher Obelisk mit seiner Bildsäule und ein Monument, das den am 13. und 14. September 1814 bei Vertheidigung der Stadt gegen die Engländer gebliebenen Kriegern errichtet wurde; das letztere ist in unserer Abbildung vorgestellt. Baltimore ist der Mittelpunkt des amerikanischen Tabackshandels und einer der bedeutendsten Handelsplätze von Nordamerika, was es seinem guten Hafen und seiner günstigen Lage verdankt. Wichtig sind die Fabriken, Baumwollenspinnereien, Kupfer- und Eisenwerke der Stadt und Umgegend; in den nächsten Umgebungen der Stadt zählt man nicht weniger als 108 Mühlen, worunter mehre Dampfmühlen, die ein treffliches Weizenmehl liefern. Unter den zahlreichen Unterrichtsanstalten befindet sich eine 1812 zu einer Universität erhobene medicinische Lehranstalt, eine gelehrte Schule und ein katholisches Seminar. Die Einwohner sind größtentheils ausgewanderte Europäer, besonders Irländer, Franzosen und Deutsche (von letztern befanden sich schon 1810 10,000 hier); auch besteht hier eine deutsche Gesellschaft zum Besten armer Einwanderer. Wegen der großen Zahl der Katholiken hat ein katholischer Bischof hier seinen Sitz; 1831 wurde hier eine katholische Kirchenversammlung gehalten.

Das immerwährende Feuer bei Baku.

Das kleine Vorgebirge oder richtiger die Halbinsel Abscheron an der westlichen Küste des kaspischen Meeres ist eine der merkwürdigsten Gegenden in der Welt. Sie liegt in Schirwan, einem der Länder am Kaukasus, und wurde sonst zu Asien gerechnet, seitdem aber Schirwan 1812 von Persien an Rußland abgetreten wurde, betrachtet man sie als zum europäischen Rußland gehörig. Die Oberfläche der Halbinsel ist kahl, fast ganz ohne Wasser und überaus arm an Bäumen. Der Boden ist mit Naphtha getränkt, einem sehr brennbaren, auch unter dem Namen Erdöl, Bergöl oder Steinöl bekannten Öl, das an manchen Stellen von selbst aus der Erde dringt, fast überall durch Graben gefunden werden kann und sogar sämmtliche Wasserquellen mehr oder weniger verunreinigt. An vielen Stellen strömen außerordentliche Mengen von Gas, das seiner Natur nach unserm Steinkohlen- oder Ölgas ähnlich ist, aus Öffnungen in der Erde; dieses Gas brauchen die Einwohner zur Erleuchtung ihrer Wohnungen, indem sie es durch Röhren leiten, die in ihrem Principe unsern Gasröhren ähnlich, nur ihrer Construction nach schwerfälliger sind. Nachts scheinen oft ganze Strecken in Feuer zu stehen, ohne daß man jedoch an dem phosphorischen Lichte Wärme bemerkt. Eine in die Erde gesteckte und angezündete Röhre brennt unaufhörlich fort und liefert einem Weber hinlängliches Licht. Auch als Brennmaterial brauchen die Einwohner die Naphtha; namentlich in Baku, der Hauptstadt von Schirwan, mit etwa 3000 Einwohnern, deren Umgegend der Herd der Thätigkeit dieses brennenden Stoffes ist, kennt man kein anderes Brennmaterial.

Die alten Perser waren Feueranbeter; sie beteten die Sonne als Quelle des Feuers an und unterhielten in ihrer Abwesenheit beständige Feuer als Stellvertreter derselben. Die Ausbreitung der mohammedanischen Religion verdrängte den Glauben der Feueranbeter größtentheils, doch werden noch einige Überreste der alten Gläubigen unter dem Namen Parsen oder Gebern in Persien zerstreut gefunden, und Viele von ihnen haben sich in Indien niedergelassen, besonders in Bombay, wo sie einen sehr achtbaren und wichtigen Theil der Bevölkerung bilden. Natürlich mußte das beständige Feuer bei Baku für diese Leute ein Gegenstand der Verehrung sein; wir finden daher auch, daß sie schon in frühen Zeiten hier eine Niederlassung hatten. Sie haben ein Stück Land, wo aus einer etwa 10 Fuß tiefen Grube eine große Menge Gas dringt, welches von ihnen beständig brennend erhalten wird und eine oft 18 Fuß hohe Flamme bildet, die das heilige Feuer der Parsen heißt, mit einer hohen Mauer eingeschlossen. Diese von Baku in nordwestlicher Richtung etwa zwei Meilen entfernte Stelle, um welche herum die Parsen in kleinen Hütten wohnen, ist von mehren Reisenden beschrieben worden, von denen der neueste, ein Russe, dessen Reisebeschreibung 1833 erschienen ist, bei Nacht hier ankam. „Wir sahen die Flamme", sagt er, „schon in bedeutender Entfernung, lange vor unserer Ankunft. Es war ein überraschendes Schauspiel; vier große Flammensäulen waren zuerst sichtbar, als wir aber näher kamen, sahen wir eine ansehnliche Zahl kleinerer aus der Erde dringen. Die vier großen erhoben zu bedeutender Höhe und erhellten die ganze umliegende Gegend, welche kahl und öde ist. Endlich sahen wir eine hohe Mauer von weißen Steinen, über welche sich vier große Röhren wie Schornsteine erhoben; aus diesen Röhren drangen die Flammensäulen, welche wir zuerst gesehen hatten. Wir glaubten in der Nähe eines Feenpalastes zu sein."

Über den Zustand dieser Gegend in sehr alten Zeiten ist nichts bekannt, doch wird sie von dem arabischen Schriftsteller Massudi beschrieben, der vor 900 Jahren lebte. Er spricht von einer Grube von weißer Naphtha bei Baku, aus welcher eine Flammensäule, die nach allen Seiten in einer Entfernung von 100 Farsangen sichtbar wäre, bis zu großer Höhe emporstiege. Da nun eine Farsange nach der niedrigsten Annahme über $1/4$ deutsche Meile sein muß, vielleicht aber $3/4$ Meile und darüber betrug, so sieht man in dieser Angabe deutlich die Übertreibung des orientalischen Styls, und ebenso in folgender, wenn sich nicht seit jener Zeit der Zustand der Dinge sehr geändert hat: „Das Feuer macht ein donnerähnliches Getöse und wirft feurige Felsenmassen empor."

Wir kennen keinen europäischen Schriftsteller, der diesen Ort früher erwähnt hätte, als der russische Reisende Alexander Nikitin, der ihn im Jahre 1470 auf seiner Reise nach Indien sah und nur sagt, daß er zu Baku das ewig brennende Feuer gesehen habe.

Die Parsen halten sich in der Regel an diesem ungesunden Orte je nach der Stärke ihres Glaubens und ihrer Verehrung kürzere oder längere Zeit auf. Der kürzeste Aufenthalt beträgt fünf Jahre; Viele bleiben acht Jahre und nur sehr Wenige, die als Heilige betrachtet werden, bleiben lebenslänglich hier. Da der russische Schriftsteller sie Hindus nennt, so stammen sie wahrscheinlich Alle aus Indien. Sie leben nur von Vegetabilien, die sie eigenhändig bauen, und Jeder bereitet und verzehrt seine Mahlzeit allein in seiner Hütte. Ihren Unterhalt finden sie hauptsächlich durch die Mildthätigkeit ihrer Glaubensgenossen, von denen Einer, Namens Otumd, der jetzt in Astrachan wohnt, den größten Beitrag liefert. Auch die Besitzer der Schiffe, welche das kaspische Meer befahren, schicken ihnen häufig bedeutende Geschenke als eine Art Vergütung für den Nutzen, den ihnen das in den vier vorhin erwähnten hohen Schornsteinen unterhaltene Feuer gewährt, welches einen trefflichen Leuchtthurm bildet.

Der oben gedachte neuere Reisende beschreibt den Anblick des von der hohen Mauer eingeschlossenen Raumes als sehr überraschend. „Wir befanden uns", sagt er, „in einem sehr großen, völlig hellen Viereck, und in der Mitte sahen wir ein Gebäude, aus welchem sich vier weite und hohe feuerspeiende Röhren erhoben. Das Licht dieses Feuers ist für Fremde ebenso überraschend als blendend. Die Zellen oder Hütten der Hindus befinden sich rings herum. Die Hindus kamen heraus, nur mit einem Gurte und einem Turban bekleidet. Ihre dunkle Hautfarbe, ihr flatterndes Haar (da Viele von ihnen keinen Turban hatten, so hing es in voller Länge unordentlich herunter) und ihre Magerkeit, da sie, so zu sagen, nur in Haut und Knochen hingen, machten auf uns einen sehr seltsamen Eindruck. Der Erste, der sich uns näherte, führte uns in seine Hütte, die nur einen armseligen Teppich und zwei Wasserkrüge enthielt, aber vor der Thüre stand ein schöner Rosenstrauch. Die Hütten sind sehr klein; fast in allen springen Flammen hervor,- entweder unmittelbar aus Öffnungen im Fußboden oder aus Thonröhren, die in die Erde getrieben sind und die Stelle von Leuchtern vertreten.

In der Mitte des Vierecks ist der Platz, wo sie ihre Todten verbrennen. Dies ist ein Loch in der Erde, das etwa sechs Fuß im Quadrat hält, drei Fuß tief und mit breiten flachen Steinen bedeckt ist. Auch diese Höhlung ist, wie jede andere Öffnung im Boden, beständig mit Gas angefüllt. Wenn einer der Parsen stirbt, so reibt man seinen Körper mit Butter ein und legt ihn über die Höhlung; dann zündet man das Gas an, das durch die Zwischenräume der Steine dringt, und so wird der Körper verbrannt. Nachher wird alle Asche, die durch die Steine in die Höhlung gefallen ist, sorgfältig gesammelt und den Winden preisgegeben; damit endigt die Ceremonie.

Das Gas ist offenbar von ähnlicher Beschaffenheit als dasjenige, welches in Europa zur Beleuchtung gebraucht wird, da es aber durchaus keinen Rauch geben und nicht auf die Brust fallen soll, ist es wahrscheinlich reiner als das in den Gasbereitungsanstalten erzeugte. Seine Flamme ist von einem gelblichen Weiß und sehr glänzend; daraus erhellt, daß es kein reines Wasserstoffgas sein kann, weil dies mit einer schwachen bläulichen Flamme brennt. Die Hitze, die es beim Brennen gibt, ist sehr groß und reicht zur Kalkbereitung hin, weshalb es von den Einwohnern sehr stark zu diesem Zwecke benutzt wird. Mit gemeiner Luft vermengt, explodirt es. Die erste Entdeckung dieser Eigenschaft war für die armen Parsen verderblich; sie wurde von einem derselben gemacht, der mit seiner Fackel zufällig der Decke seiner Hütte zu nahe kam, zu welcher das Gas in Folge seiner Leichtigkeit emporgestiegen war. Es explodirte, ein' großer Theil der Hütte stürzte ein und mehre Personen wurden gefährlich verwundet. Seit dieser Zeit sind sie mit dem Emporheben eines Lichts in ihren Hütten sehr vorsichtig und liefen in großer Angst hinweg, als sie sahen, daß der russische Reisende es that. Doch sind sie sehr bereitwillig, das Experiment in einiger Entfernung von ihren Wohnungen zur Belustigung von Reisenden zu jeder beliebigen Zeit vorzunehmen. Sie wählen dazu den Brunnen, der ihnen Wasser liefert. Gewöhnlich lassen sie diesen offen, um das Gas entweichen zu lassen; wenn sie ihn aber bedecken, so entwickelt sich in einer halben Stunde eine ausreichende Menge, um mit der Luft, welche vorher darin war, eine explodirende Mischung zu bilden. Wenn dies geschehen ist, so hebt Jemand die Decke des Brunnens ab und wirft eine Hand voll angezündetes Stroh hinunter. Die dann erfolgende Explosion soll äußerst heftig sein, wie sich leicht denken läßt, da der Brunnen 100 Fuß tief ist.

Viele Theorien sind aufgestellt worden, um die ungeheure Gasentwickelung in jener Gegend zu erklären; die wahrscheinlichste scheint zu sein, daß die in und unter dem Boden in großer Menge vorhandene Naphtha durch ein unterirdisches Feuer zersetzt wird. Daß wirklich in nicht großer Tiefe unter der Oberfläche ein solches Feuer vorhanden ist, darf für ausgemacht gelten. Jene Gegend enthält eine große Menge heißer Quellen, und in einigen Spalten des Kalkfelsens in der Nähe des heiligen Feuers fühlt man eine so große Hitze, daß es nicht möglich ist, die Hand darin zu behalten. Der ganze Landstrich ist, gleich einigen benachbarten Inseln, bestädig der Bildung von Schlammvulkanen ausgesetzt. Auf einer dieser Inseln, genannt Svinoi Ostrov oder Schweininsel, scheiterte Watsenko, russischer Consul am persischen Hofe, im Jahre 1826. Dieser erzählt über dieselbe Folgendes. „Die Insel ist ganz mit Schlammvulkanen bedeckt; diese sind kleine Hügel oder Erhöhungen in dem zähen Boden, die mit einem seltsamen Geräusch allmälig zur Höhe von zwei bis drei Fuß emporsteigen; dann zerplatzen sie wie Blasen, werfen Wasser aus und sinken wieder ein. Von außen sehen sie aus wie nasser Thon, von innen wie gebrannte Mauersteine; wenn das Wasser hervorzuspringen aufgehört hat, quillt Naphtha aus der Öffnung. Sobald ein solcher Hügel verschwunden ist, erhebt sich ein anderer in dessen Nähe, aber nicht auf derselben Stelle, und so wird nach und nach die ganze Insel mit solchen Hügeln bedeckt und hat das Ansehen eines ungeheuern, von Schweinen aufgewühlten Feldes, was die Russen veranlaßt hat, der Insel den Namen, den sie führt, beizulegen. Die ganze Oberfläche ist weich und saugt wie ein Schwamm Wasser ein; nach einem Regenschauer bildet sie einen völligen Sumpf, der keinen Fuß tragen kann."

Die Schlammvulkane des festen Landes sind weit größer und ihres Namens würdiger als die kleinen Hügel auf Svinoi Ostrov. Sie sind häufig beschrieben worden. Zuweilen haben sie nicht nur Wasser, sondern auch große Steine und Flammen ausgeworfen, woraus sich Massudi's Beschreibung erklären läßt.

Der Hauptreichthum des Landes besteht in seiner Naphtha. Von diesem nutzbaren harzigen Öle gibt es zwei Arten, eine weiße, fast wasserhelle, und eine schwarze. Die erste ist die beste und weit seltener als die andere; sie wird nur an einer Stelle unweit des Dorfes Sarakhan gefunden und in 16 Brunnen oder Gruben gewonnen. Sie ist wohlriechend, verbrennt leicht und mit vielem Ruß und scheint sonst nirgend weiter vorzukommen. Die schwarze Sorte wurde 1833 in 109 Brunnen gewonnen. Ungeachtet ihres Namens ist sie vielmehr schwarzbraun als schwarz; ihre Güte wechselt von einer groben, pechartigen Substanz, die man höchstens zum Kalfatern der Schiffe brauchen kann, bis zu einem hellen grünlichen Öle, welches sich sehr gut für Lampen eignet. Erde und Sand in der Nähe der Quellen sind so durchaus mit Naphtha getränkt, daß sie ein treffliches Brennmaterial abgeben und grade so wie unsere Kohlen gebraucht werden; findet man davon große Platten, so braucht man sie wie Schiefer oder Ziegel zum Decken der Häuser, zu welchem Zwecke sie sich wegen ihrer Zähigkeit und Undurchdringlichkeit vortrefflich eignen.

Die Naphtha wird durch Eimer und Winden, die von Menschen oder Pferden bewegt werden, aus den Brunnen gezogen, die 6—90 Fuß tief sind. Fast immer findet man sie mit Wasser vermischt, von welchem man sie dadurch trennt, daß man sie in große Gräben in der Nähe der Brunnen gießt und darin stehen läßt, bis das Wasser durch sein größeres specifisches Gewicht zu Boden sinkt. Dann wird die Naphtha mit großen hölzernen Schaufeln abgeschöpft und in große Flaschen von Schafleder gefüllt, welche dann in gut mit Mörtel verstrichenen Kellern verwahrt werden, bis sie zur Benutzung im Inland oder zur Ausfuhr gebraucht werden.

Die Production der schwarzen Naphtha berechnet man auf neun Millionen Pfund jährlich, während die der weißen noch nicht 30,000 Pfund oder den 300sten Theil von jener beträgt. Bei warmem Wetter wird viel mehr gewonnen als bei kaltem; ebenso mehr bei südlichem als bei nördlichem Winde, und es ist bemerkenswerth, daß dieselben Zustände von Wind und Wetter auch die Entwickelung des Gases verstärken und schwächen. Auch ist es seltsam, daß die Brunnen weniger ergiebig werden, wenn sie nicht häufig geleert werden, und daß schon eine Unterbrechung der Arbeit von zwei oder drei Tagen eine merkliche Verminderung hervorbringt, wiewol in solchen Fällen einige Tage regelmäßiger Arbeit die ursprüngliche Ergiebigkeit wieder herstellen. Die Ursache davon ist vielleicht die, daß die Naphtha, wenn man sie im Brunnen läßt, die Wände desselben mit einer Art Firniß überzieht und so die Poren verstopft, durch welche das Durchsickern neuen Zuflusses außerdem stattfinden würde.

Ungeachtet der unermeßlichen Ergiebigkeit der Gegend scheint übrigens die Menge des quellenden Öls doch mit der Zeit abgenommen zu haben. Als die Russen in den Besitz jener Gegend kamen, betrug der Pacht jährlich 50,000 Rubel. Man schöpft aus den größern Brunnen täglich 700, aus den kleinern 50—60 Pfund. Gegenwärtig ist die Benutzung derselben ein Regale des Fürsten von Baku, welcher 15 Cisternen angelegt hat. Da sich das Erdöl über Wasser leicht ausbreitet und dann entzünden läßt, so wird es zur Belustigung von den Einwohnern oft auf das Meer zwischen den Inseln an der Küste des kaspischen Meeres gegossen und angezündet, worauf die Wellen die Flamme auslöschen, die Oberfläche aber gleichwol zu brennen scheint.

Die Naphthabrunnen werden ausschließlich von den Bewohnern von Balakhani ausgebeutet, einem Dorfe von 792 Einwohnern, worunter nur 344 männlichen Geschlechts; dieses ungleiche Verhältniß mag wol die Folge ihrer ungesunden Beschäftigung sein. Die sämmtliche weiße Naphtha wird nach Astrachan verführt, wo man für das Pfund ungefähr zwei Groschen zahlt. Die schwarze Naphtha wird größtentheils nach Persien versendet; noch nicht ganz eine Million Pfunde werden im Lande verbraucht. Die Perser brauchen sie als Brennmaterial und zu Firnissen, die Russen häufig als Heilmittel gegen Gicht und Rheumatismus.

Die Blutegel.

Die Blutegel sind eine schon den Alten bekannte Art von Anneliden oder nackten Ringwürmern, welche wegen ihrer medicinischen Anwendung zu Blutentziehungen wichtig und in neuerer Zeit für manche Länder ein bedeutender Handelsartikel geworden ist. Die Mundöffnung wird bei ihnen von drei zusammenlaufenden, in der Abbildung bei 2 vergrößert vorgestellten Spalten gebildet, zwischen denen innerlich drei mit einer Reihe spitziger, beweglicher, in 3 und 4 stark vergrößert vorgestellter Zähne besetzte Kinnladen stehen, mit denen die Blutegel in die Haut stechen und dadurch drei kleine Bißwunden hervorbringen. Ein fleischiger Ring umgibt die Mundöffnung, der sich erweitert und auf die Gegenstände, an denen das Thier saugt, fest aufdrücken kann. An der obern Seite des Kopfendes, die in 1 ebenfalls sehr vergrößert vorgestellt ist, stehen 10 schwarze Augen, die nur mit dem Mikroskop zu erkennen sind; mit diesem erkennt man auch die kleinen Zähne, deren Zahl 100—120 beträgt. Die Farbe ist meist schwarzgrün oder schwarzbraun. In der Nähe des Schwanzendes befinden sich 2 Blinddärmchen, in denen sich das eingesogene Blut sammelt und lange Zeit unverdorben erhält. Die Blutegel können wol das Sechsfache ihres Gewichts an Blut aufnehmen. Wenn sie sich vollgesogen haben, können sie lange fasten und brauchen daher in der Gefangenschaft nicht gefüttert zu werden; wenn sie tauglich bleiben sollen, muß ihnen das Blut wieder entzogen werden. Länge und Form des Körpers sind ungefähr die eines Federkiels. In 5 und 9 sind die beiden Blutegelarten, welche hauptsächlich in Gebrauch sind, in natürlicher Größe vorgestellt. Die erstere (5) ist der officinelle oder ungarische, der einen blaugrünlichen Rücken mit 6 rostrothen Längenstreifen und einen olivengrünen, ungefleckten Bauch hat. Manche haben unterbrochene (6), in schwarze Punktreihen veränderte (7) oder durch Querstreifen (8) verbundene Ringe. Die erwachsenen sind 4—7 Zoll lang. Ihr Vaterland ist Südeuropa, besonders aber Ungarn. In ganz Europa, besonders aber im nördlichen, in Rußland, Polen und Deutschland, ist die andere Art, der medicinische Blutegel, einheimisch, der einen olivengrünen Rücken, ebenfalls mit 6 rostrothen Längenstreifen, und einen gelben Bauch hat, aus 93—108 Ringen besteht und ungefähr ebenso lang wird. Diese zweite Art ist in 9 dargestellt; 10—13 stellen Abänderungen in der Gestalt der Streifen vor. Beide Arten sind nicht zu verwechseln mit dem Roß- oder Pferdeblutegel, der größer als jene Arten wird und ein so schwaches Gebiß hat, daß er die menschliche Haut kaum durchstechen kann; zwei andere Arten, der achtäugige Blutegel und der Fischblutegel, werden kaum einen Zoll lang. Dem Geschlechte nach sind diese Thiere Zwitter, die sich durch Eier fortpflanzen (14 und 15), wiewol man früher glaubte, daß sie lebendige Junge zur Welt brächten.

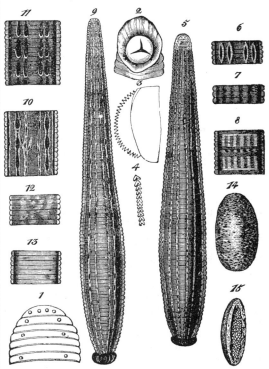

Die medicinische Anwendung der Blutegel ist sehr alt, aber erst seit dem Ende des vorigen Jahrhunderts wieder erneuert worden. Sie hat vor dem Aderlaß den Vorzug, daß eine geringere Menge Blut aus den Haargefäßen der Haut und aus Stellen, wo eine andere Art der Blutentziehung nicht möglich ist, entfernt werden kann, und ist namentlich bei Entzündungen und Blutcongestionen vortheilhafter. Man legt die Blutegel mit der Hand an und läßt sie saugen, bis sie voll sind und von selbst abfallen; will man sie früher entfernen, so braucht man ihnen nur etwas Kochsalz auf den Rücken zu streuen. In manchen Fällen ist jedoch die Anwendung der Blutegel nachtheilig, namentlich muß man Achtung geben, daß sie nicht in die Nase, den Mund oder andere Öffnungen des Körpers hineinkriechen, weil sie sich dann innerlich ansaugen und oft gefährliche Blutungen veranlassen.

Der gewöhnliche Aufenthalt der Blutegel sind Flüsse, Teiche und Sümpfe, ihre Nahrung besteht in Insekten und im Blut der Fische. Man gewinnt sie meistens nur im Frühling und im Herbste, wo sie sich an den Körper Derer anhängen, die zu diesem Behufe Sümpfe und Seen durchwaten. Zugleich peitschen die Blutegelfänger das Wasser mit Stäben; dadurch werden die Thiere beunruhigt und an die Oberfläche getrieben, wo man sie mit den Händen fassen kann und in Säcke einsammelt. Wenn sich Gewitter nahen, schwimmen sie in Menge obenauf und werden mit geringer Mühe eingebracht. Ein französisches Blatt gibt folgende interessante Schilderung von dem Betriebe der Blutegelfischerei bei La Brenne in der Nähe von Paris.

Die Gegend um La Brenne ist eine der traurigsten in ganz Frankreich. Die Landschaft hat einen düstern Charakter. Die Menschen sehen blaß, fahl und krankhaft aus. Alles Vieh ist dürftig, mager und kraftlos, selbst die Fische sind unschmackhaft; nur etwas ist trefflich und in Fülle dort zu finden: die Blutegel. Kommt man an dem öden Orte vorüber, so gewahrt man hier und da einen bleichen Mann mit wildstruppigem Haar um Bart und Scheitel. Eine dunkle Wollmütze deckt ihm Kopf und Stirne bis zu den Brauen, graue Leinwand den Leib und die Lenden. Mit nackten dürren Armen und Beinen, den Kopf gesenkt, wandelt er bedächtigen Schrittes den Rand des schmalen Flußbettes entlang, auf und nieder durchs Gestrüpp. Dieser bleiche Mann ist ein Blutegelfischer. Beobachtet man von fern die düstere Gestalt mit den tiefen Augenhöhlen und der seltsamen Geberde, so meint man einen Kranken zu erblicken, der im Fieberanfalle seinem Bette entwichen ist. Sieht man den Mann allmählig bis an die Lenden ins Wasser treten, dann ein Bein um das andere langsam über die Oberfläche heben, es an allen Punkten beschauen, prüfen und betasten, dann ruhig wieder einsenken, so vermuthet man einen Wahnwitzigen, der, seiner Haft entsprungen, hier ungestört seinen tragikomischen Phantasien folgt. Der Mann ist indeß weder krank, noch wahnsinnig, sondern ein gewöhnlicher Blutegelfänger. Wenn er seine Beute in ihrem Schlupfwinkel hinter Wasserpflanzen, Binsen oder unter schlammigem Gestein und Moos aufgespürt hat, so gibt er den kleinen Blutsaugern seine Beine preis. Die Thierchen saugen sich in Menge an, und die Gewohnheit hat den Mann so unempfindlich gemacht, daß er die scharfen Stiche kaum gewahr wird, wodurch sie ihm ihre willkommene Gegenwart verkünden. Freudig sieht man ihn dann wiederholt ans Ufer kommen und, nachdem er mehre Mäle Ernte gehalten, mit blutgetränkten Beinen heimwärts ziehen.

Manchmal liegen die Blutegel auch zusammengeballt im Schlamme, oder schwimmen einzeln so langsam auf dem Spiegel, daß man sie leicht mit den Händen greifen kann. Sind Witterung und Jahreszeit dieser Jagd günstig, so ist der Sack, den der bleiche Wassermann auf seinem Rücken trägt, meist schon nach wenig Stunden mit mehren Hundert dieser Thiere gefüllt. Oft bewaffnet sich der Blutegelfänger mit einer Art Harpune, an deren Spitze er Stücke halbverwester Thierleichen festmacht und an Stellen einsenkt, wo er große Beute wittert. Wenn er Localkenntniß hat und sich auf die Spur versteht, so sammeln sich die gierigen Gäste bald in großer Zahl um den vermeinten Raub, um wieder ihrem Verfolger zum Raube zu werden, der sie vom Köder behutsam ablöst und in einem mit Wasser halbgefüllten Gefäße heimbringt. In vorgerückter Jahreszeit verändert sich die Art des Egelfanges und wird noch beschwerlicher. Im Verhältnisse der zunehmenden Wärme des Sommers sucht das Thier sich immer tieferes Gewässer auf und die Fischer sind dann genöthigt, bis an den Hals einzutauchen, ohne eben ergiebigere Ausbeute zu finden. Manche flechten sich aus Weiden und Binsen kleine Flöße, welche nothdürftig ihren Mann zu tragen vermögen. Damit steuern sie mühsam und ungesehen zwischen hohem Schilfwuchs und meist ohne großen Erfolg hindurch; denn das Gewürm verkriecht sich vor der äußern Hitze, die sich den seichtern Wasserstellen mittheilt, in den tiefern kühlern Grund und der Fischer muß sich mit dem geringen Fang begnügen, den er, platt auf seinem schwachen Fahrzeuge liegend, mit der Hand erreichen kann. Viele der Thierchen bleiben indeß auch an den Zweigen des Floßes haften. Immer aber ist diese Jagd ein jämmerliches Gewerbe, welcher Art der Betrieb auch sei. Der Blutegelfänger ist halbe Tage lang abwechselnd auf, in und unter dem Wasser. Seine Atmosphäre ist von Dunst und Nebel und von dem stinkenden Gifthauch der Sümpfe geschwängert und dadurch seine Gesundheit immer gefährdet. Ausschlag, Fieber, Husten, Rheuma und Hektik warten seiner. Durch den Genuß geistiger Getränke sucht er den Abgang an Blut und Kräften zu ersetzen und dem Einfluß der mephitischen Dünste, die er einathmet, entgegenzuwirken, während er sich dadurch oft nur noch schlimmere Folgen zuzieht.

Der Blutegelfischer am Neusiedlersee in Ungarn schätzt sich glücklich, wenn er im Laufe eines ganzen Tages mit seinem Blute so viele hundert Thiere ködert, um von dem Ertrage sich und die Seinen zu sättigen, während der reiche Speculant in London sich vielleicht von denselben Blutegeln jedes einzelne Stück mit 10 fl. bezahlen läßt. Zu diesem ungeheuren Preise sind nämlich die Blutegel zur Zeit großen Mangels in England schon gekauft worden.

Wie wichtig der Handel mit diesen Thieren seit ungefähr 10 Jahren geworden, kann man aus folgenden Angaben ersehen. Nach England gehen sie von Lissabon, Bordeaux, aus Polen über Stettin, aus Ungarn, Deutschland über Hamburg; nach Frankreich aus Deutschland (Baiern und Würtemberg) und aus Ungarn seit 1829, besonders aus dem Neusiedlersee, über Pesth und Wien; nach Amerika (z. B. Neuyork) von Lissabon und Hamburg; nach Norddeutschland aus Polen; nach Süddeutschland, sowie nach Holland aus Ungarn. — In England ist oft unter Hunderten der angewandten Blutegel kein inländischer; daher kostet in den londoner Apotheken das Stück gewöhnlich 1 — 1½ Schilling; wenn sie sehr selten sind, steigt der Preis bis auf eine Guinee. In dieser Stadt ist der Verbrauch so stark, daß von 4 Lieferanten jeder monatlich 150,000 Stück meist über Hamburg und Stettin bezieht, was jährlich 7,200,000 Stück ausmacht. 1823 gingen aus Hamburg bis zur Mitte des Octobers über 3,500,000 Stück nach England und Amerika. 1824 kam ein Fuhrmann durch Stettin, der an 5,000,000 Stück für England in Fracht hatte. In demselben Jahre brachten einige Bauern aus dem ruppinschen Kreise an 266,000 Stück nach Hamburg, wovon ihnen das Schock im Sommer mit 12 Thaler, im Winter mit 30—45 Thlr. bezahlt wurde. 1824—1826 sind allein im bomster Kreise bei Lakowitz gegen 1,000,000 St. aufgekauft worden. Noch weit stärker ist der Verbrauch in Frankreich. Dieses Land hat selbst viel Blutegel; um aber die Nachfrage zu decken, mußte es ungeheure Sendungen aus Ungarn und Deutschland beziehen; es erhielt 1825 9 Mill., 1826 an 22 Mill., 1827—31 jährlich 39 Mill. und 1832 sogar 57½ Mill. Blutegel, 2 Mill. Franken an Werth. Die pariser Hospitäler brauchen jährlich 5—6 Mill. Stück, jetzt sogar an 9 Mill. Da nun ein Blutegel im Durchschnitte noch einmal soviel Blut zu sich nimmt, als er selbst wiegt, so erklärt jene Summe die Angabe Casper's, daß die Blutegel den Kranken der Hospitäler in Paris jährlich über 170,000 Pfund Blut aussaugen. Mancher Droguist in Paris hat einen Vorrath von 130,000 Stück.

Deutschland bezieht von Jahr zu Jahr weniger, weil sich hier die Blutegelzucht immer mehr verbreitet. Jedoch waren sie so selten geworden, namentlich durch das Austrocknen von Sümpfen und Teichen, daß im Königreiche Hanover die Ausfuhr gänzlich verboten wurde. Der Transport geschieht in Säcken und Fäßern. Jene eignen sich mehr für die Versendung zu Lande, diese mehr für die Verschiffung.

Die Säcke sind leinen, doppelt, dürfen nicht mit Seife gewaschen sein und enthalten bis 2000 Stück. Sie werden mit süßem weichen Wasser, ja nicht mit Quell= oder Brunnenwasser angefeuchtet. Rastet man oder naht ein Gewitter, so werden die Säcke möglich in fließendes oder Teichwasser gethan. Die Fässer dürfen nicht neu sein und früher Tabak, Salz, Asche oder andere scharfe Stoffe enthalten haben, müssen aber rein gehalten und oben mit Leinwand, mit einem durchlöcherten Bleche oder dergleichen verschlossen sein, um der Luft Zutritt zu gewähren. Kleine Sendungen, die nur wenige Tage unterwegs sind, werden in feuchtem Moos in einen Kasten gepackt. Aus Ungarn geht jetzt monatlich eine Sendung mit Postpferden nach Paris ab, die Tag und Nacht fährt. Die Blutegel sind auf eigens gebauten Wagen in große Kasten gepackt, die 3—500,000 Stück enthalten. 1835 kosteten 100,000 Stück in Pesth 800 fl. Die beste Zeit zur Versendung bleibt das Frühjahr und der Herbst. Im Sommer tödtet die Hitze, im Winter große Kälte die meisten.

Schon seit längerer Zeit betreiben die Bauern in der Bretagne die Egelzucht. Im April und Mai suchen sie im Wasser die schwammartig aneinander klebenden Eierhaufen der Blutegel, lassen im Wasser die Jungen auskriechen und setzen sie nach einigen Monaten in Teiche, wo sie nach 18 Monaten die gehörige Größe erreichen. In Deutschland wird die Egelzucht an mehren Orten (seit einigen Jahren auch in Leipzig) stark und mit gutem Erfolg betrieben.

Die Barabras.

Die Barabras oder Kenuhs bewohnen den größten Theil des Landes an den Ufern des Nils zwischen dem ersten und zweiten Katarakt und einen bedeutenden Landstrich in der östlichen Wüste, welcher den Namen Dar el Kurkur (Land der Turteltauben) führt. Sie machen einen eignen Volksstamm aus, in dessen Adern jedoch das Blut aller Eroberer fließt, die nach und nach in dem von ihnen bewohnten Lande geherrscht haben. Sitten, Gesichtszüge und Sprache unterscheiden sie von den Arabern der Wüste, sowie von den Fellahs, mit denen sie zu Assuan in Verbindung stehen, und von den Nukas, unter denen sie von Ibrim bis Wady Halfa leben, ohne sich mit ihnen zu vermischen. Ob sie gleich fast ganz schwarz sind, so machen doch ihre kleinen Lippen, ihre feingebildete Nase, ihre langen und leicht gekräuselten, aber nicht wolligen Haare, mit einem Worte, ihr ganzer Körperbau sie mehr den Arabern als den Negern ähnlich. Allein in Bezug auf Sitten und Nahrungsmittel unterscheiden sie sich ganz und gar von den Arabern. Sie essen ohne Bedenken Eidechsen, Schlangen, Heuschrecken, Krokodileier und Fleisch was für den Araber lauter verabscheuenswerthe Gegenstände sind. Auch die Hochzeitgebräuche beider Völker sind durchaus verschieden. Bei den Barabras kauft der Mann die Braut von dem Vater, und dieser überläßt der Tochter einen Theil des Kaufpreises als eine Art Mitgift, die ihr Eigenthum ist. Im Falle der Scheidung gibt der Vater dem Manne die Hälfte der zurückbehaltenen Summe wieder, aber die Frau behält ihre Mitgift ganz. Die Kinder beiderlei Geschlechts gehen bis zum Alter der Mannbarkeit völlig nackt; den Mädchen läßt man die Haare meistentheils wachsen, den Knaben aber werden sie abgeschoren bis auf einen ungefähr zwei Finger breiten Streif über der Stirn und einen Büschel auf dem Kopfe. Die Kleidung der erwachsenen Männer und Frauen besteht in einem blauen Hemde; jedoch schlagen die letztern außerdem noch ein Stück gewöhnlich blauen Zeuches um sich, sowie sie auch, gegen die Sitte der Mohammedaner, ihr Gesicht nicht bedecken und nur die Haare sehen lassen.

Sehr viele junge Leute dieses Volksstammes gehen nach Ägypten, wo sie bei den Türken, vorzüglich aber bei den Franken Dienste nehmen und wegen ihrer Rechtlichkeit den Arabern weit vorgezogen werden. Wenn sie sich etwas erworben haben, kehren sie zu ihrer Familie zurück, um hier ganz gemächlich die Früchte ihrer Arbeitsamkeit und Sparsamkeit zu genießen, verlassen dann das Vaterland wieder, um neues Geld zu verdienen, und setzen diese Wanderungen fort, bis sie durch Alter und Krankheit an einen festen Wohnsitz gekettet werden. Diejenigen, welche im Lande bleiben, leben fast nur von dem Bebauen der fruchtbaren Landstriche am Nilufer, treiben aber auch einigen Handel mit Salz und Kohlen von Akazienholz, welche Producte sie aus Dar el Kurkur holen.

Die Barabras scheinen von Natur gut, und beiweitem nicht so wild und unbeugsam zu sein, wie einige Reisende sie dargestellt haben; nur die Anarchie und die Kriege, welche lange in ihrem Lande hausten, sowie späterhin die Sklaverei haben nachtheilig auf ihren Charakter eingewirkt. Diejenigen, welche in Ägypten dienen, zeichnen sich durch ihre Treue, Anhänglichkeit, Sanftmuth und Gewandtheit aus, sind meist gelehrig, lassen sich gut leiten und lernen leicht alle Künste.

Früher standen sie unter Kaschefs, deren Würde erblich war, und die dem Sultan nur einen Tribut bezahlten. Allein seitdem Mohammed Ali ihr Land unter seine Botmäßigkeit gebracht hat, sind sie mit neuen Lasten überhäuft worden, wiewol sie noch einige Vorrechte, besonders in Hinsicht auf die Bezahlung der Abgaben, genießen. Bis jetzt sind sie auch frei vom Militairdienst geblieben, jedoch ist es bei dem gegenwärtigen Zustande Ägyptens und bei der Regierungsweise des Vicekönigs sehr wahrscheinlich, daß sie diese Freiheit vor allen Andern zuerst einbüßen werden. Die Seelenzahl der Barabras wird auf ungefähr 35—40,000 geschätzt; über den zweiten Katarakt hinaus findet man keine mehr, sondern fast blos Nubier.

Riesenschiffe des Alterthums.

So geräumig und elegant auch viele unserer jetzigen Dampf= und Segelschiffe sind, so stehen sie doch vielleicht an Reichthum und Größe den Schiffen nach, welche die Könige von Ägypten und Sicilien im Alterthume erbauen ließen, obgleich sie ihnen natürlich in jeder andern Hinsicht unendlich überlegen sind. Ptolemäus Philopator, König von Ägypten, ließ, nach den Angaben eines alten griechischen Schriftstellers, ein Schiff bauen, das 420 Fuß Länge, 56 Fuß Breite und vom Kiel bis zum Vordertheile 72, vom Kiel bis zum Hintertheile 80 Fuß Höhe hatte. Dieses schwimmende Ungeheuer hatte vier Steuerruder von 60 Fuß Länge; die längsten Ruder waren 56 Fuß lang und hatten mit Blei besetzte Handgriffe. Das Schiff hatte sieben Schnäbel. Hinten und vorn befanden sich als Zierathen Figuren von Thieren, die nicht weniger als 18 Fuß hoch waren. Die Mannschaft bestand aus 4000 Ruderern, 400 Sklaven, 2820 Matrosen, war also etwa sieben Mal zahlreicher als auf einem unserer großen Linienschiffe.

Derselbe Ptolemäus ließ ein anderes Schiff von minder riesenmäßigen Dimensionen, genannt Thalamegos oder Zimmerschiff, erbauen. Dieses war nur 320 Fuß lang und 45 Fuß breit, aber seine Höhe betrug mit Inbegriff des auf dem Verdecke erbauten Zeltes 90 Fuß. Es war ein flaches Schiff, für das seichte Gewässer des Nils bestimmt, und hatte ein majestätisches und ganz königliches Ansehen; das Hintertheil war mit Zierathen von außerordentlicher Schönheit geschmückt. Hintertheil sowol als Vordertheil waren sehr hoch. In der Mitte des Schiffs befanden sich Speisesäle und Zimmer, die mit Allem versehen waren, was der Reichthum nur ersinnen kann, um die Launen eines üppigen Hofes zu befriedigen. Längs der Seiten und des Hintertheils lief eine Galerie mit zwei Stockwerken; die untere Galerie war eine Säulenhalle, das obere Stockwerk glich einer indischen Veranda. In die erste trat man durch einen mit Elfenbein und köstlichem Holze ausgelegten Vorsaal. Der Säulen umgebene große Saal war mit Purpursophas versehen und mit Cedern= und Cypressenholz getäfelt; seine 20 Thüren waren mit Elfenbein eingelegt. Die Querbalken waren vergoldet und der Architrav war mit den herrlichsten Basreliefs bedeckt; die Decke von Cedernholz war mit Gold verziert. Aus den Frauengemächern, zu denen ein ebenso prächtiger Speisesaal gehörte, führte eine Wendeltreppe zu einer Kapelle der Venus, in welcher eine schöne Marmorstatue dieser Göttin stand. Der Bankettsaal wurde von Pfeilern vom feinsten indischen Marmor getragen, aber der Bacchussaal übertraf alles Andere an Pracht. Segel und Tauwerk waren purpurroth gefärbt.

König Hiero II. von Syrakus (269—215 v. Chr.), der so viele prachtvolle Tempel und andere Gebäude gebaut hat, gab auch großen Geschmack für die Schiffbaukunst, verband aber das Nützliche mit dem Großartigen, denn die meisten seiner ungeheuern Schiffe dienten zum Getreidetransport. Eines dieser Schiffe wurde unter Leitung des Archimedes von dem Baumeister Archias von Korinth und 300 ihm untergebenen geschickten Arbeitern, ungerechnet eine bedeutende Menge Handlanger, erbaut; der Bau, ohne die innere Einrichtung, dauerte ein Jahr. Das Holz, welches dazu aus den Wäldern des Ätna genommen wurde, hätte hingereicht, um 30 Galeeren der damals üblichen Größe zu bauen; außerdem wurde auch aus andern Theilen Italiens und Siciliens Holz herbeigeschafft, z. B. der große Mast aus den bruttischen Gebirgen, da der Ätna keinen Baum von hinreichender Größe enthielt, nach welchem lange vergeblich gesucht wurde. Das Schiff hatte 20 Reihen Ruder und drei Stockwerke. Alle Zimmer des Schiffscapitains im mittlern Stockwerke hatten Fußböden, die mit Mosaiktafeln ausgelegt waren, welche aus kleinen farbigen Steinen bestanden und Scenen aus der Iliade Homer's darstellten. In demselben Stockwerke befand sich ein Übungsplatz und Gärten mit Pflanzungen und Lauben von Epheu und Weinreben; zu diesem Ende war der Fußboden mit Blei und irdenen Platten belegt und dann mit Erde überschüttet worden. Sehr schön war das der Venus geweihte Gemach; hier bestand der Fußboden aus Achat und andern schönen Steinen, die Wände und die Decke aus Cypressenholz, die Thüren aus Elfenbein und einer wohlriechenden Holzart; das ganze Gemach war mit Gemälden, Bildsäulen u. s. w. kostbar ausgeschmückt. In der Bibliothek oder dem Studirzimmer waren Wände und Thüren von Buchsbaum; an der Decke war ein astronomisches Instrument angebracht. Auch an einem Bade fehlte es nicht; es enthielt unter Andern drei Dampfbäder und eine Badewanne aus tauromenischen Steinen. Auf jeder Seite der Wände befanden sich zehn Pferdeställe. Am Vordertheile war ein Wasserbehältniß, welches 2000 Metreten oder ungefähr 1000 preußische Eimer süßes Wasser enthielt und aus Bretern bestand, die mit Leinewand beschlagen und mit Pech bestrichen waren. Daneben befand sich ein Fischbehälter mit Seewasser, um Seefische darin lebendig aufzubewahren. Auf beiden Seiten ragten aus den Wänden des Schiffes Balken hervor, auf welchen das Holz, die Küchengeräthe, die Mühlen u. s. w. ruhten. Das Schiff umgaben acht befestigte Thürme, zwei auf dem Vordertheile, zwei auf dem Hintertheile, zwei auf jeder Seite. In jedem derselben waren zwei Wurfmaschinen oder Ballisten und daneben Schießlöcher angebracht, um auf die feindlichen Schiffe Steine werfen zu können; die Thürme waren mit Steinen und Wurfgeschossen angefüllt. Auf dem Verdeck stand eine nach der Angabe des Archimedes verfertigte Katapulte, d. h. Schießmaschine (eine Art ungeheure Armbrust), welche 3 Talente (1½ Centner) schwere Steine und 12 Ellen lange Balken in die Entfernung eines Stadiums (400 Fuß) schoß. Auch waren an jedem der drei Masten zwei Wurfmaschinen befestigt, um eiserne Enterhaken, Bleistücke, Steine u. s. w. auf die Feinde zu schleudern. Außerdem gingen, um das Entern zu erschweren, eiserne Pallisaden rings um das Schiff. Die Bemannung anlangend, so standen auf jeder Seite des Schiffes 60 Bewaffnete, ebenso viele um die Masten und Wurfmaschinen, in den Thürmen 48, in den eisernen Mastkörben 6, auf dem Vordertheile 600. Anker hatte das Schiff 12, 4 von Holz und 8 von Eisen.

Diese schwimmende Stadt hieß anfangs Syrakusa; da aber nur wenig sicilische Häfen geräumig genug waren, das Schiff zu fassen, so schenkte es Hiero dem Könige Ptolemäus Philadelphus von Ägypten und legte ihm den Namen Alexandria bei. Die Ladung des Schiffes bestand in 60,000 Medimnen (49,000 Scheffeln) Getreide und 10,000 Gefäßen mit sicilischen eingemachten Gegenständen, 20,000 Talenten (10,000 Centnern) Wolle und 20,000 Talenten anderer Waaren, außer dem Proviant für die Mannschaft.

Rottler.

Zu den ehrwürdigen Männern, welche ihr ganzes Leben der Ausbreitung des Christenthums unter den Heiden widmeten, sich dabei Entbehrungen aller Art freudig unterzogen und durch den verständigen und aufgeklärten Sinn, der ihr Verfahren leitete, wahrhafte Wohlthäter der Völker, bei denen sie sich aufhielten, wurden, gehört auch Johann Peter Rottler. Er wurde im Juni 1749 in Strasburg von protestantischen Ältern geboren und erhielt dort seine erste Erziehung, die später in Kopenhagen fortgesetzt wurde. Hier wurde er 1775 vom Bischof von Seeland ordinirt, schiffte sich darauf, da er gleich anfangs seinen Beruf zum Missionar fühlte, nach Indien ein und kam 1776 bei der 1706 gestifteten dänischen Missionsanstalt in Trankebar in Ostindien an, wo er eine lange Reihe von Jahren mit vielem Eifer thätig war. Im Jahre 1803 wurde er in Folge des Abgangs des Missionars Pezold nach Kalkutta und des Todes von Guericke zum Mitvorsteher der Mission in Vepery bei Madras ernannt, wo er aber nur bis 1807 blieb, weil Pezold zu seinem frühern Wirkungskreise in Vepery zurückkehrte. Von 1807 bis 1817 lebte Rottler in Madras als Secretair und Kaplan des dasigen Waisenhauses und erfüllte die Pflichten dieses Amts mit seltener Gewissenhaftigkeit. Pezold's Tod gegen Ende des Jahres 1817 brachte ihn wieder in den Dienst der Gesellschaft zur Beförderung christlicher Erkenntniß, die seit 1710 mit der dänischen Missionsanstalt verbunden ist; von da an blieb er bis zu seinem Tode als Missionar zu Vepery, wo er am 24. Januar 1836 in einem Alter von 87 Jahren starb.

Der Tod dieses trefflichen Mannes macht in der Geschichte der protestantischen Missionen im südlichen Indien, an deren Arbeiten er lange Zeit, mehr als 60 Jahre lang, so thätigen Antheil genommen hatte, Epoche. Eine große Zahl christlicher Kirchen war durch ihn in Theilen Indiens entstanden, wo vor ihm das Christenthum fast unbekannt war. Sein Charakter war in jeder Hinsicht achtungswürdig. Bis ans Ende blieb er seinem heiligen Berufe treu, wiewol er stets kränkelte und in den letzten Jahren seines Lebens mit schweren Körperleiden zu kämpfen hatte.

Die Abbildung stellt das Grabdenkmal vor, das ihm in der Missionskirche zu Vepery von dem Ertrag einer in England und Ostindien veranstalteten Collecte und zwar, wie die Inschrift besagt, von den vereinigten Beiträgen europäischer, ostindischer und eingeborener Christen errichtet worden ist.

Denkmal des Missionars Rottler.

Verantwortlicher Herausgeber: Friedrich Brockhaus. — Druck und Verlag von F. A. Brockhaus in Leipzig.

Das Pfennig-Magazin
für
Verbreitung gemeinnütziger Kenntnisse.

298.]   Erscheint jeden Sonnabend.   [December 15, 1838.

Cicero.

Nach dem einstimmigen Urtheile der alten und neuen Zeit müssen Demosthenes und Cicero als die größten Redner des Alterthums, die sich untereinander schwer vergleichen lassen, aber die besten Redner unter ihren Landsleuten unbestritten übertroffen haben, nebeneinander gestellt werden. Beide gelangten durch dies glänzende Talent von einer verhältnißmäßig niedrigen Stufe zu den höchsten Ämtern und Ehrenstellen, Beide haben sich für alle Zeiten unvergänglichen Ruhm erworben. Nur darin steht Demosthenes dem Cicero nach, daß Jener nur ein trefflicher Staatsmann und Redner, Dieser aber auch als Philosoph und Gelehrter ausgezeichnet war.

Marcus Tullius Cicero wurde zu Arpinum, einer kleinen Stadt in Latium, etwa 14 Meilen von Rom, im Jahre 106 v. Chr. geboren. Er stammte aus einer zwar alten, aber nicht patrizischen Familie; sowol sein Großvater als sein Vater waren talentvolle Männer, die in der Nachbarschaft in großem Ansehen standen; sein Vater namentlich stand mit mehren einflußreichen Männern jener Zeit in genauer Verbindung, aber seine Kränklichkeit nöthigte ihn zu einem zurückgezogenen Leben, welches er zur Ausbildung der Talente seiner beiden Söhne Marcus und Quintus benutzte, denen überdies der beste Unterricht, den Rom gewähren konnte, zu Theil wurde. Rhetorik, römische Jurisprudenz, Griechisch, Literatur und Philosophie waren die Hauptbeschäftigungen des künftigen Redners. Zur Erholung versuchte er sich, sowol in seiner Jugend als in spätern Jahren, in der Dichtkunst und scheint sich auf seine Leistungen in derselben nicht wenig eingebildet zu haben. Doch sind nur wenige Bruchstücke davon auf uns gekommen, nach denen zu schließen, der Verlust des Übrigen nicht eben außerordentlich zu beklagen ist. Die kriegerische Verfassung der römischen Republik rief alle ihre Bürger zu den Waffen; daher diente Cicero, um dem Gesetze Genüge zu leisten, aber ohne Neigung zum Soldatenstande, im Jahre 89 v. Chr., 17 Jahre alt, im marsischen Kriege im Heere des Consuls Pompejus. Dies war jedoch nur eine kurze Unterbrechung seiner angestrengten Vorbereitung zum Sachwalterstande, der er sich in dem blutigen Kriege zwischen Marius und Sulla mit vielem Eifer widmete. Auch den Vorlesungen der Rom besuchenden griechischen Philosophen Phädrus, Philo und Diodotus wohnte er fleißig bei und übte sich im Declamiren sowol in lateinischer als auch in griechischer Sprache. Als Sachwalter trat er zuerst im Jahre 81 in einem Alter von 25 Jahren auf, wo er seine früheste auf uns gekommene Rede für den Quintius hielt; im folgenden Jahre vertheidigte er den Sertus Roscius Amerinus, der des Vatermords beschuldigt war, und nahm nach seiner eignen Überzeugung durch seine bei dieser Gelegenheit gehaltene und noch jetzt vorhandene Rede seinen Platz unter den ersten Rednern Roms ein. Er gewann den Proceß und ist wegen seiner eifrigen Bemühung in dieser Sache um so mehr zu achten, weil der gewissenlose und allmächtige Dictator Sulla selbst aus Privatgründen die Anklage unterstützte. Bald darauf bestimmte ihn die Rücksicht auf seine Gesundheit, vielleicht auch auf die zu befürchtende Rache Sulla's, eine Reise nach Griechenland und Kleinasien zu unternehmen, welche zwei Jahre dauerte. Auch während dieser Zeit setzte er das Studium der Philosophie und Rhetorik fort und besuchte überall, wohin er kam, namentlich in Athen und Rhodus, mit Nutzen und Beifall die Schulen der ausgezeichnetsten Philosophen und Rhetoren, Demetrius, Menippus, Xenokles, Apollonius, Molon, Posidonius u. s. w. Nach Sulla's Tode kehrte er im Jahre 77 nach Rom zurück und heirathete in demselben Jahre die Terentia.

Gereift an Alter und mit den vielseitigsten Kenntnissen und Talenten ausgestattet, widmete er sich nun mit ganzer Seele der Jurisprudenz, durch welche er Macht und Ansehen zu erlangen hoffte. Die Sachwalter bildeten in Rom keine geschlossene Körperschaft, sondern die Clienten wählten zum Anwalt einen gelehrten, beredten oder mächtigen Mann, und Jeder durfte vor den Gerichtshöfen als Sachwalter auftreten. Diese Dienste waren unentgeltlich; denn in den Zeiten der Republik galt es für schimpflich, sich für das Führen eines Processes bezahlen zu lassen; dennoch war einem Sachwalter, der eine große Praxis hatte, ein großer mittelbarer Vortheil gewiß, zumal wenn er nach Beförderung in Staatsämtern strebte, namentlich wegen der Gelegenheit, vielen Personen Dienste zu leisten und zugleich Talent für die Geschäfte an den Tag zu legen. Diejenigen, welche nach den höchsten Ämtern strebten, mußten in gewissen Zwischenräumen auch alle niedrigern Ämter in bestimmter Reihenfolge verwalten. Im Jahre nach seiner Rückkehr, 76 v. Chr., erhielt Cicero das niedrigste Staatsamt, indem er zum Quästor ernannt wurde. Die Quästoren waren Beamte, welche verschiedenartige Obliegenheiten hatten, die sich besonders auf die Erhebung und Verwaltung der Staatseinkünfte, sowol in Rom als in den Provinzen, bezogen. Cicero wurde nach Sicilien gesandt und verwaltete dort sein Amt mit Eifer und Uneigennützigkeit. Er hoffte, daß seine Dienste auch in dieser untergeordneten Stellung Aufmerksamkeit erregen würden; da er sich aber darin getäuscht sah und fand, daß seine Abwesenheit unbemerkt vorübergegangen war und das Volk, nach seinen eignen Worten, taube Ohren, aber scharfe Augen hatte, so beschloß er, künftig in Rom zu bleiben, sich mehr ausschließlich den gerichtlichen Geschäften des Forums zu widmen und sich mit Provinzialverwaltungen, den einträglichsten Stellen, welche die Republik zu vergeben hatte, nicht abzugeben.

In den folgenden fünf Jahren, 74 – 70 v. Chr., lebte Cicero der ruhigen Ausübung seiner Functionen als Sachwalter, aber von seinen in dieser Zeit gehaltenen Reden haben sich nur die Anklagereden gegen Verres, den gewesenen Statthalter von Sicilien, einen wegen seiner Erpressungen und seiner Grausamkeit verhaßten Mann, erhalten. Cicero trat im Allgemeinen nur ungern als Ankläger auf, aber die Verbindung, in der er mit Sicilien stand, schien die Ansprüche der Provinz auf seine Dienste zu erhöhen. Verres wurde durch den Einfluß einer Aristokratie unterstützt, die ein Interesse bei dem Schutze von Misbräuchen hatte, durch welche sie selbst gewonnen hatte oder zu gewinnen hoffte; aber die Beweise gegen ihn waren so stark, daß er lieber bei Zeiten in die Verbannung gehen, als sich einer öffentlichen und vollständigen Untersuchung seiner Verbrechen aussetzen wollte. Von den sieben Reden, welche Cicero gegen ihn abfaßte, wurden daher nur zwei gehalten, aber auch die übrigen sind ganz vollendet.

Im Jahre 69 war Cicero Ädilis, im Jahre 66 Prätor. Am Schlusse des letzten Jahres — jedes Staatsamt wurde nur ein Jahr lang verwaltet — schlug er es seinem Entschlusse gemäß aus, die Verwaltung einer Provinz zu übernehmen, welche die römischen Magistratspersonen gewöhnlich als das Mittel ansahen, die beträchtlichen Summen, welche ihnen ihre Ernennung gekostet hatte, mit Zinsen wiederzuerhalten. Sein Wunsch ging zwar ohne Zweifel dahin, möglichst bald Consul zu werden; da aber sein Vermögen gering war und nur bei strenger Ökonomie zureichte, um seinem Range gemäß zu leben, so ist seine Mäßigung und Uneigennützigkeit in dieser Hinsicht sehr zu achten.

Im Sommer des Jahres 64 v. Chr. bewarb sich Cicero um das Consulat, setzte seine Wahl durch und trat im Beginne des nächsten Jahres sein Amt an. Der Zustand Roms in jener Zeit war sehr bedenklich. Es bestand nämlich ein ausgedehntes Complott, das nicht auf die bloße Veränderung, sondern auf den völligen Umsturz der Verfassung gerichtet war und zum Zwecke hatte, die im Besitze der Macht befindliche Partei ihres politischen Einflusses und ihres Reichthums zu berauben. An der Spitze desselben stand Lucius Sergius Catilina, ein bekannter und gefürchteter Mann, dessen Vermögensumstände und Charakter gleich zerrüttet waren, und der für das verzweifelte Unternehmen, auf das er sich eingelassen hatte, vollkommen geeignet war, weil sein Kopf ebensowol im Stande war, den verwegensten und tollsten Plan auszusinnen, als seine Hand, ihn auszuführen. Seine vornehmsten Helfershelfer waren Männer, die ihm glichen, von edler Geburt, aber verderbten und zügellosen Sitten und ohne Vermögen. Der Plan der Verschworenen ging dahin, die Consuln und diejenigen Senatoren, deren Charakter und Talente zu fürchten waren, zu ermorden, Feuer in der Stadt anzulegen und sich in der Verwirrung der Hauptstadt und der Insignien der Regierung zu bemächtigen. Durch die Aussicht auf reiche Beute konnte man sich leicht den Beistand einer großen Kriegerschar, die sich in den Kriegen des Marius und Sulla an Blutvergießen gewöhnt hatte, versichern. Durch geheime Kanäle erfuhr Cicero nicht nur das Dasein des Complotts, sondern alle Einzelnheiten desselben, doch hielt es sehr schwer, gegen die Theilnehmer ausreichende Beweise aufzufinden. Catalina hatte, ungeachtet die Sache ganz notorisch war, die Dreistigkeit, den Unschuldigen zu spielen, und erschien sogar im Senat. Über diese Unverschämtheit aufgebracht, machte Cicero seinen Gefühlen durch die erste Rede gegen Catilina Luft, die ein improvisirter Ausbruch zu sein scheint. Er erzählt darin die frühern Verbrechen Catilina's, geht seine Pläne durch und bietet ihm auf, ins Exil zu gehen oder zu seinen Genossen zurückzukehren, und den beabsichtigten Bürgerkrieg zu beginnen; auch erklärt er die Milde oder anscheinende Schwäche seines eignen Benehmens, indem er einen solchen Verbrecher entkommen lasse, damit, daß Viele die drohende Gefahr nicht sähen oder nicht sehen wollten. Er schloß mit dem Ausbruche des lebhaftesten Unwillens gegen Catilina, welcher, wiewol durch diesen offenen Angriff außer Fassung gebracht, sich erhob, um sich zu vertheidigen, aber durch das Geschrei der Senatoren zu reden verhindert wurde. Wüthend rief er aus: „Da ich so durch meine Feinde vorwärts getrieben werde, so will ich den um mich erregten Brand durch allgemeinen Umsturz löschen." Damit stürzte er aus dem Senat, verließ Rom noch denselben Abend und begab sich eiligst nach Etrurien, wo die bewaffnete Schar der Rebellen schon gerüstet stand.

Dieser offene Schritt beseitigte einen Theil der Hindernisse, und da neue Beweise hinzukamen, wurden die in Rom gebliebenen Haupträdelsführer verhaftet. Eine offene Untersuchung gegen sie anhängig zu machen, hielt man für ebenso bedenklich, als sie in Gefangenschaft zu behalten, weil man die Gefahr ihrer Befreiung scheute; die Consuln überließen daher dem Senate die Bestimmung ihres Schicksals. Hauptsächlich in Folge von Cicero's Beredtsamkeit wurde ihre sofortige Hinrichtung beschlossen; freilich ein ungesetzliches Verfahren, das nur durch die dringende Nothwendigkeit, die noch über dem Gesetze steht, gerechtfertigt werden mag. Die vierte und letzte Catilinarische Rede handelt davon. Am Abende dieses Tages wurde Cicero gleichsam im Triumph vom Senate nach Hause begleitet, während sich das Volk auf seinem Wege drängte und ihn mit lautem Zuruf als den Retter und zweiten Gründer Roms begrüßte. Diese wichtigen Vorgänge fanden am 5. December statt, den Cicero beständig als die ruhmvollste Epoche seines Lebens bezeichnet.

Nach Cicero's Ernennung zum Consul läßt sich in seinen politischen Gesinnungen und Handlungen eine entschiedene Veränderung nachweisen. Bei seiner Wahl hatte er von den demokratischen Elementen des Staats abgehangen; sobald er sie durchgesetzt hatte, stellte er sich die Aufgabe, sich die Gunst des Senats und der Vornehmen zu erwerben, was ihm jedoch nie vollständig gelungen ist. Immer blieb ein Vorurtheil gegen ihn als Emporkömmling, der sich keiner von seinen Vorfahren bekleideten Ehrenstellen rühmen konnte, und der von ihm geleistete ansehnliche Dienst wurde dadurch, daß er ihn beständig öffentlich und privatim erwähnte, sowie überhaupt durch seine übermäßige Eitelkeit und Selbstsucht in den Schatten gestellt und fast lächerlich gemacht. Als die Zeit der Noth gekommen war, erfuhr er den Kaltsinn seiner neuen Freunde. Damals lebte ein gewisser Clodius, ein sittenloser junger Patrizier, der unter Cicero's Mitwirkung wegen einer schweren Verletzung der Religion und Sittlichkeit angeklagt worden war. Dieser Clodius wurde sein tödtlicher Feind, und da ihn Cäsar und Pompejus aus Parteirücksichten unterstützten, so gelang es ihm, als Volkstribun ein Gesetz durchzusetzen, nach welchem Jeder, der einen Bürger ohne Urtheilsspruch und vorgängige Untersuchung ums Leben gebracht hätte, in die Verbannung geschickt (oder, nach dem Ausdrucke des Gesetzes, ihm Wasser und Feuer verweigert) werden sollte. Dieses Gesetz war offenbar gegen Cicero gerichtet, der daher auf den Rath seiner Freunde im März des Jahres 58 v. Chr. freiwillig ins Exil ging; unmittelbar nach seiner Abreise setzte Clodius ein Edict durch, das den Cicero ausdrücklich verbannte und ihm verbot, sich innerhalb 40 römischer Meilen von der Stadt Rom aufzuhalten; Cicero's Haus wurde in Brand gesteckt und seine Landgüter geplündert. Cicero ging nach Griechenland und zeigte sich in keiner Periode seines Lebens weniger achtungswürdig als in dieser, so kurz sie auch war, da sein Fall seinen Muth beugte und ihn so ganz aller Besinnung und Energie beraubte, daß sein Geist eine Zeit lang gestört schien. Seine Verbannung dauerte nur ein und ein halbes Jahr, da nach vielem Widerstande ein Gesetz durchgesetzt worden war, das seine Rückkehr gestattete. Er wurde mit außerordentlichen Ehrenbezeigungen empfangen; seine ganze Reise durch Italien glich einem Triumphzuge und unter noch größern Feierlichkeiten fand sein Einzug in Rom statt. Von diesem Tage sagt er selbst: „Bei meiner Annäherung an die Stadt kam der Senat heraus, mich zu empfangen, gefolgt von der ganzen Bürgerschaft, als wenn Rom selbst sich aufgemacht hätte, seinen Erhalter zu umarmen."

Festigkeit der Grundsätze und moralischer Muth, aus denen allein ein standhaftes und achtunggebietendes Benehmen in stürmischen Zeiten hervorgeht, gehörten nicht zu den guten Eigenschaften Cicero's. Er hatte erfahren, welchen Nachtheil es bringe, wenn man den Mächtigen reizt, und war nicht gesonnen, noch einmal zum Märtyrer zu werden. Wir finden ihn daher bald mit Pompejus, bald mit Cäsar verbunden; seinen eignen noch vorhandenen Briefen zufolge behagte ihm der Zustand der öffentlichen Angelegenheiten wenig und auch mit seinem eignen Benehmen war er selten zufrieden. Es ist hier nicht der Ort, den Leser durch das Labyrinth der römischen Politik zu führen, auf welche Cicero mehre Jahre lang keinen bedeutenden Einfluß übte. Er zog es vor, sein Rednertalent zur Vertheidigung Angeklagter anzuwenden, und beschäftigte sich in seinen Mußestunden mit philosophischen Studien und der Abfassung seiner philosophischen Schriften.

Im J. 51 v. Chr. wurde Cicero in Folge eines neuen Gesetzes genöthigt, die Verwaltung einer Provinz, die er bisher abgelehnt hatte, zu übernehmen, und zwar fiel ihm die Provinz Cilicien in Kleinasien zu, welche von dem frühern Statthalter schwer bedrückt worden war; Cicero hatte daher genug zu thun, um das Unheil wieder gut zu machen, das sein Vorgänger angerichtet hatte. Seine militairischen Unternehmungen und Erfolge gegen die Parther während seiner Provinzverwaltung waren unbedeutend, wiewol er viel Aufhebens davon macht und gern deshalb einen Triumphzug gehalten hätte. Im Jahre 49 kam er nach Rom zurück, als eben der Bürgerkrieg zwischen Cäsar und Pompejus zum Ausbruche gekommen war. Lange schwankte Cicero, welcher Partei er sich anschließen sollte, und machte vergebliche Versuche, den Frieden zu erhalten;

*

endlich entschied er sich für Pompejus. Als dieser später Italien verließ und sich nach Griechenland zurückzog, blieb Cicero zurück und trat mit Cäsar in Unterhandlung, sobald aber dessen Glück sich zu wenden schien, eilte er nach Griechenland zum Heere des Pompejus, wiewol er im Felde nicht an seinem Platze war. Nach der Schlacht bei Pharsalus verlor er alle Hoffnung und kehrte 48 v. Chr. im October nach Italien zurück, wo ihm der Sieger Cäsar persönliche Sicherheit zusicherte. Im Jahre 46 trennte sich Cicero von seiner Gattin Terentia und heirathete im Jahre darauf die Publilia, von der er sich aber noch in demselben Jahre wieder trennte.

Bis zu Cäsar's Tode im Jahre 44 war Cicero ohne allen politischen Einfluß und lebte in der Zurückgezogenheit, hauptsächlich mit der Abfassung seiner philosophischen Werke beschäftigt, von denen viele diesen wenigen Jahren angehören. Cäsar's Ermordung brachte ihn wieder den öffentlichen Angelegenheiten näher. Jener That war er völlig fremd geblieben, wahrscheinlich weil die Verschworenen ihn für zu furchtsam und unentschlossen hielten, um ihm eine so wichtige Angelegenheit anzuvertrauen. Aber nachdem die That vollbracht war, sprach er seine Zufriedenheit und Freude darüber aus und beklagte nur, daß nicht auch Antonius das Schicksal Cäsar's getheilt hätte. Gegen Antonius hegte er einen tief eingewurzelten Haß, und um ihn verhaßt zu machen und Senat und Volk gegen ihn und seine Freunde aufzureizen, verfaßte und hielt er jene berühmte Reihe von 14 Reden, die er, den Demosthenes nachahmend, philippische Reden nannte. Aber seine und seiner Partei Hoffnungen wurden sehr bald, schon das Jahr darauf, durch die Bildung des sogenannten zweiten Triumvirats zwischen Octavius, Antonius und Lepidus zu Wasser. Dieses Bündniß war von einer neuen Proscription begleitet, bei welcher die den sich verbündenden Parteien feindseligen Personen, 130 Senatoren und eine große Zahl von Rittern, namentlich bezeichnet waren, um aus dem Wege geräumt zu werden. Octavius opferte unbedenklich den Cicero der Rache des Antonius auf, dessen Haß durch die leidenschaftlichen Invectiven, welche der Redner gegen ihn geschleudert hatte, gesteigert worden war. Cicero erhielt die Schreckensnachricht auf seinem Landgute bei Tusculum, etwa zwei deutsche Meilen von Rom. Sein erster Gedanke war, zur See zu entfliehen, da er aber ungünstigen Wind hatte und in seinen Entschlüssen schwankend und ungewiß war, so landete er wieder und begab sich zu seinem formianischen Landhause bei Neapel, wo er von zwei Soldaten am 7. December des Jahres 43 v. Chr., 64 Jahre alt, getödtet wurde, ohne Widerstand zu leisten. Sein Kopf und seine Hände wurden dem Antonius gebracht, der dem Plutarch zufolge Befehl gab, sie im Forum über der Rednerbühne, von welcher Cicero so oft zum Volke gesprochen hatte, auszustellen.

Seine zahlreichen auf uns gekommenen Schriften zerfallen in vier Classen: rhetorische Schriften, philosophische Schriften, Reden und Briefe; von seinen historischen Werken hat sich keins erhalten, von seinen poetischen nur Fragmente. Als Redner ist er weniger gedrungen und feurig als Demosthenes, woran vielleicht zum Theil die lateinische Sprache Schuld ist. Seine Briefe sind für die Geschichte seiner Zeit sehr wichtig und ersetzen eine regelmäßige Geschichte derselben aus seiner Feder, die weniger genau und wahrscheinlich auch weniger wahr ausgefallen wäre; sie sind größtentheils sehr freimüthig geschrieben und geben seine wirkliche Meinung fast ohne allen Rückhalt. Sein Styl verdient das höchste Lob und ist von jeher als Muster der lateinischen Prosa angesehen worden.

Über die Zahl der Pflanzenarten.

Der unermeßliche Reichthum der Natur ist in der neuern Zeit durch die Durchforschung entlegener, früher unzugänglicher Länder ungleich genauer als sonst bekannt geworden. Zu der Zeit, als Linné starb, kannte man auf der ganzen Erde nur etwa 8000 Pflanzenarten; die Griechen, Römer und Araber zusammengenommen erwähnen kaum 1400. In der neuern Zeit zählte Robert Brown 33,000 Arten, Sprengel beschrieb (in der 16. Aufl. seines Pflanzensystems) 42,700 und Alexander von Humboldt gab 1817 die Zahl der theils beschriebenen, theils in europäischen Herbarien aufbewahrten Arten auf 44,000 an, worunter 38,000 Phanerogamen und 6000 Kryptogamen. Für viele Leser wird hier die Bemerkung nicht überflüssig sein, daß man sämmtliche Pflanzen nach der Art ihrer Fortpflanzung in zwei große Classen theilt; die beiweitem meisten, haben Blüten oder sichtbare Befruchtungswerkzeuge und pflanzen sich durch Samen fort, solche heißen phanerogamische Gewächse; die übrigen, welche keine Geschlechtstheile haben und sich durch eigenthümliche Körperchen, sogenannte Keimchen, fortpflanzen, nennt man kryptogamische Pflanzen. Im Jahre 1824 rechnete Decandolle, welcher in seiner 1813 erschienenen elementaren Theorie der Botanik 40,000 Arten gezählt hatte, die Zahl aller bis dahin entdeckten Arten schon auf 56,000; gegenwärtig sind wenigstens 66,000 Arten beschrieben. Die Zahl derjenigen Pflanzen, die sich in den Herbarien der verschiedenen Nationen befinden, aber noch nicht beschrieben sind, mag sich ebenfalls noch auf viele Tausende belaufen, sodaß nach Meyer die Zahl der bis jetzt aufgefundenen Pflanzen vielleicht schon an 80,000 Arten reicht. Bedenken wir aber, fügt Meyer hinzu, welche unermeßliche Ländermassen, sowol in Amerika als in Asien, in Australien und auf den Südseeinseln, noch gänzlich ununtersucht sind, denken wir an das große Afrika, welches, die gänzlich unfruchtbaren Sandwüsten abgerechnet, wahrscheinlich ebenso reich als Asien und Europa an mannichfaltigen Pflanzenarten ist, so können wir die Zahl der schon bekannten Pflanzen wenigstens verdoppeln, sodaß wir die Summe von 160,000 Arten erhalten. Außerdem ist bekannt, daß viele Reisende, welche in neuern Zeiten längst durchsuchte Länder abermals erforschten, aus diesen eine große Menge von neuen Pflanzen mitgebracht haben; wenn man dies berücksichtigt, so ist man berechtigt, jene Summe von 160,000 Arten noch um den vierten Theil zu vergrößern und demnach wenigstens 200,000 Pflanzenarten als eine Zahl anzunehmen, die sich der Wahrheit einigermaßen nähern dürfte.

Wie sehr unsere Kenntniß der Pflanzenwelt namentlich durch die Erforschung der neuen Welt zugenommen hat, mag folgendes Beispiel belegen. Humboldt und Bonpland brachten 5800—6000 Tropenpflanzen, die sie sowol in Südamerika als in Mexico und auf den Antillen gesammelt hatten, nach Europa, von denen 3000 Arten den Botanikern noch gänzlich unbekannt waren. Überhaupt kann man annehmen, daß aus den Tropenländern der neuen Welt 13,000 phanerogamische Pflanzen nach Europa gebracht worden sind, die aber nach Humboldt nur den vierten Theil der auf der ganzen Erde innerhalb der Wendekreise lebenden Gewächse bilden möchten. Aus Ostindien sind in der neuesten Zeit durch die Herbarien der ostindischen Compagnie mehr als 6000 phanerogamische Pflanzen bekannt geworden, wiewol wahrscheinlich mehr als doppelt so viele Pflanzen diesem Lande zugehören. Über die Vertheilung der Pflanzen auf die einzelnen Theile der Erde mag hier noch die Angabe Humboldt's hinsichtlich der phanerogamischen Gewächse mit Einschluß der Familien der Farrnkräuter, die man sonst zu den kryptogamischen Pflanzen zu rechnen pflegt, beigefügt werden. Hiernach kommen auf Europa 7000 Arten, wobei die mit andern Erdtheilen gemeinschaftlichen Arten mitgerechnet sind; auf Asiens gemäßigte Zone kommen 1500, auf das heiße Asien 4500, auf Afrika 3000, auf das gemäßigte Amerika in beiden Hemisphären 4000, auf das heiße Amerika oder die Tropenländer der neuen Welt 13,000, endlich auf das Festland von Australien und die Inseln des großen Oceans 5000 Pflanzen, was zusammen 38,000 phanerogamische Pflanzen gibt.

Cambridge.*)

Die Königskirche in Cambridge.

Unter den 17 Universitätsgebäuden (Colleges und Halls) der berühmten englischen Universität Cambridge, von denen das älteste, das Peterscollegium, bereits 1284, das neueste, das Downingcollegium, 1807 gegründet und 1821 eröffnet wurde, ist das 1441 von Heinrich VI. gegründete Königscollegium durch seine prachtvolle gothische Kirche merkwürdig, deren Gewölbe von keinen Säulen getragen wird. Der Grundstein dazu wurde von König Heinrich VI. in Person 1446 gelegt, doch hatte man damals noch nicht die Absicht, ein so großartiges Werk aufzuführen. Unter den folgenden Königen Eduard IV. und Richard III. schritt der Bau nur langsam fort und wurde erst unter Heinrich VII. (1485 — 1509) in der Hauptsache vollendet, doch erst unter der Regierung Heinrich VIII. wurde 1532 die letzte Hand daran gelegt. Gleich ausgezeichnet durch ihr kunstvolles Dach, die herrliche Glasmalerei der Fenster, ihre ansehnliche Größe und Höhe und ihre schönen Verhältnisse zeigt diese Kirche die Baukunst des 15. und 16. Jahrhunderts auf der höchsten Stufe der Vollendung und ist nicht nur das schönste Gebäude, das Cambridge aufzuweisen hat, sondern eine der schönsten gothischen Kirchen in ganz Europa.

Außer der großen Universitätsbibliothek von etwa 100,000 Bänden und 3000 Handschriften und der Fitzwilliam'schen Bibliothek von 60,000 Bänden hat jedes Collegium noch seine besondere Bibliothek; die reichsten sind die des Magdalenencollegiums, welche von ihrem Stifter, Samuel Pepys, der sie dem Collegium vermachte, die pepysianische Bibliothek heißt und in einem stattlichen auf S. 400 vorgestellten Gebäude aufbewahrt wird, und die an alten Drucken, Handschriften und Kupferwerken reiche des Trinitycollegiums, welche 30—40,000 Bände zählt.

*) Vergl. Pfennig-Magazin Nr. 184.

Havana und seine Umgebungen.

Die Rhede von Havana ist eine der schönsten auf der Welt; sie wird von einem halbkreisförmigen Becken gebildet, das die Natur selbst ausgegraben hat und das die Stadt mit einer immer reinen und azurnen Wasserfläche umgibt. Tausend Linienschiffe haben hier bequem Platz. Der Eingang ist gleichsam ein enger Hals, wo auch die heftigsten Fluthen des Meeres ihre Kraft verlieren. Um aber diesen engen Eingang noch mehr zu verengern, haben die Spanier hier zwei alte Linienschiffe versenkt, deren Stelle durch schwimmende Böte angezeigt wird. Auf beiden Seiten erheben sich zwei furchtbare Forts; das eine davon, der Morro genannt, mit seinen Feuerschlünden und seiner Mähne von grünlichem Moos auf schwarzem Fels hätten die Alten mit dem Cerberus verglichen, der den Eingang zur Hölle bewacht.

Rund um die Rhede, die ins Land hineingeht, hat sich die Stadt zusammengedrängt; hier ist der Handel und das Herz der Stadt. An dem Meeresufer findet man nur einige Vorstädte und entlegene Spaziergänge.

Kaum waren wir (so erzählt ein neuerer Reisender) in die Rhede eingelaufen, nachdem wir auf die vom Morro aus an uns gerichteten Fragen geantwortet hatten, als sich eine Abtheilung der Zollwächter bei uns einfand, die eine Schildwache an Bord ließ, welche uns zu bewachen hatte, bis der Gouverneur unsere Pässe gesehen und die Bürgschaft, welche jeder Fremde stellen muß, angenommen hatte. Nun unterzeichnete aber der General Tacon, damaliger Gouverneur der Insel (dem seit Kurzem General Espeleta gefolgt ist), nur bis 1 Uhr Nachmittags Erlaubnißscheine zur Landung, und kurz vor 1 Uhr kamen wir erst in der Rhede an; wir waren also dazu verurtheilt, das Land zu sehen und doch nicht betreten zu dürfen. Indessen ließen die Soldaten auf Havana mit sich reden; unserer begann damit, daß er uns Orangen anbot; dann sprach er von Spanien, seinem Geburtslande, nach dessen schönem Himmel er sich selbst hier, unter der tropischen Sonne, zurücksehnte. Wir zeigten Alle nach dem Lande, indem wir laute Seufzer ausstießen, eine Art stumme Beredtsamkeit, die er vollkommen verstand. Er zog uns auf die Seite und sagte, indem er von Zeit zu Zeit nach der Stadt sah, als fürchtete er, daß die Stadtmauern ihn hören könnten, ganz leise: Tacon! bei diesem Worte zeigte er auf seine Schultern und Arme, auf denen die Schwielen zu sehen waren, welche der Stock des Gouverneurs zurückgelassen hatte; dann sprach er ein anderes Wort aus: Gelbes Fieber! und zeigte uns seine Beine, die mit den Spuren dieser schrecklichen Krankheit ganz bedeckt waren. Tacon und das gelbe Fieber waren also die beiden Schreckbilder, die uns gleich bei unserm Eintritte in dieses Land entgegentraten, die beiden Geißeln, welche der Spanier unserer Klugheit und unserm Mitleid empfahl. Hiernach glaubte ich, daß er uns nicht erlauben würde, ans Land zu gehen; aber er ging auf die ersten Vorschläge, die wir ihm machten, sogleich ein, ungeachtet der schrecklichen Strafe, die auf Verletzung seiner Ordre gesetzt waren. Aber so groß ist das Elend und folglich auch die Habgier des spanischen Soldaten in diesem Klima, daß ein geringes Geld ihn bestimmt, sich den härtesten Strafen auszusetzen. Obgleich die Regierung alle Tage unbarmherzig strenge Exempel statuirt, wird doch der Schleichhandel mit einer Leichtigkeit und Unverschämtheit betrieben, die allen Glauben übersteigt. An dieser nicht auszurottenden Bestechlichkeit brach Tacon's gewaltiger Arm, den nichts beugen konnte.

Bei Einbruch der Nacht sprangen wir mit Erlaubniß unsers Wächters, der uns nun bei allen Heiligen beschwor, vor der Morgenstunde wieder da zu sein, in ein kleines Boot, und einen Augenblick nachher durchstrichen wir die Stadt, froh wie Vögel, die ihrem Käfig entronnen sind. Am folgenden Morgen waren noch nicht Alle zurückgekehrt; bei der Runde wurde der Mangel bemerkt, der arme Soldat ergriffen und zum Stock und zu sechs Monaten Zwangsarbeit verurtheilt! Kaum war er fortgeführt, als sein Nachfolger sich uns näherte, mit der einen Hand auf das Ufer zeigte, die andere aber auf die Augen legte, um anzudeuten, daß wir nichts sehen wollte, wenn wir abermals auszufliegen Lust haben sollten, wovon wir aber zu seinem großen Leidwesen keinen Gebrauch machten. Einige Stunden darauf erhielten wir die Erlaubniß, ans Land zu gehen.

Havana ist eine malerisch gelegene, sonst aber durch nichts als ihre spanische Physiognomie ausgezeichnete Stadt. Die Straßen sind eng, ungepflastert und folglich bei Regenwetter, der hindurchführenden Abzugsgräben ungeachtet, nicht gangbar. Sie enthalten prachtvolle Gebäude, vermischt mit elenden Hütten; die Fenster sind im Allgemeinen breit, niedrig und mit einem hölzernen oder eisernen Gitter versehen. Lange Balcons umgeben mit ihren offenen oder durch Jalousien verschlossenen Galerien das erste und zweite Stock. Durch die Gitter der niedrigen Fenster kann man das häusliche Leben beobachten. Jedes Haus hat einen viereckigen Hof mit bedeckten Galerien, nach denen alle Gemächer führen. Bei den großen Häusern führt ein ungeheueres Portal zu dem innern mit Marmor gepflasterten Hofe und der stattlichen breiten Steintreppe. Kamine und Fensterscheiben haben die Häuser nicht. Fast überall sind die Wände ohne Tapeten und nur getüncht. Ein Matratzenbett ziert das Schlafzimmer, dient aber nur zur Parade, denn ein Gurtbett ohne Matratze oder Decke bildet das Lager des Vornehmsten, wie des Geringsten, und wenn man die Kühle dieses Lagers schätzen gelernt hat, so mag man gar kein anderes. Jedes Bett ist von einem Moskitonetz umgeben, wie in Louisiana, denn die Moskitos sind eine beiden Ländern gemeinschaftliche Plage. Ein Meubel, das man mit Erstaunen in den meisten bürgerlichen Gesellschaftszimmern erblickt, ist der Wagen der Familie, der immer außerordentlich sauber, bisweilen ausnehmend reich und kostbar, aber sonderbar gestaltet ist. Der Kutschkasten hängt nicht, wie bei uns, zwischen den Rädern, sondern auf den Schwengbäumen vor den Rädern, und diese sind sehr hoch. An die Schwengbäume wird ein Pferd gespannt, welches von einem Neger geritten oder geführt wird; diese Neger werden Caleseros genannt, und ihre Tracht ist ebenfalls sehr originell. Ein betreßter Hut, eine runde mit Seide, Gold oder Silber gestickte Jacke, ein weißes Hemd, weiße Hosen, gelbe Handschuhe, feine Schuhe mit silbernen Schnallen, ungeheuere Reitstiefeln bilden ihren Anzug, in welchem sie aufgeputzten Affen gleichen. Bei der Leitung dieser Wagen zeigen sie große Gewandtheit und ein außerordentlich scharfes Gehör. Der Herr sagt ihnen beim Einsteigen selten, wohin er fahren will; er leitet sie aus seinem Wagen, indem er ihnen angibt, rechts, links u. s. w., und der Calesero befolgt sogleich diesen oft nur leise gemurmelten Befehl. Diese Wagen haben vor unsern europäischen Wagen den Vortheil, daß sie wegen der Höhe der Räder und der niedrigen Stellung des Kutschkastens nicht umwerfen können. Auch ist man vom Kutscher gehörig getrennt und entzieht sich mittels eines grünen oder blauen Vorhangs nach Belieben den Blicken der neugierigen Menge.

Die Hauptsehenswürdigkeiten in Havana sind der Exercierplatz in der Mitte der Stadt vor dem Palast des Gouverneurs; der alte Paseo (Spaziergang) und das neue Marsfeld am Eingang der Vorstädte; der Militairpaseo, eine Schöpfung Tacons, etwa eine Stunde von der Stadt entfernt und der Sammelplatz der Einwohner; die Wasserleitungen und die Eisenbahn, die schon etwa 4 deutsche Meilen lang ist. Dazu kommen ferner der botanische Garten und einige Privatgärten, die alle Producte der Antillen auf einer Stelle vereinigen, das neue Gefängniß, die Festungswerke, welche die Stadt umgeben und die Cabana oder Hauptcaserne der Garnison und 4—5 Forts begreifen, von denen nur der Morro Erwähnung verdient; das Kaffeehaus de la Louja, eins der größten in der ganzen Welt, und 5—6 Theater, unter denen aber nur das spanische und italienische einen Besuch verdient. Die Kirchen sind sehr zahlreich, aber nicht ausgezeichnet, selbst die Kathedrale nicht ausgenommen. Die Klöster nehmen an Größe ein volles Drittel der Stadt ein.

Die Umgebungen von Havana bieten reizende Ansichten dar. Auf dem Lande wird man erst recht gewahr, daß man sich nicht mehr auf europäischem Boden, sondern unter tropischem Himmel befindet. Für den Nordeuropäer ist hier der Schmuck der Natur völlig neu und außer der grünen Grundfarbe des Gewandes der Erde findet er nichts aus den europäischen Gegenden wieder. Die Blumen, die Blätter der Bäume haben einen völlig fremdartigen Zuschnitt. In der Ebene und auf den Bergen sieht man überall den Palmbaum, der seine Blätter fächerartig ausbreitet. Die Kokospalme, der Bruder des eigentlichen Palmbaums, weniger schön aber nutzlicher als dieser, trägt seine großen Nüsse, die wie Schellen beisammen hängen, unter der Achsel seiner langen gelblichen Blätter. Ferner erscheinen hier der Bananenbaum, der Ernährer dieses Landes; der Flaschenbaum, dessen Frucht einen angenehmen birnen- und erdbeerartigen Geschmack hat; der Guajavabaum oder indianische Birnbaum mit zusammenziehender Frucht; der Mango- und der Mameybaum, aus Haiti eingeführt; der Mahagonybaum, der Cederbaum und die Arecapalme mit edler und stolzer Krone, welche die Hand des Menschen unbarmherzig abschlägt, um seine Augen den Palmenkohl daran zu entdecken, jenes für die Feinschmecker so köstliche vegetabilische Gehirn, mit welchem man auf einmal einen ganzen Baum verspeist, weil dieser sogleich abstirbt, wenn man ihn seiner Krone beraubt hat, um diesen Stoff herauszunehmen. Doch haben sich auch einige europäische Pflanzen hierher verirrt, z. B. der Johannisbeerstrauch und das Immergrün, sie arten aber in diesem üppigen Klima ganz aus; der Johannisbeerstrauch wird ein hoher Baum, wobei aber die Frucht ihren ursprünglichen Geschmack völlig verliert, und das bei uns so demüthige kleine Immergrün erreicht fast Mannesgröße. Unter allen Früchten der Insel Cuba sind die Ananas und die Orange zuerst zu nennen; jene wächst bescheiden einen Fuß hoch auf Feldern, wie Runkelrüben, während der Orangenbaum seinen schlanken Stamm und sein grünes Laub, in welchem goldene Früchte glänzen, hoch in die Lüfte erhebt.

Die St.-Marcus- und St.-Andreasdistricte, welche 7 bis 8 Meilen von Havana entfernt sind, sind die reizendsten Gegenden der Insel. Die Wohnhäuser sind dort wahre Paläste; ungeheuere Zuckerrohrfelder und Kaffeebaumpflanzungen umgeben sie. 7—800, bisweilen wol 1200 Neger bebauen jene fruchtbaren Ländereien und lassen es sich, unter Leitung eines einzigen Weißen, vom frühen Morgen bis zum späten Abend sauer werden. In diesen Pflanzungen sieht man Alleen von Palmbäumen, die eine Stunde lang sind und in Reihe und Glied stehen, wie ein Regiment Soldaten. Das Zuckerrohr bedeckt die Erde mit seinen saftreichen Rohrstengeln; der Kaffeebaum wurzelt im felsigsten Boden und streckt seine beschnittenen Zweige aus, auf denen seine weißen Blumenkelche mit fünf Blumenblättern und fünf Staubfäden wie Frühlingsschnee glänzen. Eine dicke und lange Hecke von Citronenbäumen umschließt das Ganze mit einer grünen Wand und erfüllt die Luft mit ihrem Wohlgeruch. Diese Gegenden sind ein wahres irdisches Paradies; sie werden fast ausschließlich (namentlich der St.-Andreasdistrict) von Franzosen bewohnt, ehemaligen Ansiedlern von St.-Domingo.

Der Handel von Havana ist beträchtlich. Die hauptsächlichsten Ausfuhrproducte sind Zucker, Kaffee, Früchte und Cigarren; Havana allein liefert drei Viertel der Einkünfte, welche Spanien jährlich aus dieser Insel bezieht, welche 900,000 Einwohner hat, wovon auf Havana 130,000 kommen. Diese noch immer sehr beträchtlichen Einkünfte sind größtentheils der Ertrag der Zölle, obgleich der Schleichhandel ihn sehr schmälert. Viele auf der Insel bestehende Monopole absorbiren den Handel zum Vortheil einzelner Individuen und Gesellschaften. Von den letztern ist die bedeutendste die catalonische Gesellschaft, deren sämmtliche Mitglieder, Catalonier von Geburt, durch ein eisernes Band gegen die ausländischen Waaren verbunden sind. Diese Gesellschaft hat die Stadt sich unterwürfig gemacht und ist der einzige Kanal, durch welchen sie mit Nahrungsmitteln versehen wird. Ungeachtet dieser Beschränkung ist die Consumtion von Havana sehr bedeutend. Die Stadt, welche, wie erwähnt, nur 130,000 Einwohner hat, verzehrt jährlich 55,000 Ochsen und eine verhältnißmäßige Zahl anderer zwei- und vierfüßiger Thiere, ungerechnet Berge von gesalzenem Rindfleisch (tassajo), welche in ganzen Schiffsladungen beständig aus Buenos Ayres kommen. Die Consumtion von Paris und London ist verhältnißmäßig ungleich schwächer, wenigstens an Rindfleisch; in Paris, das etwa siebenmal soviel Einwohner als Havana hat, wurden 1835 nur 72,000 Ochsen, 16,000 Kühe und 74,000 Kälber consumirt.

Die Blutrache der Araber.

Glühend, wie die Sonnenstrahlen seiner Wüste, sind die Leidenschaften des Arabers, und er ruht nimmer, bis er sie befriedigt. Schnell aufbrausend im Zorn, unversöhnlich in seinem Hasse, vergißt er Beleidigungen nie und scheut Mühe und Beschwerden nicht, wenn sie ihn nur zur Rache führen. Diese Leidenschaftlichkeit zeigt sich aber am schrecklichsten in der sogenannten Blutrache. Wird nämlich ein Araber erschlagen, so ist sein nächster Verwandter, sei es der Vater oder Sohn, Bruder, Oheim oder Neffe oder sonst ein Anderer, verpflichtet, ihn blutig zu rächen. Unermüdlich ist dieser dann in der Verfolgung des Mörders, und wo er ihn immer treffen mag, wird er ihn angreifen. Selten gehen beide Gegner lebend vom Kampfplatze — denn dann würden die Manen des Erschlagenen nicht versöhnt sein — und weil dann die Familie des Besiegten stets wieder Rache suchen wird, so erbt der Haß und der Streit in den Geschlechtern fort und geht sehr

oft auf ganze Stämme über, die sich gegenseitig befeh=
den, endlich vielleicht gar aufreiben.

Nur die Ehrfurcht, welche der Araber vor der ur=
alten, geheiligten Sitte der Gastfreundschaft hat, kann
ihn abhalten, augenblicklich Rache zu nehmen, wenn
der Feind in seine Nähe kommt; aber sie ist nur ver=
schoben bis zu einem günstigern Zeitpunkt, entsagt hat
er ihr nicht. Es gibt der Beispiele viele, daß der Ara=
ber in dem Fremden, der als Gast sein Zelt betrat,
den Mörder seines nächsten Verwandten erkannte; aber
er überschritt seine Schwelle als Gast, und dies reichte
hin, ihm Alles zu gewähren, was seine Lage fodern
konnte. Ja, man gab ihm auch wol die Mittel zur
Flucht und Vorräthe von Lebensmitteln, aber mit dem
Beginn des Tages verfolgte, wie es die Pflicht erheischt,
der Herr des gastlichen Zeltes den Gehaßten.

Bei einigen Stämmen kann jedoch diese Blut=
rache durch einen gewissen Preis gefühnt werden. Nur
bei den Arabern der Wüste, die, durch die Beschaffen=
heit ihres Vaterlandes an Entbehrungen gewöhnt, der
Habgier weniger folgen als ihren Gefühlen, herrscht
dieser Gebrauch der Sühnung wenig oder gar nicht,
und es würde Derjenige, welcher sich auf solche Weise
abfinden lassen wollte, ganz gewiß dem Tadel und der
Verachtung seiner Stammgenossen sich aussetzen. Allein
die Stämme, welche in den Ländern an der Ostküste
Afrikas wohnen, sind hierin nicht so bedenklich, z. B.
im Bezirk von Shendy in Nubien beträgt ein solcher
Blutpreis nach unserm Gelde ungefähr 400 Thaler.
Sind die Verwandten des Erschlagenen mit dieser Ab=
findung zufrieden, so bezahlt der Schuldige die Summe
in bestimmten Fristen. Über die Abzahlung wird die
genaueste Rechnung geführt, und die geringste Kleinig=
keit, die der Familie des Erschlagenen gebracht wird,
und wäre es das kleinste Brot oder einige Hände voll
Getreide, gut geschrieben. Über einer solchen Ausglei=
chung können Jahre vergehen, während welcher Zeit die
Betheiligten im tiefsten Frieden miteinander leben.

Die pepysianische Bibliothek in Cambridge.

Das Pfennig-Magazin
für
Verbreitung gemeinnütziger Kenntnisse.

299.]   Erscheint jeden Sonnabend.   **[December 22, 1838.**

Venedig.

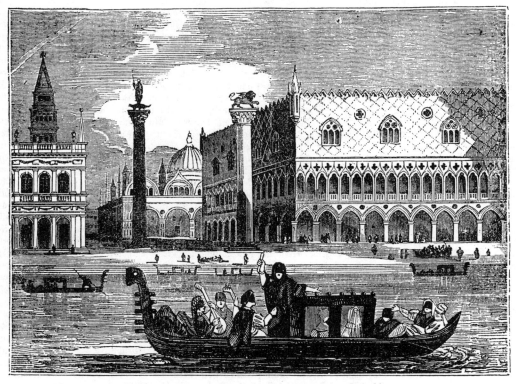

Ansicht des Dogenpalasts und der Piazzetta von der Hafenseite.

Das Interesse, welches die Stadt Venedig einflößt, ist von ganz besonderer Art. Schon durch ihre eigenthümliche Lage und Bauart würde sie im höchsten Grade anziehend sein; ihr Ansehen weicht von dem aller andern Städte so völlig ab, daß sie auf die Seele des Reisenden einen mächtigen Eindruck machen muß. Aber dies ist beiweitem nicht Alles; die Ereignisse, denen Venedig zum Schauplatz gedient hat, sind nicht minder wunderbar als der Schauplatz selbst. Während der 1300jährigen Unabhängigkeit Venedigs trugen sich hier die merkwürdigsten Begebenheiten zu, und während des größten Theils dieses Zeitraums spielte der Freistaat, der hier seinen Sitz hatte, auf der Bühne der civilisirten Welt eine sehr bedeutende Rolle. Das hieraus entspringende Interesse wird noch durch den zauberisch Reiz der Dichtkunst erhöht; der Genius Shakspeare's und anderer Dichter hat diese Königin des adriatischen Meeres gleichfalls unsterblich gemacht. Endlich fehlt zur vollständigen Wirkung auch das moralische Interesse nicht, das der Anblick einer alten Stadt, die ihre Größe überlebt hat, stets haben muß; alle Paläste und öffentliche Gebäude Venedigs mahnen den Reisenden an die Vergänglichkeit der irdischen Dinge, und betrachtet er die melancholische Verbindung frühern Glanzes und gegenwärtigen Verfalls, welche sie zeigen, so fühlt er sich gedrungen, nach der Geschichte dieser Stadt zu fragen und sich in längst vergangene Jahrhunderte zu versetzen.

Schon oft ist bemerkt worden, daß unter allen Städten Italiens Venedig vielleicht die einzige ist, welche keinen Theil ihrer Merkwürdigkeit classischen Erinnerungen verdankt, und doch hat sie ihr eignes Alterthum, das kaum minder ehrwürdig ist, als das der Römer und Griechen. Als die venetianische Republik im Jahre 1797 fiel, war sie der älteste Staat in Europa, und während ihres langen Daseins hatte sie mehre der gewaltigsten Staatsumwälzungen erlebt, die sich jemals auf der Erde zugetragen haben. „Venedig schaute", um Sismondi's Worte zu brauchen, „den langen Todeskampf und das Ende des römischen Reichs; im Westen das Entstehen der französischen Macht, als Clodwig Gallien eroberte; Erhebung und Fall der Ostgothen in Italien, der Westgothen in Spanien, der Lombarden, welche den erstern folgten, und der Sarazenen, welche die letztern vertrieben. Venedig sah das Reich der Khalifen entstehen, die ganze Welt mit Unterjochung bedrohen, sich theilen und in Verfall gerathen. Lange Zeit der Bundesgenosse der byzantinischen Kaiser, war es ihnen abwechselnd hülfreich und feindlich; es entführte Trophäen aus ihrer Hauptstadt und theilte mit ihnen ihre Provinzen. Es sah das oströmische Reich fallen und den wilden Muselmann auf seinen Trümmern emporsteigen. Auch die französische Monarchie sah es weichen und allein unerschütterlich betrachtete die stolze Republik die Königreiche und Nationen, die an ihr vorüberzogen. Endlich aber sank auch sie, und der Staat, welcher die Gegenwart mit der Vergangenheit verknüpfte und die beiden Epochen der Civilisation des Weltalls verband, hat aufgehört zu sein."

Derjenige Theil des mittelländischen Meeres, welcher die Ostküste Italiens bespült, heißt bekanntlich das adriatische Meer; sein oberer oder nördlicher Theil nimmt alle Gewässer auf, die von den südlichen Abhängen der Alpen kommen. Diese Ströme sind zahlreich; sie ergießen sich in dichter Aufeinanderfolge längs einer 20 Meilen langen Linie, welche den nordwestlichen Winkel des adriatischen Meeres und den größern Theil seiner Nordküste begreift. Der südlichste Fluß ist der Po, welcher sowol von den Alpen als von den Apenninen Gewässer aufnimmt; der nördlichste oder vielmehr östlichste der Isonzo, welcher aus den Gebirgen von Krain kommt. Die bedeutendsten der übrigen sich zwischen diesen beiden in den Busen von Venedig ergießenden Flüsse sind die Etsch, die Brenta, der Musone, die Piave, die Livenza und der Tagliamento. Jeder dieser Flüsse hat einen schnellen Lauf und führt, besonders in der Zeit der Regen, ungeheure Mengen von Schlamm und Sand ins Meer, die, sobald sie dasselbe erreichen und von der Gewalt des Stromes befreit sind, ruhig niedersinken. So ist das nördliche Ende des adriatischen Meeres ein Schlammbette geworden, welches sich auf fünf bis sechs Meilen vom Ufer erstreckt und mit Wasser bedeckt ist, das im Allgemeinen nicht über 1—2 Fuß Tiefe hat. Diese ausgedehnte Fläche, die man weder zum Meere noch zum Lande rechnen kann, nennt man die Lagunen; sie können blos mit Gondeln, die nur wenige Zoll im Wasser gehen, befahren werden, aber wo die Flüsse sich Betten ausgehöhlt haben oder künstliche Kanäle ausgegraben worden sind, können Schiffe von bedeutender Schwere sicher einlaufen. Die Lagunen sind gegen das Meer nicht offen, sondern durch den Lido, eine Reihe langer schmaler Sandinseln oder Landstreifen geschützt, welche einen unüberwindlichen Wall gegen die Wellen des adriatischen Meeres bilden. Der Eingänge durch diese Schutzmauer sind wenige und die Fahrt durch das stille Wasser der Lagunen ist höchst schwierig und verwickelt, sodaß viel Geschicklichkeit und lange Bekanntschaft mit den Windungen der tiefen Kanäle nöthig sind, um sicher durch dieses Labyrinth zu gelangen. Die Lagunen selbst sind aber wieder mit einer Anzahl kleiner Inseln gleichsam bestreut, deren Boden fester ist als der der Sand= und Schlammbänke, über welche sie sich erheben; einige liegen dicht zusammengedrängt, durch enge Kanäle voneinander getrennt. Auf einer solchen Inselgruppe im nordwestlichen Winkel des adriatischen Meeres steht Venedig.

Bei den alten Römern bezeichnete Venetia einen großen District im Norden des adriatischen Meeres, der nach der Eintheilung August's die zehnte Abtheilung des römischen Reichs bildete. Vor dem Einfalle der Barbaren in Italien soll diese Provinz 50 blühende Städte gehabt haben; die bedeutendsten darunter waren Padua und Aquileja, letzteres das große Bollwerk Italiens an seiner nordöstlichen Grenze und zu Strabo's Zeit der Stapelplatz des illyrischen Handels. Ihre Ruhe wurde im Jahre 452 durch Alarich und seine Gothen gestört und nach der gewöhnlichen Annahme suchte eine Anzahl von Flüchtlingen aus der eroberten Provinz auf den kleinen Eilanden des venetianischen Meerbusens Schutz. Funfzig Jahre nachher veranlaßten die Einfälle Attila's der Hunnen eine zweite ausgedehntere Auswanderung; die Bürger von Aquileja flüchteten sich auf die Insel Gradus (jetzt Grado), unweit der Mündung des Isonzo, die von Padua aber nach dem Rivus altus*), wo nachmals die Stadt Venedig sich erhob. Der Zustand der Insulaner etwa 50 Jahre nachher wird in einem Briefe geschildert, den Cassiodor, der Minister des Ostgothenkönigs Theodorich, an ihre Seetribunen richtete (wahrscheinlich sind darunter die zwölf Beamten zu verstehen, die in den bedeutendsten Inseln jährlich gewählt wurden und an deren Stelle 697 ein Oberhaupt unter dem Namen Herzog oder Doge trat). Er vergleicht sie darin mit Wasservögeln, die ihre Nester an die Wellen gebaut hätten, und gibt zu verstehen, daß die frühern edeln Familien der Provinz Venetia durch Misgeschick zu gleicher Dürftigkeit herabgesunken wären. Fische dienten ihnen als beständige Nahrung und ihr einziger Schatz war das Salz, das sie aus dem Seewasser gewannen und auf den Märkten des festen Landes absetzten. Die Noth machte jedoch erfinderisch; die Vertriebenen waren bereits mit den Gefahren des Meeres vertraut geworden, und ihre Schiffe, die an Größe und Zahl beständig zunahmen, besuchten alle Häfen des adriatischen Meeres. Die Ausdehnung ihrer Schifffahrt läßt sich aus dem Gesuche schließen, welches Cassiodor's Brief enthält; er fodert die Tribunen auf, den Eifer ihrer Landsleute für den Dienst des Staats zu beleben, der ihren Beistand heische, um die Wein= und Ölmagazine aus der Provinz Istria in die königliche Stadt Ravenna zu transportiren.

Hinsichtlich der Lage der Theile Venedigs ist Folgendes zu bemerken. Die Inseln, auf denen die Stadt steht, der Zahl nach 2 größere und 134 kleinere Inseln, bilden zwei große Gruppen, die durch einen sich schlängelnden Kanal, welcher der große Kanal heißt, getrennt, aber durch die berühmte Rialtobrücke verbunden sind. Diese wurde 1588—91 erbaut und zwar, wie Manche glauben, nach dem Plane von Michel Angelo, der aber schon 1564, also mehr als 20 Jahre vor der Vollendung des Baus, starb. Sie wird durch zwei Reihen marmorner Kaufläden in drei Wege getheilt, ist von weißem Marmor, mit einem bleiernen Dache gedeckt, 187 Fuß lang und in der Mitte 90 Fuß über dem Wasser. Demnach zerfällt die Stadt in zwei Haupttheile, die aus vielen kleinen Inseln bestehen, und diese sind selbst wieder durch kleinere Brücken verbunden, die über die kleinen Kanäle zwischen den Inseln führen und deren Zahl gegen 400 beträgt. Die Bogen dieser zahlreichen Brücken sind hoch, um die Fahrzeuge durchzulassen, und mit Treppen versehen, sodaß man bei einer Fußwanderung durch Venedig immer treppauf, treppab zu steigen hat.

Diese Kanäle sind die Straßen Venedigs, deren sich die Einwohner in der Regel bedienen, um aus ei=

---

*) Diese lateinischen Worte bedeuten wörtlich der „tiefe Fluß"; ihre italienische Form ist Rivo alto, woraus durch Abkürzung Rialto entstanden ist. Dieser Name, der fast ebenso berühmt geworden ist, als der von Venedig, bezeichnet dreierlei: zuerst die eben erwähnte Insel, Isola di Rialto, zweitens die Brücke, Ponte di Rialto, welche diese Insel mit einer benachbarten verbindet, endlich die Börse, welche auf derselben Insel steht.

nem District in den andern zu kommen. Der große Kanal ist die Hauptstraße, von welcher die andern ausgehen; er ist fast 300 Fuß breit. Indessen sind die Kanäle keineswegs die einzigen Straßen der Stadt, vielmehr hat dieselbe wirkliche Straßen, wie andere Städte, enge, gepflasterte Wege, auf denen man mit Hülfe der vielen Brücken ohne Gondel überall hin gelangen kann. Freilich sind diese Straßen sehr eng und von denen anderer Städte ganz verschieden, die breiteste ist nicht über 12 Fuß, die meisten nur 6—8 Fuß breit; nie hört man auf ihnen Pferdegetrampel oder Wagengerassel, aber für den Verkehr sind sie von großer Wichtigkeit. Außerdem gibt es auch 51 öffentliche Plätze von geringer Größe, welche Felder (Campi) genannt werden. Längs der Ufer der Kanäle läuft oft ein Fußpfad, meist mit einer Brustwehr versehen, aber gewöhnlich laufen die Kanäle dicht an den Häusern hin, die sich unmittelbar aus dem Wasser erheben. Bei der Enge der Straßen denkt Niemand daran, Venedig zu Fuß zu durchwandern, sondern alle längere Wege werden in Gondeln zurückgelegt, was natürlich ohne Vergleich bequemer ist und außerdem den für Fremde sehr wesentlichen Vortheil gewährt, daß man sich um den Weg, den man zu nehmen hat, gar nicht zu bekümmern braucht. Über diese Eigenthümlichkeit von Venedig sagt Frau von Staël: „Tiefes Stillschweigen herrscht in dieser Stadt, welche Kanäle zu Straßen hat, und nur das Geräusch der Ruder unterbricht es. Man findet in Venedig Leute niedern Standes, die niemals aus ihrem Quartier gekommen sind, die den Marcusplatz nicht gesehen haben, und für welche der Anblick eines Pferdes oder eines Baumes ein wahres Wunder wäre. Die schwarzen Gondeln, welche über die Kanäle hingleiten, gleichen Särgen oder Wiegen, der letzten und der ersten Wohnung des Menschen. Abends sieht man nur den Widerschein der Laternen, welche die Gondeln erleuchten, vorüberziehen, denn ihrer schwarzen Farbe wegen kann man sie nicht erkennen. Sie gleiten über das Wasser wie Schatten, die von einem kleinen Sterne geführt werden." Dieselbe berühmte Schriftstellerin sagt über den Eindruck, den Venedig macht: „Der Anblick von Venedig ist mehr überraschend als angenehm; man glaubt anfangs, eine überschwemmte Stadt zu sehen, und es bedarf der Überlegung, um die Geschicklichkeit der Menschen zu bewundern, welche den Gewässern diesen Wohnplatz abgezwungen haben. Eine gewisse Traurigkeit ergreift die Seele beim Eintritt in Venedig; man nimmt Abschied von der Vegetation; man sieht an diesem Orte nicht einmal eine Fliege, alle Thiere sind von hier verbannt, der Mensch ist allein da, um gegen das Meer zu kämpfen."

Der einzige Theil der Stadt, wo es nicht nur möglich, sondern bequem und angenehm ist, sich seiner Füße zu bedienen, ist der berühmte Marcusplatz. Dieser Platz ist der Mittelpunkt des venetianischen Lebens, der Sammelplatz der gesammten Bevölkerung. Er bildet ein längliches Viereck, ist etwa 800 Fuß lang, 350 Fuß breit und ganz mit Granitquadersteinen gepflastert. An der Südseite desselben stehen die neuen Procuratien, ein Gebäude, das ehemals die Wohnungen derjenigen venetianischen Staatsbeamten, welche Procuratoren von St.-Marcus hießen, enthielt, und dessen Bau 1583 begonnen, 1682 vollendet wurde. Dasselbe ist durch das von Napoleon erbaute Residenzschloß des Vicekönigs, das jetzt als Residenz- und Gubernialpalast dient, mit den gegenüberstehenden alten Procuratien, um das Jahr 1500 erbaut, verbunden. Die Ostseite des Platzes nimmt die berühmte, 220 Fuß lange Marcuskirche ein. An der Westseite stand sonst die Kirche von St.-Geminiani, da sie aber die prächtige Arcadenreihe auf der Nord- und Südseite des Platzes unterbrach, so wurde sie von den Franzosen niedergerissen; an ihre Stelle bauten sie die große Treppe des Palastes und setzten die Arcaden auch auf der Westseite fort.

An den Marcusplatz stößt die Piazzetta, ein kleinerer viereckiger Platz, der von der Südseite des großen rechtwinkelig ausgeht, gerade zum Hafen führt und so den Eingang der Stadt von der Seeseite bildet. Zwei Seiten der Piazzetta sind demnach offen, an den beiden andern Seiten stehen prachtvolle Gebäude. Kommt man von der Seeseite, so hat man rechts den Dogenpalast, der den Dogen von Venedig viele Jahrhunderte lang als Residenz diente, links die Münze, Zecca genannt (von der die Zecchinen ihren Namen haben), und die St.-Marcusbibliothek. An der dem Meere zugekehrten Seite der Piazzetta erheben sich zwei imposante antike Granitsäulen, jede aus einem einzigen Block bestehend; die eine trägt auf ihrer Spitze die Bildsäule des heiligen Theodor, welcher der frühere Schutzpatron der Republik gewesen zu sein scheint, die andere jene berühmte Bronzefigur, die unter dem Namen „der geflügelte Löwe des heiligen Marcus" allgemein bekannt ist. Diese Trophäen der Republik wurden 1174 aus Griechenland gebracht, und auf den geflügelten Löwen haben sich die Venetianer immer etwas eingebildet; er galt ihnen als Symbol ihrer weit ausgedehnten Macht. Ein Gesandter des Kaisers erlaubte sich einst an einen Venetianer die Frage zu richten: „In welchem Lande man solche Thiere fände?" Die Antwort war: „In demselben Lande, in welchem es Doppeladler gibt." Bekanntlich ist der Doppeladler das Wappen des Hauses Östreich.

An der einen Ecke des Marcusplatzes und der Piazzetta steht ein kleines, aber schönes Gebäude, in welchem die Urkunden der Stadt aufbewahrt wurden. Unmittelbar darüber erhebt sich der 330 Fuß hohe Marcusthurm, von dessen Spitze man eine herrliche Aussicht auf die Stadt und das Meer hat. Auf der entgegengesetzten nördlichen Seite des Platzes steht der 84 Fuß hohe Thurm der Marcusuhr; beide betrachtet man gewöhnlich als zur Marcuskirche gehörig, in deren Nähe sie stehen.

Längs drei Seiten des Platzes laufen 128 tiefe Arcaden, unter denen sich Kaffeehäuser und Kaufläden befinden. Sie sind, gleich den Gebäuden, an welche sie angebaut sind, von Stein und reich verziert und bilden die lebhafteste und interessanteste Promenade in Venedig.

In den Zeiten der Blüte von Venedig war der Marcusplatz der große Markt der Christenheit; hier sah man Polen, Slawonier, Perser, Armenier, Griechen, Türken, Juden, Christen aus allen Ländern der Christenheit, Alle in ihren eigenthümlichen Trachten, in friedlichem Verkehre beisammen; hier versammelten sich die Venetianer bei allen öffentlichen Festlichkeiten, wie bei den Lustbarkeiten des Carnevals. Freilich hat das Schauspiel, welches dieser Platz gewährte, seit dem Sturze der Republik und dem Verfalle des venetianischen Handels außerordentlich verloren, aber noch heutzutage ist es für den Fremden, der zwischen der Gegenwart und einer längst entschwundenen Vergangenheit keinen Vergleich anzustellen vermag, in hohem Grade anziehend.

Die berühmte St.-Marcuskirche selbst ist ein prachtvolles, aber geschmackloses Gebäude, das man nicht unpassend ein architektonisches Räthsel genannt hat. Sie

Die Arcaden der Procuratien auf dem Marcusplatze.

gehört keinem bestimmten Baustyle an und hält gewissermaßen die Mitte zwischen einer mohammedanischen Moschee und einer christlichen Kirche. Ihre Gründung fällt in das Jahr 977; vollendet wurde sie weit später. Ihre Ausschmückung dauerte lange Zeit; die bekannten vier antiken Pferde von Bronze, welche auf ihrem Haupteingange stehen und einst durch Nero aus Griechenland nach Rom, von da durch Konstantin den Großen nach Konstantinopel gebracht wurden, kamen nebst andern kostbaren Zierathen im Jahre 1204 von Konstantinopel hierher; erst 1455 soll die letzte Hand an den Bau gelegt worden sein. Die ersten Erbauer waren Griechen, sowie auch die meisten Materialien aus Griechenland kamen. Der Bau selbst ist weder griechisch, noch gothisch, noch sarazenisch, sondern ein buntes Gemisch aller Baustyle, und die Galerie, welche die Façade theilt, sowie die Kuppeln auf dem Dache und die zahllosen, dicht zusammengedrängten Säulen geben der Kirche ein seltsames Ansehen.

Das Innere der Kirche ist außerordentlich reich. Der Fußboden ist Mosaik, zusammengesetzt aus Achat, Lazurstein, Chalcedon, Jaspis, Porphyr und reichen Marmorarten, und sowol des Materials als der Arbeit wegen bewundernswerth; die Wände enthalten ebenfalls Mosaikgemälde von Menschen, Vögeln, Häusern, Blumen und den verschiedensten Gegenständen. Überhaupt ist die Marcuskirche als ein überaus reiches Museum für Mosaikmalerei anzusehen, die man hier vom 11. Jahrhundert an in ihren allmäligen Fortschritten bis auf die neuere Zeit verfolgen kann. Die kostbarsten von den die Wände der Kirche schmückenden musivischen Arbeiten, welche größtentheils Geschichten aus dem Alten und Neuen Testament darstellen, wurden im Jahre 1545 von den beiden Brüdern Zuccati unter Anleitung und nach den Zeichnungen Tizian's ausge-

führt. In der Mitte des Gewölbes, das ebenfalls mit Mosaik bedeckt ist, erheben sich fünf Kuppeln, von denen die mittelste sehr groß ist, getragen von 36 Marmorsäulen. Unter diesen Kuppeln ist der Hochaltar, auf welchem ein aus Goldplatten zusammengesetztes, mit Juwelen reich geschmücktes Reliquienkästchen steht; angeblich besitzt die Kirche außer vielen andern die Reliquien des Evangelisten Marcus, welcher unter dem Dogen Giustiniani aus Alexandrien hierher gebracht worden sein soll. Ein über dem Altar befindlicher Baldachin von Ophir enthält Basreliefs, welche Geschichten aus der Bibel darstellen; ebenso die ihn tragenden Säulen von parischem Marmor. Hinter ihnen stehen vier andere Säulen von durchscheinendem orientalischen Alabaster, welche der Sage nach aus den Ruinen des Tempels Salomonis hierher gebracht sind. Aber ungeachtet dieser Verschwendung von Zierathen und Kostbarkeiten macht das Ganze keinen großartigen Eindruck, wiewol die Reisenden in ihrem Urtheile sehr voneinander abweichen; auch finden Viele die Kirche finster und melancholisch, Andere dagegen sind der Meinung, daß sie, wie die Sophienkirche in Konstantinopel, ursprünglich für nächtliche Erleuchtung bestimmt sei und daher bei Tageslicht nicht gehörig gewürdigt werden könne.

Der Dogenpalast nimmt drei Seiten eines Vierecks ein, dessen vierte Seite die Marcuskirche bildet, und hat drei Fronten; die eine geht, wie bereits erwähnt, nach der Piazzetta; die zweite begrenzt den Quai am Hafen, die dritte wird von einem engen Kanal bespült, der den Palast von den Staatsgefängnissen trennt, und über welchen die hochliegende berüchtigte Seufzerbrücke führt.*) Der Palast wurde ursprünglich im 9. Jahrhundert gebaut, aber mehrmals theilweise durch

---

*) Vergl. Pfennig-Magazin Nr. 5.

Feuer zerstört und dann wieder aufgebaut. Das jetzige Gebäude rührt aus dem 14. Jahrhundert, wo es von dem durch die Verschwörung, in die er sich einließ, und sein tragisches Ende bekannt gewordenen Dogen Marino Falieri neu aufgebaut wurde. Der Styl der Bauart ist barbarisch und eigentlich mit allen richtigen Grundsätzen der Baukunst im Widerspruch, aber die Zierlichkeit und das Fremdartige des Baus hat gleichwol etwas Anziehendes und aller seiner Fehler ungeachtet macht dieser ungeheure Palast einen imponirenden Eindruck. Die kurzen und dünnen Säulen, welche schwere Mauern tragen, und die zackigen Zinnen auf dem Gipfel erinnern an die orientalische und saracenische Baukunst. Acht Eingänge führen in den Palast; der Haupteingang befindet sich an der Ecke der Piazzetta und führt in einen weiten dunkeln Hof. Von diesem führt eine großartige Treppe, wegen der an ihrem obern Ende stehenden kolossalen Bildsäulen des Mars und Neptun die Riesentreppe genannt, zu einem offenen Bogengange, wo sich unter der republikanischen Regierung zwei Löwenrachen mit der Inschrift: „**Denunzie segrete**", d. h. heimliche Angaben, befanden, die Tag und Nacht geöffnet waren, um anonyme Denunciationen hineinzuwerfen, durch welche der Privathaß sich straflos Luft machen konnte. Von hier trat man in die Gemächer, welche ehemals vom Dogen bewohnt wurden, und in die verschiedenen Staats= und Berathungssäle, in denen sich die venetianischen Nobili versammelten; die meisten sind mit den schönsten Meisterwerken der venetianischen Malerschule geschmückt. Der Saal des großen Raths, 154 Fuß lang, einer der schönsten und geräumigsten Säle in Europa, ist reich an Kunstwerken und die Decke ist mit Frescomalereien von Bassano und Andern geziert, welche Vorgänge aus der Geschichte der Republik allegorisch darstellen. An den Wänden hängen die Portraits aller 114 Dogen in ihrer Amtstracht; nur einer darunter fehlt und an seiner Stelle sieht man einen schwarzen leeren Raum mit folgender lakonischen Inschrift: „**Locus Marini Falieri decapitati pro criminibus**" („Stelle des Marino Falieri, der seiner Verbrechen wegen enthauptet wurde"). In diesem Saale wird jetzt die berühmte St.=Marcusbibliothek aufbewahrt, die sich ehemals in einem besondern schönen Gebäude am Marcusplatze befand, welches der treffliche Meister Sansovino, dem Venedig viele seiner herrlichsten Gebäude verdankt, erbaut hatte. Unter den übrigen Gemächern des Palastes sind vor allen interessant der Saal des Raths der Zehn, dessen Decke mit trefflicher Frescomalerei von Paul Veronese geziert ist, und der Sitzungssaal des Inquisitionsgerichts. Vielleicht ist der Dogenpalast der einzige Palast in Europa, der zugleich Gefängnisse enthält. Sie liegen nach dem Kanale zu in drei Stockwerken, deren jedes acht enthält. Die obersten sind die berühmten Bleikammern (Piombi), aus denen Casanova entwischte; sie führen ihren Namen von dem darüber befindlichen Bleidache, von dem sie jedoch durch eine starke hölzerne Decke getrennt waren, welche die Wirkung der Sonnenstrahlen schwächte. Die untersten, die sogenannten Pozzi, liegen unter dem Niveau des Kanals und waren daher immer halb voll Wasser, sodaß die Gefangenen hier bei lebendigem Leibe verfaulten. Als die Franzosen Venedig einnahmen und die Republik stürzten, wurden diese Gefängnisse zerstört.

Außer den beschriebenen besitzt Venedig noch viele merkwürdige Gebäude, die hier nicht alle namhaft gemacht werden können. Die Börse hat ein historisches Interesse; hier kamen die venetianischen Kaufleute zweimal des Tags zusammen: früh zwischen 11 und 12 und Abends zwischen 5 und 6 Uhr. Das Zollhaus, 1682 erbaut, ist ein stattliches Gebäude; die Façade ist mit einer prachtvollen Colonnade von Marmorpfeilern geziert, über denen sich ein kleiner, aber schöner Thurm erhebt, auf dessen Spitze eine Bildsäule steht, die eine breite goldene Kugel, die Erde vorstellend, trägt. Leider hat das Gebäude nicht nur von seiner Wichtigkeit, sondern auch von seiner Eleganz verloren, wiewol es noch immer, von der Seeseite gesehen, einen schönen und imponirenden Anblick gewährt. Vorzügliche Beachtung verdient das Arsenal, ehemals das größte und schönste in Europa, ein mit Mauern umgebener Stadttheil, der über eine Stunde im Umfange hat. Der Eingang wird durch zwei Thürme vertheidigt, die zu beiden Seiten eines Thores stehen, über welchem der geflügelte Löwe angebracht ist; an den Seiten stehen zwei kolossale marmorne Löwen aus Athen, als Trophäen der Eroberung des Pyräus durch die Venetianer. Außer 5 großen Waffensälen, 96 bedeckten Räumen zum Bau und zur Aufbewahrung der Schiffe, 4 großen Bassins und 5 Kanonengießereien befindet sich hier eine merkwürdige Seilerwerkstatt, 1000 Fuß lang, 85 Fuß breit, auf 92 Pfeilern ruhend. Im Zeughause sieht man eine bei Lepanto genommene türkische Fahne, eine Menge damascener Säbel, türkische Flinten, alte Waffen aller Art, auch einen Mörser, den ein venetianischer Senator aus Leder und Stricken gemacht hat.

Der berühmte Bucentaur, die prächtige Galeere, in welcher der Doge von Venedig sich seit 1311 alljährlich mit dem adriatischen Meere vermählte, indem er am Himmelfahrtstage oder, wenn an demselben das Wetter ungünstig war, an einem spätern schönen Tage auf das Meer fuhr und einen Ring in dasselbe warf (eine symbolische Feierlichkeit, durch welche die Herrschaft der Venetianer über dieses Meer angedeutet werden sollte), wurde ebenfalls hier aufbewahrt. Dieses Ceremonienschiff hatte drei Verdecke, jedes 100 Fuß lang und 22 breit, und wurde durch 52 auf dem Unterdecke verborgenen Ruderern, die durch eine Anzahl von Bugsierbooten unterstützt wurden, regiert. Das zweite Deck war mit carmoisinrothem Sammt und Gold, allegorischen Statuen, vergoldeten Basreliefs und Trophäen aufs prachtvollste ausgeschmückt. Hier saß der Doge in vollem Ornate, umringt von den Würdenträgern des Staats und den fremden Gesandten, und wenn das Schiff, von zahllosen Gondeln begleitet, unter Kanonendonner, Glockengeläute und Musik in langsamer Bewegung am Eingange des Meeres angekommen war, ging es vor Anker und die Ceremonien begannen. Nachdem der Patriarch von Venedig das Meer gesegnet und mit Weihwasser besprengt hatte, erhob sich der Doge, erhielt aus den Händen des Ceremonienmeisters einen glatten goldenen Ring und warf ihn ins Meer mit den Worten: „Unser Meer, ich vermähle mich mit dir zum Zeichen der wirklichen und immerwährenden Herrschaft, die wir über dich ausüben" (s. die Abbildung S. 408). Feierlichkeiten aller Art, Tänze, Wettfahrten der Gondeln, Vertheilungen von Geld und Lebensmitteln, Illuminationen und ein großes Bankett im Dogenpalaste verherrlichten den Tag dieser symbolischen Vermählung, die im Jahre 1797 zum letzten Male durch den letzten Dogen Luigi Manini vollzogen wurde. Das Schiff war aber damals so wandelbar geworden, daß es kaum flott erhalten werden konnte, und nach dem Sturze der Republik wurde es durch die Franzosen seiner erst 40 Jahre zuvor für 60,000 Zecchinen erneuerten Vergoldung wegen zerstört.

Die Bienenjagd und Bienenzucht in Nordamerika.*)

In einigen Wäldern von Nordamerika sind wilde Bienen von der Gattung der Honigbiene (apis mellifica) so häufig, daß viele Menschen einen Erwerbszweig daraus machen, daß sie auf die Bienenjagd gehen, d. h. die Wälder durchstreifen und die natürlichen Stöcke der Honigbiene aufsuchen. Jedoch ist diese, sowie andere Arten von Jagd, meistens sehr unsicher, sodaß sich nur Personen damit abgeben, die aus der Gesellschaft verbannt oder zu träge sind, um regelmäßigere und mühsamere Beschäftigungen vorzunehmen. Indeß erheischt die Bienenjagd ein scharfes und geübtes Auge und einige Bekanntschaft mit den Gewohnheiten dieser nützlichen und arbeitsamen Insekten; denn wenn die Bäume hoch sind, das Laub dick, der Boden uneben und mit gefallenem Holze bedeckt ist, so ist es auch für einen erfahrenen Bienenjäger schwierig, mit Erfolg auf die honigbeladenen Bienen Jagd zu machen, welche zu ihrer Vorrathskammer in der Höhlung eines morschen Baumes zurückkehren. Glaubt der Aufenthaltsort der Bienen entdeckt zu haben, so thut er, um Gewißheit zu erlangen, mit dem Stiele seiner Art oder einem starkem Stocke einige derbe Schläge auf die Baumhöhlung und beobachtet sorgfältig die Spalte, durch welche er die Insekten kriechen sah; befindet sich nun in einer Höhlung über ihm ein Bienenschwarm, so bringt der Lärm und die Erschütterung, welche die Schläge des Bienenjägers verursachen, gewiß eine solche Störung hervor, daß viele der Bewohner ihren Zufluchtsort verlassen. Bleiben diese Versuche unwirksam, was zuweilen der Fall ist (wenn die Bäume sehr groß und nur zum Theil abgestorben sind), und glaubt der Bienenjäger gleichwol, einen Bienenbaum gefunden zu haben, so kehrt er an einem andern Tage zurück und versucht, über die Richtigkeit seiner Vermuthung ins Klare zu kommen. Dann schreitet er zum Fällen des Baumes; hierauf zündet er ein Feuer an, um die Bienen durch den Rauch zu vertreiben. Bisweilen enthält ein Bienenbaum eine große Menge Honig und Wachs; da aber der Baum zerhauen werden muß, um zu dem Honig zu gelangen, von welchem ein Theil gewöhnlich sehr alt ist, und durch die Erschütterung viele Honigscheiben zerbrechen und sich mit dem dürren und verfaulten Holze vermischen, so wird ein großer Theil des Gewinns verloren oder unbrauchbar. Das Wachs ist gewöhnlich von größerm Werthe als der Honig, denn wo Bienen nur einigermaßen häufig sind, kann man den Honig kaum zu irgend einem Preise verkaufen, aber Bienenwachs ist zu allen Zeiten ein verkäuflicher Artikel. Es ist nichts Seltenes, 3—400 Pfund Wachs und Honig in einem einzigen Baume zu finden, aber nach der sehr dunkeln Farbe und dem eigenthümlichen Geruche des Honigs zu urtheilen, ist ein Theil der Honigscheiben mehre Jahre alt.

Viele dieser Bienenbäume senden ohne Zweifel jährlich mehre Schwärme aus, sonst ließe sich ihre große Zahl nicht erklären, denn obgleich Schwärme von Hausbienen häufig in die Wälder fliegen, so kann doch die Zahl der auf diese Weise verloren gehenden Bienen die in manchen Theilen der Wälder überaus zahlreichen Schwärme durchaus nicht erklären. Auch ist ausgemacht, daß die Menge der von einem Bienenbaum bewohnenden Bienen zuweilen ohne allen Vergleich größer ist als diejenige, welche ein gewöhnlicher Bienenstock enthält.

Die Bienenzucht wird in Amerika eifrig betrieben, da die Amerikaner Freunde des Süßen sind; im Innern braucht man zu Thee, Kaffee u. s. w. häufiger Honig als Zucker, ausgenommen in Gegenden, wo aus dem Safte des Ahornbaumes Zucker gewonnen wird. Man macht die Bienenstöcke in der Regel von Holz und viereckig, 10—12 Zoll lang und ebenso breit; dazu braucht man noch ein Bret von einem Zoll Dicke. Manche erbauen ein Wetterdach gegen Ost oder Südost, was zwar gegen die Hitze der Mittagssonne Schutz gewährt, aber sonst keinen weitern Nutzen hat. Gewöhnlich werden drei Pfähle in den Boden getrieben, sodaß sie etwa 30 Zoll herausstehen; auf diese wird ein Bret befestigt und darauf der Bienenkorb gestellt; vorher muß in dem Brete, das eine kleine Neigung haben kann, eine Rinne von hinreichender Tiefe angebracht werden, um das Wasser abzuleiten. Ein zweites Bret von gleicher Größe wird auf jeden Bienenkorb oben befestigt, entweder mit Schrauben oder mit einem aufgelegten Steine; es dient zum Schutz gegen Sonne und Regen. Es ist gar nichts Seltenes, 30 oder bisweilen sogar 60 Bienenstöcke, auf die angegebene Weise aufgestellt, beisammen zu finden. Entschieden ist dies für Diejenigen, welche die Bienen austreiben, wenn sie den Honig ausnehmen, die beste Methode, denn das ältere barbarische Verfahren, die Bienen zu tödten, ist fast ganz außer Gebrauch gekommen. Das Treiben wird meistens an einem trüben Abende gegen das Ende des Juli vorgenommen, und zwar, wo viele Bienenstöcke vorhanden sind, an einem Abende nur mit einigen auf einmal. Das Verfahren hierbei ist sehr einfach. Man schiebt nämlich ein bewegliches dünnes Bret, das in dieser Absicht angebracht ist, vor und verschließt so die kleine Öffnung, durch welche die Bienen in den Stock gelangen, hebt dann den letztern behutsam von dem Brete, auf welchem er stand, ab und setzt ihn auf einen bereit gehaltenen leeren Stock von genau gleicher Größe, dessen Öffnung nach oben gekehrt ist. Ein Strick oder Riemen, der sich unter dem leeren Stocke befindet, wird über den obern gezogen und dadurch beide Stöcke so fest als möglich verbunden; hierauf werden sie umgekehrt, dann wird mit irgend einem harten Körper, z. B. einem Stocke, derb, aber nicht gewaltsam an den vollen Bienenstock geschlagen, und nach wenigen Minuten haben sich alle Bienen in den leeren Stock begeben. Endlich wird die Befestigung gelöst und der neue Stock vorsichtig auf das Bret an die Stelle des alten gesetzt. Die ganze Operation dauert bei verständiger Ausführung nur einige Minuten; in dem alten Stocke bleiben nicht leicht mehr als 20—40 Bienen zurück, die man fortfliegen lassen oder nach der alten Methode tödten kann. Anfangs herrscht unter den Bienen in ihrer neuen Wohnung große Unruhe und Verwirrung; daher hält man es nicht für zweckmäßig, den Schieber, der sie einschließt, vor dem Mittage oder Abende des folgenden Tages wegzuziehen. In der Regel beginnen sie, sobald sie sich ihres Honigvorraths beraubt sehen, von Neuem zu arbeiten, aber zuweilen bleiben sie eine Zeit lang misvergnügt und greifen die benachbarten, ungestört gebliebenen Stöcke an. Aus dem alten Bienenstocke nimmt man meistens allen Honig, wenn es anders noch früh genug im Jahre ist, daß die Bienen für den folgenden Winter hinreichenden Vorrath einsammeln können; ist der Schwarm nicht sehr stark oder der Sommer sehr vorgerückt, so nimmt man nur eine Honigscheibe um die andere heraus und treibt dann die Bienen wieder in ihre alte Wohnung zurück; indeß gewinnt man dadurch nicht viel, denn da es um diese Zeit sehr heiß zu sein pflegt,

---

*) Vergl. Pfennig-Magazin Nr. 51 und 132.

so werden die übrigbleibenden Honigscheiben oft sehr beschädigt und an Honig und Bienen geht viel verloren.

Statt den Bienen jährliches Schwärmen zu gestatten, wendet man jetzt häufig ein anderes Verfahren an, durch welches man sie zwingt, so oft als nöthig neue Stöcke zu beziehen. Wenn man aus gewissen Zeichen schließen kann, daß ein Stock voll und einen Schwarm auszusenden bereit ist, so rückt man ihn auf dem Brete, auf dem er steht, zurück, und rückt an denselben einen neuen Stock mit einer Öffnung hinten, die der Öffnung im alten genau entspricht, sodaß die Bienen genöthigt sind, durch den neuen Stock zu fliegen, wenn sie ausfliegen wollen; in diesem neuen Behältnisse fängt dann die Colonie, die sich als ein neuer Schwarm getrennt haben würde, ihre Arbeiten an. Eine Verbesserung dieses Verfahrens besteht darin, daß sich an der Hinterseite des alten eine bisher verschlossen gebliebene Öffnung befindet, die durch das Wegziehen eines Schiebers geöffnet werden kann, sodaß die Bienen hier einen neuen Ausweg finden. Bei dieser Einrichtung müssen die Bienenhäuser vorn und hinten offen sein, wiewol die Bienen nicht gern auf einer andern Seite, als wo sie es gewohnt sind, aus- und einfliegen. Wenn der neue Bienenstock ebenfalls voll ist, so kann ganz auf dieselbe Weise ein anderer leerer Stock angesetzt werden, und ist das Bret groß genug, so kann man auf die angegebene Weise, wenn es sonst rathsam erscheint, eine ansehnliche Zahl von Bienenstöcken miteinander verbinden. Wünscht man Honig zu schneiden, so kann dies sehr leicht geschehen; denn da die Stöcke alle genau von gleicher Größe sind und ihre Thüren oder Öffnungen passende Schieber haben, mittels derselben also, wenn es nöthig ist, verschlossen werden können, so kann irgend ein beliebiger Bienenstock nach Austreibung der Bienen herausgenommen und durch einen leeren ersetzt werden.

Vorsichtsmaßregeln, die beim Räumen oder Ausbessern der Brunnen zu befolgen sind.

Da bei dem Räumen der Brunnen gewöhnlich mit großer Sorglosigkeit zu Werke gegangen wird, so theilen wir folgende von dem pariser Sanitätscollegium abgefaßte Instruction mit.

Wenn ein Brunnen geräumt werden oder Jemand zur Vornahme von Reparaturen in einen solchen hinabsteigen soll, so muß man sich vor allen Dingen von der Beschaffenheit der darin enthaltenen Luft überzeugen, da sie auf verschiedene Weise verdorben sein und dadurch nachtheilige Wirkungen ausüben kann. Man lasse deshalb ein brennendes Licht bis an die Wasserfläche hinab; erlischt dieses binnen einer Viertelstunde nicht, so zieht man es zurück, rührt das Wasser mittels eines mit einem Gewichte beschwerten Strickes bis zum Boden hinab auf und läßt das Licht abermals hinunter. Verlischt es auch dann in 10—15 Minuten nicht, so können die Arbeiter, nachdem ihnen für den Nothfall ein Strick um den Leib befestigt worden ist, die Arbeit beginnen. Löscht das Licht aber aus, so deutet dies auf die Gegenwart einer Luftart, die mephitisch oder zum Athmen unbrauchbar ist und entweder aus Stickgas, oder aus kohlensaurem Gas, oder Schwefelwasserstoffgas, oder mehren solcher Luftarten bestehen kann. Welches dieser Gase auch vorhanden sein mag, in jedem Falle muß man die Luft im Brunnen erneuern, wozu es kein sichereres Mittel gibt, als die Ventilation. Man verschließt zu diesem Behufe die Mündung des Brunnens mit Bretern, Gyps und Thon so viel als möglich luftdicht und bringt in der Mitte oder am Rande ein Loch von etwa einem Decimeter (d. i. 4 Zoll) Breite an. Über dieses Loch setzt man einen Ofen, der lediglich aus dem Brunnen Luft erhält, zugleich bringt man an dem Randsteine einen den Feuerspritzenschläuchen ähnlichen Schlauch an, der bis auf einen Decimeter (4 Zoll) an die Wasserfläche hinabreicht, und der, um ihn geöffnet zu erhalten, inwendig mit einem spiralförmig gewundenen Drahte versehen ist. Wenn in diesem Ofen ein Holzkohlenfeuer angezündet worden ist, so stürzt man über ihn einen thönernen oder blechernen Mantel, damit die Verbrennung befördert und also viel Luft verzehrt wird. Wenn der Ofen (je nach der Tiefe des Brunnens) eine bis zwei Stunden gebrannt hat, so muß abermals ein Licht hinuntergelassen werden; verlischt dieses in geringer Entfernung von der Wasserfläche abermals, so ist dies ein Beweis, daß sich die schlechte Luft erneuert. In diesem Falle muß man den Brunnen ausschöpfen, dann einige Tage warten, ihn hierauf abermals ausschöpfen und aufs Neue den Ventilirofen in Thätigkeit setzen. Anstatt dieses Ofens kann man sich übrigens auch irgend eines Ventilators, der von dem Grunde des Bodens Luftzufluß erhält, bedienen; in vielen Fällen kann man auch mit ledernen oder noch besser mit hölzernen Gebläsen, deren Windrohr bis auf geringe Entfernung von der Wasserfläche hinabreicht, auf die leichteste Weise zum Ziele kommen. Wenn das Licht nach einstündiger Ventilirung immer noch verlischt, so ist der Brunnen ganz aufzugeben.

Hat man durch Versuche die Natur des schädlichen Gases ausgemittelt, so kann man folgende Mittel anwenden. Wenn es kohlensaures Gas ist, so gieße man mit Spritzköpfen einige Eimer Kalkmilch in den Brunnen und rühre hierauf das Wasser stark um. Ist es geschwefeltes oder gekohltes Wasserstoffgas, so lasse man ein offenes gußeisernes Gefäß hinab, worin ein Gemenge aus drei Theilen schwarzem Braunsteinoxyd und acht Theilen Kochsalz enthalten ist, und auf welches tropfenweise und behutsam fünf Theile concentrirte Schwefelsäure gegossen worden sind. Noch leichter und sicherer ist es, wenn man Wasser in den Brunnen schüttet, in welches man auf 1 Litre desselben 1 Unze (d. h. auf 1 Quart 2½ Loth) trockenen Chlorkalk gerührt hat. In jedem Falle ist es gut, in jedem nach faulen Eiern riechenden Brunnen, selbst wenn das Licht in demselben nicht erlischt, vor dem Beginne der Arbeit mehre Eimer chlorhaltiges Wasser zu schütten. Besteht das Gas aus Stickgas, so gibt es kein anderes Mittel, als die Ventilirung.

Die Weinsurrogate der Tropenländer.

Mehre Pflanzen aus der Familie der Palmen, von welcher bis jetzt 175 Gattungen bekannt sind, worunter 119 Südamerika, 42 Ostindien und 14 Afrika zugehören, geben einen weinartigen Trank, der dem eigentlichen Weine sehr nahe kommt. Die hauptsächlichsten Arten, welche den Palmenwein liefern, sind folgende: die Ölpalme in Guinea, welche auch Öl liefert; die Walddattelpalme an der Küste von Malabar; die Nipapalme auf den Sundainseln und den Philippinen; die Fächerweinpalme in Arabien und Ostindien, welche in dem letztern Lande in großer Ausdehnung cultivirt wird; die Wein- oder Königspalme Südamerikas, aus welcher die Bewohner der Urwälder Guianas auch einen sehr angenehmen Kühltrank zu bereiten wissen.

Wie in Europa der Weinstock nur des Getränks wegen, das er liefert, cultivirt wird, so war dies in Amerika und zwar in Mexico mit der Agave americana, dort Maguey genannt, der Fall, welche von der Urbevölkerung des mexicanischen Reichs, den Azteken, eigens gebaut wurde, um den Saft derselben in eine spirituöse Flüssigkeit zu verwandeln, welche bei ihnen Octli, bei den Spaniern Pulque heißt. Dies ist ein säuerliches Getränk, das zwar einen sehr unangenehmen Geruch hat, indem es nach faulem Fleische riecht, aber nichtsdestoweniger für den Geschmack sehr angenehm, stärkend und nahrhaft ist. Humboldt erzählt, er habe Weiße gesehen, die, wie die mexicanischen Indier, gar kein Wasser, kein Bier, keinen Wein, sondern als einziges Getränk nur den Pulque genossen. Außerdem werden in Amerika aus der mehligen und zuckerhaltigen Substanz des Mais, der Manihot und der Bananen Getränke bereitet. Im südlichen und östlichen Asien braucht man den Reis zur Bereitung eines geistigen Getränks, des Arraks; in Afrika die Wurzel der Yamspflanze und einiger Arumarten.

Vermählung des Dogen von Venedig mit dem adriatischen Meere.

Das Pfennig-Magazin
für Verbreitung gemeinnütziger Kenntnisse.

300.] Erscheint jeden Sonnabend. [December 29, **1838**.

Bamberg.

Der grüne Markt in Bamberg.

Die Stadt Bamberg im bairischen Kreise Unterfranken, an der Regniz gelegen und über 20,000 Einwohner zählend, ist eine der bedeutendsten Städte Baierns, die in ihrem Innern wie in ihren reizenden Umgebungen des Merkwürdigen und Schönen gar mancherlei enthält. Wiewol sie ziemlich alt ist, da sie schon zur Zeit Karl's des Großen existirt hat, am Ende des 9. Jahrhunderts aber von den Grafen von Babenberg vollendet wurde, hat sie doch mehr das Ansehen einer neuen Stadt und bildet in dieser Hinsicht gegen das nahe Nürnberg einen sehr auffallenden Contrast.

Das interessanteste Gebäude der Stadt ist unstreitig die schöne vierthürmige Domkirche, ursprünglich vom Kaiser Heinrich II. gegründet, nach dem Brande von 1080 in ihrer jetzigen Gestalt vom Bischof Otto I. 1110 im byzantinischen Style von Sandstein aufgebaut und seit 1835 auf Befehl des Königs restaurirt. Durch die verkehrten und geschmacklosen Zierathen und Veränderungen der spätern Zeit war nämlich der ursprüngliche Baustyl fast unkenntlich geworden, weshalb ihn der kunstsinnige König wieder in seiner frühern Reinheit herstellen ließ. Diese Kirche enthält zahlreiche Merkwürdigkeiten, namentlich das Grabmal des Kaisers Heinrich II. und seiner Gemahlin Kunigunde, im 14. Jahrhunderte aus salzburger Granitmarmor gehauen; darunter befindet sich die helle und geräumige Gruft, in welche man aus der Kirche sehen kann, und wo sieben Fürstbischöfe von Bamberg begraben liegen. Ferner das Grabmal des Papstes Clemens II., eines gebornen Sachsen, dessen Körper mumienartig erhalten ist. Außerdem enthält die Kirche werthvolle Gemälde von Tintoretto, Annibale Carracci, Lukas Kranach u. A. Über dem Dome steht das stattliche Schloß auf dem Petersberge, 1702 vom Fürstbischof Lothar erbaut, jetzt die Residenz der herzoglichen Nebenlinie des Hauses Baiern, worin eine Gemäldegalerie sehenswerth ist. Durch einen Sturz aus einem Fenster dieses Schlosses verlor 1815 der französische Marschall Berthier sein Leben.

Eine der herrlichsten Zierden der Stadt ist die ehemalige Benedictinerabtei auf dem St.-Michelsberge, seit 1803 in ein allgemeines Versorgungshaus verwandelt. Sie besteht aus zwei imposanten Gebäuden, von denen das Hauptgebäude gleich dem Dome vier Thürme hat; aus den Fenstern desselben, sowie aus dem dazu gehörigen Garten, hat man eine ungemein schöne Aussicht auf die Stadt. Interessant ist auch die Kettenbrücke über die schiffbare Regniz, 316 Fuß lang, 30 Fuß breit, wahrscheinlich die längste Kettenbrücke in Deutschland. Sie wurde am 31. Dec. 1829 eröffnet; auf jedem Ufer stehen zwei isolirte Pfeiler, auf denen die Ketten mittels einer mit Mauerwerk verbundenen festen Gußeisenplatte unverrückbar ruhen. Auch das Rathhaus fällt dem Fremden auf, da es auf einer von zwei Flußarmen gebildeten Insel erbaut und durch eine steinerne Brücke mit dem obern und untern Stadttheile verbunden ist, so daß es in der That auf einer Brücke steht. Zu den übrigen Merkwürdigkeiten gehören: die Bibliothek, welche über 50,000 Bände enthält und an seltenen Handschriften reich ist, das ursprünglich von einem Privatmann, dem würdigen Dionys Linder, mit seltener Aufopferung und unter Entbehrungen aller Art

VI.

gesammelte, sehr reichhaltige Naturaliencabinet und die gut eingerichtete Irrenanstalt in der ehemaligen Propstei St.-Getreu (eigentlich St.-Gertrud). Die schönsten Plätze sind der Maximiliansplatz, der Theresienplatz und der in der Abbildung dargestellte grüne Markt.

Bambergs Umgebungen sind reich an schönen Punkten. Ein sehr besuchter Spaziergang ist der Theresienhain, ein anmuthiges Wäldchen am Ufer der Regnitz, mit parkartigen Anlagen, das zu dem Dorfe Bug, ½ Stunde von der Stadt, führt, wo sich einer der beliebtesten Vergnügungsörter befindet. Der reizendste Punkt ist aber unstreitig die etwa ½ Stunde von der Stadt entfernte Altenburg oder alte Babenburg, wo das alte Geschlecht der Grafen von Babenberg seinen Sitz hatte. Sie steht auf einem Hügel und von ihren Ruinen ist fast nichts mehr vorhanden als ein dicker runder Thurm, den der Wirth einer hier befindlichen ländlichen Restauration aufschließt. Der Thurm selbst, der in weitem Umkreise sichtbar ist, ist 114 Fuß hoch und unten ziemlich ebenso dick; eine Treppe von 163 Stufen führt zu einer Plateform auf der Spitze, welche eine weite und überaus freundliche Aussicht auf den Steigerwald, das Rhöngebirge, den Thüringerwald, den Staffelberg, Nürnberg, den sich im Norden in geringer Entfernung schlängelnden schönen Main, in der Nähe aber auf die Stadt Bamberg selbst und ihre mit Wein- und Hopfenpflanzungen gezierten Umgebungen darbietet. Auch die hier befindliche, seit 1834 restaurirte Kapelle, welche alte Glasmalerei und Sculpturarbeit enthält, ist sehenswerth.

Die Stadt hat zwar sehr bedeutend an Nahrung verloren, seitdem im J. 1802 das 1002 gestiftete Bisthum Bamberg, welches 65 Quadratmeilen mit 200,000 Einwohnern umfaßte, säcularisirt und mit Baiern vereinigt worden ist; doch haben sich Handel und Industrie neuerdings wieder mehr gehoben. Berühmt sind die Gärten und Bierbrauereien Bambergs. Die Gärtnerzunft, von allen hiesigen Zünften die ansehnlichste, zählt 508 Meister, die einen bedeutenden Handel treiben und namentlich aus dem Anbau officineller Pflanzen, besonders des Süßholzes, wovon jährlich 360 Centner ausgeführt werden, Gewinn ziehen. Die Zahl der Bierbrauer ist 60. Die drei zur Stadt gehörigen Hügel oder sogenannten Berge, der Stephans-, Kaul- und Jakobsberg, sind ganz von Bierkellern unterminirt; der erstere allein hat 30 Felsenkeller, von denen jeder an 100 Fässer, das Faß zu 40 Eimern faßt.

Die Eisenbahn von London nach Birmingham.

Die längste von allen bis jetzt vollendeten europäischen Eisenbahnen ist diejenige, welche London mit Birmingham verbindet und am 17. September 1838 vollständig eröffnet wurde. Da sie außer ihrer Länge auch durch sehr bedeutende dazu gehörige Bauwerke und die großen Schwierigkeiten, welche dabei zu überwinden waren, ausgezeichnet ist, so wird es nicht unangemessen sein, über dieselbe einige nähere Angaben mitzutheilen, wie schon früher hinsichtlich der Eisenbahnen von Manchester nach Liverpool,*) von Dublin nach Kingstown**) und anderer geschehen ist.

Zwei rivalisirende Actiengesellschaften, welche sich zur Unternehmung des Baues gebildet hatten, verbanden sich im Jahre 1830 zu einer einzigen, welche nun zuvörderst bei dem Parlamente um Genehmigung zum Bau nachzusuchen hatte, die sie jedoch nicht ohne große

*) Vergl. Pfennig-Magazin Nr. 130 fg.
**) Vergl. Pfennig-Magazin Nr. 177.

Schwierigkeiten erlangte, weil viele Landeigenthümer sich dem Unternehmen als ihren Interessen nachtheilig hartnäckig widersetzten. Die Genehmigungsbill, 1832 vom Oberhause verworfen, ging erst 1833 durch und die Kosten ihrer Erlangung beliefen sich auf die ungeheure Summe von 72,869 Pf. Sterl. oder über 500,000 Thlr. Der Bau selbst, der im Juni 1834 begonnen und unter der Leitung des trefflichen Ingenieurs Stephenson ausgeführt wurde, sollte nach dem dem Parlamente vorgelegten Kostenanschlage 2½ Mill. Pf. Sterl. kosten; später wurde das Capital auf 4½ Mill. Pf. Sterl. festgesetzt, und neuerdings ist vorgeschlagen worden, es auf 5 Mill. Pf. Sterl. oder 35 Mill. Thlr. zu erhöhen. Die Länge der ganzen Bahn beträgt 112 englische (24¼ deutsche) Meilen, während die directe Entfernung beider Städte um 12 englische (fast 3 deutsche) Meilen kürzer ist; demnach kömmt die deutsche Meile auf beinahe 1½ Mill. Thlr. zu stehen. Bereits am 20. Jul. 1837 konnte die erste Section, 24 englische Meilen oder fast ein Viertel betragend, eröffnet werden; am 16. Oct. desselben Jahres wurden weitere 7 Meilen, am 9. April 1838 noch 46, endlich die ganze Bahn, wie bereits erwähnt, am 17. Sept. dieses Jahres eröffnet.

So günstig auch bei oberflächlicher Betrachtung das Terrain zu sein scheint, so gab es doch bedeutendere Schwierigkeiten zu überwinden als bei den meisten bisher ausgeführten Bahnen; nicht weniger als 7 Tunnels waren nöthig, von denen der längste die ungeheure Länge von 2700 Fuß hat, und die ganze Bahn ist eine beständige Abwechselung von Durchstichen und Dämmen, von denen aber die ersten beiweitem überwiegen. Jene lieferten Materialien für diese, auch Lehm und Sand fand sich auf der Linie in Überfluß, wodurch die Kosten des Baues wenigstens in etwas gemindert wurden. Von London bis Birmingham steigt die Bahn fast beständig, und der londoner Bahnhof liegt über 250 Fuß tiefer als der birminghamer; ganz horizontal liegen nur etwa 13 englische Meilen, der ganze übrige Theil der Bahn besteht aus schiefen Ebenen, doch beträgt, die gleich im Anfange bei London befindliche schiefe Ebene abgerechnet, die größte Steigung nur 1 in 330, wonach also die Steigungen weit geringer sind, als z. B. auf der leipzig-dresdner Eisenbahn, wo Steigungen von 1 in 200 vorkommen. Dennoch geht nur in sehr wenigen Fällen die Eisenbahn au niveau, d. h. in gleicher Höhe über andere Wege, die dann durch Barrièren gesperrt werden können; alle Landstraßen und Wege von einiger Wichtigkeit gehen entweder unter oder über die Eisenbahn hinweg. In den Durchstichen liegen die Schienen auf Steinblöcken, auf den Dämmen aber auf hölzernen Schwellen, meist von Eichen- oder Lärchenbaumholz.

Der Anfangspunkt der Bahn, der londoner Bahnhof, befindet sich hinter Euston Square, an dem nordwestlichen Ende der Hauptstadt. Der Eingang des Bahnhofs hat schon etwas Imponirendes; er besteht aus vier dorischen Säulen von 8 Fuß 6 Zoll Durchmesser und 42 Fuß Höhe, die in Viereck gestellt sind und ein dorisches Gebälke tragen, sodaß sie eine 72 Fuß hohe, bedeckte, an beiden Seiten offene Halle bilden. Links und rechts von derselben befinden sich Gebäude für die Bahnbeamten, durch Gitter und Pfeiler miteinander verbunden. Den Anfang der Bahn bildet, wie erwähnt, eine geneigte Ebene, auf welcher die Wagenzüge durch zwei stehende Dampfmaschinen von 60 Pferdekraft mittels eines endlosen Seiles nach Camden Town, einer neuen, erst seit 1791 angelegten

Vorstadt von London, wo nach dem ursprünglichen Plane die Bahn beginnen sollte, emporgezogen werden. Beiläufig gesagt, sind solche geneigte Ebenen, auf denen die Wagen von einer auf der Höhe stehenden Dampfmaschine mittels eines Taues oder einer Kette emporgezogen werden müssen, immer als ein großer Übelstand anzusehen, der zu Störungen und Unglücksfällen am leichtesten Anlaß geben kann. In Camden Town wird erst der Wagenzug an eine Locomotive gehängt und kommt sehr bald in einen tiefen Durchstich, der zu dem ersten Tunnel im primroser Hügel (einem wegen seiner schönen Aussicht, namentlich auf London selbst, häufig besuchten Punkte, 1½ englische Meile von London) führt. Dieser Tunnel ist 3360 englische Fuß lang, wird durch einen mit einer Art von Thurm bedeckten Schacht gelüftet und hat einen sehr stattlichen gemauerten Eingang, der allein 50,000 Thaler gekostet hat. Drei englische Meilen weiter kommt man durch den 960 Fuß langen Kensal=Greentunnel, dann auf einem Damme über das Thal der Brent und auf einer Brücke über die Brent selbst, welche ein Nebenfluß der Themse ist; weiterhin zu der ersten Station bei dem Städtchen Harrow, 11½ englische (2½ deutsche) Meilen von London. Wenig Minuten darauf kommt man über den Orpheyhügel, der die Grafschaften Middlesex und Hertfordshire trennt, passirt einen zweiten Nebenfluß der Themse, die Colne, und erreicht die zweite Station bei Watford, einer Stadt von 5—6000 Einwohnern, 18 englische (4 deutsche) Meilen von London. Kurz nachher fährt man durch den dritten Tunnel, 5358 Fuß oder über eine englische Meile lang, durch fünf Schächte gelüftet, erblickt dann zuerst den großen Kanal, genannt Grand=Junctionkanal, welcher die Eisenbahn auf dem größten Theile ihres Laufes begleitet, oft in sehr geringer Entfernung von ihr hinläuft, und mehrmals von ihr überschritten wird, auch mehre schöne Ansichten gewährt, und gelangt unweit der freundlichen Stadt Hemel=Hempstead zu der dritten Station bei Boxmoor, 24½ englische (5 deutsche) Meilen von London. Bis hierher wurde die Bahn schon am 20. Juli 1837 eröffnet. Die vierte Station befindet sich 3½ englische Meilen weiter bei Berkhampstead, einer kleinen Stadt von 2400 Einwohnern, die in einem tiefen Thale liegt und der Aufenthaltsort mehrer englischer Könige war; die fünfte bei dem ehemals bedeutenden Marktflecken Tring, 32 englische (7 deutsche) Meilen von London. Bis hierher wird die Bahn schon seit dem 16. Oct. 1837 befahren. Hinter Tring kommt ein tiefer Durchstich durch den zwischen Tring und Ivinghoe sich erhebenden Kalkberg, 2 englische Meilen lang; zu beiden Seiten der Bahn erheben sich Kalkwände von 60 Ellen Höhe, an drei Stellen durch Brücken verbunden. Bei der Stadt Leighton=Buzzard befindet sich die sechste Station, 40 englische (8½ deutsche) Meilen von London, in der Grafschaft Buckinghamshire; unmittelbar darauf fährt man durch den vierten Tunnel bei Linslade, nur 816 Fuß lang. Bis zu der nun folgenden, jetzt aufgehobenen Station bei Denbigh Hall, 48 englische (10½ deutsche) Meilen von London, wurde die Bahn am 9. April 1838 dem Gebrauch eröffnet, sowie an demselben Tage die Strecke von Birmingham bis Rugby, 29 englische (6¼ deutsche) Meilen; die noch fehlende Strecke von 7½ deutschen Meilen konnte in bereit stehenden Wagen mit Pferden zurückgelegt werden. Grade diese Strecke bot nämlich die größten Schwierigkeiten dar, und der Bau derselben hielt daher am längsten auf, denn sie enthielt den längsten Tunnel und den schwierigsten Durchstich. In den letztern gelangt man, bei Blisworth, 63½ englische (14 deutsche) Meilen von London, wenn man die 53½ Meilen von London entfernte Station bei Wolverton und nahe bei derselben auf einer Brücke, die aus sechs halbelliptischen Bogen besteht, von denen jeder 60 Fuß Spannung hat, den Fluß Ouse, dann weiterhin die Station bei Roade, 60 englische (13 deutsche) Meilen von London, passirt hat. Der blisworther Durchstich ist zwar hinsichtlich seiner Ausdehnung und der Massen, die zu bewältigen waren, weniger bedeutend, als der bei Tring, bot aber darum mehr Schwierigkeiten dar, weil der Boden hier aus hartem blauen Kalkstein bestand und der Durchstich sich beständig mit Wasser füllte, das nur durch Auspumpen mit außerordentlicher Anstrengung entfernt werden konnte. Er ist im Mittel 50 Fuß tief und 2 englische Meilen lang und enthielt etwa 32 Millionen Cubikfuß Stein und Erde; von diesen wurde auf jeder Seite ein Drittel zu anstoßenden Dämmen verwandt, die an der höchsten Stelle 45 Fuß hoch sind. Das noch übrige Drittel wurde auf benachbarten Ländereien aufgeschichtet. Die Kosten des Durchstichs, der das größte Werk dieser Art sein dürfte, das je ausgeführt worden ist, beliefen sich auf 1,400,000 Thlr. Durch diesen ungeheuern Hohlweg gelangt man in das Thal des Flusses Nee, passirt durch den Stownhilltunnel, 1254 Fuß lang, und kommt zur Station bei Weedon, 70 englische (15 deutsche) Meilen von London. Die Strecke von Blisworth bis hierher ist eine der malerischsten auf der ganzen Reise. Weedon ist zwar nur ein Flecken, aber merkwürdig wegen des großen hier befindlichen Militairdepots, dessen in der Tiefe liegende Gebäude man von der Höhe der Eisenbahn überschaut. Die sogenannte Watling=Street, eine der vier alten römischen Heerstraßen in England, kommt hier der Eisenbahn ganz nahe.

Neun englische Meilen weiter erreicht man die höchste Stelle zwischen den Endpunkten der Bahn, einen Hügelrücken, der durch einen Tunnel von 7200 Fuß Länge, bei dem Dorfe Kilsby, durchstochen werden mußte; der Bau dieses Tunnels, des längsten, welcher je gebaut worden ist, war nicht blos seiner ungeheuern Länge wegen, sondern auch wegen der Beschaffenheit des Bodens eine äußerst schwierige Arbeit. Man kam nämlich hier auf eine sehr ausgedehnte Schicht von Flugsand und wurde in derselben sehr durch Wasser gehindert, welches ausgepumpt werden mußte, wobei vier große Pumpen sechs Monate lang unausgesetzt beschäftigt waren, wiewol jede Minute 1800 Gallonen Wasser gehoben wurden. Werke dieser Art sind gewiß geeignet, mit Bewunderung gegen die Leistungen menschlicher Kraft und Geschicklichkeit zu erfüllen, und in mehrfacher Hinsicht noch mehr bewunderungswürdiger als die kolossalen, aber großentheils keinen wirklichen Nutzen gewährenden Bauwerke des Alterthums. Der Tunnel ist 25 Fuß breit, 28 Fuß hoch und wird durch zwei ungeheure kreisförmige Schächte von 60 Fuß Breite, der eine 90, der andere 120 Fuß hoch, so vollständig gelüftet, daß wenige Minuten nach dem Durchgange eines Wagenzugs aller Rauch verschwunden ist und man vom einen Ende das andere deutlich erkennen kann; zum Behuf des Baues waren noch 19 andere Schächte angelegt, die nachher ausgefüllt worden sind. Die Kosten dieses einzigen Tunnels betrugen über 2 Millionen Thaler. Noch sieben englische Meilen weiter gelangt man zu der Station bei Rugby, einem Orte von 2500 Einwohnern, 83 englische (18 deutsche) Meilen von London, von wo eine bereits im Bau begriffene Zweigeisenbahn, genannt die Eisenbahn der binnenländischen Grafschaften, künftig nach den Städten Leicester, Nottingham und Derby führen wird.

Einen malerischen Anblick gewährt der Fluß Avon, der (23 englische oder 5 deutsche Meilen von Birmingham) auf einer schönen Brücke von 15 Bogen passirt wird. Den Namen Avon führen mehre Flüsse Großbritanniens; der hier gemeinte ist der bekannteste, an welchem Stratford, die Geburtsstadt Shakspeare's, liegt, und ein Nebenfluß der Severn. Noch 5 englische Meilen weiter kommt man zu der Station bei Coventry, der schönsten und bedeutendsten Stadt, welche die Eisenbahn auf ihrem ganzen Laufe berührt; leider liegt die Station selbst in einem Durchstiche, dessen Wände alle Aussicht versperren, aber weiterhin übersieht man von einem Damme aus die Stadt mit ihren drei schönen Thürmen, von denen der Michaelisthurm die ansehnliche Höhe von 303 Fuß hat und einer der schönsten Thürme in Europa sein soll. Die Stadt Coventry hat bedeutende Band- und Uhrenfabriken und zählt 27,000 Einwohner.

Auf den noch übrigen Theilen des Weges sind zu bemerken: Kenilworth, das zur Linken liegen bleibt, ein historisch merkwürdiger und allen Lesern Walter Scott's wohlbekannter Ort, ein Tunnel bei Bechwood und eine Brücke über den Fluß Blythe, noch 11 englische Meilen von Birmingham. Diese Stadt selbst erreicht man an ihrem nordöstlichen Ende, in den sogenannten Nova-Scotia-Gärten, freilich nicht von einer vortheilhaften Seite, da die zunächst liegende Vorstadt grade eine der unansehnlichsten ist. Die Gebäude des Bahnhofs, der an den Bahnhof der nach Liverpool führenden Eisenbahn stößt, sind geräumig und großartig, ähnlich denen, die sich auf dem londoner Bahnhofe befinden. Daß hier auch für Aufnahme und Bewirthung der Reisenden gehörig gesorgt ist, versteht sich von selbst.

Die Eisenbahn geht durch sechs der schönsten Grafschaften Englands, Middlesex, Hertfordshire, Buckinghamshire, Bedfordshire, Northamptonshire und Warwickshire, die an schönen Gegenden, historisch merkwürdigen Punkten und Alterthümern reich sind. Eine Schattenseite der Eisenbahn ist es aber, daß sie oft viele Meilen weit zwischen den hohen Wällen der Durchstiche so vergraben ist, daß man außer diesen Wällen nichts sehen kann, und dies ist grade in den schönsten Gegenden und da der Fall, wo eine Ansicht der Schlösser und Parks des hohen Adels am meisten wünschenswerth sein würde. Ein anderer Übelstand liegt in dem häufigen Fahren durch Tunnels, das in mehrfacher Hinsicht unangenehm ist.*) Um den schnellen Übergang aus der Helligkeit in die Finsterniß zu vermeiden, hat man neuerdings angefangen, statt der Tunnels selbst die Wagen auf die Dauer der Durchfahrt zu beleuchten. Die Personenwagen zerfallen in zwei Classen; der Preis eines Platzes ist in einem der besten Wagen (mail carriages) 1 Pf. Sterl. 12½ Schilling oder 11¾ Thlr., in einem der Wagen erster Classe 1½ Pf. Sterl. oder 10½ Thlr., in einem der Wagen zweiter Classe, welche offen sind, 1 Pf. Sterl. oder 7 Thlr., wonach die deutsche Meile ebenso viele Groschen zu stehen kommt, was freilich in Deutschland für sehr theuer angesehen werden würde.

Die Eröffnungsfahrt fand am 1. Sept. 1838 früh 7¼ Uhr statt; nur die Directoren, die ersten Beamten der Bahncompagnie und einige Eingeladene nahmen daran Theil, außer dem Herzog von Sussex, Oheim der Königin, welcher aber nur bis Rugby fuhr.

Bereits drei Minuten nach 12 Uhr langten sie in Birmingham an, hatten also die ganze Strecke in 4 Stunden 4 Minuten zurückgelegt; von dieser Zeit müssen aber noch 34 Minuten für das Anhalten unterwegs abgerechnet werden. Der nächste weit schwerere Zug, aus 20 Personenwagen bestehend, brauchte 5¾ Stunden zur Fahrt. Die große Wichtigkeit dieser Eisenbahn, welche die Hauptstadt mit einer der bedeutendsten Fabrikstädte des Landes verbindet, deren Einwohnerzahl 120,000 übersteigt, wird um Vieles dadurch erhöht, daß sich die schon am 3. Juli 1837 eröffnete sogenannte Grand-Junctioneisenbahn, die von Birmingham nach Liverpool und Manchester führt, daran anschließt. Diese letztere Bahn ist bis zu einer der genannten beiden Städte 21 deutsche Meilen lang. Wer London früh um 8 Uhr verläßt, kommt mittels dieser beiden verbundenen Eisenbahnen an demselben Abend bald nach 6 Uhr in Liverpool oder Manchester an, nachdem er über 45 deutsche Meilen zurückgelegt hat, wobei er in Birmingham lange genug verweilen kann, um ein gründliches Frühstück einzunehmen. Die Wirkungen dieser Verbindung der vier bedeutendsten Städte Englands werden ohne Zweifel außerordentlich sein und gewiß sehr bald deutlich hervortreten.

Spada.

Lionello Spada, einer der berühmtesten Maler der bolognesischen Schule, wurde im Jahre 1576 in Bologna geboren und war von niedriger Herkunft. Als Knabe stand er in Diensten der Maler Carracci und hatte die Obliegenheit, ihre Farben zu reiben und zuzubereiten. Die günstige Gelegenheit, die er bei diesen trefflichen Künstlern hatte, Gemälde zu sehen und Gespräche über die Grundsätze der Kunst anzuhören, machten seinen Ehrgeiz rege und riefen den Wunsch hervor, auch ein Maler zu werden. Seine Dienstherren unterstützten ihn in diesem Vorhaben durch Rath und Unterweisung, nahmen ihn endlich in ihre Malerschule auf und hatten die Freude, ihn einen ihrer ausgezeichnetsten Schüler werden zu sehen.

Während er in der Schule der Carracci war, wurde ein gewisser Giovannino von Campugnano, der in seinem Geburtsdorfe einige Frescomalereien gemacht hatte, in denen die Menschen größer als die Häuser, die Schafe größer als die Menschen und die Vögel noch größer als die Schafe waren, so eitel über den Beifall, den seine Leistungen bei den unwissenden Dorfbewohnern fanden, daß er nach Bologna zu gehen beschloß, wo er einen würdigern Wirkungskreis für seine Talente zu finden hoffte. Bei seiner Ankunft daselbst eröffnete er eine Malerschule, und weit entfernt, die ungeheure Überlegenheit der Carracci anzuerkennen, war er so unverschämt, sich von ihnen einen Zögling auszubitten, den er unterweisen könnte. Spada, der ein Freund des Scherzes gewesen zu sein scheint, erbot sich dazu und belustigte sich einige Zeit damit, die Zeichnungen Giovannino's zu copiren, den er mit aller einem Lehrer gebührenden Ehrerbietung behandelte. Als er aber merkte, daß es Zeit sei, diesem Scherze ein Ende zu machen, ließ er im Arbeitszimmer einen schönen Kopf der Lucretia zurück und schrieb über der Thüre einige ironische Verse auf den vermeintlichen Meister an. Dieser beklagte sich bitter über die Undankbarkeit, mit welcher Spada dergestalt die schnellen Fortschritte, die er unter seiner Leitung in der Malerkunst gemacht habe, vergolten habe,

---
*) Vergl. den Aufsatz Pfennig-Magazin Nr. 268.

und die Carracci mußten ihm den ganzen Zusammenhang erklären, um seine Tollheit zu heilen.

Nachdem Spada in der Schule seiner ersten Lehrer eifrig gelernt hatte, ging er nach Rom, schloß sich an Caravaggio an, den er nach Malta begleitete, und kehrte endlich nach Bologna zurück als Urheber eines neuen Styls, den man als in der Mitte zwischen der Manier der Carracci und der des Caravaggio stehend bezeichnen kann. In der Wahl der Form erreicht er die größten Maler nicht; aber seine Köpfe sind voll Ausdruck und seine Zeichnung ist immer correct, obschon nicht immer edel. Seine Hauptwerke sind: der wunderbare Fischzug im Refectorium zu St.-Procolo in Bologna und der heilige Dominicus, wie er die verbotenen Bücher verbrennt, für die Kirche dieses Heiligen in derselben Stadt gemalt. Auch die Rückkehr des verlorenen Sohnes, wovon die Abbildung eine Skizze gibt, wird zu seinen schönsten Werken gerechnet. Wenn wir das Bild ansehen, so ist es, als hörten wir die rührenden Worte sagen: „Mein Vater, ich habe gesündigt im Himmel und vor dir!" Das Colorit vom Gesicht des Sohnes ist warm, natürlich und kraft-

Der verlorene Sohn.

voll; Arm, Haltung und Miene sind ganz der Natur getreu gezeichnet. Die Haltung des Vaters ist einfach und ausdrucksvoll; das fast geschlossene Auge drückt die zärtliche Liebe des alten Mannes aus und in seinem ganzen Gesichte liegt Mitleid und Verzeihung, wie in dem seines Sohnes Reue und Hoffnung.

Spada wurde vom Herzog Ranuccio an den Hof von Parma berufen, wo ihm Jener auftrug, das prächtige von ihm in dieser Stadt erbaute Theater, das ehemals seines Gleichen nicht hatte, mit Malerei auszuschmücken. Die Werke, welche Spada damals ausführte, sowol in Parma als in Modena, waren ihrem Style nach von denen, die er vorher gemalt hatte, völlig verschieden. Er schien die Eigenthümlichkeiten der Schule der Carracci mit denen der Parmesaner zu verbinden. Darin lag schwerlich ein Fortschritt; seine besten Werke sind unstreitig die, welche er in Bologna gemalt hat, wiewol der großmüthige Schutz des Herzogs ihm alle Gelegenheit, die er nur wünschen konnte, gewährte, um mit Muße und Bequemlichkeit zu arbeiten. Sein Glück endete mit dem Tode seines Gönners; auch sein Talent scheint von ihm gewichen zu sein, denn alle von ihm später gemalten Werke sind seiner völlig unwürdig. Zum Glück für seinen Ruf überlebte er den Herzog nicht lange und starb in Parma 1622, 46 Jahre alt.

Der Papin'sche Topf oder Digestor.

Mit diesem Namen bezeichnet man ein verschlossenes Gefäß, in welchem eine Flüssigkeit in einem stärkern Grade erhitzt wird, als in einem offenen Gefäße möglich ist. Erhitzt man Wasser in einem offenen Gefäße, so kann es nie über seinen Siedepunkt hinaus erwärmt werden; hat es denselben erreicht, so kocht oder siedet es, d. h. es verwandelt sich theilweise in Dampf, und wenn die Erhitzung fortdauert, so wird immer mehr Wasser in Dampf verwandelt, bis gar kein Wasser mehr übrig ist. Der Siedepunkt oder die Siedehitze hängt von dem Drucke der Atmosphäre, also von dem Barometerstande ab; bei einem Barometerstande von 28 pariser Zoll siedet das Wasser genau bei 80 Grad Réaumur und kann in einem offenen Gefäße nie eine größere Hitze annehmen; bei einem höhern Barometerstande verlangt es eine etwas größere Wärme, um zu kochen, z. B. bei $29\frac{1}{4}$ Zoll kocht es erst bei 81 Grad; wenn hingegen der Barometerstand niedriger ist, so kocht es schon bei geringerer Wärme, z. B. bei 79 Grad, wenn er $26\frac{3}{4}$ Zoll beträgt. Das Letztere ist besonders auffallend auf hohen Bergen, wo das Barometer bedeutend tiefer als in der Ebene steht; z. B. auf dem Brocken kocht Wasser schon bei 77 Grad, auf dem St.-Bernhard bei 74 Grad u. s. w. Bekanntlich kommt aber bei vielen Operationen, wie schon bei der Bereitung der Speisen, viel auf die Wärme des Wassers an. Je heißer es ist, desto mehr Kraft hat es, um Stoffe verschiedener Art aufzulösen; daher ist es für viele Zwecke wünschenswerth, Wasser von höherer Temperatur als der der Siedhitze anwenden zu können.

Dies kann man aber, wenn man sich eines Digestors oder Papin'schen Topfes bedient. Das vorhin Gesagte gilt nämlich nur von offenen Gefäßen; in verschlossenen kann Wasser eine größere Hitze annehmen, weil da der bereits gebildete Wasserdampf durch seinen Druck das Kochen oder die Bildung neuer Dämpfe erschwert. Davon hat der Franzose Papin, der auch als der Erfinder der Dampfmaschinen angesehen werden kann, um das Jahr 1681 zuerst eine praktische Anwendung gemacht, daher der Name Papin'scher Topf; im Großen ausgeführt heißt ein solches Gefäß ein Schließkessel.

Was das Material dieser Gefäße betrifft, so verfertigt man sie, wie die Dampfkessel, aus geschlagenem Kupfer, Eisenblech oder Gußeisen. Das letztere ist jedoch nur für kleinere Gefäße brauchbar, und kupferne Gefäße müssen, wenn sie zur Bereitung von Nahrungsmitteln dienen sollen, inwendig stark verzinnt sein. Die Form anlangend, vermeidet man eine starke Ausbauchung und macht die Gefäße mehr cylindrisch, den Boden aber lieber sphärisch als flach, da ein ganz flacher Boden bei gleicher Stärke einen geringern Druck aushält.

Eine Hauptsache bei der Einrichtung dieser Gefäße ist ihre dampfdichte Verschließung, oder die Art der Befestigung des Deckels auf der Öffnung, wofür vielerlei Abänderungen vorgeschlagen worden sind. Meistens geschieht sie durch eine Schraube; so bei dem von Zenker zum Küchengebrauche eingerichteten Digestor, wo der Rand des Topfes einen Absatz bildet, unter welchen eine eiserne Klammer greift, durch deren Querstück eine Schraube geht; diese drückt mit ihrem untern Ende auf einen auf dem gußeisernen Deckel befestigten Bügel mittels einer in dem letztern befindlichen Vertiefung. Die Verschließung kann auch so bewerkstelligt werden, daß der Deckel an der untern Seite des Gefäßrandes anliegt und durch den Dampf selbst an die Öffnung angedrückt wird; von dieser Art ist der von den Franzosen Lemare construirte Digestor, von ihm Autoclav genannt. Sehr bequem scheint die von Montfarine in Paris herrührende Verschließungsvorrichtung. Bei derselben geschieht die Verschließung durch einen eisernen Reif, der den Hals des Topfes und den Rand des Deckels umfaßt, sich mittels eines Scharniers und Gewindes öffnet und an der entgegengesetzten Stelle, wo er mit zwei Lappen versehen ist, durch eine Schraube zusammengepreßt wird. Ein Ring von Pappe oder Filz wird zwischen die Ränder des Topfs und Deckels gelegt, zu deren Aufnahme eine Rinne oder Nute im innern Umkreise des Reifs bestimmt ist.

So stark auch die Wände des Topfes sein mögen, so würden sie doch, sobald der Druck des Dampfes bei einer zunehmenden Erhitzung des Wassers und zugleich der Dämpfe eine gewisse Grenze erreicht, endlich nachgeben müssen und zersprengt werden, da die Gewalt des Wasserdampfes mit der Hitze desselben wächst und über alle Grenzen hinaus wachsen kann. Dieser Gefahr muß auf dieselbe Weise, wie bei den Dampfkesseln, durch ein sogenanntes Sicherheitsventil, das auf dem Deckel angebracht wird, vorgebeugt werden. Diese Vorrichtung ist ebenfalls von Papin 1682 erfunden worden und besteht in Folgendem. Der Deckel hat eine kleine Öffnung, die durch eine Platte oder Klappe verschlossen wird, welche leicht von innen nach außen bewegt oder gehoben werden kann. Dieser bewegliche Theil des Deckels wird nun mit einem gewissen Gewichte belastet, das ihn niederdrückt und dadurch die Öffnung verschlossen hält; dieses Gewicht muß aber der Größe des Drucks, welchen die Gefäßwände aushalten können, und der Größe der Öffnung genau angemessen und nach bestimmten Regeln berechnet sein. Wenn nun der Druck des Dampfes eine gewisse Grenze erreicht, welche er nicht übersteigen darf, weil er sonst das Gefäß zersprengen würde, so hebt der Dampf die bewegliche Platte sammt den darauf liegenden Gewichten in die Höhe, findet so einen Ausweg ins Freie und strömt so lange aus, bis er nicht mehr gefährlich werden kann. Da es aber sehr unbequem und schwierig wäre, die Gewichte auf jene Platte selbst zu legen, so hängt man sie an den längern Arm eines einarmigen Hebels, während der kürzere Arm die Platte niederdrückt. Diese Einrichtung gewährt zugleich den Vortheil, daß man mit weit kleinern Gewichten auskommt, als außerdem erforderlich sein würden; denn wenn der längere Hebelarm fünfmal länger als der kürzere ist, so üben 2 Pfund, die an jenem hängen, an diesem einen Druck von 10 Pfunden aus. Übrigens ist es nicht zweckmäßig, die Ventilöffnung mit einer einfachen Platte zu verschließen; am besten nimmt man dazu eine Halbkugel, die auf dem scharfen Rande der Öffnung aufliegt; ein solches Ventil heißt ein Kugelventil.

Mittels eines Digestors kann man nun viele, namentlich thierische Stoffe erweichen, die sich auf andere Weise nicht erweichen lassen, z. B. Knochen, Hirschhorn, Fischgräthen, wobei man die Gallerte oder Gelatine und das Fett aus den Knochen ausziehen kann. Zwar kann man auch dadurch, daß man die Knochen zerkleinert und zerstampft, auf gewöhnliche Weise die Gelatine gewinnen; aber einmal ist dazu ein sechsstündiges Kochen, also großer Aufwand von Brennmaterial erforderlich, und dann erhält auch die auf diese Weise gewonnene Gelatine einen unangenehmen Geschmack und ist zu sehr mit feinen Knochentheilen und erdigen Substanzen gemengt. Außerdem gewährt auch der Digestor eine große Ersparniß von Brennmaterial, denn wenn ein dampfdicht verschlossener Topf einmal bis zur Siedehitze erwärmt ist, so braucht nur wenig neue Wärme zugeführt zu werden, und zwar nur so viel, als derselbe an die umgebende Luft abgibt. Muncke fand, indem er reine Rindsknochen in einem gewöhnlichen Topfe und in einem Digestor zerkochte, daß zur Gewinnung einer bestimmten Menge Bouillon erforderliche Aufwand von Brennmaterial bei dem erstern zehnmal so groß als bei dem letztern war. In dem oben erwähnten Zenker'schen Topfe kocht Rindfleisch in einer Stunde völlig weich und liefert dabei eine klare wohlschmeckende Brühe; Kartoffeln brauchen zehn Minuten u. s. w. Aller dieser Vortheile ungeachtet ist der Digestor selbst bis auf die neuesten Zeiten wenig in Gebrauch gekommen und allerdings nicht geeignet, als Küchengeschirr in den Haushaltungen aufgenommen zu werden. Es ist nämlich erstens zu kostspielig, und verlangt zweitens zur Handhabung eine etwas sachverständige Person, weil Ventil und Deckel mit großer Sorgfalt behandelt werden müssen, auch das gewöhnliche Küchenpersonal durch das Aufschlagen des Ventils und das geräuschvolle Ausströmen des Dampfes erschreckt werden würde. Überdies ist man gegen die Gefahr des Springens bei aller Sorgfalt und Vorsicht doch nicht völlig gesichert. In der ausgedehnten Suppenanstalt in München wird übrigens ein großer eiserner Digestor mit dem besten Erfolge benutzt. Für Armen- und Krankenanstalten, Hospitäler u. s. w. scheint der Digestor besonders zweckmäßig, namentlich wäre er für das Hospitium auf dem St.-Bernhard zu empfehlen, wo, wie bereits oben erwähnt, das Wasser die gewöhnliche Siedehitze nicht erreichen kann.

Aber nicht blos zu ökonomischen, sondern auch zu vielen technischen Zwecken kann der Digestor angewandt werden. So kann er zur Bereitung von Firnissen, namentlich geistigen, für welche die harzigen Stoffe in Weingeist oder Terpenthinspiritus aufzulösen sind, gewiß mit großem Vortheil gebraucht werden, namentlich da hierbei keine bedeutend großen Quantitäten erforderlich sind und die Bereitung jedenfalls durch einen Sachverständigen geschehen muß.

Eine Schafheerde im Theater.

In einer Stadt in Portugal war kürzlich ein altes Gebäude in ein Theater verwandelt worden, bevor aber die erste Vorstellung gegeben wurde, hielt die Direction für unumgänglich nothwendig, eine Heerde Schafe ins Theater treiben und hier mehre Stunden verweilen zu lassen, in einer Absicht, die so leicht Niemand errathen dürfte, da schwerlich bei irgend einem andern Theater in der Welt dieses Verfahren angewandt worden ist. Es handelte sich um einen sehr erheblichen Gegenstand, nämlich einige Millionen Flöhe zu vertreiben, welche die den Musen geweihten Hallen in Besitz genommen hatten. Eine künstliche Überschwemmung hatte nichts gefruchtet, worauf ein erfinderischer Kopf auf die Idee kam, Schafe hineinzutreiben, in deren Wolle sich die Flöhe verkriechen und sobald nicht wieder einen Ausgang finden würden. Wirklich wurde durch dieses Mittel dem Theater wenigstens der größte Theil der schwarzen Springer entzogen; eine zweite Heerde würde vielleicht auch den Rest entfernt haben, da man es aber bei einer bewenden ließ, so soll die Menge der Nachzügler immer noch sehr groß gewesen sein.

Regen ohne Wolken.

Zu den vielen räthselhaften Wettererscheinungen gehört das Herabfallen von Regen ohne Wolken, was zuweilen beobachtet wird. Daß aus Wolken Regen herabfällt, erscheint uns ganz in der Ordnung, und wir denken uns die regelmäßige Entstehung des Regens so, daß der durchsichtige und deshalb unsichtbare, in der Luft enthaltene Wasserdampf sich zuerst in Dunstbläschen, aus denen die Wolken bestehen, dann aber durch Vereinigung der feinen Bläschen zu Tropfen, namentlich in Folge von Abkühlung, in Regen verwandelt. Zuweilen sieht man aber vom heitern Himmel einzelne Regentropfen herabfallen, was besonders bei sehr großer Hitze und Schwüle beobachtet wird und schon den Alten bekannt war, die es als ein Wunderzeichen erwähnen. Wenn die Atmosphäre mit Wasserdampf gesättigt ist, so können sich leicht einige entstandene Dunstbläschen, die wir ihrer Kleinheit wegen einzeln nicht wahrnehmen können, zu Tropfen vereinigen und diese dann herabfallen, ohne daß eine eigentliche Wolkenbildung stattfindet. Weit schwieriger ist aber ein förmlicher Regen ohne Wolken zu erklären, wie er z. B. am 9. August 1837 in Genf beobachtet wurde. Nur am Horizonte standen vereinzelte Wolken, der Zenith war aber völlig rein. An mehren Stellen der Stadt fiel lauer Regen in großen Tropfen, der eine bis zwei Minuten dauerte, sich aber innerhalb einer Stunde mehrmals wiederholte. Auch Humboldt beobachtete am 5. Sept. 1799 zu Cumana in Südamerika einen solchen Regen ohne Wolken. Der französische Physiker und Astronom Arago leitet die Erscheinung aus zusammengeballten und geschmolzenen Eistheilchen ab, wie man oft an kalten und ganz heitern Tagen kleine Eiskrystalle herabfallen sieht. Solchen Eistheilchen, die in sehr großer Höhe in der Luft schweben, selbst im Sommer und in heißen Ländern, verdanken auch die Nebensonnen ihre Entstehung, sowie die schwachen Höfe um die Sonne, welche das im Wasser gespiegelte Sonnenbild häufig umgeben, obgleich man sie am Himmel nicht wahrnimmt. Eine ganz andere Bewandtniß hat es mit der oft vorkommenden Erscheinung, daß von ganz heitern Theilen des Himmels einzelne Regentropfen herabzufallen scheinen, die aber durch den Wind von benachbarten Strichwolken herbeigeführt werden, was man am häufigsten im Frühlinge bei den sogenannten Aprilschauern beobachtet.

Die Garneele.

Eine in Deutschland wenig bekannte, in der Nordsee aber häufig vorkommende und in England und Holland als Nahrungsmittel dienende Krebsart ist die Garneele. Das weitläufige Geschlecht der Krebse, welches mit dem der Kiemenfüßler die dritte Ordnung der Insekten, welche die ungeflügelten wasserathmenden Insekten begreift, ausmacht, während die erste aus den geflügelten, die zweite aus den ungeflügelten luftathmenden besteht, ist von Linné nach der verschiedenen Länge und Bedeckung des Schwanzes in drei Familien eingetheilt worden. Die erste bilden die Krebse mit kurzen Schwänzen, dahin gehören die Krabben, Taschenkrebse, Seespinnen; die zweite die Krebse mit nacktem Schwanze, Schnecken- und Einsiedlerkrebse, welche leere Schneckenhäuser bewohnen; die dritte die Krebse mit langem Schwanze oder die eigentlich sogenannten Krebse. Die bekanntesten Arten dieser letzten Familie sind der Hummer oder große Seekrebs, der gemeine Flußkrebs, der Heuschrecken- oder Zwergkrebs und die Garneele.

Die Garneele, auch Granate genannt, ist von der Länge und Dicke eines kleinen Fingers und von grauer oder grünlichblauer Farbe, hat eine sehr dünne und biegsame Schale, einen glatten Rückenschild, vorn am Kopfe zwei Fühlhörner, die so lang sind als der ganze Körper, acht Paar Füße, die nach hinten an Größe abnehmen, und Scheren, die wie Haken gestaltet sind. Sie ist in allen europäischen Meeren, besonders aber in der Nordsee häufig. Gefangen werden die Garneelen mit Netzen, entweder von Personen, die bis an die Knie ins Wasser gehen, was häufig von Weibern und Kindern geschieht (in unserer Abbildung ist ein solcher kleiner Garneelenfischer dargestellt) oder von Fischern, die in Booten, bisweilen von mehren Tonnen Last, sich weiter vom Ufer entfernen und gewöhnlich bis zu einer Sandbank fahren, wo sich die Garneelen in großer Menge aufhalten. Das sackförmige Netz, das man hierbei im ersten Falle braucht, wird durch ein hölzernes Querstück an der Öffnung ausgespannt gehalten; an jenes ist ein langer Stock befestigt, dessen eines Ende mit der Hand gehalten wird, während man das andere längs dem Grunde hinzieht, sodaß die Garneelen, während sie zu entkommen suchen, sich im Netze fangen. Die Fischer werfen drei bis vier Netze auf einmal aus, die durch Bleigewichte zu Boden gezogen werden. Die Garneelen dürfen höchstens 10 Minuten kochen, sonst werden sie hart und verlieren ihren Wohlgeschmack. Sie werden mit Essig und Pfeffer gegessen, jedoch — in England wenigstens — fast ausschließlich von Personen niederer Stände, die sie oft beim Frühstücke zum Thee verzehren.